（内部资料 注意保存）

GUIDELINES FOR CRIMINAL PROTEST IN HANDLING CASES

刑事抗诉办案指引

最高人民检察院第二检察厅 编著

中国检察出版社

图书在版编目（CIP）数据

刑事抗诉办案指引／最高人民检察院第二检察厅编著．—北京：中国检察出版社，2023.9

ISBN 978－7－5102－2912－1

Ⅰ．①刑…　Ⅱ．①最…　Ⅲ．①刑事诉讼－抗诉－案例－中国　Ⅳ．①D925.218.05

中国国家版本馆 CIP 数据核字（2023）第 119449 号

刑事抗诉办案指引

最高人民检察院第二检察厅　编著

责任编辑：李冬青

技术编辑：王英英

美术编辑：徐嘉武

出版发行：中国检察出版社

社　　址：北京市石景山区香山南路 109 号（100144）

网　　址：中国检察出版社（www.zgjccbs.com）

编辑电话：（010）86423786

发行电话：（010）86423726　86423727　86423728

（010）86423730　86423732

经　　销：新华书店

印　　刷：北京联兴盛业印刷股份有限公司

开　　本：710 mm×960 mm　16 开

印　　张：65

字　　数：1193 千字

版　　次：2023 年 9 月第一版　　2023 年 9 月第一次印刷

书　　号：ISBN 978－7－5102－2912－1

定　　价：189.00 元

《刑事抗诉办案指引》
编　委　会

前言

公平正义是人类社会追求的永恒主题。习近平总书记指示，要努力让人民群众在每一个司法案件中感受到公平正义。人民检察院对人民法院的审判活动及所作的判决、裁定进行法律监督，是宪法和法律赋予检察机关的重要职责，是实现公平正义的重要环节，也是检察监督的重点和难点之一。

近年来，全国各级检察机关以习近平新时代中国特色社会主义思想为指导，全面贯彻习近平法治思想，深入落实《中共中央关于加强新时代检察机关法律监督工作的意见》，顺应人民群众对司法公正的新期待新要求，敢于监督、善于监督、依法监督、规范监督，加大刑事审判监督力度，强化刑事抗诉工作，办理了一大批政治效果、社会效果、法律效果有机统一的优秀抗诉案件，有力维护了司法公正，保护了当事人合法权益，促进了社会和谐稳定，确保法律的统一正确实施。2021 年 5 月，最高人民检察院组织开展全国检察机关精品（优秀）刑事抗诉案件评选活动暨刑事抗诉指导性案例编选活动。2022 年 7 月，评出精品抗诉案件 10 件、优秀抗诉案件 20 件。2023 年 5 月，最高人民检察院第十四届检察委员会第五次会议决定，王某等人故意伤害等犯罪二审抗诉案等 5 件案例作为第四十五批指导性案例（刑事抗诉主题）发布。这是最高人民检察院首次发布刑事抗诉主题的指导性案例。这些案件涵盖了整个刑事检察业务条线，检察院的抗诉意见和理由均得到法院采纳，特别是在事实认定、证据采信、法律适用、政策把握等方面，对办理类似案件具有重要的指导意义和示范作用，充分展示了检察机关开展审判监督、维护司法公正的决心和信心，充分体现了检察官坚定的政治信念、过硬的业务素质和扎实的工作作风。

本书突出刑事抗诉业务的重点、疑点和难点问题，在兼顾体系完整性的前提下，围绕实现刑事抗诉目的，认真提炼，积极探索，找寻解决问题的办法、途径和经验做法。

第一编，刑事抗诉指导性案例与解读。为充分发挥抗诉指导性案例在提高刑事案件抗诉质效、提升刑事审判监督能力、体现检察担当等方面的借鉴指引作用，最高人民检察院围绕刑事抗诉检察工作发布了5件准确理解适用法律、展现抗诉制度优势、具有典型示范引领作用的案例作为第四十五批指导性案例，以进一步推动全国检察机关刑事审判监督工作。

第二编，精品（优秀）刑事抗诉案例通报与解读。根据评选出来的30件抗诉案件的具体情况，着重从抗诉要旨、基本案情、履职过程和典型意义等方面做了梳理归纳，对争议焦点、抗诉理由、抗诉依据和履职情况作了展示、分析和论证，侧重于对实践中如何准确把握抗诉的条件、标准、程序等规则的提炼。由于个别案例的经典性及来源一致性，本编存在部分内容可能与第一编的些许重复，但为了保持通报的完整性，我们对这些内容作了保留。

上述指导性案例、精品优秀案例中，实体规则主要聚焦司法实践中的疑难问题，聚焦检察院、法院在涉及定罪量刑的事实认定、证明标准和法律适用等方面存在争议的典型案件，解决抗诉必要性、精准性问题；程序规则主要针对抗诉工作中程序方面的疑难和争议问题提炼规则，为各级检察院准确把握和适用抗诉的条件、标准和程序提供参照；工作机制规则方面，鉴于上述抗诉案件具有很强的示范引领作用，我们在编写案例时，不是就抗诉说抗诉，而是注重监督意识、监督理念的引领，选取和概括提炼抗诉案件背后的长效工作机制，强调办理抗诉案件、做好刑事审判监督工作要有“检察一盘棋”的思想，要与立案监督、侦查活动监督、刑罚执行监督、公益诉讼检察、未成年人保护等检察工作协同并进，以个案的协同监督共同推进诉源治理。

第三编，刑事审判监督新机制新方法。高度重视监督工作，克服单纯办案倾向，这是最大限度发挥检察机关刑事审判监督作用的前提和源泉。本书编写组分析了当前刑事审判监督面临的形势和任务，要求各级检察机关牢固树立“五大监督理念”，依法、全面、准确、充分履行审判监督职责，坚持以求极致的精神构建新时代以抗诉为中心的刑事审判监督格局，并对审判监督的内容、方式、程序，以及审判监督方式的综合运用等予以明确。各地在强化刑事审判监督方面采取了一系列措施，探索尝试了一些经验做法，取得了良好的监督效果。北京、河北、浙江等地检察机关坚持以制度机制求发展，以制度规范、强化和促进刑事审判监督工作；扎扎实实、层层把关，上下一体，接力抗诉，合力监督；与时俱进，守正创新，不断拓宽刑事审判监督的途径，积极探索刑事审判监督的新机制新方法。

第四编，刑事审判监督典型案例。选取了人民法院二审、再审改判的部分典型案件，刊载了其抗诉书和生效裁判文书。有的案件是检察院监督改判的，有的案件是法院自行启动再审程序改判的。对于法院自行启动再审程序改判的案件，建议更要予以重视，深入研究，查找检察工作中存在的疏漏和不足。同时，为充分展示这些法律文书的原貌，我们对其中所引法律法规等相关内容未作形式修订。

第五编，刑事审判监督常用法律法规。

法律是不断完善的实践活动。《礼记·中庸》：“博学之，审问之，慎思之，明辨之，笃行之。”如何进一步健全我国刑事审判监督制度，完善刑事审判监督机制，使其更加具有实践理性、更加符合资源配置、更加契合公平正义要求，希望广大检察官及助理坚持学习、探索、思考、践行，依法全面充分履行刑事审判监督职责，进一步加强和改进刑事审判监督工作，提升审判监督工作质效，为中国式现代化贡献检察力量。

期待本书能够有助于广大检察人员牢固树立监督理念，强化监督意识，提高开展审判监督的主动性、积极性，提升抗诉的精准性，全面提高刑事抗诉的质量和效果；既能够对司法实务起到借鉴参考作用，又能够为检察监督理论研究提供很好的案例参考。

本书为内部资料，请妥善保管。

由于时间仓促，加之水平有限，书中有一些问题研究还不够深，如有疏漏，敬请提出宝贵意见。

本书编写组

2023年6月

目　录

第一编　刑事抗诉指导性案例与解读

最高人民检察院
关于印发最高人民检察院第四十五批指导性案例的通知 …………………… 3
王某等人故意伤害等犯罪二审抗诉案…………………………………… 4
刘某某贩卖毒品二审抗诉案………………………………………… 9
李某抢劫、强奸、强制猥亵二审抗诉案 ……………………………… 13
孟某某等人组织、领导、参加黑社会性质组织、寻衅滋事等
犯罪再审抗诉案 ……………………………………………………… 18
宋某某危险驾驶二审、再审抗诉案 …………………………………… 23
充分发挥刑事抗诉监督作用 有效强化刑事审判监督职能
——最高人民检察院第四十五批指导性案例解读
………………………………… 元　明　张建忠　张　萍　唐守东 28

第二编　精品（优秀）刑事抗诉案例通报与解读

全国检察机关精品（优秀）刑事抗诉案件评选结果通报 ………………… 37
全国检察机关精品刑事抗诉案件 …………………………………… 38
案例一：赵某、杨某某等人强奸二审抗诉案 ………………………… 38
案例二：何某盗窃再审抗诉案 ………………………………………… 41
案例三：蔡某某故意伤害再审抗诉案 ……………………………… 44
案例四：孟某某等人组织、领导、参加黑社会性质组织、
非法采矿等犯罪再审抗诉案 ………………………………… 47

案例五：刘某某贩卖毒品二审抗诉案 …… 51
案例六：王某等人故意伤害、贩卖毒品、强迫他人吸毒、容留他人吸毒二审抗诉案 …… 54
案例七：吴某某、焦某挪用公款二审抗诉案 …… 58
案例八：王某某销售有毒、有害食品再审抗诉案 …… 61
案例九：封某某职务侵占二审抗诉案 …… 64
案例十：张某猥亵儿童再审抗诉案 …… 67
全国检察机关优秀刑事抗诉案件 …… 71
案例一：范某某拒不支付劳动报酬二审抗诉案 …… 71
案例二：王某萍盗窃再审抗诉案 …… 74
案例三：李某等人故意伤害二审抗诉案 …… 76
案例四：胡某某盗窃二审抗诉案 …… 79
案例五：杨某某诈骗二审抗诉案 …… 82
案例六：宋某某危险驾驶再审抗诉案 …… 85
案例七：李某抢劫、强奸、强制猥亵二审抗诉案 …… 88
案例八：拉某某抢劫、盗窃二审抗诉案 …… 92
案例九：梅某某放火二审抗诉案 …… 94
案例十：刘某某故意杀人二审抗诉案 …… 97
案例十一：赵某某故意杀人二审抗诉案 …… 100
案例十二：陈某某等人贩卖、运输毒品、非法持有毒品、非法持有枪支二审抗诉案 …… 103
案例十三：魏某某、黄某超、黄某飞受贿、滥用职权二审抗诉案 …… 106
案例十四：伍某受贿二审抗诉案 …… 109
案例十五：王某某集资诈骗二审抗诉案 …… 112
案例十六：许某某虚开增值税专用发票再审抗诉案 …… 114
案例十七：苏某某集资诈骗二审抗诉案 …… 116
案例十八：唐某力、唐某辉等9人收买非法提供信用卡信息二审抗诉案 …… 119

案例十九：胡某某强奸、故意伤害再审抗诉案 …………………… 122
案例二十：王某卢、雷某、陈某等6人强奸二审抗诉案 ……………… 126

精品优秀刑事抗诉案件解读 ………………………………………… 130

精准有效履行刑事抗诉职能　充分发挥精品抗诉案件的示范引领作用
——全国检察机关精品（优秀）刑事抗诉案例解读
…………………………………… 元　明　张　萍　唐守东　130

正当防卫案件审判监督实践
——蔡某某故意伤害再审抗诉案解读
…………………………………… 苏　凯　厉　雷　邹利伟　138

死刑抗诉案件办理实践及思考
——以王某等人故意伤害、贩卖毒品、强迫他人吸毒、
容留他人吸毒二审抗诉案为视角 ………… 王小兰　李春瑾　144

再审抗诉程序难点与应对
——以孟某某等人组织、领导、参加黑社会性质组织、
非法采矿等犯罪再审抗诉案为例 …………………… 饶本东　149

非公企业股东“恶意自我交易”侵犯产权案件办理难点与应对
——以封某某职务侵占二审抗诉案件办理为例
…………………………………………… 黄　威　郑焱燕　155

办理性侵未成年人抗诉案件的难点与应对
——张某猥亵儿童再审抗诉案解读
…………………………………… 赵智慧　晋月霞　李翠敏　161

第三编　刑事审判监督新机制新方法

依法、全面、准确、充分履行刑事审判监督职责
…………………………………………… 最高人民检察院第二检察厅　171

深化数字赋能　靶向能动履职
推动首都检察刑事抗诉工作高质量发展
………………………………………… 北京市人民检察院第十检察部　187

多措并举　促进刑事抗诉工作提质增效
…………………………………… 河北省人民检察院第二检察部　191
坚守高质量发展路径　实现刑事审判监督工作再上新台阶
…………………………………… 浙江省人民检察院第二检察部　195
着力“五个强化”　全面加强刑事审判监督工作
…………………………………… 安徽省人民检察院第二检察部　199
坚持精准抗诉　实现刑事审判监督“双赢多赢共赢”
…………………………………… 山东省人民检察院第二检察部　203
聚焦精准监督　增强抗诉质效………… 湖北省人民检察院第二检察部　208
采取四项举措　坚持五项机制　全面提升刑事审判监督工作质效
…………………………………… 四川省人民检察院第二检察部　214
以“精准化”监督助推刑事抗诉工作高质量发展
…………………………………… 云南省人民检察院第二检察部　221

第四编　刑事审判监督典型案例

辛龙故意杀人案
最高人民检察院刑事抗诉书 …………………………………………… 231
辽宁省高级人民法院刑事附带民事裁定书 ……………………………… 236
谭修义故意杀人、强奸案
最高人民检察院刑事抗诉书 …………………………………………… 262
河南省高级人民法院刑事附带民事判决书 ……………………………… 268
谢哲海故意杀人案
河南省高级人民法院刑事附带民事判决书 ……………………………… 277
常林锋故意杀人、放火案
北京市人民检察院第一分院刑事抗诉书 ………………………………… 283
北京市高级人民法院刑事判决书 ………………………………………… 284
韩显辉故意杀人案
辽宁省高级人民法院刑事附带民事判决书 ……………………………… 306

杨松发故意杀人案

天津市高级人民法院刑事判决书 …………………………………… 313

刘平平诈骗、挪用资金案

吉林省通化市中级人民法院刑事判决书 ……………………………… 317

何学光故意杀人案

云南省红河哈尼族彝族自治州中级人民法院刑事判决书 ……………… 326

张玉环故意杀人案

江西省高级人民法院刑事判决书 …………………………………… 331

白海民抢劫案

河南省洛宁县人民法院刑事判决书 ………………………………… 337

伊力哈木·优努斯故意伤害案

新疆维吾尔自治区喀什地区中级人民法院刑事判决书 ………………… 345

吴春红故意杀人案

河南省高级人民法院刑事判决书 …………………………………… 352

张志超强奸、王广超包庇案

山东省高级人民法院刑事附带民事判决书 …………………………… 358

孙小果等八人强奸，强制猥亵、侮辱妇女，故意伤害案

云南省高级人民法院刑事判决书 …………………………………… 366

林涯等人故意杀人案

海南省高级人民法院刑事判决书 …………………………………… 382

刘某某贩卖毒品案

广州市人民检察院刑事抗诉书 ……………………………………… 388

广东省人民检察院支持刑事抗诉意见书 ……………………………… 392

广东省高级人民法院刑事判决书 …………………………………… 393

曹红彬故意伤害案

河南省禹州市人民法院刑事判决书 ………………………………… 411

马学胜、刘明训、邵利爆炸案

山东省泰安市中级人民法院刑事判决书 ……………………………… 416

金哲红故意杀人案
吉林省高级人民法院刑事判决书 …… 424
赵守帅合同诈骗案
河南省新乡市中级人民法院刑事判决书 …… 429
朱能刚故意伤害案
安徽省芜湖市中级人民法院刑事判决书 …… 457
李锦莲投毒案
江西省高级人民法院刑事判决书 …… 463
刘忠林故意杀人案
吉林省高级人民法院刑事判决书 …… 470
王凯诈骗案
河南省郑州市管城回族区人民法院刑事判决书 …… 474
周继坤等人故意杀人案
安徽省高级人民法院刑事附带民事判决书 …… 480

第五编　刑事审判监督常用法律法规

中华人民共和国刑法
（2021 年 3 月 1 日） …… 491
中华人民共和国刑事诉讼法
（2018 年 10 月 26 日） …… 584
最高人民法院
关于适用《中华人民共和国刑事诉讼法》的解释
（2021 年 3 月 1 日） …… 633
最高人民检察院
人民检察院刑事诉讼规则
（2019 年 12 月 30 日） …… 743

最高人民法院
关于人民法院对原审被告人宣告无罪后人民检察院抗诉的案件由谁决定对原审被告人采取强制措施并通知其出庭等问题的复函
（2001 年 1 月 2 日） …… 868

最高人民法院
关于刑事再审案件开庭审理程序的具体规定
（2002 年 1 月 1 日） …… 869

最高人民法院研究室
关于上级人民检察院向同级人民法院撤回抗诉后又决定支持抗诉的效力问题的答复
（2009 年 12 月 23 日） …… 874

最高人民法院、最高人民检察院、公安部、国家安全部、司法部
关于办理刑事案件排除非法证据若干问题的规定
（2010 年 7 月 1 日） …… 875

最高人民检察院
关于适用《关于办理死刑案件审查判断证据若干问题的规定》和《关于办理刑事案件排除非法证据若干问题的规定》的指导意见
（2010 年 12 月 30 日） …… 878

最高人民法院
关于审理人民检察院按照审判监督程序提出的刑事抗诉案件若干问题的规定
（2012 年 1 月 1 日） …… 885

最高人民法院、最高人民检察院、公安部、国家安全部、司法部、全国人大常委会法制工作委员会
关于实施刑事诉讼法若干问题的规定
（2013 年 1 月 1 日） …… 887

最高人民检察院
关于加强和改进刑事抗诉工作的意见
（2014 年 11 月 26 日） …… 895

最高人民法院
中华人民共和国人民法院法庭规则
(2016 年 5 月 1 日) …… 901
最高人民法院、最高人民检察院、公安部、国家安全部、司法部
关于办理刑事案件严格排除非法证据若干问题的规定
(2017 年 6 月 27 日) …… 905
最高人民法院
人民法院办理刑事案件庭前会议规程（试行）
(2018 年 1 月 1 日) …… 912
最高人民法院
人民法院办理刑事案件第一审普通程序法庭调查规程（试行）
(2018 年 1 月 1 日) …… 917
最高人民法院
人民法院办理刑事案件排除非法证据规程（试行）
(2018 年 1 月 1 日) …… 926
最高人民检察院
人民检察院刑事抗诉工作指引
(2018 年 2 月 14 日) …… 933
最高人民检察院
人民检察院公诉人出庭举证质证工作指引
(2018 年 7 月 3 日) …… 948
最高人民法院、最高人民检察院、公安部、国家安全部、司法部
关于适用认罪认罚从宽制度的指导意见
(2019 年 10 月 11 日) …… 963
最高人民检察院、公安部
关于加强和规范补充侦查工作的指导意见
(2020 年 3 月 27 日) …… 977

最高人民法院、最高人民检察院、公安部
关于依法适用正当防卫制度的指导意见
（2020 年 8 月 28 日） …………………………………………………………… 982
最高人民检察院
人民检察院办理刑事申诉案件规定
（2020 年 9 月 22 日） …………………………………………………………… 987
最高人民法院、最高人民检察院、公安部、国家安全部、司法部
关于规范量刑程序若干问题的意见
（2020 年 11 月 6 日） …………………………………………………………… 998
最高人民法院、最高人民检察院
关于常见犯罪的量刑指导意见（试行）
（2021 年 7 月 1 日） …………………………………………………………… 1003

第一编
刑事抗诉指导性案例与解读

最高人民检察院
关于印发最高人民检察院第四十五批指导性案例的通知

高检发办字〔2023〕92号

各省、自治区、直辖市人民检察院，解放军军事检察院，新疆生产建设兵团人民检察院：

经2023年5月26日最高人民检察院第十四届检察委员会第五次会议决定，现将王某等人故意伤害等犯罪二审抗诉案等五件案例（检例第178—182号）作为第四十五批指导性案例（刑事抗诉主题）发布，供参照适用。

最高人民检察院

2023年6月25日

王某等人故意伤害等犯罪二审抗诉案

（检例第178号）

【关键词】

二审抗诉　恶势力犯罪　胁迫未成年人犯罪　故意伤害致死　赔偿谅解协议的审查

【要　旨】

检察机关在办案中要加强对未成年人的特殊、优先保护，对于侵害未成年人犯罪手段残忍、情节恶劣、后果严重的，应当依法从严惩处。胁迫未成年人实施毒品犯罪、参加恶势力犯罪集团，采用暴力手段殴打致该未成年人死亡的，属于“罪行极其严重”，应当依法适用死刑。对于人民法院以被告方与被害方达成赔偿谅解协议为由，从轻判处的，人民检察院应当对赔偿谅解协议进行实质性审查，全面、准确分析从宽处罚是否合适。虽达成赔偿谅解但并不足以从宽处罚的，人民检察院应当依法提出抗诉，监督纠正确有错误的判决，贯彻罪责刑相适应原则，维护公平正义。

【基本案情】

被告人王某，男，1985年3月出生，无业，曾因犯盗窃罪被判处有期徒刑六个月。

被告人龙某，男，1989年12月出生，无业。

被告人王某湘，男，1963年1月出生，无业。

被告人米某华，女，1974年10月出生，无业。

被害人安某甲，男，2007年3月出生，殁年11岁。

被害人安某乙，男，2010年5月出生，系安某甲之弟。

2017年11月底至2019年1月，王某为谋取非法利益，组织龙某、王某湘、米某华在四川省攀枝花市零包贩卖毒品海洛因36次，并容留多人在其租住房内吸毒。2018年6、7月，为掩盖毒品犯罪事实，王某以赠送吸毒人员吉某货值100元的海洛因为条件，“收养”其两个儿子安某甲和安某乙，并控制、胁迫二人帮助其贩毒，还对二人长期殴打、虐待。自2018年8月起，王某在其租住房内，多次强迫安某乙吸食海洛因等毒品（经检测，在安某乙头发样本中检出吗啡、单乙酰吗啡和甲基苯丙胺成分，安某乙左侧外耳廓因被王某等人殴打未及时医治而出现明显畸形）。2018 年 11 月以来，王某安排龙某带领 8 岁的安某乙在市东区华山一带贩卖毒品，王某带领 11 岁的安某甲购买用于贩卖的毒品后"零星贩毒"。王某等人还备有塑料管、电击棍等工具，用于殴打、控制安某甲和安某乙。2019 年 1 月 22 日晚至次日凌晨，王某从龙某处得知安某甲将团伙贩毒情况告知其母吉某后，不顾王某湘劝阻，伙同龙某在租住房内用烟头烫，用塑料管、电击棍等工具殴打、电击安某甲，并强迫安某乙殴打安某甲，还指使龙某逼迫安某甲吸毒。23 日上午，安某甲因全身大面积皮肤及软组织挫伤，皮下出血致失血性和创伤性休克死亡。案发后，王某亲属与吉某达成赔偿协议，约定赔偿 10 万元，先行支付 5 万元并由吉某出具谅解书，余款于 2021 年 12 月 31 日前付清。2019 年 12 月 5 日，吉某在其家人收到 5 万元后出具了谅解书。

2019 年 11 月 14 日，攀枝花市人民检察院提起公诉，指控被告人王某犯故意伤害罪、贩卖毒品罪、强迫他人吸毒罪、容留他人吸毒罪，且王某等人构成恶势力犯罪集团。2020 年 5 月 29 日，攀枝花市中级人民法院经审理认为，以被告人王某为首的恶势力犯罪集团，多次实施贩卖毒品、故意伤害、容留他人吸毒、强迫他人吸毒犯罪活动，应依法从严惩处，特别是王某在故意伤害犯罪中，手段残忍、情节恶劣，本应严惩，但考虑其赔偿了被害方部分经济损失并取得谅解，以故意伤害罪判处死刑，缓期二年执行，剥夺政治权利终身；以贩卖毒品罪判处有期徒刑十四年，并处罚金五万元；以强迫他人吸毒罪判处有期徒刑八年，并处罚金二万元；以容留他人吸毒罪判处有期徒刑三年，并处罚金一万元，数罪并罚，决定执行死刑，缓期二年执行，剥夺政治权利终身，并处罚金八万元，并限制减刑。对另 3 名被告人分别以故意伤害罪、贩卖毒品罪、容留他人吸毒罪判处有期徒刑五年至无期徒刑不等刑罚。被告人王某、龙某、米某华不服一审判决，提出上诉。

【检察机关履职过程】

（一）提出和支持抗诉

2020 年 6 月 7 日，攀枝花市人民检察院以量刑不当为由，向四川省高级人民法院提出抗诉，并报请四川省人民检察院支持抗诉。同年 8 月 21 日，四川省人民检察院支持抗诉。

四川省人民检察院在审查案件期间围绕"赔偿谅解情节是否足以影响量刑""王某是否可以判处死缓"等关键问题，补充完善了部分证据：一是复勘现场、复核部分证人及走访调查，重点研判伤害行为的方式及强度；二是询问证人，查明二被害人在被王某等人控制前均身体健康且没有吸毒行为；三是针对一审期间租住房周边居民因恐慌不愿作证的情况，释法说理，收集补强了王某等人长期殴打、虐待两名儿童，并威胁恐吓周边群众等恶势力犯罪证据；四是核实赔偿谅解情况，查明被告方的赔偿附加了被害方出具谅解书、法院不判处死刑、余款于两年后付清等条件。

（二）抗诉意见和理由

四川省检察机关认为，一审法院对被告人王某等人涉毒犯罪定罪准确、量刑适当；对王某等人故意伤害致未成年人死亡的行为定性准确，但量刑畸轻。根据2020年3月《最高人民法院、最高人民检察院、公安部、司法部关于依法严惩利用未成年人实施黑恶势力犯罪的意见》，对于胁迫未达到刑事责任年龄的未成年人参加恶势力犯罪集团的行为，应当依法严厉打击、从重处罚。被告人王某作为恶势力犯罪集团的首要分子，长期控制、利用未成年人贩卖毒品，具有殴打、虐待并残害未成年人致死的行为，犯罪动机卑劣、手段残忍，情节恶劣，属于“罪行极其严重”的犯罪分子，依法应当适用死刑立即执行。具体理由如下：

1. 一审法院以被告人王某亲属代为赔偿并取得被害方谅解为由判处王某死缓，量刑明显不当。一是被告人“赔偿”被害方损失属于其应当依法履行的义务，并非从宽处罚的必要性条件，而且本案的“赔偿”附加了被害人亲属出具谅解书、法院不判处死刑立即执行、两年后才支付全款等条件，并非真诚悔罪；二是被害人母亲吉某系吸毒人员，仅为收取货值100元的海洛因，就放弃法定抚养义务，将两名幼童交由毒贩控制、虐待，并对二被害人的伤痕长期不闻不问、置之不理，由吉某作为谅解主体出具的谅解书，不足以产生从宽处罚的法律后果；三是被告人王某“收养”两名儿童并故意伤害的动机和目的是为了控制、胁迫两名儿童实施毒品犯罪，对于这类罪行极其严重的犯罪，即使达成了赔偿谅解协议，也不足以产生从宽处罚的法律后果。

2. 综合评判本案的事实、情节和后果，一审法院对王某判处死缓不当。一是侵害对象系未成年人，该群体普遍缺乏自我保护能力，是法律予以特别保护的对象，本案被告人王某胁迫儿童吸毒、贩毒，殴打、虐待、残害两名儿童并致一人死亡，犯罪对象特殊；二是犯罪动机卑劣，王某长期控制、利用被害人贩毒，又唯恐罪行败露而迁怒于被害人，对其实施长时间、高强度殴打；三是犯罪手段残忍，尤其在被害人受长时间折磨、身体越来越虚弱的情况下，被告人还逼迫被害人吸毒，加速了被害人的死亡；四是社会影响极其恶劣，王某等人为实施毒品犯罪，长期强迫、驱使儿童实施毒品犯罪行为，强迫儿童吸毒，致使一名儿童死亡，造成严重社会后果，犯罪行为令人发指，严重挑战社会道德底线。因此，王某的行为既侵害未成年人生命健康权，又严重扰乱社会秩序，社会危害性极大，罪行极其严重。同时，王某具有恶势力犯罪集团首要分子、盗窃犯罪前科等从重处罚情节，并在故意伤害犯罪中起主要作用，主观恶性极深，人身危险性极大，应当依法从严惩处。

（三）抗诉结果

2020 年 10 月 30 日，四川省高级人民法院作出二审判决，采纳人民检察院抗诉意见，以故意伤害罪改判王某死刑，数罪并罚，决定执行死刑。2021 年 3 月，最高人民法院裁定核准死刑。

（四）注重做好未成年人保护工作

四川省检察机关在办案过程中，关注涉案未成年人保护情况，通过多种方式推动全社会一体保护未成年人，为未成年人健康成长营造良好社会环境。被害人安某甲、安某乙的母亲吉某于 2019 年 8 月因贩卖毒品罪被判刑并在监狱服刑，父亲是吸毒人员且已失踪多年，四川省人民检察院积极推动当地民政部门认定被害人安某乙为“事实无人抚养儿童”，变更监护人为其外祖父，协调解决户籍、入学、生活补贴等问题，开展心理辅导，给予司法救助，并委托第三方对司法救助资金进行监管。针对本案暴露出的城市房屋租赁监管、重点人员管理、街面治安巡查等问题，攀枝花市人民检察院向相关部门制发检察建议，推进落实整改，加强社会治安防控。

【指导意义】

（一）检察机关要对“赔偿谅解协议”作实质性审查，准确提出量刑建议。赔偿谅解是刑事案件常见的酌定从轻处罚情节，是评价被告人认罪悔罪态度和人身危险性的因素之一。审查时应主要考虑：一是赔偿谅解是“可以”从轻处罚，不是“必须”从轻处罚，且适用的前提是被告人认罪、悔罪；二是赔偿谅解要考察被犯罪行为破坏的社会关系是否得到一定程度的修复，在被害人死亡或者无法独立表达意志的情况下，对被害人亲属出具的赔偿谅解协议更要严格审查和全面准确把握；三是对于严重危害社会治安和影响人民群众安全感的犯罪，必须结合犯罪事实、性质及其他情节进行综合衡量，予以适当、准确的评价。在此基础上，检察机关要对赔偿谅解协议进行实质性审查，如审查谅解主体是否适格、谅解意愿是否自愿真实、谅解内容是否合法、是否附有不合理条件等，综合案件全部量刑情节，准确提出量刑建议。

（二）对于“罪行极其严重”的侵害未成年人犯罪，应当坚决依法适用死刑。死刑只适用于极少数罪行极其严重的犯罪分子。根据《最高人民法院、最高人民检察院、公安部、司法部关于依法严惩利用未成年人实施黑恶势力犯罪的意见》，应当依法严厉打击、从重处罚胁迫未达到刑事责任年龄的未成年人参加恶势力犯罪集团的行为。此类恶势力犯罪集团的首要分子，利用未成年人实施毒品犯罪，强迫未成年人吸毒，并致该未成年人死亡，犯罪手段残忍、情节恶劣、社会危害性极大的，属于“罪行极其严重”，应当坚决依法适用死刑。

（三）加强对未成年人的特殊、优先保护，依法从严惩处侵害未成年人犯罪。关心关爱未成年人的健康成长，是全社会的共同责任。检察机关在办案中，一方面，对于侵害未成年人犯罪手段残忍、情节恶劣、后果严重的，应当依法从严惩处；另一方面，要注重做好未成年人保护工作，通过开展司法救助、心理辅导、公益诉讼、提出社会治理类检察建议等方式，推进对涉案未成年人的综合帮扶，努力为未成年人健康成长营造良好环境。

【相关规定】

《中华人民共和国刑法》第四十八条、第二百三十四条

《中华人民共和国刑事诉讼法》（2018 年修正）第二百二十八条、第二百三十二条、第二百三十六条

《中华人民共和国未成年人保护法》（2012 年修正）第三条、第十条（现为 2020 年修订的《中华人民共和国未成年人保护法》第四条、第七条）

《最高人民法院、最高人民检察院、公安部、司法部关于依法严惩利用未成年人实施黑恶势力犯罪的意见》（2020 年 3 月施行）第一条、第二条

《人民检察院刑事抗诉工作指引》（2018 年施行）第九条

刘某某贩卖毒品二审抗诉案

（检例第179号）

【关键词】

二审抗诉　贩卖毒品罪　被告人不认罪　排除合理怀疑　直接改判

【要　旨】

对于人民法院以存在“合理怀疑”为由宣告被告人无罪的案件，人民检察院认为在案证据能够形成完整的证据链，且被告人的无罪辩解没有证据证实的，应当提出抗诉。同时，对于确有必要的，要补充完善证据，对人民法院认为存在的“合理怀疑”作出解释，以准确排除“合理怀疑”，充分支持抗诉意见和理由。对于查清事实后足以定罪量刑的抗诉案件，如未超出起诉指控范围，人民检察院可以建议人民法院依法直接改判。

【基本案情】

被告人刘某某，女，1982年6月出生，无业。

2015年12月21日，公安机关接周某举报，在广东省广州市番禺区某小区附近刘某某所驾驶车辆的副驾驶位的脚踏板上，查获装在茶叶袋内的甲基苯丙胺1千克，在驾驶位座椅上缴获金色手机1部，在刘某某手上缴获黑色手机1部，在副驾驶座椅上缴获黑色钱包1个，内有银行卡8张。刘某某称自己经营燕窝生意，车内毒品系刚下车的朋友周某所留。次日，刘某某被刑事拘留。经公安机关询问，周某称车内毒品系刘某某所有，刘某某让其帮助卖掉，其乘坐刘某某车辆谎称去找购毒人，下车后即报警。

2016年9月22日，广州市番禺区人民检察院以非法持有毒品罪对刘某某提起公诉，后以贩卖毒品罪变更起诉。番禺区人民法院经三次开庭审理，认为被告人可能被判处无期徒刑以上刑罚，报送广州市中级人民法院管辖。2017年7月4日，广州市人民检察院以贩卖毒品罪对刘某某提起公诉。广州市中级人民法院经两次开庭审理，认为虽然在被告人刘某某的车上发现了涉案毒品，但是周某举报前刚从涉案车辆副驾驶位离开，毒品又系从副驾驶位的脚踏板上查获，无法排除刘某某提出的毒品归周某所有的合理辩解。因此，检察机关指控被告人刘某某贩卖毒品罪的事实不清、证据不足，遂于2018年2月2日一审宣告刘某某无罪。

【检察机关履职过程】

（一）提出和支持抗诉

2018 年 2 月 12 日，广州市人民检察院提出抗诉。同年 7 月 31 日，广东省人民检察院支持抗诉。

广东省人民检察院在审查支持抗诉期间和支持抗诉后，围绕争议焦点进一步补充完善了相关证据：一是核查刘某某与周某之间关系及经济往来情况，进一步查清周某不具备购买 1 千克甲基苯丙胺的经济条件，且没有陷害刘某某的动机；二是通过梳理刘某某的社会关系和 5 起毒品犯罪关联案件，发现凌某等 4 人贩卖毒品案与刘某某的毒品上家均为陈某，并发现陈某身份信息。经报告最高人民检察院协调公安部，成功抓获陈某。随后围绕陈某展开调查，证实陈某从未做过燕窝生意，且具有长期从事毒品犯罪活动的重大嫌疑，而扣押在案的刘某某手机在案发前的 2015 年 12 月 5 日至 21 日与陈某有 28 次通话记录、26 次短信息来往记录。

（二）抗诉意见和理由

广东省检察机关认为，一审法院在对被告人刘某某所驾驶的车辆内发现涉案毒品的归属问题上，片面采信刘某某的不合理辩解，进而不合理地怀疑毒品为证人周某所有，认定刘某某构成贩卖毒品罪的证据没有形成完整的证明体系，不能排除合理怀疑，据此宣告刘某某无罪的判决确有错误。本案侦查工作中存在的取证问题和瑕疵并未切断证据链条，刘某某的无罪辩解与其他在案证据存在矛盾，全案证据足以证实刘某某具有贩卖毒品的主观故意和客观行为。具体理由如下：

1. “合理怀疑”不尽合理。被告人刘某某的辩解明显与其他在案证据相互矛盾，人民法院以存在“合理怀疑”为由作出无罪判决系确有错误。刘某某辩解自己经营燕窝生意，案发前一天去过汕尾购买走私燕窝，却无法验证和登录自己的微商账号，也提供不出下线微商或者客户的联系方式；刘某某辩解其与周某交易的系燕窝，但双方言语隐晦，短信、微信记录有大量疑似毒品交易的行话、黑话，与燕窝交易习惯不符；刘某某称开车带“货”贩卖，但车上的“货”只有毒品没有燕窝；周某不具备购买甲基苯丙胺 1 千克的经济条件，刘某某辩解毒品归周某所有无其他证据印证。本案侦查工作中存在的问题和部分证言的变化并不影响证据的真实性、客观性，并未切断全案证据链条。证人周某在举报电话中，称她与被举报人刘某某认识，因担心被打击报复而不愿意提供自己的个人情况、不愿意进行指认，并在开庭审理时当庭改变部分证言，但其一直稳定陈述本案基本事实，不能就此否认其证言的证据效力。

2. 在案证据足以证实刘某某具有贩卖毒品的主观故意和客观行为。检察机关提起公诉时提交的被告人刘某某手机中的微信语音、声纹鉴定书、通话清单和银行交易流水，以及刘某某驾车赴粤东往返的交通监控视频截图等证据，足以证实刘某某从粤东不法分子处购得毒品，并准备在案发当天通过周某卖出。从刘某某手机里存储的大量毒品交易行话和暗语，可以看出其从事毒品交易至少一年时间，案发前一天还有周某以外的其他人准备向刘某某购买毒品。综合原有证据及抗诉期间补充完善的毒品上家陈某的有罪供述、周某关于部分证言改变的原因等证据，足以证实涉案毒品系刘某某案发前在陆丰市向陈某购买并带回广州准备贩卖的事实。

需要说明的是，本案已在三级法院七次开庭审理，而且人民检察院在开庭审理前已向刘某某及其辩护人开示新证据，充分听取了辩方意见，依法充分保障了当事人诉讼权利，鉴于本案事实清楚，证据确实、充分，广东省人民检察院建议省高级人民法院依法改判被告人有罪。

（三）抗诉结果及案件后续情况

2019 年 6 月 7 日，广东省高级人民法院经审理依法作出终审判决，采纳抗诉意见，以贩卖毒品罪判处刘某某无期徒刑。

判决生效后，刘某某约见检察官，认罪悔罪，主动承认人民检察院指控的全部犯罪事实，并指认了上家陈某。2020 年 7 月 6 日，陈某因贩卖甲基苯丙胺 22 千克，被广州市中级人民法院判处死刑立即执行，陈某未提出上诉，2023 年 3 月已被执行死刑；向陈某购买甲基苯丙胺 21 千克的凌某等 4 人，被广州市中级人民法院以贩卖毒品罪判处死刑、无期徒刑等刑罚，判决已生效。

【指导意义】

（一）正确适用排除合理怀疑的证据规则。合理怀疑是指以证据、逻辑和经验法则为根据的怀疑，即案件存在被告人无罪的现实可能性。办理刑事案件要综合审查全案证据，考虑各方面因素，对所认定事实排除合理怀疑并得出唯一性结论。对于不当适用“合理怀疑”作出无罪判决的，人民检察院要根据案件证据情况，认真审查法院判决无罪的理由。对于确有必要的，要补充完善证据，以准确排除“合理怀疑”，充分支持抗诉意见和理由。针对被告人的无罪辩解，要注意审查辩解是否具有合理性，与案件事实和证据是否存在矛盾。对于证人改变证言的情形，要结合证人改变的理由、证人之前的证言以及与在案其他证据印证情况进行综合判断。经综合审查，如果案件确实存在“合理怀疑”，应当坚持疑罪从无原则，依法作出无罪的结论；如果被告人的辩解与全案证据矛盾，或者无客观性证据印证，且与经验法则、逻辑法则不相符，应当认定不属于“合理怀疑”。

（二）对于行为人不认罪的毒品犯罪案件，要根据在案证据，结合案件实际情况综合判断行为人对毒品犯罪的主观“明知”。人民检察院在办理案件中，判断行为人是否“知道或者应当知道行为对象是毒品”，应综合考虑案件中的各种客观实际情况，依据实施毒品犯罪行为的过程、行为方式、毒品被查获时的情形和环境等证据，结合行为人的年龄、阅历、智力及掌握相关知识情况，进行综合分析判断。并且用作推定行为人“知道或者应当知道行为对象是毒品”的前提的事实基础必须有确凿的证据证明。

（三）对于查清事实后足以定罪量刑的抗诉案件，如未超出起诉指控范围的，人民检察院可以建议人民法院依法直接改判。根据《中华人民共和国刑事诉讼法》第二百三十六条规定，对于原判决事实不清或者证据不足的，第二审人民法院在查清事实后可以依法改判或者发回重审。司法实践中，对于人民检察院提出抗诉后补充的证据，如果该证据属于补强证据，认定的案件事实没有超出起诉指控的范围，且案件已经多次开庭审理，应当综合考虑诉讼经济原则和人权保障的关系，建议人民法院在查明案件事实后依法改判。

【相关规定】

《中华人民共和国刑法》第三百四十七条

《中华人民共和国刑事诉讼法》（2018 年修正）第五十五条、第二百二十八条、第二百三十二条、第二百三十六条

《人民检察院刑事诉讼规则（试行）》（2013 年 1 月施行）第五百八十二条、第五百八十四条、第五百八十九条（现为 2019 年 12 月施行的《人民检察院刑事诉讼规则》第五百八十三条、第五百八十四条、第五百八十九条）

李某抢劫、强奸、强制猥亵二审抗诉案

（检例第180号）

【关键词】

二审抗诉　间接证据的审查运用　电子数据　发现新的犯罪事实　补充起诉

【要　旨】

对于认定事实、适用法律存在争议的抗诉案件，人民检察院要全面收集、审查判断和综合运用证据，充分利用技术手段收集电子数据，注重运用间接证据完善证据链条，确保准确认定犯罪事实和适用法律。如果在二审抗诉案件办理过程中，发现漏罪线索，应当及时移送公安机关侦查，经查证属实的，建议人民法院发回重审，由人民检察院对新的犯罪事实补充起诉，依法保障被告人的上诉权。人民检察院要加强反向审视，通过办理抗诉案件，发现和改进审查逮捕、审查起诉工作中存在的问题和不足。

【基本案情】

被告人李某，男，1986年11月出生，无业。

2016年6月26日16时许，被害人荣某向天津市公安局和平分局某派出所报案称，李某盗窃其支付宝账户4000元。公安机关经侦查发现，李某于2016年3至6月间通过网络社交平台结识多名女性。2016年6月24日18时许，李某在某商场附近约见被害人荣某，当日22时许将其带至李某预定的快捷酒店房间内，随后趁荣某昏睡之际，使用其指纹解锁手机，窃取荣某支付宝账户内人民币4000元。李某还采用同样手段，分别于同年3月、5月在同一酒店窃取被害人于某、常某人民币500元、1000元。7月13日，李某被抓获归案。10月18日，公安机关以李某涉嫌盗窃罪移送天津市和平区人民检察院审查起诉。

2017年4月25日，天津市和平区人民检察院以抢劫罪对李某提起公诉，指控李某于2016年6月24日约见被害人荣某，在吃饭过程中，趁其不备，向饮料中投放可致人昏迷的不明物质，并于当日22时许将其带至快捷酒店房间内。其间，李某趁荣某昏睡之际，使用其指纹解锁，打开其手机并将其支付宝账户内4000元转入自己支付宝账户。李某还采用同样手段，分别于同年3月、5月在上述酒店劫取被害人于某、常某人民币500元、1000元。

2018年3月20日，天津市和平区人民法院作出一审判决，仅认定李某秘密窃取被害人荣某4000元的犯罪事实，且认为李某基本能够如实供述盗窃犯罪事实，退缴赃款，从轻判处李某有期徒刑一年十一个月，并处罚金4000元。

【检察机关履职过程】

（一）提出和支持抗诉

天津市和平区人民检察院认为，一审判决认定被告人李某犯盗窃罪系事实认定错误、适用法律不当，量刑畸轻，李某的行为符合抢劫罪的构成要件，应当认定为抢劫罪。2018年3月30日，天津市和平区人民检察院向天津市第一中级人民法院提出抗诉，并报请天津市人民检察院第一分院支持抗诉。2018年9月28日，天津市人民检察院第一分院支持抗诉。

天津市人民检察院第一分院在审查支持抗诉期间，针对一审阶段检法之间存在的分歧，特别是一审法院认为本案在缺乏直接证据的情况下，间接证据构筑的证明体系不能排除合理怀疑的观点，组织技术力量破解了在一审阶段始终未能破解的李某电脑硬盘加密分区，发现李某还涉嫌在2013年至2016年6月间，强奸、强制猥亵犯罪及其他抢劫犯罪线索，遂移送公安机关进一步侦查。通过提取到的大量不雅照片和视频，确定了15名潜在被害人的身份信息，进而发现有多名女性在不知情的情况下被强奸、猥亵并被拍摄视频和照片。这些被害人互不相识，但与李某的交往经历和受侵害的遭遇基本相似，充分印证了被李某投放药物后处于“不知反抗、不能反抗”的状态。同时，转换侦查思路，多方查找李某获取精神类药物的途径和方式。通过调取李某社保卡记录，发现其多次以失眠抑郁、癫痫疾病为由开具精神类药物，并收集证据证实其从未患有过精神类疾病的客观事实。

（二）抗诉意见和理由

天津市检察机关认为，一审法院关于“不能证实被告人李某向被害人饮品中投放不明物质；不能证实被害人的血液、尿液中有可致人昏迷的不明物质；不能证实被害人系在‘不知反抗、不能反抗’状态下被劫取财物；无法排除李某与被害人之间存在正当经济往来的合理辩解，检察机关指控的抢劫罪名不能成立”的认定不当。本案区分盗窃罪与抢劫罪的关键在于被告人是否使用暴力、胁迫以外的其他方法使被害人不能反抗以劫取财物。在案证据能够证实被告人李某构成抢劫罪而不是盗窃罪，李某系有预谋、有准备地采用投放药物致人昏迷的惯用手段，多次实施抢劫、强奸、强制猥亵犯罪。具体理由如下：

1. 在案证据能够证实被告人李某在饮品中投放了可以致人昏迷的药物。饭店监控录像、被害人陈述与证人证言相互印证，证实李某与被害人用餐之前或者就餐期间外出购买饮料向被害人提供；多名被告人的同学、朋友及同监室人员证实李某曾向其“炫耀”给人下药并发生性关系的犯罪事实；社保卡购药记录、证人证言均证实李某在未患有相关疾病情况下却购买了精神类药物。

2. 现有证据可以证实被害人与李某之间不存在正常经济往来。从转账金额看，多名被害人证实支付宝转账金额与李某辩称的AA制消费金额存在矛盾；从转账时间看，被害人证实在此段时间自己并不需要现金，不存在转账后从李某处换取现金的必要性；从转账时的状态看，多名被害人陈述自己当时出现头晕、意识不清的状况，后被带至酒店或者居住地昏睡，转账时段处于昏迷状态，不可能主动转账给李某，且有的被害人直至公安人员向其询问，才发现曾经转账给李某的事实。

3. 在案证据已经形成完整证据链。各被害人对于同李某交往过程中的经历和受侵害的情况高度相似，均是喝了李某提供的水或者饮料后从头晕到意识不清再到完全昏迷，被害人之间互不相识，这种特殊经历绝非偶然；李某的手机搜索浏览记录，证实其曾多次查询“怀疑被下药没证据报警管用吗”“某时尚广场5楼及影院有监控吗”“女人被下药是什么表现”等信息；李某在作案后，为逃避法律制裁，还曾假借被害人名义在网上向律师咨询“未经同意支付宝转账行为”的法律后果；多名被害人证实李某在与其交往过程中或者见面吃饭时，存在劝说被害人将手机支付密码改为指纹支付的情况；被害人陈述案发时处于昏迷状态，与在案照片、视频录像显示的情况一致，且与专家意见证实的药物药理、药效相互印证，被害人荣某报案时已近48小时，因药物代谢原因身体内未提取到药物成分残留具有合理性。

综上，全案证据证实，被告人李某通过网络社交平台专门结识年轻女性，犯罪对象不特定，且同时与多名被害人交往，交往中劝说对方将手机屏保更改为指纹解锁，并提前购买精神类药物、预定酒店房间，见面后观察被害人手机支付方式、打探支付密码，在饮品中投放精神类药物，随后将饮用饮品后意识不清的被害人带至酒店房间，实施犯罪。

（三）发回重审和补充起诉

2018年9月29日，天津市第一中级人民法院采纳检察机关意见，裁定撤销原判，发回重审。2019年5月31日，天津市和平区人民检察院补充起诉，指控被告人李某于2013年至2016年间，采用在饮料中投放精神类物质致被害人昏迷的方式，劫取被害人吴某银行卡内钱款1500元；强行与李某某、刘某、常某、于某等4人发生性关系，强制猥亵杨某1人。

（四）抗诉结果及后续情况

2019 年 12 月 20 日，天津市和平区人民法院经审理，采纳人民检察院抗诉意见和指控意见，认定被告人李某犯抢劫罪，判处有期徒刑十五年，剥夺政治权利二年，并处罚金人民币二十万元；犯强奸罪，判处有期徒刑十五年，剥夺政治权利二年；犯强制猥亵罪，判处有期徒刑三年，数罪并罚，决定执行有期徒刑二十年，剥夺政治权利四年，并处罚金人民币二十万元。一审宣判后，李某提出上诉。天津市第一中级人民法院二审裁定驳回上诉，维持原判。

天津市人民检察院第一分院针对李某骗购精神类药物的管理漏洞，依法向医疗卫生主管部门制发检察建议，推动医疗卫生主管部门开展药品使用管理专项整治，出台精神类药物管理规范；沟通协商市妇女联合会，邀请妇女法律心理帮助中心的专业心理咨询师，对受害女性进行心理疏导；围绕本案起诉指控犯罪过程中存在的问题，建立重大疑难复杂刑事案件审查起诉报告机制、刑事抗诉案件会商机制，进一步改进、规范和提高办案质量，提升办案效果。

【指导意义】

（一）注重收集电子数据在内的客观性证据，充分运用间接证据，综合其他在案证据形成完整证据链证明案件事实。对于以间接证据认定犯罪的，要综合在案证据之间相互印证，运用证据推理符合逻辑和经验，根据证据认定事实排除合理怀疑，全案证据形成完整的证据链等准确认定。对每一份间接证据，均要确认其真实性、合法性，充分挖掘证据与事实之间、证据与证据之间的关联性，增强间接证据的证明力。在收集、固定证据过程中，要注意收集和运用电子数据证实犯罪，实现科技强检在完善证据链条，追诉漏罪漏犯，指控证明犯罪等方面的效能。

（二）在二审抗诉案件办理过程中，如发现新的犯罪事实的，人民检察院应当移送公安机关侦查，查证属实的，建议人民法院发回重审，由人民检察院补充起诉。人民检察院在二审抗诉过程中，如果发现原判决事实不清楚，存在新的犯罪事实的，应当要求公安机关侦查并移送起诉。为充分保障被告人对补充起诉的犯罪事实的上诉权，人民检察院应当建议二审法院裁定撤销原判、发回重审，待公安机关侦查终结移送审查起诉后，由人民检察院补充起诉，做到既全面、准确、有力打击犯罪，又保障被告人依法享有的上诉权。

（三）在办理抗诉案件中要加强反向审视，发现和改进捕诉工作中存在的问题和不足。高质效办好每一个案件，事实证据是基础和前提。有的抗诉案件会暴露出审查逮捕、审查起诉环节存在的审查不细、把关不严、举证不力等问题。人民检察院应当通过办理抗诉案件，加强反向审视，及时分析和研究这些问题产生的原因，加以改进、规范和提高，提升办案能力，确保办案质量。

【相关规定】

《中华人民共和国刑法》第二百三十六条、第二百三十七条、第二百六十三条、第二百六十四条

《中华人民共和国刑事诉讼法》(2018 年修正)第二百二十八条、第二百三十二条、第二百三十六条

《人民检察院刑事诉讼规则(试行)》(2013 年 1 月施行)第三百六十八条、第五百八十二条、第五百八十四条、第五百八十九条(现为 2019 年施行的《人民检察院刑事诉讼规则》第三百三十四条、第五百八十三条、第五百八十四条、第五百八十九条)

《人民检察院检察建议工作规定》(2019 年施行)第三条、第十一条

孟某某等人组织、领导、参加黑社会性质组织、寻衅滋事等犯罪再审抗诉案

（检例第 181 号）

【关键词】

再审抗诉　裁定准许撤回上诉　自行侦查　补充追加起诉　强化监督履职

【要　旨】

被告人不服第一审判决，上诉后又在上诉期满后申请撤回上诉、人民法院裁定准许的，如果人民检察院认为该一审判决确有错误，作出准许撤回上诉裁定人民法院的同级人民检察院有权依照审判监督程序提出抗诉。抗诉后人民法院指令按照第一审程序审理的案件，人民检察院发现原案遗漏犯罪事实的，应当补充起诉；发现遗漏同案犯罪嫌疑人的，应当追加起诉，并建议人民法院对指令再审的案件与补充、追加起诉的案件并案审理，数罪并罚。人民检察院在办案中应当强化监督，充分运用自行侦查与侦查机关（部门）补充侦查相结合的方式，加强侦检监衔接，深挖漏罪漏犯，推进诉源治理，把监督办案持续做深做实。

【基本案情】

被告人孟某某，男，1971 年 1 月出生，某采砂场主。

被告人张某，男，1989 年 10 月出生，无业，孟某某黑社会犯罪集团积极参加者。

其余 10 名被告人基本情况略。

2014 年至 2016 年 5 月，被告人孟某某等人在没有办理采砂许可证的情况下，在微山湖水域前程子段（可采砂区域，需持有采砂许可证）租用他人鱼塘私自开挖航道，利用砂泵船非法采砂共 29 万余吨，价值人民币 800 余万元；2014 年 11 月至 2016 年 5 月，被告人孟某某等人在明知南四湖水域系国家禁止采砂区域的情况下，仍在南四湖水域刘香庄段开辟非法采砂区域，非法采砂共 23 万余吨，价值人民币 749 余万元。

2014 年 3 月 3 日，被告人孟某某等人阻碍渔政站执法人员查获采砂船上

用于非法采砂的两桶柴油和一些维修工具，用汽车将执法车辆前后堵住，言语辱骂、威胁执法人员，抢走被依法扣押的柴油和维修工具。2014 年 4 月 3 日，被告人孟某某等人驾车将在微山县张楼水域执法的警车截停，言语威胁执法民警，整个过程持续约 10 分钟，后孟某某等人见目的无法达到遂离去。2015 年 3 月 12 日，被告人张某等人驾驶多艘摩托艇冲撞在微山湖张楼水域执法巡逻的船只，并在执法船周围快速行驶盘旋，形成巨大波浪，阻碍执法船接近采砂船。张某还驾驶摩托艇冲撞执法船，造成执法船进水，并向执法船投掷石块、泥块等。

2016 年 2 月 26 日，被告人孟某某等人驾驶快艇围堵在微山湖水域张楼湖面捕鱼的韩某某、李某某，并在湖面的一个土堆上，使用竹竿等对二人进行殴打，致韩某某轻伤、李某某轻微伤。

2016 年 12 月 7 日，江苏省徐州市沛县人民检察院以非法采矿罪、妨害公务罪、寻衅滋事罪对孟某某等 12 人提起公诉。沛县人民法院经审理认为，检察机关指控的非法采矿罪不构成禁采区的从重规定；3 起妨害公务犯罪事实仅能够认定 1 起；寻衅滋事罪定性不当，应当认定为故意伤害罪。2017 年 6 月 26 日，沛县人民法院对孟某某等 12 人以非法采矿罪、妨害公务罪、故意伤害罪判处十个月至四年十个月不等的有期徒刑。一审宣判后，有两名被告人提出上诉，后又申请撤回上诉。2018 年 2 月 9 日，徐州市中级人民法院裁定准许撤回上诉，一审判决自裁定送达之日起生效。

【检察机关履职过程】

（一）提出抗诉

徐州市人民检察院在对同级人民法院作出的裁定进行审查时发现，原审判决事实认定、法律适用错误，量刑畸轻，且存在遗漏犯罪事实、遗漏同案犯的重大线索，2018 年 3 月 15 日，按照审判监督程序向徐州市中级人民法院提出抗诉。

（二）抗诉意见和理由

徐州市人民检察院认为，原审判决事实认定、法律适用错误，量刑畸轻。具体理由如下：

1. 原审判决未认定禁采区情节不当。行政机关依法公告微山湖水域为禁采区，并多次开展执法检查，同期多起类似案件的生效判决亦认定该区域为禁采区。

2. 原审判决未认定妨害公务犯罪部分事实不当。证人证言、执法记录仪以及执法人员陈述能够证实孟某某等人多次抗拒执法，纠集多人威胁、辱骂执法人员，驾车逼停执法车辆，破坏执法船只，抢夺被扣押物品，导致执法活动无法正常进行。

3. 原审判决改变寻衅滋事定性不当。被害人韩某某、李某某陈述称案发当天去湖里逮鱼时，遭到孟某某等人围堵、殴打，强迫下跪并被录像。不能因为此前双方存在纠纷就将孟某某等人的围堵、殴打行为认定为故意伤害罪。孟某某等人为谋取不法利益或者形成非法影响，有组织地非法划定水域采砂，追逐、拦截、殴打渔民，致人轻伤，严重破坏社会秩序，情节恶劣，应认定为寻衅滋事罪。

2018 年 9 月 21 日，徐州市中级人民法院指令沛县人民法院再审。2019 年 4 月 1 日，因沛县人民法院存在不适宜继续审理的情形，徐州市中级人民法院裁定撤销原判，指定云龙区人民法院按照第一审程序审判。

（三）检察机关自行侦查

徐州市人民检察院组织专门力量，调取关联案件，审查发现以孟某某为首的非法采矿团伙成员共 20 余人，已有多起案件在山东、江苏的法院审查处理，另有多起犯罪事实、多条犯罪线索未查证，还存在公职人员入股经营等问题，很可能是涉及自然资源领域的黑社会性质组织犯罪，于是开展了自行侦查工作。

1. 走访行政执法人员、周边群众等相关证人 56 人，调取禁止非法采砂通告、渔政部门执法录像、未有效处理报警记录、伤情鉴定等证据 32 份，补强了微山湖水域系禁采区及孟某某等人妨害公务犯罪的证据。

2. 围绕该团伙暴力抗拒执法、争夺采砂区域、组织架构层次、“保护伞”线索等方面，查实了孟某某等人利用组织势力和影响力强行购买渔民鱼塘，与其他非法采砂势力争夺地盘、聚众斗殴，拉拢腐蚀执法人员、基层组织人员，随意殴打、辱骂村民，在禁渔期内非法捕捞水产品等未处理的违法犯罪事实和线索。

3. 向公安机关通报案件情况，对孟某某等人组织、领导、参加黑社会性质组织、对非国家工作人员行贿等犯罪行为监督立案，对遗漏的楚某等人非法采矿、寻衅滋事等犯罪要求侦查并移送起诉，共涉及漏犯 16 人、新增罪名 7 个、新增犯罪事实 18 起。

4. 深挖职务犯罪并向纪委监委移送违法违纪线索。

（四）裁判结果及职务犯罪线索查处情况

2019 年 6 月，云龙区人民检察院对孟某某等 28 人以涉嫌组织、领导、参加黑社会性质组织罪，抢劫罪，强迫交易罪，聚众斗殴罪，非法捕捞水产品罪，行贿罪，对非国家工作人员行贿罪等补充、追加起诉。2020 年 9 月 29 日，云龙区人民法院采纳人民检察院抗诉意见和指控意见，对被告人孟某某以组织、领导、参加黑社会性质组织罪，抢劫罪，非法采矿罪，强迫交易罪，聚众斗殴罪，寻衅滋事罪，妨害公务罪，非法捕捞水产品罪，行贿罪，对非国家工作人员行贿罪，数罪并罚，决定执行有期徒刑十九年，其余27名被告人分别被判处二年三个月至十二年六个月不等的有期徒刑。一审宣判后，孟某某等人提出上诉。2021年3月15日，徐州市中级人民法院裁定驳回上诉，维持原判。

该组织“保护伞”沛县公安局原民警张某、郑某，沛县国土资源局矿管科原科长李某等5人，分别犯受贿罪、徇私枉法罪被判处五年六个月至一年六个月不等的有期徒刑，另有11名公职人员被给予党纪政纪处分。

（五）依法能动履职，推进诉源治理

在案件办理期间，云龙区人民检察院对孟某某等人非法采矿、非法捕捞水产品行为，依法提起刑事附带民事公益诉讼。2021年4月6日，云龙区人民法院判决孟某某等人承担生态环境修复费用451万元。同时，针对案件反映出来的基层治理问题，云龙区人民检察院与沛县人民检察院沟通后发出检察建议，推动政府职能部门从加强廉政教育、基层组织建设等方面进行整改；沛县人民检察院牵头公安、水利、环保、南四湖下级湖水利管理局等单位联合召开“打击破坏环境犯罪，保护微山湖生态座谈会”，与山东省微山县人民检察院建立扫黑除恶专项斗争协作机制，开展沛微“南四湖自然保护区生态环境保护暨公益诉讼专项活动”协作，以个案办理推动微山湖周边综合治理。

【指导意义】

（一）法院裁定准许撤回上诉后，生效的第一审裁判确有错误应当提出抗诉的，作出裁定的人民法院的同级人民检察院有权依照审判监督程序提出抗诉；法院指令再审后，人民检察院发现漏罪漏犯的，应当补充追加起诉。依据《最高人民法院关于适用〈中华人民共和国刑事诉讼法〉的解释》，在上诉期满后要求撤回上诉的，二审法院经审查作出准许被告人撤回上诉裁定后，第一审判决、裁定自准许撤回上诉裁定书送达上诉人之日起生效。法院对案件作出实体处理并发生法律效力的判决是第一审判决，如果上一级人民检察院认为该判决确有错误的，有权依照审判监督程序提出抗诉。抗诉后人民法院指令按照第一审程序再审的案件，人民检察院发现原案遗漏犯罪事实的，应当补充起诉；发现遗漏同案犯罪嫌疑人的，应当追加起诉，并建议人民法院对指令再审的案件与补充、追加起诉的案件并案审理，数罪并罚。

（二）检察机关要强化监督意识，充分发挥监督职能，加强自行侦查，积极引导侦查取证。对同案不同判、漏罪漏犯的审判监督线索，人民检察院应当以必要性、适度性、有效性为原则，开展自行侦查。灵活运用多种取证手段，通过实地勘查、调取书证、走访询问证人等方式，增强办案亲历性，完善指控证据体系；对事实、证据存在问题的案件，检察机关应当及时退回侦查机关开展补充侦查，列明详细的补充侦查提纲，督促及时补充完善证据。强化检警协作和监检衔接，通报研判案情，准确列明补充侦查提纲，与侦查、调查人员充分沟通查证要点，深挖彻查漏罪漏犯，全面、准确打击犯罪。

（三）人民检察院应当以个案的能动履职、融合履职，助推诉源治理。人民检察院在办案过程中，要全面深入履行法律监督职责，加强立案监督、侦查活动监督和审判监督，深挖漏罪漏犯，监督纠正确有错误的判决，做到罚当其罪；要强化能动履职，将检察办案职能向社会治理延伸，针对个案发现的社会治理问题，通过提出检察建议、开展司法救助、做好普法宣传、开展区域联合、部门协作等方式，促进相关行业、领域健全完善规章制度，推进源头防治；对环境资源领域的犯罪行为，要融合发力，同步提起刑事附带民事公益诉讼，助力生态环境保护，实现“治罪”与“治理”并重，服务经济社会发展大局。

【相关规定】

《中华人民共和国刑法》第二百七十七条、第二百九十三条、第三百四十三条

《中华人民共和国刑事诉讼法》（2018 年修正）第一百一十三条、第二百五十四条

《最高人民法院关于适用〈中华人民共和国刑事诉讼法〉的解释》（2013 年 1 月施行）第三百零八条（现为 2021 年施行的《最高人民法院关于适用〈中华人民共和国刑事诉讼法〉的解释》第三百八十六条）

《人民检察院检察建议工作规定》（2019 年施行）第三条、第十一条

宋某某危险驾驶二审、再审抗诉案

（检例第182号）

【关键词】

接续抗诉　危险驾驶罪　不起诉的内部监督制约　司法鉴定的审查判断

【要　旨】

人民检察院应当依法规范行使不起诉权，通过备案审查等方式加强对不起诉决定的内部监督制约，着力提高审查起诉工作水平和办案质量。对于就同一专门性问题有两份或者两份以上的司法鉴定意见，且结论不一致时，检察人员要注重从鉴定主体的合规性、鉴定程序的合法性、鉴定方法的科学性、鉴定材料的充分性及分析论证的合理性等方面进行实质化审查。对于提出抗诉的案件，为确保抗诉效果，人民检察院可以通过自行侦查进一步补强证据，充分支持抗诉意见和理由，通过接续抗诉，持续监督，全面履行刑事审判监督职责，维护司法公正。

【基本案情】

被告人宋某某，男，1980年2月出生，海南省海口市某局原科员。

2015年11月16日20时22分许，被告人宋某某驾车自西向东从海口市滨海大道右拐驶入长怡路，行驶至长怡新村东门处停下，宋某某从车上下来走到马路对面人行道上睡觉。这一过程被正在长怡新村东门站岗的武警战士张某某看到，张某某遂向排长温某某、班长陈某某报告，二人随即赶到现场查看，当时在该路段巡逻的城管队员发现该情况后报警，随后交警到达现场处理。经抽血检验，宋某某血样酒精浓度为213mg/100ml。同日19时40分许，被害人张某驾驶电动车在海口市滨海大道长安路口处被一车辆碰撞，肇事车辆逃逸。经鉴定，事故现场的散落物系从宋某某轿车的前车头右侧部位分离出来的，确认该轿车前车头右侧部位碰撞到电动车的后尾部。被害人张某损伤程度评定为轻微伤。同年11月18日，宋某某因涉嫌危险驾驶罪被海口市公安局决定取保候审。案发后，宋某某妻子吴某某与被害人张某达成协议，一次性赔偿被害人经济损失42000元，张某对车主表示谅解。

公安机关侦查终结后，2015年12月18日以宋某某涉嫌危险驾驶罪向海口市秀英区人民检察院移送审查起诉。2016 年 6 月 3 日，秀英区人民检察院认为该案认定宋某某危险驾驶的事实不清、证据不足，不符合起诉条件，对宋某某作出不起诉决定，同日报上级检察院备案审查。海口市人民检察院审查后报海南省人民检察院。海南省人民检察院经审查，认为不起诉决定有误，要求秀英区人民检察院纠正。2017 年 3 月 23 日，秀英区人民检察院撤销原不起诉决定，同月 29 日以危险驾驶罪对宋某某提起公诉。2017 年 9 月 28 日，秀英区人民法院经审理认为，检察机关指控宋某某犯危险驾驶罪的事实不清、证据不足，判决宋某某无罪。

【检察机关履职过程】

（一）第一次二审抗诉

2017 年 10 月 9 日，秀英区人民检察院向海口市中级人民法院提出抗诉。2017 年 11 月 18 日，海口市人民检察院支持抗诉。

针对一审法院关于“检察机关证明涉案车辆由宋某某驾驶的证据均属间接证据，尚不能形成完整的证据链，不能排除其间有其他人驾驶车辆的可能性，依据现有证据不能排除合理怀疑，难以得出唯一结论，检察机关指控被告人犯危险驾驶罪的事实不清、证据不足”的无罪判决理由，海口市检察机关认为，一审法院片面采信被告人辩解，确有错误，在案证据足以证实案发时宋某某系该涉案车辆驾驶员。

1. 有充分证据证实案发时宋某某系该车驾驶员。本案目击证人张某某证言客观详细，多次证言稳定一致，能够证实宋某某从车上下来，且当时车上只有一人；温某某等多名证人证言均证实宋某某就是醉酒躺在绿化带边人行道上的人；出警经过、到案经过及《道路交通事故认定书》等书证，亦认定宋某某是该车驾驶员。

2. 宋某某关于小轿车不是其驾驶的辩解不应采信。宋某某辩解小轿车由“魏某”驾驶，但“魏某”身份信息无法核实，其手机号码已经停机，宋某某关于如何认识“魏某”以及两人偶然碰到并一起吃饭的辩解前后矛盾；目击证人张某某证实宋某某系从驾驶位下车，多名证人均证实醉卧街边的宋某某身边无人陪伴，车内没有其他人；宋某某供述只喝了一罐啤酒，但一罐啤酒致餐后近 5 个小时的宋某某血液酒精浓度含量高达 213mg/100ml，处于严重醉酒状态且大量呕吐，不符合常理。因此，宋某某的辩解无其他证据印证，且其辩解理由超出日常生活经验，内容真实性存疑，宋某某的辩解不应采信。

同时，为充分说明抗诉意见和理由，检察机关在提出抗诉后，提取了案发路段的监控录像检材并委托广东杰思特声像资料司法鉴定所进行了鉴定，鉴定意见（以下简称“粤杰思图像鉴定意见”）为：“送检监控录像记录：2015 年

11 月 16 日 20 时 20 分 41 秒，出现在‘滨海大道——长怡路’被监控路面的银灰色嫌疑小轿车驾驶员，与被鉴定人宋某某，是同一人。”

2017 年 12 月 28 日，海口市中级人民法院裁定发回秀英区人民法院重审。在秀英区人民法院审理过程中，被告人宋某某不服“粤杰思图像鉴定意见”，秀英区人民法院分别委托西南政法大学司法鉴定中心、广东天正司法鉴定中心对上述视频监控图像与被告人宋某某的同一性进行重新鉴定。2018 年 9 月 20 日、21 日，西南政法大学司法鉴定中心、广东天正司法鉴定中心分别作出书面意见，认为检材人像颜面高度模糊，不具备视频人像鉴定条件。2018 年 12 月 4 日，秀英区人民法院经审理认为，证实宋某某犯危险驾驶罪的证据不足，不能排除合理怀疑，再次判决宋某某无罪。

（二）第二次二审抗诉

2018 年 12 月 13 日，秀英区人民检察院第二次提出抗诉。2019 年 5 月 17 日，海口市人民检察院支持抗诉。

除第一次二审抗诉时提出的抗诉理由之外，海口市人民检察院提出以下抗诉意见和理由：

1. 秀英区人民法院未采纳“粤杰思图像鉴定意见”不当。“粤杰思图像鉴定意见”内容客观真实，鉴定程序合法，鉴定机构和鉴定人适格，应采信作为本案的证据之一使用。一是调取在案的鉴定机构及鉴定人资质证书及侦查机关到广东省司法厅调取的两名鉴定人资质证明等证据，证实鉴定机构及鉴定人适格。二是该鉴定意见与此前该图像鉴定中心第一次鉴定出具的“是一名男性”的意见，是根据不同委托范围而出具的鉴定意见，并不矛盾，而是进一步证实了本案事实。且该份证据仅是本案的其中一份证据，并非唯一，该份证据与在案其他证据共同达到确实、充分的证明程度，共同证明本案事实。三是秀英区人民法院重新委托的西南政法大学司法鉴定中心和广东天正司法鉴定中心所作的“不能对同一份检材进行鉴定”的意见，并不能否定“粤杰思图像鉴定意见”的客观真实性。

2. 道路交通管理部门出具的《道路交通事故认定书》和《道路交通安全违法行为处理通知书》是本案证据链重要一环，认定事故发生是由于宋某某醉酒驾驶机动车，肇事后逃逸和当事人张某驾驶电动自行车未在非机动车道内行驶而造成的，据此认定宋某某承担事故的全部责任。该份证据佐证了张某某的证言，也与其他证据所证实的内容相互吻合，形成证据链，一审判决对此不予采信明显不当。

海口市中级人民法院经审理认为，用以证明本案事实的证人张某某的证言没有其他证据与之印证，不能排除合理怀疑；西南政法大学司法鉴定中心和广东天正司法鉴定中心均认定同样的检材不具备人像鉴定条件，而“粤杰思图像鉴定意见”所依据的同样检材作出同一性结论意见，比较论证后“粤杰思图像鉴定意见”缺乏可靠性。原审判决认定事实和适用法律正确，据此认定原审被告人宋某某无罪正确。2019 年 9 月 2 日，海口市中级人民法院作出终审裁定，驳回抗诉，维持原判。

（三）再审抗诉

2019 年 9 月 29 日，海口市人民检察院认为原判确有错误，提请海南省人民检察院按照审判监督程序抗诉。2019 年 12 月 27 日，海南省人民检察院向海南省高级人民法院提出抗诉。抗诉期间，承办检察官新发现了案发路面监控抓拍的影像资料，遂委托上海市人民检察院司法鉴定中心对该影像中出现的小轿车驾驶员与原审被告人宋某某进行同一性鉴定。鉴定意见再次证实，案发当晚该车驾驶员所穿的上衣款式、颜色及驾驶员发际线和鼻部特征比对该车车主宋某某醉卧、抽血时所穿的上衣款式、颜色及发际线和鼻部特征，二者具有相似或者相同特征。综合分析原有证据和调取出示的新证据，全案证据更加确实、充分，证据链更加完整，完全排除他人驾车的可能性，能够得出宋某某醉酒驾车的唯一性结论。

（四）抗诉结果

2021 年 6 月 7 日，海南省高级人民法院采纳抗诉意见，裁定撤销原判，改判原审被告人宋某某犯危险驾驶罪，判处拘役六个月，并处罚金二万元。

【指导意义】

（一）人民检察院应当依法规范行使不起诉权，加强对不起诉决定的内部监督制约。依据《人民检察院刑事诉讼规则》，上级人民检察院对于下级人民检察院确有错误的不起诉决定，应当予以撤销或者指令下级人民检察院纠正。对于存在较大争议、具有较大影响的案件，下级人民检察院经审查决定不起诉的，要及时向上级人民检察院备案，上级人民检察院发现存在错误的，应当及时予以纠正。为保证不起诉决定的公正性，各级检察院要充分认识建立健全备案审查工作制度的重要性，及时发现并纠正错误决定，有必要组织听证的，要及时召开不起诉听证会；加强对下业务指导，通过开展定期分析、情况通报、类案总结等，着力提高审查起诉工作水平和办案质量。

（二）人民检察院在办理抗诉案件过程中，要充分履行法律监督职能，坚持接续抗诉、持续监督，确保案件裁判结果公正，以“小案”的客观公正办理体现检察担当。检察机关应当充分履行法律监督职能，上级检察院要加强对下级检察院抗诉工作的指导，紧扣抗诉重点，严把抗诉标准，形成监督合力。对下级检察院正确的抗诉意见，法院不予采纳的，上级检察院应当提供有力支持，与下级检察院接续监督，一抗到底，通过上下级检察院持续监督，确保错误裁判被监督纠正。要用心用情办好每一件“小案”，这是检察机关客观公正义务的基本要求，展现了检察担当和为民情怀。

（三）强化对司法鉴定意见的实质性审查，确保审查结论的客观性、科学性。人民检察院如果发现案件就同一专门性问题有两份或者两份以上的鉴定意见，且结论不一致的，确有必要时，可以依法决定补充鉴定或者重新鉴定。对于司法鉴定意见要加强分析比对和判断鉴别，从鉴定主体的合规性、鉴定程序的合法性、鉴定方法的科学性、鉴定材料的充分性及分析论证的合理性等方面进行实质化审查，结合案件其他事实证据，分析得出科学的审查结论。

【相关规定】

《中华人民共和国刑法》第一百三十三条之一

《中华人民共和国刑事诉讼法》（2018 年修正）第二百二十八条、第二百三十二条、第二百三十六条、第二百五十四条

《人民检察院刑事诉讼规则（试行）》（2013 年 1 月施行）第四百二十五条、第五百九十一条（现为 2019 年施行的《人民检察院刑事诉讼规则》第三百八十九条、第五百九十一条）

充分发挥刑事抗诉监督作用
有效强化刑事审判监督职能

——最高人民检察院第四十五批指导性案例解读*

元 明 张建忠 张 萍 唐守东**

2023年5月26日，最高人民检察院第十四届检察委员会第五次会议审议通过第四十五批指导性案例，这是最高人民检察院发布的以刑事抗诉为主题的第一批指导性案例，共有5件。为加强指导性案例的理解和参照适用，现就案例发布背景、主要特色、指导意义等进行解读。

一、发布背景和意义

检察机关是国家法律监督机关，是保障法律统一正确实施的司法机关。法律监督是检察机关的根本职能，是检察机关的立身之本，在各项法律监督职能中，对司法活动、诉讼活动的监督是重中之重。近年来，全国检察机关认真贯彻落实习近平法治思想，依法履行刑事审判监督职能，在维护当事人合法权益、促进司法公正、保证法律统一正确实施、维护法治权威等方面发挥了重要作用。党的二十大报告要求“强化对司法活动的制约监督”“加强检察机关法律监督工作”，2021年党中央印发的《中共中央关于加强新时代检察机关法律监督工作的意见》要求，“综合运用抗诉、纠正意见、检察建议等监督手段，及时纠正定罪量刑明显不当、审判程序严重违法等问题”“完善审判监督工作机制”。为进一步贯彻落实上述要求，全面、准确履行刑事审判监督职能，充分发挥抗诉指导性案例对于提高刑事抗诉案件质效、维护司法公正的示范引领作用，最高人民检察院将编发抗诉指导性案例列入计划，第二检察厅牵头编选

* 原文载《人民检察》2023年第13期。

** 元明，最高人民检察院第二检察厅厅长、全国检察业务专家；张建忠，最高人民检察院第二检察厅副厅长；张萍，最高人民检察院第二检察厅二级高级检察官、法学博士；唐守东，最高人民检察院第二检察厅检察官助理、法学博士。

刑事抗诉指导性案例。历时一年多，经初审、复审、反复修改、多方征求意见及最高人民检察院案例指导委员会两次讨论，最终从各地选报的315件案例中确定了5件案例。

该批发布的5件指导性案例充分彰显了刑事抗诉的工作理念。孟某某等人组织、领导、参加黑社会性质组织、寻衅滋事等犯罪再审抗诉案（检例第181号）充分体现了强化监督的理念，检察机关在办案过程中，全面深入履行法律监督职能，加强立案监督、侦查活动监督和审判监督，深挖漏罪漏犯，监督纠正确有错误的判决，确保罚当其罪。刘某某贩卖毒品二审抗诉案（检例第179号）深刻揭示了精准监督理念，检察机关准确把握抗诉的必要性条件，对于法院不当适用“合理怀疑”作出无罪判决的，依法提出抗诉，确保司法公正。宋某某危险驾驶二审、再审抗诉案（检例第182号）深入贯彻了合力监督理念，检察机关坚持接续抗诉、持续监督，确保案件裁判结果公正，体现检察担当。需要注意的是，该批刑事抗诉指导性案例具有一个突出特点，即检察机关通过履行刑事审判监督职能，以个案中的能动履职、融合履职助推诉源治理。

二、主要特色

该批指导性案例从案件类型看，涉及普通犯罪、重大犯罪和未成年人犯罪；从抗诉类型看，二审程序抗诉案件3件，审判监督程序抗诉案件2件；从案件本身看，既有法律适用争议，又有事实认定、证据采信和证据审查判断等方面的疑难复杂问题；既有轻罪抗重罪，又有无罪抗有罪，具有典型性和代表性；涉及的实务问题具有普遍性、典型性和重要性，如被告人“零口供”案件、“合理怀疑”的认定、间接证据的审查运用、死刑适用标准以及赔偿谅解协议对量刑的影响等；从提炼规则看，5件案例共提炼抗诉规则15条，其中实体性规则6条，程序性规则5条，工作机制规则4条。

（一）体现了检察机关准确把握刑事抗诉的条件和标准

最高人民检察院颁布的《人民检察院刑事诉讼规则》《人民检察院刑事抗诉工作指引》和《关于加强和改进刑事抗诉工作的意见》对刑事抗诉制度进行规范和细化，对指导刑事抗诉工作实践发挥了重要积极的作用，但是司法实践中遇到的具体问题依然不少。因此，针对现有法律、司法解释没有明确规定的情形，有针对性地选取问题较为普遍、情况较为典型的相关案例作为指导性案例，以点带面，充分说明、阐释相应的情况和问题。重点突出精准抗诉，确保抗诉效果，强调抗诉的必要性条件，健全完善抗诉工作业务指导和上下联动工作机制。

（二）彰显了刑事抗诉制度在司法实践中的重要制度价值

刑事抗诉制度蕴含的制度价值以及检察机关刑事审判监督活动所发挥的使命、担当作用，需要在刑事诉讼司法实践中不断深化并逐步提升。当前，抗诉制度在发挥纠正错误裁判、维护司法公正与法律统一正确适用的传统价值功能的基础上，又进一步拓展了新的功能。其一，在基本功能层面，追求从个案纠错到类案纠偏的转变。其二，除保障法律统一适用的基础功能外，更加注重抗诉制度的社会效果。其三，更加凸显检察机关的客观公正义务，抗诉不仅是检察机关的权力，更是一项重要的法律职责。该批指导性案例，重在彰显上述价值功能，通过案例充分展现检察机关秉持客观公正立场，牢固树立监督意识，着力提高刑事审判监督质量和成效，通过检法对抗性的“交锋”，凸显抗诉制度效果。

（三）突出了刑事抗诉制度与促进诉源治理的深度融合

刑事审判监督是检察机关法律监督的重要组成部分，诉源治理是刑事审判监督充分履职的重要方面。通过刑事抗诉案件的办理，做到精准监督，通过办理一案促进解决一类问题，通过办理一案发现社会治理漏洞并加以改进，通过办理一案强化政治担当、法治担当、检察担当，让人民群众感受到公平正义。5 件案例都不同程度体现了刑事抗诉与诉源治理的深度融合。例如，王某等人故意伤害等犯罪二审抗诉案（检例第 178 号），检察机关在办理抗诉案件的同时，通过多种方式推动全社会一体保护未成年人，为未成年人健康成长营造良好社会环境。针对该案暴露出的城市房屋租赁监管、重点人员管理、街面治安巡查等方面存在的问题，检察机关向相关部门制发检察建议，推进落实整改，加强社会治安防控。又如，李某抢劫、强奸、强制猥亵二审抗诉案（检例第 180 号），检察机关在办理抗诉案件的同时，针对骗购精神类药物的管理漏洞，依法向医疗卫生主管部门制发检察建议，推动医疗卫生主管部门开展药品使用管理专项整治，出台精神类药物管理规范，深度参与社会治理。

三、指导意义

（一）王某等人故意伤害等犯罪二审抗诉案（检例第 178 号）

针对刑事案件常见的赔偿谅解从宽处罚情节，该案提出，检察机关在办理刑事案件中，要对赔偿谅解协议作实质性审查，从谅解主体是否适格、谅解意愿是否自愿真实、谅解内容是否合法、是否附有不合理条件等方面准确判断。该案被告人王某系恶势力犯罪集团的首要分子，利用未成年人实施毒品犯罪，强迫未成年人吸毒，为掩盖毒品犯罪而暴力殴打致未成年人死亡，其犯罪动机卑劣，手段残忍、情节恶劣、社会危害性极大，属于罪行极其严重的情形，应当坚决依法适用死刑。即使该案被告方与被害方达成了谅解协议，也不足以从宽处罚。检察机关在办理审判监督案件中，要加强对未成年人的特殊、优先保护，做到既依法从严惩处侵害未成年人犯罪，又关心关爱未成年人，推动对涉案未成年人的综合帮扶。

（二）刘某某贩卖毒品二审抗诉案（检例第179号）

近年来，因案件存在合理怀疑而判决无罪的情况时有发生，如何正确适用排除合理怀疑，是检察实务中遇到的难题。检察机关要根据案件证据情况，认真审查法院判决无罪的理由，确有必要的，应补充完善证据，以充分支持抗诉意见和理由。同时，对于二审抗诉案件，实务中有观点认为，如果法院二审直接改判一审被判无罪的被告人有罪，属于剥夺了被告人的上诉权，这种情况下，二审法院应以发回重审为宜。该案中指出，对于查清事实后足以定罪量刑的抗诉案件，如果未超出起诉指控范围的，检察机关提出抗诉后补充的证据属于补强证据，检察机关可以建议法院依法直接改判，这是综合考虑诉讼经济原则和人权保障的结果。而且该案被告人在生效判决作出后，还专门约见承办检察官，不仅认罪悔罪，还指认了自己的毒品上家，充分展示了二审直接改判后取得的良好法律效果和社会效果。

（三）李某抢劫、强奸、强制猥亵二审抗诉案（检例第180号）

该案中，被告人李某仅承认盗窃行为，否认实施在饮品中投放精神类药物致被害人处于不知反抗、不能反抗的抢劫行为，其对于抢劫、强奸、强制猥亵犯罪，完全予以否认。在这个意义上讲，该案属于“零口供”案件。如何有效指控和证明犯罪？间接证据的收集、审查和判断就显得尤为重要。该案例的指导意义之一就在于此。对于主要以间接证据认定犯罪的，要综合在案证据进行相互印证、运用证据推理符合逻辑和经验、根据证据认定事实排除合理怀疑、全案证据形成完整的证据链等准确认定。对每一个间接证据，均要确认其真实性、合法性，充分挖掘证据与事实之间、证据与证据之间的关联性，增强间接证据的证明力。同时，要适应社会发展变化，注重收集固定电子数据，着重发挥电子数据在指控证明犯罪、完善证据链条方面的重要作用。该案例的指导意义之二在于，对于二审抗诉过程中发现被告人存在漏罪线索的处理。司法实践中对此存在争议，该案在研究讨论过程中，也存在不同观点。有意见认为，二审法院应当对被告人构成盗窃罪还是抢劫罪进行审理并作出裁判，而对于漏罪可以在查清事实的基础上，由检察机关另行起诉。我们认为，一方面，该案在发现新的犯罪事实的情况下，检察机关应当先移送公安机关侦查，查证属实后，可以建议法院发回重审，由检察机关补充起诉，重审法院并案审理，数罪并罚；另一方面，根据《刑事诉讼法》第 236 条，对原判事实不清的，可以发回重审（该案例在抗诉程序、审理程序上与检例第 179 号存在呼应对照的关系，更加具有指导性和示范引领意义），这种做法是符合法律规定的。而且，发回重审的处理方式更加高质高效，有利于实现量刑平衡，保证法律的统一正确实施。

（四）孟某某等人组织、领导、参加黑社会性质组织、寻衅滋事等犯罪再审抗诉案（检例第 181 号）

该案明确提出，对于法院裁定准许撤回上诉后，如果检察机关认为生效裁判确有错误应当监督纠正的，可以由作出裁定的法院的同级检察机关依照审判监督程序提出抗诉。这一程序问题，是长期困扰司法实务的一个争议问题。有观点认为，该案一审判决生效是基于二审裁定，因此，对案件生效裁判的抗诉，应当由作出裁定的法院的上一级检察机关依照审判监督程序提出抗诉。就此问题，我们专门与最高人民法院进行了沟通，并达成共识。在该批指导性案例先后两次征求最高人民法院意见时，最高人民法院对此均无异议。这一程序问题的解决，是该批指导性案例的亮点之一。此外，该案例在如何做好刑事审判监督工作方面，也具有重要示范引领意义。检察机关在办理再审抗诉案件、开展审判监督的同时，强化监督意识，充分发挥监督职能，融合发力，开展了自行侦查、立案监督、侦查活动监督，提起刑事附带民事公益诉讼，通过依法能动履职，将检察办案职能向社会治理延伸，推进源头防治，实现治罪与治理并重，服务经济社会发展大局。

（五）宋某某危险驾驶二审、再审抗诉案（检例第 182 号）

该案例是个“小案件”，是发生在人民群众身边的常见多发案件，而且是轻罪案件。在案例编选过程中，就存在不同意见，有观点认为，检察机关历时 6 年由无罪抗诉改判拘役六个月，投入大量司法资源，“得不偿失”。我们认为，“小案件”体现的是检察担当，是法律面前人人平等，是检察为民的情怀。实事求是、有错必纠是刑事审判监督工作的指导思想。该案被告人宋某某是政府公职人员，面对扎实的事实证据拒不认罪；该案就同一专门性问题前后出具多份司法鉴定意见，且彼此矛盾；两次发回重审，两次一审判决无罪。面对这种情况，检察机关作为公平正义的守护人，放弃监督就是失职，因此，对于“小案件”锲而不舍，接续抗诉，持续监督，确保案件裁判结果的公平公正，是检察机关的职责所在。此外，检察办案中，如何审查司法鉴定意见，也是一个常见的问题。该案提出，要强化对司法鉴定意见的实质性审查。如果发现案件有两份或者两份以上鉴定意见，且结论不一致的，检察机关对于鉴定意见要加强分析比对和判断鉴别，从鉴定主体的合规性、鉴定程序的合法性、鉴定方法的科学性、鉴定材料的充分性及分析论证的合理性等方面进行实质化审查，认为确有必要时，可以依法决定补充鉴定或者重新鉴定，确保审查结论的客观性、科学性。

需要指出的是，检察机关在办理抗诉案件中要加强内部监督制约，进行反向审视。对不起诉决定的备案审查机制，就是行之有效的好经验好做法。要通过抗诉环节对案件事实证据的再审视、再审查，发现捕诉工作中审查不细、把关不严等问题，深入分析和查找问题产生的根源，提升办案质量。

四、以指导性案例发布为契机，全面提高刑事抗诉工作质效

检察机关应以此次刑事抗诉指导性案例发布为契机，高质效办好每一个刑事抗诉案件，努力让人民群众在每一个司法案件中感受到公平正义。

首先，突出指导性案例引领示范和推动司法理念跟进更新的重要作用，切实把蕴含其中的理念方法用于指导办案。一是坚持双赢多赢共赢理念，既要敢于监督，对抗诉理由充分且有必要的案件依法提出抗诉，又要讲求监督的方式、方法，综合运用检察建议、纠正违法等多种监督手段，实现监督效果。二是依法能动履职实现办案政治效果、社会效果和法律效果有机统一，做到讲政治与讲法治的有机统一。三是将检察履职行为和人民群众在民主、法治、公平、正义方面的需求有机结合，提高以人民为中心的行动自觉，凸显司法为民理念。

其次，聚焦价值取向，妥善把握刑事抗诉指导性案例指导实践的功能作用。一是统一司法尺度。通过办理精品抗诉案件，对一定范围、一定类型的抗诉案件办理标准、办案尺度进行有效统一，确保抗诉案件办理质效。二是坚持客观公正。检察机关不仅是犯罪的国家追诉者，也是无辜者的权益保护人，还是公平正义的守护人。检察机关要秉持客观公正立场，对于确有错误的判决、裁定，符合抗诉条件和标准的，要坚决予以抗诉；对于法院正确的判决、裁

定，应当做好释法说理、息诉服判工作，共同维护法律权威，促进社会和谐稳定。三是提升监督实效。以精品个案办理推动类案监督，以精品个案的影响力推动同类问题的深层次解决，确保法律统一正确实施。

再次，将监督重点从硬伤错误型向疑难争议类拓展，着力解决类案不同判、标准不明确、严重侵害诉讼当事人正当权益等方面的问题，回应社会关切。一是坚持精准抗诉。抗准、抗赢，夯实抗诉基础。对证据不扎实的抗诉案件，要综合运用自行补充侦查和引导侦查，做好案件证据调查、复核、补证工作，补强证据，完善证据体系，保证案件质量。二是上下级检察院要加强协作配合，精准发力，合力监督。最高人民检察院和省级检察院要重点关注抗诉工作中带有普遍性的重点问题以及法律适用存在争议的问题，加强综合业务指导和条线指导；市级检察院和基层检察院要重点关注案件的定罪量刑问题，确保刑事裁判结果的公平公正。三是加强刑事审判监督研究，对监督标准的认定，刑事抗诉、再审检察建议与书面纠正违法适用标准的区分，类案再审检察建议制发程序等重点问题进行深入分析，促进研究成果实务化。

最后，完善配套机制。一是强化检察机关内部联动和上下级检察院的业务指导。在线索移送、数据研判、联合调研、信息互通等方面，加强与案件管理、未成年人检察、刑事执行检察、控告申诉检察等部门的衔接配合，良性互动。规范拟提出、提请抗诉案件请示汇报程序，健全上级检察院对下级检察院的业务指导机制。上级检察院除针对抗诉事项进行审查外，还就原审判决事实认定、证据采信、法律适用、审判程序等进行系统分析，依法对抗点不准确、有遗漏的案件变更或增加抗诉理由。二是建立刑事抗诉案件的反向审视机制，通过办理抗诉案件发现捕诉工作中的问题和不足，加以改进、规范和提高。三是强化大数据赋能刑事审判监督。充分运用中国裁判文书网、办案系统等平台，构建刑事判决结果比对数据库，深入挖掘司法裁判在类案定性错误、同案不同判、分案量刑失衡等方面的问题，提高内部数据获取的即时性和外部数据获取的全面性，不断拓展刑事审判监督新路径。全面提炼常见刑事审判监督案件的监督规则，深度开发监督模型，为审判监督通用模型平台化打下坚实基础。

第二编

精品（优秀）刑事抗诉案例通报与解读

内部

全国检察机关精品（优秀）刑事抗诉案件评选结果通报

各省、自治区、直辖市人民检察院，新疆生产建设兵团人民检察院：

近年来，全国检察机关认真学习贯彻习近平法治思想，不断改进和提高刑事抗诉工作，依法履行刑事审判监督职能，在维护当事人合法权益，促进司法公正，保证法律统一正确实施，树立和维护法治权威等方面发挥了重要作用。为贯彻落实《中共中央关于加强新时代检察机关法律监督工作的意见》，深入推进检察工作“质量建设年”部署，进一步规范和加强刑事抗诉工作，全面提高刑事抗诉案件质量和效果，最高人民检察院组织开展了全国检察机关精品（优秀）刑事抗诉案件评选活动。各级检察机关高度重视，认真组织，推荐报送刑事抗诉案例315件。经过初审、复评、专家评审，评选出“赵某、杨某某等人强奸二审抗诉案”等10件精品刑事抗诉案件，“范某某拒不支付劳动报酬二审抗诉案”等20件优秀刑事抗诉案件。现对入选的案件予以通报。

最高人民检察院党组强调，各级检察机关要“在办案中监督、在监督中办案”“精准抗诉”“接续抗诉”，依法履行刑事审判监督职能。案例是检察产品和法治产品的重要体现，案例工作是提升检察官政治能力、业务水平的重要抓手。各级检察机关要认真组织学习此次评选出来的精品（优秀）刑事抗诉案例，以抗诉案例评选活动为契机，进一步深入学习贯彻习近平法治思想，以高度的政治自觉、法治自觉、检察自觉，落实《中共中央关于加强新时代检察机关法律监督工作的意见》，秉持客观公正立场，不断强化刑事抗诉工作，树立精品意识，提升监督能力，依法、规范、充分发挥法律监督作用，为大局服务、为人民司法，实现“双赢多赢共赢”，以实际行动迎接党的二十大胜利召开。

附件：1. 全国检察机关精品刑事抗诉案件（10件）
　　　2. 全国检察机关优秀刑事抗诉案件（20件）

最高人民检察院
2022年7月8日

附件 1

全国检察机关精品刑事抗诉案件

案例一：赵某、杨某某等人强奸二审抗诉案

【关键词】

二审抗诉　强奸罪　共犯认定　证据审查判断　两次抗诉

【要　旨】

判断被告人是否具有犯罪的主观目的，不应仅依据其供述和辩解，还需结合其语言、行为、所处环境等客观因素综合判断予以认定；侦查机关合法取得的原审被告人对自身及其同案犯不利的供述具有较强证明力，能够与在案其他证据相互印证的，应予采信。人民检察院向上一级人民法院提出抗诉后发回重审的案件，人民检察院发现重审后判决仍有错误的，应当再次提出抗诉。

【基本案情】

被害人侯某与被告人赵某系男女朋友，2016 年 3 月 27 日，赵某将侯某带至被告人杨某某等人租住的房屋内，并告知被告人杨某某、姚某某、刘某某三人其女友侯某可以随便“玩”，在侯某不知情的情况下，几人商议了发生性关系的次序。吃饭过程中，杨某某等人刻意让侯某喝酒，致使其醉酒后到卧室休息，趁侯某醉酒丧失反抗能力，杨某某、刘某某、姚某某依次强行与侯某发生性关系。其间，杨某某、姚某某多次联系同样在此居住的被告人杜某某，告诉杜某某在共同居住处有一个女的，他们都与其发生了性关系。杜某某回来后，也与侯某强行发生了性关系。次日凌晨 3 时许，被害人侯某向河北省某县公安局报案。下午 3 时许，被告人杨某某、姚某某、刘某某被传唤到案；下午 5 时许，被告人杜某某到县公安局投案。次日，公安机关立案侦查。

2016 年 5 月 30 日，某县公安局以杨某某、姚某某、刘某某、杜某某涉嫌强奸罪向某县人民检察院移送起诉。某县人民检察院在审查起诉过程中，决定追捕在逃犯罪嫌疑人赵某。某县人民检察院认为结合被告人在侦查机关供述及被害人陈述、提前离开的其他证人的证言能够证实四被告人在赵某授意下，有目的地灌被害人侯某喝酒，最终造成侯某醉酒状态，丧失反抗能力。杨某某、

姚某某、刘某某、杜某某构成强奸犯罪，且系轮奸，事实清楚，证据充分，于2016年11月28日提起公诉。庭审中，被告人及辩护人辩称：被害人意志清醒，没有丧失反抗能力，被告人与被害人发生性关系没有违背被害人意志。某县人民法院经审理，采纳了辩护意见，认为认定四被告人强奸犯罪的事实不清、证据不足，2017年6月5日判决四被告人无罪。

【检察机关履职过程】

（一）两次提出抗诉情况

2017年6月14日，某县人民检察院提出抗诉。同年8月29日，秦皇岛市人民检察院支持抗诉。同年12月21日，河北省秦皇岛市中级人民法院认为原判决认定事实不清，裁定撤销原判，发回重审。其间，赵某投案，某县公安局于2018年4月2日将赵某涉嫌强奸罪一案移送审查起诉，2018年5月29日某县人民检察院对赵某提起公诉。

2018年9月2日，某县人民法院经审理认定，被告人杨某某、姚某某、刘某某明知被害人侯某处于认知能力减弱的醉酒状态，在赵某外出后，三被告人分别与其发生性关系，三人的行为已违背被害人侯某意志，应以强奸罪追究三人的刑事责任，三被告人在强奸行为实施前曾有犯意联络，对奸淫被告人侯某有共同认识，并在一段时间内先后轮流对侯某实施奸淫，具有轮奸的加重处罚情节。判决被告人杨某某、姚某某、刘某某犯强奸罪，均被判处有期徒刑十年。认为被告人赵某对杨某某等人称侯某可以“随便玩”系“戏称”，没有授意杨某某等人强奸的意图；杜某某最后到场时，被害人侯某已呕吐，侯某处于意志清醒状态，并认定杜某某与被害人侯某发生性关系应属性交易行为，判决被告人赵某、杜某某无罪。被告人杨某某等三人提出上诉。

某县人民检察院审查认为，该判决涉及赵某、杜某某的部分在认定事实和适用法律上确有错误，于2018年9月11日再次提出抗诉。

（二）抗诉意见和理由

某县人民检察院认为，原审判决证据采信错误、认定事实错误、适用法律错误。

第一，一审判决认定被告人赵某无罪，在证据采信、认定事实方面存在错误。一是一审判决认定，被告人赵某“戏称”被害人侯某可以随便玩，属认定事实错误。综合本案证据，在案发过程中，被告人赵某对其他被告人曾五次表述被害人是个“货”“随便整”之类的话，并贯穿整个案发过程。本案中除杜某某以外的三名被告人正是在赵某的授意下，对醉酒被害人实施了强奸，被告人赵某应为强奸罪共犯。二是一审判决认定，除赵某外的被告人与被害人发生性关系时赵某并未在出租屋内，属认定事实错误。在案发过程中，被告人赵某确曾出去过，但其他被告人在强奸被害人时，赵某曾在出租屋内。因此，被告人赵某是本案的始作俑者，赵某对其他被告人强奸被害人的授意、支持贯穿案发始终，是赵某将被害人带到案发现场，是赵某授意其他被告人强奸被害人的。赵某是本次轮奸案的重要成员，赵某的授意与其他被告人的响应形成了共同的犯罪合意，赵某的行为完全符合共同犯罪的特征，赵某应当按照强奸罪共犯定罪处罚。

第二，一审判决认定被告人杜某某无罪，在证据采信、认定事实方面存在错误。一是一审判决认定，被告人杜某某与被害人侯某发生性关系时，被害人侯某的意识应当是清醒的，属认定事实错误。在案证据足以证实被告人杜某某与被害人发生性关系时，被害人仍处于醉酒状态。二是一审判决认定，杜某某与被害人发生性关系并给付被害人侯某人民币 300 元，被告人杜某某与被害人发生性关系的行为属于性交易，属认定事实错误。本案发生过程中，除第二天被告人要求侯某撤案时杨某某给过被害人 300 元外，其他被告人当晚没给过被害人任何钱，杜某某辩解其到案发现场后主动向已醉酒的被害人提出给 300 元钱，已醉酒的被害人答应，这与被害人仍处于醉酒状态不符。三是被告人杜某某虽然在吃饭喝酒时没在案发现场，但在场的被告人杨某某一直与杜某某保持联系，并告知现场状态，被告人杜某某未到现场时已知被害人是醉酒的，杜某某到现场后，在被告人杨某某、姚某某、刘某某的劝说下，在被告人赵某的授意下，到房间内与处在醉酒状态的被害人发生了性关系。这一过程中，既有事前的信息沟通，又有事中的犯意串通，并且在获悉其他人已轮流强奸被害人的情况下，继续实施不法侵害，加大了对被害人的侵害程度，其行为符合轮奸犯罪的法定构成要件。

第三，一审判决适用法律错误。一审判决认定事实的错误必然导致法律适用上的错误。一审判决应依据《中华人民共和国刑法》第二百三十六条第三款第（四）项之规定判决被告人赵某、杜某某犯有强奸罪，且属轮奸。

（三）抗诉结果

2020 年 6 月 18 日，河北省秦皇岛市中级人民法院终审认为原审被告人赵某、杜某某与杨某某、刘某某、姚某某在对被害人实施性侵害前，有意思联络达成默契，在被害人侯某醉酒的情况下，违背妇女意志，对被害人实施强奸行为，其行为均已构成强奸罪，系共同犯罪，属轮奸，应依法惩处。人民检察院抗诉意见正确，应予以支持。判决赵某犯强奸罪，判处有期徒刑十年，杜某某犯强奸罪，判处有期徒刑六年。维持一审对被告人杨某某、姚某某、刘某某三人的定罪量刑。

【典型意义】

（一）审查、判断证据必须客观、全面。强奸案件的证据具有特殊性，即证明强奸行为是否存在的直接证据往往只有被告人供述和被害人陈述。在这种“一对一”证据的情况下，审查、判断被害人陈述和被告人供述应当结合其他在案证据进行综合分析比较，去伪存真。判断被告人是否具有犯罪的主观目的，不能仅依据其供述和辩解，更需结合其行为、所处环境等客观因素综合判断。庭审中，如果被告人完全推翻以前在侦查阶段所做供述，当庭供述庭前从未提过的“新情节”，对其新供述的真实性应当进行认真审查。侦查阶段依法取得的被告人所作对其自身及其同案犯不利的供述如果能够与其他证据相互印证，具有较强证明力，应予采信。

（二）合理界定因醉酒丧失反抗能力的证明标准。关于酒后丧失反抗能力问题，需要综合分析认定。一方面，被害人往往在酒醒后恢复行动能力才能报警，此时醉酒状态已消失，无法客观反映案发当时情况。另一方面，醉酒不等同于完全丧失反抗能力，因每个人对酒精的耐受力不同，血液中酒精含量达到醉酒标准，并不意味着完全丧失反抗能力，应当结合被害人酒后反应的客观情节综合认定酒精是否对被害人的意识和行为能力均产生重大影响。若被害人处于醉酒状态丧失反抗能力，此时被告人与之发生性关系属于利用其不能反抗、不知反抗的状态，属于违背妇女意志。

（三）人民检察院向上一级人民法院提出抗诉后发回重审的案件，人民检察院发现重审后判决仍有错误的，应当再次提出抗诉。刑事抗诉是刑事审判监督的重要手段，是国家赋予人民检察院的专有职责，是对法院刑事审判活动进行监督的最重要、最有效的途径，对于维护当事人合法权益，促进司法公正，维护公平正义，树立和维护法治权威具有重要意义。对于确有错误的判决，人民检察院提出抗诉，人民法院发回重审后作出的裁判仍有错误的，人民检察院应当“一抗再抗”，切实保证法律统一正确实施。

案例二：何某盗窃再审抗诉案

【关键词】

再审抗诉　数罪并罚　减刑假释　跨省接力抗诉

【要　旨】

被告人被人民法院裁定减刑后，因再犯新罪或发现漏罪而数罪并罚时，此前经减刑裁定减去的刑期，不计入已经执行的刑期，属于数罪并罚规则中规定的“前罪没有执行的刑罚”，应依法撤销前罪服刑期间的减刑裁定，将其此前经减刑裁定减去的刑期，与其他余刑一并纳入数罪并罚。案件需跨省开展审判监督的，两地人民检察院应积极沟通，同步抗诉，形成监督合力，提升跨省监督效果。

【基本案情】

2004 年 6 月至 2005 年 4 月，被告人何某伙同朿某等 4 人入户盗窃 43 起，共计窃取价值 51 万余元的首饰、手机等物品。2005 年 10 月 21 日，被告人何某被江苏省昆山市人民法院以盗窃罪判处有期徒刑十三年（附加刑略，下同），刑期自 2005 年 4 月 26 日至 2018 年 4 月 25 日止。此后何某因在服刑期间“悔改表现突出”，两次被江苏省无锡市中级人民法院裁定减刑共计三年六个月，后被裁定假释：（1）2008 年 12 月 15 日被裁定减刑一年六个月；（2）2011年 1 月 20 日被裁定减刑二年，本次减刑后刑期至 2014 年 10 月 25 日止；（3）2013 年 4 月 26 日被裁定予以假释，假释考验期一年六个月。

2013 年 7 月，被告人何某在假释考验期内再犯新罪，伙同汤某 3 次入户盗窃，共计窃取价值 1 万余元的首饰、手机等物。2014 年 1 月，被告人何某被安徽省芜湖市镜湖区人民法院以盗窃罪判处有期徒刑一年；同时撤销前罪假释，与假释考验期“余刑一年六个月”数罪并罚，决定执行有期徒刑二年三个月，刑期自 2013 年 8 月 15 日至 2015 年 11 月 14 日止（以下简称“镜湖判决”）。2015 年 11 月 14 日，何某“刑满”释放。

2015 年底至 2016 年 9 月，被告人何某先后至上海市某区、安徽省芜湖市等地多次实施入户盗窃，2016 年 10 月被抓获。2017 年 3 月 13 日，上海市某区人民法院判决其构成盗窃罪，且认定其本次犯罪系“在刑罚执行完毕后”五年内再犯罪，系累犯，判处有期徒刑二年八个月（以下简称“青浦判决”）。被告人何某未上诉，判决生效。

【检察机关履职过程】

（一）跨省接力抗诉

2018 年 1 月，上海市某区人民检察院在梳理案件时发现本案线索。2018 年 2 月 24 日，某区人民检察院将“镜湖判决”对何某数罪并罚时遗漏前罪未执行刑期导致量刑畸轻的线索材料等移送芜湖市人民检察院，建议芜湖市人民检察院同步抗诉。2018 年 3 月 9 日，芜湖市人民检察院向芜湖市中级人民法院提出抗诉。2018 年 4 月 5 日，芜湖市中级人民法院决定再审。2018 年 4 月 28 日，某区人民检察院同步启动审判监督程序，向上海市人民检察院第二分院提请抗诉。2018 年 6 月 1 日，上海市人民检察院第二分院向上海市第二中级人民法院提出抗诉。2018 年 7 月 6 日，上海市第二中级人民法院指令某区人民法院再审。

（二）抗诉意见和理由

芜湖市人民检察院、某区人民检察院的抗诉理由如下：

1. 被告人何某在假释考验期再犯新罪，“镜湖判决”遗漏数罪并罚前罪经裁定减刑的刑期三年六个月，量刑畸轻。被告人何某在首次犯罪服刑期间，先被两次裁定减刑共计三年六个月；又被裁定假释，假释考验期一年六个月；后又因在假释考验期内再犯新罪被镜湖区人民法院数罪并罚。根据2012年《最高人民法院关于罪犯因漏罪、新罪数罪并罚时原减刑裁定应如何处理的意见》，其此前经裁定减去的刑期不计入已经执行的刑期，与假释考验期同属于《刑法》第七十一条所规定的“前罪没有执行的刑罚”。因此其余刑共计五年，均应纳入数罪并罚，应在五年以上、六年以下决定量刑，而“镜湖判决”未将其前罪裁定减刑刑期三年六个月纳入数罪并罚，造成量刑畸轻，导致何某在2015年11月14日“刑满释放”时，实际尚有余刑未执行完毕。

2. “青浦判决”错误认定被告人系累犯，且遗漏并罚其“前罪未执行的刑期”，导致量刑错误。一是错误地认定被告人何某前罪刑罚“已执行完毕”，错误地认定其本次新罪构成累犯并从重处罚，当次新罪量刑过重；二是未发现前罪实际尚有余刑未执行完毕，承继性地遗漏并罚其“前罪没有执行的刑罚”，造成总体量刑畸轻。

（三）抗诉结果

2018年5月17日，芜湖市中级人民法院采纳芜湖市人民检察院抗诉意见，判决认定，原审被告人何某犯盗窃罪，判处有期徒刑一年；与前罪未执行完毕的五年有期徒刑并罚，决定执行有期徒刑五年（自2013年8月15日起至2018年8月14日止）。

2018年8月10日，上海市某区人民法院采纳某区人民检察院抗诉意见，判决撤销被告人何某累犯情节，将其本次刑期从二年八个月改为二年五个月；与前罪未执行完毕的二年九个月有期徒刑数罪并罚，决定执行有期徒刑五年（自2016年10月25日起至2021年10月24日止）。

上海市某区人民检察院、安徽省芜湖市人民检察院历时5个月，跨省接力抗诉，监督人民法院启动审判监督程序，对被告人何某的刑期从“数罪并罚，决定执行有期徒刑二年八个月”，改判为“数罪并罚，决定执行有期徒刑五年”，实际追加漏刑“有期徒刑二年四个月”，有力保证了法律的统一正确实施。

【典型意义】

（一）被告人被裁定减刑后，因再犯新罪或发现漏罪而依法进行数罪并罚时，此前经减刑裁定减去的刑期不计入已经执行的刑期，应作为余刑纳入数罪并罚。《刑法》第八十六条、第七十一条规定，被假释的犯罪分子，在假释考验期内犯新罪，应当撤销假释，将“前罪没有执行的刑罚”和后罪所判处的刑罚数罪并罚。根据2012年《最高人民法院关于罪犯因漏罪、新罪数罪并罚时原减刑裁定应如何处理的意见》的规定，罪犯被裁定减刑后，因被发现漏罪或者又犯新罪而依法进行数罪并罚时，经减刑裁定减去的刑期不计入已经执行的刑期。在实践中，结合被告人被裁定减去的刑期客观上确未执行的实际情况，应认定被告人在前罪服刑期间被裁定减去的刑期，属于“前罪没有执行的刑罚”，应作为余刑纳入数罪并罚。若罪犯在被裁定减刑、假释后发现漏罪或再犯新罪，则足以证明罪犯实质上“没有悔改表现”“存在再犯危险”，不符合减刑、假释的实质要件；此前服刑期间所谓的“悔改表现”，只是其营造的一种欺骗性假象而已，因此，此前裁定减刑、假释确有错误，理应纠正，故应撤销此前减刑、假释裁定，将相关余刑纳入数罪并罚。

（二）人民检察院通过依法能动履职，积极沟通，接力抗诉，形成审判监督合力。司法实践中，基层检察机关对于发现的跨省连环错判案件，跨省开展审判监督通常较为困难。一方面操作难度大、司法成本高；另一方面对外省市错误判决缺乏刚性监督手段，难以快速纠正。基层检察机关可采取本案的跨省接力监督模式，一是充分进行自行补充侦查，通过多次实地走访被告人历次服刑地监狱、法院，调取其减刑、假释原始材料，为开展监督夯实基础；二是移送线索材料，沟通、推动外省市当地检察机关同步抗诉，继而在本地接力抗诉，合力提升监督质效。

案例三：蔡某某故意伤害再审抗诉案

【关键词】

再审抗诉　正当防卫　指令抗诉　改判无罪　检察长列席审委会

【要　旨】

对于不法侵害是否已经形成现实、紧迫的危险，应整体考察不法侵害人是否给防卫人带来的持续性威胁与恐吓，不应局限于防卫瞬间；防卫人防卫时夹杂其他心理因素，但主要是为合法权利免受不法侵害的，不影响防卫意图的认定。人民检察院审查案件应当秉持客观公正立场，发现判决确有错误的，可依法指令下级人民检察院提出抗诉，主动纠错；办案中要充分发挥检察长列席审委会的制度优势，努力统一司法标准和尺度，保障当事人合法权益，维护司法公正。

【基本案情】

被害人李某和吕某某（被告人蔡某某之妻）曾是恋人关系。李某因犯流氓罪于 1992 年 7 月 21 日被判处有期徒刑五年。2000 年 6 月 10 日，李某因琐事与吕某某发生口角，用随身携带的折刀捅刺吕某某和吕某某的母亲蒋某某，造成蒋某某重伤、吕某某轻伤，至此吕某某与李某断绝恋爱关系。李某因该案于 2001 年 7 月 11 日被某县人民法院判处有期徒刑九年。2004 年，吕某某与蔡某某结婚。李某刑满释放后，又因犯寻衅滋事罪于 2012 年 4 月 12 日被某县人民法院判处有期徒刑三年六个月，2014 年 7 月 14 日刑满释放。2019 年 5 月至 7 月，李某经常在晚上甚至凌晨到蔡某某家纠缠闹事，为此蔡某某和吕某某多次报警。

2019 年 7 月 23 日 21 时许，李某酒后再次到蔡某某家中滋事，吕某某、蔡某某在门口阻拦时，李某用手拍打吕某某头部，蔡某某见状上前阻止，被李某击打右眼部，二人在推搡中蔡某某摔倒在地。蔡某某站起后走向厨房，李某跟随其后，蔡某某在厨房里拿了一把菜刀，李某上前欲夺菜刀，蔡某某用菜刀将李某左臂砍伤。蔡某某持菜刀与李某扭打至门口，吕某某阻拦时李某又打吕某某耳光。蔡某某持菜刀砍伤李某头部，并致伤李某颈部。经鉴定，李某人体损伤程度为轻伤二级。蔡某某右眼红肿，因未就医而未进行伤情鉴定。

2019 年 8 月 16 日 21 时许，李某携带一把小刀和一把长刀在某宾馆后面的棋牌室找到吕某某，用小刀对吕某某连续捅刺，吕某某倒地后，李某继续用小刀捅刺和长刀挥砍致吕某某死亡，并致赶来制止的蔡某某多处轻伤，后李某被另案判处死刑。

2019 年 10 月 31 日，某县人民检察院以蔡某某犯故意伤害罪（2019 年 7 月 23 日蔡某某致伤李某）提起公诉。审理过程中，经某县人民法院主持调解，蔡某某与李某就民事赔偿事宜达成调解协议，赔偿李某经济损失 10000 元。同年 12 月 26 日，某县人民法院依法公开审理该案并于同日作出判决，认定蔡某某犯故意伤害罪，判处有期徒刑九个月，缓刑一年。判决后，蔡某某未上诉。

2020 年 7 月 21 日，浙江省人民检察院在办理李某故意杀人上诉案中，审查发现蔡某某故意伤害案存在错误可能，遂启动审判监督程序。

【检察机关履职过程】

（一）指令和提出抗诉

2020 年 12 月 22 日，浙江省人民检察院作出指令抗诉决定书，指令丽水市人民检察院按照审判监督程序向同级人民法院提出抗诉。2020 年 12 月 23 日，浙江省高级人民法院审判委员会审议讨论李某故意杀人（上诉）一案，浙江省人民检察院检察长列席会议，发表两方面意见：一方面，李某故意杀人犯罪事实清楚，证据确实、充分，一审判决定罪准确，量刑适当；另一方面，关联的蔡某某故意伤害案判决确有错误，应依法启动审判监督程序予以纠正。浙江省高级人民法院审委会进行了讨论。2020 年 12 月 24 日，丽水市人民检察院向丽水市中级人民法院提出抗诉。

（二）抗诉意见和理由

丽水市人民检察院认为，蔡某某的行为属于正当防卫，依法不应追究刑事责任。具体抗诉理由如下：

第一，原判未全面准确认定事实及相关细节，遗漏三方面的事实及细节。一是遗漏李某前科累累，且均为暴力犯罪的事实；二是未准确认定李某用手拍打吕某某头部及击打蔡某某右眼部的事实；三是疏忽了蔡某某曾经中风、腿脚不便的事实。

第二，蔡某某的行为符合正当防卫的起因、时间、对象、意图、限度条件。李某多次无端上门闹事，又具有多次暴力犯罪前科，还为发泄情绪多次持凶器砍伤他人，蔡某某难以预料李某会对其及家人采取怎样的极端手段，处于不可知的恐惧中，持刀反击符合防卫条件。蔡某某砍击李某可能夹杂激愤心理，但主要目的是保护自身及家庭的安全，具有防卫意图。蔡某某腿脚不便，持刀防卫有多次暴力犯罪前科的不法侵害人，符合社会公众一般认知，没有明显超过必要限度。

（三）抗诉结果

2021 年 1 月 15 日，丽水市中级人民法院作出再审决定书，决定对本案进行提审。2021 年 3 月 11 日，丽水市中级人民法院公开审理了本案。2021 年 5 月 10 日，丽水市中级人民法院作出判决，认定蔡某某的行为属正当防卫，不负刑事责任，判决撤销原判，并依法改判无罪。

【典型意义】

（一）准确把握正当防卫中现实、紧迫的不法侵害及意图要件。对于不法侵害的现实性与紧迫性，不能只看防卫瞬间不法侵害的手段与强度，而应回溯案件整体经过，结合不法侵害人的人身危险性，充分考虑防卫人面临不法侵害的恐惧与紧张心理，准确作出认定。不法侵害是否现实、紧迫的评判，除了不法侵害的手段与强度外，还应考虑不法侵害人的性格特点、犯罪前科情况等因素，以及不法侵害人先前行为给防卫人造成的持续威胁等背景因素。防卫人防卫时往往带有激情、激愤因素，防卫心理往往比较复杂，除了抵制侵害的目的外，可能会夹杂着仇恨、愤怒等其他心理因素，采取防卫不要求防卫意图的纯粹性，即使反击时伴随着愤怒等其他心理因素，只要主要目的是防卫，就可以认定为具有防卫意志。

（二）人民检察院应当秉持客观公正立场，勇于担当、主动纠错。人民检察院在诉讼中负有客观公正义务，履职不是单纯为了赢得有罪判决，而是要作为国家法律守护人，既有力揭示犯罪，又保证无罪的人不受有罪追究，罪轻的人不受重罪追诉，做到罪责刑相适应。在法律监督中发现起诉和判决错误的，应当主动担当、积极作为，在精细审查案件事实、证据和准确适用法律的基础上，依法提出抗诉，坚决监督纠正错案，维护司法公正，保障当事人合法权益。

（三）充分发挥检察长列席审委会的制度优势，维护司法公正。检察长列席审委会制度是中国特色社会主义司法制度的重要组成部分，是法律赋予检察机关的一项重要法律监督职责。检察长列席审委会，应当就案件所涉争议问题重点阐述，并监督审判工作的合法性。通过检察长列席审委会，搭建法检沟通交流平台，建立良性互动工作机制，通过疑难个案讨论、重大问题研究等方式达成协作共识，总结提炼司法经验，统一司法标准和尺度，保障法律统一正确实施，更好地维护公平正义。

案例四：孟某某等人组织、领导、参加黑社会性质组织、非法采矿等犯罪再审抗诉案

【关键词】

再审抗诉　裁定准许撤回上诉　自行补充侦查　补充、追加起诉

【要　旨】

被告人不服第一审判决上诉后又在上诉期满后撤回上诉，人民法院作出的准予撤回上诉的裁定有别于完整进行二审审理后作出的驳回上诉、维持原判的裁定。这种情况下，对案件作出实体处理并发生法律效力的判决是第一审判决，如果人民检察院认为该一审判决确有错误的，有权依照审判监督程序提出抗诉。提出抗诉后人民法院指令按照第一审程序再审的案件，人民检察院发现原案遗漏犯罪事实的，应当补充起诉；发现遗漏同案犯罪嫌疑人的，应当追加起诉，指令再审的案件与补充、追加起诉可以并案审理，数罪并罚。

【基本案情】

2014年至2016年5月，被告人孟某某等人在没有办理采砂许可证的情况下，在微山湖水域租用他人鱼塘私自开挖航道，利用砂泵船进入砂塘区非法采砂累计29万余吨，价值800余万元。被告人孟某某等人在明知南四湖水域系国家禁止采砂区域且未取得采砂许可证的情况下，仍共同在南四湖水域某段开辟非法采矿区域，非法采矿共23万余吨，价值人民币749万余元。

2014年3月3日，被告人孟某某等人阻碍渔政站执法人员查获采砂船上用于非法采矿的两桶柴油和一些维修工具，用汽车将执法车辆前后堵住，言语辱骂、威胁执法人员，后将执法人员依法扣押的柴油和维修工具抢走。2014年4月3日，孟某某等人驾驶一辆白色轿车将在微山县水域执法的警车截停，言语威胁执法民警，整个过程持续约10分钟，后孟某某等人见其目的无法达到遂离去。2015年3月12日，被告人张某等人驾驶多艘摩托艇冲撞在微山湖水域执法巡逻的船只，并在执法船周围快速行驶盘旋，形成巨大波浪，阻碍执法船接近采砂船。张某还驾驶摩托艇冲撞执法船，造成执法船进水，还向执法船投掷石块、泥块驱赶执法人员。

2016年2月26日，孟某某、孙某某等人驾驶快艇围堵在微山湖水域湖面捕鱼的韩某某、李某某，并在湖面的一个土堆上，使用竹竿、拳脚对二人进行殴打，导致韩某某轻伤、李某某轻微伤。

2016年12月7日，江苏省徐州市某县人民检察院以非法采矿罪、妨害公务罪、寻衅滋事罪对孟某某等12人提起公诉。某县人民法院经审理认为，关于非法采矿罪，被告人孟某某等人在未取得采砂许可证的情况下进行采砂且采砂价值大，构成非法采矿罪，但不适用禁采区的从重规定；关于妨碍公务罪，公诉机关指控的3起妨害公务犯罪事实仅能够认定第一起，对于第二、三起事实，仅有执法人员的陈述，其陈述也存有矛盾，没有其他证据予以佐证，现有证据不能证明被告人孟某某以暴力、辱骂等行为抗拒执法；关于寻衅滋事罪，被告人孟某某等人先前与被害人韩某某、李某某因采砂收费曾产生过纠纷，后因二人来索要费用，被告人孟某某遂对其殴打，该行为不属于寻衅滋事罪中的随意殴打他人，应当认定为故意伤害罪。2017年6月26日，某县人民法院对孟某某等12人以非法采矿罪、妨害公务罪、故意伤害罪判处十个月至四年十个月不等的有期徒刑。有两名被告人提出上诉，后又申请撤回上诉。2018年2月9日，徐州市中级人民法院裁定准许撤回上诉，一审判决生效。

【检察机关履职过程】

（一）抗诉意见和理由

徐州市人民检察院审查发现本案遗漏犯罪事实、遗漏同案犯，且原审判决事实认定、法律适用错误，量刑畸轻，于2018年3月15日按照审判监督程序向徐州市中级人民法院提出抗诉。抗诉理由如下：

第一，未认定禁采区情节不当。行政机关依法公告微山湖水域为禁采区，并多次开展执法检查，同期多起类似案件的生效判决亦认定该区域为禁采区。

第二，未认定妨害公务犯罪部分事实不当。孟某某等人多次抗拒执法，纠集多人威胁、辱骂执法人员，驾车逼停执法车辆，导致执法活动无法正常进行。

第三，改变寻衅滋事定性不当。被害人韩某某、李某某陈述称案发当天去湖里逮鱼时，遭到孟某某等人围堵、殴打并强迫下跪还被录像。不能因为此前存在纠纷就将孟某某等人的围堵、殴打行为认定为故意伤害罪。孟某某等人为谋取不法利益或形成非法影响，有组织地非法划定水域采砂，追逐、拦截、殴打渔民，致人轻伤，严重破坏社会秩序，情节恶劣，应认定为寻衅滋事罪。

2018年9月21日，徐州市中级人民法院指令某县人民法院再审本案。2019年4月1日，因某县人民法院存在不适宜审理该案的情形，徐州市中级人民法院指定某区人民法院管辖。

（二）自行补充侦查

徐州市人民检察院审查发现，该非法采矿团伙成员共20余人，有多起犯罪事实、多条犯罪线索未查证，存在公职人员入股经营等问题，很可能是一起涉及自然资源领域的黑社会性质组织犯罪，于是开展了自行补充侦查工作。一是走访行政执法人员、周边群众等相关证人56人，调取禁止非法采砂通告、渔政部门执法录像、未有效处理报警记录、伤情鉴定等证据32份，补强了微山湖水域系禁采区及孟某某等人妨害公务犯罪的证据。二是围绕该团伙暴力抗拒执法、争夺采砂区域、组织架构层次、“保护伞”线索等方面，补充侦查了孟某某等人利用组织势力和影响力强行购买渔民鱼塘，与其他非法采砂势力争夺地盘聚众斗殴，拉拢腐蚀执法人员、基层组织人员，随意殴打、辱骂村民，禁渔期内非法捕捞水产品等未处理的违法犯罪事实和线索。三是在此基础上，检察机关向公安机关通报案件情况，对孟某某等人组织、领导、参加黑社会性质组织、对非国家工作人员行贿等犯罪行为监督立案，对遗漏的楚某等人非法采矿、寻衅滋事等犯罪要求追加移送起诉，共涉及新增罪名7个、新增犯罪事实线索18起。

（三）再审情况

2019年6月，某区人民检察院对被告人孟某某等28人组织、领导、参加黑社会性质组织罪，抢劫罪，强迫交易罪，聚众斗殴罪，非法捕捞水产品罪，行贿罪，对非国家工作人员行贿罪等7个罪名18起犯罪事实补充、追加起诉。

2020年9月29日，某区人民法院对孟某某以组织、领导、参加黑社会性质组织罪、抢劫罪、非法采矿罪、强迫交易罪、聚众斗殴罪、寻衅滋事罪、妨害公务罪、非法捕捞水产品、行贿罪、对非国家工作人员行贿罪等数罪并罚，决定执行有期徒刑十九年，其余27名被告人分别被处以二年三个月至十二年六个月不等的有期徒刑。该组织"保护伞"某县公安局2名民警，某县国土资源局1名科长等5人被判刑，另有11名公职人员被给予党纪政纪处分。孟某某等人提出上诉。2021年3月15日，徐州市中级人民法院裁定驳回上诉，维持原判。

（四）依法能动履职，推进诉源治理

在案件办理期间，某区人民检察院对孟某某等人非法采矿、非法捕捞水产品行为，依法提起刑事附带民事公益诉讼。2021年4月6日，某区人民法院判决被告人孟某某等人承担生态环境修复费用451万元。同时，针对案件反映出来的基层治理问题，某区人民检察院与某县人民检察院沟通后发出检察建议，推动政府职能部门从加强廉政教育、基层组织建设等方面进行整改；某县人民检察院牵头公安、水利、环保、南四湖下级湖水利管理局等单位联合召开"打击破坏环境犯罪，保护微山湖生态座谈会"，并与山东省微山县人民检察院建立扫黑除恶专项斗争协作机制，开展"南四湖自然保护区生态环境保护暨公益诉讼专项活动"协作，以个案办理推动微山湖周边综合治理。

【典型意义】

（一）法院裁定准许撤回上诉后，如果原审生效判决确有错误应当提出抗诉的，作出裁定的人民法院的同级人民检察院有权依照审判监督程序提出抗诉。根据《最高人民法院关于适用〈中华人民共和国刑事诉讼法〉的解释》（2012年）第三百零八条规定，上诉人在上诉期限内要求撤回上诉的，人民法院应当准许；上诉人在上诉期满后要求撤回上诉的，二审法院经审查作出准许被告人撤回上诉裁定后，第一审判决、裁定自准许撤回上诉裁定书送达上诉人之日起生效。二审法院从保护被告人利益出发，在准许撤回上诉时对一审判决进行的审查，是依法审查案件是否存在无罪判有罪、轻罪判重罪等不宜撤回上诉的情形，并非实质性审理案件，所作裁定有别于进行二审审理后作出的驳回上诉、维持原判的裁定。在这种情况下，对案件作出实体处理并发生法律效力的判决是第一审判决、裁定，如果人民检察院认为案件第一审判决、裁定确有错误的，有权依照审判监督程序提出抗诉。

（二）对于指令按照第一审程序再审的案件，发现遗漏犯罪事实或者遗漏同案犯罪嫌疑人的，人民检察院可以依法补充侦查和决定补充、追加起诉。人民检察院办理抗诉案件，应当坚持全面审查的原则，不能仅局限于原审事实。

对于原判决错误且存在漏罪、漏犯情形的案件，一方面，人民检察院要加强检警协作，对比关联案件，深挖犯罪线索，通过自行补充侦查、引导侦查、检警协作等方式，加强侦查活动监督，彻查漏罪漏犯，并对确有错误的判决依法提出抗诉，确保不枉不纵，正确适用法律。另一方面，对于指令按照第一审程序再审的案件，人民检察院发现原案遗漏犯罪事实的，应当补充起诉；发现遗漏犯罪嫌疑人的，应当追加起诉，并建议再审人民法院将补充起诉、追加起诉与指令再审的案件并案审理，数罪并罚，实现量刑平衡，提高诉讼效率。

案例五：刘某某贩卖毒品二审抗诉案

【关键词】

二审抗诉　贩卖毒品罪　被告人不认罪　排除合理怀疑　直接改判

【要　旨】

毒品犯罪案件隐蔽性较强，对于行为人是否主观“明知”是毒品应当结合案件客观实际情况进行综合判断。对于被告人不认罪，人民法院以存在“合理怀疑”为由宣告被告人无罪的案件，人民检察院经审查认为在案证据能够形成完整的证据链，且被告人的无罪辩解没有证据证实的，应当依法提出抗诉。对于人民法院认为的“合理怀疑”，人民检察院应当通过补充侦查的方式，补强证据或者作出合理解释，充分支持抗诉意见和理由。对于查清事实后足以定罪量刑的抗诉案件，如未超出起诉指控范围的，人民检察院可以建议二审人民法院依法直接改判。

【基本案情】

2015 年 12 月 21 日，公安机关接周某举报，在广东省广州市某小区附近，被告人刘某某所驾驶车辆的副驾驶位脚踏板上，查获装在茶叶袋内的甲基苯丙胺（俗称冰毒）1 千克，经检验甲基苯丙胺的含量为 78.8%；在驾驶位座椅上缴获金色 iPhone5S 手机一部，在刘某某手上缴获黑色 iPhone6 手机一部，在副驾驶座椅上缴获黑色钱包一个，内有银行卡 8 张。刘某某称自己经营燕窝生意，车内毒品系刚下车的朋友周某所留。次日，刘某某被刑事拘留。经公安机关询问周某，周某称车内毒品系刘某某所有，刘某某让其帮助卖掉两斤冰毒，其乘坐刘某某车辆谎称去找购毒人，下车后即报警。

2016 年 9 月 22 日，广州市某区人民检察院以非法持有毒品罪对刘某某提起公诉，后以贩卖毒品罪变更起诉。某区人民法院经三次开庭审理，认为被告人可能会被判处无期徒刑以上刑罚，报送广州市中级人民法院管辖。

2017 年 7 月 4 日，广州市人民检察院以贩卖毒品罪对刘某某提起公诉。广州市中级人民法院两次开庭审理，认为举报人周某在庭审时对刘某某贩卖毒品的对象、重量等重要情节的陈述与之前证言存在矛盾，且无法与微信聊天记录相互印证，周某在出庭作证时亦当庭否认有毒品买家的存在，周某举报前刚从涉案车辆副驾驶位离开，毒品又系从副驾驶位的脚踏板上查获，无法排除刘某某提出的毒品归周某所有的合理辩解。公诉机关指控被告人刘某某贩卖毒品罪的事实不清、证据不足。2018 年 2 月 2 日，广州市中级人民法院一审宣告刘某某无罪。

【检察机关履职过程】

（一）提出和支持抗诉

2018 年 2 月 12 日，广州市人民检察院提出抗诉。同年 7 月 31 日，广东省人民检察院支持抗诉。

广东省人民检察院在审查支持抗诉期间和支持抗诉后，围绕争议焦点进一步补强了相关证据：一是核查刘某某与周某之间经济往来及双方关系，进一步查清周某不具备购买 1 千克甲基苯丙胺的经济条件，且没有陷害刘某某的动机。二是借助大数据分析刘某某的社会关系和 5 起毒品犯罪关联案件，发现凌某等 4 人贩卖毒品案与刘某某的上家均为陈某，并发现陈某身份信息。经报告最高人民检察院协调公安部，成功抓获陈某。随后围绕陈某展开调查，证实陈某从未做过燕窝生意，且具有长期从事毒品犯罪活动的重大嫌疑，而刘某某在案发前频繁联系陈某，两人之间有大笔银行交易记录。

（二）抗诉意见和理由

广州市人民检察院认为，在案证据足以证实刘某某具有贩卖毒品的主观故意和客观行为，刘某某无罪辩解与在案证据存在矛盾，取证瑕疵并未切断证据链条，不能成为被告人刘某某无罪的判决理由，一审判决确有错误。

第一，被告人刘某某的辩解明显不合常理。经查明，刘某某辩解经营燕窝生意，却无法验证和登录自己的微商账号，也提供不出下线微商或客户的联系方式；刘某某辩解其与周某交易的系燕窝，但双方语言隐晦，与燕窝正常交易习惯不符；刘某某称开车带“货”贩卖，而车上的“货”只有毒品没有燕窝；周某不具备购买甲基苯丙胺 1 千克的经济条件，刘某某辩解毒品归周某所有无其他证据印证。

第二，刘某某提出的辩解与其他在案证据相互矛盾，不属于“合理怀疑”。本案侦查工作存在疏漏和不足。证人周某因担心被打击报复而当庭改变部分证言，但一直稳定陈述本案基本事实，不能就此否认周某证言的证据效力。侦查工作中存在的问题和部分证言改变并未切断证据链条，不影响证据的真实性、客观性。一审期间人民检察院提交的刘某某手机中的微信语音、声纹鉴定书、通话清单和银行交易流水，以及刘某某驾车赴粤东往返的交通监控视频截图等证据，足以证实其从粤东不法分子处购得毒品，并准备在案发当天通过周某卖出。

第三，刘某某的手机短信里包含大量毒品交易行话、暗语等内容，可以看出其从事毒品交易至少一年时间，案发前一天还有周某以外的其他人准备向刘某某购买毒品。

第四，综合原有证据及抗诉期间补充完善的毒品上家陈某的有罪供述、周某关于部分证言改变的原因等证据，足以证实涉案毒品系刘某某案发前向陈某购买并准备贩卖的事实。

此外，鉴于本案已在三级法院七次开庭审理，而且人民检察院在开庭审理前已向刘某某及其辩护人开示新证据，充分听取辩方意见，依法充分保障了当事人诉讼权利，为避免案件久拖不决，广东省人民检察院建议广东省高级人民法院在查清事实后依法改判被告人有罪。

（三）抗诉结果及案件后续情况

2019 年 6 月 7 日，广东省高级人民法院经审理认为，刘某某归案后认罪、悔罪态度较差，尤其在二审确凿的证据面前，仍拒不认罪，依法作出终审判决，采纳人民检察院抗诉意见，以贩卖毒品罪判处刘某某无期徒刑。

判决生效后，刘某某约见检察官，认罪悔罪，主动承认人民检察院指控的全部犯罪事实，并指认了上家陈某。2020 年 7 月 6 日，陈某被广州市中级人民法院判处死刑，陈某未提出上诉。

【典型意义】

（一）认定毒品犯罪中的行为人是否主观“明知”，应当结合案件客观实际情况进行综合判断。毒品犯罪的主观“明知”，是指行为人知道或者应当知道行为对象是毒品的心理状态，判断行为人是否主观“明知”应综合考虑案件中的各种客观实际情况。要依据实施毒品犯罪行为的过程、行为方式、毒品被查获时的情形和环境等证据，结合行为人的年龄、阅历、智力及掌握相关知识情况，进行综合分析判断，并且用作推定前提的事实基础必须有确凿的证据证明。

（二）对于被告人不认罪的案件，人民法院以存在“合理怀疑”为由宣告被告人无罪的，人民检察院认为在案证据能够形成完整的证据链，且被告人的无罪辩解没有证据证实的，应当依法提出抗诉。毒品犯罪具有高度隐蔽性，涉毒人员反侦查能力强，即使人赃并获，往往也会坚持无罪辩解。认定毒品犯罪案件是否存在“合理怀疑”，与案件特点、证据情况紧密相关，应当对涉毒人员的主观明知、客观行为以及在案证据进行全面审查，根据案件具体情况进行深入分析和综合研判，重点要结合客观性证据甄别言词证据的真伪。如果被告人无罪辩解无客观性证据印证，且与经验法则、逻辑法则不相符，在案证据中有间接证据证明毒品系被告人所有的，此类毒品案件不存在法律意义上的“合理怀疑”。对人民法院因无法排除“合理怀疑”而判决无罪的案件，人民检察院在依法提出抗诉的同时，要客观审视证据链条存在的薄弱环节，对瑕疵证据尽力补正或作出合理解释，以充分说服二审法庭采纳抗诉意见。

（三）对于查清事实后足以定罪量刑的二审抗诉案件，如未超出起诉指控范围的，人民检察院可以建议二审法院依法直接改判。根据《中华人民共和国刑事诉讼法》第二百三十六条规定，对于原判决事实不清或者证据不足的，第二审人民法院在查清事实后可以依法改判或者发回重审。司法实践中，对于人民检察院提出抗诉后补充的证据，如果该证据属于补强证据，认定的案件事实没有超出起诉指控的范围，且案件已经多次开庭审理，应当综合考虑诉讼经济原则和人权保障的关系，建议人民法院在查明案件事实后依法改判，提高诉讼效率。对于二审期间发现新的犯罪事实，应当补充、追加起诉的，人民检察院可以建议第二审人民法院发回重审，以确保在全面准确打击犯罪的同时，充分保障当事人的诉讼权利，维护司法公正。

案例六：王某等人故意伤害、贩卖毒品、强迫他人吸毒、容留他人吸毒二审抗诉案

【关键词】

二审抗诉　利用未成年人贩毒　故意伤害致人死亡　数罪并罚　死刑立即执行　赔偿谅解协议的审查

【要　旨】

死刑只适用于罪行极其严重的极少数犯罪分子。利用未成年人实施毒品犯罪并残害未成年人致死的，应当认定为“罪行极其严重”，依法适用死刑。对于人民法院以被告人与被害人达成赔偿谅解协议为由，从轻判处罪行极其严重的犯罪分子死缓的，人民检察院要对赔偿谅解协议进行实质性审查，从谅解主

体、谅解内容、谅解意愿以及犯罪性质、是否真诚悔罪等方面进行综合判断。对于虽有被告人赔偿并取得被害人谅解的酌定从轻处罚情节，但结合犯罪事实、犯罪性质、情节及对于社会的危害程度，依法不足以从轻处罚的，人民检察院认为量刑不当的，应当依法提出抗诉。

【基本案情】

被告人王某，男，1985 年 3 月出生，无业，曾因犯盗窃罪被判处有期徒刑六个月。其余 3 名被告人基本情况略。

2017 年 11 月底至 2019 年 1 月，王某为牟取非法利益，组织龙某、米某华、王某湘在四川省攀枝花市零包贩卖毒品海洛因 36 次，并容留多人在其租住房内吸毒。2018 年 6 月、7 月，为掩盖毒品犯罪事实，王某以赠送吸毒人员吉某货值 100 元的海洛因为条件，“收养”其两个儿子安某甲（殁年 11 岁）和安某乙（系安某甲之弟），加以控制、利用帮助贩毒，并长期殴打、虐待。自 2018 年 8 月起，王某在其租住的房屋内，多次强迫安某乙吸食海洛因等毒品，经鉴定，安某乙头发检出代谢物成分吗啡、单乙酰吗啡和甲基苯丙胺，安某乙左侧外耳廓因被王某等人殴打未及时医治而出现明显畸形。2018 年 11 月以来，王某安排龙某带领 11 岁的安某甲在市东区华山一带贩卖毒品，王某带领 9 岁的安某乙购买用于贩卖的毒品，并安排进行部分“零星贩毒”。王某等人还备有塑料管、电击棍等工具，用于殴打、控制安某甲和安某乙。2019 年 1 月 22 日晚至次日凌晨，王某从龙某处得知安某甲将团伙贩毒情况告知其母吉某后，不顾王某湘劝阻，伙同龙某在租住房内多次、长时间用烟头烫，用塑料管、电击棍等工具殴打、电击安某甲，并强迫安某乙殴打安某甲，还指使龙某逼迫安某甲吸毒。23 日上午，安某甲因全身大面积皮肤及软组织挫伤，皮下出血致失血性和创伤性休克死亡。案发后，王某亲属与吉某达成赔偿协议，约定赔偿 10 万元，先行支付 5 万元并由吉某出具谅解书，余款于 2021 年 12 月 31 日前付清。2019 年 12 月 5 日，吉某在其家人收到 5 万元后出具了谅解书。

2019 年 11 月 14 日，攀枝花市人民检察院提起公诉，指控被告人王某犯故意伤害罪、贩卖毒品罪、强迫他人吸毒罪、容留他人吸毒罪，且王某等人构成恶势力犯罪集团。2020 年 5 月 29 日，攀枝花市中级人民法院作出一审判决，认定王某系恶势力犯罪集团首要分子，在故意伤害犯罪中手段残忍、情节恶劣，本应严惩，但考虑其赔偿并取得被害人家属谅解，以故意伤害罪判处死刑缓期二年执行，剥夺政治权利终身；以贩卖毒品罪判处有期徒刑十四年，并处罚金五万元；以强迫他人吸毒罪判处有期徒刑八年，并处罚金二万元；以容留他人吸毒罪判处有期徒刑三年，并处罚金一万元，数罪并罚决定执行死刑，缓期二年执行，剥夺政治权利终身，并处罚金八万元，并限制减刑。对另 3 名被告人分别以故意伤害罪、贩卖毒品罪判处有期徒刑五年至无期徒刑不等刑罚。被告人王某、米某华不服一审判决，提出上诉。

【检察机关履职过程】

（一）提出和支持抗诉

2020 年 6 月 7 日，攀枝花市人民检察院向四川省高级人民法院提出抗诉，并报请四川省人民检察院支持抗诉。同年 8 月 21 日，四川省人民检察院支持抗诉。

四川省人民检察院在审查与支持抗诉期间围绕“王某是否可以判处死缓”“赔偿谅解情节是否足以影响量刑”等问题，补充完善了部分证据：一是复勘现场、复核关键证人及走访调查，重点研判伤害行为的方式及强度；二是询问证人，查明二被害人在被王某等人控制前均身体健康且没有吸毒行为；三是针对一审期间租住房周边居民因恐慌不愿作证的情况，释法说理，收集补强了王某等人长期殴打、虐待两名儿童，并威胁恐吓周边群众等恶势力犯罪证据；四是核实赔偿谅解情况，查明被告方的赔偿附加了被害方出具谅解书、法院不判处死刑、余款于两年后付清等条件。

（二）抗诉意见和理由

四川省检察机关认为，原审对王某所犯故意伤害罪量刑畸轻，判决确有错误。

第一，故意伤害罪虽与故意杀人罪的犯罪主观故意不同，但量刑时均应当坚持罪责刑相适应原则。被告人及其辩护人认为，本案系故意伤害致人死亡，量刑应当有别于故意杀人罪，一审判决量刑适当。检察机关认为，王某为获取非法利益并逃避打击，长期采用暴力、威胁等方式控制、利用两名儿童贩毒，其间多次强迫儿童吸毒，伙同龙某等人故意伤害致一名儿童死亡，犯罪动机特别卑劣、手段特别残忍、后果特别严重。综合评判本案的事实、情节，王某属于“罪行极其严重”的情形，不应当适用死缓。一是侵害对象系未成年人，普遍缺乏自我保护能力，是法律予以特别保护的对象，本案被告人王某利用儿童贩卖毒品，殴打、虐待、残害两名儿童并致一人死亡，犯罪对象特殊；二是犯罪动机极其卑劣，王某长期控制、利用被害人贩毒，又唯恐罪行败露而迁怒于被害人，对其实施长时间、高强度殴打；三是犯罪手段极其残忍，尤其在被害人受长时间折磨、身体越来越虚弱的情况下，被告人还逼迫其吸毒，加速了被害人死亡；四是社会影响极其恶劣，王某等人为实施毒品犯罪，长期强迫、驱使儿童实施毒品犯罪行为，强迫儿童吸毒，致使一名儿童死亡，造成严重社会后果，犯罪行为令人发指，严重挑战社会道德底线。因此，王某的行为既侵害未成年人生命健康权，又严重扰乱社会秩序，社会危害性极大，罪行极其严重，王某具有恶势力犯罪集团首要分子、盗窃犯罪前科等从重处罚情节，并在故意伤害犯罪中起主要作用，主观恶性极深，人身危险性极大，应当依法从严惩处。

第二，王某罪行极其严重，依法应当判处死刑立即执行，虽然其家属代为赔偿被害方部分损失并取得谅解，但不足以从轻处罚，一审法院判处死缓量刑明显不当。被告人及其辩护人认为，一审期间赔偿谅解系双方真实意思表示，按照宽严相济刑事政策，应当在量刑时充分考虑。检察机关认为，一方面，"赔偿"附加被害人家属出具谅解书、法院不判处死刑立即执行等条件，并非真诚悔罪；另一方面，被害人母亲吉某系吸毒人员，仅为收取货值100元的海洛因，就放弃法定抚养义务，将两名幼子交由毒贩控制、虐待，并对两名儿童身上的伤痕长期不闻不问、置之不理，由吉某作为谅解主体出具的谅解书，不同于一般意义上的"谅解书"，不足以产生刑法意义上的谅解效力，既没有化解社会矛盾，又没有达到在一定程度上消除社会影响的法律效果；同时，被告人王某"收养"两名儿童并故意伤害的动机和目的是实施和掩盖毒品犯罪，对于这类罪行极其严重的犯罪，即使达成了"赔偿谅解协议"，也不应该认为产生从轻处罚的法律后果。

根据2020年3月《最高人民法院、最高人民检察院、公安部、司法部关于依法严惩利用未成年人实施黑恶势力犯罪的意见》，应当依法严厉打击、从重处罚胁迫未达到刑事责任年龄的未成年人参加恶势力犯罪集团的行为。王某作为恶势力犯罪集团的首要分子，且具有长期殴打、虐待并残害未成年人致死的行为，犯罪动机卑劣、手段残忍，情节恶劣，属于"罪行极其严重"的犯罪分子，依法应当适用死刑。

（三）抗诉结果

2020年10月30日，四川省高级人民法院作出二审判决，采纳人民检察院抗诉意见，以故意伤害罪改判王某死刑，数罪并罚决定执行死刑。2021年3月，最高人民法院裁定核准死刑。

（四）未成年人保护

安某甲、安某乙的母亲吉某于2019年8月因贩卖毒品罪被判刑并在监狱服刑，父亲是吸毒人员且已失踪多年，四川省检察机关推动当地民政部门认定安某乙为"事实无人抚养儿童"，变更监护人为其外祖父，协调解决户籍、入学、生活补贴等问题，开展心理辅导，给予司法救助，并委托第三方对司法救助金进行监管。攀枝花市人民检察院针对本案暴露出的城市房屋租赁监管、重点人员管理、街面治安巡查等问题，向相关部门发出检察建议，推动落实整改，加强社会治安防控。通过开展司法救助、心理辅导、提出社会治理类检察建议等方式，推动全社会一体保护未成年人，为未成年人健康成长营造良好社会环境。

【典型意义】

（一）利用未成年人实施毒品犯罪并残害未成年人致死的，应当认定为“罪行极其严重”，依法适用死刑。死刑只适用于极少数罪行极其严重的犯罪分子，“严格控制和慎重适用死刑”是我国的基本刑事政策。根据《最高人民法院、最高人民检察院、公安部、司法部关于依法严惩利用未成年人实施黑恶势力犯罪的意见》，对于胁迫未达到刑事责任年龄的未成年人参加恶势力犯罪集团的行为，应当依法严厉打击、从重处罚。此类恶势力犯罪集团的首要分子，残害未成年人致死的，结合犯罪事实、犯罪性质、情节及对于社会的危害程度和主观恶性，确属“罪行极其严重”的，应当坚决依法适用死刑。对于罪行极其严重，应当判处死刑而未判处的，人民检察院要依法履行刑事审判监督职责，通过抗诉监督纠正确有错误的判决，维护法律统一正确实施，维护公平正义。

（二）准确把握“赔偿谅解”对量刑的影响。“赔偿谅解”是刑事案件常见的酌定从轻处罚情节，是评价被告人认罪悔罪态度和人身危险性的因素之一。根据法律规定，被告人案发后认罪悔罪，对被害人积极赔偿并取得谅解的，依法可以作为酌定量刑情节予以考虑。人民检察院在办案中，要对赔偿谅解协议进行实质性审查，全面审查谅解主体是否适格、谅解意愿是否自愿真实、谅解内容是否合法、是否附有不合理条件等，准确把握谅解协议是否足以影响量刑，避免案件处理结果违背公平正义。对于严重影响人民群众安全感的暴力犯罪、毒品犯罪，即使被害方在收到赔偿后明确表示同意从宽处理被告人，但犯罪事实、性质、情节及社会影响极其恶劣，人身危险性极大的，不必然产生从轻处罚的法律后果。

案例七：吴某某、焦某挪用公款二审抗诉案

【关键词】

二审抗诉　挪用公款罪　变更起诉　接续抗诉

【要　旨】

对于因资金混同导致挪用公款数额存疑的情况，人民检察院要及时调整指控犯罪的思路，积极引导调查取证，实现不枉不纵。在证据确实充分的情况下，被告人提出不明知所挪用款项性质为公款的辩解，属于对挪用公款犯罪主观故意的否认，并非行为性质的辩解，不符合自首的构成要件。对于审判机关

量刑不当或者在是否构成自首等关键量刑情节上与人民检察院认识不一致的案件，应充分分析研判裁判理由及依据，认真细致排查抗点。

【基本案情】

被告人吴某某，男，1972年2月27日出生，汉族，大专文化，山东省德州市某公司禹城项目部（以下简称“禹城项目部”）原会计。

被告人焦某，男，1976年4月15日出生，汉族，中专文化，德州市某银行禹城市支行个贷中心原主任。

被告人吴某某于2014年4月至2015年11月在担任德州某公司东方置业有限公司禹城项目部会计期间，利用其负责管理财务的职务之便，挪用单位公款1400万元，用于理财及炒股，至今未还。2017年8月和9月，被告人焦某与被告人吴某某共谋，利用吴某某管理单位财务之便，共同挪用德州某公司东方置业有限公司禹城项目部公款350万元，用于偿还焦某个人借款和贷款，至今未还。

2019年1月25日，山东省德州市某区人民检察院对该案提起公诉。2019年4月24日，某区人民法院经审理认为，被告人吴某某作为国家工作人员，利用职务上的便利，单独或伙同被告人焦某挪用公款，进行营利性活动。被告人吴某某挪用公款数额巨大不退还，被告人焦某挪用公款情节严重。二被告人在共同犯罪中均起主要作用，均系主犯。案发后二被告人自动到监察机关投案，如实供述自己的犯罪事实，属自首。以挪用公款罪判处被告人吴某某有期徒刑十年六个月，判处被告人焦某有期徒刑三年六个月，并责令被告人吴某某退赔赃款1400万元，责令被告人吴某某、焦某退赔赃款350万元，查封被告人焦某的房产在评估拍卖后予以追缴。一审宣判后，被告人焦某以量刑不当为由提出上诉。

【检察机关履职过程】

（一）第一次抗诉

2019年4月30日，某区人民检察院以一审判决适用法律错误、量刑畸轻为由提出抗诉，抗诉理由如下：被告人焦某挪用公款350万元未归还，依据最高人民法院、最高人民检察院《关于办理贪污贿赂刑事案件适用法律若干问题的解释》第六条的规定，系“情节严重”，应当判处五年以上有期徒刑，某区人民法院判决被告人焦某有期徒刑三年六个月，量刑畸轻。本案查封的被告人焦某的房产无证据证实系被告人焦某违法犯罪所得，不能予以追缴。2019年8月21日，德州市人民检察院支持抗诉。

2019年9月10日，德州市中级人民法院以事实不清、证据不足为由撤销原判，发回重审。

（二）变更起诉

发回重审期间，某区人民检察院经补充侦查，作出变更起诉决定，变更起诉指控事实：2014 年 4 月至 2018 年 8 月期间，被告人吴某某与焦某共谋，利用吴某某管理禹城项目部财务资金之便，挪用公款进行炒股等活动。同时被告人吴某某伙同野某某（已故，“禹城项目部”原出纳）挪用公款进行理财等活动。其中，2015 年 4 月 30 日至 2018 年 8 月 30 日被告人吴某某共挪用禹城项目部公款总计 3101.87 余万元，超过三个月。其中尚未归还公款总计人民币 2829.04 余万元。2016 年 6 月 30 日至 2018 年 8 月 30 日期间，被告人焦某共挪用禹城项目部公款总计人民币 847.867 余万元，超过三个月。其中尚未归还公款总计人民币 650.87 余万元。

2020 年 12 月 4 日，某区人民法院经审理认为被告人吴某某、焦某的行为均已构成挪用公款罪，二被告人挪用公款数额巨大不退还，情节严重，在共同犯罪中均起主要作用，均系主犯。二被告人主动到监察机关投案，如实供述自己的犯罪事实，属自首。决定对吴某某从轻处罚，对焦某减轻处罚。分别以挪用公款罪对吴某某判处有期徒刑十三年六个月、对焦某判处有期徒刑七年，并责令二被告人退赔赃款。

（三）第二次抗诉

2020 年 12 月 12 日，某区人民检察院以判决认定事实错误，适用法律错误，量刑畸轻为由向德州市中级人民法院提出抗诉，抗诉理由如下：被告人焦某当庭对变更起诉指控的主要事实予以否认，并非如实供述主要犯罪事实，不应认定为自首。焦某挪用公款数额巨大不退还，法定刑为十年以上有期徒刑，某区人民法院对被告人焦某判处有期徒刑七年，属于量刑畸轻。

2021 年 4 月 12 日，德州市人民检察院支持抗诉。

（四）抗诉结果

2021 年 4 月 15 日，德州市中级人民法院经审理认为，原审对原审被告人焦某认定自首不当，量刑不当，应予纠正。抗诉机关的抗诉理由成立。鉴于原审被告人焦某能够自动到案，二审期间，能够认罪认罚，悔罪态度较好，酌情对其从轻处罚。判决维持原审对吴某某的定罪及量刑部分，对焦某挪用公款罪的量刑改判为有期徒刑十年。

（五）发出检察建议

某区人民检察院在办理该案过程中，主动延伸法律监督触角，深入分析案件发生的根源，积极开展调查走访，详细了解涉案单位财务管理、岗位职责制度，针对案件暴露出的一系列问题，及时向涉案单位制发了检察建议，并通过公开送达的方式进行送达。建议涉案单位深入开展自查自纠，进一步查找问题，针对发现的管理漏洞，完善管理制度，积极整改。

【典型意义】

（一）针对挪用公款数额存疑的客观实际，人民检察院积极引导调查取证，及时调整指控思路。挪用公款进行炒股等营利性活动，因大量中间账户的介入而产生资金混同，导致犯罪数额的认定上存在障碍。人民检察院分析研判案件客观困难及解决对策，以阻塞漏洞、不枉不纵为目标，充分考虑巨额公款未能归还的实际情况，将指控思路由挪用公款“进行营利性活动”调整为“超过三个月未还”。积极引导调查取证工作，由监察机关委托会计师事务所对涉案账户资金流水进行重新审计，并根据审计结论及时变更起诉。精确认定了指控犯罪的数额，且以时间为客观标准认定挪用公款数额，形成了完整的证据链条。

（二）充分研判一审判决以及发回重审后判决，找准找实抗点，两级人民检察院联动一抗再抗。注重多维度挖掘抗点抗源，对于审判机关在法定刑以下量刑以及在是否构成自首等关键情节的认定上与人民检察院意见不一致的案件，应予以高度关注。在吃准吃透案情的基础上，全面梳理分析法院判决的理由和依据，认真细致排查抗点。同时，两级人民检察院加强上下联动，强化对抗诉案件的审核把关，注重加强对抗诉理由的说理性分析，确保抗诉理由的客观准确，提升监督质效。

（三）延伸法律监督触角，对于办案中发现的问题漏洞，及时制发检察建议促整改。对于挪用公款等职务犯罪案件，深入分析案件发生的原因，主动开展调查走访，详细了解涉案单位财务管理、岗位职责制度，发现涉案单位财务管理不严格、制度执行不规范、内部相互监督制约不到位等问题。在调查研究的基础上，及时向涉案单位公开送达检察建议书，建议深入开展自查自纠，进一步查找问题，针对发现的管理漏洞，完善管理制度，广泛开展警示教育，加强廉政教育等方面整改落实。

案例八：王某某销售有毒、有害食品再审抗诉案

【关键词】

再审抗诉　罚金刑　量刑明显不当　追缴违法所得　从业禁止　类案监督

【要　旨】

财产刑量刑是否“明显不当”，应结合法律规定、司法政策、类案裁判和个案情节予以综合评判。严厉打击危害食品安全犯罪活动，人民检察院对法院

生效裁判中追缴违法所得、从业禁止等体现刑事惩处性质的财产刑适用不当的，应依法提出抗诉。要善于从个案中提炼类案处理的普遍性问题，注重发挥监督一案带动一片的效果。

【基本案情】

被告人王某某，女，1987 年 11 月生，某无糖保健食品店经营者。

2016 年至 2018 年 7 月，被告人王某某从他人处购进降糖类保健食品，通过淘宝、微信等方式进行销售。2017 年 3 月至 2018 年 3 月，王某某在明知唐必舒胶囊中含有二甲双胍的西药成分的情况下，仍以每瓶 12 元的价格将唐必舒胶囊销售给江苏省盱眙县的程某（另案处理）从中非法牟利，销售总金额 62800 元人民币。经浙江省湖州市食品药品检验研究院检验，检出格列本脲、盐酸二甲双胍等国家禁止在保健食品中非法添加的物质。另在王某某位于广东省陆丰市的仓库内查获保健品 16 种共计 1471 盒，经检测，其中 15 种保健品均含有国家禁止在保健食品中非法添加的物质格列本脲、盐酸二甲双胍。

2018 年 7 月 12 日，王某某因涉嫌销售有毒、有害食品罪，被湖州市某县公安局刑事立案。2018 年 10 月 17 日，某县公安局向某县人民检察院移送审查起诉。2018 年 11 月 20 日，某县人民检察院以王某某犯销售有毒、有害食品罪向某县人民法院提起公诉。2018 年 11 月 27 日，某县人民法院作出一审判决，以销售有毒、有害食品罪判处王某某有期徒刑一年，并处罚金人民币四万元。王某某未上诉，判决生效。

【检察机关履职过程】

（一）提出抗诉

2020 年 4 月 7 日，某县人民检察院审查发现，本案量刑不当、判决确有错误，提请湖州市人民检察院抗诉。2020 年 10 月 20 日，湖州市人民检察院向湖州市中级人民法院提出抗诉。

湖州市人民检察院审查提请抗诉期间，发现原审法院另存在未依法追缴违法所得的裁判错误问题，补充了抗诉理由，围绕争议焦点进一步补充完善以下证据：一是复勘王某某手机微信记录，复核鉴定意见及关键证人证言，查明王某某主观故意及销售数额、违法所得；二是赴王某某居住地实地调查，查明王某某主要工作就是经营、销售保健食品，本案后仍从事食品类经营活动；三是借助大数据分析，梳理湖州市近三年来的同类裁判罚金刑情况，为本案罚金刑量刑畸轻提供数据支撑，也为下一步开展类案监督排查线索来源。

（二）抗诉意见和理由

某县人民检察院和湖州市人民检察院认为，根据最高人民法院、最高人民检察院《关于办理危害食品安全刑事案件适用法律若干问题的解释》规定，犯生产、销售有毒、有害食品罪一般应当依法判处生产、销售金额两倍以上罚金，王某某销售金额62800元，仅判处罚金4万元，属于罚金刑适用法律错误，王某某系在从事保健食品销售过程中实施犯罪，属于利用职业便利实施犯罪，综合其犯罪情况和预防再犯罪的需要，应当适用从业禁止。原审判决罚金刑量刑畸轻，未依法适用从业禁止，法律适用确有错误，依法应予纠正。

第一，综合王某某的犯罪性质、犯罪情节和社会危害，需在销售金额两倍以上判处罚金。一是王某某受利益驱动实施犯罪，主观恶性深。王某某明知销售的保健品含有国家禁止添加的西药成分，对人体存在严重危害，仍为谋取经济利益而大批量销售，针对该逐利动机，应加大经济制裁力度，让其无利可图、得不偿失。二是本案犯罪性质恶劣，社会危害严重。服用降糖类保健品的群体以体质较差的中老年人为主，王某某的犯罪行为面向此类特殊群体，对生命健康造成的危险较普通群体更为严重。王某某通过实体店、淘宝、微信等多种渠道销售有毒有害保健品，销售数量大、受众广、危险性高，应当从严惩处。三是王某某罚金刑的判处导致同案犯之间量刑失衡。本案中王某某的下家程某被判处销售金额2倍以上罚金，在无特殊情节的情况下，处于销售链条上游的王某某却仅判处不足销售金额一倍的罚金，显属量刑畸轻。

第二，对王某某应当适用从业禁止。王某某长期从事保健品销售行业，通过经营实体店和注册网店同步销售有毒有害保健食品，其犯罪行为与其职业具有紧密关联，属于利用职业便利实施犯罪。食品行业是直接关系社会公众健康的特殊行业，据此，浙江省高级人民法院、浙江省工商行政管理局于2018年10月专门出台《办理危害食品、药品安全犯罪案件适用禁止令若干问题的会议纪要》，明确加强对危害食药安全犯罪的从业禁止适用。从犯罪情况看，王某某以正规经营为幌子，大量销售有毒有害保健品，危害性大。从预防再犯罪的角度看，王某某无固定工作和经济收入，出狱后仍继续从事食品类经营行业，具有预防再犯的必要性。王某某符合《中华人民共和国刑法》第三十七条之一规定的从业禁止适用条件，应当对其适用从业禁止。

（三）抗诉结果

2020年12月8日，湖州市中级人民法院开庭审理本案。2020年12月10日，湖州市中级人民法院作出再审判决，采纳抗诉意见，以销售有毒、有害食品罪判处王某某有期徒刑一年，并处罚金人民币13万元，禁止王某某在三年内从事食品、药品的生产、销售及相关经营性活动，追缴王某某违法所得10466元。

（四）开展类案监督

本案办理中，检察人员通过类案裁判查询、与市场监管部门沟通，发现对危害食品安全犯罪的从严惩处政策落实不到位，存在罚金刑适用不够严格、追缴违法所得和从业禁止适用不够重视等现象，存在类案裁判错误的问题。湖州市人民检察院随即组织全市开展危害食药安全犯罪案件专项检查，通过逐案排查，梳理出6起同类案件，均提出抗诉，实现了对全市危害食品安全犯罪生效裁判的类案监督。同时，将审判监督抗诉与促进规范司法相融合，总结抗诉案件办理中发现的问题，撰写专题调研报告，指出该市危害食药安全犯罪案件存在罚金刑适用过轻、遗漏追缴违法所得、缓刑标准较宽等问题，在此基础上制定出台《湖州市检察机关依法从严惩治危害食品药品安全犯罪的意见》，从量刑建议、涉案财物处理、刑行衔接等十个方面对检察机关办理危害食药安全犯罪案件提出要求、指明方向，推动全市危害食药安全犯罪案件规范化办理。

【典型意义】

（一）加大财产刑监督力度，准确界定量刑明显不当。法律、司法解释明确规定罚金刑具体量刑标准的，对司法裁判应起到约束作用。原审法院在法律规范确定的幅度以外量刑的，应当在裁判文书中说明理由。未说明理由的，检察机关应当结合犯罪性质、犯罪情节、社会危害以及同案犯量刑平衡、类案裁判情况来分析研判量刑的合法性、合理性。无特殊情节、无正当理由而突破法定量刑标准，应当认定为法律适用错误，导致罚金刑畸轻畸重的，应当界定为量刑明显不当，检察机关可依法提出抗诉。

（二）追缴违法所得、从业禁止等附加刑适用明显不当的，人民检察院应当依法提出抗诉。追缴违法所得是通过追缴犯罪所获财产，让犯罪分子无利可图，达到经济制裁的效果，具有财产性刑罚的性质，设置于《中华人民共和国刑法》第四章“刑罚的具体运用”的“量刑”一节中，应视为量刑的组成部分。从业禁止是为预防再犯罪而对职业性、营业性犯罪人员采取的限制从业措施，带有惩治和预防的双重价值。是否应当适用从业禁止，需从职业行为与犯罪行为的关联程度、执业时间长短、被告人有无其他经济来源、有无同类前科劣迹等方面予以判断。追缴违法所得、从业禁止等附加刑适用明显不当的属于量刑明显不当，人民检察院应当依法提出抗诉。

案例九：封某某职务侵占二审抗诉案

【关键词】

二审抗诉　职务侵占罪　恶意自我交易　无罪改判有罪

【要　旨】

职务侵占罪的对象是本单位财物，包括明确取得的“财产性利益”。民营企业股东利用职务便利恶意自我交易，使企业债权损失，再从获利单位处获得“股份分红”，应认定为职务侵占罪。检察机关在办理经济犯罪案件中要准确适用法律，有效打击以“民事纠纷”名义侵占企业利益的犯罪行为，对于人民法院将犯罪行为认定为民事纠纷导致适用法律错误的，应当依法提出抗诉。

【基本案情】

被告人封某某，男，1980年5月20日出生，汉族，大学文化，厦门某酒店有限公司（以下简称甲公司）股东之一，法定代表人。

2012年6月以来，甲公司将名下某场所租赁给某酒店管理有限公司（以下简称乙公司）经营，并按月收取租金。2013年4月，被告人封某某在明知甲公司因牵涉300万元以上诉讼、公司账户被查封的情况下，利用法定代表人的职务便利，隐瞒其他股东，挂失并补办了公司印章，与乙公司修改了租赁合同，将上述情形作为违约责任列入与乙公司签订的新租赁合同中，造成了甲公司必然违约的情况，并增加选择仲裁简易程序的争议解决条款。同年5月，封某某在未支付对价的情况下，以他人名义成为乙公司占股55%的大股东。同年6月，乙公司就甲公司违约一事申请仲裁，封某某作为甲公司法定代表人指定律师应诉，但拒不提交证据，使乙公司胜诉，并自该月起不再交纳租金。从2013年9月开始，封某某从乙公司陆续取得“分红款”，至案发时共计203.5万元。

2013年11月18日，甲公司其他股东向厦门市公安局报案。2014年1月13日，厦门市公安局立案侦查。2014年4月1日，厦门市公安局向厦门市某区人民检察院移送审查起诉。2015年3月31日，厦门市某区人民检察院以职务侵占罪对封某某提起公诉，以封某某实际获得的“分红款”203.5万元作为犯罪数额。

2017年2月28日，厦门市某区人民法院经审理认定该案事实不清、证据不足，判决封某某无罪。主要裁判理由如下：1. 乙公司的经营分红款不能等同于甲公司损失的租金，封某某从乙公司收取的钱款性质不能认定就是甲公司损失财物。2. 对于甲公司在仲裁中败诉的后果，其余股东可以向法院提起民事诉讼，恶意串通行为并不直接等同于刑法意义上的职务侵占罪。3. 封某某与其他股东有债务纠纷，在债务尚未厘清之前，不能排除封某某主观上将取得的分红款视为抵偿股东间债务的可能，不具有非法占有目的。

【检察机关履职过程】

（一）提出和支持抗诉

2017年3月9日，厦门市某区人民检察院以一审判决认定事实错误，适用法律错误为由，向厦门市中级人民法院提出抗诉。2017 年 6 月 2 日，厦门市人民检察院支持抗诉。

（二）抗诉意见和理由

厦门市某区人民检察院认为，封某某的行为属于利用职务便利，使乙公司占有甲公司确定性预期收益的行为，符合职务侵占罪的构成要件；现有证据足以证实乙公司支付给封某某的 203.5 万元分红事实上是支付给甲公司的租金；封某某与其他股东之间的债权债务关系不影响对封某某非法占有目的的认定。

厦门市人民检察院针对一审法院判决提出抗诉理由如下：

第一，本案的租金债权符合侵财犯罪的财产性利益对象要件，可以成为职务侵占的对象。侵财犯罪的对象可以包括有形的财产和无形的财产性利益。封某某的恶意串通，使甲公司败诉，目的就是消除甲公司与乙公司之间的租金债权关系，消除甲公司日后行使返还该款项请求权的可能性，是刑法上的侵财行为。

第二，一审法院认为，恶意串通行为并不直接等同于刑法意义上的职务侵占罪。厦门市人民检察院认为封某某通过“恶意自我交易”，消除与乙公司间的租金债权关系，符合职务侵占罪的构成要件。一是民法意义上的恶意串通与刑法意义上的职务侵占行为不具有排他性，借恶意串通侵占公司财物，一样可以构成职务侵占罪。二是可以认定封某某利用职务便利，通过乙公司占有甲公司的财产性利益。从事实上看，一方面，封某某利用在甲公司职务便利，与乙公司恶意串通，实施了私刻公章、私定明显对己不利的合同、私自应诉并导致败诉三个行为，使得甲公司丧失了对乙公司每月 50 余万元的租金债权。另一方面，封某某先在 2013 年 5 月控股了乙公司，再继续利用职务便利，使乙公司仲裁胜诉，于 2013 年 7 月开始按月连续获得与甲公司当月租金债务消灭的财产性利益，再以股东分红的方式自乙公司获得该财产性利益的分配。

第三，封某某与其他股东之间的债权债务关系不影响对封某某非法占有目的的认定。一是封某某并非与所有股东都有债权债务纠纷，仅与部分股东有纠纷。经核，即使按封某某自供，与其有纠纷的股东仅涉及二人，但其他两名股东（分别占股 37.5%、15%）与其无纠纷，封某某以与部分股东有纠纷，未经其他占股 52.5% 的股东许可，私自占有公司财物，缺乏法律或合同依据。二是封某某个人占有上述租金后，既未向股东特别是与其无纠纷的股东披露该情况，也未声称放弃或减免对他股东的债务追偿权，反而采取了借用他人名义、多个账户转账等手段掩盖自己占有租金的事实，充分印证了封某某的行为意在将租金非法占为己有，而与其所辩称的股东债务纠纷无关。

（三）抗诉结果

2017 年 6 月 5 日，厦门市中级人民法院开庭审理本案。其间，经厦门市人民检察院申请，延期审理二次；后又报经福建省高级人民法院、最高人民法院批准各延长审理期限两个月、三个月。2019 年 2 月 25 日，厦门市中级人民法院采纳检察机关的抗诉意见，作出判决，撤销一审无罪判决，以职务侵占罪改判封某某有期徒刑五年，并处没收财产人民币二十万元。

【典型意义】

（一）准确认定民营企业股东“恶意自我交易”型职务侵占犯罪。民营经济是社会主义市场经济的重要组成部分，近些年来，侵犯民营企业产权犯罪的主体从传统的企业员工，开始扩张到企业股东甚至实际控制人。企业股东职务侵占案件出现了大量手段隐蔽性强、法律关系复杂的疑难案件，司法实践中争议也较大。职务侵占罪的对象包括预期租金等债权。在犯罪嫌疑人确有“恶意自我交易”导致公司损失的前提下，只要嫌疑人最终实际占有了公司损失的财产性利益，就成立职务侵占罪。至于占有该财产性利益是否借用其他单位或个人名义，是否以“分红”或其他方式为掩盖，不应成为影响认定的决定性因素。

（二）加强抗诉工作规范化建设，保证抗诉质量。一是坚持下级院拟抗诉案件的事前沟通制度，上级院早介入、早准备。如本案中，厦门市某区人民检察院在庭审过程中就及时发现与法院存在较大争议，存在风险判决可能，庭后多次与市人民检察院沟通，全面汇报案情，在一审判处无罪后及时说明抗诉理由。市人民检察院及时听取区检察院汇报，共同研究，并提出是否抗诉、如何准确选择抗点等方面的参考性意见，从而为严格把握抗诉案件的选择、精准提出抗诉理由打下了坚定的基础。二是坚持市人民检察院集中力量办理重大抗诉案件的规范化制度。坚持建立和培养专业化较强的抗诉队伍，集中优势力量支持抗诉。

案例十：张某猥亵儿童再审抗诉案

【关键词】

二审抗诉　再审抗诉　猥亵儿童罪　被告人不认罪　公共场所当众

【要　旨】

准确把握性侵害未成年人犯罪案件证据审查标准，被告人虽不供认犯罪事实，但案发过程自然，被害人陈述稳定自然，对于细节的描述符合正常认知、表达能力，结合生活经验对全案证据进行审查，能够形成完整证明体系的，可以认定案件事实。行为人在教室、集体宿舍等场所实施猥亵行为，只要当时有多人在场，即使在场人员未实际看到，也应当认定犯罪行为是在“公共场所当众”实施。办理性侵害未成年人案件，要发挥检察机关审判监督职能，维护未成年人合法权益和法律的公平正义。

【基本案情】

被告人张某，男，1958 年 12 月出生，原系某县某小学老师。

2015 年 9 月至 2016 年 4 月，被告人张某在担任某小学三年级科学老师期间，为满足性刺激，利用身为教师的便利条件，在教室内多次抓住被害人王某、李某等 12 名 9—10 岁被害女童的双手背至身后摸女生的手，并多次拉开裤子拉链，握住女生的手抚摸其生殖器。2016 年 4 月 14 日，被害人李某父亲向公安机关报案。同年 4 月 15 日公安机关立案。7 月 20 日，河北省邯郸市某区人民检察院以张某犯猥亵儿童罪提起公诉。

2017 年 9 月 22 日，河北省邯郸市某区人民法院依法不公开开庭审理本案。在庭审中，被告人张某及其辩护人提出：一是对被告人的指控与客观条件相悖。根据被告人供述，被告人只是在矫正学生的坐姿和公开场合与学生做游戏期间，摸过学生的手和脸，或用肚子顶女生身体。张某自始至终作无罪辩解，称其不具备“作案”的时空条件，不存在张某猥亵 12 名被害人的客观事实。二是被告人没有实施猥亵行为。指控被告人实施了让学生摸生殖器的事实的直接证据只有 12 名被害人的陈述，但部分证言与被害人陈述互相矛盾导致被害人陈述内容真实性存疑。被害人家长证人证言来自于被害人，系传来证据，证明力较低。综上，全案证据存在重大矛盾，不能得到合理的解释。公诉机关指控被告人涉猥亵儿童的证据，无法达到“充分”和“确实”，更无法排除种种合理怀疑，应当以证据不足认定被告人张某无罪。

2017 年 12 月 25 日，该区人民法院作出判决，认定张某抚摸女生手和脸，用肚子顶女生身体，构成猥亵儿童罪，但不足以证实张某让女生摸其生殖器，未造成严重后果，判处免予刑事处罚。张某不服一审判决，提起上诉。

【检察机关履职过程】

（一）二审抗诉

2017 年 12 月 29 日，邯郸市某区人民检察院以原审判决认定事实错误、适用法律错误为由，向邯郸市中级人民法院提出抗诉。2018 年 1 月 15 日，邯郸市人民检察院审查后认为，一审判决确有错误，支持抗诉。

2018 年 5 月 15 日，邯郸市中级人民法院不公开开庭审理本案，同年 6 月

25日作出终审裁定，以“本案虽有多名被害人证明被告人张某让摸其生殖器，但均没有亲眼所见摸的就是张某的生殖器，其他证人也均不能确认被害人摸的就是张某的生殖器”为由，裁定维持原判。

（二）再审抗诉

2019年7月5日，邯郸市人民检察院认为，二审法院裁定维持原判，认定事实和适用法律确有错误，提请河北省检察院按照审判监督程序抗诉。2019年10月13日，河北省人民检察院向河北省高级人民法院提出抗诉。

（三）抗诉意见和理由

河北省人民检察院抗诉理由如下：

第一，应当认定张某让女生摸其生殖器的事实。一是12名被害人均陈述了自己摸张某生殖器的事实，陈述客观、自然，虽均陈述未亲眼看到，但其陈述的在人体的部位及特征，根据基本生活常识，可以认定为生殖器；二是有证人亲眼看到张某让女生将手放在其生殖器部位；三是本案案发过程自然。被害人及其家长与张某在案发前没有矛盾，可以排除诬告陷害可能。

第二，本案应认定为“情节恶劣”和“公共场所当众”猥亵儿童。根据《最高人民法院、最高人民检察院、公安部、司法部关于依法惩治性侵害未成年人犯罪的意见》（以下简称《意见》）及最高人民检察院指导性案例《齐某强奸、猥亵儿童案》，张某作为被害人的老师，分别对12名幼女多次实施猥亵，其行为同时具有《意见》第25条规定之情形，即：犯罪主体是对未成年学生负有特殊职责的人员、犯罪对象是不满12周岁的儿童、猥亵多名未成年人或者多次实施猥亵犯罪三项情形，具备多项“更要依法从严惩处”的情节，综合评判应认定为“情节恶劣”；张某在教室猥亵学生的行为易被同班学生所感知，应认定在“公共场所当众”猥亵情节。

（四）抗诉结果

2020年12月3日，河北省高级人民法院经审理作出终审判决，认定原审被告人张某利用教师的身份和便利，多次在公共场所猥亵多名女童，依法应当从重从严处罚。原裁判认定事实、适用法律错误，依法应予纠正，张某犯猥亵儿童罪，判处有期徒刑八年。

【典型意义】

（一）准确把握性侵未成年人犯罪案件证据审查标准。被告人虽不供认犯罪事实，但案发过程自然，被害人陈述稳定，对于细节的描述符合正常认知、表达能力，结合生活经验对全案证据进行审查，能够形成完整证明体系的，可以认定案件事实。检察机关办理性侵害未成年人案件，要根据未成年人的身心特点，按照有别于成年人的标准予以判断。根据经验和常识，未成年人的陈述合乎情理、逻辑，对事物特征的描述符合其认知和表达能力，且有其他证据予以印证，被告人的辩解没有证据支持，结合双方关系不存在诬告可能的，应当采纳未成年人陈述。

（二）行为人在教室、集体宿舍等场所实施猥亵行为，只要当时有多人在场，即使在场人员未实际看到，也应当认定犯罪行为是在“公共场所当众”实施。《意见》第 23 条规定了在“校园、游泳馆、儿童游乐场等公共场所”对未成年人实施强奸、猥亵犯罪，可以认定为在“公共场所当众”实施犯罪。适用这一规定，是否属于“当众”实施犯罪至为关键。对在规定列举之外的场所实施强奸、猥亵未成年人犯罪的，只要场所具有相对公开性，且有其他多人在场，有被他人感知可能的，就可以认定为在“公共场所当众”犯罪。

（三）办理性侵害未成年人案件，要充分发挥检察机关审判监督职能，维护未成年人合法权益。人民检察院在办理性侵害未成年人犯罪中，要认真细致审查法院判决裁定，对于抗诉后法院经审理，仍然存在认定事实错误，量刑畸轻、畸重的案件，应当及时启动抗诉程序，纠正法院的错误裁判，严厉打击犯罪分子，维护未成年人合法权益和社会的公平正义。

附件 2

全国检察机关优秀刑事抗诉案件

案例一：范某某拒不支付劳动报酬二审抗诉案

【关键词】

二审抗诉 拒不支付劳动报酬罪 证据采信 农民工权益保护

【要　旨】

拒不支付劳动报酬案中，行为人因逃匿导致工资账册无法调取时，需要根据在案其他证据对劳动者提供欠薪数额证据的真实性作出判定。对于拒不支付劳动报酬罪中“经政府有关部门责令支付仍不支付的”这一行政前置要件，应当结合司法解释规定和案件实际情况综合认定。人民检察院在办理侵害农民工合法权益的案件时应当充分发挥审判监督职能，对于确有错误的判决，依法提出抗诉。

【基本案情】

2010 年至 2012 年，被告人范某某通过挂靠四个公司或以本人的名义，从北京某建设工程有限公司（以下简称某公司）承接了北京市大兴区二十余项工程。之后，范某某将工程分包给王某军、张某某、赵某某、王某然、代某某等 11 位包工头。各包工头再分别雇用农民工施工。2012 年底至次年 1 月初，所有工程施工完毕后，某公司将所有工程款项支付给了范某某，范某某承诺将支付所欠工资款项。2013 年 1 月底，范某某逃匿。2013 年 9 月 18 日、23 日、27 日北京市大兴区人力资源和社会保障局先后向范某某下达调查询问通知书、责令（限期）改正通知书，责令范某某支付 164 名农民工工资 276.5796 万元，并于 2013 年 9 月 23 日、27 日将责令支付文书留置送达至河北省衡水市某县某村（范某某前妻刘某梅户籍所在地，因离婚范某某户籍已经从该地迁出）。范某某逾期未履行支付义务并逃匿。

因范某某一直未履行支付义务，部分农民工向公安机关报案。2013 年 11 月，范某某被抓获归案。2014 年 3 月 10 日，公安机关将范某某拒不支付劳动报酬案移送大兴区人民检察院审查起诉。2014 年 9 月 26 日，大兴区人民检察院以范某某构成拒不支付劳动报酬罪提起公诉。2016 年 8 月 22 日，大兴区人民法院认为本案证人证言存在疑点，重要原始书证缺失，不能形成完整的证据链条，无法确定被告人范某某拒不支付劳动报酬的具体数额，检察机关指控证据不足，罪名不能成立，判决范某某无罪。

【检察机关履职过程】

（一）提出和支持抗诉

2016 年 9 月 11 日，北京市大兴区人民检察院提出抗诉，认为本案事实清楚、证据确实充分，应当以拒不支付劳动报酬罪追究被告人范某某的刑事责任。2016 年 11 月 17 日，北京市人民检察院第二分院支持抗诉。

（二）抗诉意见和理由

北京市大兴区人民检察院和北京市人民检察院第二分院审查认为，现有证据足以认定被告人范某某拖欠款项的事实及其拖欠工人工资的事实；被害人陈述中的疑点可以合理解释，应予采信；部分原始书证缺失不影响认定案件事实。

第一，范某某拒不支付劳动报酬的数额可以准确计算，已经查明了被告人范某某的犯罪数额。针对一审指控拒不支付 11 个班组 96 名工人 140 余万元劳动报酬的事实，进行了仔细筛查和确认。

第二，关于入罪所要求的前置行政处理程序存在的问题，经补证，符合犯罪构成要件。一是全面核查全案 1400 万元工程款的支出流转明细，发现在范某某和刘某梅婚姻关系存续期间及离婚后各有一张支出凭单上有刘某梅的签字，结合多名工人去刘某梅处讨薪的证言，证明刘某梅和范某某为此工程款的共同债务人和工程事项的共同处理人。二是调取到的离婚登记表、离婚协议证实二人系在 2012 年 12 月即被讨薪期间离婚，且约定财产全部归刘某梅所有，债务全部归范某某承担。证明二人系为逃避债务恶意离婚。三是 2013 年 9 月范某某和刘某梅离婚以后，在范某某逃匿期间，二人共同在北京某宾馆的开房记录，证实了二人为逃避履行债务而恶意离婚后仍实际共同生活的事实。

第三，综合全案证据，本案留置送达的行政前置程序符合法律规定。本案刘某梅与范某某系涉案工程事务的共同处理人，涉案款项共同债务人，二人具有逃匿债务的共同故意，刘某梅在拒不支付劳动报酬中起到了较大帮助作用，行政机关将责令支付文书留置送达于刘某梅户籍所在地，同时也是范某某户籍迁出地符合法律规定要求。

（三）抗诉结果

2016 年 12 月 23 日，北京市第二中级人民法院裁定认为，原判认定原审被告人范某某无罪事实不清，依法撤销原判，发回重审。2018 年 6 月 19 日，北京市大兴区人民法院采纳人民检察院的抗诉意见，判处范某某构成拒不支付劳动报酬罪，判处有期徒刑一年八个月，并处罚金人民币五千元。被告人范某某未上诉，判决生效。

【典型意义】

（一）拒不支付劳动报酬案中，因行为人逃匿导致工资账册无法调取时，可根据在案证据对劳动者提供欠薪数额证据的真实性作出判定。拒不支付劳动报酬案件中，劳动者提供欠薪数额是犯罪数额的重要参考，但要结合在案其他证据进行认定。如果在案其他证据能够证实劳动者提供欠薪数额真实则可以认定为拒不支付劳动报酬的犯罪数额，反之，则不能认定。若由于行为人逃匿导致工资账册等证据材料无法调取或用人单位在规定的时间内未提供有关工资支付等相关证据材料的，人力资源和社会保障部门应及时对劳动者进行调查询问并制作询问笔录，同时应积极收集证明劳动用工、欠薪数额等事实的相关证据，依据劳动者提供的工资数额及其他有关证据认定事实。

（二）对于拒不支付劳动报酬罪中“经政府有关部门责令支付仍不支付的”这一行政前置要件的适用，应当结合司法解释规定和案件实际情况综合认定。根据2013年《最高人民法院关于审理拒不支付劳动报酬刑事案件适用法律若干问题的解释》第四条规定，行为人逃匿，无法将责令支付文书送交其本人、同住成年家属或者所在单位负责收件的人的，如果有关部门已通过在行为人的住所地、生产经营场所等地张贴责令支付文书等方式责令支付，并采用拍照、录像等方式记录的，应当视为“经政府有关部门责令支付”。若被告人拖欠劳动报酬逃匿，且其无固定住所，户口已迁出，户口迁往地又无实际对应地址，亦无办公经营场所等，故司法解释规定留置送达的地点均无法送达。在此种情况下，前述司法解释中“等地”的理解需结合案件实际情况认定。

（三）人民检察院在办理侵害农民工合法权益的案件时应当充分发挥审判监督职能，对于确有错误的判决，依法提出抗诉。农民工工资支付问题，既直接关系群众的切身利益，又关系企业发展经营和社会和谐稳定。检察机关在办案中坚持以人民为中心的司法理念，立足服务保障“六稳”“六保”大局，充分发挥刑事审判监督职能，在厘清事实和法律关系基础上，找准案件症结，对确有错误的判决提出抗诉，切实保证农民工合法权益。

案例二：王某萍盗窃再审抗诉案

【关键词】

再审抗诉　事实认定错误　冒用他人身份　累犯　缓刑适用　类案监督

【要　旨】

刑事审判监督抗诉案件在刑事诉讼流程后端，通过全面审查案件办理的各环节，纠正错误，全面延展审判监督职能，提升司法规范化水平。办理刑事抗诉案件同步开展重点案件、类案线索专项复查行动，能够实现从个案线索挖掘类案线索成效的最大化。

【基本案情】

2016 年 10 月 26 日，被告人王某萍伙同一老乡在北京市东城区某大厦西南门外便道处，以撬锁的方式盗窃被害人李某某绿能牌电动自行车（经鉴定价值 2240 元）。二人之后又来到了东城区广渠门内大街甲 33 号外的便道，盗窃他人小鸟牌电动车（经鉴定价值 600 元）。后王某萍冒名小学同学王某娜身份接受刑罚处罚。2017 年 3 月 24 日北京市东城区人民法院判决王某娜（王某萍）犯盗窃罪，判处有期徒刑六个月，缓刑一年，并处罚金人民币一千元。

2016 年 11 月 12 日 12 时许，原审被告人王某萍在北京市西城区西单小石虎胡同内，使用改锥、钥匙等盗窃被害人吴某某的华馨跃鹏牌电动三轮车（经鉴定价值 7380 元）。2017 年 12 月 12 日，北京市西城区人民法院判决王某萍犯盗窃罪，判处拘役六个月，缓刑一年，并处罚金人民币一千元。

【检察机关履职过程】

（一）提出和支持抗诉

2018 年 2 月，北京市东城区人民检察院在工作中发现该案线索。同年 3 月 27 日，北京市东城区人民检察院认为北京市东城区人民法院的刑事判决认定被告人身份错误、被告人王某萍系累犯，不能适用缓刑为由，提请北京市人民检察院第二分院进行刑事审判监督程序抗诉。2018 年 5 月 18 日北京市人民检察院第二分院向北京市第二中级人民法院提出抗诉。在审查东城区提请抗诉案件的同时，北京市人民检察院第二分院通过裁判文书网、检察机关统一业务应用系统全面筛查所有王某萍的案件，发现北京市西城区人民法院的一份刑事判决亦确有错误，遂同步向北京市第二中级人民法院提出抗诉。

（二）抗诉意见和理由

第一，针对东城区人民法院判决，抗诉理由为：一是原审判决认定的事实错误。被告人真实姓名为王某萍，其与王某娜系小学同学关系。2016 年 10 月 26 日，王某萍冒名王某娜接受处罚。二是王某萍曾于 2013 年 11 月 5 日被北京市海淀区人民法院判处有期徒刑一年四个月，并处罚金人民币一万元；其于 2014 年 7 月 30 日刑满释放。原审判决未查清王某萍的前科，进而未认定累犯，对王某萍适用缓刑错误。

第二，针对北京市西城区人民法院判决，抗诉理由为：一是原审判决对王某萍适用缓刑不当。一方面，王某萍具有极高的再犯危险性，不能适用缓刑。王某萍在此次被判刑之前，曾经有 7 起盗窃事实，其中 5 起分别被行政拘留，2 起被判处有期徒刑，北京市西城区人民法院对王某萍适用缓刑确系不当，判决确有错误。另一方面，王某萍冒用他人姓名接受处罚，就是为了逃避刑罚处罚，这也导致北京市西城区人民法院判决时未对其应当一并判处的另外两起盗窃行为予以评价，从而对其适用了缓刑，现这两起盗窃亦被发现系王某萍所为，违法的利益不应该继续被其享有，原审判决对王某萍适用缓刑确系不当。二是原审判决对王某萍量刑不当。王某萍具有多次盗窃前科，曾被多次行政拘留并因盗窃被判处有期徒刑，且此次盗窃数额达到 7300 余元，虽然其认罪，但其在此期间还冒用他人身份盗窃被行政拘留、被北京市东城区人民法院判刑，综合其全部量刑情节，应当判处王某萍有期徒刑以上刑罚。

（三）抗诉结果

2018 年 6 月 13 日，北京市第二中级人民法院对上述两件案件指令北京市东城区人民法院和北京市西城区人民法院再审。后经北京市高级人民法院指定管辖，上述两案合并到北京市海淀区人民法院审理。2019 年 11 月 19 日，北京市海淀区人民法院作出判决，采纳人民检察院抗诉意见，判决王某萍犯盗窃罪，判处有期徒刑二年，罚金人民币二万元。

（四）开展专项监督

北京市东城区人民检察院与北京市东城公安分局联合对 2017 年所有盗窃案件进行排查比对，及时发现错误并予以纠正，同步开展重点案件、类案线索专项复查行动。对 2017 年全年盗窃案件、贩卖毒品案件的犯罪嫌疑人指纹全市联网进行了指纹库核查和比对工作，共计核查王某萍盗窃案在内的案件 380 余件，发现 4 件 5 人的指纹存在异常，立即组织专人对异常线索进行专项复查，形成专项复查报告，对于确有冒用身份情况但未最终影响判决定罪量刑的案件向公安机关依法通报要求纠正，对于存在进一步复查需要及监督可能性的线索以书面形式函告相关办案机关，实现了从个案线索挖掘类案线索成效的最大化。

另外，以错案为典型，建章立制规范执法。经过北京市人民检察院第二分院、北京市东城区人民检察院、北京市东城公安分局三方协商，形成了在北京市东城区内试点开展规范身份识别工作的共识，在东城区公检法三家试行，形成可复制的经验做法后在北京市人民检察院第二分院辖区推广。一是利用信息化系统，确保无人能够冒名顶替。东城区公安分局在成立办案中心，实现及时提取指纹、足迹、人脸、DNA 的基础上增加前科比对项，对入所人员逐案比对。二是制定身份识别工作规范，切实保证身份核查工作真实有效。三是落实错案追责制度，通过教育培训提升三机关办案人员对身份核实的重视程度。

【典型意义】

检察机关在纠正错案同时，应当致力于预防错案再次发生，通过开展类案监督，以钉钉子的精神将监督主责主业履行到底。第一，以个案为契机，延伸监督主责主业。刑事审判监督工作重点是监督法院错误的判决裁定，同时亦要在办理案件中发现执法不规范、纠正执法错误，并预防错案再次发生。通过“三延伸”的工作方式，将监督职能履行到底。“一延伸”，是将个案监督延伸到关联案件监督。在一个抗诉案件办理过程，在全网对关联案件进行筛查，发现了另一份生效判决的错误并提起刑事审判监督程序抗诉。通过主动监督关联判决，实现对错案监督的无死角覆盖。“二延伸”，是将纠正已决错误事实延伸至发现遗漏罪行。通过对被告人所有盗窃事实进行逐一核查比对，成功筛查出两起应作为犯罪处理而公安机关尚未移送的事实，要求公安机关完善证据作为漏罪移送。“三延伸”，是将纠正一案错误延伸至排查类案错误。第二，以错案为典型，建章立制规范执法。规范执法办案是预防冤错案件的基础。解决执法规范化存在的问题，以长效常治的效果充分体现了检察机关刑事审判监督工作守护公正的价值。

案例三：李某等人故意伤害二审抗诉案

【关键词】

二审抗诉　故意伤害罪　共同犯罪　帮助犯

【要　旨】

对于被告人不认罪的案件，在缺乏直接证据证明主观故意的情况下，应当根据案件具体情况结合在案证据综合认定被告人的主观明知。对于一审判无罪案件，人民检察院要准确把握案件证据分析论证和事实认定，加强对法院判决无罪理由的分析研判，找准抗点，有效调整指控思路，有针对性地补充完善证据，对判决确有错误的，依法提出抗诉，切实履行法律监督职责。

【基本案情】

2017 年 9 月 9 日 21 时许，被告人张某松为报复被害人刘某，纠集了被告人徐某、付某、杨某某，在被告人李某告知刘某所在位置后，张某松伙同徐某、付某、杨某某驾车携带砍刀至河北省廊坊市三河市燕郊镇某歌厅门口，找到在该歌厅唱歌的刘某所乘汽车，张某松安排好后驾车驶离。徐某、付某、杨某某纠集张某滨（在逃）等人在歌厅附近会合，伺机作案。当日 23 时许，当被害人刘某准备离开歌厅时，徐某、付某、杨某某、张某滨等人在歌厅门口及大厅持砍刀等对刘某进行追砍，致刘某因创伤性失血休克合并开放性气胸经抢救无效死亡。案发后，被告人徐某、张某松、付某、杨某某向公安机关投案。

2017 年 10 月 2 日，李某被广东省珠海市拱北出入境边防检查站抓获。2017 年 12 月 14 日，徐某、张某松、付某、杨某某、李某故意伤害案由三河市公安局侦查终结，移送审查起诉。同月 25 日，三河市人民检察院将本案报送廊坊市人民检察院审查起诉。2018 年 6 月 7 日，廊坊市人民检察院向廊坊市中级人民法院提起公诉。同年 12 月 24 日，廊坊市中级人民法院作出一审判决，认定被告人徐某犯故意伤害罪，判处死刑，剥夺政治权利终身；被告人张某松犯故意伤害罪，判处无期徒刑，剥夺政治权利终身；被告人付某犯故意伤害罪，判处有期徒刑十五年；被告人杨某某犯故意伤害罪，判处有期徒刑十三年；被告人李某无罪。

【检察机关履职过程】

（一）提出和支持抗诉

2018 年 12 月 27 日，河北省廊坊市人民检察院认为该判决中对李某刑事部分认定事实错误，判决不当，依法提出抗诉。2019 年 7 月 15 日，河北省人民检察院经审查认为，李某明知张某松等人意欲伤害刘某，仍为其打探被害人刘某的行踪，对被害人刘某遭本案其他被告人伤害致死结果起到帮助作用，构成故意伤害罪共犯。一审法院判决确有错误，廊坊市人民检察院的抗诉理由成立，支持抗诉。

（二）抗诉意见和理由

廊坊市人民检察院和河北省人民检察院认为，原审判决对李某刑事部分认定事实错误，判决不当。综合分析全案证据，足以证明李某构成故意伤害罪共犯，系从犯，应当依法追究其刑事责任，建议二审法院改判被告人李某构成故意伤害罪。

第一，从李某和各被告人的关系入手，判定李某是否明知张某松等人准备报复被害人刘某的计划。在案证据证明：证人证言能够证实李某和张某松关系密切，对徐某、付某、杨某某等人也非常熟悉。监控录像显示案发当晚李某与张某松于20时40分同时进入某公寓，其间，张某松与刘某通电话发生口角，随即电话纠集徐某、付某等人，整个过程李某均在现场，在徐某、付某、杨某某到齐后，李某和张某松等人于22时33分同时离开该公寓。

第二，李某案发当晚两次给被害人刘某朋友李某华打电话是为了打探被害人刘某的位置。一是李某与李某华第一次打电话，是在张某松与被害人刘某通电话发生口角后，此时张某松和李某都知道李某华和被害人刘某在一起吃饭。李某辩称给李某华打电话是庆祝生日，却谎称自己在北京，刚往廊坊走，刻意回避其与张某松在一起的事实；二是李某辩称自己没有问李某华在哪儿，其也不知道李某华和刘某在一起，这与李某华证言证明李某在电话中问其所处位置，其告诉李某刘某在歌厅请其唱歌的证言相矛盾，也与徐某的供述李某通了一个电话后告诉张某松刘某在歌厅唱歌相矛盾。在李某告知张某松被害人的位置后，张某松、徐某、付某等人驾车驶向歌厅，李某独自离开。李某的两个电话对于确定被害人刘某的位置非常关键，李某将刘某的位置告诉张某松，张某松马上采取行动，符合客观实际。这与李某辩解的打电话只是想请李某华喝酒不相符，综合上述证据，足以证明李某打探被害人行踪并告知张某松的犯罪事实。

综上，李某主观上明知张某松等人准备伤害刘某的计划，客观上实施了打探被害人刘某具体行踪的行为，李某的打探行为与伤害后果之间存在因果关系，对其他被告人实施伤害行为起到帮助作用，系从犯，一审判决认定事实错误，应当依法追究其刑事责任。

（三）抗诉结果

2020年1月15日河北省高级人民法院作出二审判决，采纳人民检察院抗诉意见，以故意伤害罪改判李某有期徒刑三年。

【典型意义】

（一）对于被告人不认罪的案件，在缺乏直接证据证明主观故意的情况下，应当根据案件具体情况结合在案证据综合认定被告人的主观明知。在被告人“零口供”，各被告人之间互相脱罪，互相掩盖，且无其他证据能够直接证明主观故意的情况下，如何认定故意伤害罪的帮助犯，是司法实践中的难点。成立共同犯罪的帮助犯，应当有帮助的行为和帮助的故意。在一审指控思路不能说服法庭的情况下，要及时调整指控思路。本案中关于李某的帮助故意，尽管不能证明受张某松指使，也没有直接证据证明李某曾与张某松等人商议过伤害刘某的事实，但通过全面梳理完善证据，能够证明李某明知张某松等人准备报复被害人，仍打探被害人位置并告知张某松，同样能够证明李某的帮助故意。在此基础上进行充分说理论证，同样能达到指控犯罪事实清楚，证据确实充分的标准。

（二）强化法律监督，坚决审慎抗诉无罪案件，提高抗诉的有效性。人民检察院是法律监督机关，对于法院判决无罪的案件，应认真细致审查判决中的事实认定及法律适用是否准确，正确把握罪与非罪的标准，对确有错误的无罪判决坚决抗诉，体现检察担当。在抗诉工作中，不仅要敢抗，还要抗准。抗诉不是指控犯罪的简单重复，应当认真分析法院不采信的理由，提高抗诉的针对性和有效性。确实充分的证据是案件抗诉成功的基础，一方面注重利用在案证据巩固原有的证据体系；另一方面针对指控重点及辩护重点，及时补充证据，完善证据体系。

案例四：胡某某盗窃二审抗诉案

【关键词】

二审抗诉　“内盗”　职务侵占罪　工作便利　民营企业保护

【要　旨】

司法实践中对企业“内盗”案件争议较大，特别是对“职务便利”存在扩张解释的倾向。对仅利用工作上短暂“过手”形成的便利，而非职务赋予的管理、使用、实际控制等较为长久“经手”的便利，将本单位财物占为己有的，不应视为“职务便利”，而应以盗窃罪定罪处罚。人民检察院在办案中发现企业“内盗”类案件裁判定性确有错误的，应提出抗诉，监督纠正错误判决，维护民营企业合法权益。

【基本案情】

被告人胡某某，男，1973 年 2 月生，系江苏省苏州某新材料科技有限公司（以下简称某公司）原拉丝工。

2019 年 2 月，被告人胡某某进入该公司从事拉丝工作，负责将原料实心铜杆通过拉丝机床拉伸成细铜丝缠绕到机床铁轴上，达到设定重量后，再由其割断铜丝运送到半成品区进入下一工序。拉丝工序产生的不合格铜丝，由胡某某放置在废品箱，公司统一回收后向原料提供商兑换同等重量铜杆。

2019年5月至11月，胡某某在工作过程中，多次采用薄膜包裹并缠在腰部的方式，将拉丝工序中割断的铜丝和废品箱内不良铜丝夹带出厂，单独或交由其女儿胡某丽（时年17周岁，另案处理）进行销赃，获利共计人民币140511元。

2020年3月16日，苏州市某区人民检察院以胡某某涉嫌盗窃罪提起公诉。同年8月11日，苏州市某区人民法院作出一审判决，认为被告人胡某某的工作职责是操作机床，对原材料铜杆进行拉丝，在工作期间对涉案铜丝有生产、保管的职务便利，其窃取涉案铜丝行为构成职务侵占罪，对胡某某判处有期徒刑一年九个月，追缴赃款人民币140511元退赔被害单位。

【检察机关履职过程】

（一）提出和支持抗诉

2020年8月17日，苏州市某区人民检察院向苏州市中级人民法院提出抗诉。2020年12月8日，苏州市人民检察院审查后支持抗诉。

苏州检察机关审查和支持抗诉期间，开展以下工作：一是强化亲历性办案，现场复核细节真相。为了解“被告人有职务上的便利”这一核心事实，承办人走访被害单位，查阅了解企业规章、现场查看企业生产流程及被盗物品存放位置，核实被告人工作岗位、工作区域、工作职责，复核被告人盗窃方式路线。经调查，胡某某所在生产车间装有4个摄像头，工作环境四面敞开，有多名工人共同工作、互相监督。被害单位有严格的监管制度和保安人员，安排员工住在企业厂区宿舍，但凡进出均需检查。因此，可以认定涉案铜丝一直处在被害单位的占有、控制之下，胡某某基于拉丝工职责，对铜丝仅能短暂接触，并无在特定时间、空间内保管的权利。二是专家论证、类案检索，强化抗诉理由说服力。在抗诉过程中，检察机关邀请国内知名刑法专家，对企业“内盗”案件定性问题，从法理、实务、社会效果方面进行综合评析论证。

（二）抗诉意见和理由

苏州市检察机关认为，一审判决认定罪名有误，适用法律不当，导致量刑畸轻。

第一，胡某某作为公司车间从事拉丝的操作工，接触到铜丝的时间非常短暂，并不具备“主管、管理、经手”的职务便利；

第二，胡某某将涉案铜丝用薄膜包裹并缠在腰部夹带出厂，以秘密窃取实现非法占有，与工作职权无关；

第三，胡某某在5个多月时间内的销赃交易记录达100余次，造成被害单位14万余元的损失，从行为的社会危害性来看，与普通盗窃并无二致，应当认定为盗窃罪。

自2016年《最高人民法院、最高人民检察院关于办理贪污贿赂刑事案件适用法律若干问题的解释》对职务侵占罪进行调整后，当前对“利用职务上便利”作限缩解释有重大意义，需要通过抗诉等方式，促使“两高”形成新的司法裁判规则，指导全国类似案件办理。对于企业员工无主管、管理或经手职责，仅利用工作便利，采取隐秘手段窃取企业财物的行为，应当以盗窃定罪处罚。否则会导致职务侵占罪与盗窃罪、侵占罪等定罪处罚极为失衡，不利于保护企业财产。

（三）抗诉结果

2020年12月30日，苏州市中级人民法院作出判决，对某区人民检察院抗诉意见和苏州市人民检察院支持抗诉意见予以采纳，判决撤销原审判决第一项，以盗窃罪判处胡某某有期徒刑四年六个月，并处罚金人民币五千元；维持原审判决第二项，即继续向胡某某追缴赃款人民币140511元退赔被害单位。

（四）社会治理

根据法律规定，对于六万元以下的职务侵占等行为只能提起的民事诉讼的索赔，严重影响民营企业的正常经营、管理秩序。苏州市检察机关为扭转司法实践中对企业“内盗”类案件中“利用职务上的便利”的扩大解释倾向，两年间连续针对三起个案提出抗诉。

【典型意义】

（一）准确区分行为人所利用的便利条件，依法惩治侵害企业财产的“内盗”犯罪。企业“内盗”型案件，应当通过实地查看工作环境，深入了解岗位职责，核实财物管理、窃取方式等细节，进一步查明行为人利用的是“过手”的工作便利，还是“经手”的职务便利。只有因职务处理事务而“占有”本单位财物的才可认定为“经手”。“占有”意味着行为人因职务或工作在一定的时空内能够实际“控制”“支配”单位财物。这种实际控制，是基于单位对行为人信任，进而委托行为人相对独立的占有单位财物。反之，若单位并未委托行为人相对独立的占有单位财物，而是将涉案财物一直置于自身控制之下，则行为人对财物不具有控制、支配的条件或能力，其接触单位财物仅仅是“过手”，不能认定为“利用职务上便利”中的“经手”。在此种情形下，行为人利用工作上短暂接触企业财物的“过手”机会，以秘密手段窃取财物的，应以盗窃罪论处。

（二）对确有错误导向的类案裁判，持续通过个案抗诉予以纠正。此前，在盗窃罪与职务侵占罪入罪标准无明显悬殊时，司法实践中未产生明显问题。

2016 年《最高人民法院、最高人民检察院关于办理贪污贿赂刑事案件适用法律若干问题的解释》施行后，职务侵占罪的追诉标准提升为六万元，导致职务侵占罪、盗窃罪的区分存在重大影响。二审法院采纳抗诉意见，形成新的裁判规则，明确了“利用职务便利”的认定，为民营企业的平等保护和准确适用法律提供了办案指引，切实维护了民营企业正常生产经营活动。

案例五：杨某某诈骗二审抗诉案

【关键词】

二审抗诉　诈骗罪　被告人不认罪　自行补充侦查

【要　旨】

行为人以虚构委托协议形式骗取第三方财物，因害怕被查处，而将财物转移给“委托方”，不属于“案发前已归还”的情形，在认定违法所得时不予扣减。诈骗公共财物的案件中，政府工作人员存在过错的，不影响行为人诈骗罪的认定。审查被告人不认罪案件，应当坚持运用客观性证据审查模式，综合运用自行补充侦查和引导侦查，夯实证据体系，得出符合逻辑法则、经验法则的事实认定。

【基本案情】

被告人杨某某，男，浙江省丽水市某区某镇某村村民委员会原主任。

2014 年丽水市政府征用该村某地块，在政策处理过程中，被告人杨某某虚构自己受丽水市某混凝土有限公司（以下简称某公司）委托处理征迁事宜的事实，以户主身份在“现场勘测确认单”上签字，将自己个人的工商银行账户提供给某镇人民政府，并以领款人身份在领款凭证上签字后，2015 年 5 月 26 日骗取征收补偿款 550561 元。

因村民举报，2015 年 10 月 10 日杨某某将 550561 元打入某公司董事长徐某某建行个人账户，徐某某于同月 12 日将该款退回杨某某工行账户；同日杨某某又将该款打入某公司账户，某公司于 2018 年 2 月 6 日将补偿款人民币 550561 元上交至某区会计核算中心账户。

2018 年 11 月 13 日，丽水市某区人民检察院指控被告人杨某某犯诈骗罪，向丽水市某区人民法院提起公诉。某区人民法院于 2019 年 1 月 15 日开庭审理。经审理认为，杨某某以代理人身份为某公司处理征迁补偿事宜，未隐瞒涉案构筑物系某公司所有的事实，在取得补偿款后也未逃避返还涉案财物，已在案发前将钱款汇至某公司账户，主观上无非法占有故意，且杨某某的行为与征迁单位发放征迁补偿款并无刑法上的因果关系。2019 年 11 月 8 日，某区人民法院判决杨某某无罪。

【检察机关履职过程】

（一）提出和支持抗诉

2019 年 11 月 15 日，丽水市某区人民检察院认为一审判决在事实认定、法律适用上均存在错误，向丽水市中级人民法院提出抗诉。2020 年 3 月 27 日，丽水市人民检察院审查后认为一审判决确有错误，决定支持抗诉。

（二）抗诉意见和理由

某区人民检察院和丽水市人民检察院认为一审判决在事实认定、法律适用上均存在错误，抗诉理由如下：

第一，原审被告人杨某某以户主身份在“现场勘测确认单”上签字，将自己个人账户提供给某镇政府，并以领款人身份签字领取补偿款的事实有证人证言证实，杨某某亦未否认，原判未予认定，系事实认定错误。

第二，杨某某虽未隐瞒征迁地块上的构筑物系某公司所有，但其向政府工作人员谎称其受某公司委托，并隐瞒了构筑物系违法建筑曾被责令停止施工的事实。原判认定杨某某未虚构事实、隐瞒真相错误。

第三，杨某某擅自以某公司名义要求补偿，后作为户主在确认单上签字，将自己的银行账户提供给政府收取补偿款，收到款项后也未告知某公司，主观上具有非法占有故意。在被村民举报后，因害怕被查处才将款项汇至某公司账户，不影响非法占有的目的，且本案被害人是政府征迁部门，杨某某将赃款退还某公司的行为也并非案发前退还被害人的情形。

第四，杨某某的诈骗行为与国家财产损失结果之间具有刑法上的因果关系。征迁单位支付征迁款给杨某某是基于杨某某虚构受某公司委托处理征迁事务的错误认识，且涉案构筑物为违法建筑，政府本无须支付该笔补偿款，杨某某隐瞒该事实导致国家财产遭受损失。

（三）自行补充侦查

针对一审法院的不同观点，检察机关通过引导侦查和自行补充侦查，还原整个犯罪经过，充分挖掘被告人主观心态的事实细节，证明一审判决认定的事实和法律适用与在案证据不符，为准确定性打下坚实基础。丽水市、某区两级检察院从薄弱环节入手，围绕杨某某虚构事实、隐瞒真相的客观行为及非法占有的主观故意，通过引导补充取证和自行补充侦查，构建以客观性证据为核心的证据体系，实现对被告人的有力指控：第一，调取某公司股东及部分工作人员证言，证实某公司未委托杨某某处理征迁事宜，且对征迁事项不知情，经杨某某多次恳求后接受55万元征迁款转账，驳斥杨某某系受某公司委托代办征迁事宜的辩解。第二，调取杨某某银行账户交易明细、某公司财务账目及举报材料，证实征迁款到账后立即被杨某某用于个人经营活动，后因他人举报，杨某某因害怕案发被查处而“归还”某公司55万元，该款项被某公司挂账处理，驳斥杨某某无非法占有主观故意的辩解。第三，补充部分村干部、村民证言，证实某公司在建设构筑物期间收到执法局违法建筑整改通知，并因此寻求杨某某帮助，驳斥杨某某事前不明知辩解。第四，走访市、区两级征迁办并调取征迁政策、证明文件，查明涉案违建构筑物不在征迁补偿范围，推翻关于涉案构筑物符合征迁补偿政策的证人证言。第五，进一步询问同村民小组的村民，查明仅有个别村民为讨要租金求助于杨某某，且杨某某并未声明已暂扣某公司征迁款，驳斥杨某某系“为村民追讨租金而暂扣征迁款”的辩解。

（四）抗诉结果

2020年4月26日，丽水市中级人民法院作出判决，采纳了检察机关提出的杨某某构成诈骗罪的抗诉意见，认为一审判决认定杨某某不构成诈骗罪错误，予以纠正，改判杨某某犯诈骗罪，判处有期徒刑十年，并处罚金人民币六十万元。

【典型意义】

（一）准确认定诈骗犯罪“案发前已归还”的情形。在实施诈骗后，因自身或者与其诈骗有关联的人、事被查处，为掩饰犯罪而退还的，应认定为诈骗犯罪既遂后对财物的处置行为，不属于“案发前已归还”的情形，在认定违法所得时不予扣减。此外，“案发前已归还”情形的归还对象应当是具体的被害单位或个人，退缴给第三人或相应的组织的，不影响诈骗罪的认定。

（二）诈骗公共财物的案件中，政府工作人员存在过错的，不影响行为人诈骗罪的认定。诈骗犯罪构成本身是建立在被害人或者被骗人员的过错之上。对于征迁等诈骗公共财物的案件，行政部门工作人员或多或少会存在过错，甚至可能出现自身原因的过错与行为人诈骗行为导致的过错两种过错相互交织的情形，但只要确实系基于错误认识作出的财产处分，不影响行为人犯诈骗罪的认定。不能以行政部门工作人员存在过错，就否定行为人诈骗行为导致行政部门工作人员陷入错误认识进而处分财产。

（三）充分履行检察机关在刑事诉讼中的主导责任，全面准确指控犯罪。检察机关依法行使侦查引导权和自行补充侦查权，不仅是准确指控犯罪的职责要求，也是以审判为中心的诉讼制度改革的现实需要。在办理刑事抗诉案件过程中，检察机关应当充分行使侦查引导权和自行补充侦查权，完善以客观性证据为主导的刑事指控体系。针对案件中与抗点相关的事实、证据，坚持抗诉案件全案审查和重点审查相结合的原则，做好抗诉案件证据调查、复核、补证工作，补强证据缺陷、完善证据体系，进一步提升庭审实质化水平。

案例六：宋某某危险驾驶再审抗诉案

【关键词】

再审抗诉　危险驾驶罪　被告人不认罪　自行补充侦查　接续抗诉

【要　旨】

被告人不认罪的危险驾驶案，现场只有一个目击证人，但其证言与随后赶到现场的其他证人证言、鉴定意见、道路交通事故认定书、执法记录仪拍摄视频能够相互印证，能够认定犯罪事实。对于提出抗诉的案件，为确保抗诉成效，人民检察院要充分发挥检察一体化优势，通过自行补充侦查进一步补强证据，实现证据链闭合，排除合理怀疑，全面履行刑事审判监督职责。

【基本案情】

2015 年 11 月 16 日 20 时 20 分许，被告人宋某某驾车自西向东从海口市滨海大道右拐驶入长怡路，行驶至长怡新村东门处时停下，宋某某从车上下来走到马路对面人行道上睡觉。这一过程被正在长怡新村东门站岗的武警战士张某某看到，张某某遂向排长温某某、班长陈某某等人报告，二人随即赶到现场查看，当时在该路段巡逻的城管队员发现该情况后报警，之后交警到达现场处理。经抽血检验，宋某某血样酒精浓度为 213mg/100ml。同日 19 时 40 分许，被害人张某驾驶电动车在海口市滨海大道长安路口处被一车辆碰撞，肇事车辆逃逸。经鉴定，事故现场的散落物系从宋某某轿车的前车头右侧部位分离出来的，确认该轿车前车头右侧部位碰撞到电动车的后尾部。被害人张某损伤程度评定为轻微伤。案发后，宋某某妻子吴某某与被害人张某达成协议，一次性赔偿被害人经济损失 42000 元，张某对车主表示谅解。

本案由海口市公安局某分局侦查终结，2015 年 12 月 18 日，以宋某某涉嫌危险驾驶罪向海口市某区人民检察院移送审查起诉。2016 年 6 月 3 日，某区人民检察院认为该案事实不清、证据不足，不符合起诉条件，对宋某某作出不起诉决定，同日报上级院备案审查。海口市人民检察院审查后报海南省人民检察院。经海南省人民检察院审查，认为不起诉决定有误，要求纠正。2017 年 3

月23日，某区人民检察院撤销不起诉决定，同年3月29日以危险驾驶罪对宋某某提起公诉。同年9月28日，海口市某区人民法院审理认为，关于涉案车辆系宋某某驾驶的证据均属间接证据，尚不能形成完整的证据链，不能排除期间有其他人驾驶车辆的可能性，依据现有证据不能排除合理怀疑，难以得出唯一结论，公诉机关指控被告人犯危险驾驶罪的事实不清、证据不足，判决被告人宋某某无罪。

【检察机关履职过程】

（一）提出抗诉

2017年10月9日，海口市某区人民检察院向海口市中级人民法院提出抗诉。同年11月18日，海口市人民检察院支持抗诉。12月28日，海口市中级人民法院裁定发回重审。2018年12月4日，某区人民法院再次判决宋某某无罪。同年12月13日，某区人民检察院再次提出抗诉。2019年5月17日，海口市人民检察院支持抗诉。2019年9月2日，海口市中级人民法院作出终审裁定，驳回抗诉，维持原判，判决生效。同年9月29日，海口市人民检察院认为生效裁判确有错误，提请海南省人民检察院依审判监督程序抗诉。2019年12月27日，海南省人民检察院向海南省高级人民法院依法提出抗诉。

（二）抗诉意见和理由

海南省人民检察院抗诉理由如下：

第一，有充分证据证实案发时宋某某系该小轿车驾驶员。本案目击证人张某某证言客观详细，多次证言稳定一致，能够直接证实宋某某是该小轿车的驾驶员，并且和其他证据相互印证，直接证实案件核心事实，可信度高，关联性强。同时，出警经过、到案经过及《道路交通事故认定书》等书证亦认定宋某某是该车驾驶员；温某某等多名证人证言均证实宋某某就是醉酒躺在绿化带边人行道上的人；本案在发回重审期间，公诉机关委托的广东杰思特声像资料司法鉴定所图像鉴定意见书证实该车驾驶员是宋某某。以上证据具有关联性、合法性、客观性，相互印证证实宋某某就是该小轿车驾驶员。

第二，宋某某关于小轿车不是其驾驶的辩解不应采信。宋某某辩解小轿车由“魏某”驾驶，但“魏某”身份信息无法核实，手机号码已停机，宋某某对于其与“魏某”偶遇吃饭的理由前后矛盾，本案在场的人均证实车里没有其他人，醉卧街边的宋某某身边无人陪伴；宋某某供述其只喝了一罐啤酒，一罐啤酒致餐后近5个小时的宋某某血液酒精浓度含量高达213mg/100ml，处于严重酒醉状态且大量呕吐，完全不符合常理。宋某某辩解无其他证据印证，且其辩解理由超出日常生活经验，故其内容真实性存疑。现有证据足以证实宋某某的辩解不能采信。

第三，二审裁定不予采纳广东杰思图像鉴定意见书的鉴定意见错误。该图像鉴定意见书得出鉴定意见，证实宋某某于2015年11月16日20时20分41秒驾驶该小轿车出现在“滨海大道—长怡路”被监控路面上，与张某某证言相印证。该鉴定意见书系海口市公安局交警支队委托广东杰思特声像资料司法鉴定所作出，鉴定程序合法、鉴定机构和鉴定人适格，鉴定结论具有客观真实性，应作为本案证据采用。

第四，二审裁定不予采纳《道路交通事故认定书》明显不当。交管部门出具的《道路交通事故认定书》和《道路交通安全违法行为处理通知书》是本案证据链重要一环，认定事故发生是由于宋某某醉酒驾驶机动车，肇事后逃逸和当事人张某驾驶电动自行车未在非机动车道内行驶而造成的，据此认定宋某某承担事故的全部责任。该份证据取得程序合法，佐证了张某某的证言，也与其他证据所证实的内容亦相吻合，形成证据链。二审裁定认为该证据无其他证据印证而不予采信明显不当。

第五，在审监抗期间，承办检察官审查证据时发现公安机关遗漏的路面监控抓拍的有价值影像资料。遂委托上海市人民检察院司法鉴定中心对该影像中出现的该小轿车驾驶员与原审被告人宋某某进行同一性鉴定，鉴定结论证实案发当晚，驾驶员所穿的上衣款式、颜色及发际线和鼻部特征比对该车车主宋某某醉卧、抽血时所穿的上衣款式、颜色及发际线和鼻部特征，二者具有相似或相同特征。

综合分析本案原有证据和调取出示的新证据，全案证据更加确实充分，证据链更加完整，完全排除他人驾驶轿车的可能性，得出宋某某醉酒后驾车的唯一性结论。

（三）抗诉结果

2021年6月7日，海南省高级人民法院采纳检察机关抗诉意见，裁定撤销原判，改判原审被告人宋某某犯危险驾驶罪，判处拘役六个月，并处罚金二万元。

【典型意义】

（一）被告人不认罪的危险驾驶案，要综合在案证据，准确认定犯罪事实，排除合理怀疑。被告人不认罪的危险驾驶案，现场只有一个目击证人，但其证言与随后赶到现场的其他证人证言、鉴定意见、《道路交通事故认定书》、执法记录仪拍摄视频能够相互印证，能够认定犯罪事实，排除合理怀疑。

（二）人民检察院在办案过程中，通过自行补充侦查，增强证据审查的司法亲历性。对于发现的案件中遗漏、忽略的重要证据线索，通过自行补充侦查，拾遗补缺，有针对性地去收集、固定、完善证据，有助于查明案件事实，实现退补可能达不到的效果，有效保证抗诉案件办案质量。同时，通过自行补充侦查，增强证据审查的司法亲历性，增强承办检察官内心确信，提升自身能力水平。

（三）牢固树立监督意识，强化质量意识，筑牢抗诉基础。为确保抗诉成效，人民检察院发挥一体化优势，全面履行检察机关在刑事诉讼中的监督职责，“在监督中办案、在办案中监督”，对下级院正确的抗诉意见，上级院积极支持，两级院接续抗诉，充分履行审判监督职能，将检察担当落实在具体办案中，努力推进刑事裁判结果的公平公正。从检法认识分歧入手，重点围绕争议焦点梳理证据体系，通过提炼在案证据信息，充分运用证据规则、逻辑推理、日常生活经验法则等对证据的真实性、合法性、关联性进行分析判断，客观论证监督意见。完善证据体系，筑牢抗诉的事实和证据基础，提升抗诉案件质量。

案例七：李某抢劫、强奸、强制猥亵二审抗诉案

【关键词】

二审抗诉　间接证据的审查运用　电子数据　发现新的犯罪事实　补充起诉

【要　旨】

对于被告人不认罪的案件，要全面收集、审查判断和综合运用间接证据，并结合其他在案证据形成完整的证据链，全面准确认定犯罪事实。人民检察院在办理抗诉案件过程中，要注重运用电子数据完善证据链条、追诉漏罪、指控犯罪。对于抗诉期间发现的漏罪，应当将犯罪线索及时移送公安机关或者自行补充侦查，并建议法院发回重审，由人民检察院对新的犯罪事实补充起诉。

【基本案情】

2016年6月26日16时28分，被害人荣某向天津市公安局某分局某派出所报案称，李某盗窃其支付宝账户内的4000元。某公安分局经侦查发现，李某于2016年3月至6月通过网络社交平台结识多名女性。2016年6月24日18时许，李某在某商场附近约见被害人荣某，当日22时许将其带至李某预定的快捷酒店房间内，随后趁荣某昏睡之际，使用其指纹解锁，打开其手机并窃取支付宝账户内人民币4000元。李某还采用同样手段，分别于同年3月、5月

在同一酒店窃取被害人于某、常某人民币500元、1000元。7月13日，李某被抓获归案。10月18日，某公安分局以李某涉嫌盗窃罪移送天津市某区人民检察院审查起诉。

2017年4月25日，天津市某区人民检察院以抢劫罪对李某提起公诉，指控李某于2016年6月24日约见被害人荣某，在交往过程中，趁其不备，向饮料中投放可致人昏迷的不明物质，致其意识不清，于当日22时许将其带至快捷酒店房间内。其间，李某趁荣某昏睡之际，使用其指纹解锁，打开其手机并将其支付宝账户内4000元转入自己支付宝账户。李某还采用同样手段，分别于同年3月、5月在上述酒店劫取被害人于某、常某人民币500元、1000元。

天津市某区人民法院经审理认为，不能证实被告人李某向被害人饮品中投放不明物质；不能证实被害人的血液、尿液中有可致人昏迷的不明物质；不能证实被害人系在“不知反抗、不能反抗”状态下被劫取财物；无法排除李某与被害人之间正当经济往来的合理辩解，检察机关指控的抢劫罪名不能成立。2018年3月20日，天津市某区人民法院作出一审判决，仅认定李某秘密窃取被害人荣某4000元的犯罪事实，以盗窃罪判处李某有期徒刑一年十一个月，并处罚金四千元。

【检察机关履职过程】

（一）提出和支持抗诉

2018年3月30日，天津市某区人民检察院以一审判决认定被告人李某犯盗窃罪系事实认定错误、适用法律不当、量刑畸轻为由，向天津市第一中级人民法院提出抗诉。2018年9月28日，天津市人民检察院第一分院支持抗诉。

2018年9月29日，天津市第一中级人民法院裁定撤销原判，发回重审。

天津市人民检察院第一分院在审查支持抗诉期间，针对一审阶段检法之间的认识分歧，特别是法院认为本案在缺乏直接证据的情况下，间接证据构筑的证明体系不能排除合理怀疑的观点，开展了自行补充侦查工作，发现李某在2013年至2016年6月，还涉嫌强奸、强制猥亵及其他抢劫犯罪线索，移送公安机关进一步侦查：一是通过调取李某社保卡记录，获取其多次购买精神类药物的客观证据；二是委托专业人员出具药物鉴定意见，对案发近48小时荣某血液中未检测出致人昏迷物质作出合理解释；三是加强技术攻关，获取关键电子数据。对一审阶段李某电脑硬盘的加密分区始终未能破解的问题，天津市检察机关组织技术力量成功破解，提取大量不雅照片和视频，确定了15名女性身份信息。通过查找潜在被害人，查明有多名女性在毫不知情状态下被强奸、猥亵、拍摄视频和照片，处于“不知反抗、不能反抗”的状态，充分证实了李某采取投放药物致人意识不清的方式劫取钱款、强奸、强制猥亵妇女的犯罪事实。

2019 年 5 月 31 日，天津市某区人民检察院补充起诉，指控被告人李某于 2013 年至 2016 年，以非法占有为目的，采用在饮料中投放不明物质致被害人昏迷的方式，劫取荣某、常某、吴某、于某等 4 人支付宝、银行卡账户内钱款共计 7000 元；强行与刘某、于某、李某甲、常某等 4 人发生性关系，强制猥亵杨某。

（二）抗诉意见和理由

天津市某区人民检察院和天津市人民检察院第一分院的抗诉理由如下：

第一，在案证据能够证实李某系有预谋、有准备地采用投放药物致人昏迷的惯用手段，多次实施抢劫犯罪。一是现有证据能够证实李某投放了致人昏迷的药物。社保卡购药记录证实李某未患有相关疾病却购买精神类药物，且无法作出合理解释；饭店监控录像、被害人陈述与证人证言相互印证，证实李某与被害人用餐之前或就餐期间外出购买饮料向被害人提供。二是李某的手机搜索浏览记录证实其曾多次查询“下药”“监控”等信息。三是为逃避法律制裁，李某在作案后曾以被害人名义向律师咨询“未经同意支付宝转账行为”的法律后果。四是全案证据证实，被告人李某通过网络社交平台专门结识年轻女性，犯罪对象不特定，且同时与多名被害人交往，交往中劝说对方将手机屏保更改为指纹解锁，提前购买精神类药物并预定酒店，见面后观察对方手机付款方式、打探支付密码，在饮品中投放精神类药物，随后将饮用饮品后意识不清的被害人带至酒店房间，实施抢劫犯罪。

第二，在案证据足以证明，被害人均是在意识不清情况下被强奸、强制猥亵。一是现有证据能够证实案发时被害人处于昏迷状态。多名被害人均陈述案发时出现头晕、意识不清的状况，后被带至酒店或居住地昏睡，与在案照片、视频录像显示的情况相一致，且与专家意见证实的药物药理、药效相印证。被害人荣某报案时已近 48 小时，因药物代谢原因身体内未提取到药物成分残留具有合理性。二是各被害人对于同李某交往过程中的经历和受侵害的情况高度相似，均是喝了被告人提供的水或饮料后从头晕到意识不清再到完全昏迷，被害人之间互不相识，这种特殊经历绝非偶然。三是李某曾向多名同学、朋友及同监室人员“炫耀”对人下药并发生性关系的犯罪事实，足以认定李某向被害人饮品投放药物致被害人昏迷而强行发生性关系的事实。四是电子数据检查报告、鉴定意见能够证实在李某电脑、手机及移动硬盘等电子数据中调取了其趁被害人昏迷之机为被害人拍摄裸照和视频。被害人证实发现被李某拍摄裸照后，因害怕名誉受损而未报警。

综合在案证据，李某犯罪行为均发生在与被害人第一次见面，在犯罪得逞后即“拉黑”、删除被害人联系方式，并继续寻找下一个作案目标。犯罪计划周详缜密，“劫财劫色”，构成抢劫罪、强奸罪和强制猥亵罪，全案已经形成完整的证据链。

（三）抗诉结果

2019 年 12 月 20 日，天津市某区人民法院经审理，采纳人民检察院抗诉意见，以抢劫罪、强奸罪、强制猥亵罪数罪并罚，判处李某有期徒刑二十年。李某提出上诉，天津市第一中级人民法院裁定驳回上诉，维持原判。

（四）后续情况

天津市人民检察院第一分院围绕本案起诉指控犯罪过程中存在的问题，建立重大、疑难复杂刑事案件审查起诉报告机制、刑事抗诉案件会商机制，进一步改进、规范和提高办案质量，提升办案效果。针对李某骗购精神药物的管理漏洞，天津市人民检察院第一分院依法向医疗卫生主管部门制发检察建议，推动开展药品使用管理专项整治。

【典型意义】

（一）对于被告人不认罪的性侵案件，要强化对间接证据和客观性证据的综合审查运用。《中华人民共和国刑事诉讼法》第五十五条规定，没有被告人供述，证据确实、充分的，可以认定被告人有罪和处以刑罚。司法实践中，多数性侵案件的被告人、被害人对案情的陈述存在相互对立的“一对一”情况。在只有被害人陈述的情况下，一方面，注重收集间接证据，充分证实被告人事前预谋、寻找作案目标、犯罪准备以及犯罪过程，准确认定案件事实；另一方面，发挥客观性证据可靠性、稳定性高的优势，在审查运用客观性证据时，审查客观性证据的真实性、合法性；客观性证据与案件事实有无关联性；以及证据与证据之间是否存在矛盾，能否相互印证，确保审查确定的客观性证据与“一对一”的言词证据形成完整证据链。

（二）人民检察院要善于加强电子数据收集审查，综合在案证据形成完整的证据链，全面准确认定犯罪事实。随着现代生活的发展和科技水平的提高，很多情况下嫌疑人实施犯罪会留下数据痕迹。人民检察院要增强运用电子数据意识，善于发现和收集电子数据指控犯罪，依托专业技术力量，运用电子勘验等专业技术手段，全面收集行为人的电子信息，通过电子数据突破案件，实现科技强检在完善证据链条、追诉漏罪、指控犯罪等方面的效能。

（三）抗诉期间发现新的犯罪事实的，为保障被告人上诉权，人民检察院应当补充侦查并建议法院发回重审。根据《中华人民共和国刑事诉讼法》第二百三十六条规定，第二审人民法院认为第一审判决事实不清或证据不足的，可以在查清事实后改判，也可以裁定撤销原判，发回重审。人民检察院在抗诉过程中，发现新的犯罪事实的，应当及时移送公安机关或者自行补充侦查。同时，建议法院发回重审，待公安机关侦查终结移送审查起诉后或者人民检察院自行补充侦查完毕后，由人民检察院补充起诉，做到全面准确有力打击犯罪。

案例八：拉某某抢劫、盗窃二审抗诉案

【关键词】

二审抗诉　入户盗窃　转化型抢劫　罪责刑相适应

【要　旨】

入户盗窃，因被发现而当场持凶器进行言语威胁的，应当认定为入户抢劫。转化型抢劫中的“为抗拒抓捕”仅起到联结侵财行为与强制方法的作用，不要求被害人有实际的抓捕行为。对“以暴力相威胁”程度的判断，应综合考虑威胁的手段、时间、地点、双方力量对比等因素，判断是否足以使被害人产生现实恐惧而使反抗行为被压制。

【基本案情】

被告人拉某某，男，1992 年生，2013 年 5 月因犯盗窃罪被判处有期徒刑五年六个月。

2018 年 5 月 28 日凌晨，被告人拉某某与唐某（另案处理）预谋实施盗窃后，由唐某带路至上海市某区徐泾镇联民路、叶联路附近，后唐某在围墙外望风，被告人拉某某翻墙进入小区后，至被害人李某家中，窃得现金人民币 1700 元，后被告人拉某某被李某发现，被告人拉某某为抗拒抓捕，当场手持从厨房窃得的一把菜刀对李某进行言语威胁，在阻止李某呼救后，持菜刀逃离现场。

除上述事实外，二人另实施了五起盗窃事实。

2018 年 10 月 18 日，上海市某区人民检察院以抢劫罪、盗窃罪，对被告人拉某某提起公诉。2019 年 1 月 18 日，某区人民法院以盗窃罪判处被告人拉某某有期徒刑二年，并处罚金人民币三千元。判决认为：首先，被告人拉某某虽然实施了入户盗窃行为，也对被害人使用凶器实施了暴力威胁，但是其暴力威胁程度较轻微；其次，被害人没有对被告人实施抓捕，被告人也没有为抗拒抓捕而以暴力相威胁，其是为了逃离现场而使用了轻微的暴力威胁。故综合全案证据，并依据罪刑相适应原则，认为被告人拉某某行为不宜认定为抢劫罪，而

应认定为盗窃罪，但因其使用凶器对被害人实施了一定的暴力威胁，故酌情从重处罚。

【检察机关履职情况】

（一）提出和支持抗诉

上海市某区人民检察院认为，一审判决未认定拉某某犯抢劫罪，属于定性错误和适用法律错误，并导致量刑畸轻，依法向上海市第二中级人民法院提出抗诉。上海市人民检察院第二分院于2019年4月23日作出支持抗诉决定。

（二）抗诉意见和理由

第一，一审判决未认定拉某某犯抢劫罪，系法律适用错误。一审判决虽然确认了拉某某在盗窃过程中使用菜刀威胁被害人的事实，但又以拉某某暴力威胁程度较轻微，系为逃离现场，并非为抗拒抓捕为由，认定拉某某的行为构成盗窃罪，一审判决的错误在于把严重暴力威胁错误理解为轻微暴力威胁，同时又对法律规定的理解适用存在偏差。根据《最高人民法院关于审理抢劫案件具体应用法律若干问题的解释》第一条规定："对于入户盗窃，因被发觉而当场使用暴力或者以暴力相威胁的行为，应当认定为入户抢劫。"一是在案证据足以证明被告人拉某某实施了持菜刀威胁被害人的行为。被害人李某的多份陈述与同案犯唐某多份供述在细节方面能够互相印证，证实拉某某在入户盗窃过程中实施了持菜刀威胁李某某的事实。二是被告人拉某某实施的为抗拒抓捕当场以暴力相威胁的行为，构成抢劫罪。对暴力威胁程度的判断不能仅以结果论，而应结合其行为对被害人造成的威慑力和恐惧感来评价，被告人于凌晨入户盗窃，被发现后当场手持菜刀对被害人进行威胁，系实施了严重暴力威胁，其行为性质已转化为抢劫罪。

第二，一审判决对被告人拉某某量刑畸轻。一审判决因定性错误、适用法律错误，导致量刑错误。拉某某入户抢劫，其法定刑为十年以上有期徒刑、无期徒刑或者死刑，并处罚金或者没收财产。一审判决有期徒刑二年明显不当。

（三）抗诉结果

2019年5月29日，上海市第二中级人民法院开庭审理本案。2019年7月26日，上海市第二中级人民法院作出二审判决，采纳人民检察院抗诉意见，以抢劫罪判处拉某某有期徒刑十年六个月，剥夺政治权利二年，并处罚金人民币四千元，以盗窃罪判处拉某某有期徒刑一年六个月，并处罚金人民币二千元，决定执行有期徒刑十一年，剥夺政治权利二年，并处罚金人民币六千元。

【典型意义】

（一）转化型抢劫不以发生实际反抗行为为前提。"窝藏赃物、抗拒抓捕或者毁灭罪证"仅系被告人使用暴力或者以暴力相威胁时的主观目的，而非其实际实施的具体行为。一方面，法条使用了“为”这一表述主观目的的用词，而未使用“实施”“进行”等表述行为的用语，重在起到提示盗窃等行为与暴力或者以暴力相威胁行为间紧密关联性的作用，故从文理解释的角度，不应要求被告人实际实施上述行为，即并不要求被害人与被告人之间具有你来我往、对抗相争的实际争斗。另一方面，转化型抢劫与普通抢劫，虽然在取得财物行为与暴力威胁行为的前后顺序上有所不同，但二者的罪质是相同的，关于以暴力相威胁的解释与普通抢劫是一致的，即达到足以压制被害人的反抗，故入户盗窃因被发觉而当场以暴力相威胁的，应当认定为入户抢劫。

（二）对“以暴力相威胁”程度的判断，应综合考虑威胁的手段、时间、地点、力量对比等因素。2005 年 6 月 8 日《最高人民法院关于审理抢劫、抢夺刑事案件适用法律若干问题的意见》第五条，将以凶器相威胁排除出情节较轻的范围，正是体现出以凶器相威胁的危险程度较高，更易引发严重危害后果。本案发生在凌晨，地点在被害人家中，被害人系女性，家中仅有老人、孩子。而被告人拉某某为二十几岁青年男性，手持菜刀相威胁，虽未发生实际的伤害结果，但无论从被害人的感受及实际不敢反抗的行为上看，还是从一般公众的认知上看，这种在凌晨、户内、对妇女实施的持刀威胁，已达到足以压制被害人反抗的程度，以被害人不反抗就对犯罪分子降格处罚的方式，不当降低了法律对被害人的保护力度。

案例九：梅某某放火二审抗诉案

【关键词】

二审抗诉　危害公共安全　重大损失认定　变更抗诉理由

【要　旨】

通过放火方式故意毁坏财物是否构成放火罪的关键在于放火行为是否危害公共安全。在独立、封闭的空间内放火，只要足以危害不特定的人身、财产安全，就应当认定为危害公共安全。放火罪中“致公私财产重大损失”的数额标准，可以比照失火罪立案追诉标准中造成直接经济损失的数额标准，结合案件实际情况予以认定。上级检察机关办理第二审程序抗诉案件，应当全面审查抗诉意见，部分支持抗诉意见的，依法变更或者补充抗诉理由，客观公正履行监督职责。

【基本案情】

被告人梅某某，男，1993年出生，江苏省某县某纺织公司员工。

2017年9月24日，被告人梅某某因向公司请假被批评产生报复心理，于次日19时许利用在车间工作之机，趁人不备溜进储存棉花的仓库，用随身携带的打火机点燃仓库内棉花，致仓库内约170余包棉花（每包棉花重约180公斤）被烧毁。经鉴定，每吨棉花价值1.5万元。被告人梅某某的行为造成公司棉花损失价值45.9万余元。

2017年11月2日，江苏省某县公安局以梅某某涉嫌放火罪，向某县人民检察院移送审查起诉。同年12月19日，某县人民检察院向某县人民法院提起公诉，指控被告人梅某某构成放火罪，致85吨棉花被烧毁，价值127.5万元，属于"使公私财产遭受重大损失"。

2018年3月27日、10月10日、2019年2月22日，某县人民法院三次开庭审理此案。辩护人提出，梅某某的放火行为仅是毁坏仓库棉花的行为，在案证据无法证明其行为对其他人员及财产产生危害，被告人放火后主动通知工友并积极参与救火，不具有危害人身安全的危险性，应定性为故意毁坏财物罪，被告人梅某某的行为造成公司棉花损失价值人民币45.9万余元。2019年2月25日，某县人民法院采纳辩护人意见，判决认定梅某某犯故意毁坏财物罪，判处有期徒刑四年，赔偿附带民事诉讼原告人经济损失45.9万元。

【检察机关履职过程】

（一）提出和支持抗诉

2019年3月11日，某县人民检察院认为原审判决事实认定、罪名认定及适用法律确有错误，导致量刑明显不当向宿迁市中级人民法院提出抗诉。2019年7月25日，宿迁市人民检察院经审查认为，某县人民检察院部分抗诉意见正确，支持抗诉。

（二）抗诉意见和理由

某县人民检察院提出的抗诉理由如下：

第一，对被告人行为不具有危害公共安全认定错误。一审判决仅从被放火的仓库与周围其他建筑物相对独立、具有封闭性的角度，认定被告人放火行为不具有危害公共安全的危险性，未注意到被放火的仓库本身具有公共安全性。该仓库与车间仅一墙之隔，被告人放火后，大量烟尘进入生产车间，已对车间内正在作业的工人的生命健康及机器设备、棉纱等财物造成现实侵害和危险。

第二，违背了"想象竞合从一重"的处断原则。被告人的放火行为不仅符合故意毁坏财物罪的构成要件，而且已对涉案仓库、车间财物及工人生命健康造成现实紧迫危险，同时符合放火罪构成要件，属于犯罪手段特殊造成竞合，应择一重罪即放火罪处断。

第三，认定被烧毁棉花价值 45.9 万元的损失数额错误。被害单位的棉花入库、出库单虽然不规范，但数量没有明显矛盾，载明的棉花数量能与收购发票、被害人陈述等证据相互印证，可以认定被烧毁的棉花约 85 吨，按照鉴定意见每吨价值 1.5 万元计算，损失数额共计 127.5 万元。

第四，一审判决量刑明显不当。《中华人民共和国刑法》第一百一十五条规定，放火使公私财产遭受重大损失的，处十年以上有期徒刑、无期徒刑或者死刑；失火使公私财产遭受重大损失的，处三年以上七年以下有期徒刑。根据 2008 年《最高人民检察院、公安部关于公安机关管辖的刑事案件立案追诉标准的规定（一）》，失火罪立案追诉标准中造成公共财产或者他人财产直接经济损失的数额标准为 50 万元。放火罪是故意犯罪，不法程度较重，追责的标准应较失火罪低。

宿迁市人民检察院经审查认为，一审判决认定罪名错误，导致量刑畸轻，但认定损失数额正确，对某县人民检察院第一、二、四点抗诉理由予以支持，关于损失数额部分的抗诉理由不予支持。理由为：一审判决认定的损失数额有事实和法律依据。因被害单位未提供规范、完整的棉花购销合同等证据，现有的银行往来凭证、销售单、发票等证据不能形成证据锁链，无法证实仓库棉花损失数额为起诉书认定的 127.5 万元。一审法院从有利于被告人的原则，依据被害单位监控视频显示的放火前后仓库内棉花包数的差额认定被烧毁棉花价值 45.9 万元，有事实和法律依据。对某县人民检察院关于原判决定认定损失数额错误的抗诉理由不予支持。

（三）抗诉结果

2019 年 8 月 8 日，宿迁市中级人民法院依法开庭审理此案。2019 年 8 月 20 日，宿迁市中级人民法院采纳宿迁市人民检察院的抗诉意见，作出终审判决，撤销原审判决第一项定罪部分“被告人梅某某犯故意毁坏财物罪，判处有期徒刑四年”，改判梅某某犯放火罪，判处有期徒刑十年，剥夺政治权利三年。

【典型意义】

（一）采用放火方式故意毁坏财物的行为，达到“足以危害公共安全”程度，应认定为放火罪。办理刑事案件应当全面审查行为侵害的法益，一个行为同时侵犯两个以上法益的，按照想象竞合犯从一重处罚。判断以放火方式实施故意毁坏财物的行为是否同时构成放火罪的关键在于，该行为是否具备足以引发危害公共安全的具体、现实、紧迫的危险。实践中，从实施犯罪行为的时间、空间、对象等方面综合判断行为危害不特定多数人的生命、健康和财产权益的，应认定为“足以危害公共安全”。放火行为既毁坏财物，又危害公共安全，一行为触犯两个罪名，属于想象竞合犯，应从一重处罚，认定为放火罪。

（二）放火罪“使公私财产遭受重大损失”的认定，应运用体系解释的方法，综合数额标准与其他情节整体评价。放火罪罪状中“使公私财产遭受重大损失”的要素，是法益侵害程度的规范表达，直接影响罪与非罪、罪重罪轻的判定。在“重大损失”未明确规定数额标准时，个案判断应当遵循罪刑均衡原则，运用体系解释方法，以体现法益侵害程度本质的数额标准为基础，将案件直接经济损失结合其他影响法益侵害程度的情节整体评价，综合判断放火行为是否达到“使公私财产遭受重大损失”程度。

（三）二审程序抗诉案件，上一级检察机关可以变更、补充抗诉理由。抗诉是检察机关履行法律监督职能的重要方式，检察机关通过抗诉保障刑事案件审理公正，维护当事人合法权益，实现公平正义。上一级人民检察院在办理二审程序刑事抗诉案件中，应全面细致审查抗诉案件事实、证据，坚持全面审查与重点审查相结合。经审查，认为抗诉理由成立的应当予以支持抗诉；认为抗诉理由不够准确的，应充分阐明理由，及时变更、补充抗诉理由，并向同级人民法院发出支持抗诉意见书。

案例十：刘某某故意杀人二审抗诉案

【关键词】

二审抗诉　故意杀人罪　精神疾病司法鉴定意见审查　抗诉理由的变更、补充

【要　旨】

精神疾病司法鉴定意见作为认定被告人刑事责任能力的重要依据，人民检察院要认真审查鉴定程序、鉴定内容、鉴定结论的科学性，并结合案件其他事实证据甄别、判断其合理性。对于被告人刑事责任能力存在较大争议的刑事案件，人民检察院可以通过技术性证据审查机制寻求技术协助，必要时可以委托重新鉴定，并通过申请鉴定人出庭、交叉询问等方式，对鉴定意见充分质证，依法查明案件事实。对下级人民检察院提出抗诉的案件，上一级人民检察院如果认为抗诉意见部分正确，但抗诉理由不准确、不充分的，在决定支持抗诉的同时，应当对抗诉意见、理由进行变更和补充。

【基本案情】

2016年12月30日下午16时许，江西省瑞昌市某学校初二学生刘某在放学经过武蛟乡南桥新村某三岔路口时，被告人刘某某持一根钢管从后面击打刘某头顶，致刘某倒地后又继续用钢管击打刘某的头部三四下，在认为刘某已经死亡后，才拿着钢管离开现场回到家中，后在家中被抓获归案。经鉴定，被害人刘某系重度颅脑损伤致死。

案发后侦查机关从刘某某邻居处了解到刘某某平时精神不正常。2017年1月19日，侦查机关委托的九江精神病学司法鉴定所出具司法鉴定意见书（以下简称“九江鉴定”），评定被鉴定人刘某某作案时具有完全刑事责任能力。2017年5月11日，江西省九江市人民检察院以故意杀人罪对刘某某提起公诉。2017年9月5日，九江市中级人民法院判决被告人刘某某犯故意杀人罪，判处死刑。宣判后，刘某某提出上诉。2018年3月1日，江西省高级人民法院以事实不清为由发回重审。2018年3月26日，九江市中级人民法院委托江西精神病学司法鉴定所重新鉴定。2018年6月28日，江西精神病学司法鉴定所出具司法鉴定意见书（以下简称“江西鉴定”），评定被鉴定人刘某某作案时无刑事责任能力。2018年10月31日，九江市中级人民法院判决被告人刘某某依法不负刑事责任，决定对其实行强制医疗。

【检察机关履职过程】

（一）提出和支持抗诉

2018年11月8日，九江市人民检察院以一审鉴定依据的证人证言材料没有经过质证导致鉴定程序不合法，量刑错误为由，向江西省高级人民法院提出抗诉。

江西省人民检察院在审查支持抗诉期间发现“九江鉴定”和“江西鉴定”在鉴定程序、鉴定方法、鉴定结论等方面均存在问题，如“九江鉴定”对刘某某作案不明动机（无诱因、无目的、无矛盾）缺乏深入检查分析，鉴定时理应了解更多的相关材料，如向近亲属了解刘某某的病情和生活工作情况，而且对作案时疾病可能对辨认、控制能力产生的影响没有考虑，评定刘某某具有完全刑事责任能力欠妥当；“江西鉴定”对刘某某作案时的现实因素（认为母亲对自己不好，生气报复）、既往的人格特征（冲动）和其作案时的控制能力的检查不全面，鉴定意见评定刘某某为无刑事责任能力亦欠妥当。2019年4月4日，江西省人民检察院将两份鉴定意见送最高人民检察院司法鉴定中心进行技术性证据审查。该中心出具审查意见，认为两份鉴定意见均欠妥当。

2019年7月12日，江西省人民检察院委托湖北同济法医学司法鉴定中心对刘某某作案时精神状态及刑事责任能力再次进行鉴定。2019年12月1日，该中心出具司法鉴定意见（以下简称“同济鉴定”），认为刘某某作案时具有限制刑事责任能力。江西省人民检察院审查后认为该份鉴定意见程序规范、检材充足可靠、鉴定过程和方法符合专业规范要求、分析论证科学有效，与在案证据相互印证，应当作为支持抗诉的证据。

2019 年 12 月 10 日，江西省人民检察院支持抗诉，并补充、变更了部分抗诉理由：“江西鉴定”所引用的证人证言制作程序违法，刘某某实施杀人行为时具有限定刑事责任能力，一审宣告其不负刑事责任确有错误。

（二）抗诉意见和理由

江西省检察机关以一审鉴定依据的证人证言材料没有经过质证导致鉴定程序不合法，量刑错误为由，向江西省高级人民法院提出抗诉。

第一，关于鉴定意见所依据检材的客观性、合法性问题。“江西鉴定”所采用的刘某某父母证言，违反询问证人应当个别进行的原则，制作程序违法。“同济鉴定”鉴定人出庭时表示，在鉴定时发现并排除了无效证言，要求对刘某某父母依法重新制作了笔录。当庭出示刘某某拘留之后同步录音录像资料以及同监室人员证言。

第二，关于鉴定意见对病史、病症调查的详尽性问题。“江西鉴定”除对刘某某进行精神检查外，没有开展病史、病症调查；“同济鉴定”调取了刘某某精神疾病病史资料，并与其医生、管教民警座谈了解情况，全面掌握了刘某某生活情况及精神症状特点。

第三，关于鉴定意见分析论证的科学性、规范性问题。“江西鉴定”依据刘某某供述作出的“法律能力分析”存在明显矛盾，且无法作出合理解释，例如刘某某多次供述“以前发病时，喜欢在太阳底下晒，感觉有力量”。该鉴定意见认为这属于感知综合障碍，但在“法律能力分析”时，却忽视了“以前发病时”这个前提条件，作出“刘某某作案系在感知综合障碍直接支配下产生危害行为”的结论。“同济鉴定”鉴定人认为，虽然刘某某患精神分裂症多年，诊断为人格明显改变，辨认能力和控制能力受到损害，但其作案行为有一定的现实诱因。刘某某表示想做点大事给家人看，选择比自己弱小的、离得最近的对象，作案目标明确，案发后接受多次讯问时能够清楚讲述其作案行为及相关细节，说明其在案发过程中意识清楚，记忆力无明显损害，对作案性质及后果具有一定的认识能力，并未完全丧失辨认能力和控制能力。

（三）抗诉结果

2019 年 12 月 20 日，江西省高级人民法院公开开庭审理本案。江西省高级人民法院审理认为，原审判决认定刘某某无刑事责任能力错误，判处不负刑事责任不当，采纳检察机关抗诉意见，对一审判决予以纠正。2019 年 12 月 30

日，江西省高级人民法院终审认为，鉴于刘某某实施杀人行为时具有限制刑事责任能力，且有坦白情节，依法对其从轻处罚，以故意杀人罪判处有期徒刑十五年。

【典型意义】

（一）人民检察院应当对技术性证据进行实质性审查，存在多份鉴定意见的抗诉案件，应当申请鉴定人出庭以解决鉴定意见的采信问题。检察机关在审查抗诉案件时，如果发现就同一专门性问题有两份或者两份以上的鉴定意见，且结论不一致的，要充分运用技术性证据审查协助机制，指派、聘请有专门知识的人从鉴定主体的合规性、鉴定程序的合法性、鉴定方法的科学性、鉴定材料的充分性及分析论证的合理性等方面进行审查，加强分析比对和判断鉴别，通过实质化审查并结合案件其他事实证据，综合得出科学的审查结论和正确充分的抗诉意见理由。刑事诉讼法确立了鉴定人和专家辅助人员出庭制度。当控辩双方对司法鉴定意见存在争议或者多份鉴定意见结论不一致时，双方都有权申请法庭通知鉴定人或者有专门知识的人出庭，对鉴定意见中的技术性问题进行解释和对质。检察人员要提前了解鉴定程序和相关专业知识，充分运用交叉询问等方式，对鉴定意见进行有力、有效地举证质证，充分论证抗诉意见和理由，说服法庭采信具有客观性、科学性的鉴定意见。

（二）下级人民检察院抗诉意见部分正确，但抗诉理由不准确、不充分的，上一级人民检察院应当对抗诉意见理由进行变更和补充。对下级人民检察院提出抗诉的案件，上一级人民检察院进行全案审查后，认为抗诉正确的，应当支持抗诉；认为抗诉不当的，应当向同级人民法院撤回抗诉，并通知下级人民检察院。上一级人民检察院如果认为下级检察院抗诉意见部分正确，但是抗诉理由不准确、不充分的，可以提出部分支持抗诉的意见，并根据支持抗诉意见变更、补充抗诉理由。

案例十一：赵某某故意杀人二审抗诉案

【关键词】

二审抗诉　故意杀人罪　死刑缓期执行　限制减刑

【要　旨】

对可能判处死刑的案件，应当全面、客观审查证据和量刑情节，精准把握死刑立即执行、死刑缓期执行及死缓限制减刑的适用情形。因感情纠纷引发的故意杀人案件，同时具有自首、救助被害人等情节，可以不判处死刑立即执行，但被告人系预谋杀人、手段特别残忍、情节特别严重，认罪悔罪态度恶劣的，判处死刑缓期执行的同时应适用限制减刑。人民法院未适用限制减刑的，人民检察院应当依法提出抗诉。

【基本案情】

被告人赵某某与被害人张某于2016年9月23日登记结婚，之前各自有一段婚姻。赵某某与张某婚后感情不和，于2018年11月5日登记离婚。同年12月6日21时许，赵某某经预谋从家中厨房抽取一把不锈钢刀（刀刃十余厘米）随身携带于羽绒服内兜，来到张某住所单元门附近等待张某。21时30分许，张某回到住处楼下，两人因复婚等问题发生争执，赵某某在单元门内持刀连续猛刺张某头面部五刀、胸腹部三刀，张某用双手挡刀，致使双手被捅刺两刀、多处划伤。案发后，赵某某在现场拨打110、120，后公安人员现场处警，张某被送往医院抢救，同年12月10日，张某经抢救无效死亡。经鉴定，张某系被他人用锐器刺伤头面部致重度颅脑损伤死亡。

2019年5月5日，山东省东营市人民检察院以故意杀人罪对赵某某提起公诉。2019年6月19日，东营市中级人民法院作出一审判决，认定赵某某在案发后主动报案并拨打急救电话，归案后如实供述基本犯罪事实，构成自首，本案系感情纠纷引发，对其判处死刑，缓期二年执行，剥夺政治权利终身。

【检察机关履职过程】

（一）提出和支持抗诉

2019年6月28日，东营市人民检察院提出抗诉。2020年8月19日，山东省人民检察院支持抗诉。

山东省人民检察院在审查支持抗诉期间和支持抗诉后，围绕“被告人的主观恶性”补充证据，针对“死缓与死缓限制减刑的适用区别”开展分析论证。一是充分运用客观证据证明被告人的主观恶性。通过咨询法医技术人员，分析被害人身上刀口的位置及形成方式，印证犯罪手段的残忍性；查看监控录像及执法记录仪，还原案发后赵某某救助行为是在110民警提醒下才拨打120，查看赵某某留给其儿子的银行卡流水，证实赵某某事前处置大额资金而非给儿子零用钱，具有赔偿能力但拒不赔偿被害人亲属。二是围绕死缓与死缓限制减刑的适用，研究死缓限制减刑的立法目的及功效，从法理法律角度寻找理论支撑；研究近年来判处死缓与死缓限制减刑相关案例的考量因素，总结类案办理的量刑思路。

（二）抗诉意见和理由

东营市人民检察院认为，赵某某系预谋杀人，作案手段特别残忍、情节特别严重、影响特别恶劣，认罪、悔罪态度恶劣，一审法院判处赵某死刑，缓刑二年执行，剥夺政治权利终身，应同时适用限制减刑。

第一，赵某某具有故意杀人的主观故意，系预谋杀人。赵某某与张某离婚后因复婚不成，产生杀害张某的动机。案发当晚，赵某某将身份证、社保卡、银行卡放置于卧室文件袋内，书写密码及遗言告知其儿子，后携带刀具前往张某住所附近等待张某伺机作案。

第二，赵某某作案手段特别残忍、犯意坚决，积极追求致死结果。赵某某持刀捅刺张某头面部五刀，捅刺位置集中在太阳穴附近及周边，造成张某面部两处贯通伤、双侧颞骨骨折进而导致颞叶脑损伤；另捅刺张某胸腹部三刀，从左锁骨上直接刺入胸膛两刀导致横静脉破裂，从左肋弓处刺入腹腔导致脾脏、左肾裂创；张某挡刀的过程中造成左右手掌两处贯通伤，经鉴定被害人系重度颅脑损伤死亡。

第三，赵某某认罪悔罪态度恶劣。赵某某对携带刀具的目的、预先处置银行卡等物品的意图、捅刺情节的供述避重就轻，监控录像证实被害人张某被赵某某捅刺后从单元门逃出，惊慌失措摔倒后挣扎爬起继续逃离，赵某某始终在后跟随，并未实施过其自称的“搀扶”行为。赵某某留给其儿子的银行卡内有大量的资金，证实赵某某系作案前处置大额资金而非给儿子零用钱，其有能力但拒绝本人及其亲属对被害人家属进行赔偿，拒不道歉、拒不悔罪，主观恶性极深。

第四，虽有自首情节但不足以从轻处罚。综合考量赵某某的犯罪事实、犯罪性质、犯罪情节及社会危害程度，应对赵某某判处死缓，同时适用限制减刑。

（三）抗诉结果

2020 年 9 月 17 日，山东省高级人民法院开庭审理本案。同年 11 月 23 日，山东省高级人民法院作出二审判决，采纳检察院抗诉意见，以故意杀人罪改判赵某某死刑，缓期二年执行，剥夺政治权利终身，对赵某某限制减刑。

【典型意义】

（一）立足全案正确把握自首是否从宽处罚的适用。故意杀人案件中被告人具有自首情节是否从宽处罚以及从宽的幅度，应根据犯罪的具体情况区别对待，做到该宽则宽、当严则严、宽严相济、罪责刑相适应。对于暴力杀人案件中被害人为无过错弱势一方的情形，被告人具有自首情节是否从宽处罚应从严掌握，慎重把握从宽处罚的幅度。对于预谋杀人、犯罪手段特别残忍、犯罪情节特别恶劣、犯罪性质和危害后果特别严重的被告人，虽有自首情节仍应予以严惩，避免案件处理明显违背人民群众的公平正义观念，切实做到罚当其罪。

（二）正确把握死刑刑事司法政策及死缓限制减刑制度的适用。对于婚姻家庭、邻里纠纷等民间矛盾激化引发的故意杀人犯罪，适用死刑一定要十分慎重。死刑立即执行与死刑缓期执行均是死刑的执行方式。《刑法修正案（八）》规定的死缓限制减刑制度是对上述两种死刑执行方式的有益补充，具有加重生刑、减少死刑的制度功效。在适用何种死刑执行方式时，首先应根据刑事司法政策及罪行严重情节判断是否符合死刑立即执行的标准，在不符合死刑立即执行的情形下，再根据案件情节确定适用死缓还是死缓限制减刑，原则上判处死缓，有从严情节时，适用死缓限制减刑。判处死缓还是死缓限制减刑应具体考量以下因素：一是客观危害层面，即被告人杀人手段的恶劣程度、危害后果的严重程度、是否危害社会公共安全等；二是主观恶性层面，即作案动机是否卑劣、是否预谋杀人以及是否具有自首或坦白、认罪悔罪、积极救助被害人、积极赔偿等情节；三是社会影响层面，即被害人是否为无过错的弱势群体、被害人家属是否谅解、是否引起社会一定范围内的恶劣影响等。

案例十二：陈某某等人贩卖、运输毒品、非法持有毒品、非法持有枪支二审抗诉案

【关键词】

二审抗诉　多层级毒品犯罪　居中倒卖　共同犯罪

【要　旨】

贩卖毒品案件中，对受委托买卖毒品，主导毒品交易赚取差价的行为，应认定为“居中倒卖”而非“居间介绍”，是单独犯罪而非共同犯罪。对于多层级毒品犯罪上下家，要综合评价毒品数量、犯罪次数、对象范围、地位作用等因素，准确区分罪责和量刑。法院判决认定事实、适用法律错误导致量刑不当的，检察院应当依法提出抗诉。在办理抗诉案件中，对司法实践暴露出的问题，检察机关要联合有关部门以点带面开展专项清理，以监督促整改。

【基本案情】

被告人陈某某，男，1982 年出生，无业；

被告人葛某，女，1972 年出生，无业；

被告人王某，男，1969 年出生，无业；

被告人蒋某国，男，1985 年出生，经商；

被告人张某，男，1983 年出生，无业。

2017 年 6 月 5 日，湖南省衡阳市人民检察院以被告人陈某某等人构成贩卖、运输毒品等罪提起公诉。2018 年 2 月 7 日，衡阳市中级人民法院经审理查明，被告人陈某某伙同被告人张某二次贩卖、运输甲基苯丙胺 29.29 千克，并将其中 20.57 千克卖给被告人葛某。被告人王某为葛某提供毒品销售渠道(即买家蒋某国)，并从中加价牟利，为葛某代卖甲基苯丙胺二次共计 18.57 千克。被告人蒋某国为同案犯刘某轻代买毒品，并从中加价牟利，代买甲基苯丙胺二次共计 18 千克。葛某在将部分毒品交王某验货时被当场查获。被告人王某非法持有毒品、蒋某国非法持有枪支的犯罪事实略。

2018 年 2 月 1 日，衡阳市中级人民法院一审判决认定，葛某与王某、蒋某国与刘某轻分别构成共同犯罪，王某、蒋某国系作用较小的主犯，对两人可从轻处罚；涉案人员刘某轻须定期到医院透析，未被抓捕到案不合常理，不能排除其系特情人员的合理怀疑，故对葛某、王某、蒋某国从轻处罚；葛某、王某、蒋某国贩卖毒品部分未遂。据此，以贩卖、运输毒品罪判处陈某某死刑，以贩卖毒品罪判处葛某死缓，以贩卖毒品罪、非法持有毒品罪判处王某无期徒刑，以贩卖毒品罪、非法持有枪支罪判处蒋某国有期徒刑十六年，以贩卖、运输毒品罪判处张某有期徒刑十五年。

【检察机关履职过程】

（一）提出和支持抗诉

2018 年 2 月 13 日，衡阳市人民检察院以一审判决认定事实错误，导致量刑不当为由依法向湖南省高级人民法院提出抗诉。2018 年 7 月 2 日，湖南省人民检察院支持抗诉。

（二）抗诉意见和理由

衡阳市人民检察院和湖南省人民检察院的抗诉理由如下：

第一，被告人王某贩卖毒品 18.5 千克，其中 8.5 千克既遂，一审判决认定王某与葛某构成共同犯罪，系作用较小的主犯错误，对其判处无期徒刑量刑不当。

第二，被告人蒋某国贩卖毒品 18 千克，其中 8 千克既遂，一审判决认定蒋某国与刘某轻构成共同犯罪，蒋某国是作用较小的主犯，且不能排除本案存在特情的合理怀疑系认定事实错误，对蒋某国从轻判处有期徒刑十五年，量刑不当。

第三，被告人葛某贩卖毒品 22 千克，贩毒数量巨大且全部既遂，一审判决认定其贩卖毒品20.57千克错误，对其判处死缓，量刑不当。

第四，葛某、王某、蒋某国均系多层级毒品犯罪链条中的一个层级，各自构成单独犯罪，不是共同犯罪，无须区分在共同犯罪中的作用大小。王某直接向葛某购买毒品，并转卖蒋某国赚取差价，虽然葛某知道王某另有下家，但她并未委托王某卖毒品，二人既无共同犯意，也无共同行为，不是共同犯罪；蒋某国虽然看似受刘某轻委托购买毒品，但他独立寻找毒品来源，决定购入和卖出价格，主导了交易过程，刘某轻对蒋某国购进毒品的价格和获利情况不知情，因此他们之间没有共同犯罪故意，仅在客观上为相互关联的毒品犯罪上下线，而非共犯。

第五，刘某轻并非特情人员，对其予以追诉。刘某轻患有尿毒症，曾因贩卖毒品罪被判刑，此后又多次犯罪被起诉，但当地因无监管条件致未收监收押。已经查明公安机关未通过刘某轻侦破本案，而是在侦查易某贩卖毒品案时锁定了二人共同的毒品上家王某，才发现了本案犯罪线索。

此外，湖南省人民检察院对衡阳市人民检察院的部分抗诉理由予以变更，审查认为衡阳市人民检察院抗诉意见正确，但抗诉理由中对被告人既未遂数量认定不准确，未将葛某带到酒店交给王某的毒品认定为王某犯罪既遂数量，该毒品已经进入交易现场应当认定为犯罪既遂，故在支持抗诉时对抗诉理由进行了部分变更。

综上，一审判决分别判处葛某、王某、蒋某国死缓、无期徒刑和有期徒刑十五年，量刑不当。

（三）抗诉结果

2018年9月25日，湖南省高级人民法院采纳了湖南省人民检察院支持抗诉意见，驳回了陈某某、葛某、王某、蒋某国的上诉，改判葛某死刑、王某死缓、蒋某国无期徒刑。2019年10月，最高人民法院裁定核准陈某某、葛某死刑。

（四）开展病犯收押收监专项监督活动

湖南省人民检察院针对案件暴露出的病犯未收押影响诉讼以及病犯判刑后未收监的问题，联合多部门开展专项清理整治行动，共发出检察建议74份、纠正违法通知书58份，对清理出的问题进行了监督纠正。

【典型意义】

（一）对毒品犯罪中的“居中倒卖”与“居间介绍”行为应当结合毒品交易本质予以准确区分。贩卖毒品是非法交易，交易的本质是通过交换获取价差，“居中倒卖”的代购者在毒品交易中处于主导地位，通过加价或变相加价的方式从交易中获利，对毒品的交易价格具有控制权，“居中倒卖”一般成立单独犯罪。“居间介绍”在交易中处于中间人、代理人地位，从属于交易主体，在交易中起联络、帮助作用，其所获报酬一般系委托者支付的酬劳，在共同犯罪中一般系从犯。对于行为人受委托人要求代为购买毒品，联络买卖双方直接验货并交付毒品，向委托人隐瞒购入价格，从中赚取差价牟利的，应准确辨别代购毒品行为本质，结合行为人的主观方面、行为方式、获利来源等进行区分，行为人在毒品交易中对价格有决定权，并通过“吃差价”方式牟利应当认定为“居间倒卖”。

（二）多层级毒品犯罪应从犯意联络和犯罪行为主客观两方面准确认定是否成立共同犯罪并准确认定犯罪既遂形态。多层级毒品犯罪上下家是毒品交易的买卖双方，一般不存在犯意联络和共同犯罪行为，系单独犯罪。处于中间层级的毒贩具有买方和卖方双重身份，应以实际毒品成交数量认定交易数额。对于多层级毒品犯罪上下家的犯罪既遂形态认定，应当以是否“进入实质交易环节”进行判断，不能仅以下家实际接收毒品为唯一判断标准，需根据多层级上下家毒品交易规律和特点，判断毒品是否进入下一阶段交易现场，继而正确判断犯罪形态。

（三）法院判决错误认定共同犯罪、犯罪形态导致量刑不当的，检察院应当依法提出抗诉。毒品案件量刑主要以数量来确定量刑基准，并区分共同犯罪中的地位、作用等因素。多层级毒品犯罪的上下家往往涉及同宗毒品，基准刑相当。要重点考虑各层级行为人贩卖毒品的对象范围、犯罪的主动性、对促成交易所发挥的作用、犯罪行为的危害后果等确定各行为人的罪责大小，调节基准刑，再综合行为人自首、立功、累犯、毒品再犯等量刑情节，提出具体量刑建议。对于多层级毒品犯罪上下家数量都刚达到死刑标准，一般不同时判处死刑，但涉案毒品数量巨大，上下家对促成交易作用均很突出，或者作用稍次的上下家具有法定、重大酌定从重处罚情节，同时判处上下家二人死刑符合罪刑相适应原则并有利于全案量刑平衡的，可以依法判处。对于量刑不当的判决，检察机关应综合审查以上因素后，依法提出抗诉。

案例十三：魏某某、黄某超、黄某飞受贿、滥用职权二审抗诉案

【关键词】

二审抗诉　职务犯罪　适用法律错误　数罪并罚

【要　旨】

国家工作人员利用职务上的便利，非法收受他人财物，为他人谋取利益，同时构成受贿罪和渎职犯罪的，以受贿罪和渎职犯罪数罪并罚。对于人民法院认定罪名错误，数罪判一罪，影响量刑导致罪责刑不相适应的，人民检察院应当依法提出抗诉，维护法律的统一正确实施。

【基本案情】

被告人魏某某，男，1979 年 10 月 31 日出生，四川省某县公安局某派出所原民警。

被告人黄某超，男，1981 年 8 月 5 日出生，四川省某县公安局某派出所原户籍民警。

被告人黄某飞，男，1995 年 4 月 2 日出生，四川省某县公安局某派出所原辅警。

2016 年 12 月，被告人魏某某先后帮助唐某某、肖某某冒用他人身份信息办理身份证。后魏某某与唐某某、肖某某约定，由二人负责向其介绍客户，并按每证 5 万元人民币的标准收费。为方便作案，魏某某先后邀约了被告人黄某超、黄某飞参与，约定按办证数量给予报酬。在冒办身份证中，先由魏某某单独或者交由黄某飞利用职权查询、筛选出符合条件的被冒用人身份信息，后经魏某某或者黄某超通过公安机关户籍管理系统，将被冒用人户籍信息更换，制成办证证明，由冒办人到某县政务服务中心办理身份证。

2017 年 3 月至 2018 年 1 月，魏某某经唐某某、肖某某（另案处理）介绍为应某某等 47 人冒办身份证，共收取唐某某等人共计人民币 192.1 万元，其中，黄某超分得人民币 37.05 万元，黄某飞分得人民币 11.43 万元。其间，唐某某等三人涉嫌犯罪后，使用冒办的身份证逃避刑事打击和债务追讨，严重妨碍侦查活动。

2018 年 5 月 10 日某县监察委员会以魏某某、黄某超、黄某飞涉嫌受贿罪、滥用职权罪向某县人民检察院移送审查起诉；同月 25 日，某县公安局以黄某飞涉嫌伪造、买卖身份证件罪向某县人民检察院移送审查起诉。审查起诉阶段，某县人民检察院将存在关联的两案并案处理。同年 6 月 7 日，某县人民检察院以魏某某、黄某超、黄某飞涉嫌受贿罪、滥用职权罪向某县人民法院提起公诉。同年 9 月 10 日，某县人民法院开庭审理该案，三被告人及其辩护人对本案犯罪事实均无异议，辩称仅构成受贿罪，不构成滥用职权罪。2020 年 7 月 20 日，某县人民法院以魏某某三人犯伪造身份证件罪，分别判处魏某某有期徒刑四年六个月，并处罚金人民币五万元；判处黄某超有期徒刑三年，并处罚金人民币二万元；判处黄某飞有期徒刑二年二个月，并处罚金人民币一万元。

【检察机关履职过程】

（一）提出和支持抗诉

2020 年 7 月 30 日，某县人民检察院以原审判决认定事实正确，但将起诉指控的“受贿罪、滥用职权罪”变更为“伪造身份证件罪”系适用法律错误为由向遂宁市中级人民法院提出抗诉，并报请遂宁市人民检察院支持抗诉。2020 年 11 月 17 日，遂宁市人民检察院决定支持抗诉。

（二）抗诉意见和理由

某县人民检察院和遂宁市人民检察院认为：

第一，魏某某、黄某超的行为构成受贿罪。魏某某作为某县公安局某派出所片区民警，黄某超作为该派出所户籍民警，二人具有核实户籍信息、办理身份证件的职责，二人制作身份证件利用了职务之便，且在此过程中又收取他人财物的行为还侵害了国家工作人员的职务廉洁性；被告人魏某某、黄某超、黄某飞利用国家工作人员身份带来的职务便利，冒用他人身份信息制造虚假身份证件，从而获取经济利益，符合受贿罪“权钱交易”的本质。本案三被告人身份为特殊主体，受贿罪属于身份犯，而伪造身份证件罪属一般主体，根据特别规定优于一般规定的原则，本案应当认定为受贿罪。魏某某、黄某超利用职务便利收受他人财物并为他人伪造身份证的行为同时涉嫌受贿罪和伪造身份证件罪，一般应当择一重罪处罚，即认定构成受贿罪。

第二，本案应按照《最高人民法院、最高人民检察院关于办理贪污贿赂刑事案件适用法律若干问题的解释》第十七条之规定处理，即“国家工作人员利用职务上的便利，收受他人财物，为他人谋取利益，同时构成受贿罪和刑法分则第三章第三节、第九章规定的渎职犯罪的，除刑法另有规定外，以受贿罪和渎职犯罪数罪并罚”。三被告人的行为损害了国家身份证件管理制度，致使唐某某等人利用办理的虚假身份证逃避公安机关侦查，造成恶劣社会影响，构成滥用职权罪。

（三）抗诉结果

2020 年 12 月 17 日，遂宁市中级人民法院作出二审判决，采纳检察机关抗诉意见，撤销一审判决，改判魏某某犯受贿罪、滥用职权罪数罪并罚，决定执行有期徒刑六年，并处罚金二十万元；黄某超犯受贿罪、滥用职权罪数罪并罚，决定执行有期徒刑三年，并处罚金十二万元；黄某飞犯受贿罪、滥用职权罪数罪并罚，决定执行有期徒刑二年二个月，并处罚金十万元。

【典型意义】

（一）把握职务犯罪的特殊性，准确认定案件罪名。职务犯罪是国家工作人员利用职务便利或职权地位形成的便利条件实施的犯罪。国家工作人员实施的犯罪，并不一定都是职务犯罪。在审查国家工作人员等特殊主体实施的犯罪中，应当结合具体案件事实，准确判断行为人的主体身份是否影响罪名认定，特别要注重审查行为人实施犯罪的过程中是否利用了职务便利。在办理受贿、滥用职权犯罪中，应结合具体案件事实，准确把握受贿罪的权钱交易本质，对被告人的行为是职权行为还是个人行为依法作出正确认定。国家机关工作人员实施渎职犯罪并收受贿赂，同时构成受贿罪的，除刑法另有规定外，以渎职犯罪和受贿犯罪数罪并罚。对于原审判决或裁定适用法律确有错误，混淆此罪与彼罪、一罪与数罪的界限，造成罪刑不相适应，影响司法公正的，人民检察院应当提出抗诉。

（二）全面评价犯罪行为，准确认定渎职犯罪。在职务犯罪案件中，如果国家机关工作人员收受贿赂的同时还存在不正确行使职权的情形，除了依法认定其构成贿赂犯罪外，还应当结合行为人不正确行使职权的具体行为、危害结果、行为与危害结果之间的因果关系，以及行为人的主观故意等因素，全面审查行为人是否同时涉嫌渎职犯罪。对于国家机关工作人员滥用职权或玩忽职守，致使公共财产、国家和人民利益遭受重大损失的，应当认定其构成渎职犯罪。

案例十四：伍某受贿二审抗诉案

【关键词】

二审抗诉　受贿罪　违法所得　增值部分　追赃

【要　旨】

受贿人使用赃款赃物与其合法财产共同投资置业的，对因此形成的财产中与赃款赃物对应的份额以及赃款增值部分收益，人民法院应当判决追缴。人民法院未判决对该违法所得以及增值部分收益追缴的，检察机关应当提出抗诉。

【基本案情】

被告人伍某，男，1963 年 11 月 22 日出生，汉族，硕士研究生文化，四川省成都市某局某区分局原局长。

被告人伍某于 1995 年至 2016 年历任成都市某局副主任科员、主任科员、副处长、处长、某区分局局长等职务。在任职期间，伍某多次利用职务便利为杨某某、王某某等八人在项目规划、许可、验收等方面谋取不正当利益，合计收受他人送予的财物累计折合人民币 521 万余元、4 万美元。其中包括：2007

年伍某利用职务便利为行贿人王某某谋取不正当利益后收受王某某 200 万元人民币，其中 98 万元被伍某用于购买成都市青羊区某小区的住房一套。

成都市某区人民检察院起诉指控，被告人伍某犯受贿罪。2017 年 12 月 28 日，成都市某区人民法院作出一审判决，认定伍某身为国家工作人员，利用职务之便为他人谋取利益，收受他人送予的 521 万余元人民币及 4 万美元，其行为已构成受贿罪，判处伍某有期徒刑十年零六个月，并处罚金人民币 50 万元。

【检察机关履职过程】

（一）提出和支持抗诉

2018 年 1 月 19 日，成都市某区人民检察院以一审判决虽然认定伍某有收受行贿人王某某 200 万元贿赂款以及使用其中 98 万元购买房屋的事实，但并未对涉案房产中赃款份额部分及收益进行追缴，属对违法所得处置不当为由向成都市中级人民法院提出抗诉，并报请成都市人民检察院支持抗诉。同年 3 月 12 日，成都市人民检察院决定支持抗诉。

成都市人民检察院围绕涉案房屋是否应当进行追缴，补充完善证据：一是进一步核实证据，查明伍某收受王某某的 200 万元究竟是贿赂款还是其与王某某共同经营公司所分取的利润；二是核实被告人伍某及其家属在一审宣判前是否有主动退缴赃款的行为；三是关注涉案财产强制措施适用情况，确保涉案房屋查封扣押措施的正确适用，避免涉案财产流失造成二审裁判结果无法执行。

（二）抗诉意见和理由

第一，现有证据足以证明该 200 万元属于贿赂款，而非双方合伙开办公司的利润分成。一是双方合伙开办公司的行为发生在 1994 年至 1995 年伍某停薪留职期间，双方并未约定股权和收益分配，1995 年伍某从公司离职时已经与王某某约定，公司的所有债权和债务均由王某某承担，与伍某再无关系；二是伍某、王某某在侦查阶段均供述该 200 万元是王某某为了感谢伍某在相关项目规划上提供的帮助；三是辩护意见不具有合理性，伍某离开公司的时间是 1995 年，王某某向伍某送予 200 万元的时间是 2007 年，伍某在时隔十余年后才向王某某主张所谓的公司利润，不具有合理性。

第二，涉案房屋应该进行追缴。根据伍某及王某某、吴某某供述、伍某妻子及王某某妻子证言、伍某银行账户交易明细、房产公司提供的房屋销售收据等证据，足以证明位于成都市青羊区的涉案房屋中有 98 万元购房款来源于伍某受贿的 200 万元。伍某及其家人在案发后未进行任何退赃行为，而涉案房屋已被办案机关查封，客观上具有追缴的必要性和可行性。根据《中华人民共和国刑法》第六十四条、2013 年《最高人民法院关于适用〈中华人民共和国刑事诉讼法〉的解释》第三百六十六条、2014 年《最高人民法院关于刑事裁判涉财产部分执行的若干规定》第十条的相关规定，对使用赃款投资、置业的，应当对相应的份额部分及其收益判决追缴。

（三）抗诉结果及案件后续情况

2018年6月27日，成都市中级人民法院公开审理本案。2018年8月23日，成都市中级人民法院作出二审判决，采纳检察机关意见，撤销一审判决，判决对涉案房屋中98万元贿赂款所对应的赃款份额及增值部分进行追缴。

在二审判决生效后，检察机关积极跟进案件的执行过程，加强与法院执行局的联动沟通，对原案中涉及执行证据进行会商研判，对涉案房屋的司法拍卖过程、成交价格、成交价格中赃款份额及收益的计算等全程监督，确保涉案财产处置的公平公正公开。最终涉案房屋以327万元人民币的价格拍卖成交，根据98万元赃款在总购房款中所占的比例份额计算，最终成功追缴赃款164万元，其中赃款增值部分收益达66万元人民币。

【典型意义】

（一）原审判决未对犯罪嫌疑人违法所得进行追缴或责令退赔的，检察机关应当依法提出抗诉。依法追缴贪污贿赂犯罪嫌疑人、被告人的违法所得和其他赃款赃物，是检察机关、人民法院办理贪污贿赂犯罪案件的重要工作，是贯彻落实党中央全面从严治党要求，保持反腐败高压态势的重要举措，彰显了“决不能让腐败分子在经济上占便宜”的态度和决心。2016年《最高人民法院、最高人民检察院关于办理贪污贿赂刑事案件适用法律若干问题的解释》第十八条规定对贪污贿赂犯罪分子违法所得的一切财物，应当依照《中华人民共和国刑法》第六十四条的规定予以追缴或者责令退赔，对尚未追缴到案或者尚未足额退赔的违法所得，应当继续追缴或者责令退赔。检察机关在对职务犯罪案件履行审判监督职责时，既要对事实认定、量刑轻重、法律适用等进行监督，也要对犯罪嫌疑人违法所得追缴情况进行监督，对判决中遗漏追缴、责令退赔的，应当依法提出抗诉。

（二）被告人将犯罪违法所得与个人合法财产混同后投资置业的，对违法所得所对应的份额部分及违法所得的增值收益应当进行准确认定并依法追缴。《中华人民共和国刑法》第六十四条以及2016年《最高人民法院、最高人民检察院关于办理贪污贿赂刑事案件适用法律若干问题的解释》第十八条规定追缴或责令退赔的范围仅限于违法所得，对于实践中犯罪嫌疑人、被告人将违法所得与其个人合法财产混同投资置业的行为，根据2014年《最高人民法院关于刑事裁判涉案财产部分执行的若干规定》，此种情形下追缴违法所得应包括投资置业的财产中对应的赃款赃物份额比例部分。因此，被告人使用赃款与合法财产共同购买房屋或其他财物的，对该财物中赃款对应的部分和赃款赃物的增值收益应当进行追缴。

案例十五：王某某集资诈骗二审抗诉案

【关键词】

二审抗诉　集资诈骗　非法吸收公众存款　非法占有

【要　旨】

认定行为人构成集资诈骗罪还是非法吸收公众存款罪的关键是对行为人是否具有非法占有目的进行准确判断，判断依据不囿于被告人供述，应综合考量行为人集资行为的前因、项目的真实性、资金用途及用资方式、归还能力、事后反应等事实，作出认定。检察机关应当积极引导侦查机关全面调取相关证据。对于行为人在资金能力明显不足的情况下，仍虚构事实、隐瞒真相，用远超正常盈利水平的高息利诱方式进行非法集资，借新还旧，行为人对于资金链断裂后被害人财产损失的必然性具有明确认识，应认定其对于不能归还的款项具有非法占有目的，构成集资诈骗罪。

【基本案情】

被告人王某某，男，河北省某县某商业银行股份有限公司综合管理部原经理。

2014 年至 2019 年，王某某虚构筹借资金为企业倒贷款、代办理财业务等事由，以承诺给付高息为诱饵，通过其本人介绍、借款人口口相传等方式，进行非法集资。王某某在明知已不具备偿还能力的情况下，为确保资金链不断裂，继续虚构上述事由，采取以新还旧的方式，骗取被害人借款，并将所骗款项用于支付前期借款本息、出借他人、替他人偿还借款等支出。截至 2019 年 1 月 14 日，王某某累计向多名被害人非法集资人民币 16.9 亿元。至案发时止，尚有人民币 6900 余万元未能归还。

本案公安机关侦查终结后，以被告人王某某涉嫌集资诈骗罪移送某县人民检察院审查，后该院将案件报送廊坊市人民检察院审查起诉。2019 年 11 月 8 日，廊坊市人民检察院以王某某涉嫌集资诈骗罪向廊坊市中级人民法院提起公诉。同年 12 月 23 日，廊坊市中级人民法院以非法吸收公众存款罪判处王某某有期徒刑八年，并处罚金人民币四十万元。

【检察机关履职过程】

（一）提出和支持抗诉

2019 年 12 月 31 日，廊坊市人民检察院以一审判决认定事实、适用法律均确有错误为由向河北省高级人民法院提出抗诉，并报请河北省人民检察院支持抗诉。2020 年 7 月 10 日，河北省人民检察院支持抗诉。

围绕王某某是否使用了诈骗方法、王某某对孟某某等人是否有大量真实债权等争议焦点，检察机关开展了补查工作。一是就孟某某公司的经营状况、盈利能力、还款能力进一步调查，调取了孟某某的证言、其所开办公司的纳税记录，证明孟某某从王某某处借款用于生产经营，不但没有产生盈利，反而损失上千万元，其将相关情况告诉过王某某。二是调查孟某某向王某某出具 2.5 亿元欠条的真实性及经过，孟某某证言称其迫于无奈给王某某打了 2.5 亿元的欠条，是本息累计的数额，实际本金只有约 3000 万元，其无力偿还。三是卷内证据显示王某某曾在大连万达广场预定五套房产，该五套房产的现状不明。经补查，查明王某某只是交纳了 5 万元意向金，后续手续未办理，该五套房产未能实际取得。

（二）抗诉意见和理由

第一，王某某实施了诈骗行为，一审判决在认定王某某以倒贷名义借款的非法集资方式具有一定欺骗性的同时，矛盾性地认定王某某仅以倒贷之名并不能欺骗为了获取高额利息的集资参与人，该认定属主观推测，与在案证据所证明的事实明显不符。经查，王某某以为企业倒贷、为个人代办理财为由，以给付高息为诱，隐瞒其资不抵债之实，进而使被害人对其经济能力陷入错误认识，王某某实施了诈骗行为。

第二，一审判决错误认定王某某对孟某某等人具有大量真实债权，现有证据不能证明王某某对集资款具备偿还能力。经查，本案中王某某所借款项绝大部分用于归还其个人借款、支付前期借款利息等，王某某多转给孟某某及代孟某某偿还他人钱款金额为 2000 余万元，相较十几亿元的诈骗金额，并不存在一审判决所认定的“大量真实债权”。孟某某证言及王某某的供述和辩解均证明王某某明确认识到孟某某对于其给予的借款不具有偿还能力。

第三，王某某使用诈骗方法非法集资，所得资金主要用于借新还旧、出借他人等个人支出，而非用于生产经营，根据司法解释及有关纪要规定，应认定王某某主观上具有非法占有目的，一审判决认定王某某构成非法吸收公众存款罪，适用法律明显不当。根据《最高人民法院关于审理非法集资刑事案件具体应用法律若干问题的解释》之规定，可以认定王某某主观上具有非法占有目的，构成集资诈骗罪。

（三）抗诉结果

2020 年 8 月 27 日，河北省高级人民法院开庭审理本案。同年 10 月 28 日，河北省高级人民法院采纳检察机关抗诉意见，以集资诈骗罪判处王某某无期徒刑，剥夺政治权利终身，并处没收个人全部财产。

【典型意义】

（一）区分集资诈骗罪和非法吸收公众存款罪要综合考量行为人是否实施了虚构事实、隐瞒真相的具体行为、对于涉案款是否具有偿还能力以及涉案款的处理方式、具体用途以及案发环境等多种因素。随着经济的发展，涉众型经济犯罪呈多发态势，而部分案件在办理过程中，由于对行为人主观故意内容的模糊判断，导致定性不准，适用法律错误，从而难以精准追究行为人刑事责任的现象有所发生。尤其是将集资诈骗行为错误认定为非法吸收公众存款，一定程度上削弱了对集资诈骗犯罪的打击力度。司法实践中，大量涉嫌诈骗类犯罪的行为人往往不会供述其对于涉案财物具有非法占有的主观目的，此时应结合被害人陈述、证人证言、书证、鉴定意见等其他证据和有关案件事实，研判行为人的故意内容。因此，在案件审查批捕、审查起诉阶段，应引导侦查机关注意收集行为人吸收公众存款的理由、形式、目的，对所吸收款项的使用、处理，行为人自身的职业经历、资金状况等方面的证据。重点针对行为人的辩解意见，收集相关证据，查明其辩解是否属实，以准确认定其行为性质，做到罪责刑相适应。

（二）准确认定“以新还旧”型集资行为的性质。实践中，行为人以虚构事实、隐瞒真相的行为手段，大肆实施“拆东墙补西墙”的吸金模式中，因其自身不具备清偿能力，前序被害人的本金及利息的清偿完全依赖于后续被害人的资金借款，一旦后续资金借款无法维系，则资金链必然断裂，行为人对此情形均有着明确的认知。而以后续被害人的资金清偿前序被害人的本金及利息，从本质上讲，也是行为人清偿其个人债务的表现形式。所以，行为人在明确认识到其采取欺骗手段所获取的涉案资金，在资金链断裂的情况下必然会导致被害人财产损失的情况下，依然有意为之，用于清偿其个人债务，其主观上具有非法占有的故意，客观上采取了非法集资的行为模式，根据主客观相统一的认定原则，成立集资诈骗罪。

案例十六：许某某虚开增值税专用发票再审抗诉案

【关键词】

再审抗诉　虚开增值税专用发票　行政罚款　罚金　强化民营企业司法保护

【要　旨】

人民检察院在办理案件中应秉承“司法为民”的理念宗旨，充分发挥检察监督职能，积极维护民营企业合法权益。行政机关对被告人就同一事实已经处以罚款的，人民法院判处罚金时应当折抵，扣除行政处罚已执行的部分。原审法院未将被告人以缴纳罚款数额在罚金中扣除，属于法律适用错误，人民检察院应依法提出抗诉，在强化民营企业的司法保护上体现法治担当。

【基本案情】

2013年11月7日，被告人许某某注册成立河北某管道制造有限公司。2015年7月，因公司缺少增值税专用发票，许某某在没有实际交易的情况下，通过赵某某（在逃）购买了安徽某贸易公司开具到河北某管道制造有限公司的增值税专用发票9张，价税合计1033000元，涉案税款150094元。2017年4月，县国税局通知许某某安徽某贸易公司不具有开具增值税专用发票资格，税票系虚开，要求许某某补缴税款150094元和滞纳金118693元，并将该线索移送河北省某县公安局经侦大队。2017年9月21日，某县公安局对该案立案侦查。2018年8月2日，某县公安局将该案移送县人民检察院审查起诉。2019年1月9日，县人民检察院提起公诉。2019年2月2日，县人民法院判决，被告人许某某犯虚开增值税专用发票罪，判处有期徒刑九个月，缓刑一年，并处罚金人民币五万元。被告人许某某在案发后，已将税款及滞纳金补缴至某县国税局，并在一审宣判后缴纳了罚金。

【检察机关履职过程】

（一）提出抗诉

2019年10月7日，某县人民检察院在办案中发现本案被告人许某某已缴纳行政罚款，而法院判处罚金时未对许某某在税务机关已交纳的罚款进行折抵扣除，属于适用法律错误，量刑不当，故提请沧州市人民检察院通过审判监督程序对此案提出抗诉。2019年10月16日，沧州市人民检察院向沧州市中级人民法院提出抗诉。

（二）抗诉意见和理由

沧州市人民检察院经审查认为，根据案发时《最高人民法院关于适用〈中华人民共和国刑事诉讼法〉的解释》第四百三十九条第二款规定："行政机关对被告人就同一事实已经处以罚款的，人民法院判处罚金时应当折抵，扣除行政处罚已执行的部分。"本案中税务机关已经对原审被告人虚开增值税专用发票行为处以罚款75047元，一审人民法院对原审被告人判处五万元罚金刑时，没有将此罚款予以扣除，属于适用法律错误，量刑不当，被告人已缴纳罚金应予退还。

（三）抗诉结果

2019年10月25日，沧州市中级人民法院指令某县人民法院对本案进行再审。2020年6月11日，某县人民法院对本案开庭审理。2020年6月29日，某县人民法院作出再审判决，采纳抗诉意见，认为原审中对原审被告人判处罚金刑时，未对原审被告人在税务机关缴纳的罚款75054元予以扣除，属于适用法律错误，应予以纠正。故对原审被告人许某某已向法院缴纳的罚金人民币五万元，应退还原审被告人许某某。

【典型意义】

（一）秉承“司法为民”的理念宗旨，充分发挥检察监督职能，积极维护群众合法权益。检察机关要牢固树立“以人民为中心”的司法理念，主动履职、充分履职、高水平履职，不断提升检察工作质效。本案中，检察机关积极发挥审判监督职能，主动对已生效裁判文书进行“回头看”，并发现原审法院未将原审被告人基于同一事实缴纳的行政罚款在罚金中予以扣除的法律适用错误。为充分保障原审被告人合法权益，检察机关在原审被告人如数缴纳罚金且并不明知自身权益受损，未向人民检察院提出要求的情况下，依法提起抗诉，要求法院对原审被告人重复缴纳的罚金予以退还，并在案件开庭后协调、督促法院退回罚金，有效维护了人民群众的合法权益。

（二）人民检察院通过抗诉强化民营企业的司法保护，体现法治担当。强化民营企业的司法保护应当在法治理念的指引下，对民营企业及其经营者的违法犯罪行为依法处罚，对其合法权益给予充分有效保障，做到对涉民营企业案件“当罚则罚”“应保尽保”，以法治化路径不断优化营商环境。具体到本案，人民检察院有效运用法治思维办理涉民营企业案件，将打击企业违法犯罪与保障企业合法权益放在同等重要的地位，对犯罪行为，果断起诉；对合法权益，坚决维护。引导民营企业既要合法经营，又要敢于拿起法律武器维护自身合法权益。

案例十七：苏某某集资诈骗二审抗诉案

【关键词】

二审抗诉　集资诈骗　非法吸收公众存款　诈骗方法

【要　旨】

主观上是否以非法占有为目的，客观方面是否使用诈骗方法向社会公众骗取资金，是集资诈骗罪和非法吸收公众存款罪的重要区别。在不具有归还能力的情形下，行为人虚构项目，未经批准向社会不特定公众吸收资金，将集资款用于偿还个人巨额债务，可以认定为以非法占有为目的实施了骗取公众资金的行为，应认定为集资诈骗罪。对于构成集资诈骗罪的，人民法院以非法吸收公众存款罪定罪处罚的，检察机关应当依法提出抗诉，及时予以监督纠正。

【基本案情】

2013 年底，被告人苏某某因投资失败致巨额债务无法偿还，遂产生了开办投资理财咨询公司向社会集资偿还债务的想法。2014 年 7 月至 10 月，苏某某作为实际控制人分别在湖北省某县、钟祥市、东宝区注册成立沙洋中金行投资信息咨询服务有限公司、钟祥市富民行投资理财服务有限公司、荆门市融聚行投资理财服务有限公司等三家公司。因工商部门核准上述中介公司经营范围为“投资理财咨询中介、居间代理服务”，不能直接进行融资业务，苏某某遂联系“可信装饰”“禾田肥业”“威丰粮油”“广源食品”“同顺房产”五家需要融资的企业项目，加上自己的“金地佳苑”房产项目，指示三家中介公司分别制作了上述六家企业项目的宣传资料和广告，向社会宣传、散发，宣称向上述企业投资安全可靠，收益高，没有风险。规定 1 万元起投，承诺月息 1.5%，年息 18%，月月兑现。具体由苏某某安排李某某、王某某、韩某三人为出借人代表同六家企业签订借款合同，借款企业提供实物抵押或者股权质押并提供接收资金的个人账户由苏某某控制使用，同时由三家中介公司提供金融担保签订债权转让协议，苏某某准备以上述企业名义向社会公众募集资金后由其个人使用。集资人同苏某某控制的三家中介公司签订居间服务合同、闲散资金出借委托书、出借人代表推荐书后，将资金转入苏某某控制的三名出借人代表个人账户。之后，集资人的资金再从三名出借人代表个人账户转入苏某某控制的融资企业提供的个人账户。通过上述宣传和操作，三家中介公司分别以为上述六家企业项目融资的名义，共向 611 名个人集资约 2900 万元，吸收的资金用于支付集资人本金 187 万元，利息约 66 万元。欠付本金约 2700 万元，利息折抵本金后余额约 2600 万元。苏某某在利用三家公司非法吸收资金的过程中，通过掌控指定入款账户、借款企业所提供的个人账户，完全控制和占有所吸收资金。上述集资款除实际转入“威丰粮油”项目企业 100 万元、“广源食品”项目企业 45 万元、“同顺房产”项目企业 25 万元外，绝大部分资金被苏某某用于偿还个人债务致使吸收资金无法返还。

2015 年 6 月 26 日，湖北省某县公安局以被告人苏某某涉嫌集资诈骗罪移送起诉。2016 年 3 月 7 日，某县人民检察院以集资诈骗罪对苏某某提起公诉。某县人民法院经审理认为，被告人苏某某在获取集资款时，虽然使用了一定的欺骗手段，但尚欠缺充分的证据证明其具有非法占有的目的，不构成集资诈骗罪。被告人苏某某违反国家金融管理法律规定，非法吸收公众存款，扰乱金融秩序，数额巨大，其行为已构成非法吸收公众存款罪。本案经多次延期审理，2019 年 1 月 24 日，某县人民法院以非法吸收公众存款罪判处被告人苏某某有期徒刑五年，并处罚金人民币十五万元，对其违法所得依法予以追缴。

【检察机关履职过程】

（一）提出和支持抗诉

2019 年 1 月 30 日，湖北省某县人民检察院以一审判决适用法律错误，导致量刑畸轻，应予纠正为由提出抗诉。2019 年 6 月 20 日，荆门市人民检察院支持抗诉。

（二）抗诉意见和理由

第一，苏某某具有非法占有的主观故意。本案现有证据足以认定苏某某非法占有的主观故意，不存在判决书认为的“尚欠缺充分的证据证明其具有非法占有的目的”的情形，应以集资诈骗罪定罪处罚。综合全案证据，苏某某因投资失败、高息借款导致产生巨额债务，为此，苏某某在自身已无经济实力的情况下，借鉴其他公司的融资模式，设立自己的三家公司，通过公开宣传来蒙骗社会公众前来投资，并隐瞒真相在实际掌控这些投资款后主要用于偿还个人巨额债务，而不是用于正常的生产经营活动，其非法占有的主观故意已十分明显。

第二，苏某某实施了骗取集资款的行为。苏某某出于自己控制并使用集资款的目的，以“可信装饰”“禾田肥业”等六家借款企业的名义募集资金后绝大部分由其用于偿还个人债务，可以认定为苏某某实施了骗取集资款的行为。

第三，原审法院错误认定苏某某行为性质导致量刑畸轻。本案涉及 590 余名集资参与人的集资款，数额特别巨大无法归还，造成了十分恶劣的社会影响，情节特别严重，应以集资诈骗罪定罪处罚。原审法院以非法吸收公众存款罪定罪处罚，导致对被告人苏某某量刑畸轻，罪责刑不相适应。

（三）抗诉结果

2019 年 6 月 20 日，荆门市中级人民法院公开开庭审理本案。经审理认为，苏某某主观上具有非法占有的目的，其行为构成集资诈骗罪，人民检察院的抗诉理由成立，予以采纳。2019 年 7 月 2 日，判决原审被告人苏某某犯集资诈骗罪，判处有期徒刑七年，并处罚金人民币二十五万元；对其违法所得依法予以追缴。

【典型意义】

（一）准确认定集资诈骗罪中行为人非法占有的目的。认定非法占有目的，属于证据判断的范畴。应通过行为人非法集资的前因，集资前是否有大量债务、是否正常生产经营；宣传项目的真实性、可行性，是否合法，是否属于高风险投资项目；承诺的利息等高额收益是否畸高不具有现实可能性；资金是否用于正常生产经营，投资是否尽到了谨慎使用义务，债务人的资产状况，其债权可否得到有效清偿；案发前行为人的资产状况，是否有偿还能力，是否有逃匿、隐匿财产等逃避债务的行为等事实，同时要结合集资参与人陈述、被告人的职业经历、对被害人的判断产生的影响、正常经营的基本常识等综合研判行为人的故意内容。

（二）检察机关应当运用在案证据，综合判断行为人是否具有非法占有目的。集资后不用于生产经营活动或者用于生产经营活动与筹集资金规模明显不成比例，致使集资款不能返还的，是判断行为人具有非法占有为目的的重要指标。司法实践中，不同办案人员在非法占有目的的证据判断上分歧较多。检察机关应当严把事实关、证据关，善于运用在案证据判断非法占有目的是否成立，准确把握此罪与彼罪的区别，对法院定罪量刑错误的依法提出抗诉，依法打击集资诈骗犯罪行为。

案例十八：唐某力、唐某辉等9人收买非法提供信用卡信息二审抗诉案

【关键词】

二审抗诉　收买、非法提供信用卡信息　电子数据　变更、补充抗诉理由

【要　旨】

收买、非法提供信用卡信息罪属于妨碍信用卡管理罪的一种类型，此类犯罪呈现出利用网络实施、涉案人多、层级复杂等趋势特点，检察机关在办案中，要注意将电子数据和其他证据相结合，准确认定涉卡犯罪数量、主从关系等案件事实，确保抗诉的精准性。上级人民检察院在审查抗诉案件时，不局限于下级人民检察院的抗诉理由，坚持全案审查原则，及时依法变更、补充抗诉理由，确保抗诉的全面性。

【基本案情】

被告人唐某力，男，28岁，无业。被告人唐某辉，男，27岁，无业，系唐某力胞弟。其他7名被告人基本情况略。

2017年7月左右，被告人唐某力为获取非法利益，着手为老挝、菲律宾

等境外赌场、博彩公司提供国内银行卡，其先后联系唐某辉等人在国内大量收购他人银行卡及银行卡密码、网银U盾、绑定银行卡的电话卡、办卡人身份证正反面照片等配套信息。唐某力对每套银行卡及配套信息按700元到2000元不等的价格向被告人唐某辉等人支付对价。唐某力与境外买家联系好后，根据后者指定的快递地点，安排唐某辉等人以快递方式将银行卡及配套资料邮寄至其指定地点，再转寄至境外买家，还通过QQ邮箱将配套的银行卡密码、网银密码等信用卡信息以邮件方式发送给唐某力，唐某力再配合前述银行卡高价出售给境外赌场和博彩公司。自2017年8月至2018年2月期间，唐某力共计收买、非法提供他人银行卡及配套信息947套。

被告人唐某辉为谋取利差，联系其他被告人以300元至1800元不等的价格收购他人银行卡及配套信息，并验证银行卡及U盾密码，以确保所收购的银行卡能够使用。验证之后，唐某辉等人再以快递的方式将银行卡、网银U盾、电话卡寄往唐某力指定地点，并将731套银行卡配套信息通过QQ电子邮件发送给唐某力，唐某辉收买、非法提供的银行卡共计725套。

本案由四川省某县公安局侦查终结，以原审被告人唐某力、唐某辉等9人犯收买、非法提供信用卡信息罪，向县人民检察院移送审查起诉。2018年9月20日，县人民检察院向县人民法院提起公诉。2019年3月18日，某县人民法院作出一审判决，以收买、非法提供信用卡信息罪判处唐某力有期徒刑七年，并处罚金八万元；判处唐某辉有期徒刑五年，并处罚金五万元；其他被告人判处四年至二年不等的有期徒刑，并处罚金四万元至两万元不等。

【检察机关履职过程】

（一）提出和支持抗诉

2019年4月1日，某县人民检察院以在案证据足以证实主犯唐某力收买、非法提供的银行卡信息为947套，一审判决认定659套，属认定事实有误，导致全案被告人量刑不均衡，一审判决确有错误为由向广安市中级人民法院提出抗诉。同年8月12日，广安市人民检察院支持抗诉。

（二）抗诉意见和理由

第一，原审各被告人涉卡数量通过电子证据等足以综合认定。经勘验获取的唐某力等4人QQ邮箱电子数据显示，唐某力的QQ邮箱接收947套信用卡信息，与其他供述相互印证。

第二，根据《中华人民共和国刑法》对收买、非法提供信用卡信息罪的“提供他人信息卡信息资料”的罪状表述，被告人出卖使用本人身份信息办理的信用卡（以下简称“本人卡”），不应纳入其犯罪和量刑数量。故，唐某辉安排他人收买信用卡后，发送信息给唐某力731套，扣减以唐某辉等“本人卡”7套，涉卡共计724套。

第三，根据最高人民法院、最高人民检察院《关于办理妨害信用卡管理刑事案件具体应用法律若干问题的解释》第三条之规定，收买、非法提供他人信用卡信息资料，只要达到可进行交易或者足以使他人以信用卡持卡人名义进行交易，就应认定。被告人唐某力等辩称退回来了一部分卡，但退回来的卡是因为办卡人绑定了支付宝、微信等，用卡人再使用该卡就会出现风险，而这些卡本身已足以使他人以信用卡持卡人名义进行交易，是犯罪既遂，不应扣减。

广安市人民检察院经阅卷全面审查后，认为原审事实认定和法律适用均有错误，在部分支持抗诉意见的同时，变更、补充抗诉理由。一是原判仅采信书证和部分电子证据，未综合审查各被告人电子邮箱的勘验数据、书证、被告人供述及辩解等，导致对9名原审被告人认定的涉案信用卡数量比实际数量少了数十张至数百张不等，属认定事实错误；二是原判将9名被告人认定为一个共同犯罪，并将唐某力等7人认定为主犯，另外2人认定从犯，系对共同犯罪认定和主从关系的划分错误。原审被告人谭某、杨某收买信用卡信息后，直接提供给唐某力，与在案其他被告人没有交集，与其他被告人不构成共同犯罪，原审被告人仲某某、黄某某受唐某辉的安排，验证信用卡信息，处于从犯地位，原审未依法认定。

（三）抗诉结果

2019年8月13日，广安市中级人民法院开庭审理本案。同年12月6日，广安市中级人民法院作出终审判决，全部采纳了人民检察院的抗诉意见，撤销原判，以收买、非法提供信用卡信息罪改判唐某力有期徒刑八年，并处罚金十万元；改判唐某辉有期徒刑七年，并处罚金五万元；其他被告人判处五年六个月至二年不等的有期徒刑，并处罚金五万元至两万元不等。

【典型意义】

（一）重视电子数据在司法办案中的全面收集和审查运用。近年来的司法办案发现，线上犯罪人数、件数以及案值等呈逐年上升趋势，由于涉及犯罪的末端在境外，从境内到境外的犯罪链条长、环节多、分支细，嫌疑人利用网络实施犯罪和传递相关涉案数据是不可或缺的关键环节。检察机关在司法办案中要特别重视电子数据：一是在介入侦查时，要求和指导侦查机关及时远程勘验提取电子数据，及时查扣涉案网络终端和移动电子设备，督促侦查机关围绕电子数据收集证据，确保电子数据固定及时、全面；二是在审查起诉时，要把电子数据作为认定事实的核心证据之一，综合运用嫌疑人供述、物证等其他证据，形成证据锁链，确保全案证据的证明效果；三是出席一审、二审法庭指控犯罪时，要围绕电子数据等客观证据建立举证、质证预案，确保案件指控质量。

（二）准确认定涉案人员多、事实复杂案件的共同犯罪和主从关系情况。涉卡犯罪与毒品犯罪比较类似，犯罪分子人数构架呈“金字塔”状，获利则呈倒“金字塔”状，处于顶端的被告人发现倒卖信用卡能够获利后，逐渐向下发展“下线”，“下线”在更大的非法利益驱使下，继续向下发展“下线”，最终形成“金字塔”的不同层级。所有层级涉案人员均是为谋取不正当利益，但在“金字塔”不同层级中的被告人间，并非均在共同的犯意下共谋实施犯罪，将全案所有被告人认定为一个共同犯罪不符合案件实际。在案件的具体审查中，一方面要准确划分各被告人在整个犯罪链条中所处于的层级，厘清层级间的信息买卖和信息往来等关系；另一方面要厘清在每一层级中形成的不同共同犯罪，准确认定各被告人在各自共同犯罪中的作用和地位；最后还要关注被告人在实施犯罪的全过程中，个人单独实施犯罪的涉卡数量和与他人共同实施犯罪的涉卡数量，以便在量刑时区分适用。

（三）上一级人民检察院发现下级人民检察院抗诉理由不准确、不充分的，应当予以变更和补充。上一级人民检察院对下级人民检察院提出抗诉的案件，应当进行全面审查，如果认为下级检察院抗诉意见部分正确，应予支持；发现抗诉理由不准确、不充分的，应当予以变更和补充。

案例十九：胡某某强奸、故意伤害再审抗诉案

【关键词】

再审抗诉　未成年人保护　指令再审　精神损害赔偿

【要　旨】

性侵害未成年人案件中，被告人有罪供述与被害人陈述能够相互印证且有其他证据支持，被告人翻供且无正当理由的，应当采信有罪供述。人民检察院要对诉判不一案件进行全面审查，必要时自行补充侦查，认为原审生效判决认定罪名不当的，应依照审判监督程序提出抗诉，并对发现的违法犯罪线索依法移交主管部门处理。抗诉后指令异地法院再审的，应按照管辖相适应原则办理。遭受性侵的被害人提起刑事附带民事诉讼的，人民检察院可以支持遭受性侵的被害人提出精神损害赔偿诉讼，并开展综合救助。

【基本案情】

被告人胡某某，男，1982 年 8 月 28 日出生，工人。

2018 年 6 月，被告人胡某某通过网络游戏结识被害人刘某某（女，17 岁）。2019 年 2 月，胡某某谎称能帮助刘某某上学，将刘某某骗至其家中居住 20 余日，其间三次强行与刘某某发生性关系。后刘某某自胡某某家中离开并删除其联系方式，胡某某遂虚构"张某某"身份与刘某某网恋，后又以"张某某"身患绝症，其是张某某母亲的朋友，能带刘某某去见"张某某"为由于 2019 年 9 月将刘某某骗至其家中居住一星期，其间三次强行与刘某某发生性关系。

2019 年 10 月 6 日，胡某某再次以欺骗、恐吓等方式将刘某某骗至其家中。10 月 8 日晚，胡某某因刘某某欲离开，二人发生争执，胡某某持刀将刘某某左手小指、环指和右手中指砍伤。刘某某就医时，医生按照强制报告要求报案而案发。经鉴定，刘某某手部损伤程度属轻伤二级。

2020 年 1 月 15 日，公安机关以胡某某涉嫌非法拘禁罪、强奸罪、故意伤害罪移送江苏省某县人民检察院审查起诉。某县人民检察院经审查，认为胡某某涉嫌非法拘禁罪的事实不清、证据不足，于 2020 年 2 月 28 日以胡某某涉嫌强奸罪、故意伤害罪提起公诉。

2020 年 9 月 17 日，某县人民法院不公开开庭审理此案。法庭经审理认为，指控胡某某犯故意伤害罪事实清楚，证据确实、充分，但现有证据不能认定胡某某构成强奸罪，主要理由如下：一是被害人首次到胡某某家中居住被强奸后，正常不该再次到胡某某家中双方再次发生性关系；二是虽然公诉机关提供的被害人陈述与胡某某供述均有关于强奸的细节描述，但胡某某在审查逮捕阶段即翻供，并当庭提出双方自愿发生性关系的辩解，公诉机关没有提供可以与被害人陈述相印证的证据；三是有两名证人证实胡某某与被害人关系亲密，看起来是恋人关系。因此，公诉机关指控胡某某犯强奸罪不能成立。

2020 年 10 月 18 日，甲县人民法院作出一审判决，认定胡某某犯故意伤害罪，判处有期徒刑一年六个月。一审判决后被告人未上诉，判决生效。

【检察机关履职过程】

（一）抗诉意见和理由

2021 年 1 月 25 日，徐州市人民检察院经审查认为一审判决未认定强奸犯罪系事实认定错误，导致适用法律错误，量刑畸轻，应予纠正，提出抗诉，主要抗诉理由如下：

第一，胡某某的有罪供述与其他证据相互印证，能够证明强奸犯罪事实，原审判决采信胡某某的辩解无合理依据。胡某某在侦查阶段多次供述强奸的过程，且关于被害人被强奸时咬胡某某胳膊、嘴唇，被强奸后哭泣等细节的描述比被害人陈述更加详细，属于非亲历不可能作出。胡某某的有罪供述能够与被害人陈述相印证，聊天记录也能够证实胡某某虚构“张某某”身份与被害人恋爱，被害人多次大骂胡某某、称其为“强奸犯”，胡某某发短信威胁被害人家属等事实，一审法院在未排除胡某某有罪供述的情况下，采信其无证据支持的不构成强奸的辩解显属不当。

第二，原审判决未采信被害人陈述，没有考虑到被害人系未成年人的特殊身份。本案被害人为未成年人，与胡某某认识前一直在学校读书，社会经验匮乏，胡某某正是利用被害人少不知事的特点，虚构“张某某”身份欺骗被害人。被害人在被强奸后未及时报案，直至被砍伤后公安机关询问时才无意间提及被强奸的情况，符合其年龄心智特点，更是可以排除打击报复的可能。被害人陈述被“男友张某某”告知身患绝症，希望胡某某带被害人去见他，故而又到胡某某家中，成年人可能立刻识破胡某某的骗局，但从被害人年龄、社会认知等因素考虑则很难看穿胡某某精心编织的谎言。

第三，证明二人关系亲密的证言系伪证，二证人并未见过胡某某与被害人在一起。公安机关已查实二证人涉嫌伪证罪。

（二）指令再审

2021 年 2 月 19 日，徐州市中级人民法院认为原审判决认定事实不清，证据不足，决定指令乙县人民法院对本案进行再审。

（三）支持起诉

案发后，胡某某支付刘某某就医费用 2 万余元，刘某某未就民事部分提起诉讼。案件指令再审期间，乙县人民检察院经审查认为：一是被害人有权提出附带民事诉讼。指令再审后本案应按照一审程序进行，被害人刘某某虽在某县人民法院审理期间未提出附带民事诉讼，但案件指令再审后仍有权提出。二是本案被害人有权要求精神损害赔偿。根据《民法典》相关规定，行为人因过错侵害他人人身权益，造成严重精神损害的，被侵权人有权请求精神损害赔偿。《最高人民法院关于适用〈中华人民共和国刑事诉讼法〉的解释》虽规定因受到犯罪侵犯，提起附带民事诉讼或者单独提起民事诉讼要求赔偿精神损失的，人民法院一般不予受理，但一般不予受理并非一概不予受理，鉴于性侵犯罪会给被害人造成永久性心理创伤，被害人可以诉请要求精神损害赔偿。三是人民检察院应当积极有效履职，支持遭受性侵害的未成年人依法行使损害赔偿请求权。检察机关作为法律监督机关，通过支持起诉维护被侵害未成年人群体的利益具有重要价值。四是精神损害赔偿数额应结合具体侵权情况进行判断。根据最高人民法院司法解释规定，精神损害赔偿数额的确定可参考侵权人过错程度，侵害手段、场合、行为方式等具体情节，侵权行为所造成的后果，侵权人的获利情况，侵权人承担责任的经济能力，以及受诉法院所在地平均生活水平等综合判断。

2021 年 4 月 16 日，乙县人民检察院告知刘某某有权提起附带民事诉讼要求精神损害赔偿，并告知刘某某可结合上述因素合理确定赔偿数额，后被害人提出附带民事诉讼，诉请 2 万元精神损害赔偿金。2021 年 5 月 21 日，乙县人民检察院决定支持起诉。因胡某某自身无财产，本案缺乏附带民事判决履行的基础，2021 年 5 月 27 日，经法院调解，胡某某亲属自愿代偿，支付了刘某某精神损害赔偿金 2 万元。

（四）抗诉结果

2021 年 6 月 15 日，乙县人民法院采纳人民检察院指控及量刑建议，以强奸罪判处胡某某有期徒刑五年六个月，以故意伤害罪判处胡某某有期徒刑一年，数罪并罚决定执行有期徒刑六年。

（五）综合救助

徐州市人民检察院与甲、乙县人民检察院在办案中一体化协作，共同对刘某某开展多元化救助，并积极参与社会治理。一是司法救助。针对刘某某手部受伤后，虽医药费得到赔偿，但家庭经济困难、短期内无法工作的情况，向其发放司法救助金。二是心理疏导。针对刘某某长期缺乏父母关爱、沉迷网络、容易轻信他人等情况，委托社工对刘某某开展一对一辅导，帮助其增强自我认同，克制网瘾，养成良好习惯。目前，刘某某已在某地工作，生活重新步入正轨。

此外，两级检察机关还针对救治医生履行强制报告义务及时报警处理的情况，根据《关于建立侵害未成年人案件强制报告制度的意见（试行）》发函至县卫健委对履职医生进行表彰，并会同教育、卫健委、公安等部门联合开展强制报告制度宣讲活动，引导密切接触未成年人的行业共同履行强制报告义务，共促未成年人健康成长。

【典型意义】

（一）性侵害未成年人案件中，应结合其他案件证据，根据经验和常识综合判断被告人供述、被害人陈述的真实性。对被告人有罪供述和辩解的审查，应结合全案证据以及被告人本人的全部供述和辩解进行。如果被告人辩解与全案证据相矛盾，而其有罪供述与其他证据能够相互印证，应当采信其有罪供述。对于被害人陈述，应建立有别于成年人的证据判断标准。司法实践中，对于行为人假借恋爱之名或采用其他手段诱骗被害人发生性关系，被害人陈述违背本人意志的，应根据被害人的年龄、认知水平，结合被告人供述、聊天记录等证据进行综合判断，能够认定被害人对发生性关系持否定态度的，应当采信被害人陈述。

（二）对诉判不一的生效判决案件，检察机关应进行全面审查，开展审判监督，发现线索的同时进行侦查监督。上级检察机关应建立备案审查机制，对诉判不一案件进行全面审查。发现证据合法性、真实性存疑的，可以通过调取物证、书证、询问相关人员等方式依法开展调查核实，完善证据体系，符合抗诉条件的，依法提出审判监督程序抗诉并对核查发现的违法犯罪线索依法移交主管机关处理。

（三）人民检察院依法积极支持遭受性侵的未成年人提出精神损害赔偿，并开展综合救助。最有利于未成年人原则为世界各国所共同遵循。性侵未成年人犯罪严重侵害未成年人身心健康，检察机关作为法律监督机关，可根据法律规定依法支持未成年人要求精神损害赔偿的诉请，保障未成年人合法权益，同时开展司法救助、心理疏导等综合性救助工作，并积极参与社会治理，达到“办理一案，治理一片”的效果。

案例二十：王某卢、雷某、陈某等6人强奸二审抗诉案

【关键词】

二审抗诉　侵害未成年人犯罪　宽严相济　双向保护

【要　旨】

对性侵害未成年人犯罪保持零容忍，要确保罪刑法定、罪责刑相适应原则落地落实，特别是对于主观恶性极深，奸淫幼女人次众多，手段、情节特别恶劣，犯罪后果特别严重的，应当依法严惩。人民检察院在办案中，对于未成年人同案犯，应在注重双向保护的前提下，坚持教育、感化、挽救的方针，充分考量其心智发育、犯罪诱因、主观恶性、客观行为、犯罪后果、认罪态度等法定、酌定情节，依法做到当宽则宽，宽而不纵。

【基本案情】

被告人王某卢，男，1983年7月11日出生，初中毕业，个体工商户。

被告人雷某，女，2002年11月29日出生，中专在读，犯罪时系未成年人。

被告人陈某，女，2002年8月13日出生，中专在读，犯罪时系未成年人。

被告人崔某某，女，2001年6月19日出生，中专在读，犯罪时系未成年人。

被告人宋某甲，女，2002年10月11日出生，中专在读，犯罪时系未成年人。

被告人宋某乙，女，2003年2月15日出生，中专在读，犯罪时系未成年人。

2016年4月至2017年7月，被告人王某卢先后指使被告人雷某、陈某、崔某某、宋某甲、宋某乙等在校学生，为其介绍多名未成年女学生与其发生性关系。雷某等人为获取王某卢给予的好处费以及特殊关照，先后以暴力、胁迫、酒精麻醉、金钱引诱等手段迫使被害人史某、陈某某等15名未成年女学生与王某卢发生性关系。其中9名被害人为不满14周岁的幼女，2名被告人曾为本案被害人。

2018年6月14日，河南省三门峡市人民检察院对王某卢等6人强奸案提起公诉。认定被告人王某卢、雷某、陈某、崔某某、宋某甲、宋某乙犯强奸罪，应追究其刑事责任。三门峡市中级人民法院经审理，判处被告人王某卢犯强奸罪，处死刑缓期二年执行，剥夺政治权利终身，并限制减刑。判处被告人雷某、陈某、崔某某、宋某甲、宋某乙有期徒刑六年至二年不等刑期。被告人王某卢、陈某、雷某、崔某某不服一审判决，提出上诉。

【检察机关履职过程】

（一）提出和支持抗诉

2018年12月27日，三门峡市人民检察院以原判对被告人王某卢量刑畸轻，对指控的王某卢第二次强奸史某及强奸张某某的事实未予认定为由，提出抗诉。2019年10月10日，河南省人民检察院对三门峡市人民检察院的抗诉理由予以部分支持：一是支持量刑畸轻应依法改判的抗诉理由；二是对原公诉机关认为的“一审判决认定事实错误”的抗诉理由，不予支持；三是应认定陈某、雷某有立功表现，可以从轻或者减轻处罚。

（二）抗诉意见和理由

第一，被告人王某卢侵害对象众多，且系年龄偏小的学生。王某卢多次指使他人给其找年龄小、长相好且是处女的中学生供其奸淫。15名被害人均系在校学生，其中幼女9人，其余6人也均未超过16岁，其中2名被害人被侵害两次。符合《中华人民共和国刑法》第二百三十六条第（二）项“强奸妇女、奸淫幼女多人的”加重处理规定，也符合2013年“两高两部”《关于依法惩治性侵害未成年人犯罪的意见》（以下简称《意见》）规定的“多次实施强奸犯罪”应当依法从严惩处的情形。

第二，作案持续时间长。自2016年4月至2017年7月案发，被告人王某卢持续作案长达一年三个月，绝大多数被害人忍气吞声、不敢声张。直至2017年7月10日郭某某被侵害，其父母报案而案发。

第三，犯罪手段极其卑劣。被告人王某卢采用暴力、胁迫、酒精麻醉等手段相胁迫，采用给零食吃、给零钱花、给手机玩等方式相引诱，达到对被害人实施奸淫的目的。尤其恶劣的是王某卢还采取“以旧骗新”、拍摄裸照，要求从犯将被害人灌醉后脱光衣物等手段奸淫被害人，甚至曾在3名从犯在场的情况下对1名被害幼女当场实施奸淫。符合《中华人民共和国刑法》第二百三十六条第（一）项“强奸妇女、奸淫幼女情节恶劣的”加重处理规定，也符合《意见》规定的“采取暴力、胁迫、麻醉等强制手段实施奸淫幼女”的从严惩处情形。

第四，危害后果严重。多名被害人不同程度地出现自我封闭、厌学等情况，从而转学、辍学（有证据证实因此辍学的3人）。被害人均是在校中学生，且涉及当地4所中学或者职业中专，案发后，在当地产生了不良影响。

第五，认罪态度差，无认罪悔罪表现。王某卢在到案前故意删除QQ聊天软件，毁灭证据，不配合调查。到案后仅承认与4名被害人发生过性关系，且辩称不明知被害人年龄，双方系自愿或者系嫖娼行为，庭审中没有悔罪的意思表示。

（三）抗诉结果

2021年1月20日，河南省高级人民法院作出终审判决，认为原判定罪准确，审判程序合法，但对王某卢、雷某、陈某、崔某某、宋某乙的量刑不当，采纳人民检察院抗诉意见，改判主犯被告人王某卢死刑立即执行；结合二审期间原审被告人雷某有立功表现，陈某具有立功、积极赔偿并取得被害人谅解，崔某某具有积极赔偿被害人并取得被害人谅解等情节，对被告人雷某从轻改判其有期徒刑四年（一审被判处有期徒刑六年）、陈某改判有期徒刑三年六个月（一审被判处有期徒刑五年）、崔某某改判有期徒刑三年（一审被判处有期徒刑四年六个月）；改判宋某乙免予刑事处罚。

（四）社会治理

河南省人民检察院针对办案中发现的侦查机关未及时通知合适成年人到场，未落实犯罪记录封存等刑事诉讼程序违法和瑕疵情形，通过制发纠正违法通知书、提出检察建议等方式予以纠正并要求侦查机关整改。同时，以案促改，推进“一号检察建议”监督落实。依法向涉案学校制发检察建议，对不履行强制报告制度、不落实校园安全管理规定，以及教育主管部门失职脱管现象，提出整改建议，督促职能部门切实尽职履责，加强校园及周边安全建设。在案件办结后，河南省人民检察院指导案发地两级检察机关联合教育部门落实强制报告工作、入职查询等相关工作机制。对在校从业人员进行从业禁止筛查，先后发现4名教职员工存在犯罪前科情况，并及时通报省教育厅，依法依规予以开除。

【典型意义】

（一）依法严惩性侵害未成年人恶性犯罪，遏制类案高发。检察机关对性侵未成年人犯罪持零容忍态度，依法从严从重打击。对于强奸未成年人，尤其是奸淫幼女人数、次数多，手段、情节特别恶劣，或者造成的后果特别严重，主观恶性极深，罪行极其严重的成年人主犯，坚决依法从严从重惩处，对法院判决量刑畸轻的，人民检察院通过刑事抗诉纠正确有错误的裁判，切实维护司法公正，同时在社会上起到教育警示作用，有效遏制性侵害未成年人恶性犯罪高发态势。

（二）对罪错未成年人做到宽容不纵容，体现双向保护。对涉嫌严重犯罪、社会危害性大的未成年犯罪嫌疑人依法惩治，发挥教育警示作用；对主观恶性不大、犯罪情节较轻的初犯、偶犯未成年人依法宽缓到位，做好后续跟踪帮教工作，促其健康成长。同时，依法对相关犯罪记录予以封存，为其顺利回归社会预留通道。

精品优秀刑事抗诉案件解读

精准有效履行刑事抗诉职能
充分发挥精品抗诉案件的示范引领作用

——全国检察机关精品（优秀）刑事抗诉案例解读

元　明　张　萍　唐守东*

【摘　要】近年来，全国检察机关认真贯彻落实习近平法治思想，不断改进和提高刑事抗诉工作，依法履行刑事审判监督职能，在维护当事人合法权益，促进司法公正，保证法律统一正确实施，维护法治权威等方面发挥了重要作用。为贯彻落实《中共中央关于加强新时代检察机关法律监督工作的意见》，深入推进检察工作"质量建设年"部署，进一步规范和加强刑事抗诉工作，全面提高抗诉质量和效果，最高人民检察院组织开展了全国检察机关精品（优秀）刑事抗诉案件评选活动，共评出精品抗诉案件10件、优秀抗诉案件20件。评选出来的30件案件涵盖了整个刑事检察业务条线，对各地检察机关充分履行刑事抗诉职能具有重要的示范引领作用。

【关键词】刑事抗诉　精品（优秀）抗诉案件　刑事审判监督　精准抗诉

为贯彻落实《中共中央关于加强新时代检察机关法律监督工作的意见》（以下简称《意见》），提高刑事审判监督案件质量和效果，提升刑事审判监督能力和水平，2021年5月，最高人民检察院第二检察厅下发《关于开展全国检察机关刑事抗诉精品案件评选工作的通知》（以下简称《通知》）。各省级检察院高度重视，认真组织，从2018年以来办理的刑事抗诉案件中，推荐报送刑事抗诉案

* 元明，最高人民检察院第二检察厅厅长、全国检察业务专家；张萍，最高人民检察院第二检察厅二级高级检察官、法学博士；唐守东，最高人民检察院第二检察厅干部、法学博士。

例315件。其中，普通犯罪案件99件，重大犯罪案件109件，职务犯罪案件27件，经济犯罪案件39件，涉未成年人犯罪案件41件。经初审、各厅复评、评委会终审，评选出10件精品刑事抗诉案件、20件优秀刑事抗诉案件。

一、评选背景和过程

（一）评选背景

刑事抗诉是法律赋予检察机关的重要职责。通过刑事抗诉纠正确有错误的裁判，是人民检察院履行法律监督职能的重要体现。近年来，全国检察机关坚持以习近平新时代中国特色社会主义思想为指导，认真贯彻落实中央决策部署，依法履行刑事审判监督职能，对确有错误的判决、裁定依法提出抗诉，为依法保障人权、促进司法公正、保证国家法律统一正确实施、促进社会和谐稳定，发挥了积极作用。伴随着司法体制改革、国家监察体制改革、“捕诉一体”改革以及认罪认罚从宽制度的全面推进，检察机关刑事审判监督工作面临着新的形势任务。从办案数据和调研情况看，当前刑事抗诉工作存在监督意识不强、抗诉积极性不够、监督能力不足、抗诉必要性把握不准、沟通配合不到位等问题。[①] 为深入贯彻习近平法治思想，落实2020年12月全国刑事抗诉工作现场推进会议精神，全面、充分、准确履行刑事审判监督职责，第二检察厅牵头组织刑检各部门从2018年以来各地办理的刑事抗诉案件中，评选出准确理解适用法律、展现抗诉制度优势、具有典型示范引领作用的精品优秀案例30件。通报全国并要求各级检察机关要认真组织学习，以抗诉案例评选活动为契机，进一步深入学习贯彻习近平法治思想，以高度的政治自觉、法治自觉、检察自觉，落实《意见》要求，秉持客观公正立场，不断强化刑事抗诉工作，树立精品意识，提升监督能力，依法、规范、充分发挥法律监督作用，为大局服务、为人民司法，实现“双赢多赢共赢”。

（二）评选过程

2021年9月，第二检察厅研究制定《全国检察机关刑事抗诉精品（优秀）案件评选工作方案》（以下简称《方案》），并报院领导审批同意。《方案》综合考虑案件数量、案件类型、办案质量以及对抗诉工作的综合指导等多方面因素，酌定评选比例为：“普通犯罪抗诉案件：重罪抗诉案件：职务犯罪抗诉案件：经济犯罪抗诉案件：涉未犯罪抗诉案件＝3∶3∶1∶2∶1。”其中，职务犯罪案

① 参见元明：《刑事抗诉工作的定位与强化》，载《人民检察》2021年第21—22期。

件、未成年人犯罪案件相对比例偏低，经济犯罪比例较高，主要考虑是：未成年人犯罪抗诉案例“同质化”较为普遍、职务犯罪案件相对数量不多，而经济犯罪案件较为疑难复杂，应当突出加强业务指导和典型案例指引。2021 年 9 月至 2022 年 6 月，经过初选、复评、案例汇报展示、专家评审以及评选委员会终评等多个环节，最终根据案例的排名情况和《方案》确定的比例，依次评选出精品刑事抗诉案件 10 件、优秀刑事抗诉案件 20 件，确保公平、公正地评选出一批具有典型意义的刑事抗诉案例。

二、案件特点和评选意义

（一）案件特点

评选出来的 30 件精品（优秀）抗诉案件，具有以下特点：一是从案件类型看，普通犯罪案件 9 件，重大犯罪案件 9 件，职务犯罪案件 3 件，经济犯罪案件 6 件，涉未犯罪案件 3 件；二是从抗诉类型看，二审抗诉案件 22 件，审判监督程序抗诉案件 8 件；三是从案件特点看，既有法律适用争议，又有事实认定、证据采信和证据审查判断方面的疑难复杂问题，具有典型性和代表性；四是从抗诉理由看，事实认定错误的最多，有 19 件，证据采信错误的有 8 件，法律适用错误的有 9 件（有的案件抗诉理由既有事实认定错误，又有法律适用错误），量刑畸重（轻）的有 5 件；五是从省份看，最多的省份河北 5 件，四川 4 件，浙江、江苏各 3 件，北京、上海、山东、广东各 2 件，天津、河南、福建、江西、湖南、湖北、海南各 1 件。

（二）评选意义

1. 彰显刑事抗诉制度在司法实践中的重要制度价值

刑事抗诉制度蕴含的制度价值以及检察机关刑事审判监督活动所发挥的“使命”“担当”作用，需要在刑事诉讼司法实践中不断深化并逐步提升。此次评选出来的案例，重在彰显刑事抗诉制度价值，通过案例充分展现检察机关秉持客观公正立场，牢固树立监督意识，着力提高刑事审判监督质量和成效，通过检法对抗性的“交锋”，凸显抗诉制度效果。例如，四川省检察机关办理的王某等人故意伤害、贩卖毒品、强迫他人吸毒、容留他人吸毒二审抗诉案。2017 年 11 月底至 2019 年 1 月，王某为谋取非法利益，组织、领导米某某等四人贩卖毒品海洛因，并容留多人在其租住房内吸食毒品。2018 年 6、7 月，王某以赠送货值 100 元的海洛因为条件“收养”吸毒人员吉某的儿子安某甲（男，殁年 11 岁）、安某乙（男，8 岁），控制、利用二被害人帮助贩卖毒品，并长期殴打、虐待、强迫吸毒。2019 年 1 月 22 日晚，王某等人得知安某甲将贩毒情况告知吉某后，在其租住房内多次、长时间使用工具殴打、电击安某甲，还强迫安某乙殴打安某甲，逼迫安某甲吸食海洛因，安某甲被殴打致死。案发后，被告人王某亲属与吉某达成赔偿协议，约定赔偿 5 万元后出具谅解书，余款 5 万元随后付清。2019 年 12 月，吉某出具了“谅解书”。一审法院认定王某系恶势力犯罪集团的首要分子，本应严惩，但考虑其赔偿被害人家属部分经济损失并取得谅解，对其判处死刑可不立即执行，并限制减刑。检察机关提出抗诉，认为王某致死儿童的动机恶劣、手段残忍，且具有多个法定、酌定从重处罚情节，虽有亲属代为赔偿情节，但不足以对其从轻处罚，原审判决量刑畸轻。二审采纳抗诉意见，改判死刑立即执行，剥夺政治权利终身。本案典型意义在于：一是准确把握故意伤害致人死亡案件“罪行极其严重”的认定标准，坚持依法适用死刑立即执行。二是准确把握“赔偿谅解”情节。对于严重危害社会治安、严重影响人民群众安全感、严重挑战公众道德底线的暴力犯罪，直接关系公共安全秩序和人民群众的基本安宁，一方面并非“赔偿谅解”能够修复；另一方面对于未成年人的监护人具有重大过错，其出具的赔偿谅解协议应当进行审慎研究。三是坚持系统观念，注重未成年人的司法保护，对发现的社会管理漏洞制发检察建议，促进、协调、支持有关职能部门充分履职，共同提升基层治理水平。

2. 引领新时代法律监督理念，精准履行刑事审判监督职能

监督理念端正、监督意识牢固，就能够找准审判监督工作方向，有利于实现最佳监督效果。当前中国特色社会主义进入新时代，人民群众在民主、法治、公平、正义、安全、环境等方面都有了新的更高水平、内涵更丰富的要求。检察官作为社会公平正义的守护者，应当牢固树立“强化监督”“精准监督”“接续监督”和“确保法律统一正确实施”，实现“双赢多赢共赢”的监督理念。例如，江苏省检察机关办理的孟某某等人组织、领导、参加黑社会性质组织、非法采矿等犯罪再审抗诉案。该案系检察机关在办理上诉案件中发现一审判决确有错误，且可能是一起涉及国家矿产资源领域的黑社会性质组织犯罪，存在重大漏罪漏犯线索，遂在被告人撤回上诉原判决生效后，依法启动审判监督程序提出抗诉，成立专案组围绕该团伙暴力抗拒执法、争夺采砂区域、组织架构、“保护伞”线索等方面开展调查取证。最终查清孟某某等 28 人涉嫌组织、领导、参加黑社会性质组织、抢劫、非法采矿、强迫交易、聚众斗殴、寻衅滋事、妨害公务、非法捕捞水产品、行贿、对非国家工作人员行贿等 10 个罪名 24 起犯罪事实，另向监察机关移送“保护伞”线索 25 人。该案典型意义有三个方面：一是法院裁定准许撤回上诉后，原审生效判决确有错误需

提出抗诉的，作出裁定的人民法院的同级人民检察院有权依照审判监督程序提出抗诉；二是对于指令按照第一审程序再审的案件，发现遗漏犯罪事实或者遗漏同案犯罪嫌疑人的，人民检察院应当补充、追加起诉，并根据诉讼经济原则，建议法院并案审理，数罪并罚；三是人民检察院在办案中应当强化监督，以个案的能动履职、融合履职助推诉源治理，将检察办案职能向社会治理延伸，对环境资源领域的犯罪行为，融合发力，同步提起刑事附带民事公益诉讼，助力生态环境保护。

3. 推广检察机关抗诉成功案例的经验和做法，积极健全完善相关工作制度机制

《人民检察院刑事诉讼规则》《人民检察院刑事抗诉工作指引》和最高人民检察院《关于加强和改进刑事抗诉工作的意见》对刑事抗诉制度作出了规范和细化，对指导刑事抗诉工作实践发挥了重要积极的作用，但是司法实践中遇到的具体问题依然不少，有的属于现有法律适用、政策把握没有明确规定的情形，我们针对性选取问题较为普遍、情况较为典型的相关案例，以点带面，充分说明相应的情况和问题。重点突出精准抗诉，确保抗诉效果，强调抗诉的必要性条件，健全完善抗诉工作业务指导和上下联动工作机制。例如，江西省检察机关办理的刘某某故意杀人二审抗诉案。该案立足于精神疾病司法鉴定意见，检察机关围绕鉴定程序、鉴定内容、鉴定结论的科学性等方面进行审查，并结合案件其他事实和证据进行甄别、判断。对被告人刑事责任能力存在争议的重大刑事案件，通过技术性证据审查机制寻求技术协助，必要时可以委托重新鉴定，并通过申请鉴定人出庭、交叉询问、举证质证等方式，依法查明案件事实。该案典型意义在于：一是人民检察院应当对技术性证据进行实质性审查，存在多份鉴定意见的抗诉案件，可以申请鉴定人出庭以说明鉴定意见的采信问题；二是下级人民检察院抗诉意见部分正确，但抗诉理由不准确、不充分的，上一级人民检察院应当对抗诉意见理由进行变更和补充。再如，天津市检察机关办理的李某抢劫、强奸、强制猥亵案。该案属于被告人拒不认罪的“零口供”案件，检察机关要善于运用间接证据构筑证明行为人犯罪的证据体系。面对一审指控不力的局面，二审抗诉阶段要紧紧围绕诉争焦点进行补充侦查，强化电子数据在刑事诉讼中的证明作用，就专业知识借助专家意见等“外脑”，全面构筑指控犯罪的完备证据体系，确保抗得准、抗得赢。

4. 促进法律适用疑难问题得以有效解决

在检察机关履行刑事审判监督职责过程中，除了需要细化完善刑事抗诉工作制度规范外，还有一些法律适用、政策把握等方面疑难复杂问题，这些问题急需明确法律适用、统一司法标准。我们坚持问题导向，聚焦司法实务热点难

点，着重筛选反映法律适用、证据裁判规则、量刑情节认定、司法政策把握等方面具有普遍性、代表性争议问题的案例，努力对部分司法实践中长期存在的、需要研究解决、达成一致意见的问题，提出针对性解决方案。例如，福建省检察机关办理的封某某职务侵占二审抗诉案。该案对于准确认定民营企业股东“恶意自我交易”型职务侵占犯罪具有重要借鉴意义。近些年来，侵犯民营企业产权犯罪的主体从传统的企业员工，开始扩展到企业股东甚至实际控制人。企业股东职务侵占案件出现了不少犯罪手段隐蔽性强、法律关系错综复杂的疑难案件，司法实践中争议也较大。职务侵占罪的对象包括预期租金等债权。在犯罪嫌疑人确有“恶意自我交易”导致公司损失的前提下，只要嫌疑人最终实际占有了公司损失的财产性利益，就可以成立职务侵占罪。再如，湖南省检察机关办理的陈某某贩卖、运输毒品、非法持有毒品、非法持有枪支二审抗诉案。一审法院判决后，检察机关认为原审判决认定事实、证据采信错误，量刑畸轻，遂依法提出抗诉。其间，围绕检法分歧通过引导侦查和自行补充侦查，完善证据体系，突破“零口供”被告人，排除特情引诱可能，追诉重大漏犯。最终二审法院采纳检察机关抗诉意见予以改判。该案典型意义在于：一是对毒品犯罪中的“居中倒卖”与“居间介绍”行为，应当结合毒品交易本质予以准确区分；二是对于多层级毒品犯罪，应从犯意联络和犯罪行为主客观两方面准确认定是否成立共同犯罪并综合认定犯罪既未遂形态；三是法院判决错误认定共同犯罪、犯罪形态导致量刑不当的，检察院应当依法提出抗诉。

三、提升刑事抗诉工作质效的意见建议

刑事抗诉权的职能定位是审判监督权，在检察机关诉讼监督手段中最具刚性。其法理基础在于权利保障和权力制约，以保障被告人得到公正处理，做到无罪不罚、罚当其罪，同时监督制约法院的审判权，纠正错误裁判，维护案件的实体公正和程序公正。

（一）进一步转变理念，切实增强监督意识

坚持以维护司法公正为目标，贯彻“依法、准确、及时、有效”的抗诉基本要求，牢固树立“在办案中监督、在监督中办案”“精准抗诉”的刑事抗诉工作理念，切实改变重指控犯罪、轻审判监督，重实体轻程序，重量刑轻定性的思想，对确有错误的裁判，要依法提出抗诉。要充分认识到强化审判监督是促进司法公正的必然选择，是维护法治权威的有效途径，是保障当事人权利

的现实需求。在具体工作中，努力做到“三个有机结合”，即实体公正与程序公正有机结合，抗诉质量与案件数量的有机结合，审判监督与检法协作的有机结合，克服不愿监督、不敢监督的畏难情绪，实现“双赢多赢共赢”。

（二）进一步提升能力，聚焦抗诉工作重点

提升能力素养是做好刑事抗诉工作的前提和基础。一是加大培训力度，组织开展优秀抗诉案件评选、庭审观摩、个案研讨等活动，突出对证据审查、法律适用等重点环节进行专题培训，尤其是要增强从判决裁定审查中发现问题的能力。二是高度重视抗诉案件的补证工作。上级检察院在作出同意抗诉的意见或指令抗诉的决定之后，应由专人跟踪指导，督促下级检察院综合运用自行补充侦查和引导侦查等手段，做好证据补强工作，完善证据体系。三是准确把握抗诉的必要性及谦抑性，对于具有广泛引领意义的个案，应当积极提出抗诉；对抗诉把握不大和轻度程序违法或瑕疵问题，可以采用抗诉以外的其他监督手段，形成抗诉、纠正违法、检察建议综合作用的全方位立体式审判监督格局。四是提高抗诉法律文书的释法说理能力，强化对抗诉理由的分析论证，上级检察院要加强对下级检察院抗诉意见、理由的审查研判和指导。五是抓住抗诉工作的核心重点，在注重实体监督与程序监督的基础上，将刑事抗诉工作的重点放在事实、定性有分歧，量刑建议与法院判处刑罚差异明显的案件上，突出监督重点，回应社会关切，维护好公平正义的最后一道防线。

（三）进一步凝聚共识，做好认罪认罚案件抗诉工作

依法行使抗诉权，正确认识和把握认罪认罚从宽制度适用对刑事抗诉工作的影响，准确把握抗诉必要性，找准抗点，提升抗诉精准性。一是强化认罪认罚案件办理过程中的释法说理工作。检察官在办理认罪认罚案件时，应当就案件的犯罪事实、量刑情节、主刑和附加刑的适用情况等，与犯罪嫌疑人、辩护人和值班律师进行全面、充分的沟通，尽最大可能消除分歧。在组织犯罪嫌疑人签署认罪认罚具结书时，应当明确告知其提出上诉可能产生的法律后果，减少不必要的上诉，节约司法资源。二是以精准量刑持续深入推进认罪认罚从宽制度平稳适用。通过完善认罪协商机制，不断推动控辩双方围绕量刑问题，展开平等沟通与协商，以精准确定刑的量刑建议，更好地激活认罪认罚从宽制度的“激励机制”，以真实控辩合意，防止事后因量刑问题引发上诉、抗诉以及程序回转等问题。同时要不断提高检察机关提出精准量刑建议的能力，提升精准量刑的采纳率，确保认罪认罚从宽制度更加平稳有效适用。三是健全完善认罪认罚案件抗诉标准，依法审慎提出抗诉。发挥“抗诉一件、警示一片”的

作用，减少认罪认罚“投机性上诉”“技术性上诉”现象，节约司法资源，促使被告人形成尊重认罪认罚具结和承诺的自觉，维护司法权威，助推认罪认罚从宽制度良性运行。

（四）进一步完善制度机制，形成刑事抗诉工作合力

一是健全监督线索发现机制。进一步完善“三书对照”审查机制，建立重大诉判不一案件报上一级检察院审查制度；注重通过办理申诉案件发现监督线索，充分运用大数据加强类案检索比对发现类案监督线索。二是积极发挥检察一体优势，依托检察业务系统，有效发现一些量刑明显不当、程序明显违法及案件结果明显处理不当的案件，统一上下级检察机关的意见，整体和系统推进刑事审判监督。三是积极践行“一个案例胜过一打文件”的理念，在组织开展检察机关刑事精品抗诉案件评选活动的基础上推进全国刑事精品抗诉案件汇编工作，充分发挥刑事精品抗诉案件的引领示范作用。四是各级院重罪检察部门主动担当，承担起统筹协调和综合指导抗诉工作职责任务的同时，发挥检察一体化优势，联合其他刑事检察部门共同强化对刑事抗诉工作的研究和指导，特别是加强对刑事抗诉重大问题的研究和指导。积极与案件管理部门开展数据研判会商，以大数据为依托分析研判刑事抗诉业务核心数据，跟踪关注抗诉率、抗诉意见采纳率、撤抗率等主要抗诉数据指标，分析核查数据异常情况，及时发现问题、短板，及时纠正补强。五是加强刑事审判监督理论研究。依托重罪检察人才库，鼓励和强化对刑事审判监督问题的研究，发现和培养一批刑事抗诉理论研究专家，促进研讨交流，提高刑事抗诉整体水平和质效。六是完善考核评价，体现激励作用。在考核机制设置上有所侧重，细化提出抗诉、上级检察院支持抗诉、法院采纳抗诉意见等考核指标计分细则，适当提高分值，科学合理设置计分系数。

（五）进一步加强沟通，营造良好外部环境

健全检法沟通联络机制。加强与法院的沟通协调，特别是在办理重大案件时，及时就相关问题交换意见，通过检察长列席审委会等方式，努力解决法律适用、证据采信以及政策把握等方面的认识分歧，统一司法尺度，赢得法院对抗诉工作的理解和支持。主动向地方党委、人大汇报审判监督工作情况、邀请人大代表和群众观摩评议抗诉案件庭审等方式，以公开促公正，促进社会大众对抗诉工作的了解和支持。

正当防卫案件审判监督实践

——蔡某某故意伤害再审抗诉案解读

苏 凯 厉 雷 邹利伟*

【摘 要】对于不法侵害是否已经形成现实、紧迫的危险，应考虑不法侵害人的人身危险性，整体考察不法侵害人给防卫人带来的持续性威胁，不应局限于防卫瞬间；防卫人防卫时夹杂其他心理因素，但仍然是为保护合法权利免受不法侵害的，不影响防卫意图的认定。在抗诉案件办理过程中，要充分发挥检察机关上下级领导和检察长列席审委会的制度优势，努力统一司法标准和尺度，推动理念转变。

【关键词】抗诉 正当防卫 起因要件 防卫意图

一、基本案情及办理过程

李某和吕某某曾是恋人关系。李某因犯流氓罪于 1992 年 7 月 21 日被判处有期徒刑五年。2000 年 6 月 10 日，李某因与吕某某发生口角，用随身携带的折刀刺吕某某及吕某某的母亲蒋某某，造成蒋某某重伤，致六级伤残，并致吕某某轻伤，至此吕某某与李某断绝恋爱关系。李某因该案于 2001 年 7 月 11 日以故意伤害罪被法院判处有期徒刑九年。2004 年，吕某某与蔡某某经自由恋爱结婚。李某又因犯寻衅滋事罪于 2012 年 4 月 12 日被判处有期徒刑三年六个月。2019 年 5 月至 7 月，李某经常在晚上甚至凌晨到蔡某某家纠缠闹事，为此蔡某某和吕某某多次报警。

2019 年 7 月 23 日 21 时许，李某酒后再次到蔡某某家中滋事。吕某某、蔡某某在门口时，李某用手拍打吕某某头部，蔡某某见状后上前阻止，被李某击

* 苏凯，浙江省人民检察院第二检察部三级高级检察官；厉雷，浙江省人民检察院第二检察部三级高级检察官；邹利伟，浙江省丽水市人民检察院第一检察部副主任。

打右眼部，二人在推搡中蔡某某摔倒在地。蔡某某站起后走向厨房，李某跟随其后，蔡某某在厨房里拿了一把菜刀，李某上前欲夺菜刀，蔡某某用菜刀将李某左臂砍伤。蔡某某持菜刀与李某扭打至门口，吕某某阻拦时李某又打吕某某耳光。蔡某某持菜刀砍伤李某头部，并致伤李某颈部。经鉴定，李某人体损伤程度为轻伤二级。蔡某某右眼红肿，因未就医而未进行伤情鉴定。

另查明，2019 年 8 月 16 日 21 时许，李某携带一把小刀和一把长刀在某宾馆后面的棋牌室找到吕某某，用小刀对吕某某连续捅刺，吕某某倒地后，李某继续用小刀捅刺和长刀挥砍致吕某某死亡，并致赶来制止的蔡某某多处轻伤，后李某被另案判处死刑。

某县公安局以蔡某某涉嫌故意伤害罪，于 2019 年 10 月 22 日移送某县人民检察院审查起诉，某县人民检察院于同年 10 月 31 日提起公诉，蔡某某在诉前签订认罪认罚具结书。某县人民法院于 2019 年 12 月 26 日作出一审判决，以故意伤害罪判处蔡某某有期徒刑九个月，缓刑一年。判决后，蔡某某未上诉。

2020 年 7 月 21 日，浙江省人民检察院受理了与蔡某某故意伤害案关联的李某故意杀人（上诉）一案，审查发现蔡某某故意伤害案可能存在错误，蔡某某的行为构成正当防卫，遂启动审判监督程序。同年 12 月 22 日，浙江省人民检察院指令某市人民检察院按照审判监督程序向同级人民法院提出抗诉。同年 12 月 24 日，某市人民检察院向某市中级人民法院提出抗诉，认为蔡某某的行为属正当防卫，依法应当改判无罪。2021 年 5 月 10 日，某市中级人民法院作出判决，认定蔡某某的行为属正当防卫，不负刑事责任，判决撤销原判，并依法改判无罪。

二、办案的难点与思考

（一）准确把握正当防卫中的前提条件

正当防卫也称紧急防卫，是在无法寻求公共权力救助的危急状况下所实施的必要反制行为。[①] 故对于前提条件的理解要求存在紧迫性。[②] 对于本案是否存在正当防卫的前提要件，存在争议。

一种意见认为，李某在蔡某某家门口用手拍打吕某某头部，后李某与蔡某某发生扭打，李某实施的仅是轻微暴力行为，但蔡某某却使用菜刀对李某的头

---

① 林山田：《刑法通论（上册）》，北京大学出版社 2012 年版，第 199 页。

② 姜启波、周加海、喻海松等：《〈关于依法适用正当防卫制度的指导意见〉的理解与适用》，载《人民司法》2020 年第 28 期。

面部、颈部等要害部位进行挥砍。李某的侵害行为性质并不严重、侵害程度并不激烈，对于危害不大、程度轻微的不法行为没有必要用正当防卫制度予以解决。[①]

另一种意见认为，简单地看，李某敲打了吕某某头部一下，而蔡某某持菜刀对李某手部、颈部、头部划砍三刀，不法侵害不具急迫性，但这仅是从案发当日的双方行为判断，未全面考虑到李某的人身危险性，蔡某某一家在多次报警无果的情形下，难以预料李某接下来会对其家人采取怎样的极端手段，应当承认案发当日的不法侵害具有急迫性。

我们同意第二种意见。本案中，前科证据反映李某暴力倾向严重，人身危险性极大。案发前，李某不分深夜、凌晨持续性到蔡某某、吕某某家中纠缠滋扰，公安机关多次出警处置后李某仍不悔改，二人长期处于慌乱与惊恐之中。案发当天，李某酒后再次上门挑衅，且动手殴打吕某某。把握正当防卫的前提要件——不法侵害的现实性与紧迫性，不能只看防卫瞬间不法侵害的手段与强度，而应回溯案件整体经过，结合不法侵害人的人身危险性，充分考虑防卫人面临不法侵害的恐惧、紧张心理，除了审查不法侵害的手段与强度外，还应注意审查侵害人的性格特点、暴力犯罪前科情况等有关侵害人的因素，以及侵害人之前行为给防卫人造成的持续威胁等背景因素。换言之，不法侵害是否紧迫，既要考虑防卫瞬间，也要整体考察不法侵害人给防卫人带来的持续性威胁；既要考虑侵害人行为的危害性，也要考量侵害人人身的危险性。在考虑所有相关的因素后，只要认为一般人处在防卫人的情境，真诚合理地相信采取反击行为是必需的，就应当认定存在现实、紧迫的不法侵害。对于有多次暴力犯罪前科且持续威胁防卫人的侵害人，其不法侵害虽轻微，然而很难判断侵害人之后可能采取的极端手段。对此，不能期待被害人继续忍受这种危险，被害人有权采取反击行为。换言之，对于有持续威胁背景的不法侵害人，即使防卫瞬间不法侵害人的不法侵害较为轻微，也应当认为存在现实、紧迫的不法侵害。综合本案的发生背景，可以认定蔡某某、吕某某人身安全正处于紧迫、现实的危险中，本案符合正当防卫的前提要件。

（二）准确理解正当防卫的意图要件

学理上关于正当防卫的主观要件存在争议，有观点甚至认为有防卫认识即可，不需要有防卫意志。但防卫意图是刑法规定的正当防卫的成立要件，具有法定性。我国刑法为了使国家、公共利益、本人或者他人的人身、财产和其他

---

① 张军主编：《刑法总则及配套规定（上）》，人民法院出版社2017年版，第256页。

权利免受正在进行的不法侵害这一规定体现了正当防卫主观上的防卫意图的必要性。[①]“两高一部”《关于依法适用正当防卫制度的指导意见》第 8 条对正当防卫的意图要件也作了明确规定，仍然坚持刑法第 20 条“为了……”的表述模式。

本案中，司法机关对蔡某某是否具有防卫意图存在争议。蔡某某供述“李某经常来我家里找我老婆，我心里本来就很火”，在侦查人员问及为什么拿刀挥砍时，蔡某某供述“我就想砍他，让他不敢再来搞事情”。有观点认为蔡某某拿刀是出于泄愤、立威等目的，并不是出于防卫意图。但也有观点认为，蔡某某供述“我就想砍他，让他不敢再来搞事情”，其目的也在于结束其家庭无法容忍的状态，解除李某对其夫妻人身安全造成的持续性威胁，恢复原有的平静，主观上是为了保护家人的人身安全及住宅安宁，具有防卫意图，否认其他情绪存在的要求没有必要。我们认为，防卫人采取防卫行为时大多带有激情、激愤因素，其防卫心理往往比较复杂，除了抵制侵害的目的推动防卫人的行为外，仇恨、愤怒等其他心理因素也可能会发生作用，不能苛求免受不法侵害是防卫人实施防卫行为的唯一推动力。简言之，不要求防卫意图的纯粹性，即使反击时伴随着愤怒等其他心理因素，只要防卫人的目的之一是出于防卫，就可以认定为具有防卫意志。在比较法上，日本、德国均有类似判例采取上述立场。日本有判例认为，在激奋或者怒气冲昏头脑下的反击也不认为缺乏防卫意思。[②]德国联邦最高法院认为，防卫人只要存在捍卫法益的意思就满足了要求，至于是否还有其他目的则在所不问，就算愤恨、报复、怒意等心理动机也同时推动了防卫行为的实施，只要防卫目的没有被完全放弃，也不影响防卫意图的认定。[③]最高人民法院研究室在《〈关于依法适用正当防卫制度的指导意见〉的理解与适用》中也指出，激情、激愤等心理情绪在防卫时广泛存在，在性质认定尤其是量刑时，需要予以考量。[④]参照上述理解，即使存在仇恨、愤怒等强冲动的心理因素，也不能否定防卫意图的存在。

---

① 参见张明楷：《刑法学》，法律出版社 2011 年版，第 197 页。

② ［日］佐伯仁志：《刑法总论的思之道·乐之道》，于佳佳译，中国政法大学出版社 2017 年版，第 115 页。

③ ［德］克劳斯·罗克辛：《德国刑法学总论（第 1 卷）》，王世洲译，法律出版社 2005 年版，第 416 页。

④ 姜启波、周加海、喻海松等：《〈关于依法适用正当防卫制度的指导意见〉的理解与适用》，载《人民司法》2020 年第 28 期，原文表述为“防卫人采取防卫行为大多带有激情、激愤因素，故在定性特别是量刑时，应当有所考虑”。

（三）从在卷证据到全案证据，全面准确认定案件事实

本案之所以在检察机关审查起诉、法院审判环节未依法认定被告人正当防卫，有部分原因系证据审查、事实认定出现了偏差。在卷证据并不等同于全案证据，在卷证据仅仅是公安、司法机关收集在案、编制成案卷的证据，而全案证据还包括未发现的证据，已发现但未收集的证据，已收集但未随案移送的证据。[①] 证据是正义的基石，如果证据的收集、审查、认定出现了偏差，事实的认定就会发生偏离，正义的实现也会发生偏移。本案案发后不久，就发生了李某故意杀害吕某某的恶性杀人案件，但李某故意杀人案收集在案李某暴力犯罪前科的证据并没有被移送至蔡某某故意伤害案，有关蔡某某身体状况的证据也没有收集到位。此外，原判在案件起因的认定上也出现了偏差，表述为“李某酒后到蔡某某家中，因感情问题与吕某某发生争吵，蔡某某看见后上前阻止，并与李某发生肢体冲突”。这就导致原审判决没有全面准确认定案件事实及相关细节，遗漏了有关不法侵害人李某人身危险性的事实，疏漏了李某殴打吕某某、蔡某某实施不法侵害的事实，疏忽了防卫人蔡某某曾经中风、腿脚不便的事实。而上述有关案件的整体及细节事实直接影响到本案性质的认定与区分。某市人民检察院在浙江省人民检察院的指导下，围绕不法侵害人的人身危险性及蔡某某的身体状况等问题，补充完善证据，一是调取李某犯罪前科，证实李某有多次暴力犯罪前科，具有很高的人身危险性；二是调取蔡某某的住院治疗记录及残疾证，证实蔡某某（在故意伤害案前）曾因中风住院，被某市人民医院诊断为脑梗死、高血压 3 级（极高组）、痛风，并因四级肢体伤残被评定为残疾人。同时，某市人民检察院建议法院依法认定李某用手击打吕某某头部，蔡某某被李某某击打右眼部的案件事实。

三、案件办理的实践启示

（一）始终不渝地秉持检察官的客观公正立场，勇于主动纠错

检察官在刑事诉讼中并不是单纯的一方当事人，其诉讼目的并不在于获得胜诉判决。检察官代表人民行使职权，寻求的是公共利益，既要保障有罪者得到追究，也要保障无罪者免受追诉，承担的是“法律守护人”的角色定位。本案在一审侦查、审查起诉、审判环节，公检法机关办案理念均出现了不同程度的偏差，对正当防卫制度的适用把握过严，没有设身处地地站在防卫人的角

---

① 杜邈：《遵循证据裁判原则强化证据分析》，载《检察日报》2022 年 7 月 25 日。

度思考，没有全面地分析事情的前因后果以及不法侵害人给防卫人带来的持续性的威胁与恐惧。蔡某某本人法律知识相对匮乏，没有也不可能对自己的行为据理力争，而是接受了认罪认罚、赔偿损失以获得“轻判”。浙江省人民检察院在发现该案可能错误后，指定专人审查，全面调阅案卷并讯问原审被告人，认定原判决确有错误后，秉持客观公正立场，坚持有错必究，依法指令下级院提出抗诉，在法院的支持下改判蔡某某无罪，有力地维护了司法公正。

（二）充分发挥检察机关上下级领导体制优势，协同开展监督

检察机关上下级之间系领导与被领导的关系，在抗诉案件办理过程中，要突显检察机关的这一特有体制优势，加强上级机关在抗点确定、法律适用和刑事政策把握上的指导作用，强化抗诉前指导和抗诉后补证工作，实现上下合力。上下级检察院要强化刑事抗诉工作的沟通、配合，改变书面审查的传统工作方式，实现“信息互通、情况沟通、配合畅通”，从而统一思想，形成抗诉合力。同时，在抗诉案件办理过程中，上级院要在抗诉文书制作、补强证据、完善证据链条、出庭应对等方面给予积极指导，提升抗诉文书撰写质量，增强对案件关键性细节事实证据的收集、审查，提高庭审应对能力，主动帮助下级检察院解决办案中的遇到的问题，增加抗诉实效。

（三）充分发挥检察长列席审委会的制度优势，维护司法公正

检察长列席审委会制度是富有中国特色的司法创造，是中国特色社会主义司法制度的重要组成部分，是法律赋予检察机关的一项重要法律监督职责。在抗诉案件办理过程中，检察长通过列席审委会，能够更加充分地说明检察机关抗诉的理由和依据，能够更加完整地展现案件事实和关键细节，弥补承办法官在汇报时可能存在的疏漏或偏差，给予审委会委员更全面的视角作出公正的决定。浙江省人民检察院检察长就本案的关联案件李某故意杀人案在列席审委会时指出，蔡某某的行为完全是正当防卫，该案系错误起诉、错误判决，应依法启动审判监督程序予以纠正。浙江高级人民法院听取上述意见后，在裁定书中作出了蔡某某的行为具有防卫性质的认定。某市人民检察院检察长就蔡某某故意伤害案在列席审委会时指出，在正当防卫的认定上既要坚持防卫意图的要件要求，也要注意到防卫心理的复杂性，蔡某某的行为属正当防卫，依法应当改判蔡某某无罪。某市中级人民法院在听取上述意见后，依法改判蔡某某无罪。本案，两级院检察长列席审委会，旗帜鲜明地提出纠正意见，并赢得了审委会委员的认可，对于推动检法人员转变理念，维护公民的正当防卫权利，弘扬社会正气，倡导社会主义核心价值观，意义重大。

死刑抗诉案件办理实践及思考

——以王某等人故意伤害、贩卖毒品、强迫他人吸毒、容留他人吸毒二审抗诉案为视角

王小兰　李春瑾*

【摘　要】检察机关办理死刑抗诉案件，要通过精准抗诉加强对审判工作中自由裁量权行使的监督。对故意伤害致人死亡案件，通过抗诉方式，明确利用未成年人实施毒品犯罪并残害未成年人致死的，应当认定为"罪行极其严重"的死刑适用标准，明确赔偿谅解不影响量刑的具体情形。充分发挥检察一体化优势，通过未成年人司法保护，制发社会治理类检察建议，系统开展法律监督，实现办理一案、治理一片的良好效果。

【关键词】二审抗诉　死刑立即执行　故意伤害致人死亡　未成年人保护　赔偿谅解

一、基本案情及办理过程

2017 年 11 月底至 2019 年 1 月，王某为牟取非法利益，组织龙某、米某华、王某湘在四川省攀枝花市零包贩卖毒品海洛因 36 次，并容留多人在其租住房内吸毒。2018 年 6 月、7 月，为掩盖毒品犯罪事实，王某以赠送吸毒人员吉某货值 100 元的海洛因为条件，"收养"其两个儿子安某甲和安某乙，加以控制、利用帮助贩毒，并长期殴打、虐待。自 2018 年 8 月起，王某在其租住的房屋内，多次强迫安某乙吸食海洛因等毒品，经鉴定，安某乙头发检出代谢物成分吗啡、单乙酰吗啡和甲基苯丙胺，安某乙左侧外耳廓因被王某等人殴打未及时医治而出现明显畸形。2018 年 11 月以来，王某安排龙某带领 11 岁的安

---

* 王小兰，四川省人民检察院第二检察部主任、二级高级检察官；李春瑾，四川省人民检察院第二检察部三级高级检察官。

某甲在市东区华山一带贩卖毒品，王某带领9岁的安某乙购买用于贩卖的毒品，并安排进行部分“零星贩毒”。王某等人还备有塑料管、电击棍等工具，用于殴打、控制安某甲和安某乙。2019年1月22日晚至次日凌晨，王某从龙某处得知安某甲将团伙贩毒情况告知其母吉某后，不顾王某湘劝阻，伙同龙某在租住房内多次、长时间用烟头烫，用塑料管、电击棍等工具殴打、电击安某甲，并强迫安某乙殴打安某甲，还指使龙某逼迫安某甲吸毒。23日上午，安某甲因全身大面积皮肤及软组织挫伤，皮下出血致失血性和创伤性休克死亡。案发后，王某亲属与吉某达成赔偿协议，约定赔偿10万元，先行支付5万元并由吉某出具谅解书，余款于2021年12月31日前付清。2019年12月5日，吉某在其家人收到5万元后出具了谅解书。

2019年11月14日，四川省攀枝花市人民检察院提起公诉，指控被告人王某犯故意伤害罪、贩卖毒品罪、强迫他人吸毒罪、容留他人吸毒罪，且王某等人构成恶势力犯罪集团。2020年5月29日，攀枝花市中级人民法院作出一审判决，认定王某系恶势力犯罪集团首要分子，在故意伤害犯罪中手段残忍、情节恶劣，本应严惩，但考虑其赔偿并取得被害人家属谅解，以故意伤害罪判处死刑缓期二年执行，剥夺政治权利终身；以贩卖毒品罪判处有期徒刑十四年，并处罚金五万元；以强迫他人吸毒罪判处有期徒刑八年，并处罚金二万元；以容留他人吸毒罪判处有期徒刑三年，并处罚金一万元，数罪并罚决定执行死刑，缓期二年执行，剥夺政治权利终身，并处罚金八万元，并限制减刑。对另3名被告人分别以故意伤害罪、贩卖毒品罪判处有期徒刑五年至无期徒刑不等刑罚。被告人王某、米某华不服一审判决，提出上诉。2020年6月7日，攀枝花市人民检察院向四川省高级人民法院提出抗诉，并报请四川省人民检察院支持抗诉。同年8月21日，四川省人民检察院支持抗诉。2020年10月30日，四川省高级人民法院作出二审判决，采纳人民检察院抗诉意见，以故意伤害罪改判王某死刑，数罪并罚决定执行死刑。2021年3月，最高人民法院裁定核准死刑。

二、案件办理重点分析

（一）聚焦死刑适用标准精准抗诉

一审法院认定，王某系恶势力犯罪集团首要分子，在故意伤害犯罪中手段残忍、情节恶劣，本应严惩，但考虑其赔偿并取得被害人家属谅解，以故意伤害罪判处死刑缓期二年执行。辩护意见认为，王某故意伤害致人死亡，其行为有别于故意杀人既遂，不应当判处死刑。一审检察机关审查认为，王某故意伤害致死未成年人动机恶劣、手段残忍，又有恶势力犯罪集团首要分子等多个从重处罚情节，虽然其亲属代为部分赔偿被害方损失，但不足以对其从轻处罚，应当适用死刑。针对王某是否属于“罪行极其严重”、应当判处死刑立即执行的犯罪分子，检察机关提出抗诉。

死刑适用标准是本案最大的争议焦点，也是死刑案件最典型的争议问题。近两年来，引发社会舆论高度关注的广西杨某某强奸案、四川张某某故意杀人案等，皆系原审裁判在死刑适用把握上出现偏差。故意伤害犯罪在适用死刑时比较故意杀人犯罪更加慎重，标准更加严格。最高人民法院《关于审理故意杀人、故意伤害案件正确适用死刑问题的指导意见》指出，只有对于犯罪后果特别严重、手段特别残忍、情节特别恶劣的被告人，才可以适用死刑立即执行。但“三个特别”的判断标准在实践当中不易把握，容易出现机械性适用，如个别裁判观点简单套用“一人死亡为后果严重，二人以上死亡为后果特别严重”加以认定等。

二审检察机关经审查认为，故意伤害致人死亡案件的死刑适用，要注意从认识标准和认识路径两方面把握。从认识标准上看，要注重将法律规定的“文本法”与人民群众的“内心法”相向而行，寻求对“罪行极其严重”标准认识的最大公约数，做到情、理、法相统一，将死刑适用标准具体化。从认识的路径上看，应当采用亲历性判断方式，通过检察官亲历审查证据、讯问、询问、复勘现场等，置身其中进行体验式审查。本案办理中，检察官亲历性审查尸检报告、复勘现场，判断犯罪手段特别残忍，即让被害人“生不如死”；通过讯问同案犯、询问证人，判断犯罪后果特别严重，即让旁观者“惨不忍睹”；通过走访调查，判断社会影响特别恶劣，即让周边群众“胆战心惊”，具体化认定了个案的死刑适用标准。据此，王某故意伤害的侵害对象系未成年人，利用未成年人实施毒品犯罪并加以残害，犯罪动机极其卑劣，犯罪手段极其残忍，社会影响极其恶劣，属于“罪行极其严重”，应当判处死刑，二审检察机关支持抗诉。

（二）抗诉明确“赔偿谅解”情节的把握

一审法院认为，王某赔偿并取得被害人家属谅解，可以对其从轻处罚而判处死缓。辩护意见认为，赔偿谅解真实有效，按照宽严相济刑事政策，应当在量刑时充分予以考虑。“赔偿谅解”是否足以对王某从轻处罚，是本案另一争议焦点。

“赔偿谅解”是刑事案件常见的酌定从轻处罚情节，是评价被告人认罪悔罪态度和人身危险性的因素之一，被告人案发后认罪悔罪，对被害人积极赔偿并取得谅解的，可以考虑对其从轻处罚。但是，“赔偿谅解”对量刑的影响，是执法司法中的疑难问题，实践中“见赔即缓”的情况时有出现。

二审检察机关审查并核实相关情况认为，王某亲属“赔偿”将法院不判处死刑立即执行作为附加条件，不能够实质体现被告人真诚悔罪；被害人母亲吉某作为吸毒人员，此前在收取货值100元的海洛因后，明知两个孩子即将面临的处境，仍旧放弃法定抚养责任，将孩子交由毒贩控制，由其作为谅解主体所出具谅解书的可信度和效力明显与一般的赔偿谅解书不同；王某的暴力犯罪行为不仅造成未成年被害人死亡的直接后果，而且其犯罪目的是实施毒品犯罪，严重危害社会治安和社会管理秩序，即使与被害方达成赔偿谅解，其犯罪破坏的社会关系也得不到修复。对于对此类严重影响人民群众安全感的暴力犯罪，犯罪事实、性质、情节及社会影响极其恶劣，被告人人身危险性极大，即使被害方明确表示同意从宽处理被告人，也不能对其从轻处罚。

（三）检察机关一体化开展未成年人保护

针对安某甲、安某乙的母亲吉某于2019年8月因贩卖毒品罪被判刑并在监狱服刑，父亲系吸毒人员并已失踪多年的情况，四川省检察机关上下一体跨区域开展失踪人员调查取证，推动当地民政部门认定安某乙为“事实无人抚养儿童”，变更监护人为其外祖父，协调解决户籍、入学、生活补贴等问题，开展心理辅导，给予司法救助，并委托第三方对司法救助金进行监管。案发地与户籍地检察机关开展区域合作，会同民政、教育、公安等部门，就进一步落实《关于进一步加强事实无人抚养儿童保障工作的意见》开展调研，并完善了对涉案儿童父母事实上无条件或未能履行任何抚养责任的认定标准及流程。

针对本案暴露出来的城市房屋租赁监管、街面治安巡查等社会治安、未成年人权益保护等问题发出检察建议，有关部门积极整改，以社区为单位清查在册吸毒人员，落实出租房屋实名登记制度，强化重点人员管理，为未成年人健康成长营造良好社会环境。

三、案件办理的实践启示

（一）通过典型案件抗诉加强对死刑裁量权的监督

刑事抗诉作为最具有刚性的审判监督手段，有利于促进司法公正，确保法律的统一正确实施，提升司法公信力，维护法治权威。检察机关加强法律监督，通过对执法司法有争议、有引领作用的典型案件提出抗诉，能够促进解决一个方面、一个领域、一个时期司法理念、政策、导向方面的问题，更好地维护执法司法公信力。本案中，一审法院以故意伤害罪判处王某死缓，并决定限制减刑。检察机关坚持贯彻“严格控制和慎重适用死刑”的基本刑事政策，通过抗诉厘清了故意伤害致人死亡的被告人“后果特别严重、手段特别残忍、情节特别恶劣”的死刑适用标准；明确了对于罪行极其严重，严重影响人民群众安全感的暴力犯罪分子依法判处死刑，即使赔偿被害方并达成谅解的，也不能对其从轻处罚的情形。通过大检察官、大法官同庭履职，统一了对故意伤害致人死亡案件死刑适用标准的认识，积极引领全社会“罚当其罪”“钱不能买刑”的法治意识。

（二）进一步提升审判监督质量和效果

《中共中央关于加强新时代检察机关法律监督工作的意见》重点部署全面提升法律监督质量和效果，维护司法公正的系列举措，要求把监督重心放到提质量、增效率、强效果上来。本案办理过程中，坚持证据审查、调查核实的亲历性，参与复勘现场、走访现场周边群众、询问被害人亲属，确保精准开展审判监督；坚持全面审查，高度重视上诉理由，充分听取辩护人意见，自行补充收集证据，查明王某等人半公开方式贩卖毒品，暴力威胁当地群众，客观认定恶势力犯罪集团性质；坚持强化释法说理，增强抗诉意见说服力，并邀请人大代表、政协委员、办案单位和执法部门代表旁听庭审，主动接受对抗诉权的行使监督制约，增强审判监督意见“刚性”。

（三）系统发挥检察一体化优势

抗诉工作充分发挥检察一体化优势，不仅体现在上下级检察机关在抗诉指导、接续监督方面形成合力，也带动“四大检察”“十大业务”融合履职，并有利于推动区域执法、司法一体化进程。案件办理过程是审判监督的基本途径和手段，本案作为重大疑难复杂案件，检委会研究讨论案情的同时，各项法律监督同步部署，各类监督要素有序流通，监督办案一体推进。启动抗诉程序之初，未成年人检察部门即参与推动事实无人抚养儿童的认定；控告申诉部门即开展司法救助和帮扶调查工作；行政检察部门参与研究社会治理类检察建议。抗诉工作尤为显性地体现检察监督前连公安，后接法院的特点。本案的办理，不仅明确了类案的取证证明标准，也统一了死刑案件法律适用的标准和司法政策的把握尺度，促进共同更新执法司法理念。办案的同时，查找涉毒恶势力犯罪分子利用未成年人实施犯罪的根源，发挥跟进、融入式法律监督特点，通过与公安机关等执法部门会商研判，提出检察建议，一体加强制度机制建设，共促未成年人司法保护、民生司法保障，以溯源治理促进长治久安。通过系统开展法律监督，让人民群众真正感受到公平正义，更加促进严格执法、公正司法。

再审抗诉程序难点与应对

——以孟某某等人组织、领导、参加黑社会性质组织、非法采矿等犯罪再审抗诉案为例

饶本东*

【摘　要】被告人不服第一审判决上诉后又在上诉期满后撤回上诉，人民法院作出的准予撤回上诉的裁定有别于完整进行二审审理后作出的驳回上诉、维持原判的裁定。这种情况下，对案件作出实体处理并发生法律效力的判决是第一审判决，如果人民检察院认为该一审判决确有错误的，有权依照审判监督程序提出抗诉。提出抗诉后人民法院指令按照第一审程序再审的案件，人民检察院发现原案遗漏犯罪事实的，应当补充起诉；发现遗漏同案犯罪嫌疑人的，应当追加起诉，指令再审的案件与补充、追加起诉可以并案审理，数罪并罚。

【关键词】再审抗诉　裁定准许撤回上诉　自行调查核实　并案审查

一、基本案情及办理过程

2014 年至 2016 年 5 月，孟某某、张某某等 12 人在明知微山湖水域系国家禁止采砂区域且未办理《采矿许可证》的情况下，组织砂泵船在微山湖水域某县前程子段、微山县刘香庄段，非法采砂 49 万余吨，价值 1400 余万元。在此过程中，孟某某等人于 2014 年至 2015 年先后三次采取驾驶车船逼停执法车船、言语威胁、投掷石块等方式阻挠执法人员检查，抢走被依法扣押的采砂工具。2016 年 2 月，孟某甲、孙某某等人驾驶快艇围堵途经其采砂区域的韩某某、李某某，用竹竿、拳脚殴打，逼其下跪认错并录像，致韩某某轻伤、李某某轻微伤。

2016 年 12 月 7 日，江苏省徐州市某县人民检察院以非法采矿罪、妨害公

* 饶本东，江苏省徐州市人民检察院第一检察部主任、四级高级检察官。

务罪、寻衅滋事罪对孟某某等12人提起公诉。2017年6月26日，某县人民法院作出一审判决，认为孟某某构成非法采矿罪，但不适用禁采区的从重处罚规定；公诉机关指控的三起妨害公务犯罪事实仅能够认定一起，另二起证据不足；改变寻衅滋事罪定性为故意伤害罪，判处孟某某、张某某等12人十个月至四年十个月不等的有期徒刑。

2017年7月9日，张某某提出上诉，徐州市中级人民法院将该案移送徐州市人民检察院审查。2018年2月5日，张某某又申请撤回上诉。2018年2月9日，徐州市中级人民法院裁定准予撤回上诉。徐州市人民检察院经审查认为张某某上诉理由不能成立，且原审判决存在错误、存在漏罪漏犯线索，2018年3月15日，徐州市人民检察院以审判监督程序向徐州市中级人民法院提出抗诉。

在抗诉过程中，徐州市人民检察院开展自行调查核实，还发现孟某某等人存在故意伤害、聚众斗殴、强迫交易等7个罪名、18起事实的黑恶犯罪漏罪线索。2018年9月12日，徐州市人民检察院向徐州市公安局通报漏罪情况，指令某县人民检察院对孟某某等15人组织、领导、参加黑社会性质罪等漏罪漏犯立案、追诉，徐州市公安局当日指定徐州市公安局云龙分局立案侦查。

2018年9月21日，徐州市中级人民法院裁定指令某县人民法院再审原案。2019年4月1日，徐州市中级人民法院指定徐州市某区人民法院管辖。2019年4月18日，徐州市公安局云龙分局将孟某某等人组织、领导、参加黑社会性质组织案移送徐州市某区人民检察院审查起诉。徐州市某区人民检察院并案审查，于2019年6月2日以孟某某等人构成组织、领导、参加黑社会性质组织罪等罪向徐州市某区人民法院提起公诉。2020年9月29日，徐州市某区人民法院以组织、领导、参加黑社会性质组织罪等罪名判处孟某某等28人二年三个月至十九年不等的有期徒刑。判决后孟某某等人提出上诉，2021年3月15日，徐州市中级人民法院裁定驳回上诉，维持原判。

二、抗诉的办理难点和思路

（一）对于错判与漏罪交叉的案件，以审判监督程序抗诉引领全面监督

检察机关办理二审案件应遵循全面审查原则，不受上诉范围限制，对一审判决的证据采信、事实认定、法律适用、共同犯罪同案犯进行全面审查。

本案中张某某提出上诉，徐州市人民检察院全面审查案件认为，上诉人的上诉理由不能成立，且一审判决存在错误。一是行政机关依法公告微山湖水域

为禁采区，并多次开展执法检查，同期多起类似案件的生效判决亦认定该区域为禁采区，原判决否定非法采矿罪禁采区情节属于法律适用错误；二是原审被告人驾车船阻截执法，言语辱骂，导致执法受阻的事实清楚，否定2起妨害公务犯罪事实不当；三是孟某某等人为谋取不法利益或形成非法影响，有组织地非法划定水域采砂，随意殴打驾船经过的2名被害人，殴打方式多样、逼迫下跪认错并录像，属于无事生非、打人取乐，认定故意伤害罪错误。一审检察机关未及时提出二审抗诉，基于“上诉不加刑”原则，二审法院不能直接改判加重刑期，只能待二审法院维持原判后，由法院自行启动或者检察机关抗诉以审判监督程序改判。

为统一微山湖禁采区的裁判标准，徐州市人民检察院调阅同时期微山湖非法采砂案件的判决，发现该案有19个关联案件在江苏省某县人民法院、徐州铁路运输人民法院、山东省微山县人民法院审判，后两家法院都认定了禁采区，法院判决存在同案不同判的问题。同时，徐州市人民检察院将关联案件串并比对，还梳理出孟某某等人有组织地实施犯罪，强行购买鱼塘强迫交易、与其他非法采砂势力争夺地盘聚众斗殴、行贿等漏罪线索，该案已具备黑社会性质组织犯罪的基本特征。但某县法院一审判决认定的非法采矿、妨害公务、寻衅滋事相关事实也是遗漏的黑恶犯罪事实的一部分，二者交叉重合，原判决没有被撤销，基于“一事不再理”原则，检察机关对已经判决的事实不能重复追诉。为下一步全面追究孟某某等人责任，破解生效判决既判力的程序障碍，也需要通过审判监督抗诉程序撤销原错误判决。

（二）厘清准予撤回上诉裁定的性质，依法确定审判监督程序抗诉层级

鉴于张某某上诉后，在上诉期届满之后，又申请撤回上诉，徐州市中级人民法院裁定准予撤回上诉。最高人民法院《关于适用〈中华人民共和国刑事诉讼法〉的解释》第383条的规定：“上诉人在上诉期限内要求撤回上诉的，人民法院应当准许。上诉人在上诉期满后要求撤回上诉的，第二审人民法院经审查，认为原判认定事实和适用法律正确，量刑适当的，应当裁定准许；认为原判确有错误的，应当不予准许，继续按照上诉案件审理。”本案上诉后已经启动了二审程序，二审法院经审查认为一审判决事实清楚、证据确实充分，定罪准确，裁定准予撤回上诉，一审判决自本裁定送达之日起发生法律效力。本案是一审生效还是二审生效？如果按照审判监督程序抗诉，由徐州市人民检察院抗诉还是由江苏省人民检察院抗诉？

研究认为，准予撤回上诉的裁定系程序性裁定，产生实体拘束力的仍然是

一审判决，徐州市人民检察院可以按照审判监督程序抗诉。主要理由如下：

1. 准许撤回上诉的裁定是程序性裁定，不具有实体的确定力

(1) 裁判分为程序裁判和实体裁判两种，前者是为了解决诉讼程序方面的事项所作的裁判结论，后者是为了确定被告人有无罪责及科处何种刑罚。二审法院是否准予撤回上诉，审查的目的是保护被告人的利益，审查内容是被告人放弃上诉权是否系真实意思表示、终结二审程序是否适当，是否存在无罪判有罪、轻罪判重罪等不宜撤回上诉的情形，而非实质性审理案件，该裁定有别于进行二审审理后作出的驳回上诉、维持原判的裁定。(2) 在准予撤回上诉的裁定书中，仅列明上诉人姓名、上诉、撤回上诉的程序，没有对事实证据列举、评价，没有对法律适用进行分析，判项也只是裁定"准许上诉人某某撤回上诉"，其评价的内容局限于程序事项，从性质上看属于程序性裁判。对被告人实体权益、定罪量刑起到确定作用的仍然是一审判决。

2. 同一部司法解释中关于"准予撤回上诉裁定"的性质应作相同理解

《关于适用〈中华人民共和国刑事诉讼法〉的解释》第453条规定，"申诉由终审人民法院审查处理。但是，第二审人民法院裁定准许撤回上诉的案件，申诉人对第一审判决提出申诉的，可以由第一审人民法院审查处理"。最高人民法院对该条的解读文章中谈到"对于第二审法院裁定准许撤回上诉的案件，申诉人对第一审判决提出申诉的，可以由第一审法院审查处理，因此种情况下的生效判决仍是一审判决"。在同一部刑事诉讼法司法解释中，对于撤回上诉的生效判决层级应当做同一理解。

3. 如果按照二审生效处理，会剥夺被告人辩护权利

(1) 有些案件再审期间需要补充新证据、示证质证，如果认为准予撤回上诉的裁定是对案件实体的实质审查、二审生效，那么再审程序应该按照二审程序处理，所作裁定为终审判定，无法上诉，造成实质上一审终审，剥夺被告人的辩护权、上诉权。(2) 如果法院经审查后裁定不允许撤回上诉，案件要继续进行审理，形成改判轻罪的实体裁判，若将是否允许撤回上诉的裁定认定为实体裁定，则一个诉讼过程中存在两个实体性终局裁定，逻辑上也是说不通的。

(三) 运用调查核实权，提升抗诉精准性、公信力

审判监督程序抗诉的是生效判决，要考虑法院司法公平公正、生效判决的稳定性、抗诉效果等多重因素，抗诉标准要求更高。从程序上看，抗诉启动法院的再次审判程序；从目的上看，抗诉要监督法院纠正错误判决，维护法律正确统一实施。为了实现抗诉目的，检察机关要开展调查核实，加强抗诉说理。

《人民检察院刑事抗诉工作指引》第14条规定："办理刑事抗诉案件，应

当讯问原审被告人，并根据案件需要复核或者补充相关证据。需要原侦查机关补充收集证据的，可以要求原侦查机关补充收集。被告人、辩护人提出自首、立功等可能影响定罪量刑的材料和线索的，人民检察院可以依照管辖规定交侦查机关调查核实，也可以自行调查核实。发现遗漏罪行或者同案犯罪嫌疑人的，应当建议侦查机关侦查。”

证据是诉讼的基石，是裁判的关键。考虑到公安机关与检察机关的职权分工和资源配置（警力、侦查措施、技术手段）的差异，要把握好自行调查核实和引导公安侦查的边界，合理确定调查核实的范围，按照比例原则，突出重点，有所为有所不为，促进诉讼进程的协作配合，最终实现监督共赢。

本案原侦查机关存在怠于侦查、人为拆分案件的问题，检察机关调取了相关执法录像、警情记录、行政处罚卷宗等不宜由公安机关调取的证据，复核了证言、供述等言词证据，增强审查亲历性；对于拓展犯罪线索、查证漏罪漏犯的工作与公安机关沟通后，引导公安机关继续侦查。通过自行调查核实与引导侦查相结合，补强抗诉证据、完善抗诉证据体系，深挖漏罪漏犯，扩大监督成效，维护公平正义。

（四）抗诉案件与漏罪案件并案审查，全面追究刑事责任

案件抗诉后，徐州市中级人民法院指令某县人民法院再审，后又指定徐州市某区人民法院管辖。徐州市人民检察院将黑社会性质组织犯罪的漏罪漏犯线索通报至徐州市公安局，并指令某县人民检察院对孟某某等 15 人组织、领导、参加黑社会性质组织罪等漏罪漏犯监督立案、追诉，徐州市公安局指定徐州市公安局云龙分局立案侦查。检察机关全程引导取证，最终查清孟某某等 28 人涉嫌组织、领导、参加黑社会性质组织、抢劫、非法采矿、强迫交易、聚众斗殴、寻衅滋事、妨害公务、非法捕捞水产品、行贿、对非国家工作人员行贿等 10 个罪名 24 起犯罪事实，另向监察机关移送“保护伞”线索 25 人。

本案抗诉的旧案与新发现的黑社会性质犯罪新案，存在妨害公务、非法采矿等同种数罪。如果旧案、新案分案处理，旧案抗诉改判生效后，再与新案判决按照《刑法》第 70 条数罪并罚，可能会同种数罪并罚，造成量刑不公。根据《关于适用〈中华人民共和国刑事诉讼法〉的解释》第 467 条规定“对依照审判监督程序重新审判的案件，人民法院在依照第一审程序进行审判的过程中，发现原审被告人还有其他犯罪的，一般应当并案审理”，本案在抗诉之初，即与法院沟通，撤销原判，新旧案并案审理。后来徐州市中级人民法院按照审判监督程序撤销原判，指令一审法院按照一审程序再审。徐州市某区人民检察院对发现的原案遗漏的犯罪事实补充起诉；对发现的原案遗漏的犯罪嫌疑

人追加起诉，并建议再审人民法院将补充起诉、追加起诉与指令再审的案件并案审理，数罪并罚，实现量刑平衡，提高诉讼效率。

三、案件办理的实践启示

（一）要拓展审判监督的路径

刑事抗诉是法律赋予检察机关的重要职权，通过刑事抗诉纠正确有错误的裁判，是人民检察院履行法律监督职能的重要体现，对于维护当事人合法权益，促进司法公正，保证法律统一正确实施，树立和维护法治权威具有重要意义。检察机关办理抗诉案件要有监督的责任感和敏感性，见疑质疑、见疑不放，对法院错误判决，要全面审查，及时规范监督。同时要处理好与侦查、审判机关之间监督与配合关系，把法律监督责任落实到每个办案环节，杜绝抗诉案件一抗了之、监督线索一移了之，要持续跟进案件后续进展，做好监督过程管理，务求监督实效。

（二）要善于运用多种手段全面监督

人民检察院办理抗诉案件，应当坚持全面审查的原则，不能仅局限于原审事实。重大案件要有全面、一体化监督的思维，用足用活多种监督方式，形成“组合拳”，才能形成最大程度的监督成效。对于原判决错误且存在漏罪、漏犯情形的案件，一方面，人民检察院要加强检警协作，对比关联案件，深挖犯罪线索，加强侦查活动监督，彻查漏罪漏犯，并对确有错误的判决依法提出抗诉，确保不枉不纵，正确适用法律；另一方面，对于指令按照第一审程序再审的案件，人民检察院发现原案遗漏犯罪事实的，应当补充起诉；发现遗漏犯罪嫌疑人的，应当追加起诉，并建议再审人民法院将补充起诉、追加起诉与指令再审的案件并案审理，数罪并罚，实现量刑平衡，提高诉讼效率。

（三）要善于开展调查核实

《中共中央关于加强新时代检察机关法律监督工作的意见》强调“检察机关要加强对监督事项的调查核实工作，精准开展法律监督”。抗诉监督是积极、主动的权力，同时也是程序性监督，不具有实体处分权和司法裁决权。检察机关在刑事诉讼监督中要善于开展调查核实，以必要性、适度性、有效性为原则，灵活运用多种调查手段，通过深层阅卷审查、深入开展自查、深度引导侦查，增强办案亲历性，提升监督精准性和公信力，真正把检察监督作成刚性，实现监督共赢的目标。

非公企业股东“恶意自我交易”侵犯产权案件办理难点与应对

——以封某某职务侵占二审抗诉案件办理为例

黄 威 郑焱燕*

【摘 要】近年来，侵犯非公企业产权犯罪主体出现了“股东化”趋势，股东职务侵占案件出现了一些手段隐蔽性强、法律关系复杂的疑难案件，司法实践中争议也较大。对民营企业股东利用职务便利“恶意自我交易”，通过第三方企业间接占有民营企业财物，损害企业和其他股东合法利益的案件，检察机关应当从侵占对象的性质、侵占方式、受损因果关系等方面具体分析，准确处理。面对判决认定不准确的情况，要加强抗诉工作的规范化建设，从制度上保障抗诉案件的质量。

【关键词】二审抗诉 刑民交叉 恶意自我交易 无罪改判有罪

一、基本案情及办理过程

被告人封某某系被害单位甲公司的股东之一，经授权代为行使法定代表人职权。甲公司的经营业务系将名下酒店场所分割租赁给他人经营，以此赚取租金。2012 年 6 月开始，甲公司将名下某场所租赁给乙酒店管理有限公司（以下简称乙公司）经营，并按月收取租金。2013 年 4 月，封某某在明知甲公司已出现涉及人民币 300 万元以上民事诉讼及公司账户被查封的情况下，利用代为行使法定代表人职权的职务便利，隐瞒其他股东，挂失并补办公司印章，与乙公司修改了租赁合同，将上述情形作为违约责任列入与乙公司签订的新租赁合同中，造成了甲公司必然违约的情况，并增加选择仲裁简易程序审理的争端

* 黄威，福建省厦门市人民检察院第一检察部主任、四级高级检察官；郑焱燕，福建省厦门市人民检察院第二检察部四级高级检察官。

解决条款。2013 年 5 月，封某某在未支付对价的情况下，以他人名义成为乙公司占股 55% 的大股东。2013 年 6 月，乙公司就甲公司违约一事申请仲裁，封某某作为甲公司法定代表人指定律师应诉，但不提交证据，使乙公司胜诉，并自该月起不再缴纳租金。从 2013 年 9 月开始，封某某自乙公司陆续取得“分红款”，至案发时合计人民币 203.5 万元。

2015 年 3 月 31 日，厦门市某区人民检察院以封某某犯职务侵占罪提起公诉，以封某某实际获得的“分红款”人民币 203.5 万元作为犯罪数额。在法庭审理过程中，封某某及辩护人均作无罪辩解，主要对封某某的行为是否符合职务侵占罪构成要件提出异议。

2017 年 2 月 28 日，厦门市某区人民法院作出一审判决，判决封某某无罪。主要理由有：一是乙公司的经营分红款不能等同于甲公司损失的租金，封某某从乙公司收取的钱款性质不能认定就是甲公司损失财物；二是对于甲公司在仲裁中败诉的后果，其余股东可以向法院提起民事诉讼，恶意串通行为并不直接等同于刑法意义上的职务侵占罪；三是封某某与其他股东有债务纠纷，在债务尚未厘清之前，不能排除封某某主观上将取得的分红款视为抵偿股东间债务的可能，不具有非法占有目的，实际上认可非公企业股东间的纠纷可以作为排除非法占有目的的因素。

2017 年 3 月 9 日，厦门市某区人民检察院以原审无罪判决有误为由提出抗诉。该院认为，封某某利用职务便利，使乙公司非法占有甲公司的预期租金收益，由于封某某持有乙公司 55% 的股份，乙公司的收益最终以分红的方式归属于封某某，封某某的行为成立职务侵占罪，一审判决无罪确有错误。

厦门市中级人民法院开庭审理该案，厦门市人民检察院出席二审法庭，当庭讯问了封某某，并在抗诉书的基础上利用二审庭审，重新组合证据并对争议焦点阐述意见，充分论证了一审判决确有错误，依法支持抗诉。厦门市中级人民法院采纳检察机关的抗诉意见，于 2019 年 2 月 25 日作出判决，撤销一审无罪判决，以职务侵占罪改判封某某有期徒刑五年，并处没收财产人民币二十万元。

二、办案的难点和解决路径

（一）租金债权是否符合侵财犯罪的对象要件

职务侵占罪的对象要件，依照法律规定为“财物”。由于刑法条文中使用了“财产”和“财物”两种不同的表述，但对于何为“财物”并未有明确规定，也就产生了一个模糊地带。实践中有观点就认为，职务侵占罪的对象是

"财物"，突出的是可见的、现实存在的"物"，不应包括债权等财产性权利。

随着现代社会经济的高速发展，狭义财物的概念早已不能适应经济发展的需要。债权作为一种请求权，充分反映财产权利义务关系，享有债权就等于享有某种财产性利益，并可以对债权进行现实的支配，如要求债务人交付财物、支付金钱，并可以对债权进行处分（如放弃、转让等）。《法学词典》对"财产"一词也解释为"金钱、财物及民事权利、义务的总和"。

职务侵占罪是归入侵犯财产犯罪这一章节的犯罪，从体系解释与目的解释的角度来看，它的对象"财物"应包括债权等财产性利益。主要理由：一是从立法体系上看，该罪的对象应和整个章节犯罪一样，系财产，而《刑法》第92条第4款中，确认"私人财产"包括"依法归个人所有的股份、股票、债券和其他财产"，其中债券是债权凭证，即认可了侵犯"财产"包括了侵犯债权等财产性利益。二是该章节其他罪名对象亦包括了财产性利益，如拒不支付劳动报酬罪的对象是劳动报酬，属于债权；如盗窃罪的对象包括了有价支付凭证等财产性利益凭证。三是从立法目的来看，该章节法益保护的对象是财产，而财产性利益是可以即时变现的无形财产，若仅因其表现形式不同就不列入保护对象，明显使得非公企业的一部分财产处于无法保护的境地，背离法益保护初衷，也不符合现代市场经济发展的需求。因此，侵财犯罪的对象可以包括有形的财产和无形的财产性利益，而租金债权是财产性利益，可以成为职务侵占的对象。

本案中，封某某的恶意串通，使甲公司败诉，目的就是消除甲公司与乙公司之间的租金债权关系，消除甲公司日后行使返还该款项请求权的可能性，是刑法上的侵财行为。

（二）"恶意自我交易"以消除企业债权是否符合职务侵占罪的客观要件

诉讼中辩方提出，封某某同时入股甲公司和乙公司，并不违反法律规定，其并未直接从甲公司侵吞租金，而从乙公司取得分红合法有效，不符合职务侵占罪的行为要件。一审法院判决也支持该观点。二审出庭检察员认为，封某某通过"恶意自我交易"，意在消除甲乙公司间的租金债权关系，从而占有甲公司的财产性权益，符合职务侵占罪的构成要件，至于占有该财产性权益是否借用其他单位或个人名义，是否以"分红"或其他方式为掩盖，不应成为影响认定的决定性因素。

一是"恶意自我交易"与入股、分红三个行为在时间段上高度契合，逻辑上紧密关联。乙公司在成立后唯一的经营项目和收入来源就是租赁甲公司酒店设施营业。封某某利用在甲公司职务便利，与乙公司恶意串通，实施了私刻公章、私定明显对己不利的合同、私自应诉并导致败诉三个行为，使得甲公司丧失了对乙公司每月50余万元的租金债权。

二是以“分红”之名，行个人非法占有甲公司财产性利益之实。封某某先在未支付对价的情况下控股了乙公司，再继续利用职务便利，使乙公司仲裁胜诉，开始按月连续获得与甲公司当月租金债务消灭的财产性利益，再以股东分红的方式，从乙公司获得该财产性利益的分配，其获得的“分红”来源于乙公司因为不用支付给甲公司租金而增加的经营收益，与甲公司的债权损失具有直接因果关系，实质上侵犯了甲公司的财产权。

三是入股未支付对价，且以他人名义，反而印证了掩盖职务侵占手段的性质。封某某入股和“分红”与正常商业经营明显不符，其既未实际出资，又未参与公司经营管理，却大额分红，且部分分红通过多个账户流转到封某某实际控制的账户，隐蔽性较强。

此外，一审法院以该行为仅涉及民法上的恶意串通事项而排除职务侵占罪，是不当缩小了“侵占”的内涵，把侵占仅局限于直接占有。民法意义上的“恶意串通”与刑法意义上的职务侵占行为之间并不具有排他性，“恶意自我交易”掩盖犯罪的手段不能改变恶意串通侵占公司财物的本质，不影响职务侵占罪的认定。上述争议实际上在于对“侵占”的解释。既然通过“恶意自我交易”或“直接”的方式占有本单位的财物，无论侵害的法益，还是对本单位造成的损害，甚至是行为人的主观故意，都是一致的，那么仅靠民事救济显然是难以修复社会关系，而应当同样采用刑法手段予以救济。

（三）封某某与其他股东之间的债权债务关系是否影响封某某非法占有目的

诉讼中辩方还提出，封某某与其他股东间有债务纠纷，即使扣留公司收益也不具有非法占有目的，司法机关不应以刑事手段介入股东间的纠纷。一审法院判决也认为，在债务纠纷尚未厘清之前，难以认定非法占有目的。二审出庭检察员认为，封某某在恶意对己交易后，侵占本应支付给甲公司的租金，具有非法占有目的。理由如下：

一是封某某侵占的是本单位的财产，而非股东的分红款，其与股东之间是否存在债务纠纷并不影响职务侵占罪的成立。乙公司系向甲公司租赁场地，按合同约定付给甲公司租金，该租金系甲公司财产而非股东财产，在封某某侵占时亦未转换为各股东的分红款。刑法规定职务侵占罪保护的法益是单位财产的所有权，职务侵占行为侵害的对象是单位财产，而单位主体与股东主体是相互不同、各自独立的主体，封某某与股东的债权债务纠纷是股东主体之间的纠纷，该纠纷与单位主体无关，自然也就与单位财产无关。

二是封某某并非与所有股东都有债权债务纠纷，仅与部分股东有纠纷。经查，与其有纠纷的股东仅涉及二人（分别占股11%、占股5%），但其他两名股东（分别占股37.5%、15%）与其并无纠纷，封某某以与部分股东有纠纷为由，未经其他占股52.5%的股东许可，私自占有公司财物，缺乏法律或合同依据。

三是封某某占有上述租金后，既未向股东特别是与其无纠纷的股东披露该情况，也未声称放弃或减免对其他股东的债务追偿权，反而采取了借用他人名义、多个账户转账等手段掩盖自己占有租金的事实，充分印证了封某某的行为意在将租金非法占为己有，而与其所辩称的股东债务纠纷无关。

三、办案思考

（一）准确认定民营企业股东“恶意自我交易”型职务侵占犯罪

民营经济是社会主义市场经济的重要组成部分，近些年来，民营企业中负责经营的股东利用企业经营中不规范、不完善的制度漏洞，恶意侵占、挪用公司财物，侵犯民营企业产权的犯罪呈上升趋势，大多手段隐蔽性强、法律关系复杂，给司法认定带来了困难。职务侵占罪的核心在于侵占本单位财物，至于占有财物是否借用其他单位或个人名义，是否以“分红”或其他方式为掩盖，不应成为影响认定的决定性因素，更不能仅因形式上并未直接占有单位财物而简单否定职务侵占犯罪的实质，应从行为人获得收益与被害单位的损失之间的因果关系进行审查。经济活动中总有人采用各种隐蔽的手法掩盖侵犯他人权益，如果仅仅因为手段更隐蔽，就导致保护力度不同，反而可能造成对非公企业的产权保护不力，进而对社会主义市场经济秩序造成损害。因此，对民营企业股东通过控制、参股或相互串通的第三方企业貌似合法的商业行为，“恶意自我交易”间接侵占民营企业财物的行为，人民检察院要坚决履行审判监督职责，准确认定、论证行为人占有被害单位损失的财产的实质，切实保护非公企业的产权，维护公平正义。

（二）准确把握股东间经济纠纷对认定股东侵犯企业产权犯罪的影响

职务侵占罪的犯罪对象是单位财产，单位并不等同于股东，与股东有债权债务纠纷不等同于与单位有纠纷，不应影响非法占有目的成立，非公企业股东间的经济纠纷不应成为侵犯企业产权的“挡箭牌”。同时，判断股东之间经济纠纷是否影响侵犯产权犯罪的非法占有目的，还应从被侵占财物的所有权、股东债务范围以及占有财物后有无掩饰行为等方面予以综合分析、判断，对于与大部分股东并无债务纠纷，事后未向其他股东披露情况，反而采取了借用他人名义、多个账户转账等手段掩盖犯罪的，相应辩解不应成为影响非法占有目的成立的因素。二审出庭检察意见准确厘清了单位产权和股东个人债务纠纷性质的不同之处，也得到了二审终审判决的支持。

（三）加强抗诉工作的规范化建设，从制度上保障抗诉案件的质量

一是提前介入、事半功倍。区检察院在庭审过程中就及时发现争议苗头，庭后多次与市人民检察院沟通，全面介绍案情，在一审判处无罪后及时说明抗诉理由。市人民检察院及时听取区院汇报，共同研究，并提出是否抗诉、如何选择抗点等方面的参考性意见。通过这一方式，严格把握抗诉案件的选择、抗诉理由的组织这一根本性的关键环节，从而为保证抗诉案件质量打下了良好的基础。二是部署周密、协作默契。发挥检察一体化优势，市人民检察院指派富有经验的检察官自始介入，区检察院指派专人配合协作，力争从案件质量、办案程序、工作效率上改进和提高法律监督效率。三是周全准备、精益求精。在案件抗诉后，结合原有的基础工作，办案组再次反复梳理全案事实证据，全方位预测庭审辩点、焦点以及可能的突发事件，量身定制了多套应对方案，结合巧妙的答辩和有力的指控，确保实现良好的庭审效果，最终赢得二审终审判决的支持。

办理性侵未成年人抗诉案件的难点与应对

——张某猥亵儿童再审抗诉案解读

赵智慧　晋月霞　李翠敏*

【摘　要】准确把握性侵害未成年人犯罪案件证据审查标准，被告人虽不供认犯罪事实，但案发过程自然，被害人陈述稳定自然，对于细节的描述符合正常认知、表达能力，结合生活经验对全案证据进行审查，能够形成完整证明体系的，可以认定案件事实。行为人在教室、集体宿舍等场所实施猥亵行为，只要当时有多人在场，即使在场人员未实际看到，也应当认定犯罪行为是在“公共场所当众”实施。办理性侵害未成年人案件，要发挥检察机关审判监督职能，维护未成年人合法权益和法律的公平正义。

【关键词】再审抗诉　猥亵儿童罪　性侵害未成年人证据审查标准　公共场所当众

一、基本案情及办理过程

被告人张某，男，1958 年 12 月出生，原系某县某小学科学老师。

2015 年 9 月至 2016 年 4 月，被告人张某在担任某小学三年级科学老师期间，为满足性刺激，利用身为教师的便利条件，在教室内多次抓住被害女童 A（10 岁）、B（9 岁）、C（9 岁）、D（9 岁）等 12 名女生的双手背至身后摸女生的手，并多次拉开裤子拉链，握住女生的手抚摸其生殖器。

2016 年 4 月 14 日，一被害人的父亲向公安机关报案。同年 4 月 15 日公安机关立案。7 月 20 日，河北省邯郸市某区人民检察院以张某犯猥亵儿童罪提起公诉。2017 年 12 月 25 日，该区人民法院作出一审判决，认定张某抚摸女生

* 赵智慧，河北省人民检察院党组成员、副检察长、一级高级检察官；晋月霞，河北省人民检察院第九检察部主任、三级高级检察官；李翠敏，河北省人民检察院第九检察部副主任、三级高级检察官。

手和脸，用肚子顶女生身体，构成猥亵儿童罪，但不足以证实张某让女生摸其生殖器，未造成严重后果，判处免予刑事处罚。

2017 年 12 月 29 日，邯郸市某区人民检察院以原审判决认定事实错误、适用法律错误为由，向邯郸市中级人民法院提出抗诉。2018 年 1 月 15 日，邯郸市人民检察院审查后认为，一审判决确有错误，支持抗诉。2018 年 5 月 15 日，邯郸市中级人民法院不公开开庭审理本案，同年 6 月 25 日作出终审裁定，以"本案虽有多名被害人证明被告人张某让摸其生殖器，但均没有亲眼所见摸的就是张某的生殖器，其他证人也均不能确认被害人摸的就是张某的生殖器"为由，裁定维持原判。

2019 年 7 月 5 日，邯郸市人民检察院认为，二审法院裁定维持原判，认定事实和适用法律确有错误，提请河北省检察院按照审判监督程序抗诉。2019 年 10 月 13 日，河北省人民检察院向河北省高级人民法院提出抗诉。2020 年 12 月 3 日，河北省高级人民法院经审理作出终审判决，认定原审被告人张某利用教师的身份和便利，多次在公共场所猥亵多名女童，依法应当从重从严处罚。原裁判认定事实、适用法律错误，依法应予纠正，张某犯猥亵儿童罪，判处有期徒刑八年。

二、案件焦点及解决

性侵害儿童犯罪，严重损害了儿童的身心健康，挑战了社会伦理底线。检察机关秉持"零容忍"态度，从严打击性侵害未成年人犯罪。但性侵害未成年人犯罪案件，往往具有熟人下手，手段隐蔽，证据单薄，被告人拒不认罪或者无罪辩解等情况，审理此类案件，对证据的审查和事实的认定尤为重要。河北省检察院在收到该案的抗诉申请后，认真审查在案证据，分析研判法院的判决理由，以证据的客观性、关联性、合法性为依据，解读案件事实，排除合理怀疑。

（一）全面分析证据的证明力

证据及其证明力是认定犯罪事实的关键，本案中，检察机关全面分析了案件证据，剖析了被告人辩解的不合理性，确立了被害人陈述及证人证言的可信性及印证关系。

一是被害人陈述。检察机关主要审查被害儿童陈述的细节是否系其本人亲身感知、取证的程序和过程是否合法、与间接证据能否印证等。从本案被害人陈述的细节可以看出，本案被害人虽然均年幼，但 12 名被害人均能详细、稳定地陈述被侵害的大致时间、地点、方式和过程，关于科学老师如何通过狭窄的课桌间距站到其身后的，如何让她们背过手去的，被抓着手后听到拉拉链声音，如何被抓着手摸一个软软的东西等细节陈述清晰，并能根据自己的亲身体会描述摸到的东西在老师身体的大致位置、形状特征，如被摸的东西在肚子下面、两腿之间，比大人手指粗、比手软，没有骨头，软软的、热热的、肉肉的，摸后感觉手上有湿的、黏黏的、像胶水一样的东西等，虽然每个人的说法不尽相同，但都基本描述出男性生殖器的形状特征和处在身体的部位。各被害人当时有的9岁，有的10岁，陈述的内容和描述方式符合她们的认知水平、表达能力，合乎情理，尤其是有关细节如非亲历难以陈述，如被害人供述的“感觉和大人大拇指一样的东西在我手心来回动”“老师抓着我的手一下一下碰那个软软的东西”等，具有很强的客观性、真实性。没有发现非法取证、干扰陈述的问题。

二是证人证言。检察机关主要审查证人与行为人的关系、报案时间、报案过程等。第一，从证言本身看，证人证言印证了被害人陈述；部分同学证明亲眼看到老师右手抓着女同学的手往腿中间放，左手把自己的裤子拉链拉开。部分同学证实上课时间，老师拉着旁边女生的手说话；被害儿童家长陈述了被害儿童对其描述的被猥亵的经过。第二，从案发情况看，本案发案、报案过程自然。本案系一名被害学生向家长提出不想上科学课，被家长批评送去上学，后告诉家长科学老师让她摸一个软软的、热热的东西才案发的。当时家长怕冤枉老师，为慎重起见向其他家长求证此事，当时其他家长都不知情，问过自己孩子才了解情况。为此，家长们约定当天向学校反映情况，其间，有家长临时提议应该报警，随后一名家长报警，案发及破案过程自然。第三，从证据收集的过程开看，本案证据均由公安机关办案人员依法定程序取得，取证主体合法、取证程序合法、取证手段合法。第四，不存在诬告陷害的情形。从家长们陈述内容看，家长们当时的心情是复杂的，既怕伤着孩子，又怕冤枉老师，都是在小心谨慎地问孩子情况；从常情、常理及中国传统习俗分析，卷中证据表明，被害人和被告人之间不存在矛盾，被告人供述证实其和孩子关系很好，很喜欢孩子，尤其是女孩子，且和被害人父母不熟悉，没有矛盾；中国传统的对于性羞耻、性贞操的观念，父母更不可能将“莫须有”的被猥亵的污水往自己孩子身上泼，证人证言的可采信程度高。

三是被告人供述和辩解。首先，被告人关于被害人虚假陈述的辩解没有任何证据或者线索支持。一、二审法庭上，被告人和辩护人提出被害人描述不准确，前后有矛盾变化。在案证据表明，被害人陈述中确实存在当时被抓的是左手还是右手的矛盾及被猥亵次数不一致问题。对此检察机关认为，被告人猥亵次数多、时间长，被害人年龄小、被侵害时精神紧张，前后陈述有些细节上的差异和模糊反而是客观的，她们对基本事实和情节的描述都是稳定的。从情理上看，在没有证据证明12名被害儿童是受人指使、恶意诬陷张某的情况下，她们的陈述及向他人转述自身遭遇的真实性的可信度更高。其次，原审被告人张某供述有虚假内容，辩解不合情理。张某对其抓着女生的手摸其生殖器的行为始终不供述，只承认摸女生的手和脸，用肚子顶女生身体的行为，并对其承认的行为进行辩解，这些辩解是不合情理的。张某辩解之所以把女生的手背过去是为了纠正学生的坐姿，但坐在教室最后一排的被害儿童陈述几乎每节课都让老师抓手摸，是被害人中被猥亵次数最多的，女生坐最后一排是坐姿不标准还是便于实施猥亵行为，其中的道理是不言自明的；所有被害人和学生证人都证明他从来没有背过男生的手，难道男生的坐姿全部标准不用纠正，这不合情理，也不符合实际。张某对自己的行为还辩解，因为家里没有女孩，喜欢女孩才做的。显然，作为一名老师，课堂上摸女生的手和脸，在课间用肚子顶女生的身体，不符合一般人关于正常师生关系的认知，这些学生虽小，但已经是十岁左右的女孩，异性间做这些动作，只用喜欢来解释，是不合情理的，故不得采信。

（二）认真剖析法院判决理由

一、二审法院以“本案虽有多名被害人证明被告人张某让摸其生殖器，但均没有亲眼所见摸的就是张某的生殖器，其他证人也均不能确认被害人摸的就是张某的生殖器”为由，认为张某的行为未造成严重后果，判处免予刑事处罚。检察机关认真剖析法院的判决理由，认为法院判决理由有逻辑误区。

1. 亲眼看到是否为认定案件事实的必要条件

通过全面分析案件证据证实，被告人辩称自己从未让被害人背过手摸其生殖器，但多名被害人陈述均证实科学老师张某站到其身后，让他们背过手去，听到拉拉链声音，被抓着手摸一个软软的东西等细节陈述清晰，并能根据亲身体会描述摸到东西的形状特征和在老师身体的大致位置。都基本描述出男性生殖器的形状特征和处在身体的部位。证人证言也对该事实进行了印证。是否只有亲眼看到才可以认定某一事物为真？检察机关认为，证据审查过程是一个由已知事实推断出未知事实的逻辑推理过程，需要运用逻辑和经验形成的“常识、常情、常理”来审查判断证据，进而认定案件事实。本案中，关于生殖器的位置和特征是“常识”，而众多被害人陈述中摸到的东西的特征和位置正是生殖器的特征和位置，出于正常人的思维逻辑，认定摸的东西是生殖器符合“常情、常理”，结合性侵害犯罪隐蔽性的特征，虽然没有人亲眼看见所摸的生殖器，但足以认定被告人让被害人摸生殖器的事实。

2. 被告人拒不认罪时如何认定案件事实

被告人据不供认时如何认定案件事实是本案难点之一。检察机关以最高人民检察院发布的第十一批指导性案例中检例第 42 号证据审查判断原则为指引，坚持根据未成年人的身心特点，按照有别于成年人的标准予以判断。审查言词证据，要结合全案情况予以分析。根据经验和常识，未成年人的陈述合乎情理、逻辑，对细节的描述符合其认知和表达能力，且有其他证据予以印证，被告人的辩解没有证据支持，结合双方关系不存在诬告可能的，应当采纳未成年人的陈述。

本案虽然张某拒不供认让被害人摸其生殖器的主要犯罪事实。但从本案的具体情况看，本案发案、报案过程自然；各被害人的陈述内容完整连贯、语言表达清楚自然，对被猥亵的时间、地点、手段、过程的描述均符合其年龄阶段的认知特征和表达方式，其陈述与在案的证人证言等证据能够相互印证；各被害人均系张某的学生，经调查未发现被害人及其家长与张某之间存在矛盾和纠纷，且被害人捏造性侵案事实而自毁清白和名誉的做法亦有悖于常理；未成年被害人陈述、未成年证人证言取证合法。询问未成年被害人和证人时均有其家长陪同，且有女工作人员在场，保证了未成年人在和缓的条件下，客观真实供述。因此，本案虽然原审被告人张某始终不认罪，但其辩解没有任何证据支持，而被害人的陈述和相关证人证言等证据相互印证，综合全案证据，足以排除合理怀疑，认定被告人猥亵儿童的犯罪事实。

（三）全面厘清本案法院在认定事实中的错误

1. 法院没有认定张某在教室实施猥亵行为是“公共场所当众”

本案中被告人张某在教室里在众多学生在场的情况下实施猥亵行为，是否构成“公共场所当众”。“两高两部”《关于依法惩治性侵未成年人犯罪的意见》（以下简称《意见》）第 23 条明确规定，在校园、游泳馆、儿童游乐场等公共场所实施猥亵行为，只要有其他多人在场，不论在场人员是否实际看到，均可依照《刑法》第 236 条第 3 款、第 237 条的规定，认定为在公共场所“当众”。教室作为学生学习的场所，虽是封闭的空间，但教室是供多人使用的，具有相对的涉众性，应认定为“公共场所”。本案张某在教室猥亵学生的行为，其猥亵行为易被同班学生所感知，应认定在“公共场所当众”猥亵的加重情节。

2. 法院没有认定张某具有从重处罚情节

根据《意见》第 2 条规定对于性侵未成年人犯罪，应当依法从严惩治。

第25条规定，对未成年人负有特殊监护职责的人员、对不满12周岁的儿童实施猥亵、猥亵多名未成年人，更要依法从严惩处。根据《刑法》第237条第3款规定，猥亵儿童的，依照前两款的规定从重处罚。本案张某是学校教师，对在校学生负有监护职责，他猥亵的十几名被害人均是十岁左右的儿童，其行为具有多个依法从严惩处情节，应予认定并从重处罚。

3. 法院认定张某猥亵行为情节轻微、没有造成严重后果有误

检察机关认为，审查判断性侵未成年人案件造成的后果，不能仅仅看对身体的物理伤害，性侵害案件侵犯的是未成年人人身权中的羞耻心、自尊心。未成年人正处于身心发育阶段，性侵害会对他们生理、心理和社会交往产生不同程度的伤害。有的被害人会产生严重心理问题，无法正常学习、生活和人际交往，影响甚至会延续到被害人成年。性侵害犯罪也会给被害人家庭带来很大压力和影响。本案中，被害儿童有为此不想上学、有出现性格变得暴躁、有认为这是老师对自己的惩罚等，足以证明，张某的猥亵行为让孩子感到羞耻，给她们的心理造成了严重的伤害。张某在教室猥亵学生达到有恃无恐的地步，学生不仅在座位上遭到猥亵，还被叫到教室过道或讲台边猥亵，张某的行为在学生中造成恶劣影响，使得学生产生恐惧心理，张某的行为无形中也会对学生的行为产生错误的引导作用，无论对学风、校风，还是对学校、老师的形象都会造成极坏的影响。

三、办案思考

（一）准确把握性侵未成年人犯罪案件证据审查标准

被告人虽不供认犯罪事实，但案发过程自然，被害人陈述稳定，对于细节的描述符合正常认知、表达能力，结合生活经验对全案证据进行审查，能够形成完整证明体系的，可以认定案件事实。检察机关办理性侵害未成年人案件，要根据未成年人的身心特点，按照有别于成年人的标准予以判断。根据经验和常识，未成年人的陈述合乎情理、逻辑，对事物特征的描述符合其认知和表达能力，且有其他证据予以印证，被告人的辩解没有证据支持，结合双方关系不存在诬告可能的，应当采纳未成年人陈述。

（二）行为人在教室、集体宿舍等场所实施猥亵行为，只要当时有多人在场，即使在场人员未实际看到，也应当认定犯罪行为是在“公共场所当众”实施

《意见》第23条规定了在“校园、游泳馆、儿童游乐场等公共场所”对

未成年人实施强奸、猥亵犯罪，可以认定为在“公共场所当众”实施犯罪。适用这一规定，是否属于“当众”实施犯罪至为关键。对在规定列举之外的场所实施强奸、猥亵未成年人犯罪的，只要场所具有相对公开性，且有其他多人在场，有被他人感知可能的，就可以认定为在“公共场所当众”犯罪。

（三）办理性侵害未成年人案件，要充分发挥检察机关审判监督职能，维护未成年人合法权益

刑事抗诉是刑事审判监督的重要手段，是国家赋予人民检察院的专有职责，是对法院刑事审判活动进行监督的最重要、最有效的途径，对于维护当事人合法权益，促进司法公正，维护公平正义，树立和维护法治权威具有重要意义。在办理性侵害未成年人犯罪中，要认真细致审查法院判决裁定，对于抗诉后法院经审理，仍然存在认定事实错误，量刑畸轻、畸重的案件，应当及时启动再审抗诉程序，纠正法院的错误裁判，严厉打击犯罪分子，维护未成年人合法权益和社会的公平正义。

第三编
刑事审判监督新机制新方法

依法、全面、准确、充分履行刑事审判监督职责

最高人民检察院第二检察厅

刑事审判监督，是人民检察院依法对人民法院的刑事审判活动是否合法以及所作的刑事判决、裁定是否正确进行的法律监督。刑事审判监督是宪法、法律赋予检察机关的重要职责之一，也是检察监督的重点和难点之一。检察机关对刑事审判活动和刑事裁判进行全面监督，对于维护司法公正，保障法律统一正确实施，保护诉讼当事人合法权益，实现社会公平正义，促进社会和谐稳定具有重要意义。

一、正确认识和准确履行刑事审判监督职责

理念决定高度，思维决定行为，方法决定效果。要正确、理性、辩证地认识和对待刑事审判监督中存在的困难、问题和不足，找准刑事审判监督的职能定位，秉持客观公正的立场，依法全面履行刑事审判监督职责。

（一）当前刑事审判监督工作存在的主要问题

近年来，全国检察机关坚持以习近平新时代中国特色社会主义思想为指导，全面贯彻习近平法治思想，认真落实最高人民检察院关于“在办案中监督，在监督中办案”“精准抗诉”“接续抗诉”的工作部署，依法履行刑事审判监督职能，对确有错误的判决、裁定依法提出抗诉，为保障人权、促进司法公正、保证国家法律的统一正确实施发挥了积极作用。但也存在一些问题和不足：

一是监督理念仍然是影响刑事审判监督工作质效的重要原因。落实“在办案中监督，在监督中办案”的理念还不到位，监督意识不强，审判监督工作积极性不足，忙于办理捕诉案件，监督工作重视不够，敢于监督信心不强。

二是法律规定比较宏观、原则。修改后的刑事诉讼法以专章形式明确规定了“审判监督程序”，但是对人民检察院审判监督职责并没有设立专章或专节

进行具体规定，而是散见于若干法条，且条文表述相对宏观、原则。先天不足导致检察机关刑事审判监督在司法实践中步履维艰，支撑手段不足。

三是检法两家在一些问题上存在认识分歧。一些案件因检法两家对事实认定、证据审查判断、法律适用等方面存在理解和认识上的分歧，导致撤回抗诉，或者抗诉意见未获得法院采纳，审判监督难度大。对这类案件，上级检察院应当充分发挥检察一体化优势，加强指导，密切与法院的沟通协商，并应当就具有普遍性、典型性类案的法律适用问题及时向最高人民检察院请示汇报，确保法律适用的正确和统一。

四是认罪认罚从宽改革产生的制度性影响。伴随着认罪认罚从宽制度的全面适用，在优化司法资源配置、实现司法公正和司法效率统一的同时，诉判一致案件增多，上诉、抗诉案件整体减少成为必然。同时，由于被告人在认罪认罚后又反悔上诉的情形导致检察机关提出抗诉，又因为被告人撤回上诉而撤回抗诉，导致撤回抗诉率在一段时间内处于相对较高水平。还有的案件在适用认罪认罚从宽制度过程中，释法说理不足，导致犯罪嫌疑人、被告人在未真认罪、真认罚的情况下，单纯为追求从轻处罚结果而同意适用认罪认罚从宽制度，继而引发后续连锁反应，耗费了司法资源。

五是办案能力水平尚待提高。抗诉案件质量不高背后反映的深层次问题是起诉质量不高，而案件起诉质量不高在很大程度上又表现在证据质量、体系问题上。可监督纠正的法律适用错误等显性抗点减少，体现法官、检察官司法能力的事实认定、证据采信等实质性争议问题增多。这类案件抗诉难度高，对承办检察官要求高，部分检察官法学理论功底、审查判断证据及出庭支持抗诉的能力不足，导致抗诉效果不理想。在具体办案中，忽视抗前补证工作，就案而抗，导致上级检察机关不支持抗诉或者审判机关不采纳抗诉意见的情况时有发生。部分案件只重视从检察机关的立场进行审查，对被害人申请抗诉的情况没有给予足够的重视，未充分发挥以抗诉方式对被害人进行权利救济的作用。

（二）准确把握刑事审判监督职责的内涵和基本要求

1. 强化刑事审判监督是检察机关的法定职责，必须依法全面履行

《刑事诉讼法》第 8 条规定，人民检察院依法对刑事诉讼实行法律监督；第 209 条规定，人民检察院发现人民法院审理案件违反法律规定的诉讼程序，有权向人民法院提出纠正意见；第 228 条规定，地方各级人民检察院认为本级人民法院第一审的判决、裁定确有错误的时候，应当向上一级人民法院提出抗诉。第 254 条第 3 款规定，最高人民检察院对各级人民法院已经发生法律效力的判决和裁定，上级人民检察院对下级人民法院已经发生法律效力的判决和裁

定，如果发现确有错误，有权按照审判监督程序向同级人民法院提出抗诉。但是从每年被告人上诉后二审改判、发回重审的案件可以看出，存在相当数量的应当监督而没有监督的案件。对刑事审判中的诉讼违法行为进行监督，是检察机关的法定职责，必须依法履行。检察官要在办案中监督、监督中办案，切实转变重批捕起诉、轻监督的错误观念。

2. 准确定位刑事审判监督的目的和目标

刑事审判监督目的在于推进法律的统一正确实施，不是博弈和抗衡。审判监督是检法两家共同努力确保我国宪法法律的统一正确实施，实现双赢多赢共赢。要充分认识到强化审判监督是促进司法公正的必然选择，是维护法治权威的有效途径，是保障民生民利的现实需要。坚持正确认识、理性看待刑事审判监督权，把刑事审判监督权置于中国特色社会主义法律制度、法律理论体系视野之中，在更高层次、更宽领域上看待和思考刑事审判监督职能。审判监督的意义和价值在于维护司法公正、保证法律统一正确实施，应当立足于国家整体法治建设水平和全面依法治国战略层面上来综合考虑、客观评价及总体把控，坚持中国特色社会主义法治的理论自信、制度自信和文化自信，结合司法实际聚焦依法履职，依法全面履行检察机关在刑事诉讼中应当承担的职责，在法律规定框架内把检察机关应该做的做好、做到位，体现检察担当。

3. 坚持法律思维，秉持谦抑原则，在客观公正的立场上依法履行刑事审判监督职能

一是强化边界意识，坚守司法谦抑性，在规范的基础上强化，即以具体检察职能的履行来保障宪法和法律的统一正确实施，而不是片面强调“加大力度”，更不能进行所谓的“全面”“广泛”监督。二是坚持法律思维，秉持客观公正立场。法律思维最基本的思考方式，不是过分强调如何改革制度规范、如何提出立法建议，而是要思考如何在现有法律框架下、法律理念下寻求解决问题的具体方案。加强对具体刑事审判监督的业务研究，深刻把握刑事审判监督的内在要求，通过具体的审判监督活动来保障宪法和法律的统一正确实施，善于从司法实践中、从抗诉个案中探寻和推进理论、理念上的进步。三是审慎选择监督方式。特别关注和重视审判监督质量和监督效果，全面客观审查原判证据事实和理由，选择最适合的监督方式，构建以精准化抗诉为目标的刑事抗诉新格局。根据相关法律规定和司法实践，口头纠正、纠正审理违法意见书主要针对程序违法，检察建议主要针对刑事裁判中的技术性错误，刑事抗诉主要针对认定事实、证据采信、适用法律错误和严重程序违法影响公正裁判的情形。

二、刑事审判监督的程序适用

根据《人民检察院刑事诉讼规则》第551条、第570条规定，人民检察院依法对人民法院的审判活动是否合法实行监督。

（一）审判监督的主要内容

审判活动监督主要发现和纠正以下违法行为：（1）人民法院对刑事案件的受理违反管辖规定的；（2）人民法院审理案件违反法定审理和送达期限的；（3）法庭组成人员不符合法律规定，或者依照规定应当回避而不回避的；（4）法庭审理案件违反法定程序的；（5）侵犯当事人、其他诉讼参与人的诉讼权利和其他合法权利的；（6）法庭审理时对有关程序问题所作的决定违反法律规定的；（7）违反法律规定裁定发回重审的；（8）故意毁弃、篡改、隐匿、伪造、偷换证据或者其他诉讼材料，或者依据未经法定程序调查、质证的证据定案的；（9）依法应当调查收集相关证据而不收集的；（10）徇私枉法，故意违背事实和法律作枉法裁判的；（11）收受、索取当事人及其近亲属或者其委托的律师等人财物或者其他利益的；（12）违反法律规定采取强制措施或者采取强制措施法定期限届满，不予释放、解除或者变更的；（13）应当退还取保候审保证金不退还的；（14）对与案件无关的财物采取查封、扣押、冻结措施，或者应当解除查封、扣押、冻结而不解除的；（15）贪污、挪用、私分、调换、违反规定使用查封、扣押、冻结的财物及其孳息的；（16）其他违反法律规定的行为。

（二）审判监督的方式与程序

第一，人民检察院对刑事诉讼活动实行法律监督，发现违法情形的，依法提出抗诉、纠正意见或者检察建议。

人民检察院对于发现的涉嫌违法的事实，可以采取法定方式进行调查核实。人民检察院在调查核实过程中不得限制被调查对象的人身、财产权利。

人民检察院对于涉嫌违法的事实，可以采取以下方式进行调查核实：（1）讯问、询问犯罪嫌疑人；（2）询问证人、被害人或者其他诉讼参与人；（3）询问办案人员；（4）询问在场人员或者其他可能知情的人员；（5）听取申诉人或者控告人的意见；（6）听取辩护人、值班律师意见；（7）调取、查询、复制相关登记表册、法律文书、体检记录及案卷材料等；（8）调取讯问笔录、询问笔录及相关录音、录像或其他视听资料；（9）进行伤情、病情检查或者鉴定；（10）其他调查核实方式。

第二，人民检察院发现刑事诉讼活动中的违法行为，对于情节较轻的，由检察人员以口头方式提出纠正意见；对于情节较重的，经检察长决定，发出纠正违法通知书。对于带有普遍性的违法情形，经检察长决定，向相关机关提出检察建议。构成犯罪的，移送有关机关、部门依法追究刑事责任。

第三，在审判活动监督中，人民检察院发现人民法院或者审判人员审理案件违反法律规定的诉讼程序，应当向人民法院提出纠正意见。人民检察院对违反程序的庭审活动提出纠正意见，应当由人民检察院在庭审后提出。出席法庭的检察人员发现法庭审判违反法律规定的诉讼程序，应当在休庭后及时向检察长报告。

（三）审判监督方式的综合运用

第一，对审判过程中轻微违反程序的行为，采用口头方式足以纠正的，或者审判活动正在进行当中，应当及时指出错误的，检察人员可以采用口头方式进行监督，但应当将监督情况记录在案。《人民检察院刑事诉讼规则》第 572 条第 2 款规定："人民检察院对违反程序的庭审活动提出纠正意见，应当由人民检察院在庭审后提出。出席法庭的检察人员发现法庭审判违反法律规定的诉讼程序，应当在休庭后及时向检察长报告。"

第二，人民检察院依法对人民法院的判决、裁定是否正确实行监督，对人民法院确有错误的判决、裁定，应当依法向上一级人民法院提出抗诉。

抗诉是法律赋予检察机关的重要职能。办理刑事抗诉案件，应当坚持依法、准确、及时、有效的基本要求。提出或者支持抗诉的案件，应当充分考虑抗诉的必要性。

第三，对于以下情形，可以通过与法院沟通联系机制的方式进行监督：对人民法院刑事审判活动中存在的共性问题和类案问题，可以通过联席会议提出纠正意见和检察建议；对人民法院与人民检察院在法律适用上有分歧的问题以及在抗诉程序操作上需要协调的问题，可以通过联席会议进行讨论。

第四，对人民法院在审判活动中严重的违法行为，经依法监督未及时纠正，或者发现人民法院在审判活动中较严重而又具有普遍性的违法行为，可以向同级党委、人大报告，或者通过上级人民检察院向同级人民法院通报。

第五，发现审判人员在案件审理过程中可能存在的违法犯罪线索，并根据线索情况，及时移送人民检察院负责司法工作人员相关犯罪案件侦查业务的部门查处。

（四）强化上下级检察院的联动，形成工作合力

1. 上级检察院的指导

对重大刑事犯罪案件、重大职务犯罪案件、人民群众对司法不公反映强烈的案件以及其他有重大影响的重要抗诉案件，上级人民检察院要提前指导。下级人民检察院对于拟抗诉的重要案件，应当在决定抗诉前向上级人民检察院汇报，上级人民检察院应当提出具体指导意见。

2. 上级检察院支持抗诉与撤回抗诉

上级人民检察院对下级人民检察院按照第二审程序提出抗诉的案件，认为抗诉正确的，应当支持抗诉；认为抗诉不当的，应当向同级人民法院撤回抗诉，并且通知下级人民检察院。下级人民检察院如果认为上一级人民检察院撤回抗诉不当的，可以提请复议。上级人民检察院应当复议，并将复议结果通知下级人民检察院。

3. 上级检察院指令抗诉

上级人民检察院在上诉、抗诉期限内，发现下级人民检察院应当提出抗诉而没有提出抗诉的案件，可以指令下级人民检察院依法提出抗诉。

4. 人民检察院发出纠正违法通知书的，应当监督落实

被监督单位在纠正违法通知书规定的期限内没有回复纠正情况的，人民检察院应当督促回复。经督促被监督单位仍不回复或者没有正当理由不纠正的，人民检察院应当向上一级人民检察院报告。上级人民检察院经审查，认为下级人民检察院纠正意见正确的，应当及时通报被监督单位的上级机关或者主管机关，并建议其督促被监督单位予以纠正；认为下级人民检察院纠正意见错误的，应当书面通知下级人民检察院予以撤销，下级人民检察院应当执行，并及时向被监督单位说明情况。

（五）关于刑事抗诉

通过刑事抗诉纠正确有错误的裁判，是人民检察院履行法律监督职能的重要体现。加强刑事抗诉工作，对于维护司法公正，保护诉讼当事人合法权益，实现社会公平正义，促进社会和谐稳定，树立和维护法治权威具有重要意义。

1. 刑事抗诉案件的启动

人民检察院通过审查人民法院的判决或裁定、受理申诉等活动，监督人民法院的判决、裁定是否正确。地方各级人民检察院认为本级人民法院第一审的判决、裁定确有错误的时候，应当向上一级人民法院提出抗诉。最高人民检察院对各级人民法院已经发生法律效力的判决和裁定，上级人民检察院对下级人

民法院已经发生法律效力的判决和裁定，如果发现确有错误，有权按照审判监督程序向同级人民法院提出抗诉。

人民检察院对同级人民法院已经发生法律效力的刑事判决、裁定，发现确有错误的，应当提请上一级人民检察院抗诉。上级人民检察院发现下级人民法院已经发生法律效力的判决或裁定确有错误的，可以直接向同级人民法院提出抗诉，或者指令作出生效判决、裁定人民法院的上一级人民检察院向同级人民法院提出抗诉。

当事人及其法定代理人、近亲属认为人民法院已经发生法律效力的判决、裁定确有错误，向人民检察院申诉的，适用最高人民检察院《关于办理不服人民法院生效刑事裁判申诉案件若干问题的规定》和《人民检察院办理刑事申诉案件规定》等规定。

2. 应当提出抗诉的情形

根据《人民检察院刑事抗诉工作指引》第 9 条的规定，人民法院的判决、裁定有下列情形之一的，应当提出抗诉：

原审判决或裁定认定事实确有错误，导致定罪或者量刑明显不当的：(1) 刑事判决、裁定认定的事实与证据证明的事实不一致的；(2) 认定的事实与裁判结论有矛盾的；(3) 有新的证据证明原判决、裁定认定的事实确有错误的。

原审判决或裁定采信证据确有错误，导致定罪或者量刑明显不当的：(1) 刑事判决、裁定据以认定案件事实的证据不确实的；(2) 据以定案的证据不足以认定案件事实，或者所证明的案件事实与裁判结论之间缺乏必然联系的；(3) 据以定案的证据依法应当作为非法证据予以排除而未被排除的；(4) 不应当排除的证据作为非法证据被排除或者不予采信的；(5) 据以定案的主要证据之间存在矛盾，无法排除合理怀疑的；(6) 因被告人翻供、证人改变证言而不采纳依法收集并经庭审质证为合法、有效的其他证据，判决无罪或者改变事实认定的；(7) 犯罪事实清楚，证据确实、充分，但人民法院以证据不足为由判决无罪或者改变事实认定的。

原审判决或裁定适用法律确有错误的：(1) 定罪错误，即对案件事实进行评判时发生错误：①有罪判无罪，无罪判有罪的；②混淆此罪与彼罪、一罪与数罪的界限，造成罪刑不相适应，或者在司法实践中产生重大不良影响的。(2) 量刑错误，即适用刑罚与犯罪的事实、性质、情节和社会危害程度不相适应，重罪轻判或者轻罪重判，导致量刑明显不当：①不具有法定量刑情节而超出法定刑幅度量刑的；②认定或者适用法定量刑情节错误，导致未在法定刑幅度内量刑或者量刑明显不当的；③共同犯罪案件中各被告人量刑与其在共同犯罪中的地位、作用明显不相适应或者不均衡的；④适用主刑刑种错误的；⑤适用附加刑错误的；⑥适用免予刑事处罚、缓刑错误的；⑦适用刑事禁止令、限制减刑错误的。

人民法院在审判过程中有下列严重违反法定诉讼程序情形之一，可能影响公正裁判的：（1）违反有关公开审判规定的；（2）违反有关回避规定的；（3）剥夺或者限制当事人法定诉讼权利的；（4）审判组织的组成不合法的；（5）除另有规定的以外，证据材料未经庭审质证直接采纳作为定案根据，或者人民法院依申请收集、调取的证据材料和合议庭休庭后自行调查取得的证据材料没有经过庭审质证而直接采纳作为定案根据的；（6）由合议庭进行审判的案件未经过合议庭评议直接宣判的；（7）违反审判管辖规定的；（8）其他严重违反法定诉讼程序情形的。

刑事附带民事诉讼部分所作判决、裁定明显不当的。

人民法院适用犯罪嫌疑人、被告人逃匿、死亡案件违法所得的没收程序所作的裁定确有错误的。

审判人员在审理案件的时候，有贪污受贿、徇私舞弊或者枉法裁判行为，影响公正审判的。

3. 一般不提出抗诉的情形

根据《人民检察院刑事抗诉工作指引》第 10 条的规定，下列案件一般不提出抗诉：

原审判决或裁定认定事实、采信证据有下列情形之一的：（1）被告人提出罪轻、无罪辩解或者翻供后，认定犯罪性质、情节或者有罪的证据之间的矛盾无法排除，导致人民法院未认定起诉指控罪名或者相关犯罪事实的；（2）刑事判决改变起诉指控罪名，导致量刑差异较大，但没有足够证据或者法律依据证明人民法院改变罪名错误的；（3）案件定罪事实清楚，因有关量刑情节难以查清，人民法院在法定刑幅度内从轻处罚的；（4）依法排除非法证据后，证明部分或者全部案件事实的证据达不到确实、充分的标准，人民法院不予认定该部分案件事实或者判决无罪的。

原审判决或裁定适用法律有下列情形之一的：（1）法律规定不明确、存有争议，抗诉的法律依据不充分的；（2）具有法定从轻或者减轻处罚情节，量刑偏轻的；（3）被告人系患有严重疾病、生活不能自理的人，怀孕或者正在哺乳自己婴儿的妇女，生活不能自理的人的唯一扶养人，量刑偏轻的；（4）被告人认罪并积极赔偿损失，取得被害方谅解，量刑偏轻的。

人民法院审判活动违反法定诉讼程序，其严重程度不足以影响公正裁判，或者判决书、裁定书存在技术性差错，不影响案件实质性结论的，一般不提出抗诉。必要时以纠正审理违法意见书形式监督人民法院纠正审判活动中的违法情形，或者以检察建议书等形式要求人民法院更正法律文书中的差错。

人民法院判处被告人死刑缓期二年执行的案件，具有下列情形之一，除原判决认定事实、适用法律有严重错误或者社会反响强烈的以外，一般不提出判处死刑立即执行的抗诉：（1）被告人有自首、立功等法定从轻、减轻处罚情节的；（2）定罪的证据确实、充分，但影响量刑的主要证据存有疑问的；（3）因婚姻家庭、邻里纠纷等民间矛盾激化引发的案件，因被害方的过错行为引起的案件，案发后被告人真诚悔罪、积极赔偿被害方经济损失并取得被害方谅解的；（4）罪犯被送交监狱执行刑罚后，认罪服法，狱中表现较好，且死缓考验期限将满的。

原审判决或裁定适用的刑罚虽与法律规定有偏差，但符合罪刑相适应原则和社会认同的。

未成年人轻微刑事犯罪案件量刑偏轻的。

三、刑事审判监督应当树立的基本理念及构建

最高人民检察院党组要求，要转变检察工作理念，正确认识监督与办案的辩证统一关系，坚持“在办案中监督，在监督中办案”，树立“双赢多赢共赢”的监督理念。

（一）刑事审判监督应当树立的基本理念

1. “强化监督”理念

刑事审判监督是人民检察院依法履行检察监督职能，纠正错误刑事判决、裁定的重要手段。检察官作为社会公平正义的守护者，要全面提高对刑事审判监督工作重要性的认识，正确处理依法指控犯罪与强化法律监督的关系，把刑事审判监督放在与批捕起诉同等重要的位置。要清醒地认识到，刑事审判监督是检察机关法定的、必须履行的职责，如果应当监督而没有监督、疏于监督，怠于履职，就是失职。要做到既依法指控各类刑事犯罪，维护社会和谐稳定，又依法保障诉讼参与人的合法权益，保障法律统一正确实施，为社会、为人民群众提供更加优质、高效的法治产品和检察产品。

2. “精准监督”理念

检察机关履行监督职责，是通过个案的公平正义来引领司法进步和社会文明进步。因此，保证监督质量是开展刑事审判监督工作的首要要求，是强化刑事审判监督工作的基础。“精准”是第一位的。要做到监督质量与监督数量并

重，实现刑事审判监督法律效果、政治效果、社会效果的有机统一。“精”，就是要注重选择具有典型意义、在司法理念方面有纠偏、创新、进步、引领性的案件进行监督，做到监督一件，促进解决一个方面、一个领域、一个时期司法理念、政策、导向的问题，发挥对类案的案例指导性作用；“准”就是要做到案件事实认定清楚、法律适用准确，确有监督必要，并在此基础上结合案件具体情况选择适当监督方式，实现精准监督。

3. “接续监督”理念

“接续监督”是检察机关领导体制决定的，也是提高监督案件质量的有效途径。对确有错误的判决裁定，上下级检察院要充分发挥检察一体化优势，强化协作配合，合力监督、接续监督，共同推进法律的统一正确实施。例如，抗诉案件办理程序主要包括下级院提出抗诉、上级检察院支持抗诉和出席法庭、法院审理裁判三个环节，监督起点在基层检察院，监督质量和监督效果体现在地市级检察院，决定了必须加强上下级检察院之间的沟通配合，共同保证刑事审判监督案件的质量和效果。

4. “确保法律统一正确实施”理念

新时代人民群众对公平正义具有更高的期待和要求。检察机关刑事审判监督既要严把实体关，加强对刑事判决、裁定的监督，又要严把程序关，加强对审判活动中违法情形的监督，保证审判程序的公正，做到实体监督和程序监督并重。

5. “双赢多赢共赢”理念

检察机关要秉持客观公正立场，正确处理配合与监督的关系，既要严格执行法律，依法履行审判监督职责，又要加强与人民法院的沟通配合，建立健全日常联系机制，统一司法标准；既要敢于监督，依法监督，又要讲求工作的方式、方法，综合运用提出抗诉、发出检察建议、口头和书面纠正违法等多种监督手段，实现监督的最佳效果。同时，对于当事人申诉而人民法院正确的判决、裁定，应当做好释法说理、息诉服判工作，共同维护法律权威，促进社会和谐稳定，实现“双赢多赢共赢”。

（二）以求极致的精神构建新时代以抗诉为中心的刑事审判监督格局

刑事审判监督是宪法、法律赋予检察机关的重要职责，是中国特色社会主义检察制度的重要内容和鲜明特色。如何适应经济社会发展和犯罪类型结构变化，依法发挥审判监督积极作用，需要我们认真对待和审慎考虑，更需要整体推进、统筹把握和系统指导，应当以案件质量为核心，强化案件事实证据审查，尤其在抗诉政策、抗诉必要性的把握等方面强化研究，有力推进刑事审判监督制度化、规范化、程序化、体系化、信息化建设，扭转监督弱化的势头，实现司法办案和检察监督的两手抓、两手硬。面对新形势新任务新要求，检察机关刑事审判监督要深入学习贯彻习近平法治思想，在推进依法治国的背景下，固本强基，在“稳进、规范、推进、深化、提升”上积极努力，准确把握、依法全面履行审判监督职责使命。

1. 多渠道发现监督案源

增强发现监督案源的敏锐性，加大对不服法院生效刑事裁判申诉案件的审查力度，注重从上诉、申诉案件中发现监督线索。同时，以大数据技术为依托，通过案件质量评查、刑事裁判文书交叉评查、分类审查和专项检查等活动，对一段时期内或者一类案件中存在的共性问题进行系统梳理，强化类案监督效果。创新监督机制，建立健全刑事裁判同步审查机制、上诉不开庭案件审查机制、重大疑难复杂案件抗诉指导机制、诉讼违法线索办理机制以及类案类问题指导机制等。

2. 上下合力，精准监督

最高检和省级检察院刑事审判监督工作要突出重点，各有侧重。最高人民检察院、省级检察院重点关注监督工作中带有普遍性的重点问题以及法律适用存在争议的问题，加强综合业务指导和条线指导；市级检察院和基层检察院要重点关注案件的定罪量刑问题，确保刑事裁判结果的公平公正。一是各级检察院要牢固树立证据意识，坚持抗准原则。抗诉案件必须做到事实清楚，证据确实充分，判决裁定确有错误，抗诉理由充分且有抗诉必要。对证据不扎实的抗诉案件，要综合运用自行补充侦查和引导侦查，做好案件证据调查、复核补证工作，补强证据缺陷、完善证据体系，保证案件质量。上下级检察院要加强协作配合，精准发力，共同保证监督效果。二是准确把握抗诉必要性条件。对于检法两家在法律适用、证据采信方面存在重大认识分歧、不能形成一致意见的重大疑难复杂案件，特别是社会影响大、容易引发负面舆情的案件，要依法审慎提出抗诉。同时善用、用好多种监督方式。结合案件具体情况，立足降低“案－件比”，在抗诉、检察建议、纠正违法通知等多种监督手段中选取最优方案，力求最佳监督效果。三是发挥检察一体化优势，对下级检察院抗诉或者提请抗诉的案件，经审查符合抗诉条件的，上级检察院应当支持抗诉或者向同级法院提出抗诉，做到上下联动，接续抗诉，“一抗到底”。以上下级检察院的抗诉合力保证监督成效。

3. 突出抗诉重点，确保抗诉效果

刑事审判监督工作要围绕我国经济社会发展，关注社会热点焦点，回应社会关切，突出监督重点，实现监督工作法律效果、政治效果和社会效果的统一。刑事审判监督要紧紧围绕国家改革发展稳定大局和社会治安形势，关注社会各界反映强烈的司法不公案件、容易发生司法人员执法不公、违法犯罪的薄弱环节，把监督重点放在对诉判不一情形的审查上。各级检察院在办理刑事审判监督案件中，要注意发现裁判不公背后可能存在的审判人员违法犯罪问题，在纠正不公正裁判的同时，依法惩治司法人员职务犯罪。云南“孙小果案”、北京“郭文思减刑案”、内蒙古“纸面服刑案”都反映出刑事审判监督还存在薄弱环节，需要引起高度重视。

4. 树立精品意识，积极培育刑事抗诉典型案件和指导性案例

“一个案例胜过一打文件。”案例指导是统一司法标准、提高办案质量的重要途径。各级检察院要培育办理精品抗诉案件的意识，认真办理社会关注度高、具有典型引领意义的精品案件，形成良性互动，促进公正司法，实现“双赢多赢共赢”。

四、关于刑事审判监督需要厘清的几个具体问题

（一）抗诉标准要高于起诉标准

《刑事诉讼》法第 176 条第 1 款规定，人民检察院认为犯罪嫌疑人的犯罪事实已经查清，证据确实、充分，依法应当追究刑事责任的，应当作出起诉决定，按照审判管辖的规定，向人民法院提起公诉，并将案卷材料、证据移送人民法院。据此，人民检察院对公诉案件把握的起诉标准应当是“犯罪嫌疑人的犯罪事实已经查清，证据确实、充分，依法应当追究刑事责任”。根据《刑事诉讼法》第 200 条第 1 项规定，案件事实清楚，证据确实、充分，依据法律认定被告人有罪的，应当作出有罪判决。据此，人民法院作出有罪判决的标准应当是“案件事实清楚，证据确实、充分，依据法律认定被告人有罪”。起诉标准与判决标准的表述虽然大致相同，但在司法实践中检察院和法院的理解和把握还是存在一定差异的。控诉权更加倾向于指控犯罪、证明犯罪和追诉犯罪，而法律监督权突出强调的是对人民法院审判权依法行使的监督。因此，检察机关在具体案件处理上，对起诉标准和抗诉标准的把握必然不同。例如，有的案件虽然法院改变了检察机关的指控，可能涉及罪名或者量刑的变更，但是如果系因起诉质量不高，原指控事实没有充分证据予以证明，或者案件定罪事实清楚，但有关量刑情节难以查清，人民法院在法定刑幅度内处罚的，都是不应当提

出抗诉的；还有的案件系检法两家存在认识分歧，双方对案件事实和证据均无异议，但是由于法律规定不明确、存在争议，导致法院、检察院在罪名适用上存在不同意见，如果法院裁判改变起诉指控罪名，即使导致量刑差异较大，但是检察机关没有足够证据或者法律依据证明裁判错误的，一般也不宜提出抗诉。

（二）审判监督程序抗诉标准要高于二审程序抗诉标准

二审程序抗诉标准与审判监督程序抗诉标准也是存在差异的。相比较而言，二审程序抗诉在强调权力监督的同时，侧重于权利救济，而审判监督程序抗诉在考虑权力监督、权利救济的同时，还要综合考虑法院既判力的稳定性、社会和谐稳定、司法公平公正以及抗诉效果等诸多因素。

审判监督程序抗诉与二审抗诉在证据、证明标准、法律适用的把握上有所不同。审判监督程序抗诉要统筹考虑生效裁判是否确有错误、抗诉是否确有必要。关于“确有错误”的认定。强调在认定生效裁判“确有错误”时，要有充分的证据支撑和明确的法律依据。关于“确有必要”的考量。强调在考量是否确有必要提出抗诉时，要全面审查生效裁判的错误程度，统筹考量法院裁判的稳定性、维护司法权威、促进社会和谐稳定以及社会关系是否已经平复等问题。

一般来说，如果法律规定不明确的，既不宜提出二审抗诉又不宜提起审判监督程序抗诉。但是，如果案件涉及较为普遍、典型性的问题，确有统一认识、达成共识的必要的，可以考虑二审抗诉，但是要加强抗前抗后的沟通和协调，争取达成共识，同时要及时报告上级检察院，争取上级检察院的支持，促进与同级法院的沟通。如果案件中有罪证据、无罪证据同时存在，而且有罪的证据相对薄弱，或者对在案证据的证明内容检、法两家存在不同理解，导致检、法两家在审查判断证据的证明力方面存在认识分歧，从而造成对案件事实认定不一致的，也不宜提出审判监督程序抗诉。

此外，根据《人民检察院刑事诉讼规则》第 592 条规定，对于高级人民法院判处死刑缓期二年执行的案件，省级人民检察院认为确有错误提请抗诉的，一般应当在收到生效判决、裁定后 3 个月以内提出，至迟不得超过 6 个月。这既是为了维护法院既判力，又是为了保证检察机关的抗诉效果。超过规定期限的，除非确有必要，一般不宜提出审判监督程序抗诉。

（三）关于“新证据”的理解和把握

出现新的证据，是指案件经人民法院依法审理并作出裁判后，发现足以证明原判决、裁定认定事实确有错误、可能影响定罪量刑的新证据。根据《刑事诉讼法》第 253 条第 1 项的规定：当事人及其法定代理人、近亲属申诉，有新的证据证明原判决、裁定认定的事实确有错误，可能影响定罪量刑的，人民法院应当重新审判。根据《人民检察院刑事诉讼规则》第591条第1款第1项规定，人民检察院认为人民法院已经发生法律效力的判决、裁定确有错误，有新的证据证明原判决、裁定认定的事实确有错误，可能影响定罪量刑的，应当按照审判监督程序向人民法院提出抗诉。因此，对于有新的证据证明原判决、裁定认定犯罪事实确有错误、可能影响定罪量刑的，检察机关应当提出抗诉。

如何界定二审程序和审判监督程序中的“新证据”？虽然，刑事诉讼法及相关法律规定中，“新的证据”一词出现率较高，但实践中对“新的证据”的理解和把握标准不一。2021年3月开始施行的《最高人民法院关于适用〈中华人民共和国刑事诉讼法〉的解释》第458条规定：“具有下列情形之一，可能改变原判决、裁定据以定罪量刑的事实的证据，应当认定为刑事诉讼法第二百五十三条第一项规定的‘新的证据’：（一）原判决、裁定生效后新发现的证据；（二）原判决、裁定生效前已经发现，但未予收集的证据；（三）原判决、裁定生效前已经收集，但未经质证的证据；（四）原判决、裁定所依据的鉴定意见，勘验、检查等笔录被改变或者否定的；（五）原判决、裁定所依据的被告人供述、证人证言等证据发生变化，影响定罪量刑，且有合理理由的。”本条规定脱胎于2011年10月最高人民法院《关于审理人民检察院按照审判监督程序提出的刑事抗诉案件若干问题的规定》第3条，略有修改删减并增加了第5项内容，更加完备，契合司法办案需要。

因此，刑事审判监督程序中的“新证据”并不简单等同于新发现的证据，是指案件经审理、裁判后，新发现或者已经发现但由于主客观原因未予收集、质证、认证或者发生变化，具有合理理由，能够证明原判案件事实认定确有错误，可能影响定罪量刑的证据。新发现的证据在足以影响定罪量刑的情况下，属于新证据；新发现的证据如果对定罪量刑没有实质影响，就不具有实际证明价值，不属于刑事审判监督程序中的“新证据”。同时，“新证据”的证明范围以原审裁判认定的起诉事实为限，如果新的证据不是指向原起诉事实的，提出抗诉的检察院将承担案件被退回的不利后果。这是根据《最高人民法院关于适用〈中华人民共和国刑事诉讼法〉的解释》第462条第1款第3项规定，以有新的证据为由提出抗诉，但未附相关证据材料或者有关证据不是指向原起诉事实的，应当通知人民检察院在3日以内补送相关材料；逾期未补送的，将案件退回人民检察院。决定退回的抗诉案件，人民检察院经补充相关材料后再次抗诉，经审查符合受理条件的，人民法院应当受理。

（四）关于被害人抗诉请求权问题

《刑事诉讼法》第229条规定，被害人及其法定代理人不服地方各级人民法院第一审的判决的，自收到判决书后5日以内，有权请求人民检察院提出抗诉。本条赋予被害人抗诉请求权，由此检察机关也承担了双重功能，即检察机关对刑事审判活动进行法律监督和为刑事被害人提供权利救济。被害人如果不服一审判决，请求检察机关抗诉的权利救济程序，从实践运行情况来看，存在不利于被害人权益保护的几个缺陷问题：

1. 没有相应告知程序配套，导致被害人该项权利相对弱化

最高人民法院《关于适用〈中华人民共和国刑事诉讼法〉的解释》仅规定，被害人死亡的，其近亲属申请领取判决书的，人民法院应当及时提供。司法实践中有一定数量的被害人不能及时知道判决结果，且判决书结尾部分只明示被告人的上诉权，而不表述被害人的提请抗诉权，致使被害人不能及时行使权利，进而可能出现被害人长期申诉、上访乃至缠访等问题。

2. 时间设置上存在缺陷

根据《刑事诉讼法》第229条的规定，被害人自收到判决书5日以内有权提请人民检察院抗诉，检察机关自收到请求后5日以内作出是否抗诉的决定并答复请求人。从表面上看，被害人提请抗诉期限与检察机关的抗诉期限相衔接，但事实上检察机关与被害人收到判决书存在时间差，这就导致被害人请求检察机关抗诉时，审查请求权的期限过短，甚至可能超过检察机关提出抗诉的10日期限。

3. 抗诉请求权的主体范围规定不全面，对已死亡成年被害人的抗诉请求权主体未作出规定

刑事诉讼法规定的抗诉请求权主体只有被害人及其法定代理人。刑事诉讼中的法定代理人是指被代理人的父母、养父母、监护人和负有保护职责的机关、团体的代表。法定代理人是为无行为能力人或者限制行为能力人而设立的，意味着已死亡的被害人如果生前是完全行为能力人的，其抗诉请求权由谁代为行使的法律规定是缺失的。与之相反的是被告人上诉权的设置，除被告人及法定代理人外，被告人的辩护人和近亲属，经被告人同意均可以上诉。

有观点认为，刑事个案有检察机关履行法律监督职责，故不需要过多地规范被害人权利救济。事实上，完善被害人刑事抗诉请求权具有充分的理论基础。一方面，被害人是直接遭受犯罪行为侵害的人，从情理上最有权对判决结果是否公正表达意见，被害人已死亡并不代表抗诉请求权的自动丧失。我国有不少保障被害人参与量刑的法律规定，如刑事诉讼法规定的当事人和

解的公诉案件诉讼程序，又如最高人民法院、最高人民检察院、公安部、国家安全部、司法部《关于适用认罪认罚从宽制度的指导意见》中关于被害方权益保障的专门规定，充分表明国家对被害人有限度地参与量刑是持支持态度的。另一方面，保障被害人刑事抗诉权的行使也有利于防止检察机关怠于行使抗诉权，迫使检察官在判决审查中积极履行法律监督职责，重视被害人权利的救济，进一步平衡被告人、被害人的权利保护设置，由此也可以减少被害人及其近亲属对罪犯和社会的不满，有利于维护社会安定。

现有法律关于被害人抗诉请求权的设置缺陷可以通过加强与法院的沟通对接和优化检察机关运行机制来弥补。一是建立沟通机制，保障被害人行使抗诉请求权。刑事诉讼法明确规定法院判决后，应当将判决书送达当事人，检察机关对此应加强监督，确保被害人能够收到判决书，并采取适当形式提示被害人具有提请抗诉权，并尽量确保检察机关与被害人能够同步收到判决书。二是优化内部机制，保障已死亡被害人近亲属的抗诉请求权。由于法律对被害人已死亡且其近亲属未提起附带民事诉讼的情况未规定判决送达义务，也未赋予其近亲属抗诉请求权，对此检察机关可以通过规范内部工作机制，主动将判决情况及时告知被害人近亲属，听取其对被告人定罪量刑的意见，如被害人近亲属有意要提请检察机关抗诉的，检察机关应认真审查，及时答复，对经审查决定不予抗诉的，耐心做好释法说理工作，确保案结事了。

深化数字赋能 靶向能动履职
推动首都检察刑事抗诉工作高质量发展

北京市人民检察院第十检察部

2022年，北京市检察机关坚持以习近平新时代中国特色社会主义思想为指导，深入贯彻中央、市委关于加强检察机关法律监督工作的意见精神，认真落实最高人民检察院“质量建设年”工作部署，强化政治统领、思想引领，突出首都意识、首善标准、首都特色，靶向刑事抗诉规模较小、撤抗率较高、抗诉采纳率较低等质效不高问题，以大数据赋能检察为小切口，撬动刑事抗诉工作新变局取得扎实成效。北京市检察机关刑事审判监督工作质效进步显著，全国综合排名同比上升14个位次。

一、强化政治统领，增强大局意识

一是强化监督主线意识。“抗源供给不足”“抗诉质效不高”“抗诉结构失衡”是近年来制约北京市检察机关刑事抗诉工作高质量发展的瓶颈短板。北京市检察院党组高度重视，坚持以贯彻中央、市委关于加强检察机关法律监督工作的意见精神为主线，先后将短板问题纳入北京市检察院2021年顽瘴痼疾整治台账以及2022年常态化开展执法司法顽瘴痼疾排查整治台账，把深入实施数字检察战略作为加强北京市检察机关法律监督工作的基础性、标志性和具有重大牵引力的工作，形成“25 + N”项数字赋能检察工作布局，持续把党的领导政治优势转化为法律监督工作能动履职的制度优势。北京市检察机关提高刑事抗诉工作质效的政治自觉、法治自觉和检察自觉明显提升。

二是明确监督主题任务。坚持深刻领悟高质量发展主题任务，坚持把破解刑事抗诉工作质效不高的问题，摆在事关刑事检察高质量发展整体性、基础性的重要位置，持续强化“在监督中办案，在办案中监督”以及“精准监督”“接续监督”的理念，牢固树立“双赢多赢共赢”的理念，加强与人民法院的协调、沟通，打消“不愿监督”的思想顾虑，最大限度地实现监督效果。

三是锚定监督主攻方向。为有效破解抗诉规模较小、撤抗率较高、抗诉采纳率较低三个方面问题，全市检察机关精准聚焦监督履职短板，牢固树立“数量是基础，质量是关键，结构调整是重点”的理念，锚定“积极推动刑事抗诉案件供给侧结构性调整”的主攻方向，把刑事抗诉放在与批捕起诉同等重要的位置，坚持实体监督与程序监督并重，坚持“抗轻”与“抗重”并举，通过机制完善、科技赋能等手段，有力改变了“监督软、监督慢、监督晚”和“重办案轻监督、重数量轻质量、重监督轻效果”的状况。

二、健全工作机制，协同能动履职

一是强化牵头抓总责任担当。严格按照北京市检察院党组要求，强化问题导向、目标导向、质效导向，以持续推进《北京市检察机关进一步提高刑事抗诉工作质效指导意见（试行）》的全面贯彻为抓手，精准发力持续狠抓落实。进一步强化刑事抗诉工作牵头部门职能作用，健全完善各级检察院刑事审判监督领导协调机制，充分释放领导协调机制效能，有效避免捕诉部门专业化办案中出现的监督碎片化问题。

二是部署专项突出重点督导。积极引导督促各分院、各区检察院以及市检察院相关业务条线对本地区、本条线一段时期或者一类案件中带有共性问题的监督线索进行分析研判、梳理归纳，围绕重点监督事项，由点及面部署开展专项活动，监督线索精准性以及监督案件规模较大提升。例如，北京市检二分院在辖区内部署开展了罚金刑判项错误专项监督活动，发现监督线索 24 件，其中审判监督程序抗诉 2 件，法院均采纳意见改判；发出再审检察建议 2 件，其中法院采纳改判 1 件，决定再审 1 件。

三是凝聚合力统筹上下联动。进一步强化“抗诉一盘棋”思维，充分释放检察一体化体制机制优势，加强抗前指导和抗后沟通联动。针对抗诉案件的基本情况和主要问题，积极开展抗后补查补证。同时，严格规范撤回抗诉流程。2022 年，全市提出抗诉案件 94 件，刑事抗诉率 0.8%，同比上升 0.3 个百分点，其中，审判监督程序抗诉 26 件，同比增加 15 件，占提出抗诉案件总数的 27.7%，创历史新高；撤回抗诉 13 件，同比减少 13 件，刑事撤抗率 14.0%，较 2021 年下降 10.3 个百分点；抗诉后法院审结 74 件，采纳抗诉意见改判或者发回重审 46 件，抗诉采纳率 62.2%，同比提升 30.1 个百分点。

三、深化科技赋能，驱动高质量发展

一是“头雁”引领健全制度保障。2022 年，北京市检察机关认真贯彻落实全国数字检察工作会议精神，全市各级检察院将数字检察作为“一把手”

工程。为切实推动大数据赋能首都检察刑事审判监督工作高质量发展，市检察院党组将研发刑事审判监督大数据模型纳入全市首批部署推进的重点模型序列。《北京市人民检察院关于加快推进“数字检察”建设的意见》的印发实施，为首都检察大数据模型推动刑事抗诉工作发展夯实制度基础。

二是思路创新突出建用实效。秉持“大数据、小模型、轻应用、重实效”的理念和思路，自主研发刑事审判监督大数据模型，精准聚焦当前刑事审判监督履职短板，坚持向现有平台要生产力，激活检察大数据“富矿”，深度运用全国检察业务应用系统，通过系统自动完成数据信息的收集和初步筛选，依靠专业工具将业务规则转化为具体算法，对数据信息进行再筛选、再比对、再碰撞，自动发现有价值的监督线索。2022 年，通过刑事审判监督大数据模型共筛选数据 130297 条，发现有价值的监督线索 5919 件，其中 760 余件线索已转化成案，共成案 70 余件，其中提出抗诉 10 件，抗诉后法院审结 4 件，全部采纳抗诉意见。对不符合抗诉要求的其余案件，以提出再审检察建议、制发纠正意见书、制发纠违类检察建议等予以监督。2022 年 11 月，北京市检察院被最高人民检察院确定为全国检察机关刑事审判监督智能辅助办案试点单位之一，是全国九家试点单位中唯一的省级院。在北京市检察机关 2021—2022 年度大数据法律监督模型和数字检察“轻应用”典型案例评选活动中，刑事审判监督大数据模型获评一等奖和“最佳用户体验奖”单项奖。

三是数字思维助推脱薄帮扶。认真贯彻落实最高人民检察院以及北京市检察院党组关于加强对相对薄弱院帮扶指导的工作部署，聚焦工作薄弱院，以强化数字检察思维为切口，围绕大数据模型的研发应用进行现场讲授、演示、操作，以精准滴灌式指导切实提升条线脱薄帮扶工作成效。2022 年 8 月，北京市检察院指派模型研发人员赴延庆区检察院开展专题培训，对模型研发思路及探索创新进行深度讲解，重点以罚金刑大数据类案监督模型为例，对模型的研发应用进行现场操作和演示，并对统计分析工具的科学使用进行了详细讲解。延庆区检察院认真领悟数字检察培训所得，并在此基础上进一步深化拓展监督思路，结合前期部署开展的专项活动，全年提出刑事抗诉案件 3 件，消除抗诉空白。

四、注重精品培育，激活内生动力

一是担当尽责优化绩效管理。突出质效导向，持续优化刑事抗诉绩效分析研判以及定期通报工作机制，建立健全分级通报机制，同时针对刑事抗诉工作单项问题较为突出的单位，及时制发专项通报予以提示整改。强化案卡填录规范意识，充分发挥党员先锋作用，安排担当尽责的党员干警专人负责对影响抗诉率、撤回抗诉率、抗诉意见采纳率等核心业务的案卡定期逐案比对核查，确保案卡填录及时、规范、准确，确保刑事抗诉业务成效“颗粒归仓”。

二是争先创优营造浓厚氛围。充分发挥优秀典型案例的引领价值，强化精品培育意识。坚持典型案例培育与监督办案同步推进，对有典型性、影响性的案件，严格按照指导性案例、典型案例的标准扎实案件办理，确保“求极致”的工作要求落到实处。范某某拒不支付劳动报酬二审抗诉案、王某某盗窃再审抗诉案等2起案件被评为2022年度全国优秀抗诉案例；常某某故意杀人、放火二审抗诉案被最高人民检察院单独印发典型案例；余某某交通肇事再审抗诉案被最高人民检察院以优秀抗诉案件经验介绍的形式单独印发。

三是人才资源夯实监督优势。突出“思想要素”引领队伍发展，高度重视专业人才培养，紧紧围绕大数据赋能检察战略，主动靠前对接刑事抗诉业务实践需求，深入思考谋划人才素能标准、培养路径等问题，积极培育专业领域尖兵力量。2022年，5名同志分别获评全国检察机关重罪检察人才（刑事审判监督方向）、控告申诉检察人才，28名同志分别获评全市检察机关刑事申诉检察和刑事审判监督业务专家、骨干人才，人才资源储备更加丰厚，监督能力优势更加稳固。

多措并举 促进刑事抗诉工作提质增效

河北省人民检察院第二检察部

近年来，河北省检察机关全面拓宽抗诉渠道，坚持精准抗诉，提升抗诉质量，努力促进抗诉工作提质增效。近三年，在认罪认罚从宽制度广泛适用，抗源明显减少的大背景下，全省刑事抗诉数量较为稳定，抗诉率及抗诉采纳率呈上升趋势。2020 年、2021 年、2022 年全省提出刑事抗诉案件数分别为 472 件、576 件、456 件，刑事抗诉率分别为 1.02%、1.04%、1.22%，刑事抗诉采纳率分别为 27.34%、52.63%、63.93%，呈逐年上升趋势。

一、拓宽监督视角，扩大抗诉规模

一是大力推进对裁判文书实质性同步审查。把证据采信、事实认定、罪名认定、主刑适用作为审查重点，同时加强对附加刑适用、缓刑考验期适用、职业禁止、涉案财物处理、数罪并罚减并、刑期折抵等易错易漏方面的审查。坚持实体监督与程序监督并重，对违反公开审判规定、回避规定、审判组织规定以及剥夺限制当事人法定权利等情形，依法进行监督。

二是组织开展专项监督和专项评查活动。将无罪、诉判不一、同案不同判、认罪认罚量刑建议未被采纳等案件作为评查对象，通过承办人自查、同级院互查、上级院抽查等方式开展拉网式排查，有效过滤出监督线索。组织开展毒品犯罪案件诉讼监督专项活动评查，对毒品犯罪案件全面梳理，以案督案，深挖案件线索。通过此次专项活动，二审提请抗诉案件 6 件，支持抗诉 6 件，法院作出裁判 6 件，改判 4 件，发回重审 1 件，维持原判 1 件；提请再审抗诉 2 件。例如，省检察院通过专项活动发现孙某某、梁某某案监督线索，以原审对孙某某定性错误、梁某某量刑错误为由提请最高人民检察院对该案提出审判监督抗诉；张家口市检察院发现法院量刑时未考虑张某尚未执行完刑罚中的减刑因素，导致刑期计算错误，遂以量刑错误为由，按审判监督程序提出抗诉，法院依法改判。

三是探索建立对不开庭二审案件、死缓复核案件、自行再审案件的监督机制。依法要求省高级法院对不开庭的二审案件、死缓复核案件、自行再审案件的裁判结果移送省检察院，通过对裁判结果的审查进行监督，着力消除监督盲区。

二、提高案件质量，力求精准抗诉

一是严把起诉出口关。起诉质量是基础，直接影响着审判监督工作成效。全省以减控无罪案件、撤回起诉案件为契机，强调严把案件起诉出口，构建完善的证据指控体系，夯实案件证据基础，防止“带病起诉”，确保案件质量。只有从源头上把好指控犯罪的质量关，才能对人民法院在事实认定、证据采信、定罪量刑方面与检察机关指控不一致，导致裁判确有错误时依法提出抗诉。

二是严把抗诉启动关。对于拟提出抗诉的案件，经本部门检察官联席会议讨论后，报请上级院对口部门进行审查，听取上级院业务部门的意见，力求做到检察机关内部上下协调，达成共识，对拟抗诉案件，务必做到“事实清楚、证据确实充分、裁判确有错误、抗诉理由充分且有抗诉必要”，实现抗准抗赢。上下两级院意见不一致的，下级院要提请检察委员会讨论决定是否抗诉，强化对抗诉案件的审查把关。

三是严把抗诉质量关。严格抗诉案件证据标准，从检法认识分歧入手，重点围绕争议焦点梳理证据体系，通过提炼在案证据信息，充分运用证据规则、逻辑推理、日常生活经验法则等对证据的真实性、合法性、关联性进行分析判断，客观论证监督意见。全面收集、审查抗诉案件的证据材料，包括定罪证据、量刑证据，以及被害人是否谅解、被告人是否真诚悔改、有无赔偿等可能影响量刑的酌定情节，完善证据体系，筑牢抗诉的事实和证据基础，提升抗诉案件质量。对于有证据缺陷的抗诉案件，上下两级院共同梳理、补充完善。对于抗诉后发回重审的案件，上级检察院要及时跟进指导补侦。2022 年办理的赵某、杨某某等人强奸二审抗诉案，因强奸案件的证据具有特殊性，即证明强奸行为是否存在的直接证据往往只有被告人供述和被害人陈述，上下两级检察院严格审查证据，经过两次抗诉，在法院发回重审期间，加大证据的补侦与分析研判，结合其他在案证据进行综合分析对比，全面客观审查判断被害人陈述和被告人供述，认定侦查机关合法取得的被告人对自身及其同案犯不利的供述具有较强证明力，能够与在案其他证据相互印证的，应予采信。最终法院采纳了检察机关的抗诉意见，认定五被告人构成轮奸，依法改判主犯十年有期徒刑。该案被评为全国检察机关精品刑事抗诉案件。

三、发挥一体化优势，做好接续抗诉

一是加强上下联动，形成监督合力。坚持“一盘棋”思想，严格落实“接续监督”要求，上下级检察院在抗诉工作中协调配合，树立担当意识，对下级院正确的抗诉意见，上级院予以支持，上下级院接续抗诉，充分履行审判监督职能，将检察担当落实在具体办案中，努力推进刑事裁判结果的公平公正。

二是严格规范撤回抗诉。上级检察院发现下级法院裁判错误或审判活动违法的，及时指令下级检察院监督纠正；下级检察院提出抗诉的案件，实行抗前汇报制度，符合抗诉条件的，上级检察院支持抗诉，上级检察院认为不符合抗诉条件的，在作出撤回抗诉决定前，先听取下级检察院的意见。

三是做好接续抗诉。对裁判确有错误的具有重大社会影响、严重损害公共利益或严重侵害未成年人权益等案件，坚持接续抗诉，一抗到底。全省办理的赵某、杨某某等人强奸二审抗诉案，该案经两次抗诉，法院发回重审后作出的裁判仍有错误，两级检察院接续抗诉“一抗再抗”，最终纠正了确有错误的判决，保证了法律的统一正确实施。

四、健全工作机制，提升抗诉质效

一是充分发挥刑事审判监督业务指导机制作用。严格执行最高人民检察院确立的“统一牵头、专人研究、类案指导、条线指导和个案指导相结合”的刑事审判监督业务指导机制。重罪检察部门牵头研究推进新形势下的刑事抗诉工作，担负起统筹协调和综合指导的责任；普通犯罪、职务犯罪、经济犯罪、未成年人检察等部门根据专业优势，强化对其条线刑事抗诉工作的领导与指导，加强横向协作，对重大案件或事项坚持联合会商、共同把关、集体研判。

二是健全检法沟通会商机制。坚持“双赢多赢共赢”的监督理念，正确把握监督与被监督的对立统一关系，既敢于监督履职，又讲求方式方法，赢得法院的认可支持。加强会商协作，进一步畅通承办人、部门负责人、分管院领导、检法两长之间的沟通渠道，实现会商会议、联席会议的常态化、制度化，及时消除分歧，统一思想认识和执法尺度。办理抗诉案件，充分利用好“检察长列席法院审委会”这一平台，全面介绍案件情况，充分阐明抗诉理由，促使抗诉意见得到采纳。

三是完善对下考核和检察官业绩考评机制。坚持将无罪、撤回起诉、抗诉等数据作为考核重要指标，优化考核体系，定期通报，公布排名情况，表扬先进、约谈落后，压紧压实责任。同时，将开展刑事审判监督工作情况纳入检察官业绩考评，抗诉、纠正审判活动违法作为正向指标，无罪、撤回起诉作为负向指标，设置合理分值，充分调动检察官加强监督的积极性、主动性，激发监督动力。

四是建立数据分析研判机制。加强对审判监督业务数据的深度挖掘分析，定期监测各项业务数据的异常变化并比对研判，整体统筹督导。省检察院第二检察部与其他刑检部门建立“信息互通、情况沟通、配合畅通”运作机制，定期与案管部门开展数据研判会商。定期对全省检察机关抗诉情况进行通报，把握全地区工作态势，针对存在的问题提出对策，对一些普遍性和倾向性的问题开展调研，提出解决办法。对市级检察院提出抗诉、提请省检察院抗诉的案件定期进行专题分析，及时总结经验做法和工作中存在的突出问题，指导各地精准把握监督标准，提升抗诉案件质量。

坚守高质量发展路径
实现刑事审判监督工作再上新台阶

浙江省人民检察院第二检察部

浙江省检察机关对标最高人民检察院打造“全国具有引领性的新时代检察工作高质量发展示范区”和浙江省委“打造法律监督最有力示范省份”的使命重任，紧扣高质量发展主题，着力优化刑事审判监督工作路径，着力完善刑事审判监督机制做法，着力提升刑事审判监督工作质效。2022 年，全省检察机关按二审程序和审判监督程序提出抗诉 228 件，法院采纳抗诉意见改判和发回重审 87 件，刑事抗诉采纳率 61.3%，同比增加了 13.2 个百分点，为近三年来最高，其中通过数字检察监督专项，共梳理出重点线索 700 余条，提请抗诉 40 件，提出抗诉 14 件，法院采纳抗诉意见 13 件，采纳率高达 92.86%。全省办理的 3 件抗诉案件入选最高人民检察院精品、优秀刑事抗诉案例，占获评案件总数的 1/10。

一、持续更新理念，与时俱进增强刑事审判监督实效

面对近年来多重改革叠加的历史性变革，浙江省检察院鲜明提出“深化法律监督，彰显司法权威，维护公平正义”工作主线，全面引领检察理念更新。

一是坚持正确监督理念。全省检察机关认真落实最高人民检察院“强化监督，精准监督，接续监督，双赢多赢共赢”的新抗诉工作理念，在“干在实处”的浙江精神引领下，高质效开展刑事抗诉工作，促进解决执法司法领域突出问题，不断满足人民群众对司法公正的新期待。在全省各级检察院的努力下，重大犯罪案件、职务犯罪案件的抗诉提出数同比明显上升，通过积极履职有效回应了社会公众对打击重大犯罪、惩治贪腐的关切。

二是坚持考核引导。在院党组的严格要求下，针对以往绩效评价中发现的问题，及时调整优化抗诉评价指标及核定标准，在科学设置工作计分规则的同时，将仅针对被告人身份被冒用、刑期计算错误提出抗诉等案件不列入评价数

值，既避免各地唯考核、追分数，又保持抗诉积极性，防止该抗不抗、怠于履职的情况，避免绩效评价负面效应，引导树立正确的监督观、政绩观，自觉将监督工作提升到维护公平正义、维护法律尊严的高度，以科学的绩效评价引导刑事审判监督工作创新发展，为打造法律监督最有力省份发挥正向作用。

三是坚持统筹兼顾。法律监督是宪法赋予检察机关的权力，但有权监督的前提是合理监督，机械监督、盲目监督不利于树立检察机关法律监督的权威、刚性，也不利于执法司法环境的优化，抗诉工作中应当坚持依法监督和监督必要二者兼顾。例如，绍兴市检察院在审查一起因法院判处罚金刑错误而提请抗诉的案件时，综合原审被告人主动承担缴纳共同犯罪中所有的非法获利，假释后服刑监狱、社区矫正地司法局均反馈改造表现较好，作出不予抗诉的决定，避免了仅因罚金错误导致重新入监服刑的情况。同时，对确有监督必要的个案坚持监督方式和监督效果兼顾，灵活采用抗诉、再审检察建议等方式进行审判监督；对于错案数量较多的类案，做到多措并举，以提醒纠正为主，硬性监督为辅。2022 年，共向法院发出类案函示 4 份，相关法院均已作出相应整改。

二、持续强化数字赋能，积极探索刑事审判监督新路径

认罪认罚从宽制度深入实施以来，全省刑事案件诉判高度一致，面对抗诉案件数量持续下滑的现状，浙江省检察机关能动履职，积极探索刑事审判监督的数字路径。

一是强化组织引导，推进数字检察专项工作。2022 年 4 月，浙江省检察院在总结多地数字化探索的基础上，部署开展了全省刑事审判监督数字检察专项工作，在强化上层设计和基层探索方面双向发力，努力发挥数字监督“利器”优势，提升监督质效。专项工作开展以来，下发了 2 批 8 条监督规则，要求各地结合实际搭建数字监督模型有效筛查线索，引导各地提炼出新的监督规则，不断强化“个案办理—类案监督”的实战意识和能力。

二是由点及面、多维建模，以实战实效激发监督新动能。工作推进过程中，通过挖掘个案背后可能存在的共性问题，运用数字思维，梳理出数据需求和碰撞方向，依托浙江检察数据应用平台，根据不同的监督规则，归集、调取相关数据，多维度创建监督模型。例如，平阳县检察院发现异地暂予监外执行的前科数据未实时互通，一些再犯可能性大的罪名可能会出现遗漏前科导致错误判决的情况，调取裁判数据和暂予监外执行数据，构建数字模型、开展数据碰撞，发现了一批错误判决线索。在突破某一领域刑事审判类案监督的基础上，各地及时总结、不断优化，省市两级院做好部署，推动类案监督模型在省

域层面铺开，实现大数据法律监督的集成突破和规模效应。例如，在杭州、绍兴等地检察机关的率先带动下，全省已普遍构建了“附加刑适用错误”类案模型，取得监督实效。

三是集成迭代，创新构建刑事裁判辅助审查场景。在省检察院统筹安排下，绍兴市检察院充分发挥浙江政法一体化办案系统优势，集成前期工作经验，研发完成了刑事裁判文书自动审查监督系统，初步实现了文书线上推送、抗源自动排查、抗诉线索集中管理、抗诉标准统一把握的场景式监督。该系统已被列入浙江省政法委数字法治系统“一本账 S3”，绍兴市检察院被最高人民检察院确定为刑事审判监督智能辅助办案系统试点院。系统上线以来，在绍兴市范围内筛查出判决错误案件 65 件，有效避免了“不愿抗而不抗，理由不充分乱抗”等问题发生，同时还借助该系统统计分析功能，全面分析全市公诉案件办案质量，及时发现问题和短板。

三、持续推进一体化，努力打造刑事审判监督新格局

深入落实刑事抗诉工作创新发展新要求，以检察一体化为重要抓手，围绕“人”和“案”两个关键要素，在全省检察机关探索构建“横向融合、纵向贯通、统筹监管”的抗诉一体化模式，汇聚监督合力，助推抗诉案件监督质效进一步提升。

一是横向一体融合。强化检察机关内部协作配合。一方面，根据线索移送管理办法，规范抗诉线索移送，发挥案管部门“业务中枢”作用，监督线索统一汇总、分流督办、反馈。例如，省检察院业务部门在审查二审不开庭裁判文书中发现赵某某非法持有毒品判决错误的监督线索，经由检察长签批后，由省检察院案管部门交办该线索，确保线索交办有着落，原办案机关单位提出抗诉后法院已作出再审决定。另一方面，发挥刑检条线合力，制定跨部门检察官联席会议制度，对互涉案件线索、涉及多重法律关系的疑难复杂案件一体会诊，调动不同部门人员形成一体履职合力。

二是纵向一体贯通。对有较大影响的诉判不一或者具有普遍性的类案，及时报上级院审查，形成对法院裁判结果审查的上下合力。例如，邱某某受贿抗诉案，检法两家对是否属于索贿的认定存在分歧，法院部分采纳抗诉意见裁定维持原判，鉴于该案的索贿情节认定与否可能影响类案把握，省检察院将该案层报至最高人民检察院，目前正按照最高人民检察院意见启动审监抗。同时，通过刑事裁判辅助审查系统自动发现诉判不一案件，数字化全域扫描，从中发现抗点，由市级检察院集中审查推送线索，确定线索确有错误后，在系统中流

转交办至原案承办人和该院负责人处，要求三日内反馈意见，形成“发现—交办—督办”闭环管理。

三是监管一体统筹。一方面，统筹开展抗诉数据研判，由案管部门和重罪部门协同开展抗诉数据定期分析研判，精准查找工作短板和弱项，指导下级院有针对性地解决问题，及时补短板、强弱项。例如，省检察院在数据研判中发现某市撤回抗诉率持续处于高位，经逐案排查分析发现，系对认罪认罚案件的抗诉标准把握不当所致，在省检察院指导下，该市立即建立认罪认罚抗诉案件抗前请示制度，截至年底，该市撤回抗诉率下降 14.2 个百分点。另一方面，强化省检察院普通、重大、职务、经济犯罪等刑检部门的沟通联系，各部门指定专人负责抗诉工作指导，定期会商研判，适时吸纳下级院参加会商，统筹加强全省抗诉工作的日常监督管理。

四、持续追踪溯源，以高质量能动履职促进系统治理

打破“就案办案”思维，高度重视深挖抗诉案件背后的根源，针对个案暴露出的漏洞与问题，通过能动履职促进深层次治理。

一是倒逼量刑建议优化。抗诉案件中发现的类型化问题，一方面是检法两家共性问题，如重视犯罪事实、罪名认定、主刑的判罚，但忽视附加刑的正确适用和涉案财物的处置；另一方面也反映出检察机关自身存在问题，如对裁判文书的审查流于形式，量刑建议不够精准，忽视涉案财物的处置建议等。各地努力将审判监督工作中发现的类型化问题向前延伸，如杭州市检察院将量刑建议数据通过监督规则进行智能评估、实时监控，提高量刑建议质量。

二是推动系统治理。通过数字化监督集成，梳理发现司法人员职务犯罪线索。例如，平阳县检察院在办理“遗漏前科错误判决”类案中发现，病残人员的鉴定缺乏有效监督与制约，导致司法工作人员可能通过病情造假等方式帮助被告人获得暂予监外执行，及侦查人员可能利用被告人无法收监执行这一因素诱使配合制造假案以完成案件打处指标。根据该监督思路，温州市检察机关成功查实苏某等 3 名侦查人员指示 3 名因病无法羁押的吸毒人员配合制造虚假贩卖毒品案。

三是促进规范司法。例如，湖州市检察院在办理王某某销售有毒、有害食品抗诉案中，意识到危害食品安全犯罪存在罚金刑适用不严格、追缴违法和从业禁止适用不够重视等现象，存在类案裁判错误问题，随即组织全市开展专项检查，通过逐案排查，梳理出 6 起同类案件，均提出抗诉。同时将审判监督抗诉与促进规范司法相结合，经过专题调研，制定出台《湖州市检察机关依法从严惩治危害食品药品安全犯罪的意见》，推动全市危害食药安全犯罪案件规范化办理。

着力“五个强化”
全面加强刑事审判监督工作

安徽省人民检察院第二检察部

2022年，安徽省检察机关认真履行刑事审判监督职责，积极转变监督理念，着力“五个强化”，在确保适度抗诉规模的同时，重点提升刑事抗诉质效，取得明显效果。全省检察机关全年共提出刑事抗诉380件，撤回抗诉25件，同比下降86.26%，撤回抗诉率6.65%，同比下降29.25个百分点；法院审结后采纳抗诉意见改判和发回重审案件256件，同比上升38.38%，刑事抗诉意见采纳率73.99%，同比上升22.89个百分点，刑事抗诉工作两项质效指标均大幅提升。

一、强化监督意识，推动理念转型

全省检察机关深入贯彻《中共中央关于加强新时代检察机关法律监督工作的意见》和安徽省委出台的实施意见，增强做好监督工作的使命感、责任感和对刑事诉讼监督工作重要性的认识。进一步强化监督意识，转变“重捕诉、轻监督”的工作理念，强化落实“在办案中监督，在监督中办案”“双赢共赢多赢”的监督理念，充分认识到捕诉工作是办案、监督工作也是办案，依法监督是履职、监督不力就是失职，破除“能不抗诉就不抗诉，能配合就不监督”的消极思想，进一步提振“敢抗、会抗、抗准”的信心、能力和水平。

二、强化组织领导，确保责任落实

一是坚持高位推进。省检察院先后两次专题召开全省检察机关刑事诉讼监督工作推进会，研究部署刑事诉讼监督工作，制定下发了《关于加强和改进刑事诉讼监督工作十项举措》，推进全省刑事诉讼监督工作走深走实。

二是建立组织领导机制。省、市、县三级检察机关均建立由检察长任组长、分管检察长任副组长，刑检、控申、案管部门主要负责人为成员的刑事诉讼监督工作领导小组，下设工作专班和业务指导组，形成了检察长总体抓、分管检察长直接抓、部分负责人具体抓的刑事诉讼监督工作格局。

三是加强督导调研。省检察院由院领导带队组成五个督导组，分别于2022年5月和11月两次对全省16个市刑事诉讼监督工作进行实地调研督导，检查刑事诉讼监督工作各项举措落实情况，指导各地针对刑事诉讼监督弱项短板，查找分析原因，研究对策措施。省、市两级院对刑事抗诉等诉讼监督工作落后的下级院，下发监督提示函，必要时约谈检察长、分管检察长，压实工作责任，确保抗诉工作各项措施落实到位。

四是完善考核考评。充分发挥考评考核指挥棒作用，将刑事抗诉工作作为检察官业绩考核和各级院检察业务考评的重要内容，提高分值比例。同时，对撤回抗诉、法院未采纳抗诉意见维持原判案件，在考评考核时减分，激励引导一线检察官和各级检察院积极、高质量地开展刑事抗诉工作。

三、强化机制建设，促进质效提升

一是加强刑事判决、裁定审查工作。细化审查内容和审查流程，从事实认定和证据采信、实体和程序、定罪和量刑、主刑和附加刑、实刑和缓刑、附带民事诉讼和涉案财物处理等方面，对刑事判决、裁定进行多角度全方位的审查，深挖抗诉线索。对审查发现的抗诉线索，通过承办检察官自行审查、部门负责人同步审核、检察官联席会议集体讨论等方式进行研判，由检察长审批或检察委员会讨论决定是否提出抗诉。

二是建立类案监督机制。针对抗诉个案办理过程中发现的普遍性、典型性问题，举一反三、以点及面，通过检察统一业务应用系统筛查、大数据分析等方式进行排查，及时开展类案专项监督活动，达到“监督一案、纠正一类”的目的，扩大监督效应。例如，六安市检察院对新增并处罚金刑案件开展排查，重点摸排《刑法修正案（九）》等实施后两年内新增罚金刑的故意毁坏财物、伪造国家机关公文、证件、印章、贿赂类犯罪等案件，共发现审判监督线索5件，提出抗诉后均获改判。类案监督活动成效显著，2022年全省共按审判监督程序提出抗诉97件，同比上升了94%。

三是强化抗前请示汇报制度。基层院对于拟抗诉的案件，一律要求在提请本院检察委员会讨论前，向市级院请示汇报；市级院对重大、疑难、复杂的案件特别是检法认识分歧的案件以及社会影响大、舆论、媒体关注的案件拟提出抗诉的，应当向省检察院请示汇报。上级院对请示汇报的案件，均召开检察官联席会议讨论研究，提出是否同意抗诉的意见，提升抗诉的精准性，减少和避免不必要的撤回抗诉案件，有效降低了撤回抗诉率。对拟同意提出抗诉的案件，上下级院共同研究抗诉观点和理由，指导证据补强完善，提高抗诉案件办理质量。2022 年，全省撤回抗诉案件同比下降 86.26%，撤回抗诉率 6.65%，同比下降 29.25 个百分点。

四是健全通报会商制度。进一步完善刑事抗诉工作通报制度，省检察院将刑事抗诉工作定期通报由季度通报改为月度通报，增加条线情况和当月情况通报，通过与去年同期的纵向比较和各地区间的横向对比，及时提示各地存在的薄弱环节和突出问题，帮助查找原因症结，提出有针对性的解决措施。建立季度会商制度，每季度结束后 10 日内，各级院刑事诉讼监督专班牵头召开工作会商会，对上一季度刑事审判监督等工作进行分析研判，找出问题，及时拟定针对性举措，部署下一阶段重点工作。

五是构建多元化刑事审判监督体系。根据刑事审判违法和瑕疵的不同情况合理选择和适用监督手段，在重视刑事抗诉的同时，也注重运用纠正违法、再审检察建议等多种监督方式，提升监督效果。2022 年全省检察机关共书面提出纠正审判活动违法 649 件次，同比上升 126.31%；提出再审检察建议，法院采纳并改判 19 件，同比上升 11.76%。

四、强化协作配合，实现多赢共赢

全省检察机关正确处理监督与配合的关系，积极加强与法院的沟通协调，促进检法良性互动，实现双赢多赢共赢。一是通过承办检察官与承办法官、主任与庭长、分管检察长与分管院长之间多层面、日常化的沟通联系，增进共识，减少证据采信、法律适用分歧。二是定期召开检法联席会议，联合开展案例研讨，共同讨论刑事抗诉案件疑难问题，及时沟通解决刑事抗诉工作中存在的分歧，统一执法理念与刑事抗诉标准，减少因法律适用产生的分歧和争议。三是高度重视检察长列席同级人民法院审判委员会工作，对于法院审判委员会讨论抗诉案件的，做到每案必列，充分阐述抗诉意见和理由，努力化解分歧，争取认同。

五、强化素能建设，夯实发展基础

一是深入开展抗诉工作调研。对上年度全省刑事抗诉工作中存在的撤回抗诉案件多、撤回抗诉率高和抗诉意见采纳率低等突出问题，分别开展专题调研，逐案梳理，分析原因，研究对策，并整理出撤回抗诉和抗诉成功正反两个方面的典型案件以及常见抗点，有效指导各地提升抗诉的精准性和必要性，减少撤回抗诉案件的发生。

二是加强案例指导工作。在全省范围内常态化征集刑事抗诉典型案例，指派专人收集、选编。对各地办理的重大疑难复杂、具有典型意义的刑事抗诉案件，由省检察院相关业务部门指派专人提前指导、跟踪培育。2022 年，省院编发了首批全省刑事抗诉典型案例 5 件，发挥典型案例的引领、示范作用，以点带面促进工作。

三是积极开展岗位练兵和业务培训。全省检察机关广泛开展疑难案例研讨、刑事抗诉庭审观摩、优秀刑事抗诉法律文书和优秀刑事抗诉案件评选及实战演练、论辩对抗赛等多种形式的岗位练兵活动，同时组织办案人员定期总结刑事抗诉工作得失，学习先进单位刑事抗诉工作经验，苦练业务本领。省检察院定期举办刑事诉讼监督实务讲堂，采取“检察官教检察官”模式，由省检察院相关业务部门指派一名资深检察官，围绕刑事审判监督等内容，梳理总结常见监督点、监督方法、典型案例、注意事项，进行覆盖全省三级院刑检部门检察官、检察官助理的专题视频培训，提高全省检察机关办案人员刑事诉讼监督素能。2022 年共开展刑事诉讼监督实务讲堂 4 次。

坚持精准抗诉
实现刑事审判监督“双赢多赢共赢”

山东省人民检察院第二检察部

山东省检察机关坚持以习近平法治思想为指导，认真贯彻《中共中央关于加强新时代检察机关法律监督工作的意见》要求，积极落实最高人民检察院加强刑事抗诉的工作部署，坚持以精准抗诉为核心点，纵向联动与横向配合双线着力，更新理念、突出质效、提高能力三面发力，形成了提升刑事抗诉工作质效的“一点双线三面”工作体系。2022 年全省检察机关提出抗诉数量同比上升 5. 95%，刑事抗诉率同比增加 0. 14 个百分点。刑事抗诉案件撤回数量同比下降 37. 33%，撤回抗诉率减少 6. 08 个百分点。刑事抗诉意见采纳率同比增加 26. 87 个百分点。山东省办理的 2 起抗诉案件分别入选最高人民检察院精品和优秀抗诉案例。

一、更新监督理念，把精准有力挖掘抗源作为基础性工作来抓

为推动新时代法律监督工作创新发展，省检察院积极争取省委领导和省人大监督支持，山东省人大常委会审议通过了《关于加强新时代检察机关法律监督工作的决议》，明确提出：“要加强对刑事审判活动的监督，通过提出抗诉、检察建议等监督方式，依法纠正定罪不当、量刑失衡、审判程序违法和枉法裁判等问题。”省院制定了《办理法律监督案件工作规则》及 13 个专项工作实施细则等配套制度，牢固树立“客观公正”和“依法、准确、及时、有效”的监督理念，坚持“在办案中监督、在监督中办案”。全省检察机关把握新时代刑事抗诉工作新要求，更新树牢“强化监督、精准监督、接续监督、实现双赢多赢共赢”的新时代抗诉工作理念。在工作中，将强化刑事抗诉、精准有力挖掘抗源放在首位。

（一）坚持“聚焦式”监督，以“小切口”带动“大提升”

省院制定了《山东省检察机关刑事审判活动重点问题专项监督实施方

案》，对法院裁判适用法律错误导致量刑错误和人民法院审判过程严重违反法定诉讼程序，可能影响公正裁判的案件开展专项监督。在省院统一组织专项监督的基础上，各地结合工作实际，对本地法院裁判容易发生错误的案件类型加大关注力度，作为重点监督对象，灵活开展“小专项”监督活动，重点对已生效裁判开展“回头看”专项监督，今年山东省检察院按照审判监督程序提出抗诉的数量上升了83.9%。

（二）坚持“系统式”监督，一体化审查发现监督线索

纵向联动，上下级同步审查。对有较大影响的诉判不一案件或者具有普遍性的类案，将案件报上级院备案审查，形成对法院裁判结果审查的两级合力，从中发现抗诉案源。例如，淄博市制定完善《关于对重点案件一审判决实行两级院同步审查的暂行办法》，对无罪案件、法院改变起诉罪名案件、裁判文书改变起诉主要事实等“问题案件”实行两级院同步审查。

横向配合，多元协作审查。充分发挥检察官联席会议作用，加强普通、重大、职务、经济犯罪等刑事检察部门不同办案组检察官的交流。以专业化团队建设为抓手提升业务能力，以检察官联席会议为平台深挖抗源，对诉判不一的案件加大审查力度，要求必须上检察官联席会议讨论。

（三）坚持“体检式”监督，全面化审查细挖监督线索

坚持“实体+程序”“事实+法律”“重判+轻判”全面审查，收到人民法院裁判后指定专人在规定期限内认真审查，同时通过自查、互查、抽查等方式，既查实体，也查程序；既查事实认定，也查法律适用；既查轻罪重判，也查重罪轻判，深挖细掘监督线索。2022年全省刑事抗诉率同比增加0.14个百分点，对因法律适用错误提出抗诉的数量占二审抗诉的42%，因抗诉而轻判的人数占抗诉改判人数的17.5%。例如，潍坊市院办理的房某晨职务侵占案，一审判处房某晨有期徒刑五年，经审查认为一审判决适用法律错误，对房某晨量刑畸重，抗诉后二审法院采纳抗诉意见，改判房某晨有期徒刑三年。

（四）坚持“帮带式”监督，共同提升监督能力

省院制定刑事抗诉结对交流方案，对刑事审判监督工作长期打不开局面的地市，全省统筹，优选先进院“一对一、点对点”加强帮带提升，解决工作开展不平衡问题，在机制建设、典型案例培育、典型抗点抗源线索、素能提升等方面开展交流，共同提升。全省筛选了8个市级院结对子，各市级院也根据方案要求筛选本地基层院结对交流，结对院抗诉率、抗诉意见采纳率均明显同比提升。

二、坚持“四个结合”，多措并举，把确保抗诉质效作为生命线来抓

（一）坚持提前介入与事后审视结合

融入式监督促进侦查办案质量提升，制定《关于健全完善侦查监督与协作配合机制的实施办法》，实现侦查监督与协作配合办公室市、县全覆盖。加强、规范提前介入工作，制定《关于强化提前介入引导侦查进一步提升刑事检察工作质效的指导意见》，通过提高证据质量、完善证据链条提高办案质效。坚持对无罪判决、撤回起诉案件、撤回抗诉案件逐案评查分析，反向审视。认真查找审查起诉、提出抗诉环节办案中存在的问题和不足，总结经验和教训，有针对性地提出加强和改进工作的对策措施，形成情况分析报告，经省院检委会研究后向全省通报。

（二）坚持接续监督与融合监督结合

坚持“抗诉一体化”工作机制纵向接续监督。严格抗诉程序，无论是二审程序还是审判监督程序抗诉，要求各地都先经本部门检察官联席会议研究，并按照案件管辖范围向上一级院对应部门请示汇报。上级院强化对下级院的抗前指导，为下级院准确抗诉提供及时有效的意见参考，提升抗诉的精准性和必要性。加强上下联动，注重证据补查。下级院决不能一抗了之，尤其是对因证据缺陷、证据变化导致诉判不一的抗诉案件，下级院要积极协助完成证据补强完善工作。省院统一对各地刑事审判监督工作开展情况督导调度，实行月通报制度，并对工作开展不力的部门主要负责人进行约谈提醒。

坚持检察业务部门一体化履职横向融合监督。联合案管部门每季度研判抗诉案件总体情况和特点，特别是注意分析反映案件质量的各项统计数据和指标，发现不良的倾向性、苗头性问题，及时作出工作指示和部署，引导刑事抗诉工作健康发展。定期与其他刑事部门开展抗诉案件质量评查工作，对瑕疵案件、错案进行通报、追责。与研究室联合评选优秀抗诉案件、优秀抗诉文书，带动各地重视办案质量，其中 2022 年就联合评选了 12 件典型抗诉案例，印发全省学习。

（三）坚持领导示范与考评激励结合

突出领导带头作用，检察长、分管院领导积极带头办理刑事抗诉案件，发

挥示范引领作用。充分发挥检察长列席审委会作用，通过列席审委会，找准案件分歧症结，充分阐明抗诉观点，解决法律适用、政策把握以及证据采信等方面的认识分歧，统一司法尺度。省院检察长、分管副检察长每年均就抗诉案件列席省法院审委会，2020 年至 2022 年度，全省抗诉案件检察长列席审委会共 311 件，有力支持推动了抗诉工作。健全业绩考评体系，将抗诉业务数据纳入对市级院评价及检察官业绩考核指标，合理设定提出抗诉、撤回抗诉、法院采纳抗诉意见等考核指标的赋分、计分规则，发挥指标评价“指挥棒”作用，激发抗诉的积极性。同时对撤回抗诉、法院未采纳抗诉意见等予以负面评价，在考核时减分，倒逼提高抗诉质量。

（四）坚持沟通协商与慎重抗诉结合

法检建立常态化沟通机制，完善重大抗诉案件法检抗前沟通、判前会商机制，法检部门定期召开会商会，必要时案件承办人、部门负责人、分管领导进行三层沟通协商，共同研究解决争议分歧，达成共识。秉持理性抗诉、慎重抗诉的原则，根据案件的实际情况，在抗诉、检察建议、纠正违法等多种监督手段中选择最优方案，力求双赢多赢共赢的最佳监督效果。2022 年全省检察机关针对刑事审判违法情形提出的纠正违法、检察建议数量均大幅度提升，采纳、回复率达到 100%。青岛、聊城、济宁等地在通过抗诉方式加强法律监督的同时，积极探索运用提出再审检察建议等方式推动个案纠错，取得了较好的效果。

三、坚持专业方向，把素质能力建设作为关键性工作来抓

（一）完善专业化办案组织建设

把专业化作为核心战斗力来抓，加大专业化组织建设力度，全省各级检察机关成立刑事审判监督专门办案团队 172 个。潍坊市院成立全市刑事诉讼监督团队，由市院三人组成刑事诉讼监督小组，负责调度全市抗诉工作，同时由各个基层院指派一名至两名资深办案人，共同参与团队构建。青岛市即墨区院成立抗诉专班，由第一、二检察部的两名办案经验丰富、业务能力较强且抗诉经验较多的员额检察官组成，对收到的判决及时进行审查。

（二）强化能力提升，确保监督者技高一筹

以队伍建设为依托，牢固树立“人才是第一资源”的理念，加大专业人才培养力度，省院刑事检察部门均成立了专业人才库，并制定了详细的人才培

养使用制度。省院二部每年举办全省业务培训，并通过辩论赛、业务竞赛、组织庭审观摩、邀请人民监督员监督办案、同堂培训等多种方式，全方位培养检察官的监督能力。

虽然山东省的刑事抗诉工作质效在不断优化，但也存在比较明显的问题与短板，比如："跟进式"监督推进诉源治理不足，把抗诉简单理解为"启动程序"，矛盾化解、息诉罢访工作履职不充分；抗诉案件结构需要进一步优化，2022 年全省刑事抗诉案件中按照审判监督程序提出抗诉案件占全部抗诉案件的 32.02%，既反映出检察官对法院一审裁判结果的审查能力不足、工作不够细致，也反映出对抗诉的必要性把握不准；数字赋能监督力度不大，成效不明显等。

下一步，我们将继续高质效履行宪法法律赋予的法律监督职责，持续深化双赢多赢共赢理念，提高监督能力和水平。进一步突出监督重点，把重点放在对诉判不一、同案不同判等情形的审查上，尤其是对在事实认定、证据采信、法律适用等重大问题上存在分歧的案件，以及在司法理念方面有纠偏、创新、进步、引领作用的案件，坚持抗诉立场，真正通过抗诉一起案件，促进解决一个方面、一个领域、一类案件的问题。进一步推进刑事审判监督数字检察工作。通过挖掘个案背后可能存在的共性问题，运用数字思维，通过法规比对、文书比对等，从个案中梳理出数据需求和碰撞方向，建立监督模型，筛查监督线索，发挥数字赋能、数字碰撞破题的利剑作用。进一步健全新形势下刑事审判监督长效工作机制，认真总结提炼近年来刑事审判监督工作的经验成效，健全工作制度，细化操作规则，推进刑事审判监督工作制度化、规范化，确保刑事审判监督工作持续健康发展。

聚焦精准监督　增强抗诉质效

湖北省人民检察院第二检察部

根据最高人民检察院对刑事审判监督工作的部署和要求，湖北省检察机关积极更新理念，拓宽抗诉思路，加大抗诉力度，提升抗诉质效，在“敢于抗诉、善于抗诉”的同时，努力做到“抗得精、抗得准”，逐步构建以二审抗诉与审监抗诉并重、以抗诉精准化为目标的刑事抗诉新格局。2018 年至 2022 年，全省检察机关提出刑事抗诉 1826 件，其中二审抗诉 1526 件，占比 83.6%；审监抗诉 300 件，占比 16.4%；经抗诉改判 897 件，发回重审 287 件，采纳率 64.8%。2022 年刑事抗诉率为 1.08%，位列全国第八位；刑事撤回抗诉率为 8.64%，位列全国第十位；刑事抗诉采纳率为 61.4%，在全国排名居中。

一、坚持高位推进，压实抗诉责任

一是系统谋划部署。省检察院党组高度重视刑事抗诉工作，全省检察长会议、业务数据分析会等会议均突出强调刑事审判监督工作，要求提升抗诉精准度；多次组织召开刑事抗诉工作推进会、刑事检察工作调度会研究部署落实举措。省检察院出台《关于加强和完善重大疑难复杂刑事抗诉案件质量保障机制的意见》，建立健全案件请示报告、监督制约、无罪案件责任倒查等 11 条措施。制定《湖北省检察机关捕诉合一办案工作规程》，将刑事抗诉质效纳入重点案件监管领域。

二是深化理念引领。注重通过理念更新提升抗诉质效，组织围绕“在办案中监督、在监督中办案”“坚持双赢多赢共赢”等司法理念，开展案例研讨、“讲政治说办案”、司法理念宣讲等活动，教育引导检察干警切实转变“重指控犯罪轻审判监督，重实体轻程序，重量刑轻定性”等错误观念，跳出“不敢抗、不愿抗、不善抗”的思想禁锢，牢固树立“强化监督”“精准监督”和“接续监督”等抗诉理念，切实以新时代司法检察理念武装头脑、指导实践、推动工作。

三是完善考核评价。省检察院将刑事抗诉率、刑事抗诉采纳率、刑事撤回抗诉率三项指标纳入考评市州分院刑检部门和检察官业绩考核的核心指标，并加重考评权重，把考评标准作为衡量抗诉成效的“检测仪”和抗诉能力的“总标尺”，使业绩考评真正发挥“指挥棒”和“风向标”的作用，通过双向评价，激励引导各级院和检察官牢固树立责任意识和监督意识，充分调动刑事抗诉积极性。

二、坚持“三位一体”，凝聚抗诉合力

一是加强横向协作。成立刑事诉讼监督工作领导小组办公室，省检察院二部牵头负责统筹协调、综合指导、专项监督等事宜。四个刑检部门对内加强与案管、未检、刑事执行、控告申诉等部门的衔接配合，在线索移送、数据研判、联合调研、信息互通等方面形成配合畅通的运作模式。省检察院定期召开数据研判会、双月督办会、案件研讨会等，加强对刑事抗诉率等数据的跟踪分析研判和抗诉案件研讨会商。

二是强化上下联动。充分发挥检察一体化机制优势，强化上下级院的纵向联动，要求下级院落实重大刑事抗诉案件备案审查和请示报告制度，对拟提出抗诉的疑难复杂案件，第一时间向上级院汇报，就事实认定、证据采信、法律适用、抗诉必要性等问题及时请示报告，促进刑事抗诉精准高效有序运行。对确有错误依法应当提出抗诉的，上级院发挥好坚强后盾作用，对未尽监督事项接续抗诉、支抗到底。例如，王某贩卖、运输毒品抗诉案中，通过上下级院接力抗诉，历经“三抗六审”，抗诉意见最终得到二审法院的支持，认定王某伙同他人购买并运输毒品甲基苯丙胺片剂，构成贩卖、运输毒品罪的共犯，原判量刑畸轻，由原判犯运输毒品罪，判处有期徒刑十一年，并处罚金 5 万元，改判为犯贩卖、运输毒品罪，判处有期徒刑十五年，并处没收个人财产。

三是健全检法沟通。加强与法院的沟通交流，就个案或类案的证据采信、法律适用及政策把握等认识分歧，积极沟通协调，充分交换意见，统一司法标准，努力达成共识，推动提升刑事抗诉采纳率，有效减控刑事撤回抗诉率。坚持落实检察长列席同级法院审委会，充分听取并发表意见，实现检察长列席常态化、制度化、实质化。2018 年以来，全省刑事抗诉案件检察长列席审委会共 346 件，进一步有力支持推动了抗诉工作。

三、紧扣抗诉重点，精准把握抗源

一是聚焦“诉判不一”情形。将重罪轻判、轻罪重判、有罪判无罪、无罪判有罪、改变罪名不当、事实认定错误等“诉判不一”案件作为刑事抗诉

的重要突破口，加大审查力度，推广“五个并重”审查法：即定罪与量刑、程序与实体、轻判与重判、附加刑与主刑、财产刑与羁押刑并重，全面寻找抗点，辨识抗源、减少刑事抗诉案件的“漏网之鱼”。2018 年以来，经全省抗诉，685 名被告人被加重刑罚，268 名被告人被减轻刑罚。例如，魏某抢劫罪抗诉案中，咸丰县检察院审查发现一审法院认定其系入户盗窃，“未使用暴力”明显不当，导致量刑错误，经抗诉，从原审犯盗窃罪被判处有期徒刑九个月，改判为犯抢劫罪和盗窃罪，判处有期徒刑十三年。

二是聚焦“认罪反悔”情形。对适用认罪认罚从宽制度后又无正当理由反悔上诉的，通过抗诉引导上诉人尊重缔结认罪认罚具结书的承诺和契约诚信，防止司法资源浪费，切实维护司法公正。例如，刘某、谭某等 9 人组织、领导、参加黑社会性质组织罪抗诉案，针对 4 名被告人前期自愿认罪认罚从宽处理，判决后企图以上诉再次获得量刑减让的情形，武汉市蔡甸区检察院依法抗诉，成功监督纠正原审判决。

三是聚焦“多人多事”情形。通过关联犯罪审查、回溯性审查等方式，对“多人多事”类案件，特别是办理涉黑恶势力犯罪、“多层级”毒品犯罪等案件，着重审查法院裁判在案发起因、地位作用、事实认定、行为性质、犯意联络、量刑平衡等方面，是否存在遗漏和明显不当。例如，陈某、刘某等人故意伤害罪抗诉案，审查发现，原审法院对两名被告人错误认定为从犯，量刑畸轻。经省检察院抗诉，陈某、刘某二人由从犯改认定为主犯，陈某由有期徒刑五年改判为十一年，刘某由有期徒刑四年改判为十年。

四、坚持全程把关，筑牢抗诉根基

一是注重抗前审查。建立健全重大疑难抗诉案件“四步审查制”，即案件承办人审查，部门检察官集体讨论，部门负责人审核，分管检察长审批，切实开展疑难抗诉案件内部会诊、个案质量全程把关。认真开展“四书”比对，对法院裁判的证据采信、事实认定、定罪量刑及审判程序进行全面审查，共同探讨抗诉必要性，把准抗诉条件，深挖抗源，依法纠错。例如，金某贩卖毒品罪抗诉案，宜昌市检察院通过集中审查发现该案定性错误，量刑明显不当，紧紧围绕诉争焦点，在被告人拒不认罪“零口供”的情况下运用证人证言等间接证据准确认定金某藏匿、储存毒品的事实，完善证据体系，由原审判处有期徒刑十五年改判为无期徒刑。

二是注重抗中说理。充分发挥职能主导作用，加强抗诉案件释法说理、公开听证、矛盾化解等工作，就犯罪事实、量刑情节、法律适用、悔罪表现等，与被告人、辩护人、案件当事人等进行充分沟通，“释到要害处，说到心坎里”，切实提高一审服判率，减控不必要的上诉、抗诉、二审和再审，节约司法资源。例如，省院检察长就王某绑架罪审监程序提请抗诉案主持公开听证，鉴于王某真诚悔罪，原审刑罚执行完毕，且回归社会表现良好，决定对该案不提出抗诉，体现了权衡形式公正与实质公正平衡下作出的最优选择。

三是注重抗后补证。抓住抗后关键期，严把事实证据，筑牢定案根基。对证据不牢的案件，综合运用自行补充侦查和引导侦查等手段，做好抗诉案件证据调查、复核补证等工作，补强证据缺陷、完善证据体系，避免“带病抗诉”“一抗了之”。例如，肖某故意杀人罪抗诉案，因证据存在瑕疵，肖某一审以证据不足被判无罪，荆州市检察院二审抗诉，省检察院支持抗诉，经补强关键证人证言、现场勘查笔录、鉴定意见等证据后，最终肖某由无罪改判为死刑缓期二年执行。

五、坚持多措并举，促进提质增效

一是开展反向审视。自 2018 年以来，湖北省检察机关以问题为导向，开展刑事抗诉判无罪案件反向审视，逐年逐案对 25 件案件开展质量自查、省检察院复查和责任倒查。通过深入剖析症结和原因，研究解决对策，形成《刑事抗诉判无罪专题整改报告》，建立健全《刑事抗诉无罪案件层报省检察院备案审查工作机制》。刑事抗诉判无罪案件从 2017 年 19 件，降为 2018 年 3 件，2019 年、2020 年、2022 年各 1 件，2021 年 0 件，反向审视成效明显。

二是定期分析研判。省检察院第二检察部切实担负起牵头职责，通过定期通报、专项监督、案件评查、个案指导等多种方式，引导刑事抗诉工作健康科学发展。制发《关于进一步提升刑事抗诉工作质效的提示》2 份，编发《全省检察机关刑事诉讼监督工作情况分析》46 期，重点分析研判刑事抗诉率等主要质效指标，对抗诉后判无罪、撤回抗诉等重点案件进行全程监督，逐案核查，对工作薄弱地区开展实时督导，促进脱薄争先。

三是拓展类案监督。围绕毒品类、严重暴力类、侵害未成年人权益类、职务犯罪等犯罪类型较集中的案件开展抗诉类案监督排查，以类案审查突破抗源，促进“办理一案，治理一片”。例如，针对全省毒品案件占重罪案件受理数的 71%，体量较大、抗诉点位较多的特点，引导重罪检察加强对“多层级”毒品犯罪以共犯认定主从犯、居中倒卖与居间介绍、漏定毒品数量、错定非法持有毒品、错定犯罪形态等抗源线索的审查。五年来，全省对毒品案件共提出刑事抗诉 159 件，占全部抗诉案件的 8.71%。

四是依法审慎抗诉。结合具体案件，对具有引领意义的个案，积极提出抗诉。对抗诉把握不大和轻度程序违法问题，在抗诉、书面纠正违法、再审检察建议等多种监督方式中，灵活选取“最优解”，形成“抗诉为主、其他为辅”的全方位刑事审判监督格局，力求最佳监督效果。五年来，全省检察机关针对刑事审判活动违法向法院发出纠正违法通知书5918件，再审检察建议17件。

六、锻造过硬队伍，提升抗诉能力

一是强化提质增效。湖北省检察机关积极探索，通过开展实训演练、庭审观摩、优秀刑事抗诉案件、优秀文书评选、“讲政治说办案”、案例研讨、“订单式”培训、同堂培训、“检察官主讲”、专家授课等活动，积极适应庭审实质化的应对和挑战，搭建提升刑事抗诉业务能力的多样平台，进一步引导各地不断提升刑事抗诉工作质效。其中苏某某集资诈骗二审抗诉案等5件刑事抗诉案件，被评为全国精品、优秀刑事抗诉案件。

二是加强案例选树。湖北省检察机关高度重视刑事抗诉典型案例的挖掘、培养和编写工作，切实发挥“一个案例胜过一打文件”的类案指导作用，创刊《刑事抗诉案例选编》《重大犯罪检察工作情况专刊》，组织编写了刑事抗诉、刑事撤回抗诉、刑事抗诉判无罪等共计52个正反典型案事例，切实为办案一线提供鲜活有效的范例引领和警示镜鉴。

三是深化实务调研。为探求行之有效的应对之策，省检察院深入开展刑事抗诉理论和实务调研，先后组织开展全省刑事抗诉工作、撤回抗诉工作、刑事抗诉判无罪等6次调研，形成调研报告6篇，其中《2021年刑事撤回抗诉工作情况调研报告》被省检察院《领导参阅件》刊发，获最高人民检察院领导批示肯定。

四是深化“数据赋能”。省检察院组织检察官团队自主研发“1234”智慧检务系统，优化完善智慧公诉功能模块，通过对刑事审判数据的类案检索对比，便于检察干警运用信息化、智能化手段从海量数据中检索线索，深挖抗源，查找同案不同判、诉判不一等案件中存在的问题，高质高效开展刑事审判监督。

尽管全省刑事抗诉工作取得一定成效，但与先进兄弟省市相比还有不小差距，工作中还存在一些问题：如部分检察人员监督意识不强，抗诉能力有待提高、抗诉必要性把握还不够精准；刑事抗诉在稳规模和提质量上兼顾还不够均衡，刑事抗诉采纳率还偏低；抗诉案源还有挖潜空间；运用科技化信息化手段，提升现代化监督办案质效还不明显；等等。

下一步，我们将继续深入贯彻最高人民检察院和省检察院工作部署，重点从以下方面加强刑事抗诉工作：一是持续更新监督理念，加大抗诉力度，在保证质量的前提下，力争实现抗诉规模质效“双提升”；二是牵头组织在全省检察机关开展“强化刑事抗诉工作提高刑事审判监督质效专项活动”，对 2018 年至 2022 年全省刑事审判监督工作进行专题调研；三是会商省高级法院、省公安厅建立健全全省重大刑事审判监督案件报告协调工作机制；四是制发一批全省刑事抗诉典型案例，建立瑕疵刑事抗诉案件省级院直接通报制度，通过“说讲”活动逐案开展“刑事撤回抗诉”的反向审视；五是加强刑事抗诉能力建设，着力提升检察官发现线索、研判处置、分析论证、出庭履职、沟通协调等能力水平；六是积极探索刑事抗诉“个案办理—类案监督—系统治理”数字检察之路，推进“数字赋能监督，监督促进治理”法律监督模式重塑变革，充分借助科技化信息化手段，提升湖北刑事抗诉现代化监督办案质效。

采取四项举措　坚持五项机制
全面提升刑事审判监督工作质效

四川省人民检察院第二检察部

2019年以来，四川省检察机关坚持以习近平法治思想为指导，深入贯彻《中共中央关于加强新时代检察机关法律监督工作的意见》，全面贯彻最高人民检察院和省检察院党组强化法律监督工作部署，围绕“质量建设年”要求，做优做强刑事审判监督工作。刑事抗诉率保持在8.0‰以上，撤回抗诉率和抗诉意见采纳率稳居全国前列，1件抗诉案例入选最高人民检察院精品案例，3件抗诉案例入选最高人民检察院优秀案例，开展的久审未决刑事案件专项清理活动，获最高人民检察院领导两次肯定性批示。在全国刑事检察工作会议、全国刑事抗诉工作推进会上，作经验交流发言。

一、基本情况

（一）刑事抗诉规模持续平稳

2019—2022年，在认罪认罚从宽制度全面推行以及公诉案件数和法院一审判决案件数普遍下降的情形下，全省检察机关采取多种措施，深挖抗诉案源，刑事抗诉率一直保持在8.0‰以上，高于全国平均水平。其中，2019年刑事抗诉率为9.2‰，2020年为8.8‰，2021年为8.0‰，2022年为8.9‰。全省检察机关着力优化抗诉结构，以二审抗诉为主，二审抗诉案件占总体抗诉案件的80.9%。省检察院发挥表率作用，四年来按审判监督程序提出抗诉29件，按二审程序提出抗诉22件。

（二）刑事抗诉质效持续保持全国领先

省检察院高位推动督导指导，省市两级院加强抗诉必要性把关，着力提高抗诉精准度，抗诉质效指标持续向好。全省撤回抗诉率持续下降，由2019年的19.2%下降至2022年的3.6%。全省抗诉意见采纳率持续上升，由2019年的 76.0% 上升至 2022 年的 87.7%。

（三）抗诉案件实现条线无死角、地区全覆盖

从条线情况看，普通犯罪、重大犯罪案件的提出抗诉数占比较大，分别占全部抗诉案件的 61%、21%，职务犯罪和经济犯罪案件的抗诉率相对较高，分别达到 25‰、17‰。从区域分布情况看，全省含成铁分院在内的 22 个市分州院均有抗诉案件，半数以上的地区年均抗诉意见采纳率超过 80%。

（四）刑事审判监督方式灵活多样

省检察院积极引导，各地拓宽思路，综合运用书面纠正、再审检察建议等多种监督方式，力求达到最佳监督效果。其中，书面纠正刑事审判活动违法监督率由 2019 年的 6.5‰上升至 2022 年的 31.4‰，监督采纳率由 2019 年的 81.6% 上升为当前的 100%；共提出刑事再审检察建议 35 件。

二、主要做法

（一）四项举措提升刑事审判监督认识

省检察院党组会、检委会多次专题研究，把刑事审判监督作为法律监督标志性工作重点推进，2020 年 8 月确定由第二检察部负责全省刑事审判监工作的综合指导。二部积极谋划，通过四项举措，统筹推动刑事审判监督工作。一是提升监督认识。制定下发《关于进一步加强和改进刑事审判监督工作的意见》，从 5 个方面提出 31 条措施，明确监督理念，补齐短板弱项。根据最高人民检察院相关工作要求，深入分析研判全省工作情况，确立了“以精准监督为导向，稳规模、调结构、提质效”的工作原则。二是目标导向压实责任。把四项刑事审判监督指标纳入绩效考核，优化权重分值，促进一定监督规模基础上的提质增效。配套细化检察官业绩考评指标，激发承办检察官责任意识和内生动力。三是搭建一体化履职平台。省检察院各刑检部门及案管部门在信息共享、规范监督流程、联合督导检查方面通力协作。全省三级院分别确立了牵头统筹部门，并设立审判监督办案组或专岗，专门负责审判监督工作。通过平台选送编撰典型案例，四年来全省有 8 起抗诉案件入选最高人民检察院精品、优秀、典型案例。2022 年省检察院发布了第一批刑事抗诉典型案例。四是领导示范引领办案。省检察院检察长连续两年带头办理重大疑难、社会关注的抗诉案件，抗诉意见均得到采纳。市级院正、副检察长办理抗诉案件已成为工作常态。

全省各地在强化组织领导、牵头统筹方面持续发力。成都市检察院每年组织开展多次专项监督活动，对抗诉为零的基层院进行点对点督导检查，实现抗诉突破，建立联络员制度；广安市检察院成立刑事抗诉专项领导小组，由市检察院分管院领导任组长，刑检部门负责人和基层院分管院领导为成员，两级院成立抗诉工作专班；泸州市检察院建立抗诉案件片区联系指导机制；雅安市检察院建立刑事监督一体化审查机制；资阳市检察院、成铁分院检察长出席抗诉案件审判委员会。

（二）五项机制保障刑事审判监督质量

一是建立核心指标常态化通报机制。第二检察部确定专人专班紧盯业务动态，每月及时掌握核心指标变化，每季度向全省通报各地指标运行情况，引导各地高度重视指标变化。对指标出现异常地区点对点督促提醒，要求各地反查案件情况，找出问题，及时整改。每半年对刑事审判监督业务态势进行综合分析研判，坚持问题导向，提出整改措施。

二是建立抗诉案件请示汇报机制。规范拟提出、提请抗诉案件请示汇报程序，确保抗前指导实质化。四年来，省市两级院抗前指导案件2500余件，对500多件抗诉理由不充分的案件不支持抗诉。上级院除针对抗诉事项进行审查外，还就原审判决认定事实、采信证据、法律适用、审判程序等进行系统分析，依法对抗点不准确、有遗漏的案件变更或增加抗诉理由；加强监督线索互通，关联案件证据并案审查，发现嫌疑人涉嫌其他犯罪线索的，依法建议法院发回重审，补充起诉犯罪事实后依法改判。例如，金堂县检察院提起抗诉的彭某非法持有毒品案，成都市检察院经过阅卷审查，发现彭某的STR分型与市检察院办理的另一制毒案中现场提取的生物痕迹匹配，经过调查研判，认为彭某可能涉嫌制造毒品罪，遂建议发回重审并要求基层院视补侦情况变更起诉，得到法院采纳。

三是建立抗后补证补强机制。要求各地抓住抗后关键期，综合运用自行补证或会同侦查机关补充证据，夯实案件证据基础；要求上级院对下级院抗诉理由不充分、抗点不完善的，加强指导，补充抗诉理由、完善抗点，避免“带病抗诉”“一抗了之”。例如，阿某某非法持有毒品抗诉案，抗后检察机关补充收集了高速路口监控视频、证人证言、书证等，证实被告人系运输毒品，阿某某再审改判犯运输毒品罪，刑期从有期徒刑八年增加至十五年。同时，针对在补证补强中发现的其他监督线索，同步开展监督。例如，苍溪县检察院提出抗诉的赵某某等人非法捕捞水产品案，调查发现，赵某某儿子赵某涉嫌阻碍他人作证及威胁他人作假证，同步开展立案监督，后赵某以犯妨碍作证罪被判处有期徒刑9个月。

四是建立重大典型案件接续抗诉机制。对检法存在分歧、判决结果将影响类案定罪量刑的典型案件，通过县、市、省三级院跟进监督，接续抗诉。厘清了相关案件中瑕疵证据与非法证据区别、宽严相济刑事政策把握、情节认定标准等问题，通过抗诉，指导类案办理，全省三级院继续抗诉5起重大典型案件。例如，罗江区检察院办理的张某、廖某某行受贿、挪用公款案，一审法院认为检察机关指控张某、廖某某构成挪用公款罪不成立，德阳市检察院、省检察院快速跟进监督，分别通过二审程序、审判监督程序提出抗诉，最终抗诉意见获省高级法院采纳。

五是建立沟通会商机制。省市两级院普遍建立重大案件抗前法检沟通机制，各地主动就争议大的疑难复杂抗诉案件，通过召开座谈会、检察长带头办案或者列席审委会等方式，向法院充分阐述意见和理由，统一认识消除分歧。四年来，检察长列席抗诉案件审委会60件，有力促进了人民法院对检察机关抗诉意见的采纳支持。同时重大审判监督案件主动向党委政法委报告，如江安区检察院办理的晏某等人非法制造注册商标标识一案，一审被告单位及6名被告人均被判无罪。提出抗诉后，宜宾市检察院及时向市委政法委汇报案件情况，争取指导支持，最终二审改判有罪。

（三）四个渠道拓展刑事审判监督线索

一是数字赋能加强类案监督。充分运用裁判文书网、办案系统等平台，会同案管部门常态化开展线上筛查，利用大数据深度挖掘司法裁判在类案定性错误、同案不同判、分案量刑失衡等方面的问题，开拓刑事审判监督新路径。例如，2022年广安市检察院开展了全市涉网络开设赌场案件网上筛查，发现类案26件，对确有监督必要的，通过抗诉、再审检察建议纠正7件。

二是部署开展专项活动。2019年以来，省检察院先后部署开展了缓刑适用情况、久审未决刑事案件等专项清理活动，通过专项清理发现监督线索，并引导各地加强抗诉线索的信息互通和学习借鉴。2020年，最高人民检察院领导对全省开展的长期未决刑事案件专项清理活动，先后两次做肯定性批示。各地围绕大局，服务中心工作，找准监督工作结合点，突出区域特色。成都市检察院组织开展的知识产权刑事案件专项监督，通过抗诉增处罚金约200万元，其中徐某等销售假冒注册商标的商品、假冒注册商标抗诉案入选最高人民检察院保护知识产权典型案例。攀枝花、遂宁、德阳、宜宾等地开展了刑事判决财产刑处理的专项审查活动，发现涉财产刑标准尺度不统一、未对涉案财物作出处理，或超范围重复处置等问题，并据此提出抗诉。

三是强化裁判文书审查。做深做实一审裁判审查，裁判审查重点由事实认定、证据采信、行为定性、量刑适当延伸至涉案财产处置等全方面，审查方式推行专人审查、交叉审查、层级把关和提级审查，对重大“诉判不一”案件，判决裁定报上级院业务部门同步审查。全省检察机关按二审程序提出抗诉案件占全部抗诉案件的72.5%，针对涉案财产处置不当提出抗诉的有90余件。德阳、泸州等地检察机关选取典型的被告人无正当理由反悔上诉案件提出抗诉，获法院改判，通过必要的抗诉，引导被告人形成尊重认罪认罚具结和承诺的自觉，有效降低当地认罪认罚案件上诉率。融合扫黑除恶斗争、政法队伍教育整顿，强化对生效裁判的关联回溯审查，发现并纠正确有错误的生效裁判，按审判监督程序提出抗诉占全部审判监督程序抗诉案件的53.2%，抗诉意见采纳率达92.4%。

四是内外联动形成监督合力。刑检、刑执、控申等部门在线索移送、联合调查等方面形成了良性互动，省检察院和成都、乐山等地刑执部门就工作中发现的监督线索及时移送刑检部门。监检协作配合，纪委监委发现司法人员违纪违法影响刑事案件公正判决的，适时向检察机关移送线索和调查材料，如2022年广安市检察院根据纪委监委移送材料，向中级人民法院提出再审抗诉3件。

（四）四个方面增强刑事审判监督效果

一是回应社会关切，对严重影响群众安全感，群众反映强烈的量刑畸轻，或有罪判无罪案件坚决抗诉。四年来，591名被告人经检察机关抗诉被加重刑罚，17人由无罪改判有罪。例如，雅安市检察机关抗诉加重改判的黄某某拐卖妇女、儿童案，获最高人民检察院院领导肯定性批示。省检察院支持抗诉的王某等人恶势力贩毒集团、故意伤害案，检察机关充分运用事实、证据和法理，阐明命案死刑适用“三个特别”的判断标准，“赔偿谅解”情节的把握，首要分子王某改判死刑立即执行，该案件获评最高人民检察院精品抗诉案件。

二是恪守客观公正立场，对确有错误的量刑畸重，或无罪判有罪案件依法抗诉。四年多来，153名被告人经检察机关抗诉减轻或从轻处罚。例如，岳池县检察院提出抗诉的周某某故意伤害案，检察机关认为被害人死亡系多因一果，一审法院判处被告人有期徒刑十年，量刑畸重，经抗诉二审改判为有期徒刑四年。贵阳铁检院提出抗诉的李某某诈骗、信用卡诈骗案，成铁分院经阅卷审查后，认为一审检法适用司法解释错误，导致对李某某升档量刑，量刑畸重，在支持抗诉的同时为维护被告人利益变更抗点，成铁中院采纳抗诉意见对被告人予以减轻改判。

三是聚焦程序公正，对严重程序违法，侵犯当事人合法权益案件，依法抗诉，以程序正义保障实体正义。四年来，全省检察机关对违反公开审判、适用速裁程序不当、合议庭组成不合法等严重程序违法，依法通过抗诉纠正45件。例如，雅安市雨城区检察院对人民法院违反公开审判原则，开庭审理一起涉及隐私的组织卖淫、协助组织卖淫案提出抗诉。大竹县检察院对人民法院未经庭审调查核实，认定被告人立功情节的杨某贩卖毒品案提出抗诉，两起案件均被撤销原判、发回重审。

四是通过对检法存在重大分歧案件的监督，促进司法裁量标准的统一。重点梳理因检法认识分歧，导致类案不同判，结果显失公平，或者对类案处理在罪名认定、情节认定、量刑档次上可能有错误导向的典型个案，通过抗诉促进裁判标准统一。经全省检察机关抗诉，人民法院改变罪名定性的有91件，改变事实认定的有264件。例如，省检察院二部办理的陈某危险驾驶案，法院认为被告人血样采集程序、血液酒精含量鉴定程序不符合法律规定，不予采信，判决被告人无罪。判决生效后省检察院通过审判监督程序提出抗诉，明确在瑕疵得以补证情况下应予采信，省法院采纳抗诉意见，改判陈某有罪。

三、需要关注的情况及问题

（一）刑事审判监督工作面临较大挑战

随着以审判为中心刑事诉讼制度改革深入推进，认罪认罚从宽制度的广泛适用，“诉判不一”情形日趋减少，刑事案件审判质量大幅提升，可监督空间进一步萎缩。同时，法院在事实认定、证据采信、法律适用、办案效果上更加慎重，对一些重大疑难案件或者法检两家有较大争议案件，通常向上级法院请示后再作出判决，监督难度增加。

（二）深层次监督还需加强，部分地区的监督结构有待优化，监督质效有待提升

针对罪名认定、情节认定、量刑档次认定等存在错误，对类案有指引意义的典型个案提出抗诉的总体不多，抗诉精品、优秀案件需要进一步培育。个别地区的抗诉案件主要是审判监督程序案件，二审案件较少，需要检视监督及时性。个别地区抗诉案件发回重审率较高，需要分析具体原因，以减少不必要的程序回转，造成诉讼资源浪费。对法院审判程序违法的监督仍停留在浅表性问题上，发现深层次程序问题还不足。

（三）检察官的办案水平、监督能力还需持续提升

个别案件虽“诉判一致”，但经交叉审查、案件评查存在起诉时事实指控不全、罪名认定不准，量刑建议不当等明显错误，最终只能通过审判监督程序予以纠正，影响监督效果。有的检察官司法经验不够，发现问题能力不足，抓不准抗点；有的检察官在抗诉书中未能围绕争议焦点进行充分论证，针对性不强，没有说服力；有的检察官不注重二审环节的补证工作，忽视开庭前后与审判人员的充分沟通，缺乏主动关注案件进展的意识。

四、下一步工作打算

党的二十大报告提出要“加强检察机关法律监督工作”，对刑事审判监督工作提出了更高要求。下一步，我们将深入贯彻落实《中共中央关于加强新时代检察机关法律监督工作的意见》，按照最高人民检察院“质量建设年”总体要求，持续推动刑事审判监督工作高质量发展。

一要持续推进深层次刑事审判监督。督促指导各地将监督重点放在事实定性错误、量刑畸重畸轻，审判程序违法，严重侵害诉讼当事人正当权益等案件上，开展深度监督，回应社会关切。要求各地审慎把握对被告人认罪认罚后反悔案件的监督，对检察机关量刑建议准确，法院采纳量刑建议后被告人无正当理由或仅以量刑过重为由上诉的，可依法进行抗诉，促使被告人形成尊重认罪认罚承诺的自觉。

二要着力解决部分地区监督质效下降的问题。要求各地坚持注重监督质量，不盲目追求监督规模的工作原则，进一步加强工作督促和考核评查，通过定期抽查、通报、提醒、督导等方式，督促下级院持续提升监督品质。加强对工作薄弱院的业务指导，定期开展业务数据态势分析、刑事审判监督案件质量分析，查找存在的问题并研究改进措施。进一步优化刑事审判监督对下考核指标，促进各地重视监督必要性、精准性。

三要用好监督手段，倒逼起诉质量提升。对于检察机关起诉时存在指控事实不全、指控罪名不准等情形，以致法院裁判错漏，需要依法纠正的，积极提出抗诉，以案促改、以案促学，提升案件起诉质量。并就个案进行评查分析，查找问题原因，提出整改意见。

四要持续提升监督能力水平。通过培训、组织个案研讨、庭审观摩、文书评比等方式，着力提升检察官发现监督线索、研判处置、综合论证、出庭履职、沟通协调等方面的能力水平，推动全省刑事审判监督工作再上新台阶。

以“精准化”监督助推刑事抗诉工作高质量发展

云南省人民检察院第二检察部

刑事抗诉是检察机关行使审判监督职能的重要手段，刑事抗诉权作为检察权的重要组成部分，是检察机关对人民法院的审判活动是否合法实行监督的重要形式，正确行使刑事抗诉权，既有利于保证国家法律的统一正确实施，又有利于维护被告人、被害人的合法权益，也有利于防止司法腐败，促进司法公正，维护社会的繁荣稳定。为推进刑事抗诉案件工作的“精准化”、提升案件办理质效，加强对法院判决审查的针对性、准确性，云南省检察机关认真落实最高人民检察院《关于加强和改进刑事抗诉工作的意见》，坚持依法、准确、及时、有效的基本要求，充分发挥抗诉的刚性监督作用，持续开展刑事抗诉“精准化”工作，2020—2022 年三年内的刑事抗诉业务指标持续向好，各级院在刑事抗诉工作中探索出有益做法和经验。

一、云南省检察机关刑事抗诉工作基本情况

（一）刑事抗诉基本情况

2020 年，刑事抗诉率为 0.6%，刑事抗诉采纳率为 47.43%，撤回抗诉率为 20.9%，全国排名第四，抗诉改判率为 56.96%，全国排名第三。

2021 年，刑事抗诉率为 0.58%，刑事抗诉采纳率为 75.54%，全国排名第二，撤回抗诉率为 13.84%，全国排名第五，抗诉改判率为 67.63%，全国排名第一。

2022 年，刑事抗诉率为 0.54%，刑事抗诉采纳率为 77.26%，全国排名第三，撤回抗诉率为 9.49%。

表 1　2020—2022 年刑事抗诉案件情况统计表

年份	提出抗诉数量（件）	提出抗诉数量同比（百分比）	抗诉率（千分比）	抗诉率同比（千分比）	抗诉采纳率（百分比）	抗诉采纳率同比（百分比）	撤回抗诉率（百分比）	撤回抗诉率同比（百分比）
2020	314	8.28	6	-0.1	47.43	7.51	20.9	13.56
2021	357	13.69	5.8	-0.2	75.54	28.11	13.84	-7.06
2022	296	-17.09	5.4	-0.4	77.26	1.72	9.49	-4.35

（二）二审程序抗诉情况

云南检察机关二审程序提出抗诉 829 件，撤回抗诉 141 件。抗诉案件裁判 736 件，改判 452 件，其中采纳抗诉意见改判 385 件，采纳抗诉意见维持原判 11 件，采纳抗诉意见发回重审 95 件。

表 2　2020—2022 年二审程序抗诉案件情况统计表

年份	提出抗诉（件）	提出抗诉数量同比（百分比）	提出抗诉法院裁判（件）	撤回抗诉（件）	撤回抗诉数量同比（百分比）	撤回抗诉率（百分比）	撤回抗诉率同比（百分比）	采纳抗诉意见改判（件）	采纳抗诉意见发回重审（件）	抗诉采纳率（百分比）	抗诉采纳率同比（百分比）
2020	282	4.44	234	65	209.52	23.05	15.27	83	20	44.02	5.56
2021	312	10.64	252	48	-26.15	15.38	-7.67	153	39	76.19	32.17
2022	235	-24.68	250	28	-41.67	11.91	-3.47	149	36	74	-2.19

（三）审判监督程序抗诉情况

刑事诉讼审判监督程序中，提出抗诉 131 件，撤回抗诉 1 件。抗诉案件裁判 89 件，采纳抗诉意见改判 71 件，采纳抗诉意见维持原判 1 件，采纳抗诉意见发回重审 5 件。

表 3　2020—2022 年审判监督程序情况统计表

年份	提出抗诉（件）	提出抗诉数量同比（百分比）	提出抗诉法院裁判（件）	撤回抗诉（件）	撤回抗诉数量同比（百分比）	撤回抗诉率（百分比）	采纳抗诉意见改判（件）	采纳抗诉意见发回重审（件）	抗诉采纳率（百分比）	抗诉采纳率同比（百分比）
2020	29	81.25	14	0	0	0	12	0	85.71	15.71
2021	42	44.83	26	1	100	2.38	17	1	69.23	-16.48
2022	60	42.86	49	0	-100	0	42	4	93.88	24.65

二、转变意识，找准抗点，主动出击，构建以抗诉为中心的审判监督格局

云南省检察机关长期将抗诉案件作为监督重点，抓基础，重日常，既注重把握传统抗点，也注重发掘新抗点；既注重对量刑畸轻的抗诉，也注重对量刑畸重的抗诉；既注重事实认定，也注重程序审查，不因罪重而畏难、不因罪轻而忽视，抗诉工作取得良好成效。

（一）找准传统抗点，抓牢抗诉基础

1. 明确重点，纠正量刑畸轻畸重判决

量刑畸轻畸重一直是刑事抗诉的重点，尤其是对于极端恶性、较大社会影响、关乎人民群众切身利益的案件，云南省检察机关一直以来都将此项工作长期抓、重点抓，做深做细做实。例如，李某故意杀人案，在婚姻家庭纠纷中被害人没有明显过错，李某有预谋地在公众场合以特别残忍手段实施故意杀人行为，一审法院以该案因婚姻家庭矛盾激化而引发，且被告人如实供述自己的罪行为由判决其死刑，缓期二年执行，市检察院接收到该判决后，到案发现场实地勘查、走访调查，查证了被害人长期遭受李某家暴，二人分居的一年中李某仍对被害人滋扰，被害人身中100余刀，给当地群众造成严重的心理恐惧的事实，以原判量刑畸轻为由提请抗诉，省级院支持抗诉，省高级法院采纳检察机关抗诉意见，改判为死刑立即执行。在抗重的同时，云南检察机关也注重对抗轻的把握。例如，字某非法制造爆炸物案，炸药为开采石料所剩，当时用于正常的生产、生活，没有证据证明在此后的较长时间跨度内该炸药还有其他非法用途，且不属于在公共场所、居民区等人员集中区域非法储存爆炸物，未造成现实性的危害后果，一审法院判处其有期徒刑十年，量刑畸重，市检察院指令县检察院抗诉，后二审法院改判有期徒刑三年，缓刑四年。

2. 全面审查，纠正事实认定错误

云南省检察机关严格遵照《关于加强和改进刑事抗诉工作的意见》《人民检察院刑事抗诉工作指引》，贯彻全面细致审查的工作准则，严格纠正事实认定错误。例如，刘某非法持有枪支案，县级院以被告人构成非法持有枪支罪，量刑建议判处有期徒刑一年，而一审法院在仅有被告人供述无其他证据佐证的情况下，认定被告人在他人安排下把枪支运送到某地是为获取利益，并以枪支处于运输状态认定该案构成非法运输枪支罪，判处有期徒刑三年，县级院认为法院认定事实错误，量刑畸重，市级院支持抗诉，后二审法院采纳抗诉意见改

判其为非法持有枪支罪，判处有期徒刑一年。

3. 积极履职，纠正审判程序违法

云南省检察机关对于案件审理全程关注，在收到法院刑事判决书、裁定书后亦及时审查，发现违反法律规定的诉讼程序、可能影响公正审判的情形，及时开展抗诉工作，积极纠正审判程序违法。如徐某受贿案，一审法院因徐某四次讯问笔录缺少同步录音录像，认为取证程序不合法，以非法证据排除，但法院未当庭作出是否排除有关非法证据的决定，就在刑事判决书对以上证据予以排除，程序违法，县级院严格审查案件后提出抗诉，后市法院裁定原判在处理排除非法证据时违反法律规定的诉讼程序，发回重审。

（二）发掘新抗点，坚持抗诉精准

1. 依法抗诉，于微弱处见真情

未成年人是祖国的未来，他们是检察机关重点保护的对象。云南省未检部门在办案中注重对涉未成年人判决诉判不一致案件进行严格审查，发现确有错误的判决依法提出抗诉。例如，陈某拐骗儿童、强奸、介绍卖淫案，一审判决陈某有期徒刑九年二个月，并处罚金二万元，县级院认为该案属严重侵害未成年人合法权益的刑事案件，该判决量刑畸轻，确有抗诉必要，请示市级院后，市级院指出介绍卖淫罪定性错误并支持抗诉，加强对抗诉理由说理性的分析指导，二审法院决定将该案发回重审，一审法院重审改判有期徒刑二十年，并处罚金人民币五万元。

2. 加强监督，在小案简案上抗精准

认罪认罚案件量大，在大量简单细小的案件中发现抗源，正是抗诉“精准化”细致入微的体现。例如，纪某危险驾驶案件，其未赔偿被害人损失，未取得被害人的谅解，法院未认定其无证驾驶的从重处罚情节但适用认罪认罚，适用法律不当，量刑明显错误，且未采纳检察机关的量刑建议，也未建议调整量刑而径直判决，后提请抗诉，最终获得改判。

（三）履行好职责，实现抗诉刚性

云南毒品犯罪猖獗，基于毒品犯罪案件的隐蔽性、被告人供述的易变性、物证价值的有限性等多因素影响，毒品犯罪案件的指控较为困难，对主观明知、零星贩毒等情节的认定存在较大分歧，当前以审判为中心的诉讼制度改革在强化庭审功能的同时也凸显了检察机关的审前主导作用，倒逼检察机关提高证据审查和法律适用能力，客观上也为抗诉权的有效行使创造了条件。

1. 坚持刚性，多次错判得纠正

对违背证据“三性”原则，把相互印证、形成完整证明体系的被告人供述、证人证言等证据分解、孤立，导致认定事实错误的判决，检察机关需要发挥韧性、刚性，长期严格监督履职、准确纠正错判。例如，办理宋某贩卖毒品案，公安机关侦查行为存在部分瑕疵，因事实不清、证据不足历经两次一审、两次二审、两次无罪判决，检察机关对产生检法分歧的瑕疵证据进行了有针对性的补强，在二审中指导侦查机关补充调取其余吸毒人员向宋某购买毒品的新证据，从正确区分非法证据和瑕疵证据的角度重新构建证据体系，强化指控，最终使案件从无罪改判为有期徒刑十五年。

2. 补强证据，无罪判决改有罪

毒品物证在案件办理中具有中心地位，但“零口供”“零接触”“人货分离”等新特点使“人赃并获”的毒品案件越来越少，“由物到人”的办案思路和模式已难以适应禁毒新形势新需求，需要检察机关主动出击补强证据，准确界定零包贩毒案件证明标准，精准把握零包贩毒案件指控要点。例如，办理的徐某贩卖毒品案，一审法院认为该案未查获毒品，证人证言虽分别证实自己与徐某进行过毒品交易，但无其他证据相互印证，以事实不清、证据不足为由，判决被告人徐某无罪，县级院以一审判决认定事实错误、适用法律不当，提出抗诉，市检察院支持抗诉，综合运用言词证据，阐释证明标准，准确适用法律条文，明确指控重点，补强银行交易明细、微信转账记录、通话清单、毒品交易地点辨认笔录等客观证据，二审法院采纳市级院支持抗诉的意见，裁定发回重审，一审法院重审认定徐某犯贩卖毒品罪，判处有期徒刑三年六个月，并处罚金人民币两千元。该案判决生效后，该市检察机关参照该案办理了多起囿于毒品物证、数量而难以有效处理的零包贩毒案件，取得较好的政治效果、法律效果和社会效果，彰显了检察机关打好禁毒人民战争的鲜明态度和立场。

三、创新模式，提升刑事抗诉监督质效

（一）上下联动协调，强化刑事抗诉案件抗前请示

为防止滥用抗诉权，避免抗诉不当大量撤回抗诉情况的发生。云南省检察机关坚持重大抗诉案件及时向上级院汇报制度。针对法院无罪判决、侵害未成年人合法权益犯罪案件、死刑案件、黑社会性质组织案件等影响较大的案件，检察机关提出抗诉前向上级院请示汇报，下级院全面阐述抗诉理由、抗诉事实、证据情况、法律适用和抗诉的必要性，从法律规定、刑法理论方面进行全面、客观的分析，使上级院对抗诉案件有全面客观的认识，围绕核心抗点、争

议焦点进行审查，上下级院达成共识，对确有抗点的坚决依法支抗。

（二）学习先进，推广“三三九”审查模式

近年来，云南省检察院注重在全省抗诉案件办理较好的地区发掘先进经验进行推广，提升各地抗诉积极性。例如，由楚雄州检察机关总结提炼的“三三九”模式：判决审查“三化”——审查判决“文书化”“程序化”“责任化”；“三层次”——庭前证据严审、庭上综合考量、判决查找不同；审查判决的“九要素”——事实、罪名、量刑、法定情节、附带民事、主刑适用、附加刑适用、刑期计算、赃款赃物处理。该模式加强了判决审查的针对性和准确性，2017 年“三三九”模式在楚雄州全州推行后，抗诉案件上升600%，法院改判率达到93.3%。此模式在全省推广后，云南省的抗诉工作得到了长足发展。

（三）加大力度，针对性开展对下指导

云南省检察院根据调研情况和案件管理系统数据分析，印发《云南省检察机关刑事抗诉案件判决审查表》，请各地结合实际开展的刑事抗诉工作填写，组织全省刑检部门学习最高人民检察院评选优秀抗诉典型案例，每年定期评选省内优秀刑事抗诉典型案例，力求推进刑事抗诉案件工作的“精准化”、提升案件办理质效。同时，市级院积极对辖区内下级院开展指导，如昆明市检察院成立工作专班，多次到基层院帮助各院对抗诉率、抗诉采纳率、审判活动违法监督采纳率等评价项目的短板和弱项逐项分析，明确参考目标，对成功的刑事抗诉案件，提炼典型案例及经验进行分享，对撤回抗诉的案件，组织研讨，在类案办理时提供借鉴，建立上下级考核工作联系群，实时动态沟通对接相关情况，进一步提高刑事抗诉的质量和效率。

（四）提高质量，拓宽抗诉线索来源

各地充分运用不同方式拓宽抗诉案件线索来源。例如，迪庆州院办案部门与案管部门合作，以云南省案件质量评查标准为基础，每半年对全州案件全覆盖、全方面交叉评查，结合平时对类案随机抽查的方式建立案件评查机制，对所有评查案件梳理线索发现抗点。红河州检察院充分运用职务犯罪案件、大要案敏感案件及诉判不一案件的报备案工作机制，实现州院对口业务部门对各县级院一审判决的同步审查，及时发现抗诉线索，交流从个案中归纳的抗点类型及抗诉标准，掌握抗诉线索的发现技巧。昆明市检察院加强与司法局、监狱、驻所检察室的沟通，拓宽抗诉案件线索来源，发现在刑罚执行中或刑罚执行完毕后，累犯、

漏犯、冒用他人姓名、缓刑考验期内再犯新罪等再审抗诉的线索。大理州检察机关在扫黑除恶专项斗争中发现案件线索，如发现李某赌博案中公安机关原办案民警徇私枉法炮制虚假立功材料导致生效判决认定事实错误、适用法律错误、量刑不当，提出抗诉，州中院指令再审，县法院采纳抗诉意见，纠正了错误裁判。

（五）跟踪监督，建立倒查工作机制

在案件提出抗诉后，承办人随时就诉讼进展、抗诉理由等与法院承办人保持有效沟通，防止“一抗了之”，对于抗诉维持案件，详细分析原因，找出存在问题，有针对性地提出加强和改进抗诉质量的办法措施，对于确属法院错误维持的案件，及时报请省级院按审判监督程序抗诉。例如，普洱市检察院构建无罪判决预警及责任倒查机制，对于法院拟判无罪的案件，基层院作出预警上报市级院，对于起诉错误、有重大司法风险的案件，撤回起诉；对于事实清楚、证据确实充分的案件或虽有小瑕疵但定性正确、起诉正确的案件，法院判无罪的，依法抗诉，并重点审查背后可能隐藏的职务犯罪的线索。

四、与公安、法院形成良性工作协调机制，既协作配合又监督纠错

（一）发现侦查疏漏，及时补侦移送线索

树立正确的抗诉工作观念，克服不愿监督、不敢监督的畏难情绪。检察机关充分发挥刑事诉讼的主导地位，加强与公安机关的沟通交流，加强检警机关侦查监督与协作配合，积极引导公安机关侦查取证，把好案件入口关，提高侦查取证质量和效率，避免案件“带病”进入诉讼环节，提升法律监督实效。将监督工作前置，加强证据审查，在抗诉工作中及时发现公安机关刑事侦查工作中的疏漏，市级院及时跟进指导补侦、补正，对于发现的涉案线索及时移送相关职能部门。例如，杨某某等四人寻衅滋事案，一审判决对其中一人的数罪将有期徒刑刑期和拘役刑期相加，适用法律错误，提出抗诉，要求公安机关对立案后开展侦查活动情况、侦查阶段开展认罪认罚工作、按照行政案件取得言词证据转换为刑事诉讼程序收集的情况等进行补充侦查，并发现了公安机关可能存在“立案不查”的线索移送州纪委、州监委，最终该案二审法院采纳抗诉意见改判。

（二）加强与法院交流沟通，构建和谐抗诉关系

坚持指控犯罪与诉讼监督并重的原则，处理好检、法依法配合与监督的关

系，将审判监督与检、法协作有机结合，摒弃“重协作、轻监督”的观念，防止因强调司法协调和加强检、法沟通而放弃监督。在案件承办过程中，办案人员之间、部门负责人之间、分管领导之间及时主动与审判机关沟通，同级检、法部门，上下级检、法部门之间，共同讨论抗诉案件疑难问题，及时沟通解决抗诉工作中存在的问题，统一抗诉标准，减少因法律适用产生的分歧和争议，共同构建协调、积极、和谐的抗诉工作关系。若发现审判机关和审判人员有违反法律规定的行为，亦要严肃指出，充分发挥检察机关的法律监督作用。在检察长列席审委会时，检察长充分、客观、公正阐释抗诉及支持抗诉的事实及理由，收集、分析法院对案件的讨论意见，及时发现抗诉工作中存在的不足，总结抗诉监督工作经验，不断提升抗诉案件质量，促进司法公正。

（三）参加抗前会议，构建检法共识

抗诉案件的抗点多是法、检对于法律认识问题存在分歧，如果一味以监督姿态应对法院，不但不利于实现监督效果，还容易造成关系紧张。坚持抗诉案件办理在抗前和抗后与法院加强沟通，在抗诉之初就争取与法院就认识问题达成共识，柔性的工作态度最大程度保障了抗诉的成功，也从根本上保证了对法律认识的统一，维护了个案与类案的公平正义，体现了审判监督工作的价值。例如，办理的起某玩忽职守案，一审判决错误认定被告人的行为属于工作失误，宣告无罪，县级院认为一审法院没有充分评判被告人的主观过失行为与客观损失结果之间的因果关系，判决认定为工作失误属定性错误，遂提出抗诉，二审中市检察院多次与二审合议庭沟通，检察机关补充了大量证据，最后检、法形成统一意见，二审改判被告人有罪。

云南省检察机关将继续提高检察队伍素能，准确把握抗诉工作原则，严格把握抗诉的标准与条件，夯实抗诉基础，做到精准抗诉，推动刑事检察抗诉工作高质量发展，有效促进司法公正，维护社会繁荣稳定。

第四编

刑事审判监督典型案例

辛龙故意杀人案

最高人民检察院
刑事抗诉书

高检二厅刑申抗〔2022〕Z1 号

原审被告人辛龙，男，1963 年 5 月 11 日出生，身份证号码 23071019630511 ××××，汉族，高中文化，大连光明日发集团有限公司综合部部长（案发时任大连日新家具有限公司总经理），户籍地辽宁省大连市甘井子区×号，现住辽宁省大连市开发区热岛黄金海岸×号楼×单元。2015 年 3 月 11 日因涉嫌故意伤害罪被刑事拘留，同年 4 月 17 日被逮捕。2018 年 1 月 24 日被大连市中级人民法院宣判无罪。

原审被告人辛龙故意杀人一案由辽宁省大连市人民检察院于 2016 年 1 月 13 日提起公诉，大连市中级人民法院于 2016 年 8 月 1 日作出一审刑事附带民事判决，以被告人辛龙犯故意杀人罪，判处其死刑，缓期二年执行，剥夺政治权利终身。宣判后，辛龙提出上诉，辽宁省高级人民法院于 2016 年 12 月 29 日裁定将案件发回重审。大连市中级人民法院于 2018 年 1 月 24 日作出（2017）辽 02 刑初 29 号刑事附带民事判决，判处辛龙无罪。大连市人民检察院于 2018 年 2 月 13 日向辽宁省高级人民法院提出抗诉，辽宁省人民检察院于 2018 年 11 月 13 日撤回抗诉，同日，辽宁省高级人民法院裁定准许辽宁省人民检察院撤回抗诉。2018 年 11 月 22 日申诉人张某（被害人弟弟）向辽宁省人民检察院提出申诉，请求撤销辽宁省人民检察院的撤回抗诉决定，对辛龙涉嫌故意杀人罪一案的无罪判决提起抗诉。辽宁省人民检察院经复查认为，本案不符合抗诉条件，决定不予抗诉。申诉人张某不服，以现有证据已经完全能够证明辛龙是杀人凶手、不可能是他人作案为由向我院提出申诉。

原审认定的事实：被告人辛龙与张某艳系男女朋友关系。2015 年 3 月 5 日（注：正月十五元宵节）19 时许，辛龙到达位于辽宁省大连市甘井子区×

号楼×单元的张某艳住处，辛龙与张某艳因感情问题发生争执，其间，辛龙有捂住张某艳口鼻的行为。2015年3月6日6时许，张某艳尸体在楼下被发现，经鉴定张某艳系口鼻部受外力作用致机械性窒息死亡。

本院经复查认为，大连市中级人民法院（2017）辽02刑初29号判决认定辛龙无罪的理由不能成立，原审被告人辛龙故意杀人的犯罪事实清楚，证据确实、充分。详述如下：

一、原判认定辛龙故意杀人证据不足的理由不能成立

（一）关于原判认为“被害人死亡时间无法确定”的问题

张某艳楼下邻居姜某证实，2015年3月6日凌晨大概3时，楼上又开始吵了，其听到女的带着哭腔说“我求求你了”这样的话，之后再没听到女的什么动静。小区保安王某飞、居民王某文证实，6时20分许在楼下发现被害人尸体。尸检结果表明，张某艳的死亡时间为末次进食后4—6小时。本院调查中，辛龙表示，被害人进食时间为辛龙进屋（19时38分）后一个多小时。综合上述证据，可以确定被害人死亡时间在凌晨3时至4时。

（二）关于原判认为“无客观证据证明被告人离开案发现场时间”的问题

2015年3月5日19：38：32至3月6日04：46：12，辛龙的手机信号基站均定位于被害人居住的小区。辛龙与辛某（辛龙妹妹）的手机通话记录证实，二人在3月6日4时39分至5时6分通话3次，与二人所证辛某接辛龙走的过程中进行几次电话联系相印证，二人也证实通话后辛某接走辛龙，可以印证辛龙的离开时间。辛龙在侦查、审查起诉和第一次一审阶段曾多次稳定供述凌晨三四点离开被害人家，重审庭审中，开始辩称凌晨一两点离开被害人家，在被害人家小区转了很长时间，四五点钟离开被害人家小区。案发时系东北冬季凌晨，辛龙一直称自己有多种疾病，无特殊原因在被害人小区楼下转两三个小时不合常理，该辩解难以成立。综合上述证据，可以认定辛龙于3月6日4时46分后离开案发现场。

（三）关于原判认为“作案手法及工具未查实”的问题

根据尸检鉴定意见，被害人张某艳系口鼻部受外力作用致机械性窒息死亡；辛龙也供述其用手及张某艳身上穿的睡衣捂张某艳的嘴，捂了有两三次，张某艳的头左右摇摆想挣脱，其捂了一会儿，张某艳就不喊了。作案手法和工具应结合死因及现场勘验情况进行分析判断，本案不属于没有查实的情况。

（四）原判认为“无法排除第三人作案的合理怀疑”的具体理由均不成立

原判认为，被告人辛龙凌晨4时许离开被害人所住小区范围，到被害人尸体被发现的6时20分至40分，其间约2小时的时间段是空白的；被害人住处

遗留多枚嫌疑足迹，未作比对；被害人手机去向不明，可能存在财物损失；结合案发时现场房门钥匙配套数量无法查证的情况，无法排除在被告人离开后是否有第三人进入现场的合理怀疑。本院审查后认为不能成立：

一是现场提取的检材未检出第三人的DNA。现场提取的36份生物检材，除检测到辛龙、张某艳DNA外，没有检测到第三人DNA。辛龙亦供述其与被害人发生冲突时，无第三人在案发现场。

二是目前证据可以证明，现场唯一一种嫌疑足迹系辛龙留下。原判所说"多枚嫌疑足迹"，系一种足迹。本院委托公安部物证鉴定中心组成专家组对嫌疑足迹进行会检，专家出具的会检意见"倾向认定现场鞋印与样本鞋印（所采辛龙足迹）为同一人所留"。本院调查中，辛龙非常肯定地表示自己进门换拖鞋，并表示如果有拖鞋印，就是自己所留。

三是虽然辛龙离开后至被害人尸体被发现有一两个小时空白，但通话记录显示被害人手机19时38分与辛龙联系后，与外界再无沟通，即被害人当晚未再与其他熟人联系要求到家中来，同时，案发后现场勘查，门锁未遭破坏，可以排除其他生人破门进入案发现场。

四是原判关于"被害人手机去向不明，可能存在财物损失"的理由不能成立。现有证据表明，被害人家中只有手机失窃，被害人包内现金等财物均完好，入户求财不可能只窃取可能被定位的手机，而不窃取现金。因被害人手机中有二人相互吵架谩骂的大量聊天记录，极有可能是辛龙为了掩盖罪证将手机拿走。案发后，辛龙将其与被害人的短信聊天记录从自己手机中删除，也可以反映其有掩盖罪证的嫌疑。

五是钥匙数量不清，不影响案件认定。目前查获了5把被害人家钥匙，从现有证据看，张某艳并非大连本地人，其社会关系简单，仅其亲弟弟张某有其家门钥匙，辛龙作为被害人男友，虽偶尔在被害人家中居住，但并没有被害人家中钥匙。被害人的房门钥匙数量不清，但也无法确定房门钥匙有丢失，更无法确定钥匙被第三人获取并进入现场等情况。

二、辛龙故意杀害张某艳的犯罪事实清楚，证据确实、充分

（一）本案案发现场符合熟人作案特征

现场勘查笔录、尸检鉴定意见证实，被害人家门锁未遭破坏，房间内无明显翻动痕迹，除被害人手机下落不明外，未见其他财物丢失，被害人亦未被性侵，可以排除被害人被劫财、劫色后杀害的可能性，加之被害人死后被抛尸楼下伪造坠楼自杀这一情况，可以确定本案不是生人偶然作案，而是特定时空下的熟人作案。而案发当晚，被害人与辛龙联系要求陪其过元宵节后，并未再与其他熟人联系。

（二）辛龙具有作案动机

辛龙在婚姻关系存续期间，即开始与被害人发生不正当男女关系，后双方发生感情纠葛，被害人要求结婚，辛龙想要分手，矛盾日益严重，被害人因辛龙隐瞒离婚后仍与前妻共同居住等问题与辛龙发生过激烈冲突。被害人曾威胁辛龙要找其单位并要在网上公开两人关系，辛龙自己曾供述："3月4日张某艳因为我不能陪她过节的事情和我吵了起来，她说3月5日要来单位找我。我担心张某艳到我单位闹，对我造成不好的影响，3月5日我就没去单位。"

（三）辛龙有作案时间，且被害人死亡前其一直在作案现场，可以排除第三人作案

在案证据可以证实被害人死亡时间约在3月6日凌晨3、4点之间，辛龙2015年3月5日19：38：32至3月6日04：46：12一直在案发现场，于4时46分后离开。结合全案证据，可以排除生人以及其他熟人在辛龙离开后进入现场作案。

（四）辛龙供述的侵害行为与被害人死亡原因相符

虽然辛龙到案后拒不承认致死被害人，但其稳定供认案发当晚曾"用手及张某艳身上穿的睡衣捂张某艳的嘴，捂了有两三次，张某艳的头左右摇摆想挣脱，其捂了一会儿，张某艳就不喊了"。根据尸检鉴定意见，被害人张某艳系口鼻部受外力作用致机械性窒息死亡。即辛龙对被害人实施的侵害行为与被害人的死亡结果能够相互印证。

（五）辛龙的供述在多个细节上反复变化，且与在案其他证据存在矛盾

一是关于辛龙进屋是否换拖鞋的问题，辛龙供述多次变化，本院审查期间又予以供认。二是关于离开张某艳家的时间问题，辛龙供述多次反复，其曾多次稳定供述凌晨三四点离开被害人家，重审庭审中开始辩称凌晨一两点离开被害人家，在被害人家小区转了很长时间，四五点钟离开被害人家小区。这与楼下邻居姜某证言、辛龙手机基站定位、通话记录等均存在矛盾，亦与常理不符。三是辛龙一直供述未在被害人家中用餐，但现场碗筷上检测出其DNA。本院调查中，辛龙又承认当晚在被害人家吃了饭。四是辛龙称张某艳点煤气放火，自己用水扑灭，但现场未见张某艳足迹，二人长时间厮打，不可能只留下辛龙一人足迹。五是辛龙曾供称从未将与被害人的关系告诉他人，但证人毕某兰证实辛龙曾对她说其与张某艳是男女朋友关系，且希望毕某兰劝说被害人跟他分手。本院审查期间，辛龙又承认曾告诉毕某兰，并请毕某兰劝张某艳和其分手。六是测谎显示辛龙在是否拿走拖鞋、手机、是否戴过手套、是否杀死被害人后扔到楼下等问题上均撒谎。

（六）案发后辛龙积极向他人打听案情

张某证言证实，案发后，辛龙问其这个事情警察查得怎样了；张某胜证言证实，案发后，辛龙打电话让其向公安民警打听该案情况；毕某兰证言证实，辛龙让其去被害人张某艳那里看看。

根据《最高人民法院关于适用〈中华人民共和国刑事诉讼法〉的解释》第一百四十条规定：没有直接证据，但间接证据同时符合下列条件的，可以认定被告人有罪：（一）证据已经查证属实；（二）证据之间相互印证，不存在无法排除的矛盾和无法解释的疑问；（三）全案证据已经形成完整的证据链；（四）根据证据认定案件事实足以排除合理怀疑，结论具有唯一性；（五）运用证据进行的推理符合逻辑和经验。本案虽无被告人认罪口供这一直接证据证明辛龙故意杀害张某艳，但辛龙的供述及现场勘查笔录、被害人的尸检鉴定意见、DNA 鉴定意见、证人证言等间接证据能够互相印证，且上述证据已经查证属实，全案证据已经形成完整的证明体系，足以证实：被告人辛龙在婚姻关系存续期间，即开始与被害人张某艳保持不正当男女关系，被害人因辛龙不同意与其结婚以及对其隐瞒离婚后仍与前妻共同生活的事实等感情问题与辛龙产生矛盾，且日益激化。2015 年 3 月 5 日 19 时许至 3 月 6 日凌晨 4 时许，在大连市甘井子区 × 号楼 × 单元的被害人住处，辛龙与被害人又因感情问题发生争执，其间，辛龙掩住张某艳口鼻，致张某艳机械性窒息死亡。其后，为掩盖罪行，辛龙将被害人的尸体抛至楼下。

综上，本院认为，本案全案证据已经形成完整的证据链，不存在无法排除的矛盾和无法解释的疑问，足以证明原审被告人辛龙故意杀人的犯罪事实。本案重审时以证据不足为由判决辛龙无罪确有错误，应予纠正。为维护司法公正，准确惩治犯罪，依照《中华人民共和国刑事诉讼法》第二百五十四条第三款之规定，提出抗诉，请依法判处。

此致

最高人民法院

最高人民检察院

2022 年 2 月 11 日

辽宁省高级人民法院
刑事附带民事裁定书

（2023）辽刑再2号

原公诉机关辽宁省大连市人民检察院。

上诉人（原审附带民事诉讼原告人）张某志，男，1956年9月16日出生，汉族，户籍地黑龙江省安达市吉星岗乡明星村×号。系被害人张某艳的父亲。

诉讼代理人富某苓，女，1951年6月13日出生，汉族，住哈尔滨市动力区星光二新街。系张某志嫂子。

诉讼代理人王明明，上海市海华永泰（哈尔滨）律师事务所律师。

上诉人（原审附带民事诉讼原告人）张某，男，1988年1月28日出生，汉族，户籍地黑龙江省安达市吉星岗乡×号。系被害人张某艳的弟弟。

诉讼代理人王明明，上海市海华永泰（哈尔滨）律师事务所律师。

上诉人（原审被告人）辛龙，男，1963年5月11日出生，汉族，高中文化，大连日新家具有限公司原总经理，户籍地大连市甘井子区华北路×号，住所地大连开发区热岛黄金海岸×号楼×单元。因本案于2015年3月11日被刑事拘留，同年4月17日被逮捕，2018年2月6日被释放，2022年10月25日被批准逮捕，同年10月26日被指定居所监视居住，2022年10月28日被逮捕，现羁押于大连市看守所。

辩护人赵秀复，辽宁如琢律师事务所律师。

辩护人杨付君，辽宁大东律师事务所律师。

原审被告人辛龙故意杀人一案，大连市中级人民法院于2016年7月28日作出（2016）辽02刑初20号刑事附带民事判决，认定被告人辛龙犯故意杀人罪，判处死刑，缓期二年执行，剥夺政治权利终身；被告人辛龙在判决生效后三十日内赔偿附带民事诉讼原告人张某志经济损失人民币31416元。宣判后，辛龙不服，提出上诉。本院于2016年12月29日作出（2016）辽刑终408号刑事裁定，撤销原判，发回重审。大连市中级人民法院于2018年1月24日作出（2017）辽02刑初29号刑事附带民事判决，宣告被告人辛龙无罪，驳回附带民事诉讼原告人张某志的诉讼请求。宣判后，大连市人民检察院于2018年2月13日以大检公诉刑抗〔2018〕1号刑事抗诉书，向本院提出抗诉，附带民事诉讼原告人张某志提出上诉。辽宁省人民检察院于2018年7月16日以大连市人民检察院抗诉不当为由，决定撤回抗诉。本院于2018年11月13日作出（2018）辽刑终237号刑事附带民事裁定，准许辽宁省人民检察院撤回抗诉，驳回上诉人张某志的上诉，维持原判。2018年11月22日，申诉人张某向辽宁省人民检察院提出申诉，请求撤销辽宁省人民检察院的撤回抗诉决定，对辛龙故意杀人罪一案的无罪判决提起抗诉。辽宁省人民检察院经复查认为，本案不符合抗诉条件，决定不予抗诉。申诉人张某向最高人民检察院提出申诉。最高人民检察院于2022年2月11日以高检二厅刑申抗〔2022〕Z1号刑事抗诉书，认为大连市中级人民法院（2017）辽02刑初29号刑事附带民事判决认定辛龙无罪的理由不能成立，辛龙故意杀人的犯罪事实清楚，证据确实、充分为由，向最高人民法院提出抗诉。最高人民法院于2022年6月2日作出（2022）最高法刑抗3号再审决定书，指令大连市中级人民法院再审。大连市中级人民法院于2022年12月27日作出（2022）辽02刑再6号刑事附带民事判决，撤销该院（2017）辽02刑初29号刑事附带民事判决，以故意杀人罪判处辛龙死刑，缓期二年执行，剥夺政治权利终身；赔偿附带民事诉讼原告人张某志、张某经济损失31416元。辛龙及张某志、张某均不服，向本院提出上诉。本院依法组成合议庭，公开开庭审理了本案。辽宁省人民检察院指派检察员温晓华、检察官助理赵天一出庭履行职务，上诉人辛龙及其辩护人赵秀复、杨付君，上诉人张某及上诉人张某志、张某的诉讼代理人王明明到庭参加诉讼。本案现已审理终结。

大连市中级人民法院再审查明，被告人辛龙与被害人张某艳（女，殁年33岁）曾系男女朋友关系，张某艳因辛龙对其隐瞒离婚后仍与前妻共同生活等感情问题与辛龙产生矛盾。2015年3月5日19时许至3月6日凌晨4时许，在辽宁省大连市甘井子区×号楼×单元的张某艳住处，辛龙与张某艳又因感情问题发生争执，其间，辛龙掩住张某艳的口鼻，致张某艳机械性窒息死亡。其后，为掩盖罪行，辛龙将张某艳的尸体抛至楼下。2015年3月10日，被告人辛龙被侦查机关传唤到案。

另查，附带民事诉讼原告人张某志系被害人张某艳的父亲，附带民事诉讼原告人张某系被害人张某艳的弟弟，其二人合理经济损失为丧葬费人民币31416元。

再审法院认为，被告人辛龙因感情纠纷，产生杀机，通过机械性窒息手段故意剥夺他人生命且抛尸楼下，造成一人死亡的严重后果，其行为侵犯了公民的生命权，破坏了社会治安秩序，构成故意杀人罪。原公诉机关起诉指控被告人辛龙犯故意杀人罪的事实清楚，证据确实、充分，罪名成立，予以支持。该院（2017）辽02刑初29号刑事附带民事判决以证据不足为由判决辛龙无罪，确有错误，应予纠正。附带民事诉讼原告人张某志、张某提出的赔偿请求中，所要求的丧葬费损失，符合法律规定，予以支持；所要求的其他物质损失无证据证实、精神损害抚慰金无法律依据，不予支持。

再审法院根据被告人辛龙的犯罪事实、性质、情节及对社会的危害程度以及其犯罪行为给附带民事诉讼原告人造成的物质损失，依据《中华人民共和国刑法》第二百三十二条、第三十六条第一款、第四十八条、第五十七条第一款，《中华人民共和国刑事诉讼法》第一百零一条第一款、第一百零三条，《最高人民法院关于适用〈中华人民共和国刑事诉讼法〉的解释》第一百七十五条第一款、第一百九十二条第一款、第二款之规定，撤销大连市中级人民法院（2017）辽02刑初29号刑事附带民事判决；认定原审被告人辛龙犯故意杀人罪，判处死刑，缓期二年执行，剥夺政治权利终身；被告人辛龙在判决生效后三十日内赔偿附带民事诉讼原告人张某志、张某经济损失人民币31416元；驳回附带民事诉讼原告人张某志、张某的其他诉讼请求。

上诉人张某志、张某的上诉理由：辛龙的行为给附带民事诉讼原告人造成了巨大经济损失和严重精神损害，再审判决辛龙赔偿经济损失人民币31416元数额过低，请求二审判令辛龙赔偿各项物质损失合计人民币20万元，判令辛龙支付精神损害赔偿金200万元。

上诉人辛龙的上诉理由：未实施故意杀人的犯罪行为，判决上诉人有罪的证据没有查证属实，且不能相互印证，诸多结论无法排除合理怀疑，定案证据无法形成完整证明体系。请求根据客观事实改判上诉人无罪。

辩护人赵秀复的辩护意见：1. 被害人张某艳的死亡时间、坠楼时间和上诉人辛龙离开案发现场的时间均无客观证据证明，进而，也无法证明被害人的死亡时间和坠楼时间是在辛龙离开案发现场之前；2. 本案虽经复勘现场、最高检重新委托公安部物证鉴定中心组成专家组对嫌疑足迹进行会检，对辛龙重新询问调查，并出具了会检意见，但是没有完善案件证据链条，弥补在案证据存在的欠缺，无法排除合理怀疑，不能排除第三人作案；3. 现场没检出第三人DNA并不能否定有第三人存在过；4. 认定辛龙有犯罪动机并无确切依据；5. 辛龙有作案时间也不代表辛龙是唯一的嫌疑人；6. 被害人死亡原因的尸检鉴定意见不具有科学性、排他性，认定辛龙供述的侵害行为与被害人死亡原因相符的结论没有依据；7. 本案在侦查程序上存在重大瑕疵，由于现场勘查不严谨，导致现场被破坏，很多重要证据灭失。《最高人民法院关于建立健全防范刑事冤假错案工作机制的意见》明确指出，定罪证据不足的案件，应当坚持疑罪从无原则，依法宣告辛龙无罪，不得降格作出“留有余地”的判决。综上，应对辛龙作出无罪判决。

辩护人杨付君的辩护意见：再审判决认定事实不清，适用法律错误，证据之间存在疑点均未得到合理排除，上诉人辛龙不构成故意杀人罪。理由是：1. 2021 年 9 月 14 日对辛龙所做的“调查笔录”不能作为本案认定辛龙犯罪的证据。办案人员没有按照《刑事诉讼法》第一百二十三条规定，对讯问过程进行录音或者录像。既没有采用“讯问”方式进行调查，也没有对“讯问”过程进行录音或者录像。2. 辛龙四次在讯问笔录中对进入、离开案发现场时间的供述是大概时间，大概时间不能作为辛龙进入、离开案发现场的实际时间。3. 原审依据调查笔录推定被害人张某艳末次进食时间，再推定对被害人死亡时间系主观推定，没有证据支持，没有科学依据。4. 原审认定辛龙离开案发现场后，在室外溜达二三个小时违背客观规律、不符合常理是错误的。5. 通过手机基站定位信息，可以证明辛龙离开被害人家中的时间是在 3 月 6 日 01：28：35 前。6. 会检的检材来源不明，会检专家的鉴定过程和方法不符合相关要求，会检意见不能作为证据使用。7. 法医鉴定机构涉嫌虚假鉴定，该尸检报告不应采信。没有让辛龙指认现场，现场勘查等证据不能作为对辛龙的定罪证据。8. 案发现场虽是相对封闭、私隐住所，但不能排除第三人进入现场作案的可能。

辽宁省人民检察院出庭意见：1. 本案在案证据足以认定上诉人辛龙的行为构成故意杀人罪。被害人张某艳的死亡时间可以确定在 2015 年 3 月 6 日凌晨 3—4 时，被害人张某艳死亡时，上诉人辛龙有作案时间；辛龙有作案动机，被害人张某艳的死亡现场，符合熟人作案特征，且现场可以排除第三人作案；辛龙供述的侵害行为与被害人张某艳死亡原因相符；案发后辛龙积极向他人打听案情且反复翻供，逃避侦查。2. 再审判决适用法律准确，量刑适当。上诉人辛龙因感情纠纷实施掩住被害人口鼻致其死亡，后为掩盖罪行，逃避处罚，又将被害人尸体从楼上抛至楼下，伪造被害人自杀的现场，其追求被害人死亡结果的意图明显、坚决，所造成的后果严重，且辛龙到案后拒不认罪，依法应予严惩。鉴于本案系感情纠纷引发，再审判决根据上诉人辛龙的犯罪事实、性质、情节及对社会的危害程度以及其犯罪行为给附带民事诉讼原告人造成的物质损失，依法以故意杀人罪对上诉人辛龙判处死刑，缓期二年执行，剥夺政治权利终身，量刑适当。上诉人辛龙的上诉理由不成立，建议二审法院驳回上诉，维持原判。

本院经审理查明，大连市中级人民法院再审判决认定上诉人辛龙故意杀人的犯罪事实清楚，有下列证据予以证明：

（一）证明本案来源及上诉人辛龙到案情况的证据

1. 接警登记表、受案登记表、案件来源及到案经过证实本案来源及辛龙到案经过。

2. 扣押物品、文件清单证实，侦查机关依法扣押了辛龙的皮带一条、手表一块、钥匙一把、手机一部、钱包一个、中国银行卡二张、邮政储蓄卡一张、人民币 1453 元、外币一张；依法扣押了张某艳弟弟张某的钥匙一把。

领取物品证明证实，张某艳红色皮包内的身份证、蓝色钱包、现金 3305 元、账本、记事本、钥匙已由张某艳的弟弟张某于 2015 年 3 月 9 日领取走；张某艳颈部佩戴的银色金属项链、双耳佩戴的银色金属耳钉已由张某艳的姐夫刘某德于 2015 年 3 月 12 日领取走。

3. 户籍证明、常住人口基本信息证实辛龙、被害人张某艳的身份情况。

4. 证人马某强（系泉水美域盛景小区保安）证言证实：2015 年 3 月 5 日 6 时 40 分左右，我在小区东门站岗。一个捡破烂的老太太过来告诉我，×号楼楼下躺着一个人。我和另一个保安王某飞一起往那儿走，我发现一个女的躺在×号楼×门洞北侧前的草坪上，好像是死了。我于是打电话报警了。

证人王某飞（亦系小区保安）证言与马某强证言一致，其还证实：当天 6 时 20 分多，我听一个捡破烂的老头说，×单元墙根方向躺着一个人，我和马某强过去后，看到一个女的躺在地上。

5. 证人王某文证言证实：2015 年 3 月 6 日 6 时 20 分，我看见泉水区×号楼的单元之间草地上，躺着一个人，身上穿着一套粉色的秋衣、秋裤。我打电话让我婆婆赵某凤报警，她的报警电话是 1590984××××。

（二）证明上诉人辛龙与被害人张某艳之间的关系、辛龙的犯罪动机的证据

1. 证人辛某（系辛龙妹妹）证言证实：我在大连日新家具公司工作，该公司的法人和厂长都是辛龙。张某艳和我们单位有业务往来，是辛龙的供应商。辛龙离婚了，我嫂子说他天天不回家，日子没法过，所以离了。

2. 证人辛某林（系辛龙弟弟）证言证实：辛龙住在盛世闲庭小区，我母亲也住在那儿。张某艳是给光明家具送胶的，和辛龙有业务上的往来。辛龙出事后我才知道，他离婚了，他和张某艳是男女朋友关系。

证人辛某枭（系辛龙儿子）、刘某华（系辛龙前妻）证言亦能佐证上述内容；刘某华还证实：我和辛龙离婚后，我住在原来的家里，照顾我们的儿子和辛龙的母亲。

离婚证证实，辛龙与刘某华于 2014 年 7 月 25 日离婚。

3. 证人张某（系张某艳弟弟）证言证实：2007 年前后，张某艳在泉水区×号买的房子，2010 年入住。我姐没有结婚，有一个岁数挺大的男朋友。辛龙是华北路光明家具厂的经理，我姐原来在那个家具厂宿舍住。2015 年 2 月 11 日回老家时，我感觉我姐心情不是很愉快，总背着家里人打电话，通话时间挺长的，每次情绪都挺激动，还有骂人的语言。2 月 27 日，她回大连了。杨某峰说年前，我姐莫名其妙就问，如果一个男的吐血应该是什么病，还说了一句为了一个人可以付出一切，他问我姐怎么回事，我姐说是开玩笑。

4. 证人吴某仁（系光明日发集团董事长兼总经理）证言证实：辛龙是我们集团下属的日新家具公司的董事长兼总经理。我们单位知道张某艳死亡的事情后，我问辛龙是否知道具体情况。辛龙说和张某艳认识好几年了，这个女的想和他结婚，但他本身有病还有家庭，没有和这个女的在一起。

5. 证人毕某兰证言证实：我和张某艳都是辛龙公司的供货商。张某艳平时性格挺好，人挺善良，就是有时候脾气有点倔。2014 年，张某艳跟我说她喜欢一个四五十岁的男的，这个男的身体不好。后来辛龙跟我说，他和张某艳是男女朋友关系，但是张某艳性格比较直，他目前有病，想让我劝劝张某艳和他分手。我劝过张某艳几次，也给她介绍过几次对象，但都没成。之后辛龙给我打过几次电话，都是说他和张某艳又吵架了，要来辛龙的厂子闹，让我帮忙把张某艳带回去。2015 年，我和张某艳接触就少了，我总劝她，她也不怎么爱找我了。

6. 电子数据检验鉴定意见证实，通过提取、恢复（已删除）辛龙的手机短信记录，证实 2015 年 3 月 5 日辛龙与张某艳因为感情问题发生激烈争吵的情况，经庭审质证，辛龙对上述内容无异议。

（1）摘录部分已删除短信中收件箱内容（辛龙手机，共 50 余条）

2015－03－05 09：40：你说过离了婚你妈不可能再住下去，之后一直在你妹家住，现在回去住了，你欺骗我的一切都暴露，你没什么说的了，要砍死我，你个大骗子，你等着，昨天你不是说我不去找你，你都来找我吗？我早晨八点就到了，你有种你躲什么。被你欺骗这么久，你以为就这样过去了吗？不让所有人知道你的面目，我是永远都不罢休的，你躲了今天还能永远躲得过去吗？

2015－03－05 11：56：除非你永远不去单位。

2015－03－05 12：33：你就好永远都别接，我挨个问你们单位的人，你在哪？

2015－03－05 12：42：*** （不文明用语，具体内容略），你是暴露了，没法骗下去了，我恨死你了。

2015－03－05 17：05：***（不文明用语，具体内容略），我发到网上一个，就发给你一个，你不是没微信吗？我给你发信息。

2015－03－05 17：12：***（不文明用语，具体内容略），离婚不离家。

2015－03－05 19：18：在家过完了，你还过来干啥？

（2）摘录部分已删除短信中发件箱内容（辛龙手机，共70余条）

2015－03－05 12：40：你等着给我收尸吧，我绝望了。

2015－03－05 12：45：***（不文明用语，具体内容略）你别胡扯，你他妈胡周八扯……你一直以来就不讲道理。

2015－03－05 12：48：***（不文明用语，具体内容略）我让你逼成什么样了，你不知道吗？你瞎吗……

2015－03－05 13：31：让你欺负了一年，你竟然变本加厉，到最后，你天天咒我死，我死了，你好开始你的生活，现在表面看像可怜谁似的，还不离不弃。其实就是在身边，方便折磨，想多恨就多恨，想啥时候就啥时候，你他妈才损，现在我看出来了，你是嫌我死的慢了，碍事了……

2015－03－05 16：17：你说啥就得是啥，已经习惯了，一和你说的不一样，你就做闹，你没***讲过理？

2015－03－05 16：20：你说啥？我就得认，不然不管死活，你都得发泄出来，完了你就像没事一样，还得要求别人对你马上好……

2015－03－05 16：48：一年来，你随时随地，满嘴胡诌，到底谁折磨谁，你心里清楚。

2015－03－05 16：54：你讲理的时候像人，不讲理时就是一个恶魔。

2015－03－05 17：04：你怀疑***（不文明用语，具体内容略）我做了就是做了，没做就是没做，你说啥是啥吗？你从来就没讲过道理，你这么说，就是事实了，你从来都没相信过任何事情，你还长心了，没心没肺的。

（3）情况说明证实，辛龙到案后，其随身携带的白色iPhone5S手机一部，被依法予以扣押。

7. 上诉人辛龙的供述：我七八年前与张某艳认识，2014年八九月份，我们确定为男女朋友关系，我们关系一般，经常吵架。2015年3月2日或3日，张某艳让我正月十五（3月5日）去她家陪她过节，我没有同意。3月4日，张某艳因为我不能陪她过节的事情和我吵了起来，她说要来单位找我，我担心对我造成不好的影响。2015年3月5日，张某艳给我打了很多电话，我没接。她给我发短信，短信内容越来越激动，大概的意思就是说我是假离婚，正月十五根本不是陪我母亲过，而是回去陪我媳妇一家人过节，她要让全世界都知道我辛龙到底是个什么样的人，并开始骂我。我也给她回了很多短信，一开始还跟她讲道理，之后我也开始骂她了。我后来接了一个张某艳的电话，在电话里我们也是吵架。

辛龙在后来的笔录中及最高人民检察院调查笔录中均供述，其与张某艳2000年后认识的，2011年或2012年作为男女朋友开始在一起，出事之前两三年就在一起了，当时还没有和前妻刘某华离婚，2014年7月离婚。

（三）证明案发当晚情况、案发现场及被害人死亡原因的证据

1. 证人辛某证言证实：2015年3月5日19点到20点，我和辛龙从金州往大连走，准备去我母亲那里过节。还没到华南沃尔玛桥下时，在道边的一个路口，辛龙说他有事，他下车走了。凌晨，辛龙让我去沃尔玛那儿接他，之后我们一起回到盛世闲庭。我的电话是1370986××××，辛龙的电话是1360986××××，当天晚上我俩通话四五次。最后一次通话是我去接辛龙的时候，问他到底在哪儿。

3月10日晚上，我听辛某林说张某艳跳楼了。因为辛龙被公安机关带走，我怕他有事，所以我第一次做笔录时说了假话，谎称案发当晚我和辛龙在一起。

（1）辛某的第一次证言证实，案发当天晚五六点至第二天凌晨三四点之间，其与辛龙在外面开车。后其承认该次证言系伪证。

（2）辛某因涉嫌伪证罪，曾被取保候审。

2. 证人刘某华证言证实，2015年3月5日，我和辛龙说好去给我父亲送灯，可是他说工厂有应酬，不能送我。3月6日凌晨，辛龙和辛某一起回到盛世闲庭的家里，早上他就走了。

3. 证人左某伟（金钥匙开锁公司员工）证言证实：2015年3月6日早上八九点钟，泉水派出所巡警给我打电话，让我去开锁。在泉水某区×号楼楼下，我看见×单元北侧楼下躺了一个人。警察让我把×单元×－×的门锁打开。我用手拉了拉门把手，门是关的，没有反锁，是普通的AB锁。我用滑片将门打开。

4. 证人赵某晓（系被害人邻居）证言证实：××房间住户是个30岁左右的女的，她说她在开发区卖家具。2014年一天晚上九十点钟，我见到过一个五十多岁的男的去她家。这个男的怎么进的××房间我没看清，他没敲门也没打电话，要不这个男的有钥匙，要不这个女的留的门。

5. 证人姜某（系被害人邻居）证言证实：（经出示张某艳的户籍照片），张某艳是我楼上的邻居。2015年3月5日晚上零点左右，我听到楼上有一男一女吵架的声音。女的哭喊、吵闹声音时断时续，其间还有拖东西、人撕扒倒地的动静，吵闹持续到6日凌晨2时30分左右。大概3点，楼上又开始吵了，

我听到女的带着哭腔说“我求求你了”这样的话。整个吵闹的过程中时不时就有拖动东西的声音，像是拖动柜子的声音。当晚女的说完“我求求你”这话后，我再没听到女的什么动静了。最后的声音是拖动柜子之类的动静，还有脚步声。那脚步声不像穿拖鞋走路的声音，像是穿皮鞋的声音。楼上这家基本十天、半个月就吵闹，每次都是在后半夜。最近的一次是大约2个月前，也是半夜。我印象中听到女的高声喊“杀人啦，救命啊”。

6. 大连市公安局甘井子分局刑事科学技术室大公（刑）勘〔2015〕328号现场勘验检查笔录及照片证实，现场位于辽宁省大连市甘井子区泉水区×号楼×号。在现场提取了酒杯、尖刀、手纸、餐桌上筷子和碗、厨房水槽内筷子、×楼×号空调外挂机上表面红色斑迹、水壶把手擦拭棉签、地面炭灰足迹若干处、卫生间外窗台棱角上纤维、地面黄渍足迹、赤足足迹、白色手套、红色呕吐物、黑色碳化物、门锁芯、门钥匙等痕迹、物证。2015年3月10日，辛龙到案后，侦查人员对辛龙血液、所穿衣裤及鞋予以提取。

该现场系泉水×区×号楼，该楼北侧地面距楼北墙3400厘米（应为毫米），距东侧单元门9300厘米（应为毫米）处见有一女尸，头朝东北，脚朝西南，仰状躺于地面，身着粉色睡衣，颈部见银白色项链，耳垂见耳钉。该楼×楼×号为死者所住房屋，开锁人员将门打开，未反锁。该住宅系两室两厅一厨一卫住房，进门为走廊，走廊南侧由东向西依次为客厅、南卧室；走廊北侧由东向西依次为厨房、餐厅、卫生间、北卧室。

走廊内见一鞋柜，亦见四处炭灰足迹。厨房内见有煤气入户总管，管下端见有煤气总阀，呈开启状；厨房南侧灶西侧台面上见有一菜刀，刀把黑色塑胶部分呈熔化状，刀刃上压放一电热水壶，水壶呈熔化缺失状；两灶之间见有两个煤气点火开关，均呈开启状态；灶上的斩骨刀、尖刀，刀把塑料部分呈熔化状；刀上放有一粉色抹布，抹布上见黑色灰迹；橱柜水槽内见有筷子、铲子、塑料饭勺等物品。厨房内地面见有大量炭灰水渍、一炭灰足迹，若干黑色碳化物。

厨房西侧见餐厅，餐厅餐桌桌垫见炭灰，桌上有两盘剩菜；剩菜旁见有红酒瓶及透明高脚杯各一个；桌上见有用过的手纸；剩菜东侧见有空饭碗；饭碗北侧见有筷子一双；桌上有用过的手纸；餐厅内地面见多枚炭灰足迹。

餐厅北侧见有北阳台，阳台窗呈开状，窗把手上见炭灰。阳台内见多枚炭灰足迹。

卫生间内北墙有一窗，该窗为东西两扇，东扇为固定窗扇，西扇呈内开状，窗口宽38厘米，高130厘米，窗台距地面90厘米，窗扇边缘见有擦蹭痕迹，外窗台棱角上见有纤维。卫生间内地面有黄色及黑色斑迹、黄渍足迹、炭灰足迹、灰尘赤足印迹，其中的洗衣机南侧见有水池，池体陶瓷表面见有炭灰。

北卧室的双人床上见有叠放整齐的衣服及女士挎包；南侧床头柜上放置一女士红色挎包，挎包内见有钥匙、现金等物。

客厅地面见多枚炭灰痕迹、足迹。

南卧室内见红色呕吐物两处，周围地面见有擦划痕迹；南卧室床头柜地面见用过的手纸。

（1）关于现场黑色炭灰、黄色斑迹、擦划痕迹、水渍的形成原因。

侦查机关出具的情况说明证实，灶台火被引燃，烤燃灶台附近物品，燃烧残留物在房间内弥散、沉落，形成地面、器具等表面黑色颗粒覆着物（炭灰），人身在室内活动，使鞋底、手套等身体部位黏附黑色颗粒覆着物，开窗时将黑色颗粒附着物转移至窗把手等处，在地面行走，形成黑色炭灰足迹，人身在室内坐餐桌椅子，将餐桌部分沉积物擦拭转移，现场分析无法确认是何人在现场进行以上的活动。

室内黄色斑迹大量集中于卫生间，通过黄色斑迹外观、气味，分析为便、尿、水混合物。

南卧室地面见有两处呕吐物，用碳粉对呕吐物周边进行显现，发现擦划痕迹，现场勘查分析认为系人身部位沾染呕吐物在地面活动形成。

厨房水渍分析认为系电热水壶烧化，内水泄漏或人为用水泼灶台流淌地面形成，具体哪种方式无法确认。

（2）关于现场痕迹的检验。

情况说明证实，针对张某艳足底黏附物进行检验。该足底黏附物呈浅黄色，由于提取时采用了胶带粘取，使用仪器检验时，胶带上的胶产生了干扰，因此无法认定所提取物证为何种物质。

针对灶台上黑色碳化物、北阳台门西侧窗框上点状炭灰印痕、北阳台地面炭灰足迹、客厅西扇窗前地面炭灰足迹、客厅西墙上炭灰足迹、客厅东侧沙发前地面炭灰足迹、距门 120 厘米走廊地面炭灰足迹、距门 306 厘米走廊地面炭灰足迹、厨房地面炭灰足迹、卫生间地面炭灰足迹、卫生间地面炭灰黄渍混合足迹、厨房灶台前地面黑色碳化物等物证进行检验。经显微镜观察，检材中均含有颜色相近的黑色物质；经仪器检验时，由于检材所附着载体不同，所处环境不同，因此受到污染的影响也不同，故无法作出同一认定。

针对卫生间北墙窗扇外窗台棱角上提取的纤维与死者所穿的衣服纤维进行比对检验。经显微镜观察，纤维颜色较为相近，但由于提取的北墙窗扇外窗台棱角上附着的纤维是采用胶带直接提取，且纤维极为微量；在使用仪器进行比对检验时，胶带上的胶、泥土等物质均对检验产生了干扰，故无法进行纤维比对检验。

针对张某艳睡衣上黄色斑迹、卫生间地面黄色斑迹、卫生间地面黄渍足迹及卫生间地面炭灰、黄渍混合足迹等物证进行检验。经显微镜观察，检材中存在的黄色斑迹颜色较为相近。经仪器检验时，由于检材所附着载体不同，所处环境不同，因此受到污染的影响也不同，故无法作出同一认定。

(3) 侦查人员已经对犯罪嫌疑人辛龙的家中、办公室、使用车辆及辛某的家中、使用车辆进行搜查，均未发现与案发现场可疑足迹相同的鞋子和其他与案件有关的物证。

7. 大连市公安局甘井子区公安司法鉴定中心（大甘）公（司）鉴（法医）字〔2015〕4号法医学尸体检验鉴定书证实：

(1) 死者张某艳前额左侧、胸腹部右侧及背部右侧、右上肢、右下肢、左内踝皮肤损伤，颅骨骨折，肋骨骨折，肺脏、肝脏破裂等其损伤形态特征符合高坠形成。

根据尸检及病理组织学检验，前述损伤符合死后形成。

(2) 死者张某艳颜面部、口部、左耳、颈部皮肤损伤，颊黏膜、口腔黏膜出血，咬肌出血，颌下腺出血，颈肌出血，舌部损伤出血等其损伤形态特征符合口鼻部受外力作用形成，属生前伤。

综合尸检及病理组织学检验，死者张某艳因口鼻部受外力作用致机械性窒息死亡。

鉴定意见：死者张某艳系口鼻部受外力作用致机械性窒息死亡。

尸检时，死者指甲、心血、胃内容物及胃壁、尿液等被依法提取。

情况说明证实，根据张某艳胃内容物消化程度分析，张某艳的死亡时间为末次进食后4—6小时，其准确死亡时间无法确定。

8. 大连市公安司法鉴定中心（大）公（司）鉴（DNA）字〔2015〕61号DNA鉴定书证实：

(1) 饭碗碗口处擦拭棉签，标记有“厨房水槽内筷子”的木筷子擦拭棉签，均检出一男性基因型，与辛龙血样，在检出的D8S1179等15个基因座基因型相同，其似然比率为2.2360×10^{21}。

(2) 酒杯瓶口处擦拭棉签，标记有“床头柜东侧地面手纸”“桌上手纸”的手纸表面粘有的淡黄色斑迹，标记有“桌上筷子”的木筷子擦拭棉签，标记有“南卧室内靠东墙，距南墙354厘米处地面呕吐物”“南卧室内距东墙102厘米，距南墙125厘米处地面呕吐物”的棉签表面粘有的红色斑迹，标记有“死者张某艳指甲”的指甲擦拭棉签，标记有“死者张某艳口唇拭子”“死者张某艳面颊部拭子”的纱布表面粘有的浅黄色斑迹，均检出一女性基因型，与张某艳血样，在检出的 D8S1179 等 15 个基因座基因型相同，其似然比率为 3.5249×10^{19}。

9. 大连市公安司法鉴定中心（大）公（司）鉴（DNA）字〔2015〕224 号 DNA 鉴定书证实，红白黑格相间睡衣领口处，红白黑格相间睡裤裤腰处，未检出 DNA 基因型。

10. 大连市公安司法鉴定中心（大）公（司）鉴（理化）字〔2015〕400 号理化检验鉴定报告证实，为对死者张某艳的心血、胃内容物及胃壁、尿液的检验鉴定。①死者心血中检出乙醇成分，含量为 0.34 毫克/毫升；②死者心血中检出碳氧血红蛋白，其含量为 9%；③死者胃内容物中未检出常见农药成分；④死者尿液中未检出常见毒品成分。

11. 公安部公物证鉴字〔2016〕号物证检验报告证实，张某艳的睡衣及卫生间外窗台棱角上附着纤维中，均有红色、蓝色、白色三种纤维，成分均为棉纤维；案发现场的灶台上黑色碳化物为含碳、氧、钙元素的聚丙烯，灶台前地面上黑色碳化物检出含碳、氧、钙元素，由于碳化严重，不能确定物质种类；客厅西墙上墙灰中检出碳酸钙镁、碳酸钙、碳酸镁、二氧化钛及硅、硫元素。

情况说明证实，通过张某艳尸体与卫生间北窗的位置关系、卫生间北窗窗扇边缘的擦蹭痕迹、卫生间北窗外窗台棱角上的纤维，勘查分析认为张某艳系由卫生间北窗坠落。

12. 大连市公安司法鉴定中心（大）公（司）鉴（痕迹）字〔2015〕134 号锁匙痕迹检验鉴定报告证实，甘井子公安分局侦查员将死者张某艳位于泉水美域盛景 × 区 × 号的住宅防盗门锁芯一把、该住宅北卧室女式包内钥匙一把、该住宅南卧室抽屉内钥匙二把送检。送检锁芯未见异痕。送检钥匙均为送检锁芯的原配钥匙，均未见异痕。

大连市公安司法鉴定中心（大）公（司）鉴（痕迹）字〔2015〕135 号锁匙痕迹检验鉴定报告证实，甘井子公安分局侦查员将泉水 × 区 × 号住宅南卧室北侧床头柜抽屉内提取黄色钥匙一把，从死者弟弟张某手中扣押钥匙一把送检。送检钥匙均为泉水 × 区 × 号楼住宅房门的原配钥匙，均未见异痕。

提取笔录、照片证实，送检的钥匙提取情况。

情况说明证实上述五把钥匙的来源：2015 年 3 月 6 日，在勘查张某艳案件现场住宅（甘井子区泉水 × 区 × 号）时，在室内北卧室南侧床头柜上的女士红色挎包内发现一串钥匙及钱包、车钥匙等物品，发现的一串钥匙中有一把钥匙（银色钥匙身，黑色塑料把上有“HUAYING”字样）可打开张某艳住宅房门锁，遂将此串钥匙提取。2015 年 3 月 20 日，在复勘张某艳案件现场住宅时，在室内南侧卧室北侧床头柜抽屉内发现一把钥匙（银色钥匙身，黑色塑料把上有“HUAYING”字样）和一串钥匙（发现的一串钥匙中有一把钥匙为银色钥匙身，黑色塑料把上有“HUAYING”字样），技术人员对发现的一把钥匙和一串钥匙进行提取、拍照。2015 年 5 月 11 日，侦查人员在调查中发现，张某称技术人员返还给他的女士红色挎包内的物品中有一把钥匙（银色钥匙身，黑色塑料把上有“HUAYING”字样，钥匙上有一“强人”字样钥匙链）为张某艳家房门钥匙，侦查人员遂将此钥匙扣押。上述四把银色钥匙身，黑色塑料把上有“HUAYING”字样的钥匙经外观、齿形比对，确认为同一种钥匙，均可打开张某艳住宅房门锁。2015 年 9 月 7 日，侦查人员在张某艳现场住宅南侧卧室北侧床头柜抽屉内提取黄色钥匙一把。该钥匙与上述四把钥匙为同一类型，也可打开张某艳住宅房门锁。

13. 辛龙、辛某的通话记录数据证实，2015 年 3 月 5 日 18：08：30 至 19：38：32，辛龙的手机（1360986××××）与张某艳的手机（1350079××××）的通话情况；证实 2015 年 3 月 5 日 23：57：51 至 2015 年 3 月 6 日 05：06：42，辛某的手机（1370986××××）与辛龙的手机（1360986××××）的通话情况；证实辛某的手机信号基站定位情况（从大连开发区进入市内，后又从市内返回）；证实辛龙的手机信号基站定位情况（2015 年 3 月 5 日 19：38：32，辛龙手机信号基站定位于甘井子区美域盛景×区，次日 04：46：12，辛龙手机信号基站定位亦于此；其间，辛龙手机信号基站先后定位于甘井子区美域盛景、甘井子交通队南）。

电子围栏查询数据证实，辛龙、辛某的手机于 2015 年 3 月 6 日 05：27 均通过华北路与千山路交叉路口电子围栏。

（1）经询问，侦查人员表示，甘井子区美域盛景（即案发地）距离甘井子交通队南之间的直线距离为七八百米，步行需 10 分多钟的路程。

（2）情况说明证实，该通话记录是通过大连市公安局技侦部门调取，在调取的过程中出现了数据丢失，侦查机关到大连移动公司调取了辛龙、辛某 2015 年 3 月的手机通话信息、短信和 GPS 数据（其中辛某手机无 GPS 数据信息），以光碟形式移送。

（3）辛某与辛龙的通话记录证实，辛龙与辛某凌晨后的最后三次通话时间分别为 2015 年 3 月 6 日 4 时 39 分、4 时 58 分、5 时 06 分，与此对应，辛某的手机信号基站分别定位于甘井子兴华办事处、兴华高中、甘井子三道沟×号。据侦查人员核实，甘井子兴华高中位于辛龙住处附近，三道沟×号位于张某艳住处附近。故上述信息能够与辛龙供述、辛某证言印证，亦可以证实，辛龙离开张某艳住处的时间约为2015年3月6日4时。又据电子围栏查询数据证实，2015年3月6日5时27分，辛龙、辛某的手机均通过华北路与千山路交叉口的电子围栏，可见，在该时间点，辛龙离开张某艳住处后与辛某见面，从车程及距离分析，辛龙离开张某艳住处的时间为2015年3月6日4时许。

14. 辛某车辆卡口轨迹记录证实，辛某驾驶辽BH××××车辆经过卡口情况：2015年3月5日16：07：14经过杨屯由南向北卡口；当日19：02：16经过振兴路张耿桥由东向西卡口；当日23：35：39再次经过振兴路张耿桥由东向西卡口；当日23：47：55经过华北路进城卡口；2015年3月6日06：50：31经过东北路交华北路由西向东卡口；当日06：52：17经过后盐高速公路由南向北卡口。

（1）情况说明证实，上述卡口轨迹分别反映出以下信息，2015年3月5日16：07：14车辆在开发区行驶；19：02：16车辆在振兴路上向市内方向行驶；23：35：39车辆在振兴路上向市内方向行驶；23：47：55车辆在华北路上向市内方向行驶；2015年3月6日06：50：31车辆在东北路交华北路上向后盐方向行驶；当日06：52：17车辆在后盐高速公路向北行驶。

（2）上述卡口轨迹反映，辛某驾驶辽BH××××车辆于2015年3月5日16：07：14下班；19：02：16送辛龙去泉水（沃尔玛）；23：35：39从开发区进入大连市内；2015年3月6日06：50：31从大连回开发区。

15. 上诉人辛龙供述：案发晚上六七点钟，张某艳给我发了一条短信，大概的意思就是"你要让我一个人过节吗"。这句话触动了我，我觉得晚上去陪陪她。晚上七八点钟，我妹妹把我送到泉水派出所附近一个丁字路口，我步行到张某艳家。我给张某艳打电话，让她开门。我进屋后，张某艳坐在餐厅的椅子上，餐桌上有菜、红酒，感觉她好像是喝酒了。张某艳开始埋怨我、骂我，我也骂她几句。张某艳先后两次打开煤气，我俩发生争吵及撕扯。我还听到火的声音，我看到张某艳站在厨房门口拦着我，灶台位置火着得挺大，我接了一盆水把火浇灭。然后我又把张某艳往屋里拽，之后我回到客厅沙发上坐着。

我在沙发上坐着期间，张某艳前前后后去了好几次卫生间。有一次张某艳到卫生间躺在地上，我强拉硬拽想把她往卧室整。但是张某艳不断挣脱而且喊叫，我用手及张某艳身上穿的睡衣捂张某艳的嘴，捂了能有两三次，张某艳的头左右摇摆想挣脱。我捂了一会儿，张某艳就不喊了。这时张某艳基本上不怎么说话了，偶尔还嘟囔两句。我坐在沙发上，3月6日凌晨三四点我把门关死下楼了。出来后，我给辛某打电话让她到华南沃尔玛附近接我，给我送回华北路的×小区。

16. 最高人民检察院对辛龙的调查笔录证实，辛龙与张某艳2000年后认识的，2011年或2012年作为男女朋友开始在一起，出事之前二三年就在一起了，当时还没有离婚，2014年7月离婚。2015年3月5日晚7点多，辛龙的妹妹将其送至小区附近，从小区南门走上去的，走五六分钟就能到张某艳家楼下，辛龙到了之后给张某艳打电话，张某艳就开了门。问：你去的时候看到什么了？答：桌子上有炒菜，是张某艳自己做的，应该是张某艳准备好了在等我一起吃。问：你们一起吃饭了吗？答：我对付了两口，当时没心情吃。从餐桌离开后我坐在沙发这，张某艳坐在餐桌那，这样僵持着估计有一二个小时。时不时她总是埋怨，我们不断地吵架。后来我发现张某艳在厨房点火，我灭火以后，我就一直在注意她，看着她。她后来再也没有往餐桌那坐过，后边没再吃过东西。问：你估计她在餐桌上吃饭喝酒大概有多久？答：我估计一个多小时。放火扑火后她就没再往餐桌坐。问：你现场泼水了，有没有印象踩出鞋印？答：我没注意有没有鞋印，如果现场有拖鞋印迹就是我踩的，因为我用水把火扑灭的。

17. 足迹样本采集记录、现场勘验检查记录——大公（刑）勘〔2021〕764号、现场勘验检查提取痕迹、物证登记表、“2015年3月6日”甘井子区泉水街道张某艳被故意伤害案现场方位图、现场平面示意图、足迹样本采集记录、足迹样本采集视频、足迹样本照片扫描件、关于辽宁省大连市甘井子区泉水A2区×号楼×单元×－×室“2015.3.6”张某艳被杀案现场鞋印的会检意见、情况说明。

（1）2021年9月14日，大连市公安局甘井子分局根据最高人民检察院要求，对辛龙的足迹样本进行采集，共采集不同大小两种拖鞋足迹及赤足足迹7套。

（2）2021年9月15日9时22分至2021年9月15日10时30分对现场进行勘查。勘验检查情况：该现场位于甘井子区泉水街道美域盛景小区泉水×区×号楼，该住宅系两室两厅一厨一卫住房，进门为走廊，走廊南侧由东向西依次为客厅、南卧室；走廊北侧由东向西依次为厨房、餐厅、卫生间、北卧室。卫生间门朝南，外开，卫生间内北墙有一窗，靠北墙顺东墙见有马桶，马桶南侧靠东墙见有一洗衣机，洗衣机南侧靠东墙间有水池，卫生间内地面中部见有一粉色拖鞋，实物提取。南卧室门朝东内开。市内靠北墙见有大衣柜。靠西墙顺地面中部见有双人床，床上靠北侧床头部位见一枕头，被子呈掀开状。床尾北侧地面见有一双白底拖鞋，实物提取。现场其他部位未见异常。

（3）现场勘验检查制图2张；照相12张。

（4）2021 年 12 月 7 日，大连市公安局甘井子分局根据最高人民检察院要求，对辛龙的足迹样本进行采集，共采集不同大小三种拖鞋足迹及赤足足迹 6 套。

（5）现场鞋印的会检意见。2021 年 12 月 16 日，最高人民检察院第二检察厅组织召开视频会议，由公安部物证鉴定中心、中国刑事警察学院、上海市公安局、重庆市公安局、内蒙古自治区通辽市科尔沁左翼中旗公安局、内蒙古自治区扎兰屯市公安局组成专家组，对大连市甘井子区泉水×区×号楼×室“2015.3.6”张某艳被杀案现场鞋印进行会检，形成以下意见：①依据鞋印反映的花纹结构和边缘轮廓，现场鞋印均为拖鞋鞋印；依据部分鞋印反映的脚型形态，分析部分鞋印有反穿鞋的迹象；依据鞋印反映的前掌重压明显，跟区重压形态后缘不完整，有大脚穿小鞋的迹象。②经比对检验，现场鞋印与样本鞋印反映的五趾排列、前掌重压面的形态、前掌内外侧边缘形态、脚弓宽度、后跟重压面形态等特征均相符。③倾向认定现场鞋印与样本鞋印为同一人所留。

（6）大连市公安局甘井子分局刑侦大队《情况说明》证实，①案发现场为大连市甘井子区泉水 A2 区×号楼×单元×－×号，该处房产为死者张某艳所有，从案发至今，张某艳家属从未进入案发现场，也未要求公安机关解封该房屋，故该现场从案发一直封存至今。②案发后，公安机关以跳楼事件介入调查，确定案件性质后又对案发现场经过多次复勘，存在相关警务人员未严格按照现勘规定进入现场的情况，但相关警务人员留存鞋印已在勘查时现场排除，从而得到唯一的嫌疑足迹，鞋印排除工作未有相关记录留存。

18. 大连市公安局鉴定文书——（大）公（司）鉴（理化）字〔2021〕455 号。

大连市公安局司法鉴定中心分别对张某艳家粉色拖鞋附着颗粒物、白底拖鞋附着颗粒物、厨房灶台附着颗粒物的化学成分定性检验：粉色拖鞋附着颗粒物中检出碳、氧、镁、铝、硅、钾、钙元素；白底拖鞋附着颗粒物中检出碳、氧、钠、镁、铝、硅、硫、氯、钾、钙、铁元素；厨房灶台附着颗粒物中检出碳、氧、钠、铝、硅、钙元素。

（四）证明案发后辛龙等人打听案情的证据

1. 证人张某证言证实：3 月 6 日下午约 2 点钟，泉水派出所打电话通知说，我姐坠楼了。3 月 7 日下午四五点钟，辛龙带了一个男的到我们住的旅店，他俩听说我姐出事来看看。辛龙问我们家里都谁来了，现在这个事情警察查的怎么样了，我告诉他们，法医初步还没有结果，现场没有发现其他人进入。辛龙走时给我 2000 元钱。

2. 证人张某胜证言证实：2015 年 3 月 7 日下午 4 点多钟，辛龙给我打电话说找我有事，最好能见一面。见面后，辛龙问我认不认识分局的人。我说派出所有认识的。辛龙说他厂里有个女供应商，在泉水跳楼了，能不能找人问问怎么回事。他还说这个女的要嫁给他，他俩是男女关系。我打电话给原所里民警倪某平打听这件事，倪某平说事情还没有结论。我把情况告诉给辛龙。我和辛龙去泉水的旅店，看望女方的家人，辛龙给了女方的弟弟2000元钱。我听见女方的弟弟说公安局要对尸体进行尸检。

3. 证人倪某平证言证实：2015年3月7日，我朋友张某胜给我打电话，说×小区有个女的跳楼了，让我帮着打听是怎么回事。我给我以前所里一个叫于某民的社区民警打电话。于某民说这个女的好像是喝酒了，家里一片狼藉，从楼上掉下来的时候身上穿着睡衣，但是死因暂时还不知道，需要等尸检结果出来才能知道。张某胜说是他的一个朋友问，出于关心，想问问这个女的是怎么回事、什么死因。

4. 证人郭某萍（系光明日发公司员工）证言证实：日新家具的法人代表是辛龙，张某艳是负责送胶的，跟各分公司业务往来较多。我听说张某艳跳楼了，心里挺好奇的。正好我同学钟某是警察，3月9日中午，我给他打电话问问是怎么回事。钟某说案件还在进一步工作中。

5. 证人钟某证言证实：郭某萍是我高中同学。2015年3月的一天，郭某萍给我打电话说在甘井子区泉水有个女的跳楼死了，这个女的和她公司有业务往来，想让我问问这个女的是怎么死的。我通过沙河口刑侦大队的法医问甘井子分局刑侦大队的法医，法医答复是案件正在工作中，具体情况不清楚。

6. 证人于某平（系被害人同学）证言证实：2015年3月7日上午9点钟，张某艳的姐夫通过我家里人要的我电话，然后张某艳的姐夫给我打电话说张某艳坠楼了。我知道张某艳出事后，2015年3月7日中午，给一个姓毕的女的打过电话，姓毕的女的我是通过张某艳认识的，我问她是否知道张某艳出事了。她说不知道，我说张某艳坠楼了。后来姓毕的女的还给我打电话问张某艳的家属在哪，要去看他们。我把张某艳姐夫的电话号码给姓毕的女的，让她自己联系。

经核实，刘某德称是通过于某平的家人要的于某平电话，告诉于某平张某艳坠楼了。

7. 证人毕某兰证言证实：2015年3月7日上午，辛龙给我打电话，说他和古某都联系不上张某艳，他和张某艳吵架了，让我去张某艳家看看，别出什么事情。因为我那天比较忙，我就没去张某艳家。但我怕得罪辛龙，就说我去了，敲门家里没人。过了不长时间，姓于的女的给我打电话，说张某艳出事儿了，跳楼死了。我给辛龙打电话告诉这件事。辛龙就让我去张某艳那看看。张某艳的姐夫告诉我具体的宾馆和位置。3 月 7 日下午，我、王某和与韩某伟和周某一起去看张某艳和她的家，在楼下时我们遇到了古某。我们去宾馆安慰张某艳的家属，问问张某艳到底是怎么回事。张某艳家属也不知道到底张某艳为什么跳楼。我把张某艳家属的情况都跟辛龙说了。

8. 证人王某和证言证实：2015 年 3 月 7 日中午，毕某兰给我打电话说张某艳坠楼了，毕某兰还告诉周某和韩某伟，我们想去看看怎么回事。毕某兰给张某艳的一个同学打电话，联系到张某艳的姐夫，我们到张某艳家属住的旅店。在旅店门前，我们遇到古某。我们和张某艳的家属聊天，我们安慰一下就走了。

9. 证人韩某伟证言证实：我认识张某艳快十年了。2015 年 3 月 7 日中午，王某和给我打电话说张某艳跳楼自杀了。我给毕某兰打电话，毕某兰说下午要去张某艳家看看，让我跟着一起去。我、毕某兰、周某、王某和一起去的。我们中有人联系了张某艳家属，张某艳姐夫开车把我们带到附近的一个宾馆。过一会儿古某也来了，我们就安慰张某艳家属，我记得当时屋里有人说张某艳死的前一天还打电话约这个人吃饭。

10. 证人周某证言证实：2015 年 3 月 7 日上午，古某给我打电话说联系不上张某艳，挺着急的，问我有没有张某艳的其他电话号码。3 月 7 日中午，毕某兰给我打电话说张某艳跳楼了。我、毕某兰、王某和韩某伟商量去看张某艳家属。在车上我给古某打电话，古某说他也要去。张某艳的一个家属来接的我们，我们安慰张某艳的家属。

11. 证人古某证言证实：我跟张某艳是业务上的合作关系。2015 年 3 月 6 日上午 9 点多钟，因为需要张某艳手里的一种胶黏剂，我给张某艳打电话。但从上午 9 点多钟到下午四五点钟，她的手机一直无法接通。第二天上班后，我跟我的司机去张某艳的仓库找她，张某艳不在。我回到公司后，给辛龙打电话，看他能不能帮我联系上张某艳。过了十来分钟，辛龙给我回电话说他也联系不上张某艳。下午 2 点钟，周某给我打电话说张某艳跳楼死了，他们正在去张某艳家的途中。在宾馆门口，我看到周某和几个人还有张某艳的家属都在那。

我最后一次能联系上张某艳是 2015 年 3 月 6 日。我没有告诉过辛龙关于张某艳死亡的事情。

另查，附带民事诉讼原告人张某志系被害人张某艳的父亲，附带民事诉讼原告人张某系被害人张某艳的弟弟，其二人合理经济损失为丧葬费人民币 31416 元。

认定丧葬费损失的证据有：

（一）身份证、户籍材料及证明等证实附带民事诉讼原告人的身份情况及与被害人的关系。

（二）大连市人力资源和社会保障局《大人社发（2015）146号〈关于公布2014年全市在岗职工平均工资等有关问题的通知〉》证实，2014年全市职工平均工资为62837元，月平均工资为5236元。

上述事实、证据，均经大连市中级人民法院再审庭审质证，本院审理过程中未发生变化，本院依法均予确认。

二审庭审时，双方提供了以下证据：

（一）辩护人出示2份证据

1. 2023年1月30日调取的《大连站2015年3月5日至6日部分气温资料》；

2. 2023年2月8日调取的《大连站2015年3月6日部分气象资料》。

气象资料显示2015年3月5日至6日凌晨的气温呈上升趋势，即2015年3月5日当晚22时为0.4℃，至24时（6日0时）温度上升到1.1℃，至当年的3月6日3时一致维持在1.1℃，当年的3月6日4时气温在0.9℃。2015年3月6日0时（5日24时）至6日3时，2分钟平均风速在3.3—4.4m/s，风向为SSW（南西南风，靠近南风一侧），6日4时气温0.9℃，风向为SW（西南风）。

辩护人举证意见：两份气象资料客观证明，当年当晚大连的气温已经回升到零度以上，且风向是西南风。每个人对寒冷的抵抗力不同的，在向辛龙核实其对寒冷抵抗力时，其称每年冬天都穿很少的衣服。根据讯问笔录记载："当天我上身穿黑色棉袄，里面穿的是灰色的羊毛衫、下身穿的是黑色裤子、脚上穿的休闲款的黑皮鞋。"辛龙身穿这些衣服在小区内步行溜达，保暖是没有问题的。原审认定辛龙在被害人家小区内溜达二三个小时的辩解违背客观事实，不符合常理的认定是错误的。

检察员质证意见：对辩护人提供的气象情况资料不持异议，但是上诉人辛龙对3月6日凌晨三四点离开被害人家的事实在侦查、审查起诉和第一次一审阶段均做过多次稳定供述，其仅在重审庭审和再审庭审以及今天当庭翻供的情况下辩称凌晨一二点离开被害人家，没有证据支持，案发当晚是正月十五，上诉人曾供述其身体有脑梗等疾病，检察机关同意再审法院认定此辩解不合常理的意见。

（二）检察员出示 4 份证据

1. 大连市公安局甘井子分局刑侦大队制于 2023 年 2 月 23 日作的情况说明。

检察员举证意见：此份说明对辩护人提出的现场 2021 年勘验检查记录中记载及照片中显示的与案发现场 2015 年勘验记录的物证位置不符等问题进行了说明，具体内容：（1）大公（刑）勘〔2015〕328 号现场勘验检查记录中的照片记录了相关物品、物证原始摆放位置。我局侦查人员在勘验现场、物证拍摄、提取过程中，会挪动并改变物品、物证位置。所以 2021 年复勘时，物品、物证摆放位置会和 2015 年勘验时不同。（2）公安机关在 2015 年勘查现场时，只针对侦查机关认为重要的相关物品作为物证提取并检验，其他物品皆封存在案发现场。2021 年复勘时新提取的物证在 2015 年勘查时就已存在，只是未作为重要物证提取。（3）2021 年对案发现场复勘时系依法依规进行，由于制卷人疏忽，未在打印名字后找相关人员补充手写签字。（4）我局勘查人员在 2015 年 3 月 6 日接警后首次进入现场时，利用侧掠光方式对地面足迹进行搜索，发现现场只有一种足迹，即为立案后勘查确认的嫌疑足迹。

辩护人质证意见：情况说明证实当时疏忽未补充手写签字，这次庭审之前手写签字页补充上来了，但是从签字情况看，证实现场勘查人员只有一人，其他人都为代签，辩护人申请非法证据排除的目的就是对证据的有效性进行补证，显然现场勘查人员对这份证据并不重视，由此造成的不利后果不应由上诉人承担。

2. 大连市公安局甘井子分局刑事科学技术室于 2021 年 9 月 14 日、2021 年 12 月 7 日依法采集上诉人辛龙足迹样本的 2 张光盘，主要证明采集辛龙足迹样本的过程和采集的足迹样本照片。另外 1 张光盘内存储公安机关刑事技术人员对被害人张某艳家案发现场勘查时，依法提取的所有嫌疑足迹照片。

检察员举证意见：以上 3 张光盘中所存储的足迹照片，也是最高人民检察院通过公安部物证鉴定中心移交给会检专家的全部现场嫌疑足迹和样本足迹。

辩护人质证意见：客观真实性和关联性有异议，样本的来源并没有注明，原审判决无罪的理由之一就是无法确定现场足迹是谁留下，而无法找到留下嫌疑人足迹的鞋则是未鉴定比对的重要原因，时隔 5 年，仅凭一个足迹找到类似的同款鞋子，没有可比性，即使找到，仅凭类似两个字也不能得到唯一的结论。让辛龙穿类似鞋留下足迹，能否排除其 5 年来年龄、身高、体重及行走速度等的变化，在会检意见中，看不到 7 位专家会检的鞋印是否来源于 2015 年的现场。

3. 大连市公安局甘井子分局于 2021 年 9 月 15 日制作的大公（甘刑）勘〔2021〕764 号现场勘验检查笔录。

检察员举证意见：此份勘验笔录与最高人民检察院刑事诉讼案卷（副卷）

内装订的同编号笔录内容完全一致，此份笔录系侦查机关对卷宗内装订笔录没有勘验人员手写签名情况的补正。

辩护人质证意见：依据鉴定人签字的程序，认为程序不能保证，实体更不能保证。

4. 大连市公安局刑侦支队负责心理测试人员的资质证书。

检察员举证意见：证明 2015 年 3 月 20 日，对上诉人辛龙进行心理测试人员具备心理测试资质。

辩护人质证意见：鉴定人员需要持有鉴定人资格证书，而检察员提交的是王涛的技术职称证书，说明心理测试是不具备法定鉴定资质的，所以不能作为本案的定案证据。

经审查，对于辩护人所提供的关于当时大连地区的天气资料，其真实性双方没有异议，但辛龙翻供称凌晨一二点离开被害人家，没有证据支持。至于当时的天气情况与本案无关。对于检察机关提供的 4 份证据，是对原审证据的补强，符合客观事实，本院予以采纳。

根据《中华人民共和国刑事诉讼法》第五十五条规定，对一切案件的判处都要重证据，重调查研究，不轻信口供。只有被告人供述，没有其他证据的，不能认定被告人有罪和处以刑罚；没有被告人供述，证据确实、充分的，可以认定被告人有罪和处以刑罚。证据确实、充分，应当符合以下条件：定罪量刑的事实都有证据证明；据以定案的证据均经法定程序查证属实；综合全案证据，对所认定事实已排除合理怀疑。

本院综合全案证据，针对上诉理由、辩护意见和检察机关出庭意见，对本案作如下评判：

（一）上诉人辛龙有杀害被害人张某艳的犯罪动机

依据查明事实，辛龙在婚姻关系存续期间即开始与张某艳发生不正当男女关系，后张某艳欲与辛龙结婚，辛龙欲与张某艳分手，双方发生矛盾；且张某艳因辛龙对其隐瞒离婚后仍与前妻共同居住的事实等问题，同辛龙在电话中产生言语冲突，有相关短信内容印证，二人之间的言语冲突已达相当激烈之程度，张某艳曾在短信中称："你以为就这样过去了吗？不让所有人知道你的面目，我是永远都不罢休的，你躲了今天还能永远躲得过去吗？"辛龙本人亦供述"3 月 4 日张某艳因为我不能陪她过节的事情和我吵了起来，她说 3 月 5 日要来单位找我。我担心张某艳到我单位闹，对我造成不好的影响，3 月 5 日我就没去单位"。从上述内容分析，二人案发前关系已经不和谐，矛盾冲突很激烈。张某艳决心要曝光辛龙的面目，要去其单位闹，辛龙害怕甚至不敢去上班，辛龙担心张某艳欲实施的行为会使其身败名裂，为消除隐患而产生作案动机。关于辛龙没有作案动机的辩护意见不成立，本院不予采纳。

（二）上诉人辛龙实施了杀害被害人张某艳的行为，手段和方法明确

辛龙到案后拒不承认致死张某艳，但其稳定供认案发当晚曾“用手及张某艳身上穿的睡衣捂张某艳的嘴，捂了有两三次，张某艳的头左右摇摆想挣脱，其捂了一会儿，张某艳就不喊了”。辛龙对被害人实施的侵害行为与被害人系口鼻部受外力作用致机械性窒息死亡的鉴定意见能够相互印证。通过张某艳尸体与卫生间北窗的位置关系、卫生间北窗窗扇边缘的擦蹭痕迹、卫生间北窗外窗台棱角上的纤维，可以认定张某艳窒息死亡后被人从卫生间北窗抛下。抛尸行为是对被害人窒息死亡的掩盖。关于上诉人辛龙所提未实施杀人行为的上诉理由及辩护人所提认定侵害行为与被害人死亡原因相符没有依据的辩护意见，没有事实依据，本院不予采纳。

（三）被害人张某艳死亡原因和死亡时间能够确定

第一，关于被害人的死亡原因。尸检鉴定证实，死者张某艳颜面部、口部、左耳、颈部皮肤损伤，颊黏膜、口腔黏膜出血，咬肌出血，颌下腺出血，颈肌出血，舌部损伤出血等其损伤形态特征符合口鼻部受外力作用形成，属生前伤。综合尸检及病理组织学检验，死者张某艳因口鼻部受外力作用致机械性窒息死亡。侦查过程中，经对被害人的心血、胃内容物及胃壁、尿液进行理化检验，排除被害人因中毒、疾病导致死亡的可能性，又排除被害人因高坠或自杀导致死亡等情况。尸检鉴定意见及照片证实，被害人内裤上有大量排泄物，公安机关现场勘验分析和辩方聘请的专家辅助人员出庭作证均认为洗手间所发现的黄色斑迹应为人濒死前的排泄物。综上，结合案发现场、尸检及病理组织学检验情况，且排除其他可能性后，得出的尸检鉴定意见具有科学性，足以确定被害人死亡原因。

第二，关于被害人的死亡时间。尸检结果表明，根据张某艳胃内容物消化程度分析，死亡时间为末次进食后4—6小时。被害人家楼下邻居姜某证言证实，2015年3月6日凌晨大概3时，楼上又开始吵了，其听到女的带着哭腔说“我求求你了”这样的话，之后再没听到女的什么动静。为核实姜某证言的准确性，侦查机关在一审法院重审时再次找到姜某核实，姜某表示，因第二天其儿媳要坐飞机，故收拾行李到0时30分，准备睡觉时，因楼上有持续争吵声无法入眠，争吵停止后到客厅看过时钟为凌晨2时30分，过了一会儿，出现争吵声，其估计为3时左右。结合辛龙在最高人民检察院工作人员调查时的供述，可以明确被害人最后进食时间最迟为3月5日21时至22时，进而确定被害人死亡时间在3月6日凌晨3至4时之前。能够印证辛龙离开现场时被害人已经死亡。故关于辩护人所提被害人死亡原因的鉴定意见不具有排他性，被害人死亡时

间系主观推定，没有证据支持等辩护意见不能成立，本院不予采纳。

（四）案发现场除被害人张某艳痕迹外，只有上诉人辛龙痕迹，在案证据证明只有辛龙一人到过案发现场

第一，案发现场只检出辛龙与张某艳的基因型。现场提取的36份生物检材，除检测到辛龙、张某艳DNA外未检出第三人的DNA。

第二，案发现场只留有辛龙一人的足迹。案发现场遗留并提取的足迹是较为特殊的炭灰足迹，与案发现场曾着火相关。对于这种足迹，侦查机关出具的《情况说明》证实，案发后，公安机关以跳楼事件介入调查，确定案件性质后又对案发现场经过多次复勘，存在相关警务人员未严格按照现勘规定进入现场的情况，但相关警务人员留存鞋印已在勘查时予以排除，从而得到唯一的嫌疑足迹。该足迹经公安部物证鉴定中心组织全国7位此方面的专家会检，会检意见显示，会检时通过现场鞋印与样本鞋印反映的五趾排列、前掌重压面的形态、前掌内外侧边缘形态、脚弓宽度、后跟重压面形态等特征比对，倾向认定现场鞋印与样本鞋印（所采辛龙足迹）为同一人所留。参与会检的人员为公安部选择的有丰富经验的专家，比对过程科学，比对结果与其他证据能够相互印证，应当予以采信。现场勘查记录和照片证实，嫌疑足迹一直延伸到卫生间窗户附近，与抛尸位置吻合。且辛龙承认现场如果有拖鞋印，就是其留下的，因为其曾用水在现场救火。

第三，辛龙供述其与张某艳发生冲突时，无第三人在案发现场。张某艳手机于19时38分与辛龙联系后，与外界再无沟通，即张某艳当晚未再与其他人联系；辛龙到张某艳家后，也只有张某艳一人在家，直至辛龙离开案发现场；辛龙供述其离开张某艳家时已将房门锁死。同时，案发后现场勘查发现门锁未遭破坏，可以排除其他人破门进入案发现场。

综合以上三点，以及被害人张某艳家中只有手机失窃，被害人包内3000余元现金、抽屉内800元现金、身上佩戴的首饰及其他财物均未丢失，被害人亦未被性侵，被害人死亡后被抛尸伪造现场等情节，可以确定本案不是陌生人偶然作案，而是特定时空下与被害人存在矛盾冲突的熟人作案。而现场除被害人痕迹外，只有辛龙痕迹，没有第三人痕迹，能够排除他人作案的可能。关于辩护人所提案发现场遭到破坏，现场勘验检查笔录、足迹样本采集记录、专家会检意见等不能作为证据使用，不能排除第三人在辛龙离开后伺机进入现场作案的可能等辩护意见，没有事实依据，本院不予采纳。

（五）在案客观证据能够锁定上诉人辛龙系在被害人张某艳死亡后才离开案发现场

第一，关于辛龙离开张某艳家的时间，辛龙在侦查、审查起诉、第一次一

审阶段曾多次稳定供述凌晨三四点离开被害人家，但在本案发回重审后及再审一审庭审中又改变供述称凌晨一二点离开被害人家，在被害人家小区内转了很长时间，四五点钟离开被害人家小区。本院开庭审理时，辛龙当庭供述应以距案发时间最近的供述为准，因为距案发时间较短，记忆更为清晰，即凌晨三四点离开的被害人家。且辛龙亦当庭供述，离开被害人家时或在下楼后即与其妹妹辛某通了电话，让辛某来接。而3月6日辛龙与辛某的首次通话记录时间为4时39分，结合被害人家楼下邻居姜某的证言，可以锁定辛龙离开案发现场的时间为3月6日4时39分前后。而依据查明的被害人死亡时间为3月6日凌晨3时至4时之间，能够确定辛龙系在被害人死亡后才离开案发现场。

第二，辛龙的手机信号定位显示辛龙2015年3月5日19：38：32至3月6日04：46：12一直在案发现场。辛龙与其妹妹辛某的手机在3月6日4时39分至5时06分通话3次，时间分别为2015年3月6日4时39分、4时58分、5时06分，与二人所证辛某接辛龙走的过程中进行几次电话联系也相印证，与手机定位显示辛龙于3月6日4时46分后离开定位范围相符。

第三，电子围栏查询数据显示，3月6日5时27分辛龙、辛某的手机均通过华北路与千山路交叉口，从车程及距离分析，辛龙于4时46分后离开案发现场小区定位范围，5时06分与辛某最后一次通话不久后上了辛某的车，5时27分，辛龙、辛某在回家路上通过华北路与千山路交叉口。

综合以上三点，在案客观证据能够锁定辛龙系在张某艳死亡后才离开案发现场，辛龙所提其凌晨一二点钟离开被害人家的上诉理由及相关辩护意见，与查明的事实不符，本院不予采纳。

（六）上诉人辛龙的供述在多个细节上反复变化，与在案其他证据存在矛盾，显系在刻意隐瞒事实真相

一是关于辛龙进屋是否换拖鞋的问题，辛龙供述多次变化，在最高人民检察院审查期间又予以供认。二是关于离开被害人张某艳家的时间问题，辛龙曾多次稳定供述凌晨三四点离开张某艳家。重审庭审开始辩称凌晨一二点离开张某艳家，在张某艳家小区中转了很长时间，四五点钟离开张某艳家小区。这与楼下邻居姜某证言、辛龙手机基站定位、通话记录等均存在矛盾。三是辛龙一直供述未在张某艳家中用餐，但现场碗筷上检测出其DNA，在最高人民检察院调查笔录中，辛龙又承认当晚在张某艳家吃了饭。四是辛龙称张某艳点煤气放火，自己用水扑灭，但现场未见张某艳足迹，二人长时间厮打，不可能只留下辛龙一人足迹。

本院认为，上诉人辛龙因感情纠纷，故意非法剥夺他人生命，造成一人死亡的严重后果，其行为严重侵犯了公民的生命权利，破坏了社会治安秩序，已

构成故意杀人罪。《最高人民法院关于适用〈中华人民共和国刑事诉讼法〉的解释》第一百四十条规定：没有直接证据，但间接证据同时符合下列条件的，可以认定被告人有罪：（一）证据已经查证属实；（二）证据之间相互印证，不存在无法排除的矛盾和无法解释的疑问；（三）全案证据已经形成完整的证据链；（四）根据证据认定案件事实足以排除合理怀疑，结论具有唯一性；（五）运用证据进行的推理符合逻辑和经验。本案虽然辛龙始终否认直接杀害了被害人张某艳，但查明的其与被害人的感情纠纷可以证明其作案动机；其供述的作案手段与被害人死亡原因相符；案发现场查明除被害人外的唯一DNA及足迹与辛龙的特征相符，可以排除第三人作案的可能；在案客观证据能够证明辛龙系在被害人死亡后离开案发现场。全案证据经最高人民检察院履行法律监督职责进行补充后，能够形成完整的证据链，认定辛龙杀害了张某艳后，抛尸掩盖罪行，新的证据链指向一致，不存在无法排除的矛盾和无法解释的疑问，足以排除合理怀疑，结论具有唯一性、排他性，符合逻辑判断和经验认知。原审在缺少最高人民检察院提交的新证据的情况下，因不能排除合理怀疑而判决辛龙无罪，符合“疑罪从无”的裁判原则；再审通过全面审查新证据和原有证据，确认辛龙具有作案的唯一性，排除第三人作案的可能性，消除了原审存在的合理怀疑，认定辛龙构成犯罪，事实清楚，证据确实、充分。上诉人辛龙及其辩护人所提“不构成故意杀人罪”的上诉理由及辩护意见与查明的事实不符，不能成立，本院不予采纳。检察机关的出庭意见正确，本院予以支持。上诉人辛龙掩住被害人张某艳口鼻致其死亡，后为掩盖罪行、逃避处罚，又将被害人尸体从楼上抛至楼下，伪造被害人自杀现场，其追求被害人死亡结果的意志明显、坚决，且到案后拒不认罪，犯罪手段残忍，情节恶劣，后果严重，依法应予严惩。鉴于本案系感情纠纷引发，对其判处死刑，可不立即执行。

上诉人张某志、张某所受经济损失与上诉人辛龙的犯罪行为之间具有因果关系，故辛龙应对相关合理经济损失承担民事赔偿责任。再审判决认定的赔偿数额符合相关法律规定，张某志、张某上诉所提增加赔偿的要求，没有法律依据，本院不予支持。

综上，再审判决认定事实和适用法律正确，审判程序合法，量刑适当。经本院审判委员会讨论决定，依照《中华人民共和国刑事诉讼法》第二百三十六条第一款第一项及《中华人民共和国民事诉讼法》第一百七十条第一款第一项之规定，裁定如下：

驳回上诉，维持原判。

本裁定为终审裁定。

依照《中华人民共和国刑事诉讼法》第二百四十八条及《最高人民法院关于适用〈中华人民共和国刑事诉讼法〉的解释》第四百二十八条第一款第一项之规定，核准辽宁省大连市中级人民法院（2022）辽02刑再6号刑事附带民事判决中以故意杀人罪判处被告人辛龙死刑，缓期二年执行，剥夺政治权利终身的部分。

审 判 长　　蔡峻峰
审 判 员　　周　亮
审 判 员　　隋福田

二〇二三年三月十六日

法官助理　　李健宁
书 记 员　　刘昱彤

谭修义故意杀人、强奸案

最高人民检察院
刑事抗诉书

高检审刑抗〔2022〕Z1 号

原审被告人谭修义，男，1954 年 11 月 1 日出生，汉族，初中文化，农民（原生产队会计），户籍所在地河南省周口市商水县谭庄镇前谭村，现在河南省豫东监狱服刑（刑期至 2022 年 10 月 20 日）。

1999 年 12 月 14 日，河南省周口地区中级人民法院一审以故意杀人罪判处谭修义死缓、剥夺政治权利终身，判令谭修义赔偿被害方经济损失 1 万元。谭修义及附带民事诉讼原告人谭某涛（被害人之兄）均不服，提出上诉。2000 年 5 月 18 日，河南省高级人民法院以事实不清为由，裁定撤销原判，发回重审。2002 年 1 月 1 日，周口市中级人民法院以强奸罪、故意杀人罪两罪并罚，判处谭修义死缓，判令谭修义赔偿被害方经济损失 1 万元。谭修义不服，再次上诉。2003 年 7 月 31 日，河南省高级人民法院裁定驳回上诉，维持原判。

2002 年 1 月 1 日周口市中级人民法院重审后作出的一审判决认定：1993 年 7 月 16 日晚 22 时许，被告人谭修义回家到厕所解手时，见到当晚在其家住宿的被害人谭某娜（1977 年 12 月 1 日生）正在解手，顿起歹意，即双手按住该女的肩膀，挤到墙角，站着将该女强奸。因怕事情败露，谭修义便产生杀害谭某娜父母之念。7 月 17 日凌晨 1 时许，谭修义偷偷起床，携带作案工具，潜入谭某娜家中，采用镰刀砍、钝器砸等手段将正在休息的谭某娜之父谭某旺、之母王某英杀死后返回家中休息，并将砍断的镰刀及镰刀把丢弃在现场。谭修义又因害怕谭某娜得知父母死后怀疑自己，便于该日晨尾随起床返家的谭某娜，再次进入谭某娜家中，在堂屋内从后面双手卡住谭某娜颈部，将其卡死，并用绳子缠绕在谭某娜颈部，将尸体吊于房梁之上，绳子拴在牲口槽的桩子上。作案后，谭修义用被害人谭某旺家厨房的草木灰将现场血迹掩盖，并将屋门锁住后逃离现场。周口市中级人民法院以谭修义犯强奸罪、故意杀人罪判处其死缓。谭修义上诉后，河南省高级人民法院二审裁定认为：谭修义因害怕其强奸谭某娜的罪行败露而杀人灭口，作案手段残忍，后果特别严重，社会危害极大，应依法严惩。原判定罪准确，量刑及赔偿适当，审判程序合法。谭修义的上诉理由不予采纳，裁定驳回上诉，维持原判。

裁判发生法律效力后，谭修义家属委托李某芳、李某辉律师 2016 年 12 月向河南省高级人民法院提出申诉。2017 年 5 月 25 日又向河南省人民检察院申诉，河南省高级人民法院于同年 12 月以“原判认定事实清楚，证据确实、充分，定罪量刑并无不当”为由驳回申诉。河南省人民检察院于 2018 年 11 月 15 日立案复查后认为，原审认定的事实不清，证据不确实、不充分，判决确有错误，于 2020 年 6 月 18 日提请我院抗诉。

本院审查认定：1993 年 7 月 16 日，谭修义吃过晚饭后到谭某队的烟炕与村民（谭某勤、谭某华、谭某中、谭某队等人）聊天。当晚 8 点多，谭修义的女儿谭某真、谭某杰与借宿在自家的谭某娜上完厕所后一起到东屋休息。晚上 10 点左右谭修义回家。第二天早晨天亮了，谭修义喊其小女儿谭某杰起床上学。谭某杰走后，谭某娜起床在院子里与谭修义母亲王某（住在西屋）打招呼（说要回家做饭）后离开。之后，谭修义与其爱人程某柳装了一袋子粮食，谭修义用木架子车拉到同村村民石某芳家打饲料。打完饲料回家吃过早饭，谭修义牵着牛到谭庄镇家畜改良站（距离谭修义家 6 公里左右），由吴某科给牛配种。上午没配好，在吴某科建议下，谭修义中午没有回家。下午又补配一次，在四五点钟谭修义牵着牛回到家。

当天（17 日）下午 3 点左右，刘某、段某玲夫妇到谭某旺家，从堂屋窗外发现谭某娜吊在家里房梁上，刘某即用房门口的铁锨把谭某旺家的门锁砸开，段某玲喊来村民谭某停、谭某保等人，与刘某进屋解开绳子把谭某娜从梁上放下，发现谭某旺、王某英亦被害。谭某旺尸体在地上，头西脚东，呈仰卧状，上肢弯曲，尸体上盖着一条土色长裤和一个蓝色裤头；王某英尸体在一小软床上，盖有棉被，头南脚北，穿一花裤头，一把断了的镰刀扎在其喉部。经鉴定，谭某旺、王某英系被他人用钝、锐两种凶器分别致颅脑损伤死亡和肝脏破裂急性大失血死亡，谭某娜系被他人扼勒颈部致机械性窒息死亡。

认定事实的证据有：现勘笔录、尸检报告、提取笔录；物证、到过案发现场的证人（刘某、段某玲、谭某、谭某停、谭某保等证人）证言；谭修义供述及程某柳（其妻子）、谭某真（其大女儿）、谭某杰（其二女儿）、王某（其母亲）证言，同村村民（谭某勤、谭某河、谭某涛等证人）证言。

本院认为，除谭修义部分有罪供述和现勘笔录、尸检报告部分内容一致外，无客观证据证实谭修义作案。现勘记录、尸检报告、技术鉴定书和部分证人证言仅能证明三被害人在家中被杀及案发现场情况，其他证人仅能证明案发前后谭修义的活动情况，不能证明其实施了犯罪。理由如下：

一、关于强奸罪

（一）强奸时间不能认定

原审裁判认定1993年7月16日晚10点左右谭修义回家上厕所，发现谭某娜也在厕所解手而进行强奸。与谭某娜同屋同床睡觉的谭某真、谭某杰证明，晚上8点左右她们一起看电视，过了二十多分钟关掉电视，三人相继上厕所后即到东屋床上聊天、睡觉。没有证据证明晚上10点左右谭某娜再次去厕所。

（二）强奸行为无法证明

在卷证据没有提取谭某娜的内裤及阴部擦拭物的记录，没有送检记录。当年7月18日8时开始对谭某娜尸检时，距发现尸体已17个小时，距谭某娜离开谭修义家27个小时左右。因当时天气炎热，谭某娜尸体已经开始腐败，尸体报告证明其处女膜处于6点处破裂至基底，右大腿内侧根部向下有两条柱状血痕至脚掌，无法分辨处女膜系新鲜或陈旧性破裂。谭修义有罪供述的是7月16日晚10点左右在自家厕所强奸的谭某娜。谭某娜只有15岁，如被强奸却无任何异常表现，当晚继续与谭修义女儿一起睡觉，第二天早上起床若无其事地和王某打招呼后回家，且侦查人员在她们睡觉的床上未发现有血迹，不合情理。

（三）供证矛盾

谭修义供述强奸时谭某娜穿的是裤子，但尸检报告和谭某真证实谭某娜当晚穿的是裙子。

二、关于故意杀人罪

（一）部分作案工具不清

尸检鉴定“谭某旺右眼眶上有4厘米×2厘米的凹陷粉碎性骨折。王某英右顶结节前下缘近似方形的线状骨折，面积为3厘米×3厘米，在骨折面之上侧有一呈‘∧’形的凹陷骨折；右颧骨上缘、颧弓及同侧蝶骨大翼骨折”，二被害人受钝器伤明显，人民法院生效裁判认定谭修义使用钝器将正在睡觉的谭某旺、王某英杀死，但不清楚是何种钝器。

一是提取的斧子无法认定为作案工具。谭修义供述斧子是作案工具，但此供述与尸检报告相矛盾。1993年7月22日谭某真被询问时，称家里有一把斧子，是石某钢家的，抗旱浇水时用过；7月23日侦查人员从石某钢家提取了一把斧子。7月25日谭修义在第三次供述时改称用斧子作案。根据侦查机关对《尸检报告》中三个问题的说明（1994年9月28日作出），“王某英左面部一长方形皮内皮下出血，边缘整齐，面积为4.2厘米×3.0厘米，而县局所送斧子之斧顶面积为3.5厘米×2.5厘米，二者有较大悬殊，故不可认定王某英左面部之损伤就是上述斧子形成”。王某英头部损伤如何形成不清楚。侦查机关提取的斧子与尸检报告的矛盾无法排除。

二是关于匕首和其他作案工具。谭修义在前两次有罪供述时称，用他自己家的匕首和谭某旺家的镰刀作案；第三次供述时称“带匕首是谎言，是欺骗政府”。

（二）刑事技术鉴定结论不具有唯一性

一是侦查人员送检了谭修义家大门上的4处血迹，经鉴定，血迹上均检出A、B两种血型物质（从血型看，谭某旺、谭某娜为AB型、王某英为A型；谭修义为B型，程某柳、谭某真为A型，王某、谭某杰为AB型）。卷中没有血迹的提取笔录，血迹系何人所留、何时发现、何人提取均无法证实。鉴定结论为血液类型鉴定，不具有唯一性。

二是从现场提取的镰刀把上有两枚血指纹，经检验，指纹中心花纹不清，仅有部分外围线，初步分析为右手食指、中指所留，在上面发现个别特征3个和5个。观察谭修义右手食指和中指指纹，在其相同部位有个别相同的特征，但特征的数量和质量不具备同一认定的条件。

（三）谭修义作案后无异常表现

其妻程某柳证实，早上起来谭修义就去打饲料，回来吃过早饭后去给牛配种，无异常表现。如谭修义连杀三人后，还正常工作，且未发现其身上有血迹，实属反常。

三、谭修义有罪供述存在明显问题

（一）属于先证后供

尸检报告形成于1993年7月18日、现勘笔录形成于7月19日。7月24日谭修义开始作有罪供述，在第三、四、五次供述中才逐步讲到拖动谭某旺尸体，用被子衣物等覆盖王某英、谭某旺尸体，镰刀放的位置，镰刀头断裂，作案后镰把放的位置，吊死谭某娜绳子的绳结位置以及用草木灰覆盖血迹等与勘验笔录和尸检报告一致的内容。

（二）几次有罪供述内容不一致

谭修义存在从不供到供再到翻供的变化。（1）第一、第二次供述用匕首、镰刀等凶器作案，第三、第四、第五次供述用斧子、镰刀作案。（2）第一次供述称，随手用谭某旺家镰刀将谭某旺打昏后又用镰刀砍了几下；第二次供述称，用镰刀将谭某旺打晕后又用匕首扎谭某旺；第三、第四次供述称，随手用斧子将谭某旺头上砸了一下，谭某旺倒地后又用斧子背面砸了几下。（3）第一次供述称，杀死谭某旺夫妇回家后没有关堂屋门。将谭某娜杀死后返回家中在堂屋前喊妻子程某柳找袋子；但第二次供述称，杀死谭某旺夫妇后回家把堂屋门关住。将谭某娜杀死后返回家中进到堂屋喊程某柳起来打料。（4）第一次供述尾随谭某娜到她家堂屋，但第二次、第四次供述翻墙进入谭某娜家。（5）谭修义前四次有罪供述称将谭某娜卡死后用绳吊在梁上，绳另一头拴在床腿上，第五次才供述将绳拴在牲口桩上（1993 年 7 月 26 日 16：00 开始供述的该细节，证人刘某同日证言证明其去现场看到绳头拴在牲口槽的桩子上，笔录上没有作证时间）。

（三）有罪供述与其他证据相矛盾

一是谭修义第三、四、五次供述的作案工具斧头虽经其本人辨认系侦查机关提取的斧头，但侦查机关对《尸检报告》中三个问题的说明证实，提取的斧头不能形成被害人头部的损伤。二是其供述凌晨 1 时许，偷偷起床，携带作案工具，潜入谭某娜家中，杀害了谭某旺和王某英。其妻子程某柳证言证明他们一家三口在一张床上睡，醒来时天已蒙蒙亮，她喊谭修义起床。三是谭修义第三次供述铲了草木灰盖住血迹后，将铁锨放在谭某旺家堂屋内，与证人刘某进入案发现场时用屋门外铁锨撬开堂屋门锁的证言相矛盾。四是谭修义在第三次、第五次供述时均称将谭某旺家厨房门打开后没有关，与证人王某的证言（当时他家堂屋门是用锁锁住哩，灶房门是搭住的）及现场勘查笔录相矛盾。五是谭修义供述 7 月 17 日晨，其尾随起床返家的谭某娜，再次进入谭某娜家中杀害了谭某娜。谭修义的妻子程某柳证明早晨是其叫醒谭修义，谭修义喊谭某杰起床上学后又躺在了床上，她叫谭修义起床去打料，后谭修义去给牛配种。

（四）有罪供述的讯问笔录违反法律规定，真实性存疑

1. 谭修义到案后有无罪供述但未制作笔录

1979 年《刑事诉讼法》第四十四条和 1987 年《公安机关办理刑事案件程序规定》第三十二条规定："公安机关对于被拘留的人，应当在拘留后的二十四小时以内进行讯问。"谭修义于 1993 年 7 月 20 日被公安机关传唤，7 月 21 日被刑拘，被刑拘第四天（7 月 24 日）才有第一次讯问笔录。在卷证据显示，该时间段有讯问行为，但谭修义不承认犯罪。例如，第一次讯问笔录结尾，讯问人员表示"你的态度能够转变"；河南省人民检察院复查时，当年侦查人员安普军表示"一开始他是不认的，态度也不是很好"；河南省公安厅给河南省院的复函表示"因当时的不良办案习惯，刑侦部门破案时犯罪嫌疑人不作有罪供述就不制作笔录"。

2. 有罪供述笔录谭修义本人未阅读、签字

1979 年《刑事诉讼法》第六十六条规定，讯问笔录应当交被告人核对，对于没有阅读能力的，应当向他宣读。如果记载有遗漏或者差错，被告人可以提出补充或改正。被告人承认笔录没有错误后，应当签名或盖章。侦查人员也应当在笔录签名。

本案五次有罪供述笔录的结尾写道，“问：记录给你念过，与你说的一样不一样”，“答：我听了，和我说的一样”并写有谭修义的名字。谭修义的签名明显是记录人的笔迹。该笔迹经我院司法鉴定中心鉴定，均系记录人所写。后面八次无罪供述笔录中的谭修义签名，经鉴定七次系谭修义本人所写。谭修义作为生产队会计有阅读、签字能力，七次无罪供述经过本人阅读签字，而有罪供述其本人未阅读签字，真实性存疑。另外，侦查人员在所有问话笔录（讯问和询问）上均未签名，存在严重程序问题。

3. 存在疲劳审讯，有刑讯逼供可能

在 41 个小时内侦查人员连续五次讯问谭修义，其中 19 个小时内连续讯问四次，应当视为疲劳审讯。第一次讯问从 1993 年 7 月 24 日夜里 11 点开始，第二次从 7 月 25 日凌晨 4 点开始，第三次是 7 月 25 日（没有记录开始时间），第四次从 25 日下午 6 点开始，第五次从 7 月 26 日下午 4 点开始。五次讯问均没有记录结束的时间，讯问地点均在刑警队办公室。在 7 月 25 日凌晨 4 点第二次讯问中，谭修义表示“再说一遍不定胜这哩，让我想想明天再说，我现在头昏”“我现在头痛，已经说过一遍了”。

在公安预审人员提讯时，谭修义讲：“那时候刑警队把我折磨几天，我顶不住，我给他们编的”（1993 年 8 月 29 日）、“我当时头懵也记不住他们先问的啥，后问的啥，反正问啥我随口说啥，想着当时不挨打，不受罪妥了，都编得啥想不起来了”（1996 年 9 月 23 日）、“叫我整得受不了，我根据群众议论的用镰扎、用匕首扎、用钢筋棍打、用斧子砸这些情况说的”（1996 年 9 月 24 日）、“他们说我不老实叫我跪那，后来打我叫我跪棍上，还说我‘打死你也得说’，我当时想着只要死不了，政府总会查清的，我就编着给他们说，想着少受点罪，少挨点打，不死就中”（1996 年 9 月 25 日）、“公安局刑警队的把我抓来时折磨得我顶不住了，我想反正是死，我说我杀人啦”、“公安还把我打晕了好几回”（2001 年 11 月 7 日，法庭庭审笔录）等。商水县公安局出具的关于谭修义故意杀人一案的调查报告记载，“经过五天的突审工作，谭修义于 7 月 26 日交代了犯罪过程”。该报告侧面证实了侦查机关讯问谭修义经历了从不供到供的过程且采用了高强度的审讯方式。

综上，本院认为，谭修义的有罪供述互相矛盾，且与现勘笔录、尸检报告

有较大出入；其有罪供述笔录上没有本人签名和讯问结束时间，违反法律规定，且系在现勘和尸检之后、疲劳讯问下取得，属于先证后供，真实性存疑，不应当采信。此案事实不清、证据不足，主要证据之间存在矛盾；原公、检、法办案机关违反了法定诉讼程序，可能影响公正审判。河南省高级人民法院的二审裁定确有错误，应予纠正。为保障公民的合法权益，准确惩治犯罪，维护司法公正，依照《中华人民共和国刑事诉讼法》第二百五十四条第三款之规定，提出抗诉，请依法判处。

此致

最高人民法院

最高人民检察院

2022 年 3 月 16 日

河南省高级人民法院
刑事附带民事判决书

（2022）豫刑再 12 号

原公诉机关河南省周口市人民检察院。

原审被告人谭修义，男，1954 年 11 月 1 日出生，汉族，小学文化，农民，住河南省周口市商水县谭庄镇前谭村。1993 年 7 月 21 日被刑事拘留，同年 8 月 29 日被逮捕。2002 年 1 月 1 日因犯故意杀人罪、强奸罪被判处死刑，缓期二年执行，剥夺政治权利终身。2022 年 10 月 20 日刑满释放。

辩护人李慧芳，河南荣元律师事务所律师。

辩护人李逊，北京市大禹律师事务所律师。

原审附带民事诉讼原告人谭某涛，男，1974 年 11 月 14 日出生，汉族，初中文化，农民，住河南省周口市商水县谭庄镇前谭村。系被害人谭某旺、王某英之子，被害人谭某娜之兄。

诉讼代理人王维，河南商振律师事务所律师。

原河南省周口地区中级人民法院（现河南省周口市中级人民法院）审理

原河南省人民检察院周口分院（现河南省周口市人民检察院）指控被告人谭修义犯故意杀人罪、强奸罪及附带民事诉讼原告人谭某涛提起附带民事诉讼一案，于1999年12月14日作出（1999）周法刑少初字第4号刑事附带民事判决，认定谭修义犯故意杀人罪，判处死刑，缓期二年执行，剥夺政治权利终身；谭修义赔偿附带民事诉讼原告人谭某涛经济损失人民币10000元。宣判后，谭修义、谭某涛均不服，分别提出上诉。本院于2000年5月18日作出（2000）豫法刑二终字第118号刑事附带民事裁定，撤销原判，发回重审。河南省周口市中级人民法院于2002年1月1日作出（2000）周刑初字第42号刑事附带民事判决，认定谭修义犯强奸罪，判处有期徒刑四年，犯故意杀人罪，判处死刑，缓期二年执行，剥夺政治权利终身，两罪并罚，决定执行死刑，缓期二年执行，剥夺政治权利终身；谭修义赔偿附带民事诉讼原告人谭某涛经济损失人民币10000元。宣判后，谭修义不服，提出上诉。本院于2003年7月31日作出（2002）豫法刑一终字第00476号刑事附带民事裁定，驳回上诉，维持原判，并核准死缓判决。裁判生效后，原审被告人谭修义提出申诉。2022年3月16日，最高人民检察院作出高检二厅审刑抗〔2022〕Z1号刑事抗诉书，按照审判监督程序向最高人民法院提出抗诉。最高人民法院于同年7月18日作出（2022）最高法刑抗2号再审决定书，决定将本案指令本院再审。本院依法另行组成合议庭，因涉及个人隐私，于2022年12月5日不公开开庭审理了本案。河南省人民检察院指派检察员程慎生、王念峰、检察官助理段慧娟出庭履行职务，谭修义及其辩护人李慧芳、李逊，谭某涛及其诉讼代理人王维到庭参加诉讼。现已审理终结。

河南省周口市中级人民法院一审判决认定，1993年7月16日22时许，被告人谭修义回家上厕所时，见到在其家住宿的被害人谭某娜，顿起歹意，即双手按住该女肩膀，挤到墙角，站着将该女强奸。因怕事情败露，便产生杀害谭某娜父母之念。7月17日凌晨1时许，谭修义偷偷起床，携带作案工具潜入谭某娜家中，采用镰刀砍、钝器砸等手段将谭某娜的父亲谭某旺、母亲王某英杀死，将砍断的镰刀及镰刀把丢弃在现场，后返回家中。谭修义又因害怕谭某娜得知父母死亡后怀疑自己，便于当日早晨尾随起床返家的谭某娜，再次进入谭某娜家中，在堂屋从后面用双手卡着谭某娜颈部致其死亡，并将谭某娜的尸体吊于房梁之上，绳子拴在牲口槽的桩子上，并用谭某旺家厨房的草木灰将现场血迹掩盖，锁上房门后逃离现场。谭修义的犯罪行为给附带民事诉讼原告人造成了一定的经济损失。

认定上述事实的证据有：被告人谭修义多次供述，其供述案发当晚将谭某娜强奸并害怕事情败露的情节与其后来欲杀害谭某旺、王某英、谭某娜具有一定关联性，其供述王某英尸体的位置、镰刀与镰刀把分离及镰刀把位置、用草木灰掩盖地面血泊情节与现场勘查笔录一致，其供述作案时用的被害人家镰刀与辨认笔录基本一致，其供述用斧子、镰刀致死谭某旺、王某英，用手将谭某娜卡死的情节与尸体检验报告基本一致，其供述案发现场吊谭某娜的绳子拴在牲口槽的桩子上与证人刘某、谭某停的证言一致。从谭修义家门上提取的四处血痕均检出 A、B 两种血型物质与谭某旺、王某英、谭某娜血型分别为 AB、A、AB 型相一致。证人谭某真、谭某杰（二人为谭修义之女）证明谭某娜案发当晚在谭修义家住宿，证人谭某勤、谭某华证明案发当晚 22 时许谭修义从烟炕回家，谭修义有强奸谭某娜的作案时间。

一审判决认为，谭修义强奸被害人谭某娜后，为灭口将谭某娜父母及谭某娜先后杀死，基本事实清楚，其行为分别构成强奸罪和故意杀人罪。谭修义作案手段残忍，后果特别严重，社会危害极大，依法应予严惩。谭修义的犯罪行为给附带民事诉讼原告人谭某涛造成了一定的经济损失，应予赔偿。依照《中华人民共和国刑法》第十二条第一款及 1979 年《中华人民共和国刑法》第一百三十九条第一款、第一百三十二条、第四十三条、第五十三条第一款、第六十四条、第三十一条之规定，作出前述判决。

宣判后，谭修义上诉称，其没有犯故意杀人罪和强奸罪，原有罪供述系公安机关刑讯逼供所致，原判认定其犯罪没有证据证实。请求二审查明事实，宣告无罪。

本院二审裁定认定的事实和证据与一审判决相同。二审认为，一审认定谭修义犯强奸罪、故意杀人罪的事实清楚，证据确实、充分。谭修义因害怕其强奸谭某娜的罪行败露而杀人灭口，作案手段残忍，后果特别严重，社会危害极大，应依法严惩。原判定罪准确，量刑及民事赔偿适当，审判程序合法。依照《中华人民共和国刑事诉讼法》第一百八十九条第一项之规定，作出前述裁定。

本院再审庭审中，河南省人民检察院出庭检察员提出：1. 原判认定强奸罪事实不清，证据不确实、不充分。没有谭某娜内裤及阴部擦拭物的提取记录、送检记录。尸体检验报告仅能证明谭某娜处女膜破裂，无法分辨出新鲜或陈旧性破裂，谭某娜是否被强奸无法证实。谭修义供述强奸时谭某娜穿裤子，但尸体检验报告和证人证言证明谭某娜穿裙子，供证矛盾。2. 原判认定故意杀人罪事实不清，证据不确实、不充分。公安机关提取的斧子无法认定是杀人工具，谭修义家大门上提取的四处血迹，无提取笔录，何时发现、何人提取不清，且检出 A、B 两种血型物质的鉴定意见为血液类型鉴定。从现场提取的镰刀把上的两枚血指纹经检验，个别特征的数量和质量不具备同一认定条件。客观证据不具有唯一性。3. 谭修义的有罪供述前后矛盾，有罪供述与尸体检验报告、现场勘查笔录及证人证言存在矛盾，且矛盾无法排除。4. 谭修义到案后公安机关没有及时制作笔录，有罪供述笔录未经谭修义本人阅读、签字，存在疲劳审讯等违反法律规定情形，合法性、真实性存疑。综上，在案证据不能认定谭修义的行为构成强奸罪、故意杀人罪，原判确有错误，建议宣告谭修义无罪。检察员并当庭出示了最高人民检察院司法鉴定中心高检技鉴字〔2021〕Z3、Z4、Z5、Z6号文件检验鉴定书，证明谭修义第一次至第五次讯问笔录（有罪供述）、预审第二次讯问笔录（无罪辩解）结尾处“被问人”落款处手写签名字迹“谭修义”与谭修义本人签名字迹样本不是同一人的笔迹，与该六份讯问笔录上记录字迹是同一人笔迹。

原审被告人谭修义辩称，其没有实施故意杀人、强奸犯罪行为，侦查人员刑讯逼供，应宣告无罪。

其辩护人辩称：1. 本案存在程序瑕疵和非法证据。谭修义被抓获后前几天讯问笔录缺失，在此期间无罪辩解未制作笔录或未入卷。前五次有罪供述笔录未经谭修义本人阅读、签字，经鉴定，谭修义的签名是记录人所写，且存在疲劳审讯、刑讯逼供可能，应当作为非法证据予以排除。2. 谭修义五次有罪供述内容互相矛盾，且与其他证据互相矛盾，不真实。3. 关于强奸罪，除谭修义供述外，没有其他证据证明。谭修义的供述与尸体检验报告等客观证据、证人证言矛盾，谭某娜被强奸后的表现不符合客观事实和常理。4. 关于故意杀人罪，公安机关提取的作案工具斧子，与尸体检验报告互相矛盾，且属于先证后供，谭某旺、王某英的钝器损伤是何种工具所致不清。作案工具镰刀把上两枚血指纹不具备同一认定条件，无法证明是谭修义所留。谭修义家大门上的血迹提取不合法，鉴定结论不具有唯一性。谭修义不具备杀人时间和动机。谭修义无前科，残忍杀害三人后还正常工作、生活，不合常理。综上，原判认定事实不清，证据不足，应依法改判谭修义无罪，不承担民事赔偿责任。

原审附带民事诉讼原告人谭某涛及其诉讼代理人认为，谭修义的多次有罪供述与现场勘查笔录、尸体检验报告、物证等证据基本一致，有罪供述应予采信。原判认定事实清楚，证据确实、充分，刑事部分应予维持，附带民事赔偿数额少。

本院经再审审理查明，原审被告人谭修义与被害人谭某旺、王某英、谭某娜系河南省商水县谭庄镇某村一路之隔的邻居。1993年7月16日晚，在谭修义家借宿的谭某娜与谭修义之女谭某真、谭某杰上完厕所后到东屋同床休息。当晚22时许，谭修义离开本村谭某队的烟炕回家休息。7月17日早晨5时许，谭修义喊谭某杰起床上学，谭某杰走后不久，谭某娜起床回家，谭修义到本村石某芳处打饲料。同日15时许，刘某、程某玲夫妻二人到谭某旺家，发现谭某娜、谭某旺、王某英被害，遂报警。同日下午公安机关对被害人家进行现场勘查，次日对尸体进行检验。经鉴定，谭某旺、王某英均系被他人用钝、锐两种凶器致颅脑损伤和肝脏破裂急性大失血死亡，谭某娜系被他人扼勒颈部致机械性窒息死亡。

上述事实，有下列证据证实：

1. 证人王某（谭修义母亲）、程某柳（谭修义妻子）、谭某真、谭某杰证明，1993 年 7 月 16 日前，谭某娜已经在谭修义家住了四五个晚上。16 日晚 20 时许，谭某娜和谭某真、谭某杰看约二十分钟电视后去上厕所，后到谭修义家东屋同床睡觉。17 日早晨 5 点多天刚蒙蒙亮时，程某柳让谭修义喊谭某杰起床上学。谭某杰上学走后不久，谭某娜起床与王某打声招呼回家。谭某真另证明谭某娜下身穿裙子，王某、程某柳另证明，谭修义起床后在程某柳帮助下装一袋粮食，用架子车拉着去打饲料。

2. 证人谭某勤、谭某队、谭某中、谭某华等人证明，1993 年 7 月 16 日 21 时许，谭修义到谭某队的烟炕和大家聊天，22 时许离开。

3. 证人石某芳证明，其农闲时用电磨打饲料、打面。谭某旺被害那天，谭修义早晨 5 点多接近 6 点来打饲料。谭修义叫石某芳起来把粮食倒进磨斗里，一推闸刀，动力线烧断一根。石某芳找人接线，结果没找着人，回来时谭修义已经把动力线接上了。饲料打完后，谭修义就拉着回家了。接线、打饲料的时间都计算在内，谭修义在石某芳处停留二十分钟左右，当时无异常表现。

4. 证人刘某证明，谭某旺是刘某的姨夫，两家共用一个烟炕，1993 年 7 月 16 日下雨烟叶没打成，商量 17 日装烟炕。因 17 日不见谭某旺，下午二三时许，刘某、程某玲夫妻以及同村谭某、谭某停等人去谭某旺家。见谭某旺家房门锁着，想帮谭某旺喂牲口。程某玲到东边窗台找钥匙，一掀窗户上的塑料布看到谭某娜在东间梁上吊着。刘某遂用门口的锨把门锁别开，看到吊谭某娜的绳头拴在西间牲口槽的桩子上，把绳子解开后发现谭某旺也在地上躺着。在场有人问起王某英，刘某掀一下堂屋床上的被子，发现王某英头上很多血，脖子里有一个刀子，露出来一二寸。证人程某玲、谭某、谭某停等人证言与刘某证言一致。

5. 1993 年 7 月 17 日现场勘查笔录及照片证明，中心现场位于谭某旺家。堂屋屋门被关住，用一搭条搭住，上挂一“冠军”牌坏铁锁，无钥匙。门外西侧 1 米处靠墙有一旧圆头铁锨，锨头上沾有草木灰。门内侧有喷溅血迹。堂屋当间，正中由南向北并排放一张木板床和一张小软床，西侧小软床上棉被下是王某英的尸体，有一断镰刀扎在喉部；软床南侧地面上有血泊两片，西侧地面上有血泊一片，血泊均被草木灰掩盖。当间一麻袋和箔篱子之间立放一把断头镰把。当间和东间的箔篱子门口位于靠前墙处，东间门口北侧的箔篱子西面有喷溅血迹；在箔篱子门口内侧距门口 20 厘米处的地面上有谭某娜尸体仰卧状压在其父谭某旺尸体上，谭某娜颈部系一根绳子，绳子从谭某娜颈部向上通过梁上方下垂至当间小软床南侧地面。谭某旺的尸体头部北侧有血泊一片，紧靠头部西南侧有一长60厘米的拖拉印痕。北间厨房锅灶的东南角有一堆草木灰，草木灰有被铲印痕。现场提取室外堂屋门口西侧圆头铁锨一把，室内当间断头镰刀把一把、镰把上指纹二枚，死者王某英喉部断镰刀头一个，当间软床南侧和西侧地面血迹，谭某娜颈部绳子一根。

6. 1993年7月18日的尸体检验报告证明，死者谭某旺头面部九处创口，均深达骨质，创角钝；剑突左侧有一处斜行开放创，创角一钝一锐。死者王某英，头面部六处创，其中左颞部距外眦2厘米处有一处4.2厘米×3厘米的皮内皮下出血区，边缘明显且较齐；颈部，喉结上缘中线左侧扎一断镰刀，拔下镰刀，见一处横行开放创，喉结下缘有一处2.5厘米×0.2厘米的横行创口；胸腹部剑突左缘、剑突下方各有一处创，并有拖划痕；创口存在创角钝、一钝一锐两种特征。死者谭某娜，下身穿小方格半截裙；喉结处呈水平状环形勒一绳索，绳结位于颈前偏左方，绳套紧，直径9.5厘米；处女膜于1点、6点处破裂至基底，并有少量血性液体。鉴定意见，谭某旺和王某英系被他人用钝、锐两种凶器，分别致颅脑损伤、肝脏破裂致急性大失血休克性死亡；谭某娜系被他人扼勒颈部致机械性窒息死亡后，伪装吊死。

本院再审认为，原判认定谭修义强奸谭某娜，并杀死谭某旺、王某英、谭某娜的事实不清、证据不足。具体评判如下：

一、原判认定谭修义犯强奸罪证据不足

（一）认定谭某娜案发时到作案地点证据不足。谭修义供述及证人谭某勤、谭某队、谭某中、谭某华均证明，谭修义于1993年7月16日22时许离开烟炕回家。与谭某娜同屋同床睡觉的谭某真、谭某杰均证明当晚20时许她们三人一起看了约二十分钟电视，上厕所后去东屋同床聊天、睡觉，未证明谭某娜睡觉后又于22时许独自上厕所。原判认定谭某娜当晚22时许上厕所，仅有谭修义有罪供述，证据不足。

（二）谭某娜被强奸的事实无证据证明。尸体检验报告证明谭某娜处女膜破裂至基底，但公安机关作出的《对谭某旺等三人被害一案〈尸检报告〉中三个问题的说明》记载，因尸检时处女膜已腐败，无法分辨系新鲜或陈旧性破裂。本案亦没有谭某娜内裤及阴部擦拭物的提取记录、送检记录。认定谭某娜被强奸证据不足。

（三）原判认定谭修义犯强奸罪的直接证据是谭修义的有罪供述，但谭修义关于强奸罪的多次有罪供述内容不一致，且部分有罪供述呈现出与尸体检验报告、证人证言等证据从互相矛盾到渐趋一致的变化，属先证后供，真实性存疑。

如谭某娜当晚衣着情况。尸体检验报告记载谭某娜下身穿裙子，证人谭某真亦作此证明。谭修义第二次至第四次有罪供述均称谭某娜下身穿裤子，与尸体检验情况和证人证言矛盾，至第五次有罪供述时先称谭某娜下身没穿裙子或确实没看清，后又供述谭某娜下身穿裙子，与尸体检验报告和证人证言趋于一致。

综上，原判据以认定谭修义犯强奸罪的证据不足。

二、原判认定谭修义犯故意杀人罪证据不足

（一）原判认定谭修义犯故意杀人罪的直接证据为谭修义的有罪供述，但有罪供述与在案证据存在无法排除的矛盾，且多次有罪供述内容不一致，部分有罪供述呈现出与现场勘查笔录、尸体检验报告、证人证言等证据从互相矛盾到渐趋一致的变化，属先证后供，真实性存疑。1. 关于作案工具。谭修义第一、二次有罪供述，均称用从家里携带的匕首扎王某英，用谭某旺家的镰刀砍谭某旺，匕首留在现场。所供情况与尸体检验报告记载王某英、谭某旺身上存在锐器创和钝器创以及现场勘查未发现匕首的情况矛盾。第三次至第五次供述时才称，其用从家里拿的外甥石铁钢家的斧子和被害人家的镰刀作案，并用斧头背面砸王某英、谭某旺。并对公安机关从石铁钢家提取的斧子辨认系作案所用。但公安机关作出的《对谭某旺等三人被害一案〈尸检报告〉中三个问题的说明》记载，“王某英左面部一长方形皮内皮下出血，边缘整齐，面积为4.2厘米×3.0厘米，而所送斧子之斧顶面积为3.5厘米×2.5厘米，二者有较大悬殊，故不可认定王某英左面部之损伤就是上述斧子形成”。该说明内容与谭修义供述和辨认矛盾，王某英面部钝器损伤不能确定是提取在案的斧子所致，致伤物不明。2. 关于吊拉谭某娜绳子的捆绑位置。证人刘某证明谭某娜被吊在梁上，其进屋将绳子从牲口槽的桩子上解下。证人谭某停亦作此证明。谭修义在前四次有罪供述中均称绳子另一端绑在床上。至第五次有罪供述，始称绳子另一端拴在牲口槽的桩子上，与证人证言趋于一致。3. 关于作案工具铁锨的位置。谭修义供称用于铲草木灰的铁锨在掩盖完堂屋地面血泊后，放在堂屋里，且对提取的铁锨进行辨认。而证人刘某证明，其在堂屋门外拿的铁锨将门锁撬开。以上供证矛盾。4. 关于遗留在现场的作案工具镰刀情况。谭修义第一、二次有罪供述均未供述镰刀断为两截，第三次有罪供述笔录记载，侦查人员问“镰损坏没有”，谭修义答“损坏了”；侦查人员问“镰是咋损坏的”，谭修义答“镰把和镰头分家了”“用镰砍王某英的上部时砍断的”“镰头在哪记不住，印象在床上”。此次所供镰刀细节逐渐与现场勘查趋于一致。5. 关于用草木灰掩盖现场地面血泊以及谭某旺尸体附近的拖拉痕迹。谭修义第一、二次有罪供述均未供述该情节，从第三次有罪供述才供认用铁锨从厨房铲草木灰掩盖堂屋地面血泊，将谭某旺尸体往东挪，与现场勘查笔录趋于一致。

（二）原判据以认定故意杀人罪的客观证据不具有唯一性。1. 现场镰刀把上两枚血指纹不具备同一认定条件。手印检验意见书证明，该两枚指纹中心花纹不清，仅有部分外围线，在上面发现个别特征三个和五个。就其数量和质量尚不能完全具备同一认定条件，不能确定系谭修义所留。2. 谭修义家大门上的血迹鉴定意见不具有唯一性。该四处血迹没有提取笔录，提取程序不规范。且经鉴定，谭修义家大门上四处血痕均检出 A、B 两种血型物质。本案中，被害人谭某旺血型为 AB 型，王某英为 A 型，谭某娜为 AB 型，谭修义为 B 型，程某柳、谭某真为 A 型，王某、谭某杰为 AB 型。该四处血迹鉴定意见系血液物质成分鉴定，不具有唯一性，不能确定系谭修义所留。

（三）原判认定部分事实不清或不合常理。1. 原判认定三被害人死亡时间的主要依据是谭修义供述，而谭修义对杀害谭某旺、王某英夫妻二人的时间供述并不一致，尸体检验报告记载谭某旺和谭某娜的胃内容物容量相同，但未对谭某旺、王某英、谭某娜三人的死亡时间进行鉴定，三被害人死亡时间不清。2. 谭修义供述及证人证明谭修义和被害人家关系一向较好，没有矛盾，谭修义无前科。本案三人被杀，作案手段极其残忍，因谭修义强奸行为无证据支持，其杀人动机不清。3. 尸体检验报告记载谭某旺、王某英多处受重创，现场勘查笔录记载堂屋门内侧及箔篱子西面均有喷溅血迹。谭修义供述连续多次击打二被害人，但谭修义身上没有血迹，不合常理。4. 证人刘某证明案发前一日当地下雨，现场勘查照片显示地面潮湿。谭修义供述其多次赤足翻谭某旺家厕所旁围墙进出谭某旺家，现场勘查未显示围墙处攀爬痕迹，亦未记载地面有赤足印，不合常理。5. 从谭修义的行为表现看，谭修义在被妻子叫醒喊女儿上学后，在妻子、母亲已睡醒的情况下，尾随返家的谭某娜去作案，回家后又和妻子一起装粮食、到石某芳家打饲料，无异常表现，不合常理。

综上，原判认定谭修义故意杀人的客观证据不具有唯一性，谭修义有罪供述存在供证矛盾、真实性存疑，在案证据不足以证实谭修义故意杀害谭某旺、王某英、谭某娜的事实。

三、讯问谭修义的笔录制作存在瑕疵

本院再审查明，谭修义自 1993 年 7 月 21 日晚被刑事拘留至 24 日白天，其间所作无罪辩解未制作笔录，讯问笔录的完整性存在瑕疵。谭修义自 7 月 24 日 23 时至 7 月 26 日共作五次有罪供述，其中在 7 月 24 日 23 时至 7 月 25 日 18 时共 19 个小时内连续讯问四次，存在疲劳审讯。再审庭审中检察员出示的检验鉴定书证实，在谭修义本人具有阅读、签字能力的情况下，谭修义有罪供述讯问笔录非本人签名，讯问笔录制作存在瑕疵。

本院认为，原审被告人谭修义的有罪供述存在供证矛盾，真实性存疑，本院不予采信。除谭修义的有罪供述外，无其他直接证据证明谭修义犯强奸罪和故意杀人罪，客观证据不具有唯一性，间接证据不能形成完整的证据链条。在案证据尚没有达到确实、充分的法定证明标准，谭修义犯故意杀人罪、强奸罪的事实不清、证据不足，依法应予改判。检、辩双方关于谭修义无罪的意见，谭修义及其辩护人关于谭修义不应承担民事赔偿责任的意见，予以采纳。原审附带民事诉讼原告人谭某涛及其诉讼代理人请求维持原判的意见，不予支持。依照《中华人民共和国刑事诉讼法》第二百五十六条、第二百三十六条第一款第三项、《中华人民共和国民事诉讼法》第二百一十四条、第一百七十七条第一款第三项，以及《最高人民法院关于适用〈中华人民共和国刑事诉讼法〉的解释》第四百七十二条第二款、第二百零一条之规定，经本院审判委员会讨论决定，判决如下：

一、撤销本院（2002）豫法刑一终字第00476号刑事附带民事裁定和河南省周口市中级人民法院（2000）周刑初字第42号刑事附带民事判决；

二、原审被告人谭修义无罪；

三、驳回原审附带民事诉讼原告人谭某涛的诉讼请求。

本判决为终审判决。

审判长　　陈连东
审判员　　杜燕萍
审判员　　薄金栋

二〇二二年十二月十六日

书记员　　蒋文聪（兼）
书记员　　付晓云（兼）

谢哲海故意杀人案

河南省高级人民法院
刑事附带民事判决书

（2020）豫刑再4号

原公诉机关河南省人民检察院周口分院。

原审被告人谢哲海，别名谢五孩，男，1971年7月14日出生，住河南省太康县某村，因涉嫌故意杀人犯罪于1996年6月4日被监视居住，同年6月7日被刑事拘留，同年6月17日被逮捕。于原审裁判生效后入监狱服刑，经减刑，于2018年9月19日刑满释放。

辩护人屈振红、刘海，北京市华一律师事务所律师。

原审附带民事诉讼原告人王某军，男，1949年3月13日出生，住河南省太康县转楼乡某村，系被害人王某之父。

指定诉讼代理人康智刚，河南郑大律师事务所律师。

河南省原周口地区中级人民法院审理河南省人民检察院原周口分院指控被告人谢哲海犯故意杀人罪、附带民事诉讼原告人王某军提起附带民事诉讼一案，于2000年2月29日作出（1996）周少刑初字第25号刑事附带民事判决。宣判后，原审被告人谢哲海、原审附带民事诉讼原告人王某军均不服，分别向本院提起上诉。本院于2000年6月2日作出（2000）豫法刑二终字第148号刑事附带民事裁定，驳回上诉，维持原判。上述判决、裁定发生法律效力后，原审被告人谢哲海不服，向本院提起申诉。本院于2020年9月22日作出（2020）豫刑再4号再审决定，对本案进行再审。本院依法另行组成合议庭，于2022年11月24日公开开庭审理了本案。河南省人民检察院指派检察员张晓波、王刚出庭履行职务，原审被告人谢哲海及其辩护人屈振红、刘海，原审附带民事诉讼原告人王某军及其指定诉讼代理人康智刚到庭参加诉讼。本案现已审理终结。

河南省原周口地区中级人民法院一审认定，1996 年 5 月 30 日夜 12 时许，被告人谢哲海在河南省太康县转楼乡某村外小路上，拦截看戏回家的女青年王某，欲行强奸，遭到王某反抗。谢哲海持压水井杆朝王某头部猛击数下，又朝王某大腿根部、胸部各捣一下，致使被害人王某颅脑损伤而死亡。

认定上述事实的证据有：证人王某甲、王某乙、赵某设、谢某领、王某朋、豆某、王某强、刘甲英（又名刘乙英，系王某强之妻）、王某功、王某英、王某霞、王某丽、王某云的证言，证实案发当天被告人谢哲海在大营子村，下午和其他人喝酒，晚上看戏，案发时到现场，在抢救王某时到村医诊所围观的情况；谢哲海的有罪供述证实，其案发当天下午在该村喝酒，当天晚上在戏场没看完戏就到王某甲家喝水，后在王某强家拿一压水井杆到南边河堤处拦截王某。因王某反抗，谢哲海用压水井杆朝她头部击打数下，朝胸部和阴部各捣一下。该供述与现场勘查、尸检情况基本一致；所用凶器压水井杆经提取检验，上面遗留有王某的血迹。

河南省原周口地区中级人民法院根据上述事实和证据认为，公诉机关指控被告人谢哲海犯故意杀人罪的基本事实清楚，基本证据确实，足以认定，指控罪名成立；附带民事诉讼原告人王某军所提诉讼请求，部分应予支持；被告人谢哲海及其辩护人所提辩护意见不能成立，不予采纳。依照《中华人民共和国刑法》第十二条第一款、1979 年《中华人民共和国刑法》第一百三十二条、第三十一条、第五十三条第一款之规定，以故意杀人罪判处被告人谢哲海无期徒刑，剥夺政治权利终身；判令其赔偿附带民事诉讼原告人王某军丧葬费 3000 元，医疗费及其他损失 3155.6 元，共计 6155.6 元。

原审被告人谢哲海上诉及其辩护人辩护称，谢哲海没有故意杀人，应宣告无罪。

原审附带民事诉讼原告人王某军上诉称，其所遭受经济损失大，原判民事赔偿太少。

本院二审认定的事实和证据与一审相同。

本院二审认为，被告人谢哲海因强奸她人遭到反抗，即持械致死人命，其行为已构成故意杀人罪。一审判决定罪准确，量刑适当，附带民事判决赔偿数额基本适当，审判程序合法。谢哲海的上诉理由及其辩护人的辩护意见均不能成立，不予采纳。附带民事诉讼原告人王某军要求增加赔偿数额的请求，不予支持。裁定驳回上诉，维持原判。

原审被告人谢哲海申诉称，其没有实施杀人行为，侦查人员对其刑讯逼供，证人作伪证。请求再审宣告其无罪。

本院再审庭审中，谢哲海的辩护人辩护称，谢哲海的有罪供述均系刑讯逼供所致，不具有合法性、真实性。证人均非案发现场目击证人，不能证明谢哲海实施了杀人行为。王某甲、王某英的证言证明，王某英听到被害人喊叫后去王某甲家叫王某甲时，谢哲海和王某甲在一张床上躺着。二人的证言能够证明谢哲海案发时不在现场。关键物证压水井杆未经合法程序提取，对其鉴定意见与谢哲海无关，现场勘查笔录、法医物证检验补充说明、刑事技术鉴定结论等客观证据均不能证明被害人王某系谢哲海所杀，本案无任何客观证据证明谢哲海杀人。谢哲海无作案动机。本案不能排除他人作案的可能性。原判认定谢哲海犯故意杀人罪的证据不确实、不充分，应依法宣告谢哲海无罪。

原审附带民事诉讼原告人王某军及其诉讼代理人再审庭审称，本案多名证人证实谢哲海案发前后出现在案发现场，谢哲海有作案时间；谢哲海曾在侦查机关多次作出有罪供述，供述与现场勘验及破案报告结论一致；谢哲海案发前的言行及其曾夜晚撬门进入村民谢某某之女房间的不良前科等，不能排除其有作案动机；其在侦查阶段、审查起诉阶段、审判阶段曾屡次翻供，但其辩解没有事实基础。综上，原判认定事实清楚，证据确实、充分，适用法律正确，定罪正确，量刑及民事赔偿基本适当，再审应维持原判。

河南省人民检察院检察员再审出庭意见认为，1. 在案证据能够证明谢哲海确有作案嫌疑。王某乙、王某朋、赵某设等人的证言以及谢哲海的无罪供述，能够确定谢哲海、王某乙、赵某设先后离开戏场。赵某设证实其回家经过王某甲家往王某甲身上放置瓦片，谢哲海供述其回到王某甲家中拿下瓦片后上床睡觉。谢哲海对其当晚在王某甲床上睡觉的朝向、位置与王某乙、王某朋证言不一致。且王某朋证明看到谢哲海起床向案发现场方向去。综合分析，不能排除谢哲海睡觉期间曾离开王某甲家去案发现场附近，后又返回继续睡觉的可能。2. 认定谢哲海故意杀人的证据还达不到确实、充分的证明标准。谢哲海的有罪供述不稳定，部分有罪供述不够自然、不够合理。由于案发年代办案条件所限，缺乏同步录音录像等证据证明取证程序是否合法。亦缺乏能够与谢哲海直接关联的客观证据，谢哲海的衣服提取后未发现血迹，压水井杆上是否遗留有谢哲海的生物物质未经鉴定，压水井杆上与王某血型相同的血迹受限于当时技术条件未进行 DNA 同一认定，谢哲海曾供认作案时穿的白衬衫始终未找到。证人证言之间矛盾点未予排除。王某朋的证言不稳定，其证明看见谢哲海向案发现场附近去，但是谢哲海后续活动情况存在证明空白，案发现场是开放型场所，不能完全排除他人作案的可能。故在案证据无法形成完整的证据链条。原判认定谢哲海故意杀人的事实不清，证据不足。建议再审依法宣告谢哲海无罪。并当庭出示了侦查机关再审期间移交的如下证据材料：

第一组，太康县公安局原侦查员刘复生于2022年11月12日出具的情况说明一份，内容为侦查机关经大量排查，发现证人证言及谢哲海供述中的大量矛盾点，经对谢哲海宣讲政策、做思想工作，谢哲海交代了作案过程，讯问过程中无刑讯逼供等情况。因单位多次变换办公地点，经多方查找，于2022年11月12日找到侦查机关排查阶段部分散材料，予以提交。第二组，原侦查员毛卫庚于2022年11月13日出具的情况说明一份，及其本人工作笔记复印件十三页，内容为侦查机关进行了大量的排查工作以及对谢哲海不存在刑讯逼供等情况。第三组，1996年5月31日询问证人刘甲英笔录一份，以及提取笔录一份，内容为当日在村民王某强家提取压水井杆与支架之间的销钉一个。第四组，1996年6月4日询问证人王甲旗（王乙旗）、王某华笔录各一份，证实关于在戏场时有人打听王某的传闻，实际是王某被打后，村民讨论时有人说“是某军家闺女被别人打了”。检察员认为，第一、二组证据材料，证明刘甲英、王甲旗、王某华的询问笔录、提取笔录等原始材料来源于侦查机关排查阶段，且侦查机关是在做了大量前期排查工作的情况下才确定谢哲海为犯罪嫌疑人；第三组证据材料，证明了王某强、刘甲英家压水井杆丢失的事实；第四组证据材料，证明证人王某甲关于其听王甲旗说谢哲海在戏场打听王某的传来证言不实。

本院经再审审理并综合在案证据，认定以下事实：1996年5月30日夜12时许，河南省太康县转楼乡某村女青年王某看戏回家行至村外小路上，被害身亡。经鉴定，被害人王某系颅脑损伤而死亡。该事实有现场勘查笔录及照片、尸体检验报告、法医物证检验补充说明、刑事技术鉴定书及证人证言等证据证实。

本院再审认为，原判认定原审被告人谢哲海故意杀人的事实不清，证据不足。具体分析如下：

一、原判据以认定谢哲海具有作案时间的证人证言之间、证言与供述之间存在矛盾。1. 证人王某朋多次证言中，对其是否认识谢哲海、案发当晚其见到的在王某甲家喝水后又往现场方向走的人是否为谢哲海、谢哲海进王某甲院子的具体时间等情节陈述前后不一，其所证谢哲海案发当晚的衣着特征与其他多名证人证言及谢哲海本人的供述存在矛盾。2. 证人赵某设第一次证言证明离开戏场的先后顺序依次是王某乙、其本人、谢哲海，其路过王某甲家，看到王某甲一人在院子里睡觉，就往他身上放了瓦片；第二、三次证言证明先离开戏场的是王某乙，其和谢哲海说了会儿话，去买了麻花后发现谢哲海已经不在戏场。证人王某乙证明离开戏场的先后顺序依次为谢哲海、其本人、赵某设。谢哲海供述其先于王某乙、赵某设离开戏场。关于谢哲海、赵某设、王某乙三人离开戏场的时间和先后顺序，证人证言之间以及证言与供述之间不一致，不能证明其三人到王某甲家的准确时间。

二、原判据以认定被告人谢哲海实施杀害王某行为的证据不足。1. 侦查机关自 1996 年 5 月 31 日至 1996 年 7 月 16 日共对谢哲海讯问十四次，谢哲海的供述存在从不供到供认再到翻供的变化。检察机关以及审判机关讯问时，谢哲海均作无罪申辩。2. 谢哲海的多次有罪供述中关于作案时间、打击部位、作案时所穿衣服等情节不一致。其有罪供述与在案其他证据亦存在矛盾。其供述作案后裤子上有血迹，现场勘查亦显示倒放的藤椅上溅有点状血迹，尸体检验证明被害人颅脑多处损伤，但谢哲海的衣服提取后未发现血迹；其供述朝被害人大腿根部捣一下，与尸体检验显示被害人大腿根部多处损伤情况不相符；其供述当晚穿灰白色短袖港衫，证人王某甲等亦作此证明，而证人王某朋证明看到谢哲海当晚穿长袖白衬衫向现场方向走，该长袖白衬衫未能提取。3. 谢哲海虽作出有罪供述，但其在案发后曾到现场附近，并到救治被害人的村医诊所围观，作案工具压水井杆在案发次日即被群众发现移交公安机关。现场勘查、物证鉴定在先，谢哲海有罪供述在后，属于先证后供。

本院再审认为，本案缺少认定原审被告人谢哲海故意杀人的客观证据，除谢哲海的有罪供述外，没有其他直接证据证明谢哲海实施了杀害王某的行为，间接证据亦不能形成完整的证据链条。本案虽无证据证明刑讯逼供存在，但原判据以定案的证据尚没有达到确实、充分的法定证明标准，认定谢哲海犯故意杀人罪的事实不清、证据不足，不能认定谢哲海有罪。谢哲海及其辩护人、河南省人民检察院出庭检察员关于谢哲海无罪的意见，本院予以采纳。原审附带民事诉讼原告人及其诉讼代理人请求维持原判的意见，本院不予支持。经本院审判委员讨论决定，依照《中华人民共和国刑事诉讼法》第二百五十六条第一款、第二百三十六条第一款第（三）项，《中华人民共和国民事诉讼法》第一百七十七条第一款第（三）项、第二百一十四条，以及《最高人民法院关于适用〈中华人民共和国刑事诉讼法〉的解释》第四百七十二条第二款、第二百零一条之规定，判决如下：

一、撤销本院（2000）豫法刑二终字第 148 号刑事附带民事裁定和河南省周口地区中级人民法院（1996）周少刑初字第 25 号刑事附带民事判决；

二、原审被告人谢哲海无罪；

三、驳回原审附带民事诉讼原告人王某军的诉讼请求。

本判决为终审判决。

审 判 长　杜燕萍
审 判 员　张云周
审 判 员　薄金栋

二〇二二年十一月二十八日

法官助理　蒋文聪
书 记 员　秦明丽

常林锋故意杀人、放火案

北京市人民检察院第一分院
刑事抗诉书

京一分检刑抗字（2013）2号

北京市第一中级人民法院以（2011）一中刑初字第2301号刑事判决书以证据不足，判决被告人常林锋无罪。本院依法审查后认为，该判决确有错误，本案认定常林锋犯故意杀人罪、放火罪的事实清楚，证据确实、充分。主要理由如下：

一、被告人常林锋在侦查阶段的有罪供述与其他证据能相互印证，充分说明了其供述的真实性

常林锋在侦查阶段的有罪供述系统完整，符合逻辑，其对于案件起因、作案时间、作案手段、犯罪结果等情节的交代与本案其他证据能相互印证。在案件起因上，常林锋供述本案系因被害人马某燕对待其亲属态度恶劣等问题引发，这与证人张某华证言相互印证；在作案时间上，常林锋供述放火焚尸时间系在2007年5月16日凌晨3时许，这与同单元住户5月16日凌晨3时40分闻到楼道弥漫煳味的事实相符；在作案手段和犯罪结果上，常林锋供述其扼压马某燕颈部致马死亡后，再行放火焚尸，这与“死后焚尸，不排除被扼压或掐勒颈部致机械性窒息死亡”的鉴定意见一致。此外，常林锋对于焚尸地点、尸体状态、作案环境等细节的供述与现场勘验、检查笔录相互印证。上述相互印证的证据充分说明了其供述的真实性。

二、常林锋的有关辩解不能成立

（一）常林锋关于受到刑讯逼供的辩解不能成立

常林锋辩解称其曾作出并得到其他证据充分印证的有罪供述系受到刑讯逼供所致，为此，在法庭调查过程中，本院通过出示对常林锋的讯问笔录、提请法庭通知讯问人员出庭作证等方式充分证明了常林锋庭前有罪供述取得的合法

性，法庭亦当庭确认对常林锋供述的取得程序合法。

（二）常林锋关于被害人在火灾中下落不明的辩解不能成立

常林锋关于被害人马某燕在火灾中与其一同逃生，后下落不明，其本人没有实施故意杀人、放火犯罪行为的辩解与全案其他证据矛盾，且不符合逻辑。本案现有证据充分证明了被害人系死后被焚尸、火灾中心现场温度极高、尸体在中心现场被发现且严重炭化等事实，他人在被害人逃生的瞬间作案并将被害人尸体放置温度极高的火灾中心现场的可能性可以合理排除，因此本案“先有尸体，后有火灾”的事实毋庸置疑，常林锋关于被害人在火灾逃生过程中下落不明的辩解不能成立。

三、常林峰供述的个别情节与现场不一致不影响案件基本事实的认定

本案中，常林峰关于楼道内是否堆积有杂物、火灾中心现场的墙壁上是否有电源开关等案件细节的供述与其他证据虽然存在不一致的情形，但这些不属于定罪量刑的事实，其供述的先杀人后焚尸的基本犯罪事实得到了其他证据的充分印证。因此，常林锋的供述个别情节不一致，不影响全案事实的认定。

综上所述，本案中被告人常林锋的辩解不能成立，其有罪供述与相互印证的证人证言、鉴定意见、现场勘验、检查笔录等证据充分证明了认定其犯故意杀人罪、放火罪的事实清楚，证据确实、充分，北京市第一中级人民法院以证据不足，判处常林锋无罪的判决确有错误。为维护司法公正，准确惩治犯罪，依照《中华人民共和国刑事诉讼法》第二百一十七条的规定，特提出抗诉，请依法判处。

此致

北京市高级人民法院

北京市人民检察院第一分院

2013 年 3 月 29 日

北京市高级人民法院
刑事判决书

（2013）高刑终字第 258 号

抗诉机关北京市人民检察院第一分院。

上诉人（原审附带民事诉讼原告人）谢某强，男，1981 年 6 月 24 日出生于河北省易县，回族，大学文化，无业，住河北省保定市易县 × 巷 × 号；系本案受重伤被害人。

原审被告人常林锋，男，1963 年 10 月 3 日出生于河南省郑州市，汉族，大学文化，原系某报社副总编辑，案发时住北京市海淀区某大学家属院 × 号楼 × 单元 × 号（现住北京市朝阳区万象新天家园 × 号楼 × 门 × 号）。因涉嫌犯故意杀人罪、放火罪于 2007 年 6 月 29 日被监视居住，同年 9 月 26 日被刑事拘留，同年 11 月 2 日被逮捕，2013 年 3 月 20 日被取保候审。

辩护人赵运恒，北京市大成律师事务所律师。

辩护人张成，北京市大成律师事务所律师。

北京市第一中级人民法院审理北京市人民检察院第一分院指控被告人常林锋犯故意杀人罪、放火罪及附带民事诉讼原告人谢某强提起附带民事诉讼一案，于 2010 年 5 月 5 日作出（2009）一中刑初字第 71 号刑事附带民事判决，认定被告人常林锋犯故意杀人罪，判处死刑，缓期二年执行，剥夺政治权利终身；犯放火罪，判处有期徒刑十五年，剥夺政治权利三年；决定执行死刑，缓期二年执行，剥夺政治权利终身。常林锋赔偿谢某强经济损失共计人民币三十万元。宣判后，常林锋不服，提出上诉。本院以原审判决认定的部分事实不清为由，于 2011 年 4 月 14 日裁定撤销一审判决，发回原审法院重新审判。北京市第一中级人民法院于 2013 年 3 月 20 日作出（2011）一中刑初字第 2301 号刑事附带民事判决，宣告被告人常林锋无罪，驳回谢某强对常林锋的起诉。宣判后，北京市人民检察院第一分院对刑事部分提出抗诉，原审附带民事诉讼原告人谢某强对民事部分提出上诉。我院依法组成合议庭，公开开庭审理了本案。北京市人民检察院指派检察员田志鹏、王姝出庭履行职务。北京市大成律师事务所律师赵运恒、张成到庭参加诉讼。因原审附带民事诉讼原告人谢某强无法取得联系，为了防止刑事案件审判的过分迟延，本院依照《中华人民共和国刑事诉讼法》第一百零四条的规定，在刑事案件审判后，继续审理附带民事诉讼部分。本案经审判委员会讨论决定，刑事部分现已审理终结。

原公诉机关北京市人民检察院第一分院指控，被告人常林锋于 2007 年 5 月 16 日凌晨，在本市海淀区某大学家属院 × 号楼 × 单元 × 号其家中，因琐事与其妻马某燕（殁年 42 岁）发生口角，常林锋用手扼压马的颈部，致马某燕机械性窒息死亡。后常林锋将马的尸体运至该单元一层楼道内纵火焚尸，并致火灾，邻居谢某强因被火烧致全身多处损伤（经鉴定为重伤），邻居宋某非亦被烧伤。公诉机关认为被告人常林锋的行为触犯了《中华人民共和国刑法》第二百三十二条、第一百一十五条的规定，已构成故意杀人罪和放火罪。

被告人常林锋在一审法庭审理中辩称，其未实施故意杀人和放火行为，没有犯罪。

被告人常林锋的辩护人在一审法庭的辩护意见为：公诉机关指控常林锋犯故意杀人罪、放火罪的证据不足，应宣告常林锋无罪。

原审法院经审理认为，公诉机关当庭出示的破案报告中据以确定常林锋具有重大作案嫌疑的依据不足；公诉机关当庭出示的尸体检验鉴定书、鉴定人的出庭意见与法医会诊意见、专家鉴定人的出庭意见及北京华夏物证鉴定中心出具的司法鉴定意见书、鉴定人的出庭意见就被害人马某燕舌骨大角骨折是否系外力作用所致等问题存在矛盾；关于常林锋双手、手臂被烧原因及放火过程中是否使用助燃剂、助燃物等证据存在矛盾；常林锋在侦查阶段所作的有罪供述与其他证据没有达到供证一致，不能形成完整的证据链。公诉机关指控常林锋犯故意杀人罪、放火罪的证据未达到确实、充分的证明标准，指控常林锋犯故意杀人罪、放火罪不能成立。附带民事诉讼原告人谢某强因伤而遭受的经济损失不能认定系常林锋的犯罪行为所致，对附带民事诉讼原告人谢某强提起的附带民事起诉，予以驳回。故判决被告人常林锋无罪；驳回谢某强对常林锋的起诉。

北京市人民检察院第一分院抗诉意见为：北京市第一中级人民法院以证据不足判决常林锋无罪确有错误，本案认定常林锋犯故意杀人罪、放火罪的事实清楚，证据确实、充分。主要理由是：

1. 常林锋在侦查阶段的有罪供述与其他证据能够相互印证，说明其供述的真实性。常林锋在侦查阶段的有罪供述系统完整，符合逻辑，其对于案发起因、作案时间、作案手段、犯罪结果等情节的供述与本案其他证据能够相互印证。案件起因上，常林锋供述本案系因被害人马某燕对待其亲属态度恶劣等问题引发，这与证人张某华的证言相互印证。作案时间上，常林锋供述放火焚尸时间系 2007 年 5 月 16 日 3 时许，这与同单元住户当日 3：40 闻到楼道弥漫煳味的情节相符；作案手段和犯罪结果上，常林锋供述其扼压马某燕颈部致马死亡后再放火焚尸，这与“死后焚尸，不排除被扼压或掐勒颈部致机械性窒息死亡”的鉴定意见一致。常林锋对于焚尸地点、尸体状态、作案环境等细节的供述与现场勘查笔录能够相互印证。

2. 常林锋的有关辩解不能成立。（1）常林锋关于受到刑讯逼供的辩解不能成立。在法庭调查过程中，通过出示常林锋的讯问笔录、提请法庭通知讯问人员出庭作证等方式，证明常林锋庭前有罪供述取得的合法性，一审法庭亦当庭确认常林锋庭前有罪供述取得程序合法。（2）常林锋关于被害人马某燕在火灾中下落不明的辩解不能成立。常林锋辩称马某燕在火灾中与其一同逃生，后下落不明，其本人没有实施故意杀人、放火行为的辩解与全案其他证据矛盾，且不符合逻辑。本案现有证据充分证明被害人系死后被焚尸、火灾中心现场温度极高、尸体在中心现场被发现且严重炭化等事实，他人在被害人逃生的瞬间作案并将被害人尸体放置温度极高的火灾中心现场的可能性可以排除。本案“先有尸体，后有火灾”的事实毋庸置疑。

3. 常林锋供述的个别情节与现场不一致不影响案件基本事实的认定。本案中，常林锋关于楼道内是否堆积有杂物、火灾中心现场的墙壁上是否有电源开关等细节的供述，与其他证据虽然存在不一致的情形，但均不属于定罪量刑的事实，其供述先杀人后焚尸的基本事实得到了其他证据的印证。

综上，常林锋的辩解不能成立，其有罪供述与相互印证的证人证言、鉴定意见、现场勘查笔录等充分证明其犯故意杀人罪、放火罪的事实，原审法院以证据不足，判处常林锋无罪的判决确有错误。

北京市人民检察院支持抗诉意见及出庭检察员当庭发表的意见为：北京市人民检察院第一分院抗诉正确，应予支持。原审法院判决常林锋无罪，确有错误，应予纠正。本案认定常林锋犯故意杀人罪、放火罪的事实有重新鉴定意见、尸体检验报告、DNA 鉴定、毒检报告、现场勘查笔录、火灾原因鉴定书、情况说明和分析意见以及相关证人证言等在案为证，上述证据与常林锋的有罪供述能够印证吻合，指向唯一，已形成完整的证据链。检察机关指控常林锋构成故意杀人罪、放火罪的事实清楚，证据确实、充分，不存在其他合理怀疑，足以认定。

1. 现有证据证明本案系一起故意杀人、放火的刑事案件。首先，针对被害人马某燕的尸体检验情况，形成了尸体检验报告、法医会诊意见以及抗诉期间北京市人民检察院提交的重新鉴定意见，结合辩方委托北京华夏物证鉴定中心出具的司法鉴定意见等技术性证据材料，能够证实被害人马某燕系死后焚尸。根据尸检、毒检所见，被害人马某燕符合死后焚尸的典型征象。根据死后焚尸这一结论，可以排除三种可能性：一是排除常林锋辩称的马某燕在火灾中逃生失散的可能性，结合马某燕的尸体在火灾中心现场被发现的结果，常林锋所提马某燕逃生不及被烧致死的辩解被上述鉴定所否定。二是排除马某燕系急死、毒死在火场中等自然、意外死亡的可能性，在火场中从生到死有一个过程，如被害人生前在火场中出现过，呼吸器官应有相应的生活反应痕迹，心血中应能检出一氧化碳，这些征象马某燕均不符合。三是排除马某燕自杀的可能性。相关证人能够证明马某燕案发前表现正常，并无自杀倾向。在排除火灾意外死亡、自然死亡和自杀的三种可能性后，本案结论是唯一的：被害人马某燕是被他人杀害后放火焚尸，本案系一起涉嫌故意杀人罪、放火罪的刑事案件。其次，现有证据能够证明马某燕生前颈部遭受他人实施的较强外力作用，且该外力导致马某燕舌骨骨折。再次，马某燕符合扼颈所致的机械性窒息死亡特征。最后，现有证据能够证明本起系为焚尸灭迹所实施的放火行为。

2. 现有证据能够证明实施杀人、放火犯罪的行为人系常林锋。常林锋的有罪供述与客观证据高度吻合。从程序上看，常林锋的有罪供述系公安机关合法取得，应予确认；从实体上看，常林锋关于作案时间、地点、手段、结果等重要犯罪构成事实的供述，与现场勘查笔录、尸检报告、毒物检验报告等证据能够相互印证，证明其供述的真实性与可采性。

3. 常林锋的无罪辩解与客观证据证明的事实之间存在根本矛盾，认定本案系常林锋所为具有唯一性，能够排除他人作案的可能。

综上，本案认定被告人常林锋所犯故意杀人罪、放火罪的事实清楚，证据确实、充分，能够排除一切合理怀疑，原审判决认定常林锋无罪确有错误，建议二审法院依法改判常林锋故意杀人罪、放火罪罪名成立并处以相应的刑罚。

被告人常林锋辩称：案发当天凌晨其发现楼下着火，与马某燕一前一后往楼下跑，其在二楼附近被强烈的浓烟顶回，其双手护脸，双手、上臂和脸瞬间被高温烫伤，膝盖和脚被电线缠绊，没有接触明火。后其往楼上跑至五楼一邻居家，马某燕在其身后也往楼上跑。其有罪供述是被迫违心作出的，遭受了刑讯逼供、指供诱供、剥夺睡眠以及以不许治疗相威胁等折磨，其没有实施杀人、放火行为。

被告人常林锋的辩护人的辩护意见为：1. 在案证据足以认定常林锋少量有罪供述系侦查人员非法取得，常林锋在具备治愈条件下遭受体罚、虐待等肉体折磨后作出了有罪供述，该有罪供述不能作为定案根据。2. 检察机关的指控属于推理，缺乏事实和证据支撑，尸检鉴定意见和火灾事故认定书不客观、不严谨、不规范，不能作为定案的依据。3. 本案除了常林锋的有罪供述外，达不到证据确实、充分的证明标准，不能排除合理怀疑。一审判决关于证据矛盾的认定是客观、正确的，建议二审法院补充认定常林锋的有罪供述系非法取得，并维持原判。

经审理查明：被告人常林锋于2007年5月16日凌晨，在北京市海淀区某大学家属院×号楼×单元×号的家中，因家庭琐事与妻子马某燕（殁年42岁）发生口角，常林锋用手扼压马的颈部，致马机械性窒息死亡。为毁尸灭迹，常林锋将马的尸体运至该单元地下一层楼道内纵火焚尸，导致火灾，邻居谢某强被火烧致全身多处损伤，经鉴定为重伤，邻居宋某非亦被烧伤。

上述事实，有经一、二审庭审举证、质证的下列证据予以证明，本院对其中能够相互印证的部分予以确认：

（一）关于马某燕、常林锋的身份及案发前行踪的证据

1. 某大学、某报社出具的材料及公安机关出具的户籍材料证明：马某燕、常林锋的身份及任职情况。

2. 证人邓某群（马某燕同事）证明：其于2007年5月15日下午5点左右最后一次见到马某燕。

3. 证人李某惠、马某卿（邻居）证明：二人于着火的头天晚上9点多，在小区院里看到马某燕和一女子从她家的方向走来，马某燕说去送人。

4. 证人程某某证明：其于2005年底通过工作关系认识常林锋，后对常林锋产生好感，并发生性关系。5月15日常林锋说晚上请摩托罗拉厂商吃饭，晚8点多他在单位给其发邮件，后回家。其跟常林锋互发短信（主要是开玩笑的话），常林锋晚上11点给其回的最后一条短信。

5. 证人赵某（常林锋同事）证明：5月15日晚，其和常林锋等五人与摩托罗拉公司领导在某大学附近一餐厅吃饭，9点左右散的，10点左右常林锋从单位离开。

6. 常林锋供述：案发前其与马某燕在家。

（二）关于案发前马某燕、常林锋二人关系状况的证据

7. 证人张某华（常林锋表嫂）证明：2007年5月5日，其从河南老家坐火车到山东青岛，常林锋叫其帮忙带孩子，他儿子患有先天性自闭症。其到常林锋租住地，马某燕在家带孩子。夫妻二人平时很少说话。第四天马某燕走了，5月13日常林锋回北京。马某燕平时对其指指点点，常林锋劝其别往心里去。

8. 证人马某赞（马某燕妹妹）证明：马某燕与常林锋的孩子自幼患自闭症。马某燕性格要强、直言直语，以前聊天时从她言谈中表露出对婚姻的无奈。其最后见到马某燕是2007年5月10日左右，马某燕从青岛回来住在其家，12日离开，13日下午其和马某燕一起逛商城。

9. 证人程某某证明：常林锋向其谈及自己的家庭，说他和妻子之间经常发生矛盾，主要是性格上的问题，总是吵架。

10. 证人王某（×号住户）证明：马某燕与其爱人因为孩子的事情经常吵架，声音比较大。马老师说她爱人不管孩子，偶尔有摔东西的声音。

11. 证人王某兰（×号住户）证明：马某燕家经常吵架，一般听到马某燕吵，很少听到男的声音。

（三）关于现场着火的证据

12. 证人李某勤（×号住户）证明：2007年5月16日凌晨5时许，其在家看见对面家属楼×单元着火。当时烟很大、有明火，火苗到了一二层楼梯的拐角处。

13. 证人高某京（×号住户）证明：2007年5月16日凌晨5时左右，其发现防盗门打不开，楼道起火。2006年11月，其在一楼下楼梯第三个台阶处的楼道用白色塑钢做了一个推拉门，将下面封闭起来，平时在那打麻将。插座放在麻将室北侧窗台上，玩时插上，走时断开，麻将室东墙上并排安有三块电表，离地大约1.5米，北墙上有一个推拉式的白色塑钢窗（高约50厘米，宽1米多）。室内西北角地上有三四个泥花盆。靠西墙放着一个两扇门木柜，柜内有两个不锈钢碗栏、一个美容仪、一个小电子琴，一块花挂毯，还有一块花格破床单（揉成一团扔在柜内）。南墙上有一扇小木门，门框东侧靠最下层台阶处放着一个机油桶（长城牌，塑料盖，桶里剩有高约2寸的机油，事发后见桶里的机油和塑料桶盖没了）。屋中间放着1张木质小方桌，桌上有一块灰色麻将布。2007年5月15日晚7点半左右，其和田阿姨、小牛子和纪某鑫开始玩麻将，23点40分散的。其最后走时把插销拔下来断电，麻将散放在桌上，盖有一块白色粗布。

14. 证人董某敏（×号住户）证明：当天早上4时刚过，其听见里侧木门吱吱响，5时许听见有玻璃破碎的声音，其和丈夫高某京起床查看。其丈夫开门喊着火了，向外求救，把阳台防护栏撬开，家人从防护栏往外跑。一会儿消防员把火扑灭。其单元一层楼梯后公用地着火，着火前用一个塑钢推拉门做了隔断，平时将一些杂物放在屋内。其丈夫和邻居在这玩麻将，5月15日晚约11点半至12点结束打麻将。

15. 证人田某美、牛某娟、纪某鑫证明：2007年5月15日19时30分至23时，三人和高某京在某大学家属楼1号楼4单元一层楼梯拐角处自建的小房间内打麻将。

16. 证人谢某波（×号住户）证明：当天早上5点多，其听见楼下有人喊着火，看到楼下有许多人，有人竖起一个梯子，其屋里人顺着梯子下楼。

17. 证人杜某（×号住户）证明：其和胡某涛、代某一、梁某华、韩某志一起租住在×单元×房间。清晨5点左右，听见外面很乱，有人喊着火了。胡某涛开门，一股热浪袭来，特别呛，无法出去。其住的两年多时间每天从一层与二层楼梯拐角处经过，除了放过自行车，没放过其他物品。

18. 证人董某、于某、邓某蕾（均系×号住户）证明：当天早上4点多被吵醒，听见楼下有人喊着火了。打开房门见楼道里烟很浓，后和同屋人从阳台沿着一层的防护栏下来。约20分钟后，消防和急救车来了。

19. 证人王某（×号住户）证明：当天早晨5时左右，其听到楼外有人喊着火了。其把毛巾被弄湿，刚出门感到楼道非常热，呼吸困难，电线掉下来。其回到屋里把门关上。大约10分钟后，消防员将其带到楼下。5月15日23时

40 分其回家，楼道右侧夹道有人打麻将。

20. 证人杨某明、王某兰（×号住户）证明：当天凌晨 3 时 40 分左右，王某兰闻到有煳味，像燎毛的味道。杨某明出门查看，走到二层、三层之间的平台位置，没闻到煳味。凌晨 5 时，二人同时被呛醒，煳味越来越大。开门发现楼道里烟特别大，无法出屋。在一层、二层楼梯的拐角处，除了其家的自行车（轮胎烧爆、塑料化了）外，没有其他东西。

21. 证人王某（×号住户）证明：当天早上 5 时 15 分许，其感觉屋里有烟味。楼下有人喊救命，其打湿一条被子和宋某非一起往楼下冲。二楼有火，到了一楼火势更大，后冲到楼外。

22. 证人田某（×号住户）证明：当天早上 5 时许，其被刺鼻的味道呛醒。发现着火后，喊室友宋某非等人。其从阳台翻出去，抱着排水管站在一个小台上，后爬进隔壁×房间。

23. 证人冯某丽（×号住户）证明：当天早上 4 时 50 分左右，其发现屋里有烟，听说着火了。房间门外有人大声敲门。其开门看见一个男的站在门口，上面穿一件灰白色秋衣或是 T 恤（40 多岁、1 米 75 左右）。该男子冲进来跑到卫生间，防盗门、门厅地上和卫生间里的血是他留下的。

24. 北京市公安局海淀分局刑侦支队出具的现场勘验检查笔录和照片证明：(1) 火灾现场。现场位于北京市海淀区某大学家属宿舍 1 号楼 4 单元（由西向东第一个单元门）。中心现场位于 1 号楼 4 单元地下 1 层楼道内。楼道西南角为管道间，管道间门宽 70 厘米，高 120 厘米，管道间门被烧坏，于管道间内东北角发现并提取油桶一个。楼道地面覆盖有大量燃烧残留物，北墙下有两把被烧毁的椅子，西墙下有一个被烧坏的柜子，可见残留的柜子底板，于柜子底板下发现并提取黄色液体。尸体位于楼道中央的地面上，头位于管道间南侧的门口，尸体头西南脚东北呈仰卧状，尸体已炭化状，尸体身上有衣物燃烧残留物，尸体西南侧地面上有纺织品的燃烧残留物。(2) 常林锋家。位于某大学家属宿舍×号楼×单元×号。现场房门朝东，为双层门，外层为铁质防盗门，内层为木质门，防盗门和木门及门锁未发现明显撬压痕迹，防盗门和木门均被熏黑，进门为门厅，门厅北侧由东向西依次为厨房、卫生间；门厅西侧由北向南依次为卧室、客厅。门厅地面上散落有炭灰。厨房北墙上开有一扇窗户，纱窗被烤坏，厨房进门处地面上有天花板的散落物，厨房地面、卫生间地面、卧室地面、客厅地面上散落有炭灰。门厅南墙下有一个鞋架，西侧地面有两个鞋盒，鞋盒上放有一双红色拖鞋。(3) 起火后常林锋避难的住宅现场。位于北京市海淀区某大学家属宿舍×号楼×单元×号。门厅地面上有一处血迹，卫生间北墙窗户把手上有一处血迹。

25. 北京市公安局法医检验鉴定中心出具的京公法物证字（2007）第1815号生物物证鉴定书证明：某大学家属宿舍×号楼×单元×室现场血迹（门厅地面血迹、卫生间窗户血迹）系常林锋所留。

26. 北京市公安局出具的（2007）京公刑技理字266号助燃剂检验报告证明：现场管道间提取标有“长城……”字样的金属桶内黄色液体（检材1）为重质矿物油；尸体上提取的衣物燃烧残留物、现场柜子底板下提取的黄色液体、现场尸体西南侧提取的纺织品燃烧残留物中均检出检材1中的部分重质矿物油成分。

27. 北京市公安局刑事科学技术研究所出具的京公刑技鉴（理）字（2008）第380号油桶状态检验报告证明：现场提取被烧的金属油桶一个，经检验，所送油桶为高24厘米，宽10.5厘米，长18厘米的长方形油桶，其内残留机油约400毫升和烧成炭化的木块数块，木螺钉1个；桶顶部的塑料桶盖、塑料提手缺失，顶部燃烧锈蚀情况严重；所送油桶的4个侧面距桶底沿约17厘米处均有明显的水平状燃烧边缘痕迹，而油桶侧面底部尤其涂层保持完好，未有过火痕迹；所送油桶底部状态完好，未见燃烧烧灼和过火烟熏痕迹。分析意见：现场起火燃烧时，所送油桶应处于直立状态，且当时油桶内应当存有大量机油液体，存有的机油液体的液面高度应为距油桶地面约17厘米。

28. 北京市刑事科学技术研究所出具的侦查实验笔录证明：根据现场油桶侧面燃烧边缘痕迹分界线的位置和底部的状态可以确定现场油桶在该火场起火燃烧时应处于直立状态，且桶内应剩有3000毫升左右的重质矿物油。

（四）关于被害人马某燕死因的证据

29. 证人陈某升证明：当天5时04分，中队接报警称某大学1号家属楼发生火灾，5时14分到达火场。他们持高压水枪向中心火场冲水，用消防钩对地上物品进行查找时感觉地上有一个人，等烟散后看到地上有一具烧焦的尸体，尸体头朝南，脚朝东北，呈仰卧状，肠子出来了。中心现场有三把被烧坏的椅子、一个机油桶，小通道有被烧坏的门框。

30. 北京市公安局法医检验鉴定中心2007年6月10日出具的京公法物证字（2007）第1815号生物物证鉴定书证明现场女尸为马某燕。

31. 北京市公安局海淀分局法医检验鉴定所2007年6月29日出具的京公海法病理字（2007年）132号尸体检验报告证明：（1）尸表检验所见。死者颈部可见1条银色金属项链，宽0.4厘米，右踝部可见1条银色金属项链。长45厘米，宽0.4厘米。左腹部外露肠管等组织可见1处被灼烧的衣物残片，为白色或浅灰色，局部为袖管样；左腹股沟处可见1处气眼状金属环，外径1厘米，内径0.7厘米。残存尸体长约156厘米。除肩背部和髋部部分皮肤组织被烧灼呈黄色外，其余部分均严重炭化。头面部：头发广泛炭化缺失，颅骨外露。左侧额骨、顶骨及枕骨炭化缺失，脑组织外露，呈高温固化状。颜面皮肤、肌肉大部分炭化缺失，骨质外露呈炭化状。颈项部：颈项部软组织炭化缺失。躯干部：躯干软组织大部分炭化缺失，骨质外露呈炭化状。腹部左侧软组织炭化缺失，部分腹腔脏器外露。四肢部：四肢皮肤广泛炭化缺失，双下肢肌肉炭化缺失。外阴部：软组织炭化。（2）解剖检查所见。头部：额骨、顶骨及部分枕骨炭化缺失，残余颅骨未见骨折。硬脑膜外、下未见出血，脑组织呈高温固化状，未见损伤。舌尖位于齿列间，部分炭化。颈部：颈部肌肉炭化缺失。气管内未见异物，食管通畅，右侧舌骨大角骨折，甲状软骨未见骨折，喉室黏膜瘀血状。胸腹部：胸骨右侧第二、三肋骨间可见1处类似椭圆形破口，大小为1.5厘米×0.7厘米。胸腔内未见异常积液。双肺瘀血，叶间裂可见散在出血点。心内空虚，房室腔各瓣膜未见异常。腹腔脏器部分炭化，空胃，子宫大小正常，宫腔内未见异物。（3）论证：经对该尸体进行尸表及解剖检验，其主要损伤为：全身广泛烧伤、炭化，颅骨部分炭化缺失，硬脑膜外、下未见出血，脑组织外露呈高温固化状，躯干部未见明显工具伤；颈部皮肤及部分肌肉炭化缺失，右侧舌骨大角骨折，喉室黏膜瘀血状，结合舌尖部炭化及双肺叶间裂散在出血点，心血一氧化碳及毒物阴性检验结果，不排除马某燕被扼压或掐勒颈部致机械性窒息死亡。（4）结论：不排除马某燕被扼压或掐勒颈部致机械性窒息死亡；死后焚尸。

32. 北京市公安局法医检验鉴定中心出具的京公法毒化字（2007）第0872号毒物检验报告证明：在所送马某燕尿液及心血中均未检出常见安眠镇静药物，心血中未检出乙醇和一氧化碳。

33. 鉴定人杨俊波证明：其出了案发现场，参与了本案被害人尸体检验。尸体残缺、已被烧焦，但仍具备尸检条件。通过尸检发现气管、食管没有吸入性的损伤或炭尘，没有发现吞咽后胃里有炭末，进行一氧化碳检验也没有发现。被害人喉室黏膜瘀血、双肺瘀血、叶间可见出血点、舌骨骨折，符合机械性窒息死亡的基本特征，能够确定死者系机械性窒息死亡，系死后焚尸。作出“不排除”的表述，主要是针对死者机械性窒息死亡的手段具有不确定性。因尸体被灼烧后颈部残损严重，不能确定死者是被何种手段致机械性窒息死亡。该尸体已无体表，烧成黄色说明在火烧过程中是一个仰卧位。本案可排除急死和中毒死亡，没有发现心脏等重要器官有明显病变。死因可确定为机械性窒息死亡。关于毒物检验，在尸检过程中做的是有针对性的检验，不可能什么都检验。关于尸检报告中描述“左腹股沟处可见1处气眼状金属环，外径1厘米，内径0.7厘米”“胸骨右侧第二、三肋骨间可见1处类似椭圆形破口，大小为

1.5 厘米 ×0.7 厘米”，这些与死因没有关系。肋骨间破口，分析判断不是生前伤，是死后伤。本案系生前右侧舌骨大角骨折，靠近关节的位置。原本舌骨体的舌骨大角生下来是相互连接的，随着年龄增长会有变化。生理性分离是圆滑的，但这个是毛茬，主要据此认定是外力作用的分离。“舌尖位于齿列间”和“舌尖挺出齿列间”基本是一个意思。

34. 关于常林锋涉嫌故意杀人、放火案法医会诊意见证明：从现有尸检照片看，不能认定舌骨骨折系外力作用所致。但结合尸检所见，呼吸道内无生活反应，血液中未检出一氧化碳，死者舌尖挺出齿列间并炭化等特征分析，死者颈部受压导致舌骨骨折的可能性不能排除。本案尸检报告记载死者“舌尖位于齿列间，部分炭化”，会诊意见表述为“死者舌尖挺出齿列间并炭化”。

35. 李长荣（北京市公安局法医检验鉴定中心主任法医师）出庭作证：依据公安机关提供的原始记录、照片和常林锋的病历进行会诊。死者的舌骨骨折不能认定系外力作用所致，不排除生理性分离。死者的舌尖在外面，说明死者在生前颈部受到了外力，在燃烧时才造成这种结果。本案能确定死者遭受了颈部受压，但怎么压的不能确定，因皮肤缺失，结论是颈部受压导致舌骨骨折的可能性不能排除。死者的肩背部有残留皮肤伤，是死后被烧，它和气管里没有其他东西能呼应。颈部受压有可能舌头不挺出。本案根据舌头挺出齿列间而非舌骨骨折得出颈部受压的结论。“舌尖位于齿列间”和会诊意见里的“舌尖挺出齿列间”是一个意思。

36. 司法鉴定科学技术研究所司法鉴定中心 2013 年 7 月 23 日出具的司鉴中心〔2013〕病鉴字第 198 号鉴定意见书证明：北京市人民检察院于二审期间委托该中心就马某燕死亡案有关问题进行鉴定。审查送检卷宗材料中共有尸体检验照片 22 张，经对上述照片进行审查发现：死者马某燕全身大部分皮肤、软组织及部分骨骼已炭化。死者呼吸道内无炭末沉着，也未见热作用呼吸道综合征的病变特点。脑、心、肺等重要生命器官除了热作用改变外，均未见明显外伤，颅腔、胸腹腔未见积血。未发现内部器官存在发育畸形及肉眼可见的致死性病变。死者舌骨骨折断端不齐，且有出血现象。分析说明：

（1）关于生前烧死、死后焚尸问题。鉴定火场中尸体是生前烧死还是死后焚尸，主要依据是其有无烧死过程中所致的机体局部或全身的生活反应。因生活机体存在呼吸现象，生前烧死尸体可引起呼吸道烧伤改变，主要表现为喉头水肿、咽喉、气管、支气管黏膜充血、出血、坏死，也可有水疱，有时形成白喉样假膜，称为热作用呼吸道综合征。同时也可见大量烟灰与炭末沉积于呼吸道黏膜表面。本例通过审查原尸体检验报告及尸体照片发现，死者呼吸道内无炭末沉着，也未见热作用呼吸道综合征的病变特点。生前烧死尸体由于吸入大量废气，血液内碳氧血红蛋白含量明显升高，有时可达致死血浓度，而本例死者血液中未检出一氧化碳。据此认为，死者马某燕的尸体征象和实验室检测结果不支持生前烧死，系死后焚尸。

（2）关于死亡原因。①死者马某燕全身大部分皮肤、软组织及部分骨骼已炭化，但审查原尸体报告及照片发现，其脑、心、肺等重要生命器官除了热作用改变外，均未见明显外伤，颅腔、胸腹腔也未见积血。因此，可以排除马某燕因脑、心、肺等重要器官损伤致死。②据死者心血及尿液毒化检验报告，马某燕无安眠镇定药物、乙醇和一氧化碳中毒死亡的依据。③审查现有尸体检验照片，未发现马某燕内部器官存在发育畸形及肉眼可见的致死性病变，无马某燕因自身潜在性疾病致猝死的依据。④据原尸体检验报告反映，发现死者右侧舌骨大角骨折，本次鉴定经对原检验过程中所拍摄舌骨照片审查发现，舌骨骨折断端不齐，且有出血现象，具有生前骨折特征，符合颈部遭受钝性外力作用所致，舌骨大角骨折常见于扼颈致机械性窒息死亡案例。此外，尸体检验照片显示死者舌尖位于齿列间，双肺瘀血，肺叶间被膜下见有散在出血斑点，具有机械性窒息的尸体征象。据此，不排除马某燕因扼颈致机械性窒息死亡。

鉴定意见：马某燕系死后被焚尸，仅就现有材料，不排除因扼颈致机械性窒息死亡。

37. 鉴定人陈忆九、张建华二审出庭作证：本案具有明显的扼压死亡特征。第一个依据：舌骨右侧大角骨折，骨折断面不整齐，具有出血现象，据此认为舌骨骨折是生前造成的。第二个依据：死者的舌尖有撕裂，肺部的叶尖有点状出血，说明死者颈部曾遭受外力作用。据此认为马某燕不排除系颈部受压导致机械性窒息死亡。尸体照片显示尸体已经严重烧伤炭化，但背臀部有皮肤完好，说明死者是在仰卧位时发生的燃烧，裸露在火场当中的尸体炭化明显，紧贴地面的人体组织烧的程度存在差异，说明是死后焚尸。鉴定意见中一般不描述舌骨大角骨折的具体位置，舌骨大角本来不长，描述具体位置没有明确的解剖学术语。

38. 北京华夏物证鉴定中心 2009 年 5 月 25 日出具的华夏物鉴中心（2009）医鉴字第 154 号司法鉴定意见书（常林锋的辩护人向法庭提交）证明：受北京市大成律师事务所委托，该中心就京公法毒化字（2007）0872 号毒物检验报告、京公海法病理字（2007 年）132 号尸体检验报告分析说明如下：（1）关于毒物检验的意义。只能表明被鉴定人体内不含有这 3 种（类）毒物的成分，并不能就此排除被鉴定人体内有其他毒物中毒的可能。（2）关于舌骨大角骨折。本例虽然描述为“右侧舌骨大角骨折”，但没有描述该骨折的具体位置和性质。如果该“骨折”是位于舌骨大角与舌骨体之间，应排除生理性分离。(3) 关于黏膜瘀血、出血与死因是否有联系。尸检时发现“喉室黏膜出血状”“双肺瘀血，叶间裂可见散在出血点”，这种病理性改变，在机械性窒息、急死、中毒等情况下均可以出现，不具有鉴定死因的特异性。(4) 关于心血中 CO 的检验。如果被鉴定人是在失火现场当场烧死的，从心血中应能检测出一氧化碳。(5) 关于扼死的尸表特征。扼颈窒息死亡的尸体外表征象主要包括颈项部、颜面部特征，头部、手足、体表有损伤，手掌、指甲缝内或有异物。颈内部征象最主要的是声带瘀血、水肿、出血和咽头后壁出血斑；其次是胸锁乳突肌、胸骨舌骨肌、肩胛舌骨肌出血，最后可以看到有舌根部、甲状腺出血，甲状软骨骨折和舌骨骨折。最常见的其他征象是胸腔内脏胸膜和心外膜的出血斑点，肺有气肿、水肿伴灶性出血，食管上段出血，腹腔内的肝、肾瘀血，颅腔内的脑膜和脑髓瘀血、水肿和点状出血。(6) 尸体临地一面是否应明显区别于他面。将尸体放在火灾现场的地面上，临地一面没有与火焰进行直接接触，此部位应没有烧伤痕迹，或烧伤痕迹明显轻于其他直接接触火焰的部位。(7) 关于尸僵。被鉴定人在死后 3 小时开始出现尸僵，但关节尚未强直，此时搬运尸体不会存在困难。(8) 关于“不排除”的定义。“不排除马某燕被扼压颈部或掐勒颈部致机械性窒息死亡”中的“不排除”，应是指被鉴定人有可能是因为扼压颈部或掐勒颈部致机械性窒息死亡，但由于案情和鉴定材料还存在某种不确定因素，从认识判断上仅是倾向性意见，还不能做到排他性的肯定。(9) 其他。尸检发现：“胸骨右侧第二、三肋间可见 1 处类似椭圆形破口，大约 1.5 厘米 ×0.7 厘米。”该“破口”是如何形成的，是生前伤还是死后伤，伤口的深度，与死因的关系等应当有具体的分析认定。

39. 鉴定人胡志强（北京华夏物证鉴定中心副主任）一审出庭作证：其在出具鉴定意见时见过尸检的彩色照片复印件，生理性分离是指不是外力导致，本案舌骨骨折的具体部位没有描述清楚，无法确定是否生理性分离。法医的会诊意见里，只有一氧化碳，其他检查不是特异性的，其他死亡原因也可能出现这样的症状，不一定是机械性窒息死亡。在火场中，活人死后的身体应该是蜷缩的。

胡志强二审出庭作证：本案舌骨的照片，从远端的剖面反映不出任何骨折的特征，没有看出出血。本案如排除猝死，要有组织器官、组织切片在，仅凭照片排除猝死是不科学的。

（五）关于谢某强等人被烧伤的证据

40. 被害人谢某强（×号住户）证明：5 月 16 日凌晨 5 点 30 分许，其发现楼里着火，房间和楼道全是烟。其跑到二楼感觉更热，看到地下楼层有火光。其往回跑到四层至五层之间，坐在外边窗台上等待救援。其胳膊、腿、脚起皱、流黄水。

41. 被害人宋某非（×号住户）证明：5月16日5点左右，其被烟熏醒，发现着火，和王某举着湿被子冲出。其手、腿有烫伤，“999”急救车上躺着一男子，上穿浅色衬衣，下穿棕红色西裤，光脚，前额头发被烧掉，两脚、两膝、两手被烧坏，下巴用纱布包着。该男子叫常林锋（住×单元×号），他说和老婆马某燕在火灾中跑散了。

42. 证人苏某臣证明：5月16日5时14分到达某大学家属楼火灾现场，其和一名战士到楼内搜救受伤人员，在四层、五层中间看到窗外有一名男子，两只手臂和脚、小腿都有灼伤，伤势比较严重。

43. 证人孙某证明：5月16日早5点多接到某大学火情，其带护士到现场，火情已被控制，单元门口躺着一名男子，四肢有烧伤，120医护人员进行抢救，将伤者送至二炮医院。后消防队员扶着一男子（常林锋，40岁左右，体态中等，身高1米7左右）从单元门走出来，上肢、右足、面部均有烧伤，其做了简单包扎将他送到车上。还有一名20多岁的男子腿部有一小块烧伤，他把这二人送到积水潭医院急诊部。

44. 证人曾某证明：5月16日，医院收治了一名叫谢某强的病人，该人全身多处火焰烧伤，达全身面积的55%（三度25%、深二度30%）属于大面积特重度烧伤，需要手术植皮治疗。

45. 北京市公安局海淀分局法医检验鉴定所出具的京公海法临床字〔2007年〕5647号临床法医学检验鉴定证明：谢某强因外伤致全身多处损伤，损伤程度评定为重伤。

（六）关于常林锋伤情的证据

46. 证人苗某辉证明：当天发现一层楼梯边有明火，出动水枪灭火。明火熄灭后，其带着一个见习排上楼疏散被困群众。楼道被熏黑，有些胶皮的线状物掉在地上。其到五层敲开右边住户的门，听到厕所有人求救，看到一男子两手臂搭在窗台内侧，身体在外侧。该男子光着脚，说是从三楼爬上来的。

47. 证人程某某证明：当天早晨7点左右，常林锋的邻居宋某非给其打电话说发生火灾，常林锋受伤了。其到积水潭医院，看到常林锋满脸都是黑的，胳膊、腿有包扎。他说着火后和妻子一起往下跑，跑不下去又往楼上跑，回家见全是烟又从屋出来往外跑。他进了五楼一户人家，他妻子进了四楼一户人家（听见四楼有响声）。

48. 证人黎某（积水潭医院烧伤科医生）证明：5月16日其收治病人常林锋。6时5分进急诊室，该人自述火烧伤，颜面、四肢被烧伤，表皮大部分脱落，疼痛敏感，双前臂受伤较重，双膝和脚稍轻，烧伤面积达18%，为二度及三度烧伤，存在吸入性损伤。

49. 北京积水潭医院关于常林锋的住院病案，烧伤住院病历、出院记录及诊断证明书证明：常林锋因烧伤于2007年5月16日住院，2007年6月28日出院。热烧伤占全身的18%，二度至三度，分别于颜面、四肢及吸入性损伤。目前情况：一般情况可，无明显不适，全身烧伤创面基本愈合，双上肢残存部分小创面。出院建议：双上肢按时清洗、换药，抑制瘢痕增生，对症治疗，适度功能锻炼，定期复查。

50. 关于常林锋涉嫌故意杀人、放火案法医会诊意见及李长荣出庭证明：常林锋双手损伤属于高温作用，可以排除机械性暴力所致；根据常林锋双手损伤的位置和程度特征，结合谢某强等人的损伤综合分析，常林锋双手高温作用的时间明显较长；根据谢某强所受烧伤分布广泛、程度均匀的特点，说明谢某强处于高温环境下，而常林锋烧伤仅局限于双手及前臂，说明常林锋处于局部高温环境下。常林锋两手和前臂受明火作用的可能性不能排除。

51. 海淀区看守所出具的关于常林锋羁押期间就医的情况说明：常林锋被监视居住期间因烧伤多次在积水潭医院治疗，后待伤情转好后于2007年9月26日被刑事拘留入所。入所后按照前期治疗方案，仍定期带其前往积水潭医院进行治疗换药。2007年11月2日，其被逮捕后转往北京市第一看守所羁押。

52. 北京市海淀区看守所第001999号建议变更强制措施报告书证明：常林锋入所时间为2007年6月29日，在医生诊断及建议一栏记载："积水潭医院诊：热烧伤18% Ⅱ－Ⅲ，吸入性损伤，现该人全身多处（双手）烧伤，残余小创面，双手现生活不能自理，且烧伤在监区内无法给予无菌隔离治疗，如发生败血症，脓毒血症危及生命，不宜所内关押，建议待该人完全愈合后再行收押。"看守所意见一栏记载："同意医生意见。"

（七）关于火灾原因及造成损失情况的证据

53. 北京市海淀区公安消防支队2007年5月25日出具的（海）公消认〔2007〕第199号火灾原因认定书证明：经现场勘查及调查询问，火灾原因具有放火嫌疑。

54. 北京市海淀区公安消防支队2011年10月18日出具的火灾情况说明：火灾起火部位位于该居民楼一层楼道转角台阶下方区域。助燃剂的检测不是确定放火嫌疑的必然因素，不使用助燃剂也能实施放火行为。根据现场勘查，此起火灾具有明燃特征，可以排除吸烟引发火灾因素；经过对现场电气线路勘查，未发现短路、接触电阻过大、过载等迹象，排除电气故障因素；现场未发现有自燃性物质，排除自燃因素，此起火灾显系人为明火所致。另对尸体勘查发现尸体仰面平躺，头朝楼梯下方管道间方向，尸体较平展，无明显挣扎痕迹，尸体底部地面堆积物较周边区域少，现场应是先有尸体，后发生火灾。综合分析，火灾原因具有放火嫌疑。

55. 证人顾某证明：2011 年 10 月 18 日北京市海淀区公安消防支队出具的火灾情况说明是防火监督处火灾调查科在上级单位北京市消防总队防火部火查处的指导下，经共同研究、分析论证得出的结论。认定火灾原因有两种方法：第一种是在现场勘查基础上，发现能够证明起火原因的物证，结合走访调查，可以直接认定火灾原因。第二种是排除法，根据现场勘查和走访了解，常林锋案中的火灾具有明燃特征（物质烧得比较均匀，蔓延速度快）。此起火灾可以排除吸烟、电气故障、自燃等原因，显系人为明火所致。

56. 公安机关出具的提取说明、北京市公安局刑事科学技术研究所出具的京公刑技鉴（理）字（2008）第 188 号塑料检验报告及公安部消防监督员业务培训教材（公安部消防局编）证明：现场提取的红、黄、蓝、绿四种颜色的电线外皮塑料（检材）与标示为聚氯乙烯绝缘电线的外皮塑料（样本）均为聚氯乙烯塑料，聚氯乙烯燃点为 391℃。

57. 某大学出具的 5 月 16 日家属 1 号楼 4 单元失火案损失明细证明火灾造成经济损失的情况。

58. 北京市公安消防局于 2013 年 10 月 28 日出具的证明及火灾原因分析意见书证明：2013 年 6 月 27 日，该局组织专家和专业技术人员，对常林锋一案的现场照片等证据材料进行专题分析研究，意见如下：一是现场尸体有非火灾致死特征。（1）《尸体检验报告》显示："心血一氧化碳阴性""气管内未见异物"。与活体被烧，呼吸道应有烟尘、炭灰等特征不符，说明起火时死者已没有呼吸。（2）死者仰面平躺，肢体平展，其状态不符合活体被烧特征；尸体临地面一面炭化物明显少于其他区域，说明先有尸体后发生火灾。（3）死者位于火灾中心现场，与人员逃生的本能行为规律相违背，与楼内其他人员逃生路线不一致，说明无逃生迹象。二是火灾现场具有非人为不可能引起火灾的特征。（1）火灾中心现场烟迹轻微，木质材料炭化均匀，金属部件没有明显形变，表明火灾的发生、发展迅速，具备明火燃烧的起火特征。（2）火灾现场内无其他火源及自燃性物质，电气线路及器具未发现异常。综上，海淀区公安消防支队于 2007 年 5 月 25 日作出的《火灾原因认定书》和 2011 年 10 月 18 日作出的情况说明符合客观实际。

59. 火灾事故调查高级工程师陈岩出庭作证：（1）关于第一点现场尸体有非火灾致死特征，可以认为现场的尸体不是被火烧致死的，主要依据是：一是尸检报告中记录，"心血一氧化碳阴性""气管内未见异物"。这说明死者在起火前已没有呼吸。从火灾调查角度看，因人在现场会吸入大量烟雾、烟尘，呼吸道内包括气管，甚至肺部会残留烟尘火炭灰，所以气管内、呼吸道内是否有异物和这些痕迹是判断火灾致死和非火灾致死的主要特征。二是从现场照片看，尸体位置和姿势与火灾现场逃生人员的姿势不符，尸体的状态呈现仰面平躺，肢体平展，没有逃生迹象。在火灾现场活人被烧死，背离起火的部位通常会呈保护姿态，是一种正常的逃生反应。三是火灾现场炭化物的堆积层次，尸体下部没有炭化物堆积，说明起火的时候尸体已经在地面。背部接触地面，在火焰燃烧时会受到一定保护。起火部位、起火点是一个概念，都是指最初起火位置，本案起火点在麻将室内。本案排除被害人猝死在一层后被救火时的消防水枪冲至起火区域，从而形成现场尸体严重炭化的可能。理由是：第一，尸体被烧的状况说明尸体先在现场后起火，如果倒毙在一楼平台的区域，火灾的温度垂直传播要比水平传播快，其作用更加明显。通过现场照片可看到东侧住户的防盗门，防盗门前的地面有一个脚垫，靠墙角有一捆葱，从现场燃烧残留的状态可以看出这两个东西没有残余燃烧，火焰是往上烧的，人如果倒在这个位置，受到的热量或火焰的作用是有限的，即使火焰温度作用到人的身体上也是局部的，从燃烧程度看，不会造成这么严重的炭化。第二，消防员进入现场冲水灭火之前首要任务是搜救，出水的目的是驱烟、降温，出水方向对着中心火场，用水枪把尸体冲进去是不可能的。从现场照片看到麻将室上面的台阶，台阶最上面的炭灰残留物都在，如果水枪把尸体冲进去，地面残留物就不存在了，应该一起被冲刷得非常彻底，尸体本身没有冲刷的痕迹。第三，现场空间非常狭小，台阶下面是桌子和椅子，如果尸体在一层楼梯被冲进去，会受到这些东西的阻碍，楼梯下面还有塑钢的门框，这对物体的移动有阻挡和影响，所以尸体被水冲到中心现场是不可能的。第四，水本身是灭火的，如果水冲着尸体进入现场，尸体被水覆盖是一种保护作用，进入中心现场以后，尸体不会被烧成这样。（2）关于第二点火灾现场具有非人为不可能引起火灾的特征，是认定放火嫌疑的现场专业表述方式。认定火灾原因通常有两种形式：一种是直接认定，即有直接证据能够清晰明确证明起火部位。另一种是分析认定，根据现场确定的起火部位、范围，对所有可能引起火灾的引火源进行分析排除得出结论。从现场燃烧痕迹看，呈现出非常明显的明燃痕迹，麻将室内四周的墙壁水泥被烧脱落的痕迹非常均等产生炸裂，麻将室烟迹比较轻微，与楼道上面有明显区别。现场有木材包括门框、楼梯扶手、木柜，木材炭化后形成了炭化物的结块较大，金属物品没有明显的形变，这都是判断明燃起火的特征。从起火的中心现场看，经对可能引起火灾的引火源进行调查，现场勘查没有发现线路异常，现场没有存放自燃性的物品，这起火灾是人为造成的。

（八）关于案件侦破情况的证据

60. 北京市公安局海淀分局大钟寺派出所“110”接处警记录证明：2008

年 5 月 16 日 5 时 01 分，群众李某报某大学宿舍 1 号楼着火的情况。

61. 北京市公安局海淀分局刑侦支队出具的接受刑事案件登记表证明：2008 年 5 月 16 日 5 时许，某大学某路 × 号院 1 号楼 × 单元发生一起火灾，火灾现场发现一具女尸。

62. 北京市公安局海淀分局刑侦支队出具的到案经过证明：2007 年 5 月 16 日凌晨 5 时许，我队接大钟寺派出所报称海淀区某路 × 院 1 号楼 × 单元发生火灾，经现场勘察在火灾现场发现一女尸。死者为马某燕，调查发现，其丈夫常林锋有重大作案嫌疑。我队侦查员于 2007 年 6 月 29 日 8 时许将其传唤至海淀分局刑侦支队。

（九）被告人常林锋的供述

63. 被告人常林锋供述：2007 年 5 月 15 日 23 时许，其从外面回到家中，马某燕说在青岛认识的一个深圳朋友要带孩子来北京治病，问能不能住在家里。其当时没说话，马某燕说给句痛快话。其当时很反感马某燕这种语气，随之又想到其表嫂到青岛帮忙看孩子，跟其说马某燕态度不好。其对马某燕提起此事，说她不应该这么做，马某燕进行了反驳，说知道其表嫂会告状，双方言词越来越激烈，开始互扔东西，其从客厅方桌上抄起一个塑料口杯砸马某燕，马某燕跑到北屋用梳妆台上的化妆品、杂物及一些书籍杂志砸其，二人在北屋互相厮打。马某燕用拳头打、用脚踢其，其用右手掐马某燕的脖子，左手控制马某燕的双手。其一直掐着马某燕的脖子，将她按倒在北屋上下铺的下铺上，大约掐了 5 分钟，马某燕不动了。其当时非常害怕，用手推马某燕，发现她已没有呼吸，确认将马某燕掐死了。其将马某燕搬上床，用被子把马某燕身体盖上，把掉在地上的东西收拾了一下，后在屋里想怎么处理这件事。马某燕是晚上 12 点到凌晨 1 点之间死的，当时穿了一双红色的塑料泡沫拖鞋，其把这双拖鞋放到门口鞋架子西侧的两个鞋盒子上。其考虑了两三个小时，当天晚上风很大，想到制造火灾现场弄成马某燕没有逃生成功被烧死的假象，以此来逃脱罪责。其想到一层被住户改造的小麻将室比较隐蔽，打算把马某燕的尸体放到那里烧掉。小麻将室位于一层楼梯的一个半地下结构，往下有几个台阶，用一个塑钢材料的横向推拉门隔开。小麻将室的门没锁，其开门进去，里面有一个小节能灯（灯没开），通过一层楼道内的灯光能看到麻将室的状况。其感觉麻将室基本符合放置尸体的条件，但缺少点火用的东西。其走到一层和二层楼梯拐角平台处，在北墙和东墙的墙角发现了一些杂物，有一捆用塑料布裹着的破被褥，用绳子捆着（长方形），上面立有七八块木条和木板，外面有两个压扁的纸箱子，其分两次把这些东西抱进麻将室。其回家从进门右手东墙一个木架子上的铁盒子里找了一盒火柴，又从南屋进门右手衣架找出几张报纸，把报纸放在门厅桌子上，后去北屋背起马某燕、拿上报纸往楼下走。当时马某燕上穿灰色圆领长袖上衣，下穿粉色带碎花的秋裤，没穿鞋。其把马某燕的尸体往楼下背到麻将室，顺在麻将桌下面，当时上半身在桌子下面，腿伸出桌子外，头朝南、脚朝北、面朝上，斜躺在地上。后其把门关上，把破棉被、纸盒、木条、木板放在马某燕的身上和周围，把桌上的麻将布放在马某燕的身上，用火柴点着了带来的报纸，又用报纸点着麻将布、纸盒子，一共点着了四五个点。火越烧越大，逐渐把木条、木板引燃，火焰高度已接近麻将桌面。其将火柴扔进火堆中，关上麻将室门回到家中。其十分害怕，不时从南屋窗户向下观察情况，直到4点30分其听到楼下有人喊失火了，其从对面楼的窗户玻璃上看到反射的火光，从窗户看到了黑烟。其把门打开看到楼道里有黑烟往上涌，当时感到后怕，想冲下去把尸体拉出来。其出门跑到三楼与二楼拐角处时，一股热浪过来，其下意识地抬胳膊护脸，当时由于穿的是短袖，小臂、手、脸部被烫伤，后其往回跑，在路上踩到了被烧掉的电线，其双脚和膝盖被烫伤。其跑到五楼敲开了×房间的门，一个女孩开的门，其说楼下着火了，直接跑进洗手间，从窗户爬到窗外。大概过了15分钟，消防员过来将其救下。

根据在案证据，综合抗诉机关、被告人及其辩护人的意见，归纳本案的争议焦点如下：

1. 关于被害人马某燕的死因。针对被害人马某燕的尸检情况，在案有检方提供的海淀分局法医检验鉴定所尸检报告、法医会诊意见和司法科学鉴定研究所司法鉴定中心出具的鉴定意见，以及辩方提供的华夏物证鉴定中心司法鉴定意见等四份技术性证据材料。（1）海淀分局法医检验鉴定尸检报告证明：被害人右侧舌骨大角骨折，喉室黏膜瘀血状，结合舌尖部炭化及双肺叶间裂散在出血点，心血一氧化碳及毒物阴性检验结果，不排除马某燕被扼压或掐勒颈部致机械性窒息死亡。（2）鉴定人杨俊波证明死者符合机械性窒息死亡的基本特征，能够确定死者系机械性窒息死亡。因尸体被灼烧后颈部残损比较严重，不能确定死者是被何种手段致机械性窒息死亡。（3）司法鉴定科学技术研究所司法鉴定中心鉴定，不排除马某燕因扼颈致机械性窒息死亡。（4）本案排除舌骨骨折系生理性分离。鉴定人杨俊波证明死者右侧舌骨大角骨折靠近关节的位置，系毛茬的，而生理性分离是圆滑的，据此认定系外力作用的分离；司法鉴定科学技术研究所司法鉴定中心及鉴定人陈忆九、张建华证明死者右侧舌骨大角骨折具有生前骨折特征，符合颈部遭受钝性外力所致，主要依据是骨折断端不平整，有出血现象。（5）华夏物证鉴定中心司法鉴定意见书及鉴定人胡志强针对尸检、毒检报告所提出的意见，不能否定被害人马某燕的死因。综上，认定被害人马某燕系颈部遭受外力而致机械性窒息死亡。

2. 关于本案是否系人为放火。火灾原因认定书证明本案具有放火嫌疑；证人顾某证明本案火灾具有明燃特征，可排除吸烟、电气故障、自燃等原因，显系人为明火所致；公安消防部门出具的火灾情况说明、火灾原因分析意见书及陈岩出庭证明本案火灾现场具有非人为不可能引起火灾的特征，起火中心现场没有发现线路异常，没有存放自燃性物品，该起火灾是人为造成的。综上，认定本案系人为放火。

3. 关于被害人马某燕是否系死后焚尸。(1) 毒物检验报告证明被害人所送尿液及心血中未检出常见安眠镇静药物，心血中未检出乙醇和一氧化碳。(2) 鉴定人杨俊波证明通过尸检发现气管、食管没有吸入性的损伤或炭尘，没有发现吞咽后胃里有炭末，进行一氧化碳检验也没有发现，尸体在火烧过程中处于仰卧位，能够确定死者是死后焚尸。(3) 司法鉴定科学技术研究所司法鉴定中心鉴定意见书证明：死者呼吸道内无炭末沉着，未见热作用呼吸道综合征的病变特点，死者血液中未检出一氧化碳，系死后焚尸。(4) 鉴定人陈忆九、张某华证明尸体严重烧伤炭化，但背臀部有皮肤完好，说明死者是在仰卧位时发生的燃烧，裸露在火当中的尸体炭化明显，紧贴地面的人体组织烧的程度存在差异，说明是死后焚尸。(5) 公安消防部门出具的火灾情况说明、火灾原因分析意见书及陈岩出庭证明：尸体仰面平躺，肢体平展，无明显挣扎痕迹，其状态不符合活体被烧特征；尸体临地面炭化物明显少于其他区域，说明先有尸体后发生火灾；死者位于火灾中心现场，不符合人逃生的本能行为，与楼内其他人员逃生路线亦不一致，说明无逃生迹象。综上，本案现场尸体有非火灾致死特征，系死后焚尸。

4. 关于本案是否存在刑讯逼供等非法证据排除的情形。本案常林锋及辩护人均提出常林锋在公安机关的有罪供述系遭肉体折磨等非法手段获取，就此问题检察机关出示了以下证据：(1) 法医会诊意见及李长荣出庭证明：常林锋双手损伤属于典型的高温作用，可排除机械性暴力所致。(2) 侦查人员王涛、丁博、贾力波、李冬、陈可出庭证明对常林锋依法进行讯问，没有实施刑讯逼供等非法行为。常林锋本人在一审开庭与出庭侦查人员对质过程中，称自己的手是由于海淀看守所不给换药、没给治疗所致，不是由于外力引起的。经查，现有证据不能认定常林锋的有罪供述系侦查机关采用刑讯逼供等非法方法收集，对常林锋的有罪供述不作为非法证据予以排除。故常林锋及其辩护人所提相关辩护意见，均不能成立。

5. 关于常林锋是否实施了故意杀人、放火的行为。常林锋的有罪供述与在案其他证据能否相互印证，进而形成完整的证据链并排除合理怀疑，成为本案定罪的关键。(1) 常林锋在侦查阶段的多次有罪供述系统完整，符合逻辑，其对于案发起因、作案时间、地点、作案手段和结果等情节的供述与在案其他证据能够相互印证。本案案发于凌晨0时至4时之间，案发地位于被告人家中、单元楼地下一层；案发时被告人家中仅有常林锋、马某燕二人，常林锋具有作案时间。案发起因上，常林锋供述本案系因被害人马某燕对待其亲属态度恶劣等问题引发，与证人张某华的证言能够印证；作案时间上，常林锋供述其掐死马某燕的时间是5月16日0时至1时，考虑了二三个小时后放火焚尸时间是3时许，被害人马某燕尸体炭化严重，虽无法判断死亡、焚烧的确切时间，但同单元433住户3：40闻到煳味，二者能够印证；作案手段和结果上，常林锋供述其掐马某燕脖子致马死亡后放火焚尸，与“不排除被扼压或掐勒颈部致机械性窒息死亡，死后焚尸”的鉴定意见能够吻合；常林锋供述马某燕被背至麻将室时未穿鞋，鞋放在门口的鞋盒上，与现场勘查“家门口西侧地面鞋盒上放有一双红色拖鞋”能够相互吻合；常林锋先供“桌上有桌布”，后经证人高某京证实，该情节系先供后证。常林锋对于杀人地点、焚尸地点、尸体状态、现场环境等细节的供述与现场勘查笔录亦能相互印证。（2）常林锋的有关辩解不能成立。常林锋到案后始终辩称其发现火情后与马某燕共同逃生，没有实施故意杀人、放火的行为。经查：马某燕的尸体在火场中心被发现且严重炭化，同单元楼住户除了×住户宋某非、王某持湿被子走楼梯逃出单元门外，其他住户均未能经由楼梯通过火场，×住户谢某强、常林锋本人亦被烧伤。火灾中心现场温度极高，他人在被害人逃生过程中作案并将被害人尸体放置于火灾中心现场的可能性可以排除。故常林锋的相关辩解不符合常理，且无法作出合理解释，与全案其他证据矛盾，本院不予采信。（3）常林锋供述的个别情节与现场不一致不影响案件基本事实的认定。本案中，常林锋关于引燃物来源、楼道内是否堆积有杂物、火灾中心现场的墙壁上是否有电源开关等细节的供述存在反复，与其他证据亦存在不一致的情形，但均不属于定罪量刑的事实，其供述先杀人后焚尸的基本犯罪事实得到了其他证据的印证。

本院认为：被告人常林锋因家庭琐事与妻子发生矛盾后，不能正确处理，故意非法剥夺他人生命，致人死亡，其行为构成故意杀人罪；常林锋为掩盖杀人犯罪，放火焚尸，危害公共安全，并致人重伤，其行为构成放火罪，依法应与其所犯故意杀人罪并罚。常林锋犯罪性质恶劣，犯罪后果严重，鉴于本案系家庭矛盾引发，结合本案具体情况，对常林锋判处死刑，可不立即执行。北京市人民检察院第一分院、北京市人民检察院所提原判认定常林锋无罪确有错误，要求改判常林锋故意杀人罪、放火罪罪名成立的抗诉意见成立，本院予以采纳。常林锋的辩解及其辩护人的辩护意见，均不能成立，本院不予采纳。本法院认定常林锋犯故意杀人罪、放火罪的事实清楚，证据确实、充分，原审法院以证据不足，判处常林锋无罪的判决确有错误，本院依法予以纠正。根据被告人常林锋犯罪的事实、性质、情节和对于社会的危害程度，本院依照《中华人民共和国刑事诉讼法》第二百三十六条第一款第（三）项、《中华人民共和国刑法》第二百三十二条、第一百一十五条第一款、第四十八条、第五十七条第一款、第五十六条第一款、第五十五条第一款、第六十九条第一款、第三款、第五十一条及第六十一条的规定，判决如下：

一、撤销北京市第一中级人民法院（2011）一中刑初字第2301号刑事附带民事判决第一项，即被告人常林锋无罪。

二、原审被告人常林锋犯故意杀人罪，判处死刑，缓期二年执行，剥夺政治权利终身；犯放火罪，判处有期徒刑十五年，剥夺政治权利三年；决定执行死刑，缓期二年执行，剥夺政治权利终身。

（死刑缓期二年执行的期间，自本院核准之日起计算）。

本判决为终审判决。

本判决即为核准常林锋死刑，缓期二年执行，剥夺政治权利终身的刑事判决。

审判长　袁丽忠
审判员　孙　伟
审判员　吴小军

二〇二一年十二月二十八日

书记员　刘晓鸥

韩显辉故意杀人案

辽宁省高级人民法院
刑事附带民事判决书

（2020）辽刑再 2 号

原公诉机关辽宁省铁岭市人民检察院。

原审被告人韩显辉，男，1965 年 11 月 7 日出生，汉族，中专文化，辽宁省铁岭县水利局河道管理所原工人，捕前住铁岭市银州区某街×委×组。因本案于 1998 年 8 月 17 日被刑事拘留，同年 9 月 2 日被逮捕。现已刑满释放。

辩护人金占良，北京安衡律师事务所律师。

原审附带民事诉讼原告人杜某凤，女，汉族，1951 年 11 月 22 日出生，住铁岭市银州区南×栋×单元×室。系被害人穆某某母亲、原审附带民事诉讼原告人穆某宽妻子。

原审附带民事诉讼原告人穆某军，男，汉族，1969 年 2 月 26 日出生，住铁岭市凡河新区浅水湾×号小区×号楼×单元×室。系被害人穆某某胞兄、原审附带民事诉讼原告人穆某宽长子。

原审附带民事诉讼原告人穆某伟，男，汉族，1976 年 2 月 19 日出生，住铁岭市银州区某街×号楼×单元×室。系被害人穆某某胞弟、原审附带民事诉讼原告人穆某宽次子。

辽宁省铁岭市中级人民法院审理铁岭市人民检察院指控被告人韩显辉犯故意杀人罪暨附带民事诉讼原告人穆某宽提起刑事附带民事诉讼一案，于 2002 年 8 月 8 日作出（1999）铁中刑初字第 11 号刑事附带民事判决，以故意杀人罪，判处被告人韩显辉死刑，缓期二年执行，剥夺政治权利终身；被告人韩显辉赔偿附带民事诉讼原告人穆某宽经济损失人民币 5000 元。宣判后，被告人韩显辉、附带民事诉讼原告人穆某宽不服，提出上诉。本院于 2003 年 1 月 3

日作出（2002）辽刑一终字第339号刑事附带民事裁定，撤销原判，发回重审。铁岭市中级人民法院经重审，于2003年5月14日作出（2003）铁刑一重字第1号刑事附带民事判决，以故意杀人罪，判处被告人韩显辉无期徒刑，剥夺政治权利终身；被告人韩显辉赔偿附带民事诉讼原告人穆某宽经济损失人民币33000元。宣判后，韩显辉不服，提出上诉。本院于2003年8月27日作出（2003）辽刑一终字第349号刑事裁定，撤销原判，发回重审。铁岭市中级人民法院经重审，于2003年10月29日作出（2003）铁刑一重字第3号刑事附带民事判决，以故意杀人罪，判处被告人韩显辉无期徒刑，剥夺政治权利终身；被告人韩显辉赔偿附带民事诉讼原告人穆某宽经济损失人民币三万三千元。宣判后，韩显辉不服，提出上诉。本院于2003年12月16日作出（2003）辽刑一终字第622号刑事裁定，驳回上诉，维持原判。上述裁判发生法律效力后，韩显辉先后向本院、最高人民法院提出申诉。最高人民法院于2006年11月2日作出（2005）刑监字第99－1号指令再审决定书，指令本院对本案进行再审。本院于2008年9月1日作出（2007）辽审刑终再字第1号刑事裁定，维持本院（2003）辽刑一终字第622号刑事裁定。韩显辉向辽宁省人民检察院提出申诉。辽宁省人民检察院于2018年12月13日作出辽检刑申再建〔2018〕1号再审检察建议书，建议本院按照审判监督程序重新审理本案。本院于2020年3月18日作出（2018）辽刑监2号再审决定，对本案刑事部分提起再审；于2020年5月31日作出（2018）辽刑监2－1号再审决定，对本案附带民事部分提审。本院通知原审附带民事诉讼原告人穆某宽时，其近亲属告知穆某宽已去世，并书面表示相信法院能够依法公正审判，决定不参加本案的再审庭审。本院依法另行组成合议庭，于2020年9月10日不公开开庭审理了本案。辽宁省人民检察院指派二级大检察官李成林、检察员赵冰、关荣华出庭履行职务。原审被告人韩显辉及其辩护人金占良到庭参加诉讼。本案现已审理终结。

铁岭市中级人民法院（2003）铁刑一重字第3号刑事附带民事判决认定：被告人韩显辉与被害人穆某某（女，殁年24岁）有不正当两性关系。1998年8月12日，穆与其丈夫因家庭琐事发生矛盾并提出离婚。当晚，穆找到韩显辉提出与韩结婚。次日15时许，韩显辉携带水果刀来到穆家，对穆提出与其结婚的意见予以拒绝，穆表示要到韩的单位和家里去声张其与韩的关系，韩跪地哀求，穆不允。为此，韩显辉产生杀人之念，遂掏出水果刀照穆的腹部刺一刀，穆欲逃脱，韩持刀追刺数下，又在穆家室内拣起一把钳子照穆的头部击打。穆倒地后，韩显辉用钳子打击穆头部数下。韩显辉为逃避法律制裁，用穆家的抹布清理现场足迹及指纹，后逃离现场。被害人穆某某因头部裂伤，腹腔内脏损伤，急性内外失血循环呼吸衰竭死亡。韩显辉于1998年8月17日被公安机关抓获归案。

认定上述事实的主要证据有证人董某波、高某华、王某华的证言，铁岭市公安局现场勘查笔录、指认现场、辨认工具笔录、被害人尸体鉴定书，以及被告人韩显辉在公、检机关的多次有罪供述。

铁岭市中级人民法院认为，韩显辉因怕奸情暴露而持械行凶，致人死亡，其行为已构成故意杀人罪，应予以惩处。公诉机关指控的罪名成立。韩显辉提出的4点辩解意见，经查，其提供的证人不能证明其没有作案时间；其提出没到过案发现场，而其供述却与现场勘查和法医对尸体鉴定基本吻合；其提出公安机关对其刑迅逼供和引供、诱供，但提不出证据予以证明；其供述的作案时间、地点、手段、使用的凶器等情节，与现场勘查、尸检鉴定、证人证言基本吻合。故对其辩解意见，不予采信。辩护人提出本案事实不清，证据不足，不能认定被告人有罪的辩护意见，经查，庭审中公诉机关提供的证据足以证明本案事实清楚，证据充分，可以认定被告人有罪。故对上述辩护意见不予采纳。附带民事诉讼原告人提出的赔偿其经济损失的请求，符合法律规定，对其合理部分应予支持。依照《中华人民共和国刑法》第二百三十二条、第五十七条第一款、第三十六条第一款和《中华人民共和国民法通则》第一百一十九条之规定，以故意杀人罪，判处被告人韩显辉无期徒刑，剥夺政治权利终身；被告人韩显辉赔偿附带民事诉讼原告人穆某宽经济损失人民币3.3万元（其中丧葬费3千元、死亡补偿费3万元）。

一审宣判后，韩显辉上诉提出，其未实施杀人犯罪。

本院（2003）辽刑一终字第622号刑事裁定认定的事实与一审一致，裁定驳回上诉，维持原判。

2006年11月2日，最高人民法院指令本院对本案进行再审。

本院（2007）辽审刑终再字第1号刑事裁定认定事实与二审认定事实一致，再审期间证据无变化，裁定维持本院（2003）辽刑一终字第622号刑事裁定。

2018年12月13日，辽宁省人民检察院向本院提出检察建议，建议本院按照审判监督程序重新审理本案。本院经审判委员会讨论，决定对本案提起再审。

再审中，辽宁省人民检察院出庭意见认为：证人杨某莉、宋某红于1998年8月16日、17日、9月3日所作证言5份，是案发后公安机关第一时间找到证人杨某莉、宋某红制作的询问笔录，对证明原审被告人韩显辉是否有作案时间具有较强的证明力，这5份证言距离案发时间最近，其客观性和可信度更高，足以证明再审裁定认定韩显辉实施故意杀人行为的时间证据不足。侦查机关存档的1998年8月15日的指纹检验鉴定书和足迹检验意见书各一份，能够证明现场勘查、提取到的指纹、血足迹均系被害人丈夫董某波所留，不是韩显辉的。现有卷宗记载的痕迹检验均不能证明韩显辉到过案发现场。辽宁省公安厅刑事技术总队出具的书面材料能够证明，韩显辉尼龙丝袜上的血不是被害人穆某某的。再审裁定认定韩显辉犯故意杀人罪的事实不清、证据不足，建议依法撤销辽宁省高级人民法院（2007）辽审刑终再字第1号刑事裁定，宣告韩显辉无罪。

为支持其出庭意见，检察机关除经一审庭审质证的证据外，又当庭提供了下列证据：

1. 辽宁省公安厅刑事技术总队2018年8月15日出具的《关于对辽宁省人民检察院有关穆某某死亡一案咨询函的回复》，内容：1998年8月17日，铁岭市公安局刑警大队都基岩、高继祥两位同志将“1998.08.13”穆某某死亡一案的有关物证送至我单位检验，送检材料包括半袖汗衫和尼龙丝袜2件、穆某某的尸血1份、韩显辉的血样1份。由于尼龙丝袜上血迹量极其微少，不具备进行常规STR检验条件，所以进行了线粒体DNA测序检验。经检验，尼龙丝袜上血迹线粒体DNA测序结果与穆某某血样结果不一致。

2. 铁岭市公安局铁公（98）刑技痕检字第13号指纹检验鉴定书（未盖章），结论：现场手印和掌纹是董某波右手拇指和左手掌纹所留。

3. 铁岭市公安局铁公（98）刑技痕检字第14号足迹检验意见书（未盖章），结论：现场血足迹与董某波所穿皮鞋种类一致。

4. 铁岭市公安局刑警支队2018年11月26日出具的《关于韩显辉故意杀人案说明》，内容：关于存档卷中指纹检验鉴定、足迹检验意见排除鉴定。因侦查未调取，故不属于正常鉴定，所以未盖章。

5. 证人杨某莉于1998年8月16日和8月17日在侦查环节所作证言，证明案发当天下午3点30分左右到4点前韩显辉在单位。

6. 证人宋某红于1998年8月16日、8月17日、9月3日在侦查环节所作证言，证明案发当天2点多到4点15分韩显辉在单位。

7. 证人穆某宽于1998年8月15日在侦查环节所作证言，证明案发当天从早晨8点上班一直到晚上7点20分离开前，其与韩显辉在一起，没离开过。

8. 证人张某运证言，证明案发当天下午2点到2点30分韩显辉和大家一起卸木头，4点10多分钟在五楼宋某红办公室看见韩显辉和宋某红坐着唠嗑。4点15分宋某红走后，其与韩显辉唠到5点多。

对检察机关庭审中出示的证据，经质证韩显辉及其辩护人未表异议。本院认为，上述证据，可予采纳。

原审被告人韩显辉辩解：原一、二审裁判和辽宁高院再审裁定据以定罪量刑的证据不确实、不充分，本人没有作案时间，没有实施杀人行为，应改判无罪。

辩护人提出如下辩护意见：1. 根据被害人穆某某的邻居高某华、王某华证言，案发时间应为1998年8月13日下午3点20分至4点，而韩显辉的同事宋某红、杨某莉、张某运证明韩显辉1998年8月13日下午3点30分后至4点30分前在距离案发现场3公里外的铁岭县水利局宋某红的办公室里玩跳棋和聊天。韩显辉不可能同时出现在两地，不论是先和宋某红玩完两盘跳棋后去杀人，还是杀完人回来后和宋某红玩两盘跳棋，都不可能实现。韩显辉没有作案时间。2. 本案被害人被杀现场没有韩显辉的足迹、指纹、血迹、遗留毛发等物证；韩显辉身上也没有任何与现场、被害人死亡有关的信息包括血迹、伤痕等，也没有现场目击证人。除韩显辉的有罪供述外，没有任何其他证据证明韩显辉有罪。3. 韩显辉有罪供述之间及有罪供述与现场勘查笔录、鉴定书、证人董某波、高某华、王某华证言之间存在不可排除的矛盾和无法解释的疑问。一、二审裁判及再审裁定认定事实与在案证据证明的案件事实不符，均为错误裁判，应当予以撤销，判决韩显辉无罪。

经再审查明：1998年8月12日20时许，铁岭市银州区居民被害人穆某某（女，殁年24岁）和曾经与其同单位的韩显辉外出见面，后分开。1998年8月13日上午，穆某某与丈夫董某波欲办理离婚手续，被穆某某的弟弟穆某伟劝好。11时许，穆某伟将穆某某送回至铁岭市房产局第二住宅公司家属楼×单元×室穆某某家中。当日19时，铁岭市公安局110指挥中心接到董某波报警称“爱人自杀”于家中。公安人员赶到现场后发现穆某某已死亡。穆某某系被他人用钝器打击头部及用单面刃器刺腹部，致头皮裂伤，腹腔内脏损伤，急性内外失血循环呼吸衰竭死亡。

上述事实，有证人董某波、穆某伟等证人证言，铁岭市公安局鉴定书，以及介绍信、韩显辉传呼机1998年8月12日至8月14日的传呼信息、铁岭市公安局110警务调度室案件来源等证据证实，本院予以确认。

原审认定原审被告人韩显辉于1998年8月13日15时许到穆某某家，用随身携带的水果刀和穆家的钳子将穆某某杀死的事实，本院认为事实不清，证据不足，不予确认。具体评判如下：

第一，韩显辉有罪供述的真实性、合法性存疑，不能作为定案根据。一是韩显辉的供述不稳定，经历了从不供到供再到翻供的过程。从公诉机关移送起诉案件审查报告和被告人控告申诉材料中可以看出，韩在批捕、起诉阶段存在翻供情形，到审判环节后始终不供认犯罪。二是韩显辉的有罪供述与其他在案证据存在诸多矛盾。韩显辉供述其离开犯罪现场时间是将近下午4点钟，回到县水利局是下午4点多钟，这与证人杨某莉证实的“下午3点50左右看见韩显辉”相矛盾，与宋某红证实的“和韩显辉下过两盘跳棋，大约20来分钟，就回家了，下楼时路过收发室看表是4点15分”相矛盾；韩显辉未供述过其到南屋床上翻过东西或者与被害人在床上厮打过，而现场勘查记载南屋床上有被翻动痕迹且有血迹；韩显辉供述把钳子扔在尸体头部靠近隔断那边、脑袋边上，而现场勘查照片显示钳子在被害人尸体下靠近床箱与隔断相反方向的位置。三是韩显辉的有罪供述在用刀扎被害人的部位、刀数，追打被害人的情形、路线，捡到钳子的位置等方面，前后不一致。

第二，证人宋某红和杨某莉在 1998 年 9 月 4 日、9 月 21 日出具的证言，均证实韩显辉在 8 月 13 日下午 3 点 50 分左右在其单位。一审法院对于从被害人家到铁岭县水利局骑自行车所需时间进行了测试，从穆某某家楼下开始到铁岭县水利局由测试人骑自行车以正常车速行驶所需时间为 8 分钟。根据证人王某华、高某华证实的案发时间（3 点 20 分、3 点 50 分）及骑自行车从穆某某家楼下开始到铁岭县水利局所需时间（8 分钟），如果按韩显辉有罪供述还要仔细清除现场留下的足迹和指纹，时间则更长，韩显辉不可能在 8 月 13 日下午 3 点 50 分左右出现在单位。检察机关于 2018 年 9 月 19 日到铁岭市公安局刑警支队调查核实情况，发现侦查副卷内有证人杨某莉、宋某红在距离案发时间更近的证言。其中，杨某莉 1998 年 8 月 16 日、17 日两份证言证明，1998 年 8 月 13 日下午 3 点 30 分左右看到宋某红和韩显辉在其办公室唠嗑，杨出去后回来又看到宋某红和韩显辉在打扑克，杨不到 4 点回家。宋某红 1998 年 8 月 16 日、17 日，9 月 3 日证言证明，1998 年 8 月 13 日下午 2 点韩显辉到其办公室玩跳棋，玩完跳棋是 3 点 30 分左右，之后在屋唠嗑时杨某莉进屋，待一会儿又出去了。杨走后又摆几把扑克，张某运进屋了，三人唠一会儿后，宋某红回家，下楼到门卫看时间是下午 4 点 15 分。从下午 2 点到 4 点 15 分一直未离开屋。原判认定被告人韩显辉具有作案时间，在证据上存在着无法排除的矛盾。此外，除韩显辉有罪供述外，没有其他证据证明韩显辉在案发时到过案发现场。

第三，韩显辉有罪供述中提到的作案刀具没有提取到，辨认作案工具程序存在瑕疵，无法有效印证韩显辉有罪供述的真实性。原审卷宗记载侦查机关组织韩显辉对作案工具钳子进行辨认，但该辨认笔录只有韩显辉和一名侦查员签名，不符合 1998 年 5 月 14 日公安部发布的《公安机关办理刑事案件程序规定》第二百五十一条“辨认经过和结果，应当制作辨认笔录，由侦查人员签名，辨认人、见证人签字或者盖章”的规定。庭审时韩显辉辩解，辨认出作案工具的原因是“这把钳子带血”。在卷辨认作案工具的照片，是一张桌面上排放着五把钳子，其中只有一把钳子比较旧且带血，其余四把相对较新。韩显辉对钳子的辨认程序存在瑕疵，证明力存疑，且该钳子未作相关检验鉴定，无法确认韩显辉持该钳子击打被害人。

第四，韩显辉尼龙丝袜上的血迹是被害人穆某某血迹的可能已排除。省公安厅刑事技术总队 2018 年 8 月 15 日回复省检察院函证实：送检的材料包括半袖汗衫和尼龙丝袜2件、穆某某的尸血1份、韩显辉的血样1份。由于尼龙丝袜上血迹极其微少，不具备进行常规STR检验的条件，所以进行了线粒体DNA测序检验。经检验，尼龙丝袜上血迹线粒体测序结果与穆某某血样结果不一致。因此，可以确定韩显辉袜子上的血不是穆某某的。

本院认为，原审被告人韩显辉的有罪供述真实性、合法性存疑，依法不能作为定案的根据。本案除韩显辉的有罪供述外，没有直接证据证明韩显辉实施了犯罪行为，间接证据亦不能形成完整、闭合的证据锁链。因此，原判据以定罪的证据没有达到确实、充分的法定证明标准，认定韩显辉犯故意杀人罪事实不清，证据不足。本院对于检、辩双方所提本案事实不清、证据不足的意见，均予采纳。原审附带民事诉讼原告人杜某风、穆某军、穆某伟所提附带民事诉讼请求，因现有证据不足以认定韩显辉系侵权人，且原审附带民事诉讼原告人均书面明确表示相信法院能够依法公正审判，决定不参加本案的再审庭审。故本院对原审附带民事诉讼原告人所提附带民事诉讼请求不予支持。由于原判认定原审被告人韩显辉故意杀人的证据不确实、不充分，经审判委员会讨论决定，依照《中华人民共和国刑事诉讼法》第二百五十六条第一款、第二百三十六条第一款第（三）项、《最高人民法院关于适用〈中华人民共和国刑事诉讼法〉的解释》第三百八十四条、第三百八十九条第二款、《中华人民共和国民事诉讼法》第二百零七条、第一百七十条第一款第（二）项之规定，判决如下：

一、撤销本院（2007）辽审刑终再字第1号刑事裁定、（2003）辽刑一终字第622号刑事裁定和铁岭市中级人民法院（2003）铁刑一重字第3号刑事附带民事判决；

二、原审被告人韩显辉无罪；

三、驳回原审附带民事诉讼原告人杜某风、穆某军、穆某伟的诉讼请求。

本判决为终审判决。

审 判 长　　张学群
审 判 员　　姜凤武
审 判 员　　蔡峻峰

二〇二〇年十二月二十一日

法官助理　　丁　虹
书 记 员　　丁宣文

杨松发故意杀人案

天津市高级人民法院
刑事判决书

（2019）津刑再1号

原公诉机关天津市人民检察院第二分院。

原审被告人杨松发，男，1965年10月14日出生，汉族，陕西省洋县人，初中文化，原系天津市大港区中石化四公司某总公司职工，住天津市滨海新区大港街建安一社区（原大港区板厂路街建安里）×栋×单元×室。因犯盗窃罪于1990年7月26日被判处有期徒刑一年六个月。因本案于2001年5月30日被刑事拘留，同年6月13日被逮捕。现在天津市监狱服刑。

辩护人吴丹红，北京市友邦律师事务所律师。

辩护人赵德芳，北京市友邦律师事务所律师。

天津市人民检察院第二分院指控被告人杨松发犯故意杀人罪一案，天津市第二中级人民法院于2003年10月29日作出（2002）二中刑初字第132号刑事判决，本院于2007年12月20日作出（2003）津高刑一终字第116号刑事裁定。上述裁判发生法律效力后，杨松发不服，提出申诉。最高人民法院于2018年12月25日作出（2018）最高法刑申8号再审决定，指令本院对本案进行再审。本院依法另行组成合议庭，于2020年9月8日召开庭前会议，并于同年9月24日公开开庭进行了审理。天津市人民检察院指派检察员丁晶、孙天乐及检察官助理吕优东出庭履行职务。原审被告人杨松发在天津市监狱通过远程视频参加诉讼，辩护人吴丹红、赵德芳到庭参加诉讼。现已审理终结。

天津市第二中级人民法院判决认定，2000年夏季，被告人杨松发通过被害人刘某菊（殁年32岁）之兄刘某结识刘某菊，后二人关系密切，直至同居。2001年3月2日，杨松发从天津市大港区某汽车租赁服务部租用了一辆红色大发汽车。3 月 3 日，杨松发带刘某菊开车外出，途中二人因故发生争吵，当车行至大港区某村南青静黄河北岸土道时停车。二人下车后，杨松发持事先准备好的菜刀朝刘某菊头部、双臂猛砍，先后二次将刘某菊砍倒，后拖拉至青静黄河内抛弃。杨松发逃离现场。2001 年 3 月 16 日，刘某菊的尸体被发现并打捞上岸。经鉴定，刘某菊系因失血性休克死亡。2001 年 5 月 30 日，杨松发被抓获归案。上述事实，有现场勘查笔录，尸体检验鉴定意见，检察技术鉴定书，物证鉴定书，证人证言，杨松发指认现场的辨认笔录、录像及杨松发所作有罪供述等证据证明。

天津市第二中级人民法院认为，被告人杨松发为摆脱与被害人的恋爱关系，持凶器朝被害人要害部位多次、重复砍击，致被害人死亡，其犯罪情节、后果均属特别严重，应依法惩处。依照《中华人民共和国刑法》第二百三十二条、第五十七条第一款之规定，以故意杀人罪，判处杨松发死刑，缓期二年执行，剥夺政治权利终身。

原审一审宣判后，天津市人民检察院第二分院以原判量刑畸轻为由提出抗诉；杨松发以其没有杀害刘某菊，原判事实认定错误为由提出上诉。原审二审中，天津市人民检察院支持天津市人民检察院第二分院的抗诉意见，本院经审理裁定维持并核准原判。

本院再审期间，原审被告人杨松发提出，其没有杀害刘某菊，其有罪供述是侦查人员通过刑讯逼供取得的。其辩护人提出，本案认定杨松发有罪的事实不清、证据不足，应改判杨松发无罪，理由如下：一是本案没有客观证据指向杨松发；二是杨松发的有罪供述系刑讯逼供所得；三是杨松发指认现场的辨认笔录及录像存在重大瑕疵；四是杨松发的有罪供述在作案时间、作案凶器、租车情节等方面存在疑点。

天津市人民检察院认为，原审裁判认定杨松发故意杀人犯罪事实不清、证据不足，建议宣告杨松发无罪，理由如下：一是杨松发有罪供述的合法性、真实性存疑；二是杨松发指认现场的辨认笔录及录像存在重大瑕疵且无法补正；三是杨松发供述中所涉作案刀具、杨松发所穿旅游鞋等关键物证缺失；四是证人证言、尸体检验鉴定意见、现场勘查笔录等间接证据未形成完整的证明体系，无法得出唯一结论。

本院再审查明，2001 年 3 月 16 日 13 时许，河北省黄骅市周青庄乡某村村民秦某江在天津市原大港区某村段发现一具女尸。经侦查，确认死者系天津市原大港区居民刘某菊。经鉴定，刘某菊系他杀，死因系失血性休克死亡。

上述事实，有经原一、二审和再审庭审质证确认的刑事案件立案报告表及证人秦某江的证言，被害人刘某菊的亲属刘甲、刘乙对尸体的辨认笔录，现场勘查笔录，尸体检验鉴定意见，检察技术鉴定书，居民信息登记表等证据证实，本院予以确认。

针对原审被告人杨松发的辩解及其辩护人的辩护意见和天津市人民检察院的意见，根据再审查明的事实和证据，依照相关法律规定，本院综合评判如下：

第一，本案未提取到能够证明原审被告人杨松发作案的客观证据。案发后，侦查机关从案发现场对相关物证、痕迹进行了提取，并对被害人刘某菊的尸体进行了检验，均未发现与杨松发存在关联的客观性证据。

一是对于侦查机关从案发现场尸体附近草丛、河床上提取的血迹和毛发，经鉴定，血迹均系刘某菊所留，毛发则未检出结果，均不能证明与杨松发有关联。

二是对于侦查机关从案发现场提取的26厘米长旅游鞋鞋印和21厘米长皮鞋鞋印，因未提取到案发时杨松发、刘某菊所穿鞋物，无法做同一性认定，不能证明现场鞋印系杨松发所留。

三是经法医检验，未从刘某菊的尸体上发现或者提取到与杨松发有关联的证据。

四是据杨松发供述，其在杀害刘某菊后，将刘某菊的BP机、黑色高跟鞋丢弃于作案现场的河中，将作案工具菜刀、铁锹及刘某菊的防寒服等物品丢弃于津岐公路炼油厂附近，将其作案时所穿的旅游鞋、防寒服、裤子等物品丢弃于大港电厂附近。但案发后侦查机关未从上述地点提取到相关物证。

第二，原审被告人杨松发所作有罪供述的真实性存疑，且存在杨松发指认现场的笔录无本人签字、指认现场的录像录制不连贯等无法补正的重大证据瑕疵，均不能作为认定杨松发有罪的根据。杨松发归案后虽多次供述杀害了刘某菊，但其自侦查阶段的后期开始辩称没有作案，且经比对，其此前的有罪供述与在案其他证据存在诸多矛盾。

一是关于作案时间。据杨松发供述，2001年3月3日中午12时许，刘某菊独自出门买菜约半小时；当日下午，刘某菊去其母迟某芝家约半小时，杨松发在楼下等候，其余时间二人均在一起；当晚19时30分左右，其将刘某菊杀害。但刘某菊母亲迟某芝、姐姐刘某凤和医生杨某英等证人的证言及门诊收据、处方等书证显示，当日下午13时至15时，刘某菊陪同刘某凤去医院就医，且当晚七八点时刘某菊还去过迟某芝家。此外，尸体检验鉴定意见亦未能确定刘某菊死亡的具体时间。

二是关于作案工具。据杨松发供述，其杀害刘某菊所用的作案工具系此前从刘某凤家厨房拿走的一把黄色木把菜刀，但刘某凤证称，其家中丢失的是一把黑色塑料把菜刀。此外，杨松发供称，其砍倒刘某菊后，曾从租赁的红色大发汽车内拿出车内存放的一把铁锹，试图挖坑掩埋刘某菊；但左某新证称，其租给杨松发的红色大发汽车内并没有放置铁锹。

三是关于被害人的伤情。据杨松发供述，案发当晚刘某菊曾持刀自残，后杨松发夺过菜刀，在双方争执中持刀朝刘某菊的头部、背部和双臂猛砍数刀。但尸体检验鉴定意见证明，刘某菊背部没有创口，且刘某菊所受伤害均系他人所致。

本院认为，证据是刑事诉讼的核心，证据裁判是严格公正司法的基石，认定案件事实，必须以证据为根据。本案无任何客观性证据指向原审被告人杨松发作案；原判认定杨松发有罪的主要根据是其曾经作出的有罪供述，但其自侦查阶段后期即否认作案，且其有罪供述与证人证言、尸体检验鉴定意见等证据存在诸多矛盾，真实性存疑：杨松发指认现场的笔录及录像存在无法补正的重大瑕疵，故本案认定杨松发杀害刘某菊的证据没有形成完整的证据体系，没有达到证据确实、充分的法定证明标准。原判认定杨松发犯故意杀人罪的事实不清、证据不足，不能认定杨松发有罪。对于杨松发及其辩护人和天津市人民检察院提出的改判杨松发无罪的意见，本院予以采纳。经本院审判委员会讨论决定，依照《中华人民共和国刑事诉讼法》第二百五十六条第一款和《最高人民法院关于适用〈中华人民共和国刑事诉讼法〉的解释》第三百八十九条第二款之规定，判决如下：

一、撤销本院（2003）津高刑一终字第116号刑事裁定和天津市第二中级人民法院（2002）二中刑初字第132号刑事判决；

二、原审被告人杨松发无罪。

本判决为终审判决。

审 判 长　　尉立新

审 判 员　　刘　欣

审 判 员　　杨洪宇

二〇二〇年十二月十七日

法官助理　　孔　凯

书 记 员　　王小旭

刘平平诈骗、挪用资金案

吉林省通化市中级人民法院
刑事判决书

（2020）吉05刑再5号

原公诉机关吉林省四平市铁西区人民检察院。

原审上诉人暨一审被告人刘平平，女，1970年8月25日出生于吉林省四平市，汉族，大学本科文化，身份证号码22030319700825××××，捕前住广东省深圳市福田区某路某大厦×号。系广州骞亿贸易有限公司法定代表人。因涉嫌职务侵占于2009年9月2日被四平市公安局刑事拘留；经过四平市人民检察院批准，以挪用资金罪由四平市公安局于2009年9月30日执行逮捕。因犯诈骗罪、挪用资金罪，被四平市铁西区人民法院判处有期徒刑十七年，于吉林省女子监狱服刑。经本院决定，于2020年9月18日被解回，现羁押于通化市看守所。

辩护人周垂朝，吉林辅民律师事务所律师。

辩护人刘绍刚，吉林杨信律师事务所律师。

吉林省四平市铁西区人民检察院指控原审上诉人刘平平犯诈骗罪、挪用资金罪一案，吉林省四平市铁西区人民法院于2010年3月17日作出（2010）四西公初字第24号刑事判决，吉林省四平市中级人民法院于2010年5月12日作出（2010）四刑终字第41号刑事裁定。上述裁判发生法律效力后，吉林省高级人民法院于2020年8月7日作出（2020）吉刑监4号再审决定书，指令本院对本案进行再审。本院依法组成合议庭，公开开庭审理了此案。吉林省通化市人民检察院指派检察员陈凤国出庭履行职务，原审上诉人刘平平及其辩护人周垂朝、刘绍刚均到庭参加诉讼。现已审理终结。

原审判决认定：

（一）被告人刘平平于2009年6月、7月，以给张某云父亲张某佳聘请深圳律师潘某为名，取得张某云的信任骗得“律师费”50万元。后又以给张某佳找记者呼吁的名义，骗得张某云、王某松12万元，其诈骗数额共计62万元。已由公安机关追缴50万元，返还给被害人。被告人刘平平于2009年9月2日被公安机关抓获归案。

原审判决引用了如下证据予以证明：

1. 被告人刘平平在公安机关侦查和公诉机关审查期间的供述：张某云让我帮着找律师，我想借机会骗她点钱。我说你不能请完律师就拉倒，你还得出个人陪着律师，当时我又说陪律师的重要性我当时说聘深圳中安律师事务所的潘某律师和我一起陪着田律师和金律师，但是不能白请啊，怕张某云不相信我，我就把潘某找来了，让张某云看看。其实我根本没有聘请潘某的意思，这样张某云看见律师了，我就好管她要钱了，潘某当天就回去了。等潘某走以后我才跟张某云说得给人家钱，就说给潘某律师，张某云就相信了，其实我根本就没聘请潘某律师，潘某律师也根本不知道这事，更不知道我收张某云50万元的事，就这样我就到手了50万元。当时张某云给我汇的款，我给她提供的账号。我自己没有卡和账号，所以用我妹妹的，这笔款是一次性打给我妹妹的。当时张某云还告诉我查收一下，我就给我妹妹打电话查的，确认收到后又告诉张某云收到钱了。我在红钢当过法律顾问，张某佳出事后，他女儿张某云找我帮他找律师，我一看有机会了，就以帮她找律师为理由骗她钱，这笔钱还在我妹妹刘某贺那里。第二次张某云又给了我10万元人民币，在给我50万元后不几天，她取来10万元，我直接在中行开了一个账户，把钱全存里了。这10万元我当时也是以办事的名义，从他们手里要的钱，其实什么事也没办成。这10万元我花了就剩1万多元。后来张某云又给了我2万元，这钱是给记者的费用。当时王某松在北京想找记者帮着呼吁，田某昌给联系一个记者，我和王某松坐飞机去长春和记者见的面，具体说什么记不起来了，这2万元我在和记者见面后给了他。

2. 张某云的陈述：2009年6月19日我父亲张某佳被双规后我就想为他请个律师，6月20日上午我给刘平平打电话联系找律师的事。当时刘平平正在去北京的路上，当天晚上我和刘平平见面了。我问她怎么能聘请到律师，刘平平答应帮助找律师后在北京住下了。而后她联系了北京的金某律师以及田某昌律师，后来商量一共要300万元的律师费，我同意了，也签了协议。后来刘平平又说，请律师不能白请啊，反复强调请律师有多重要，说她和潘某一起陪金某，我就明白她是想要我给她拿钱。7月初时我就给刘平平汇款50万元（汇到刘某贺账户）作为她和潘某的好处费。后来刘平平又说找记者帮忙呼吁一下，但不能白找，我就知道她让我拿好处费，我就给她的中行卡上存了10万元，后来我明白了，刘平平是在利用我急于帮张某佳打官司的心理在骗我钱啊，并且胃口越来越大，她答应办的事没有一个办成的；2009 年 7 月初一天下午 1 点多，我和刘平平一起到交通银行北京酒仙桥支行，用我的交通银行卡提取现金 20 万元。我把其中的 10 万元交给刘平平作为她帮助张某佳活动费用，另外 10 万元，我让刘平平用她的名字帮我转到中国银行将台路支行。刘平平先把我给他的 10 万元钱存到中国民生银行，随后刘平平用她的名字把那 10 万元帮我存到中国银行将台路支行，存完她把中国银行卡交给了我。7 月中旬，王某松和刘平平一起回长春为张某佳找媒体呼吁，王某松还给了刘平平 2 万元的现金。

3. 王某松的陈述：今年 6 月 19 日，张某佳被四平公安局找走了，我害怕牵连子女，就开车回长春又到吉林、哈尔滨、太原转了一圈，7 月 3、4 号我就回家了，发现张某云和刘平平都在，张某云告诉我说联系了金某律师都办好了，还说她给刘平平 50 万元。刘就一直在我家住着，这期间总听刘平平说想办法帮忙找人搭救张某佳，找谁都不能白帮忙，我们也表示不能白求人。今年 7 月末刘平平对我和张某云说要找记者帮忙呼吁一下，同时说人家记者也不能白忙活，后来张某云说还给刘平平存了 10 万元钱作为给记者的好处费，怎么给存的钱我不知道。我给了刘平平 2 万元，记者呼吁的事和打探内部消息都没有落实，我就有被骗的感觉了。

4. 潘某的证言：今年 7 月份，通过同行律师刘平平介绍和张某云接触过一次，张某云当时想请律师我才过去的。她当时说给我介绍个案子，要我到北京去谈一下，后来我就去北京了。到北京和张某云见面以后，张某云和我说之前见过北京的田某昌律师了，和田律师也签了这个案件，当时我有点不高兴，你看你都请律师了，怎么还找我，后来我一看张某云没有什么诚意，我就回深圳了，之后这件事就不了了之了。潘某并证实，张某云没有通过刘平平或刘某贺支付 50 万元人民币律师费，根本没有，听都没听过。

5. 刘某贺证言：今年 6 月末的时候，我姐姐给我打电话语气很急，要我银行账号，然后我就告诉她我招商银行的账号了，别人打过来一笔 50 万元人民币，钱到账以后，我就把钱取出来了，这笔钱一直放在我家里，我姐一直没取。

6. 公安机关出具的交通银行北京酒仙桥支行个人电汇凭条证实，张某云于 2009 年 6 月 26 日向刘某贺（刘平平的妹妹）的招商银行深圳分行百花支行账户（622580755175 × × × ×）汇款 50 万元人民币。

7. 刘某贺于 2009 年 7 月 1 日在招商银行深圳分行百花支行账户上 3 次支取 50 万元的个人存取款凭条及该账户历史交易明细表存取款记录。

8. 公安机关出具的情况说明证明，公安机关已在原审上诉人刘平平的妹妹刘某贺手中追缴人民币50万元，并返还给张某云。

9. 公安机关出具的交通银行北京酒仙桥支行个人取款凭条证实：张某云于2009年7月3日支取20万元。

10. 公安机关出具的中国银行将台路支行存款凭条证实：原审上诉人刘平平于2009年7月3日用其名字将张某云支取的10万元存入该行。

11. 公安机关出具的中国民生银行北京电子城支行存款凭条证实，原审上诉人刘平平于2009年7月3日将张某云给的10万元钱存到该行自己名下。

12. 公安机关出具的原审上诉人刘平平户籍证明。

13. 公安机关出具的抓获经过。

（二）被告人刘平平意欲在广州注册成立广州骞亿贸易有限公司，需要验资款人民币100万元。2008年5月份，被告人刘平平多次找到四平红嘴钢铁有限公司总经理张某佳（另案处理），与其商议挪用红钢公司资金100万元用于注册成立公司。张某佳便指派红钢公司财务人员秦某红，于2008年5月28日汇给被告人刘平平的广州骞亿贸易有限公司账户100万元。2008年6月13日被告人刘平平以注册资金100万元，在广州注册成立了广州骞亿贸易有限公司（自然人独资），自认法人代表。在该公司经营期间。被告人刘平平一直未返还验资款，直至2009年3月12日四平红嘴钢铁有限公司从被告人刘平平销售钢材提成款中扣除100万元，抵消了被告人刘平平挪用的资金。

原审判决引用了如下证据予以证明：

1. 被告人刘平平在公安机关侦查和公诉机关审查期间的供述：2008年5月末的时候，我准备在广州开个公司，但没有注册资金。我在广州时给张某佳打的电话，说想开个公司，但没有注册资金。开始他不同意，后来我又找了他二三次，也是打电话找的，最后他说你公司核准没，我说核准了。他问我注册资金的账号，怕我以开公司的名义干别的，我告诉他，他说你找财务的秦某红吧，我交代给他了。我与秦某红联系，秦某红就以我刘平平个人资金的名义，往我在广州成立的骞亿公司的账户上打了100万元人民币。2008年6月13日，我的公司就成立了，注册资金是100万元，我是独立法人。2009年2月借资款是从我的提成款中扣除的。

2. 张某佳在公安机关侦查期间的供述：负责销售红钢的成品钢材的公司有哈尔滨庆峰钢材贸易有限公司、长春第二办事处、沈阳三平贸易有限公司、天津硕捷钢材贸易有限公司、上海硕捷贸易有限公司、广州骞亿贸易有限公司、肖某的公司、李某的公司。就广州骞亿贸易有限公司是红钢出资100万元注册的公司，是刘平平个人的公司，她是独立的法人。骞亿公司和红钢之间就是一般的买卖关系，没有隶属关系，骞亿公司的人事任免、盈亏等都与红钢没有关系，只是骞亿公司注册资金是红钢借给刘平平的。刘平平和我说要在广州开一家她自己的公司，主要业务就是经销红钢的成品钢材，她说注册资金没有，想向红钢公司先借款注册，我就告诉红钢公司的财务不是秦某红就是许某我记不住了，给刘平平汇去了注册资金。

3. 秦某红的证言：刘平平以前是我们公司的法律顾问，2008 年上半年，张总找到我，具体时间记不清了，当时他说想在广州那边发展点业务，刘平平自己在广州开一家公司，但她没有验资钱，需要 100 万元的注册资金，她没有钱，咱们借给她 100 万元，等她验完资再给咱们把钱打回来。张总和我说完这事以后我就把钱打到刘平平的公司账上了，这个公司往来账上有汇款单子。我在汇款前给刘平平打了一个电话，当时我告诉他张总让我给你汇 100 万元验资用，你看把钱打到什么地方，刘平平就告诉了我一个账号，我就把钱汇过去了。结果都到年底了，我追了她几次，她也没还，我也和张某佳说了催他让刘平平还款，但她当时没还上，我就将这笔款挂账上了，挂到刘平平和公司的个人往来账上了。后来刘平平说这钱让她装修用了，我就让她打了一个借条，后来她一直没还，过了一年左右我就从她的提成款里面扣除了 100 万元。

4. 四平红嘴钢铁有限公司出具的于 2008 年 5 月 28 日汇给被告人刘平平开办的广州骞亿贸易有限公司验资款 100 万元汇款单及记账凭证。

5. 广州市工商行政管理局出具的企业注册基本资料证实：被告人刘平平注册的广州骞亿贸易有限公司于 2008 年 6 月 13 日成立，注册资本为 100 万元，自然人投资控股，法定代表人刘平平，经营范围批发和零售贸易。

6. 广州市金埔会计师事务所对广州骞亿贸易有限公司 2008 年度的验资报告及注册资本实收情况明细表证实，该公司已一次缴足注册资金 100 万元。

7. 中国民生银行广州黄埔支行公司企业注册资本入资专用存款账户余额通知书证明，广州骞亿贸易有限公司在该行注册资本专用存款余额为 100 万元。

8. 四平红嘴钢铁有限公司出具的记账凭证（2008 年 12 月 31 日第 1553 号）证实，被告人刘平平验资款 100 万元被秦某红在年底挂到其个人往来账上；情况说明证实没有找到刘平平 2008 年 12 月份 1553 号凭证附广州骞亿贸易有限公司 100 万元的借据。

9. 四平红嘴钢铁有限公司出具的财务结算专用凭证 HC00011 证实，红钢财会于 2009 年 3 月 12 日在报告人刘平平销售钢材提成款中扣除验资款 100 万元。

10. 四平红嘴钢铁有限公司股东会决议证实，四平红嘴钢铁有限公司于 2007 年 6 月 11 日召开临时股东会议，全体股东一致同意将公司章程第五十章第十一条修正为：股东姓名、身份证号码、出资方式、出资额：张某佳出资额 30 万元系公司董事。

原审法院认为，被告人刘平平无视国家法律，伙同他人挪用资金，数额巨大，已构成挪用资金罪；以非法占有为目的，骗取他人财物数额特别巨大，情节特别严重，已构成诈骗罪，被告人刘平平及其辩护人的意见，与查明的事实不符，不予采信。据此，以挪用资金罪，判处被告人刘平平有期徒刑五年；以诈骗罪判处有期徒刑十三年，决定执行有期徒刑十七年。并处没收被告人刘平平所有坐落于四平市地直街市委小区×号楼×单元×层至×层面积205.84平方米房产一处及该小区×号楼×层×号车库一处；对公安机关查询扣押的被告人刘平平在中国民生银行北京电子城支行的银行卡622622010717××××号卡内12万元予以追缴。于判决发生法律效力后立即执行。

原审上诉人刘平平认为，其不构成诈骗罪和挪用资金罪。其辩护人认为，侦查机关在侦查过程中有刑讯逼供行为，对相关证据应依法排除，认定刘平平构成诈骗罪及挪用资金罪的事实不清，证据不足，建议依法判决刘平平无罪。

检察机关认为，对原审判决据以引用的原审上诉人刘平平的供述及证人张某云的陈述均应依法予以排除，现有证据能够证明刘平平没有诈骗的故意且未实施诈骗犯罪行为。原审判决认定刘平平构成挪用资金罪的共犯的证据不足。建议法庭依法纠正。

本院经审理查明：

（一）诈骗罪

2009年6、7月，张某云因其父张某佳被“双规”欲通过刘平平聘请律师为其辩护，刘平平帮其找到北京律师后，应张某云的要求又找到深圳的律师潘某，双方商谈欲组成律师团，初步达成协议后，张某云与刘平平商议潘某律师费问题。后刘平平与潘某返回深圳，在去机场途中，刘平平询问潘某后答复张某云需律师费三四十万元，张某云当即决定给刘平平50万元，后向刘平平索要银行账号后将款汇入刘平平妹妹刘某贺卡内。2009年7月3日，张某云在北京找刘平平用刘的名字新开了银行卡，向卡内存入人民币10万元，给刘平平作为二人在北京的日常花销及与律师沟通的费用。后张某云欲通过媒体扩大其父被迫害的情况，其找刘平平商量，刘平平为其推荐一名记者，张某云让其夫王某松同刘平平一起去长春找记者，并嘱托王某松给记者2万元钱，王某松未通过刘平平私下将钱给了记者。

上述事实，有庭审中质证、认证并本院采信的下列证据予以证明：

1. 证人张某云的证言，证明其主动给刘平平律师费等相关费用，以及刘平平对给记者拿钱一事不知情的事实。

2. 证人潘某的证言，证明刘平平及张某云找其去北京，双方商谈组织律师团为张某佳辩护的经过，并能证明在和刘平平去机场途中，刘平平问其律师费用，其答复需要三四十万元的事实。

3. 原审上诉人刘平平的供述，证明张某云通过其找律师以及找潘某一起组成律师团的事实，并能证实张某云问其潘某的律师费用，其在征求潘某意见后回复张某云需三四十万元，张某云当即表示给其50万元的事实，以及几天后在北京，张某云用其名字新开银行卡，给其10万元，作为二人日常花销及与律师沟通的费用，以及其后帮张某云联系记者的事实经过。

关于原审上诉人刘平平在侦查机关作出的有罪供述，有检察机关当庭出示的证人曹某忠、陈某忠、赵某斌、宋某、张某松、徐某伟、任某、张某云的证言，能够证明侦查机关在对刘平平讯问时存在刑讯逼供行为，依据非法证据排除规则的相关规定，本院对原审上诉人刘平平的有罪供述依法予以排除，不作为判决的依据。

关于证人张某云在侦查机关的证言，有检察机关当庭出示的证人曹某忠、陈某忠、宋某、张某松、徐某伟、任某、张某云的证言，能够证明侦查机关以威胁、恐吓、引诱等非法手段取得张某云的证言。依据非法证据排除规则的相关规定，本院对原审张某云的证言依法予以排除，不作为判决的依据。

原审上诉人刘平平的当庭陈述与证人张某云及潘某在检察机关的证言相互印证，能够证明张某云主动给刘平平律师费等相关费用，以及刘平平对张某云给记者钱并不知情的事实。故原审上诉人刘平平不具有诈骗的犯罪故意，且未实施诈骗犯罪的相关事实。原审判决认定事实有误，依法应予纠正。

（二）挪用资金罪

原审上诉人刘平平意欲在广州注册成立广州骞亿贸易有限公司，需要验资款人民币100万元。2008年5月，原审上诉人刘平平多次找到四平红嘴钢铁有限公司总经理张某佳（另案处理）协商，张某佳指派红钢公司财务人员秦某红，于2008年5月28日汇给原审上诉人刘平平的广州骞亿贸易有限公司账户100万元。2008年6月13日原审上诉人刘平平以注册资金100万元，在广州注册成立了广州骞亿贸易有限公司（自然人独资），自认法人代表。2009年3月12日，四平红嘴钢铁有限公司从原审上诉人刘平平销售钢材提成款中扣除100万元，抵消了刘平平欠款。

上述事实，有庭审中质证、认证并本院采信的下列证据予以证明：

1. 原审上诉人刘平平在公安机关侦查和公诉机关审查期间的供述：2008年5月末的时候，我准备在广州开个公司，但没有注册资金。我在广州时给张某佳打的电话，说想开个公司，但没有注册资金。开始他不同意，后来我又找了他二三次，也是打电话找的，最后他说你公司核准没，我说核准了。他问我注册资金的账号，怕我以开公司的名义干别的，我告诉他，他说你找财务的秦某红吧，我交代给他了。我与秦联系，秦某红就以我刘平平个人资金的名义，往我在广州成立的骞亿公司的账户上打了100万元人民币。2008年6月13日，我的公司就成立了，注册资金是100万元，我是独立法人。2009年2月借资款是从我的提成款中扣除的。

2. 张某佳在公安机关侦查期间的供述：骞亿公司注册资金是红钢借给刘平平的。刘平平对我说要在广州开一家她自己的公司，主要业务就是经销红钢的成品钢材，她说注册资金没有，想向红钢公司先借款注册，我就告诉红钢公司的财务不是秦某红就是许某我记不住了，给刘平平汇去了注册资金。我认为红钢公司应该借给她钱开赛亿公司，她公司销售红钢钢材，是对红钢有利的事，好事怎么不去做呢。

3. 秦某红的证言：刘平平以前是我们公司的法律顾问，2008年上半年的时候，张总找到我，具体时间记不清了，他说想在广州那边发展点业务，刘平平自己在广州开一家公司，但她没有验资钱，需要100万元的注册资金，她没有钱，咱们借给她100万元，等她验完资再给咱们把钱打回来。当时总经理张某佳说刘平平这个公司属于红钢的办事处，我以为既然是自己家公司的事，打款也没什么，张总和我说完这事以后我就把钱打到刘平平的公司账上了，这个公司往来账上有汇款单子。我在汇款前给刘平平打了一个电话，当时我告诉他张总让我给你汇100万元验资用，你看把钱打到什么地方，刘平平就告诉了我一个账号，我就把钱汇过去了。结果都到年底了，我追了她几次，她也没还，我也和张某佳说了催他让刘平平还款，但她当时没还上，我就将这笔款挂账上了，挂到刘平平和公司的个人往来账上了。后来刘平平说这钱让她装修用了，我就让她打了一个借条，后来她一直没还，过了一年左右我就从她的提成款里面扣除了100万元。

4. 证人孙某会（时任红钢集团副总经理）的证言：张某佳会上正式说过刘平平的公司是红钢集团广州分公司，还在会上表扬过刘平平的红钢广州分公司，在广州盈利支援总公司。广州分公司的注册资金是红钢出的。

5. 四平红嘴钢铁有限公司出具的于2008年5月28日汇给原审上诉人刘平平开办的广州骞亿贸易有限公司验资款100万元汇款单及记账凭证。

6. 广州市工商行政管理局出具的企业注册基本资料证实，原审上诉人刘平平注册的广州骞亿贸易有限公司于2008年6月13日成立，注册资本为100万元，自然人投资控股，法定代表人刘平平，经营范围批发和零售贸易。

7. 广州市金埔会计师事务所对广州骞亿贸易有限公司2008年度的验资报告及注册资本实收情况明细表证实，该公司已一次缴足注册资金100万元。

8. 中国民生银行广州黄埔支行公司企业注册资本入资专用存款账户余额通知书证实，广州骞亿贸易有限公司在该行注册资本专用存款余额为100万元。

9. 四平红嘴钢铁有限公司出具的记账凭证（2008年12月31日第1553

号）证实，原审上诉人刘平平验资款100万元被秦某红在年底挂到其个人往来账上；情况说明证实，没有找到刘平平2008年12月份1553号凭证附广州骞亿贸易有限公司100万元的借据。

10. 四平红嘴钢铁有限公司出具的财务结算专用凭证HG0001157证实，红钢财会于2009年3月12日在原审上诉人刘平平销售钢材提成款中扣除验资款100万元。

11. 四平红嘴钢铁有限公司股东会决议证实，四平红嘴钢铁有限公司于2007年6月11日召开临时股东会议，全体股东一致同意将公司章程第五十章第十一条修正为：股东姓名、身份证号码、出资方式、出资额：张某佳出资额30万元系公司董事长。

本院认为，原审上诉人刘平平不符合挪用资金罪的犯罪主体资格，且卷中并无证据证明刘平平与张某佳共谋挪用资金的事实，亦无证据证明刘平平指使、唆使张某佳挪用资金归自己使用，虽然现有证据能够认定刘平平应当明知其使用的资金是红钢公司所有，但并无证据证明其对资金来源的非法性知情，且其在资金转账过程中并未提供帮助。故认定原审上诉人刘平平构成挪用资金罪的证据不具有唯一性、排他性，刘平平构成挪用资金罪的共犯的证据不足。

综上所述，本院认为，原审判决据以认定刘平平犯诈骗罪的有罪证据已被依法排除，现有证据能够证明原审上诉人刘平平不具有诈骗的故意，且未实施诈骗犯罪的相关事实。原审判决认定事实有误，应依法纠正。原审判决认定被告人刘平平犯挪用资金罪的事实不清，证据不足。依照《中华人民共和国刑事诉讼法》第二百五十六条、第二百三十六条第二项、第二百条第二项、第三项之规定，判决如下：

一、撤销吉林省四平市铁西区人民法院（2010）四西公初字第24号刑事判决；

二、撤销吉林省四平市中级人民法院（2010）四刑终字第41号刑事裁定；

三、原审上诉人刘平平无罪。

本判决为终审判决。

审判长　　王志刚
审判员　　郭丽萍
审判员　　王均红

二〇二〇年十一月十日

书记员　　孙　爽

何学光故意杀人案

云南省红河哈尼族彝族自治州中级人民法院
刑事判决书

（2020）云25刑初94号

原公诉机关云南省红河哈尼族彝族自治州人民检察院。

原审被告人何学光，男，1970年5月生，彝族，云南省弥勒市人，小学文化，农民，原住云南省弥勒县西一乡某村公所（现弥勒市西一镇某村委会）B村。因涉嫌犯故意杀人罪于1994年4月22日被拘传，同月23日被收容审查，同年5月24日被逮捕。经裁判于1996年6月28日交付云南省昆明监狱执行。2020年8月19日解押回蒙自市看守所。

辩护人尹德周、陈欢欢，云南凌云律师事务所律师。

云南省红河哈尼族彝族自治州人民检察院以（1994）红检审诉字第199号起诉书指控被告人何学光犯故意杀人罪，附带民事诉讼原告人师某有提起附带民事诉讼一案，本院于1995年12月24日作出（1995）红刑初字第21号刑事附带民事判决，以故意杀人罪判处何学光无期徒刑，剥夺政治权利终身，赔偿师某有人民币2000元。宣判后，何学光不服，提出上诉，云南省高级人民法院于1996年4月3日作出（1996）云高刑二终字第81号刑事附带民事裁定，驳回上诉，维持原判。裁判发生法律效力后，原审被告人何学光以其无罪为由提出申诉，云南省高级人民法院于2018年11月12日作出（2015）云高刑监字第222号再审决定，对本案进行再审。云南省高级人民法院再审后，于2020年6月5日作出（2018）云刑再7号刑事附带民事裁定，撤销云南省高级人民法院（1996）云高刑二终字第81号刑事附带民事裁定和本院（1995）红刑初字第21号刑事附带民事判决，发回本院重新审判。本院于2020年7月13日受理后，在诉讼过程中，就附带民事诉讼部分通知附带民事诉讼原告人师某有，其近亲属告知师某有已去世，并表示不再参与本案诉讼。本院依法另行组成合议庭，于2020年8月18日公开开庭审理了本案。云南省红河哈尼族彝族自治州人民检察院指派检察员马程远、代理检察员吴明金出庭履行职务，原审被告人何学光及辩护人尹德周、陈欢欢到庭参加诉讼。本案现已审理终结。

本院（1995）红刑初字第21号刑事附带民事判决认定，被告人何学光因被A村的人用石头砸过并和A村的人打过架而产生报复之心。1994年4月2日22时许，何学光携带捆绑好的炸药及电筒朝A村方向走。当走到距B村一公里的地方时，发现对面有人走来，认定是A村人，即用火柴点燃导火线，将炸药朝对面来人抛去，当场将A村的师某金炸死。经法医鉴定：师某金系被爆炸飞行物（石块）击伤头颅左枕部致严重颅脑损伤死亡。认定上述犯罪事实有现场勘查笔录、尸检鉴定结论、指认笔录、辨认笔录、何学光的有罪供述等证据予以证实。本院原审认为，何学光为报复而使用炸药炸死他人的行为已构成故意杀人罪。依照1979年《中华人民共和国刑法》第一百三十二条、第五十三条第一款、第三十一条之规定，以故意杀人罪判处何学光无期徒刑，剥夺政治权利终身；赔偿附带民事诉讼原告人师某有人民币2000元。

宣判后，何学光以没有实施犯罪为由，提出上诉。云南省高级人民法院二审认定的犯罪事实、证据与一审判决一致，对何学光提出的上诉理由不予采纳，裁定驳回上诉，维持原判。

本院再审庭审中，何学光辩称，他与被害人师某金无冤无仇，没有去过案发现场，没有炸过人，他是无罪的，指控罪名不成立，希望法庭查明案情，还其清白。

何学光的辩护人提出应当宣告何学光无罪，主要理由是：1. 公安机关对何学光采取强制措施时并未掌握任何直接证据或线索指向何学光与本案相关。案发后获取的相关物证及在案的多名证人证言，均未指向本案的作案人系何学光。2. 何学光的有罪供述不具有合法性、真实性，不应作为定案的根据。本案证实何学光有罪的直接证据仅有何学光的有罪供述，公安机关对何学光存在长时间的疲劳审讯，何学光的有罪供述极不稳定，其有罪供述的真实性无法确认。3. 何学光的有罪供述与在案物证之间无法形成印证关系。本案实施犯罪的爆炸物来源不明、提取火柴梗的程序不合法，现场物证与从何学光家搜出的爆炸物等物无法证实具有同一性。何学光的有罪供述与在案物证无法形成真实、稳定的印证关系。4. 何学光的有罪供述与证人证言存在重大矛盾，无法形成印证关系，5. 何学光不具备作案时间，其有罪供述中的作案动机明显不符合常理。综上，本案缺少锁定何学光曾到过案发现场并实施故意杀人行为的客观证据，何学光有罪供述的真实性、合法性存疑，而且与在案的其他证据无法形成印证，指控何学光故意杀人的事实不清，证据不足，请求法庭宣告何学光无罪。

出庭检察员庭审中发表意见认为：1. 何学光故意杀人的动机不明。2. 本案被害人死亡的客观结果与何学光的行为之间是否具有刑法上的因果关系存疑。3. 现有在案证据，无法得出案发当晚何学光将被害人师某金炸死的唯一结论。4. 公安机关对何学光存在疲劳审讯的情形。5. 何学光的有罪供述与证人师某华证言不符。建议法庭依法对何学光作出公平公正的判决。

经再审查明：1994 年 4 月 2 日晚，弥勒市西一镇 A 村委会 A 村男青年师某金等人与 B 村的女青年约会。当日 22 时许，被害人师某金等人欲去接赴约的 B 村女青年，当走到距 B 村约一公里处时发生爆炸，师某金被炸死。经法医鉴定：师某金系被爆炸飞行物（石块）击伤头颅左枕部致严重颅脑损伤死亡。

上述事实，有现场勘查笔录、尸体检验鉴定结论及照片、证人师某华的证言等证据予以证实，本院予以确认。

原审认定何学光于 1994 年 4 月 2 日 22 时许使用炸药将被害人师某金炸死的犯罪事实，本院认为这一认定事实不清、证据不足，不予确认。具体评判如下：

1. 公安机关在抓获何学光之前、无任何证据证实何学光与本案有直接关联

案发后，公安机关经过排查，推断并锁定何学光为本案犯罪嫌疑人，侦破报告中记载理由是：何某伟（何学光之弟）证实案发当晚何学光 21 时许回家后不知去向；多名证人证实何学光懂一定爆破技能：1994 年 4 月 16 日公安人员通知何学光到村公所接受调查时，何学光没有去。对公安机关推断并锁定何学光作案的理由，从卷宗材料及案发当时的客观实际情况看，案发地地处石头较多的山区，当时炸药管理不规范，村民修路、盖房都会使用炸药炸石头，何学光不是村里唯一懂爆破的村民，何学光懂一定爆破技能并不能证明其与本案存在必然关联性；何某伟的证言不能证实何学光到达过犯罪现场并实施了犯罪；何学光不配合公安机关调查的行为，也不能证明何学光与本案有直接关联。故对辩护人所提公安机关对何学光采取强制措施时未掌握任何直接证据或线索指向何学光与本案相关的辩护意见，本院予以采纳。

2. 何学光的有罪供述合法性、真实性存疑，不能作为定案的根据

一是从公安机关审讯何学光的时间来看，存在长时间疲劳审讯的情形。公安机关从 1994 年 4 月 22 日 15 时 45 分起至 4 月 24 日 15 时止，对何学光进行了六次讯问，连续讯问长达 40 余小时，何学光均作无罪供述，到第七次讯问

时才开始作有罪供述，其有罪供述的合法性存疑。

二是何学光供述不稳定，存在从不供到供述再到翻供的反复变化。何学光在公安机关先作无罪供述，后作有罪供述，在检察院审查起诉、原审庭审时均翻供，其有罪供述的真实性存疑。

三是何学光有罪供述所描述的作案细节与证人证言存在矛盾。何学光供述称，案发当晚他走到案发地，看见对面两人打着电筒迎面走来，听见来人在讲小黑彝话，即判断是 A 村的人，就点燃炸药朝来人头顶方向丢过去。然而，证人师某华证言证实，他与师某金同行，两人是摸黑走路，没有开电筒，也没有讲话，当晚并未发现异常情况，二人供证不能印证。

故对出庭检察员发表的何学光有罪供述与证人师某华证言不符、存在疲劳审讯的意见，以及辩护人所提何学光有罪供述合法性、真实性存疑的辩护意见，本院予以采纳。

3. 在案物证不能证实何学光与本案具有关联

案发后，公安机关从爆炸现场提取尘土 300 克、火柴梗 1 枚，并从何学光家中查获了炸药、雷管和导火线等物，但上述物证不能证实何学光与本案具有关联。一是爆炸现场提取的尘土中检出铵梯炸药成分，与何学光家查获的炸药、雷管未作同一鉴定。二是现场提取的火绳碎片，亦未与何学光家查获的导火线作同一鉴定。三是现场提取的火柴梗无提取工作记录，也未作相关痕迹鉴定，且该火柴梗系案发后 24 天，何学光在指认现场时，侦查人员从开放式的路面现场提取，认定火柴梗是何学光引爆炸药所使用的作案工具不具有排他性。故对辩护人针对本案在案物证发表的辩护意见，本院予以采纳。

4. 何学光是否具有作案时间存疑

多名证人证言证实何学光在案发当天下午至晚上，在村民杨某光家帮厨、吃饭。但是，他离开杨家以及回到自己家中的具体时间，证人都是根据生活经验估算，准确性无法确定。关于何学光离开杨家的时间，证人杨某明称 9 点半时何学光还在杨家；证人石某伟称 8 点半前何学光已经走了；证人杨某称何学光 10 点多钟走的。关于何学光当晚回家的时间，其弟何某伟称他 9 点左右回过家，之后活动情况不清楚。因此，证人证言之间不能相互印证相关时间点，何学光是否有作案时间存疑。故对辩护人所提何学光不具备作案时间的辩护意见，本院已充分注意。

5. 何学光的作案动机不符合常理

原公诉机关指控何学光因被 A 村的人用石头砸过并和 A 村的人打过架而产生报复之心。何学光辩称，1994 年正月初五（2 月 14 日）与 A 村的人打过架，并曾被 A 村的人用石头砸着膝盖，但他与本案被害人并不认识，更无矛盾和冲突。经查，案发当天上午，何学光在村上帮忙收拾前一天比赛用过的桌椅、板凳，下午去杨某光家帮厨，之后在杨家吃饭、喝酒，其间也并无蓄意报复他人的言行。当晚何学光针对A村不特定的人员进行报复，此作案动机存疑且不符合常理。故对出庭检察员发表的何学光作案动机不明的意见，以及辩护人所提何学光作案动机不符合常理的辩护意见，本院予以采纳。

本院认为，原公诉机关指控何学光犯故意杀人罪的直接证据只有何学光的有罪供述，在案的其他证据，如现场勘查笔录、尸检鉴定结论、扣押物品清单、证人证言等证据，仅能证明本案发生的时间、地点、后果及何学光懂得爆破技术并持有炸药、雷管等物品的事实，并不能证实何学光故意杀人的事实。何学光的有罪供述是在长时间疲劳审讯后作出的，该供述不稳定，移送检察机关审查起诉后即推翻了所作的有罪供述，其有罪供述的真实性、合法性存疑，不能作为认定何学光故意杀人的依据。在案其他间接证据不能相互印证，形成完整的证据锁链。本案证据没有达到确实、充分的法定证明标准。故原公诉机关指控何学光犯故意杀人罪的事实不清、证据不足，指控罪名不能成立，本院不予支持。何学光及其辩护人所提应当改判何学光无罪的辩解和辩护意见，本院予以采纳。依照《中华人民共和国刑事诉讼法》第二百五十六条、第五十五条、第二百条第（三）项之规定，经本院审判委员会讨论决定，判决如下：

原审被告人何学光无罪。

如不服本判决，可在接到判决书的第二日起十日内，通过本院或直接向云南省高级人民法院提出上诉，书面上诉的，应交上诉状正本一份，副本二份。

审判长　　孙利波
审判员　　李颖訸
审判员　　周琼梅

二〇二〇年九月二十三日

书记员　　白婼娴

张玉环故意杀人案

江西省高级人民法院
刑事判决书

（2019）赣刑再3号

原公诉机关江西省南昌市人民检察院。

原审被告人张玉环，男，汉族，1967年9月18日出生于江西省进贤县，小学文化，农民，捕前住江西省进贤县凰岭乡官圳村委会镇某村。1993年10月27日被收容审查，同年12月29日被逮捕。现在江西省南昌监狱服刑。

辩护人王飞，北京泽博律师事务所律师。

辩护人尚满庆，广东德纳（武汉）律师事务所律师。

江西省南昌市人民检察院指控被告人张玉环犯故意杀人罪一案，南昌市中级人民法院于1995年1月26日作出（1994）中刑初字第74号刑事判决，以故意杀人罪判处张玉环死刑，缓期二年执行，剥夺政治权利终身。宣判后，张玉环向本院提出上诉。本院于1995年3月30日作出（1995）赣刑终字第89号刑事裁定，撤销原判，发回重审。南昌市中级人民法院经重审，于2001年11月7日作出（2001）洪刑一初字第125号刑事判决，以故意杀人罪判处张玉环死刑，缓期二年执行，剥夺政治权利终身。宣判后，张玉环再次向本院提出上诉。本院于2001年11月28日作出（2001）赣刑一终字第375号刑事裁定，驳回上诉，维持并核准原判。裁判发生法律效力后，张玉环提出申诉，并于2017年8月22日向本院提交刑事申诉书。本院于2019年3月1日作出（2018）赣刑申27号再审决定书，决定依法另行组成合议庭对本案进行再审。本院于2020年7月9日公开开庭审理了本案。江西省人民检察院检察员黎莉、邱伟，检察官助理赵蓉、闫峻出庭履行职务，原审被告人张玉环及其辩护人王飞、尚满庆到庭参加诉讼。本案现已审理终结。

南昌市中级人民法院（2001）洪刑一初字第125号刑事判决认定，1993年10月24日上午11时许，被告人张玉环从责任田拖禾草回家时，看见男童张某荣、张某伟在他家的屋檐下玩，将台阶上的土往阶下扒，联想到张某荣以前打过他儿子，还倒掉过他家的油、盐，很生气，即冲过去打了张某荣两巴掌，并骂道："你这个狗吃的又在这里害人。"张某荣被打后用手抓张玉环，将张玉环两手手背抓伤出血。张玉环更加气愤，将张某荣拖至其兄堆放杂物的房内，用手掐住张某荣的颈部，直至其不能动弹。接着，张玉环持木棍朝张某荣胸、背部击打数下，又用麻绳顺着张某荣的嘴角两侧往后颈部猛勒数分钟，致张某荣窒息死亡。张玉环害怕杀人罪行败露，又将还在屋前玩的张某伟提进房内，用手猛掐张某伟颈部，致其窒息死亡。随后将两具尸体藏好，继续到田里拖禾草。当天晚上，张玉环借到晒谷场看稻谷之机，将张某荣、张某伟的尸体装进麻袋，用板车拖至晒谷场，后又背着两具尸体，抛至下马塘水库里，并将麻袋扔在离尸体十几米远的水中。认定上述事实的主要依据是：进贤县公安局在抛尸现场提取的带有补丁的麻袋和在被告人张玉环家查获的作案用的麻绳，结合张玉环的供述等证据，证明张玉环用麻绳勒死张某荣，用麻袋装尸抛尸；进贤县公安局的提取物证（工作服上衣一件）笔录和江西省公安厅刑事科学技术研究所所作的化验鉴定书，证实被告人张玉环穿过的工作服上沾的麻袋纤维与从下马塘水库打捞上来的麻袋都是黄麻纤维；进贤县公安局法医于1993年10月27日作出的人体损伤检验证明，证实张玉环左食指和右中指的掌指关节背侧的伤痕手抓可形成，损伤时间约有3—4天；南昌市公安局于1993年11月10日作出的法医学鉴定书，证实张某荣、张某伟均为死后被抛尸入水，张某荣为绳套勒下颏压迫颈前窒息死亡，张某伟系扼压颈部窒息死亡；现场勘查笔录和刑事照片，以及证人许某华、张某平、张某飞、张某海的证词，证实发现、打捞尸体和麻袋的现场位置，以及尸体状况和麻袋特征；被告人张玉环所作的两次有罪供述。南昌市中级人民法院认为，检察机关指控被告人张玉环犯故意杀人罪的基本事实清楚，基本证据充分，应予确认。被告人张玉环辩称有罪供述是刑讯逼供所致，没有依据。张玉环的两次有罪供述虽有出入，但在具体作案情节方面的交代基本一致，而且与现场勘查笔录、法医学鉴定书、人体损伤检验证明、化验鉴定书等证据基本吻合，特别是其交代的杀人手段，与法医鉴定所检见的两被害人尸体上的伤痕完全吻合，而该鉴定是在其供认之后作出。根据本案的具体情况，依照《中华人民共和国刑法》第十二条和1979年《中华人民共和国刑法》第一百三十二条、第五十三条第一款、第四十三条的规定，以故意杀人罪判处张玉环死刑，缓期二年执行，剥夺政治权利终身。

一审宣判后，张玉环向本院上诉称，其没有杀害两被害人的犯罪动机，其在侦查阶段所作的两次有罪供述系刑讯逼供，原审法院凭此认定其故意杀人是错误的，希望二审法院查清事实，依法改判其无罪。

本院（2001）赣刑一终字第375号刑事裁定认为，一审判决认定案件事实的证据均经庭审质证、查证属实，予以确认。本案基本事实清楚，基本证据确实。张玉环仅仅因生活中的一些小摩擦而对被害人张某荣心怀不满，继而用手掐、绳勒的方法致张某荣死亡，尔后为灭口又将被害人张某伟掐死，其行为已构成故意杀人罪，应依法惩处。原审判决定罪准确，量刑适当，审判程序合法。依照《中华人民共和国刑事诉讼法》第一百八十九条第（一）项、第二百零一条之规定，裁定驳回上诉，维持并核准原判。

本院再审中，原审被告人张玉环及其辩护人提出，张玉环是无罪的，人民法院应当改判并宣告张玉环无罪。主要理由是：1. 张玉环有罪供述系刑讯逼供所致。2. 张玉环的供述极不稳定，有从不供到供再到不供的过程，且两份有罪供述在作案地点、作案经过、作案工具、藏尸地点、抛尸过程等方面前后不一、互相矛盾，不具有基本的真实性。3. 在案物证均无法与被害人或犯罪事实相关联。“手抓可形成”的伤痕鉴定、“同属黄麻纤维”的种类鉴定，均不具排他性，从张玉环家中提取到的麻绳没有DNA鉴定证实为作案工具。本案主要证据均是先证后供，不排除侦查机关指供、诱供的可能。4. 主要证据之间存在矛盾。张玉环供称用手卡了张某荣的脖子，时间长达三四分钟，而尸检却显示张某荣颈前皮下及肌肉未见出血。5. 被害人死亡时间和地点存疑，不能排除其他人作案可能。多位小孩证称案发当天11点多、11点30分、12点多在村背后山上还看到两被害人，与原审认定张玉环在11时许将两被害人杀死在自己家中明显矛盾。并且多名村民证实案发当天村里来了一个陌生的“换荒人”，离开方向就是沉尸的下马塘水库。本案不排除另有真凶，侦查机关未穷尽侦查措施。6. 原审在保障被告人辩护权等方面违反法定诉讼程序，影响公正审判。

江西省人民检察院认为，原审认定张玉环构成故意杀人罪的事实不清、证据不足，建议法院依法改判张玉环无罪。主要理由是：1. 原审认定的物证证明力不足，本案没有证实张玉环实施杀人行为的客观证据。一是不能证实抛尸现场提取的麻袋系抛尸工具。根据张玉环口供，原审认定侦查机关从现场打捞的麻袋是抛尸工具，该麻袋上有两块用麻袋料缝补的补丁，而张玉环妻子宋某女证称自家破了的麻袋是用布缝的补丁，不是用麻袋料缝的，因此认定该麻袋是抛尸工具依据不足。二是从张玉环家中提取的麻绳，被认定为作案工具的证据只有张玉环第二次有罪供述，无其他证据印证。三是张玉环工作服上提取的麻袋纤维，经鉴定与抛尸现场提取的麻袋都是黄麻纤维，因黄麻纤维是种类物，不具有排他性，据此认定系张玉环作案的依据不足。2. 张玉环仅有的两次有罪供述真实性存疑。张玉环 1993 年 11 月 3 日、4 日两份有罪供述，在作案地点、方式、工具以及作案工具的处理、藏尸地点、抛尸方式等方面均前后不一，其真实性存疑。3. 原审认为张玉环的供述与尸检鉴定相吻合，系先供后证，与事实不符。张玉环两次有罪供述时间为 1993 年 11 月 3 日和 4 日，南昌市公安局法医学鉴定书落款时间为 1993 年 11 月 10 日，似乎是先供后证。但事实是法医在尸检过程中前后进行了三次检验，第一次是 10 月 25 日下午接到报警后法医即赶赴现场检验，据尸检鉴定记载，10 月 26 日、10 月 31 日法医在进贤县火葬场又先后两次对尸体进行了检查，时间均在张玉环作出有罪供述之前。侦查机关的破案报告也充分说明在张玉环作出有罪供述前就已掌握了尸检鉴定的内容。因此，张玉环的有罪供述并非先供后证，而是先证后供。

本院再审查明，1994 年 10 月 24 日，江西省进贤县凰岭乡官圳村镇某村张某武的儿子张某荣（殁年 6 岁），张某飞的儿子张某伟（殁年 4 岁）失踪。10 月 25 日，张某荣、张某伟的尸体在村附近的下马塘水库中被发现。南昌市公安局法医学鉴定书显示，张某荣、张某伟均为死后被抛尸入水，张某荣系绳套勒致下颏压迫颈前窒息死亡，张某伟系扼压颈部窒息死亡。

上述事实，有许某华、张某平、张某飞、张某海等证人证言，以及南昌市公安局法医学鉴定书，进贤县公安局现场勘查笔录、所拍刑事照片等证据证实，本院予以确认。但是，原审认定张玉环杀死张某荣、张某伟的事实不清，证据不足，本院不予确认。具体评判如下：

1. 在案物证与本案或张玉环缺乏关联。一是抛尸现场附近提取的麻袋与本案或张玉环缺乏关联。没有证据显示抛尸现场附近提取的麻袋上有两被害人的生物样本或衣物纤维。公安机关的化验鉴定书，只能证明麻袋上的纤维与张玉环衣服上的纤维同属黄麻纤维，并不能证明张玉环衣服的黄麻纤维来源于该麻袋。现场勘查笔录及刑事照片显示，该麻袋上的破洞是用麻袋料补的，而公安机关对张玉环妻子宋某女所作的询问笔录显示，宋某女称其家里的麻袋破洞是其用布补的，没有用别的补。抛尸现场附近提取的麻袋与宋某女的证言不能相互印证。综上，除张玉环有罪供述外，没有证据证明抛尸现场附近提取的麻袋是用来装两被害人尸体的麻袋，也没有证据证明该麻袋是张玉环家的或被张玉环使用过。二是在张玉环家中提取的麻绳与本案缺乏关联。张玉环供述用麻绳勒被害人张某荣的嘴角，但公安机关从张玉环家中提取的麻绳，没有与被害人张某荣嘴角部索沟作比对认定，也没有证据证明麻绳上有被害人张某荣的唾液、血液、皮屑等生物样本，且张玉环供述的麻绳长 2 米，而从张玉环家中提取的麻绳长约 5 米，两者明显不一致。除张玉环有罪供述外，没有证据证明该麻绳与本案存在关联。

2. 原审认定被害人张某荣将张玉环手背抓伤出血，缺乏证据证明。本案没有证据证明张某荣的手指甲中存有张玉环的血液、皮肉等生物样本。进贤县公安局所作人体损伤检验证明显示，张玉环手背伤痕手抓可形成，损伤时间有 3—4 天。该检验证明不具有排他性。除张玉环有罪供述外，没有证据证明张玉环两手手背上的伤痕系张某荣手抓所致。

3. 原审认定的第一作案现场缺乏痕迹物证证明。原审认定张玉环先后将两被害人拖至、提进其哥哥堆放杂物的房内勒死、掐死，随后将两具尸体在房间内藏好。然而，进贤县公安局对张玉环供述的杀人现场所作的现场勘查笔录显示，在该现场没有发现、提取到任何与本案相关的痕迹物证。除张玉环有罪供述外，没有证据证明张玉环哥哥的房间是第一作案现场。

4. 张玉环的有罪供述真实性存疑，不能作为定案的根据。一是张玉环的供述缺乏稳定性，存在从不供到供再翻供的变化。二是张玉环两次有罪供述在杀人地点、作案工具、作案过程等方面存在明显矛盾。对于杀人地点，第一次有罪供述是在“村万事塘张某华园旁的田边”，第二次有罪供述是在“我哥哥某强的房间里”。对于勒张某荣所用的绳子，第一次有罪供述是“到万事塘水边上捡了节尺多点的蛇皮袋作的绳子”，第二次有罪供述是“到我屋檐下拿了一根用封麻袋的绳子纺成大人指头粗的麻绳”。对于杀害张某荣的具体情节，第一次有罪供述是先用绳子勒，后捡棍子打，第二次有罪供述是先打后勒。此外，两次有罪供述在藏尸地点、抛尸过程等方面亦存在矛盾。三是张玉环的有罪供述虽能与现场勘查笔录、法医学鉴定书等证据相互印证，但系先证后供。现场勘查笔录及相关证人证言显示，被害人尸体和麻袋分别于 1993 年 10 月 25 日、26 日被村民发现并打捞，打捞尸体时有不少村民围观，张玉环亦辩称在公安机关检验尸体时到现场围观。公安机关对村附近林场的医生张某玲所作询问笔录显示，1993 年 10 月 25 日，村民挖好坑，准备将张某荣、张某伟尸体下葬时，张某玲到达现场，发现张某荣两嘴角有明显勒痕且牙龈瘀血，胸部及左肋下青紫色，张某伟是被人用手卡死的，而且颈部右侧有明显表皮损伤，张某玲当时就说是用右手卡死的，并叫张某飞到公安局报案。张某玲的上述证言与张某海、被害人张某伟母亲刘某花等证人证言相互印证。南昌市公安局法医学鉴定书注明“接报后即赶赴现场，于 10 月 26 日、10 月 31 日在进贤县火葬场对尸体进行了检查”。综上，虽然南昌市公安局法医学鉴定书的落款时间是 1993 年 11 月 10 日，但是在张玉环于 1993 年 11 月 3 日作出有罪供述之前，公安机关对被害人尸体已经进行了至少两次检查，且村民通过张某玲的描述对被害人身上的主要伤痕及死因有所了解，张玉环的有罪供述应认定为先证后供，不能排除张玉环供述前已经了解案件相关情况的可能。

本院认为，原审被告人张玉环的有罪供述真实性存疑，依法不能作为定案的根据。除张玉环有罪供述外，没有直接证据证明张玉环实施了犯罪行为，间接证据亦不能形成完整锁链。原审据以定案的证据没有达到确实、充分的法定证明标准，认定张玉环犯故意杀人罪的事实不清、证据不足，按照疑罪从无的原则，不能认定张玉环有罪。对张玉环及其辩护人、江西省人民检察院提出的应当改判张玉环无罪的意见，本院予以采纳。依照《中华人民共和国刑事诉讼法》第二百五十六条第一款、第二百三十六条第一款第（三）项及《最高人民法院关于适用〈中华人民共和国刑事诉讼法〉的解释》第三百八十九条第二款之规定，经本院审判委员会讨论决定，判决如下：

一、撤销江西省高级人民法院（2001）赣刑一终字第375号刑事裁定和南昌市中级人民法院（2001）洪刑一初字第125号刑事判决。

二、原审被告人张玉环无罪。

本判决为终审判决。

审 判 长　田甘霖
审 判 员　李振峰
审 判 员　李　彬

二〇二〇年八月四日

代书记员　刘　鹏
书 记 员　袁　芳

白海民抢劫案

河南省洛宁县人民法院
刑事判决书

（2018）豫 0328 刑初 131 号

公诉机关河南省洛宁县人民检察院。

被害人近亲属，雷某，女，汉族，农民，1962 年 10 月 20 日出生，身份证号码 41032819621020××××。住洛宁县兴华镇 A 村，系二被害人母亲。

被告人白海民，又名白旦，男，汉族，1966 年 2 月 9 日出生，小学毕业，农民，身份证号码 41032819660209××××，现住河南省洛宁县兴华镇 B 村×组。因涉嫌抢劫犯罪于 1990 年 1 月 17 日被洛宁县公安局收审，同年 1 月 22 日被洛宁县公安局刑事拘留，经洛宁县人民检察院批准，于同年 2 月 5 日被洛宁县公安局执行逮捕。1999 年 7 月 7 日被本院以抢劫罪，判处有期徒刑十五年，剥夺政治权利五年。现已刑满释放。

辩护人白焕生，男，汉族，1955 年 5 月 20 日出生，身份证号码 41032819550520××××。住河南省洛宁县兴华镇兴华街×号，系被告人白海民叔父。

洛宁县人民检察院以宁检起诉（1999）21 号起诉书，指控被告人白海民犯抢劫罪，本院于 1999 年 7 月 7 日作出（1999）宁刑初字第 45 号刑事判决书，认定被告人白海民犯抢劫罪，判处有期徒刑十五年，剥夺政治权利五年。白海民不服，提出上诉。洛阳市中级人民法院于 1999 年 8 月 13 日作出（1999）洛刑二终字第 84 号刑事裁定书，裁定驳回上诉，维持原判。判决发生法律效力后，白海民向洛阳市中级人民法院提出申诉，洛阳市中级人民法院于 2015 年 8 月 7 日以（2015）洛刑监字第 42 号驳回申诉通知，驳回其申诉。白海民不服向河南省高级人民法院提出申诉，河南省高级人民法院于 2016 年 12 月 12 日以（2016）豫刑申 269 号驳回申诉通知，驳回其申诉。白海民以未实施犯罪，所做有罪供述系遭刑讯逼供、诱供所致为由向最高人民法院申诉，最高人民法院于2017年6月26日作出（2017）最高法刑申66号再审决定书，指令河南省高级人民法院进行再审。河南省高级人民法院于2018年3月8日作出（2017）豫刑再5号刑事裁定书，裁定：1. 撤销洛阳市中级人民法院（1999）洛刑二终字第84号刑事裁定书及洛宁县人民法院（1999）宁刑初字第45号刑事判决书。2. 发回洛宁县人民法院重新审判。本院受理后，另行组成合议庭，依法适用普通程序，不公开开庭审理了本案。洛宁县人民检察院指派检察员公新民、廉凯歌出庭支持公诉，被告人白海民及其辩护人白焕生，被害人母亲雷某到庭参加了诉讼。该案现已审理终结。

公诉机关指控：

1990年1月12日夜，被告人白海民在兴华乡A村看罢戏留宿在该村其表姐雷某家上房东间。次日早上，雷某及其丈夫狄某江因事外出后，被告人白海民即起床进入西间，从一木箱内翻出毛金（待提纯黄金）25克。被尚未起床的长子狄某杰发现，被告人白海民便随手捡起地上的一个大铁锤连续猛击狄某杰头部将其打死，接着用同样手段又将雷某的次子狄某亭（狄某宝）打死后，从床席下拿走现金2000元，又放火焚尸将房屋烧毁。

公诉机关认为，被告人白海民谋财害命，焚尸灭迹，手段残忍，后果严重，其行为触犯了《中华人民共和国刑法》第二百六十三条第（五）项的规定，构成抢劫罪，提请依法判处。并提供下列证据支持其指控：1. 被告人白海民的供述笔录及检查书；2. 被害人父狄某江、母雷某的报案材料及询问笔录；3. 证人贾某当、雷某亮、梅某喜、王某军、袁某、孙某立、朱某卿、袁某、朱某水、白某文、雷某女、杨某妞的询问笔录；4. 证人袁某林、狄某林、袁某兰、魏某、罗某文、雷某刚、白某、薛某国的证言；5. 现场勘验、提取笔录及照片；6. 现场提取物检验报告；7. 被害人的尸体检验报告。据此认为应以抢劫罪追究被告人白海民的刑事责任。

白海民对公诉机关指控的罪名和犯罪事实均有异议，辩称自己没有抢劫金子及现金，更没有杀人放火行为，没有犯罪。

被告人白海民的辩护人辩称：从报案材料及侦查机关提供的证人证言可以看出该案矛盾重重，疑点众多，无法证明该案为被告人白海民所为。认为该案事实不清、证据不足，依法应当宣告被告人白海民无罪。

庭审中，以下证据经控、辩双方予以举证、质证。

1. 被告人白海民的供述与辩解

第一次供述主要内容为：1990年农历腊月十六，我在兴华乡A村看完戏后住在表姐雷某家，当晚自己和雷某亮及雷某亮同学住在表姐家西间，第二天早上雷某亮和他同学出去走后，我就起来到院外面信用社门口的厕所解大手。解大手出来我到戏场门口看了看没人，就沿着胡同到河滩边蹲了一会儿，沿着河滩从学校门口上来准备去买盒烟，才发现钱在大衣口袋，我便返回表姐家去取大衣。走到院子大门前看到表姐家屋内火红，看见火光后我赶紧踢开门进到屋内，本想冲进里面抓件东西，因火太大无法进入，我就将中间屋放在桌上的电视机抱出来了。出来后我就叫了声“着火了”，后来我又跑出院子大门叫了两声“赶紧救火”，后来有三个人从不同方向跑了过来。这时我看到表姐走到信用社处，我正喊救火，我表姐说你赶紧去救火，吆喝什么呢？我就赶紧进到院子里，之前进来的三个人顶着被子想进入屋内，但最终没有进去。我在救火过程中听到之前进去的三个人其中一个人说：“刚才还听见孩子恶声恶气的哭声。”我表姐进入院子就瘫痪在地，喊着孩子还在屋里，后来村里人将我表姐扶出院子。房子还没有塌架，火势小的时候，村里一个人把被子泼上水进入屋内抱出一个孩子，另一个人进去把另一个孩子抱出来了。后来去的人多了，火就被扑灭了。我想出了这么大的事，要赶紧回去给我妈说一声，我就回家了。到家后我给我父母说了此事，我妈就哭着先去了我表姐雷某家，后我和我父亲、王某明（我父亲干儿子）也一起去了雷某家。

第二次供述主要内容为：案发当天雷某亮和他同学和我住一个房间，他们出去我不知道，我表姐和孩子说话我听见了，我知道我表姐出去了。我知道她那头（表姐房间）箱子里有块金子，我就起来过去，箱子没有锁，我就把箱子打开翻找金子，正在翻找期间，表姐家大儿子问我：“你在我家箱子里找什么？”我说：“我找一包烟。”她大儿子说回来给我家大人说我在他家箱子里翻东西了。我从箱子角翻出一个塑料薄膜包着一个烟盒，我没有仔细看就装进口袋里。我想看是不是金子，她家大儿子说回来告诉他爹，我害怕孩子告诉他爹我把金子拿走了，我就去床边的抽屉里翻出来一把刀，是木头把的，大约有5寸长，我就用刀子从他家儿子某宝头上戳下去了，就把刀子丢在屋里，又将某杰的脖子捏了几下。我就去席下边找钱，找到钱后我就将钱放进自己的口袋。我害怕表姐回来看到这个场面，赶紧把煤油洒在床上，后用火柴点燃，我看着火着大了，才跑出去了。我在院子里叫这屋着火了，跑过来几个人进入院子，这时我看到表姐走到信用社门口，我表姐说：“你赶紧去救火，吆喝什么呢！”我就也进入院子救火。火被扑灭后我回到家里，不敢说话，我妈问我是不是喝多了，我说表姐家失火了，两个孩子都没了。随后我妈就去我表姐家了，我把钱放在我妈住的屋里床褥下面后，我也去A村我表姐家，回来后我又把钱取出来放在床下边一个土炉子里，钱到现在一直没有动，金子埋在过道墙根。

第三次供述主要内容为：案发当天雷某亮和他同学走后，我表姐也走了，我知道我表姐家炼过金子，就起床到西屋去找金子，这时某杰已经起来了，在我打开柜子翻找金子时，某杰说："你翻啥，回来我告诉我妈。"我害怕某杰回来告诉我表姐，就抓起柜子上的酒瓶砸在某杰的头上，把某宝（某亭）吓得钻进被窝，我在柜子里取出金子，没有找到钱，就掀开席把一沓钱拿走，害怕暴露就把煤油浇到被子上点燃，待火着起来后我就跑出去叫人。火扑灭后我就回家了，到家后我把钱放在床下一个泥炉子里，金子埋在墙根。

第四次供述主要内容为：案发当天我表姐出去后，我就去表姐房间翻找金子，某杰当时醒了，问我找啥，我说找盒烟。我在箱子角看到一个塑料包，想着就是金子就装进口袋。因害怕某杰回来给他爸说，我就将某杰按倒在地，用东西朝他的头部猛击一下，见他眼翻得很大，发出一声"啊"的声音，我又打了他一下，他就不动了。我打某杰时，某亭看见了，我就把被子掀开，用锤子击打某亭头部，某亭哭了一声，我赶紧用被子将某亭的头蒙住。钱是在床上的褥子下面找到的共1500元，其中6张50元，12张100元。

第五次供述主要内容为：我把金子和钱放在麦篓里了，我爹可能会见到。因为之前薛某国拿着我表姐家的金子到我村卖的时候我见过，但没有卖出去，所以我知道表姐家有金子。

第六次供述主要内容为：案发当天早上表姐出去后，我就到表姐房间看看有啥东西没有，在箱子角看到一个塑料包，我想着是金子，就装进口袋。我在席下面发现一叠钱，是50元和100元的票面，我没有数就装进口袋。我取钱的时候某杰看到了，某杰说回来要告诉他妈，我想不能让他说出去，我看见桌子底下有个锤，有一尺多长，我就用锤往某杰的头部打了几下，当时他没有死，还乱动，我就用被子将他蒙住。某亭吓得乱哭，我就用锤子朝某亭的头部打了几下。我想把人家孩子弄成这样，人家回来就明白了。我就把床上的被子点燃，我看到着得慢，我又弄了半盆柴油浇到桌子上、箱盖上，后我出去到大门外站了一会儿，又返回看到火势已经没法控制了，这时才从当间桌子上把电视机抱了出来，然后跑出去喊："屋里着火了，救火了。"这时我表姐回来说："你赶紧救火吧，立那里干啥?"我就进入院子救火，有人用被子浇了水进入屋里把孩子抱了出来。我回家后给妈说表姐家着火了，我妈就去我表姐家了，我把金子和钱压在床席下，我和我爹也去表姐家了。后来我回家后就将金子和钱转移地方了。

第七次供述：白海民拒绝回答和案件相关的问题。

第八次供述：白海民拒绝回答和案件相关的问题。

第九次供述主要内容为：案发当天早上我表姐外出，我在表姐家东间，两个孩子在西间，家里失火，两个孩子被烧死，当时我外出不在表姐家里，我出去解手，大约半小时回来发现家里着火，我就赶紧出去喊人。

2. 被害人母亲雷某的报案材料及陈述

主要内容为：1990 年农历腊月十六日晚上，我表弟白海民到我村看戏，晚上住在我家，我和丈夫及孩子住在西间，白海民和我弟弟雷某亮及一个同学住在东间。第二天早上，我丈夫出去干活走后，我弟弟和同学也去学校了，我起床做饭，发现家里没有糁了，我对孩子说去你奶奶家拿点糁，你们在家，走时我还给孩子抓了把花生给孩子吃，我也给白海民抓了花生，但白海民没有要。我出去大约 20—30 分钟后往回走，当我走到信用社门口时，白海民慌慌张张来找我，说家里着火了，我看到他的头发和毛衣有烧过的痕迹，我对他说："你这么大的人了，家里着火你不去救火，你来找我咋哩?"我们就赶紧往家里去。我们到院里后看到窗子里往外冒烟，院子里已经有人在救火，我喊道孩子还在家里，这时我也晕过去了，后来不知道是谁将孩子抱出来了，后来的情况我就不知道了。家里有金子我知道，家里有 2000 元我不知道，是事发后我听丈夫说的，我家里有个八磅锤，是家里榨油用的。我家里有拖拉机，所以家里有两罐柴油，其中一罐已经用完了。

3. 被害人父亲狄某江的报案材料及陈述

主要内容为：家里有柴油，有煤油灯，事发后家里的 25 克金子及 2000 元现金（20 张 100 元票面）找不到了。案发当天早上自己出去给别人拉东西，着火时自己不在家，后来村里人去把自己接回来了。

4. 证人贾某当（被害人的奶奶）的证言

主要内容为：看到狄某江家里有把匕首，曾经见过白海民在自己孩子家的床席下翻东西。

5. 证人雷某亮的证言

主要内容为：1990 年 1 月 12 日晚上自己和同学彭某涛及白海民睡在姐姐雷某家的东间，13 日早上 6 点 10 分起床和彭某涛去学校了。

6. 证人梅某喜的证言

主要内容为：案发当天早上听到有人喊着火了，喊的声音是个男人，自己没有看清喊叫的人，我到着火的院子时就有两三个人在救火了，自己也参与救火了。

7. 证人王某军的证言

主要内容为：自己听见叫喊声，第一个到达着火院子里的，自己到时大门是开着的，没有看到有人从屋里出来，进入屋里发现火是从西间着起的，当时没有看见孩子，也不知道孩子在西间屋里。我搬东西往屋外送时，见到雷某后才知道孩子在西间屋里，我当时没有闻到油味。

8. 证人孙某立的证言

主要内容为：案发当天早上七点，听到上屋（狄某江家）有小孩哭，我以为是小孩他妈不在家，孩子才哭的，后来我起床给表哥聊了一会儿，就在屋里抽烟、烤火，这时已经听不见孩子哭声了，等我又吸完一根烟后听见有人喊救火，我从家里出来，看见一个青年男子在院子里，我说你赶紧去叫人，这时那名男子回到屋里抱了一台电视，我说你赶紧叫人吧，该男子就跑出去了。

9. 证人朱某卿的证言

主要内容为：自己和白海民是一个村的，案发当天下午去找白海民时听白海民说昨晚去 A 村看戏，晚上住表姐家，早上表姐和姐夫出去，自己出去买烟，也就是一二十分钟时间，回去看到表姐家着火了。

10. 证人袁某的证言

主要内容为：自己路过狄某江家，看到冒烟便进入院里叫雷某，无人答应，就出来叫人，自己往雷某家进时看到一个年轻人从院子里出来，手里拿有东西，可能是衣服，没有听到该男子喊救火的声音。

11. 证人朱某水的证言

主要内容为：1990 年 1 月 12 日早上，白海民到自己家说要找媳妇，从自己手里借了 150 元，后来白海民一直没有还自己的钱。

12. 证人白某文（白海民父亲）的证言

主要内容为：1990 年 1 月 13 日白海民从 A 村回来后就躺在床上说："着火了，着火了"，自己的妻子问他，他说表姐家着火了，两个孩子都烧死了。他妈就先去 A 村了，随后自己和白海民也一起去雷某家了。

13. 证人雷某女（白海民母亲）的证言

主要内容为：1990 年 1 月 13 日白海民从 A 村回来后听白海民说表姐家着火了，自己就去 A 村雷某家，到时火已经灭了。

14. 证人杨某妞的证言

主要内容为：自己和白海民是 1990 年 1 月 14 日交换手续的，白海民给了自己 40 元，是 4 张 10 元的票面。

15. 证人袁某林的证言

主要内容为：1989 年农历八月十五自己给白海民介绍了对象，1990 年 1 月 14 日白海民和女方交换手续，给了女方 30 元。

16. 证人狄某林的证言

主要内容为：案发当天自己去狄某江家时，狄某江准备外出干活，雷某亮已经起床准备上学，白海民当时已经醒了，还和自己说了几句话，自己就回家了。

17. 证人袁某兰的证言

主要内容为：自己参与了救火，并将院子里的油桶抬了出去。

18. 证人魏某的证言

主要内容为：自己参与了救火，并且顶着被子进入屋里抱出一个孩子。

19. 证人罗某文的证言

主要内容为：自己参与救火，屋里箱子被搬出后，里面除了衣服烧坏，其余什么也没有见到。

20. 证人雷某刚的证言

主要内容为：自己参与救火时看到现场地上有一把锤子，是个八磅锤。

21. 证人白某的证言

主要内容为：自己参与救火时看到现场地上有个八磅锤。

22. 证人薛某国的证言

主要内容为：狄某江曾把25克金子交给自己，让自己帮他卖了，后来没有卖出去，就还给了狄某江。

23. 现场勘验、提取笔录及照片

主要内容为：案发现场情况。

24. 现场提取物检验报告

主要内容为：所送检材即绿红色图案布被面上有矿物类油物质检出；白粗布上除有矿物类油检出外动植物油类物质也检出。

25. 被害人的尸体检验报告

主要内容为：被害人狄某杰、狄某宝（狄某亭）死于钝器打击头颅所致的严重颅脑损伤。焚尸只是罪犯逃避打击的一种手段。

26. 户籍证明

证实，白海民生于1966年2月9日。

被告人辩护人提交证据：

照片四张，欲证实被告人曾遭刑讯逼供。

经审理查明：1990年1月12日夜，被告人白海民在洛宁县兴华乡A村看罢戏后留宿在其表姐雷某家上房东间。次日早上，雷某及其丈夫狄某江因事外出。被告人白海民起床外出购买香烟，待其返回雷某家时发现雷某家房屋着火，随即呼喊救火，邻居闻讯赶到现场将雷某儿子狄某杰、狄某亭从着火的房间抱出后，发现狄某杰、狄某亭已死亡。1990年1月15日，雷某及家人向洛宁县公安局兴华派出所报案，称自己房屋被人放火，两个孩子被烧死。1990年1月17日洛宁县公安局民警对现场进行了勘验，并提取了相关物证。洛阳市公安局刑事科学技术室于1990年2月9日出具刑事科学技术鉴定书，鉴定结论为被害人狄某杰、狄某宝（狄某亭）死于钝器打击头颅所致的严重颅脑损伤。焚尸只是罪犯逃避打击的一种手段。洛阳市公安局刑事科学技术室于

1990年3月7日出具刑事科学技术鉴定书，鉴定结论为案发现场提取的绿红色图案布被面上有矿物类油物质检出；白粗布上除有矿物类油检出外动植物油类物质也检出。

上述事实，有被告人供述与辩解，证人证言，现场勘验、提取笔录及照片，现场提取物检验报告，被害人的尸体检验报告，户籍证明等经当庭举证、质证的证据证实，足以认定。

本院认为，公诉机关指控被告人犯抢劫罪，在案证据除被告人白海民在侦查阶段的部分有罪供述外，无其他证据证实白海民实施了此起抢劫犯罪行为；且其所供述的主要犯罪情节均未得到相关证据的印证，特别是赃款、赃物和凶器均未能提取到案；被告人白海民在侦查机关的供述有一个从不供述到供述再到翻供的反复过程，而其所作有罪供述存在着与案情逐步吻合的过程；被告人白海民所作有罪供述，在作案手段、经过、所劫财物特征、去向等诸多方面存在矛盾。根据《中华人民共和国刑事诉讼法》有关证据认定的规定，对一切案件的判处都要重证据，重调查研究，不轻信口供，定罪量刑的事实都要有证据证明。只有被告人的供述，没有其他证据的，不能认定被告人有罪和处以刑罚；综合全案证据，对所指控的事实未达到已排除合理怀疑的认定标准。综上，本院认为，公诉机关指控被告人白海民犯抢劫罪，证据不足，指控的犯罪不能成立；被告人及其辩护人提出被告人白海民无罪的辩解意见，本院予以采纳，应当依法宣告被告人无罪。故依据《中华人民共和国刑事诉讼法》第五十五条、第二百条第（三）项及《最高人民法院关于适用中华人民共和国刑事诉讼法的解释》第二百四十一条第一款第（四）项之规定，经本院审判委员会讨论决定，判决如下：

被告人白海民无罪。

如不服本判决，可在接到判决书的第二日起十日内通过本院或直接向洛阳市中级人民法院提出上诉。书面上诉的，应提交上诉状正本一份，副本二份。

审 判 长　马军武
审 判 员　韦　炜
人民陪审员　夏小静

二〇二〇年五月二十三日

书 记 员　刘玉姣

伊力哈木·优努斯故意伤害案

新疆维吾尔自治区喀什地区中级人民法院
刑事判决书

（2019）新31刑初589号

公诉机关：新疆维吾尔自治区人民检察院喀什分院。

被告人：伊力哈木·优努斯，男，维吾尔族，1972年2月15日出生，大专文化水平，原莎车县某医院医生。现住址：莎车县某社区×号。2000年6月30日被刑事拘留，2000年7月24日被逮捕，2003年2月24日被交付喀什监狱服刑，因病已于2016年1月29日保外就医，现在在家。

委托辩护人：艾力·色迪克，新疆新世纪律师事务所律师。

新疆维吾尔自治区人民检察院喀什分院于2001年9月18日经〔2001〕133号起诉书指控被告人伊力哈木·优努斯犯故意伤害致死罪，本院于2002年6月4日作出（2001）喀中刑初字140号刑事附带民事判决书，以故意伤害（致死）罪判处被告人伊力哈木·优努斯无期徒刑，剥夺政治权利终身；赔偿刑事附带民事原告人萨某·萨迪克丧葬费2500元。宣判后，被告人伊力哈木·优努斯和刑事附带民事原告人萨某·萨迪克不服，均提出上诉。新疆维吾尔自治区高级人民法院于2002年8月14日作出（2002）新刑中字第331号刑事附带民事判决书，对刑事部分维持原判，对民事部分判令被告人伊力哈木·优努斯向附带民事诉讼原告人支付丧葬费2500元，向被害人未成年子女支付抚养费5000元，共计7500元。该判决生效后，被告人伊力哈木·优努斯向新疆维吾尔自治区人民检察院提出申诉，新疆维吾尔自治区人民检察院以原判认定伊力哈木·优努斯犯故意伤害（致死）罪的事实不清，证据不足为由，提请最高人民检察院按照审判监督程序（申请申诉审理程序）抗诉。2017年12月14日，最高人民检察院以〔2017〕1号刑事抗诉书向最高人民法院提出抗诉。最高人民法院于2018年3月30日作出（2018）最高法刑抗1号再审决定书，将此案指令新疆维吾尔自治区高级人民法院再审，新疆维吾尔自治区高级人民法院于2018年12月6日作出（2018）新刑再2号刑事附带民事裁定书，撤销本院（2001）喀中刑初字140号刑事附带民事判决书和新疆维吾尔自治区高级人民法院（2002）新刑终字第331号刑事附带民事判决书，将此案发回本院重新审理。本院受理案件材料后，依法重新组成合议庭，于2019年10月23日在莎车县人民法院公开审理此案。新疆维吾尔自治区人民检察院喀什分院指派检察员加苏尔·卡迪尔、买买提明·玉苏音出庭，被告人伊力哈木·优努斯及其辩护人艾力·色迪克到庭参加诉讼，现该案已审理终结。

新疆维吾尔自治区人民检察院喀什分院的监督意见：

新疆维吾尔自治区人民检察院指派检察员加苏尔·卡迪尔在法庭上以"喀什分院（2001）133号起诉书和你院（2001）喀中刑初字140号刑事判决书中认定的，2001年6月6日被告人伊力哈木·优努斯以被害人吐某·萨比克知道了自己与他人发生不正当关系为由，用拳头打死被害人吐某·萨比克的事实不清楚，证据不充分。本案中可以认定被告人伊力哈木·优努斯于2001年6月6日与被害人吐某·萨比克喝酒，把海某·阿吾提带回家，被害人吐某·萨比克来到被告人伊力哈木·优努斯的家中。但对于被害人吐某·萨比克的死亡原因，除了被告人的供述外没有其他的证据。被告人伊力哈木·优努斯的8次供述和当时定罪所依据的所有证据都有明显的问题。被告人入所时的身体状况与在监狱服刑时的身体状况有很大差异。被告人供述不稳定，动机不明确，与其他证据相悖，部分讯问中的签名不是被告人本人所签，不可排除对被告人伊力哈木·优努斯有刑讯逼供的可能。从案件事实来看，存在被害人吐某·萨比克为翻墙进入被告人伊力哈木·优努斯的家而从树上摔下来的情况，但未调查此损伤能否造成肝脏破裂而出血的问题，不能排除被害人吐某·萨比克从树上摔下来导致内出血而死亡之事。在被害人尸体被发现的现场，被害人的脚上没有鞋子，当时参与办案的警方最初也提出了可能是交通事故的猜测。总之，本案中被告人当时的供述和其他定罪所依据的证据属于非法证据，当时的起诉书和你们院的判决有重大错误，请公正判决"等为内容发表了意见。

被告人伊力哈木·优努斯在法庭上辩解道："我被冤枉坐了15年多的牢，18年来我递交了近5000份诉状，我因刑讯逼供导致残疾，请你们伸张正义、判我无罪。"

辩护人艾力·色迪克在同意检察官意见的同时，提出了"被告人伊力哈木·优努斯的供述属于非法证据，不能作为定案的依据，证人当时的证言来源是非法的。最高人民检察院在审查时提出过，警察在现场看到车灯碎片，此案有可能是交通事故的意见。法医鉴定结论有严重问题，与被告人的供述不符，最高人民检察院对本案进行了详细的审查，我把相关材料已提交给你院，望你们依据这些证据，宣判伊力哈木·优努斯无罪”等为内容的辩护意见。

经审理查明：2001 年 6 月 7 日在莎车县菜村柏油路旁的林带发现了被害人吐某·萨比克的尸体，莎车县公安局交警大队初步调查认为此案是交通事故，并安葬了尸体。被害人吐某·萨比克的父亲沙某·萨迪克和妻子图某·库尔班向莎车县公安局提出诉讼，称“吐某·萨比克是被他人伤害致死的，望对尸体予以解剖处理，我们怀疑是伊力哈木·优努斯干的”的意见，莎车县公安局从坟墓里起出尸体进行了解剖，并将被告人伊力哈木·优努斯视为嫌疑人拘留审问。被告人伊力哈木·优努斯在被讯问时供述称：“吐某·萨比克看到我把海某带进家里了，想到他若给别人说，我老婆回来会和我吵架，让我出丑，我得教训他一下，就从后面过去抓着他肩膀快速打了一顿，手里拿着一块石头打了他的头，然后抓着他的皮带把他扔进了林带里。”后因为案件被侦破，莎车县公安局报请逮捕被告人伊力哈木·优努斯，莎车县人民检察院批准逮捕了伊力哈木·优努斯。2001 年 9 月 10 日，喀什地区检察分院对被告人伊力哈木·优努斯进行了讯问，伊力哈木·优努斯在该讯问中提出不承认自己以前的供述，本院于 2001 年 10 月 22 日开庭审理此案时，被告人伊力哈木·优努斯不承认杀死吐某·萨比克，并说对自己有刑讯逼供的情形。本院于 2002 年 6 月 5 日作出（2001）140 号刑事附带民事判决书，认定被告人伊力哈木·优努斯杀死了吐某·萨比克，对被告人伊力哈木·优努斯判处无期徒刑，剥夺政治权利终身，支付附带民事诉讼原告人 2500 元。被告人伊力哈木·优努斯主张“我无罪”，在不停地诉讼。被告人伊力哈木·优努斯于 2001 年 6 月 14 日至 2016 年 1 月 29 日在喀什监狱服刑，共计十四年七个月零十五天失去人身自由等事实已查清。

另查明，被告人伊力哈木·优努斯以健康状态进入看守所，但在 2003 年 2 月 24 日被送往喀什监狱时，以锁骨骨折的状态被交付执行刑罚，在 2005 年 5 月 18 日的喀什监狱医院诊断证明中，被告人伊力哈木·优努斯被鉴定为双腿外伤性障碍，右侧锁骨骨折。

之前被认定的证明被告人行为的证据和证据存在的问题：

1. 被告人伊力哈木·优努斯的户籍证明，证明伊力哈木·优努斯于 1972 年 2 月 15 日出生。

2. 莎车县公安局的破案记录，此证据证明被告人伊力哈木·优努斯的案件是专案，被告人在被刑事拘留之前就已被限制人身自由，办案程序不合法。

3. 证人证言：（1）证人艾某·买买提2016年5月19日在新疆维吾尔自治区人民检察院进行的谈话笔录中陈述：2001年6月6日，我站在阿某·阿木提的店前，阿某·阿木提跟我说有人从树上摔下来了，于是我敲了伊力哈木·优努斯的门，伊力哈木·优努斯开了门，然后走到了躺着的人的旁边，摔倒的人站了起来，受害人、阿某·阿木提和伊力哈木·优努斯三个人就在阿布拉·阿木提的店旁边聊着天。

（2）证人阿某·阿木提于2019年5月18日在新疆维吾尔自治区人民检察院进行的谈话笔录中陈述：2001年6月6日晚上9点左右，我在家门口的小商铺和妻子、儿子、艾某·托合提一起在看电视，伊力哈木·优努斯骑着摩托车载着海某来了，伊力哈木·优努斯和海某两人进房子去了，过了15分钟后艾某·艾海提敲了伊力哈木·优努斯的家门，伊力哈木·优努斯打开门，两个人聊了10分钟左右后，艾某·艾海提往阿热勒乡方向走了。又过了10—15分钟后被害人来敲了伊力哈木·优努斯的门，伊力哈木出来跟他聊天，被害人说要买酒和鸡肉便出发了，伊力哈木也进了房子。被害人出发后又返回来爬到了伊力哈木家旁边的柳树上，因一只脚踩不到墙便摔倒了，然后我儿子阿某与艾某便一起敲了伊力哈木·优努斯的门，伊力哈木·优努斯开门后，我儿子对伊力哈木说，“你朋友从柳树上摔下来了”，伊力哈木对摔倒的人说，“起来”，那个人便自己站了起来，他们一起走到大路上，伊力哈木在我们店里买了一根冰棍。被害人把冰棍儿吃了一半扔了一半。两人一边聊着天，一边伊力哈木·优努斯为送被害人而打着车，但车没停。伊力哈木和被害人往伊力哈木家的方向走去。关店后我一看，吐某·萨比克往阿热勒乡的反方向走了，伊力哈木·优努斯不在。

（3）证人海某·阿吾提于2016年5月18日在新疆维吾尔自治区人民检察院进行询问的记录中陈述：在2001年6月6日晚上8点左右我呼叫了伊力哈木·优努斯，告诉了他我的位置，伊力哈木·优努斯、艾某开车，被害人吐某·萨比克开着我的摩托车来到了大路上，于是我跟伊力哈木·优努斯一起骑着我的摩托车回到了伊力哈木·优努斯的家。在他家门口看到被害人当时正在跟艾某聊着天，伊力哈木便打开门，我就进去了，伊力哈木·优努斯留在门口，过了一会儿伊力哈木进来了，我们坐在一起看电视发生了一次性关系。过了一会儿有人狠狠地敲门，伊力哈木出去了，我以为是我丈夫就把门关上躲了起来。伊力哈木好久都没进来，我便出去偷偷看了一下，看到阿某·阿木提、吐某·萨比克、伊力哈木·优努斯三个人在大门旁边聊着天，并看到伊力哈木·优努斯在打车。我就看电视，看着看着便睡着了，不知道过了多长时间，伊力哈木·优努斯回来了，跟我说："这人（吐某·萨比克）太烦我了。"

这些证人证言有如下问题：证人证言是围绕着被告人的供述提出的，跟证人进行谈话是在看守所进行的，对这些证人的证言具有约束力，不能明确说出受害人从树上摔下来后去了哪里，往哪个方向走了，无法证明被害人吐某·萨比克回去后发生了什么，也无法证明是被告人伊力哈木·优努斯杀死了被害人吐某·萨比克。

4. 喀什监狱入监罪犯登记表，伊力哈木·优努斯的身体状况反映情况，喀什监狱医院诊断证明，远东医院诊断证明，莎车县人民医院的 X 光片，病例档案，残疾证等，证明了伊力哈木·优努斯是在两条腿骨折，锁骨骨折的状态下被送到监狱的事实。

5. 被告人伊力哈木·优努斯的供述：对被告人伊力哈木·优努斯总共进行了 8 次审讯，被告人在前 3 次的讯问中不承认是自己杀死了吐某·萨比克，在后 5 次中承认了。

在被告人伊力哈木·优努斯的供述中，有些地方与案件事实相矛盾。在对伊力哈木·优努斯在部分供述中的签名进行鉴定后，得出了不是伊力哈木·优努斯亲笔签名的结论。也就是说被告人伊力哈木·优努斯的供述和讯问笔录不是合法的证据，与其他证据不符，不能作为定罪的依据。

6. 莎车县公安局尸体检验报告：该报告中鉴定被害人吐某·萨比克腹腔积血 1500 毫升，肾脏发红，肝脏破裂，第 11、12 根肋骨骨折，腹部底部有淤痕，系钝器猛烈撞击所致。该鉴定结论有以下问题：（1）该证据不是当时的证据，即被害人吐某·萨比克于 2001 年 6 月 8 日死亡，但法医的鉴定结论是在 2001 年 6 月 17 日作出的，当时参与办案的穆某·阿不来提、阿某·阿布拉、刘某春等警察在跟自治区人民检察院办案人员的谈话中均称，此案当时可能是交通事故，并对伊力哈木·优努斯进行了调查，也未查获伊力哈木·优努斯的其他罪证，后来便提出了把尸体从坟墓里挖出来，进行了解剖，在头上找到了一个伤口，也就是说法医鉴定结论不是尸体被发现后及时进行检验鉴定得出的结论。（2）最高人民检察院司法鉴定中心（2017）最高检 2 号鉴定报告称"原鉴定报告书没有尸体的原始照片，未能看出皮肤划伤，腹部浮肿、青紫现象"，肝脏破裂也看不出来，没有对行凶工具进行认定，未按程序对颅脑及脑腔系统进行检查。虽然原鉴定报告中表述，第 11、第 12 根肋骨骨折，腹腔积血 1500 毫升，但在照片上未作明确标注，该鉴定结论不完整。最高人民检察院要求提供当时尸体的照片，但办案机关以未找到为由，没有提供照片。

综上所述，该鉴定结论不及时，鉴定结论存在严重问题，即使能确定被害人因大量失血而死亡，也不能证明是什么原因造成的。

7. 场勘查笔录：该现场勘查笔录不是当时记载的，该笔录是在2001年7月24日作出来的，不是在2001年6月7日发现被害人尸体后即时作出的笔录。本案的办理程序有问题，应该首先抓获伊力哈木·优努斯进行讯问，然后按照被告人伊力哈木·优努斯的供述作现场勘查笔录，让被告人对现场进行辨认。与原办案民警谈话时，他们表示案发现场看到了刹车痕迹，证人张某也表示当时案发现场看到过玻璃碎片和塑料碎片，这和交通事故现场很吻合。但是没有及时进行深入调查，最后办成了杀人案件的现场。这个证据不能作为认定犯罪事实的依据。

本院认为，根据本次审理查明的事实和证据，被告人伊力哈木·优努斯的供述收集的程序性、来源的合法性、内容的稳定性及真实性，与案件的其他证据不相吻合。当时的证人证言收集程序不合法、内容不真实、不全面充分。本案中法医鉴定结论、现场勘查笔录等不是及时按程序收集的证据，被害人尸体被发现的现场有刹车痕迹、玻璃碎片、塑料碎片等，不排除被害人从树上摔下肝脏受损，也不排除被害人尸体在被发现的地方发生了交通事故。案件的侦破侦查程序存在严重的程序错误。

检察员提出的以“新疆维吾尔自治区人民检察院喀什分院（2001）133号起诉书和喀什地区中级人民法院（2001）喀中刑初字140号刑事附带民事判决书事实不清，证据不足，请对被告人伊力哈木·优努斯公正判决”为内容的监督意见和被告人的辩护人提出的以“被告人伊力哈木·优努斯没有杀死吐某·萨比克，案件中的证据是非法的，当时交警大队将本案办为交通事故，在被害人父母的投诉下，尸体才从坟墓中被挖出，进行了现场拍照及解剖。对被告人进行了刑讯逼供才造成了这个冤案。被告人伊力哈木·优努斯无罪”为内容的辩护意见。被告人伊力哈木·优努斯提出“我没有杀死被害人吐某·萨比克，我是在刑讯逼供的情况下才承认了这个罪名，我无罪”的辩解意见符合审理查明的事实。本院对上述行为进行监督，充分支持辩护意见。本院为维护司法公正，保证无罪的人不受刑事责任追究，根据《中华人民共和国刑事诉讼法》第二百条第三款、《最高人民法院关于适用〈中华人民共和国刑事诉讼法〉的解释》第三百八十四条，第二百四十一条第四款之规定，判决如下：

被告人伊力哈木·优努斯无罪。

如不服本判决，可在收到判决书的第二日起十日内通过本院或者直接向新疆维吾尔自治区高级人民法院提出上诉，书面上诉的应提交上诉状正本一份，副本三份。

审　判　长　努尔阿吉·吐拉克
审　判　员　阿里木江·阿卜都艾尼
人民陪审员　阿扎提古丽·赛买提

二〇二〇年三月十三日

书　记　员　阿依努尔·麦麦提亚力坤

吴春红故意杀人案

河南省高级人民法院
刑事判决书

（2018）豫刑再19号

原公诉机关河南省商丘市人民检察院。

原审被告人吴春红，男，1970年4月8日出生，汉族，农民，小学文化，住河南省民权县人和镇某村。因本案于2004年11月20日被刑事拘留，同年12月2日被逮捕。2008年11月15日因犯故意杀人罪被判处无期徒刑，剥夺政治权利终身。判决生效后在河南省豫东监狱服刑，现在浙江省金华监狱服刑。

辩护人李长青，北京京谷律师事务所律师。

辩护人金宏伟，北京市华一律师事务所律师。

河南省商丘市中级人民法院审理商丘市人民检察院指控被告人吴春红犯故意杀人罪，附带民事诉讼原告人王某峰、王某胜、吴某丽提起附带民事诉讼一案，于2005年6月23日作出（2005）商刑初字第49号刑事附带民事判决。宣判后，吴春红提出上诉。本院经审理于2005年12月9日作出（2005）豫法刑二终字第424号刑事附带民事裁定，撤销原判，发回重审。商丘市中级人民法院于2006年6月22日作出（2006）商刑初字第33号刑事附带民事判决。宣判后，吴春红又提出上诉。本院经审理于2006年12月22日作出（2006）豫刑一终字第343号刑事附带民事裁定，撤销原判，发回重审。商丘市中级人民法院于2007年7月13日作出（2007）商刑初字第32号刑事附带民事判决。宣判后，吴春红再次提出上诉。本院经审理2007年10月30日作出（2007）豫刑二终字第271号刑事裁定，撤销原判，发回重审。商丘市中级人民法院于2008年10月15日作出（2008）商刑初字第70号刑事附带民事判决，认定吴春红犯故意杀人罪，判处无期徒刑，剥夺政治权利终身；赔偿王某峰、王某胜、吴某丽经济损失人民币 13737.5 元。宣判后，吴春红继续提出上诉。本院经审理于 2009 年 7 月 6 日作出（2009）豫法刑四终字第 00019 号刑事裁定，驳回上诉，维持原判。裁判发生法律效力后，吴春红向本院提出申诉。本院于 2012 年 12 月 7 日作出（2012）豫法刑申字第 00130 号驳回申诉通知，驳回其申诉。吴春红不服，向最高人民法院提出申诉。最高人民法院于 2018 年 9 月 29 日作出（2018）最高法刑申 49 号再审决定，指令本院对本案进行再审。本院再审期间依法另行组成合议庭，赴案发地核实了相关证据，询问了部分原办案人员和相关证人，并于 2019 年 10 月 24 日公开开庭审理了本案。河南省人民检察院指派检察员肖明剑、熊彩虹出庭履行职务，吴春红及其辩护人李长青、金宏伟到庭参加诉讼。现已审理终结。

商丘市中级人民法院一审判决认定，被告人吴春红在本村经营带锯加工木材生意，因安装电表及用电与村里电工王某胜产生矛盾。2004 年 11 月 14 日早上，王某胜在村里的大喇叭上催缴电费时，吴春红认为其口气强硬并联想到以前的矛盾，便产生了投毒报复王某胜之恶念，遂从家中取出存放的鼠药带在身上到王某胜家交电费。吴春红在交完电费后，趁人不备溜入王某胜家的厨房内，将鼠药投放在厨房案板上的面瓢内的面粉中。次日早上，王某胜用豆糁及面瓢内的面粉煎了面托，其子王某龙（3 岁）、王某峰（6 岁）食用后先后中毒，王某龙经抢救无效死亡，王某峰经抢救脱离危险。另查明：被害人王某龙的丧事，已由其亲属自行料理，被害人王某峰花费医疗费 2560 元，交通费 200 元。

认定上述事实的主要证据，有公安机关在侦破此案时，证人王某轩反映 2004 年 11 月 14 日早上，其与吴春红交完电费后一同从王某胜家堂屋出来，其走到王某胜家院外时，不见吴春红，停了一分钟左右，吴春红才从王某胜家出来。据此，公安机关认为吴春红有一分钟的作案时间和重大作案嫌疑。证人王某胜证实其与吴春红有矛盾，证人陈某证实 2004 年某村有带锯的男子（吴春红）来买过鼠药，证人吴某轩证实曾看到吴春红烧了一张纸条。吴春红在侦查阶段曾做过有罪供述，供述的情况与上述证人证言、现场勘查笔录、刑事技术鉴定结论一致。据此，商丘市中级人民法院认为，被告人吴春红无视国法，为泄私愤，采取投毒的方法，非法剥夺他人生命，其行为已构成故意杀人罪。且犯罪性质恶劣，后果严重。依照《中华人民共和国刑法》第二百三十二条、第五十七条第一款、第三十六条第一款之规定，以故意杀人罪判处吴春红无期徒刑，剥夺政治权利终身；赔偿附带民事诉讼原告人王某峰、王某胜、吴某丽经济损失人民币 13737.5 元。

宣判后，被告人吴春红上诉及其辩护人辩护称，吴春红没有投毒杀人，本案证据不足，应宣告无罪。

本院二审裁定认定的事实与一审判决认定的事实一致。二审裁定认为，吴春红采取投毒的方法，故意非法剥夺他人生命，其行为已构成故意杀人罪，依法应予惩处。吴春红投毒杀人的犯罪事实，有其本人的多次供述，且所供杀人动机，购买、投放鼠药的时间、地点与证人证言，刑事技术鉴定结论、现场勘查笔录等证据能相互印证。吴春红的上诉理由及其辩护人的辩护意见均不能成立，不予采纳。一审判决认定事实清楚，证据确实，定罪准确，量刑适当。审判程序合法。裁定驳回上诉，维持原判。

本院再审期间，原审被告人吴春红及其辩护人提出，1. 本案除吴春红的供述外，无客观性证据证明吴春红作案。本案在勘查现场过程中，没有提取到吴春红投毒使用的毒鼠强及其包装，也未提取到吴春红的足迹或指纹，在吴春红家也未提取到鼠药。原审认定吴春红用力摔打厨房外的马达轮没有其他证据证明，且现场勘查笔录没有记载现场存在马达轮。2. 吴春红供述的作案动机未经查证属实，与案件的严重程度不匹配，且王某胜夫妻最初的怀疑对象不是吴春红。3. 2004 年 11 月 14 日早上在王某胜家交电费的人员众多，吴春红选择的作案环境、时机不符合常理。4. 吴春红对所投毒物来源、特征、去向供述前后不一，且并未得到落实。5. 现场提取的物品未作全面检验，鉴定结论仅仅鉴定了毒性，死者的胃内容物未作成分检验，侦查机关对煎炒面托的锅、铲等没有提取鉴定，没有证据证明被害人王某龙因食用面托而导致中毒。6. 侦查机关未对所有应调查的对象进行全面排查，不能排除其他人作案可能。7. 吴春红的有罪供述不排除系侦查人员刑讯逼供、威胁抓捕其家人所作，且口供与其他证据存在明显矛盾。综上，本案事实不清，证据不足，应依法改判吴春红无罪。

河南省人民检察院出庭检察员认为，1. 吴春红犯故意杀人罪的事实不清，证据不足。本案的直接证据只有吴春红的有罪供述，但供述的客观性不强。有罪供述中部分情节前后不一，供述的作案动机和作案时机不合常理；吴春红是否具有一分钟的作案时间存在疑问，且不能排除其他人作案的可能。2. 原判据以定案的证据没有形成完整锁链，没有达到证据确实、充分的证明标准，原判认定吴春红的行为构成故意杀人罪不当，建议改判无罪。

经再审查明，2004 年 11 月 14 日早上，吴春红到河南省民权县人和镇周岗村王某胜家交电费。次日早上，王某胜用豆糁及面瓢内的面粉煎了面托，其子王某龙、王某峰食用后先后中毒，王某龙经抢救无效死亡，王某峰经抢救脱离危险。经鉴定，王某龙、王某峰均系毒鼠强中毒，面托、王某胜家面瓢内的面粉均检出毒鼠强成分。

上述事实，有被害人王某峰陈述证实其在厨房食用面托后中毒，证人王某胜证言证实2004年11月14日早上吴春红去其家交电费，第二天其制作面托，其子王某龙、王某峰食用后先后中毒，证人王某轩证言证实2004年11月14日早上，其和吴春红在王某胜家交电费及离开的情况，刑事技术鉴定结论、现场勘查笔录、照片及原审被告人吴春红的供述和辩解等证据证实。本院予以确认。

原审认定，2004年11月14日早上，原审被告人吴春红为报复王某胜，遂从家中取出存放的鼠药带在身上到王某胜家交电费。吴春红在交完电费后，趁人不备溜入王某胜家的厨房内，将鼠药投放在厨房案板上的面瓢内的面粉中，并最终导致王某龙、王某峰中毒，王某龙死亡。本院认为，这一认定事实不清、证据不足，不予确认。具体评判如下：

一、本案除吴春红在侦查阶段的有罪供述外无其他证据证实吴春红进入王某胜家的厨房并实施投毒行为。现场没有留下任何与吴春红作案相关的痕迹、物品。没有提取到鼠药及包装袋；未能从吴春红的身上、衣服上、家中检出鼠药成分；吴春红有罪供述提到的马达轮也未得到落实。本案缺乏客观证据支持定案。

二、吴春红供述的作案动机及选择的作案时机不合常理。在侦查机关最初对王某胜夫妇及吴春红询问时，他们均未证实双方存在矛盾，说明双方矛盾并不明显。而后来吴春红供述及王某胜证实的矛盾也是因安装电表及交电费产生的矛盾，双方没有发生过正面冲突。2004年11月14日早上，吴春红去交纳电费时，王某胜还给吴春红让烟。双方的矛盾不足以使吴春红产生投毒杀人的作案动机。另外，2004年11月14日早上，有多人去王某胜家交电费，吴春红选择这个时间去投毒不合常理。而且吴春红交完电费后，完全可以不等王某轩先行离开去投毒，但其选择等待王某轩一起离开后，再次返回投毒，反而给自己作案留下时间证人，也不合常理。

三、吴春红的有罪供述中对多个犯罪细节供述前后不一致，且没有其他证据印证。关于毒药的来源、种类，吴春红第一次有罪供述称使用的是从农业门市部购买的“敌害清”，之后又供称使用的是从代销点买的老鼠药；关于毒药包装的去向，开始供述其将鼠药倒在纸里包好，将鼠药袋扔在地上，投毒后将包鼠药的纸扔到化粪池里了，后供拿着鼠药袋去投毒，在回家的路上将鼠药袋烧了；关于毒药的包装，吴春红供述是从王某喜的代销点购买的，王某喜称自己卖一种叫“闻到死”鼠药，但经出示王全喜卖给他人的老鼠药外包装，让吴春红辨认，吴春红称和自己购买的老鼠药袋不一样；关于洗裤子的情节，吴春红开始供述作案后当天自己洗了裤子，之后供述回家后故意将裤子弄脏，其妻将裤子洗后，其又洗了两遍，但其妻子户某环证明当天没有给吴春红洗裤子。

四、本案不能排除其他人作案的可能。首先，根据王某胜和吴某丽的证言，厨房面瓢里的面从2004年11月12日放至案发当天即11月15日早上用来做面托，其间一直没有食用。在此期间，其家中经常无人。而且2004年11月14日又恰逢收电费高峰，来往人数众多，且王某胜家厨房门处于敞开状态，现场并不封闭。其次，在案证据显示，王某胜脾气不好，说话较冲，和多人有过矛盾。王某胜和吴某丽在侦查初期并没有怀疑吴春红，而是怀疑同村的其他人，卷中没有证据显示公安机关对可疑人员都予以了排查。尤其是对吴某丽重点怀疑之人，仅出具说明称因在外打工无法找到，没有询问笔录。因此在没有吴春红作案的直接证据的情况下，本案不能完全排除其他人作案的可能。

五、吴春红的有罪供述存疑，不能作为定案的依据。吴春红自2004年11月19日被采取强制措施至2004年12月13日，在侦查阶段共做过7次供述，2004年11月19日第一次讯问时吴春红不供述犯罪，2004年12月13日第七次讯问时吴春红翻供。从2004年11月20日第二次讯问时吴春红开始供述犯罪，该次讯问笔录记载的讯问地点是民权县看守所，但卷中公安机关的提讯证未记载当天侦查人员在看守所对吴春红进行提讯。对此问题，再审期间，侦查人员解释称当时是在看守所外面的民警办公室讯问的。同时，侦查机关提供的2004年11月21日讯问吴春红的录像，该录像显示的讯问地点也不是看守所的提讯室，而且在录像中，吴春红供述时，讯问人员也未做记录，而是拿着一份已经记好的笔录。本案卷中还有一份在押人员体表检查表，内容为空白。吴春红自侦查阶段翻供后，始终不供述犯罪，称原来的有罪供述系公安人员刑讯逼供所作，其原一审时的辩护人也曾反映见到吴春红身上有伤。再审期间，部分侦查人员均称没有刑讯逼供。综上，本案现有证据尚不能认定公安机关存在刑讯逼供，但侦查人员在讯问过程中确实存在不规范的地方，吴春红的有罪供述存疑，且又翻供，不能作为定案依据。

本院认为，原审认定原审被告人吴春红犯故意杀人罪的主要证据是吴春红的有罪供述，以及吴春红的有罪供述与在案部分证据印证一致。但综观全案，本案缺乏能够锁定吴春红作案的客观证据，吴春红的有罪供述中对多个犯罪细节供述前后不一致，且与证人证言存在矛盾，有罪供述的作案动机及选择的作案时机不合常理，不能排除其他人作案的可能。原判据以定案的证据没有形成完整锁链，没有达到证据确实、充分的法定证明标准。原审认定吴春红犯故意杀人罪的事实不清、证据不足。对吴春红及其辩护人、河南省人民检察院提出的应当改判吴春红无罪的意见，本院予以采纳。依照《中华人民共和国刑事诉讼法》第二百五十六条、第二百三十六条第一款第（三）项及《最高人民法院关于适用〈中华人民共和国刑事诉讼法〉的解释》第三百八十九条第二款之规定，判决如下：

一、撤销本院（2009）豫法刑四终字第00019号刑事裁定和河南省商丘市中级人民法院（2008）商刑初字第70号刑事附带民事判决。

二、原审被告人吴春红无罪。

本判决为终审判决。

审判长　　仝兴福
审判员　　冯　童
审判员　　焦　宏

二〇二〇年二月二十四日

书记员　　刘晨光

张志超强奸、王广超包庇案

山东省高级人民法院
刑事附带民事判决书

（2018）鲁刑再2号

原公诉机关山东省临沂市人民检察院。

原审附带民事诉讼原告人高某钰，男，汉族。系被害人高某之父。现已去世。

原审附带民事诉讼原告人李某秀，女，汉族，山东省临沭县临沭镇某街居民。系被害人高某之母。

诉讼代理人高芳，女，汉族，住山东省临沂市柳青街道祥园小区×号楼。系被害人高某之姐。

诉讼代理人李宝贵，男，汉族，住山东省济南市市中区某村。系被害人高某舅父。

原审被告人张志超，男，1989年5月29日出生，汉族，山东省某县中学原高中学生。因本案于2005年2月13日被刑事拘留，同年2月26日被逮捕。2006年3月6日被临沂市中级人民法院判处无期徒刑，剥夺政治权利终身。现在山东省鲁中监狱服刑。

辩护人李逊，北京市大禹律师事务所律师。

辩护人王殿学，北京京师（天津）律师事务所律师。

原审被告人王广超，男，1988年2月26日出生，汉族，山东省临沭县某中学原高中学生。因本案于2005年2月13日被取保候审，同年2月26日被刑事拘留，3月8日被逮捕。2006年3月6日被临沂市中级人民法院判处有期徒刑三年，缓刑三年。缓刑考验期已届满。

辩护人刘志民，北京市京师律师事务所律师。

辩护人王朝勇，北京市京师律师事务所律师。

原审附带民事诉讼被告人张某江，男，汉族。系原审被告人张志超之父。现已去世。

原审附带民事诉讼被告人马某萍，女，汉族，山东省临沭县临沭镇居民，住临沭县百源大世界家属院。系原审被告人张志超之母。

山东省临沂市人民检察院指控被告人张志超犯强奸罪、被告人王广超犯包庇罪一案，临沂市中级人民法院于2006年3月6日作出（2006）临刑一初字第14号刑事附带民事判决，以强奸罪判处被告人张志超无期徒刑，剥夺政治权利终身；以包庇罪判处被告人王广超有期徒刑三年，缓刑三年；附带民事诉讼被告人张某江、马某萍赔偿附带民事诉讼原告人高某钰、李某秀经济损失196771.5元。宣判后，在法定期限内没有提出上诉、抗诉。上述判决发生法律效力后，张志超向临沂市中级人民法院提出申诉，临沂市中级人民法院于2012年3月19日以（2012）临立刑审字第5号通知书，驳回张志超申诉。后张志超向本院提出申诉，本院于2012年11月12日以（2012）鲁刑监字第123号通知书，驳回张志超申诉。后张志超之母马某萍以原判认定张志超强奸致死被害人的事实不清、证据不足为由，向最高人民法院提出申诉，最高人民法院于2017年11月16日以（2017）最高法刑申128号决定书，指令本院对本案进行再审。本院依法组成合议庭，于2019年10月12日召开庭前会议，于2019年12月5日不公开开庭审理了本案。山东省人民检察院指派副检察长鲍峰，检察员姜欣、王飞出庭履行职务。原审附带民事诉讼原告人的诉讼代理人高芳、李宝贵，原审被告人张志超及其辩护人李逊、王殿学，原审被告人王广超及其辩护人刘志民、王朝勇，原审附带民事诉讼被告人马某萍到庭参加诉讼。现已审理终结。

临沂市中级人民法院原审判决认定，被告人张志超、王广超与被害人高某同在临沭县第二中学新校高中一年级就读。2005年1月10日6时20分许，张志超在教学楼一洗刷间遇见高某，见四周无人，即起奸淫之心，遂上前用随身携带的铅笔刀架在高某的脖子上，将其劫持至洗刷间内，采用捂嘴、掐脖子等手段将高某强奸，并致其窒息死亡。随后，张志超将尸体移至该洗刷间内一废弃厕所内藏匿。张志超离开洗刷间时遇见王广超，将其犯罪实情告诉王广超，并让王广超帮助看守洗刷间，后张志超到学校的小卖部购买一新锁将废弃厕所锁住。2005年1月11日下午，张志超趁其他同学上课之机，又携带铅笔刀，潜入该废弃厕所内奸尸，并将尸体多处割破。2005年2月12日，公安机关传唤王广超时，王广超明知张志超系犯罪的人，却故意作虚假证言，对其包庇。上述事实，有经原审庭审出示、质证并确认的证人王某波、杨某振、李某梅等的证言，现场勘查笔录，辨认笔录，法医学尸体检验鉴定书，物证，书证，被告人张志超、王广超的供述等证据予以证实。

临沂市中级人民法院认为，被告人张志超以暴力手段强奸妇女，致使被害人高某死亡，其行为构成强奸罪。被告人王广超明知张志超是犯罪的人，却故意作假证对其包庇，其行为构成包庇罪。张志超强奸并致被害人死亡后，对死者尸体进行侮辱，情节恶劣，后果严重，但其作案时未满十六周岁，认罪态度好，有悔罪表现；王广超作案时未满十八周岁，且系初犯、认罪态度好。根据相关法律规定，作出前述判决。

本案再审中，原审被告人张志超及其辩护人提出，张志超在案发时不在现场，也不具备作案的时间和条件；张志超的有罪供述与客观事实存在大量的矛盾，并不真实；张志超虚假的有罪供述是在刑讯逼供之下形成，请求改判张志超无罪。

原审被告人王广超及其辩护人提出，本案存在侦查机关在收集被告人供述的过程中刑讯逼供和诱供、数次讯问的地点和时间不符合法律规定、数次讯问未通知原审被告人的法定代理人或者有关人员到场等情形，供述的真实性、合法性存疑；在案证据之间存在多处无法解释的矛盾和冲突，不能形成完整的证据链证明王广超涉嫌包庇罪，请求改判王广超无罪。

山东省人民检察院出庭检察员提出，现有证据体系存在重大缺陷或者矛盾无法排除，证据之间不能相互印证，无法形成完整的证据链条，本案事实不清，证据不足，建议改判原审被告人张志超、王广超无罪。

经再审查明，2005 年 1 月 10 日 6 时许，被害人高某与同学王某燕从高某家中离开。6 时 15 分左右，二人进入临沭县第二中学新校分手后，高某失踪。同年 2 月 11 日 14 时 04 分，临沭县公安局根据临沭县第二中学政教处主任于某凌报警，在主教学楼三层西侧一停用的厕所内发现高某的尸体。经法医鉴定，高某系被他人暴力作用于颈部致机械性窒息死亡。

根据再审查明的上述事实及证据，针对原审被告人张志超、王广超的辩解及其辩护人的辩护意见和山东省人民检察院出庭检察员的意见，本院综合评判如下：

一、无客观证据指向原审被告人张志超作案

1. 现场痕迹物证未检出张志超 DNA。当年案发后，临沭县公安局对高某口腔擦拭物、阴道擦拭物、血液以及案发现场多处血迹均进行提取，但是案卷材料中只有对口腔擦拭物和部分血迹的鉴定意见，其他检材如阴道擦拭物、案发现场里间厕所东墙血迹等均没有相关鉴定意见附卷。本案再审期间，山东省人民检察院检察员赴临沭县公安局物证室，提取了包括高某血液、口腔擦拭物、阴道擦拭物、尸体上所附可疑斑迹等在内的物证并向公安部送检。公安部于 2018 年 7 月 2 日作出《公物证鉴字［2018］1572 号鉴定书》，经鉴定，上述物证均未检测出与张志超有关的生物信息。

2. 案发现场裹套尸体用的白色编织袋来源不清。在案张志超的数次有罪供述中均称，白色编织袋系其从宿舍内同班同学李某磊处所取，但是李某磊及其母亲数次证言均否认李某磊曾经有过、用过该白色编织袋。案发后，围绕该编织袋的来源，公安机关调查了张志超同宿舍的所有学生，并走访了70多家生产企业，也一直没有查清该编织袋的来源。

3. 现场提取的小木棒与本案缺乏关联性。原审判决采信的证据中有现场提取的侮辱尸体用的小木棒，但该两截小木棒并不是现场勘验检查时提取，而是后来张志超带领公安机关侦查人员指认现场时指认的，公安机关在提取后亦未就两截小木棒上可能存在的DNA等进行相关的刑事科学技术检验和鉴定。目前，该两截小木棒下落不明，认定其与本案犯罪事实的关联性存疑。

另外，本案除一些关键物证如被害人钱包、钥匙、被告人作案用铅笔刀、旧锁、新锁的钥匙、包精液的卫生纸均未能找到外，据现场勘查照片等证据反映，侦查人员在案发现场还收集到大量物证，包括被害人衣物、书本、塑料袋等，但在案证据未显示侦查机关对上述物证进行过指纹、血迹等鉴定。

综上，本案虽有现场勘验检查笔录、鉴定意见等客观证据在案，但上述证据仅能证实高某被害死亡的事实，无法在高某死亡与张志超之间建立关联，故对辩护人提出的死者口腔和阴道处均未发现精液成分或张志超脱落的细胞生物成分，张志超关于裹套尸体编织袋的供述与李某磊及其母亲的证言有矛盾的辩护意见以及山东省人民检察院检察员提出的无任何物证对张志超的有罪供述起到印证作用，相关物证未查清来源或未找到，原审认定的关键物证套尸袋的来源难以认定，收集在案的现场勘查笔录、鉴定意见等证据不能直接证明张志超作案的出庭意见，予以采纳。

二、原审被告人张志超的供述与证人证言存在矛盾

1. 证人证言与原审判决认定的张志超作案时间存在矛盾。原审判决认定的张志超作案时间为2005年1月10日6时20分许，此时正值临沭县第二中学学生集体升国旗、跑早操的时间。张志超的有罪供述中始终称其作案当天既没有参加升旗，也没有参加跑早操，其系在当天升旗、跑早操期间作案。但案件再审开庭时，山东省人民检察院向法庭提交的张志超同班同学孙某、刘某军、王某全和于某峰在侦查期间所作的证言均证实2005年1月10日早晨张志超参加了升旗，其中王某全的证言还证实张志超参加了跑早操，根据上述四个证人的证言，张志超不具备原审判决认定的作案时间。

2. 认定张志超作案所需时间供证不符。从现场勘验检查情况来看，男生宿舍和发现尸体的洗刷间距离很近，根据证人王某波、杨某振的证言，其二人从听到尖叫声到跑出宿舍看，也就是2分钟至4分钟。按照张志超供述，在如

此短时间内能否完成其实施强奸犯罪的强制、撞头、扒裤、强奸、踹门、藏尸、关门、碰见王广超并告知等行为存疑。特别是张志超还供称，其是在楼外的小卖部买锁回来锁门后才碰到王某波，常理上更无法完成。

3. 证人证言与张志超有罪供述存在矛盾。其一，原审判决认定，侦查机关系通过王某波、杨某振的证言确定了张志超具有重大作案嫌疑，其中王某波的证言称在案发现场洗刷间门口碰见的是张志超和王广超。但王某波的证言仅能证实，在原审判决认定的作案时间段，张志超曾在发现高某尸体的外间洗刷间门口出现过，并不能证实张志超实施了强奸杀害高某的犯罪行为，同时张志超的供述中亦没有王某波看见其强奸杀害高某的内容。其二，王某波的证言称在案发现场洗刷间门口碰见的是张志超和王广超。但杨某振的两次证言，一次称不认识洗刷间门口与王某波说话的那两个人，一次称没看清洗刷间门口与王某波说话的那两个人是谁，而杨某振证言同时证实，其与张志超是初一、初二时期的同学，在临沭县第二中学高一分班之前也是同班同学。其三，张志超的供述中始终没有作案后其见到杨某振的情节，但是杨某振两次证言均称其从三楼下到二楼楼梯口时，看到了张志超。

综上，本案在案证据无法证实张志超具备原审判决认定的作案时间，且在案证人证言与其他证据之间存在矛盾，认定系张志超实施强奸杀害高某的犯罪行为存疑，故对辩护人提出的原审案卷有多名证人证实张志超当天参与了跑操，证人王某波关于张志超在高某失踪当天出现在案发现场的证言与杨某振证言相矛盾，张志超在如此短的时间里不可能完成作案，在案证据之间存在多处无法解释的矛盾和冲突的辩护意见以及山东省人民检察院检察员提出的张志超对关键事实的供述未能与在案证据相互印证或与在案证据矛盾，收集在案的证人证言只是证明了案发时候张志超出现在案发现场附近的情况，无法证明张志超直接实施犯罪行为，且关键证人证言出现矛盾的出庭意见，予以采纳。

三、原审被告人张志超、王广超有罪供述的真实性存疑

1. 张志超、王广超的有罪供述不稳定。经再审查明，张志超在侦查阶段、审查起诉阶段和原审阶段的供述经历了从承认犯罪，到否认犯罪，再又承认犯罪的反复，直至服刑数年后全面翻供。王广超虽在原审庭审阶段作出有罪供述，但在侦查阶段、审查起诉阶段均有翻供。在张志超申请再审之后，亦全面翻供。

2. 张志超、王广超的有罪供述内容矛盾。其一，张志超在案多份有罪供述中，对于如何取得白色编织袋以及何时将白色编织袋带至现场的供述不一致，其第一次供称白色编织袋是作案当天晚自习后，在宿舍里找李某磊花五毛钱买的，作案后第二天下午返回现场侮辱尸体时从宿舍带至现场；第二次供述改称白色编织袋是其杀害高某后，随即回宿舍从李某磊枕头底下拽出来并带至

现场；第五次、第六次供述又称白色编织袋是作案后第二天下午去现场之前，在宿舍从李某磊枕头下偷拿至现场的。其二，对于被害人高某有无扎腰带、所穿外衣的颜色等情节的供述变化明显，特别是关于强奸的关键情节，张志超第一次、第二次供述称其将生殖器插入了高某的阴道，在法医作出高某“处女膜呈圆孔状，仅容纳一指”的尸检鉴定后，张志超第五次供述改称只在高某隐私处蹭了两下。其三，对于是否认识被害人高某、作案后第二天侮辱尸体用的红色铅笔刀购买时间、脚踢高某所带英语书的时间、王某波出现的时间、王广超在案发现场是否看见高某的尸体，张志超的供述均存在前后不一致的情况。其四，关于张志超买锁的情节，张志超供述其作案后随即下楼买锁的情节稳定，但是王广超的供述中却始终没有张志超买锁、拿锁的内容。其五，对于高某失踪当天在何处碰到张志超，王广超第一次、第二次供述称是在五楼楼梯口碰到的张志超，但从第三次供述开始，王广超改称是在三楼楼梯口碰到的张志超。其六，对于是否看到张志超携带编织袋去三楼洗刷间以及看到张志超携带什么样的袋子去三楼洗刷间，王广超的多次供述也不一致。

3. 被告人供述与现场勘验检查笔录、法医学尸体检验鉴定书之间存在矛盾。其一，张志超在供述中称其作案时见高某只拿了一本书，且书上有小人图案，该书被其踢进了里间厕所，但现场勘验检查笔录及照片证实，便池明显高于中间走廊过道，南侧中间便池上整齐叠放着一大一小两本书，都是纯白色封皮。其二，关于高某所穿鞋子，张志超在第一次供述中称其在拖高某的过程中，高某的鞋子掉了，其就拾起来扔到了洗刷间南侧中间的蹲便池上；在第五次供述中改称，其把高某的课本和鞋踢到洗刷间里边去了，之后关上门。而现场勘验检查笔录及相关照片显示，高某的一双鞋子是整齐摆放在洗刷间里间南侧中间便池台上的，每只鞋子里还塞着一只白色袜子。其三，关于高某尸体额头中间创伤内嵌的碎玻璃，张志超没有对该情节的供述，在案其他证据亦无法对该情节予以合理解释。其四，关于对被害人高某的加害行为，张志超的十次供述中仅有一次供称按住高某的头向洗刷间地上撞击了一下，且仅此一下，与法医学尸体检验鉴定书中证实的高某头部存在的多处生前损伤存在明显矛盾。

综上，本案虽然有原审被告人张志超和王广超的有罪供述在案，但张志超数次供述之间、王广超数次供述之间、张志超供述与王广超供述之间、张志超供述与现场勘验检查笔录以及法医学尸体检验鉴定书之间，在一些作案情节特别是案件的关键细节方面均存在无法排除的矛盾，张志超和王广超有罪供述的真实性存疑，故对辩护人提出的张志超的供述细节缺乏其他间接证据与之相互印证，张志超、王广超供述的真实性存疑以及山东省人民检察院检察员提出的张志超对关键事实的供述未能与在案证据相互印证或与在案证据矛盾的出庭意见，予以采纳。

四、原审被告人张志超、王广超有罪供述的合法性存疑

1. 对张志超第一次讯问笔录的合法性存疑。在案证据证实，张志超被传唤到案时间是2005年2月12日1时30分，同日13时30分解除传唤，2005年2月13日18时被刑事拘留。而张志超第一次讯问笔录为2005年2月13日8时30分至17时50分在临沭县公安局刑警大队形成，该时间段既非传唤期间，亦非拘留期间，违反了1996年《中华人民共和国刑事诉讼法》第九十二条关于“传唤、拘传持续的时间最长不得超过十二小时，不得以连续传唤、拘传的形式变相拘禁犯罪嫌疑人”的规定。

2. 对张志超、王广超讯问的地点不断变化。张志超在侦查阶段共有9次讯问笔录附卷，其中有5次系在临沭县公安局刑警大队形成，有4次系在临沭县看守所形成。王广超在侦查阶段共有9次讯问笔录附卷，其中有7次系在临沭县公安局刑警大队形成，有2次系在临沭县看守所形成。对两名原审被告人的讯问地点在刑警大队和看守所之间多次交叉变换。

3. 对张志超、王广超讯问过程中没有家长、监护人或者教师在场，违反了公安部1998年《公安机关办理刑事案件程序规定》第一百八十二条“讯问未成年的犯罪嫌疑人……除有碍侦查或者无法通知的情形外，应当通知其家长、监护人或者教师到场……”的规定。根据本案侦查卷宗记载，侦查人员审讯张志超时有4次无相关成年人在场，有5次有学校老师在场并在讯问笔录上签名。再审期间，山东省人民检察院检察员询问了在张志超讯问笔录上签名的时任某县某中学级部主任苏某、时任张志超班主任徐某，二人均证实在侦查人员讯问张志超时，其二人均未在场，讯问笔录上的签字系讯问完毕后，侦查人员找其二人在笔录上补签的。

综上，本案在侦查阶段办案程序方面存在明显的瑕疵且无法补证，故对辩护人提出的数次讯问的地点和时间不符合法律规定，数次讯问未通知原审被告人的法定代理人或者有关人员到场，供述的合法性存疑以及山东省人民检察院检察员提出的对张志超、王广超的讯问程序存在瑕疵且无法补正的出庭意见，予以采纳。

关于辩护人提出的存在侦查人员刑讯逼供的意见，山东省人民检察院检察员进行了调查核实，侦查人员石某德、张某选、刘某禄、班某剑均表示未对张志超进行刑讯逼供，临沭县看守所出具的《张志超健康检查表》亦显示张志超身上无伤情。山东省人民检察院检察员询问了张志超在临沭县看守所同监室人员袁某东、刘某亮、陈某、高某等，有证人证实没有看到张志超身上有伤，但也有证人证实看到张志超洗澡时身上有伤。综合全案证据，尚不足以证实侦查机关存在刑讯逼供的行为，故对辩护人该辩护意见不予采纳。

本院认为，证据裁判是严格公正司法的基石，疑罪从无是刑事审判必须遵循的基本理念和裁判规则。原审据以认定张志超、王广超犯罪事实的主要依据是两名原审被告人的有罪供述，以及有罪供述与其他证据的印证。但本案无客观证据指向张志超作案，张志超的供述与证人证言存在矛盾，张志超、王广超有罪供述的真实性和合法性存疑，认定张志超实施强奸并致死高某，侮辱高某尸体的犯罪行为的证据没有形成完整的证据体系，没有达到证据确实、充分的法定证明标准，故原审认定张志超犯强奸罪、王广超犯包庇罪的事实不清、证据不足，不能认定张志超、王广超有罪，原审附带民事诉讼被告人张某江、马某萍不应承担民事赔偿责任。对张志超、王广超及其辩护人，山东省人民检察院出庭检察员提出的改判张志超、王广超无罪的意见予以采纳。依照《中华人民共和国刑事诉讼法》第二百五十六条第一款和《最高人民法院关于适用〈中华人民共和国刑事诉讼法〉的解释》第三百八十九条第二款之规定，经本院审判委员会讨论决定，判决如下：

一、撤销山东省临沂市中级人民法院（2006）临刑一初字第14号刑事附带民事判决。

二、原审被告人张志超、王广超无罪。

三、原审附带民事诉讼被告人张某江、马某萍不承担民事赔偿责任。

本判决为终审判决。

审 判 长　傅国庆
审 判 员　孟　健
审 判 员　张运通
审 判 员　张　华
审 判 员　张光荣

二〇二〇年一月七日

法官助理　盛　文
法官助理　崔龙虓
书 记 员　杨　璐
书 记 员　姚颖博
书 记 员　崔永振

孙小果等八人强奸，强制猥亵、侮辱妇女，故意伤害案

云南省高级人民法院
刑事判决书

（2019）云刑再3号

原公诉机关云南省昆明市人民检察院。

原审被告人孙小果，曾用名陈果，男，1977年10月27日出生，汉族，云南省昆明市人，原在武警某学校服役，住昆明市西山区。1995年12月20日因犯强奸罪被云南省昆明市盘龙区人民法院判处有期徒刑三年，后因非法保外就医，未收监执行。因本案于1997年11月12日被刑事拘留，同年12月22日被逮捕。2007年9月27日被本院再审判处有期徒刑二十年，经减刑于2010年4月11日刑满释放。

辩护人熊智，北京市北斗鼎铭律师事务所律师。

辩护人耿国平，云南凌云律师事务所律师。

云南省昆明市中级人民法院审理昆明市人民检察院指控原审被告人孙小果等八人犯强奸罪，强制猥亵、侮辱妇女罪，故意伤害罪，寻衅滋事罪一案，于1998年2月18日作出（1998）昆刑初字第74号刑事判决，认定孙小果犯强奸罪，判处死刑，剥夺政治权利终身；犯强制侮辱妇女罪，判处有期徒刑十五年；犯故意伤害罪，判处有期徒刑七年；犯寻衅滋事罪，判处有期徒刑三年，与原犯强奸罪未执行刑期二年四个月又十二天，数罪并罚，决定执行死刑，剥夺政治权利终身。宣判后，孙小果不服，提出上诉。本院于1999年3月9日作出（1998）云高刑一终字第104号刑事判决，对孙小果所犯强奸罪改判死刑，缓期二年执行，剥夺政治权利终身，维持其余定罪量刑，决定执行死刑，缓期二年执行，剥夺政治权利终身。判决生效后，孙小果及其近亲属提出申

诉。本院于2006年7月3日作出（2006）云高刑监字第48号再审决定，对本案启动再审，并于2007年9月27日作出（2006）云高刑再终字第12号刑事判决，对孙小果所犯强奸罪改判有期徒刑十五年，维持其余定罪量刑，决定执行有期徒刑二十年。

本院院长发现，本案原审过程中审判人员涉嫌受贿、徇私舞弊，已经发生法律效力的（2006）云高刑再终字第12号刑事判决认定事实和适用法律确有错误，经提交本院审判委员会讨论，于2019年7月18日作出（2019）云刑监1号再审决定，对本案涉及原审被告人孙小果的犯罪部分进行再审。本院依法另行组成合议庭，于2019年8月8日、8月18日、10月9日、10月12日四次召开庭前会议，于2019年10月14日在本院开庭，对孙小果所犯寻衅滋事罪部分进行公开审理，对涉及个人隐私的强奸罪、强制侮辱妇女罪、故意伤害罪部分进行不公开审理。云南省人民检察院指派检察员张维婷、刘震乾、蒋涤非及检察官助理周令出庭履行职务。原审被告人孙小果及其辩护人熊智、耿国平，鉴定人梁某以及依法采取保护措施的二名证人到庭参加诉讼。本案现已审理终结。

云南省昆明市中级人民法院第一审判决认定：

一、强奸罪

1997年4月至6月上旬，被告人孙小果先后在昆明市茶苑宾馆908、906房间分别强奸了未成年女性宋某、张某某、菠某某。

1997年6月底7月初的一天，被告人孙小果在昆明市兴昭饭店301房间强奸张某（14岁）未遂。

二、强制侮辱妇女罪、故意伤害罪

1997年11月7日21时许，被告人孙小果纠集、指使同案被告人党某宏、杨某等人，在昆明市月光城夜总会、昆明市豪胜娱乐城啤酒屋和昆明饭店门口，对少女张某某和杨某2进行殴打、侮辱，致张某某重伤。

三、寻衅滋事罪

1997年7月13日凌晨2时许，被告人孙小果及同案被告人党某宏、崔某等人与邝某某、王某等人发生纠纷，孙小果等人即驾车追赶，并将对方驾乘车辆逼撞在昆明市中医院门口的路灯基座上，进而殴打二人致轻伤偏重。

1997年10月22日19时许，被告人孙小果及同案被告人党某宏、杨某在昆明市祥云街吃饭时，孙小果等人无故寻衅，将在隔壁餐馆吃饭的杨某3打伤。

昆明市中级人民法院认定上述事实的证据有被害人陈述、证人证言、辨认及指认笔录、法医鉴定结论、同案被告人和孙小果的供述与辩解等。

昆明市中级人民法院认为，被告人孙小果违背妇女意志，以胁迫手段强奸妇女的行为构成强奸罪，孙小果曾因犯强奸罪被判处刑罚，非法保外就医期间又强奸少女多人，犯罪情节特别恶劣，社会危害特别严重，依法应从重处罚。孙小果组织、指挥并挟持少女张某某、杨某2，在公共场所对被害人实施残忍的身体伤害和人格侮辱，致一人重伤，并给二被害人造成严重精神损害，其行为构成强制侮辱妇女罪和故意伤害罪，且是在公共场所聚众实施强制侮辱妇女行为，情节严重，又系主犯，依法应从重处罚。孙小果在公共场所伙同他人寻衅滋事，肆意殴打他人，破坏公共秩序，情节恶劣，其行为构成寻衅滋事罪，亦系主犯。孙小果所犯上列各罪，依法应数罪并罚。遂作出前述第一审判决。

宣判后，被告人孙小果以其未与宋某发生过性关系，与张某某、菠某某发生性关系是双方自愿等为由提出上诉。本院经第二审审理认为，第一审判决认定孙小果强奸宋某、张某某、菠某某，以及强制侮辱妇女、故意伤害、寻衅滋事的犯罪事实清楚，证据充分。孙小果犯罪情节恶劣，应依法从重处罚。但孙小果欲强行与幼女张某发生性关系，因张某不从未能得逞的事实尚不构成奸淫幼女罪，不予认定。孙小果所犯强奸罪的罪行严重，但鉴于其犯罪的事实、手段、情节及危害后果尚不属必须立即执行死刑的犯罪分子，可酌情对其从轻处罚。遂作出前述第二审判决。

判决生效后，原审被告人孙小果及其近亲属以认定孙小果强奸宋某、张某某、菠某某与事实不符，认定张某某构成重伤的鉴定结论存疑等理由提出申诉。本院经原再审认为，第二审判决认定事实、适用法律、审判程序方面均无错误，申诉理由不予支持。但根据本案的具体情况，第二审判决对孙小果所犯强奸罪判处其死刑，缓期二年执行，剥夺政治权利终身的刑罚属量刑过重，应予改判。遂作出前述原再审判决。

本院本次再审期间，原审被告人孙小果及其辩护人提出：

1. 关于程序方面。由于法律无再审之再审的程序规定，本次再审不具备合法性；本次再审应以原再审判决确定的事实和刑罚为限，不能加重原审被告人孙小果的刑罚；第一审和第二审判决不属于本次再审的审理范围。

2. 关于强奸罪。原审被告人孙小果与被害人发生性关系时，并没有实施显性暴力，被害人与孙小果素有交往，且事前无明显反抗，事后未及时报案，认定犯罪缺乏客观证据，孙小果的行为不构成强奸罪。具体为：

（1）孙小果未与宋某发生过性关系。一是宋某虽陈述事发时激烈反抗，但事后却不报案，态度自相矛盾，且关于有在场人员传递避孕套的情节无其他证据印证，陈述的真实性存疑；二是不排除证人康某、冉某为免罪而作出虚假证言；三是孙小果始终辩解未与宋某发生过性关系。

（2）张某某是自愿与孙小果发生性关系。一是张某某是在受到孙小果等人的伤害后，才报案称被孙小果强奸，报复性明显；二是原判定案的证据只有言词证据，无物证和其他鉴定结论，且言词证据之间存在矛盾；三是孙小果始终辩解张某某是自愿与其发生性关系。

（3）孙小果与菠某某是恋爱关系，不存在强奸。一是菠某某的两份询问笔录制作时间重合，陈述的内容前后矛盾，真实性存疑；二是康某所作证言反复无常，不应采信；三是从菠某某主动联系孙小果、接受孙的礼物等事实来看，孙小果关于二人是恋爱关系的辩解成立。

（4）孙小果欲与张某发生性关系的行为不构成犯罪。一是张某两份询问笔录的内容完全相同，真实性存疑；二是该事实的案发时间无充分证据证明，整个事实无法确认；三是孙小果虽在张某拒绝其性要求后让人殴打张某，但未继续提出性要求，其行为不构成强奸罪的既遂或未遂。

3. 关于强制侮辱妇女罪和故意伤害罪。被害人张某某的重伤鉴定结论无鉴定人签名，属无效证据；原审被告人孙小果仅对被害人实施了伤害身体的行为，未实施侮辱行为，不应认定为强制侮辱妇女和故意伤害两罪；由于其他原审同案被告人的实行行为超出孙小果的犯罪故意，原判对孙小果量刑过重。

4. 关于寻衅滋事罪。被害人的伤情鉴定结论无鉴定人签名，不应采信；原审被告人孙小果具有自首和主动赔偿情节，能如实供述并认罪，应从轻处罚。

云南省人民检察院出庭检察员提出：

1. 关于强奸罪。原审被告人孙小果犯强奸罪的事实清楚，证据确实、充分，具体为：

（1）本次再审过程中，除被害人张某已死亡未询问外，检察员再次询问被害人宋某、张某某和菠某某，三名被害人所作陈述与侦查阶段一致，均稳定证明当年被孙小果强奸的事实经过。在案的被害人陈述与冉某、马某、康某、范某某、史某等证人证言在孙小果实施作案时间、地点、方法以及被害人反抗、叫喊和哭泣等细节上相互印证，能形成完整的证据链，足以认定强奸犯罪事实。

（2）被害人张某被强奸的时间应为 1997 年 6 月 17 日，该日期有被害人张某陈述、在场证人冉某证言、原审同案被告人赵某 2、崔某供述、张某所在学校教师的证言、教学日历及气象证明等证据证实，与原公诉机关指控的事实相符。第一审判决认定张某被侵害时间为其生日后，未认定张某为幼女属事实认定错误，应予纠正。

2. 关于强制侮辱妇女罪和故意伤害罪。被害人张某某重伤鉴定结论的程序符合法律规定，有关鉴定过程和方法符合专业要求，第一审及本次再审庭审中，鉴定人均出庭作证，对鉴定人签名等相关问题作出合理解释，该鉴定结论应予确认；原审被告人孙小果等人对被害人分别实施了强制侮辱和故意伤害行为，应以两罪分别定罪处罚；原审判决认定孙小果犯强制侮辱妇女罪、故意伤害罪，定罪准确，量刑适当，应予维持。

3. 关于寻衅滋事罪。被害人的伤情鉴定结论虽无鉴定人签名，但本次再审期间鉴定人已作出合理解释；原审判决认定原审被告人孙小果犯寻衅滋事罪，定罪准确，量刑适当，应予维持。

4. 关于第一审、第二审及原再审对原审被告人孙小果的量刑评价。孙小果目无法律、一犯再犯、不思悔改，主观恶性极深；暴戾恣睢、肆意施暴，故意伤害犯罪手段极其残忍，后果极其严重；在公共场所劫持并强奸被害人张某某，且强奸多人多次，情节特别严重；孙小果的强奸行为均系当众实施，情节极其恶劣。第一审判决正确认定了孙小果犯故意伤害罪、强制侮辱妇女罪和寻衅滋事罪；正确认定了孙小果强奸宋某、张某某、菠某某和强奸张某未遂的犯罪事实，虽未认定张某为幼女不当，但对四起强奸罪进行了准确评价。第二审判决没有认定孙小果强奸张某未遂的事实，并据此改判系认定事实、适用法律错误；原再审判决基于第二审认定的事实，将孙小果的刑罚由死刑缓期二年执行，剥夺政治权利终身改判为有期徒刑二十年，系认定事实、适用法律错误。原审判决存在的错误，均应在本次再审中予以纠正。

本院经本次再审查明：

一、关于强奸的事实

（一）1997 年 4 月的一天晚上，原审被告人孙小果等人将宋某（女，时年 15 周岁）叫到昆明市茶苑宾馆 908 房间，孙小果让马某、康某、冉某看守宋某，不准宋某回家。次日凌晨 4 时许，孙小果打牌结束后回到 908 房间，在多人在场的情况下，不顾宋某强烈反抗，强行与宋某发生了性关系。

上述事实，有经第一审及本次再审庭审质证确认的被害人宋某的陈述及辨认、指认笔录，证人康某、冉某、马某等人的证言等证据予以证实。

根据本次再审查明的事实及证据，针对原审被告人孙小果及其辩护人关于本起事实的辩解、辩护意见和出庭检察员的意见，本院评判如下：

1. 原审被告人孙小果事前非法限制被害人宋某的人身自由。宋某的陈述证明，案发当日，孙小果的手下打传呼叫其去茶苑宾馆，其去后被孙小果强行带至 908 房间，叫冉某、康某等人看着不准回家。证人康某、冉某、马某的证言证明，孙小果等人于案发当晚带宋某到 908 房间后，令其三人看着宋某，不准宋某离开。宋某的陈述自然、稳定，康某、冉某、马某均系跟随孙小果的人员，对此节事实的证言基本一致，依法应当采信。

2. 原审被告人孙小果强行与被害人宋某发生了性关系。宋某的陈述证明，其被冉某、康某等人看守至次日凌晨4时许，孙小果从隔壁房间打牌回来后，在康某、马某、冉某等多人在场的情况下，硬把其按在床上，强行扯掉其裤子，不顾其强烈反抗，以轮奸相威胁，强行与其发生了性关系。康某、马某、冉某的证言证明，当天夜里听见孙小果威胁宋某、宋某反抗及哭泣等声音，二人发生了性关系。被害人宋某和孙小果在案发前没有矛盾，可以排除诬告的可能，其陈述孙小果以言语相威胁，不顾其反抗，强行与其发生性关系的内容自然、合理，可信度高。本次再审期间宋某接受检察机关询问时再次作出相同陈述，可以确认其对本起事实的陈述客观真实。多名亲历案件发生过程的证人所作证言与被害人陈述相互印证，可以排除作虚假证言的情形。宋某陈述有人传递避孕套的细节，未得到多年后归案的同案被告人供述的印证，亦在情理之中，不影响本起事实的认定。

综上，在案证据足以证实原审被告人孙小果违背宋某意志，强行与宋某发生性关系，且在与宋某发生性关系之前，具有非法限制宋某人身自由的情节。孙小果及其辩护人提出孙小果从未与宋某发生过性关系的辩解及辩护意见不能成立，本院不予采纳。出庭检察员提出孙小果强奸宋某的事实清楚，证据确实、充分的意见成立，本院予以采纳。

（二）1997年6月1日晚，原审被告人孙小果等人在昆明市国防路大明星太空城与张某某（女，时年17周岁）及其朋友赵某1相遇，孙小果等人即硬拉二人一起去吃宵夜，后又强行将二人带至茶苑宾馆906房间，孙小果强迫张某某与他同睡一床，在房间内还有多人在场的情况下，不顾张某某的反对，强行与张某某发生了性关系。

上述事实，有经第一审及本次再审庭审质证确认的被害人张某某的陈述，证人赵某1、范某某的证言，相关指认笔录及照片，原审同案被告人党某宏的供述及原审被告人孙小果的供述和辩解等证据证实。

根据本次再审查明的事实及证据，针对原审被告人孙小果及其辩护人关于本起事实的辩解、辩护意见和出庭检察员的意见，本院评判如下：

1. 原审被告人孙小果在公共场所劫持被害人张某某。张某某的陈述证明，其与赵某1于1997年6月1日晚在大明星太空城被孙小果等人硬拉上车去吃宵夜，后又被强拉至茶苑宾馆906房间。证人赵某1的证言证明，1997年6月1日晚，其与张某某在大明星太空城跳舞时遇到孙小果等人，孙小果即不让二人走，强行拉她们到了茶苑宾馆，吃完宵夜后又将二人拉到茶苑宾馆906房间，孙小果逼张某某同睡一床，赵某1听见张某某一夜都在哭。被害人陈述被劫持的过程自然、合理，可信度高，且得到与其同行的证人赵某1证言的印证。

2. 原审被告人孙小果强行与被害人张某某发生了性关系。张某某的陈述证明，孙小果在茶苑宾馆906房间对其进行殴打和威胁，其称自己还是处女，孙小果置之不顾，硬脱去其衣裤并强行与其发生了性关系。证人赵某1、范某某的证言均证明，当晚张某某被孙小果拉到同一张床上睡，并听到张某某的哭声和撕扯声。证人范某某的证言证明，第二天，孙小果指着床单上的血迹说张是处女。原审同案被告人党某宏的供述证明，吃宵夜时，孙小果称他要和张某某"配"（指发生性关系），回到906房间后，孙小果即拉张某某睡一张床，夜里听到张某某的尖叫声。张某某对于被强奸的时间、地点、受威胁的手段、发出哭声、床单留下血迹等细节作了自然、稳定的陈述，不仅得到在场证人赵某1、范某某证言的印证，也得到原审同案被告人党某宏供述的印证。

3. 被害人张某某不存在报复性控告情形。张某某关于被原审被告人孙小果强奸的陈述，系其被强制侮辱、故意伤害一案案发后，在公安机关询问过程中自然作出，张某某在侦查阶段的多份询问笔录中对被孙小果强拉到906房间后，在多人在场的情况下，被迫与孙小果发生性关系的陈述内容稳定、前后一致，本次再审期间张某某接受检察机关询问时再次作出相同陈述，可以确认其对本起事实的陈述客观真实。张某某对未能及时报案解释为害怕孙小果报复，具有合理性。其在受到孙小果等人故意伤害后一并对被强奸事实报案符合常理，未提取到物证符合事后报案的特点，不影响本起事实的认定。

综上，在案证据足以证实原审被告人孙小果等人先在公共场所劫持被害人张某某，后孙小果又违背张某某的意志强行与其发生性关系。孙小果及其辩护人提出张某某系自愿与孙小果发生性关系的辩解及辩护意见不能成立，本院不予采纳。出庭检察员提出孙小果强奸张某某的事实清楚，证据确实、充分的意见成立，本院予以采纳。

（三）1997年6月4日下午，原审被告人孙小果将在校学生菠某某（女，时年15周岁）、史某（女，时年13周岁）叫到昆明市茶苑宾馆吃饭，后到该宾馆夜总会玩。其间，菠某某和史某多次提出要回家，孙小果以殴打相威胁，不准二人离开。次日凌晨，孙小果将菠某某、史某带到茶苑宾馆906房间，拒绝菠某某提出要与史某同睡一床的请求，逼迫菠某某与他同睡。孙小果在房间内还有多人在场的情况下，不顾菠某某的反对，强行与菠某某发生了性关系。

上述事实，有经第一审及本次再审庭审质证确认的被害人菠某某的陈述及辨认、指认笔录，证人史某、范某某、康某等人的证言，原审同案被告人党某宏的供述及原审被告人孙小果的供述和辩解等证据证实。

根据本次再审查明的事实及证据，针对原审被告人孙小果及其辩护人关于本起事实的辩解、辩护意见和出庭检察员的意见，本院评判如下：

1. 侦查阶段被害人菠某某的陈述依法可以作为证据使用。关于菠某某两份询问笔录询问时间重合的问题，经查，侦查机关对此专门出具书面材料，说明两份询问笔录时间重合的原因是笔误所致。本次再审期间，检察机关再次向菠某某进行过核实，菠某某确认两份询问笔录内容真实。询问笔录时间重合的问题已经得到合理解释，依法应予采信。

2. 原审被告人孙小果与被害人菠某某不存在恋爱关系。菠某某的陈述证明，其与孙小果没有恋爱关系，孙小果令其每天都要和他电话联系，否则就会挨打，其因害怕而不得不与孙小果来往，并丢弃了孙小果所送的物品。证人康某的证言证明，由于菠某某不同意与孙小果谈恋爱，自己还劝说过菠某某，如果菠某某不跟孙小果来往，自己和菠某某都会被打。在与孙小果交往中，菠某某作为当事人，其有关二人关系的陈述能得到见证者康某证言的印证，真实可信。菠某某迫于精神威胁和压力不得不与孙小果交往，该交往行为不属恋爱关系。

3. 原审被告人孙小果强迫被害人菠某某与其发生了性关系。菠某某的陈述证明，孙小果等人于案发当日将菠某某和史某叫出去吃饭和玩，并以暴力相威胁，不准二人回家，强行带二人到茶苑宾馆 906 房间后，孙小果把菠推到床上，脱掉菠的裤子，硬掰住手，压着脚，强奸了菠某某。证人史某的证言证明，案发当日孙小果不准其与菠某某回家，以殴打相威胁，强迫菠某某与孙同睡一床，深夜听到菠某某的哭声。证人范某某的证言证明，案发当晚孙小果强行让菠某某与孙同睡一床。菠某某辨认、指认出其被强奸的地点位于茶苑宾馆 906 房间。菠某某关于案发时间、地点、被威胁等情形的陈述自然、稳定，对细节的描述符合其正常的记忆认知。在场证人史某、范某某均是整个过程的亲历者，证人康某关于听菠某某和史某说当晚菠某某被孙小果“鼓配”（指强行发生性关系）了的证言虽然是传来证据，但其是在犯罪发生之后即得知有关情况，上述证据证明力强，且相互印证，应当认定孙小果违背菠某某意志，强行与其发生性关系的事实成立。

综上，在案证据足以证实原审被告人孙小果与被害人菠某某不存在恋爱关系，孙小果违背菠某某意志与其发生性关系。孙小果及其辩护人提出孙小果与菠某某是恋爱关系，不存在强奸的辩解和辩护意见不能成立，本院不予采纳。

出庭检察员提出孙小果强迫菠某某与其交往，并强行与菠某某发生性关系的事实清楚，证据确实、充分的意见成立，本院予以采纳。

（四）1997 年 6 月 17 日晚，原审被告人孙小果将未满 14 周岁的在校女学生张某带到昆明市兴昭饭店 301 房间，强迫张某与其同睡一床。孙小果脱去衣裤上床后，不顾张某反对，在张某身上乱摸，强行要与张某发生性关系，张某坚决拒绝，孙小果以殴打相威胁，张某仍然不从。孙小果遂指使崔凯、冉某将张某拉到楼下毒打，并让二人将张某打到变形为止，打完后还不准张某回家。

上述事实，有经第一审及本次再审庭审质证确认的被害人张某的陈述及指认笔录，证人冉某、刘某、杨某 1、赵某、董某及再审庭审中出庭作证的证人证言，张某的户口证明，昆明市气象台出具的气象证明，昆明铁路局教育处文件及教学日历，原审同案被告人党某宏、崔某、赵某 2 的供述及原审被告人孙小果的供述和辩解等证据予以证实。

根据本次再审查明的事实及证据，针对原审被告人孙小果及其辩护人关于本起事实的辩解、辩护意见和出庭检察员的意见，本院评判如下：

1. 被害人张某的陈述可以作为证据使用。关于在案的张某两份询问笔录内容确有重复的问题，经查，侦查人员于本次再审期间出具书面材料，证明侦查机关第一次询问张某时，其法定代理人未到场，后通知张某的法定代理人到场又进行询问并制作了第二份询问笔录，故第一份询问笔录仅有张某的签名，而第二份笔录中张某及其法定代理人均有签名。虽然两次询问笔录确有重复之处，但询问笔录制作符合法律规定，侦查机关作出了合理解释，依法应予采信。

2. 原审被告人孙小果以暴力相威胁，欲强行与被害人张某发生性关系，因张某强烈反抗未得逞。张某的陈述证明，案发当晚，张某与刘某被孙小果的手下叫到兴昭饭店 301 房间，在党某宏、冉某等人在场的情况下，被强迫与孙小果同睡。孙小果脱了衣裤上床，在张某身上乱摸，要和张某发生性关系，遭到拒绝后，即威胁要打张某，张某坚决表示即使被打也不愿意让孙小果“上”（指发生性关系），孙小果恼羞成怒，叫崔某和冉某把张某拉下去“崩一台”（指打一顿），孙小果站在窗边指挥二人在楼下踢打张某，要打到认不出为止。打完后，张某准备回家，孙小果又要求将张某带上楼，不准回家。证人刘某的证言证明，案发当晚其在场，孙小果鼓着要上张某，就拉着张某到了三楼。证人冉某的证言、原审同案被告人党某宏、崔某的供述证明，案发当晚孙小果强行和张某睡一张床，要与张某发生性关系，张某不从，孙小果便叫冉某和崔凯把张某拉下楼殴打，打完后还不准张某回家。被害人陈述的作案时间、地点、在场人员以及事情的经过自然、稳定，结合被害人年龄及认知能力，其陈述真实、可信。相关证人及原审同案被告人均在场亲历案发经过，所作证言和供述均与被害人陈述相互印证，应当认定孙小果在欲强行与张某发生性关系未得逞的情况下，又指使他人对张某进行殴打并不准张某回家的事实成立。

3. 本起事实发生时，被害人张某未满 14 周岁，系幼女。

第一，张某的陈述证明，孙小果欲强奸她的时间为 1997 年暑期中学期末考试前后的这段时间。原审同案被告人赵某 2 的供述证明，孙小果欲与张某发生性关系的时间为 1997 年 6 月，中学期末考那几天的一个晚上。以上证据证实本起事实发生于张某中学期末考试期间。

第二，本次再审期间检察机关在核实相关证据时收集的昆明铁路局教育处文件及教学日历，证明张某就读中学 1996—1997 学年下学期期末考试时间安排在 6 月 16 日至 6 月 30 日之间。学校教师杨某 1、董某、赵某的证言证明，张某当时是初二年级学生，期末考试时间在 6 月 20 日以前。以上证据证实张某所在中学的期末考试时间为 6 月 20 日以前。

第三，在场证人冉某的证言证明，案发时间为 1997 年 6 月 17 日晚上，案发前他先与张某认识交朋友，他清楚记得其与张某交朋友的时间是 6 月 15 日，发生这件事是在这之后的两三天。本次再审庭审中，案发时在场的一号证人出庭证明，案发时是 1997 年期末考试期间，即 6 月 15 日至 20 日之间，且第二天早上下着雨。昆明市气象台出具的气象证明材料，证明 1997 年 6 月 17 日昆明有大雨，次日有中雨。

上述证据层层递进，证实本起事实发生于 1997 年 6 月 17 日，结合户口证明证实被害人张某出生时间为 1983 年 6 月 28 日，应当认定案件发生时张某未满 14 周岁，系幼女。

综上，在案证据足以证实原审被告人孙小果不仅在言语上明确提出要与张某发生性关系，而且着手实施了脱去自己衣裤、强迫张某与其同睡一床、在张某身上乱摸和威胁张某等强迫行为，但因意志以外的原因未能得逞。本起事实发生时间为 1997 年 6 月 17 日，当时张某系未满 14 周岁的幼女。孙小果及其辩护人提出案发时间无法确认，其行为不构成强奸罪的辩解和辩护意见，与查明的事实和证据不符，不能成立，本院不予采纳。出庭检察员提出第一审认定的案发时间及未认定被害人为幼女，均属认定事实错误，第二审及原再审未予认定本起犯罪事实均属认定事实错误的意见成立，本院予以采纳。

二、关于强制侮辱妇女、故意伤害的事实

1997 年 11 月 7 日 21 时许，原审被告人孙小果为让张某某（女，时年 17 周岁）说出他人下落，纠集、指使原审同案被告人党某宏、杨某、杨某鹏、赵某 2 等人将张某某及其朋友杨某 2（女，时年 17 周岁）强留于昆明市月光城夜总会，让赵某2看守杨某2。孙小果等人逼问张某某未果，在夜总会“温州KTV”包房内将张某某双臂架起，轮番对其拳打脚踢，用竹筷夹指头、用牙签扎进指甲缝、用折断的竹筷尖和牙签戳刺乳房、用烟头烫手臂，还逼迫张某某咬住茶几边缘后用肘猛击其头部。次日凌晨，孙小果等人将张某某、杨某2挟持至昆明市豪胜娱乐城啤酒屋二楼，又轮番对二人进行殴打，再次逼迫张某某咬住茶几边缘，并用肘猛击其头部。4时许，孙小果等人将张某某、杨某2挟持至豪胜娱乐城门口，强迫二人跪下，相互打耳光，随后将二人带到昆明饭店大门口，再次轮番对张某某拳打脚踢，致其昏迷，党某宏及杨某鹏解开裤子，将尿撒到张某某的脸上。经鉴定，张某某全身多处广泛性软组织挫伤，右额叶脑挫裂伤，右额部硬膜外血肿，左胸肋2—8肋骨骨折，双下肢活动受限，周围神经损伤，意识方面出现逆行性遗忘，损伤当时存在长时间昏迷，构成重伤。

上述事实，有经第一审及本次再审庭审质证确认的被害人张某某、杨某2的陈述，证人白某某、胡某某的证言，现场勘验、检查笔录，伤情鉴定意见及鉴定人梁某的当庭证言，原审同案被告人党某宏、杨某、陈某明、金某、苏某、赵某2的供述及指认笔录等证据予以证实。

根据本次再审查明的事实及证据，针对原审被告人孙小果及其辩护人关于本起事实的辩解、辩护意见和出庭检察员的意见，本院评判如下：

1. 被害人张某某的重伤鉴定意见应当作为证据使用。案发后，张某某的伤情经第一次鉴定为轻伤偏重，后根据张某某及其法定代理人的申请，重新鉴定为重伤。经查，第一审、第二审及原再审采信的重伤鉴定意见系检察机关依法委托，由适格鉴定组织和人员依法作出，程序和方法符合相关规范的要求，存卷的鉴定讨论笔录有各鉴定人独立发表的意见，并在鉴定意见原件上签名，符合当时的工作惯例。本次再审庭审中，鉴定人梁某出庭对张某某伤情鉴定的程序和内容进行合理解释和说明，证明第一次鉴定时临床检查资料没有完全作出，张某某伤情还不稳定，只能给出初步结论，第二次鉴定时资料完备，张某某伤情趋于稳定，重伤结论系严格依据《人体重伤鉴定标准》作出。该鉴定意见客观、真实，应予采信。

2. 对原审被告人孙小果强制侮辱妇女、故意伤害的行为应当分别评价。孙小果等人既对被害人张某某、杨某2实施了暴力殴打行为，致张某某重伤，又实施了用折断的竹筷尖和牙签戳刺张某某乳房、令其二人跪下互扇耳光、当众朝张某某脸上撒尿等侮辱行为，实施的两种行为性质不同、侵害的法益不同，分别符合强制侮辱妇女罪和故意伤害罪的构成要件。

3. 原审被告人孙小果依法应对本起犯罪事实的全部行为和后果承担责任。

本起事实起因是孙小果为威逼张某某说出他人下落引发，其余同伙均是孙小果纠集而来，孙小果自始至终在场，不但亲自动手，还指使同伙控制、殴打、逼问、侮辱二被害人，应认定为主犯，原审同案被告人的犯罪行为未超出其犯罪故意，孙小果应对本起犯罪承担全部责任。

综上，在案证据足以证实原审被告人孙小果纠集多人对被害人分别实施了故意伤害和强制侮辱行为，依法应分别定罪。孙小果系主犯，应承担全部责任。孙小果及其辩护人提出伤情鉴定意见无鉴定人签名属无效证据，孙小果仅有伤害没有侮辱行为，原审同案被告人实行行为超出孙小果犯罪故意的辩解和辩护意见均不成立，本院不予采纳。出庭检察员提出本起事实清楚，证据确实、充分的意见成立，本院予以采纳。

三、关于寻衅滋事的事实

（一）1997 年 7 月 13 日凌晨 2 时许，因原审被告人孙小果的同伙在昆明市博佩娱乐城与被害人邝某某、王某等人发生纠纷，孙小果及原审同案被告人党某宏、崔某等人即驾车追赶，并将对方驾乘的车辆逼撞在昆明市东风东路市中医院门口的路灯基座上，继而持刀和砖头追打被害人，致二人轻伤偏重。

（二）1997 年 10 月 22 日 19 时许，原审被告人孙小果及原审同案被告人党某宏、杨某等人在昆明市祥云街一火锅店吃饭时，因在隔壁餐馆吃饭的被害人杨某 3 不听从孙小果招呼，孙小果等人即将饭菜倒在杨某 3 头上，并用碗、盘及玻璃杯等物实施砸打，致杨某 3 左手中指被打断，头部两处缝合 6 针。

上述事实，有经第一审及本次再审庭审质证确认的被害人陈述、证人证言、伤情鉴定意见、原审同案被告人的供述等证据予以证实，原审被告人孙小果亦供认，足以认定。关于辩护人对鉴定意见提出的异议，因鉴定人在本次再审期间接受检察机关核实时，已对鉴定结果予以确认并作出合理解释，当年出具鉴定意见均采用加盖鉴定机构公章，鉴定人不另行签名的工作惯例，该鉴定意见的鉴定程序合法，鉴定过程和方法符合相关专业要求，应予采信。

关于原审被告人孙小果及其辩护人所提本次再审的合法性和审理范围缺乏法律依据的意见，经查，本案在原审过程中存在审判人员涉嫌受贿、徇私舞弊的情形，且已经发生法律效力的判决在认定事实和适用法律上确有错误，本院依照《中华人民共和国刑事诉讼法》第二百五十四条第一款之规定，启动本案的再审程序，并根据《最高人民法院关于适用〈中华人民共和国刑事诉讼法〉的解释》第三百八十三条之规定，对本案进行全面审查，于法有据。孙小果及其辩护人对本次再审合法性和审理范围的意见不能成立，本院不予采纳。

本次再审期间，云南省玉溪市中级人民法院于2019年11月8日作出（2019）云04刑初149号刑事判决，认定被告人孙小果犯组织、领导黑社会性质组织罪，判处有期徒刑十年，剥夺政治权利五年，并处没收个人全部财产；犯开设赌场罪，判处有期徒刑七年，并处罚金人民币100万元；犯寻衅滋事罪，判处有期徒刑九年，并处罚金人民币10万元；犯非法拘禁罪，判处有期徒刑三年；犯故意伤害罪，判处有期徒刑七年；犯妨害作证罪，判处有期徒刑二年；犯行贿罪，判处有期徒刑七年，并处罚金人民币50万元。总和刑期四十五年，决定执行有期徒刑二十五年，剥夺政治权利五年，并处没收个人全部财产。宣判后，孙小果不服，提出上诉。本院于2019年12月11日作出（2019）云刑终1321号刑事判决，驳回孙小果的上诉，维持原审判决对其定罪量刑。

本院认为，原审被告人孙小果违背妇女意志，以暴力、胁迫手段，强行与未成年女性宋某、张某某、菠某某及幼女张某发生性关系，其行为构成强奸罪。孙小果使用暴力当众对女性被害人张某某、杨某2实施强制侮辱其人格尊严和故意伤害其身体的行为，分别构成强制侮辱妇女罪和故意伤害罪。孙小果伙同他人在公共场所追逐、拦截、殴打他人，情节恶劣，严重破坏社会秩序，其行为构成寻衅滋事罪。

在强奸犯罪中，原审被告人孙小果具有强奸妇女多人、在公共场所劫持并强奸的情节，根据1984年《最高人民法院、最高人民检察院、公安部关于当前办理强奸案件具体应用法律的若干问题的解答》，上述情节均属情节特别严重，依照1979年《中华人民共和国刑法》第一百三十九条的规定，应当在十年以上有期徒刑、无期徒刑或死刑的幅度内量刑。同时，孙小果还具有奸淫幼女和未成年女性、当众实施强奸、强奸罪再犯、非法限制人身自由等多项法定或酌定从重处罚情节。孙小果强奸犯罪的罪行极其严重，具体表现为：

第一，强奸幼女、未成年女性多人，危害后果极其严重。原审被告人孙小果为达到其奸淫目的，重点选择反抗能力较弱，辨别能力较低的未成年女性甚至幼女作为强奸对象。本案能够查明的四名被害人中，张某属于幼女，宋某、张某某、菠某某均系未成年人，张某、菠某某还是在校学生。孙小果肆无忌惮地实施强奸未成年女性的行为，是对未成年女性的肆意摧残，给被害人身心造成极其严重的伤害，留下了难以抹去的阴影。

第二，在公共场所劫持被害人和非法限制被害人人身自由，情节极其恶劣。在强奸宋某的犯罪中，原审被告人孙小果等人将宋某强行带到宾馆房间后，责令手下看守宋某，待其到隔壁房间打牌至凌晨三四点后再回来对宋某实施强奸；在强奸张某某的犯罪中，孙小果从公共场所将张某某劫持至宾馆进行强奸；在强奸张某的犯罪中，因张某不从未果后，即责令手下将张某拉到楼下毒打后仍不允许张某离开。孙小果这种在公共场所劫持被害人、非法限制被害人人身自由并进行强奸的行为，既给被害人造成精神上的强制，在遭受侵害时不能抗拒，还严重危害社会管理秩序。

第三，当众强奸，并以暴力或轮奸相威胁，行为方式极其卑劣。原审被告人孙小果所犯四起强奸罪，皆是在有多人在场的情况下公然实施。在实施犯罪时，孙小果常以“打变形”“打成变形金刚”“不让我上，就让兄弟们一起上”等相威胁，不仅使被害人陷入不能反抗、不敢反抗的境地，在极度恐惧下忍辱屈从，而且使被害人蒙羞受辱后，不敢及时报案，有的甚至被迫与其继续交往。

第四，属于强奸罪再犯，主观恶性极深，人身危险性极大。原审被告人孙小果 1995 年因强奸罪被判处刑罚后，在非法保外就医期间，依然怙恶不悛，再次犯下强奸罪，此种情形较之累犯更为恶劣，依法应当从重处罚。孙小果在 1997 年 4 月至 6 月短短二个月的时间内，连续实施了四起强奸犯罪，其中 6 月就连续实施三起。孙小果在短时间内针对不特定未成年女性连续实施强奸犯罪，在一定时间内使当地公众产生心理恐惧，给社会治安秩序带来严重影响。孙小果在原审及本次再审期间拒不认罪悔罪，想方设法逃避刑事处罚。

原审被告人孙小果在强奸幼女张某的犯罪中，因意志以外的原因未能得逞，是犯罪未遂，但综合考虑该起犯罪事实的手段、情节及后续毒打被害人的行为，对其不予从轻处罚。

在强制侮辱妇女、故意伤害和寻衅滋事犯罪中，原审被告人孙小果系共同犯罪的主犯，应对其组织、指挥的全部犯罪行为及后果承担责任，且均系在非法保外就医期间实施，应当从重处罚。在强制侮辱妇女和故意伤害犯罪中，孙小果犯罪手段极其凶残，令人发指，且系聚众在公共场所当众实施犯罪，并致一人重伤，严重侵害被害人的身体健康和人格尊严。在寻衅滋事犯罪中，孙小果无事生非，借故滋事，具有驾车追逐冲撞、持械随意殴打他人等情节。辩护人提出孙小果有自首情节，对被害人进行了赔偿等应当从轻处罚的辩护意见，与本次再审查明的事实和证据不符，本院不予采纳。

公民在法律面前人人平等，既不允许有法上之权，也不允许有法外之人。任何人无视法律尊严而公然实施践踏法律的行为，必将受到法律的惩处。原审被告人孙小果长期无视国法，多次实施犯罪行为，1995 年因犯强奸罪被判处刑罚后，在非法保外就医期间，仍不思悔改，肆意实施强奸、强制侮辱妇女、故意伤害、寻衅滋事犯罪。孙小果被第一审依法判处死刑，经第二审、原再审改判，服刑期间多次通过违规减刑出狱，后又网罗刑满释放和社会闲散人员，有组织地实施犯罪活动，称霸一方，残害百姓，犯下组织、领导黑社会性质组织、开设赌场、行贿等七种罪行，悖天理，违国法，逆人情。孙小果犯罪手段极其残忍，犯罪情节极其恶劣，社会危害程度极其严重，主观恶性极深，人身危险性极大，属于罪大恶极且不堪改造的犯罪分子，依法应当予以严惩。第一审判决未认定张某为幼女属认定事实确有错误，应当予以纠正；第二审判决未认定孙小果强奸张某的事实，并据此改判属认定事实和适用法律错误，应当予以纠正；原再审系在事实和证据并无变化的情况下启动并改判，属认定事实和适用法律错误，应当予以撤销。第一审判决对孙小果的定罪量刑并无不当，应予维持。出庭检察员发表的出庭意见成立，本院予以采纳。据此，依照1979年《中华人民共和国刑法》第一百三十九条第二款、第三款，第二十条第一款，第四十三条，第五十三条第一款及1997年修订的《中华人民共和国刑法》第十二条，第二百三十四条第二款，第二百三十七条第二款，第二百九十三条第（一）、（二）项，第二十五条第一款，第二十六条第一款、第四款，第六十九条，第七十一条及《中华人民共和国刑事诉讼法》第二百五十六条第一款和《最高人民法院关于适用〈中华人民共和国刑事诉讼法〉的解释》第三百八十九条第一款第（二）、（三）项之规定，本院经审判委员会全体会议讨论决定，判决如下：

一、撤销本院（2006）云高刑再终字第12号刑事判决；撤销本院（1998）云高刑一终字第104号刑事判决中对原审被告人孙小果的定罪量刑部分。

二、维持云南省昆明市中级人民法院（1998）昆刑初字第74号刑事判决中对原审被告人孙小果的定罪量刑部分，即孙小果犯强奸罪，判处死刑，剥夺政治权利终身；犯强制侮辱妇女罪，判处有期徒刑十五年；犯故意伤害罪，判处有期徒刑七年；犯寻衅滋事罪，判处有期徒刑三年，与原犯强奸罪未执行刑期二年四个月又十二天，数罪并罚，决定执行死刑，剥夺政治权利终身。

三、将本判决第二项对原审被告人孙小果确定的刑罚与本院（2019）云刑终1321号刑事判决和云南省玉溪市中级人民法院（2019）云04刑初149号刑事判决对孙小果判处有期徒刑二十五年，剥夺政治权利五年，并处没收个人全部财产的刑罚合并，决定执行死刑，剥夺政治权利终身，并处没收个人全部财产。

本判决为终审判决。

依照《中华人民共和国刑事诉讼法》第二百四十六条的规定，对原审被告人孙小果的死刑判决依法报请最高人民法院核准。

审判长　　后　锋
审判员　　秦　姣
审判员　　杨海波
审判员　　席占涛
审判员　　王志国

二〇一九年十二月二十日

书记员　　刘津嘉
书记员　　杨　燕

林涯等人故意杀人案

海南省高级人民法院
刑事判决书

（2018）琼刑再1号

原公诉机关海南省人民检察院海南分院。

原审被告人林涯，男，1977年4月20日出生，汉族，海南省乐东黎族自治县（以下简称乐东县）人，初中文化，农民，住乐东县九所镇某村。因犯故意伤害罪，2004年4月4日被乐东县人民法院判处有期徒刑六个月。因本案于2005年3月3日被刑事拘留，同年4月2日被取保候审。2007年7月29日被刑事拘留，同年8月1日被逮捕。现在海南省三亚监狱服刑。

辩护人杨群，北京市大安律师事务所律师。

原审被告人陈乾严，别名陈严，男，1978年2月15日出生，汉族，海南省乐东县人，初中文化，农民，住乐东县九所镇某村。因犯故意伤害罪，2004年4月4日被乐东县人民法院判处有期徒刑六个月。因本案于2005年3月3日被刑事拘留，同年4月2日被取保候审。2007年6月30日被刑事拘留，同年8月1日被逮捕。现已刑满释放。

辩护人吕宗府，海南琼亚律师事务所律师。

原审被告人麦志块，男，1981年5月3日出生，汉族，海南省乐东县人，初中文化，农民，住乐东县九所镇某村。因犯故意伤害罪，2004年4月4日被乐东县人民法院判处有期徒刑六个月。因本案于2007年7月9日被刑事拘留，同年8月1日被逮捕。现已刑满释放。

辩护人陈帅，海南琼亚律师事务所律师。

原审被告人林振平，别名林浪平，男，1979年4月9日出生，汉族，海南省乐东县人，初中文化，农民，住三亚市新建路某宿舍。因本案于2007年

6月29日被刑事拘留，同年8月1日被逮捕。现已刑满释放。

辩护人王子龙，海南琼亚律师事务所律师。

原审被告人麦志豪，男，1981年5月3日出生，汉族，海南省乐东县人，初中文化，农民，住乐东县九所镇某村。因犯故意伤害罪，2004年4月4日被乐东县人民法院判处有期徒刑六个月。因本案于2007年7月9日被刑事拘留，同年8月1日被逮捕。现已刑满释放。

辩护人林桂凤，海南圣和律师事务所律师。

原审被告人林维，男，1976年6月17日出生，汉族，海南省乐东县人，高中文化，原系乐东县石门水电站职工，住某宿舍。因本案于2007年7月9日被刑事拘留，同年8月1日被逮捕。现已刑满释放。

辩护人杜佳能，海南中海律师事务所律师。

原审被告人林作信，男，1980年9月21日出生，汉族，海南省乐东县人，初中文化，农民，住乐东县九所镇某村。因本案于2005年1月5日被批捕后在逃。2007年6月28日被逮捕。现已刑满释放。

辩护人王贺、梅影慈，海南惠海律师事务所律师。

原审被告人林日金，男，1944年7月1日出生，汉族，海南省乐东县人，小学文化，个体医生，住乐东县九所镇某村。因涉嫌犯包庇罪，2007年7月27日被刑事拘留，同年8月31日被逮捕。2011年4月29日办理暂予监外执行。刑期已执行完毕。

辩护人陈驰耿，海南琼亚律师事务所律师。

海南省人民检察院海南分院（现为海南省人民检察院第一分院）指控被告人林涯、陈乾严、麦志块、林振平、麦志豪、林维、林作信犯故意杀人罪、被告人林日金犯包庇罪一案，海南省海南中级人民法院（现为海南省第一中级人民法院）于2008年5月22日作出（2008）海南刑初字第18号刑事附带民事判决，宣判后，附带民事诉讼原告人未上诉，林涯等被告人均提出上诉。本院于2009年6月4日作出（2008）琼刑一终字第71号刑事附带民事裁定，驳回上诉，维持原判。裁判发生法律效力后，林涯等人不服，分别向本院提出申诉，均被驳回。林涯等人仍不服，向中央政法委员会申诉，后经最高人民法院转交本院复查。本院于2018年6月4日作出（2017）琼刑监2号再审决定，由本院对本案进行再审。2018年12月19日本院依法另行组成合议庭，公开开庭审理本案。海南省人民检察院指派检察员钱晶晶、书记员周心怡出庭履行职务。原审被告人林涯、陈乾严、麦志块、林振平、麦志豪、林维、林作信、林日金及其各自的辩护人杨群、吕宗府、陈帅、林桂凤、王子龙、杜佳能、王贺、梅影慈、陈驰耿以及证人林某、陈某笋、孙某、林某垂到庭参加诉讼。现已审理终结。

海南省海南中级人民法院一审判决认定：1999年，被告人林涯弟弟林丙（已故）与被害人林甲因口角互殴，林甲将林丙打伤，但未予赔偿。2001年5月，被告人林涯、陈乾严、麦志豪、麦志块、林作信及林丙等人和林甲等再次斗殴，并将林甲打伤。事后，经双方家属协商，由林涯一方赔偿林甲医疗费2万多元。林涯等人对此怀恨在心，伺机报复。2003年10月8日晚9时许，林涯、陈乾严、麦志块在海南省乐东县九所镇某村舞厅喝茶，得知林甲当晚要去中灶村海边虾塘以后，遂赶回林涯家中告知林丙，并纠集麦志豪、林作信和被告人林维、林振平密谋埋伏拦路殴打林甲。之后，林涯等人分别持钢管、木棍前往九所镇海榆西线350km+950m处拐入中灶村海边虾塘的小路边守候。晚11时许，当林甲骑摩托车途经该处时，林涯等人分别持钢管、木棍围打林甲，林甲往路边的稻田里逃，林涯等人继续追打直至死亡。随后，林涯、林丙叫麦志块等人回某村拿挖土工具回到现场附近的荒坡上挖坑，一起将林甲尸体掩埋。林丙骑林甲的摩托车离开现场后，将车丢弃。林涯、林丙等人回家后，商量如何逃避侦查，被告人林日金得知后便唆使林涯等人严守秘密，编造各种理由逃避侦查。经法医鉴定：被害人林甲系钝器重力击打头部造成颅脑严重损伤导致脑功能丧失死亡。认定上述事实的主要依据是被告人陈乾严、麦志块、林振平、麦志豪、林维、林作信的有罪供述、证人林某琼、林某恳、陈某、符某庆等人的证言、现场勘查笔录、现场方位图及现场照片、法医鉴定结论等。一审判决认为，被告人林涯、陈乾严、麦志块、林振平、麦志豪、林维、林作信报复杀人，其行为均已构成故意杀人罪，在共同犯罪中，林涯起纠集作用，系主犯，其余被告人起次要作用，均系从犯，可从轻处罚。被告人林日金明知林涯等人实施了犯罪行为而包庇犯罪分子，其行为构成包庇罪，应予惩处。依照《中华人民共和国刑法》等相关规定，判决：被告人林涯犯故意杀人罪，判处无期徒刑，剥夺政治权利终身；被告人陈乾严犯故意杀人罪，判处有期徒刑十四年，剥夺政治权利四年；被告人麦志块犯故意杀人罪，判处有期徒刑十三年，剥夺政治权利三年；被告人林振平、麦志豪、林维、林作信犯故意杀人罪，各判处有期徒刑十二年，剥夺政治权利三年；被告人林日金犯包庇罪，判处有期徒刑五年。宣判后，林涯等八名被告人均不服，分别提出上诉。主要上诉理由：原判事实不清、证据不足，公安人员违法取证。

海南省人民检察院出庭检察员认为，原判事实清楚，证据确实、充分，建议驳回上诉，维持原判。

本院二审认定的事实、证据与一审判决基本一致。二审法院认为，一审判决认定的基本事实清楚，基本证据确实、充分。遂作出驳回上诉，维持原判的刑事附带民事裁定。

本院再审期间，证人林乙、林某垂、孙某、陈某笋出庭作证，均证明案发当晚林涯、麦志豪、陈乾严、林作信没有作案时间；原审被告人陈乾严、麦志块、林振平、麦志豪、林维、林作信均称在公安侦查阶段认罪是刑讯逼供所致；原审被告人林涯等人及其辩护人均提出，原判认定的事实不清，证据不足，应撤销原判，宣告各原审被告人无罪。

出庭检察员认为，原判认定林涯等犯故意杀人罪、林日金犯包庇罪具有一定的证据基础；本案具有一定的特殊性与复杂性，部分细节尚未查明，具有进一步补查的空间，建议发回重审。另对再审出庭作证的证人证言有异议，不应采信。

经再审查明，原裁判认定2003年10月8日晚，被害人林甲在乐东县九所镇某村即海榆西线公路350km＋950m处附近被他人杀害后埋尸的事实清楚，证据确实、充分，但认定系原审被告人林涯、陈乾严、麦志块、林振平、麦志豪、林维、林作信所为的事实不清，证据不足。

一、原裁判认定原审被告人林涯等杀人、埋尸的事实，主要是依据陈乾严、麦志块、林振平、麦志豪、林维、林作信的有罪供述与现场勘查笔录、法医鉴定结论基本相符来定案，但上述原审被告人的有罪供述存在以下问题：

1. 有罪供述不稳定。陈乾严等六名原审被告人均经历了从不承认犯罪，到承认犯罪，再到否认犯罪的过程，其中陈乾严、林振平、麦志豪、麦志块在公安侦查阶段后期已翻供，林维和林作信到一审庭审时也已翻供。

2. 有罪供述的主要事实存在矛盾。陈乾严等六名原审被告人关于谁提起犯意、在哪密谋、持何作案工具、如何去现场、谁先动手打人、如何抬运尸体、如何挖坑埋尸等细节说法不一致，存在矛盾。

3. 有罪供述形成于看守所之外的场所。陈乾严等六名原审被告人承认犯罪的地点均是在看守所之外，押回看守所后又否认犯罪，时间相隔不长。

综上，原裁判据以定案的主要证据即各原审被告人的有罪供述，其内容的真实性和取证的合法性存疑，依法不能作为定案的依据。

二、本案除原审被告人的有罪供述外，未提取到其他证据指向林涯等人作案。

1. 现场勘查提取到沾血的枯稻草杆，但因检材腐烂不能鉴定，无证明价值，除此以外，在现场未能提取到对侦破案件有帮助的痕迹物证等其他证据。

2. 本案重要物证缺失，杀人、埋尸使用的勾刀、钢钎、铁棍、铁铲、砣子等作案工具均未能提取在案。

3. 现场勘查笔录、法医鉴定结论及现场照片只能证明死者林甲被人杀害埋尸，不能证明是林涯等人所为。

4. 在案的证人证言，只是证明被害人林甲生前与林涯有矛盾积怨、被害人家属寻找尸体以及围观现场勘查等情况，无一证人能够直接或间接地证明林涯等人实施了杀害掩埋林甲的行为。

三、部分原审被告人始终不供认犯罪。原审被告人林涯、林日金及林丙在案中属于主要成员，但三人被采取强制措施以来一直不承认犯罪。

综上，原裁判认定原审被告人林涯、陈乾严、麦志块、林振平、麦志豪、林维、林作信犯故意杀人罪、原审被告人林日金犯包庇罪的事实不清，证据不足。

关于再审时证人林乙等证明林涯、麦志豪、陈乾严、林作信没有作案时间的问题，经查，案发至今已时隔十多年之久，且除了林涯之外，其余案犯均已刑满出狱，不排除原审被告人与证人串供的可能，因此，上述证言的真实性存疑，不予采信。

本院认为，原判据以定案的证据没有达到法定的证明要求，原判认定原审被告人林涯、陈乾严、麦志块、林振平、麦志豪、林维、林作信犯故意杀人罪及原审被告人林日金犯包庇罪的事实不清，证据不足，依法应予纠正。林涯等八名原审被告人及其辩护人要求撤销原判、改判无罪的申诉理由和辩护意见成立，予以采纳。休庭后，根据出庭检察员的建议，公安机关对本案进行了补充侦查，但由于案发至今已十多年之久，检察机关提供的二十名证人名单中，有的证人已去世，有的去向不明，有的查无户籍登记，寻找到的十一名证人均不是案件知情人，因此，侦查机关虽经努力仍没有提取到对认定本案有价值的证据，故对出庭检察员有关本案部分细节尚未查明，具有进一步补查的空间，建议发回重审的检察意见，不予采纳。本案经本院审判委员会讨论决定，依照《中华人民共和国刑事诉讼法》第二百五十六条、第二百三十六条第一款第（三）项、《最高人民法院关于适用〈中华人民共和国刑事诉讼法〉的解释》第三百八十九条第二款之规定，判决如下：

一、撤销本院（2008）琼刑一终字第 71 号刑事附带民事裁定和海南省海南中级人民法院（2008）海南刑初字第 18 号刑事附带民事判决；

二、原审被告人林涯无罪；

三、原审被告人陈乾严无罪；

四、原审被告人麦志块无罪；

五、原审被告人林振平无罪；

六、原审被告人麦志豪无罪；

七、原审被告人林维无罪；

八、原审被告人林作信无罪；

九、原审被告人林日金无罪。

本判决为终审判决。

审 判 长　　王祥国

审 判 员　　童　琦

审 判 员　　陶永夫

二〇一九年十一月十五日

法官助理　　彭永红

书 记 员　　冯　兰

刘某某贩卖毒品案

广州市人民检察院
刑事抗诉书

穗检公一诉刑抗〔2018〕1号

广州市中级人民法院以（2017）粤01刑初283号刑事判决书对本院提起公诉的被告人刘某某涉嫌贩卖毒品一案，判决被告人刘某某无罪。本院依法审查后认为，该判决事实认定错误，导致法律评价错误，依法应当提出抗诉。理由如下：

一、现有证据足以证实被告人刘某某实施了贩卖毒品的客观行为

本案是公安机关线人参与侦查破获的贩卖毒品案件，结合物证、证人证言、微信聊天记录、短信、抓获经过、现场勘验笔录、扣押物品清单及毒品成分鉴定意见等证据，足以证实被告人刘某某与线人联系携带毒品驾驶涉案汽车去至案发现场准备贩卖，后被公安机关抓获，公安机关抓获被告人刘某某时在其驾驶的车辆副驾驶位下方缴获白色晶体一包，重1000.06克，检出甲基苯丙胺成分。

被告人刘某某和证人周某的微信聊天显示，案发前一天两人一直在谈买卖毒品，被告人刘某某前往粤东从不法分子处购得毒品，并准备在案发当天通过证人周某出货，案发当天聊的内容也是两人在哪里见面，准备给证人周某找的下家出货等有关贩卖毒品的内容。另外被告人刘某某的手机短信包含大量毒品买卖关联内容，可以看出其从事毒品买卖已经至少一年，案发前一天还有证人周某以外的其他人准备向被告人刘某某购买毒品以贩卖牟利。在案发当月被告人刘某某名下银行卡有多次大笔存取款记录，这符合惯常毒品交易通过银行卡支付和提取毒资的特征，其未能合理解释。即便没有被告人刘某某的供述，现有在案其他客观证据和言词证据已经足以形成完整证据链条，证实被告人刘某某实施了贩卖毒品的行为，且被抓获时从其车辆处缴获了准备用于贩卖的毒品。

二、现有证据足以证实被告人刘某某贩卖毒品的主观故意，其无罪辩解不成立

第一，被告人刘某某辩解其系卖燕窝的微商与本案的证据矛盾。

首先，燕窝并非单一品种，不同品种和形态价格各不相同，在交易的过程中，必需要对燕窝品种、形态确定后才能谈价格，从被告人刘某某与证人周某的微信聊天记录来看，被告人刘某某从头到尾均未讲物品的名称、种类，双方语言含蓄、隐秘，辩解其交易的燕窝明显与燕窝正常交易习惯不符合，同时，燕窝的计量单位有"克""两""盏"等，作为一个从事燕窝经营的商家，不可能以"个"来卖不知品种的"燕窝"，其辩解明显经不起推敲，可以佐证的一点是在被告人刘某某与"dengyinglai717－搁浅好久了"微信语音聊天中，对方称"他只要合成的。我这里数量是特大，现在是70个"，燕窝是天然滋补品，谁会买燕窝只要"合成"的？70"个"燕窝数量如何能称得上"特大"。其次，双方在微信中提到，厂家在"甲子"，去"甲子"需要经过"广惠高速"，由此可见，被告人刘某某讲的厂家在广东省汕尾市陆丰甲子镇，该地区是毒品危害重点地区，并不是燕窝的生产地、批发地，同时被告人刘某某还讲到老板亲自帮其带路，带到"广惠高速"就可以了，只有"那两个点查其他的都不查"，卖燕窝为什么要怕被查处？唯一的合理解释就是被告人刘某某卖的不是燕窝，而是违法物品，所以才怕被查处。再次，侦查机关对被告人刘某某的苹果手机的通信信息进行提取，在侦查机关恢复的被告人刘某某已删除的短信中，与1318901××××短信沟通中，对方称"关于送到东莞这个问题很多人不敢干呀"，被告人刘某某回复"不送东莞，我们不会做"。如果是卖燕窝，被告人刘某某为什么不敢送去东莞，唯一的合理解释就是被告人刘某某卖的根本不是燕窝，而是违法物品，在东莞容易被查处。最后，被告人刘某某称自己有一微信账号用于"朋友圈"做产品销售。众所周知，微商需要大量的"朋友圈"宣传，同时会大力发展下线微商，因此微商不仅对自己的账号十分熟悉，对自己的下线微商也十分熟络，而侦查人员提供手机给被告人刘某某登录其所谓的微商使用的微信账号时，其却无法验证和登录自己的微商账号，也没有提供下线微商或客户的联系方式，这与一般人急于证明自己清白的行为逻辑不符。本案唯一合理的解释就是被告人刘某某不是卖"燕窝"的微商，而是在贩卖违法物品，只有这样才能解释其为何不能登录自己卖"燕窝"的微信账号。

第二，被告人刘某某辩解其不了解毒品与本案的证据矛盾。

被告人刘某某在与证人周某的微信聊天记录中明确讲到"交易的时候，那个东西有没你的指纹""抓你回去验尿""万一一验尿，阳，你说怎么办"等与毒品交易、吸毒相关的信息，证人周某也在微信中明确询问"能找到大麻吗"，被告人刘某某的回答是"找不到"，而不是一个正常没接触过毒品的

人的反应，其对毒品交易有着清楚的认知。微信聊天记录、短信、证人证言等证据证实被告人刘某某此前一直在从事毒品交易。除此之外，被告人刘某某对毒品犯罪有很强的反侦查意识，其在微信聊天记录中讲到“他被抓了……后面警察把他放出来说他要立功”“你还是注意安全啊，你这段时间那个电话也不要用了”“暂时不要出门……我就怕有便衣在你附近”“你跟他有联系的那电话扔掉，那个电话就不要带出门了咯，等一下那些警察一用公安网什么记录都查得出来的”“你怀孕就不怕了，跟他交易反正不是转账的就没事了”“你做事不能用自己的头像”等内容，微信聊天记录证实被告人刘某某不仅了解毒品，同时了解毒品犯罪的后果，此前一直在从事毒品交易，有很强的反侦查意识，符合毒贩的行为特征。

第三，被告人刘某某辩解毒品系证人周某放在其车上的与本案的证据矛盾。

公安机关从被告人刘某某驾驶的车辆上搜出重 1000.06 克的甲基苯丙胺，如此大量的毒品，正常而言，卖家与买家事先必然会沟通买卖的地点，被告人刘某某辩解周某将两斤的毒品放在其车上就离开，其对该毒品一无所知，然后其被公安抓获。其辩解难以成立，首先，证人周某作为一个线人出资购买 2 斤冰毒帮助公安机关破案，显然投入与获得不成正比，一个正常的社会人难作出这种非理性选择。其次，在被告人刘某某与证人周某的微信聊天记录中，可以清楚地看到，2015 年 12 月 21 日（刘某某被抓获当天），证人周某与被告人刘某某商议由刘某某带货来卖，交易地点是华海大厦，结合微信聊天记录、物证，可以清楚地证明毒品是由被告人刘某某带来华海大厦，由此可以排除毒品是由证人周某放在车上的嫌疑。

综上，被告人刘某某提出其系卖燕窝的微商，不了解毒品，毒品系证人周某放在其车上的辩解明显不符合常情、常理，与已经形成完整密闭证据链条的其他在案证据相互矛盾，可信性低。证据采信标准中的“排除合理怀疑”原则是指被告人提出的辩解合理，且无其他证据予以推翻时，应当采信其辩解。但“排除合理怀疑”并不等同于“排除一切怀疑”，对于被告人刘某某提出的辩解内容本身就不合理，且与其他在案证据相矛盾，不应适用“排除合理怀疑”原则。否则将会导致司法实践中出现被告人一份无理辩解就能推翻形成证据链条的其他全案证据的情况，与《中华人民共和国刑事诉讼法》第五十三条确定的“重证据、重调查研究、不轻信口供”原则相违背。

三、取证瑕疵并未切断证据链条，不能成为被告人刘某某无罪的判决理由

第一，公安机关一年后向证人取证不影响证人证言的真实性、客观性、关联性。举报人周某向公安机关举报被告人刘某某贩卖毒品，公安机关在一年后才向其取证，未及时取证的行为虽然存在瑕疵，但并未切断证据链条。因为证

人周某的证言是否真实客观，不在于取证时间先后，而在于程序上公安机关取证是否合法，实体上证人证言是否真实，能否与本案其他证据相互印证。公安机关在向证人周某取证过程中程序没有违法，周某的证言与微信聊天记录、抓获经过、现场勘验笔录、物证等证据可以相互印证，共同证实被告人刘某某携带毒品准备与他人交易的事实。

第二，关于贩卖毒品的数量，证人周某的证言与其他证据可相互印证。微信聊天记录证实证人周某称客户需要的货物数量是2个，但要被告人刘某某带3个，实际上，带2个还是3个是由被告人刘某某自由选择的。被告人刘某某做事小心谨慎，有很强的反侦查意识，在知道客户只需要2个的情况下，完全没有必要带3个。证人周某的证言中说案发前被告人刘某某让其帮她卖掉两斤毒品，案发现场公安机关也是查获了两斤冰毒，证人周某的证言与微信聊天记录、抓获经过、物证、称量笔录等证据可以相互印证，证实被告人刘某某贩卖的毒品是1000.06克的甲基苯丙胺。

第三，证人周某是否有乘坐被告人的车辆、被告人刘某某向谁贩卖毒品不影响被告人贩卖毒品事实的认定。前面已分析有充分证据证实案发当时被告人刘某某带毒品到现场准备交给他人，证人周某是否有乘坐被告人刘某某的车辆不影响对其贩卖毒品事实的认定。根据2015年5月18日最高人民法院印发的《全国毒品犯罪审判工作座谈会纪要》关于“贩毒人员被抓获后，对于从其住所、车辆等处查获的毒品，一般应认定为其贩卖的毒品”的指导意见，被告人刘某某以贩卖为目的，在其车辆上持有1000.06克的甲基苯丙胺，无论是真有客户向被告人刘某某购买毒品，还是证人周某虚构客户向被告人刘某某购买毒品，只要被告人有贩卖毒品的主观故意并有相应的客观行为，即可认定为被告人刘某某有贩卖毒品的行为。

综合上述三点分析，现有证据足以证实被告人刘某某贩卖毒品的事实，得出唯一排他性结论。广州市中级人民法院（2017）粤01刑初283号《刑事判决书》事实认定错误，导致一审判决法律评价错误，为维护司法公正，准确惩治犯罪，依照《中华人民共和国刑事诉讼法》第二百一十七条的规定，特提出抗诉，请依法判处。

此致

广东省高级人民法院

广州市人民检察院

2018年2月12日

广东省人民检察院
支持刑事抗诉意见书

粤检诉一支刑抗〔2018〕4号

广东省高级人民法院：

广州市人民检察院以穗检公以一诉刑抗〔2018〕1号刑事抗诉书对广州市中级人民法院（2017）粤01刑初283号刘某某涉嫌贩卖毒品一案的刑事判决提出抗诉。本院审查后认为，抗诉正确，应予支持。

原审被告人刘某某无视国家法律，贩卖毒品甲基苯丙胺，数量大，犯罪事实清楚，证据确实、充分，应当以贩卖毒品罪追究其刑事责任。广州市人民检察院指控原审被告人刘某某犯贩卖毒品罪，有事实和法律根据。广州市中级人民法院以关键证人周某的证言为案发一年后取得以及该证言对部分事实的陈述前后不一等理由，否定了证人证言中对有关客观事实的描述，并否定了其他可以认定犯罪的证据，属于不依法采信证据。广州市中级人民法院在对车上所发现涉案毒品的归属问题上，片面采信原审被告人刘某某的不合理辩解，进而不合理地怀疑毒品为证人周某所有，不符合逻辑法则和经验法则。

综上所述，为维护司法公正，准确惩治犯罪，依照《中华人民共和国刑事诉讼法》第二百二十四条的规定，请你院依法纠正。

广州市人民检察院

2018年7月31日

广东省高级人民法院
刑事判决书

(2018) 粤刑终532号

抗诉机关(原公诉机关)广东省广州市人民检察院。

原审被告人刘某某,绰号Coco,女,1982年6月3日出生于广东省英德市,汉族,户籍地广州市番禺区大龙街广华北路25号十一座三梯×房。因本案于2015年12月21日被羁押,次日被刑事拘留,2016年1月26日被逮捕。2018年2月2日开始被取保候审,2019年4月29日经本院决定被逮捕。

辩护人叶秀雄、李皖娜,广东雄远律师事务所律师。

广东省广州市中级人民法院审理广东省广州市人民检察院指控原审被告人刘某某犯贩卖毒品罪一案,于2018年2月2日作出(2017)粤01刑初第283号刑事判决。宣判后,广州市人民检察院以现有证据足以证实刘某某贩卖毒品的事实,一审判决认定事实错误,导致法律评价错误为由,向本院提起抗诉。广东省人民检察院经审查后于2018年7月31日作出粤检诉一支刑抗〔2018〕4号支持刑事抗诉意见书,认为广州市人民检察院抗诉理由成立,要求本院依法纠正。本院依法组成合议庭,于2019年3月21日、5月10日公开开庭审理了本案。广东省人民检察院指派检察员何雄伟、张贺、魏雄文出庭履行职务。原审被告人刘某某及其辩护人叶秀雄、李皖娜律师到庭参加诉讼。检察员在二审庭审中补充举证并已经质证。现已审理终结。

原判认定,2015年12月21日14时许,公安机关接举报称有人贩卖毒品。后公安人员在广州市番禺区市桥街禺山大道友利创意园后门附近,将在车内等候的被告人刘某某抓获,并在车辆的副驾驶位下方缴获白色晶体一包(经检验,净重1000.06克,检出甲基苯丙胺成分,甲基苯丙胺的含量为78.8%),在驾驶位座椅上缴获金色iPhone5S手机一台、在其手上缴获黑色iPhone6一台,在副驾驶座椅上缴获黑色钱包一个,内有银行卡等物。

原判认定以上事实,有毒品等物证、手机通讯清单等书证、周某等证人的证言、勘验、检查、辨认笔录、毒品检验报告等鉴定意见、电子数据电子物证检查工作记录、被告人刘某某的供述和辩解等证据证实。

原审法院据此认为，关于被告人刘某某提出其没有贩卖毒品，查获的毒品是举报人周某带上车的，辩护人提出刘某某无罪的辩解、辩护意见，经查，周某向公安机关举报刘某某贩卖毒品，但公安机关在案发一年后向关键证人周某取证，其证言中对于刘某某向谁贩卖毒品、贩卖多少毒品及其是否共同乘坐刘某某车辆前往案发地的陈述，前后不一，且无法与微信聊天记录相互印证；其在出庭作证时亦当庭否认有毒品买家的存在。因此，公诉机关指控刘某某犯贩卖毒品罪的事实不清、证据不足。虽然在刘某某的车上发现了涉案的毒品，但是刘某某供称该毒品所在位置是周某下车前所坐的副驾驶位，该毒品是由周某携带上车，现有证据无法排除刘某某提出毒品归周某所有的辩解，故被告人及其辩护人的该辩解、辩护意见，予以采纳。

本案据以认定被告人刘某某构成贩卖毒品罪的证据没有形成完整的证明体系，没有达到证据确实充分的法定证明标准，也没有达到基本事实清楚、基本证据确凿的定罪要求，且不能排除合理怀疑。依照《中华人民共和国刑事诉讼法》第一百九十五条第（三）项、《最高人民法院关于适用〈中华人民共和国刑事诉讼法〉的解释》第二百四十一条第一款第（四）项、《中华人民共和国刑法》第六十四条的规定，判决如下：

一、被告人刘某某无罪。

二、扣押的毒品予以没收（由广州市公安局番禺区分局执行），扣押的其他财物予以发还。

广州市人民检察院抗诉及广东省人民检察院支持抗诉意见：刘某某贩卖毒品犯罪事实清楚，证据确实、充分。广州市人民检察院的指控有事实和法律依据。一审无罪判决的理由不能成立。广州市中级人民法院以关键证人周某的证言为案发一年后取得以及该证言对部分事实的陈述前后不一等理由，否定了证人证言中对有关客观事实的描述，并否定了其他可以认定犯罪的证据，属于不依法采信证据。在对车上所发现涉案毒品的归属问题上，片面采信刘某某的不合理辩解，进而不合理地怀疑毒品为周某所有，不符合逻辑法则和经验法则。本案已形成完整闭合的证据体系，现有证据可以组成一个互相补充、互相印证、完整、缜密的证据锁链，能够得出唯一的证明结论，足以认定刘某某到汕尾购买冰毒并准备用于贩卖的犯罪事实。在案证据足以排除合理怀疑，刘某某购买燕窝的辩解纯属狡辩。一审判决以本案存在合理怀疑而又不调查核实，没有正确依照证据裁判原则和运用常理常识认真深入研究本案证据，导致了错误判决的发生。刘某某归案后拒不如实交代，在二审大量扎实确凿的证据面前，仍拒不认罪，毫无悔罪表现，认罪态度极差！刘某某对司法的极其不尊重、对法律的极度藐视，社会危险性可见一斑。鉴于刘某某毫无悔罪表现，认罪态度极差，造成司法资源的极大耗费，建议二审对其从重判处。

原审被告人刘某某辩称：其没有贩卖毒品，公安机关没有根据其提供的情况及时收集无罪证据，一审判决正确，应予维持。

辩护人辩称：检察机关为证明刘某某贩卖毒品罪名成立而补充大量新证据的检控行为充分说明了原有证据确实无法形成完整的、闭合的证据链条，无法确实、充分地、排他性地证明刘某某贩卖毒品，根据“疑罪从无”的法律原则和法治要求，一审判决认定事实和适用法律均是正确无疑的；至于检察机关所出示的新证据，有些真实性有问题，有些关联性有缺陷，除了取证的合法性没问题之外，无法满足定案证据的法定要求，依然无法证明刘某某存在贩卖毒品的犯罪行为，依然无法排除周某才是贩卖毒品的犯罪嫌疑人，依然无法证实所缴获的疑似毒品的物品就是毒品，依然不足以推翻一审判决。谢某娟的供述无法证实刘某某曾经向其贩卖过毒品，反而证明了周某有贩卖毒品的历史。张某伟的证言要么与事实不符、要么前后不一、要么疑点重重，基本不具真实性，非但无法证实刘某某贩卖毒品，反而证实了周某有诬告陷害刘某某贩卖毒品的合理缘由。陈某勇和叶某珍的证言中没有任何证实刘某某贩卖毒品的字眼，也没有印证张某伟的证言，与本案没有关联性，不应作为本案证据使用。陈某谦的相关证据材料均无法证实刘某某曾经去过陆丰购买过毒品。凌某权、陈某汉、曾某杰等人贩卖毒品案的证据与本案没有任何关联性，不能用作本案的定案依据。检察机关这次补充的新证据不但无法排除周某贩卖毒品的嫌疑，反而进一步证实了查获的疑似毒品的物品就是周某放置的客观事实。综合全案所有证据，根本无法排他性地得出涉案疑似毒品之物品属于刘某某所有的唯一结论。敬请二审法院依法裁定驳回抗诉，维持原判。为争取辩护效果最大化，如果法院最终认定刘某某贩卖毒品罪名成立，鉴于本案存在特情介入和疑罪从轻等情况，敬请法院能在有期徒刑十五年以下的幅度量刑处罚。

经审理查明：2015 年 12 月 20 日，原审被告人刘某某从毒品上家购得毒品甲基苯丙胺（俗称冰毒）一批。同月 21 日 15 时许，刘某某驾驶其粤 A7FK × ×宝马小汽车搭乘其朋友周某，携带一包甲基苯丙胺去到广州市番禺区市桥街禺山大道友利创意园后门附近，准备贩卖给他人。周某借故下车离开，后打电话向广州市公安局番禺区分局民警陈某杰举报刘某某贩卖毒品。不久，陈某杰及其同事到场将刘某某抓获，在上述小汽车副驾驶位下缴获甲基苯丙胺一包净重 1000.06 克（含量为 78.8%），在刘某某身上及车上扣押手机两部及银行卡等物品。

认定上述事实，有经庭审举证、质证的下列证据证实：

1. 广州市公安局番禺区分局的破案经过、抓获经过、办案说明材料、现场勘查笔录、现场照片、搜查笔录、扣押物品清单证实：2015 年 12 月 21 日 15 时许，该局市桥派出所民警根据他人举报，在番禺区禺山大道附近的友利创意园后门对出路边的小汽车上将刘某某抓获，在其身上缴获一部黑色苹果 6 手机（号码 1351277××××），在驾驶座位上缴获一部金色苹果 5 手机（号码 1302576××××），在副驾驶座位上查获一个黑色钱包（内有八张银行卡），在副驾驶位脚踏板上发现一个小猫花纹胶袋，袋内一个茶叶袋装有一个密封袋包装的白色晶体物，在驾驶位前面抽屉内查获车主为刘某某的粤 A7F×××小汽车行驶证。

2. 广州市公安局番禺区分局的搜查笔录、扣押物品清单、提取笔录、称量取样笔录及调取的中国工商银行个人客户业务申请书证实：该局抓获同案人陈某谦时在其身上及随身物品中扣押了两小包白色晶体共净重 2.48 克及两部手机（号码为 1363275××××、1342153××××、1353753××××）、七张银行卡（包括卡号为 622202200900413××××、开户人为陈某呈的工行卡）等财物。

3. 广州市公安司法鉴定中心穗公（司）鉴（化验）字（2015）4748 号化验检验报告证实：公安人员将查获的白色晶体一包送检，检验结果为该包白色晶体净重 1000.06 克，检出甲基苯丙胺成分，含量为 78.8%。

4. 广州市番禺区公安司法鉴定中心穗番公（司）鉴（理化）字（2019）00092 号检验报告证实：公安人员将从陈某谦处查获的两包白色晶体抽取的检材送检，经检验，检材均检出甲基苯丙胺成分。

5. 广州市公安司法鉴定中心穗公（司）鉴（声纹）字［2016］1 号声纹鉴定书证实：公安机关对刘某某被扣押的 iPhone5S 手机内的语音文件 147.amr 中的女性语音与刘某某语音进行声纹鉴定，鉴定意见为该语音文件 147.amr 中的“……以前每个月花个几万块……”等女性语音与刘某某的语音为同一人所说。

6. 广州市公安局番禺区分局羁押医院的检验报告单证实：刘某某的尿液样本经胶体金法检测，结果呈吗啡、氯胺酮、甲基安非他明阴性。

7. 广州市公安局番禺区分局的现场检测报告书证实：陈某谦的尿液样本经现场检测，结果呈甲基安非他明、二亚甲基安非他明阳性，吗啡、氯胺酮、四氢大麻酚酸、可卡因阴性。

8. 广州白云心理医院、广州白云自愿戒毒医院的成瘾认定报告证实：陈某谦吸毒成瘾严重。

9. 广州市番禺区人民检察院的批准逮捕决定书证实：陈某谦已于 2019 年 4 月 17 日被逮捕。

10. 广州市中级人民法院（2018）粤01刑初13号刑事判决书证实：该院以贩卖、运输毒品罪判处凌某权死刑，剥夺政治权利终身，并处没收个人全部财产；均判处陈某汉、李某明、曾某杰无期徒刑，剥夺政治权利终身，并处没收个人全部财产。上述文书认定，2017年4月，凌某权纠合李某明、曾某杰、陈某汉及同案人李某某驾车一起前往广东省陆丰市博美镇购买毒品，然后返回广州市番禺区进行贩卖，其中于2017年4月10日购买回来的甲基苯丙胺21817.2克（含量为71.4%—75.6%）被缴获。

11. 广州市公安局番禺区分局出具的户籍证明材料证实了刘某某的身份情况。

12. 广州市公安局电子数据检验鉴定实验室出具的穗公网勘［2016］63号电子物证检查工作记录证实：

（1）刘某某涉案灰色iPhone6手机(号码1351277××××)存有“1820660××××”这一手机号码，名字为“陈某”（陈某谦），自2015年12月5日至21日二人有28次通话记录、26次短信息来往记录。部分短信息内容如下：

刘（12月7日）：刚才跟老板联系了实在没办法。说他那边也有叫人去找。

陈：哦，既然没办法就算了。等以后有机会了才合作吧。……虽然是第一次见面，我看你做事还是很直率的，真的留给我很好的印象。不一定有生意才是好朋友，没做生意也是一样有好朋友做的。

刘：好，过来番禺、珠海。找我玩也可以。

刘（12月20日00：16）：这个导航教我从陆河出口了？

陈（12月20日02：51）：刘小姐你好。我明天才过去吧，你睡起床了下到二楼有早餐吃，你放心吧，明天我安排好了才打电话给你。

刘（12月20日07：59）：早上好！好的，谢谢！

刘（12月20日16：54）：安全到家，谢谢。

刘（12月20日17：43）：发个账号过来，晚点有钱就给你转过去。

陈（12月20日20：42）：工行，陈某呈，622202200900413××××。

刘（12月20日20：43）：收到，转钱告诉你。

（2）涉案灰色iPhone6手机的应用程序位置信息显示，刘某某于2015年12月20日12时36分用微信分享“陆丰市博美镇阳辉宾馆”的位置给他人。

（3）刘某某涉案金色iPhone5S手机（号码1302576××××）有大量涉及疑似毒品交易行话、黑话的短信息及微信聊天记录，时间自2015年1月开始，涉及多人向刘某某购买毒品，刘某某在2015年12月20日前往陆丰购得毒品回番禺，并准备进行贩卖。

①2015年12月20日晚与“阿玲”（即证人谢某娟，手机号码1801181××××）聊天，阿玲说“钱我本来是用来拿给你拿东西的，现在人出来要紧，所以我只能是先保小宝先了”，向刘某某提出要求“给你一个的钱拿两个”“可以的话能不能让我拿了东西先、因为比较远但我保证五天之内一定给你”，刘某某答复说“可以”“只要他能出来，我不限你时间什么时候给我钱”。

②手机号码1318901××××于2015年1月12日发短信“要三个，要大，碎的他们不要”，刘某某回复“昨晚已经出完了，现在很缺，凌晨才到”。对方于2015年11月14日13：56发短信“Coco姐你那里现在一点都没有吗？一两盒找的到吗?”刘某某回复“对不起，东西还没拿到，老板电话打不通，不知道是否有什么事”。对方于2015年12月1日3：17发短信“Coco姐你要不要去啊，我陪你去，这里到处找不到东西，烦死人”“你拿回来25给我两天帮你出完，你出车去我跟你一人一半”。刘某某回复：“钱可以到位先的客户在哪里找，谈好价钱能送货就可以，我们不能过去拿。”对方回复：“只要见到现金确实是拿货然后确定没有任何问题的情况下才能交易，还有你一次性要那么多应该没有那么多，现在太严了，你必须给时间准备才行的。”刘某某回复：“这个当然会，以前钱到位几天后货到位，第一次合作最怕就是对方把钱吃了，这个关键不能马虎。”对方于2015年12月8日发短信：“关于送到东莞去这个问题很多人不敢干呀！大部分都是谈不成的。”刘某某回复：“不送东莞，我们不会做。”对方于2015年12月14日17：14发：“Coco姐有空没？把那套东西拿过来我有个客户要。”刘某某回复：“好吧，要等等。”

③刘某某与周某之间有200多条微信聊天记录，其中2015年12月20日至21日的部分聊天记录摘录如下：

周（2015年2月20日12：28)：哎呀，搞不成就算咯，我们还是去拉拉小货，卖点小货算了，这么大的生意不是我们干的哦。

周：你看一下怎么样再给个答复给我啦，如果不要或是怎么样我就好答复人家嘛，人家问到我又不好讲，我都不知道怎么跟他说。

刘：这应该没问题的，我有信心把它谈好，拉拉小货吧，到时候我看怎么拉呗，我都说这两天要去拿东西啦。

周：什么时候去啊？好多人在问啊，没东西给人家，烦死啦。

刘（20日13：30)：给你一下惊喜啦，我跟你讲啊，昨天我本来想叫上你的，后面我觉得叫上你也没用，等一下你赶着回去怎么办呢？我昨天晚上已经过来了，我联系那个老板跟他谈了，后面我就顺便就昨天晚上在那里过了一个晚上，我就不要急着走，我就够精神开车嘛。回来再跟你说咯，见面，反正现在电话也跟你讲，跟那个老板谈好了，今天他还帮我带路呢。

周：那你顺便拿点货回来，没东西啊。

刘：拿呀，我跟他说我不够钱拿 10 个，能不能欠他。妈的，他当时是答应可以欠的，我拿 10 个的钱不够，欠 6 万吧？对，欠 6 万多，10 个，不是 6 万是 7 万啦。答应了后面他又不答应才给了我 8 个，因为我只够钱拿 8 个嘛，过去拿还是那么高的价格，他现在他帮我带路啊，他人挺好的，所以为什么我说看人很重要的，我看看我要怎么跟他谈。跟他说好了因为这个事情，周某我也跟你讲了，我能告诉你你就千万不要跟那个神经病讲了。因为这个老板也说了他知道我给钱给那个某某的小弟，他说你给了他。

周：那你顺便把货拿回来。

刘：别说你这个老板也挺好人的，今天是他亲自帮我带路，他才睡了两个小时，他帮我带到去那个广惠高速就可以了，就是那两个点查其他的都不查嘛，那以后如果他帮我这样带路也不错，反正他说帮我带路也是要这个价格 22，我过去谈，拿也要 22，他说一分没得少。他送过去可以 21，不是我这个小数目，是那个大数目，以后我过去拿他都要 22。他告诉我了，其他那个某某也是帮他拿货的，也是在他那里拿，也是一样的价格，也是给这么高的价格，那我就不知道，随便啦。

周：这有钱赚的事谁去说这些干吗？你回到给我电话吧，这边好多人等着要东西。

刘：他答应给我 10 个那多好啊，我说拿我的钻戒押给他他都不，一开始他答应了，后面他说没那么货了，气死我了。呵，一次也是拿那么多，我有多冲动你知道吗，下次再这样的话，如果你出货出得快，老子直接把车押给他，货出完了然后再去我的车赎回来。

刘：如果我拿我的宝马押给他换 20 个给我先去做，可以的话我就押给他，然后出吧，然后我再把我的车赎回来。

周：到我手上多少钱？

刘：我那个 22 拿回来的哦，那个起码都要，那我要 27 才到你手上啦，我赚 5 个点啦，然后赚多一点钱，凑够钱又去拿，那个如果少一点就好啦。

刘：他们也是厂家来的，但是是在甲子那里面，比那个老板应该做得还要大吧，一两百条随时都有的。

刘（20 日 15：49）：是不是又睡觉啦？我回到来了，怎么样？

刘：东西回到来了，刚刚到哦，唉，累死了。

周：好的。

周：微信有钱没？借一千交下房租，晚一点给你。

刘：哪里有钱？你傻啊，钱全部拿去拿货啦，我没出怎么有钱给你啊？我的妈呀，你赚的那些钱都去哪里啦？

周（20日19：39）：Coco姐你准备一套东西给我。

刘：好的好的，你过来拿还是怎么样？还是我拿给你？

周：我等会儿过去拿吧！我把东西给人家后再把钱给你送去，这样你放心吧？我是为了安全起见，能拿到钱的我都尽量叫他们先给钱，有一些客户非要看东西的你理解下。

周：他说明天钱才到。

周：那明天拿算了。

刘：好的。

刘（21日13：41）：你到底叫我拿去哪里？你是在领会还是在沙墟先？

周：我华海大厦那个客户要两个，你带三个吧！到沙墟接我先去把那里两个搞定。

周：要不我先去华海大厦等你吧！那天你车我去的那里。

周（13：41）：出来了，出来了！

周（14：27）：等一下他钱不够要去取，真是晕。

刘（14：28）：好的。

周：很快。

13. 广州市公安局电子数据检验鉴定实验室出具的电子物证检查工作记录证实：（1）陈某谦的小米手机内的微信绑定了陈某呈的银行卡，包括尾号为54××的工行卡。（2）陈某谦的苹果手机存有凌某权的手机号码1353520××××，存为“老凌”。已删除通讯录里有刘某某的手机号码1351277××××。

14. 交通监控截图证实：案发当天14时08分，刘某某的车辆行驶在离抓获现场三四公里远的广州市番禺区德信路，副驾驶座有乘客，该乘客头戴一个白色的发箍。

15. 广州市公安局番禺区分局调取的手机通讯清单及办案说明材料证实：（1）2015年11月21日至12月21日，刘某某使用的手机号码1302576××××（开户人郑某思）与周某使用的手机号码1371125××××（未实名登记）、1322946××××有多次通话及短信息来往，其中与1322946××××在案发当天12时39分至13时41分有4次通话。（2）2015年11月21日至12月21日，刘某某使用的手机号码1302576××××与证人谢某娟使用的1801181××××有多次通话，其中12月19日至20日22时48分有3次通话。（3）2015年12月5日至12月20日20时43分，刘某某使用的手机号码1351277××××（开户人刘某某）与汕尾手机号码1820660××××（同案人陈某谦使用，开户人陈某妮）有多次通话及短信息来往，其中12月20日0时许至13时27分，刘某某的上述手机号码通话地为汕尾，联系的本地号码只有 1820660××××，共通话 10 次、发短信息 4 条，联系的外地号码经排查与本案无关。刘某某的手机号码 1302576××××在刘某某停留汕尾期间没有任何通话记录。

16. 广州市公安局番禺区分局调取的手机通讯清单证实：2017 年 4 月，凌某权使用的手机 1552139××××与“老陈”（陈某谦）使用的手机 1342153××××有频繁通话。

17. 广州市公安局番禺区分局的办案说明材料证实：该局在侦办本案中掌握到陈某读的手机通讯录存有刘某某上家使用的手机号码 1820660××××，备注的昵称为“某谦叔公”。

18. 广州市公安局番禺区分局调取的银行账户流水记录证实：2015 年 12 月 18 日下午，刘某某尾号为 29××的农行卡取现 64900 元，取现后余额为 1190.49 元。

19. 广州市公安局番禺区分局的机动车信息查询记录证实：粤 A7FK××宝马小汽车的所有人为刘某某，初次登记日期为 2014 年 8 月 8 日。

20. 证人陈某杰的证言证实：周某曾经因为毒品违法行为被我们抓过，当时她以为要坐牢，但是后来只关了 15 天就放出来了，她以为是我帮了她，很感激我，答应帮忙提供毒品犯罪的线索。周某在案发前几天向我举报说有贩毒人员，我们一直通过微信、电话保持联络。案发当天早上，周某又联系我说贩毒人员的事，当天中午 12 时许，我正在午睡，周某打电话给我，说她就在派出所附近，被举报人在华海大厦旁边巷子里的一辆白色宝马车上，是一名女子。后我在派出所外见到周某，她说有急事要走，我也赶着去抓人就没有管她了。我马上安排便衣组的同事去到现场，一开始没有找到涉案车辆，我又和周某联系，周某确认涉案车辆就在华海大厦附近，后来我们发现并将刘某某抓获，查获一包白色晶体，凭我的工作经验，我确定那就是冰毒。我曾叫周某来派出所做笔录，但她没有来，我怀疑她是怕来派出所，因为她之前被处理过。不久她就跑了，我也找不到她，检察院要求我们对周某的情况作出说明，我们派出所的领导想了个办法，以在逃为由出具了在逃证明。

21. 证人黄某杰、谢某杰（均为市桥派出所辅警）的证言证实了他们于案发当天协助派出所民警抓获刘某某，缴获毒品的经过。

黄某杰、谢某杰经混杂照片辨认确认刘某某就是案发当天被抓获的女子。

22. 证人周某的证言证实：我曾经因吸毒被抓，认识了陈某杰警官，陈警官带我探望了我儿子，我心里很感激，答应有贩毒线索就告诉他。这次举报刘某某后，陈警官当天通过微信转给我 1000 元。我约在 2015 年认识了刘某某，我没有找她借过钱。我有亲眼见过刘某某贩毒。我的手机号码后四位是 74××。

微信聊天记录中我对刘某某所说“顺便拿点东西回来，没有东西了”，是指叫她拿冰毒。案发前一天，她让我帮忙卖掉两斤冰毒，我于案发当天早上、中午打电话给陈警官进行举报。我案发当天有乘坐刘某某的车，从领会公寓上车到华海大厦下车，然后从华海大厦后门跑了，再打电话向陈警官报告。我不记得当时有没有带包，但没有落东西在车上。这次刘某某准备卖毒品的华海大厦客户是我虚构的。

23. 证人谢某娟的证言证实：我因贩卖毒品被关押。我认识一名叫“Coco”的女子，该女子名字有“某”，讲广州话。公安人员向我出示“阿玲”与“Coco”的短信息聊天记录，其中的“阿玲”就是我，当时我使用手机号码1801181××××。在手机短信息聊天过程中，我向她提出赊毒品来卖，当时是为了赚钱营救“某宝”即我弟弟。因她当时打电话或发短信息告知她拿冰毒回来了，我就知道她有毒品，便向她提出赊货，她当时答应了，但之后我联系不上她，没有赊到货。我之前曾向她拿过毒品，但不记得拿的次数及数量。我认识周某，她年约30岁，是湖南人，我在2017年5月交给她2万元订金，准备向她购买500克冰毒，结果被她骗了，她没有给我冰毒也没退钱。

谢某娟经混杂照片辨认确认刘某某就是上述叫“Coco”的女子，确认了周某。

24. 证人凌某权的证言证实：我不记得从什么时候开始贩卖冰毒的，平时购买冰毒就联系陆丰的“老陈”，最少向“老陈”购买了10次。“老陈”电话是1342153××××。2017年4月一天晚上，我和曾某杰、李某明、李某某开两部车去到陆丰文意酒店，我给了“老陈”共13.5万元，购买了5公斤冰毒，后拿回番禺以每公斤4万元的价格卖给“阿辉”和“阿寿”，事后我给了曾某杰、李某明和李某某每人2000元好处费。同月9日晚，我事先和“老陈”打了招呼，就和李某明、陈某汉、曾某杰相约前往陆丰向“老陈”购买冰毒。我和陈某汉开一台橙色奥迪小车，李某明和曾某杰开一台白色丰田小车，约10日0时到达陆丰博美镇文意酒店，后在“老陈”开好的酒店房间，李某明向“老陈”购买了一批冰毒，当时李某明向我借了34万元至35万元。等到天亮，我们四人就开车回广州，买的冰毒都放在李某明和曾某杰开的白色丰田小车上。回到番禺某村分开时，陈某汉去坐李某明的车，后听说两人被公安人员抓了。同月20日，因我之前向“老陈”支付了一笔20多万元的毒资，“老陈”一直没有给货，就叫我去拿回钱。21日18时许，我和曾某杰、李某某从金山村开车去到陆丰君豪酒店找到“老陈”，“老陈”说钱已经全拿去取货了，现在没有钱也没有货。第二天早上，我们就开车回番禺，11时在番禺某村被抓获，我车上的30万元现金是我卖玉石得来的钱，20克冰毒、10多粒麻古是我用来吸食的。

凌某权经混杂照片辨认确认了李某明、曾某杰、陈某汉、李某某。

25. 证人李某明的证言证实：我女朋友的母亲和凌某权是情人关系，我在凌某权家中住了两三个月，有时帮他做事。2017 年 4 月 9 日 20 时许，我和凌某权、陈某汉在番禺金山村吃完晚饭，后到附近找到曾某杰，凌某权对我们说“下去”（意思是去汕尾），我们驾乘两部车前后出发，次日凌晨三四时到了汕尾市博美镇的一间酒店。有个汕尾的“矮男子”已开好房，凌某权叫我提着蓝色箱子，我感觉箱子里面应该是现金。凌某权叫我到另一间房睡觉，他和“矮男子”在房间聊天。约一个小时后，凌某权叫我把蓝色箱子提到白色丰田车后排，然后“矮男子”把一个蛇皮袋放在后排，我就把里面的白色透明晶体装进蓝色箱子。我们 11 时许回到金山村，凌某权给了陈某汉一些钱，叫我开白色丰田车把陈某汉送到市桥沙墟再给他打电话，等他安排。我开车到了一个红绿灯处我和陈某汉就给警察抓获了。我一共去过汕尾购买冰毒三次，每次都是凌某权叫我去的，我不知道前两次运输回来的冰毒是谁的。上一次参与去汕尾购买冰毒是半个月之前，不知道购买了多少，是汕尾那边的人拿上车的。每次去汕尾拿货凌某权和我都换不同的车去，以往去一趟凌某权给我五六百元。我曾经帮凌某权送货五六次，一般都是凌某权开车载我到了交货地点，下家上车后排，凌某权把货给我转交给下家，下家再交钱给我。

李某明经混杂照片辨认确认了凌某权、曾某杰、陈某汉，确认陈某谦好像卖毒品给凌某权的“老陈”。

26. 证人曾某杰的证言证实：我知道凌某权是贩卖毒品的，凌某权要我帮他开车，我也想赚点辛苦费，就答应了。我共帮凌某权开了六次车，凌某权每次给我 1000 元至 2000 元不等的好处费。在凌某权为首的贩卖毒品团伙中，凌某权是老板，李某明帮凌某权送货，李某某、陈某汉和我是负责开车的。我和凌某权等人把毒品从陆丰运回番禺后，都是凌某权负责联系销售，李某明负责送货。我听凌某权在电话说过一次向“老陈”要毒品。我们去陆丰买毒品时一般开两间房，凌某权会去其中一间房交易，其他人在另一间房休息。回到番禺后毒品就交由凌某权、李某明负责卖。我开车送凌某权他们两人去卖毒品两次。我共去陆丰四次，第一次是 2017 年 4 月的一天，第二次是几天后，事后听凌某权说李某明和陈某汉被抓了。最后一次是同月 21 日上午，我和凌某权、李某某一起开车去，凌某权联系了“老陈”，他帮我们开好了房，并和我们在房间内吸食冰毒。凌某权将一个粉红色袋及车钥匙给了“老陈”，“老陈”离开一个多小时后返回，将粉红色袋及车钥匙给回凌某权，说“没货”。次日我们回到番禺南村就被警察抓获了，当时警察打开粉红色袋，内有一纸箱现金。

曾某杰经混杂照片辨认确认了凌某权、李某明、陈某汉和李某某，确认陈某谦就是上述“老陈”，并指认涉案宾馆监控截图中一起上楼梯人员有其本人及陈某谦、凌某权、李某某。

27. 证人陈某汉的证言证实：我吸毒成瘾，2015 年因贩毒被判两年。2015 年时，我听别人说凌某权贩卖冰毒。2017 年 4 月 9 日下午，凌某权打电话问我是否有空帮他开车去汕尾，我答应了。20 时许，我坐凌某权开的奥迪小轿车和李某明一起去金山村公园接曾某杰，曾某杰上了李某明的车，我们驾乘两台车出发去汕尾，后于凌晨到达了汕尾一间宾馆。次日 11 时许，我们回到金山村小公园，凌某权叫李某明送我回沙圩，凌某权给了我 1000 元，说是我开车去汕尾的报酬。李某明拉着一个行李箱回来并搬上车，然后开车载我开往市桥方向。我们开车到一个红绿灯口处时就被公安人员截获了，车后排的行李箱也被缴获了。

陈某汉经混杂照片辨认确认了凌某权、曾某杰、李某明。

28. 证人李某某的证言证实：我现因吸毒被强制戒毒。2017 年 2 月，我举报过凌某权从陆丰市买冰毒回番禺贩卖。凌某权的联系电话是 1311952×××× 和 13560228××××，有“老刘”和“老李”（陈某谦）两个上家，我见过“老李”。他们交易情况是：凌某权把全款交给“老李”，两三个小时后，“老李”通知凌某权货到了（就是把货放到了凌某权的车里），然后凌某权驾车离开。凌某权有时候会开两辆车，装毒品的行李箱不会放在他所坐的车，而是放在另外一台车。凌某权的同伙中，我认识一个湖北人“捞仔”，别人称呼他“明仔”（李某明），联系电话是 1324730××××、1857266××××。“捞仔”帮凌某权拿货、送货和收钱，主要贩卖冰毒，有时候也贩卖“白粉”。曾某杰肯定知道凌某权前往陆丰购买毒品的事情，因为他经常帮凌某权去拿货的，也经常帮凌某权贩卖毒品给他人。通常凌某权四五天就会重新拿货。我陪凌某权到陆丰找“老李”买冰毒三次。2017 年 4 月 13 日前后，凌某权叫我去陆丰交易毒品，我当时负责开车，没有及时向公安机关举报，凌某权给了我 1000 元作为报酬。同月 21 日早上，凌某权叫我一起去陆丰，后我们和曾某杰驾乘两辆车去到陆丰。凌某权打电话给“老李”，“老李”就过来和凌某权谈了约 10 分钟，拿走了凌某权装有大量现金的盒子（类似鞋盒），但后来将盒子退还给凌某权，说要到 24 日才有货，叫凌某权 24 日再过来。我们回到番禺后就被抓获了。

李某某经混杂照片辨认确认了凌某权、曾某杰、李某明，确认陈某谦就是“老李”。

29. 证人陈某读的证言证实：我认识陈某谦，我们同姓，没有亲戚关系，我按辈分称呼他为叔公，将他的手机号码存为“某谦叔公”。我因开设赌场被抓时手机掉到水里了。

陈某读经混杂照片辨认确认了陈某谦。

30. 证人陈某呈的证言证实：陈某谦是我的叔叔，我曾应他的要求到银行开办银行卡给他使用，我不记得在什么银行开了多少张银行卡。我没听说陈某谦有从事燕窝生意。

陈某呈经混杂照片辨认确认了陈某谦。

31. 证人陈某宣的证言证实：我因制造、贩卖毒品被关押。我手机通讯录储存的“嵌哥”手机号码是1820660××××，“嵌哥”姓陈，约50岁，陆丰市内湖镇某村人，身型偏肥，短发，约170厘米高。“嵌哥”是做贩毒生意的，向我老板林某军拿货，每次都是拿二三十条冰毒，价格约15000元一条。

陈某宣经混杂照片辨认确认陈某谦就是上述“嵌哥”，并指认了其手机通讯录中所存“嵌哥”信息的截图。

32. 证人林某军的证言证实：我因贩卖毒品被关押。我手机通信录储存的“谦”手机号码是1820660××××，“谦”姓陈，约50岁，陆丰市内湖镇赤卜头村人，身型偏肥，短发，约170厘米高。“谦”是吸毒、贩毒人员。我是大约于2015年在博美镇阳辉宾馆吸毒时认识他的，我们互相留了联系电话，他当时给我留了1820660××××这一手机号码。

林某军经混杂照片辨认确认陈某谦就是上述“谦”，并指认了其手机通信录中所存“谦”信息及2016年双方通话记录的截图。

33. 同案人陈某谦的供述证实：我于2019年3月15日晚在家乡陆丰市博美镇被抓获。我从2016年初开始吸食冰毒，现在每两三天吸食一次，最近一次吸毒是被抓当天下午。我被抓时身上被搜获毒品两小包（约2克）、两部手机（号码为1363275××××、1342153××××、1353753××××）及七张银行卡（包括尾号为54××的工行卡）。这三个手机号码都是我自己实名登记的，手机号码1342153××××我用了十几年了，另两个用了两三年。我没有用过182开头的手机号码。上述银行卡有些开户人是我本人，有些是我亲侄子陈某呈，但都是我在用，我要陈某呈开卡给我用是因为我不想排队，他自己没用过这些卡。尾号为54××的工行卡几年前我用过，这几年没用，但一直在我身上，具体是我还是陈某呈开户的我不记得了。我没有贩毒，不认识刘某某、凌某权、陈某妮等人。我与牌友赌钱时有帮他们买少量毒品，有十多次，但没有赚差价，卖毒品给他们是为了让他们赌钱精神点，他们买了毒品有跟我一起吸食，也算是回报我帮忙。我没有做过烟酒或燕窝生意。我在2010年至2019年有在文意酒店、君豪酒店、阳辉酒店开房，有时帮别人开房，我经常出入这些酒店。

34. 原审被告人刘某某辩称：我没有贩卖毒品的行为。2015 年 12 月 21 日 13 时许，我和朋友在罗家加油站对面的天汇酒店楼下喝茶，后用微信和之前约好的朋友周某联系，独自开自己的车到领会国际公寓接上周某。周某当天穿的是牛仔裤，拿的是 LV 包，头上戴了一个白色的发箍。我们打算去德宝花园再接上一个朋友去广州的，后因住德宝花园的朋友有事不外出，周某说她要到华海大厦去，我就按她的指引进入华海大厦和友利创意园后门的小路停车。周某下车离开，说要把燕窝拿上去给客户，拿钱下来给我，让我等她。我坐在车内等，见她进入华海大厦正门，她刚才坐的副驾驶位踏脚位置有一个白色的塑料袋，装有东西，我打开来看，见袋内有一个茶叶袋，茶叶袋内又装着一个透明塑料袋，透明塑料袋内装着一大袋白色晶体，好像食用的冰糖。我一直坐在车内等她，等了一段时间后被公安人员控制，公安人员查获那包白色晶体，将我带回派出所调查。那包白色晶体不是我的，是周某放的，我不清楚是何物品，以为是冰糖。我驾驶的粤 A7××××白色宝马小汽车车主是我本人，被扣押的两部手机是我的，苹果 5 手机曾借给周某用过一段时间。黑色苹果 6 手机用的手机号码是 1351277××××，存有周某的号码，存为“周某 1”。我还被扣押多张银行卡。我不吸毒，也没有见过毒品。我在微信上卖燕窝，聊天记录中的内容大部分与卖燕窝有关。我男朋友是马来西亚人，宝马车也是他买给我的。周某为女性，年约 30 岁，湖南人，多年前她是我一个叫“阿彬”的朋友的女朋友，从而认识。她曾怀孕，与男朋友分手，我借给她 10 万元，她还未归还。我知道她吸毒。案发前一天我去过汕尾购买走私燕窝，卖主是周某介绍的，姓陈。

刘某某指认了被抓获的地点及被扣押的物品、其手机所存的周某号码的截图。

对抗诉及支持抗诉意见、辩护意见综合评判如下：

一、关于本案事实、证据及定罪问题，综合一审原有证据及检察机关在二审庭审中出示的新证据，足以认定被缴获的涉案毒品是刘某某于案发前一天去陆丰向同案人陈某谦购回，拟由周某介绍贩卖出去，可排除涉案毒品是周某持有并带上车的合理怀疑，刘某某的行为依法已构成贩卖毒品罪。具体理由分析如下：

第一，公安机关的抓获经过材料、搜查笔录、扣押物品清单及照片、交通监控视频截图、证人周某、陈某杰等人的证言及辨认笔录、刘某某的辩解等证据证实刘某某驾车搭乘周某停在抓获现场路边，周某下车离开后打电话举报，公安人员接报后上前抓捕刘某某，在车上缴获冰毒 1000.06 克，扣押小汽车、手机等财物。辩方对化验检验报告的证据效力、扣押物品的属性、数量等提出质疑，经查，化验检验报告根据法定程序出具，张某春等鉴定人具有鉴定人资格，虽鉴定报告对鉴定过程叙述过于简单，但最终鉴定意见具有客观真实性，与扣押物品照片、查明的毒品购买途径等情节相印证，应予采用。

第二，刘某某的手机通讯清单、声纹鉴定书、电子物证检查工作记录、周某的证言等证据证实刘某某于案发前一天凌晨到达陆丰，使用其手机号码1351277××××与陈某谦的手机号码1820660××××联系，入住当地宾馆一晚，停留约12个小时，与陈某谦进行交易，购回包括涉案毒品在内的冰毒一批，拟将涉案毒品由周某介绍贩卖出去，二人在案发前一天晚上至案发当天一直在商量如何交接贩卖的毒品及毒资，案发时二人前去华海大厦附近的目的就是一起去贩卖毒品，周某为举报而虚构了本次毒品交易的买家。更进一步分析，经核查，刘某某在陆丰期间只与陈某谦使用的1820660××××这唯一本地电话有联系，其他联系的外地电话已排除与本案有关。证人陈某宣、林某军、陈某读的证言及辨认笔录、陈某宣、林某军指认自己手机通讯录的截图、公安机关的办案说明材料证实陈某谦是案发时该1820660××××手机号码的使用人。证人凌某权、李某明、曾某杰、李某某（另案举报人）、陈某宣、林某军的证言及辨认笔录、手机通讯清单、电子物证检查工作记录证实陈某谦是大量贩卖毒品的人员。电子物证检查工作记录证实陈某谦、刘某某互存有对方手机号码，二人的手机有多次通话及短信息聊天记录，其中，陈某谦在案发前一天告知刘某某起床后可在（宾馆）二楼吃早餐，其安排好（毒品）后再打刘某某电话，刘某某当天购回毒品后告知陈某谦给其发银行账号，答应晚点有钱转账给陈某谦，而陈某谦将其使用、开户人为陈某呈的工行卡622202200900413××××的银行卡信息告诉刘某某，刘某某表示转钱后会告诉陈某谦。陈某谦的供述、证人陈某呈的证言及辨认笔录、扣押物品清单、电子物证检查工作记录证实该银行卡是陈某谦使用，没有他人使用。银行账户交易记录证实刘某某去陆丰的前一天下午使用其农行卡取现6万多元，该银行卡余额仅为1千余元。电子物证检查工作记录还证实周某在与刘某某聊天中表示，其目前没有毒品了，很多人在要货，而刘某某告知周某，其已在陆丰购得毒品“8个”（8千克），因钱不够无法拿得更多，在回来路上，回来后会将毒品加价交由周某贩卖，当晚周某要求刘某某给其准备“一套东西”（1千克），后因客户没准备好钱与刘某某商定于案发当天交易，案发当天二人在商量交易地点及毒资交付等细节。可见，涉案毒品的来源是明确的，在案证据充分指向毒品正系刘某某从陈某谦处购买回来的。

第三，证人谢某娟的供述及辨认笔录、证人周某的证言、电子物证检查工作记录证实刘某某长期从事毒品贩卖，案发前刚购回毒品，答应谢某娟向其赊购毒品的要求，后谢某娟因刘某某被抓无法联系上刘某某而无法获得毒品。

第四，刘某某辩称去陆丰找陈姓老板购买走私燕窝，不认识陈某谦的辩解，与二人有密切联系，陈某谦没有从事燕窝生意的客观事实矛盾，与刘某某手机聊天记录中有大量疑似毒品交易的行话、黑话及其具有反侦查意识、对毒品有较强认知、身边有多名联系密切的涉毒人员、陆丰甲子并非走私燕窝集散地等情况矛盾，不应采信。刘某某归案后不如实供述其在番禺的租住处，十分可疑。

第五，周某不具备购买 1 千克冰毒去陷害刘某某的经济条件及动机，并综合上述关于涉案毒品来源的论证，关于涉案毒品为周某持有并带上车的合理性怀疑已完全可以排除。刘某某手机微信聊天记录证实周某在案发前问刘某某何时去拿毒品，称其目前已没毒品，好多人在问，并称其没钱交房租了，要求向刘某某借 1 千元，刘某某称其已将钱全部用去拿货了。故周某不具备购买 1 千克冰毒去陷害刘某某的经济条件。结合周某的证言及广州市番禺区现行举报毒品违法犯罪奖励做法、涉案冰毒的非法交易价格，周某应不具备购买毒品去陷害刘某某的动机。

第六，部分证据间存在的瑕疵或疑点不影响案件事实、证据的整体认定，目前证据已达到确实、充分的定案标准，足以定案。公安机关的前期侦查工作的确存在取证不规范，办案态度不端正，办案责任心不强等缺点，不符合当前以庭审为中心的刑事案件办案要求、标准，检察机关为此进行了法律监督，公安机关之后对证据进行了补充、补强，本案存在的瑕疵或疑点基本已排除或得到合理解释。侦查工作主要存在以下问题：（1）不重视刘某某租住处的搜查工作。公安机关没有利用监控视频资源等条件及时找到刘某某在番禺的租住处，错过扩大战果，补强证据的机会。（2）前期未及时开展抓捕毒品上家陈某谦及下家谢某娟等同案人的工作。（3）未以制作称重笔录或照相、录像等方式证实毒品称重取样过程，固定好证据。（4）在证人陈某杰、周某的证言之间存在当天是否有当面举报、事后是否有发放举报奖金等矛盾的情况下，未能及时提供手机通讯清单或微信聊天记录等客观证据以排除案件侦破经过存在的疑点。（5）在举报人不到案配合办案制作询问笔录的情况下，多次出具不客观真实的证明材料谎称“同案人”周某在逃，未能归案。(6) 前期不重视对刘某某无罪辩解的查证，收集可能存在的无罪或罪轻证据，在一审审判阶段不能及时按一审法院的要求履行侦查人员出庭作证的法定义务。卷宗中涉案人员陈某勇、叶某珍作无罪辩解，张某伟的证言与其他证据存在较大矛盾，且该三人的供述、证言与本案关联性较弱，不作为证据使用，不影响案件处理。至于辩方所提涉案毒品的数量与微信聊天记录不一致的意见，经查，微信聊天记录显示，周某在案发前一天的晚上，称有客户要“一套东西”，于案发当天13时41分又提出华海大厦的客户要“两个”（2千克），让刘某某带“3个”（3千克），同一分钟，周某又告知刘某某“出来了，出来了!”而刘某某在当天12时36分已告知周某，称其在外面（“罗家”）喝茶。结合周某的证言、刘某某的供述、交通监控截图、上述微信聊天记录及二审期间公安机关查得的刘某某租住处地址，可合理推断出刘某某极可能当时未来得及准备好3千克冰毒，而只准备了1千克，故公安机关只在刘某某的车上缴获到1千克冰毒亦属正常。

综上所述，检察机关所提刘某某贩卖毒品的事实清楚，证据确实、充分，刘某某构成贩卖毒品罪的意见据理充分；辩方认为现有证据不足以定案的意见没有事实和法律依据。

二、关于量刑问题，刘某某归案后认罪、悔罪态度较差，尤其在二审确凿的证据面前，仍拒不认罪，量刑时亦应考虑其长期从事毒品贩卖等情节。周某虽为民警联系的类似特情人员，但刘某某长期贩卖毒品，本次从陆丰购买毒品本有意通过周某销售出去，购买的数量亦超出涉案毒品的数量，故周某的介入并不影响量刑。检察机关所提二审应对刘某某从重判处的建议有事实和法律依据；辩方请求鉴于特情介入和疑罪从轻等情况，二审应在有期徒刑十五年以下的幅度量刑处罚的意见据理不足。

三、关于一审判决是否正确问题，经查，原有证据未达证据确实、充分的定案标准，表现为案件侦破经过存疑，刘某某在陆丰停留期间联系的人员身份不明，刘某某所提前往陆丰购买走私燕窝的无罪辩解无法排除，其手机聊天记录中的可疑人员除周某外均未作证。鉴于当时证据不足，不能认定被告人有罪，为避免无罪之人受到法律追究，一审严格按照疑罪从无原则，依法判决宣告刘某某无罪，并无不当。公安机关在二审期间抓获了刘某某的上家陈某谦、下家谢某娟，询问了知情人员陈某宣、林某军等人，调取了陈某谦另一下家凌某权案件的相关证据，最终补充了大量新证据，使得原有证据得到印证，并与新证据形成环环相扣、互相印证的证据链条，达到证据确实、充分的定案标准。

因此，检察机关所提一审法院不依法采信证据，没有正确依照证据裁判原则和运用常理常识认真深入研究证据，导致了错误判决发生的意见，据理不足，不予认可。

本院认为，原审被告人刘某某违反国家对毒品的管理法规，贩卖毒品甲基苯丙胺1000.06克，其行为已构成贩卖毒品罪，且贩卖的毒品数量大，应依法惩处。原审判决依据原有证据适用法律，并无不当。鉴于二审综合原有证据及补充的新证据，已查明刘某某具有贩卖毒品的犯罪事实，广东省人民检察院抗诉要求以贩卖毒品罪对刘某某进行改判的意见经查据理充分，应予采纳；刘某某及其辩护人要求驳回抗诉的意见经查据理不足，不予采纳。根据刘某某的犯罪事实、性质、情节、对社会的危害程度及认罪态度，经本院审判委员会讨论决定，依照《中华人民共和国刑事诉讼法》第二百三十六条第一款第（三）项以及《中华人民共和国刑法》第三百四十七条第二款第（一）项、第五十七条第一款、第六十四条的规定，判决如下：

一、撤销广东省广州市中级人民法院（2017）粤01刑初283号刑事判决。

二、原审被告人刘某某犯贩卖毒品罪，判处无期徒刑，剥夺政治权利终身，并处没收个人全部财产。

三、缴获的毒品予以没收、销毁；缴获的作案工具小汽车一辆、手机两部予以没收，上缴国库（上述物品详见扣押物品清单，由广州市公安局番禺区分局执行）。

本判决为终审判决。

审 判 长　　蒋伟盛
审 判 员　　杜铠芳
审 判 员　　孙玟生

二〇一九年六月七日

书记员　　郑振彬
书记员　　曾铭豪

曹红彬故意伤害案

河南省禹州市人民法院
刑事判决书

（2019）豫 1081 刑初 43 号

原公诉机关鄢陵县人民检察院。

原审被告人（申诉人）曹红彬，男，1966 年 1 月 2 日出生，汉族，高中文化，系鄢陵县某棉花厂停薪留职职工，住河南省鄢陵县彭店乡某村。因涉嫌故意杀人于 2002 年 4 月 25 日被鄢陵县公安局刑事拘留，同年 5 月 10 日被逮捕。2017 年 4 月 24 日释放。

辩护人毛立新，北京市尚权律师事务所律师。

辩护人张旭华，北京市尚权律师事务所律师。

原审被告人（申诉人）曹红彬故意伤害一案，许昌市中级人民法院于 2002 年 12 月 10 日作出（2002）许中刑一初字第 105 号刑事判决，认定曹红彬犯故意伤害罪，判处死刑，剥夺政治权利终身。宣判后，曹红彬不服，提出上诉。河南省高级人民法院于 2003 年 10 月 12 日作出（2003）豫法刑一终字第 234 号刑事裁定，撤销原判，发回重审。许昌市中级人民法院于 2004 年 8 月 4 日作出（2004）许中刑一初字第 31 号刑事判决，认定曹红彬犯故意伤害罪，判处有期徒刑十五年，剥夺政治权利三年。宣判后，曹红彬不服，提出上诉。河南省高级人民法院于 2004 年 12 月 24 日作出（2004）豫法刑二终字第 367 号刑事裁定，撤销原判，发回重审。案件发回后，公诉机关变更为河南省鄢陵县人民检察院，审判机关变更为河南省鄢陵县人民法院。鄢陵县人民检察院于 2005 年 10 月 14 日作出撤回起诉决定书，鄢陵县人民法院于 2005 年 10 月 14 日作出（2005）鄢刑初字第 21 号刑事裁定，准许鄢陵县人民检察院撤回对被告人曹红彬的起诉。鄢陵县人民检察院于 2005 年 11 月 11 日重新提起公诉，鄢陵县人民法院于2005年12月2日作出（2005）鄢刑初字第78号刑事判决，认定曹红彬犯故意伤害罪，判处有期徒刑十五年，剥夺政治权利五年。宣判后，曹红彬不服，提出上诉。许昌市中级人民法院于2006年7月18日作出（2006）许中刑一终字第70号刑事裁定，驳回上诉，维持原判。曹红彬向许昌市中级人民法院提出申诉，河南省许昌市人民检察院也向许昌市中级人民法院提出检察建议。许昌市中级人民法院2016年12月30日作出（2016）豫10刑监1号再审决定书，由许昌市中级人民法院再审本案。许昌市中级人民法院于2018年6月20日作出（2017）豫10刑再1号刑事裁定书，裁定撤销许昌市中级人民法院（2006）许中刑一终字第70号刑事裁定和鄢陵县人民法院（2005）鄢刑初字第78号刑事判决，发回河南省鄢陵县人民法院重新审判，许昌市中级人民法院于2019年1月14日作出（2018）豫10刑他64号指定管辖决定书，指定本院对该案进行审理，本院依法组成合议庭，公开开庭审理了本案。禹州市人民检察院指派检察员张克、常丽萍出庭履行职务。原审被告人曹红彬及其辩护人毛立新、张旭华到庭参加诉讼。现已审理终结。

鄢陵县人民检察院指控：2001年11月份以来，被告人曹红彬与有夫之妇丁某某有不正当关系。为了达到与妻子李某玲离婚的目的，2002年4月20日凌晨2时许，被告人曹红彬酒后在鄢陵县城十字街邮局附近用201电话跟丁某某联系后，便驾驶自己的松花江面包车回到彭店，将车停放到彭店税务所院内，并从税务所门外拾起一块石头（重5.9公斤）来到自家的糖烟酒批发部门前，见其妻李某玲在门前的小床上熟睡，便举起石块向李某玲头部猛砸两下，致李某玲昏迷，然后将李某玲的秋裤、裤头脱下，扔到床北侧，又进批发部屋内，掂出两只钱箱，先将红塑料钱箱扔在税务所门口东边一米远处，后又将铁皮箱扔到村外一路边的麦地里，伪造完强奸、抢劫作案现场后，曹红彬才喊起他人，将李某玲送往医院救治。经许昌市公安局及洛阳市精神卫生中心鉴定：李某玲所受损伤为重伤。精神伤残程度为重度（2级）伤残。公诉机关认为：被告人曹红彬以特别残忍手段故意伤害他人身体，致人重伤造成严重残疾，其行为已触犯《中华人民共和国刑法》第二百三十四条第一、二款，犯罪事实清楚、证据确实充分，应当以故意伤害罪追究其刑事责任，并向鄢陵县人民法院移送了被告人口供、证人证言、鉴定结论、勘验、检查笔录、物证照片、书证等证据，请求依法判处。

鄢陵县人民法院一审判决认定，被告人曹红彬与丁某某有不正当男女关系。为达到与妻子李某玲离婚之目的，2002年4月20日凌晨2点9分02秒，被告人曹红彬在鄢陵县城十字街用公用电话给丁某某打电话后，便驾车回到彭店，用自带的钥匙将彭店税务所大门打开，将车停到彭店税务所院内，然后将大门锁上，并从税务所大门外拾起一块石头（重 5.9 公斤）来到自己的糖烟酒批发部门前，见其妻李某玲在门前的小床上熟睡，便举起石块向李某玲头部猛砸数下，致李某玲昏迷，然后开始伪造强奸、抢劫作案现场，先将李某玲的秋裤、裤头脱下来，扔到床北侧，又到批发部屋内，掂出两只钱箱，将红塑料钱箱扔在彭店税务所门口东边一米远处，将铁皮箱扔到村外一路边的麦地里。之后被告人曹红彬返回作案现场查看被害人情况后，才喊起邻居等人，将被害人李某玲送往医院救治。经许昌市公安局及洛阳市精神卫生中心鉴定：李某玲所受损伤为重伤，精神伤残程度为重度（2 级）伤残。

鄢陵县人民法院认为，被告人曹红彬目无国法，为达到与其妻离婚之目的，采取残忍手段致其妻重伤，并造成严重残疾。其行为已构成故意伤害罪，依法应予以惩处。公诉机关指控被告人曹红彬犯故意伤害罪的事实清楚，证据确实充分，适用法律准确，予以支持，被告人辩称自己没有伤害被害人及其辩护人辩称本案事实不清、证据不足的辩护意见与当庭查明的事实和证据不符，不予采纳，被告人的犯罪行为严重破坏了社会秩序，应附加剥夺政治权利。依照《中华人民共和国刑法》第二百三十四条第一款、第二款、第五十五条第一款、第五十六条第一款之规定，以被告人曹红彬犯故意伤害罪，判处有期徒刑十五年，剥夺政治权利五年。

禹州市人民检察院意见：

1. 曹红彬的有罪供述不能与其他证据相互印证，不应作为定案的根据。

曹红彬供述的犯罪工具与查证属实的犯罪工具存在明显差别，供述的犯罪工具不可能造成检验笔录中所记载的伤害，供述的应当出现的伤害部位与被害人实际伤害部位不符合，供述的点状血迹应当出现在被告人身上的位置与实际位置不符合，供述的接触过的塑料箱、铁皮箱和实际犯罪工具的石头上并未发现曹红彬的指纹等信息，现有证据也未在抛弃物品的现场找到曹红彬的脚印等信息。曹红彬供述的塑料袋和零钱也并未在供述的现场找到。证据链条缺失，证据之间不能相互印证，供述与客观事实存在矛盾。

2. 孟某新的证言不能作为定案的根据。

孟某新的原证言存在诸多不合常理之处，且被孟某新的新证言推翻，孟某新证明曹红彬伤害被害人的证言是其猜测的，并非由曹红彬传来，不应当作为定案的依据。

3. 曹红彬夹克衫上的点状血迹来源不能排除合理怀疑。

三轮车拉着受伤流血被害人在坎坷不平的道路上快速运行，剧烈甩动和晃动在所难免，而曹红彬又在旁边扶着，在这种情况下，很有可能将血迹甩到或者溅落到曹红彬的夹克衫上，甩溅、溅落情况与公安部鉴定相印证。所以曹红彬袖口上的点状血迹不能排除是运送被害人去医院的过程中甩溅或溅落上的。

4. 证明曹红彬对现场的指认不能排除合理怀疑。

曹红彬是在4月21日上午被公安机关带走的，4月20日上午八点前箱子等物证发现地点已经被发现，且为安某有等人熟知，安某有也曾证明在4月20日告知过曹红彬。且在一天多的时间内村民多人也到医院看望。曹红彬在指认抛箱的地点前不能排除他事先已经听到过。

综上，原审判决所认定的主要证据之间存在矛盾，不能排除合理怀疑，不能得出唯一结论，认定曹红彬犯故意伤害罪事实不清，证据不足，请依法作出公正判决。

原审被告人曹红彬辩称：没有伤害李某玲。

辩护人的意见是：起诉书指控原审被告人故意伤害的事实不清，证据不足，应对原审被告人作出无罪判决。

本院再审查明：

2002年4月20日凌晨被害人李某玲在自家的糖烟酒批发部门前被他人砸伤，原审被告人曹红彬喊起邻居等人，将被害人李某玲送往医院救治。经许昌市公安局及洛阳市精神卫生中心鉴定：李某玲所受损伤为重伤，精神伤残程度为重度（2级）伤残。

根据查明的上述事实及证据，针对原审被告人的辩解及其辩护人的辩护意见和禹州市人民检察院出庭检察员的意见，本院综合评判如下：

第一，关于原审被告人作案时间问题，据曹红彬供述，他凌晨2点多（2点零9分）从鄢陵县城开车回家，到家后发现李某玲被害，时间是2点多，其邻居安某有证明2点30分曹红彬喊其救人，说明李某玲被害应当在2点半以前，模拟实验均无法证明曹红彬有作案时间。

第二，曹红彬的有罪供述与现场勘验不一致。

1. 关于作案工具，现场提取的是一块长方体白色石头（有血迹），而曹红彬有罪供述的作案工具是一块白色石头，直径有10厘米以下，七八厘米长，不太圆。供述与现场提取的石头明显不一样，且公安机关对现场提取的石头也未进行检验。

2. 李某玲的受伤部位与曹红彬的有罪供述不一致，曹红彬供述他是站在床东边砸的李某玲，当时李某玲是头南脚北脸朝西侧卧在床上，其受伤部位应当是右脸而不是左脸，况且当时李某玲是蒙头而睡。

3. 鉴定结论之间存在矛盾。鄢陵县公安局的检验意见书认定曹红彬衣服上发现的点状血迹为迸溅血迹，而公安部检验意见书认定，夹克衫上检见溅落、甩溅形成的暗红色斑迹。

4. 曹红彬一直供述，他从税务所出来后，曾看到一位骑摩托车的男子慌慌张张往西跑了，但未引起公安机关重视，也未核实真假。

本院认为，原审被告人曹红彬故意伤害被害人李某玲的事实不具有唯一性和排他性，原公诉机关指控的犯罪事实不能成立，辩护人关于本案证据不确实、不充分的辩护意见和禹州市人民检察院关于本案事实不清、证据不足的意见，均予以采纳。依照《中华人民共和国刑事诉讼法》第二百条第（三）项、《最高人民法院关于适用〈中华人民共和国刑事诉讼法〉的解释》第三百八十四条第二款之规定，经本院审判委员会讨论决定，判决如下：

原审被告人曹红彬无罪。

如不服本判决，可在接到判决书的第二日起十日内通过本院或直接上诉于河南省许昌市中级人民法院。书面上诉的，应提交上诉状正本一份，副本两份。

审 判 长　　张世飙
审 判 员　　李俊红
审 判 员　　郝建锋

二〇一九年五月十日

法官助理　　杨　娟
书 记 员　　赵文龙

马学胜、刘明训、邵利爆炸案

山东省泰安市中级人民法院
刑事判决书

（2018）鲁09刑再3号

原公诉机关山东省招远市人民检察院。

原审被告人马学胜，男，1951年1月22日出生，汉族，招远市金岭镇A村人，原系该市金岭农电站工人、该镇物资站饭店承包人。1993年6月11日被收容审查，同年7月13日被捕。2000年5月10日因犯爆炸罪被判处有期徒刑十四年。2004年8月25日予以假释，2007年6月10日假释期满。

辩护人：杨冬涛，北京京师律师事务所律师。

原审被告人刘明训，男，1964年10月20日出生，汉族，招远市金岭镇B村人，原系招远市绣品厂工人，捕前在被告人马学胜承包的饭店帮厨。1993年6月10日被收容审查，同年7月13日被捕。2000年5月10日因犯爆炸罪被判处有期徒刑十四年。2005年1月28日减刑二年，2005年6月9日刑满释放。

辩护人：王永顺，北京炜衡（烟台）律师事务所律师。

原审被告人邵利（立），男，1973年1月22日出生，汉族，招远市金岭镇C村人，原系被告人马学胜承包饭店的厨师。1993年6月10日被收容审查，同年7月13日被捕。2000年5月10日因犯爆炸罪被判处有期徒刑七年。2000年6月9日刑满释放。

辩护人：李福涛，北京炜衡（烟台）律师事务所律师。

山东省烟台市人民检察院指控被告人马学胜、刘明训、邵利（立）犯爆炸罪一案，烟台市中级人民法院于1995年4月10日作出（1995）烟刑初字第

48号刑事判决。宣判后，三被告人不服，提出上诉。山东省高级人民法院于1996年5月23日作出（1995）鲁刑一终字第291号刑事裁定，撤销原判，发回重审。烟台市中级人民法院于1996年12月24日作出（1996）烟刑初字第126号刑事判决。宣判后，三被告人不服，提出上诉。山东省高级人民法院于1999年10月8日作出（1997）鲁刑一终字第169号刑事裁定，撤销原判，发回重审。招远市人民法院于2000年3月2日作出（2000）招刑初字第33号刑事附带民事判决。宣判后，三被告人不服，提出上诉。烟台市中级人民法院于2000年5月10日作出（2000）烟刑一终字第64号刑事附带民事裁定，维持原判。上述判决已发生法律效力。三被告人刑满释放后，向烟台市中级人民法院提出申诉。烟台市中级人民法院于2015年9月22日作出（2015）烟刑监字第31号通知书驳回马学胜申诉；于2016年6月30日作出（2016）鲁06刑监17号通知书驳回刘明训、邵利申诉。三申诉人不服，向山东省高级人民法院提出申诉。山东省高级人民法院于2018年4月26日作出（2018）鲁刑申127号再审决定，指令泰安市中级人民法院再审。本院依法组成合议庭，于2018年11月13日召开庭前会议，就管辖、回避、提供新的证据、排除非法证据等问题听取检辩双方意见，归纳出本案争议焦点。2018年11月20日本院公开开庭审理了本案。泰安市人民检察院指派检察员张媛媛、刘泽远出庭履行职务。马学胜及其辩护人杨冬涛、刘明训及其辩护人王永顺、邵利（立）及其辩护人李福涛到庭参加诉讼。现已审理终结。

招远市人民法院一审判决认定：被告人马学胜因金岭金矿春意餐馆开业后，影响其饭店效益，产生报复之念，指使饭店雇工刘明训对春意餐馆实施爆炸，并向刘提供了炸药、雷管和导火索。1993年6月1日22时许，被告人刘明训伙同饭店厨师邵利，携带捆绑的炸药、雷管，窜至春意餐馆外，由被告人刘明训将炸药包放在春意餐馆北窗引爆，致使室内五人受伤。经法医鉴定，杨某峰、于某彬、马某梅三人伤情构成重伤；杨某涛、刘某玲二人伤情构成轻伤。并使餐馆房屋、门窗等物品遭受不同程度损坏，损失价值4000余元。给被害人杨某峰造成损失28410余元；给被害人于某彬造成损失15300余元；给被害人马某梅造成损失390余元；给被害人杨某涛造成经济损失3990余元；给被害人刘某玲造成经济损失250余元。

认定上述事实的证据有被害人陈述、证人证言、现场勘查笔录、鉴定意见、保险公司财产保险损失计算单、医药费单据、被告人供述等。

一审判决认为，被告人马学胜为私利指使被告人刘明训对金岭金矿春意餐馆实施爆炸，被告人刘明训伙同被告人邵利实施爆炸，致三人重伤，二人轻伤，并使餐馆损坏，三被告人均构成爆炸罪。被告人马学胜、刘明训在共同犯罪中起主要作用，系主犯，应酌予从重处罚。被告人邵利在共同犯罪中起次要作用，系从犯，应减轻处罚。五附带民事诉讼原告人要求赔偿的数额过高，不予支持。给被害人造成的经济损失应据情赔偿。三被告人的辩解与证人刘某正、刘某叶证言及现场勘查笔录等证据不符，无其他证据支持，不予采纳。依照《中华人民共和国刑法》第十二条第一款、第十五条第一款、第二十六条第一、四款、第二十七条第一、二款、第三十六条、1979 年《中华人民共和国刑法》第一百零六条第一款之规定以爆炸罪分别判处被告人马学胜有期徒刑十四年；刘明训有期徒刑十四年；邵利有期徒刑七年。三被告人赔偿被害人杨某峰经济损失 28410 元；赔偿被害人于某彬经济损失 15300 元；赔偿被害人马某梅经济损失 390 元；赔偿被害人杨某涛经济损失 3990 元；赔偿被害人刘某玲经济损失 250 元。三被告人互负连带责任。

一审宣判后，三被告人上诉，提出没有作案动机，口供系刑讯逼供，足迹鉴定结论不真实，请求查明事实依法改判。

烟台市中级人民法院二审裁定认定的事实、证据与一审判决一致。

二审法院认为，上诉人马学胜为私利指使他人实施爆炸，并提供爆炸物品，其行为构成爆炸罪，且致多人重伤，并系本案主犯，根据本案的事实情节，应依法惩处，其行为给附带民事诉讼原告人造成的经济损失亦应据情赔偿。上诉人刘明训受他人指使直接实施爆炸行为，并致使多人重伤，其行为构成爆炸罪，亦系本案主犯，根据本案的事实情节应依法惩处，其行为给附带民事诉讼原告人造成的经济损失亦应据情赔偿。上诉人邵利参与爆炸，其行为亦构成爆炸罪，但其在犯罪中起次要作用，系本案从犯，应依法减轻判处，其行为给附带民事诉讼原告人造成的经济损失亦应据情赔偿。三上诉人及其辩护人的上诉理由及辩护意见均不予支持。依照《中华人民共和国刑法》第十二条第一款、第二十五条第一款、第二十六条第一款、第二十七条、第三十六条、1979 年《中华人民共和国刑法》第一百零六条第一款和《中华人民共和国刑事诉讼法》第一百八十九条（一）项之规定，裁定驳回上诉，维持原判。

再审中，三原审被告人及其辩护人提出，原判决、裁定据以定罪量刑的证据不确实、不充分。具体理由：(1) 马学胜等三被告人有罪供述系刑讯逼供、诱供、指供等非法手段获得，依法应予以排除。(2) 证人刘某叶的证言，系在违法关押 20 天的情况下，采取暴力手段逼、诱所得，不具有证据能力和效力。(3) 足迹鉴定的刑事技术鉴定书和公安部的复检书，没有鉴定人员的亲笔签名，对其客观性、科学性有异议。(4) 本案的现场勘验、检查笔录没有见证人签字，不能作为定案依据。(5) 三被告人无犯罪动机。综上，原判决认定三被告人实施爆炸犯罪，事实不清、证据不足，应依法宣告三被告人无罪。

检察机关认为，综合全案现有证据，认定三原审被告人构成爆炸罪的证据不能相互印证，无法排除合理怀疑得出唯一的排他性结论，建议法院根据本案的事实、证据，依据事实清楚、证据确实、充分的定罪标准作出公正的判决。具体理由：（1）本案的作案动机事实不清，目前，仅有被告人的供述证实作案动机，该动机与客观情况相悖，无法排除合理怀疑。（2）炸药的来源和用量除被告人的有罪供述外，缺乏其他证据予以印证。（3）仅依三原审被告人的辩解，不能充分证实刑讯逼供的存在。（4）证人刘某叶在侦查阶段的证言系“采用暴力、威胁等非法方法收集的证人证言”，不能作为定案依据。（5）现场提取的脚印存在程序瑕疵且无法补正，导致检材来源存疑，关于足印的鉴定意见不能作为定案依据。

再审期间，本院经开庭审理及对全部涉案卷宗进行了复查，查清的事实与原一、二审认定的事实不同。

另查明，原审被告人邵利从本案立案侦查开始，所有文书及签名均为邵利，本次庭审，邵利提供了案发前后的户口本登记簿、村委会证明，证实邵立与邵利为同一人。检察机关对此无异议，本院确认邵利与邵立系同一人。

原裁判认定原审被告人马学胜为私利指使原审被告人刘明训对金岭金矿春意餐馆实施爆炸，刘明训伙同原审被告人邵利携带捆绑的炸药、雷管，于1993年6月1日22时许窜至春意餐馆外实施爆炸。本院认为，这一认定事实不清、证据不足，不予确认。事实与理由如下：

一、三原审被告人作案动机不明。1. 原审认定被告人马学胜因附近春意餐馆的开业影响了其饭店的收入，导致亏损，即产生报复恶念，指使被告人刘明训实施爆炸。经查，春意餐馆在马学胜饭店的西北方向3.5华里以外的荒野地区，且在马学胜的饭店周围200米的范围内还有三个饭店。春意餐馆影响了马学胜饭店的收入，导致亏损与事实不符。金岭金矿矿长杨某月承认其关于马学胜有犯罪动机的证言系道听途说。2. 原审认定被告人马学胜有爆炸春意餐馆的言论证据不确实；认定刘明训、邵利与马学胜饭店的经营状况有利害关系与事实不符。3. 被告人马学胜指使被告人刘明训作案无人证实。

检察机关认为，本案目前仅有被告人的供述证实作案动机，与客观情况相悖，无法排除合理怀疑。三原审被告人及辩护人认为，供述的真实性、合法性存疑，依法不能作为定案依据。综上，对检察机关意见予以支持，对三原审被告人及辩护人辩护意见予以采纳，三被告人作案动机不明确。

二、三原审被告人有罪供述前的讯问笔录缺失，严重影响在卷讯问笔录的完整性和真实性。原审卷宗显示，原审被告人刘明训、邵利从1993年6月2

日起；原审被告人马学胜从同年6月5日起被招远市公安局审讯过多次，但在侦查卷里刘明训、邵利仅有6月6号、6月26日、6月27日三次有罪供述，马学胜也仅有6月26日、7月5日、7月13日三次有罪供述。即原审被告人刘明训、邵利均是被抓捕后第四天，原审被告人马学胜是被收容审查后半个月才有了第一次口供，卷中没有显示在此之前的任何有罪无罪笔录。全面收集、移送包括讯问笔录在内的案件证据，是1979年刑事诉讼法和1987年公安部印发的《公安机关办理刑事案件程序规定》的明确要求；公安部1991年印发的《公安业务档案管理办法》对副卷的内容也有明确规定，犯罪嫌疑人的供述笔录不属于副卷的材料。三被告人有罪供述前的讯问笔录没有入卷，与当时的法律及公安机关的相关规定不符，导致三被告人讯问笔录的完整性、真实性受到严重影响。

三、三原审被告人有罪供述的真实性存疑。烟台市人民检察院于1993年9月27日、1994年1月19日提审马学胜时，马均否认指使刘明训爆炸春意餐馆。烟台市中级人民法院开庭前提审邵利时，其否认春意餐馆被炸是他们三人干的。同年4月7日开庭时，三人均不承认作案，说有罪供述是公安刑讯逼供，屈打成招编造的假口供。山东省高级人民法院在第一次复核提审三被告人时，三人均否认作案，说过去供认作案是被公安打来的口供。

经审查原审检察人员和审判人员讯问材料、开庭笔录和原办案人员的解释，没有发现原办案人员在制作这些笔录时实施刑讯逼供的证据。但是，三被告人在历次审理进程中，均是在公安机关作有罪供述，到法院庭审时则作无罪陈述。

检察机关认为，本案除了三原审被告人的供述没有其他直接的证据证实刑讯逼供的存在。本院予以支持。三原审被告人及辩护人认为，有罪供述系公安机关以刑讯逼供、诱供、指供等非法手段获取，依法应予排除。本院予以部分采纳。

四、证人刘某叶、刘某正的证言反复，无法采信。1. 证人刘某叶证言前后不一致、不稳定。证人刘某叶被拘押5天后（6月7日）才有了第一次证言，并且该证言是认定刘明训、邵利（立）实施爆炸行为的关键证据，但该份证言询问地点是“招远市金岭金矿”，违反了1979年刑事诉讼法第六十七条对询问证人地点的规定。此后刘某叶在检察机关及案子退查后在公安机关的证言之间相矛盾。刘某叶在侦查阶段被关押20天，1995年7月山东省高级人民法院二审复核时发现刘某叶身上有明显的伤痕，看管她的联防队员冯旭刚可以证实并且原审法院在取证时发生了违背证人意志的情况，如此前后不一致的证言不能作为证据使用。2. 证人刘某正的证言指向性不明确，没有唯一性，不能证明是刘明训作案。

检察机关认为，证人刘某叶在侦查阶段的证言系“采用暴力、威胁等非法方法收集的证人证言”，不能作为定案依据。本院予以支持。三原审被告人及辩护人认为，证人刘某叶系在违法关押 20 天的情况下，采取暴力手段逼、诱供所得，不具有证据能力和效力。本院予以采纳。

五、足迹鉴定程序存在明显缺陷，严重影响证据的证明力。1. 现场足迹的位置说法不一，检材来源存疑。一是现场勘查笔录证明赤袜足迹在春意餐馆屋西山墙外沟内提取，并附有照片。二是足迹鉴定复核专家均证明看现场时，侦查机关指出的提取足迹位置是在餐馆屋后炸点的北边，即否定了第一种说法。三是足迹在马路西边。复核专家苗春青鉴定记录：“这个脚印是用石膏提取的，当初是用脸盆扣着的。”证人刘某正证实：“当晚我在现场看脚印，是在马路西边一行用脸盆扣着，怕雨淋坏了，地表无草。”2. 1979 年 4 月 1 日公安部《刑事案件现场勘查规则》规定：现场勘查必须邀请两名与案件无关、为人公正的公民作为见证人，记录应记载：发现和提起痕迹、物证和罪犯遗留物的情况。现场照相必须反映现场的原始状态和勘查过程中发现的各种痕迹、物证。要拍摄方位、概览、中心、细目照片。本案勘查笔录没有记录有见证人，也没有见证人签名，属于程序瑕疵。现场勘查笔录中载明的大量脚印等细节，均无现场勘查照片印证；勘查记录载明的提取赤袜足迹印痕，现场照片并无放大照片印证，现场照片并不能看出是否确有该“赤袜足迹印痕”。3. 认定被告人刘明训作案时穿的鞋、袜下落不明。刘明训供：“我被抓几天后，在派出所看到我的皮鞋，不知何时从饭店拿去的。我脚上穿的蓝色尼龙线袜子被刑警给我脱下来拿走了。”山东省高级人民法院办案人员经与原办案人员座谈，被告知没有提取刘明训作案时穿的鞋、袜。如此重要的证据不予提取，不符合办案程序和规定。4. 足迹鉴定的刑事科学技术鉴定书和公安部的复检书，没有鉴定人员的亲笔签名，属于程序瑕疵，但鉴定机关并未予以补正。1997 年 11 月 7 日，山东省高级人民法院法官在赤峰市与复核人苗春青交流时，苗证实没见过鉴定书也没签过字。

检察机关认为，由于现场提取的脚印存在程序上的瑕疵且无法进行补正，导致检材来源存疑，足迹鉴定意见不能作为定案依据。本院予以支持。三原审被告人及辩护人认为，足迹鉴定的刑事科学技术鉴定书和公安部的复检书，没有鉴定人员的亲笔签名，对其客观性、科学性有异议，本院予以采纳。

六、炸药来源和用量不清，炸点存疑，不能作为证据使用。1. 炸药来源不清。马学胜在侦查阶段曾供述过三个炸药来源渠道，一是刘某国给的；二是从矿上偷的；三是于某林给的。1995 年 7 月 6 日山东省高级人民法院法官询问刘某国时，刘证实所做证言是为了给马学胜炸药，但侦查机关未将该笔录入卷。1995 年 6 月 17 日马学胜的辩护律师王克志调查证人于某林，于证实侦查机关 1993 年 6 月询问过其做过笔录，但侦查机关未将该笔录入卷。侦查卷只记录了一种来源，即马学胜供述 1992 年其在上刘家合伙开矿时从工地上偷拿了十余管炸药，经查无证据证实。2. 炸药数量不清。根据被告人马学胜的供述，认定爆炸用了 12 管炸药，而春意餐馆的后墙只炸了一个 30 厘米 ×70 厘米洞。据山东省高级人民法院二审复核卷宗询问笔录记载，当时侦查机关聘请了本市 761 炸药工厂的秦某恕、吴某两位工程师，对现场用药量等作了鉴定，认定行为人使用的是岩石铵锑炸药，用药量为 5 管。但马学胜曾供述用的是防水炸药。该鉴定书没予附卷。3. 原审认定被告人刘明训把炸药挂到窗子风钩上点燃炸药不符实。该房的玻璃窗风钩是钉在窗的横梁上的，把炸药包挂上去，恰好在室内多人的视线之内，通过窗横梁下的玻璃看得很清楚。点燃导火索发出嗤嗤的响声，同时还冒烟、火星，室内被炸的 5 人距炸点不到 2 米，当时还开着窗子，不可能不被发现，有违常理。

检察机关认为，关于炸药来源及用量问题，除被告人有罪供述外，缺乏其他证据予以印证。本院予以支持。三原审被告人及辩护人认为，炸药来源未查清，无法认定三被告人有罪。本院予以采纳。

本院认为，三原审被告人的主要申诉理由是其口供系刑讯逼供所得，不能作为定案的依据。本案系历史老案，距发案时间已过 25 年，是否存在刑讯逼供，本院已无从查清。但卷宗记载本案存在非法拘押行为，而刘明训、邵利（立）及证人刘某叶的初次有罪供述及证言均是在非法拘押期间所做；且三被告人均存在公安侦查期间作有罪供述，法院庭审期间翻供的情况，证人刘某叶的证言也存在多次翻证。因此，作为本案定案的主要依据严重不足信。而本案唯一的客观证据刘明训的足迹鉴定，也存在着重大程序瑕疵，不具有客观证据的排他性。原审据以定案的证据体系没有形成完整锁链，没有达到证据确实、充分，排除合理怀疑的证明标准，也没有达到原刑事诉讼法确定的基本事实清楚、基本证据确凿的定罪要求，其错误判决应当予以纠正。检察机关出庭意见合理，应予支持。三原审被告人及其辩护人部分辩护理由成立，应当予以采纳。经本院审判委员会讨论决定，依照《中华人民共和国刑事诉讼法》第二百五十六条、第二百三十六条第一款第（三）项及《最高人民法院关于适用〈中华人民共和国刑事诉讼法〉的解释》第三百八十九条第二款之规定，判决如下：

一、撤销烟台市中级人民法院（2000）烟刑一终字第64号刑事附带民事裁定和招远市人民法院（2000）招刑初字第33刑事附带民事判决中的刑事部分。

二、原审被告人马学胜、刘明训、邵利（立）无罪。

本判决为终审判决。

审 判 长　王　勇
审 判 员　侯凯青
审 判 员　张国强

二〇一八年十二月七日

法官助理　刘　刚
书 记 员　韩天晶

金哲红故意杀人案

吉林省高级人民法院
刑事判决书

（2018）吉刑再4号

原公诉机关吉林省吉林市人民检察院。

原审被告人金哲红（曾用名金哲宏），男，1968年11月27日出生于吉林省永吉县，朝鲜族，初中文化，吉林市某纺织厂停薪留职工人。因本案于1995年10月11日被收容审查，1996年2月5日被逮捕。现在吉林省长春监狱服刑。

辩护人李金星，山东成思律师事务所律师。

辩护人袭祥栋，山东天盟律师事务所律师。

吉林省吉林市人民检察院指控被告人金哲红犯故意杀人罪一案，吉林市中级人民法院于1996年11月9日作出（1996）吉刑初字第279号刑事判决。宣判后，金哲红不服，提出上诉。本院于1997年12月1日作出（1997）吉刑终字第38号刑事裁定，撤销原判，发回重审。吉林市中级人民法院于1998年8月4日作出（1998）吉刑初字第35号刑事判决。宣判后，金哲红不服，提出上诉。本院于同年10月21日作出（1998）吉刑终字第259号刑事裁定，撤销原判，发回重审。吉林市中级人民法院于2000年5月29日作出（2000）吉刑初字第98号刑事判决，认定金哲红犯故意杀人罪，判处死刑，缓期二年执行，剥夺政治权利终身。宣判后，金哲红不服，提出上诉。本院认为金哲红的上诉理由不能成立，予以驳回，并于同年8月23日作出（2000）吉刑终字第226号刑事裁定，核准吉林市中级人民法院（2000）吉刑初字第98号以故意杀人罪判处金哲红死刑，缓期二年执行，剥夺政治权利终身的刑事判决。上述裁判已发生法律效力。金哲红向本院提出申诉。本院于2012年3月26日作出（2011）吉刑监字第41号驳回申诉通知，驳回其申诉。金哲红不服，再次向本院提出申诉。本院于2018年3月26日作出（2018）吉刑监2号再审决定，由本院对该案进行再审。本院依法组成合议庭进行了审理。2018年10月15日，本院召开庭前会议，就管辖、回避、申请调取证据、提供新的证据、申请证人、鉴定人或有专门知识的人出庭、排除非法证据、是否公开审理等问题听取检辩双方意见，归纳出本案争议焦点。因涉及个人隐私，2018年10月24日本院依法不公开开庭审理了本案。吉林省人民检察院指派检察员张征宇、刘娜依法出庭履行职务。金哲红及其辩护人李金星、袭祥栋到庭参加诉讼。现已审理终结。

吉林市中级人民法院一审判决认定，1995年9月10日17时许，被告人金哲红驾驶出租摩托车送乘客李某至吉林市永吉县双河镇A村，在村口等候约5分钟，李某返回称朋友未在家，金哲红遂将李某带回双河镇，后一同回金哲红母亲家吃晚饭。其间，金哲红见李某作风轻浮，顿生淫念，将李某带至双河镇邮局对面修鞋铺旁，与李某发生两性关系。事后，金哲红给李某30元钱，李某因钱少不同意并欲告发金哲红。金哲红恐事情败露，将李某拽至隐蔽处，用膝盖压住李某的嘴，用双手卡住李某颈部致其昏迷。金哲红将李某横放于摩托车的后座，驾车往B村方向行至新立道口附近，将李某头东脚西抛入一沟内，用泥土、石头、蒿草等掩埋。而后，金哲红回到自家小卖店，换掉作案时所穿衣裤和鞋。

认定上述事实的证据有证人陈某录、关某伟、徐某秋等证言，鉴定意见，现场勘查笔录以及被告人金哲红供述。

一审判决认为，被告人金哲红非法剥夺他人生命之行为，已构成故意杀人罪，且犯罪手段残忍，情节恶劣，后果严重，社会危害极大，应依法予以惩处。鉴于本案的具体情节，尚可对其从轻处罚。根据《中华人民共和国刑法》第十二条，1979年《中华人民共和国刑法》第一百三十二条、第四十三条第一款、第五十三条第一款之规定，作出前述（2000）吉刑初字第98号刑事判决。

本院二审及复核审认定的事实和证据与一审判决认定的事实和证据基本一致。

二审裁定认为，一审判决定罪准确，量刑适当，审判程序合法。上诉人金哲红及其辩护人的上诉理由及辩护意见均不予支持。遂根据相关法律规定，作出前述（2000）吉刑终字第226号刑事裁定。

再审中，原审被告人金哲红及其辩护人提出，原生效判决、裁定认定事实不清、证据不足。具体理由：原生效判决、裁定据以认定金哲红骑摩托车载李某事实的证据，相互矛盾，存有疑问，无法排除合理怀疑；金哲红前后自相矛盾的供述，均无法作为定案依据；金哲红杀人事实的证据存在无法排除的矛盾，无法排除其他凶手作案的合理怀疑；被害人李某死亡的准确时间、被害地点以及金哲红的作案动机、杀人现场、杀人手段等事实不清，认定金哲红杀害李某的证据不足；金哲红无作案动机、不占有作案时间。综上，应当认定金哲红没有杀害被害人李某，金哲红无罪。

出庭检察员认为，本案的客观证据和直接证据有限，间接证据无法形成链条。侦查机关在案发现场没有提取到金哲红的指纹、足迹、毛发、精斑、作案凶器、穿着衣物等客观证据。现场勘查笔录、鉴定意见只能证明被害人被人杀害的事实和现场情况，不能证明金哲红的杀人行为。且侦查机关未带领金哲红指认作案现场及抛尸现场，证据间无法相互印证。多份证人证言仅能证明金哲红骑摩托车将被害人李某拉走，不能证明金哲红与李某后续的接触过程和杀人事实。金哲红的有罪供述不稳定，先后多次反复，并且金哲红关于作案第一现场、杀人凶器、作案手段、二人接触和作案过程等主要情节的供述不仅前后矛盾，而且与现场勘查笔录、鉴定意见、证人证言等证据所反映的情况不符，部分有罪供述与客观情况和常理相违背。综上，原裁判认定金哲红故意杀人事实不清、证据不足，建议依法改判。

经再审查明，1995 年 9 月 10 日 17 时许，吉林省吉林市双河镇 C 村村民被害人李某乘火车去吉林市口前镇，途经长岗站下车，在双河镇 B 村租乘原审被告人金哲红驾驶的摩托车前往双河镇后失踪。1995 年 9 月 29 日 8 时许，双河镇村民南秉七在新立屯北吉沈铁路南侧树林内发现一具女尸。经公安机关现场寻访、调查，李某亲友辨认，确认死者为李某。经鉴定，李某系右前额受外力打击，昏迷状态下吸入大量泥沙，阻塞气管、支气管，使气管强痉挛收缩引起窒息而死亡。

上述事实，有证人杜某会、陈某录、关某伟、徐某秋、王某东、罗某平、李某贵等证言，鉴定意见，现场勘查笔录等证据证实。本院予以确认。

原裁判认定原审被告人金哲红杀死被害人李某的事实不清，证据不足。理由如下：

一、现有证据能证实金哲红曾与李某接触，但无法证明其实施了杀人行为

证人罗某平、王某、李某贵、南某七、董某芹、关某伟、徐某秋、王某东证言，鉴定意见，现场勘查笔录等证据证实，1995 年 9 月 10 日，李某曾租乘金哲红的摩托车，自 B 村一同离开后失踪。同年 9 月 29 日，在新立屯北吉沈铁路南侧树林内发现的女尸为李某。李某因窒息死亡。以上证据仅能证实金哲红与李某曾有接触，但均未证实金哲红实施了杀人行为。

二、金哲红的有罪供述不稳定，前后矛盾，且无其他证据佐证

本案缺乏相关证据，主要依据金哲红的有罪供述定案。但金哲红的有罪供述不稳定，且前后矛盾。其在侦查阶段共有21次供述，其中9次供认犯罪，12次否认犯罪。在审查起诉和审判阶段均否认杀害李某。金哲红的有罪供述中，关于作案时间、作案地点、作案方式等前后供述不一，对于是否与李某发生两性关系，是否与李某一同吃饭，李某都吃了什么，在何地杀害李某等细节均有两种或两种以上不同的供述，且均无其他证据佐证，金哲红的有罪供述不能成为定案的依据。

三、原裁判认定金哲红杀人动机的事实不清

根据金哲红的有罪供述，其与李某发生两性关系，因李某认为给付钱款过少欲告发，遂将李某杀害，并供述与李某发生性关系时已射精，但鉴定意见证实在死者阴道分泌物中未检出精子。金哲红的杀人动机不清。

四、原裁判认定被害人李某死亡时间的事实不清

证人罗某平、王某、杜某会等证言证实，李某自1995年9月10日17时后失踪，1995年9月29日发现其尸体，间隔十九天。法医意见证实李某系在最后进餐半小时至一个小时后死亡，但未能证实具体死亡日期。证人李某贵、罗某平、王某证言证实李某失踪当日12时在家吃过午饭，后未再吃饭。而金哲红对是否与李某用餐曾有过两种供述，一是与李某一起吃过饭，时间是案发当晚6点，于7时30分许杀死李某，但其供述所吃的食物与鉴定意见证实李某胃内容物不一致。二是未与李某一同吃饭，但据此推定其作案时间与鉴定意见证实李某系饭后半个小时至一个小时后死亡的事实不符。现无法认定李某的死亡时间，更无从证明金哲红是否占有作案时间。

五、原裁判认定金哲红加害被害人行为的事实不清

鉴定意见证实李某右额受外力打击，金哲红曾供述用木棒，打李某致其昏迷后将其抛于一沟内，但在其供述的杀人现场和抛尸现场均未提取到所述木棒。金哲红亦曾供述在掩埋李某时，抓李某头部朝地上磕碰两下，但根据现场勘查笔录证实，李某尸体位于一河沟内，将头部朝地面磕碰两下，无法形成其头部伤情。现认定金哲红加害李某的行为事实不清。

本院认为，原裁判认定原审被告人金哲红犯故意杀人罪的事实不清，证据不足。检察机关提出依法改判，金哲红及其辩护人提出应改判金哲红无罪的意见，本院予以采纳。经本院审判委员会讨论决定，依照《中华人民共和国刑事诉讼法》第二百五十六条、第二百三十六条第一款第（三）项和《最高人民法院关于适用〈中华人民共和国刑事诉讼法〉的解释》第三百八十九条第二款之规定，判决如下：

一、撤销吉林省高级人民法院（2000）吉刑终字第226号刑事裁定和吉林市中级人民法院（2000）吉刑初字第98号刑事判决；

二、原审被告人金哲红无罪。

本判决为终审判决。

审 判 长　田　锋
审 判 员　牛　锋
审 判 员　张　刚

二〇一八年十一月三十日

法官助理　郭鹏昆

赵守帅合同诈骗案

河南省新乡市中级人民法院
刑事判决书

（2017）豫07刑初24号

原公诉机关新乡市人民检察院。

原审被告单位甘肃省永昌县农牧机械总公司（以下简称农牧公司），住所地甘肃省永昌县城关镇×号。2000年10月31日因未参加企业年检被吊销营业执照至今。

诉讼代表人赵守帅，农牧公司法定代表人、公司经理。

辩护人腾胜青，甘肃君谙律师事务所律师。

原审被告人赵守帅，又名赵京丰，男，1969年7月1日出生，汉族，高中文化，甘肃省永昌县人。农牧公司经理，法定代表人，住永昌县城关镇×号。因涉嫌合同诈骗犯罪于1999年1月15日被获嘉县公安局刑事拘留。同年2月14日转逮捕。羁押期间，因犯故意伤害罪，2001年4月13日被新乡市中级人民法院判处有期徒刑三年。2002年11月30日，因犯合同诈骗罪被新乡市中级人民法院判处有期徒刑十三年，并处罚金三万元，与河南省新乡市中级人民法院（2001）新刑初字第22号刑事判决的有期徒刑三年合并，决定执行有期徒刑十六年，罚金三万元。2002年12月25日送河南省新乡监狱服刑。后调入甘肃省武威监狱服刑，其间经减刑服刑至2010年7月14日刑满释放。

辩护人牛红江，河南中原法汇律师事务所律师。

辩护人张艳艳，河南中原法汇律师事务所律师。

原审被告单位农牧公司、原审被告人赵守帅犯合同诈骗罪一案，新乡市人民检察院于2002年8月9日向本院提起公诉，本院于2002年11月30日作出（2002）新刑二初字第17号刑事判决。原审被告单位农牧公司、原审被告人赵守帅未上诉，检察机关未抗诉，该判决已经发生法律效力。后原审被告单位农牧公司、原审被告人赵守帅于2013年11月以原审认定事实错误、未依法送达判决书等为由向新乡市人民检察院和本院提出申诉。新乡市人民检察院经立案复查，于2014年1月26日作出新检控复通（2014）1号刑事申诉复查通知书决定不予抗诉；本院于2014年7月14日作出（2014）新中刑申字第24号驳回申诉通知书。驳回申诉。其后又向河南省人民检察院提出申诉。河南省人民检察院立案复查后以原判决的主要事实和依据被依法变更、撤销，且有新的证据证明原判决、裁定认定的事实确有错误，于2016年9月19日向河南省高级人民法院提出抗诉。河南省高级人民法院经审理，于2017年3月8日作出（2016）豫刑抗5号刑事裁定，撤销本院（2002）新刑二初字第17号刑事判决，发回本院重新审判。本院立案后，依法另行组成合议庭，公开开庭审理了本案。新乡市人民检察院指派检察员陈富贵、娄丁予、曹海露出庭履行职务。原审被告单位农牧公司的诉讼代表人赵守帅及辩护人腾胜青，原审被告人赵守帅及其辩护人牛红江、张艳艳到庭参加诉讼。本案现已审理终结。

新乡市人民检察院指控：1997年1月1日，农牧公司法定代表人赵守帅与新乡市第一拖拉机厂（以下简称拖拉机厂）签订了产品购销合同，赵守帅利用此合同，从1997年3月6日至1997年10月28日，分11批从拖拉机厂及该厂在甘肃省张掖、金昌等地的销售部门，提走拖拉机厂生产的多种型号的拖拉机142台，价值1463530元。在此之前，赵守帅还于1995年12月30日、1996年1月30日、1996年3月29日三次从该厂在西宁、张掖两地的销售部门提走拖拉机22台。至此，农牧公司共收到拖拉机厂生产的拖拉机164台，货款总价值1625929元。赵守帅收到货后，未按合同约定向厂方付款。为此，拖拉机厂多次派人到永昌找到赵守帅催要货款，赵守帅先以各种理由推托，而后避而不见，并隐匿货款去向。1998年3月16日，赵守帅让其弟赵某良携款30万元到拖拉机厂继续骗货时，被厂方将30万元扣下。当拖拉机厂继续向赵催要货款时，赵守帅拒不付款，给被害单位造成重大损失。综上所述，农牧公司利用合同共诈骗拖拉机厂货款1325929元。新乡市人民检察院认为，农牧公司和其法定代表人赵守帅，以非法占有为目的，在签订、履行合同中，骗取货物，数额特别巨大，其行为均已构成合同诈骗罪。

本院原审查明：1997年1月1日，农牧公司法定代表人赵守帅与拖拉机厂签订了该厂的产品购销合同，在农牧公司基本结清了1996年的货款后，拖拉机厂于1997年3月6日开始履行1997年合同。农牧公司从1997年3月6日至4月30日分7次收到或自提拖拉机厂各种型号拖拉机77台，价值822450元。拖拉机厂要求农牧公司按合同规定付货款，并且暂停向其继续供货。同期农牧公司固定资产已在中国农行永昌县支行、永昌县城市信用社抵押，且欠贷款及利息，其已无实际履行合同的能力。1997 年 10 月 8 日，农牧公司法定代表人赵守帅再次委派该公司李某东持保证书、还款保证到拖拉机厂要求提货。1997 年 10 月 28 日，农牧公司又提走各种型号拖拉机 65 台，价值 641080 元。至此，农牧公司共收到拖拉机厂的各种型号拖拉机 142 台，价值 1463530 元。赵守帅收到货后，未按合同约定向厂方付款。为此，拖拉机厂多次派人到永昌县找赵守帅催要货款，赵守帅先以各种理由推托，而后避而不见，并且隐匿了货款去向。1998 年 3 月 16 日，赵守帅让其弟赵某良携款 30 万元，到拖拉机厂要求提货，被厂方将 30 万元扣下抵货款。扣除农牧公司有依据的，由拖拉机厂业务员与该公司签订的 4 份降价协议的降价金额 388587 元以及业务员借款 5000 元，农牧公司利用合同共诈骗拖拉机厂货款 769943 元。另查明，2000 年 10 月 31 日农牧公司被永昌县工商行政管理局注销。

原审认为：农牧公司和其法定代表人赵守帅，以非法占有为目的，在签订、履行合同中，骗取货款，数额特别巨大，其行为构成合同诈骗罪。新乡市人民检察院指控农牧公司和赵守帅的犯罪罪名成立，但认定合同诈骗数额有误。赵守帅在因涉嫌合同诈骗犯罪羁押期间，又因伤害犯罪被新乡市中级人民法院判处有期徒刑三年，应数罪并罚。依法判决：一、对被告单位甘肃省永昌县农牧机械总公司犯罪终止审理；二、被告人赵守帅犯合同诈骗罪，判处有期徒刑十三年，并处罚金三万元，与河南省新乡市中级人民法院（2001）新刑初字第 22 号刑事判决的有期徒刑三年合并有期徒刑十六年，罚金三万元，决定执行有期徒刑十六年，罚金三万元。犯罪所得的财物应予追缴。

本次审理控辩双方的意见是：

新乡市人民检察院出庭检察员的意见是：1. 农牧公司经依法设立、在核准的范围内经营。原审被告单位、被告人与他人签订合同，未虚构主体，也未冒用他人名义，提供的手续都是合法手续。2. 原案证据无法认定农牧公司及其法定代表人赵守帅在签订、履行合同中具有非法占有的主观故意；无法认定赵守帅携带财物逃跑，挥霍隐匿财产。3. 原案证据不能认定被告单位农牧公司在签订、履行合同时无履约能力，无法认定农牧公司以先履行小额合同或者部分履行合同的方法，诱骗对方当事人继续签订和履行合同。在合同履行期间，赵守帅有固定资产多处，且有证据证明农牧公司与其他公司有大量经济往来，农牧公司与拖拉机厂签订合同是在抵押贷款之前，贷款没有放贷证明，没法形成证据链条；农牧公司支付货款 220 万元，农牧公司仅欠 80 万元左右，不符合先履行部分合同小额合同诱骗对方的情形。4. 原案据以定罪量刑的主要事实依据被依法撤销、变更。前期被告单位固定资产已在农业银行、信用社抵押，认定抵押生效的判决已被甘肃省高级人民法院撤销，甘肃省金昌市反渎局调取的证据显示，农牧公司在农行42万元的贷款已经全部还清，原判决认定的事实和判决确实有错误。5. 原审诉讼程序存在违反法律规定的情形，可能会影响公正判决。请求依法判决。

被告单位农牧公司同意新乡市人民检察院检察员的出庭意见，其辩护意见：被告单位主观上没有占有的故意，客观上也没有诈骗行为，不构成合同诈骗罪。被告单位是依法成立的公司，经营范围包括农牧、机械等，且经营正常，出现纠纷完全可以通过民事诉讼解决。被告单位有履行能力，客观上没有取得对方财产的故意，没有以他人的名义签订合同，没有虚构合同的行为，被告人也没有逃匿的行为，本案不具备合同诈骗罪的基本特征。请求依法宣告被告单位农牧公司无罪。

被告人赵守帅及其辩护人同意新乡市人民检察院检察员的出庭意见，其辩护意见：赵守帅不构成合同诈骗罪。农牧公司是依法设立的法人，完全可以签订和履行协议，不存在假冒他人名义签订合同的情形，被告人在与拖拉机厂签订和履行合同的过程中没有虚假担保的情形，被告人、农牧公司在签订合同以及案发时具有实实在在的履约能力，当时判决依据是资产抵押了，这个本身就有失偏颇，合同诈骗罪的五个情形赵守帅一个情形都没有。被告人与拖拉机厂存在长期的合作关系，并且被告人履行了绝大部分的义务，被告人愿意支付货款，而未能支付货款是客观原因造成的，是正常的经济纠纷，是正常的交易行为，应当通过民事协商、诉讼的方法解决，与故意非法占有存在本质上的差别。被告有实际偿还能力，没有转移资产、逃匿债务的行为。请求依法宣告被告人赵守帅无罪。

经本次审理查明：1993年10月甘肃省永昌县农业机械管理局筹建了农牧公司，聘任赵守帅为农牧公司经理。1993年11月4日经永昌县工商行政管理局核准登记，颁发了营业执照，经济性质为集体，住所为永昌县城关镇×号，法定代表人赵守帅，注册资金58.8万元，主营农牧机械、建材等批发零售，经营期限1993年11月1日至1997年10月31日。2000年10月31日因农牧公司在规定的期限内未参加1999年度企业年检被吊销营业执照至今。2012年永昌县工商行政管理局就农牧公司主体问题作出答复，该公司名为集体企业，实为赵守帅个人承包经营。

1995年12月6日、1996年3月14日、1997年1月1日农牧公司与拖拉机厂签订了三次产品购销合同，合同约定由拖拉机厂向农牧公司供应拖拉机等农机具，交易方式为款到付货或货到付款，每年年底结清全部货款。1995年货款已结清。

1996年拖拉机厂供货170台，农牧公司于1996年8月至11月间四次共付款110万元。

1997年3月6日至4月30日农牧公司分7次收到或自提拖拉机77台，并于1997年3月12日、3月29日，两次汇款80万元。拖拉机厂要求农牧公司按合同规定付货款，并且暂停向其继续供货。1997年10月8日，农牧公司法定代表人赵守帅再次委派该公司李某东持保证书、还款保证到拖拉机厂要求提货。1997年10月18日，农牧公司又提拖拉机34台。至1997年底，并计入1995年、1996年、1997年农牧公司从拖拉机厂在西宁、张掖等地的销售部门所提拖拉机（拖拉机厂均计入当年账目，共计53台），农牧公司共收（提、调拨）到拖拉机164台。

1998年3月16日，赵守帅让其弟赵某良携款30万元，到拖拉机厂要求提货，被厂方将30万元扣下抵货款。

根据双方1999年1月25日的对账清单记载，拖拉机厂两年总计供货334台。由于双方在进价、冲差价等在各自的账面记载不同，导致拖拉机厂记载334台价值364.4万余元，农牧公司记载为305.8万余元；扣除已付款220万元，拖拉机厂记载农牧公司尚欠货款123.3万余元，农牧公司记载尚欠拖拉机厂货款85.8万余元。

另查明农牧公司相关资产情况：

1997年2月16日至同年5月5日，农牧公司先后五次向农行永昌县支行申请办理承兑汇票，双方签订承兑契约5份，约定申请人于汇票到期日前将应付票款足额交存承兑银行，承兑汇票到期日，承兑银行凭票支付票款，承兑期均为六个月。契约签订后，农行永昌县支行按约给农牧公司办理承兑汇票10张，合计金额300万元，并于汇票到期日向持票人办理了兑付。1999年农行永昌县支行以农牧公司仅还款8万元为由，诉至金昌市中级人民法院，请求确认农牧公司于1998年10月9日，1999年1月18日将自有的永昌县城南关一街南大街28号面积为1019.64平方米的房产和位于城关镇七区十九栋面积为2518平方米的商品楼所设定的抵押有效。该院于1999年4月6日作出（1999）金中经初字第05号民事判决，判决农牧公司偿还借款及利息3519600元，为借款设定的抵押有效。后经金昌市中级人民法院执行，于2001年6月22日作出（2000）金中执字第24－2号民事裁定，将上述抵押物抵顶给农业银行永昌县支行抵偿债务。甘肃省人民检察院于2012年8月13日对该案提起抗诉，指出该抵押系为其他贷款所设，且贷款未实际发放。甘肃省高级人民法院指定兰州市中级人民法院管辖审理。经兰州市中级人民法院初审、甘肃省高级人民法院终审后分别作出（2013）兰民再字第31号、（2014）甘民再终字第4号民事判决，撤销（1999）金中经初字第05号民事判决，判决认定，农行永昌支行在为农牧公司办理了300万元的承兑汇票后，于1997年7月4日至1998年12月23日以特殊转账借方传票方式从农牧公司账户上划转298万元，农牧公司尚欠贷款2万元。认为办理300万元承兑是在1997年，抵押设立在1998年和1999年，不能认定抵押系为此而设。改判农牧公司支付农业银行永昌县支行贷款本金20000元及利息4850元。农牧公司依据上述改判，申请返还财产。金昌市中级人民法院于2016年2月3日作出（2016）甘03执11号执行裁定，由农业银行永昌县支行返还依据（2000）金中执字第24-2号执行裁定所取得的财产。后该案由甘肃省高级人民法院指定兰州市中级人民法院管辖，目前案件仍在执行程序中。

1997年7月9日，农牧公司与永昌县城关工商企业公司签订土地使用权转让合同，约定永昌县城关工商企业公司以30万元的价格出让永昌县城南大街28号土地一宗（含地面附着物）的使用权于农牧公司，农牧公司办理了相关手续，取得土地使用权。1997年12月4日，农牧公司以该土地使用权（估值40万元）作抵押向永昌县城市信用合作社借款30万元，借款期限自1997年12月4日至1998年6月4日。2003年永昌县城市信用合作社以永昌县农牧局为被告提起诉讼。2003年10月20日永昌县人民法院作出（2003）永民初字第573号民事判决，认定农牧公司未能归还到期贷款，判决农村信用合作社对该处土地使用权享有优先受偿权。2008年10月20日，永昌县人民法院作出（2008）永执字第183号民事裁定，裁定该处土地使用权及地上附着物归永昌县农村信用合作联社所有。金昌市人民检察院于2011年3月22日以农牧局未实际投资、农牧公司未参加诉讼，遗漏当事人等为由对该案提出抗诉，经永昌县和金昌市两级人民法院审理后撤销原判，改判以拍卖、变卖抵押土地的价款归还贷款30万元，超出的价款归农牧公司所有。后又经甘肃省高级人民法院依审判监督程序进行了提审。审理中各方达成调解协议，由永昌县农村信用合作联社城区信用社支付农牧公司土地溢价、土地附着物溢价款70万元。第三人常某支付土地差价款130万元。农牧公司在将涉案土地及附着物移交第三人常某后，领取拍卖土地剩余价款及利息共计2498050.16元。该案已履行完毕。

1997年4月30日，农牧公司将综合住宅楼的修建工程发包给甘肃省第九建筑工程公司，该工程完工后，双方因工程价款产生纠纷。该案经甘肃省金昌市中级人民法院审理判决后，双方上诉至甘肃省高级人民法院，甘肃省高级人民法院经审理于1999年5月11日作出（1998）甘民终字第187号民事判决，判决甘肃省第九建筑工程公司返还农牧公司超交的工程款61213.52元。1999年8月10日农牧公司申请执行，执行中甘肃省第九建筑工程公司提出对申请人享有到期债权（即工程保修金）185452.78元，请求抵销。金昌市中级人民法院认为，双方互负金钱债务，且均已到清偿期，甘肃省第九建筑工程公司主张债务抵销符合法律规定。遂于2002年4月2日作出（2000）金中执字第010号民事裁定，终结执行（1998）甘民终字第187号民事判决。

1995年7月7日，赵守帅以100万元价格（实际预付定金40万元）从金昌市综合开发公司购得面积为796平方米房产一处，并于1995年7月10日办理了永字第（554）号《房产所有证》。1998年6月，出售方向永昌县房地产管理处提交申请，以赵守帅不履行合同且产权证及契约遗失，并与赵守帅签订解除销售协议为由，为该处房产办理了永字第506号《房屋所有权证》，后该公司破产，清算中该房产抵顶给他人。2012年赵守帅以永昌县住房和城乡建设局颁证违法为由，提起行政诉讼。兰州市中级人民法院（2013）兰行初字第54号行政判决确认永昌县人民政府颁发永字第506号《房屋所有权证》的行政行为违法，该判决为甘肃省高级人民法院（2014）甘行终字第38号行政判决予以维持。目前该房产所有权登记属于中国移动通信公司甘肃有限公司永昌公司。2014年7月赵守帅诉永昌县人民政府行政赔偿一案，甘肃省高级人民法院指定兰州市中级人民法院管辖，现该案在审理程序中。

1997年5月1日，农牧公司与原永昌县城市信用合作社签订“代建职工住宅楼协议”，委托修建共计729.56平方米的7套职工住宅，约定信用社预付工程款30万元。1998年10月8日，双方达成代建住宅楼产权分割协议，农牧公司将上述房产交付给永昌县城市信用合作社。2012年赵守帅、农牧公司以信用社未支付工程款为由提起诉讼。金昌市中级人民法院作出判决后，被甘肃省高级人民法院撤销，指定兰州市中级人民法院管辖。兰州市中级人民法院于2013年12月8日作出（2013）兰民一初字第155号民事判决之后，经甘肃省高级人民法院于2014年9月25日作出（2014）甘民二终字第75号民事判决，改判永昌县信用社支付赵守帅、农牧公司房款2188680元。信用社不服判决，向最高人民法院申请再审，最高人民法院提审后，于2017年6月10日作出（2016）最高法民再350号民事裁定，撤销甘肃省高级人民法院和甘肃省兰州市中级人民法院的民事判决；将该案发回甘肃省兰州市中级人民法院重新审判。目前该案在审理程序中。

认定上述事实的证据有：

第一组　农牧公司设立及变化情况

1. 永昌县农业机械局永农机发（1993）46号文件：1993年10月25日农机局决定聘任赵守帅为农牧公司经理。

2. 永昌县农业机械局永农机发（1993）47号文件：1993年10月27日向

永昌县工商局递交的关于办理农牧公司营业证书的申请。

3. 永昌县农业机械局永农机发（1993）48 号文件：1993 年 10 月 28 日关于同意创办农牧公司的批复。

4. 企业负责人赵守帅履历表、企业法人签字表。

5. 永昌县农业机械局 1993 年 10 月 29 日证明，为农牧公司开办提供房屋和场地。

6. 永昌县农业机械局 1993 年 10 月 29 日向永昌县工商局递交的关于成立农牧公司的资信证明，流动资金 45.8 万元，固定资产 4 万元，房屋 9 万元。资金来源为主管部门投资。

7. 农牧公司章程。

8. 永昌县农业机械局 1993 年 10 月 30 日向永昌县工商局出具的关于为农牧公司办理营业证件的函。

9. 永昌县工商局企业法人申请开业登记注册书载明，组建单位永昌县农业机械局，企业法人名称永昌县农牧机械总公司，法定代表人赵守帅，经济性质集体，主营农牧机械、汽车配件等，经营期限 1993 年 11 月 1 日至 1997 年 10 月 31 日。批准法人登记时间 1993 年 11 月 4 日。

10. 农牧公司营业执照、税务登记证。永昌县农牧机械总公司，住所地永昌县城关镇南大街 28 号，法定代表人赵守帅，注册资金 588000 元，集体性质。

11. 永昌县工商行政管理局 2000 年 10 月 31 日处罚决定书和农牧公司负债表、损益表等证明：永昌县农牧机械总公司等 76 户企业在规定的期限内未参加 1999 年度企业年检，经多次催办仍未办理，决定吊销其《企业法人营业执照》或《营业执照》，收缴执照正副本及印章，从即日起停止一切经营活动。

1998 年 1 月 6 日农牧公司年检报告书亏损 27 万元。

12. 甘肃省永昌县农业机械管理局（1999 年 1 月 10 日）证实，赵守帅经营的永昌县农业机械总公司是私人企业，与我局无任何经济关系，我局也未做过任何投资。该公司只是租用我局办公楼楼底门市部经营农机。1997 年 5 月后，经双方协商。将我局办公楼一楼出售给赵守帅，至今仍欠我局 40 万元。

13. 永昌县工商行政管理局内资企业基本信息证实，永昌县农牧机械公司，法定代表人赵守帅，企业类型为集体所有制，住所地永昌县城关镇南大街，成立于 1993 年 11 月 1 日，注（吊）销于 2000 年 10 月 31 日。目前该企业为吊销状态。

14. 永昌县工商行政管理局永工商法发〔2012〕128 号文件证实，农牧公司于 1993 年 11 月 4 日依法核准成立，因未参加年检 2000 年 10 月 31 日被吊销了永昌县农牧机械公司《企业法人营业执照》，该公司名为集体企业，实为个人承包经营。

第二组 农牧公司与拖拉机厂经济往来情况

1. 拖拉机厂被骗情况说明：1995 年 12 月 6 日，农牧公司首次与我厂签订了一份订货合同。合同有效期 18 天，在合同履行过程中，该公司与我厂款货两清。给我厂留下了一个信誉良好的印象。

由于双方 1995 年合同履行较好，加之我厂产品在永昌市场销售较好，该公司于 1996 年 3 月 14 日，与我厂又订了一份产品购销合同。合同规定，陆续发车，公司陆续回款，年底结清。合同签订后，我厂按合同要求，分期给其发货，各种型号拖拉机 192 台，价值 2064160 元，由于其中 22 台（价款 242250 元）系从张掖等地公司调入。业务员未及时将收到条交厂财务处，故我厂财务记账只有 170 台，价款 1821910 元。农牧公司先后四次给付我厂货款 110 万元，我厂财务账显示，农牧公司欠我厂款 813855 元，我厂于 11 月下旬停止给其供货，要求对方结清货款，1997 年元月，农牧公司提出与我厂续签 1997 年合同，我厂提出 1996 年货款问题，赵守帅就向我厂保证春节后定将货款付清，我厂提出若不清 1996 年的货款，1997 年就不发货，赵守帅当即表示同意，于是双方续订 1997 年的合同。

1997 年 2 月 17 日、1997 年 3 月 6 日，赵守帅给付我厂承兑汇票 80 万元，基本结清了前期货款。赵守帅付清欠款的当天，即 1997 年 3 月 6 日，我厂开始给其供货。货到后赵守帅总是以种种借口不付款，1997 年 10 月，赵守帅又让其副经理李某东拿出书面保证，保证到年底付清 100 万元，如不付款愿受罚，要求继续供货。1997 年赵守帅共骗取我厂各种四轮拖拉机 142 台，加上 1996 年未记账的 22 台，共计 164 台，价值 1705700 元，加上我厂垫付的运费 25258 元，农牧公司应给付我厂货款 1731038 元。我厂根据市场状况，给其冲差价 211859 元，其仍应付我厂 1519179 元。

1998 年 3 月，赵守帅又要我厂产品，我厂提出必须现款提货，赵守帅提出付 30 万元现金，提走 50 万元货，我厂为了追要欠款，就假意同意。3 月 14 日，赵守帅派人带 30 万元汇票前来提货，我厂财务收到汇票后未给其发货，强行扣下了 30 万元货款，至此赵守帅共欠我厂货款 1219179 元。

2. 拖拉机厂控告书：听农牧公司人说，货款一部分在赵守帅手里，另一部分用于购买办公楼和建自选商场了。

3. 被告人赵守帅供述：我知道为什么你们抓我，因为我欠新乡第一拖拉机厂货款，1998 年 11 月我给厂里说，1998 年 12 月底给 50 万元。到 1999 年元月份再给 50 万元。因为当时降价协议还没有下账，具体多少钱我也不知道，之后经过下账对账算出了我还欠厂里5万多元钱，1997年我公司共拉拖拉机厂多少台拖拉机我记不清了，可能拉有100多台的拖拉机。田某华是我公司的会计。我曾供过我欠拖厂80多万元，是有些没有折算，销出去的车，有部分赊账给农民，钱没有收回。我当时在永昌县城市信用社贷款200多万元，在永城县农行贷款300多万元，在以上两家银行还有存款约100多万元。我最后一次贷款是1998年3月份，贷款约100万元。拖厂的钱，有时银行扣贷款了，一部分付给拖厂了，一部分未收回。永昌的自选商场是1997年以公司的名义开的，投资100多万元，资金一部分来自银行贷款的600多万元。对欠款我愿意还，向农民要回欠款，再用固定资产抵押向银行贷部分款，我单位总固定资产有600多万元，其中商品房400多万元，办公大楼100多万元，我公司欠拖厂的货款我始终承认并愿意尽快偿还。

4. 证人宋某富证言：我是一拖厂三处销售员，负责甘肃永昌业务。1997年我厂与农牧公司经理赵守帅签订了购销合同。从1997年3月6日发了第一批货6台170A型中原小四轮拖拉机，价值64500元。货到后我去农牧公司要款，赵守帅对我说，资金暂时紧张，等第二批货；到的时候，一并给款。3月11日发了第二批货6台，价值64500元，赵守帅用同样的理由没有给款。我在永昌住下，看当时销售情况很好，赵守帅说资金只是暂时紧张，过一段时间就好了。到了4月30日，共给甘肃省发了7次货，77台拖拉机，总价值822450元，赵守帅仍然没有给款，我们就不敢再给其供货了，紧追着向他要钱，赵守帅总是推说账上没有钱，钱用于房地产开发了。到了1997年10月份，赵守帅派他的副经理李某东来到我厂，拿了赵守帅写的一个保证书，保证到年底给款100万元，公司暂时没有钱，拿赵守帅的私人财产以及公司的财产担保，想继续提车。经过我们研究后，10月18日又让他们提走了34台车，价值374680元。到了年底，赵守帅也没有给款，我就到永昌去了，车子已经都卖出去了，找到了赵守帅，赵守帅说暂时没有钱，后来我们再去找，就找不到了，以后又去了很多次，总是找不到他。他们公司营业执照是集体的，实际上是赵守帅个人办的公司，他们的货都卖完了，以前赵守帅说都用于房地产开发了，他们的副经理李某东说他都把钱存入金昌市他的个人户头上了。

5. 证人尚某忠证言：我是1996年9月至1997年6月在赵守帅公司干的，除了赵守帅就是我当家，不是什么正式任命。我到这个公司后和新一拖的关系很好，只要有款都给了，我管的这一段时间根本没有欠款，后来赵守帅就说："你这样太实在，这样干不成事儿。"赵守帅对我就有意见，所以我就不想干了。赵守帅的公司是挂靠农机局，但是农机局不负责债权债务，实际上是他个人的公司。赵守帅被新乡公安机关抓走之前，当时除了拖拉机厂给他供货，其他厂已经不给他供货了，赵守帅和拖拉机厂订合同，就是边销边付款，拖拉机款不能挪作他用。当时是我代表赵守帅的公司与拖拉机厂协商的，拖拉机厂的货都是零售，当时销售很好，在永昌占主要市场，在这些货都销出去之后，我也多次向赵守帅做工作，让他向厂家付款，他不付。赵守帅将这些钱投到了房地产开发，搞了一座住宅楼，这座楼顶账了，顶账还农行和城信社贷款了，他在银行贷款五六百万元。赵守帅零售、批发出去的拖拉机厂的车的货款已经90%收回了，还有10%是法院帮他要回了，但这10%中是赵守帅拿这些拖拉机顶他个人的债务了。他是在永昌县农行和城市信用社贷的款。赵守帅搞的住宅楼房地产开发是以个人名义搞的，目的就是盖起来卖了赚钱。

6. 证人桑某印证言：我是拖拉机厂销售三处处长，负责甘肃、宁夏、青海、新疆西北地区，业务员是宋某富。1997年3月，我们在兰州参加甘肃省农机会，赵守帅和宋某富去了，见我以后，签了合同，在兰州赵守帅给我们办了80万元的承兑汇票，这就给他们发了一批车，发过车后他们欠我们大约80余万元，就停了，他们没有再给我们办过款。到了10月，李某栋（东）跟着过来了，要求发车，因为他们欠我们钱不敢发，李某栋（东）就代表赵守帅给厂里写了一个保证，宋某富也给厂里写了一个保证，才让他们提走30多部车。赵守帅给我打电话说，一定给我们办100万元的款。等到年底，负责张掖的孟某东回来说宋某富从张掖调到永昌20多台车，这个情况我不清楚，我让宋某富把手续走过去就行了。1998年3月，赵守帅的弟弟来到我厂，他只给我们带了30万元的汇票，饮料的事我不清楚，没有让他们提车，具体饮料弄到哪里去了我也不清楚。我多次给赵守帅打电话说，永昌县给厂里的款，只能是承兑汇票或者汇票，不准业务员提现金，也不准业务员借钱。厂里给公司降价，有这种情况，具体降多少我不清楚，处理过一批，但他们公司销货不多，冲账不应该数目太大，达不到40万元，我厂给公司降价必须经过处长厂长几级审批才能入账，业务员从公司回来必须到厂里走手续。农牧公司所拖欠货款，我安排宋某富从1997年至1998年，每月都去农牧公司要账，宋某富没有要回欠款，我1997年11月去永昌要款，赵守帅说去银行办款，但等一星期左右也没有办出来，最后也不见我的面，后我多次打电话要求赵守帅还款，但其一直没有归还所欠货款。

7. 证人宋某智证言：根据厂委安排，我于1998年10月份和我处刘某霞去农牧公司对账，带我们去的有销售三处处长桑某印，业务员宋某富，到农牧公司后，公司已经没有存货，更没有我厂产品，当时公司仓库有一位老同志在看门，最后找到李某东，问能否对账？李某东说他已经调到其他单位了，这事他管不了，找不到赵守帅，我们就去其他地方了。

8. 1995 年 12 月 6 日工矿产品订货合同中载明结算方式为汇票、电汇、信汇。第一次需方自提三车货，付清两车货款，剩余货款在货到需方所在地后，全部付清。不得以任何理由拒付。第二次需方自提货款提货。

9. 1996 年 3 月 14 日工矿产品订货合同中载明结算方式为电汇、汇票、托收为准。如果供方办托收，需方不得以任何理由拒付。陆续发车，陆续回款，年底结清。

10. 1997 年 1 月 1 日工矿产品购销合同中载明结算方式为款到发货或者货到付款。票汇或银行承兑汇票，季度清理账目，年底保证结清货款。

11. 1997 年 10 月 8 日，农牧公司向拖拉机厂发函要求发货，并且注明此信作为还款保证用，具体保证书另写。

12. 1997 年 10 月 14 日，农牧公司向拖拉机厂出具的还款保证载明：我公司今年由于投资 350 多万元，修建一栋商业住宅楼，并同时用 100 多万元修建农机商城，资金暂时比较紧张，而你厂的小四轮在我县销售情况很好，但目前却无货可销，望贵厂领导给予发货，等月底资金回笼后，我公司保证汇款 100 万元，并在年底还清全部欠款，如果 1997 年 10 月底 11 月初不汇款，年底还清货款后，我公司愿意出银行利息 15 万元罚金，并同意在获嘉县法院受法律解决。1997 年 9 月底欠款（89. 4 万元）。并注明，若不还款，愿意用农牧公司全部财产和法定代表人赵守帅的私人财产做抵押。法定代表人赵守帅委托李某东作此保证。

13. 1997 年 10 月 17 日，农牧公司向拖拉机厂出具的保证书载明，我公司保证你厂的拖拉机年底在我公司无库存，所发货的货款全部结清，并保证这一次拿走的小四轮货款 10 月底 11 月初款清。若不清款，按上次保证书办理。

14. 收发货记录

拖拉机厂产品调拨单及产品发运收到条 26 份（均盖有农牧公司公章或农牧公司接收人员签名）证明：自 1996 年 7 月 10 日至 1997 年 10 月 28 日农牧公司共收到（含调拨）拖拉机厂供货拖拉机 334 台，价值（含运费）364. 4 万元。

15. 1996—1997 年拖拉机厂收据：共 6 张，收款计 220 万元。

（1）1996 年 8 月 31 日，收到永昌县农牧机械总公司银行承兑汇票 500000 元。

（2）1996 年 10 月 3 日，收到永昌县农牧机械总公司承兑汇票 100000 元。

（3）1996 年 11 月 11 日，收到永昌县农牧机械总公司银行承兑汇票 500000 元。

（4）1997 年 3 月 12 日，收到永昌县农牧机械总公司银行承兑汇票 500000 元。

（5）1997 年 3 月 29 日，收到永昌县农牧机械总公司银行承兑汇票

300000 元。

（6）1998 年 3 月 16 日，收到永昌县农牧机械总公司银行承兑汇票 300000 元。

16. 降价协议 3 份：

甲方拖拉机厂、乙方农牧公司分别于 1997 年 10 月 2 日、1998 年 2 月 26 日、1998 年 4 月 18 日签订协议书，三次拖拉机厂降价分别为 13.035 万元、3.37 万元、2.89 万元。甲方代表宋某富，乙方赵守帅。

17. 拖拉机厂与农牧公司对账记录：（注无双方参加对账人员签名。但庭审质证时控辩双方、被告人对此证据均无异议）

1999 年 1 月 25 日拖拉机厂与农牧公司对账记录载明，参加人员，厂方宋某智、杨某生、张某军，公司田发华（公司会计）、赵某良（赵守帅弟）、陈某昌（律师）。记录人宋修智。

（1）1996 年度、1997 年度、1998 年度共计发车 334 台、拖拉机厂记账货款合计（含运费）3644893 元，公司记账少 13650 元（84 台进价差）。公司付款 220 万元。

（2）厂方孟某东借款 10000 元。

（3）公司冲差价 6 次 562581 元（有宋某富签协议 4 次 388087 元，无厂方签字 2 次 174494 元）。厂方冲差价 3 次 211859 元。两者相差 350722 元。

（4）公司自装气泵 11 台扣 330 元。

（总计）公司账面反映欠款 858332 元，厂方反映欠款 1233034 元，公司比厂方少记 374702 元。

18. 送达证和执行通知书等。

第三组　中国农业银行股份有限公司永昌县支行与农牧公司关于永昌县城关一街南大街 28 号房产和位于北大街 19 栋房产抵押纠纷情况

1. 甘肃省人民检察院甘检民抗字（2012）第 25 号民事抗诉书认为，金昌市中级人民法院（1999）金中经字第 05 号民事判决认定本案基本事实错误，审判程序违法，判决显失公正。依法向甘肃省高级人民法院提出抗诉，请依法再审。

2. 中国农业银行股份有限公司永昌县支行情况说明和永昌县农牧机械总公司办理银行承兑汇票清单

关于承兑汇票：1996 年 12 月 13 日至 1998 年 12 月 31 日，农业银行为农牧公司签发承兑汇票 26 笔，金额 883.5 万元（附清单），到期后偿还 591.5 万元，292 万元汇票未还。农业银行向金昌市中级人民法院起诉后，1999 年 4 月 6 日金昌中院（1999）金中初字 05 号民事判决农牧公司偿还本金 292 万元，利息 599600 元，合计 3519600 元。该档案资料于 2000 年移交长城资产管理公司。

关于贷款：农牧公司于 1996 年初在农业银行贷款 42 万元，截至 1996 年 10 月 7 日全部还清。

3. 房地产买卖契约

1997 年 5 月 26 日，永昌县农业机械管理局将永昌县城关一街南大街 28 号的房产（面积为 1019.64 平方米）以 40 万元价格卖于永昌县农牧机械总公司。

4. 借款申请书：1998 年 10 月 9 日农牧公司向中国农业银行永昌县支行申请抵押贷款 21 万元。

5. 抵押担保借款合同

贷款人：中国农业银行永昌县支行营业室

借款人：永昌县农牧机械总公司

抵押人：永昌县农牧机械总公司

贷款内容：贷款种类为短期借款

借款用途：流动资金；贷款金额：21 万元整

贷款期限：自 1998 年 10 月 9 日起至 2000 年 10 月 9 日止。

贷款利率为月息 12%，抵押人愿以评估价值为 30 万元的办公楼作为本合同借款的抵押物。

6. 房地产抵押物清单

1998 年 10 月 9 日永昌县农牧机械总公司位于南大街 28 号的办公楼评估价值为 30 万元。

7. 房屋他项权证存根（386 号）

1998 年 10 月 9 日，永昌县农牧机械总公司将永昌县城关一街南大街 28 号面积为 1019.64 平方米的房产抵押给农业银行永昌县支行。房产估价 30 万元，抵押期限 1998 年 10 月 9 日至 2000 年 10 月 9 日。房屋所有权证（永房权证城字第 1101020097 号）

8. 建设用地规划许可证（97－06）

1997 年 4 月 25 日永建发（1997）41 号，同意永昌县农牧机械总公司在县城北下巷修建职工住宅楼，规划建设用地面积 1740 平方米。

9. 永昌县城乡建设环境保护局文件

永昌县建设环境保护局于 1997 年 4 月 29 日准予永昌县农牧机械总公司办理征用划拨土地手续，用地面积 1740 平方米，用于建设位于县城北大街七区的职工住宅楼。

10. 抵押物品清单和房地产抵押手续

1998 年 4 月 21 日永昌县农牧机械总公司将位于北大街 19 栋面积为 2518

平方米，估值220万元的住宅商品楼抵押给农行。

11. 房屋所有权证存根400号

所有权人：永昌县农牧机械总公司

所有权性质：集体

房屋坐落：永昌县城关三街北下巷以东，1幢198间混合结构6层，面积为4668平方米。

12. 永昌县自有房屋所有权登记申请书2份：

(1) 1997年9月2日农牧公司对永昌县城关三街北下巷以东，1幢198间混合结构6层，面积为4668平方米申请登记。

(2) 1998年8月24日农牧公司对永昌县城关三街北下巷以东（七区十九栋），1幢混合结构6层住宅，面积为3987.30平方米申请登记。

13. 1998年8月24日永昌县房屋四面墙界申报表、金昌市房屋所有权登记调查勘丈表、永昌县房屋所有权登记调查勘丈表。

14. 房地产抵押注销申请表，申请时间1998年10月9日，批准日期1998年10月16日。

永昌县农牧机械总公司还清农业银行永昌县支行的贷款，申请注销南大街28号房产抵押。

15. 借款申请书

永昌县农牧机械总公司以2518平方米商品楼为抵押，申请向农行借款220万元，借款种类短期借款，借款用途流动资金，分期用款计划：1998年4月21日，分期还款计划：1999年12月20日。

16. 抵押担保借款合同（农银抵借字98第058号）

贷款人：中国农业银行永昌县支行

借款人：永昌县农牧机械总公司

抵押人：永昌县农牧机械总公司

贷款内容：贷款种类为短期借款

借款用途：流动资金

贷款金额：220万元整

贷款期限：自1998年4月21日起至1999年12月20日止。抵押人愿以评估价值为220万元的商品楼作为本合同借款的抵押物。

17. 房地产抵押申请表

1999年1月18日同意办理永昌县农牧机械总公司将位于永昌县城关三街七区十九栋2518平方米商品楼抵押给农行永昌支行营业室，贷款220万元。

18. 抵押物品清单

1998 年 4 月 21 日永昌县农牧机械总公司将位于北大街 19 栋面积为 2518 平方米，估值 220 万元的住宅商品楼抵押给农行。

19. 金昌市中级人民法院（1999）金中经初字第 05 号民事判决认定：农牧公司在农行永昌县支行贷款 300 万元，后农行扣款 8 万元，农牧公司尚欠本金和利息。判决：一、被告农牧公司偿还原告农业银行永昌县支行借款本金 292 万元，逾期付款违约金 59 万元；二、被告农牧公司为原告农业银行永昌县支行设定的抵押有效。

20. 金昌市中级人民法院送达回证

金昌市中级人民法院于 1999 年 3 月 15 日，将应诉通知书、法人身份证明、授权委托书、民事诉状副本、开庭传票留置于永昌县农牧机械总公司会计田某华家中。1999 年 4 月 8 日永昌县农牧机械总公司职员赵某良签收（1999）金中初字第 05 号民事判决书。

21. 金昌市中级人民法院（2000）金中执字第 24－2 号民事裁定：一、位于永昌县城关镇南大街 28 号永昌县农牧机械总公司 1019.64 平方米的办公楼归中国农业银行永昌县支行所有。二、位于永昌县城关镇七区 19 号楼房 18 套（具体房号清单），一楼车库 12 间、一楼小房 18 间归中国农业银行永昌县支行所有。以上办公楼 1019.64 平方米，楼房 18 套、一楼车库 12 间、一楼小房 18 间抵顶永昌县农牧机械总公司欠中国农业银行永昌县支行的债务 3519600 元。

22. 永昌县房管局字第 0399 号房屋所有权证

永昌县城关镇南大街 28 号 1019.64 平方米的办公楼，所有权人为永昌县农牧机械总公司。

附房地产买卖契约 1997 年 5 月 26 日农牧公司与永昌县农业机械管理局签订房地产买卖契约，农牧公司出资 40 万元，从永昌县农业机械管理局购买永昌县城关镇南大街 28 号 1019.64 平方米的办公楼。

23. 房屋所有权证

房屋所有权人：中国农业银行股份有限公司永昌县支行，房屋坐落于永昌县城关镇×号，1 幢 30 间砖混结构，×层，建筑面积为 1019.64 平方米。2011 年 10 月 25 日。

24. 2011 年 9 月 30 日中国农业银行永昌县支行便函

永昌县城关一街南大街 28 号面积为 1019.64 平方米的房产已出售给张某海，请永昌县住建局办理房产过户手续。

25. 房屋他项权证存根

房屋坐落：永昌县城关三街七区十九栋

权利人：农行永昌县支行

权利种类：抵押

建筑面积 2518 平方米

权利价值 220 万元

权利存续期限 1998. 4. 21—1999. 12. 20

所有权人及共有人：永昌县农牧机械总公司

26. 永昌县房产交易中心 2016 年 7 月 1 日出具的证明

证明：依据（2000）金中执字第 24 -2 号民事裁定书，于 2001 年 6 月 22 日将原房屋所有权证（永字第 0399 号）注销，于 2011 年 10 月 25 日为中国农业银行永昌县支行办理证号为永房权证城字第 1101020097 号房屋所有权证。

27. 兰州市中级人民法院（2013）兰民再字第 31 号民事判决：一、撤销甘肃省金昌市中级人民法院（1999）金中经初字第 05 号民事判决。二、永昌县农牧机械总公司于本判决生效之日起十日内支付中国农业银行永昌县支行逾期贷款本金 20000 元。三、永昌县农牧机械总公司于本判决生效之日起十日内支付中国农业银行永昌县支行逾期贷款利息 4850 元。

28. 甘肃省高级人民法院（2014）甘民再终字第 4 号判决书，维持（2013）兰民再字第 31 号民事判决。

29. 金昌市中级人民法院（2016）甘 03 执 11 号执行裁定：中国农业银行股份有限公司永昌支行应在本裁定生效之日起十五日内向永昌县农牧机械总公司返还依据本院（2000）金中执字第 24 -2 号民事裁定所取得的财产。不能返还的，折价抵偿。逾期拒不履行的，将依法强制执行。

30. 甘肃省高级人民法院（2016）甘执他 4 号执行裁定书

申请执行人永昌县农牧机械总公司与被执行人中国农业银行股份有限公司永昌支行借款合同纠纷一案，金昌市中级人民法院于 2016 年 2 月 1 日立案执行，现由兰州市中级人民法院执行。金昌市中级人民法院应在收到本裁定后将有关案件材料移送兰州市中级人民法院。

31. 兰州市中级人民法院（2018 年 4 月 25 日）说明

我院受理农牧公司与农业银行股份有限公司永昌支行一案，执行依据为本院（2016）甘 01 执字 174 号执行裁定书。该案于 2017 年 9 月 12 日恢复立案执行，执行案号为（2017）甘 01 执恢 127 号，案件正在执行中。

第四组　农牧公司与永昌县城市信用社土地抵押纠纷情况

1. 土地使用权转让合同：1997 年 7 月 9 日农牧公司与永昌县城关工商企

业公司签订土地使用权转让合同，约定永昌县城关工商企业公司以30万元的价格出让永昌县城南大街28号3528平方米土地（含地面附着物）的使用权于农牧公司。

2. 流动资金借款合同

农牧公司向永昌县城市信用社贷款30万元，1997年12月4日至1998年6月4日，贷款期限为半年。

3. 1997年12月4日城市信用社借款借据

4. 1997年12月1日借款抵押协议书

农牧公司以永昌县城南大街28号3528平方米土地的使用权为抵押，向永昌县城市信用社借款30万元。

5. 城镇国有土地使用权抵押许可证

准许抵押。国地（1997）押许字第04号、国地（1998）押许字第78号：永昌县农牧机械总公司将县城南大街永国用（1997）字第11010002号土地（面积为3528平方米）抵押给永昌县城市信用社。抵押期限自1997年12月4日至1998年12月4日。

6. 城市信用社借款借据（57号）、流动资金借款合同（甲字97年第57号、58号、55号）

永昌县农牧机械总公司于1997年12月4日向信用合作联社借款30万元。

7. 2003年10月20日永昌县人民法院（2003）永民初字第573号民事判决：一、原告永昌县城区农村信用合作社对永昌县农牧机械总公司3528平方米国有土地使用权享有优先受偿权。二、依法拍卖、变卖永昌县农牧机械总公司3528平方米国有土地使用权所得的价款偿还原告永昌县城区农村信用合作社借款300000元及利息（至2003年6月21日利息为146892元，之后利息按9‰的利率算至还款之日）。抵押物拍卖、变卖后，价款超过债权数额的部分由被告永昌县农牧局保管。

8. 2007年10月20日永昌县人民法院（2007）永执字第400－1号民事裁定书

该院依据已经发生法律效力的（2003）永民初字第573号民事判决书，向被执行人永昌县农牧局发出执行通知书，责令其偿还申请执行人贷款本金300000元及利息284592元（利息算至2007年6月22日），并承担本案诉讼费用26977元，但被执行人至今未履行生效法律文书确定的义务。现申请执行人申请对原担保人永昌县农牧机械总公司抵押的土地使用权优先受偿（原担保人永昌县农牧机械总公司现归属被执行人永昌县农牧局）。依照《中华人民共和国民事诉讼法》第二百二十三条的规定，裁定：查封被执行人永昌县农牧局享有的坐落于永昌县城关镇南大街土地面积为3216.62平方米的土地使用权（土地面积范围由土地使用权证复印件载明）和地上附着物。

9.2008年6月20日永昌县人民法院（2008）永执字第183号民事裁定：依据已经发生法律效力的（2003）永民初字第573号民事判决书，拍卖被执行人永昌县农牧局所属的位于永昌县城关镇南大街中段面积为3216.62平方米的土地使用权和地上附着物，2008年4月18日永昌县农村信用合作联社以2700000元的最高价竞得。依照《中华人民共和国民事诉讼法》第二百二十三条的规定，裁定：一、被执行人永昌县农牧局所属的位于永昌县城关镇南大街中段面积为3216.62平方米的土地使用权和地上附着物归买受人永昌县农村信用合作联社所有。二、买受人永昌县农村信用合作联社应持本裁定书到永昌县土地管理部门和房地产管理部门办理产权过户。

10. 金昌市人民检察院（2011）金检民行抗字第1号民事抗诉书认为，永昌县人民法院（2003）永民初字第573号民事判决，遗漏必须参加诉讼的当事人，导致判决认定事实不清，适用法律错误，判决不当。依据《中华人民共和国民事诉讼法》第一百七十九条第一款第（六）项、第（九）项、第二款、第一百八十七条第一款的规定，向金昌市中级人民法院提出抗诉，请求依法再审。

11. 金昌市中级人民法院（2011）金中民再字第5号民事裁定书

该院认为：原审原告永昌县城区农村信用合作社诉原审被告永昌县农牧局抵押合同纠纷一案，永昌县人民法院于2003年10月20日作出（2003）永民初字第573号民事判决，现已发生法律效力。2011年3月28日，我院收到甘肃省金昌市人民检察院于2011年3月22日作出的（2011）金检民行抗字第1号民事抗诉书，向本院提起抗诉。依照《中华人民共和国民事诉讼法》第一百八十八条、第一百八十五条之规定，裁定：指令永昌县人民法院再审。

12. 永昌县人民法院（2011）永民再字第1号民事判决：一、撤销（2003）永民初字第573号民事判决。二、永昌县农牧机械总公司于判决生效后10日内偿还永昌县农村信用联社城区信用社借款30万元、截至2003年6月21日利息146892元及至全部借款还清之日的利息（按国家规定的信用社利率相关标准计算）。三、永昌县农村信用联社城区信用社对永昌县农牧机械总公司3528平方米的国有土地使用权享有抵押权，在永昌县农牧机械总公司不归还借款本息时可依法实现抵押权优先受偿。

13. 金昌市中级人民法院（2012）金中民二终字第62号民事判决：一、撤销永昌县人民法院（2011）永民再字第1号民事判决。二、维持永昌县人民法院（2003）永民初字第573号民事判决第一项及第二项中“依法拍卖、变卖永昌县农牧机械总公司3528平方米国有土地使用权所得的价款偿还原告永昌县农村信用合作联社城区信用社借款300000元及利息（至2003年6月21日利息为146892元，之后利息按9%的利率计算至还款之日）”的内容。三、变更永昌县人民法院（2003）永民初字第573号民事判决第二项中“抵押物拍卖、变卖后，价款超过债权数额的部分由被告永昌县农牧局保管”的内容为“抵押物拍卖、变卖的价款超过债权的部分归抵押人永昌县农牧机械总公司所有，不足部分由永昌县农牧机械总公司清偿”。

14. 甘肃省高级人民法院（2013）甘民监字第066号民事裁定书

申请再审人永昌县农牧机械总公司因与被申请人永昌县农村信用合作联社城区信用社抵押合同纠纷一案，不服甘肃省金昌市中级人民法院2012年12月25日作出（2012）金中民二终字第62号民事判决，向本院申请再审。本院依法组成合议庭对本案进行了审查，现已审查终结。

该院审查期间，申请再审人永昌县农牧机械总公司、被申请人永昌县农村信用合作联社城区信用社自愿达成调解协议，依照最高人民法院《关于受理审查民事申请再审案件的若干意见》第十四条之规定，裁定：一、本案由本院提审。二、再审期间，中止原判决的执行。

15. 甘肃省高级人民法院（2014）甘民提字第9号民事调解书

在审理期间，经法院主持调解，双方当事人、第三人就借款、抵押合同纠纷和拍卖土地及土地附着物所引起的纠纷或与之相关的纠纷案件，当事人自愿达成如下协议：（1）永昌县农村信用合作联社城区信用社与永昌县农牧机械总公司、永昌县农牧局借款、抵押合同纠纷和拍卖土地及土地附着物所引起的纠纷或与之相关的纠纷案件（不包括永昌县农牧机械总公司与永昌县农村信用合作联社城区信用社委托代建合同纠纷案），永昌县农牧机械总公司均不得以任何形式主张；永昌县农牧机械总公司向检察机关申请撤回对本案抗诉申请。（2）第三人常某撤回要求永昌县农村信用合作联社城区信用社承担因迟延交付拍卖土地的违约责任纠纷案件，并不再以任何形式主张迟延交付拍卖土地的责任。（3）永昌县农村信用合作联社城区信用社因第三人常某交付拍卖土地款所借130万元产生的利息，永昌县农村信用合作联社城区信用社不以任何形式主张，此130万元贷款计息从本案拍卖土地永昌县农村信用合作联社城区信用社实际交付给第三人常某之日起开始计息，并如期还款。（4）除上述案件之外，凡是涉及永昌县农村信用合作联社城区信用社与永昌县农牧机械总公司、永昌县农牧局因本项借款合同、抵押合同、土地拍卖、拍卖土地剩余价款、土地附着物所引起的全部纠纷，永昌县农牧机械总公司、永昌县农村信用合作联社城区信用社、常某申请撤诉，均不得再以任何形式主张。（5）永昌县农村信用合作联社城区信用社支付永昌县农牧机械总公司土地溢价、土地附着物溢价款70万元；第三人常某付永昌县农牧机械总公司土地差价款130万元；拍卖土地剩余价款486190.35元及利息11859.81元，合计2498050.16元，上述款项已交至该院。（6）本调解书签收生效后，永昌县农牧机械总公司即将涉案土地上的房屋清理后按土地评估报告所载范围内的土地和土地附着物移交给常某，涉案土地及土地附着物移交后，永昌县农牧机械总公司从本院领取上述合计2498050.16元款项。（7）一、二审案件受理费20080元，永昌县农牧机械总公司、永昌县农村信用合作联社城区信用社各负担10040元。

16. 收据

甘肃省高级人民法院于2014年3月12日向农牧公司转账2498050.16元。

（2014）甘民提字第9号民事调解书执行手续

17. 永昌县农牧机械总公司因甘肃省高级人民法院（2014）甘民提字第9号民事调解协议全部履行，于2014年3月12日向甘肃省人民检察院申请撤回抗诉、向甘肃省高级人民法院撤回再审申请书。

第五组　农牧公司与甘肃省第九建筑工程公司工程建筑合同纠纷情况

1. 甘肃省高级人民法院（1998）甘民终字第187号民事判决：一、维持甘肃省金昌市中级人民法院（1998）金中民初字第03号民事判决第一、三项，即农牧公司与九建公司在接到判决十五日内依法办理竣工验收手续。逾期，九建公司不申请验收，按合同规定给付延迟交工违约金。农牧公司在接到申请后十日内不组织验收，九建公司的交工责任免除，九建公司返还农牧公司超交的工程款61213.52元。超支款项返还，在判决生效后15日内执行。二、撤销甘肃省金昌市中级人民法院（1998）金中民初字第03号民事判决第二项，即九建公司给付农牧公司迟延交工的违约金15万元。

2. 金昌市中级人民法院（2000）金中执字第010号民事裁定书

1999年8月10日农牧公司申请执行，执行中甘肃省第九建筑工程公司提出对申请人享有到期债权（即工程保修金）185452.78元，要求抵销。金昌市中级人民法院认为，双方互负金钱债务，且均已到清偿期，甘肃省第九建筑工程公司主张债务抵销符合法律规定。遂于2002年4月2日作出（2000）金中执字第010号民事裁定，终结执行（1998）甘民终字第187号民事判决。

3. 金昌市中级人民法院立案、流程管理信息表和送达回证。

第六组　农牧公司与金昌市城建开发公司六角楼买卖、房产登记纠纷情况

1. 建设用地规划许可证（编号93－57）

永昌县城乡建设环境保护局于1993年8月18日准予金昌市城建开发公司办理用于县城南大街六角商业楼建设项目的征用划拨土地手续，用地面积

1600 平方米。

2. 建设工程规划许可证（编号 93－57）

永昌县城乡建设环境保护局于 1993 年 8 月 18 日准予金昌市城建开发公司建设位于县城南大街的六角商业楼，建设规模 796 平方米。

3. 六角楼销售合同

1995 年 7 月 5 日金昌市城建公司将六角楼以 100 万元价格卖给赵守帅，并约定付款方式等权利义务。

4. 房地产买卖契约

1995 年 7 月 7 日，金昌市综合开发公司将面积为 796 平方米的六角楼以 100 万元价格（注：合同载明实际支付 40 万元）卖于赵守帅。

5. 房屋所有权证存根 554 号

位于永昌县城关一街南大街六角楼，面积 796 平方米，产权人为赵守帅。1995 年 7 月 10 日。

6. 永昌县私有房屋所有权登记发证申请书

1995 年 7 月 10 日赵守帅申请取得六角楼房屋的所有权。

7. 办理产权证申请和永字第 506 号《房屋所有权证》

因赵守帅不履行合同且产权证及契约遗失，金昌市城建公司于 1998 年 3 月 1 日登报声明永昌县城关一街六角楼赵守帅办理的永字第（554）号房屋所有权证作废。其与赵守帅已签订解除六角楼销售协议，并向永昌县房管处申请办理产权证。

永字第 506 号《房屋所有权证》

8. 金昌市中级人民法院（2012）金中行初字第 2 号行政判决：确认被告永昌县人民政府给金昌市房地产开发公司对六角楼登记发放永字第 506 号《房屋所有权证》的行为违法。

9. 甘肃省高级人民法院（2013）甘行终字第 37 号行政裁定：赵守帅因诉永昌县人民政府房屋行政登记一案，不服金昌市中级人民法院（2012）金中行初字第 2 号行政判决，向该院提起上诉。该院认为，一审判决认定部分事实不清，遗漏了当事人诉讼请求，依据《最高人民法院关于执行〈中华人民共和国行政诉讼法〉若干问题的解释》第七十一条第一款、《中华人民共和国行政诉讼法》第六十一条第（三）项之规定，裁定：一、撤销金昌市中级人民法院（2012）金中行初宇第 2 号行政判决。二、发回金昌市中级人民法院重审。

10. 甘肃省高级人民法院（2013）甘行辖字第 8 号行政裁定书

赵守帅诉永昌县人民政府、永昌县住房和城乡建设局房屋行政登记一案，金昌市中级人民法院报请本院指定管辖。本院认为，为了排除当事人对案件依法公正审理的疑虑。依照《最高人民法院关于行政案件管辖若干问题的规定》第四条第（二）项、第九条之规定，裁定：本案由兰州市中级人民法院管辖。

11. 甘肃省高级人民法院（2014）甘行终字第38号行政判决：驳回上诉，维持原判（即确认被告永昌县人民政府给金昌市房地产开发公司对六角楼登记发放永字第506号《房屋所有权证》的行为违法）。

12. 永昌县住房和城乡建设局2018年4月27日证明：

目前该房产所有权登记属于中国移动通信公司甘肃有限公司永昌公司。

13. 兰州市中级人民法院（2016）甘01行赔初4号行政赔偿判决书载明

2014年7月赵守帅起诉永昌县人民政府行政赔偿一案，甘肃省高级人民法院指定兰州市中级人民法院管辖，2018年1月19日兰州市中级人民法院作出判决：一、被告永昌县人民政府赔偿原告赵守帅永字第0554号《永昌县房产所有权证》证载房屋面积财产损失市场价值669.36万元。二、驳回原告赵守帅要求永昌县人民政府赔偿房屋租金及利息和装修损失的诉讼请求。

永昌县人民政府已提出上诉，该判决未生效。现该案仍在审理程序中。

第七组　农牧公司与永昌县城市信用社房屋买卖纠纷情况

1. 兰州市中级人民法院（2013）兰民一初字第155号民事判决：被告永昌县农村信用合作联社城区信用社于判决生效后十日内给付原告赵守帅、永昌县农牧机械总公司委托代建房屋工程款583648元。并按照中国人民银行发布的同期同类贷款利率承担利息，利息的起止时间（30万元从1997年5月2日起计算，225283元从1998年10月9日起计算，58365元从2000年10月9日起计算，到被告付款之日止）。

2. 甘肃省高级人民法院（2014）甘民二初字第75号民事判决书：该院经二审审理对兰州市中级人民法院查明的事实予以确认。判决：一、撤销兰州市中级人民法院（2013）兰民一初字第155号民事判决。二、上诉人永昌县农村信用合作联社城区信用社于判决生效后十日内给付上诉人赵守帅、永昌县农牧机械总公司房款2188680元，并按中国人民银行同期贷款利率支付逾期付款利息（从赵守帅起诉之日起算至农村信用社实际履行付款义务之日止）。

3. 最高人民法院（2016）最高法民再350号民事裁定书载明

永昌县农村信用合作社城区信用社对甘肃省高级人民法院（2014）甘民二终字第75号民事判决不服，向最高人民法院申请再审。

最高人民法院经审理认为，原审法院认定案件事实和适用诉讼时效中止的基本事实不清。决定：一、撤销甘肃省高级人民法院（2014）甘民二终字第75号民事判决和兰州市中级人民法院（2013）兰民一初字第155号民事判决。二、本案发回甘肃省兰州市中级人民法院重审。

目前该案尚未做出新的判决。

第八组 其他证据

1. 赵守帅户籍迁移信息

赵守帅，男，身份证号62032119690701××××，2016年3月25日由甘肃省永昌县城关镇×号（城镇）迁入甘肃省兰州市城关区盐场路派出所。

赵守帅户籍证明：赵京丰（曾用名赵守帅），男，汉族，身份证号62032119690701××××，住兰州市城关区滨河东路96号。

2. 新乡监狱档案资料

赵守帅因罪被新乡市中级人民法院判处有期徒刑16年。刑期自1999年1月15日起至2015年1月14日止。

3. 甘肃省武威监狱出具的赵守帅减刑情况

赵守帅于2002年12月25日送河南省新乡监狱服刑，2005年3月14日从金昌市监狱调入本监狱。赵守帅服刑期间共减刑三次：2006年9月26日减刑一年六个月；2008年7月10日减刑一年六个月；2010年1月20日减刑一年六个月。实际执行十一年六个月，于2010年7月4日刑满释放。

4. 获嘉县人民法院（2000）获刑初字第71号刑事判决书

经审理查明，1997年4月6日，被告人宋某富利用自己分管拖拉机厂西北销售市场的职务之便冒用农牧公司和山丹县汽拖综合经销公司的名义，从拖拉机厂取走应由农牧公司所得的批量差款8100元，山丹县汽拖综合经销公司所得的批量差款2400元，共计10500元，占为己有。1997年3月的一天，被告人宋某富利用职务之便，向山丹县汽拖综合经销公司罗某俊索现金20000元，占为己有。

该院认为，被告人宋某富利用职务上的便利，将公司财产占为己有，数额较大，其行为已构成职务侵占罪；利用职务之便向他人索要现金20000元，占为己有，数额较大，其行为已构成商业受贿罪。检察机关指控被告人向农牧总公司索要货款利息14000元，占为己有，证据不足，指控不能成立。依据《中华人民共和国刑法》第十二条、《全国人大常委会关于惩治违反公司法的犯罪的决定》第九条、第十条、1979年《中华人民共和国刑法》第六十四条、第六十七条之规定，判决：一、被告人宋某富犯职务侵占罪，判处有期徒刑一年，犯商业受贿罪，判处有期徒刑一年六个月，数罪并罚，总和刑期二年六个月，决定执行有期徒刑二年，宣告缓刑二年。二、本案赃款30500元予以没收，上交国家财政。

5. 中国农业银行股份有限公司永昌县支行关于农牧公司支付其他企业资金证明和汇票清单。

1996年7月至1997年8月，农牧公司在中国农业银行永昌县支行先后为北汽福田车辆厂股份有限公司、山东寿光市农业机械公司、洛阳一拖、兰州手扶拖拉机等公司办理承兑汇票共计26笔，金额883.5万元。

被告单位及其辩护人、被告人及其辩护人没有提交新的证据。

综上，新乡市人民检察院原指控和原审判决所依据的证据可分为三部分：

第一部分是农牧公司设立开办的内容。证明农牧公司是由永昌县农牧机械管理局出资依法设立的集体企业法人，赵守帅为法定代表人，经理，经营范围含有农牧机械等。

第二部分是农牧公司与拖拉机厂的经济往来情况证据，证明农牧公司与拖拉机厂从合同订立到合同履行情况（1995—1997年）。但新乡市人民检察院和本院原审均认定的是1997年的合同自当年3月开始履行，农牧公司支付货款30万元；新乡市人民检察院指控农牧公司尚欠货款为1325929元、本院原审认定是769943元。

第三部分是农牧公司资信、履约能力的证据。包括：甘肃省永昌县农业机械管理局证明，将办公楼一座出售给赵守帅，至今仍欠我局40万元。甘肃省永昌县农业银行证明，农牧公司存款余额不足7000元，且其1997年在该行共有五笔贷款，欠款为256.2万元，欠利息79.2万元。永昌县城市信用社证明：农牧公司以该公司经营场地及附着物全部作价30万元作抵押，贷款30万元，（累计）至今（案发时）欠该社137.8万元。甘肃省金昌市中级人民法院判决证明，1997年2月16日至5月5日，农牧公司先后五次向农行永昌支行申请办理承兑汇票业务10张，共计金额300万元，汇票到期后，农牧公司只还款8万元。判决：农牧公司偿付原告农行永昌支行借款本金共计292万元，违约金59.96万元，合计351.96万元；农牧公司用其办公楼（1019.64平方米）和19套住宅楼的抵押有效。证明农牧公司无履约能力。

上述证据中没有农牧公司或赵守帅还有其他资产的内容。

据此检察机关和审判机关均认为农牧公司和其法定代表人赵守帅，以非法占有为目的，在签订、履行合同中，骗取货物，数额特别巨大，已构成合同诈骗罪。

本次审理中，第一部分证据增加了农牧公司被认定为个人承包经营企业和营业执照被吊销至今的证据。

第二部分证据没有变化，但对第二部分涉及1995年、1996年的经济往来的证据，本院在予以采信的基础上，综合认定了1996年、1997年的合同履行情况，即两年拖拉机厂供货334台，农牧公司给付货款220万元的基本事实。虽然双方于1999年1月25日组织了对账，庭审中各方对该证据亦无异议，但鉴于双方账目记载不同，且对账记录上没有签字，又未经司法审计，本院对所欠货款具体数额不作认定。但根据发货单、调运票、收到手续及对账记录，可以认定农牧公司所欠债务不超过123.3万余元，大部分货款已经给付。

第三部分证据是后期在农牧公司和赵守帅的申诉、申请下，经过甘肃省永昌县、金昌市、兰州市和甘肃省高级人民法院三级人民法院启动审判监督程序的审理，认定了新的事实，得出了新的结论，足以否定原证据证明被告单位农牧公司、被告人赵守帅无履约能力的效力。本院对新的证据予以采信并分析如下：

本次审理中新乡市人民检察院补充调取的新证据可分为六个部分：

第一部分是农牧公司与农行永昌县支行抵押贷款纠纷的相关证据。

该组证据证明：1997年2月16日至同年5月5日，农行永昌县支行按约为农牧公司办理了300万元的承兑汇票后，于1997年7月4日至1998年12月23日以特殊转账借方传票方式从农牧公司账户上划转298万元，农牧公司尚欠2万元的事实。证明了300万元承兑办理于1997年，抵押设立在1998年和1999年，不能认定抵押系为此而设；同时设定抵押的时间分别为1998年4月21日至1999年4月20日、1998年10月9日至2000年10月9日，在拖拉机厂最后一次履行合同（1997年10月28日）之后，而非合同履行期间；而且设定的抵押，没有证据证明实际发放了贷款。原判决已被撤销，改判农牧公司支付农行永昌县支行剩余贷款本金及利息。农牧公司依据上述改判，申请返还财产，案件在执行中。

原有证据农行永昌县支行对新乡市人民检察院出具的农牧公司尚欠本息330余万元的证明，仅是单方的说明，没有相关借款凭证等予以印证，不能采信。

第二部分是农牧公司与永昌县城市信用社土地抵押纠纷的相关证据。

该组证据证明：农牧公司以永昌县城南大街28号一宗土地使用权作抵押向永昌县城市信用合作社借款30万元，到期后未能归还。抵押设定的时间为1997年12月4日至1998年12月4日，在拖拉机厂最后一次履行合同（1997年10月28日）之后，而非合同履行期间。后经诉讼、判决、执行，该抵押物已归永昌县农村信用合作联社所有的事实。但在原诉讼中农牧公司未参加诉讼，遗漏当事人，抵押物也未经评估而被拍卖，程序违法。经永昌县和金昌市两级人民法院依审判监督程序审理判决：撤销原判，改判依法拍卖、变卖抵押土地的价款归还贷款30万元，超出的归农牧公司所有。后又经甘肃省高级人民法院依审判监督程序进行了提审，审理中各方达成调解协议，并已履行。

原有证据永昌县城市信用社潘某宏出具的农牧公司尚欠本息137余万元的证明，仅是单方的说明，没有相关借款凭证等予以印证，不能采信。

第三部分是农牧公司与甘肃省第九建筑工程公司工程款纠纷的相关证据。

该组证据证明：农牧公司与甘肃省第九建筑工程公司，双方因工程价款产生纠纷，案件经法院审理判决后，认定农牧公司多付给九建公司工程款61213.52元。即农牧公司的债权情况，在执行过程中，因双方互负债务，九建公司主张债务相抵的意见被执行法院采纳，该案终结执行。

第四部分是赵守帅购买房产后登记纠纷的相关证据。

该组证据证明：1995年7月7日，赵守帅从金昌市综合开发公司购得面积为796平方米房产一处，并于1995年7月10日办理了永字第（554）号《房产所有证》。1998年6月，出售方以赵守帅不履行合同且产权证及契约遗失，并解除销售协议为由，为该处房产办理了永字第506号《房屋所有权证》。说明了赵守帅个人拥有房产，永字第506号《房屋所有权证》登记违法的情况。

第五部分是农牧公司与原永昌县城市信用合作社房屋买卖纠纷的相关证据。

该组证据证明：农牧公司将7套共计729.56平方米的住宅卖于原永昌县城市信用合作社，永昌县城市信用合作社是否支付了和应当支付多少价款的房屋买卖纠纷。因涉诉案件已被最高人民法院提审后，对原判决予以撤销，发回重审，新的判决尚未作出的事实。

第六部分是关于赵守帅个人迁移身份现状、服刑经过、农牧公司支付其他企业货款情况以及审判机关的判决等证据。

以上证据经当庭举证、质证、查证属实，证据来源合法，且证据间能相互印证，足以证明所认定的事实。

本院认为：被告单位农牧公司依法定程序设立，在核定的范围内进行经营，被告单位农牧公司及其法定代表人暨被告人赵守帅在与拖拉机厂签订、履行合同中，主体资格真实，意思真实，没有采取诈骗手段；在与拖拉机厂经济往来中给付了大部分货款，且同期向其他企业支付货款达八百余万元，有实际的履约能力；无法认定其在没有实际履行能力的情况下，以先履行小额合同或者部分履行合同，诱骗拖拉机厂继续签订和履行合同；也没有在收到拖拉机厂所供货物或者销售后携款逃匿的行为；农牧公司因资金紧张，虽存在不能按约付款的违约行为，但能向对方说明情况和作出保证；原有证明农牧公司和赵守帅无履约能力，认定公司资产已抵押的判决后已被撤销，新证据证明农行永昌县支行诉农牧公司的贷款，已基本结清；新证据尚能证明案发时其资产可以保证履约，故此，不能认定其具有非法占有的目的，其行为不构成合同诈骗罪。关于原审诉讼程序中存在违反法律规定，可能影响公正判决的问题，原审判决业已被河南省高级人民法院予以撤销，本次审理中对违反程序之处予以纠正，以保证审判的公正性。综上，新乡市人民检察院出庭检察员的意见，本院予以采纳；被告单位农牧公司和其辩护人、被告人赵守帅和其辩护人的辩护理由成立，请求宣告无罪的意见，本院予以采纳。依照《中华人民共和国刑事诉讼法》第一百九十五条第（二）项、第二百二十八条之规定，判决如下：

一、被告单位甘肃省永昌县农牧机械总公司无罪。

二、被告人赵守帅无罪。

如不服本判决，可在接到判决书的第二日起十日内，通过本院或者直接向河南省高级人民法院提出上诉。书面上诉的，应提交上诉状正本一份，副本两份。

审判长　　王　珏
审判员　　李　信
审判员　　吕　亮

二〇一八年七月十二日

书记员　　韦明亮
书记员　　李秋晨

朱能刚故意伤害案

安徽省芜湖市中级人民法院
刑事判决书

（2018）皖 02 刑再 1 号

原公诉机关安徽省繁昌县人民检察院。

原审附带民事诉讼原告人翁某虎，男，1970 年 2 月 21 日出生，汉族，安徽繁昌人，住安徽省繁昌县荻港镇某村，系本案被害人翁某秀之子。

诉讼代理人翁丁，原审附带民事诉讼原告人亲属。

诉讼代理人艾永帅，安徽东帆律师事务所律师。

申诉人（原审被告人）朱伦刚，曾用名朱能刚，男，1947 年 7 月 1 日出生，汉族，安徽繁昌人，小学文化，捕前系安徽省繁昌县荻矿水泥厂厂长，住安徽省繁昌县荻港镇某村。因涉嫌犯故意杀人罪于 1997 年 9 月 12 日被繁昌县公安局刑事拘留，经繁昌县人民检察院批准于同年 10 月 16 日被繁昌县公安局依法执行逮捕。因犯故意伤害罪被安徽省繁昌县人民法院判处有期徒刑十五年，赔偿附带民事诉讼原告人翁某虎家庭经济损失共计人民币一万元整。2008 年 9 月 11 日刑满释放。

辩护人杨伟，安徽宇浩律师事务所律师。

安徽省繁昌县人民检察院指控被告人朱能刚犯故意伤害罪一案，安徽省繁昌县人民法院于 1999 年 3 月 24 日作出（1999）繁刑初字第 9 号刑事附带民事判决，附带民事诉讼原告人翁某虎、被告人朱能刚均不服，分别提出上诉，本院于 1999 年 7 月 8 日作出（1999）芜中刑终字第 74 号刑事附带民事裁定书，驳回上诉，维持原判。裁判生效后，根据朱能刚的申诉，本院对本案复查，经审判委员会讨论决定，于 2018 年 3 月 20 日作出（2017）皖 02 刑申 15 号再审决定，对本案进行再审。本院依法另行组成合议庭，于同年 5 月 16 日公开开庭审理了本案，安徽省芜湖市人民检察院指派副检察长张先明、检察员杨柳出庭履行职务，原审附带民事诉讼原告人自行委托的诉讼代理人翁丁、芜湖市法律援助中心接本院通知指派的诉讼代理人艾永帅、申诉人朱能刚及其辩护人杨伟到庭参加诉讼。本案现已审理终结。

安徽省繁昌县人民法院一审判决认定：1997 年 9 月初，被害人翁某秀将其在外地要回的荻矿水泥厂的货款三万元人民币截留，用作偿还其在荻矿水泥厂的集资款，被告人朱能刚因不同意，为此与翁某秀发生争执、辱骂，被人劝开。同年 9 月 7 日下午 2 时许，被告人朱能刚趁翁某秀单独在办公室之机，对翁实施暴力，致翁颈椎间盘骨折、出血、机械性窒息、颈髓损伤，从而引起外伤性休克，呼吸心跳骤停死亡。

一审法院认为：被告人朱能刚故意伤害他人身体，且造成他人死亡的严重后果，其行为已构成故意伤害罪，被告人朱能刚行为致使被害人翁某秀死亡，给被害人亲属所造成的损失应给予赔偿，判决被告人朱能刚犯故意伤害罪，判处有期徒刑十五年，赔偿附带民事诉讼原告人翁某虎家庭经济损失共计人民币一万元整。

附带民事诉讼原告人翁某虎上诉提出，原判赔偿附带民事诉讼原告人的经济损失数额过少，要求赔偿二十万元。

朱能刚上诉提出，办案机关的取证程序不合法。原判认定上诉人杀害翁某秀的事实不清，证据不足。

本院二审认为：上诉人朱能刚为泄私愤，故意伤害他人身体，造成他人死亡的后果，其行为已构成故意伤害罪，因其犯罪行为给被害人家庭造成的经济损失亦应予赔偿。本案证据虽尚有欠缺之处，但主要证据能证明朱能刚的犯罪事实。至于上诉人翁某虎提出要求朱赔偿经济损失二十万元的上诉理由于法无据，难以采纳。综上，原判认定的主要事实清楚，定性准确，量刑及附带民事判决恰当，审判程序合法。裁定驳回上诉，维持原判。

再审中，朱能刚提出，其没有杀害翁某秀，请求宣告无罪。主要理由为：1. 其不可能因为公事杀害翁某秀，没有作案动机和目的。2. 没有证据证明其到过犯罪现场。3. 其在办案机关所作的有罪供述不真实。

朱能刚的辩护人提出，原审判决、裁定认定朱能刚故意伤害罪事实不清、证据不足，依法应当宣告朱能刚无罪。主要理由为：1. 朱能刚的有罪供述不能作为定案依据，该有罪供述系办案机关超期拘留期间所做，且与在案的现场勘查、法医鉴定不符，作案现场图也不是朱能刚本人所画。2. 原判以朱能刚有作案动机、时间、条件，以及朱第一次接受问话时回避问题，认定朱为凶手的理由不能采信，有作案动机、时间、条件不能证明被告人是凶手。3. 存在另有他人进入过案发现场的情况。

安徽省芜湖市人民检察院出庭检察员意见：1. 被害人翁某秀死亡且系他杀的事实，应依法予以确认，该事实有现场勘查笔录和翁某虎等证人就发现翁某秀遇害所作的证言、尸体检验分析意见书证实。翁某秀尸体检验分析意见书具有客观性、真实性，应作为定案根据，认定翁某秀于1997年9月7日下午2时许被他人杀害。2. 申诉人朱能刚实施犯罪行为的证据不确实充分。第一，申诉人朱能刚的庭前供述存在反复，且在一审庭审中否认实施犯罪行为，《最高人民法院关于适用〈中华人民共和国刑事诉讼法〉的解释》第八十三条第三款规定，被告人庭前供述反复，庭审中不供认，且无其他证据与庭前供述印证的，不得采信。朱能刚在侦查阶段共有22次供述，其中有2次有罪供述，该有罪供述与在案其他证据无法印证，特别是现场勘查记录和法医学尸体检验报告，因此，其庭前供述不具有可采性。第二，现场勘查及提取的痕迹物证，均未发现申诉人朱能刚的生物学痕迹，现场提取到的血迹血型为B型，而翁某秀的血型为B型，朱能刚为A型，现场所提取的指纹经检验，无朱能刚指纹。

原审附带民事诉讼原告人及其代理人意见：朱能刚系本案犯罪行为的实施者，请求法院驳回朱能刚的再审请求主要理由为：1. 朱能刚有作案动机，朱能刚和被害人翁某秀在案发前发生过矛盾，双方积怨较深，经常发生争吵。2. 朱能刚有作案时间和条件，现场系封闭现场，且朱能刚不能合理解释自己的行踪。3. 朱能刚在办案机关侦查期间作了有罪供述，虽然细节上有出入，但其有时间破坏现场。4. 朱能刚有两名亲属在相关部门工作，可以为朱能刚传递消息。

经再审审理查明：1997年9月7日下午，被害人翁某秀上班后失踪，同年9月9日下午3时许，翁某秀被发现死于繁昌县荻港镇荻矿水泥厂三楼自己办公室内，经繁昌县公安局繁公刑技法（97）第046号刑事科学技术鉴定书鉴定，根据尸表征象及胃内容物消化程度，推断翁某秀死亡时间为1997年9月7日午餐后2小时左右；死者翁某秀系暴力作用于颈部，致颈椎间盘骨折、出血，机械性窒息，颈髓损伤，从而引起外伤性休克，呼吸心跳骤停死亡。

上述事实，有繁昌县公安局制作的现场照片、现场勘查笔录、刑事科学技术鉴定书、朱能刚的供述与辩解、证人吴某龙、王某青、赵某喜、郭某秀、刘某凤、徐某云、翁某东、翁甲、翁乙、翁丙、翁丁、朱某成、翁某虎、翁某新、贺某国、孙某明、余某和、李某松、宫某秀证言等证据证实，本院予以确认。

原判认定朱能刚趁翁某秀单独在办公室之机实施伤害行为致被害人死亡的事实，没有确实、充分的证据予以证实。再审综合分析认定如下：

一、朱能刚的有罪供述不能作为定案依据

朱能刚在办案机关共作出了22次供述，自第1次到第11次供述均辩解未杀人，第12、13次两次供述中供述了杀人经过并绘制案发现场图，后从第14至22次供述又均予以翻供，且该两次有罪供述与在案其他证据不能相互印证，主要体现在：

1. 朱能刚关于致死方式的供述与现场勘查、法医鉴定不符

朱能刚供述用被害人桌上的红盖子罐头杯正面砸向被害人头部左边致被害人倒地死亡，而现场勘验及法医鉴定显示被害人右枕部发中头皮上有一个1.5厘米×0.2厘米的挫裂创，且不是致命伤，被害人系死于暴力扼颈，椎间盘骨折、出血，机械性窒息，颈髓损伤，引发外伤性休克，呼吸心跳骤停死亡。朱能刚供述玻璃杯当即碎掉了，现场勘查有玻璃碎片，但没有明确是翁某虎敲碎的门上玻璃碎片还是玻璃杯碎片，现场也未发现罐头杯的红盖子。

2. 朱能刚关于作案细节的供述存在诸多疑点，与现场勘查、痕迹鉴定不符

朱能刚供述砸死被害人后拖进套间，但不能描述套间内摆设；其供述将被害人尸体拖进套间后掰弯了尸体的右腿，现场勘查则显示尸体左腿弯曲；其供述作案后用白毛巾擦去地上血迹，并将白毛巾放在藤椅底下，但现场勘查中，在藤椅下并未提取到白毛巾；其供述作案后将被害人BP机摘下，却无法说明BP机去向，且痕迹鉴定显示，BP机上仅有被害人指纹，没有朱能刚的指纹；其供述用拖把拖地，但没有交代拖把的来源与去向，现场勘查未发现拖把。

3. 作案现场图不能确定系朱能刚本人所画

朱能刚一审庭审中即辩称在卷现场图并非其本人绘制。该现场图中没有朱能刚的签名及手印，且现场图显示尸体左腿弯曲，与现场勘查一致，但与朱能刚供述不一致，该图从形式上及内容上均存在瑕疵，是否为朱能刚所画确实存在疑问。

根据《最高人民法院关于适用〈中华人民共和国刑事诉讼法〉的解释》第八十三条第三款规定，被告人庭前供述和辩解存在反复，庭审中不供认，且无其他证据与庭前供述印证的，不得采信其庭前供述。综上，朱能刚及其辩护人提出朱能刚的有罪供述不具有真实性，不能作为定案依据的意见；检察机关提出朱能刚供述反复，有罪供述与在案其他证据不符，不能采信的意见，于法有据，本院予以采纳。原审附带民事诉讼原告人及其代理人提出，虽然朱能刚的有罪供述在细节上与客观证据有出入，但朱有破坏现场可能的意见没有证据支撑，本院不予采纳。

二、没有证据证明朱能刚到过犯罪现场

1. 犯罪现场尚未发现朱能刚的生物学痕迹

办案机关现场勘验提取相关物品及血迹有：茶具柜上罐头玻璃杯一个、白

色瓷痰盂一个、BP 机一个、黄色血毛巾一条。地面各部位血迹若干、毛毯一条、书橱柜内电热毯袋一个。

经办案机关对翁某秀血痕检材、黄色血毛巾、茶柜东面壁上点状血迹、茶柜边地面血迹、痰盂外侧点状血迹、尸体右侧地面可疑血迹，尸体右前方片状干枯血痂、朱能刚血痕检材、翁丁血痕检材进行血型检测，证实朱能刚为 A 型血，翁丁为 AB 型血，地面干枯血痂为 AB 型血，翁某秀为 B 型血，其他检材均有人血反应，血型为 B 型。后办案机关将现场提取的血痂转移纱布、翁某秀血痕黄色血毛巾、朱能刚血痕纱布、翁丁秀血痕纱布送公安部进行 DNA 检测，结论为现场转移纱布血不是朱能刚及翁丁所留，不排除系翁某秀所留。经办案机关提取 BP 机上一枚指纹，与翁某秀指纹进行比对，证实 BP 机上指纹为翁某秀所留。

2. 相关证人证言不能证明朱能刚到过犯罪现场

法医鉴定认为，被害人翁某秀死亡时间为 1997 年 9 月 7 日午餐后两小时左右，被害人 2 点左右到单位上班，结合证人陈述听到楼上痰盂响的时间，判断被害人死亡时间为 2 点至 2 点 30 分左右，朱能刚辩称该时段一直在自己办公室，办案机关在侦查阶段搜集了大量的证人证言，证人程某某称案发时段在朱能刚办公室未见到人，其他多名证人证实朱能刚在案发当天的活动情况，但没有一名证人目击朱能刚在案发时段进入翁某秀办公室。

综上，没有直接证据证实朱能刚进入翁某秀遇害现场，实施了致翁某秀死亡的犯罪行为，对朱能刚提出的没有证据证实其到过案发现场，辩护人认为有作案动机、时间、条件不代表朱能刚是凶手的意见；检察机关认为尚无客观证据证实朱能刚进入翁某秀通害现场的意见，本院予以采纳。原审附带民事原告人及其代理人以朱能刚有作案动机及时间认定其为凶手的意见，依据不足，本院不予采纳。

综合上述两点，原判以朱能刚与被害人案发前几天因集资款发生争吵，且朱能刚在第一次接受问话中隐瞒自己案发当天下午直接去厂部上班的事实，厂部三楼左侧只有朱能刚与被害人办公室，系封闭现场，认定朱能刚具有作案动机、时间、条件；以朱能刚的有罪供述与在案其他证据相互印证，认定朱能刚作案，不具有排他性、唯一性，不能认定为证据确实、充分。

另外，关于原审附带民事诉讼原告人及其代理人提出造成本案证据不充分的原因是朱能刚的两名亲属可以为其传递消息，因无确实证据，本院不予采信。

本院再审认为：原判据以认定朱能刚犯故意伤害罪的证据没有形成完整链条，既没有达到证据确实、充分的法定证明标准，也没有达到基本事实清楚、基本证据确凿的定罪要求，根据1997年《中华人民共和国刑事诉讼法》的相关规定，原判事实不清，证据不足，不能认定朱能刚有罪。对朱能刚关于自己无罪的申诉理由，辩护人要求宣告朱能刚无罪的辩护意见，检察机关认为朱能刚实施犯罪行为证据不确实充分的意见，本院予以采纳。原审附带民事诉讼原告人及其代理人关于朱能刚系凶手的意见，本院不予采纳。原审附带民事诉讼原告人翁某虎提出的附带民事诉讼请求缺乏事实依据，本院不予支持。经本院审判委员会讨论决定，依照《中华人民共和国刑事诉讼法》第二百四十五条、第二百二十五条第一款第（三）项、《最高人民法院关于适用〈中华人民共和国刑事诉讼法〉的解释》第三百八十四条第一、二款、第三百八十九条第二款、第一百六十三条及《中华人民共和国民事诉讼法》第一百七十条第一款第（二）项之规定，判决如下：

一、撤销本院（1999）芜中刑终字第74号刑事附带民事裁定和安徽省繁昌县人民法院（1999）繁刑初字第9号刑事附带民事判决；

二、申诉人（原审被告人）朱能刚无罪；

三、驳回原审附带民事诉讼原告人翁某虎的诉讼请求。

本判决为终审判决。

审 判 长　　李强国

审 判 员　　张承荣

审 判 员　　江　权

二〇一八年六月二十六日

法官助理　　江　群

书 记 员　　王文娟

李锦莲投毒案

江西省高级人民法院
刑事判决书

（2018）赣刑再2号

原公诉机关江西省人民检察院吉安分院。

原审被告人李锦莲，男，汉族，1950年6月3日出生于江西省遂川县，小学文化，农民，捕前住江西省遂川县横岭乡某村×号。1998年10月10日被监视居住，同年12月15日被刑事拘留，同年12月22日被逮捕。现在江西省南昌监狱服刑。

辩护人易延友，北京市中闻律师事务所律师。

辩护人刘长，北京市中闻律师事务所律师。

江西省人民检察院吉安分院指控被告人李锦莲犯故意杀人罪一案，吉安地区中级人民法院于1999年7月6日作出（1999）吉地法刑二初字第10号刑事判决，本院于2000年5月23日作出（1999）赣刑二终字第36号刑事裁定。裁定发生法律效力后，李锦莲提出申诉。本院于2011年2月24日作出（2008）赣立刑监字第20号再审决定书，依法另行组成合议庭对本案进行再审，并于2011年11月10日作出（2011）赣刑再终字第2号刑事裁定。李锦莲不服，向最高人民法院申诉。最高人民法院于2017年7月9日作出（2017）最高法刑申371号再审决定书，指令本院对李锦莲故意杀人案进行再审。本院依法另行组成合议庭，于2018年5月18日公开开庭审理了本案。江西省人民检察院检察员张诗美、徐红平出庭履行职务，原审被告人李锦莲及其辩护人易延友、刘长到庭参加诉讼。本案现已审理终结。

吉安地区中级人民法院一审判决认定，李锦莲与同村的肖某香有多年的两性关系，1994年两人的奸情被肖某香丈夫的弟弟李某统发现。1998年3月，肖某香提出与李锦莲断绝两性关系，李锦莲对此不满。1998年9月26日李锦莲的母猪和狗被人毒死，李锦莲怀疑是李某统所为。1998年9月27日，李锦莲在遂川县城罗某咏的店里买了4包“速杀神”鼠药，10月6日又在遂川县城买了10粒桂花奶糖。10月9日上午李锦莲在家拿出1包“速杀神”鼠药，用火柴杆将鼠药挑入4粒桂花奶糖中，将奶糖重新包装好后放进一个塑料袋中带在身上，接着带其儿子李某（7岁）去盘珠乡某村的陈某法家做客。当天下午4点多钟，李锦莲与其儿子李某从某村返回，约6点钟到达本村大屋场三岔路口，该三岔路口离肖某香家不远，李锦莲以解小便之名，要其儿子李某在路口旁等待，李锦莲则朝肖某香家方向走去，乘机把装有4粒毒糖的塑料袋放在肖某香家附近的石壁上（此处只通肖某香家）。不久，肖某香的两个儿子李某林（11岁）、李某红（10岁）捡食4粒糖，食后均中毒身亡。认定上述事实的主要依据是：证人罗某咏证明1998年9月27日李锦莲在本店购买了“速杀神”鼠药；证人袁某仔证明1998年10月9日下午案发前在本村大屋场三岔路口听见李锦莲对其儿子李某讲“去解小便”后，朝肖某香家方向走去；证人张某凤、刘某江、李某纶证明案发前约20分钟李锦莲经过案发现场；经江西省公安厅技术鉴定，送检的从李锦莲家查获的“速杀神”鼠药系毒鼠强，从案发现场获取的3张桂花奶糖包装纸上检出毒鼠强成分，被害人李某林、李某红系毒鼠强中毒死亡；李锦莲的儿子李某证实1998年10月9日下午从某村做客回古塘经过本村大屋场三岔路口时，李锦莲说“去解小便”离开过。李锦莲在公安机关侦查阶段就本案事实前后共有11次有罪供述，其中还有其本人自书的犯罪情况交代。李锦莲被宣布逮捕后全部翻供，称所供犯罪事实是公安机关办案人员逼供的结果。针对李锦莲所述情况，公诉人传遂川县公安局主办此案的侦查人员康唐生到庭作证，康证明，在审讯过程中没有刑讯逼供行为，其中李锦莲所述装奶糖的红色塑料袋口子的打结方法与现场获取物证即红色塑料袋的打结方法一致；李锦莲在庭审中承认康唐生没有对其刑讯逼供。此外，李锦莲在关押期间与同监人犯郭某平等人交谈时亦承认了起诉书所指控的犯罪事实。据此，一审法院认为，李锦莲的行为已构成故意杀人罪，且犯罪情节和后果特别严重。依照《中华人民共和国刑法》第二百三十二条、第四十八条第一款、第五十七条第一款的规定，以故意杀人罪判处李锦莲死刑，缓期二年执行，剥夺政治权利终身。

一审宣判后，李锦莲提出上诉称，其根本没有作案，也没有作案时间，其有罪供述是刑讯逼供、屈打成招的结果。

本院二审裁定认定的事实与一审判决认定的事实一致。本院二审认为，李锦莲目无国法，因不满肖某香提出断绝两性关系，以及怀疑肖某香的小叔子李某统毒死其家的牲畜，竟投放毒糖杀死肖某香的两个儿子李某红、李某林，其行为已构成了故意杀人罪，且后果特别严重，依法应予惩处。原审判决认定事实、适用法律正确，量刑适当，审判程序合法。依照《中华人民共和国刑事诉讼法》第一百八十九条第（一）项和《最高人民法院关于执行〈中华人民共和国刑事诉讼法〉若干问题的解释》第二百五十七条第一款的规定，裁定驳回上诉，维持原判。

本院（2011）赣刑再终字第2号刑事裁定认定的事实与一审判决、二审裁定认定的事实一致。本院（2011）赣刑再终字第2号刑事裁定认为，李锦莲因不满肖某香提出断绝两性关系，怀疑肖某香的小叔子李某统毒死其家的牲畜，投放毒糖杀死肖某香的两个儿子李某红、李某林，其行为已构成故意杀人罪，且后果特别严重，依法应予惩处，原判决、裁定认定事实和适用法律正确，量刑适当，裁定维持二审裁定和一审判决。

本院再审中，原审被告人李锦莲及其辩护人提出，李锦莲是无罪的，人民法院应当改判并宣告李锦莲无罪。主要理由是：1. 本案有充分的证据证明李锦莲没有作案时间。刘某湖、肖某香、卜某香的证言表明被害人捡糖、吃糖的时间应在下午5点半之前，李某柏的证言证明李锦莲路过案发现场的时间是下午6点左右。而且，李某华、卜某香的证言，可以证明被害人捡糖、吃糖时，李锦莲还在回村的路上；李某梁、刘某江的证言，可以证明肖某香和被害人回家在先，李锦莲回古塘在后；张某凤、刘某江的证言，可以证明肖某香到家后面的菜地摘菜、在家煮饭时，李锦莲才刚到村里；刘某湖、李某思的证言，可以证明被害人在碾米厂处吃糖在先，李锦莲经过碾米厂回家在后。因此，根据以上四组证人证言，李锦莲不可能有作案时间。2. 虽有个别证人证言证明李某莲似乎有作案时间，但这些证言均不如肖某香、李某柏、张某凤等人的证言准确、可靠。袁某仔、朱某香的证言均有前后矛盾之处，不足为信。3. 本案李锦莲遭受严酷刑讯逼供、疲劳审讯、非法拘禁，其供述依法应予以排除。4. 排除被告人供述之后，证明李锦莲实施了犯罪行为的证据远未达到法定证明标准。本案相关物证火柴杆、鼠药、桂花奶糖、红色塑料袋均无来源和去向，作案过程除李锦莲供述之外无任何直接证据和客观证据印证，属于关键事实不清、证据严重不足。一是没有证据证明李锦莲有投毒杀人的动机。肖某香在接受公安机关询问时明确表示其与李锦莲断绝关系后李锦莲并没有表示愤怒、怨恨，也没有任何威胁言语，没有任何证据表明李锦莲对肖某香怀恨在心。二是没有客观证据证明李锦莲有投毒条件。现场虽然收集到桂花奶糖糖纸，但该糖纸来源不明，不能证明系李锦莲所有，或者曾经李锦莲之手。鼠药的来源虽有证人罗某咏的证言，称李锦莲在其店买了“速杀神”鼠药，侦查人员也在李锦莲家搜查出了四种鼠药，但并无证据证明毒死小孩的鼠药与李锦莲家中的鼠药具有同一性。三是没有证据证明李锦莲实施了投毒行为。除了李锦莲自己的供述之外，对于李锦莲投掷毒糖这一事实，本案没有任何具有指向性的客观证据加以证实，也没有具有指向性的证人证言，根本得不出李锦莲实施了投毒行为的结论。5. 原审将狱侦耳目郭某平的证言作为定案依据存在重大瑕疵，郭某平的证言不能采信。6. 本案可能纯属意外，或存在“真凶另有其人”的情况。本案是否存在需要追诉的刑事犯罪，没有查清，不能排除是意外事件。在案证据也显示奶糖的来源可能另有他处，不排除另有真凶的可能性。

江西省人民检察院认为，原审裁判认定李锦莲构成故意杀人罪的证据不确实、不充分，建议法院坚持证据裁判和疑罪从无原则，对李锦莲依法改判无罪。主要理由是：1. 本案没有任何指向李锦莲作案的客观性证据和技术性证据。一是在案的客观性证据、技术性证据不能直接指向李锦莲作案。公安机关提取的桂花奶糖糖纸、红色塑料袋和李锦莲家的鼠药，以及公安机关作出的相关技术鉴定书等客观性、技术性证据，结合肖某香等人证言，只能证明被害人李某红、李某林系捡食含有毒鼠强成分鼠药的桂花奶糖中毒死亡，不能指向李某红、李某林中毒死亡的后果系李锦莲投毒所致。二是原审裁判采信的部分客观性证据、技术性证据与原审裁判认定事实存在一定矛盾。公安机关先后两次从李锦莲家提取到“速杀神”鼠药，第一次提取了 4 包，其中 1 包是打开的，第二次提取了 1 包。但公安机关未指明鉴定的“速杀神”鼠药是哪一次提取的，也未指明鉴定的是 4 包中已经打开的那一包还是其他 3 包。因此，公安机关对“速杀神”鼠药的鉴定不能证明原审裁判认定的事实，即从李锦莲家提取的 4 包“速杀神”鼠药中打开的那一包鼠药含有毒鼠强成分。2. 李锦莲有罪供述极不稳定，有罪供述的关键情节无其他证据印证。原审被告人李锦莲经矛盾排查被确定为犯罪嫌疑人，到案后经历了长期不供、供述后又翻供的过程，有罪供述缺乏稳定性。李锦莲供述犯罪所用桂花奶糖来源和去向不清。李锦莲供述的购买 10 粒桂花奶糖的事实未得到杂货店店主的印证。李锦莲供述剩余 6 粒桂花奶糖的去向与李某的陈述存在矛盾，该矛盾原审裁判并未排除。李锦莲在家制作毒糖和在肖某香家小路石壁处投放毒糖的情节得不到其他证据印证。关于制作毒糖的过程，仅有李锦莲供述，所用火柴杆未查获。3. 公安机关办案方式和办案程序存在不当之处。侦查人员在侦查初期依据犯罪动机，在没有确切证据的情况下通过矛盾排查方式确定李锦莲为重点犯罪嫌疑人，未完全排除他人作案的可能性；在监视居住期间将李锦莲主要控制在盘珠派出所、公安局刑警大队，不符合公安机关办理刑事案件程序规定。本案虽有一些证据表明李锦莲有作案动机、作案时间和作案嫌疑，但本案的客观性、技术性证据不能直接指向和锁定李锦莲，李锦莲供述实施犯罪的关键情节无其他证据印证，在案的其他证据也未形成证据锁链证明李锦莲实施了犯罪行为，不能仅凭李锦莲的有罪供述认定李锦莲实施了犯罪。

本院再审查明，遂川县横岭乡某村某组村民李锦莲与同组村民肖某香有多年的不正当男女关系，1994 年两人的奸情被肖某香丈夫的弟弟李某统发现，后肖某香向李锦莲提出断绝不正当男女关系。1998 年 9 月 26 日，李锦莲家的母猪被毒死。1998 年 9 月 27 日，李锦莲在遂川县城向罗某咏购买了 4 包“速杀神”鼠药。1998 年 10 月 9 日，李锦莲带儿子李某到某村陈某法家做客，下午返回时经过了古塘组大屋场三岔路口。同日下午，肖某香的两个儿子李某林、李某红在家附近捡食了含有毒鼠强的桂花奶糖后中毒死亡。

上述事实有肖某香、李某统、罗某咏、陈某法、张某凤、李某纶、李某绸等证人证言，以及罗某咏出具的购买鼠药收据、江西省公安厅刑事科学技术研究所作出的化验鉴定书、遂川县公安局速公刑技法字（1998）第 36 号刑事科学技术鉴定书、遂川县公安局提取 3 张桂花奶糖糖纸和 1 个红色塑料薄膜食品袋的提取清单等证据证实。

原审认定，1998 年 10 月 9 日，李锦莲将事先买好的老鼠药拌入 4 粒桂花奶糖，装入红色塑料袋，并于当日下午从某村做客回来经过大屋场三岔路口时，投放到肖某香家附近小路的石壁处，致使肖某香的两个儿子李某林，李某红捡食桂花奶糖后中毒死亡。本院认为，原审这一认定除李锦莲的有罪供述外，不能得到在案其他证据印证，本院不予确认。具体评判如下：

一、犯罪工具桂花奶糖的来源不明、去向不能确定。根据李锦莲的供述，其用于投毒的桂花奶糖是在遂川县城一家杂货店购买，在购买桂花奶糖的同时，还购买了白糖和面条。但该杂货店的店主谢某玲、龙某生夫妻二人在接受公安机关询问时，谢某玲称只能确定李锦莲在其店里购买了白糖和面条，对于是否购买了桂花奶糖，不能确定；龙某生称李锦莲在其店里只购买了白糖和面条，并没有买其他东西，因此，对于犯罪工具桂花奶糖来源于何处，未能得到相关证人证言的证实。关于桂花奶糖的去向，根据李锦莲的供述，其在杂货店总共购买了 10 粒桂花奶糖，除 4 粒用于投毒外，其余 6 粒在 1998 年农历八月十七（公历 10 月 7 日）上午分两次给其儿子李某吃了，是先给 2 粒，后又给 4 粒。而李某在接受公安机关询问时，对于是否吃糖以及吃糖的数量，则存在不同的描述，其中 1998 年 10 月 14 日称其不吃糖；1998 年 12 月 8 日称分两次吃了 10 粒，一次 5 粒；1998 年 12 月 10 日则称李锦莲拿了两次糖给他吃，一次 4 粒，还有一次记不得了。可见，李锦莲的供述与李某的陈述，不能互相印证。因此，根据在案证据，不能确定桂花奶糖的去向。

二、制作有毒桂花奶糖的过程无证据印证。对于如何将老鼠药拌在桂花奶糖上，李锦莲供述称，其剪开老鼠药后，将桂花奶糖糖纸剥开，用火柴杆将老鼠药挑到桂花奶糖上，后将火柴杆丢到厅下门角垃圾堆里。因李锦莲供述用于制作有毒桂花奶糖的火柴杆并未查获，在李锦莲家提取的剪刀未进行任何技术鉴定，所以，李锦莲制作有毒桂花奶糖的过程无法得到在案证据印证。

三、相关证人证言不能印证李锦莲实施了投毒行为。证人袁某仔的证言仅能证明其在案发前听到李锦莲对李某讲去小便，然后朝通往肖某香家小路上走，而对于李锦莲具体进了哪个厕所，其并没有看见，也没有看见李锦莲还做了其他什么事。证人李某对于李锦莲在回家路上是否在本村大屋场三岔路口停留过，存在相反的陈述，起初几次均称没有停留，最后一次称走到大屋场时，李锦莲讲去解小便，朝厕所方向走去，但其看不到去了哪个厕所。证人张某凤的证言仅能证明其在听到肖某香呼喊救命前，在李某冲家门口碰到李锦莲挎着吊篮带着李某从古塘口方向往上走。证人刘某江的证言仅能证明其在肖某香呼救前，在碾米厂处迎面碰到李锦莲带李某走来。证人李某纶的证言仅能证明看到李锦莲和李某回家后，大约 20 多分钟听到大屋场哇哇响。上述证人证言，仅能证明案发前李锦莲路过了某村某组大屋场三岔路口，或至多仅能证明李锦莲在经过大屋场三岔路口时讲要小便，朝肖某香家方向走去，不能证明案发当天李锦莲到肖某香家附近的石壁处实施了投毒行为。因此，李锦莲是否到过肖某香家附近的石壁处，是否在石壁处实施了投毒行为，在案并无直接证据印证。

四、两被害人死亡是否因李锦莲家的鼠药所致缺乏证据证明。在案的江西省公安厅刑事科学技术研究所化验鉴定书、江西省遂川县公安局刑事科学技术鉴定书、江西省吉安地区公安局刑事科学技术鉴定书，可以证明送检的从李锦莲家查获的“速杀神”鼠药中检出毒鼠强成分，案发后提取的桂花奶糖糖纸上检出毒鼠强成分，被害人李某林、李某红系毒鼠强中毒死亡。但上述证据不足以证明毒死两被害人李某林、李某红的毒鼠强来源于李锦莲家的“速杀神”鼠药。

五、包装桂花奶糖的糖纸、塑料袋未提取到李锦莲的指纹等生物样本。根据李锦莲供述的制作毒糖、投放毒糖过程，李锦莲在家将桂花奶糖的糖纸包装拆开，在奶糖上拌好鼠药再将糖纸包好放入红色塑料袋，然后将装有毒糖的红色塑料袋放在衣服口袋内，随身携带去其内兄陈某法家做客，在返回某村某组路经大屋场三岔路口时，将红色塑料袋放在肖某香家附近的石壁处。据此，李锦莲与包装桂花奶糖的糖纸、装毒糖的红色塑料袋，应有过多次接触。但并无在案证据证明在桂花奶糖糖纸、红色塑料袋上提取到了李锦莲的指纹等生物样本，李锦莲与毒糖糖纸、红色塑料袋是否有过接触，无法得到证实。

本院认为，虽然原审依据李锦莲的供述、相关证人证言、物证、技术鉴定等证据，认定李锦莲有作案动机、作案时间、作案条件，并实施了犯罪行为，但是李锦莲供述实施犯罪的关键情节缺乏证据印证，在案证据未形成完整证据锁链证明李锦莲实施了犯罪行为。原审据以定案的证据没有达到确实、充分的法定证明标准，原审认定李锦莲犯故意杀人罪的事实不清、证据不足。根据1996年《中华人民共和国刑事诉讼法》第一百六十二条第（三）项规定，按照疑罪从无的原则，不能认定李锦莲有罪。对原审被告人李锦莲及其辩护人、江西省人民检察院提出的应当改判李锦莲无罪的意见，本院予以采纳。依照《中华人民共和国刑事诉讼法》第二百四十五条第一款、第二百二十五条第一款第（三）项及《最高人民法院关于适用〈中华人民共和国刑事诉讼法〉的解释》第三百八十九条第二款之规定，经本院审判委员会讨论决定，判决如下：

一、撤销江西省高级人民法院（2011）赣刑再终字第2号刑事裁定、（1999）赣刑二终字第36号刑事裁定和吉安地区中级人民法院（1999）吉地法刑二初字第10号刑事判决。

二、原审被告人李锦莲无罪。

本判决为终审判决。

审判长　　田甘霖
审判员　　熊静燕
审判员　　李振峰

二〇一八年六月一日

书记员　　刘　鹏

刘忠林故意杀人案

吉林省高级人民法院
刑事判决书

（2012）吉刑再字第9号

原公诉机关吉林省辽源市人民检察院。

原审被告人刘忠林，男，1968年12月出生于吉林省东辽县，汉族，农民，户籍地东辽县凌云乡某村×组。因本案于1990年10月30日被收容审查，同年11月8日被逮捕。1994年7月11日被辽源市中级人民法院以故意杀人罪判处死刑，缓期二年执行，剥夺政治权利终身。现已刑满释放。

辩护人张宇鹏，北京市尚权律师事务所律师。

辩护人修保，吉林保民律师事务所律师。

吉林省辽源市人民检察院指控被告人刘忠林犯故意杀人罪一案，辽源市中级人民法院于1994年7月11日作出（1994）辽刑初字第18号刑事判决，以故意杀人罪判处刘忠林死刑，缓期二年执行，剥夺政治权利终身。宣判后，在法定期限内没有上诉、抗诉。辽源市中级人民法院依法报请本院核准。本院于1995年8月8日作出（1995）吉刑核字第52号刑事裁定，核准辽源市中级人民法院（1994）辽刑初字第18号以故意杀人罪判处刘忠林死刑，缓期二年执行，剥夺政治权利终身的刑事判决。2010年初，刘忠林向本院提出申诉。经本院审判委员会研究，于2012年3月28日作出（2011）吉刑监字第108号再审决定，对本案进行再审。本院依法另行组成合议庭，于2016年4月25日不公开开庭审理了本案。吉林省人民检察院指派检察员许海峰、王单依法出庭履行职务。刘忠林及其辩护人到庭参加诉讼。现已审理终结。

辽源市中级人民法院一审判决认定：1989年春，被告人刘忠林与本组女青年郑某某"处对象"，当刘得知郑怀孕后，动员郑做人工流产，郑不同意，刘便产生杀人之念。同年8月8日晚，刘忠林得知郑某某去其兄家取被子时，便隐藏在途中将郑堵住，仍要求郑将胎儿做掉，郑不答应，刘遂将郑威逼至本组农民揣某厚家菜地处，用石头砸郑的头、腹部，后回家取来铁锹，将郑就地掩埋。郑某某系因头部遭钝器打击后掩埋致重度颅脑损伤和机械性窒息而死亡。

认定上述事实的证据，有证人周某兰、王某有、常某祥、郑某林、江某英等的证言，尸体鉴定结论，现场勘查笔录以及被告人刘忠林的有罪供述等。

一审判决认为，被告人刘忠林故意杀人，手段残忍，后果严重，其行为已构成故意杀人罪，应予严惩。但鉴于本案具体情节，可予从轻判处。遂根据相关法律规定，作出前述（1994）辽刑初字第18号刑事判决。

本院复核裁定认定的事实与一审判决基本一致。

认定证据除一审判决采信的证据外，还有证人林某有的证言。

复核裁定认为，被告人刘忠林唯恐丑事败露而生杀人歹念，用石头砸被害人头部，致人死亡，其行为已构成故意杀人罪。本应依法严惩，但鉴于本案的具体情节，予以从轻判处。原审判决定罪准确，量刑适当。审判程序合法。遂根据相关法律规定，作出前述（1995）吉刑核字第52号刑事裁定。

再审中，原审被告人刘忠林提出，其有罪供述系遭受刑讯逼供而作出的；原审没有为其指定辩护人程序违法；认定其杀人证据不足。

辩护人提出，刘忠林在侦查期间曾遭受刑讯逼供，其有罪供述应当依法予以排除；本案达不到排除合理怀疑的定罪标准，属事实不清，证据不足。应改判刘忠林无罪。

出庭检察员认为，现有证据证实刘忠林与郑某某有交往；限于当时的侦查技术水平，证据多为言词证据，证言之间存在着部分不一致的地方；被害人尸骨现无法找到，不能进一步做DNA鉴定；未指定辩护人没有违反当年的法律规定。建议法院对本案的事实和证据进行综合研判，依法作出判决。

经再审查明：1989年8月9日晚，吉林省东辽县凌云乡某村×组村民郑某某去其兄家取被子后失踪，家人经寻找未果。1990年10月28日上午，东辽县凌云乡某村×组村民在修河时挖出一具掩埋女尸，经郑某某家人辨认，确认死者为郑某某。经法医尸检鉴定，死因系重度颅脑损伤、机械性窒息，推断作案工具为钝器类。胎儿尸骨孕龄为20至21周。

经审查，原判认定系原审被告人刘忠林杀死被害人郑某某的事实不清，证据不足。理由如下：

一、原判认定案件事实的主要证据是刘忠林的有罪供述，但其有罪供述不能作为定案依据

1. 刘忠林的供述不稳定。经查，刘忠林在侦查阶段共有16次供述，有10

次承认犯罪，6次不承认犯罪，时供时翻。在审查起诉和审判阶段均否认杀害了郑某某。

2. 刘忠林对一些重要情节的有罪供述前后矛盾。如关于作案动机有怕名誉不好听、因郑不同意打掉孩子怕其家人找他麻烦、因认识了别的对象不想和郑处了三种供述，关于如何得知郑已怀孕有带郑到乡医院检查时大夫说的和郑主动跟他说的两种供述，关于在道上堵郑的情节有蒙面将郑用塑料绳捆绑并用自行车带走和将郑拽走两种供述，关于作案时间有1989年8月8日当晚和第三天两种供述，关于作案地点有邱家沟采石场、揣某厚家地头、其自己家三种供述，关于作案工具有石头和木棒两种供述，关于作案前后是否和郑发生性关系有没心思发生性关系和将郑杀死后发生了性关系两种供述，等等。

二、除刘忠林有罪供述外无其他证据指向刘忠林作案

1. 证人周某兰证言证实郑某某失踪情况，证人刘某全、刘某国等证言证实发现尸体情况，证人郑某臣证言证实经其辨认被害人系其妹妹郑某某，以及尸体鉴定结论、现场勘查笔录等证据，均不能证实刘忠林与郑某某被害存在关联。

2. 证人江某英、孙某霞证言，证实郑某某经常去刘忠林家听录音机；证人揣某厚证言，证实看见刘忠林与郑某某在河边唠嗑。但上述证言只能证实刘忠林与郑某某在案发前有过密切接触，不能证实刘忠林将郑某某杀害。

三、原判认定的被害人死亡时间、作案工具均无证据支持

1. 关于被害人死亡时间。证人周某兰、郑某臣、郑某春证言，证实1989年农历七月初八晚上郑某某失踪，对应公历日期为1989年8月9日。故郑某某失踪日期应为1989年8月9日。刘忠林供述的作案时间有1989年8月8日当晚和第三天两种。因尸体被发现已经时隔一年之久，本案无其他证据证实被害人死亡时间，故原判认定1989年8月8日晚被害人遇害，证据不足。

2. 关于作案工具。刘忠林供述的作案工具有两种，即石头和木棒，尸体鉴定结论推断作案工具为钝器，而原判据此将石头认定为作案工具缺乏证据支持。

综上，原判认定原审被告人刘忠林杀死被害人郑某某的事实不具有唯一性和排他性，刘忠林的有罪供述不稳定、不一致，本案缺乏指向刘忠林作案的关键性证据，再审不予认定。对于刘忠林提出“认定其杀人证据不足”的意见，以及辩护人提出“本案达不到排除合理怀疑的定罪标准，属事实不清，证据不足”的辩护意见，本院予以采纳。

关于公安机关是否存在刑讯逼供问题。刘忠林及其辩护人提出有罪供述系遭受刑讯逼供而作出的，并提供了刘忠林手指病变和右足拇指被截肢照片。经

调取刘忠林劳改医院病历，入院记录记载刘忠林缘于六年前被碰伤右足拇指，因右足拇指肿胀、疼痛六年而入院，入院时间为2005年9月14日。据此推断，刘忠林右足拇指病症应开始于1999年，但其在1995年已被本院核准死缓。其手指甲病变系灰指甲症状，现有证据不能证明患病的具体时间及原因。本案没有证据证实公安机关存在刑讯逼供行为。故对刘忠林及其辩护人提出曾遭受刑讯逼供的意见，本院不予采纳。

关于原审是否存在程序违法的问题。刘忠林提出原审没有为其指定辩护人程序违法。经查，原审于1994年对本案作出判决，应当适用1979年《中华人民共和国刑事诉讼法》。该法第二十七条规定："公诉人出庭公诉的案件，被告人没有委托辩护人的，人民法院可以为他指定辩护人。被告人是聋、哑或者未成年人而没有委托辩护人的，人民法院应当为他指定辩护人。"刘忠林不是聋、哑或未成年人，不属于应当指定辩护人情形。原审没有为刘忠林指定辩护人并不违反当时的法律规定。故对刘忠林提出原审程序违法的意见，本院不予采纳。

本院认为，原判认定原审被告人刘忠林杀死被害人郑某某的事实不清，证据不足，原公诉机关指控的犯罪不能成立，依法应予纠正。刘忠林及其辩护人提出应改判刘忠林无罪的意见成立，本院予以采纳。经本院审判委员会讨论决定，依照《中华人民共和国刑事诉讼法》第二百四十五条、第二百二十五条第一款第（三）项和《最高人民法院关于适用〈中华人民共和国刑事诉讼法〉的解释》第三百八十九条第二款之规定，判决如下：

一、撤销吉林省高级人民法院（1995）吉刑核字第52号刑事裁定和辽源市中级人民法院（1994）辽刑初字第18号刑事判决；

二、原审被告人刘忠林无罪。

本判决为终审判决。

审　判　长　　苏明伟
审　判　员　　薄海燕
代理审判员　　孙振伟

二〇一八年四月十二日

书　记　员　　于　玥

王凯诈骗案

河南省郑州市管城回族区人民法院
刑事判决书

（2017）豫0104刑再2号

抗诉机关河南省郑州市人民检察院。

原审公诉机关河南省巩义市人民检察院。

原审被告人王凯（曾用名王鲁佳），男，1969年5月25日出生，身份号码41010519690525××××，汉族，高中毕业，无业，住河南省郑州市金水区某路×号院。因犯奸淫幼女罪于1984年3月30日被郑州市金水区人民法院判处有期徒刑二年；因犯冒充国家工作人员招摇撞骗罪于1987年6月12日被郑州市铁路运输法院判处有期徒刑四年；因犯诈骗罪于1997年5月22日被郑州市中原区人民法院判处有期徒刑四年，2000年12月25日刑满释放。因涉嫌犯诈骗罪于2007年7月18日被河南省巩义市公安局刑事拘留，同年8月24日被逮捕，因犯诈骗罪于2008年4月28日被河南省巩义市人民法院判处有期徒刑十三年，剥夺政治权利二年，并处罚金20000元。现在河南省焦南监狱服刑。

辩护人岳世斌，河南丁卯律师事务所律师。

辩护人周冉，河南扬善律师事务所律师。

原审公诉机关河南省巩义市人民检察院指控原审被告人王凯犯诈骗罪一案，河南省巩义市人民法院于2008年4月28日作出（2008）巩刑初字第203号刑事判决。该判决发生法律效力后，郑州市人民检察院于2016年12月20日作出郑检刑申抗（2016）1号刑事抗诉书，向郑州市中级人民法院提出抗诉。郑州市中级人民法院作出（2017）豫01刑抗2号再审决定书，指令本院对本案进行再审。本院依法组成合议庭，公开开庭审理了本案。郑州市管城回族区人民检察院检察员燕国俊、陈琦出庭履行职务。被告人王凯、辩护人岳世斌及被害人刘某培到庭参加诉讼。本案现已审理终结。

原审公诉机关指控：2006 年 7 月 23 日，被告人王凯以帮助巩义市北山口镇北山口村刘某培购车为名，收取刘某培人民币 22 万元，向刘提供一辆帕萨特轿车，并谎称该车有合法手续。后刘某培发现该车手续不全，要求退车，被告人王凯予以拒绝，但提出可以更换一辆奥迪车，并承诺有合法手续。随后，被告人王凯又收取刘某培 23 万元现金，加上前期所付帕萨特车款，王凯收取刘某培现金 45 万元，被告人王凯在购得奥迪车后既未把奥迪车交付刘某培，又不退款，在刘某培多次联系时又以种种借口不与见面。45 万元赃款至今未退还。被告人王凯的行为已构成诈骗罪，提请依法判处。

针对上述指控，原审公诉机关提供证据如下：

1. 被告人王凯向公安机关供认犯罪事实的讯问笔录；

2. 被害人刘某培的陈述；

3. 证人刘某、甄某杰、袁某宾、白某琴的证言；

4. 巩义市公安局扣押物品清单及其他书证材料。

原审被告人王凯在原审开庭审理期间未辩解，亦未对证据发表质证意见。

原审法院认定的事实和证据同原审公诉机关起诉指控。

原审法院认为：被告人王凯以非法占有为目的，隐瞒事实真相、虚构事实，骗取他人财物，数额特别巨大，其行为已构成诈骗罪。公诉机关指控的犯罪事实和罪名成立，予以支持。并判决：一、被告人王凯犯诈骗罪，判处有期徒刑十三年，剥夺政治权利二年，并处罚金人民币二万元。二、被告人王凯于判决生效后十日内退赔被害人刘某培经济损失四十五万元。三、随卷移交假警官证三套、假车辆行驶证二张、假机动车行驶证二套予以没收。

抗诉机关河南省郑州市人民检察院提出的抗诉意见：

（一）原审认定事实不清、证据不足。具体理由是：

1. 原审对涉案两辆轿车去向均未查明，两车手续是否齐备无充分证据证明，难以证明王凯实施虚构事实、隐瞒真相的欺诈行为。

2. 刘某培支付的承兑汇票 20 万元由谁支取未予查明，不足以认定王凯对此具有非法占有目的。

3. 2006 年 12 月 19 日，刘某培以王凯买卖车辆合同违约为由向郑州市金水区人民法院提起民事诉讼，要求王凯返还购车款 45 万元及利息。该院受理案件后两次开庭，王凯均参与诉讼。2007 年 3 月 20 日双方达成庭外和解，期限为两个月。2007 年 4 月 5 日刘某培向巩义市公安局报案之时，正在该民事诉讼和解期限内，不存在王凯拒不见面的情节。

（二）原审程序违法。案件不存在附带民事诉讼，原审以附带民事诉讼为由延长审限二个月的程序违法。

综上，原审巩义市人民法院（2008）巩刑初字第203号刑事判决以诈骗罪对被告人王凯定罪量刑，认定事实错误、审判程序违法，故依法提起抗诉，提请判处王凯无罪。

被告人王凯辩称：其系基于亲戚关系帮被害人买车，没有诈骗的动机，也没有从中受益，双方产生纠纷后其亦积极配合协商，其行为不构成诈骗罪。

辩护人对抗诉机关的抗诉意见无异议，并认为王凯与刘某培之间系买卖合同关系，王凯的行为不构成诈骗罪。

被害人刘某培认为：被告人王凯的行为构成诈骗罪，应当依法追究其刑事责任。

本院再审审理查明：2006年7月23日，王凯通过郑州市益源汽车修理有限公司（以下简称益源公司）刘某帮助河南省巩义市北山口镇北山口村刘某培（曾用名张某培）购买帕萨特轿车一辆，刘某指派其员工甄某杰（别名甄某杰）送车收款。当天，甄某杰开车与王凯一起到巩义市刘某培处，刘某培验车后支付车款22万元（其中现金2万元，10万元银行承兑汇票2份），甄某杰以刘某的名义代签了购车协议书和收款条。数日后，刘某培要求退车，并与王凯协商由王凯帮其换购一辆奥迪轿车，刘某培将帕萨特轿车交给王凯。10月22日，王凯提供一辆奥迪轿车让刘某培查看后，二人签订购车协议书，约定车款为42万元，王凯办理车辆手续后于2006年11月30日前将车交付刘某培。当日，刘某培付给王凯车款20万元及手续费和“人情费”3万元。后王凯未将约定车辆交给刘某培，12月19日刘某培以王凯违约为由向郑州市金水区人民法院（以下简称金水法院）提起民事诉讼，要求判令王凯返还购车款42万元和办牌费用3万元。王凯应诉后，先后于2007年2月27日、3月9日、3月13日到该院应诉并参加庭审。诉讼期间王凯辩称，其非帕萨特轿车卖方，仅系帮助刘某培退车，帕萨特轿车并非用于直接冲抵奥迪车款22万元，并以刘某培违约、未付清奥迪车款为由，不同意返还刘某培45万元。3月19日，刘某培以王凯等人诈骗其45万元为由到巩义市公安局报案。次日，刘某培向金水法院申请庭外调解2个月，王凯到庭表示同意。7月5日，刘某培以该案涉嫌刑事犯罪为由撤回民事诉讼。7月17日晚，王凯到广州市入住三元里云浮酒店后被民警抓获。至王凯被抓获时，其未向刘某培交付奥迪车，也未将帕萨特车和另收的奥迪车款及手续费等23万元退还给刘某培。

上述事实，有下列证据为证：

1. 抗诉机关讯问王凯笔录及其当庭供述，王凯供认其于2006年7月经手以22万元（现金2万元、10万元汇票2张）卖给刘某培帕萨特轿车一辆，后刘某培提出退车，其收回帕萨特轿车后承诺帮刘某培换购奥迪轿车；同年10月，刘某培查验其所开奥迪车后同意以42万元价格购买并另交给其车款20万元和好处费、手续费3万元，至案发时，其未将奥迪车交付，也未将帕萨特车和以给刘某培换购奥迪车为由另收车款、好处费等23万元退还。

2. 刘某培陈述，证明其让王凯帮助买车，王凯与甄某杰一起交付给其帕萨特轿车，其支付车款22万元（现金2万元、10万元汇票2张）。数日后其将帕萨特车退给王凯，由王凯帮助换购奥迪轿车，后其对王凯所开奥迪车查看并商定车价款为42万元，其另付给王凯车款和手续费、好处费共23万元，但王凯未向其交付奥迪车，也未退回帕萨特车和另收的奥迪车款及手续费，并有证人白某琴（刘某培之妻）相应证言为证。

3. 证人刘某的证言，证明其安排甄某杰与王凯向刘某培交付帕萨特车的事实。

4. 证人甄某杰的证言，证明其受刘某指派与王凯一起到刘某培处送车收款，刘某培当时支付帕萨特车款22万元，其中现金2万元、10万元汇票2张。

5. 甄某杰以刘某名义与刘某培所签买卖帕萨特车的购车协议书及22万元车款的收条，经甄某杰辨认系其本人所签。

6. 金水法院（2007）金民一初字第991号民事案件（刘某培诉王凯一般买卖合同纠纷）卷宗材料，证明刘某培以王凯违约为由提起民事诉讼，要求王凯返还购车款42万元和办牌费用3万元，以及王凯到庭参加诉讼情况和法院审理经过。

以上证据，经再审开庭出示、质证，应予认定。

此外，本案再审过程中，王凯提出原审中巩义市公安局对他的第三次至第八次讯问笔录、刘某培陈述、证人刘某、甄某杰、袁某宾、白某琴的证言均系非法证据，申请予以排除。为此，本院召集检察人员、被告人、辩护人举行庭前会议听取意见。抗诉机关认为原审公安机关对王凯的讯问笔录属于非法证据，不再将王凯上述供述作为证据在再审庭审中出示使用。王凯认为原审中的证人证言和被害人陈述不能相互印证，无法排除合理怀疑，要求作为非法证据予以排除。本院认为王凯是对证据证明力的否定，不属于非法证据的排除范畴。

本院认为：依照法律规定，人民法院对被告人的行为作出有罪认定，应当事实清楚，证据确实、充分，对于定罪事实应当综合全案证据排除合理怀疑。鉴于抗诉机关主张原审中公安机关对被告人的讯问笔录属于非法证据，在再审时不再作为认定事实的证据出示，并将金水法院（2007）金民一字第991号

（刘某培诉王凯一般买卖合同纠纷）民事卷宗作为新证据提交，该卷宗包括刘某所在单位益源公司证明两份、王凯在刘某培报案前后多次到金水法院参加民事诉讼、刘某培在庭审中陈述称帕萨特车款22万元交给甄某杰的庭审笔录等材料，本案中认定案件事实的证据发生变化。综合原审证据及抗诉机关提供的新证据，现认定王凯占有帕萨特轿车款22万元以及所购奥迪车来源、交易情况及两车去向的事实不清，证据之间相互冲突。具体表现在：

1. 王凯始终供称现金和汇票共计22万元全部交给了甄某杰，而甄某杰称王凯拿走的证言与其系受刘某指派送车取款的事实及其所签收到条不符，刘某培及其妻白某勤称钱和汇票系交给王凯的陈述和证言与刘某培在金水法院民事诉讼庭审时称系交给甄某杰的陈述不符，刘某曾证明甄某杰将取回的汇票交给了自己，后又予以否认，刘某证言前后矛盾。

2. 王凯供称帕萨特轿车系向刘某所购，刘某培退车后其交还刘某用于抵押购买奥迪车，刘某未向其退还22万元车款；刘某证言曾称两辆车均系其一姓陈的客户直接与王凯协商交易和退换车辆，后在其通知公安机关传唤袁某宾作证之后，又以记忆失误为由称王凯系和姓袁的客户直接协商两车交易和退换，刘某证言前后不一，并与其同王凯所签买卖奥迪轿车协议及刘某所在单位益源公司出具的、证明帕萨特车抵押在刘某处或其公司的材料不符。

3. 证人刘某的员工甄某杰在刘某指认的证人袁某宾作证以后，证明帕萨特轿车系袁某宾所卖，与刘某指派其送车收款及其代刘某所签车辆买卖协议书相冲突。

4. 证人袁某宾证明其将自己的帕萨特轿车卖给王凯，王凯退车后由其联系陈某卖给王凯奥迪轿车一辆，其将所收帕萨特车款付给陈某冲抵王凯购买的部分奥迪车款，但袁某宾未提供其系帕萨特车主的凭证及交易资料，其证明的帕萨特轿车转让价与其他材料不符，奥迪轿车交易价格与实际价值相差巨大，其自称与陈某系朋友却提供不出陈某的联系方式和下落，且其证言同刘某与王凯所签奥迪车买卖协议及刘某所在单位益源公司出具的涉案两车均系该公司所卖的材料不符，袁某宾证言不足以作为两车交易、退换的认定依据。

5. 王凯供述称帕萨特车和奥迪车均交给刘某并被刘某卖掉，证人刘某予以否认，也无其他证据证实两车处置情况和下落。

6. 原审认定王凯在购得奥迪车后既未把车辆交付刘某培，又不退款，在刘某培多次联系时又以种种借口不与见面。而抗诉机关提供新的证据金水法院民事卷宗材料证明，刘某培报案系在该院审理其与王凯合同纠纷一案期间，刘某培报案前后王凯多次到法院参加诉讼。

综上，综合全案证据，现认定起诉书指控王凯实施诈骗犯罪的证据没有形成完整证据链条，没有达到证据确实、充分的法定证明标准。本案事实不清、证据不足，不能认定王凯有罪。根据《中华人民共和国刑事诉讼法》的相关规定，应当作出证据不足，指控的犯罪不能成立的无罪判决。对被告人及其辩护人、抗诉机关提出的应当改判王凯无罪的意见，本院予以采纳。关于抗诉机关提出原审审判程序违法的问题，经查原审延长审理期限理由不当，但并不影响对案件事实认定和裁决结果。关于原审判决第三项没收随卷移交假警官证、假车辆行驶证、假机动车行驶证的问题，鉴于本案中并未指控和认定与上述物品相关的犯罪事实，原审在判决中予以处置不当，应予撤销。依照《中华人民共和国刑事诉讼法》第一百九十五条第（三）项、第二百四十五条，《最高人民法院关于适用〈中华人民共和国刑事诉讼法〉的解释》第三百八十四条第二款、第三百八十九条第二款之规定，并经审判委员会研究决定，判决如下：

一、撤销河南省巩义市人民法院（2008）巩刑初字第203号刑事判决。

二、被告人王凯无罪。

如不服本判决，可在接到判决书的第二日起十日内，通过本院或者直接向河南省郑州市中级人民法院提出上诉，书面上诉的，应当提交上诉状正本一份，副本二份。

审判长　　李　晖
审判员　　高保亮
审判员　　陈志强

二〇一八年一月二十五日

书记员　　贺佩佩

周继坤等人故意杀人案

安徽省高级人民法院
刑事附带民事判决书

（2017）皖刑再1号

原公诉机关安徽省阜阳市人民检察院。

原审附带民事诉讼原告人刘某英，女，1963年8月21日出生，汉族，农民，住安徽省涡阳县新兴镇某村。

诉讼代理人冯涛，安徽志同律师事务所律师。

原审被告人周继坤，乳名建设，男，1967年8月10日出生，汉族，农民，住安徽省涡阳县新兴镇某村。因犯诈骗罪于1990年8月被涡阳县人民法院判处有期徒刑二年，缓刑三年。因本案于1997年3月17日被刑事拘留，同年4月23日被逮捕。2000年10月8日被判处死刑，缓期二年执行，剥夺政治权利终身。现已刑满释放。

辩护人尹袁，安徽众城高昕律师事务所律师。

辩护人朱明勇，北京京门律师事务所律师。

原审被告人周家华，又名周加华，乳名洪亮，男，1967年9月5日出生，汉族，农民，住安徽省涡阳县新兴镇某村。因本案于1997年3月17日被刑事拘留，同年4月23日被逮捕。2000年10月8日被判处死刑，缓期二年执行，剥夺政治权利终身。现已刑满释放。

辩护人雷延平，安徽众城高昕律师事务所律师。

辩护人程洋，安徽众城高昕律师事务所律师。

原审被告人周在春，乳名赵高，男，1973年10月7日出生，汉族，农民，住安徽省涡阳县新兴镇某村。因本案于1997年3月23日被刑事拘留，同年4月23日被逮捕。2000年10月8日被判处无期徒刑，剥夺政治权利终身。现已刑满释放。

辩护人刘静洁，安徽众城高昕律师事务所律师。

辩护人王加礼，安徽众城高昕律师事务所律师。

原审被告人周正国，乳名大超，男，1966年7月30日出生，汉族，农民，住安徽省涡阳县新兴镇某村。因本案于1997年3月23日被刑事拘留，同年4月23日被逮捕。2000年10月8日被判处有期徒刑十五年。现已刑满释放。

辩护人胡安扬，安徽众城高昕律师事务所律师。

辩护人唐卫国，安徽众城高昕律师事务所律师。

原审被告人周在化，乳名大建，男，1966年6月15日出生，汉族，农民，住安徽省涡阳县新兴镇某村。因本案于1997年3月18日被刑事拘留，同年4月23日被逮捕。2000年10月8日被判处有期徒刑十五年。现已刑满释放。

辩护人孙潮群，安徽众城高昕律师事务所律师。

辩护人孙绪，安徽众城高昕律师事务所律师。

安徽省阜阳市人民检察院指控原审被告人周继坤、周家华、周在春、周正国、周在化犯故意杀人罪，原审附带民事诉讼原告人周某顶提起附带民事诉讼一案，阜阳市中级人民法院于1999年3月29日作出（1998）阜中刑初字第164号刑事附带民事判决，认定周继坤、周家华、周在春、周正国、周在化犯故意杀人罪，判处周继坤、周家华死刑，剥夺政治权利终身，各赔偿附带民事诉讼原告人经济损失10000元；判处周在春无期徒刑，剥夺政治权利终身，赔偿附带民事诉讼原告人经济损失7000元；判处周正国、周在化有期徒刑十五年，各赔偿附带民事诉讼原告人经济损失5000元。宣判后，原审被告人周继坤、周家华、周在春、周正国、周在化及附带民事诉讼原告人刘某英均不服，分别提出上诉。本院于1999年7月6日作出（1999）皖刑终字第305号刑事裁定，以原判认定事实不清，证据不足为由，撤销原判，发回重审。阜阳市中级人民法院于2000年2月23日作出（1999）阜中刑初字第153号刑事附带民事判决，以故意杀人罪判处周继坤、周家华死刑，缓期二年执行，剥夺政治权利终身，其他判决内容与前次相同。宣判后，原审被告人周继坤、周家华、周在春、周正国、周在化及原审附带民事诉讼原告人刘某英均不服，分别提出上诉。阜阳市人民检察院提出抗诉。2000年8月4日，安徽省人民检察院认为阜阳市人民检察院抗诉不当，向本院提出撤回抗诉。本院于2000年9月14日作出（2000）皖刑终字第252号刑事裁定，准许撤回抗诉。本院于2000年10月8日作出（2000）皖刑终字第252号刑事附带民事裁定，驳回上诉，维持原判并核准对周继坤、周家华判处死刑，缓期二年执行，剥夺政治权利终身的判决部分。裁判生效后，原审被告人周继坤、周家华、周在春、周正国、周在化不服，向本院提出申诉。本院于2016年10月24日，经审判委员会讨论决定，作出（2014）皖刑监字第00063号再审决定书，决定对本案进行再审。本院依法另行组成合议庭，于2017年8月2日至8月3日公开开庭审理了本案。安徽省人民检察院指派检察员吕明、检察官助理李庆松出庭履行职务。原审被告人周继坤及其辩护人尹袁、朱明勇，原审被告人周家华及其辩护人雷延平、程洋，原审被告人周在春及其辩护人刘静洁、王加礼，原审被告人周正国及其辩护人胡安扬、唐卫国，原审被告人周在化及其辩护人孙潮群、孙绪，原审附带民事诉讼原告人刘某英及其诉讼代理人冯涛到庭参加诉讼。本案现已审理终结。

阜阳市中级人民法院（1999）阜中刑初字第153号刑事附带民事判决查明：1994年12月，被告人周家华因超生被人举报，受到撤销行政村青年书记的处分。周家华怀疑是本村周某顶举报，便对周某顶怀恨在心，产生报复念头。1996年8月25日晚，被告人周家华、周在春、周正国、周在化聚集在周继坤家喝酒。席间，周家华、周正国等人发泄对周某顶不满的言辞，周继坤提出“摆治摆治”周某顶，并分别准备了斧头、菜刀等凶器。夜12时许，周继坤、周家华、周在春、周正国、周在化分别携带菜刀、斧头等凶器去周某顶家。周家华持斧头、周正国持菜刀、周在化持尖刀分别对睡在屋外的周某顶、周妻刘某英、周的小儿周丙华头面部砍划，致三人当场昏迷。周继坤、周在春持刀闯入东屋，周继坤对周某顶的大女儿周甲华头部连砍数刀，周在春对周某顶的二女儿周乙华头部砍一刀，接着周家华持斧头闯入东屋又对周甲华、周乙华头部各砍一斧。后五被告人逃离现场。周甲华当场死亡，周某顶、刘某英、周乙华三人重伤，周丙华轻伤。被害人周某顶等人经医院治疗，花费医疗费、护理费、误工费、交通费及周甲华丧葬费等计27000余元。

认定上述事实的证据：1. 被害人周某顶、刘某英、周乙华等人关于案发当夜被砍伤的陈述及公安机关作的现场勘查笔录与拍照、伤者伤情鉴定书、死者死亡鉴定书。以上证据证明被害人一家五人系在当夜被他人持刀、斧类凶器所致死伤。2. 证人周某证明案发当夜其在周继坤家看见五被告人在一起喝酒，周继坤提出“摆治摆治”周某顶，并看见周家华等人拿有斧头、菜刀等凶器。证人周某慧证明当夜其在屋后路旁睡觉时被响声惊醒，抬头看见周继坤、周家华、周正国、周在化四人从其屋山东头往南去，一会听见周某顶家“哎哟”的叫声。证人周某、周某慧的证言，证实了五被告人案发当夜聚集在一起喝酒计议报复被害人周某顶的事实。3. 被告人周继坤、周家华、周在春、周正国、周在化被关押后，对持械报复杀害周某顶一家人的犯罪事实，均作过多次供述，各被告人供词中有关被害人周某顶一家各人睡觉的位置、方向等情况及其他重要情节，能与被害人陈述、现场勘查笔录及法医鉴定结论基本吻合，并能相互印证。

阜阳市中级人民法院（1999）阜中刑初字第153号刑事附带民事判决认为：被告人周继坤、周家华为报复他人而纠集被告人周在春、周正国、周在化持械杀人，造成一人死亡，三人重伤，一人轻伤的严重后果，公诉机关指控五被告人的犯罪事实成立，其行为均已构成故意杀人罪，均应依法惩处。被告人周继坤、周家华在共同犯罪中起主要作用，系本案主犯，依法应从重处罚。被告人周在春、周正国、周在化在共同犯罪中起次要作用，系从犯，依法应当比照主犯从轻处罚。由于各被告人的犯罪行为给被害人所造成的经济损失，依法应予赔偿。依照1979年《中华人民共和国刑法》第一百三十二条、第四十六条、第五十三条、第二十二条、第二十三条、第二十四条、第三十一条及《中华人民共和国民法通则》第一百一十九条之规定，判决：被告人周继坤、周家华犯故意杀人罪，各判处死刑，缓期二年执行，剥夺政治权利终身，各赔偿附带民事诉讼原告人刘某英经济损失10000元；被告人周在春犯故意杀人罪，判处无期徒刑，剥夺政治权利终身，赔偿附带民事诉讼原告人刘某英经济损失7000元；被告人周正国、周在化犯故意杀人罪，各判处有期徒刑十五年，各赔偿附带民事诉讼原告人刘某英经济损失5000元。（刑期均自本判决执行之日起计算，执行前先行羁押一日折抵刑期一日，即周正国的刑期自1997年3月23日起至2012年3月22日止。周在化的刑期自1997年3月18日起至2012年3月17日止。）

宣判后，周继坤、周家华、周在春、周正国、周在化提出上诉，均称曾作过的有罪供述是受到公安人员刑讯逼供、诱供所致，均否认案发当晚曾聚集在一起饮酒，请求宣告无罪。各被告人的二审辩护人均提出被告人无罪的辩护意见。原审附带民事诉讼原告人刘某英上诉要求增加民事赔偿数额，其诉讼代理人提出要求维持一审判决的意见。

本院（2000）皖刑终字第252号刑事附带民事裁定查明：原判认定的被告人周继坤、周家华、周在春、周正国、周在化于1996年8月25日夜报复杀害周某顶家五人的犯罪事实有下列证据证实：五被告人关于犯罪动机的供述能够相互印证，且有证人证言、书证在卷证实；五被告人关于案发当晚在周继坤家聚集饮酒的供述，得到了多名证人证言的证实；被告人周继坤供述其酒后提议去摆治周某顶的供述，得到了周家华、周在春、周正国、周在化供述的印证，且有证人证言在卷证实；被告人周继坤归案后作过8次有罪供述，另自书供词一份，交代周家华、周正国、周在化砍睡在屋外的三人，其进东屋砍了周甲华头部几刀，周在春砍了周乙华，后周家华也进屋砍了周甲华的犯罪事实；被告人周家华归案后作过1次有罪供述，交代了其先和周正国、周在化砍屋外的三人，后又持斧进屋砍了周甲华、周乙华的犯罪事实；被告人周在春归案后作过11次有罪供述，交代了周家华、周在化、周正国砍屋外的三人，其和周继坤进东屋，周继坤拿刀朝周甲华头上砍，其向周乙华头上砍一刀，后见周家华又持斧进东屋的犯罪事实；被告人周正国归案后作过10次有罪供述，交代了其和周家华、周在化砍屋外的三人，周继坤、周在春到东屋去砍周某顶两个女儿，后见周家华朝东屋跑的犯罪事实；被告人周在化归案后作过8次有罪供述，另自书供述材料1份，交代了其和周正国等在屋外砍人，又见周继坤、周家华朝东屋去的犯罪事实；五被告人对主要犯罪事实的供述与被害人陈述、证人证言、现场勘查笔录及法医鉴定基本一致。依据上列证据基本能够认定周继坤、周家华、周在春、周正国、周在化实施了故意杀人的犯罪事实。

对周继坤、周家华、周在春、周正国、周在化上诉提出的所作有罪供述均是受公安人员严刑逼供、诱供所致的理由，经查：公安机关、检察机关以及部分办案人员已出具材料证明在办案过程中没有对犯罪嫌疑人、证人逼供诱供的现象。太和、利辛、蒙城、涡阳等县看守所均已出具材料证明，五犯罪嫌疑人在各看守所关押期间，入所出所均对其进行身体检查，未发现外伤。另对周继坤等五人提出的案发当晚未聚集饮酒的上诉理由，经查：五上诉人归案后，对当晚聚集饮酒一节均作过供述，且有多名证人证言在卷证实。因此，五上诉人的上诉理由均不能成立。对各上诉人的二审辩护人提出的无罪辩护意见亦不予采纳。对附带民事诉讼原告人刘某英提出的增加赔偿的上诉请求，经查，原审根据有证据证实的被害人遭受经济损失情况依法作出的附带民事判决允当，故对刘某英的上诉请求不予支持。对刘某英的诉讼代理人要求维持一审判决的意见予以采纳。

本院（2000）皖刑终字第252号刑事附带民事裁定认为：上诉人周继坤、周家华伙同上诉人周在春、周正国、周在化为报复而持械杀人，造成一人死亡、三人重伤、一人轻伤的严重后果，其行为均已构成故意杀人罪，依法应予严惩。在共同犯罪中，周继坤、周家华起主要作用，系主犯，依法应从重处罚；周在春、周正国、周在化系从犯，依法应比照主犯从轻处罚。原审判决认定的基本事实清楚，定罪准确，量刑和附带民事赔偿适当，审判程序合法。裁定：驳回上诉，维持原判。

再审中，原审被告人周继坤、周家华、周在春、周正国、周在化均提出未实施故意杀人行为，所作的有罪供述系侦查机关通过刑讯逼供等非法手段获取，请求宣告无罪。五原审被告人的辩护人提出：本案没有证实五原审被告人作案的客观性证据；五原审被告人的有罪供述系通过刑讯逼供等非法手段获取，供述的许多情节前后矛盾，且供述相互之间存在矛盾，不能作为定案依据；证人证言前后反复；被害人周春华的陈述前后矛盾，且与原审被告人供述存在矛盾。原裁判认定周继坤、周家华、周在春、周正国、周在化故意杀人的事实不清、证据不足，应当依法宣告无罪。

出庭检察员意见为：本案既有指向五原审被告人作案的有罪证据，又有否认其五人作案的证人证言、无罪辩解等无罪证据，建议法庭全面客观梳理本案的有罪证据和无罪证据，依法作出客观公正的判决。

原审附带民事诉讼原告人刘某英及其诉讼代理人的意见为：原裁判认定事实清楚，证据充分，适用法律正确，应予维持。

经再审查明：1996 年 8 月 25 日晚，涡阳县新兴镇某村村民周某顶的女儿周甲华在家中被害死亡，周某顶及妻子刘某英、女儿周乙华被害受重伤，儿子周丙华被害受轻伤。上述事实，有被害人周某顶、刘某英、周丙华、周乙华陈述、现场勘查笔录、鉴定意见等证据证实，本院予以确认。

原裁判认定 1996 年 8 月 25 日晚，原审被告人周继坤、周家华、周在春、周正国、周在化共同到周某顶家实施故意杀人行为并致周甲华死亡，周某顶、刘某英、周乙华重伤，周丙华轻伤。本院认为，这一认定事实不清、证据不足，不予确认。具体评判如下：

一、本案没有证明故意杀人犯罪行为系周继坤等五原审被告人实施的客观性证据

本案侦查阶段，公安人员没有在案发现场提取血迹、指纹、足迹等与犯罪事实有关的痕迹物证；根据周家华、周在春、周正国、周在化的供述，公安机关从其家中搜出部分衣服送公安部检验，结论为送检衣服均未检出人血；根据周继坤、周家华、周在春、周正国等人关于将作案凶器及杀人血衣扔在附近河塘、机井等多个地点的供述，公安机关先后组织多次打捞及数次搜查，均未打捞、搜查到与本案有关的物证。综上，本案没有指向周继坤等五原审被告人作案，将周继坤等五原审被告人与案发现场之间建立直接联系的任何客观性证据。

二、原裁判据以定案的主要证据即周继坤等五原审被告人的有罪供述依法不能作为定案根据

原审被告人的有罪供述不稳定。在侦查阶段，周家华仅作过一次有罪供述，其他数次讯问笔录中均否认犯罪，周继坤也曾在讯问笔录中否认犯罪。在检察机关审查起诉阶段和原一、二审历次审理阶段，周继坤等五人均否认犯罪。综观周继坤等五原审被告人的有罪供述，在作案工具类型、作案工具来源、作案行走路线、具体加害对象等重要情节上，不仅各自供述前后矛盾，各

原审被告人供述之间存在矛盾，不能相互印证，而且供述内容与鉴定意见等证据所反映的情况不符。如周继坤既供述过自己的作案工具是菜刀，又供述过作案工具是杀猪刀；周继坤曾供称周正国持匕首、周在化持菜刀作案，后又供称周正国持菜刀，周在化持斧头作案；周家华供称自己作案用的斧头是自带的，而周在化曾供称周家华的斧头从周继坤家拿的；周在春、周正国、周在化均既曾供称所用的作案工具是自带的，又曾供称作案工具是从周继坤家拿的；鉴定意见反映周某顶和刘某英头部均仅有一处损伤，但供述砍击周某顶、刘某英的均为多人。综上，原裁判据以定案的主要证据即周继坤等五原审被告人的有罪供述不稳定，在作案的重要情节上存在很多矛盾，且供述内容与鉴定意见反映的情况不符，有罪供述的客观性、真实性存疑，依法不能作为定案根据。

三、证人证言多次反复且证明内容不能与原审被告人供述相印证，证言的客观真实性存在合理怀疑

证人周某、周某慧的证言均多次反复，其中周某在侦查阶段的证言即有反复。本案一审法院第一次开庭审理时，周某出庭作证称侦查阶段关于案发当晚看到五原审被告人在周继坤家聚集饮酒并拿出作案工具的证言不属实，周某慧出庭作证称侦查阶段关于案发当晚看到周继坤等四人从其睡觉处经过及听到周某顶家传出叫声的证言不属实。本案第一次二审审理期间，证人周某、周某慧因涉嫌伪证被刑事拘留，两人在看守所回答公安机关讯问时称开庭时讲了假话。本案发回重审后，一审法院重新开庭审理时，周某、周某慧出庭作证称原来开庭时所作证言属实。本次再审庭审中，周某、周某慧出庭所作证言与第一次开庭时证言相同。证人在侦查阶段相关证言的重要情节不能与原审被告人供述相印证，如证人周某称案发当晚看到五原审被告人在周继坤家聚集饮酒并拿出作案工具，但周继坤等五原审被告人未供述过此节；证人周某慧称案发当晚看到周继坤等四人一起朝周某顶家方向走，但周继坤等五原审被告人未供述过与周某慧证言相同的作案行走路线。综上，证人周某、周某慧的证言多次反复且证明内容不能与原审被告人供述相印证，证言的客观真实性存在合理怀疑。

四、被害人周乙华的陈述前后不一且与其他证据相矛盾

被害人周乙华的陈述前后不一，先是称黑狗子作案，而周某顶证明涡阳县新兴镇某村没有叫黑狗子的人；被害人周乙华在 1996 年 10 月 5 日回答公安人员问话时，称看见周继坤、周家华进屋，周继坤捂住其嘴和眼，后来的历次陈述中，有时称周继坤进屋捂住她的嘴和眼，有时称周家华捂住她的嘴和眼，说法不一。被害人周乙华的陈述与其他证据存在诸多矛盾，如周乙华关于看到周

继坤、周家华两人进屋的陈述，与周继坤、周在春供述二人先进屋相矛盾；周乙华陈述其嘴和眼被周继坤或周家华捂住，但周继坤、周家华均未供述过此节；周乙华关于作案人穿着黑衣服的陈述，与周继坤、周家华供述其作案时所穿衣服颜色相矛盾；周乙华关于下床找鞋时周继坤等人进屋捂其嘴，姐姐周甲华不在床上等陈述，与周继坤、周家华、周在春供述对睡在床上的被害人周甲华、周乙华砍击相矛盾。综上，被害人周乙华的陈述不仅前后不一，且陈述内容与在案其他证据存在诸多矛盾，依法不能作为定案根据。原一、二审裁判均未将被害人周乙华的相关陈述作为证据使用。

原审被告人周继坤、周家华、周在春、周正国、周在化及其辩护人在再审庭审中均提出，侦查机关采用了刑讯逼供等非法手段获取五人有罪供述。经再审审查，除原审被告人的辩解外，没有其他确凿的证据能够证明本案存在采用刑讯逼供等非法手段收集原审被告人有罪供述的行为，对该意见本院不予采纳。

本院认为：原裁判认定原审被告人周继坤、周家华、周在春、周正国、周在化犯故意杀人罪的主要依据是周继坤等五人的有罪供述，以及有罪供述与在案其他证据基本一致。但综观全案，本案缺乏能够锁定周继坤等五人作案的客观性证据；周继坤等五人的有罪供述在作案的重要情节上存在很多矛盾，且供述内容与鉴定意见反映的情况不符，有罪供述的客观性、真实性存疑；证人证言多次反复，且证明内容不能与被告人供述相印证；被害人周乙华的陈述前后不一，且陈述内容与在案其他证据存在诸多矛盾。综上，原裁判据以定案的证据没有形成完整锁链，没有达到证据确实、充分的法定证明标准，不能得出系周继坤等五人作案的唯一结论。原裁判认定原审被告人周继坤、周家华、周在春、周正国、周在化犯故意杀人罪的事实不清，证据不足，指控的犯罪不能成立，依法应予改判纠正。对周继坤等五原审被告人及其辩护人提出的应当改判无罪的意见，本院予以采纳。原审附带民事诉讼原告人刘某英提出的附带民事诉讼请求缺乏事实依据，不予支持。本院审判委员会讨论决定，依照《中华人民共和国刑事诉讼法》第二百四十五条、第二百二十五条第一款第（三）项、第二百三十一条、第一百九十五条第（三）项及《最高人民法院关于适用〈中华人民共和国刑事诉讼法〉的解释》第三百八十九条第二款、第一百六十三条、《中华人民共和国民事诉讼法》第一百七十条第一款第（二）项的规定，判决如下：

一、撤销本院（2000）皖刑终字第252号刑事附带民事裁定和阜阳市中级人民法院（1999）阜中刑初字第153号刑事附带民事判决；

二、原审被告人周继坤、周家华、周在春、周正国、周在化无罪；

三、驳回原审附带民事诉讼原告人刘某英的诉讼请求。

本判决为终审判决。

审判长　周晓冬
审判员　范兴杰
审判员　张爱莲

二〇一八年一月十日

书记员　胡章燕
　　　　薛琪茹

第五编
刑事审判监督常用法律法规

中华人民共和国刑法*

（1979年7月1日第五届全国人民代表大会第二次会议通过　1997年3月14日第八届全国人民代表大会第五次会议修订　根据1998年12月29日第九届全国人民代表大会常务委员会第六次会议通过的《全国人民代表大会常务委员会关于惩治骗购外汇、逃汇和非法买卖外汇犯罪的决定》、1999年12月25日第九届全国人民代表大会常务委员会第十三次会议通过的《中华人民共和国刑法修正案》、2001年8月31日第九届全国人民代表大会常务委员会第二十三次会议通过的《中华人民共和国刑法修正案（二）》、2001年12月29日第九届全国人民代表大会常务委员会第二十五次会议通过的《中华人民共和国刑法修正案（三）》、2002年12月28日第九届全国人民代表大会常务委员会第三十一次会议通过的《中华人民共和国刑法修正案（四）》、2005年2月28日第十届全国人民代表大会常务委员会第十四次会议通过的《中华人民共和国刑法修正案（五）》、2006年6月29日第十届全国人民代表大会常务委员会第二十二次会议通过的《中华人民共和国刑法修正案（六）》、2009年2月28日第十一届全国人民代表大会常务委员会第七次会议通过的《中华人民共和国刑法修正案（七）》、2009年8月27日第十一届全国人民代表大会常务委员会第十次会议通过的《全国人民代表大会常务委员会关于修改部分法律的决定》、2011年2月25日第十一届全国人民代表大会常务委员会第十九次会议通过的《中华人民共和国刑法修正案（八）》、2015年8月29日第十二届全国人民代表大会常务委员会第十六次会议通过的《中华人民共和国刑法修正案（九）》、2017年11月4日第十二届全国人民代表大会常务委员会第三十次会议通过的《中华人民共和国刑法修正案（十）》和2020年12月26日第十三届

* 中华人民共和国主席令第66号，2020年12月26日公布，2021年3月1日施行。——编者注

全国人民代表大会常务委员会第二十四次会议通过的《中华人民共和国刑法修正案（十一）》修正）①

目　录

第一编　总　则
　第一章　刑法的任务、基本原则和适用范围
　第二章　犯　罪
　　第一节　犯罪和刑事责任
　　第二节　犯罪的预备、未遂和中止
　　第三节　共同犯罪
　　第四节　单位犯罪
　第三章　刑　罚
　　第一节　刑罚的种类
　　第二节　管　制
　　第三节　拘　役
　　第四节　有期徒刑、无期徒刑
　　第五节　死　刑
　　第六节　罚　金
　　第七节　剥夺政治权利
　　第八节　没收财产
　第四章　刑罚的具体运用
　　第一节　量　刑
　　第二节　累　犯
　　第三节　自首和立功
　　第四节　数罪并罚
　　第五节　缓　刑
　　第六节　减　刑
　　第七节　假　释
　　第八节　时　效

① 刑法、历次刑法修正案、涉及修改刑法的决定的施行日期，分别依据各法律所规定的施行日期确定。

第五章　其他规定
第二编　分　则
第一章　危害国家安全罪
第二章　危害公共安全罪
第三章　破坏社会主义市场经济秩序罪
第一节　生产、销售伪劣商品罪
第二节　走私罪
第三节　妨害对公司、企业的管理秩序罪
第四节　破坏金融管理秩序罪
第五节　金融诈骗罪
第六节　危害税收征管罪
第七节　侵犯知识产权罪
第八节　扰乱市场秩序罪
第四章　侵犯公民人身权利、民主权利罪
第五章　侵犯财产罪
第六章　妨害社会管理秩序罪
第一节　扰乱公共秩序罪
第二节　妨害司法罪
第三节　妨害国（边）境管理罪
第四节　妨害文物管理罪
第五节　危害公共卫生罪
第六节　破坏环境资源保护罪
第七节　走私、贩卖、运输、制造毒品罪
第八节　组织、强迫、引诱、容留、介绍卖淫罪
第九节　制作、贩卖、传播淫秽物品罪
第七章　危害国防利益罪
第八章　贪污贿赂罪
第九章　渎职罪
第十章　军人违反职责罪
附　则

第一编　总　则

第一章　刑法的任务、基本原则和适用范围

第一条【立法宗旨】为了惩罚犯罪，保护人民，根据宪法，结合我国同犯罪作斗争的具体经验及实际情况，制定本法。

第二条【刑法任务】中华人民共和国刑法的任务，是用刑罚同一切犯罪行为作斗争，以保卫国家安全，保卫人民民主专政的政权和社会主义制度，保护国有财产和劳动群众集体所有的财产，保护公民私人所有的财产，保护公民的人身权利、民主权利和其他权利，维护社会秩序、经济秩序，保障社会主义建设事业的顺利进行。

第三条【罪刑法定】法律明文规定为犯罪行为的，依照法律定罪处刑；法律没有明文规定为犯罪行为的，不得定罪处刑。

第四条【适用刑法人人平等】对任何人犯罪，在适用法律上一律平等。不允许任何人有超越法律的特权。

第五条【罪责刑相适应】刑罚的轻重，应当与犯罪分子所犯罪行和承担的刑事责任相适应。

第六条【属地管辖权】凡在中华人民共和国领域内犯罪的，除法律有特别规定的以外，都适用本法。

凡在中华人民共和国船舶或者航空器内犯罪的，也适用本法。

犯罪的行为或者结果有一项发生在中华人民共和国领域内的，就认为是在中华人民共和国领域内犯罪。

第七条【属人管辖权】中华人民共和国公民在中华人民共和国领域外犯本法规定之罪的，适用本法，但是按本法规定的最高刑为三年以下有期徒刑的，可以不予追究。

中华人民共和国国家工作人员和军人在中华人民共和国领域外犯本法规定之罪的，适用本法。

第八条【保护管辖权】外国人在中华人民共和国领域外对中华人民共和国国家或者公民犯罪，而按本法规定的最低刑为三年以上有期徒刑的，可以适用本法，但是按照犯罪地的法律不受处罚的除外。

第九条【普遍管辖权】对于中华人民共和国缔结或者参加的国际条约所规定的罪行，中华人民共和国在所承担条约义务的范围内行使刑事管辖权的，

适用本法。

第十条【对外国刑事判决的消极承认】凡在中华人民共和国领域外犯罪，依照本法应当负刑事责任的，虽然经过外国审判，仍然可以依照本法追究，但是在外国已经受过刑罚处罚的，可以免除或者减轻处罚。

第十一条【外交代表刑事管辖豁免】享有外交特权和豁免权的外国人的刑事责任，通过外交途径解决。

第十二条【刑法溯及力】中华人民共和国成立以后本法施行以前的行为，如果当时的法律不认为是犯罪的，适用当时的法律；如果当时的法律认为是犯罪的，依照本法总则第四章第八节的规定应当追诉的，按照当时的法律追究刑事责任，但是如果本法不认为是犯罪或者处刑较轻的，适用本法。

本法施行以前，依照当时的法律已经作出的生效判决，继续有效。

第二章　犯　罪

第一节　犯罪和刑事责任

第十三条【犯罪概念】一切危害国家主权、领土完整和安全，分裂国家、颠覆人民民主专政的政权和推翻社会主义制度，破坏社会秩序和经济秩序，侵犯国有财产或者劳动群众集体所有的财产，侵犯公民私人所有的财产，侵犯公民的人身权利、民主权利和其他权利，以及其他危害社会的行为，依照法律应当受刑罚处罚的，都是犯罪，但是情节显著轻微危害不大的，不认为是犯罪。

第十四条【故意犯罪】明知自己的行为会发生危害社会的结果，并且希望或者放任这种结果发生，因而构成犯罪的，是故意犯罪。

故意犯罪，应当负刑事责任。

第十五条【过失犯罪】应当预见自己的行为可能发生危害社会的结果，因为疏忽大意而没有预见，或者已经预见而轻信能够避免，以致发生这种结果的，是过失犯罪。

过失犯罪，法律有规定的才负刑事责任。

第十六条【不可抗力和意外事件】行为在客观上虽然造成了损害结果，但是不是出于故意或者过失，而是由于不能抗拒或者不能预见的原因所引起的，不是犯罪。

第十七条【刑事责任年龄】已满十六周岁的人犯罪，应当负刑事责任。

已满十四周岁不满十六周岁的人，犯故意杀人、故意伤害致人重伤或者死亡、强奸、抢劫、贩卖毒品、放火、爆炸、投放危险物质罪的，应当负刑事责任。

已满十二周岁不满十四周岁的人，犯故意杀人、故意伤害罪，致人死亡或者以特别残忍手段致人重伤造成严重残疾，情节恶劣，经最高人民检察院核准追诉的，应当负刑事责任。

对依照前三款规定追究刑事责任的不满十八周岁的人，应当从轻或者减轻处罚。

因不满十六周岁不予刑事处罚的，责令其父母或者其他监护人加以管教；在必要的时候，依法进行专门矫治教育。

第十七条之一【从宽刑事责任年龄】已满七十五周岁的人故意犯罪的，可以从轻或者减轻处罚；过失犯罪的，应当从轻或者减轻处罚。

第十八条【特殊人员的刑事责任能力】精神病人在不能辨认或者不能控制自己行为的时候造成危害结果，经法定程序鉴定确认的，不负刑事责任，但是应当责令他的家属或者监护人严加看管和医疗；在必要的时候，由政府强制医疗。

间歇性的精神病人在精神正常的时候犯罪，应当负刑事责任。

尚未完全丧失辨认或者控制自己行为能力的精神病人犯罪的，应当负刑事责任，但是可以从轻或者减轻处罚。

醉酒的人犯罪，应当负刑事责任。

第十九条【又聋又哑的人或者盲人犯罪的刑事责任】又聋又哑的人或者盲人犯罪，可以从轻、减轻或者免除处罚。

第二十条【正当防卫】为了使国家、公共利益、本人或者他人的人身、财产和其他权利免受正在进行的不法侵害，而采取的制止不法侵害的行为，对不法侵害人造成损害的，属于正当防卫，不负刑事责任。

正当防卫明显超过必要限度造成重大损害的，应当负刑事责任，但是应当减轻或者免除处罚。

对正在进行行凶、杀人、抢劫、强奸、绑架以及其他严重危及人身安全的暴力犯罪，采取防卫行为，造成不法侵害人伤亡的，不属于防卫过当，不负刑事责任。

第二十一条【紧急避险】为了使国家、公共利益、本人或者他人的人身、财产和其他权利免受正在发生的危险，不得已采取的紧急避险行为，造成损害的，不负刑事责任。

紧急避险超过必要限度造成不应有的损害的，应当负刑事责任，但是应当减轻或者免除处罚。

第一款中关于避免本人危险的规定，不适用于职务上、业务上负有特定责任的人。

第二节　犯罪的预备、未遂和中止

第二十二条【犯罪预备】为了犯罪，准备工具、制造条件的，是犯罪预备。

对于预备犯，可以比照既遂犯从轻、减轻处罚或者免除处罚。

第二十三条【犯罪未遂】已经着手实行犯罪，由于犯罪分子意志以外的原因而未得逞的，是犯罪未遂。

对于未遂犯，可以比照既遂犯从轻或者减轻处罚。

第二十四条【犯罪中止】在犯罪过程中，自动放弃犯罪或者自动有效地防止犯罪结果发生的，是犯罪中止。

对于中止犯，没有造成损害的，应当免除处罚；造成损害的，应当减轻处罚。

第三节　共同犯罪

第二十五条【共同犯罪的概念】共同犯罪是指二人以上共同故意犯罪。

二人以上共同过失犯罪，不以共同犯罪论处；应当负刑事责任的，按照他们所犯的罪分别处罚。

第二十六条【主犯】组织、领导犯罪集团进行犯罪活动的或者在共同犯罪中起主要作用的，是主犯。

三人以上为共同实施犯罪而组成的较为固定的犯罪组织，是犯罪集团。

对组织、领导犯罪集团的首要分子，按照集团所犯的全部罪行处罚。

对于第三款规定以外的主犯，应当按照其所参与的或者组织、指挥的全部犯罪处罚。

第二十七条【从犯】在共同犯罪中起次要或者辅助作用的，是从犯。

对于从犯，应当从轻、减轻处罚或者免除处罚。

第二十八条【胁从犯】对于被胁迫参加犯罪的，应当按照他的犯罪情节减轻处罚或者免除处罚。

第二十九条【教唆犯】教唆他人犯罪的，应当按照他在共同犯罪中所起的作用处罚。教唆不满十八周岁的人犯罪的，应当从重处罚。

如果被教唆的人没有犯被教唆的罪，对于教唆犯，可以从轻或者减轻处罚。

第四节　单位犯罪

第三十条【单位负刑事责任的范围】公司、企业、事业单位、机关、团体实施的危害社会的行为，法律规定为单位犯罪的，应当负刑事责任。

第三十一条【单位犯罪的处罚】单位犯罪的，对单位判处罚金，并对其直接负责的主管人员和其他直接责任人员判处刑罚。本法分则和其他法律另有规定的，依照规定。

第三章 刑 罚

第一节 刑罚的种类

第三十二条【主刑和附加刑】刑罚分为主刑和附加刑。

第三十三条【主刑的种类】主刑的种类如下：

（一）管制；

（二）拘役；

（三）有期徒刑；

（四）无期徒刑；

（五）死刑。

第三十四条【附加刑的种类】附加刑的种类如下：

（一）罚金；

（二）剥夺政治权利；

（三）没收财产。

附加刑也可以独立适用。

第三十五条【驱逐出境】对于犯罪的外国人，可以独立适用或者附加适用驱逐出境。

第三十六条【赔偿经济损失与民事优先原则】由于犯罪行为而使被害人遭受经济损失的，对犯罪分子除依法给予刑事处罚外，并应根据情况判处赔偿经济损失。

承担民事赔偿责任的犯罪分子，同时被判处罚金，其财产不足以全部支付的，或者被判处没收财产的，应当先承担对被害人的民事赔偿责任。

第三十七条【非刑罚性处罚措施】对于犯罪情节轻微不需要判处刑罚的，可以免予刑事处罚，但是可以根据案件的不同情况，予以训诫或者责令具结悔过、赔礼道歉、赔偿损失，或者由主管部门予以行政处罚或者行政处分。

第三十七条之一【从业禁止】因利用职业便利实施犯罪，或者实施违背职业要求的特定义务的犯罪被判处刑罚的，人民法院可以根据犯罪情况和预防再犯罪的需要，禁止其自刑罚执行完毕之日或者假释之日起从事相关职业，期限为三年至五年。

被禁止从事相关职业的人违反人民法院依照前款规定作出的决定的，由公安机关依法给予处罚；情节严重的，依照本法第三百一十三条的规定定罪处罚。

其他法律、行政法规对其从事相关职业另有禁止或者限制性规定的，从其规定。

第二节　管　制

第三十八条【管制的期限与执行机关】管制的期限，为三个月以上二年以下。

判处管制，可以根据犯罪情况，同时禁止犯罪分子在执行期间从事特定活动，进入特定区域、场所，接触特定的人。

对判处管制的犯罪分子，依法实行社区矫正。

违反第二款规定的禁止令的，由公安机关依照《中华人民共和国治安管理处罚法》的规定处罚。

第三十九条【被管制罪犯的义务和权利】被判处管制的犯罪分子，在执行期间，应当遵守下列规定：

（一）遵守法律、行政法规，服从监督；

（二）未经执行机关批准，不得行使言论、出版、集会、结社、游行、示威自由的权利；

（三）按照执行机关规定报告自己的活动情况；

（四）遵守执行机关关于会客的规定；

（五）离开所居住的市、县或者迁居，应当报经执行机关批准。

对于被判处管制的犯罪分子，在劳动中应当同工同酬。

第四十条【管制期满解除】被判处管制的犯罪分子，管制期满，执行机关应即向本人和其所在单位或者居住地的群众宣布解除管制。

第四十一条【管制刑期的计算与折抵】管制的刑期，从判决执行之日起计算；判决执行以前先行羁押的，羁押一日折抵刑期二日。

第三节　拘　役

第四十二条【拘役的期限】拘役的期限，为一个月以上六个月以下。

第四十三条【拘役的执行】被判处拘役的犯罪分子，由公安机关就近执行。

在执行期间，被判处拘役的犯罪分子每月可以回家一天至两天；参加劳动的，可以酌量发给报酬。

第四十四条【拘役刑期的计算和折抵】拘役的刑期，从判决执行之日起计算；判决执行以前先行羁押的，羁押一日折抵刑期一日。

第四节　有期徒刑、无期徒刑

第四十五条【有期徒刑的期限】有期徒刑的期限，除本法第五十条、第六十九条规定外，为六个月以上十五年以下。

第四十六条【有期徒刑与无期徒刑的执行】被判处有期徒刑、无期徒刑的犯罪分子，在监狱或者其他执行场所执行；凡有劳动能力的，都应当参加劳动，接受教育和改造。

第四十七条【有期徒刑刑期的计算与折抵】有期徒刑的刑期，从判决执行之日起计算；判决执行以前先行羁押的，羁押一日折抵刑期一日。

第五节　死　刑

第四十八条【死刑、死缓的适用对象及核准程序】死刑只适用于罪行极其严重的犯罪分子。对于应当判处死刑的犯罪分子，如果不是必须立即执行的，可以判处死刑同时宣告缓期二年执行。

死刑除依法由最高人民法院判决的以外，都应当报请最高人民法院核准。死刑缓期执行的，可以由高级人民法院判决或者核准。

第四十九条【死刑适用对象的限制】犯罪的时候不满十八周岁的人和审判的时候怀孕的妇女，不适用死刑。

审判的时候已满七十五周岁的人，不适用死刑，但以特别残忍手段致人死亡的除外。

第五十条【死缓变更】判处死刑缓期执行的，在死刑缓期执行期间，如果没有故意犯罪，二年期满以后，减为无期徒刑；如果确有重大立功表现，二年期满以后，减为二十五年有期徒刑；如果故意犯罪，情节恶劣的，报请最高人民法院核准后执行死刑；对于故意犯罪未执行死刑的，死刑缓期执行的期间重新计算，并报最高人民法院备案。

对被判处死刑缓期执行的累犯以及因故意杀人、强奸、抢劫、绑架、放火、爆炸、投放危险物质或者有组织的暴力性犯罪被判处死刑缓期执行的犯罪分子，人民法院根据犯罪情节等情况可以同时决定对其限制减刑。

第五十一条【死缓的期间及减为有期徒刑的刑期计算】死刑缓期执行的期间，从判决确定之日起计算。死刑缓期执行减为有期徒刑的刑期，从死刑缓期执行期满之日起计算。

第六节　罚　金

第五十二条【罚金数额的裁量】判处罚金，应当根据犯罪情节决定罚金数额。

第五十三条【罚金的缴纳】罚金在判决指定的期限内一次或者分期缴纳。期满不缴纳的，强制缴纳。对于不能全部缴纳罚金的，人民法院在任何时候发现被执行人有可以执行的财产，应当随时追缴。

由于遭遇不能抗拒的灾祸等原因缴纳确实有困难的，经人民法院裁定，可以延期缴纳、酌情减少或者免除。

第七节　剥夺政治权利

第五十四条【剥夺政治权利的含义】剥夺政治权利是剥夺下列权利：

（一）选举权和被选举权；

（二）言论、出版、集会、结社、游行、示威自由的权利；

（三）担任国家机关职务的权利；

（四）担任国有公司、企业、事业单位和人民团体领导职务的权利。

第五十五条【剥夺政治权利的期限】剥夺政治权利的期限，除本法第五十七条规定外，为一年以上五年以下。

判处管制附加剥夺政治权利的，剥夺政治权利的期限与管制的期限相等，同时执行。

第五十六条【剥夺政治权利的附加、独立适用】对于危害国家安全的犯罪分子应当附加剥夺政治权利；对于故意杀人、强奸、放火、爆炸、投毒、抢劫等严重破坏社会秩序的犯罪分子，可以附加剥夺政治权利。

独立适用剥夺政治权利的，依照本法分则的规定。

第五十七条【对死刑、无期徒刑罪犯剥夺政治权利的适用】对于被判处死刑、无期徒刑的犯罪分子，应当剥夺政治权利终身。

在死刑缓期执行减为有期徒刑或者无期徒刑减为有期徒刑的时候，应当把附加剥夺政治权利的期限改为三年以上十年以下。

第五十八条【剥夺政治权利的刑期计算、效力与执行】附加剥夺政治权利的刑期，从徒刑、拘役执行完毕之日或者从假释之日起计算；剥夺政治权利的效力当然施用于主刑执行期间。

被剥夺政治权利的犯罪分子，在执行期间，应当遵守法律、行政法规和国务院公安部门有关监督管理的规定，服从监督；不得行使本法第五十四条规定的各项权利。

第八节 没收财产

第五十九条【没收财产的范围】 没收财产是没收犯罪分子个人所有财产的一部或者全部。没收全部财产的，应当对犯罪分子个人及其扶养的家属保留必需的生活费用。

在判处没收财产的时候，不得没收属于犯罪分子家属所有或者应有的财产。

第六十条【以没收的财产偿还正当债务】 没收财产以前犯罪分子所负的正当债务，需要以没收的财产偿还的，经债权人请求，应当偿还。

第四章 刑罚的具体运用

第一节 量 刑

第六十一条【量刑的一般原则】 对于犯罪分子决定刑罚的时候，应当根据犯罪的事实、犯罪的性质、情节和对于社会的危害程度，依照本法的有关规定判处。

第六十二条【从重处罚与从轻处罚】 犯罪分子具有本法规定的从重处罚、从轻处罚情节的，应当在法定刑的限度以内判处刑罚。

第六十三条【减轻处罚】 犯罪分子具有本法规定的减轻处罚情节的，应当在法定刑以下判处刑罚；本法规定有数个量刑幅度的，应当在法定量刑幅度的下一个量刑幅度内判处刑罚。

犯罪分子虽然不具有本法规定的减轻处罚情节，但是根据案件的特殊情况，经最高人民法院核准，也可以在法定刑以下判处刑罚。

第六十四条【犯罪物品的处理】 犯罪分子违法所得的一切财物，应当予以追缴或者责令退赔；对被害人的合法财产，应当及时返还；违禁品和供犯罪所用的本人财物，应当予以没收。没收的财物和罚金，一律上缴国库，不得挪用和自行处理。

第二节 累 犯

第六十五条【一般累犯】 被判处有期徒刑以上刑罚的犯罪分子，刑罚执行完毕或者赦免以后，在五年以内再犯应当判处有期徒刑以上刑罚之罪的，是累犯，应当从重处罚，但是过失犯罪和不满十八周岁的人犯罪的除外。

前款规定的期限，对于被假释的犯罪分子，从假释期满之日起计算。

第六十六条【特别累犯】 危害国家安全犯罪、恐怖活动犯罪、黑社会性质的组织犯罪的犯罪分子，在刑罚执行完毕或者赦免以后，在任何时候再犯上述任一类罪的，都以累犯论处。

第三节　自首和立功

第六十七条【自首】 犯罪以后自动投案，如实供述自己的罪行的，是自首。对于自首的犯罪分子，可以从轻或者减轻处罚。其中，犯罪较轻的，可以免除处罚。

被采取强制措施的犯罪嫌疑人、被告人和正在服刑的罪犯，如实供述司法机关还未掌握的本人其他罪行的，以自首论。

犯罪嫌疑人虽不具有前两款规定的自首情节，但是如实供述自己罪行的，可以从轻处罚；因其如实供述自己罪行，避免特别严重后果发生的，可以减轻处罚。

第六十八条【立功】 犯罪分子有揭发他人犯罪行为，查证属实的，或者提供重要线索，从而得以侦破其他案件等立功表现的，可以从轻或者减轻处罚；有重大立功表现的，可以减轻或者免除处罚。

第四节　数罪并罚

第六十九条【数罪并罚的一般原则】 判决宣告以前一人犯数罪的，除判处死刑和无期徒刑的以外，应当在总和刑期以下、数刑中最高刑期以上，酌情决定执行的刑期，但是管制最高不能超过三年，拘役最高不能超过一年，有期徒刑总和刑期不满三十五年的，最高不能超过二十年，总和刑期在三十五年以上的，最高不能超过二十五年。

数罪中有判处有期徒刑和拘役的，执行有期徒刑。数罪中有判处有期徒刑和管制，或者拘役和管制的，有期徒刑、拘役执行完毕后，管制仍须执行。

数罪中有判处附加刑的，附加刑仍须执行，其中附加刑种类相同的，合并执行，种类不同的，分别执行。

第七十条【判决宣告后发现漏罪的并罚】 判决宣告以后，刑罚执行完毕以前，发现被判刑的犯罪分子在判决宣告以前还有其他罪没有判决的，应当对新发现的罪作出判决，把前后两个判决所判处的刑罚，依照本法第六十九条的规定，决定执行的刑罚。已经执行的刑期，应当计算在新判决决定的刑期以内。

第七十一条【判决宣告后又犯新罪的并罚】 判决宣告以后，刑罚执行完毕以前，被判刑的犯罪分子又犯罪的，应当对新犯的罪作出判决，把前罪没有执行的刑罚和后罪所判处的刑罚，依照本法第六十九条的规定，决定执行的刑罚。

第五节　缓　刑

第七十二条【缓刑的适用条件及附加刑的执行】 对于被判处拘役、三年以下有期徒刑的犯罪分子，同时符合下列条件的，可以宣告缓刑，对其中不满十八周岁的人、怀孕的妇女和已满七十五周岁的人，应当宣告缓刑：

（一）犯罪情节较轻；

（二）有悔罪表现；

（三）没有再犯罪的危险；

（四）宣告缓刑对所居住社区没有重大不良影响。

宣告缓刑，可以根据犯罪情况，同时禁止犯罪分子在缓刑考验期限内从事特定活动，进入特定区域、场所，接触特定的人。

被宣告缓刑的犯罪分子，如果被判处附加刑，附加刑仍须执行。

第七十三条【缓刑考验期限】 拘役的缓刑考验期限为原判刑期以上一年以下，但是不能少于二个月。

有期徒刑的缓刑考验期限为原判刑期以上五年以下，但是不能少于一年。

缓刑考验期限，从判决确定之日起计算。

第七十四条【不适用缓刑的对象】 对于累犯和犯罪集团的首要分子，不适用缓刑。

第七十五条【缓刑犯应遵守的规定】 被宣告缓刑的犯罪分子，应当遵守下列规定：

（一）遵守法律、行政法规，服从监督；

（二）按照考察机关的规定报告自己的活动情况；

（三）遵守考察机关关于会客的规定；

（四）离开所居住的市、县或者迁居，应当报经考察机关批准。

第七十六条【缓刑的考验及其积极后果】 对宣告缓刑的犯罪分子，在缓刑考验期限内，依法实行社区矫正，如果没有本法第七十七条规定的情形，缓刑考验期满，原判的刑罚就不再执行，并公开予以宣告。

第七十七条【缓刑的撤销及其处理】 被宣告缓刑的犯罪分子，在缓刑考验期限内犯新罪或者发现判决宣告以前还有其他罪没有判决的，应当撤销缓刑，对新犯的罪或者新发现的罪作出判决，把前罪和后罪所判处的刑罚，依照本法第六十九条的规定，决定执行的刑罚。

被宣告缓刑的犯罪分子，在缓刑考验期限内，违反法律、行政法规或者国务院有关部门关于缓刑的监督管理规定，或者违反人民法院判决中的禁止令，情节严重的，应当撤销缓刑，执行原判刑罚。

第六节　减　刑

第七十八条【减刑的适用条件及限度】 被判处管制、拘役、有期徒刑、无期徒刑的犯罪分子，在执行期间，如果认真遵守监规，接受教育改造，确有悔改表现的，或者有立功表现的，可以减刑；有下列重大立功表现之一的，应当减刑：

（一）阻止他人重大犯罪活动的；

（二）检举监狱内外重大犯罪活动，经查证属实的；

（三）有发明创造或者重大技术革新的；

（四）在日常生产、生活中舍己救人的；

（五）在抗御自然灾害或者排除重大事故中，有突出表现的；

（六）对国家和社会有其他重大贡献的。

减刑以后实际执行的刑期不能少于下列期限：

（一）判处管制、拘役、有期徒刑的，不能少于原判刑期的二分之一；

（二）判处无期徒刑的，不能少于十三年；

（三）人民法院依照本法第五十条第二款规定限制减刑的死刑缓期执行的犯罪分子，缓期执行期满后依法减为无期徒刑的，不能少于二十五年，缓期执行期满后依法减为二十五年有期徒刑的，不能少于二十年。

第七十九条【减刑程序】 对于犯罪分子的减刑，由执行机关向中级以上人民法院提出减刑建议书。人民法院应当组成合议庭进行审理，对确有悔改或者立功事实的，裁定予以减刑。非经法定程序不得减刑。

第八十条【无期徒刑减刑的刑期计算】 无期徒刑减为有期徒刑的刑期，从裁定减刑之日起计算。

第七节　假　释

第八十一条【假释的适用条件】 被判处有期徒刑的犯罪分子，执行原判刑期二分之一以上，被判处无期徒刑的犯罪分子，实际执行十三年以上，如果认真遵守监规，接受教育改造，确有悔改表现，没有再犯罪的危险的，可以假释。如果有特殊情况，经最高人民法院核准，可以不受上述执行刑期的限制。

对累犯以及因故意杀人、强奸、抢劫、绑架、放火、爆炸、投放危险物质或者有组织的暴力性犯罪被判处十年以上有期徒刑、无期徒刑的犯罪分子，不得假释。

对犯罪分子决定假释时，应当考虑其假释后对所居住社区的影响。

第八十二条【假释的程序】 对于犯罪分子的假释，依照本法第七十九条规定的程序进行。非经法定程序不得假释。

第八十三条【假释的考验期限】 有期徒刑的假释考验期限，为没有执行完毕的刑期；无期徒刑的假释考验期限为十年。

假释考验期限，从假释之日起计算。

第八十四条【假释犯应遵守的规定】 被宣告假释的犯罪分子，应当遵守下列规定：

（一）遵守法律、行政法规，服从监督；

（二）按照监督机关的规定报告自己的活动情况；

（三）遵守监督机关关于会客的规定；

（四）离开所居住的市、县或者迁居，应当报经监督机关批准。

第八十五条【假释考验及其积极后果】 对假释的犯罪分子，在假释考验期限内，依法实行社区矫正，如果没有本法第八十六条规定的情形，假释考验期满，就认为原判刑罚已经执行完毕，并公开予以宣告。

第八十六条【假释的撤销及其处理】 被假释的犯罪分子，在假释考验期限内犯新罪，应当撤销假释，依照本法第七十一条的规定实行数罪并罚。

在假释考验期限内，发现被假释的犯罪分子在判决宣告以前还有其他罪没有判决的，应当撤销假释，依照本法第七十条的规定实行数罪并罚。

被假释的犯罪分子，在假释考验期限内，有违反法律、行政法规或者国务院有关部门关于假释的监督管理规定的行为，尚未构成新的犯罪的，应当依照法定程序撤销假释，收监执行未执行完毕的刑罚。

第八节　时　效

第八十七条【追诉时效期限】 犯罪经过下列期限不再追诉：

（一）法定最高刑为不满五年有期徒刑的，经过五年；

（二）法定最高刑为五年以上不满十年有期徒刑的，经过十年；

（三）法定最高刑为十年以上有期徒刑的，经过十五年；

（四）法定最高刑为无期徒刑、死刑的，经过二十年。如果二十年以后认为必须追诉的，须报请最高人民检察院核准。

第八十八条【追诉期限的延长】 在人民检察院、公安机关、国家安全机关立案侦查或者在人民法院受理案件以后，逃避侦查或者审判的，不受追诉期限的限制。

被害人在追诉期限内提出控告，人民法院、人民检察院、公安机关应当立案而不予立案的，不受追诉期限的限制。

第八十九条【追诉期限的计算与中断】追诉期限从犯罪之日起计算；犯罪行为有连续或者继续状态的，从犯罪行为终了之日起计算。

在追诉期限以内又犯罪的，前罪追诉的期限从犯后罪之日起计算。

第五章　其他规定

第九十条【民族自治地方刑法适用的变通】民族自治地方不能全部适用本法规定的，可以由自治区或者省的人民代表大会根据当地民族的政治、经济、文化的特点和本法规定的基本原则，制定变通或者补充的规定，报请全国人民代表大会常务委员会批准施行。

第九十一条【公共财产的范围】本法所称公共财产，是指下列财产：

（一）国有财产；

（二）劳动群众集体所有的财产；

（三）用于扶贫和其他公益事业的社会捐助或者专项基金的财产。

在国家机关、国有公司、企业、集体企业和人民团体管理、使用或者运输中的私人财产，以公共财产论。

第九十二条【公民私人所有财产的范围】本法所称公民私人所有的财产，是指下列财产：

（一）公民的合法收入、储蓄、房屋和其他生活资料；

（二）依法归个人、家庭所有的生产资料；

（三）个体户和私营企业的合法财产；

（四）依法归个人所有的股份、股票、债券和其他财产。

第九十三条【国家工作人员的界定】本法所称国家工作人员，是指国家机关中从事公务的人员。

国有公司、企业、事业单位、人民团体中从事公务的人员和国家机关、国有公司、企业、事业单位委派到非国有公司、企业、事业单位、社会团体从事公务的人员，以及其他依照法律从事公务的人员，以国家工作人员论。

第九十四条【司法工作人员的界定】本法所称司法工作人员，是指有侦查、检察、审判、监管职责的工作人员。

第九十五条【重伤的界定】本法所称重伤，是指有下列情形之一的伤害：

（一）使人肢体残废或者毁人容貌的；

（二）使人丧失听觉、视觉或者其他器官机能的；

（三）其他对于人身健康有重大伤害的。

第九十六条【违反国家规定的界定】本法所称违反国家规定，是指违反全国人民代表大会及其常务委员会制定的法律和决定，国务院制定的行政法规、规定的行政措施、发布的决定和命令。

第九十七条【首要分子的界定】本法所称首要分子，是指在犯罪集团或者聚众犯罪中起组织、策划、指挥作用的犯罪分子。

第九十八条【告诉才处理的界定】本法所称告诉才处理，是指被害人告诉才处理。如果被害人因受强制、威吓无法告诉的，人民检察院和被害人的近亲属也可以告诉。

第九十九条【以上、以下、以内的界定】本法所称以上、以下、以内，包括本数。

第一百条【前科报告制度】依法受过刑事处罚的人，在入伍、就业的时候，应当如实向有关单位报告自己曾受过刑事处罚，不得隐瞒。

犯罪的时候不满十八周岁被判处五年有期徒刑以下刑罚的人，免除前款规定的报告义务。

第一百零一条【总则的效力】本法总则适用于其他有刑罚规定的法律，但是其他法律有特别规定的除外。

第二编　分　则

第一章　危害国家安全罪

第一百零二条【背叛国家罪】勾结外国，危害中华人民共和国的主权、领土完整和安全的，处无期徒刑或者十年以上有期徒刑。

与境外机构、组织、个人相勾结，犯前款罪的，依照前款的规定处罚。

第一百零三条【分裂国家罪】组织、策划、实施分裂国家、破坏国家统一的，对首要分子或者罪行重大的，处无期徒刑或者十年以上有期徒刑；对积极参加的，处三年以上十年以下有期徒刑；对其他参加的，处三年以下有期徒刑、拘役、管制或者剥夺政治权利。

【煽动分裂国家罪】煽动分裂国家、破坏国家统一的，处五年以下有期徒刑、拘役、管制或者剥夺政治权利；首要分子或者罪行重大的，处五年以上有期徒刑。

第一百零四条【武装叛乱、暴乱罪】组织、策划、实施武装叛乱或者武装暴乱的，对首要分子或者罪行重大的，处无期徒刑或者十年以上有期徒刑；对积极参加的，处三年以上十年以下有期徒刑；对其他参加的，处三年以下有期徒刑、拘役、管制或者剥夺政治权利。

策动、胁迫、勾引、收买国家机关工作人员、武装部队人员、人民警察、民兵进行武装叛乱或者武装暴乱的，依照前款的规定从重处罚。

第一百零五条【颠覆国家政权罪】组织、策划、实施颠覆国家政权、推翻社会主义制度的，对首要分子或者罪行重大的，处无期徒刑或者十年以上有期徒刑；对积极参加的，处三年以上十年以下有期徒刑；对其他参加的，处三年以下有期徒刑、拘役、管制或者剥夺政治权利。

【煽动颠覆国家政权罪】以造谣、诽谤或者其他方式煽动颠覆国家政权、推翻社会主义制度的，处五年以下有期徒刑、拘役、管制或者剥夺政治权利；首要分子或者罪行重大的，处五年以上有期徒刑。

第一百零六条【与境外勾结的处罚规定】与境外机构、组织、个人相勾结，实施本章第一百零三条、第一百零四条、第一百零五条规定之罪的，依照各该条的规定从重处罚。

第一百零七条【资助危害国家安全犯罪活动罪】境内外机构、组织或者个人资助实施本章第一百零二条、第一百零三条、第一百零四条、第一百零五条规定之罪的，对直接责任人员，处五年以下有期徒刑、拘役、管制或者剥夺政治权利；情节严重的，处五年以上有期徒刑。

第一百零八条【投敌叛变罪】投敌叛变的，处三年以上十年以下有期徒刑；情节严重或者带领武装部队人员、人民警察、民兵投敌叛变的，处十年以上有期徒刑或者无期徒刑。

第一百零九条【叛逃罪】国家机关工作人员在履行公务期间，擅离岗位，叛逃境外或者在境外叛逃的，处五年以下有期徒刑、拘役、管制或者剥夺政治权利；情节严重的，处五年以上十年以下有期徒刑。

掌握国家秘密的国家工作人员叛逃境外或者在境外叛逃的，依照前款的规定从重处罚。

第一百一十条【间谍罪】有下列间谍行为之一，危害国家安全的，处十年以上有期徒刑或者无期徒刑；情节较轻的，处三年以上十年以下有期徒刑：

（一）参加间谍组织或者接受间谍组织及其代理人的任务的；

（二）为敌人指示轰击目标的。

第一百一十一条【为境外窃取、刺探、收买、非法提供国家秘密、情报罪】为境外的机构、组织、人员窃取、刺探、收买、非法提供国家秘密或者情报的，处五年以上十年以下有期徒刑；情节特别严重的，处十年以上有期徒刑或者无期徒刑；情节较轻的，处五年以下有期徒刑、拘役、管制或者剥夺政治权利。

第一百一十二条【资敌罪】战时供给敌人武器装备、军用物资资敌的，处十年以上有期徒刑或者无期徒刑；情节较轻的，处三年以上十年以下有期徒刑。

第一百一十三条【危害国家安全罪适用死刑、没收财产的规定】本章上述危害国家安全罪行中，除第一百零三条第二款、第一百零五条、第一百零七条、第一百零九条外，对国家和人民危害特别严重、情节特别恶劣的，可以判处死刑。

犯本章之罪的，可以并处没收财产。

第二章　危害公共安全罪

第一百一十四条【放火罪、决水罪、爆炸罪、投放危险物质罪、以危险方法危害公共安全罪】放火、决水、爆炸以及投放毒害性、放射性、传染病病原体等物质或者以其他危险方法危害公共安全，尚未造成严重后果的，处三年以上十年以下有期徒刑。

第一百一十五条【放火罪、决水罪、爆炸罪、投放危险物质罪、以危险方法危害公共安全罪】放火、决水、爆炸以及投放毒害性、放射性、传染病病原体等物质或者以其他危险方法致人重伤、死亡或者使公私财产遭受重大损失的，处十年以上有期徒刑、无期徒刑或者死刑。

【失火罪、过失决水罪、过失爆炸罪、过失投放危险物质罪、过失以危险方法危害公共安全罪】过失犯前款罪的，处三年以上七年以下有期徒刑；情节较轻的，处三年以下有期徒刑或者拘役。

第一百一十六条【破坏交通工具罪】破坏火车、汽车、电车、船只、航空器，足以使火车、汽车、电车、船只、航空器发生倾覆、毁坏危险，尚未造成严重后果的，处三年以上十年以下有期徒刑。

第一百一十七条【破坏交通设施罪】破坏轨道、桥梁、隧道、公路、机场、航道、灯塔、标志或者进行其他破坏活动，足以使火车、汽车、电车、船只、航空器发生倾覆、毁坏危险，尚未造成严重后果的，处三年以上十年以下有期徒刑。

第一百一十八条【破坏电力设备罪、破坏易燃易爆设备罪】破坏电力、燃气或者其他易燃易爆设备，危害公共安全，尚未造成严重后果的，处三年以上十年以下有期徒刑。

第一百一十九条【破坏交通工具罪、破坏交通设施罪、破坏电力设备罪、破坏易燃易爆设备罪】破坏交通工具、交通设施、电力设备、燃气设备、易燃易爆设备，造成严重后果的，处十年以上有期徒刑、无期徒刑或者死刑。

【过失损坏交通工具罪、过失损坏交通设施罪、过失损坏电力设备罪、过失损坏易燃易爆设备罪】 过失犯前款罪的，处三年以上七年以下有期徒刑；情节较轻的，处三年以下有期徒刑或者拘役。

第一百二十条【组织、领导、参加恐怖组织罪】 组织、领导恐怖活动组织的，处十年以上有期徒刑或者无期徒刑，并处没收财产；积极参加的，处三年以上十年以下有期徒刑，并处罚金；其他参加的，处三年以下有期徒刑、拘役、管制或者剥夺政治权利，可以并处罚金。

犯前款罪并实施杀人、爆炸、绑架等犯罪的，依照数罪并罚的规定处罚。

第一百二十条之一【帮助恐怖活动罪】 资助恐怖活动组织、实施恐怖活动的个人的，或者资助恐怖活动培训的，处五年以下有期徒刑、拘役、管制或者剥夺政治权利，并处罚金；情节严重的，处五年以上有期徒刑，并处罚金或者没收财产。

为恐怖活动组织、实施恐怖活动或者恐怖活动培训招募、运送人员的，依照前款的规定处罚。

单位犯前两款罪的，对单位判处罚金，并对其直接负责的主管人员和其他直接责任人员，依照第一款的规定处罚。

第一百二十条之二【准备实施恐怖活动罪】 有下列情形之一的，处五年以下有期徒刑、拘役、管制或者剥夺政治权利，并处罚金；情节严重的，处五年以上有期徒刑，并处罚金或者没收财产：

（一）为实施恐怖活动准备凶器、危险物品或者其他工具的；

（二）组织恐怖活动培训或者积极参加恐怖活动培训的；

（三）为实施恐怖活动与境外恐怖活动组织或者人员联络的；

（四）为实施恐怖活动进行策划或者其他准备的。

有前款行为，同时构成其他犯罪的，依照处罚较重的规定定罪处罚。

第一百二十条之三【宣扬恐怖主义、极端主义、煽动实施恐怖活动罪】 以制作、散发宣扬恐怖主义、极端主义的图书、音频视频资料或者其他物品，或者通过讲授、发布信息等方式宣扬恐怖主义、极端主义的，或者煽动实施恐怖活动的，处五年以下有期徒刑、拘役、管制或者剥夺政治权利，并处罚金；情节严重的，处五年以上有期徒刑，并处罚金或者没收财产。

第一百二十条之四【利用极端主义破坏法律实施罪】 利用极端主义煽动、胁迫群众破坏国家法律确立的婚姻、司法、教育、社会管理等制度实施的，处三年以下有期徒刑、拘役或者管制，并处罚金；情节严重的，处三年以上七年以下有期徒刑，并处罚金；情节特别严重的，处七年以上有期徒刑，并处罚金或者没收财产。

第一百二十条之五【强制穿戴宣扬恐怖主义、极端主义服饰、标志罪】以暴力、胁迫等方式强制他人在公共场所穿着、佩戴宣扬恐怖主义、极端主义服饰、标志的，处三年以下有期徒刑、拘役或者管制，并处罚金。

第一百二十条之六【非法持有宣扬恐怖主义、极端主义物品罪】明知是宣扬恐怖主义、极端主义的图书、音频视频资料或者其他物品而非法持有，情节严重的，处三年以下有期徒刑、拘役或者管制，并处或者单处罚金。

第一百二十一条【劫持航空器罪】以暴力、胁迫或者其他方法劫持航空器的，处十年以上有期徒刑或者无期徒刑；致人重伤、死亡或者使航空器遭受严重破坏的，处死刑。

第一百二十二条【劫持船只、汽车罪】以暴力、胁迫或者其他方法劫持船只、汽车的，处五年以上十年以下有期徒刑；造成严重后果的，处十年以上有期徒刑或者无期徒刑。

第一百二十三条【暴力危及飞行安全罪】对飞行中的航空器上的人员使用暴力，危及飞行安全，尚未造成严重后果的，处五年以下有期徒刑或者拘役；造成严重后果的，处五年以上有期徒刑。

第一百二十四条【破坏广播电视设施、公用电信设施罪】破坏广播电视设施、公用电信设施，危害公共安全的，处三年以上七年以下有期徒刑；造成严重后果的，处七年以上有期徒刑。

【过失损坏广播电视设施、公用电信设施罪】过失犯前款罪的，处三年以上七年以下有期徒刑；情节较轻的，处三年以下有期徒刑或者拘役。

第一百二十五条【非法制造、买卖、运输、邮寄、储存枪支、弹药、爆炸物罪】非法制造、买卖、运输、邮寄、储存枪支、弹药、爆炸物的，处三年以上十年以下有期徒刑；情节严重的，处十年以上有期徒刑、无期徒刑或者死刑。

【非法制造、买卖、运输、储存危险物质罪】非法制造、买卖、运输、储存毒害性、放射性、传染病病原体等物质，危害公共安全的，依照前款的规定处罚。

单位犯前两款罪的，对单位判处罚金，并对其直接负责的主管人员和其他直接责任人员，依照第一款的规定处罚。

第一百二十六条【违规制造、销售枪支罪】依法被指定、确定的枪支制造企业、销售企业，违反枪支管理规定，有下列行为之一的，对单位判处罚金，并对其直接负责的主管人员和其他直接责任人员，处五年以下有期徒刑；情节严重的，处五年以上十年以下有期徒刑；情节特别严重的，处十年以上有期徒刑或者无期徒刑：

（一）以非法销售为目的，超过限额或者不按照规定的品种制造、配售枪支的；

（二）以非法销售为目的，制造无号、重号、假号的枪支的；

（三）非法销售枪支或者在境内销售为出口制造的枪支的。

第一百二十七条【盗窃、抢夺枪支、弹药、爆炸物、危险物质罪】盗窃、抢夺枪支、弹药、爆炸物的，或者盗窃、抢夺毒害性、放射性、传染病病原体等物质，危害公共安全的，处三年以上十年以下有期徒刑；情节严重的，处十年以上有期徒刑、无期徒刑或者死刑。

【抢劫枪支、弹药、爆炸物、危险物质罪；盗窃、抢夺枪支、弹药、爆炸物、危险物质罪】抢劫枪支、弹药、爆炸物的，或者抢劫毒害性、放射性、传染病病原体等物质，危害公共安全的，或者盗窃、抢夺国家机关、军警人员、民兵的枪支、弹药、爆炸物的，处十年以上有期徒刑、无期徒刑或者死刑。

第一百二十八条【非法持有、私藏枪支、弹药罪】违反枪支管理规定，非法持有、私藏枪支、弹药的，处三年以下有期徒刑、拘役或者管制；情节严重的，处三年以上七年以下有期徒刑。

【非法出租、出借枪支罪】依法配备公务用枪的人员，非法出租、出借枪支的，依照前款的规定处罚。

【非法出租、出借枪支罪】依法配置枪支的人员，非法出租、出借枪支，造成严重后果的，依照第一款的规定处罚。

单位犯第二款、第三款罪的，对单位判处罚金，并对其直接负责的主管人员和其他直接责任人员，依照第一款的规定处罚。

第一百二十九条【丢失枪支不报罪】依法配备公务用枪的人员，丢失枪支不及时报告，造成严重后果的，处三年以下有期徒刑或者拘役。

第一百三十条【非法携带枪支、弹药、管制刀具、危险物品危及公共安全罪】非法携带枪支、弹药、管制刀具或者爆炸性、易燃性、放射性、毒害性、腐蚀性物品，进入公共场所或者公共交通工具，危及公共安全，情节严重的，处三年以下有期徒刑、拘役或者管制。

第一百三十一条【重大飞行事故罪】航空人员违反规章制度，致使发生重大飞行事故，造成严重后果的，处三年以下有期徒刑或者拘役；造成飞机坠毁或者人员死亡的，处三年以上七年以下有期徒刑。

第一百三十二条【铁路运营安全事故罪】铁路职工违反规章制度，致使发生铁路运营安全事故，造成严重后果的，处三年以下有期徒刑或者拘役；造成特别严重后果的，处三年以上七年以下有期徒刑。

第一百三十三条【交通肇事罪】违反交通运输管理法规，因而发生重大事故，致人重伤、死亡或者使公私财产遭受重大损失的，处三年以下有期徒刑或者拘役；交通运输肇事后逃逸或者有其他特别恶劣情节的，处三年以上七年以下有期徒刑；因逃逸致人死亡的，处七年以上有期徒刑。

第一百三十三条之一【危险驾驶罪】在道路上驾驶机动车，有下列情形之一的，处拘役，并处罚金：

（一）追逐竞驶，情节恶劣的；

（二）醉酒驾驶机动车的；

（三）从事校车业务或者旅客运输，严重超过额定乘员载客，或者严重超过规定时速行驶的；

（四）违反危险化学品安全管理规定运输危险化学品，危及公共安全的。

机动车所有人、管理人对前款第三项、第四项行为负有直接责任的，依照前款的规定处罚。

有前两款行为，同时构成其他犯罪的，依照处罚较重的规定定罪处罚。

第一百三十三条之二【妨害安全驾驶罪】对行驶中的公共交通工具的驾驶人员使用暴力或者抢控驾驶操纵装置，干扰公共交通工具正常行驶，危及公共安全的，处一年以下有期徒刑、拘役或者管制，并处或者单处罚金。

前款规定的驾驶人员在行驶的公共交通工具上擅离职守，与他人互殴或者殴打他人，危及公共安全的，依照前款的规定处罚。

有前两款行为，同时构成其他犯罪的，依照处罚较重的规定定罪处罚。

第一百三十四条【重大责任事故罪】在生产、作业中违反有关安全管理的规定，因而发生重大伤亡事故或者造成其他严重后果的，处三年以下有期徒刑或者拘役；情节特别恶劣的，处三年以上七年以下有期徒刑。

【强令、组织他人违章冒险作业罪】强令他人违章冒险作业，或者明知存在重大事故隐患而不排除，仍冒险组织作业，因而发生重大伤亡事故或者造成其他严重后果的，处五年以下有期徒刑或者拘役；情节特别恶劣的，处五年以上有期徒刑。

第一百三十四条之一【危险作业罪】在生产、作业中违反有关安全管理的规定，有下列情形之一，具有发生重大伤亡事故或者其他严重后果的现实危险的，处一年以下有期徒刑、拘役或者管制：

（一）关闭、破坏直接关系生产安全的监控、报警、防护、救生设备、设施，或者篡改、隐瞒、销毁其相关数据、信息的；

（二）因存在重大事故隐患被依法责令停产停业、停止施工、停止使用有关设备、设施、场所或者立即采取排除危险的整改措施，而拒不执行的；

（三）涉及安全生产的事项未经依法批准或者许可，擅自从事矿山开采、金属冶炼、建筑施工，以及危险物品生产、经营、储存等高度危险的生产作业活动的。

第一百三十五条【重大劳动安全事故罪】安全生产设施或者安全生产条件不符合国家规定，因而发生重大伤亡事故或者造成其他严重后果的，对直接负责的主管人员和其他直接责任人员，处三年以下有期徒刑或者拘役；情节特别恶劣的，处三年以上七年以下有期徒刑。

第一百三十五条之一【大型群众性活动重大安全事故罪】举办大型群众性活动违反安全管理规定，因而发生重大伤亡事故或者造成其他严重后果的，对直接负责的主管人员和其他直接责任人员，处三年以下有期徒刑或者拘役；情节特别恶劣的，处三年以上七年以下有期徒刑。

第一百三十六条【危险物品肇事罪】违反爆炸性、易燃性、放射性、毒害性、腐蚀性物品的管理规定，在生产、储存、运输、使用中发生重大事故，造成严重后果的，处三年以下有期徒刑或者拘役；后果特别严重的，处三年以上七年以下有期徒刑。

第一百三十七条【工程重大安全事故罪】建设单位、设计单位、施工单位、工程监理单位违反国家规定，降低工程质量标准，造成重大安全事故的，对直接责任人员，处五年以下有期徒刑或者拘役，并处罚金；后果特别严重的，处五年以上十年以下有期徒刑，并处罚金。

第一百三十八条【教育设施重大安全事故罪】明知校舍或者教育教学设施有危险，而不采取措施或者不及时报告，致使发生重大伤亡事故的，对直接责任人员，处三年以下有期徒刑或者拘役；后果特别严重的，处三年以上七年以下有期徒刑。

第一百三十九条【消防责任事故罪】违反消防管理法规，经消防监督机构通知采取改正措施而拒绝执行，造成严重后果的，对直接责任人员，处三年以下有期徒刑或者拘役；后果特别严重的，处三年以上七年以下有期徒刑。

第一百三十九条之一【不报、谎报安全事故罪】在安全事故发生后，负有报告职责的人员不报或者谎报事故情况，贻误事故抢救，情节严重的，处三年以下有期徒刑或者拘役；情节特别严重的，处三年以上七年以下有期徒刑。

第三章 破坏社会主义市场经济秩序罪

第一节 生产、销售伪劣商品罪

第一百四十条【生产、销售伪劣产品罪】生产者、销售者在产品中掺杂、掺假，以假充真，以次充好或者以不合格产品冒充合格产品，销售金额五万元以上不满二十万元的，处二年以下有期徒刑或者拘役，并处或者单处销售金额百分之五十以上二倍以下罚金；销售金额二十万元以上不满五十万元的，处二年以上七年以下有期徒刑，并处销售金额百分之五十以上二倍以下罚金；销售金额五十万元以上不满二百万元的，处七年以上有期徒刑，并处销售金额百分之五十以上二倍以下罚金；销售金额二百万元以上的，处十五年有期徒刑或者无期徒刑，并处销售金额百分之五十以上二倍以下罚金或者没收财产。

第一百四十一条【生产、销售、提供假药罪】生产、销售假药的，处三年以下有期徒刑或者拘役，并处罚金；对人体健康造成严重危害或者有其他严重情节的，处三年以上十年以下有期徒刑，并处罚金；致人死亡或者有其他特别严重情节的，处十年以上有期徒刑、无期徒刑或者死刑，并处罚金或者没收财产。

药品使用单位的人员明知是假药而提供给他人使用的，依照前款的规定处罚。

第一百四十二条【生产、销售、提供劣药罪】生产、销售劣药，对人体健康造成严重危害的，处三年以上十年以下有期徒刑，并处罚金；后果特别严重的，处十年以上有期徒刑或者无期徒刑，并处罚金或者没收财产。

药品使用单位的人员明知是劣药而提供给他人使用的，依照前款的规定处罚。

第一百四十二条之一【妨害药品管理罪】违反药品管理法规，有下列情形之一，足以严重危害人体健康的，处三年以下有期徒刑或者拘役，并处或者单处罚金；对人体健康造成严重危害或者有其他严重情节的，处三年以上七年以下有期徒刑，并处罚金：

（一）生产、销售国务院药品监督管理部门禁止使用的药品的；

（二）未取得药品相关批准证明文件生产、进口药品或者明知是上述药品而销售的；

（三）药品申请注册中提供虚假的证明、数据、资料、样品或者采取其他欺骗手段的；

（四）编造生产、检验记录的。

有前款行为，同时又构成本法第一百四十一条、第一百四十二条规定之罪或者其他犯罪的，依照处罚较重的规定定罪处罚。

第一百四十三条【生产、销售不符合安全标准的食品罪】生产、销售不符合食品安全标准的食品，足以造成严重食物中毒事故或者其他严重食源性疾病的，处三年以下有期徒刑或者拘役，并处罚金；对人体健康造成严重危害或者有其他严重情节的，处三年以上七年以下有期徒刑，并处罚金；后果特别严重的，处七年以上有期徒刑或者无期徒刑，并处罚金或者没收财产。

第一百四十四条【生产、销售有毒、有害食品罪】在生产、销售的食品中掺入有毒、有害的非食品原料的，或者销售明知掺有有毒、有害的非食品原料的食品的，处五年以下有期徒刑，并处罚金；对人体健康造成严重危害或者有其他严重情节的，处五年以上十年以下有期徒刑，并处罚金；致人死亡或者有其他特别严重情节的，依照本法第一百四十一条的规定处罚。

第一百四十五条【生产、销售不符合标准的医用器材罪】生产不符合保障人体健康的国家标准、行业标准的医疗器械、医用卫生材料，或者销售明知是不符合保障人体健康的国家标准、行业标准的医疗器械、医用卫生材料，足以严重危害人体健康的，处三年以下有期徒刑或者拘役，并处销售金额百分之五十以上二倍以下罚金；对人体健康造成严重危害的，处三年以上十年以下有期徒刑，并处销售金额百分之五十以上二倍以下罚金；后果特别严重的，处十年以上有期徒刑或者无期徒刑，并处销售金额百分之五十以上二倍以下罚金或者没收财产。

第一百四十六条【生产、销售不符合安全标准的产品罪】生产不符合保障人身、财产安全的国家标准、行业标准的电器、压力容器、易燃易爆产品或者其他不符合保障人身、财产安全的国家标准、行业标准的产品，或者销售明知是以上不符合保障人身、财产安全的国家标准、行业标准的产品，造成严重后果的，处五年以下有期徒刑，并处销售金额百分之五十以上二倍以下罚金；后果特别严重的，处五年以上有期徒刑，并处销售金额百分之五十以上二倍以下罚金。

第一百四十七条【生产、销售伪劣农药、兽药、化肥、种子罪】生产假农药、假兽药、假化肥，销售明知是假的或者失去使用效能的农药、兽药、化肥、种子，或者生产者、销售者以不合格的农药、兽药、化肥、种子冒充合格的农药、兽药、化肥、种子，使生产遭受较大损失的，处三年以下有期徒刑或者拘役，并处或者单处销售金额百分之五十以上二倍以下罚金；使生产遭受重大损失的，处三年以上七年以下有期徒刑，并处销售金额百分之五十以上二倍以下罚金；使生产遭受特别重大损失的，处七年以上有期徒刑或者无期徒刑，并处销售金额百分之五十以上二倍以下罚金或者没收财产。

第一百四十八条【生产、销售不符合卫生标准的化妆品罪】生产不符合卫生标准的化妆品，或者销售明知是不符合卫生标准的化妆品，造成严重后果的，处三年以下有期徒刑或者拘役，并处或者单处销售金额百分之五十以上二倍以下罚金。

第一百四十九条【对生产、销售伪劣商品行为的法条适用原则】生产、销售本节第一百四十一条至第一百四十八条所列产品，不构成各该条规定的犯罪，但是销售金额在五万元以上的，依照本节第一百四十条的规定定罪处罚。

生产、销售本节第一百四十一条至第一百四十八条所列产品，构成各该条规定的犯罪，同时又构成本节第一百四十条规定之罪的，依照处罚较重的规定定罪处罚。

第一百五十条【单位犯本节规定之罪的处罚规定】单位犯本节第一百四十条至第一百四十八条规定之罪的，对单位判处罚金，并对其直接负责的主管人员和其他直接责任人员，依照各该条的规定处罚。

第二节　走私罪

第一百五十一条【走私武器、弹药罪；走私核材料罪；走私假币罪】走私武器、弹药、核材料或者伪造的货币的，处七年以上有期徒刑，并处罚金或者没收财产；情节特别严重的，处无期徒刑，并处没收财产；情节较轻的，处三年以上七年以下有期徒刑，并处罚金。

【走私文物罪；走私贵重金属罪；走私珍贵动物、珍贵动物制品罪】走私国家禁止出口的文物、黄金、白银和其他贵重金属或者国家禁止进出口的珍贵动物及其制品的，处五年以上十年以下有期徒刑，并处罚金；情节特别严重的，处十年以上有期徒刑或者无期徒刑，并处没收财产；情节较轻的，处五年以下有期徒刑，并处罚金。

【走私国家禁止进出口的货物、物品罪】走私珍稀植物及其制品等国家禁止进出口的其他货物、物品的，处五年以下有期徒刑或者拘役，并处或者单处罚金；情节严重的，处五年以上有期徒刑，并处罚金。

单位犯本条规定之罪的，对单位判处罚金，并对其直接负责的主管人员和其他直接责任人员，依照本条各款的规定处罚。

第一百五十二条【走私淫秽物品罪】以牟利或者传播为目的，走私淫秽的影片、录像带、录音带、图片、书刊或者其他淫秽物品的，处三年以上十年以下有期徒刑，并处罚金；情节严重的，处十年以上有期徒刑或者无期徒刑，并处罚金或者没收财产；情节较轻的，处三年以下有期徒刑、拘役或者管制，并处罚金。

【走私废物罪】逃避海关监管将境外固体废物、液态废物和气态废物运输进境，情节严重的，处五年以下有期徒刑，并处或者单处罚金；情节特别严重的，处五年以上有期徒刑，并处罚金。

单位犯前两款罪的，对单位判处罚金，并对其直接负责的主管人员和其他直接责任人员，依照前两款的规定处罚。

第一百五十三条【走私普通货物、物品罪】走私本法第一百五十一条、第一百五十二条、第三百四十七条规定以外的货物、物品的，根据情节轻重，分别依照下列规定处罚：

（一）走私货物、物品偷逃应缴税额较大或者一年内曾因走私被给予二次行政处罚后又走私的，处三年以下有期徒刑或者拘役，并处偷逃应缴税额一倍以上五倍以下罚金。

（二）走私货物、物品偷逃应缴税额巨大或者有其他严重情节的，处三年以上十年以下有期徒刑，并处偷逃应缴税额一倍以上五倍以下罚金。

（三）走私货物、物品偷逃应缴税额特别巨大或者有其他特别严重情节的，处十年以上有期徒刑或者无期徒刑，并处偷逃应缴税额一倍以上五倍以下罚金或者没收财产。

单位犯前款罪的，对单位判处罚金，并对其直接负责的主管人员和其他直接责任人员，处三年以下有期徒刑或者拘役；情节严重的，处三年以上十年以下有期徒刑；情节特别严重的，处十年以上有期徒刑。

对多次走私未经处理的，按照累计走私货物、物品的偷逃应缴税额处罚。

第一百五十四条【走私普通货物、物品罪】下列走私行为，根据本节规定构成犯罪的，依照本法第一百五十三条的规定定罪处罚：

（一）未经海关许可并且未补缴应缴税额，擅自将批准进口的来料加工、来件装配、补偿贸易的原材料、零件、制成品、设备等保税货物，在境内销售牟利的；

（二）未经海关许可并且未补缴应缴税额，擅自将特定减税、免税进口的货物、物品，在境内销售牟利的。

第一百五十五条【间接走私行为以相应走私犯罪论处的规定】下列行为，以走私罪论处，依照本节的有关规定处罚：

（一）直接向走私人非法收购国家禁止进口物品的，或者直接向走私人非法收购走私进口的其他货物、物品，数额较大的；

（二）在内海、领海、界河、界湖运输、收购、贩卖国家禁止进出口物品的，或者运输、收购、贩卖国家限制进出口货物、物品，数额较大，没有合法证明的。

第一百五十六条【走私共犯】与走私罪犯通谋，为其提供贷款、资金、帐号、发票、证明，或者为其提供运输、保管、邮寄或者其他方便的，以走私罪的共犯论处。

第一百五十七条【武装掩护走私、抗拒缉私的处罚规定】武装掩护走私的，依照本法第一百五十一条第一款的规定从重处罚。

以暴力、威胁方法抗拒缉私的，以走私罪和本法第二百七十七条规定的阻碍国家机关工作人员依法执行职务罪，依照数罪并罚的规定处罚。

第三节　妨害对公司、企业的管理秩序罪

第一百五十八条【虚报注册资本罪】申请公司登记使用虚假证明文件或者采取其他欺诈手段虚报注册资本，欺骗公司登记主管部门，取得公司登记，虚报注册资本数额巨大、后果严重或者有其他严重情节的，处三年以下有期徒刑或者拘役，并处或者单处虚报注册资本金额百分之一以上百分之五以下罚金。

单位犯前款罪的，对单位判处罚金，并对其直接负责的主管人员和其他直接责任人员，处三年以下有期徒刑或者拘役。

第一百五十九条【虚假出资、抽逃出资罪】公司发起人、股东违反公司法的规定未交付货币、实物或者未转移财产权，虚假出资，或者在公司成立后又抽逃其出资，数额巨大、后果严重或者有其他严重情节的，处五年以下有期徒刑或者拘役，并处或者单处虚假出资金额或者抽逃出资金额百分之二以上百分之十以下罚金。

单位犯前款罪的，对单位判处罚金，并对其直接负责的主管人员和其他直接责任人员，处五年以下有期徒刑或者拘役。

第一百六十条【欺诈发行证券罪】在招股说明书、认股书、公司、企业债券募集办法等发行文件中隐瞒重要事实或者编造重大虚假内容，发行股票或者公司、企业债券、存托凭证或者国务院依法认定的其他证券，数额巨大、后果严重或者有其他严重情节的，处五年以下有期徒刑或者拘役，并处或者单处罚金；数额特别巨大、后果特别严重或者有其他特别严重情节的，处五年以上有期徒刑，并处罚金。

控股股东、实际控制人组织、指使实施前款行为的，处五年以下有期徒刑或者拘役，并处或者单处非法募集资金金额百分之二十以上一倍以下罚金；数额特别巨大、后果特别严重或者有其他特别严重情节的，处五年以上有期徒刑，并处非法募集资金金额百分之二十以上一倍以下罚金。

单位犯前两款罪的，对单位判处非法募集资金金额百分之二十以上一倍以下罚金，并对其直接负责的主管人员和其他直接责任人员，依照第一款的规定处罚。

第一百六十一条【违规披露、不披露重要信息罪】依法负有信息披露义务的公司、企业向股东和社会公众提供虚假的或者隐瞒重要事实的财务会计报

告，或者对依法应当披露的其他重要信息不按照规定披露，严重损害股东或者其他人利益，或者有其他严重情节的，对其直接负责的主管人员和其他直接责任人员，处五年以下有期徒刑或者拘役，并处或者单处罚金；情节特别严重的，处五年以上十年以下有期徒刑，并处罚金。

前款规定的公司、企业的控股股东、实际控制人实施或者组织、指使实施前款行为的，或者隐瞒相关事项导致前款规定的情形发生的，依照前款的规定处罚。

犯前款罪的控股股东、实际控制人是单位的，对单位判处罚金，并对其直接负责的主管人员和其他直接责任人员，依照第一款的规定处罚。

第一百六十二条【妨害清算罪】公司、企业进行清算时，隐匿财产，对资产负债表或者财产清单作虚伪记载或者在未清偿债务前分配公司、企业财产，严重损害债权人或者其他人利益的，对其直接负责的主管人员和其他直接责任人员，处五年以下有期徒刑或者拘役，并处或者单处二万元以上二十万元以下罚金。

第一百六十二条之一【隐匿、故意销毁会计凭证、会计账簿、财务会计报告罪】隐匿或者故意销毁依法应当保存的会计凭证、会计帐簿、财务会计报告，情节严重的，处五年以下有期徒刑或者拘役，并处或者单处二万元以上二十万元以下罚金。

单位犯前款罪的，对单位判处罚金，并对其直接负责的主管人员和其他直接责任人员，依照前款的规定处罚。

第一百六十二条之二【虚假破产罪】公司、企业通过隐匿财产、承担虚构的债务或者以其他方法转移、处分财产，实施虚假破产，严重损害债权人或者其他人利益的，对其直接负责的主管人员和其他直接责任人员，处五年以下有期徒刑或者拘役，并处或者单处二万元以上二十万元以下罚金。

第一百六十三条【非国家工作人员受贿罪】公司、企业或者其他单位的工作人员，利用职务上的便利，索取他人财物或者非法收受他人财物，为他人谋取利益，数额较大的，处三年以下有期徒刑或者拘役，并处罚金；数额巨大或者有其他严重情节的，处三年以上十年以下有期徒刑，并处罚金；数额特别巨大或者有其他特别严重情节的，处十年以上有期徒刑或者无期徒刑，并处罚金。

公司、企业或者其他单位的工作人员在经济往来中，利用职务上的便利，违反国家规定，收受各种名义的回扣、手续费，归个人所有的，依照前款的规定处罚。

国有公司、企业或者其他国有单位中从事公务的人员和国有公司、企业或者其他国有单位委派到非国有公司、企业以及其他单位从事公务的人员有前两款行为的，依照本法第三百八十五条、第三百八十六条的规定定罪处罚。

第一百六十四条【对非国家工作人员行贿罪】为谋取不正当利益，给予公司、企业或者其他单位的工作人员以财物，数额较大的，处三年以下有期徒刑或者拘役，并处罚金；数额巨大的，处三年以上十年以下有期徒刑，并处罚金。

【对外国公职人员、国际公共组织官员行贿罪】为谋取不正当商业利益，给予外国公职人员或者国际公共组织官员以财物的，依照前款的规定处罚。

单位犯前两款罪的，对单位判处罚金，并对其直接负责的主管人员和其他直接责任人员，依照第一款的规定处罚。

行贿人在被追诉前主动交待行贿行为的，可以减轻处罚或者免除处罚。

第一百六十五条【非法经营同类营业罪】国有公司、企业的董事、经理利用职务便利，自己经营或者为他人经营与其所任职公司、企业同类的营业，获取非法利益，数额巨大的，处三年以下有期徒刑或者拘役，并处或者单处罚金；数额特别巨大的，处三年以上七年以下有期徒刑，并处罚金。

第一百六十六条【为亲友非法牟利罪】国有公司、企业、事业单位的工作人员，利用职务便利，有下列情形之一，使国家利益遭受重大损失的，处三年以下有期徒刑或者拘役，并处或者单处罚金；致使国家利益遭受特别重大损失的，处三年以上七年以下有期徒刑，并处罚金：

（一）将本单位的盈利业务交由自己的亲友进行经营的；

（二）以明显高于市场的价格向自己的亲友经营管理的单位采购商品或者以明显低于市场的价格向自己的亲友经营管理的单位销售商品的；

（三）向自己的亲友经营管理的单位采购不合格商品的。

第一百六十七条【签订、履行合同失职被骗罪】国有公司、企业、事业单位直接负责的主管人员，在签订、履行合同过程中，因严重不负责任被诈骗，致使国家利益遭受重大损失的，处三年以下有期徒刑或者拘役；致使国家利益遭受特别重大损失的，处三年以上七年以下有期徒刑。

第一百六十八条【国有公司、企业、事业单位人员失职罪；国有公司、企业、事业单位人员滥用职权罪】国有公司、企业的工作人员，由于严重不负责任或者滥用职权，造成国有公司、企业破产或者严重损失，致使国家利益遭受重大损失的，处三年以下有期徒刑或者拘役；致使国家利益遭受特别重大损失的，处三年以上七年以下有期徒刑。

国有事业单位的工作人员有前款行为，致使国家利益遭受重大损失的，依照前款的规定处罚。

国有公司、企业、事业单位的工作人员，徇私舞弊，犯前两款罪的，依照第一款的规定从重处罚。

第一百六十九条【徇私舞弊低价折股、出售国有资产罪】 国有公司、企业或者其上级主管部门直接负责的主管人员，徇私舞弊，将国有资产低价折股或者低价出售，致使国家利益遭受重大损失的，处三年以下有期徒刑或者拘役；致使国家利益遭受特别重大损失的，处三年以上七年以下有期徒刑。

第一百六十九条之一【背信损害上市公司利益罪】 上市公司的董事、监事、高级管理人员违背对公司的忠实义务，利用职务便利，操纵上市公司从事下列行为之一，致使上市公司利益遭受重大损失的，处三年以下有期徒刑或者拘役，并处或者单处罚金；致使上市公司利益遭受特别重大损失的，处三年以上七年以下有期徒刑，并处罚金：

（一）无偿向其他单位或者个人提供资金、商品、服务或者其他资产的；

（二）以明显不公平的条件，提供或者接受资金、商品、服务或者其他资产的；

（三）向明显不具有清偿能力的单位或者个人提供资金、商品、服务或者其他资产的；

（四）为明显不具有清偿能力的单位或者个人提供担保，或者无正当理由为其他单位或者个人提供担保的；

（五）无正当理由放弃债权、承担债务的；

（六）采用其他方式损害上市公司利益的。

上市公司的控股股东或者实际控制人，指使上市公司董事、监事、高级管理人员实施前款行为的，依照前款的规定处罚。

犯前款罪的上市公司的控股股东或者实际控制人是单位的，对单位判处罚金，并对其直接负责的主管人员和其他直接责任人员，依照第一款的规定处罚。

第四节　破坏金融管理秩序罪

第一百七十条【伪造货币罪】 伪造货币的，处三年以上十年以下有期徒刑，并处罚金；有下列情形之一的，处十年以上有期徒刑或者无期徒刑，并处罚金或者没收财产：

（一）伪造货币集团的首要分子；

（二）伪造货币数额特别巨大的；

（三）有其他特别严重情节的。

第一百七十一条【出售、购买、运输假币罪】 出售、购买伪造的货币或者明知是伪造的货币而运输，数额较大的，处三年以下有期徒刑或者拘役，并处二万元以上二十万元以下罚金；数额巨大的，处三年以上十年以下有期徒刑，并处五万元以上五十万元以下罚金；数额特别巨大的，处十年以上有期徒刑或者无期徒刑，并处五万元以上五十万元以下罚金或者没收财产。

【金融工作人员购买假币、以假币换取货币罪】银行或者其他金融机构的工作人员购买伪造的货币或者利用职务上的便利，以伪造的货币换取货币的，处三年以上十年以下有期徒刑，并处二万元以上二十万元以下罚金；数额巨大或者有其他严重情节的，处十年以上有期徒刑或者无期徒刑，并处二万元以上二十万元以下罚金或者没收财产；情节较轻的，处三年以下有期徒刑或者拘役，并处或者单处一万元以上十万元以下罚金。

【伪造货币罪】伪造货币并出售或者运输伪造的货币的，依照本法第一百七十条的规定定罪从重处罚。

第一百七十二条【持有、使用假币罪】明知是伪造的货币而持有、使用，数额较大的，处三年以下有期徒刑或者拘役，并处或者单处一万元以上十万元以下罚金；数额巨大的，处三年以上十年以下有期徒刑，并处二万元以上二十万元以下罚金；数额特别巨大的，处十年以上有期徒刑，并处五万元以上五十万元以下罚金或者没收财产。

第一百七十三条【变造货币罪】变造货币，数额较大的，处三年以下有期徒刑或者拘役，并处或者单处一万元以上十万元以下罚金；数额巨大的，处三年以上十年以下有期徒刑，并处二万元以上二十万元以下罚金。

第一百七十四条【擅自设立金融机构罪】未经国家有关主管部门批准，擅自设立商业银行、证券交易所、期货交易所、证券公司、期货经纪公司、保险公司或者其他金融机构的，处三年以下有期徒刑或者拘役，并处或者单处二万元以上二十万元以下罚金；情节严重的，处三年以上十年以下有期徒刑，并处五万元以上五十万元以下罚金。

【伪造、变造、转让金融机构经营许可证、批准文件罪】伪造、变造、转让商业银行、证券交易所、期货交易所、证券公司、期货经纪公司、保险公司或者其他金融机构的经营许可证或者批准文件的，依照前款的规定处罚。

单位犯前两款罪的，对单位判处罚金，并对其直接负责的主管人员和其他直接责任人员，依照第一款的规定处罚。

第一百七十五条【高利转贷罪】以转贷牟利为目的，套取金融机构信贷资金高利转贷他人，违法所得数额较大的，处三年以下有期徒刑或者拘役，并处违法所得一倍以上五倍以下罚金；数额巨大的，处三年以上七年以下有期徒刑，并处违法所得一倍以上五倍以下罚金。

单位犯前款罪的，对单位判处罚金，并对其直接负责的主管人员和其他直接责任人员，处三年以下有期徒刑或者拘役。

第一百七十五条之一【骗取贷款、票据承兑、金融票证罪】 以欺骗手段取得银行或者其他金融机构贷款、票据承兑、信用证、保函等，给银行或者其他金融机构造成重大损失的，处三年以下有期徒刑或者拘役，并处或者单处罚金；给银行或者其他金融机构造成特别重大损失或者有其他特别严重情节的，处三年以上七年以下有期徒刑，并处罚金。

单位犯前款罪的，对单位判处罚金，并对其直接负责的主管人员和其他直接责任人员，依照前款的规定处罚。

第一百七十六条【非法吸收公众存款罪】 非法吸收公众存款或者变相吸收公众存款，扰乱金融秩序的，处三年以下有期徒刑或者拘役，并处或者单处罚金；数额巨大或者有其他严重情节的，处三年以上十年以下有期徒刑，并处罚金；数额特别巨大或者有其他特别严重情节的，处十年以上有期徒刑，并处罚金。

单位犯前款罪的，对单位判处罚金，并对其直接负责的主管人员和其他直接责任人员，依照前款的规定处罚。

有前两款行为，在提起公诉前积极退赃退赔，减少损害结果发生的，可以从轻或者减轻处罚。

第一百七十七条【伪造、变造金融票证罪】 有下列情形之一，伪造、变造金融票证的，处五年以下有期徒刑或者拘役，并处或者单处二万元以上二十万元以下罚金；情节严重的，处五年以上十年以下有期徒刑，并处五万元以上五十万元以下罚金；情节特别严重的，处十年以上有期徒刑或者无期徒刑，并处五万元以上五十万元以下罚金或者没收财产：

（一）伪造、变造汇票、本票、支票的；

（二）伪造、变造委托收款凭证、汇款凭证、银行存单等其他银行结算凭证的；

（三）伪造、变造信用证或者附随的单据、文件的；

（四）伪造信用卡的。

单位犯前款罪的，对单位判处罚金，并对其直接负责的主管人员和其他直接责任人员，依照前款的规定处罚。

第一百七十七条之一【妨害信用卡管理罪】 有下列情形之一，妨害信用卡管理的，处三年以下有期徒刑或者拘役，并处或者单处一万元以上十万元以下罚金；数量巨大或者有其他严重情节的，处三年以上十年以下有期徒刑，并处二万元以上二十万元以下罚金：

（一）明知是伪造的信用卡而持有、运输的，或者明知是伪造的空白信用卡而持有、运输，数量较大的；

（二）非法持有他人信用卡，数量较大的；

（三）使用虚假的身份证明骗领信用卡的；

（四）出售、购买、为他人提供伪造的信用卡或者以虚假的身份证明骗领的信用卡的。

【窃取、收买、非法提供信用卡信息罪】窃取、收买或者非法提供他人信用卡信息资料的，依照前款规定处罚。

银行或者其他金融机构的工作人员利用职务上的便利，犯第二款罪的，从重处罚。

第一百七十八条【伪造、变造国家有价证券罪】伪造、变造国库券或者国家发行的其他有价证券，数额较大的，处三年以下有期徒刑或者拘役，并处或者单处二万元以上二十万元以下罚金；数额巨大的，处三年以上十年以下有期徒刑，并处五万元以上五十万元以下罚金；数额特别巨大的，处十年以上有期徒刑或者无期徒刑，并处五万元以上五十万元以下罚金或者没收财产。

【伪造、变造股票、公司、企业债券罪】伪造、变造股票或者公司、企业债券，数额较大的，处三年以下有期徒刑或者拘役，并处或者单处一万元以上十万元以下罚金；数额巨大的，处三年以上十年以下有期徒刑，并处二万元以上二十万元以下罚金。

单位犯前两款罪的，对单位判处罚金，并对其直接负责的主管人员和其他直接责任人员，依照前两款的规定处罚。

第一百七十九条【擅自发行股票、公司、企业债券罪】未经国家有关主管部门批准，擅自发行股票或者公司、企业债券，数额巨大、后果严重或者有其他严重情节的，处五年以下有期徒刑或者拘役，并处或者单处非法募集资金金额百分之一以上百分之五以下罚金。

单位犯前款罪的，对单位判处罚金，并对其直接负责的主管人员和其他直接责任人员，处五年以下有期徒刑或者拘役。

第一百八十条【内幕交易、泄露内幕信息罪】证券、期货交易内幕信息的知情人员或者非法获取证券、期货交易内幕信息的人员，在涉及证券的发行，证券、期货交易或者其他对证券、期货交易价格有重大影响的信息尚未公开前，买入或者卖出该证券，或者从事与该内幕信息有关的期货交易，或者泄露该信息，或者明示、暗示他人从事上述交易活动，情节严重的，处五年以下有期徒刑或者拘役，并处或者单处违法所得一倍以上五倍以下罚金；情节特别严重的，处五年以上十年以下有期徒刑，并处违法所得一倍以上五倍以下罚金。

单位犯前款罪的，对单位判处罚金，并对其直接负责的主管人员和其他直接责任人员，处五年以下有期徒刑或者拘役。

内幕信息、知情人员的范围，依照法律、行政法规的规定确定。

【利用未公开信息交易罪】证券交易所、期货交易所、证券公司、期货经纪公司、基金管理公司、商业银行、保险公司等金融机构的从业人员以及有关监管部门或者行业协会的工作人员，利用因职务便利获取的内幕信息以外的其他未公开的信息，违反规定，从事与该信息相关的证券、期货交易活动，或者明示、暗示他人从事相关交易活动，情节严重的，依照第一款的规定处罚。

第一百八十一条【编造并传播证券、期货交易虚假信息罪】编造并且传播影响证券、期货交易的虚假信息，扰乱证券、期货交易市场，造成严重后果的，处五年以下有期徒刑或者拘役，并处或者单处一万元以上十万元以下罚金。

【诱骗投资者买卖证券、期货合约罪】证券交易所、期货交易所、证券公司、期货经纪公司的从业人员，证券业协会、期货业协会或者证券期货监督管理部门的工作人员，故意提供虚假信息或者伪造、变造、销毁交易记录，诱骗投资者买卖证券、期货合约，造成严重后果的，处五年以下有期徒刑或者拘役，并处或者单处一万元以上十万元以下罚金；情节特别恶劣的，处五年以上十年以下有期徒刑，并处二万元以上二十万元以下罚金。

单位犯前两款罪的，对单位判处罚金，并对其直接负责的主管人员和其他直接责任人员，处五年以下有期徒刑或者拘役。

第一百八十二条【操纵证券、期货市场罪】有下列情形之一，操纵证券、期货市场，影响证券、期货交易价格或者证券、期货交易量，情节严重的，处五年以下有期徒刑或者拘役，并处或者单处罚金；情节特别严重的，处五年以上十年以下有期徒刑，并处罚金：

（一）单独或者合谋，集中资金优势、持股或者持仓优势或者利用信息优势联合或者连续买卖的；

（二）与他人串通，以事先约定的时间、价格和方式相互进行证券、期货交易的；

（三）在自己实际控制的帐户之间进行证券交易，或者以自己为交易对象，自买自卖期货合约的；

（四）不以成交为目的，频繁或者大量申报买入、卖出证券、期货合约并撤销申报的；

（五）利用虚假或者不确定的重大信息，诱导投资者进行证券、期货交易的；

（六）对证券、证券发行人、期货交易标的公开作出评价、预测或者投资建议，同时进行反向证券交易或者相关期货交易的；

（七）以其他方法操纵证券、期货市场的。

单位犯前款罪的，对单位判处罚金，并对其直接负责的主管人员和其他直接责任人员，依照前款的规定处罚。

第一百八十三条【职务侵占罪】保险公司的工作人员利用职务上的便利，故意编造未曾发生的保险事故进行虚假理赔，骗取保险金归自己所有的，依照本法第二百七十一条的规定定罪处罚。

【贪污罪】国有保险公司工作人员和国有保险公司委派到非国有保险公司从事公务的人员有前款行为的，依照本法第三百八十二条、第三百八十三条的规定定罪处罚。

第一百八十四条【非国家工作人员受贿罪】银行或者其他金融机构的工作人员在金融业务活动中索取他人财物或者非法收受他人财物，为他人谋取利益的，或者违反国家规定，收受各种名义的回扣、手续费，归个人所有的，依照本法第一百六十三条的规定定罪处罚。

【受贿罪】国有金融机构工作人员和国有金融机构委派到非国有金融机构从事公务的人员有前款行为的，依照本法第三百八十五条、第三百八十六条的规定定罪处罚。

第一百八十五条【挪用资金罪】商业银行、证券交易所、期货交易所、证券公司、期货经纪公司、保险公司或者其他金融机构的工作人员利用职务上的便利，挪用本单位或者客户资金的，依照本法第二百七十二条的规定定罪处罚。

【挪用公款罪】国有商业银行、证券交易所、期货交易所、证券公司、期货经纪公司、保险公司或者其他国有金融机构的工作人员和国有商业银行、证券交易所、期货交易所、证券公司、期货经纪公司、保险公司或者其他国有金融机构委派到前款规定中的非国有机构从事公务的人员有前款行为的，依照本法第三百八十四条的规定定罪处罚。

第一百八十五条之一【背信运用受托财产罪】商业银行、证券交易所、期货交易所、证券公司、期货经纪公司、保险公司或者其他金融机构，违背受托义务，擅自运用客户资金或者其他委托、信托的财产，情节严重的，对单位判处罚金，并对其直接负责的主管人员和其他直接责任人员，处三年以下有期徒刑或者拘役，并处三万元以上三十万元以下罚金；情节特别严重的，处三年以上十年以下有期徒刑，并处五万元以上五十万元以下罚金。

【违法运用资金罪】社会保障基金管理机构、住房公积金管理机构等公众资金管理机构，以及保险公司、保险资产管理公司、证券投资基金管理公司，违反国家规定运用资金的，对其直接负责的主管人员和其他直接责任人员，依照前款的规定处罚。

第一百八十六条【违法发放贷款罪】银行或者其他金融机构的工作人员违反国家规定发放贷款，数额巨大或者造成重大损失的，处五年以下有期徒刑或者拘役，并处一万元以上十万元以下罚金；数额特别巨大或者造成特别重大损失的，处五年以上有期徒刑，并处二万元以上二十万元以下罚金。

银行或者其他金融机构的工作人员违反国家规定，向关系人发放贷款的，依照前款的规定从重处罚。

单位犯前两款罪的，对单位判处罚金，并对其直接负责的主管人员和其他直接责任人员，依照前两款的规定处罚。

关系人的范围，依照《中华人民共和国商业银行法》和有关金融法规确定。

第一百八十七条【吸收客户资金不入账罪】银行或者其他金融机构的工作人员吸收客户资金不入帐，数额巨大或者造成重大损失的，处五年以下有期徒刑或者拘役，并处二万元以上二十万元以下罚金；数额特别巨大或者造成特别重大损失的，处五年以上有期徒刑，并处五万元以上五十万元以下罚金。

单位犯前款罪的，对单位判处罚金，并对其直接负责的主管人员和其他直接责任人员，依照前款的规定处罚。

第一百八十八条【违规出具金融票证罪】银行或者其他金融机构的工作人员违反规定，为他人出具信用证或者其他保函、票据、存单、资信证明，情节严重的，处五年以下有期徒刑或者拘役；情节特别严重的，处五年以上有期徒刑。

单位犯前款罪的，对单位判处罚金，并对其直接负责的主管人员和其他直接责任人员，依照前款的规定处罚。

第一百八十九条【对违法票据承兑、付款、保证罪】银行或者其他金融机构的工作人员在票据业务中，对违反票据法规定的票据予以承兑、付款或者保证，造成重大损失的，处五年以下有期徒刑或者拘役；造成特别重大损失的，处五年以上有期徒刑。

单位犯前款罪的，对单位判处罚金，并对其直接负责的主管人员和其他直接责任人员，依照前款的规定处罚。

第一百九十条【逃汇罪】公司、企业或者其他单位，违反国家规定，擅自将外汇存放境外，或者将境内的外汇非法转移到境外，数额较大的，对单位判处逃汇数额百分之五以上百分之三十以下罚金，并对其直接负责的主管人员和其他直接责任人员，处五年以下有期徒刑或者拘役；数额巨大或者有其他严重情节的，对单位判处逃汇数额百分之五以上百分之三十以下罚金，并对其直接负责的主管人员和其他直接责任人员，处五年以上有期徒刑。

第一百九十一条【洗钱罪】为掩饰、隐瞒毒品犯罪、黑社会性质的组织犯罪、恐怖活动犯罪、走私犯罪、贪污贿赂犯罪、破坏金融管理秩序犯罪、金融诈骗犯罪的所得及其产生的收益的来源和性质，有下列行为之一的，没收实施以上犯罪的所得及其产生的收益，处五年以下有期徒刑或者拘役，并处或者单处罚金；情节严重的，处五年以上十年以下有期徒刑，并处罚金：

（一）提供资金帐户的；

（二）将财产转换为现金、金融票据、有价证券的；

（三）通过转帐或者其他支付结算方式转移资金的；

（四）跨境转移资产的；

（五）以其他方法掩饰、隐瞒犯罪所得及其收益的来源和性质的。

单位犯前款罪的，对单位判处罚金，并对其直接负责的主管人员和其他直接责任人员，依照前款的规定处罚。

第五节　金融诈骗罪

第一百九十二条【集资诈骗罪】以非法占有为目的，使用诈骗方法非法集资，数额较大的，处三年以上七年以下有期徒刑，并处罚金；数额巨大或者有其他严重情节的，处七年以上有期徒刑或者无期徒刑，并处罚金或者没收财产。

单位犯前款罪的，对单位判处罚金，并对其直接负责的主管人员和其他直接责任人员，依照前款的规定处罚。

第一百九十三条【贷款诈骗罪】有下列情形之一，以非法占有为目的，诈骗银行或者其他金融机构的贷款，数额较大的，处五年以下有期徒刑或者拘役，并处二万元以上二十万元以下罚金；数额巨大或者有其他严重情节的，处五年以上十年以下有期徒刑，并处五万元以上五十万元以下罚金；数额特别巨大或者有其他特别严重情节的，处十年以上有期徒刑或者无期徒刑，并处五万元以上五十万元以下罚金或者没收财产：

（一）编造引进资金、项目等虚假理由的；

（二）使用虚假的经济合同的；

（三）使用虚假的证明文件的；

（四）使用虚假的产权证明作担保或者超出抵押物价值重复担保的；

（五）以其他方法诈骗贷款的。

第一百九十四条【票据诈骗罪】有下列情形之一，进行金融票据诈骗活动，数额较大的，处五年以下有期徒刑或者拘役，并处二万元以上二十万元以下罚金；数额巨大或者有其他严重情节的，处五年以上十年以下有期徒刑，并处五万元以上五十万元以下罚金；数额特别巨大或者有其他特别严重情节的，处十年以上有期徒刑或者无期徒刑，并处五万元以上五十万元以下罚金或者没收财产：

（一）明知是伪造、变造的汇票、本票、支票而使用的；

（二）明知是作废的汇票、本票、支票而使用的；

（三）冒用他人的汇票、本票、支票的；

（四）签发空头支票或者与其预留印鉴不符的支票，骗取财物的；

（五）汇票、本票的出票人签发无资金保证的汇票、本票或者在出票时作虚假记载，骗取财物的。

【金融凭证诈骗罪】使用伪造、变造的委托收款凭证、汇款凭证、银行存单等其他银行结算凭证的，依照前款的规定处罚。

第一百九十五条【信用证诈骗罪】有下列情形之一，进行信用证诈骗活动的，处五年以下有期徒刑或者拘役，并处二万元以上二十万元以下罚金；数额巨大或者有其他严重情节的，处五年以上十年以下有期徒刑，并处五万元以上五十万元以下罚金；数额特别巨大或者有其他特别严重情节的，处十年以上有期徒刑或者无期徒刑，并处五万元以上五十万元以下罚金或者没收财产：

（一）使用伪造、变造的信用证或者附随的单据、文件的；

（二）使用作废的信用证的；

（三）骗取信用证的；

（四）以其他方法进行信用证诈骗活动的。

第一百九十六条【信用卡诈骗罪】有下列情形之一，进行信用卡诈骗活动，数额较大的，处五年以下有期徒刑或者拘役，并处二万元以上二十万元以下罚金；数额巨大或者有其他严重情节的，处五年以上十年以下有期徒刑，并处五万元以上五十万元以下罚金；数额特别巨大或者有其他特别严重情节的，处十年以上有期徒刑或者无期徒刑，并处五万元以上五十万元以下罚金或者没收财产：

（一）使用伪造的信用卡，或者使用以虚假的身份证明骗领的信用卡的；

（二）使用作废的信用卡的；

（三）冒用他人信用卡的；

（四）恶意透支的。

前款所称恶意透支，是指持卡人以非法占有为目的，超过规定限额或者规定期限透支，并且经发卡银行催收后仍不归还的行为。

【盗窃罪】盗窃信用卡并使用的，依照本法第二百六十四条的规定定罪处罚。

第一百九十七条【有价证券诈骗罪】使用伪造、变造的国库券或者国家发行的其他有价证券，进行诈骗活动，数额较大的，处五年以下有期徒刑或者拘役，并处二万元以上二十万元以下罚金；数额巨大或者有其他严重情节的，处五年以上十年以下有期徒刑，并处五万元以上五十万元以下罚金；数额特别巨大或者有其他特别严重情节的，处十年以上有期徒刑或者无期徒刑，并处五万元以上五十万元以下罚金或者没收财产。

第一百九十八条【保险诈骗罪】有下列情形之一，进行保险诈骗活动，数额较大的，处五年以下有期徒刑或者拘役，并处一万元以上十万元以下罚金；数额巨大或者有其他严重情节的，处五年以上十年以下有期徒刑，并处二万元以上二十万元以下罚金；数额特别巨大或者有其他特别严重情节的，处十年以上有期徒刑，并处二万元以上二十万元以下罚金或者没收财产：

（一）投保人故意虚构保险标的，骗取保险金的；

（二）投保人、被保险人或者受益人对发生的保险事故编造虚假的原因或者夸大损失的程度，骗取保险金的；

（三）投保人、被保险人或者受益人编造未曾发生的保险事故，骗取保险金的；

（四）投保人、被保险人故意造成财产损失的保险事故，骗取保险金的；

（五）投保人、受益人故意造成被保险人死亡、伤残或者疾病，骗取保险金的。

有前款第四项、第五项所列行为，同时构成其他犯罪的，依照数罪并罚的规定处罚。

单位犯第一款罪的，对单位判处罚金，并对其直接负责的主管人员和其他直接责任人员，处五年以下有期徒刑或者拘役；数额巨大或者有其他严重情节的，处五年以上十年以下有期徒刑；数额特别巨大或者有其他特别严重情节的，处十年以上有期徒刑。

保险事故的鉴定人、证明人、财产评估人故意提供虚假的证明文件，为他人诈骗提供条件的，以保险诈骗的共犯论处。

第一百九十九条（根据《中华人民共和国刑法修正案（九）》删去本条内容）

第二百条【单位犯金融诈骗罪的处罚规定】单位犯本节第一百九十四条、

第一百九十五条规定之罪的，对单位判处罚金，并对其直接负责的主管人员和其他直接责任人员，处五年以下有期徒刑或者拘役，可以并处罚金；数额巨大或者有其他严重情节的，处五年以上十年以下有期徒刑，并处罚金；数额特别巨大或者有其他特别严重情节的，处十年以上有期徒刑或者无期徒刑，并处罚金。

第六节 危害税收征管罪

第二百零一条【逃税罪】纳税人采取欺骗、隐瞒手段进行虚假纳税申报或者不申报，逃避缴纳税款数额较大并且占应纳税额百分之十以上的，处三年以下有期徒刑或者拘役，并处罚金；数额巨大并且占应纳税额百分之三十以上的，处三年以上七年以下有期徒刑，并处罚金。

扣缴义务人采取前款所列手段，不缴或者少缴已扣、已收税款，数额较大的，依照前款的规定处罚。

对多次实施前两款行为，未经处理的，按照累计数额计算。

有第一款行为，经税务机关依法下达追缴通知后，补缴应纳税款，缴纳滞纳金，已受行政处罚的，不予追究刑事责任；但是，五年内因逃避缴纳税款受过刑事处罚或者被税务机关给予二次以上行政处罚的除外。

第二百零二条【抗税罪】以暴力、威胁方法拒不缴纳税款的，处三年以下有期徒刑或者拘役，并处拒缴税款一倍以上五倍以下罚金；情节严重的，处三年以上七年以下有期徒刑，并处拒缴税款一倍以上五倍以下罚金。

第二百零三条【逃避追缴欠税罪】纳税人欠缴应纳税款，采取转移或者隐匿财产的手段，致使税务机关无法追缴欠缴的税款，数额在一万元以上不满十万元的，处三年以下有期徒刑或者拘役，并处或者单处欠缴税款一倍以上五倍以下罚金；数额在十万元以上的，处三年以上七年以下有期徒刑，并处欠缴税款一倍以上五倍以下罚金。

第二百零四条【骗取出口退税罪】以假报出口或者其他欺骗手段，骗取国家出口退税款，数额较大的，处五年以下有期徒刑或者拘役，并处骗取税款一倍以上五倍以下罚金；数额巨大或者有其他严重情节的，处五年以上十年以下有期徒刑，并处骗取税款一倍以上五倍以下罚金；数额特别巨大或者有其他特别严重情节的，处十年以上有期徒刑或者无期徒刑，并处骗取税款一倍以上五倍以下罚金或者没收财产。

【逃税罪、骗取出口退税罪】纳税人缴纳税款后，采取前款规定的欺骗方法，骗取所缴纳的税款的，依照本法第二百零一条的规定定罪处罚；骗取税款超过所缴纳的税款部分，依照前款的规定处罚。

第二百零五条【虚开增值税专用发票、用于骗取出口退税、抵扣税款发票罪】虚开增值税专用发票或者虚开用于骗取出口退税、抵扣税款的其他发票的，处三年以下有期徒刑或者拘役，并处二万元以上二十万元以下罚金；虚开的税款数额较大或者有其他严重情节的，处三年以上十年以下有期徒刑，并处五万元以上五十万元以下罚金；虚开的税款数额巨大或者有其他特别严重情节的，处十年以上有期徒刑或者无期徒刑，并处五万元以上五十万元以下罚金或者没收财产。

单位犯本条规定之罪的，对单位判处罚金，并对其直接负责的主管人员和其他直接责任人员，处三年以下有期徒刑或者拘役；虚开的税款数额较大或者有其他严重情节的，处三年以上十年以下有期徒刑；虚开的税款数额巨大或者有其他特别严重情节的，处十年以上有期徒刑或者无期徒刑。

虚开增值税专用发票或者虚开用于骗取出口退税、抵扣税款的其他发票，是指有为他人虚开、为自己虚开、让他人为自己虚开、介绍他人虚开行为之一的。

第二百零五条之一【虚开发票罪】虚开本法第二百零五条规定以外的其他发票，情节严重的，处二年以下有期徒刑、拘役或者管制，并处罚金；情节特别严重的，处二年以上七年以下有期徒刑，并处罚金。

单位犯前款罪的，对单位判处罚金，并对其直接负责的主管人员和其他直接责任人员，依照前款的规定处罚。

第二百零六条【伪造、出售伪造的增值税专用发票罪】伪造或者出售伪造的增值税专用发票的，处三年以下有期徒刑、拘役或者管制，并处二万元以上二十万元以下罚金；数量较大或者有其他严重情节的，处三年以上十年以下有期徒刑，并处五万元以上五十万元以下罚金；数量巨大或者有其他特别严重情节的，处十年以上有期徒刑或者无期徒刑，并处五万元以上五十万元以下罚金或者没收财产。

单位犯本条规定之罪的，对单位判处罚金，并对其直接负责的主管人员和其他直接责任人员，处三年以下有期徒刑、拘役或者管制；数量较大或者有其他严重情节的，处三年以上十年以下有期徒刑；数量巨大或者有其他特别严重情节的，处十年以上有期徒刑或者无期徒刑。

第二百零七条【非法出售增值税专用发票罪】非法出售增值税专用发票的，处三年以下有期徒刑、拘役或者管制，并处二万元以上二十万元以下罚金；数量较大的，处三年以上十年以下有期徒刑，并处五万元以上五十万元以下罚金；数量巨大的，处十年以上有期徒刑或者无期徒刑，并处五万元以上五十万元以下罚金或者没收财产。

第二百零八条【非法购买增值税专用发票、购买伪造的增值税专用发票罪】非法购买增值税专用发票或者购买伪造的增值税专用发票的，处五年以下有期徒刑或者拘役，并处或者单处二万元以上二十万元以下罚金。

【虚开增值税专用发票罪、出售伪造的增值税专用发票罪、非法出售增值税专用发票罪】非法购买增值税专用发票或者购买伪造的增值税专用发票又虚开或者出售的，分别依照本法第二百零五条、第二百零六条、第二百零七条的规定定罪处罚。

第二百零九条【非法制造、出售非法制造的用于骗取出口退税、抵扣税款发票罪】伪造、擅自制造或者出售伪造、擅自制造的可以用于骗取出口退税、抵扣税款的其他发票的，处三年以下有期徒刑、拘役或者管制，并处二万元以上二十万元以下罚金；数量巨大的，处三年以上七年以下有期徒刑，并处五万元以上五十万元以下罚金；数量特别巨大的，处七年以上有期徒刑，并处五万元以上五十万元以下罚金或者没收财产。

【非法制造、出售非法制造的发票罪】伪造、擅自制造或者出售伪造、擅自制造的前款规定以外的其他发票的，处二年以下有期徒刑、拘役或者管制，并处或者单处一万元以上五万元以下罚金；情节严重的，处二年以上七年以下有期徒刑，并处五万元以上五十万元以下罚金。

【非法出售用于骗取出口退税、抵扣税款发票罪】非法出售可以用于骗取出口退税、抵扣税款的其他发票的，依照第一款的规定处罚。

【非法出售发票罪】非法出售第三款规定以外的其他发票的，依照第二款的规定处罚。

第二百一十条【盗窃罪】盗窃增值税专用发票或者可以用于骗取出口退税、抵扣税款的其他发票的，依照本法第二百六十四条的规定定罪处罚。

【诈骗罪】使用欺骗手段骗取增值税专用发票或者可以用于骗取出口退税、抵扣税款的其他发票的，依照本法第二百六十六条的规定定罪处罚。

第二百一十条之一【持有伪造的发票罪】明知是伪造的发票而持有，数量较大的，处二年以下有期徒刑、拘役或者管制，并处罚金；数量巨大的，处二年以上七年以下有期徒刑，并处罚金。

单位犯前款罪的，对单位判处罚金，并对其直接负责的主管人员和其他直接责任人员，依照前款的规定处罚。

第二百一十一条【单位犯危害税收征管罪的处罚规定】单位犯本节第二百零一条、第二百零三条、第二百零四条、第二百零七条、第二百零八条、第二百零九条规定之罪的，对单位判处罚金，并对其直接负责的主管人员和其他直接责任人员，依照各该条的规定处罚。

第二百一十二条【税务机关征缴优先原则】犯本节第二百零一条至第二百零五条规定之罪，被判处罚金、没收财产的，在执行前，应当先由税务机关追缴税款和所骗取的出口退税款。

第七节 侵犯知识产权罪

第二百一十三条【假冒注册商标罪】未经注册商标所有人许可，在同一种商品、服务上使用与其注册商标相同的商标，情节严重的，处三年以下有期徒刑，并处或者单处罚金；情节特别严重的，处三年以上十年以下有期徒刑，并处罚金。

第二百一十四条【销售假冒注册商标的商品罪】销售明知是假冒注册商标的商品，违法所得数额较大或者有其他严重情节的，处三年以下有期徒刑，并处或者单处罚金；违法所得数额巨大或者有其他特别严重情节的，处三年以上十年以下有期徒刑，并处罚金。

第二百一十五条【非法制造、销售非法制造的注册商标标识罪】伪造、擅自制造他人注册商标标识或者销售伪造、擅自制造的注册商标标识，情节严重的，处三年以下有期徒刑，并处或者单处罚金；情节特别严重的，处三年以上十年以下有期徒刑，并处罚金。

第二百一十六条【假冒专利罪】假冒他人专利，情节严重的，处三年以下有期徒刑或者拘役，并处或者单处罚金。

第二百一十七条【侵犯著作权罪】以营利为目的，有下列侵犯著作权或者与著作权有关的权利的情形之一，违法所得数额较大或者有其他严重情节的，处三年以下有期徒刑，并处或者单处罚金；违法所得数额巨大或者有其他特别严重情节的，处三年以上十年以下有期徒刑，并处罚金：

（一）未经著作权人许可，复制发行、通过信息网络向公众传播其文字作品、音乐、美术、视听作品、计算机软件及法律、行政法规规定的其他作品的；

（二）出版他人享有专有出版权的图书的；

（三）未经录音录像制作者许可，复制发行、通过信息网络向公众传播其制作的录音录像的；

（四）未经表演者许可，复制发行录有其表演的录音录像制品，或者通过信息网络向公众传播其表演的；

（五）制作、出售假冒他人署名的美术作品的；

（六）未经著作权人或者与著作权有关的权利人许可，故意避开或者破坏权利人为其作品、录音录像制品等采取的保护著作权或者与著作权有关的权利的技术措施的。

第二百一十八条【销售侵权复制品罪】以营利为目的，销售明知是本法第二百一十七条规定的侵权复制品，违法所得数额巨大或者有其他严重情节的，处五年以下有期徒刑，并处或者单处罚金。

第二百一十九条【侵犯商业秘密罪】有下列侵犯商业秘密行为之一，情节严重的，处三年以下有期徒刑，并处或者单处罚金；情节特别严重的，处三年以上十年以下有期徒刑，并处罚金：

（一）以盗窃、贿赂、欺诈、胁迫、电子侵入或者其他不正当手段获取权利人的商业秘密的；

（二）披露、使用或者允许他人使用以前项手段获取的权利人的商业秘密的；

（三）违反保密义务或者违反权利人有关保守商业秘密的要求，披露、使用或者允许他人使用其所掌握的商业秘密的。

明知前款所列行为，获取、披露、使用或者允许他人使用该商业秘密的，以侵犯商业秘密论。

本条所称权利人，是指商业秘密的所有人和经商业秘密所有人许可的商业秘密使用人。

第二百一十九条之一【为境外窃取、刺探、收买、非法提供商业秘密罪】为境外的机构、组织、人员窃取、刺探、收买、非法提供商业秘密的，处五年以下有期徒刑，并处或者单处罚金；情节严重的，处五年以上有期徒刑，并处罚金。

第二百二十条【单位犯侵犯知识产权罪的处罚规定】单位犯本节第二百一十三条至第二百一十九条之一规定之罪的，对单位判处罚金，并对其直接负责的主管人员和其他直接责任人员，依照本节各该条的规定处罚。

第八节　扰乱市场秩序罪

第二百二十一条【损害商业信誉、商品声誉罪】捏造并散布虚伪事实，损害他人的商业信誉、商品声誉，给他人造成重大损失或者有其他严重情节的，处二年以下有期徒刑或者拘役，并处或者单处罚金。

第二百二十二条【虚假广告罪】广告主、广告经营者、广告发布者违反国家规定，利用广告对商品或者服务作虚假宣传，情节严重的，处二年以下有期徒刑或者拘役，并处或者单处罚金。

第二百二十三条【串通投标罪】投标人相互串通投标报价，损害招标人或者其他投标人利益，情节严重的，处三年以下有期徒刑或者拘役，并处或者单处罚金。

投标人与招标人串通投标，损害国家、集体、公民的合法利益的，依照前款的规定处罚。

第二百二十四条【合同诈骗罪】有下列情形之一，以非法占有为目的，在签订、履行合同过程中，骗取对方当事人财物，数额较大的，处三年以下有期徒刑或者拘役，并处或者单处罚金；数额巨大或者有其他严重情节的，处三年以上十年以下有期徒刑，并处罚金；数额特别巨大或者有其他特别严重情节的，处十年以上有期徒刑或者无期徒刑，并处罚金或者没收财产：

（一）以虚构的单位或者冒用他人名义签订合同的；

（二）以伪造、变造、作废的票据或者其他虚假的产权证明作担保的；

（三）没有实际履行能力，以先履行小额合同或者部分履行合同的方法，诱骗对方当事人继续签订和履行合同的；

（四）收受对方当事人给付的货物、货款、预付款或者担保财产后逃匿的；

（五）以其他方法骗取对方当事人财物的。

第二百二十四条之一【组织、领导传销活动罪】组织、领导以推销商品、提供服务等经营活动为名，要求参加者以缴纳费用或者购买商品、服务等方式获得加入资格，并按照一定顺序组成层级，直接或者间接以发展人员的数量作为计酬或者返利依据，引诱、胁迫参加者继续发展他人参加，骗取财物，扰乱经济社会秩序的传销活动的，处五年以下有期徒刑或者拘役，并处罚金；情节严重的，处五年以上有期徒刑，并处罚金。

第二百二十五条【非法经营罪】违反国家规定，有下列非法经营行为之一，扰乱市场秩序，情节严重的，处五年以下有期徒刑或者拘役，并处或者单处违法所得一倍以上五倍以下罚金；情节特别严重的，处五年以上有期徒刑，并处违法所得一倍以上五倍以下罚金或者没收财产：

（一）未经许可经营法律、行政法规规定的专营、专卖物品或者其他限制买卖的物品的；

（二）买卖进出口许可证、进出口原产地证明以及其他法律、行政法规规定的经营许可证或者批准文件的；

（三）未经国家有关主管部门批准非法经营证券、期货、保险业务的，或者非法从事资金支付结算业务的；

（四）其他严重扰乱市场秩序的非法经营行为。

第二百二十六条【强迫交易罪】以暴力、威胁手段，实施下列行为之一，情节严重的，处三年以下有期徒刑或者拘役，并处或者单处罚金；情节特别严重的，处三年以上七年以下有期徒刑，并处罚金：

（一）强买强卖商品的；

（二）强迫他人提供或者接受服务的；

（三）强迫他人参与或者退出投标、拍卖的；

（四）强迫他人转让或者收购公司、企业的股份、债券或者其他资产的；

（五）强迫他人参与或者退出特定的经营活动的。

第二百二十七条【伪造、倒卖伪造的有价票证罪】伪造或者倒卖伪造的车票、船票、邮票或者其他有价票证，数额较大的，处二年以下有期徒刑、拘役或者管制，并处或者单处票证价额一倍以上五倍以下罚金；数额巨大的，处二年以上七年以下有期徒刑，并处票证价额一倍以上五倍以下罚金。

【倒卖车票、船票罪】倒卖车票、船票，情节严重的，处三年以下有期徒刑、拘役或者管制，并处或者单处票证价额一倍以上五倍以下罚金。

第二百二十八条【非法转让、倒卖土地使用权罪】以牟利为目的，违反土地管理法规，非法转让、倒卖土地使用权，情节严重的，处三年以下有期徒刑或者拘役，并处或者单处非法转让、倒卖土地使用权价额百分之五以上百分之二十以下罚金；情节特别严重的，处三年以上七年以下有期徒刑，并处非法转让、倒卖土地使用权价额百分之五以上百分之二十以下罚金。

第二百二十九条【提供虚假证明文件罪】承担资产评估、验资、验证、会计、审计、法律服务、保荐、安全评价、环境影响评价、环境监测等职责的中介组织的人员故意提供虚假证明文件，情节严重的，处五年以下有期徒刑或者拘役，并处罚金；有下列情形之一的，处五年以上十年以下有期徒刑，并处罚金：

（一）提供与证券发行相关的虚假的资产评估、会计、审计、法律服务、保荐等证明文件，情节特别严重的；

（二）提供与重大资产交易相关的虚假的资产评估、会计、审计等证明文件，情节特别严重的；

（三）在涉及公共安全的重大工程、项目中提供虚假的安全评价、环境影响评价等证明文件，致使公共财产、国家和人民利益遭受特别重大损失的。

【提供虚假证明文件罪】有前款行为，同时索取他人财物或者非法收受他人财物构成犯罪的，依照处罚较重的规定定罪处罚。

【出具证明文件重大失实罪】第一款规定的人员，严重不负责任，出具的证明文件有重大失实，造成严重后果的，处三年以下有期徒刑或者拘役，并处或者单处罚金。

第二百三十条【逃避商检罪】违反进出口商品检验法的规定，逃避商品检验，将必须经商检机构检验的进口商品未报经检验而擅自销售、使用，或者将必须经商检机构检验的出口商品未报经检验合格而擅自出口，情节严重的，处三年以下有期徒刑或者拘役，并处或者单处罚金。

第二百三十一条【单位犯扰乱市场秩序罪的处罚规定】单位犯本节第二百二十一条至第二百三十条规定之罪的，对单位判处罚金，并对其直接负责的主管人员和其他直接责任人员，依照本节各该条的规定处罚。

第四章　侵犯公民人身权利、民主权利罪

第二百三十二条【故意杀人罪】故意杀人的，处死刑、无期徒刑或者十年以上有期徒刑；情节较轻的，处三年以上十年以下有期徒刑。

第二百三十三条【过失致人死亡罪】过失致人死亡的，处三年以上七年以下有期徒刑；情节较轻的，处三年以下有期徒刑。本法另有规定的，依照规定。

第二百三十四条【故意伤害罪】故意伤害他人身体的，处三年以下有期徒刑、拘役或者管制。

犯前款罪，致人重伤的，处三年以上十年以下有期徒刑；致人死亡或者以特别残忍手段致人重伤造成严重残疾的，处十年以上有期徒刑、无期徒刑或者死刑。本法另有规定的，依照规定。

第二百三十四条之一【组织出卖人体器官罪】组织他人出卖人体器官的，处五年以下有期徒刑，并处罚金；情节严重的，处五年以上有期徒刑，并处罚金或者没收财产。

【故意伤害罪、故意杀人罪】未经本人同意摘取其器官，或者摘取不满十八周岁的人的器官，或者强迫、欺骗他人捐献器官的，依照本法第二百三十四条、第二百三十二条的规定定罪处罚。

【盗窃、侮辱、故意毁坏尸体、尸骨、骨灰罪】违背本人生前意愿摘取其尸体器官，或者本人生前未表示同意，违反国家规定，违背其近亲属意愿摘取其尸体器官的，依照本法第三百零二条的规定定罪处罚。

第二百三十五条【过失致人重伤罪】过失伤害他人致人重伤的，处三年以下有期徒刑或者拘役。本法另有规定的，依照规定。

第二百三十六条【强奸罪】以暴力、胁迫或者其他手段强奸妇女的，处三年以上十年以下有期徒刑。

奸淫不满十四周岁的幼女的，以强奸论，从重处罚。

强奸妇女、奸淫幼女，有下列情形之一的，处十年以上有期徒刑、无期徒

刑或者死刑：

（一）强奸妇女、奸淫幼女情节恶劣的；

（二）强奸妇女、奸淫幼女多人的；

（三）在公共场所当众强奸妇女、奸淫幼女的；

（四）二人以上轮奸的；

（五）奸淫不满十周岁的幼女或者造成幼女伤害的；

（六）致使被害人重伤、死亡或者造成其他严重后果的。

第二百三十六条之一【负有照护职责人员性侵罪】对已满十四周岁不满十六周岁的未成年女性负有监护、收养、看护、教育、医疗等特殊职责的人员，与该未成年女性发生性关系的，处三年以下有期徒刑；情节恶劣的，处三年以上十年以下有期徒刑。

有前款行为，同时又构成本法第二百三十六条规定之罪的，依照处罚较重的规定定罪处罚。

第二百三十七条【强制猥亵、侮辱罪】以暴力、胁迫或者其他方法强制猥亵他人或者侮辱妇女的，处五年以下有期徒刑或者拘役。

聚众或者在公共场所当众犯前款罪的，或者有其他恶劣情节的，处五年以上有期徒刑。

【猥亵儿童罪】猥亵儿童的，处五年以下有期徒刑；有下列情形之一的，处五年以上有期徒刑：

（一）猥亵儿童多人或者多次的；

（二）聚众猥亵儿童的，或者在公共场所当众猥亵儿童，情节恶劣的；

（三）造成儿童伤害或者其他严重后果的；

（四）猥亵手段恶劣或者有其他恶劣情节的。

第二百三十八条【非法拘禁罪】非法拘禁他人或者以其他方法非法剥夺他人人身自由的，处三年以下有期徒刑、拘役、管制或者剥夺政治权利。具有殴打、侮辱情节的，从重处罚。

【非法拘禁罪、故意伤害罪、故意杀人罪】犯前款罪，致人重伤的，处三年以上十年以下有期徒刑；致人死亡的，处十年以上有期徒刑。使用暴力致人伤残、死亡的，依照本法第二百三十四条、第二百三十二条的规定定罪处罚。

为索取债务非法扣押、拘禁他人的，依照前两款的规定处罚。

国家机关工作人员利用职权犯前三款罪的，依照前三款的规定从重处罚。

第二百三十九条【绑架罪】以勒索财物为目的绑架他人的，或者绑架他人作为人质的，处十年以上有期徒刑或者无期徒刑，并处罚金或者没收财产；情节较轻的，处五年以上十年以下有期徒刑，并处罚金。

犯前款罪，杀害被绑架人的，或者故意伤害被绑架人，致人重伤、死亡的，处无期徒刑或者死刑，并处没收财产。

以勒索财物为目的偷盗婴幼儿的，依照前两款的规定处罚。

第二百四十条【拐卖妇女、儿童罪】拐卖妇女、儿童的，处五年以上十年以下有期徒刑，并处罚金；有下列情形之一的，处十年以上有期徒刑或者无期徒刑，并处罚金或者没收财产；情节特别严重的，处死刑，并处没收财产：

（一）拐卖妇女、儿童集团的首要分子；

（二）拐卖妇女、儿童三人以上的；

（三）奸淫被拐卖的妇女的；

（四）诱骗、强迫被拐卖的妇女卖淫或者将被拐卖的妇女卖给他人迫使其卖淫的；

（五）以出卖为目的，使用暴力、胁迫或者麻醉方法绑架妇女、儿童的；

（六）以出卖为目的，偷盗婴幼儿的；

（七）造成被拐卖的妇女、儿童或者其亲属重伤、死亡或者其他严重后果的；

（八）将妇女、儿童卖往境外的。

拐卖妇女、儿童是指以出卖为目的，有拐骗、绑架、收买、贩卖、接送、中转妇女、儿童的行为之一的。

第二百四十一条【收买被拐卖的妇女、儿童罪】收买被拐卖的妇女、儿童的，处三年以下有期徒刑、拘役或者管制。

【强奸罪】收买被拐卖的妇女，强行与其发生性关系的，依照本法第二百三十六条的规定定罪处罚。

【非法拘禁罪、故意伤害罪、侮辱罪】收买被拐卖的妇女、儿童，非法剥夺、限制其人身自由或者有伤害、侮辱等犯罪行为的，依照本法的有关规定定罪处罚。

收买被拐卖的妇女、儿童，并有第二款、第三款规定的犯罪行为的，依照数罪并罚的规定处罚。

【拐卖妇女、儿童罪】收买被拐卖的妇女、儿童又出卖的，依照本法第二百四十条的规定定罪处罚。

收买被拐卖的妇女、儿童，对被买儿童没有虐待行为，不阻碍对其进行解救的，可以从轻处罚；按照被买妇女的意愿，不阻碍其返回原居住地的，可以从轻或者减轻处罚。

第二百四十二条【妨害公务罪】以暴力、威胁方法阻碍国家机关工作人员解救被收买的妇女、儿童的，依照本法第二百七十七条的规定定罪处罚。

【聚众阻碍解救被收买的妇女、儿童罪】聚众阻碍国家机关工作人员解救被收买的妇女、儿童的首要分子，处五年以下有期徒刑或者拘役；其他参与者使用暴力、威胁方法的，依照前款的规定处罚。

第二百四十三条【诬告陷害罪】捏造事实诬告陷害他人，意图使他人受刑事追究，情节严重的，处三年以下有期徒刑、拘役或者管制；造成严重后果的，处三年以上十年以下有期徒刑。

国家机关工作人员犯前款罪的，从重处罚。

不是有意诬陷，而是错告，或者检举失实的，不适用前两款的规定。

第二百四十四条【强迫劳动罪】以暴力、威胁或者限制人身自由的方法强迫他人劳动的，处三年以下有期徒刑或者拘役，并处罚金；情节严重的，处三年以上十年以下有期徒刑，并处罚金。

明知他人实施前款行为，为其招募、运送人员或者有其他协助强迫他人劳动行为的，依照前款的规定处罚。

单位犯前两款罪的，对单位判处罚金，并对其直接负责的主管人员和其他直接责任人员，依照第一款的规定处罚。

第二百四十四条之一【雇用童工从事危重劳动罪】违反劳动管理法规，雇用未满十六周岁的未成年人从事超强度体力劳动的，或者从事高空、井下作业的，或者在爆炸性、易燃性、放射性、毒害性等危险环境下从事劳动，情节严重的，对直接责任人员，处三年以下有期徒刑或者拘役，并处罚金；情节特别严重的，处三年以上七年以下有期徒刑，并处罚金。

有前款行为，造成事故，又构成其他犯罪的，依照数罪并罚的规定处罚。

第二百四十五条【非法搜查罪、非法侵入住宅罪】非法搜查他人身体、住宅，或者非法侵入他人住宅的，处三年以下有期徒刑或者拘役。

司法工作人员滥用职权，犯前款罪的，从重处罚。

第二百四十六条【侮辱罪、诽谤罪】以暴力或者其他方法公然侮辱他人或者捏造事实诽谤他人，情节严重的，处三年以下有期徒刑、拘役、管制或者剥夺政治权利。

前款罪，告诉的才处理，但是严重危害社会秩序和国家利益的除外。

通过信息网络实施第一款规定的行为，被害人向人民法院告诉，但提供证据确有困难的，人民法院可以要求公安机关提供协助。

第二百四十七条【刑讯逼供罪、暴力取证罪、故意伤害罪、故意杀人罪】司法工作人员对犯罪嫌疑人、被告人实行刑讯逼供或者使用暴力逼取证人证言的，处三年以下有期徒刑或者拘役。致人伤残、死亡的，依照本法第二百三十四条、第二百三十二条的规定定罪从重处罚。

第二百四十八条【虐待被监管人罪、故意伤害罪、故意杀人罪】监狱、拘留所、看守所等监管机构的监管人员对被监管人进行殴打或者体罚虐待，情节严重的，处三年以下有期徒刑或者拘役；情节特别严重的，处三年以上十年以下有期徒刑。致人伤残、死亡的，依照本法第二百三十四条、第二百三十二条的规定定罪从重处罚。

监管人员指使被监管人殴打或者体罚虐待其他被监管人的，依照前款的规定处罚。

第二百四十九条【煽动民族仇恨、民族歧视罪】煽动民族仇恨、民族歧视，情节严重的，处三年以下有期徒刑、拘役、管制或者剥夺政治权利；情节特别严重的，处三年以上十年以下有期徒刑。

第二百五十条【出版歧视、侮辱少数民族作品罪】在出版物中刊载歧视、侮辱少数民族的内容，情节恶劣，造成严重后果的，对直接责任人员，处三年以下有期徒刑、拘役或者管制。

第二百五十一条【非法剥夺公民宗教信仰自由罪、侵犯少数民族风俗习惯罪】国家机关工作人员非法剥夺公民的宗教信仰自由和侵犯少数民族风俗习惯，情节严重的，处二年以下有期徒刑或者拘役。

第二百五十二条【侵犯通信自由罪】隐匿、毁弃或者非法开拆他人信件，侵犯公民通信自由权利，情节严重的，处一年以下有期徒刑或者拘役。

第二百五十三条【私自开拆、隐匿、毁弃邮件、电报罪】邮政工作人员私自开拆或者隐匿、毁弃邮件、电报的，处二年以下有期徒刑或者拘役。

【盗窃罪】犯前款罪而窃取财物的，依照本法第二百六十四条的规定定罪从重处罚。

第二百五十三条之一【侵犯公民个人信息罪】违反国家有关规定，向他人出售或者提供公民个人信息，情节严重的，处三年以下有期徒刑或者拘役，并处或者单处罚金；情节特别严重的，处三年以上七年以下有期徒刑，并处罚金。

违反国家有关规定，将在履行职责或者提供服务过程中获得的公民个人信息，出售或者提供给他人的，依照前款的规定从重处罚。

窃取或者以其他方法非法获取公民个人信息的，依照第一款的规定处罚。

单位犯前三款罪的，对单位判处罚金，并对其直接负责的主管人员和其他直接责任人员，依照各该款的规定处罚。

第二百五十四条【报复陷害罪】国家机关工作人员滥用职权、假公济私，对控告人、申诉人、批评人、举报人实行报复陷害的，处二年以下有期徒刑或者拘役；情节严重的，处二年以上七年以下有期徒刑。

第二百五十五条【打击报复会计、统计人员罪】公司、企业、事业单位、机关、团体的领导人，对依法履行职责、抵制违反会计法、统计法行为的会计、统计人员实行打击报复，情节恶劣的，处三年以下有期徒刑或者拘役。

第二百五十六条【破坏选举罪】在选举各级人民代表大会代表和国家机关领导人员时，以暴力、威胁、欺骗、贿赂、伪造选举文件、虚报选举票数等手段破坏选举或者妨害选民和代表自由行使选举权和被选举权，情节严重的，处三年以下有期徒刑、拘役或者剥夺政治权利。

第二百五十七条【暴力干涉婚姻自由罪】以暴力干涉他人婚姻自由的，处二年以下有期徒刑或者拘役。

犯前款罪，致使被害人死亡的，处二年以上七年以下有期徒刑。

第一款罪，告诉的才处理。

第二百五十八条【重婚罪】有配偶而重婚的，或者明知他人有配偶而与之结婚的，处二年以下有期徒刑或者拘役。

第二百五十九条【破坏军婚罪】明知是现役军人的配偶而与之同居或者结婚的，处三年以下有期徒刑或者拘役。

【强奸罪】利用职权、从属关系，以胁迫手段奸淫现役军人的妻子的，依照本法第二百三十六条的规定定罪处罚。

第二百六十条【虐待罪】虐待家庭成员，情节恶劣的，处二年以下有期徒刑、拘役或者管制。

犯前款罪，致使被害人重伤、死亡的，处二年以上七年以下有期徒刑。

第一款罪，告诉的才处理，但被害人没有能力告诉，或者因受到强制、威吓无法告诉的除外。

第二百六十条之一【虐待被监护、看护人罪】对未成年人、老年人、患病的人、残疾人等负有监护、看护职责的人虐待被监护、看护的人，情节恶劣的，处三年以下有期徒刑或者拘役。

单位犯前款罪的，对单位判处罚金，并对其直接负责的主管人员和其他直接责任人员，依照前款的规定处罚。

有第一款行为，同时构成其他犯罪的，依照处罚较重的规定定罪处罚。

第二百六十一条【遗弃罪】对于年老、年幼、患病或者其他没有独立生活能力的人，负有扶养义务而拒绝扶养，情节恶劣的，处五年以下有期徒刑、拘役或者管制。

第二百六十二条【拐骗儿童罪】拐骗不满十四周岁的未成年人，脱离家庭或者监护人的，处五年以下有期徒刑或者拘役。

第二百六十二条之一【组织残疾人、儿童乞讨罪】以暴力、胁迫手段组织残疾人或者不满十四周岁的未成年人乞讨的，处三年以下有期徒刑或者拘役，并处罚金；情节严重的，处三年以上七年以下有期徒刑，并处罚金。

第二百六十二条之二【组织未成年人进行违反治安管理活动罪】组织未成年人进行盗窃、诈骗、抢夺、敲诈勒索等违反治安管理活动的，处三年以下有期徒刑或者拘役，并处罚金；情节严重的，处三年以上七年以下有期徒刑，并处罚金。

第五章 侵犯财产罪

第二百六十三条【抢劫罪】以暴力、胁迫或者其他方法抢劫公私财物的，处三年以上十年以下有期徒刑，并处罚金；有下列情形之一的，处十年以上有期徒刑、无期徒刑或者死刑，并处罚金或者没收财产：

（一）入户抢劫的；

（二）在公共交通工具上抢劫的；

（三）抢劫银行或者其他金融机构的；

（四）多次抢劫或者抢劫数额巨大的；

（五）抢劫致人重伤、死亡的；

（六）冒充军警人员抢劫的；

（七）持枪抢劫的；

（八）抢劫军用物资或者抢险、救灾、救济物资的。

第二百六十四条【盗窃罪】盗窃公私财物，数额较大的，或者多次盗窃、入户盗窃、携带凶器盗窃、扒窃的，处三年以下有期徒刑、拘役或者管制，并处或者单处罚金；数额巨大或者有其他严重情节的，处三年以上十年以下有期徒刑，并处罚金；数额特别巨大或者有其他特别严重情节的，处十年以上有期徒刑或者无期徒刑，并处罚金或者没收财产。

第二百六十五条【盗窃罪】以牟利为目的，盗接他人通信线路、复制他人电信码号或者明知是盗接、复制的电信设备、设施而使用的，依照本法第二百六十四条的规定定罪处罚。

第二百六十六条【诈骗罪】诈骗公私财物，数额较大的，处三年以下有期徒刑、拘役或者管制，并处或者单处罚金；数额巨大或者有其他严重情节的，处三年以上十年以下有期徒刑，并处罚金；数额特别巨大或者有其他特别严重情节的，处十年以上有期徒刑或者无期徒刑，并处罚金或者没收财产。本法另有规定的，依照规定。

第二百六十七条【抢夺罪】抢夺公私财物，数额较大的，或者多次抢夺的，处三年以下有期徒刑、拘役或者管制，并处或者单处罚金；数额巨大或者有其他严重情节的，处三年以上十年以下有期徒刑，并处罚金；数额特别巨大或者有其他特别严重情节的，处十年以上有期徒刑或者无期徒刑，并处罚金或者没收财产。

【抢劫罪】携带凶器抢夺的，依照本法第二百六十三条的规定定罪处罚。

第二百六十八条【聚众哄抢罪】聚众哄抢公私财物，数额较大或者有其他严重情节的，对首要分子和积极参加的，处三年以下有期徒刑、拘役或者管制，并处罚金；数额巨大或者有其他特别严重情节的，处三年以上十年以下有期徒刑，并处罚金。

第二百六十九条【抢劫罪】犯盗窃、诈骗、抢夺罪，为窝藏赃物、抗拒抓捕或者毁灭罪证而当场使用暴力或者以暴力相威胁的，依照本法第二百六十三条的规定定罪处罚。

第二百七十条【侵占罪】将代为保管的他人财物非法占为己有，数额较大，拒不退还的，处二年以下有期徒刑、拘役或者罚金；数额巨大或者有其他严重情节的，处二年以上五年以下有期徒刑，并处罚金。

将他人的遗忘物或者埋藏物非法占为己有，数额较大，拒不交出的，依照前款的规定处罚。

本条罪，告诉的才处理。

第二百七十一条【职务侵占罪】公司、企业或者其他单位的工作人员，利用职务上的便利，将本单位财物非法占为己有，数额较大的，处三年以下有期徒刑或者拘役，并处罚金；数额巨大的，处三年以上十年以下有期徒刑，并处罚金；数额特别巨大的，处十年以上有期徒刑或者无期徒刑，并处罚金。

【贪污罪】国有公司、企业或者其他国有单位中从事公务的人员和国有公司、企业或者其他国有单位委派到非国有公司、企业以及其他单位从事公务的人员有前款行为的，依照本法第三百八十二条、第三百八十三条的规定定罪处罚。

第二百七十二条【挪用资金罪】公司、企业或者其他单位的工作人员，利用职务上的便利，挪用本单位资金归个人使用或者借贷给他人，数额较大、超过三个月未还的，或者虽未超过三个月，但数额较大、进行营利活动的，或者进行非法活动的，处三年以下有期徒刑或者拘役；挪用本单位资金数额巨大的，处三年以上七年以下有期徒刑；数额特别巨大的，处七年以上有期徒刑。

【挪用公款罪】国有公司、企业或者其他国有单位中从事公务的人员和国有公司、企业或者其他国有单位委派到非国有公司、企业以及其他单位从事公务的人员有前款行为的，依照本法第三百八十四条的规定定罪处罚。

有第一款行为，在提起公诉前将挪用的资金退还的，可以从轻或者减轻处罚。其中，犯罪较轻的，可以减轻或者免除处罚。

第二百七十三条【挪用特定款物罪】挪用用于救灾、抢险、防汛、优抚、扶贫、移民、救济款物，情节严重，致使国家和人民群众利益遭受重大损害的，对直接责任人员，处三年以下有期徒刑或者拘役；情节特别严重的，处三年以上七年以下有期徒刑。

第二百七十四条【敲诈勒索罪】敲诈勒索公私财物，数额较大或者多次敲诈勒索的，处三年以下有期徒刑、拘役或者管制，并处或者单处罚金；数额巨大或者有其他严重情节的，处三年以上十年以下有期徒刑，并处罚金；数额特别巨大或者有其他特别严重情节的，处十年以上有期徒刑，并处罚金。

第二百七十五条【故意毁坏财物罪】故意毁坏公私财物，数额较大或者有其他严重情节的，处三年以下有期徒刑、拘役或者罚金；数额巨大或者有其他特别严重情节的，处三年以上七年以下有期徒刑。

第二百七十六条【破坏生产经营罪】由于泄愤报复或者其他个人目的，毁坏机器设备、残害耕畜或者以其他方法破坏生产经营的，处三年以下有期徒刑、拘役或者管制；情节严重的，处三年以上七年以下有期徒刑。

第二百七十六条之一【拒不支付劳动报酬罪】以转移财产、逃匿等方法逃避支付劳动者的劳动报酬或者有能力支付而不支付劳动者的劳动报酬，数额较大，经政府有关部门责令支付仍不支付的，处三年以下有期徒刑或者拘役，并处或者单处罚金；造成严重后果的，处三年以上七年以下有期徒刑，并处罚金。

单位犯前款罪的，对单位判处罚金，并对其直接负责的主管人员和其他直接责任人员，依照前款的规定处罚。

有前两款行为，尚未造成严重后果，在提起公诉前支付劳动者的劳动报酬，并依法承担相应赔偿责任的，可以减轻或者免除处罚。

第六章　妨害社会管理秩序罪

第一节　扰乱公共秩序罪

第二百七十七条【妨害公务罪】以暴力、威胁方法阻碍国家机关工作人员依法执行职务的，处三年以下有期徒刑、拘役、管制或者罚金。

以暴力、威胁方法阻碍全国人民代表大会和地方各级人民代表大会代表依法执行代表职务的，依照前款的规定处罚。

在自然灾害和突发事件中，以暴力、威胁方法阻碍红十字会工作人员依法履行职责的，依照第一款的规定处罚。

故意阻碍国家安全机关、公安机关依法执行国家安全工作任务，未使用暴力、威胁方法，造成严重后果的，依照第一款的规定处罚。

【袭警罪】暴力袭击正在依法执行职务的人民警察的，处三年以下有期徒刑、拘役或者管制；使用枪支、管制刀具，或者以驾驶机动车撞击等手段，严重危及其人身安全的，处三年以上七年以下有期徒刑。

第二百七十八条【煽动暴力抗拒法律实施罪】煽动群众暴力抗拒国家法律、行政法规实施的，处三年以下有期徒刑、拘役、管制或者剥夺政治权利；造成严重后果的，处三年以上七年以下有期徒刑。

第二百七十九条【招摇撞骗罪】冒充国家机关工作人员招摇撞骗的，处三年以下有期徒刑、拘役、管制或者剥夺政治权利；情节严重的，处三年以上十年以下有期徒刑。

冒充人民警察招摇撞骗的，依照前款的规定从重处罚。

第二百八十条【伪造、变造、买卖国家机关公文、证件、印章罪；盗窃、抢夺、毁灭国家机关公文、证件、印章罪】伪造、变造、买卖或者盗窃、抢夺、毁灭国家机关的公文、证件、印章的，处三年以下有期徒刑、拘役、管制或者剥夺政治权利，并处罚金；情节严重的，处三年以上十年以下有期徒刑，并处罚金。

【伪造公司、企业、事业单位、人民团体印章罪】伪造公司、企业、事业单位、人民团体的印章的，处三年以下有期徒刑、拘役、管制或者剥夺政治权利，并处罚金。

【伪造、变造、买卖身份证件罪】伪造、变造、买卖居民身份证、护照、社会保障卡、驾驶证等依法可以用于证明身份的证件的，处三年以下有期徒刑、拘役、管制或者剥夺政治权利，并处罚金；情节严重的，处三年以上七年以下有期徒刑，并处罚金。

第二百八十条之一【使用虚假身份证件、盗用身份证件罪】在依照国家规定应当提供身份证明的活动中，使用伪造、变造的或者盗用他人的居民身份证、护照、社会保障卡、驾驶证等依法可以用于证明身份的证件，情节严重的，处拘役或者管制，并处或者单处罚金。

有前款行为，同时构成其他犯罪的，依照处罚较重的规定定罪处罚。

第二百八十条之二【冒名顶替罪】盗用、冒用他人身份，顶替他人取得的高等学历教育入学资格、公务员录用资格、就业安置待遇的，处三年以下有期徒刑、拘役或者管制，并处罚金。

组织、指使他人实施前款行为的，依照前款的规定从重处罚。

国家工作人员有前两款行为，又构成其他犯罪的，依照数罪并罚的规定处罚。

第二百八十一条【非法生产、买卖警用装备罪】非法生产、买卖人民警察制式服装、车辆号牌等专用标志、警械，情节严重的，处三年以下有期徒刑、拘役或者管制，并处或者单处罚金。

单位犯前款罪的，对单位判处罚金，并对其直接负责的主管人员和其他直接责任人员，依照前款的规定处罚。

第二百八十二条【非法获取国家秘密罪】以窃取、刺探、收买方法，非法获取国家秘密的，处三年以下有期徒刑、拘役、管制或者剥夺政治权利；情节严重的，处三年以上七年以下有期徒刑。

【非法持有国家绝密、机密文件、资料、物品罪】非法持有属于国家绝密、机密的文件、资料或者其他物品，拒不说明来源与用途的，处三年以下有期徒刑、拘役或者管制。

第二百八十三条【非法生产、销售专用间谍器材、窃听、窃照专用器材罪】非法生产、销售专用间谍器材或者窃听、窃照专用器材的，处三年以下有期徒刑、拘役或者管制，并处或者单处罚金；情节严重的，处三年以上七年以下有期徒刑，并处罚金。

单位犯前款罪的，对单位判处罚金，并对其直接负责的主管人员和其他直接责任人员，依照前款的规定处罚。

第二百八十四条【非法使用窃听、窃照专用器材罪】非法使用窃听、窃照专用器材，造成严重后果的，处二年以下有期徒刑、拘役或者管制。

第二百八十四条之一【组织考试作弊罪】在法律规定的国家考试中，组织作弊的，处三年以下有期徒刑或者拘役，并处或者单处罚金；情节严重的，处三年以上七年以下有期徒刑，并处罚金。

为他人实施前款犯罪提供作弊器材或者其他帮助的，依照前款的规定处罚。

【非法出售、提供试题、答案罪】为实施考试作弊行为，向他人非法出售或者提供第一款规定的考试的试题、答案的，依照第一款的规定处罚。

【代替考试罪】代替他人或者让他人代替自己参加第一款规定的考试的，处拘役或者管制，并处或者单处罚金。

第二百八十五条【非法侵入计算机信息系统罪】违反国家规定，侵入国家事务、国防建设、尖端科学技术领域的计算机信息系统的，处三年以下有期徒刑或者拘役。

【非法获取计算机信息系统数据、非法控制计算机信息系统罪】违反国家规定，侵入前款规定以外的计算机信息系统或者采用其他技术手段，获取该计算机信息系统中存储、处理或者传输的数据，或者对该计算机信息系统实施非法控制，情节严重的，处三年以下有期徒刑或者拘役，并处或者单处罚金；情节特别严重的，处三年以上七年以下有期徒刑，并处罚金。

【提供侵入、非法控制计算机信息系统程序、工具罪】提供专门用于侵入、非法控制计算机信息系统的程序、工具，或者明知他人实施侵入、非法控制计算机信息系统的违法犯罪行为而为其提供程序、工具，情节严重的，依照前款的规定处罚。

单位犯前三款罪的，对单位判处罚金，并对其直接负责的主管人员和其他直接责任人员，依照各该款的规定处罚。

第二百八十六条【破坏计算机信息系统罪】违反国家规定，对计算机信息系统功能进行删除、修改、增加、干扰，造成计算机信息系统不能正常运行，后果严重的，处五年以下有期徒刑或者拘役；后果特别严重的，处五年以上有期徒刑。

违反国家规定，对计算机信息系统中存储、处理或者传输的数据和应用程序进行删除、修改、增加的操作，后果严重的，依照前款的规定处罚。

故意制作、传播计算机病毒等破坏性程序，影响计算机系统正常运行，后果严重的，依照第一款的规定处罚。

单位犯前三款罪的，对单位判处罚金，并对其直接负责的主管人员和其他直接责任人员，依照第一款的规定处罚。

第二百八十六条之一【拒不履行信息网络安全管理义务罪】网络服务提供者不履行法律、行政法规规定的信息网络安全管理义务，经监管部门责令采取改正措施而拒不改正，有下列情形之一的，处三年以下有期徒刑、拘役或者管制，并处或者单处罚金：

（一）致使违法信息大量传播的；

（二）致使用户信息泄露，造成严重后果的；

（三）致使刑事案件证据灭失，情节严重的；

（四）有其他严重情节的。

单位犯前款罪的，对单位判处罚金，并对其直接负责的主管人员和其他直接责任人员，依照前款的规定处罚。

有前两款行为，同时构成其他犯罪的，依照处罚较重的规定定罪处罚。

第二百八十七条【利用计算机实施犯罪的提示性规定】利用计算机实施金融诈骗、盗窃、贪污、挪用公款、窃取国家秘密或者其他犯罪的，依照本法有关规定定罪处罚。

第二百八十七条之一【非法利用信息网络罪】利用信息网络实施下列行为之一，情节严重的，处三年以下有期徒刑或者拘役，并处或者单处罚金：

（一）设立用于实施诈骗、传授犯罪方法、制作或者销售违禁物品、管制物品等违法犯罪活动的网站、通讯群组的；

（二）发布有关制作或者销售毒品、枪支、淫秽物品等违禁物品、管制物品或者其他违法犯罪信息的；

（三）为实施诈骗等违法犯罪活动发布信息的。

单位犯前款罪的，对单位判处罚金，并对其直接负责的主管人员和其他直接责任人员，依照第一款的规定处罚。

有前两款行为，同时构成其他犯罪的，依照处罚较重的规定定罪处罚。

第二百八十七条之二【帮助信息网络犯罪活动罪】明知他人利用信息网络实施犯罪，为其犯罪提供互联网接入、服务器托管、网络存储、通讯传输等技术支持，或者提供广告推广、支付结算等帮助，情节严重的，处三年以下有期徒刑或者拘役，并处或者单处罚金。

单位犯前款罪的，对单位判处罚金，并对其直接负责的主管人员和其他直接责任人员，依照第一款的规定处罚。

有前两款行为，同时构成其他犯罪的，依照处罚较重的规定定罪处罚。

第二百八十八条【扰乱无线电通讯管理秩序罪】违反国家规定，擅自设置、使用无线电台（站），或者擅自使用无线电频率，干扰无线电通讯秩序，情节严重的，处三年以下有期徒刑、拘役或者管制，并处或者单处罚金；情节特别严重的，处三年以上七年以下有期徒刑，并处罚金。

单位犯前款罪的，对单位判处罚金，并对其直接负责的主管人员和其他直接责任人员，依照前款的规定处罚。

第二百八十九条【故意伤害罪、故意杀人罪、抢劫罪】聚众“打砸抢”，致人伤残、死亡的，依照本法第二百三十四条、第二百三十二条的规定定罪处罚。毁坏或者抢走公私财物的，除判令退赔外，对首要分子，依照本法第二百六十三条的规定定罪处罚。

第二百九十条【聚众扰乱社会秩序罪】聚众扰乱社会秩序，情节严重，致使工作、生产、营业和教学、科研、医疗无法进行，造成严重损失的，对首要分子，处三年以上七年以下有期徒刑；对其他积极参加的，处三年以下有期徒刑、拘役、管制或者剥夺政治权利。

【聚众冲击国家机关罪】聚众冲击国家机关，致使国家机关工作无法进行，造成严重损失的，对首要分子，处五年以上十年以下有期徒刑；对其他积极参加的，处五年以下有期徒刑、拘役、管制或者剥夺政治权利。

【扰乱国家机关工作秩序罪】多次扰乱国家机关工作秩序，经行政处罚后仍不改正，造成严重后果的，处三年以下有期徒刑、拘役或者管制。

【组织、资助非法聚集罪】多次组织、资助他人非法聚集，扰乱社会秩序，情节严重的，依照前款的规定处罚。

第二百九十一条【聚众扰乱公共场所秩序、交通秩序罪】聚众扰乱车站、码头、民用航空站、商场、公园、影剧院、展览会、运动场或者其他公共场所秩序，聚众堵塞交通或者破坏交通秩序，抗拒、阻碍国家治安管理工作人员依法执行职务，情节严重的，对首要分子，处五年以下有期徒刑、拘役或者管制。

第二百九十一条之一【投放虚假危险物质罪；编造、故意传播虚假恐怖信息罪】投放虚假的爆炸性、毒害性、放射性、传染病病原体等物质，或者编造爆炸威胁、生化威胁、放射威胁等恐怖信息，或者明知是编造的恐怖信息而故意传播，严重扰乱社会秩序的，处五年以下有期徒刑、拘役或者管制；造成严重后果的，处五年以上有期徒刑。

【编造、故意传播虚假信息罪】编造虚假的险情、疫情、灾情、警情，在信息网络或者其他媒体上传播，或者明知是上述虚假信息，故意在信息网络或者其他媒体上传播，严重扰乱社会秩序的，处三年以下有期徒刑、拘役或者管制；造成严重后果的，处三年以上七年以下有期徒刑。

第二百九十一条之二【高空抛物罪】从建筑物或者其他高空抛掷物品，情节严重的，处一年以下有期徒刑、拘役或者管制，并处或者单处罚金。

有前款行为，同时构成其他犯罪的，依照处罚较重的规定定罪处罚。

第二百九十二条【聚众斗殴罪】聚众斗殴的，对首要分子和其他积极参加的，处三年以下有期徒刑、拘役或者管制；有下列情形之一的，对首要分子和其他积极参加的，处三年以上十年以下有期徒刑：

（一）多次聚众斗殴的；

（二）聚众斗殴人数多，规模大，社会影响恶劣的；

（三）在公共场所或者交通要道聚众斗殴，造成社会秩序严重混乱的；

（四）持械聚众斗殴的。

【故意伤害罪、故意杀人罪】聚众斗殴，致人重伤、死亡的，依照本法第二百三十四条、第二百三十二条的规定定罪处罚。

第二百九十三条【寻衅滋事罪】有下列寻衅滋事行为之一，破坏社会秩序的，处五年以下有期徒刑、拘役或者管制：

（一）随意殴打他人，情节恶劣的；

（二）追逐、拦截、辱骂、恐吓他人，情节恶劣的；

（三）强拿硬要或者任意损毁、占用公私财物，情节严重的；

（四）在公共场所起哄闹事，造成公共场所秩序严重混乱的。

纠集他人多次实施前款行为，严重破坏社会秩序的，处五年以上十年以下有期徒刑，可以并处罚金。

第二百九十三条之一【催收非法债务罪】有下列情形之一，催收高利放贷等产生的非法债务，情节严重的，处三年以下有期徒刑、拘役或者管制，并处或者单处罚金：

（一）使用暴力、胁迫方法的；

（二）限制他人人身自由或者侵入他人住宅的；

（三）恐吓、跟踪、骚扰他人的。

第二百九十四条【组织、领导、参加黑社会性质组织罪】组织、领导黑社会性质的组织的，处七年以上有期徒刑，并处没收财产；积极参加的，处三年以上七年以下有期徒刑，可以并处罚金或者没收财产；其他参加的，处三年以下有期徒刑、拘役、管制或者剥夺政治权利，可以并处罚金。

【入境发展黑社会组织罪】境外的黑社会组织的人员到中华人民共和国境内发展组织成员的，处三年以上十年以下有期徒刑。

【包庇、纵容黑社会性质组织罪】国家机关工作人员包庇黑社会性质的组织，或者纵容黑社会性质的组织进行违法犯罪活动的，处五年以下有期徒刑；情节严重的，处五年以上有期徒刑。

犯前三款罪又有其他犯罪行为的，依照数罪并罚的规定处罚。

黑社会性质的组织应当同时具备以下特征：

（一）形成较稳定的犯罪组织，人数较多，有明确的组织者、领导者，骨干成员基本固定；

（二）有组织地通过违法犯罪活动或者其他手段获取经济利益，具有一定的经济实力，以支持该组织的活动；

（三）以暴力、威胁或者其他手段，有组织地多次进行违法犯罪活动，为非作恶，欺压、残害群众；

（四）通过实施违法犯罪活动，或者利用国家工作人员的包庇或者纵容，称霸一方，在一定区域或者行业内，形成非法控制或者重大影响，严重破坏经济、社会生活秩序。

第二百九十五条【传授犯罪方法罪】传授犯罪方法的，处五年以下有期徒刑、拘役或者管制；情节严重的，处五年以上十年以下有期徒刑；情节特别严重的，处十年以上有期徒刑或者无期徒刑。

第二百九十六条【非法集会、游行、示威罪】举行集会、游行、示威，未依照法律规定申请或者申请未获许可，或者未按照主管机关许可的起止时间、地点、路线进行，又拒不服从解散命令，严重破坏社会秩序的，对集会、游行、示威的负责人和直接责任人员，处五年以下有期徒刑、拘役、管制或者剥夺政治权利。

第二百九十七条【非法携带武器、管制刀具、爆炸物参加集会、游行、示威罪】违反法律规定，携带武器、管制刀具或者爆炸物参加集会、游行、示威的，处三年以下有期徒刑、拘役、管制或者剥夺政治权利。

第二百九十八条【破坏集会、游行、示威罪】扰乱、冲击或者以其他方法破坏依法举行的集会、游行、示威，造成公共秩序混乱的，处五年以下有期徒刑、拘役、管制或者剥夺政治权利。

第二百九十九条【侮辱国旗、国徽、国歌罪】在公共场合，故意以焚烧、毁损、涂划、玷污、践踏等方式侮辱中华人民共和国国旗、国徽的，处三年以下有期徒刑、拘役、管制或者剥夺政治权利。

在公共场合，故意篡改中华人民共和国国歌歌词、曲谱，以歪曲、贬损方式奏唱国歌，或者以其他方式侮辱国歌，情节严重的，依照前款的规定处罚。

第二百九十九条之一【侵害英雄烈士名誉、荣誉罪】侮辱、诽谤或者以其他方式侵害英雄烈士的名誉、荣誉，损害社会公共利益，情节严重的，处三年以下有期徒刑、拘役、管制或者剥夺政治权利。

第三百条【组织、利用会道门、邪教组织、利用迷信破坏法律实施罪】组织、利用会道门、邪教组织或者利用迷信破坏国家法律、行政法规实施的，处三年以上七年以下有期徒刑，并处罚金；情节特别严重的，处七年以上有期徒刑或者无期徒刑，并处罚金或者没收财产；情节较轻的，处三年以下有期徒刑、拘役、管制或者剥夺政治权利，并处或者单处罚金。

【组织、利用会道门、邪教组织、利用迷信致人重伤、死亡罪】组织、利用会道门、邪教组织或者利用迷信蒙骗他人，致人重伤、死亡的，依照前款的规定处罚。

犯第一款罪又有奸淫妇女、诈骗财物等犯罪行为的，依照数罪并罚的规定处罚。

第三百零一条【聚众淫乱罪】聚众进行淫乱活动的，对首要分子或者多次参加的，处五年以下有期徒刑、拘役或者管制。

【引诱未成年人聚众淫乱罪】引诱未成年人参加聚众淫乱活动的，依照前款的规定从重处罚。

第三百零二条【盗窃、侮辱、故意毁坏尸体、尸骨、骨灰罪】盗窃、侮辱、故意毁坏尸体、尸骨、骨灰的，处三年以下有期徒刑、拘役或者管制。

第三百零三条【赌博罪】以营利为目的，聚众赌博或者以赌博为业的，处三年以下有期徒刑、拘役或者管制，并处罚金。

【开设赌场罪】开设赌场的，处五年以下有期徒刑、拘役或者管制，并处罚金；情节严重的，处五年以上十年以下有期徒刑，并处罚金。

【组织参与国（境）外赌博罪】组织中华人民共和国公民参与国（境）外赌博，数额巨大或者有其他严重情节的，依照前款的规定处罚。

第三百零四条【故意延误投递邮件罪】邮政工作人员严重不负责任，故意延误投递邮件，致使公共财产、国家和人民利益遭受重大损失的，处二年以下有期徒刑或者拘役。

第二节　妨害司法罪

第三百零五条【伪证罪】在刑事诉讼中，证人、鉴定人、记录人、翻译人对与案件有重要关系的情节，故意作虚假证明、鉴定、记录、翻译，意图陷害他人或者隐匿罪证的，处三年以下有期徒刑或者拘役；情节严重的，处三年以上七年以下有期徒刑。

第三百零六条【辩护人、诉讼代理人毁灭证据、伪造证据、妨害作证罪】在刑事诉讼中，辩护人、诉讼代理人毁灭、伪造证据，帮助当事人毁灭、伪造证据，威胁、引诱证人违背事实改变证言或者作伪证的，处三年以下有期徒刑或者拘役；情节严重的，处三年以上七年以下有期徒刑。

辩护人、诉讼代理人提供、出示、引用的证人证言或者其他证据失实，不是有意伪造的，不属于伪造证据。

第三百零七条【妨害作证罪】以暴力、威胁、贿买等方法阻止证人作证或者指使他人作伪证的，处三年以下有期徒刑或者拘役；情节严重的，处三年以上七年以下有期徒刑。

【帮助毁灭、伪造证据罪】帮助当事人毁灭、伪造证据，情节严重的，处三年以下有期徒刑或者拘役。

司法工作人员犯前两款罪的，从重处罚。

第三百零七条之一【虚假诉讼罪】以捏造的事实提起民事诉讼，妨害司法秩序或者严重侵害他人合法权益的，处三年以下有期徒刑、拘役或者管制，并处或者单处罚金；情节严重的，处三年以上七年以下有期徒刑，并处罚金。

单位犯前款罪的，对单位判处罚金，并对其直接负责的主管人员和其他直接责任人员，依照前款的规定处罚。

有第一款行为，非法占有他人财产或者逃避合法债务，又构成其他犯罪的，依照处罚较重的规定定罪从重处罚。

司法工作人员利用职权，与他人共同实施前三款行为的，从重处罚；同时构成其他犯罪的，依照处罚较重的规定定罪从重处罚。

第三百零八条【打击报复证人罪】对证人进行打击报复的，处三年以下有期徒刑或者拘役；情节严重的，处三年以上七年以下有期徒刑。

第三百零八条之一【泄露不应公开的案件信息罪】司法工作人员、辩护人、诉讼代理人或者其他诉讼参与人，泄露依法不公开审理的案件中不应当公开的信息，造成信息公开传播或者其他严重后果的，处三年以下有期徒刑、拘役或者管制，并处或者单处罚金。

【故意泄露国家秘密罪、过失泄露国家秘密罪】有前款行为，泄露国家秘密的，依照本法第三百九十八条的规定定罪处罚。

【披露、报道不应公开的案件信息罪】公开披露、报道第一款规定的案件信息，情节严重的，依照第一款的规定处罚。

单位犯前款罪的，对单位判处罚金，并对其直接负责的主管人员和其他直接责任人员，依照第一款的规定处罚。

第三百零九条【扰乱法庭秩序罪】有下列扰乱法庭秩序情形之一的，处三年以下有期徒刑、拘役、管制或者罚金：

（一）聚众哄闹、冲击法庭的；

（二）殴打司法工作人员或者诉讼参与人的；

（三）侮辱、诽谤、威胁司法工作人员或者诉讼参与人，不听法庭制止，严重扰乱法庭秩序的；

（四）有毁坏法庭设施，抢夺、损毁诉讼文书、证据等扰乱法庭秩序行为，情节严重的。

第三百一十条【窝藏、包庇罪】明知是犯罪的人而为其提供隐藏处所、财物，帮助其逃匿或者作假证明包庇的，处三年以下有期徒刑、拘役或者管制；情节严重的，处三年以上十年以下有期徒刑。

犯前款罪，事前通谋的，以共同犯罪论处。

第三百一十一条【拒绝提供间谍犯罪、恐怖主义犯罪、极端主义犯罪证据罪】明知他人有间谍犯罪或者恐怖主义、极端主义犯罪行为，在司法机关向其调查有关情况、收集有关证据时，拒绝提供，情节严重的，处三年以下有期徒刑、拘役或者管制。

第三百一十二条【掩饰、隐瞒犯罪所得、犯罪所得收益罪】明知是犯罪所得及其产生的收益而予以窝藏、转移、收购、代为销售或者以其他方法掩饰、隐瞒的，处三年以下有期徒刑、拘役或者管制，并处或者单处罚金；情节严重的，处三年以上七年以下有期徒刑，并处罚金。

单位犯前款罪的，对单位判处罚金，并对其直接负责的主管人员和其他直接责任人员，依照前款的规定处罚。

第三百一十三条【拒不执行判决、裁定罪】对人民法院的判决、裁定有能力执行而拒不执行，情节严重的，处三年以下有期徒刑、拘役或者罚金；情节特别严重的，处三年以上七年以下有期徒刑，并处罚金。

单位犯前款罪的，对单位判处罚金，并对其直接负责的主管人员和其他直接责任人员，依照前款的规定处罚。

第三百一十四条【非法处置查封、扣押、冻结的财产罪】隐藏、转移、变卖、故意毁损已被司法机关查封、扣押、冻结的财产，情节严重的，处三年以下有期徒刑、拘役或者罚金。

第三百一十五条【破坏监管秩序罪】依法被关押的罪犯，有下列破坏监管秩序行为之一，情节严重的，处三年以下有期徒刑：

（一）殴打监管人员的；

（二）组织其他被监管人破坏监管秩序的；

（三）聚众闹事，扰乱正常监管秩序的；

（四）殴打、体罚或者指使他人殴打、体罚其他被监管人的。

第三百一十六条【脱逃罪】依法被关押的罪犯、被告人、犯罪嫌疑人脱逃的，处五年以下有期徒刑或者拘役。

【劫夺被押解人员罪】劫夺押解途中的罪犯、被告人、犯罪嫌疑人的，处三年以上七年以下有期徒刑；情节严重的，处七年以上有期徒刑。

第三百一十七条【组织越狱罪】组织越狱的首要分子和积极参加的，处五年以上有期徒刑；其他参加的，处五年以下有期徒刑或者拘役。

【暴动越狱罪、聚众持械劫狱罪】暴动越狱或者聚众持械劫狱的首要分子和积极参加的，处十年以上有期徒刑或者无期徒刑；情节特别严重的，处死刑；其他参加的，处三年以上十年以下有期徒刑。

第三节　妨害国（边）境管理罪

第三百一十八条【组织他人偷越国（边）境罪】组织他人偷越国（边）境的，处二年以上七年以下有期徒刑，并处罚金；有下列情形之一的，处七年以上有期徒刑或者无期徒刑，并处罚金或者没收财产：

（一）组织他人偷越国（边）境集团的首要分子；

（二）多次组织他人偷越国（边）境或者组织他人偷越国（边）境人数众多的；

（三）造成被组织人重伤、死亡的；

（四）剥夺或者限制被组织人人身自由的；

（五）以暴力、威胁方法抗拒检查的；

（六）违法所得数额巨大的；

（七）有其他特别严重情节的。

犯前款罪，对被组织人有杀害、伤害、强奸、拐卖等犯罪行为，或者对检查人员有杀害、伤害等犯罪行为的，依照数罪并罚的规定处罚。

第三百一十九条【骗取出境证件罪】以劳务输出、经贸往来或者其他名义，弄虚作假，骗取护照、签证等出境证件，为组织他人偷越国（边）境使用的，处三年以下有期徒刑，并处罚金；情节严重的，处三年以上十年以下有期徒刑，并处罚金。

单位犯前款罪的，对单位判处罚金，并对其直接负责的主管人员和其他直接责任人员，依照前款的规定处罚。

第三百二十条【提供伪造、变造的出入境证件罪；出售出入境证件罪】为他人提供伪造、变造的护照、签证等出入境证件，或者出售护照、签证等出入境证件的，处五年以下有期徒刑，并处罚金；情节严重的，处五年以上有期徒刑，并处罚金。

第三百二十一条【运送他人偷越国（边）境罪】运送他人偷越国（边）境的，处五年以下有期徒刑、拘役或者管制，并处罚金；有下列情形之一的，处五年以上十年以下有期徒刑，并处罚金：

（一）多次实施运送行为或者运送人数众多的；

（二）所使用的船只、车辆等交通工具不具备必要的安全条件，足以造成严重后果的；

（三）违法所得数额巨大的；

（四）有其他特别严重情节的。

在运送他人偷越国（边）境中造成被运送人重伤、死亡，或者以暴力、威胁方法抗拒检查的，处七年以上有期徒刑，并处罚金。

犯前两款罪，对被运送人有杀害、伤害、强奸、拐卖等犯罪行为，或者对检查人员有杀害、伤害等犯罪行为的，依照数罪并罚的规定处罚。

第三百二十二条【偷越国（边）境罪】违反国（边）境管理法规，偷越国（边）境，情节严重的，处一年以下有期徒刑、拘役或者管制，并处罚金；为参加恐怖活动组织、接受恐怖活动培训或者实施恐怖活动，偷越国（边）境的，处一年以上三年以下有期徒刑，并处罚金。

第三百二十三条【破坏界碑、界桩罪；破坏永久性测量标志罪】故意破坏国家边境的界碑、界桩或者永久性测量标志的，处三年以下有期徒刑或者拘役。

第四节 妨害文物管理罪

第三百二十四条【故意损毁文物罪】故意损毁国家保护的珍贵文物或者被确定为全国重点文物保护单位、省级文物保护单位的文物的，处三年以下有期徒刑或者拘役，并处或者单处罚金；情节严重的，处三年以上十年以下有期徒刑，并处罚金。

【故意损毁名胜古迹罪】故意损毁国家保护的名胜古迹，情节严重的，处五年以下有期徒刑或者拘役，并处或者单处罚金。

【过失损毁文物罪】过失损毁国家保护的珍贵文物或者被确定为全国重点文物保护单位、省级文物保护单位的文物，造成严重后果的，处三年以下有期徒刑或者拘役。

第三百二十五条【非法向外国人出售、赠送珍贵文物罪】违反文物保护法规，将收藏的国家禁止出口的珍贵文物私自出售或者私自赠送给外国人的，处五年以下有期徒刑或者拘役，可以并处罚金。

单位犯前款罪的，对单位判处罚金，并对其直接负责的主管人员和其他直接责任人员，依照前款的规定处罚。

第三百二十六条【倒卖文物罪】以牟利为目的，倒卖国家禁止经营的文物，情节严重的，处五年以下有期徒刑或者拘役，并处罚金；情节特别严重的，处五年以上十年以下有期徒刑，并处罚金。

单位犯前款罪的，对单位判处罚金，并对其直接负责的主管人员和其他直接责任人员，依照前款的规定处罚。

第三百二十七条【非法出售、私赠文物藏品罪】违反文物保护法规，国有博物馆、图书馆等单位将国家保护的文物藏品出售或者私自送给非国有单位或者个人的，对单位判处罚金，并对其直接负责的主管人员和其他直接责任人员，处三年以下有期徒刑或者拘役。

第三百二十八条【盗掘古文化遗址、古墓葬罪】盗掘具有历史、艺术、科学价值的古文化遗址、古墓葬的，处三年以上十年以下有期徒刑，并处罚金；情节较轻的，处三年以下有期徒刑、拘役或者管制，并处罚金；有下列情形之一的，处十年以上有期徒刑或者无期徒刑，并处罚金或者没收财产：

（一）盗掘确定为全国重点文物保护单位和省级文物保护单位的古文化遗址、古墓葬的；

（二）盗掘古文化遗址、古墓葬集团的首要分子；

（三）多次盗掘古文化遗址、古墓葬的；

（四）盗掘古文化遗址、古墓葬，并盗窃珍贵文物或者造成珍贵文物严重破坏的。

【盗掘古人类化石、古脊椎动物化石罪】盗掘国家保护的具有科学价值的古人类化石和古脊椎动物化石的，依照前款的规定处罚。

第三百二十九条【抢夺、窃取国有档案罪】抢夺、窃取国家所有的档案的，处五年以下有期徒刑或者拘役。

【擅自出卖、转让国有档案罪】违反档案法的规定，擅自出卖、转让国家所有的档案，情节严重的，处三年以下有期徒刑或者拘役。

有前两款行为，同时又构成本法规定的其他犯罪的，依照处罚较重的规定定罪处罚。

第五节　危害公共卫生罪

第三百三十条【妨害传染病防治罪】违反传染病防治法的规定，有下列情形之一，引起甲类传染病以及依法确定采取甲类传染病预防、控制措施的传染病传播或者有传播严重危险的，处三年以下有期徒刑或者拘役；后果特别严重的，处三年以上七年以下有期徒刑：

（一）供水单位供应的饮用水不符合国家规定的卫生标准的；

（二）拒绝按照疾病预防控制机构提出的卫生要求，对传染病病原体污染的污水、污物、场所和物品进行消毒处理的；

（三）准许或者纵容传染病病人、病原携带者和疑似传染病病人从事国务院卫生行政部门规定禁止从事的易使该传染病扩散的工作的；

（四）出售、运输疫区中被传染病病原体污染或者可能被传染病病原体污染的物品，未进行消毒处理的；

（五）拒绝执行县级以上人民政府、疾病预防控制机构依照传染病防治法提出的预防、控制措施的。

单位犯前款罪的，对单位判处罚金，并对其直接负责的主管人员和其他直接责任人员，依照前款的规定处罚。

甲类传染病的范围，依照《中华人民共和国传染病防治法》和国务院有关规定确定。

第三百三十一条【传染病菌种、毒种扩散罪】从事实验、保藏、携带、运输传染病菌种、毒种的人员，违反国务院卫生行政部门的有关规定，造成传染病菌种、毒种扩散，后果严重的，处三年以下有期徒刑或者拘役；后果特别严重的，处三年以上七年以下有期徒刑。

第三百三十二条【妨害国境卫生检疫罪】违反国境卫生检疫规定，引起检疫传染病传播或者有传播严重危险的，处三年以下有期徒刑或者拘役，并处或者单处罚金。

单位犯前款罪的，对单位判处罚金，并对其直接负责的主管人员和其他直接责任人员，依照前款的规定处罚。

第三百三十三条【非法组织卖血罪；强迫卖血罪】非法组织他人出卖血液的，处五年以下有期徒刑，并处罚金；以暴力、威胁方法强迫他人出卖血液的，处五年以上十年以下有期徒刑，并处罚金。

【故意伤害罪】有前款行为，对他人造成伤害的，依照本法第二百三十四条的规定定罪处罚。

第三百三十四条【非法采集、供应血液、制作、供应血液制品罪】非法采集、供应血液或者制作、供应血液制品，不符合国家规定的标准，足以危害人体健康的，处五年以下有期徒刑或者拘役，并处罚金；对人体健康造成严重危害的，处五年以上十年以下有期徒刑，并处罚金；造成特别严重后果的，处十年以上有期徒刑或者无期徒刑，并处罚金或者没收财产。

【采集、供应血液、制作、供应血液制品事故罪】经国家主管部门批准采集、供应血液或者制作、供应血液制品的部门，不依照规定进行检测或者违背其他操作规定，造成危害他人身体健康后果的，对单位判处罚金，并对其直接负责的主管人员和其他直接责任人员，处五年以下有期徒刑或者拘役。

第三百三十四条之一【非法采集人类遗传资源、走私人类遗传资源材料罪】违反国家有关规定，非法采集我国人类遗传资源或者非法运送、邮寄、携带我国人类遗传资源材料出境，危害公众健康或者社会公共利益，情节严重的，处三年以下有期徒刑、拘役或者管制，并处或者单处罚金；情节特别严重的，处三年以上七年以下有期徒刑，并处罚金。

第三百三十五条【医疗事故罪】医务人员由于严重不负责任，造成就诊人死亡或者严重损害就诊人身体健康的，处三年以下有期徒刑或者拘役。

第三百三十六条【非法行医罪】未取得医生执业资格的人非法行医，情节严重的，处三年以下有期徒刑、拘役或者管制，并处或者单处罚金；严重损害就诊人身体健康的，处三年以上十年以下有期徒刑，并处罚金；造成就诊人死亡的，处十年以上有期徒刑，并处罚金。

【非法进行节育手术罪】未取得医生执业资格的人擅自为他人进行节育复通手术、假节育手术、终止妊娠手术或者摘取宫内节育器，情节严重的，处三年以下有期徒刑、拘役或者管制，并处或者单处罚金；严重损害就诊人身体健康的，处三年以上十年以下有期徒刑，并处罚金；造成就诊人死亡的，处十年以上有期徒刑，并处罚金。

第三百三十六条之一【非法植入基因编辑、克隆胚胎罪】将基因编辑、克隆的人类胚胎植入人体或者动物体内，或者将基因编辑、克隆的动物胚胎植入人体内，情节严重的，处三年以下有期徒刑或者拘役，并处罚金；情节特别严重的，处三年以上七年以下有期徒刑，并处罚金。

第三百三十七条【妨害动植物防疫、检疫罪】违反有关动植物防疫、检疫的国家规定，引起重大动植物疫情的，或者有引起重大动植物疫情危险，情节严重的，处三年以下有期徒刑或者拘役，并处或者单处罚金。

单位犯前款罪的，对单位判处罚金，并对其直接负责的主管人员和其他直接责任人员，依照前款的规定处罚。

第六节　破坏环境资源保护罪

第三百三十八条【污染环境罪】违反国家规定，排放、倾倒或者处置有放射性的废物、含传染病病原体的废物、有毒物质或者其他有害物质，严重污染环境的，处三年以下有期徒刑或者拘役，并处或者单处罚金；情节严重的，处三年以上七年以下有期徒刑，并处罚金；有下列情形之一的，处七年以上有期徒刑，并处罚金：

（一）在饮用水水源保护区、自然保护地核心保护区等依法确定的重点保护区域排放、倾倒、处置有放射性的废物、含传染病病原体的废物、有毒物质，情节特别严重的；

（二）向国家确定的重要江河、湖泊水域排放、倾倒、处置有放射性的废物、含传染病病原体的废物、有毒物质，情节特别严重的；

（三）致使大量永久基本农田基本功能丧失或者遭受永久性破坏的；

（四）致使多人重伤、严重疾病，或者致人严重残疾、死亡的。

有前款行为，同时构成其他犯罪的，依照处罚较重的规定定罪处罚。

第三百三十九条【非法处置进口的固体废物罪】违反国家规定，将境外的固体废物进境倾倒、堆放、处置的，处五年以下有期徒刑或者拘役，并处罚金；造成重大环境污染事故，致使公私财产遭受重大损失或者严重危害人体健康的，处五年以上十年以下有期徒刑，并处罚金；后果特别严重的，处十年以上有期徒刑，并处罚金。

【擅自进口固体废物罪】未经国务院有关主管部门许可，擅自进口固体废物用作原料，造成重大环境污染事故，致使公私财产遭受重大损失或者严重危害人体健康的，处五年以下有期徒刑或者拘役，并处罚金；后果特别严重的，处五年以上十年以下有期徒刑，并处罚金。

以原料利用为名，进口不能用作原料的固体废物、液态废物和气态废物的，依照本法第一百五十二条第二款、第三款的规定定罪处罚。

第三百四十条【非法捕捞水产品罪】违反保护水产资源法规，在禁渔区、禁渔期或者使用禁用的工具、方法捕捞水产品，情节严重的，处三年以下有期徒刑、拘役、管制或者罚金。

第三百四十一条【危害珍贵、濒危野生动物罪】非法猎捕、杀害国家重点保护的珍贵、濒危野生动物的，或者非法收购、运输、出售国家重点保护的珍贵、濒危野生动物及其制品的，处五年以下有期徒刑或者拘役，并处罚金；情节严重的，处五年以上十年以下有期徒刑，并处罚金；情节特别严重的，处十年以上有期徒刑，并处罚金或者没收财产。

【非法狩猎罪】违反狩猎法规，在禁猎区、禁猎期或者使用禁用的工具、方法进行狩猎，破坏野生动物资源，情节严重的，处三年以下有期徒刑、拘役、管制或者罚金。

【非法猎捕、收购、运输、出售陆生野生动物罪】违反野生动物保护管理法规，以食用为目的非法猎捕、收购、运输、出售第一款规定以外的在野外环境自然生长繁殖的陆生野生动物，情节严重的，依照前款的规定处罚。

第三百四十二条【非法占用农用地罪】违反土地管理法规，非法占用耕地、林地等农用地，改变被占用土地用途，数量较大，造成耕地、林地等农用地大量毁坏的，处五年以下有期徒刑或者拘役，并处或者单处罚金。

第三百四十二条之一【破坏自然保护地罪】违反自然保护地管理法规，在国家公园、国家级自然保护区进行开垦、开发活动或者修建建筑物，造成严重后果或者有其他恶劣情节的，处五年以下有期徒刑或者拘役，并处或者单处罚金。

有前款行为，同时构成其他犯罪的，依照处罚较重的规定定罪处罚。

第三百四十三条【非法采矿罪】违反矿产资源法的规定，未取得采矿许可证擅自采矿，擅自进入国家规划矿区、对国民经济具有重要价值的矿区和他人矿区范围采矿，或者擅自开采国家规定实行保护性开采的特定矿种，情节严重的，处三年以下有期徒刑、拘役或者管制，并处或者单处罚金；情节特别严重的，处三年以上七年以下有期徒刑，并处罚金。

【破坏性采矿罪】违反矿产资源法的规定，采取破坏性的开采方法开采矿产资源，造成矿产资源严重破坏的，处五年以下有期徒刑或者拘役，并处罚金。

第三百四十四条【危害国家重点保护植物罪】违反国家规定，非法采伐、毁坏珍贵树木或者国家重点保护的其他植物的，或者非法收购、运输、加工、出售珍贵树木或者国家重点保护的其他植物及其制品的，处三年以下有期徒刑、拘役或者管制，并处罚金；情节严重的，处三年以上七年以下有期徒刑，并处罚金。

第三百四十四条之一【非法引进、释放、丢弃外来入侵物种罪】违反国家规定，非法引进、释放或者丢弃外来入侵物种，情节严重的，处三年以下有期徒刑或者拘役，并处或者单处罚金。

第三百四十五条【盗伐林木罪】盗伐森林或者其他林木，数量较大的，处三年以下有期徒刑、拘役或者管制，并处或者单处罚金；数量巨大的，处三年以上七年以下有期徒刑，并处罚金；数量特别巨大的，处七年以上有期徒刑，并处罚金。

【滥伐林木罪】违反森林法的规定，滥伐森林或者其他林木，数量较大的，处三年以下有期徒刑、拘役或者管制，并处或者单处罚金；数量巨大的，处三年以上七年以下有期徒刑，并处罚金。

【非法收购、运输盗伐、滥伐的林木罪】非法收购、运输明知是盗伐、滥伐的林木，情节严重的，处三年以下有期徒刑、拘役或者管制，并处或者单处罚金；情节特别严重的，处三年以上七年以下有期徒刑，并处罚金。

盗伐、滥伐国家级自然保护区内的森林或者其他林木的，从重处罚。

第三百四十六条【单位犯破坏环境资源保护罪的处罚规定】单位犯本节第三百三十八条至第三百四十五条规定之罪的，对单位判处罚金，并对其直接负责的主管人员和其他直接责任人员，依照本节各该条的规定处罚。

第七节　走私、贩卖、运输、制造毒品罪

第三百四十七条【走私、贩卖、运输、制造毒品罪】走私、贩卖、运输、制造毒品，无论数量多少，都应当追究刑事责任，予以刑事处罚。

走私、贩卖、运输、制造毒品，有下列情形之一的，处十五年有期徒刑、无期徒刑或者死刑，并处没收财产：

（一）走私、贩卖、运输、制造鸦片一千克以上、海洛因或者甲基苯丙胺五十克以上或者其他毒品数量大的；

（二）走私、贩卖、运输、制造毒品集团的首要分子；

（三）武装掩护走私、贩卖、运输、制造毒品的；

（四）以暴力抗拒检查、拘留、逮捕，情节严重的；

（五）参与有组织的国际贩毒活动的。

走私、贩卖、运输、制造鸦片二百克以上不满一千克、海洛因或者甲基苯丙胺十克以上不满五十克或者其他毒品数量较大的，处七年以上有期徒刑，并处罚金。

走私、贩卖、运输、制造鸦片不满二百克、海洛因或者甲基苯丙胺不满十

克或者其他少量毒品的，处三年以下有期徒刑、拘役或者管制，并处罚金；情节严重的，处三年以上七年以下有期徒刑，并处罚金。

单位犯第二款、第三款、第四款罪的，对单位判处罚金，并对其直接负责的主管人员和其他直接责任人员，依照各该款的规定处罚。

利用、教唆未成年人走私、贩卖、运输、制造毒品，或者向未成年人出售毒品的，从重处罚。

对多次走私、贩卖、运输、制造毒品，未经处理的，毒品数量累计计算。

第三百四十八条【非法持有毒品罪】非法持有鸦片一千克以上、海洛因或者甲基苯丙胺五十克以上或者其他毒品数量大的，处七年以上有期徒刑或者无期徒刑，并处罚金；非法持有鸦片二百克以上不满一千克、海洛因或者甲基苯丙胺十克以上不满五十克或者其他毒品数量较大的，处三年以下有期徒刑、拘役或者管制，并处罚金；情节严重的，处三年以上七年以下有期徒刑，并处罚金。

第三百四十九条【包庇毒品犯罪分子罪；窝藏、转移、隐瞒毒品、毒赃罪】包庇走私、贩卖、运输、制造毒品的犯罪分子的，为犯罪分子窝藏、转移、隐瞒毒品或者犯罪所得的财物的，处三年以下有期徒刑、拘役或者管制；情节严重的，处三年以上十年以下有期徒刑。

【包庇毒品犯罪分子罪】缉毒人员或者其他国家机关工作人员掩护、包庇走私、贩卖、运输、制造毒品的犯罪分子的，依照前款的规定从重处罚。

犯前两款罪，事先通谋的，以走私、贩卖、运输、制造毒品罪的共犯论处。

第三百五十条【非法生产、买卖、运输制毒物品、走私制毒物品罪】违反国家规定，非法生产、买卖、运输醋酸酐、乙醚、三氯甲烷或者其他用于制造毒品的原料、配剂，或者携带上述物品进出境，情节较重的，处三年以下有期徒刑、拘役或者管制，并处罚金；情节严重的，处三年以上七年以下有期徒刑，并处罚金；情节特别严重的，处七年以上有期徒刑，并处罚金或者没收财产。

【制造毒品罪】明知他人制造毒品而为其生产、买卖、运输前款规定的物品的，以制造毒品罪的共犯论处。

单位犯前两款罪的，对单位判处罚金，并对其直接负责的主管人员和其他直接责任人员，依照前两款的规定处罚。

第三百五十一条【非法种植毒品原植物罪】非法种植罂粟、大麻等毒品原植物的，一律强制铲除。有下列情形之一的，处五年以下有期徒刑、拘役或者管制，并处罚金：

（一）种植罂粟五百株以上不满三千株或者其他毒品原植物数量较大的；

（二）经公安机关处理后又种植的；

（三）抗拒铲除的。

非法种植罂粟三千株以上或者其他毒品原植物数量大的，处五年以上有期徒刑，并处罚金或者没收财产。

非法种植罂粟或者其他毒品原植物，在收获前自动铲除的，可以免除处罚。

第三百五十二条【非法买卖、运输、携带、持有毒品原植物种子、幼苗罪】非法买卖、运输、携带、持有未经灭活的罂粟等毒品原植物种子或者幼苗，数量较大的，处三年以下有期徒刑、拘役或者管制，并处或者单处罚金。

第三百五十三条【引诱、教唆、欺骗他人吸毒罪】引诱、教唆、欺骗他人吸食、注射毒品的，处三年以下有期徒刑、拘役或者管制，并处罚金；情节严重的，处三年以上七年以下有期徒刑，并处罚金。

【强迫他人吸毒罪】强迫他人吸食、注射毒品的，处三年以上十年以下有期徒刑，并处罚金。

引诱、教唆、欺骗或者强迫未成年人吸食、注射毒品的，从重处罚。

第三百五十四条【容留他人吸毒罪】容留他人吸食、注射毒品的，处三年以下有期徒刑、拘役或者管制，并处罚金。

第三百五十五条【非法提供麻醉药品、精神药品罪】依法从事生产、运输、管理、使用国家管制的麻醉药品、精神药品的人员，违反国家规定，向吸食、注射毒品的人提供国家规定管制的能够使人形成瘾癖的麻醉药品、精神药品的，处三年以下有期徒刑或者拘役，并处罚金；情节严重的，处三年以上七年以下有期徒刑，并处罚金。向走私、贩卖毒品的犯罪分子或者以牟利为目的，向吸食、注射毒品的人提供国家规定管制的能够使人形成瘾癖的麻醉药品、精神药品的，依照本法第三百四十七条的规定定罪处罚。

单位犯前款罪的，对单位判处罚金，并对其直接负责的主管人员和其他直接责任人员，依照前款的规定处罚。

第三百五十五条之一【妨害兴奋剂管理罪】引诱、教唆、欺骗运动员使用兴奋剂参加国内、国际重大体育竞赛，或者明知运动员参加上述竞赛而向其提供兴奋剂，情节严重的，处三年以下有期徒刑或者拘役，并处罚金。

组织、强迫运动员使用兴奋剂参加国内、国际重大体育竞赛的，依照前款的规定从重处罚。

第三百五十六条【毒品犯罪的再犯】因走私、贩卖、运输、制造、非法持有毒品罪被判过刑，又犯本节规定之罪的，从重处罚。

第三百五十七条【毒品的范围及数量的计算】本法所称的毒品，是指鸦片、海洛因、甲基苯丙胺（冰毒）、吗啡、大麻、可卡因以及国家规定管制的其他能够使人形成瘾癖的麻醉药品和精神药品。

毒品的数量以查证属实的走私、贩卖、运输、制造、非法持有毒品的数量计算，不以纯度折算。

第八节 组织、强迫、引诱、容留、介绍卖淫罪

第三百五十八条【组织卖淫罪、强迫卖淫罪】组织、强迫他人卖淫的，处五年以上十年以下有期徒刑，并处罚金；情节严重的，处十年以上有期徒刑或者无期徒刑，并处罚金或者没收财产。

组织、强迫未成年人卖淫的，依照前款的规定从重处罚。

犯前两款罪，并有杀害、伤害、强奸、绑架等犯罪行为的，依照数罪并罚的规定处罚。

【协助组织卖淫罪】为组织卖淫的人招募、运送人员或者有其他协助组织他人卖淫行为的，处五年以下有期徒刑，并处罚金；情节严重的，处五年以上十年以下有期徒刑，并处罚金。

第三百五十九条【引诱、容留、介绍卖淫罪】引诱、容留、介绍他人卖淫的，处五年以下有期徒刑、拘役或者管制，并处罚金；情节严重的，处五年以上有期徒刑，并处罚金。

【引诱幼女卖淫罪】引诱不满十四周岁的幼女卖淫的，处五年以上有期徒刑，并处罚金。

第三百六十条【传播性病罪】明知自己患有梅毒、淋病等严重性病卖淫、嫖娼的，处五年以下有期徒刑、拘役或者管制，并处罚金。

第三百六十一条【特定单位的人员组织、强迫、引诱、容留、介绍卖淫的处理规定】旅馆业、饮食服务业、文化娱乐业、出租汽车业等单位的人员，利用本单位的条件，组织、强迫、引诱、容留、介绍他人卖淫的，依照本法第三百五十八条、第三百五十九条的规定定罪处罚。

前款所列单位的主要负责人，犯前款罪的，从重处罚。

第三百六十二条【窝藏、包庇罪】旅馆业、饮食服务业、文化娱乐业、出租汽车业等单位的人员，在公安机关查处卖淫、嫖娼活动时，为违法犯罪分子通风报信，情节严重的，依照本法第三百一十条的规定定罪处罚。

第九节 制作、贩卖、传播淫秽物品罪

第三百六十三条【制作、复制、出版、贩卖、传播淫秽物品牟利罪】以

牟利为目的，制作、复制、出版、贩卖、传播淫秽物品的，处三年以下有期徒刑、拘役或者管制，并处罚金；情节严重的，处三年以上十年以下有期徒刑，并处罚金；情节特别严重的，处十年以上有期徒刑或者无期徒刑，并处罚金或者没收财产。

【为他人提供书号出版淫秽书刊罪】为他人提供书号，出版淫秽书刊的，处三年以下有期徒刑、拘役或者管制，并处或者单处罚金；明知他人用于出版淫秽书刊而提供书号的，依照前款的规定处罚。

第三百六十四条【传播淫秽物品罪】传播淫秽的书刊、影片、音像、图片或者其他淫秽物品，情节严重的，处二年以下有期徒刑、拘役或者管制。

【组织播放淫秽音像制品罪】组织播放淫秽的电影、录像等音像制品的，处三年以下有期徒刑、拘役或者管制，并处罚金；情节严重的，处三年以上十年以下有期徒刑，并处罚金。

制作、复制淫秽的电影、录像等音像制品组织播放的，依照第二款的规定从重处罚。

向不满十八周岁的未成年人传播淫秽物品的，从重处罚。

第三百六十五条【组织淫秽表演罪】组织进行淫秽表演的，处三年以下有期徒刑、拘役或者管制，并处罚金；情节严重的，处三年以上十年以下有期徒刑，并处罚金。

第三百六十六条【单位犯本节规定之罪的处罚】单位犯本节第三百六十三条、第三百六十四条、第三百六十五条规定之罪的，对单位判处罚金，并对其直接负责的主管人员和其他直接责任人员，依照各该条的规定处罚。

第三百六十七条【淫秽物品的范围】本法所称淫秽物品，是指具体描绘性行为或者露骨宣扬色情的诲淫性的书刊、影片、录像带、录音带、图片及其他淫秽物品。

有关人体生理、医学知识的科学著作不是淫秽物品。

包含有色情内容的有艺术价值的文学、艺术作品不视为淫秽物品。

第七章　危害国防利益罪

第三百六十八条【阻碍军人执行职务罪】以暴力、威胁方法阻碍军人依法执行职务的，处三年以下有期徒刑、拘役、管制或者罚金。

【阻碍军事行动罪】故意阻碍武装部队军事行动，造成严重后果的，处五年以下有期徒刑或者拘役。

第三百六十九条【破坏武器装备、军事设施、军事通信罪】破坏武器装备、军事设施、军事通信的，处三年以下有期徒刑、拘役或者管制；破坏重要武器装备、军事设施、军事通信的，处三年以上十年以下有期徒刑；情节特别严重的，处十年以上有期徒刑、无期徒刑或者死刑。

【过失损坏武器装备、军事设施、军事通信罪】过失犯前款罪，造成严重后果的，处三年以下有期徒刑或者拘役；造成特别严重后果的，处三年以上七年以下有期徒刑。

战时犯前两款罪的，从重处罚。

第三百七十条【故意提供不合格武器装备、军事设施罪】明知是不合格的武器装备、军事设施而提供给武装部队的，处五年以下有期徒刑或者拘役；情节严重的，处五年以上十年以下有期徒刑；情节特别严重的，处十年以上有期徒刑、无期徒刑或者死刑。

【过失提供不合格武器装备、军事设施罪】过失犯前款罪，造成严重后果的，处三年以下有期徒刑或者拘役；造成特别严重后果的，处三年以上七年以下有期徒刑。

单位犯第一款罪的，对单位判处罚金，并对其直接负责的主管人员和其他直接责任人员，依照第一款的规定处罚。

第三百七十一条【聚众冲击军事禁区罪】聚众冲击军事禁区，严重扰乱军事禁区秩序的，对首要分子，处五年以上十年以下有期徒刑；对其他积极参加的，处五年以下有期徒刑、拘役、管制或者剥夺政治权利。

【聚众扰乱军事管理区秩序罪】聚众扰乱军事管理区秩序，情节严重，致使军事管理区工作无法进行，造成严重损失的，对首要分子，处三年以上七年以下有期徒刑；对其他积极参加的，处三年以下有期徒刑、拘役、管制或者剥夺政治权利。

第三百七十二条【冒充军人招摇撞骗罪】冒充军人招摇撞骗的，处三年以下有期徒刑、拘役、管制或者剥夺政治权利；情节严重的，处三年以上十年以下有期徒刑。

第三百七十三条【煽动军人逃离部队罪、雇用逃离部队军人罪】煽动军人逃离部队或者明知是逃离部队的军人而雇用，情节严重的，处三年以下有期徒刑、拘役或者管制。

第三百七十四条【接送不合格兵员罪】在征兵工作中徇私舞弊，接送不合格兵员，情节严重的，处三年以下有期徒刑或者拘役；造成特别严重后果的，处三年以上七年以下有期徒刑。

第三百七十五条【伪造、变造、买卖武装部队公文、证件、印章罪；盗窃、抢夺武装部队公文、证件、印章罪】伪造、变造、买卖或者盗窃、抢夺武装部队公文、证件、印章的，处三年以下有期徒刑、拘役、管制或者剥夺政治权利；情节严重的，处三年以上十年以下有期徒刑。

【非法生产、买卖武装部队制式服装罪】非法生产、买卖武装部队制式服装，情节严重的，处三年以下有期徒刑、拘役或者管制，并处或者单处罚金。

【伪造、盗窃、买卖、非法提供、非法使用武装部队专用标志罪】伪造、盗窃、买卖或者非法提供、使用武装部队车辆号牌等专用标志，情节严重的，处三年以下有期徒刑、拘役或者管制，并处或者单处罚金；情节特别严重的，处三年以上七年以下有期徒刑，并处罚金。

单位犯第二款、第三款罪的，对单位判处罚金，并对其直接负责的主管人员和其他直接责任人员，依照各该款的规定处罚。

第三百七十六条【战时拒绝、逃避征召、军事训练罪】预备役人员战时拒绝、逃避征召或者军事训练，情节严重的，处三年以下有期徒刑或者拘役。

【战时拒绝、逃避服役罪】公民战时拒绝、逃避服役，情节严重的，处二年以下有期徒刑或者拘役。

第三百七十七条【战时故意提供虚假敌情罪】战时故意向武装部队提供虚假敌情，造成严重后果的，处三年以上十年以下有期徒刑；造成特别严重后果的，处十年以上有期徒刑或者无期徒刑。

第三百七十八条【战时造谣扰乱军心罪】战时造谣惑众，扰乱军心的，处三年以下有期徒刑、拘役或者管制；情节严重的，处三年以上十年以下有期徒刑。

第三百七十九条【战时窝藏逃离部队军人罪】战时明知是逃离部队的军人而为其提供隐蔽处所、财物，情节严重的，处三年以下有期徒刑或者拘役。

第三百八十条【战时拒绝、故意延误军事订货罪】战时拒绝或者故意延误军事订货，情节严重的，对单位判处罚金，并对其直接负责的主管人员和其他直接责任人员，处五年以下有期徒刑或者拘役；造成严重后果的，处五年以上有期徒刑。

第三百八十一条【战时拒绝军事征收、征用罪】战时拒绝军事征收、征用，情节严重的，处三年以下有期徒刑或者拘役。

第八章　贪污贿赂罪

第三百八十二条【贪污罪】国家工作人员利用职务上的便利，侵吞、窃取、骗取或者以其他手段非法占有公共财物的，是贪污罪。

受国家机关、国有公司、企业、事业单位、人民团体委托管理、经营国有财产的人员，利用职务上的便利，侵吞、窃取、骗取或者以其他手段非法占有国有财物的，以贪污论。

与前两款所列人员勾结，伙同贪污的，以共犯论处。

第三百八十三条【贪污罪的处罚规定】对犯贪污罪的，根据情节轻重，分别依照下列规定处罚：

（一）贪污数额较大或者有其他较重情节的，处三年以下有期徒刑或者拘役，并处罚金。

（二）贪污数额巨大或者有其他严重情节的，处三年以上十年以下有期徒刑，并处罚金或者没收财产。

（三）贪污数额特别巨大或者有其他特别严重情节的，处十年以上有期徒刑或者无期徒刑，并处罚金或者没收财产；数额特别巨大，并使国家和人民利益遭受特别重大损失的，处无期徒刑或者死刑，并处没收财产。

对多次贪污未经处理的，按照累计贪污数额处罚。

犯第一款罪，在提起公诉前如实供述自己罪行、真诚悔罪、积极退赃，避免、减少损害结果的发生，有第一项规定情形的，可以从轻、减轻或者免除处罚；有第二项、第三项规定情形的，可以从轻处罚。

犯第一款罪，有第三项规定情形被判处死刑缓期执行的，人民法院根据犯罪情节等情况可以同时决定在其死刑缓期执行二年期满依法减为无期徒刑后，终身监禁，不得减刑、假释。

第三百八十四条【挪用公款罪】国家工作人员利用职务上的便利，挪用公款归个人使用，进行非法活动的，或者挪用公款数额较大、进行营利活动的，或者挪用公款数额较大、超过三个月未还的，是挪用公款罪，处五年以下有期徒刑或者拘役；情节严重的，处五年以上有期徒刑。挪用公款数额巨大不退还的，处十年以上有期徒刑或者无期徒刑。

挪用用于救灾、抢险、防汛、优抚、扶贫、移民、救济款物归个人使用的，从重处罚。

第三百八十五条【受贿罪】国家工作人员利用职务上的便利，索取他人财物的，或者非法收受他人财物，为他人谋取利益的，是受贿罪。

国家工作人员在经济往来中，违反国家规定，收受各种名义的回扣、手续费，归个人所有的，以受贿论处。

第三百八十六条【受贿罪的处罚规定】对犯受贿罪的，根据受贿所得数额及情节，依照本法第三百八十三条的规定处罚。索贿的从重处罚。

第三百八十七条【单位受贿罪】国家机关、国有公司、企业、事业单位、人民团体，索取、非法收受他人财物，为他人谋取利益，情节严重的，对单位判处罚金，并对其直接负责的主管人员和其他直接责任人员，处五年以下有期徒刑或者拘役。

前款所列单位，在经济往来中，在帐外暗中收受各种名义的回扣、手续费的，以受贿论，依照前款的规定处罚。

第三百八十八条【受贿罪】国家工作人员利用本人职权或者地位形成的便利条件，通过其他国家工作人员职务上的行为，为请托人谋取不正当利益，索取请托人财物或者收受请托人财物的，以受贿论处。

第三百八十八条之一【利用影响力受贿罪】国家工作人员的近亲属或者其他与该国家工作人员关系密切的人，通过该国家工作人员职务上的行为，或者利用该国家工作人员职权或者地位形成的便利条件，通过其他国家工作人员职务上的行为，为请托人谋取不正当利益，索取请托人财物或者收受请托人财物，数额较大或者有其他较重情节的，处三年以下有期徒刑或者拘役，并处罚金；数额巨大或者有其他严重情节的，处三年以上七年以下有期徒刑，并处罚金；数额特别巨大或者有其他特别严重情节的，处七年以上有期徒刑，并处罚金或者没收财产。

离职的国家工作人员或者其近亲属以及其他与其关系密切的人，利用该离职的国家工作人员原职权或者地位形成的便利条件实施前款行为的，依照前款的规定定罪处罚。

第三百八十九条【行贿罪】为谋取不正当利益，给予国家工作人员以财物的，是行贿罪。

在经济往来中，违反国家规定，给予国家工作人员以财物，数额较大的，或者违反国家规定，给予国家工作人员以各种名义的回扣、手续费的，以行贿论处。

因被勒索给予国家工作人员以财物，没有获得不正当利益的，不是行贿。

第三百九十条【行贿罪的处罚规定】对犯行贿罪的，处五年以下有期徒刑或者拘役，并处罚金；因行贿谋取不正当利益，情节严重的，或者使国家利益遭受重大损失的，处五年以上十年以下有期徒刑，并处罚金；情节特别严重的，或者使国家利益遭受特别重大损失的，处十年以上有期徒刑或者无期徒刑，并处罚金或者没收财产。

行贿人在被追诉前主动交待行贿行为的，可以从轻或者减轻处罚。其中，犯罪较轻的，对侦破重大案件起关键作用的，或者有重大立功表现的，可以减轻或者免除处罚。

第三百九十条之一【对有影响力的人行贿罪】为谋取不正当利益，向国家工作人员的近亲属或者其他与该国家工作人员关系密切的人，或者向离职的国家工作人员或者其近亲属以及其他与其关系密切的人行贿的，处三年以下有期徒刑或者拘役，并处罚金；情节严重的，或者使国家利益遭受重大损失的，处三年以上七年以下有期徒刑，并处罚金；情节特别严重的，或者使国家利益遭受特别重大损失的，处七年以上十年以下有期徒刑，并处罚金。

单位犯前款罪的，对单位判处罚金，并对其直接负责的主管人员和其他直接责任人员，处三年以下有期徒刑或者拘役，并处罚金。

第三百九十一条【对单位行贿罪】为谋取不正当利益，给予国家机关、国有公司、企业、事业单位、人民团体以财物的，或者在经济往来中，违反国家规定，给予各种名义的回扣、手续费的，处三年以下有期徒刑或者拘役，并处罚金。

单位犯前款罪的，对单位判处罚金，并对其直接负责的主管人员和其他直接责任人员，依照前款的规定处罚。

第三百九十二条【介绍贿赂罪】向国家工作人员介绍贿赂，情节严重的，处三年以下有期徒刑或者拘役，并处罚金。

介绍贿赂人在被追诉前主动交待介绍贿赂行为的，可以减轻处罚或者免除处罚。

第三百九十三条【单位行贿罪】单位为谋取不正当利益而行贿，或者违反国家规定，给予国家工作人员以回扣、手续费，情节严重的，对单位判处罚金，并对其直接负责的主管人员和其他直接责任人员，处五年以下有期徒刑或者拘役，并处罚金。因行贿取得的违法所得归个人所有的，依照本法第三百八十九条、第三百九十条的规定定罪处罚。

第三百九十四条【贪污罪】国家工作人员在国内公务活动或者对外交往中接受礼物，依照国家规定应当交公而不交公，数额较大的，依照本法第三百八十二条、第三百八十三条的规定定罪处罚。

第三百九十五条【巨额财产来源不明罪】国家工作人员的财产、支出明显超过合法收入，差额巨大的，可以责令该国家工作人员说明来源，不能说明来源的，差额部分以非法所得论，处五年以下有期徒刑或者拘役；差额特别巨大的，处五年以上十年以下有期徒刑。财产的差额部分予以追缴。

【隐瞒境外存款罪】国家工作人员在境外的存款，应当依照国家规定申报。数额较大、隐瞒不报的，处二年以下有期徒刑或者拘役；情节较轻的，由其所在单位或者上级主管机关酌情给予行政处分。

第三百九十六条【私分国有资产罪】国家机关、国有公司、企业、事业单位、人民团体，违反国家规定，以单位名义将国有资产集体私分给个人，数额较大的，对其直接负责的主管人员和其他直接责任人员，处三年以下有期徒刑或者拘役，并处或者单处罚金；数额巨大的，处三年以上七年以下有期徒刑，并处罚金。

【私分罚没财物罪】司法机关、行政执法机关违反国家规定，将应当上缴国家的罚没财物，以单位名义集体私分给个人的，依照前款的规定处罚。

第九章　渎职罪

第三百九十七条【滥用职权罪、玩忽职守罪】国家机关工作人员滥用职权或者玩忽职守，致使公共财产、国家和人民利益遭受重大损失的，处三年以下有期徒刑或者拘役；情节特别严重的，处三年以上七年以下有期徒刑。本法另有规定的，依照规定。

国家机关工作人员徇私舞弊，犯前款罪的，处五年以下有期徒刑或者拘役；情节特别严重的，处五年以上十年以下有期徒刑。本法另有规定的，依照规定。

第三百九十八条【故意泄露国家秘密罪、过失泄露国家秘密罪】国家机关工作人员违反保守国家秘密法的规定，故意或者过失泄露国家秘密，情节严重的，处三年以下有期徒刑或者拘役；情节特别严重的，处三年以上七年以下有期徒刑。

非国家机关工作人员犯前款罪的，依照前款的规定酌情处罚。

第三百九十九条【徇私枉法罪】司法工作人员徇私枉法、徇情枉法，对明知是无罪的人而使他受追诉、对明知是有罪的人而故意包庇不使他受追诉，或者在刑事审判活动中故意违背事实和法律作枉法裁判的，处五年以下有期徒刑或者拘役；情节严重的，处五年以上十年以下有期徒刑；情节特别严重的，处十年以上有期徒刑。

【民事、行政枉法裁判罪】在民事、行政审判活动中故意违背事实和法律作枉法裁判，情节严重的，处五年以下有期徒刑或者拘役；情节特别严重的，处五年以上十年以下有期徒刑。

【执行判决、裁定失职罪；执行判决、裁定滥用职权罪】在执行判决、裁定活动中，严重不负责任或者滥用职权，不依法采取诉讼保全措施、不履行法定执行职责，或者违法采取诉讼保全措施、强制执行措施，致使当事人或者其他人的利益遭受重大损失的，处五年以下有期徒刑或者拘役；致使当事人或者其他人的利益遭受特别重大损失的，处五年以上十年以下有期徒刑。

司法工作人员收受贿赂，有前三款行为的，同时又构成本法第三百八十五条规定之罪的，依照处罚较重的规定定罪处罚。

第三百九十九条之一【枉法仲裁罪】依法承担仲裁职责的人员，在仲裁活动中故意违背事实和法律作枉法裁决，情节严重的，处三年以下有期徒刑或者拘役；情节特别严重的，处三年以上七年以下有期徒刑。

第四百条【私放在押人员罪】司法工作人员私放在押的犯罪嫌疑人、被告人或者罪犯的，处五年以下有期徒刑或者拘役；情节严重的，处五年以上十年以下有期徒刑；情节特别严重的，处十年以上有期徒刑。

【失职致使在押人员脱逃罪】司法工作人员由于严重不负责任，致使在押的犯罪嫌疑人、被告人或者罪犯脱逃，造成严重后果的，处三年以下有期徒刑或者拘役；造成特别严重后果的，处三年以上十年以下有期徒刑。

第四百零一条【徇私舞弊减刑、假释、暂予监外执行罪】司法工作人员徇私舞弊，对不符合减刑、假释、暂予监外执行条件的罪犯，予以减刑、假释或者暂予监外执行的，处三年以下有期徒刑或者拘役；情节严重的，处三年以上七年以下有期徒刑。

第四百零二条【徇私舞弊不移交刑事案件罪】行政执法人员徇私舞弊，对依法应当移交司法机关追究刑事责任的不移交，情节严重的，处三年以下有期徒刑或者拘役；造成严重后果的，处三年以上七年以下有期徒刑。

第四百零三条【滥用管理公司、证券职权罪】国家有关主管部门的国家机关工作人员，徇私舞弊，滥用职权，对不符合法律规定条件的公司设立、登记申请或者股票、债券发行、上市申请，予以批准或者登记，致使公共财产、国家和人民利益遭受重大损失的，处五年以下有期徒刑或者拘役。

上级部门强令登记机关及其工作人员实施前款行为的，对其直接负责的主管人员，依照前款的规定处罚。

第四百零四条【徇私舞弊不征、少征税款罪】税务机关的工作人员徇私舞弊，不征或者少征应征税款，致使国家税收遭受重大损失的，处五年以下有期徒刑或者拘役；造成特别重大损失的，处五年以上有期徒刑。

第四百零五条【徇私舞弊发售发票、抵扣税款、出口退税罪】税务机关的工作人员违反法律、行政法规的规定，在办理发售发票、抵扣税款、出口退税工作中，徇私舞弊，致使国家利益遭受重大损失的，处五年以下有期徒刑或者拘役；致使国家利益遭受特别重大损失的，处五年以上有期徒刑。

【违法提供出口退税凭证罪】其他国家机关工作人员违反国家规定，在提供出口货物报关单、出口收汇核销单等出口退税凭证的工作中，徇私舞弊，致使国家利益遭受重大损失的，依照前款的规定处罚。

第四百零六条【国家机关工作人员签订、履行合同失职被骗罪】国家机关工作人员在签订、履行合同过程中，因严重不负责任被诈骗，致使国家利益遭受重大损失的，处三年以下有期徒刑或者拘役；致使国家利益遭受特别重大损失的，处三年以上七年以下有期徒刑。

第四百零七条【违法发放林木采伐许可证罪】林业主管部门的工作人员违反森林法的规定，超过批准的年采伐限额发放林木采伐许可证或者违反规定滥发林木采伐许可证，情节严重，致使森林遭受严重破坏的，处三年以下有期徒刑或者拘役。

第四百零八条【环境监管失职罪】负有环境保护监督管理职责的国家机关工作人员严重不负责任，导致发生重大环境污染事故，致使公私财产遭受重大损失或者造成人身伤亡的严重后果的，处三年以下有期徒刑或者拘役。

第四百零八条之一【食品、药品监管渎职罪】负有食品药品安全监督管理职责的国家机关工作人员，滥用职权或者玩忽职守，有下列情形之一，造成严重后果或者有其他严重情节的，处五年以下有期徒刑或者拘役；造成特别严重后果或者有其他特别严重情节的，处五年以上十年以下有期徒刑：

（一）瞒报、谎报食品安全事故、药品安全事件的；

（二）对发现的严重食品药品安全违法行为未按规定查处的；

（三）在药品和特殊食品审批审评过程中，对不符合条件的申请准予许可的；

（四）依法应当移交司法机关追究刑事责任不移交的；

（五）有其他滥用职权或者玩忽职守行为的。

徇私舞弊犯前款罪的，从重处罚。

第四百零九条【传染病防治失职罪】从事传染病防治的政府卫生行政部门的工作人员严重不负责任，导致传染病传播或者流行，情节严重的，处三年以下有期徒刑或者拘役。

第四百一十条【非法批准征收、征用、占用土地罪；非法低价出让国有土地使用权罪】国家机关工作人员徇私舞弊，违反土地管理法规，滥用职权，非法批准征收、征用、占用土地，或者非法低价出让国有土地使用权，情节严重的，处三年以下有期徒刑或者拘役；致使国家或者集体利益遭受特别重大损失的，处三年以上七年以下有期徒刑。

第四百一十一条【放纵走私罪】海关工作人员徇私舞弊，放纵走私，情节严重的，处五年以下有期徒刑或者拘役；情节特别严重的，处五年以上有期徒刑。

第四百一十二条【商检徇私舞弊罪】国家商检部门、商检机构的工作人员徇私舞弊，伪造检验结果的，处五年以下有期徒刑或者拘役；造成严重后果的，处五年以上十年以下有期徒刑。

【商检失职罪】前款所列人员严重不负责任，对应当检验的物品不检验，或者延误检验出证、错误出证，致使国家利益遭受重大损失的，处三年以下有期徒刑或者拘役。

第四百一十三条【动植物检疫徇私舞弊罪】动植物检疫机关的检疫人员徇私舞弊，伪造检疫结果的，处五年以下有期徒刑或者拘役；造成严重后果的，处五年以上十年以下有期徒刑。

【动植物检疫失职罪】前款所列人员严重不负责任，对应当检疫的检疫物不检疫，或者延误检疫出证、错误出证，致使国家利益遭受重大损失的，处三年以下有期徒刑或者拘役。

第四百一十四条【放纵制售伪劣商品犯罪行为罪】对生产、销售伪劣商品犯罪行为负有追究责任的国家机关工作人员，徇私舞弊，不履行法律规定的追究职责，情节严重的，处五年以下有期徒刑或者拘役。

第四百一十五条【办理偷越国（边）境人员出入境证件罪、放行偷越国（边）境人员罪】负责办理护照、签证以及其他出入境证件的国家机关工作人员，对明知是企图偷越国（边）境的人员，予以办理出入境证件的，或者边防、海关等国家机关工作人员，对明知是偷越国（边）境的人员，予以放行的，处三年以下有期徒刑或者拘役；情节严重的，处三年以上七年以下有期徒刑。

第四百一十六条【不解救被拐卖、绑架妇女、儿童罪】对被拐卖、绑架的妇女、儿童负有解救职责的国家机关工作人员，接到被拐卖、绑架的妇女、儿童及其家属的解救要求或者接到其他人的举报，而对被拐卖、绑架的妇女、儿童不进行解救，造成严重后果的，处五年以下有期徒刑或者拘役。

【阻碍解救被拐卖、绑架妇女、儿童罪】负有解救职责的国家机关工作人员利用职务阻碍解救的，处二年以上七年以下有期徒刑；情节较轻的，处二年以下有期徒刑或者拘役。

第四百一十七条【帮助犯罪分子逃避处罚罪】有查禁犯罪活动职责的国家机关工作人员，向犯罪分子通风报信、提供便利，帮助犯罪分子逃避处罚的，处三年以下有期徒刑或者拘役；情节严重的，处三年以上十年以下有期徒刑。

第四百一十八条【招收公务员、学生徇私舞弊罪】国家机关工作人员在招收公务员、学生工作中徇私舞弊，情节严重的，处三年以下有期徒刑或者拘役。

第四百一十九条【失职造成珍贵文物损毁、流失罪】国家机关工作人员严重不负责任，造成珍贵文物损毁或者流失，后果严重的，处三年以下有期徒刑或者拘役。

第十章　军人违反职责罪

第四百二十条【军人违反职责罪的概念】军人违反职责，危害国家军事利益，依照法律应当受刑罚处罚的行为，是军人违反职责罪。

第四百二十一条【战时违抗命令罪】战时违抗命令，对作战造成危害的，处三年以上十年以下有期徒刑；致使战斗、战役遭受重大损失的，处十年以上有期徒刑、无期徒刑或者死刑。

第四百二十二条【隐瞒、谎报军情罪；拒传、假传军令罪】故意隐瞒、谎报军情或者拒传、假传军令，对作战造成危害的，处三年以上十年以下有期徒刑；致使战斗、战役遭受重大损失的，处十年以上有期徒刑、无期徒刑或者死刑。

第四百二十三条【投降罪】在战场上贪生怕死，自动放下武器投降敌人的，处三年以上十年以下有期徒刑；情节严重的，处十年以上有期徒刑或者无期徒刑。

投降后为敌人效劳的，处十年以上有期徒刑、无期徒刑或者死刑。

第四百二十四条【战时临阵脱逃罪】战时临阵脱逃的，处三年以下有期徒刑；情节严重的，处三年以上十年以下有期徒刑；致使战斗、战役遭受重大损失的，处十年以上有期徒刑、无期徒刑或者死刑。

第四百二十五条【擅离、玩忽军事职守罪】指挥人员和值班、值勤人员擅离职守或者玩忽职守，造成严重后果的，处三年以下有期徒刑或者拘役；造成特别严重后果的，处三年以上七年以下有期徒刑。

战时犯前款罪的，处五年以上有期徒刑。

第四百二十六条【阻碍执行军事职务罪】以暴力、威胁方法，阻碍指挥人员或者值班、值勤人员执行职务的，处五年以下有期徒刑或者拘役；情节严重的，处五年以上十年以下有期徒刑；情节特别严重的，处十年以上有期徒刑或者无期徒刑。战时从重处罚。

第四百二十七条【指使部属违反职责罪】滥用职权，指使部属进行违反职责的活动，造成严重后果的，处五年以下有期徒刑或者拘役；情节特别严重的，处五年以上十年以下有期徒刑。

第四百二十八条【违令作战消极罪】指挥人员违抗命令，临阵畏缩，作战消极，造成严重后果的，处五年以下有期徒刑；致使战斗、战役遭受重大损失或者有其他特别严重情节的，处五年以上有期徒刑。

第四百二十九条【拒不救援友邻部队罪】 在战场上明知友邻部队处境危急请求救援，能救援而不救援，致使友邻部队遭受重大损失的，对指挥人员，处五年以下有期徒刑。

第四百三十条【军人叛逃罪】 在履行公务期间，擅离岗位，叛逃境外或者在境外叛逃，危害国家军事利益的，处五年以下有期徒刑或者拘役；情节严重的，处五年以上有期徒刑。

驾驶航空器、舰船叛逃的，或者有其他特别严重情节的，处十年以上有期徒刑、无期徒刑或者死刑。

第四百三十一条【非法获取军事秘密罪】 以窃取、刺探、收买方法，非法获取军事秘密的，处五年以下有期徒刑；情节严重的，处五年以上十年以下有期徒刑；情节特别严重的，处十年以上有期徒刑。

【为境外窃取、刺探、收买、非法提供军事秘密罪】 为境外的机构、组织、人员窃取、刺探、收买、非法提供军事秘密的，处五年以上十年以下有期徒刑；情节严重的，处十年以上有期徒刑、无期徒刑或者死刑。

第四百三十二条【故意泄露军事秘密罪、过失泄露军事秘密罪】 违反保守国家秘密法规，故意或者过失泄露军事秘密，情节严重的，处五年以下有期徒刑或者拘役；情节特别严重的，处五年以上十年以下有期徒刑。

战时犯前款罪的，处五年以上十年以下有期徒刑；情节特别严重的，处十年以上有期徒刑或者无期徒刑。

第四百三十三条【战时造谣惑众罪】 战时造谣惑众，动摇军心的，处三年以下有期徒刑；情节严重的，处三年以上十年以下有期徒刑；情节特别严重的，处十年以上有期徒刑或者无期徒刑。

第四百三十四条【战时自伤罪】 战时自伤身体，逃避军事义务的，处三年以下有期徒刑；情节严重的，处三年以上七年以下有期徒刑。

第四百三十五条【逃离部队罪】 违反兵役法规，逃离部队，情节严重的，处三年以下有期徒刑或者拘役。

战时犯前款罪的，处三年以上七年以下有期徒刑。

第四百三十六条【武器装备肇事罪】 违反武器装备使用规定，情节严重，因而发生责任事故，致人重伤、死亡或者造成其他严重后果的，处三年以下有期徒刑或者拘役；后果特别严重的，处三年以上七年以下有期徒刑。

第四百三十七条【擅自改变武器装备编配用途罪】 违反武器装备管理规定，擅自改变武器装备的编配用途，造成严重后果的，处三年以下有期徒刑或者拘役；造成特别严重后果的，处三年以上七年以下有期徒刑。

第四百三十八条【盗窃、抢夺武器装备、军用物资罪】 盗窃、抢夺武器装备或者军用物资的，处五年以下有期徒刑或者拘役；情节严重的，处五年以上十年以下有期徒刑；情节特别严重的，处十年以上有期徒刑、无期徒刑或者死刑。

【盗窃、抢夺枪支、弹药、爆炸物、危险物质罪】盗窃、抢夺枪支、弹药、爆炸物的，依照本法第一百二十七条的规定处罚。

第四百三十九条【非法出卖、转让武器装备罪】非法出卖、转让军队武器装备的，处三年以上十年以下有期徒刑；出卖、转让大量武器装备或者有其他特别严重情节的，处十年以上有期徒刑、无期徒刑或者死刑。

第四百四十条【遗弃武器装备罪】违抗命令，遗弃武器装备的，处五年以下有期徒刑或者拘役；遗弃重要或者大量武器装备的，或者有其他严重情节的，处五年以上有期徒刑。

第四百四十一条【遗失武器装备罪】遗失武器装备，不及时报告或者有其他严重情节的，处三年以下有期徒刑或者拘役。

第四百四十二条【擅自出卖、转让军队房地产罪】违反规定，擅自出卖、转让军队房地产，情节严重的，对直接责任人员，处三年以下有期徒刑或者拘役；情节特别严重的，处三年以上十年以下有期徒刑。

第四百四十三条【虐待部属罪】滥用职权，虐待部属，情节恶劣，致人重伤或者造成其他严重后果的，处五年以下有期徒刑或者拘役；致人死亡的，处五年以上有期徒刑。

第四百四十四条【遗弃伤病军人罪】在战场上故意遗弃伤病军人，情节恶劣的，对直接责任人员，处五年以下有期徒刑。

第四百四十五条【战时拒不救治伤病军人罪】战时在救护治疗职位上，有条件救治而拒不救治危重伤病军人的，处五年以下有期徒刑或者拘役；造成伤病军人重残、死亡或者有其他严重情节的，处五年以上十年以下有期徒刑。

第四百四十六条【战时残害居民、掠夺居民财物罪】战时在军事行动地区，残害无辜居民或者掠夺无辜居民财物的，处五年以下有期徒刑；情节严重的，处五年以上十年以下有期徒刑；情节特别严重的，处十年以上有期徒刑、无期徒刑或者死刑。

第四百四十七条【私放俘虏罪】私放俘虏的，处五年以下有期徒刑；私放重要俘虏、私放俘虏多人或者有其他严重情节的，处五年以上有期徒刑。

第四百四十八条【虐待俘虏罪】虐待俘虏，情节恶劣的，处三年以下有期徒刑。

第四百四十九条【战时缓刑】在战时，对被判处三年以下有期徒刑没有现实危险宣告缓刑的犯罪军人，允许其戴罪立功，确有立功表现时，可以撤销原判刑罚，不以犯罪论处。

第四百五十条【本章适用的主体范围】本章适用于中国人民解放军的现役军官、文职干部、士兵及具有军籍的学员和中国人民武装警察部队的现役警官、文职干部、士兵及具有军籍的学员以及文职人员、执行军事任务的预备役人员和其他人员。

第四百五十一条【战时的界定】本章所称战时，是指国家宣布进入战争状态、部队受领作战任务或者遭敌突然袭击时。

部队执行戒严任务或者处置突发性暴力事件时，以战时论。

附　则

第四百五十二条【本法施行日期】本法自 1997 年 10 月 1 日起施行。

【废止的单行刑法】列于本法附件一的全国人民代表大会常务委员会制定的条例、补充规定和决定，已纳入本法或者已不适用，自本法施行之日起，予以废止。

【保留的单行刑法】列于本法附件二的全国人民代表大会常务委员会制定的补充规定和决定予以保留。其中，有关行政处罚和行政措施的规定继续有效；有关刑事责任的规定已纳入本法，自本法施行之日起，适用本法规定。

附件一

全国人民代表大会常务委员会制定的下列条例、补充规定和决定，已纳入本法或者已不适用，自本法施行之日起，予以废止：

1. 中华人民共和国惩治军人违反职责罪暂行条例
2. 关于严惩严重破坏经济的罪犯的决定
3. 关于严惩严重危害社会治安的犯罪分子的决定
4. 关于惩治走私罪的补充规定
5. 关于惩治贪污罪贿赂罪的补充规定
6. 关于惩治泄露国家秘密犯罪的补充规定
7. 关于惩治捕杀国家重点保护的珍贵、濒危野生动物犯罪的补充规定
8. 关于惩治侮辱中华人民共和国国旗国徽罪的决定
9. 关于惩治盗掘古文化遗址古墓葬犯罪的补充规定
10. 关于惩治劫持航空器犯罪分子的决定
11. 关于惩治假冒注册商标犯罪的补充规定
12. 关于惩治生产、销售伪劣商品犯罪的决定

13. 关于惩治侵犯著作权的犯罪的决定
14. 关于惩治违反公司法的犯罪的决定
15. 关于处理逃跑或者重新犯罪的劳改犯和劳教人员的决定

附件二

全国人民代表大会常务委员会制定的下列补充规定和决定予以保留，其中，有关行政处罚和行政措施的规定继续有效；有关刑事责任的规定已纳入本法，自本法施行之日起，适用本法规定：

1. 关于禁毒的决定
2. 关于惩治走私、制作、贩卖、传播淫秽物品的犯罪分子的决定
3. 关于严禁卖淫嫖娼的决定
4. 关于严惩拐卖、绑架妇女、儿童的犯罪分子的决定
5. 关于惩治偷税、抗税犯罪的补充规定
6. 关于严惩组织、运送他人偷越国（边）境犯罪的补充规定
7. 关于惩治破坏金融秩序犯罪的决定
8. 关于惩治虚开、伪造和非法出售增值税专用发票犯罪的决定

中华人民共和国刑事诉讼法*

（1979年7月1日第五届全国人民代表大会第二次会议通过 根据1996年3月17日第八届全国人民代表大会第四次会议《关于修改〈中华人民共和国刑事诉讼法〉的决定》第一次修正 根据2012年3月14日第十一届全国人民代表大会第五次会议《关于修改〈中华人民共和国刑事诉讼法〉的决定》第二次修正 根据2018年10月26日第十三届全国人民代表大会常务委员会第六次会议《关于修改〈中华人民共和国刑事诉讼法〉的决定》第三次修正）

目 录

第一编 总 则
第一章 任务和基本原则
第二章 管 辖
第三章 回 避
第四章 辩护与代理
第五章 证 据
第六章 强制措施
第七章 附带民事诉讼
第八章 期间、送达
第九章 其他规定
第二编 立案、侦查和提起公诉
第一章 立 案
第二章 侦 查
第一节 一般规定
第二节 讯问犯罪嫌疑人

* 中华人民共和国主席令第10号，2018年10月26日公布并施行。——编者注

第三节　询问证人
第四节　勘验、检查
第五节　搜　查
第六节　查封、扣押物证、书证
第七节　鉴　定
第八节　技术侦查措施
第九节　通　缉
第十节　侦查终结
第十一节　人民检察院对直接受理的案件的侦查
第三章　提起公诉
第三编　审　判
第一章　审判组织
第二章　第一审程序
第一节　公诉案件
第二节　自诉案件
第三节　简易程序
第四节　速裁程序
第三章　第二审程序
第四章　死刑复核程序
第五章　审判监督程序
第四编　执　行
第五编　特别程序
第一章　未成年人刑事案件诉讼程序
第二章　当事人和解的公诉案件诉讼程序
第三章　缺席审判程序
第四章　犯罪嫌疑人、被告人逃匿、死亡案件违法所得的没收程序
第五章　依法不负刑事责任的精神病人的强制医疗程序
附　则

第一编　总　则

第一章　任务和基本原则

第一条　为了保证刑法的正确实施，惩罚犯罪，保护人民，保障国家安全

和社会公共安全，维护社会主义社会秩序，根据宪法，制定本法。

第二条 中华人民共和国刑事诉讼法的任务，是保证准确、及时地查明犯罪事实，正确应用法律，惩罚犯罪分子，保障无罪的人不受刑事追究，教育公民自觉遵守法律，积极同犯罪行为作斗争，维护社会主义法制，尊重和保障人权，保护公民的人身权利、财产权利、民主权利和其他权利，保障社会主义建设事业的顺利进行。

第三条 对刑事案件的侦查、拘留、执行逮捕、预审，由公安机关负责。检察、批准逮捕、检察机关直接受理的案件的侦查、提起公诉，由人民检察院负责。审判由人民法院负责。除法律特别规定的以外，其他任何机关、团体和个人都无权行使这些权力。

人民法院、人民检察院和公安机关进行刑事诉讼，必须严格遵守本法和其他法律的有关规定。

第四条 国家安全机关依照法律规定，办理危害国家安全的刑事案件，行使与公安机关相同的职权。

第五条 人民法院依照法律规定独立行使审判权，人民检察院依照法律规定独立行使检察权，不受行政机关、社会团体和个人的干涉。

第六条 人民法院、人民检察院和公安机关进行刑事诉讼，必须依靠群众，必须以事实为根据，以法律为准绳。对于一切公民，在适用法律上一律平等，在法律面前，不允许有任何特权。

第七条 人民法院、人民检察院和公安机关进行刑事诉讼，应当分工负责，互相配合，互相制约，以保证准确有效地执行法律。

第八条 人民检察院依法对刑事诉讼实行法律监督。

第九条 各民族公民都有用本民族语言文字进行诉讼的权利。人民法院、人民检察院和公安机关对于不通晓当地通用的语言文字的诉讼参与人，应当为他们翻译。

在少数民族聚居或者多民族杂居的地区，应当用当地通用的语言进行审讯，用当地通用的文字发布判决书、布告和其他文件。

第十条 人民法院审判案件，实行两审终审制。

第十一条 人民法院审判案件，除本法另有规定的以外，一律公开进行。被告人有权获得辩护，人民法院有义务保证被告人获得辩护。

第十二条 未经人民法院依法判决，对任何人都不得确定有罪。

第十三条 人民法院审判案件，依照本法实行人民陪审员陪审的制度。

第十四条 人民法院、人民检察院和公安机关应当保障犯罪嫌疑人、被告人和其他诉讼参与人依法享有的辩护权和其他诉讼权利。

诉讼参与人对于审判人员、检察人员和侦查人员侵犯公民诉讼权利和人身侮辱的行为，有权提出控告。

第十五条 犯罪嫌疑人、被告人自愿如实供述自己的罪行，承认指控的犯罪事实，愿意接受处罚的，可以依法从宽处理。

第十六条 有下列情形之一的，不追究刑事责任，已经追究的，应当撤销案件，或者不起诉，或者终止审理，或者宣告无罪：

（一）情节显著轻微、危害不大，不认为是犯罪的；

（二）犯罪已过追诉时效期限的；

（三）经特赦令免除刑罚的；

（四）依照刑法告诉才处理的犯罪，没有告诉或者撤回告诉的；

（五）犯罪嫌疑人、被告人死亡的；

（六）其他法律规定免予追究刑事责任的。

第十七条 对于外国人犯罪应当追究刑事责任的，适用本法的规定。

对于享有外交特权和豁免权的外国人犯罪应当追究刑事责任的，通过外交途径解决。

第十八条 根据中华人民共和国缔结或者参加的国际条约，或者按照互惠原则，我国司法机关和外国司法机关可以相互请求刑事司法协助。

第二章 管 辖

第十九条 刑事案件的侦查由公安机关进行，法律另有规定的除外。

人民检察院在对诉讼活动实行法律监督中发现的司法工作人员利用职权实施的非法拘禁、刑讯逼供、非法搜查等侵犯公民权利、损害司法公正的犯罪，可以由人民检察院立案侦查。对于公安机关管辖的国家机关工作人员利用职权实施的重大犯罪案件，需要由人民检察院直接受理的时候，经省级以上人民检察院决定，可以由人民检察院立案侦查。

自诉案件，由人民法院直接受理。

第二十条 基层人民法院管辖第一审普通刑事案件，但是依照本法由上级人民法院管辖的除外。

第二十一条 中级人民法院管辖下列第一审刑事案件：

（一）危害国家安全、恐怖活动案件；

（二）可能判处无期徒刑、死刑的案件。

第二十二条 高级人民法院管辖的第一审刑事案件，是全省（自治区、直辖市）性的重大刑事案件。

第二十三条 最高人民法院管辖的第一审刑事案件，是全国性的重大刑事案件。

第二十四条 上级人民法院在必要的时候，可以审判下级人民法院管辖的第一审刑事案件；下级人民法院认为案情重大、复杂需要由上级人民法院审判的第一审刑事案件，可以请求移送上一级人民法院审判。

第二十五条 刑事案件由犯罪地的人民法院管辖。如果由被告人居住地的人民法院审判更为适宜的，可以由被告人居住地的人民法院管辖。

第二十六条 几个同级人民法院都有权管辖的案件，由最初受理的人民法院审判。在必要的时候，可以移送主要犯罪地的人民法院审判。

第二十七条 上级人民法院可以指定下级人民法院审判管辖不明的案件，也可以指定下级人民法院将案件移送其他人民法院审判。

第二十八条 专门人民法院案件的管辖另行规定。

第三章 回 避

第二十九条 审判人员、检察人员、侦查人员有下列情形之一的，应当自行回避，当事人及其法定代理人也有权要求他们回避：

（一）是本案的当事人或者是当事人的近亲属的；

（二）本人或者他的近亲属和本案有利害关系的；

（三）担任过本案的证人、鉴定人、辩护人、诉讼代理人的；

（四）与本案当事人有其他关系，可能影响公正处理案件的。

第三十条 审判人员、检察人员、侦查人员不得接受当事人及其委托的人的请客送礼，不得违反规定会见当事人及其委托的人。

审判人员、检察人员、侦查人员违反前款规定的，应当依法追究法律责任。当事人及其法定代理人有权要求他们回避。

第三十一条 审判人员、检察人员、侦查人员的回避，应当分别由院长、检察长、公安机关负责人决定；院长的回避，由本院审判委员会决定；检察长和公安机关负责人的回避，由同级人民检察院检察委员会决定。

对侦查人员的回避作出决定前，侦查人员不能停止对案件的侦查。

对驳回申请回避的决定，当事人及其法定代理人可以申请复议一次。

第三十二条 本章关于回避的规定适用于书记员、翻译人员和鉴定人。

辩护人、诉讼代理人可以依照本章的规定要求回避、申请复议。

第四章　辩护与代理

第三十三条　犯罪嫌疑人、被告人除自己行使辩护权以外，还可以委托一至二人作为辩护人。下列的人可以被委托为辩护人：

（一）律师；

（二）人民团体或者犯罪嫌疑人、被告人所在单位推荐的人；

（三）犯罪嫌疑人、被告人的监护人、亲友。

正在被执行刑罚或者依法被剥夺、限制人身自由的人，不得担任辩护人。

被开除公职和被吊销律师、公证员执业证书的人，不得担任辩护人，但系犯罪嫌疑人、被告人的监护人、近亲属的除外。

第三十四条　犯罪嫌疑人自被侦查机关第一次讯问或者采取强制措施之日起，有权委托辩护人；在侦查期间，只能委托律师作为辩护人。被告人有权随时委托辩护人。

侦查机关在第一次讯问犯罪嫌疑人或者对犯罪嫌疑人采取强制措施的时候，应当告知犯罪嫌疑人有权委托辩护人。人民检察院自收到移送审查起诉的案件材料之日起三日以内，应当告知犯罪嫌疑人有权委托辩护人。人民法院自受理案件之日起三日以内，应当告知被告人有权委托辩护人。犯罪嫌疑人、被告人在押期间要求委托辩护人的，人民法院、人民检察院和公安机关应当及时转达其要求。

犯罪嫌疑人、被告人在押的，也可以由其监护人、近亲属代为委托辩护人。

辩护人接受犯罪嫌疑人、被告人委托后，应当及时告知办理案件的机关。

第三十五条　犯罪嫌疑人、被告人因经济困难或者其他原因没有委托辩护人的，本人及其近亲属可以向法律援助机构提出申请。对符合法律援助条件的，法律援助机构应当指派律师为其提供辩护。

犯罪嫌疑人、被告人是盲、聋、哑人，或者是尚未完全丧失辨认或者控制自己行为能力的精神病人，没有委托辩护人的，人民法院、人民检察院和公安机关应当通知法律援助机构指派律师为其提供辩护。

犯罪嫌疑人、被告人可能被判处无期徒刑、死刑，没有委托辩护人的，人民法院、人民检察院和公安机关应当通知法律援助机构指派律师为其提供辩护。

第三十六条　法律援助机构可以在人民法院、看守所等场所派驻值班律师。犯罪嫌疑人、被告人没有委托辩护人，法律援助机构没有指派律师为其提供辩护的，由值班律师为犯罪嫌疑人、被告人提供法律咨询、程序选择建议、申请变更强制措施、对案件处理提出意见等法律帮助。

人民法院、人民检察院、看守所应当告知犯罪嫌疑人、被告人有权约见值班律师，并为犯罪嫌疑人、被告人约见值班律师提供便利。

第三十七条 辩护人的责任是根据事实和法律，提出犯罪嫌疑人、被告人无罪、罪轻或者减轻、免除其刑事责任的材料和意见，维护犯罪嫌疑人、被告人的诉讼权利和其他合法权益。

第三十八条 辩护律师在侦查期间可以为犯罪嫌疑人提供法律帮助；代理申诉、控告；申请变更强制措施；向侦查机关了解犯罪嫌疑人涉嫌的罪名和案件有关情况，提出意见。

第三十九条 辩护律师可以同在押的犯罪嫌疑人、被告人会见和通信。其他辩护人经人民法院、人民检察院许可，也可以同在押的犯罪嫌疑人、被告人会见和通信。

辩护律师持律师执业证书、律师事务所证明和委托书或者法律援助公函要求会见在押的犯罪嫌疑人、被告人的，看守所应当及时安排会见，至迟不得超过四十八小时。

危害国家安全犯罪、恐怖活动犯罪案件，在侦查期间辩护律师会见在押的犯罪嫌疑人，应当经侦查机关许可。上述案件，侦查机关应当事先通知看守所。

辩护律师会见在押的犯罪嫌疑人、被告人，可以了解案件有关情况，提供法律咨询等；自案件移送审查起诉之日起，可以向犯罪嫌疑人、被告人核实有关证据。辩护律师会见犯罪嫌疑人、被告人时不被监听。

辩护律师同被监视居住的犯罪嫌疑人、被告人会见、通信，适用第一款、第三款、第四款的规定。

第四十条 辩护律师自人民检察院对案件审查起诉之日起，可以查阅、摘抄、复制本案的案卷材料。其他辩护人经人民法院、人民检察院许可，也可以查阅、摘抄、复制上述材料。

第四十一条 辩护人认为在侦查、审查起诉期间公安机关、人民检察院收集的证明犯罪嫌疑人、被告人无罪或者罪轻的证据材料未提交的，有权申请人民检察院、人民法院调取。

第四十二条 辩护人收集的有关犯罪嫌疑人不在犯罪现场、未达到刑事责任年龄、属于依法不负刑事责任的精神病人的证据，应当及时告知公安机关、人民检察院。

第四十三条 辩护律师经证人或者其他有关单位和个人同意，可以向他们收集与本案有关的材料，也可以申请人民检察院、人民法院收集、调取证据，或者申请人民法院通知证人出庭作证。

辩护律师经人民检察院或者人民法院许可，并且经被害人或者其近亲属、被害人提供的证人同意，可以向他们收集与本案有关的材料。

第四十四条　辩护人或者其他任何人，不得帮助犯罪嫌疑人、被告人隐匿、毁灭、伪造证据或者串供，不得威胁、引诱证人作伪证以及进行其他干扰司法机关诉讼活动的行为。

违反前款规定的，应当依法追究法律责任，辩护人涉嫌犯罪的，应当由办理辩护人所承办案件的侦查机关以外的侦查机关办理。辩护人是律师的，应当及时通知其所在的律师事务所或者所属的律师协会。

第四十五条　在审判过程中，被告人可以拒绝辩护人继续为他辩护，也可以另行委托辩护人辩护。

第四十六条　公诉案件的被害人及其法定代理人或者近亲属，附带民事诉讼的当事人及其法定代理人，自案件移送审查起诉之日起，有权委托诉讼代理人。自诉案件的自诉人及其法定代理人，附带民事诉讼的当事人及其法定代理人，有权随时委托诉讼代理人。

人民检察院自收到移送审查起诉的案件材料之日起三日以内，应当告知被害人及其法定代理人或者其近亲属、附带民事诉讼的当事人及其法定代理人有权委托诉讼代理人。人民法院自受理自诉案件之日起三日以内，应当告知自诉人及其法定代理人、附带民事诉讼的当事人及其法定代理人有权委托诉讼代理人。

第四十七条　委托诉讼代理人，参照本法第三十三条的规定执行。

第四十八条　辩护律师对在执业活动中知悉的委托人的有关情况和信息，有权予以保密。但是，辩护律师在执业活动中知悉委托人或者其他人，准备或者正在实施危害国家安全、公共安全以及严重危害他人人身安全的犯罪的，应当及时告知司法机关。

第四十九条　辩护人、诉讼代理人认为公安机关、人民检察院、人民法院及其工作人员阻碍其依法行使诉讼权利的，有权向同级或者上一级人民检察院申诉或者控告。人民检察院对申诉或者控告应当及时进行审查，情况属实的，通知有关机关予以纠正。

第五章　证　据

第五十条　可以用于证明案件事实的材料，都是证据。

证据包括：

（一）物证；

（二）书证；

（三）证人证言；

（四）被害人陈述；

（五）犯罪嫌疑人、被告人供述和辩解；

（六）鉴定意见；

（七）勘验、检查、辨认、侦查实验等笔录；

（八）视听资料、电子数据。

证据必须经过查证属实，才能作为定案的根据。

第五十一条 公诉案件中被告人有罪的举证责任由人民检察院承担，自诉案件中被告人有罪的举证责任由自诉人承担。

第五十二条 审判人员、检察人员、侦查人员必须依照法定程序，收集能够证实犯罪嫌疑人、被告人有罪或者无罪、犯罪情节轻重的各种证据。严禁刑讯逼供和以威胁、引诱、欺骗以及其他非法方法收集证据，不得强迫任何人证实自己有罪。必须保证一切与案件有关或者了解案情的公民，有客观地充分地提供证据的条件，除特殊情况外，可以吸收他们协助调查。

第五十三条 公安机关提请批准逮捕书、人民检察院起诉书、人民法院判决书，必须忠实于事实真象。故意隐瞒事实真象的，应当追究责任。

第五十四条 人民法院、人民检察院和公安机关有权向有关单位和个人收集、调取证据。有关单位和个人应当如实提供证据。

行政机关在行政执法和查办案件过程中收集的物证、书证、视听资料、电子数据等证据材料，在刑事诉讼中可以作为证据使用。

对涉及国家秘密、商业秘密、个人隐私的证据，应当保密。

凡是伪造证据、隐匿证据或者毁灭证据的，无论属于何方，必须受法律追究。

第五十五条 对一切案件的判处都要重证据，重调查研究，不轻信口供。只有被告人供述，没有其他证据的，不能认定被告人有罪和处以刑罚；没有被告人供述，证据确实、充分的，可以认定被告人有罪和处以刑罚。

证据确实、充分，应当符合以下条件：

（一）定罪量刑的事实都有证据证明；

（二）据以定案的证据均经法定程序查证属实；

（三）综合全案证据，对所认定事实已排除合理怀疑。

第五十六条 采用刑讯逼供等非法方法收集的犯罪嫌疑人、被告人供述和采用暴力、威胁等非法方法收集的证人证言、被害人陈述，应当予以排除。收集物证、书证不符合法定程序，可能严重影响司法公正的，应当予以补正或者作出合理解释；不能补正或者作出合理解释的，对该证据应当予以排除。

在侦查、审查起诉、审判时发现有应当排除的证据的，应当依法予以排除，不得作为起诉意见、起诉决定和判决的依据。

第五十七条　人民检察院接到报案、控告、举报或者发现侦查人员以非法方法收集证据的，应当进行调查核实。对于确有以非法方法收集证据情形的，应当提出纠正意见；构成犯罪的，依法追究刑事责任。

第五十八条　法庭审理过程中，审判人员认为可能存在本法第五十六条规定的以非法方法收集证据情形的，应当对证据收集的合法性进行法庭调查。

当事人及其辩护人、诉讼代理人有权申请人民法院对以非法方法收集的证据依法予以排除。申请排除以非法方法收集的证据的，应当提供相关线索或者材料。

第五十九条　在对证据收集的合法性进行法庭调查的过程中，人民检察院应当对证据收集的合法性加以证明。

现有证据材料不能证明证据收集的合法性的，人民检察院可以提请人民法院通知有关侦查人员或者其他人员出庭说明情况；人民法院可以通知有关侦查人员或者其他人员出庭说明情况。有关侦查人员或者其他人员也可以要求出庭说明情况。经人民法院通知，有关人员应当出庭。

第六十条　对于经过法庭审理，确认或者不能排除存在本法第五十六条规定的以非法方法收集证据情形的，对有关证据应当予以排除。

第六十一条　证人证言必须在法庭上经过公诉人、被害人和被告人、辩护人双方质证并且查实以后，才能作为定案的根据。法庭查明证人有意作伪证或者隐匿罪证的时候，应当依法处理。

第六十二条　凡是知道案件情况的人，都有作证的义务。

生理上、精神上有缺陷或者年幼，不能辨别是非、不能正确表达的人，不能作证人。

第六十三条　人民法院、人民检察院和公安机关应当保障证人及其近亲属的安全。

对证人及其近亲属进行威胁、侮辱、殴打或者打击报复，构成犯罪的，依法追究刑事责任；尚不够刑事处罚的，依法给予治安管理处罚。

第六十四条　对于危害国家安全犯罪、恐怖活动犯罪、黑社会性质的组织犯罪、毒品犯罪等案件，证人、鉴定人、被害人因在诉讼中作证，本人或者其近亲属的人身安全面临危险的，人民法院、人民检察院和公安机关应当采取以下一项或者多项保护措施：

（一）不公开真实姓名、住址和工作单位等个人信息；

（二）采取不暴露外貌、真实声音等出庭作证措施；

（三）禁止特定的人员接触证人、鉴定人、被害人及其近亲属；

（四）对人身和住宅采取专门性保护措施；

（五）其他必要的保护措施。

证人、鉴定人、被害人认为因在诉讼中作证，本人或者其近亲属的人身安全面临危险的，可以向人民法院、人民检察院、公安机关请求予以保护。

人民法院、人民检察院、公安机关依法采取保护措施，有关单位和个人应当配合。

第六十五条 证人因履行作证义务而支出的交通、住宿、就餐等费用，应当给予补助。证人作证的补助列入司法机关业务经费，由同级政府财政予以保障。

有工作单位的证人作证，所在单位不得克扣或者变相克扣其工资、奖金及其他福利待遇。

第六章 强制措施

第六十六条 人民法院、人民检察院和公安机关根据案件情况，对犯罪嫌疑人、被告人可以拘传、取保候审或者监视居住。

第六十七条 人民法院、人民检察院和公安机关对有下列情形之一的犯罪嫌疑人、被告人，可以取保候审：

（一）可能判处管制、拘役或者独立适用附加刑的；

（二）可能判处有期徒刑以上刑罚，采取取保候审不致发生社会危险性的；

（三）患有严重疾病、生活不能自理，怀孕或者正在哺乳自己婴儿的妇女，采取取保候审不致发生社会危险性的；

（四）羁押期限届满，案件尚未办结，需要采取取保候审的。

取保候审由公安机关执行。

第六十八条 人民法院、人民检察院和公安机关决定对犯罪嫌疑人、被告人取保候审，应当责令犯罪嫌疑人、被告人提出保证人或者交纳保证金。

第六十九条 保证人必须符合下列条件：

（一）与本案无牵连；

（二）有能力履行保证义务；

（三）享有政治权利，人身自由未受到限制；

（四）有固定的住处和收入。

第七十条　保证人应当履行以下义务：

（一）监督被保证人遵守本法第七十一条的规定；

（二）发现被保证人可能发生或者已经发生违反本法第七十一条规定的行为的，应当及时向执行机关报告。

被保证人有违反本法第七十一条规定的行为，保证人未履行保证义务的，对保证人处以罚款，构成犯罪的，依法追究刑事责任。

第七十一条　被取保候审的犯罪嫌疑人、被告人应当遵守以下规定：

（一）未经执行机关批准不得离开所居住的市、县；

（二）住址、工作单位和联系方式发生变动的，在二十四小时以内向执行机关报告；

（三）在传讯的时候及时到案；

（四）不得以任何形式干扰证人作证；

（五）不得毁灭、伪造证据或者串供。

人民法院、人民检察院和公安机关可以根据案件情况，责令被取保候审的犯罪嫌疑人、被告人遵守以下一项或者多项规定：

（一）不得进入特定的场所；

（二）不得与特定的人员会见或者通信；

（三）不得从事特定的活动；

（四）将护照等出入境证件、驾驶证件交执行机关保存。

被取保候审的犯罪嫌疑人、被告人违反前两款规定，已交纳保证金的，没收部分或者全部保证金，并且区别情形，责令犯罪嫌疑人、被告人具结悔过，重新交纳保证金、提出保证人，或者监视居住、予以逮捕。

对违反取保候审规定，需要予以逮捕的，可以对犯罪嫌疑人、被告人先行拘留。

第七十二条　取保候审的决定机关应当综合考虑保证诉讼活动正常进行的需要，被取保候审人的社会危险性，案件的性质、情节，可能判处刑罚的轻重，被取保候审人的经济状况等情况，确定保证金的数额。

提供保证金的人应当将保证金存入执行机关指定银行的专门账户。

第七十三条　犯罪嫌疑人、被告人在取保候审期间未违反本法第七十一条规定的，取保候审结束的时候，凭解除取保候审的通知或者有关法律文书到银行领取退还的保证金。

第七十四条　人民法院、人民检察院和公安机关对符合逮捕条件，有下列情形之一的犯罪嫌疑人、被告人，可以监视居住：

（一）患有严重疾病、生活不能自理的；

（二）怀孕或者正在哺乳自己婴儿的妇女；

（三）系生活不能自理的人的唯一扶养人；

（四）因为案件的特殊情况或者办理案件的需要，采取监视居住措施更为适宜的；

（五）羁押期限届满，案件尚未办结，需要采取监视居住措施的。

对符合取保候审条件，但犯罪嫌疑人、被告人不能提出保证人，也不交纳保证金的，可以监视居住。

监视居住由公安机关执行。

第七十五条 监视居住应当在犯罪嫌疑人、被告人的住处执行；无固定住处的，可以在指定的居所执行。对于涉嫌危害国家安全犯罪、恐怖活动犯罪，在住处执行可能有碍侦查的，经上一级公安机关批准，也可以在指定的居所执行。但是，不得在羁押场所、专门的办案场所执行。

指定居所监视居住的，除无法通知的以外，应当在执行监视居住后二十四小时以内，通知被监视居住人的家属。

被监视居住的犯罪嫌疑人、被告人委托辩护人，适用本法第三十四条的规定。

人民检察院对指定居所监视居住的决定和执行是否合法实行监督。

第七十六条 指定居所监视居住的期限应当折抵刑期。被判处管制的，监视居住一日折抵刑期一日；被判处拘役、有期徒刑的，监视居住二日折抵刑期一日。

第七十七条 被监视居住的犯罪嫌疑人、被告人应当遵守以下规定：

（一）未经执行机关批准不得离开执行监视居住的处所；

（二）未经执行机关批准不得会见他人或者通信；

（三）在传讯的时候及时到案；

（四）不得以任何形式干扰证人作证；

（五）不得毁灭、伪造证据或者串供；

（六）将护照等出入境证件、身份证件、驾驶证件交执行机关保存。

被监视居住的犯罪嫌疑人、被告人违反前款规定，情节严重的，可以予以逮捕；需要予以逮捕的，可以对犯罪嫌疑人、被告人先行拘留。

第七十八条 执行机关对被监视居住的犯罪嫌疑人、被告人，可以采取电子监控、不定期检查等监视方法对其遵守监视居住规定的情况进行监督；在侦查期间，可以对被监视居住的犯罪嫌疑人的通信进行监控。

第七十九条　人民法院、人民检察院和公安机关对犯罪嫌疑人、被告人取保候审最长不得超过十二个月，监视居住最长不得超过六个月。

在取保候审、监视居住期间，不得中断对案件的侦查、起诉和审理。对于发现不应当追究刑事责任或者取保候审、监视居住期限届满的，应当及时解除取保候审、监视居住。解除取保候审、监视居住，应当及时通知被取保候审、监视居住人和有关单位。

第八十条　逮捕犯罪嫌疑人、被告人，必须经过人民检察院批准或者人民法院决定，由公安机关执行。

第八十一条　对有证据证明有犯罪事实，可能判处徒刑以上刑罚的犯罪嫌疑人、被告人，采取取保候审尚不足以防止发生下列社会危险性的，应当予以逮捕：

（一）可能实施新的犯罪的；

（二）有危害国家安全、公共安全或者社会秩序的现实危险的；

（三）可能毁灭、伪造证据，干扰证人作证或者串供的；

（四）可能对被害人、举报人、控告人实施打击报复的；

（五）企图自杀或者逃跑的。

批准或者决定逮捕，应当将犯罪嫌疑人、被告人涉嫌犯罪的性质、情节，认罪认罚等情况，作为是否可能发生社会危险性的考虑因素。

对有证据证明有犯罪事实，可能判处十年有期徒刑以上刑罚的，或者有证据证明有犯罪事实，可能判处徒刑以上刑罚，曾经故意犯罪或者身份不明的，应当予以逮捕。

被取保候审、监视居住的犯罪嫌疑人、被告人违反取保候审、监视居住规定，情节严重的，可以予以逮捕。

第八十二条　公安机关对于现行犯或者重大嫌疑分子，如果有下列情形之一的，可以先行拘留：

（一）正在预备犯罪、实行犯罪或者在犯罪后即时被发觉的；

（二）被害人或者在场亲眼看见的人指认他犯罪的；

（三）在身边或者住处发现有犯罪证据的；

（四）犯罪后企图自杀、逃跑或者在逃的；

（五）有毁灭、伪造证据或者串供可能的；

（六）不讲真实姓名、住址，身份不明的；

（七）有流窜作案、多次作案、结伙作案重大嫌疑的。

第八十三条　公安机关在异地执行拘留、逮捕的时候，应当通知被拘留、逮捕人所在地的公安机关，被拘留、逮捕人所在地的公安机关应当予以配合。

第八十四条 对于有下列情形的人，任何公民都可以立即扭送公安机关、人民检察院或者人民法院处理：

（一）正在实行犯罪或者在犯罪后即时被发觉的；

（二）通缉在案的；

（三）越狱逃跑的；

（四）正在被追捕的。

第八十五条 公安机关拘留人的时候，必须出示拘留证。

拘留后，应当立即将被拘留人送看守所羁押，至迟不得超过二十四小时。除无法通知或者涉嫌危害国家安全犯罪、恐怖活动犯罪通知可能有碍侦查的情形以外，应当在拘留后二十四小时以内，通知被拘留人的家属。有碍侦查的情形消失以后，应当立即通知被拘留人的家属。

第八十六条 公安机关对被拘留的人，应当在拘留后的二十四小时以内进行讯问。在发现不应当拘留的时候，必须立即释放，发给释放证明。

第八十七条 公安机关要求逮捕犯罪嫌疑人的时候，应当写出提请批准逮捕书，连同案卷材料、证据，一并移送同级人民检察院审查批准。必要的时候，人民检察院可以派人参加公安机关对于重大案件的讨论。

第八十八条 人民检察院审查批准逮捕，可以讯问犯罪嫌疑人；有下列情形之一的，应当讯问犯罪嫌疑人：

（一）对是否符合逮捕条件有疑问的；

（二）犯罪嫌疑人要求向检察人员当面陈述的；

（三）侦查活动可能有重大违法行为的。

人民检察院审查批准逮捕，可以询问证人等诉讼参与人，听取辩护律师的意见；辩护律师提出要求的，应当听取辩护律师的意见。

第八十九条 人民检察院审查批准逮捕犯罪嫌疑人由检察长决定。重大案件应当提交检察委员会讨论决定。

第九十条 人民检察院对于公安机关提请批准逮捕的案件进行审查后，应当根据情况分别作出批准逮捕或者不批准逮捕的决定。对于批准逮捕的决定，公安机关应当立即执行，并且将执行情况及时通知人民检察院。对于不批准逮捕的，人民检察院应当说明理由，需要补充侦查的，应当同时通知公安机关。

第九十一条 公安机关对被拘留的人，认为需要逮捕的，应当在拘留后的三日以内，提请人民检察院审查批准。在特殊情况下，提请审查批准的时间可以延长一日至四日。

对于流窜作案、多次作案、结伙作案的重大嫌疑分子，提请审查批准的时间可以延长至三十日。

人民检察院应当自接到公安机关提请批准逮捕书后的七日以内，作出批准逮捕或者不批准逮捕的决定。人民检察院不批准逮捕的，公安机关应当在接到通知后立即释放，并且将执行情况及时通知人民检察院。对于需要继续侦查，并且符合取保候审、监视居住条件的，依法取保候审或者监视居住。

第九十二条 公安机关对人民检察院不批准逮捕的决定，认为有错误的时候，可以要求复议，但是必须将被拘留的人立即释放。如果意见不被接受，可以向上一级人民检察院提请复核。上级人民检察院应当立即复核，作出是否变更的决定，通知下级人民检察院和公安机关执行。

第九十三条 公安机关逮捕人的时候，必须出示逮捕证。

逮捕后，应当立即将被逮捕人送看守所羁押。除无法通知的以外，应当在逮捕后二十四小时以内，通知被逮捕人的家属。

第九十四条 人民法院、人民检察院对于各自决定逮捕的人，公安机关对于经人民检察院批准逮捕的人，都必须在逮捕后的二十四小时以内进行讯问。在发现不应当逮捕的时候，必须立即释放，发给释放证明。

第九十五条 犯罪嫌疑人、被告人被逮捕后，人民检察院仍应当对羁押的必要性进行审查。对不需要继续羁押的，应当建议予以释放或者变更强制措施。有关机关应当在十日以内将处理情况通知人民检察院。

第九十六条 人民法院、人民检察院和公安机关如果发现对犯罪嫌疑人、被告人采取强制措施不当的，应当及时撤销或者变更。公安机关释放被逮捕的人或者变更逮捕措施的，应当通知原批准的人民检察院。

第九十七条 犯罪嫌疑人、被告人及其法定代理人、近亲属或者辩护人有权申请变更强制措施。人民法院、人民检察院和公安机关收到申请后，应当在三日以内作出决定；不同意变更强制措施的，应当告知申请人，并说明不同意的理由。

第九十八条 犯罪嫌疑人、被告人被羁押的案件，不能在本法规定的侦查羁押、审查起诉、一审、二审期限内办结的，对犯罪嫌疑人、被告人应当予以释放；需要继续查证、审理的，对犯罪嫌疑人、被告人可以取保候审或者监视居住。

第九十九条 人民法院、人民检察院或者公安机关对被采取强制措施法定期限届满的犯罪嫌疑人、被告人，应当予以释放、解除取保候审、监视居住或者依法变更强制措施。犯罪嫌疑人、被告人及其法定代理人、近亲属或者辩护人对于人民法院、人民检察院或者公安机关采取强制措施法定期限届满的，有权要求解除强制措施。

第一百条 人民检察院在审查批准逮捕工作中，如果发现公安机关的侦查活动有违法情况，应当通知公安机关予以纠正，公安机关应当将纠正情况通知人民检察院。

第七章　附带民事诉讼

第一百零一条　被害人由于被告人的犯罪行为而遭受物质损失的，在刑事诉讼过程中，有权提起附带民事诉讼。被害人死亡或者丧失行为能力的，被害人的法定代理人、近亲属有权提起附带民事诉讼。

如果是国家财产、集体财产遭受损失的，人民检察院在提起公诉的时候，可以提起附带民事诉讼。

第一百零二条　人民法院在必要的时候，可以采取保全措施，查封、扣押或者冻结被告人的财产。附带民事诉讼原告人或者人民检察院可以申请人民法院采取保全措施。人民法院采取保全措施，适用民事诉讼法的有关规定。

第一百零三条　人民法院审理附带民事诉讼案件，可以进行调解，或者根据物质损失情况作出判决、裁定。

第一百零四条　附带民事诉讼应当同刑事案件一并审判，只有为了防止刑事案件审判的过分迟延，才可以在刑事案件审判后，由同一审判组织继续审理附带民事诉讼。

第八章　期间、送达

第一百零五条　期间以时、日、月计算。

期间开始的时和日不算在期间以内。

法定期间不包括路途上的时间。上诉状或者其他文件在期满前已经交邮的，不算过期。

期间的最后一日为节假日的，以节假日后的第一日为期满日期，但犯罪嫌疑人、被告人或者罪犯在押期间，应当至期满之日为止，不得因节假日而延长。

第一百零六条　当事人由于不能抗拒的原因或者有其他正当理由而耽误期限的，在障碍消除后五日以内，可以申请继续进行应当在期满以前完成的诉讼活动。

前款申请是否准许，由人民法院裁定。

第一百零七条　送达传票、通知书和其他诉讼文件应当交给收件人本人；如果本人不在，可以交给他的成年家属或者所在单位的负责人员代收。

收件人本人或者代收人拒绝接收或者拒绝签名、盖章的时候，送达人可以邀请他的邻居或者其他见证人到场，说明情况，把文件留在他的住处，在送达证上记明拒绝的事由、送达的日期，由送达人签名，即认为已经送达。

第九章　其他规定

第一百零八条　本法下列用语的含意是：

（一）“侦查”是指公安机关、人民检察院对于刑事案件，依照法律进行的收集证据、查明案情的工作和有关的强制性措施；

（二）“当事人”是指被害人、自诉人、犯罪嫌疑人、被告人、附带民事诉讼的原告人和被告人；

（三）“法定代理人”是指被代理人的父母、养父母、监护人和负有保护责任的机关、团体的代表；

（四）“诉讼参与人”是指当事人、法定代理人、诉讼代理人、辩护人、证人、鉴定人和翻译人员；

（五）“诉讼代理人”是指公诉案件的被害人及其法定代理人或者近亲属、自诉案件的自诉人及其法定代理人委托代为参加诉讼的人和附带民事诉讼的当事人及其法定代理人委托代为参加诉讼的人；

（六）“近亲属”是指夫、妻、父、母、子、女、同胞兄弟姊妹。

第二编　立案、侦查和提起公诉

第一章　立　案

第一百零九条　公安机关或者人民检察院发现犯罪事实或者犯罪嫌疑人，应当按照管辖范围，立案侦查。

第一百一十条　任何单位和个人发现有犯罪事实或者犯罪嫌疑人，有权利也有义务向公安机关、人民检察院或者人民法院报案或者举报。

被害人对侵犯其人身、财产权利的犯罪事实或者犯罪嫌疑人，有权向公安机关、人民检察院或者人民法院报案或者控告。

公安机关、人民检察院或者人民法院对于报案、控告、举报，都应当接受。对于不属于自己管辖的，应当移送主管机关处理，并且通知报案人、控告人、举报人；对于不属于自己管辖而又必须采取紧急措施的，应当先采取紧急措施，然后移送主管机关。

犯罪人向公安机关、人民检察院或者人民法院自首的，适用第三款规定。

第一百一十一条　报案、控告、举报可以用书面或者口头提出。接受口头报案、控告、举报的工作人员，应当写成笔录，经宣读无误后，由报案人、控告人、举报人签名或者盖章。

接受控告、举报的工作人员，应当向控告人、举报人说明诬告应负的法律责任。但是，只要不是捏造事实，伪造证据，即使控告、举报的事实有出入，甚至是错告的，也要和诬告严格加以区别。

公安机关、人民检察院或者人民法院应当保障报案人、控告人、举报人及其近亲属的安全。报案人、控告人、举报人如果不愿公开自己的姓名和报案、控告、举报的行为，应当为他保守秘密。

第一百一十二条 人民法院、人民检察院或者公安机关对于报案、控告、举报和自首的材料，应当按照管辖范围，迅速进行审查，认为有犯罪事实需要追究刑事责任的时候，应当立案；认为没有犯罪事实，或者犯罪事实显著轻微，不需要追究刑事责任的时候，不予立案，并且将不立案的原因通知控告人。控告人如果不服，可以申请复议。

第一百一十三条 人民检察院认为公安机关对应当立案侦查的案件而不立案侦查的，或者被害人认为公安机关对应当立案侦查的案件而不立案侦查，向人民检察院提出的，人民检察院应当要求公安机关说明不立案的理由。人民检察院认为公安机关不立案理由不能成立的，应当通知公安机关立案，公安机关接到通知后应当立案。

第一百一十四条 对于自诉案件，被害人有权向人民法院直接起诉。被害人死亡或者丧失行为能力的，被害人的法定代理人、近亲属有权向人民法院起诉。人民法院应当依法受理。

第二章 侦 查

第一节 一般规定

第一百一十五条 公安机关对已经立案的刑事案件，应当进行侦查，收集、调取犯罪嫌疑人有罪或者无罪、罪轻或者罪重的证据材料。对现行犯或者重大嫌疑分子可以依法先行拘留，对符合逮捕条件的犯罪嫌疑人，应当依法逮捕。

第一百一十六条 公安机关经过侦查，对有证据证明有犯罪事实的案件，应当进行预审，对收集、调取的证据材料予以核实。

第一百一十七条 当事人和辩护人、诉讼代理人、利害关系人对于司法机关及其工作人员有下列行为之一的，有权向该机关申诉或者控告：

（一）采取强制措施法定期限届满，不予以释放、解除或者变更的；

（二）应当退还取保候审保证金不退还的；

（三）对与案件无关的财物采取查封、扣押、冻结措施的；

（四）应当解除查封、扣押、冻结不解除的；

（五）贪污、挪用、私分、调换、违反规定使用查封、扣押、冻结的财物的。

受理申诉或者控告的机关应当及时处理。对处理不服的，可以向同级人民检察院申诉；人民检察院直接受理的案件，可以向上一级人民检察院申诉。人民检察院对申诉应当及时进行审查，情况属实的，通知有关机关予以纠正。

第二节　讯问犯罪嫌疑人

第一百一十八条　讯问犯罪嫌疑人必须由人民检察院或者公安机关的侦查人员负责进行。讯问的时候，侦查人员不得少于二人。

犯罪嫌疑人被送交看守所羁押以后，侦查人员对其进行讯问，应当在看守所内进行。

第一百一十九条　对不需要逮捕、拘留的犯罪嫌疑人，可以传唤到犯罪嫌疑人所在市、县内的指定地点或者到他的住处进行讯问，但是应当出示人民检察院或者公安机关的证明文件。对在现场发现的犯罪嫌疑人，经出示工作证件，可以口头传唤，但应当在讯问笔录中注明。

传唤、拘传持续的时间不得超过十二小时；案情特别重大、复杂，需要采取拘留、逮捕措施的，传唤、拘传持续的时间不得超过二十四小时。

不得以连续传唤、拘传的形式变相拘禁犯罪嫌疑人。传唤、拘传犯罪嫌疑人，应当保证犯罪嫌疑人的饮食和必要的休息时间。

第一百二十条　侦查人员在讯问犯罪嫌疑人的时候，应当首先讯问犯罪嫌疑人是否有犯罪行为，让他陈述有罪的情节或者无罪的辩解，然后向他提出问题。犯罪嫌疑人对侦查人员的提问，应当如实回答。但是对与本案无关的问题，有拒绝回答的权利。

侦查人员在讯问犯罪嫌疑人的时候，应当告知犯罪嫌疑人享有的诉讼权利，如实供述自己罪行可以从宽处理和认罪认罚的法律规定。

第一百二十一条　讯问聋、哑的犯罪嫌疑人，应当有通晓聋、哑手势的人参加，并且将这种情况记明笔录。

第一百二十二条　讯问笔录应当交犯罪嫌疑人核对，对于没有阅读能力的，应当向他宣读。如果记载有遗漏或者差错，犯罪嫌疑人可以提出补充或者改正。犯罪嫌疑人承认笔录没有错误后，应当签名或者盖章。侦查人员也应当在笔录上签名。犯罪嫌疑人请求自行书写供述的，应当准许。必要的时候，侦查人员也可以要犯罪嫌疑人亲笔书写供词。

第一百二十三条 侦查人员在讯问犯罪嫌疑人的时候，可以对讯问过程进行录音或者录像；对于可能判处无期徒刑、死刑的案件或者其他重大犯罪案件，应当对讯问过程进行录音或者录像。

录音或者录像应当全程进行，保持完整性。

第三节 询问证人

第一百二十四条 侦查人员询问证人，可以在现场进行，也可以到证人所在单位、住处或者证人提出的地点进行，在必要的时候，可以通知证人到人民检察院或者公安机关提供证言。在现场询问证人，应当出示工作证件，到证人所在单位、住处或者证人提出的地点询问证人，应当出示人民检察院或者公安机关的证明文件。

询问证人应当个别进行。

第一百二十五条 询问证人，应当告知他应当如实地提供证据、证言和有意作伪证或者隐匿罪证要负的法律责任。

第一百二十六条 本法第一百二十二条的规定，也适用于询问证人。

第一百二十七条 询问被害人，适用本节各条规定。

第四节 勘验、检查

第一百二十八条 侦查人员对于与犯罪有关的场所、物品、人身、尸体应当进行勘验或者检查。在必要的时候，可以指派或者聘请具有专门知识的人，在侦查人员的主持下进行勘验、检查。

第一百二十九条 任何单位和个人，都有义务保护犯罪现场，并且立即通知公安机关派员勘验。

第一百三十条 侦查人员执行勘验、检查，必须持有人民检察院或者公安机关的证明文件。

第一百三十一条 对于死因不明的尸体，公安机关有权决定解剖，并且通知死者家属到场。

第一百三十二条 为了确定被害人、犯罪嫌疑人的某些特征、伤害情况或者生理状态，可以对人身进行检查，可以提取指纹信息，采集血液、尿液等生物样本。

犯罪嫌疑人如果拒绝检查，侦查人员认为必要的时候，可以强制检查。

检查妇女的身体，应当由女工作人员或者医师进行。

第一百三十三条 勘验、检查的情况应当写成笔录，由参加勘验、检查的人和见证人签名或者盖章。

第一百三十四条 人民检察院审查案件的时候，对公安机关的勘验、检查，认为需要复验、复查时，可以要求公安机关复验、复查，并且可以派检察人员参加。

第一百三十五条 为了查明案情，在必要的时候，经公安机关负责人批准，可以进行侦查实验。

侦查实验的情况应当写成笔录，由参加实验的人签名或者盖章。

侦查实验，禁止一切足以造成危险、侮辱人格或者有伤风化的行为。

第五节 搜 查

第一百三十六条 为了收集犯罪证据、查获犯罪人，侦查人员可以对犯罪嫌疑人以及可能隐藏罪犯或者犯罪证据的人的身体、物品、住处和其他有关的地方进行搜查。

第一百三十七条 任何单位和个人，有义务按照人民检察院和公安机关的要求，交出可以证明犯罪嫌疑人有罪或者无罪的物证、书证、视听资料等证据。

第一百三十八条 进行搜查，必须向被搜查人出示搜查证。

在执行逮捕、拘留的时候，遇有紧急情况，不另用搜查证也可以进行搜查。

第一百三十九条 在搜查的时候，应当有被搜查人或者他的家属，邻居或者其他见证人在场。

搜查妇女的身体，应当由女工作人员进行。

第一百四十条 搜查的情况应当写成笔录，由侦查人员和被搜查人或者他的家属，邻居或者其他见证人签名或者盖章。如果被搜查人或者他的家属在逃或者拒绝签名、盖章，应当在笔录上注明。

第六节 查封、扣押物证、书证

第一百四十一条 在侦查活动中发现的可用以证明犯罪嫌疑人有罪或者无罪的各种财物、文件，应当查封、扣押；与案件无关的财物、文件，不得查封、扣押。

对查封、扣押的财物、文件，要妥善保管或者封存，不得使用、调换或者损毁。

第一百四十二条 对查封、扣押的财物、文件，应当会同在场见证人和被查封、扣押财物、文件持有人查点清楚，当场开列清单一式二份，由侦查人员、见证人和持有人签名或者盖章，一份交给持有人，另一份附卷备查。

第一百四十三条 侦查人员认为需要扣押犯罪嫌疑人的邮件、电报的时候，经公安机关或者人民检察院批准，即可通知邮电机关将有关的邮件、电报检交扣押。

不需要继续扣押的时候，应即通知邮电机关。

第一百四十四条 人民检察院、公安机关根据侦查犯罪的需要，可以依照规定查询、冻结犯罪嫌疑人的存款、汇款、债券、股票、基金份额等财产。有关单位和个人应当配合。

犯罪嫌疑人的存款、汇款、债券、股票、基金份额等财产已被冻结的，不得重复冻结。

第一百四十五条 对查封、扣押的财物、文件、邮件、电报或者冻结的存款、汇款、债券、股票、基金份额等财产，经查明确实与案件无关的，应当在三日以内解除查封、扣押、冻结，予以退还。

第七节 鉴 定

第一百四十六条 为了查明案情，需要解决案件中某些专门性问题的时候，应当指派、聘请有专门知识的人进行鉴定。

第一百四十七条 鉴定人进行鉴定后，应当写出鉴定意见，并且签名。

鉴定人故意作虚假鉴定的，应当承担法律责任。

第一百四十八条 侦查机关应当将用作证据的鉴定意见告知犯罪嫌疑人、被害人。如果犯罪嫌疑人、被害人提出申请，可以补充鉴定或者重新鉴定。

第一百四十九条 对犯罪嫌疑人作精神病鉴定的期间不计入办案期限。

第八节 技术侦查措施

第一百五十条 公安机关在立案后，对于危害国家安全犯罪、恐怖活动犯罪、黑社会性质的组织犯罪、重大毒品犯罪或者其他严重危害社会的犯罪案件，根据侦查犯罪的需要，经过严格的批准手续，可以采取技术侦查措施。

人民检察院在立案后，对于利用职权实施的严重侵犯公民人身权利的重大犯罪案件，根据侦查犯罪的需要，经过严格的批准手续，可以采取技术侦查措施，按照规定交有关机关执行。

追捕被通缉或者批准、决定逮捕的在逃的犯罪嫌疑人、被告人，经过批准，可以采取追捕所必需的技术侦查措施。

第一百五十一条 批准决定应当根据侦查犯罪的需要，确定采取技术侦查措施的种类和适用对象。批准决定自签发之日起三个月以内有效。对于不需要继续采取技术侦查措施的，应当及时解除；对于复杂、疑难案件，期限届满仍有必要继续采取技术侦查措施的，经过批准，有效期可以延长，每次不得超过三个月。

第一百五十二条　采取技术侦查措施，必须严格按照批准的措施种类、适用对象和期限执行。

侦查人员对采取技术侦查措施过程中知悉的国家秘密、商业秘密和个人隐私，应当保密；对采取技术侦查措施获取的与案件无关的材料，必须及时销毁。

采取技术侦查措施获取的材料，只能用于对犯罪的侦查、起诉和审判，不得用于其他用途。

公安机关依法采取技术侦查措施，有关单位和个人应当配合，并对有关情况予以保密。

第一百五十三条　为了查明案情，在必要的时候，经公安机关负责人决定，可以由有关人员隐匿其身份实施侦查。但是，不得诱使他人犯罪，不得采用可能危害公共安全或者发生重大人身危险的方法。

对涉及给付毒品等违禁品或者财物的犯罪活动，公安机关根据侦查犯罪的需要，可以依照规定实施控制下交付。

第一百五十四条　依照本节规定采取侦查措施收集的材料在刑事诉讼中可以作为证据使用。如果使用该证据可能危及有关人员的人身安全，或者可能产生其他严重后果的，应当采取不暴露有关人员身份、技术方法等保护措施，必要的时候，可以由审判人员在庭外对证据进行核实。

第九节　通　缉

第一百五十五条　应当逮捕的犯罪嫌疑人如果在逃，公安机关可以发布通缉令，采取有效措施，追捕归案。

各级公安机关在自己管辖的地区以内，可以直接发布通缉令；超出自己管辖的地区，应当报请有权决定的上级机关发布。

第十节　侦查终结

第一百五十六条　对犯罪嫌疑人逮捕后的侦查羁押期限不得超过二个月。案情复杂、期限届满不能终结的案件，可以经上一级人民检察院批准延长一个月。

第一百五十七条　因为特殊原因，在较长时间内不宜交付审判的特别重大复杂的案件，由最高人民检察院报请全国人民代表大会常务委员会批准延期审理。

第一百五十八条 下列案件在本法第一百五十六条规定的期限届满不能侦查终结的，经省、自治区、直辖市人民检察院批准或者决定，可以延长二个月：

（一）交通十分不便的边远地区的重大复杂案件；

（二）重大的犯罪集团案件；

（三）流窜作案的重大复杂案件；

（四）犯罪涉及面广，取证困难的重大复杂案件。

第一百五十九条 对犯罪嫌疑人可能判处十年有期徒刑以上刑罚，依照本法第一百五十八条规定延长期限届满，仍不能侦查终结的，经省、自治区、直辖市人民检察院批准或者决定，可以再延长二个月。

第一百六十条 在侦查期间，发现犯罪嫌疑人另有重要罪行的，自发现之日起依照本法第一百五十六条的规定重新计算侦查羁押期限。

犯罪嫌疑人不讲真实姓名、住址，身份不明的，应当对其身份进行调查，侦查羁押期限自查清其身份之日起计算，但是不得停止对其犯罪行为的侦查取证。对于犯罪事实清楚，证据确实、充分，确实无法查明其身份的，也可以按其自报的姓名起诉、审判。

第一百六十一条 在案件侦查终结前，辩护律师提出要求的，侦查机关应当听取辩护律师的意见，并记录在案。辩护律师提出书面意见的，应当附卷。

第一百六十二条 公安机关侦查终结的案件，应当做到犯罪事实清楚，证据确实、充分，并且写出起诉意见书，连同案卷材料、证据一并移送同级人民检察院审查决定；同时将案件移送情况告知犯罪嫌疑人及其辩护律师。

犯罪嫌疑人自愿认罪的，应当记录在案，随案移送，并在起诉意见书中写明有关情况。

第一百六十三条 在侦查过程中，发现不应对犯罪嫌疑人追究刑事责任的，应当撤销案件；犯罪嫌疑人已被逮捕的，应当立即释放，发给释放证明，并且通知原批准逮捕的人民检察院。

第十一节　人民检察院对直接受理的案件的侦查

第一百六十四条 人民检察院对直接受理的案件的侦查适用本章规定。

第一百六十五条 人民检察院直接受理的案件中符合本法第八十一条、第八十二条第四项、第五项规定情形，需要逮捕、拘留犯罪嫌疑人的，由人民检察院作出决定，由公安机关执行。

第一百六十六条 人民检察院对直接受理的案件中被拘留的人，应当在拘留后的二十四小时以内进行讯问。在发现不应当拘留的时候，必须立即释放，发给释放证明。

第一百六十七条　人民检察院对直接受理的案件中被拘留的人，认为需要逮捕的，应当在十四日以内作出决定。在特殊情况下，决定逮捕的时间可以延长一日至三日。对不需要逮捕的，应当立即释放；对需要继续侦查，并且符合取保候审、监视居住条件的，依法取保候审或者监视居住。

第一百六十八条　人民检察院侦查终结的案件，应当作出提起公诉、不起诉或者撤销案件的决定。

第三章　提起公诉

第一百六十九条　凡需要提起公诉的案件，一律由人民检察院审查决定。

第一百七十条　人民检察院对于监察机关移送起诉的案件，依照本法和监察法的有关规定进行审查。人民检察院经审查，认为需要补充核实的，应当退回监察机关补充调查，必要时可以自行补充侦查。

对于监察机关移送起诉的已采取留置措施的案件，人民检察院应当对犯罪嫌疑人先行拘留，留置措施自动解除。人民检察院应当在拘留后的十日以内作出是否逮捕、取保候审或者监视居住的决定。在特殊情况下，决定的时间可以延长一日至四日。人民检察院决定采取强制措施的期间不计入审查起诉期限。

第一百七十一条　人民检察院审查案件的时候，必须查明：

（一）犯罪事实、情节是否清楚，证据是否确实、充分，犯罪性质和罪名的认定是否正确；

（二）有无遗漏罪行和其他应当追究刑事责任的人；

（三）是否属于不应追究刑事责任的；

（四）有无附带民事诉讼；

（五）侦查活动是否合法。

第一百七十二条　人民检察院对于监察机关、公安机关移送起诉的案件，应当在一个月以内作出决定，重大、复杂的案件，可以延长十五日；犯罪嫌疑人认罪认罚，符合速裁程序适用条件的，应当在十日以内作出决定，对可能判处的有期徒刑超过一年的，可以延长至十五日。

人民检察院审查起诉的案件，改变管辖的，从改变后的人民检察院收到案件之日起计算审查起诉期限。

第一百七十三条　人民检察院审查案件，应当讯问犯罪嫌疑人，听取辩护人或者值班律师、被害人及其诉讼代理人的意见，并记录在案。辩护人或者值班律师、被害人及其诉讼代理人提出书面意见的，应当附卷。

犯罪嫌疑人认罪认罚的，人民检察院应当告知其享有的诉讼权利和认罪认罚的法律规定，听取犯罪嫌疑人、辩护人或者值班律师、被害人及其诉讼代理人对下列事项的意见，并记录在案：

（一）涉嫌的犯罪事实、罪名及适用的法律规定；

（二）从轻、减轻或者免除处罚等从宽处罚的建议；

（三）认罪认罚后案件审理适用的程序；

（四）其他需要听取意见的事项。

人民检察院依照前两款规定听取值班律师意见的，应当提前为值班律师了解案件有关情况提供必要的便利。

第一百七十四条 犯罪嫌疑人自愿认罪，同意量刑建议和程序适用的，应当在辩护人或者值班律师在场的情况下签署认罪认罚具结书。

犯罪嫌疑人认罪认罚，有下列情形之一的，不需要签署认罪认罚具结书：

（一）犯罪嫌疑人是盲、聋、哑人，或者是尚未完全丧失辨认或者控制自己行为能力的精神病人的；

（二）未成年犯罪嫌疑人的法定代理人、辩护人对未成年人认罪认罚有异议的；

（三）其他不需要签署认罪认罚具结书的情形。

第一百七十五条 人民检察院审查案件，可以要求公安机关提供法庭审判所必需的证据材料；认为可能存在本法第五十六条规定的以非法方法收集证据情形的，可以要求其对证据收集的合法性作出说明。

人民检察院审查案件，对于需要补充侦查的，可以退回公安机关补充侦查，也可以自行侦查。

对于补充侦查的案件，应当在一个月以内补充侦查完毕。补充侦查以二次为限。补充侦查完毕移送人民检察院后，人民检察院重新计算审查起诉期限。

对于二次补充侦查的案件，人民检察院仍然认为证据不足，不符合起诉条件的，应当作出不起诉的决定。

第一百七十六条 人民检察院认为犯罪嫌疑人的犯罪事实已经查清，证据确实、充分，依法应当追究刑事责任的，应当作出起诉决定，按照审判管辖的规定，向人民法院提起公诉，并将案卷材料、证据移送人民法院。

犯罪嫌疑人认罪认罚的，人民检察院应当就主刑、附加刑、是否适用缓刑等提出量刑建议，并随案移送认罪认罚具结书等材料。

第一百七十七条 犯罪嫌疑人没有犯罪事实，或者有本法第十六条规定的情形之一的，人民检察院应当作出不起诉决定。

对于犯罪情节轻微，依照刑法规定不需要判处刑罚或者免除刑罚的，人民检察院可以作出不起诉决定。

人民检察院决定不起诉的案件，应当同时对侦查中查封、扣押、冻结的财物解除查封、扣押、冻结。对被不起诉人需要给予行政处罚、处分或者需要没收其违法所得的，人民检察院应当提出检察意见，移送有关主管机关处理。有关主管机关应当将处理结果及时通知人民检察院。

第一百七十八条　不起诉的决定，应当公开宣布，并且将不起诉决定书送达被不起诉人和他的所在单位。如果被不起诉人在押，应当立即释放。

第一百七十九条　对于公安机关移送起诉的案件，人民检察院决定不起诉的，应当将不起诉决定书送达公安机关。公安机关认为不起诉的决定有错误的时候，可以要求复议，如果意见不被接受，可以向上一级人民检察院提请复核。

第一百八十条　对于有被害人的案件，决定不起诉的，人民检察院应当将不起诉决定书送达被害人。被害人如果不服，可以自收到决定书后七日以内向上一级人民检察院申诉，请求提起公诉。人民检察院应当将复查决定告知被害人。对人民检察院维持不起诉决定的，被害人可以向人民法院起诉。被害人也可以不经申诉，直接向人民法院起诉。人民法院受理案件后，人民检察院应当将有关案件材料移送人民法院。

第一百八十一条　对于人民检察院依照本法第一百七十七条第二款规定作出的不起诉决定，被不起诉人如果不服，可以自收到决定书后七日以内向人民检察院申诉。人民检察院应当作出复查决定，通知被不起诉的人，同时抄送公安机关。

第一百八十二条　犯罪嫌疑人自愿如实供述涉嫌犯罪的事实，有重大立功或者案件涉及国家重大利益的，经最高人民检察院核准，公安机关可以撤销案件，人民检察院可以作出不起诉决定，也可以对涉嫌数罪中的一项或者多项不起诉。

根据前款规定不起诉或者撤销案件的，人民检察院、公安机关应当及时对查封、扣押、冻结的财物及其孳息作出处理。

第三编　审　判

第一章　审判组织

第一百八十三条　基层人民法院、中级人民法院审判第一审案件，应当由审判员三人或者由审判员和人民陪审员共三人或者七人组成合议庭进行，但是基层人民法院适用简易程序、速裁程序的案件可以由审判员一人独任审判。

高级人民法院审判第一审案件，应当由审判员三人至七人或者由审判员和人民陪审员共三人或者七人组成合议庭进行。

最高人民法院审判第一审案件，应当由审判员三人至七人组成合议庭进行。

人民法院审判上诉和抗诉案件，由审判员三人或者五人组成合议庭进行。

合议庭的成员人数应当是单数。

第一百八十四条 合议庭进行评议的时候，如果意见分歧，应当按多数人的意见作出决定，但是少数人的意见应当写入笔录。评议笔录由合议庭的组成人员签名。

第一百八十五条 合议庭开庭审理并且评议后，应当作出判决。对于疑难、复杂、重大的案件，合议庭认为难以作出决定的，由合议庭提请院长决定提交审判委员会讨论决定。审判委员会的决定，合议庭应当执行。

第二章　第一审程序

第一节　公诉案件

第一百八十六条 人民法院对提起公诉的案件进行审查后，对于起诉书中有明确的指控犯罪事实的，应当决定开庭审判。

第一百八十七条 人民法院决定开庭审判后，应当确定合议庭的组成人员，将人民检察院的起诉书副本至迟在开庭十日以前送达被告人及其辩护人。

在开庭以前，审判人员可以召集公诉人、当事人和辩护人、诉讼代理人，对回避、出庭证人名单、非法证据排除等与审判相关的问题，了解情况，听取意见。

人民法院确定开庭日期后，应当将开庭的时间、地点通知人民检察院，传唤当事人，通知辩护人、诉讼代理人、证人、鉴定人和翻译人员，传票和通知书至迟在开庭三日以前送达。公开审判的案件，应当在开庭三日以前先期公布案由、被告人姓名、开庭时间和地点。

上述活动情形应当写入笔录，由审判人员和书记员签名。

第一百八十八条 人民法院审判第一审案件应当公开进行。但是有关国家秘密或者个人隐私的案件，不公开审理；涉及商业秘密的案件，当事人申请不公开审理的，可以不公开审理。

不公开审理的案件，应当当庭宣布不公开审理的理由。

第一百八十九条　人民法院审判公诉案件，人民检察院应当派员出席法庭支持公诉。

第一百九十条　开庭的时候，审判长查明当事人是否到庭，宣布案由；宣布合议庭的组成人员、书记员、公诉人、辩护人、诉讼代理人、鉴定人和翻译人员的名单；告知当事人有权对合议庭组成人员、书记员、公诉人、鉴定人和翻译人员申请回避；告知被告人享有辩护权利。

被告人认罪认罚的，审判长应当告知被告人享有的诉讼权利和认罪认罚的法律规定，审查认罪认罚的自愿性和认罪认罚具结书内容的真实性、合法性。

第一百九十一条　公诉人在法庭上宣读起诉书后，被告人、被害人可以就起诉书指控的犯罪进行陈述，公诉人可以讯问被告人。

被害人、附带民事诉讼的原告人和辩护人、诉讼代理人，经审判长许可，可以向被告人发问。

审判人员可以讯问被告人。

第一百九十二条　公诉人、当事人或者辩护人、诉讼代理人对证人证言有异议，且该证人证言对案件定罪量刑有重大影响，人民法院认为证人有必要出庭作证的，证人应当出庭作证。

人民警察就其执行职务时目击的犯罪情况作为证人出庭作证，适用前款规定。

公诉人、当事人或者辩护人、诉讼代理人对鉴定意见有异议，人民法院认为鉴定人有必要出庭的，鉴定人应当出庭作证。经人民法院通知，鉴定人拒不出庭作证的，鉴定意见不得作为定案的根据。

第一百九十三条　经人民法院通知，证人没有正当理由不出庭作证的，人民法院可以强制其到庭，但是被告人的配偶、父母、子女除外。

证人没有正当理由拒绝出庭或者出庭后拒绝作证的，予以训诫，情节严重的，经院长批准，处以十日以下的拘留。被处罚人对拘留决定不服的，可以向上一级人民法院申请复议。复议期间不停止执行。

第一百九十四条　证人作证，审判人员应当告知他要如实地提供证言和有意作伪证或者隐匿罪证要负的法律责任。公诉人、当事人和辩护人、诉讼代理人经审判长许可，可以对证人、鉴定人发问。审判长认为发问的内容与案件无关的时候，应当制止。

审判人员可以询问证人、鉴定人。

第一百九十五条　公诉人、辩护人应当向法庭出示物证，让当事人辨认，对未到庭的证人的证言笔录、鉴定人的鉴定意见、勘验笔录和其他作为证据的文书，应当当庭宣读。审判人员应当听取公诉人、当事人和辩护人、诉讼代理人的意见。

第一百九十六条 法庭审理过程中，合议庭对证据有疑问的，可以宣布休庭，对证据进行调查核实。

人民法院调查核实证据，可以进行勘验、检查、查封、扣押、鉴定和查询、冻结。

第一百九十七条 法庭审理过程中，当事人和辩护人、诉讼代理人有权申请通知新的证人到庭，调取新的物证，申请重新鉴定或者勘验。

公诉人、当事人和辩护人、诉讼代理人可以申请法庭通知有专门知识的人出庭，就鉴定人作出的鉴定意见提出意见。

法庭对于上述申请，应当作出是否同意的决定。

第二款规定的有专门知识的人出庭，适用鉴定人的有关规定。

第一百九十八条 法庭审理过程中，对与定罪、量刑有关的事实、证据都应当进行调查、辩论。

经审判长许可，公诉人、当事人和辩护人、诉讼代理人可以对证据和案件情况发表意见并且可以互相辩论。

审判长在宣布辩论终结后，被告人有最后陈述的权利。

第一百九十九条 在法庭审判过程中，如果诉讼参与人或者旁听人员违反法庭秩序，审判长应当警告制止。对不听制止的，可以强行带出法庭；情节严重的，处以一千元以下的罚款或者十五日以下的拘留。罚款、拘留必须经院长批准。被处罚人对罚款、拘留的决定不服的，可以向上一级人民法院申请复议。复议期间不停止执行。

对聚众哄闹、冲击法庭或者侮辱、诽谤、威胁、殴打司法工作人员或者诉讼参与人，严重扰乱法庭秩序，构成犯罪的，依法追究刑事责任。

第二百条 在被告人最后陈述后，审判长宣布休庭，合议庭进行评议，根据已经查明的事实、证据和有关的法律规定，分别作出以下判决：

（一）案件事实清楚，证据确实、充分，依据法律认定被告人有罪的，应当作出有罪判决；

（二）依据法律认定被告人无罪的，应当作出无罪判决；

（三）证据不足，不能认定被告人有罪的，应当作出证据不足、指控的犯罪不能成立的无罪判决。

第二百零一条 对于认罪认罚案件，人民法院依法作出判决时，一般应当采纳人民检察院指控的罪名和量刑建议，但有下列情形的除外：

（一）被告人的行为不构成犯罪或者不应当追究其刑事责任的；

（二）被告人违背意愿认罪认罚的；

（三）被告人否认指控的犯罪事实的；

（四）起诉指控的罪名与审理认定的罪名不一致的；

（五）其他可能影响公正审判的情形。

人民法院经审理认为量刑建议明显不当，或者被告人、辩护人对量刑建议提出异议的，人民检察院可以调整量刑建议。人民检察院不调整量刑建议或者调整量刑建议后仍然明显不当的，人民法院应当依法作出判决。

第二百零二条　宣告判决，一律公开进行。

当庭宣告判决的，应当在五日以内将判决书送达当事人和提起公诉的人民检察院；定期宣告判决的，应当在宣告后立即将判决书送达当事人和提起公诉的人民检察院。判决书应当同时送达辩护人、诉讼代理人。

第二百零三条　判决书应当由审判人员和书记员署名，并且写明上诉的期限和上诉的法院。

第二百零四条　在法庭审判过程中，遇有下列情形之一，影响审判进行的，可以延期审理：

（一）需要通知新的证人到庭，调取新的物证，重新鉴定或者勘验的；

（二）检察人员发现提起公诉的案件需要补充侦查，提出建议的；

（三）由于申请回避而不能进行审判的。

第二百零五条　依照本法第二百零四条第二项的规定延期审理的案件，人民检察院应当在一个月以内补充侦查完毕。

第二百零六条　在审判过程中，有下列情形之一，致使案件在较长时间内无法继续审理的，可以中止审理：

（一）被告人患有严重疾病，无法出庭的；

（二）被告人脱逃的；

（三）自诉人患有严重疾病，无法出庭，未委托诉讼代理人出庭的；

（四）由于不能抗拒的原因。

中止审理的原因消失后，应当恢复审理。中止审理的期间不计入审理期限。

第二百零七条　法庭审判的全部活动，应当由书记员写成笔录，经审判长审阅后，由审判长和书记员签名。

法庭笔录中的证人证言部分，应当当庭宣读或者交给证人阅读。证人在承认没有错误后，应当签名或者盖章。

法庭笔录应当交给当事人阅读或者向他宣读。当事人认为记载有遗漏或者差错的，可以请求补充或者改正。当事人承认没有错误后，应当签名或者盖章。

第二百零八条 人民法院审理公诉案件，应当在受理后二个月以内宣判，至迟不得超过三个月。对于可能判处死刑的案件或者附带民事诉讼的案件，以及有本法第一百五十八条规定情形之一的，经上一级人民法院批准，可以延长三个月；因特殊情况还需要延长的，报请最高人民法院批准。

人民法院改变管辖的案件，从改变后的人民法院收到案件之日起计算审理期限。

人民检察院补充侦查的案件，补充侦查完毕移送人民法院后，人民法院重新计算审理期限。

第二百零九条 人民检察院发现人民法院审理案件违反法律规定的诉讼程序，有权向人民法院提出纠正意见。

第二节 自诉案件

第二百一十条 自诉案件包括下列案件：

（一）告诉才处理的案件；

（二）被害人有证据证明的轻微刑事案件；

（三）被害人有证据证明对被告人侵犯自己人身、财产权利的行为应当依法追究刑事责任，而公安机关或者人民检察院不予追究被告人刑事责任的案件。

第二百一十一条 人民法院对于自诉案件进行审查后，按照下列情形分别处理：

（一）犯罪事实清楚，有足够证据的案件，应当开庭审判；

（二）缺乏罪证的自诉案件，如果自诉人提不出补充证据，应当说服自诉人撤回自诉，或者裁定驳回。

自诉人经两次依法传唤，无正当理由拒不到庭的，或者未经法庭许可中途退庭的，按撤诉处理。

法庭审理过程中，审判人员对证据有疑问，需要调查核实的，适用本法第一百九十六条的规定。

第二百一十二条 人民法院对自诉案件，可以进行调解；自诉人在宣告判决前，可以同被告人自行和解或者撤回自诉。本法第二百一十条第三项规定的案件不适用调解。

人民法院审理自诉案件的期限，被告人被羁押的，适用本法第二百零八条第一款、第二款的规定；未被羁押的，应当在受理后六个月以内宣判。

第二百一十三条 自诉案件的被告人在诉讼过程中，可以对自诉人提起反诉。反诉适用自诉的规定。

第三节　简易程序

第二百一十四条　基层人民法院管辖的案件，符合下列条件的，可以适用简易程序审判：

（一）案件事实清楚、证据充分的；

（二）被告人承认自己所犯罪行，对指控的犯罪事实没有异议的；

（三）被告人对适用简易程序没有异议的。

人民检察院在提起公诉的时候，可以建议人民法院适用简易程序。

第二百一十五条　有下列情形之一的，不适用简易程序：

（一）被告人是盲、聋、哑人，或者是尚未完全丧失辨认或者控制自己行为能力的精神病人的；

（二）有重大社会影响的；

（三）共同犯罪案件中部分被告人不认罪或者对适用简易程序有异议的；

（四）其他不宜适用简易程序审理的。

第二百一十六条　适用简易程序审理案件，对可能判处三年有期徒刑以下刑罚的，可以组成合议庭进行审判，也可以由审判员一人独任审判；对可能判处的有期徒刑超过三年的，应当组成合议庭进行审判。

适用简易程序审理公诉案件，人民检察院应当派员出席法庭。

第二百一十七条　适用简易程序审理案件，审判人员应当询问被告人对指控的犯罪事实的意见，告知被告人适用简易程序审理的法律规定，确认被告人是否同意适用简易程序审理。

第二百一十八条　适用简易程序审理案件，经审判人员许可，被告人及其辩护人可以同公诉人、自诉人及其诉讼代理人互相辩论。

第二百一十九条　适用简易程序审理案件，不受本章第一节关于送达期限、讯问被告人、询问证人、鉴定人、出示证据、法庭辩论程序规定的限制。但在判决宣告前应当听取被告人的最后陈述意见。

第二百二十条　适用简易程序审理案件，人民法院应当在受理后二十日以内审结；对可能判处的有期徒刑超过三年的，可以延长至一个半月。

第二百二十一条　人民法院在审理过程中，发现不宜适用简易程序的，应当按照本章第一节或者第二节的规定重新审理。

第四节　速裁程序

第二百二十二条　基层人民法院管辖的可能判处三年有期徒刑以下刑罚的案件，案件事实清楚，证据确实、充分，被告人认罪认罚并同意适用速裁程序的，可以适用速裁程序，由审判员一人独任审判。

人民检察院在提起公诉的时候，可以建议人民法院适用速裁程序。

第二百二十三条 有下列情形之一的，不适用速裁程序：

（一）被告人是盲、聋、哑人，或者是尚未完全丧失辨认或者控制自己行为能力的精神病人的；

（二）被告人是未成年人的；

（三）案件有重大社会影响的；

（四）共同犯罪案件中部分被告人对指控的犯罪事实、罪名、量刑建议或者适用速裁程序有异议的；

（五）被告人与被害人或者其法定代理人没有就附带民事诉讼赔偿等事项达成调解或者和解协议的；

（六）其他不宜适用速裁程序审理的。

第二百二十四条 适用速裁程序审理案件，不受本章第一节规定的送达期限的限制，一般不进行法庭调查、法庭辩论，但在判决宣告前应当听取辩护人的意见和被告人的最后陈述意见。

适用速裁程序审理案件，应当当庭宣判。

第二百二十五条 适用速裁程序审理案件，人民法院应当在受理后十日以内审结；对可能判处的有期徒刑超过一年的，可以延长至十五日。

第二百二十六条 人民法院在审理过程中，发现有被告人的行为不构成犯罪或者不应当追究其刑事责任、被告人违背意愿认罪认罚、被告人否认指控的犯罪事实或者其他不宜适用速裁程序审理的情形的，应当按照本章第一节或者第三节的规定重新审理。

第三章　第二审程序

第二百二十七条 被告人、自诉人和他们的法定代理人，不服地方各级人民法院第一审的判决、裁定，有权用书状或者口头向上一级人民法院上诉。被告人的辩护人和近亲属，经被告人同意，可以提出上诉。

附带民事诉讼的当事人和他们的法定代理人，可以对地方各级人民法院第一审的判决、裁定中的附带民事诉讼部分，提出上诉。

对被告人的上诉权，不得以任何借口加以剥夺。

第二百二十八条 地方各级人民检察院认为本级人民法院第一审的判决、裁定确有错误的时候，应当向上一级人民法院提出抗诉。

第二百二十九条 被害人及其法定代理人不服地方各级人民法院第一审的

判决的，自收到判决书后五日以内，有权请求人民检察院提出抗诉。人民检察院自收到被害人及其法定代理人的请求后五日以内，应当作出是否抗诉的决定并且答复请求人。

第二百三十条　不服判决的上诉和抗诉的期限为十日，不服裁定的上诉和抗诉的期限为五日，从接到判决书、裁定书的第二日起算。

第二百三十一条　被告人、自诉人、附带民事诉讼的原告人和被告人通过原审人民法院提出上诉的，原审人民法院应当在三日以内将上诉状连同案卷、证据移送上一级人民法院，同时将上诉状副本送交同级人民检察院和对方当事人。

被告人、自诉人、附带民事诉讼的原告人和被告人直接向第二审人民法院提出上诉的，第二审人民法院应当在三日以内将上诉状交原审人民法院送交同级人民检察院和对方当事人。

第二百三十二条　地方各级人民检察院对同级人民法院第一审判决、裁定的抗诉，应当通过原审人民法院提出抗诉书，并且将抗诉书抄送上一级人民检察院。原审人民法院应当将抗诉书连同案卷、证据移送上一级人民法院，并且将抗诉书副本送交当事人。

上级人民检察院如果认为抗诉不当，可以向同级人民法院撤回抗诉，并且通知下级人民检察院。

第二百三十三条　第二审人民法院应当就第一审判决认定的事实和适用法律进行全面审查，不受上诉或者抗诉范围的限制。

共同犯罪的案件只有部分被告人上诉的，应当对全案进行审查，一并处理。

第二百三十四条　第二审人民法院对于下列案件，应当组成合议庭，开庭审理：

（一）被告人、自诉人及其法定代理人对第一审认定的事实、证据提出异议，可能影响定罪量刑的上诉案件；

（二）被告人被判处死刑的上诉案件；

（三）人民检察院抗诉的案件；

（四）其他应当开庭审理的案件。

第二审人民法院决定不开庭审理的，应当讯问被告人，听取其他当事人、辩护人、诉讼代理人的意见。

第二审人民法院开庭审理上诉、抗诉案件，可以到案件发生地或者原审人民法院所在地进行。

第二百三十五条　人民检察院提出抗诉的案件或者第二审人民法院开庭审

理的公诉案件，同级人民检察院都应当派员出席法庭。第二审人民法院应当在决定开庭审理后及时通知人民检察院查阅案卷。人民检察院应当在一个月以内查阅完毕。人民检察院查阅案卷的时间不计入审理期限。

第二百三十六条 第二审人民法院对不服第一审判决的上诉、抗诉案件，经过审理后，应当按照下列情形分别处理：

（一）原判决认定事实和适用法律正确、量刑适当的，应当裁定驳回上诉或者抗诉，维持原判；

（二）原判决认定事实没有错误，但适用法律有错误，或者量刑不当的，应当改判；

（三）原判决事实不清楚或者证据不足的，可以在查清事实后改判；也可以裁定撤销原判，发回原审人民法院重新审判。

原审人民法院对于依照前款第三项规定发回重新审判的案件作出判决后，被告人提出上诉或者人民检察院提出抗诉的，第二审人民法院应当依法作出判决或者裁定，不得再发回原审人民法院重新审判。

第二百三十七条 第二审人民法院审理被告人或者他的法定代理人、辩护人、近亲属上诉的案件，不得加重被告人的刑罚。第二审人民法院发回原审人民法院重新审判的案件，除有新的犯罪事实，人民检察院补充起诉的以外，原审人民法院也不得加重被告人的刑罚。

人民检察院提出抗诉或者自诉人提出上诉的，不受前款规定的限制。

第二百三十八条 第二审人民法院发现第一审人民法院的审理有下列违反法律规定的诉讼程序的情形之一的，应当裁定撤销原判，发回原审人民法院重新审判：

（一）违反本法有关公开审判的规定的；

（二）违反回避制度的；

（三）剥夺或者限制了当事人的法定诉讼权利，可能影响公正审判的；

（四）审判组织的组成不合法的；

（五）其他违反法律规定的诉讼程序，可能影响公正审判的。

第二百三十九条 原审人民法院对于发回重新审判的案件，应当另行组成合议庭，依照第一审程序进行审判。对于重新审判后的判决，依照本法第二百二十七条、第二百二十八条、第二百二十九条的规定可以上诉、抗诉。

第二百四十条 第二审人民法院对不服第一审裁定的上诉或者抗诉，经过审查后，应当参照本法第二百三十六条、第二百三十八条和第二百三十九条的规定，分别情形用裁定驳回上诉、抗诉，或者撤销、变更原裁定。

第二百四十一条 第二审人民法院发回原审人民法院重新审判的案件，原审人民法院从收到发回的案件之日起，重新计算审理期限。

第二百四十二条　第二审人民法院审判上诉或者抗诉案件的程序，除本章已有规定的以外，参照第一审程序的规定进行。

第二百四十三条　第二审人民法院受理上诉、抗诉案件，应当在二个月以内审结。对于可能判处死刑的案件或者附带民事诉讼的案件，以及有本法第一百五十八条规定情形之一的，经省、自治区、直辖市高级人民法院批准或者决定，可以延长二个月；因特殊情况还需要延长的，报请最高人民法院批准。

最高人民法院受理上诉、抗诉案件的审理期限，由最高人民法院决定。

第二百四十四条　第二审的判决、裁定和最高人民法院的判决、裁定，都是终审的判决、裁定。

第二百四十五条　公安机关、人民检察院和人民法院对查封、扣押、冻结的犯罪嫌疑人、被告人的财物及其孳息，应当妥善保管，以供核查，并制作清单，随案移送。任何单位和个人不得挪用或者自行处理。对被害人的合法财产，应当及时返还。对违禁品或者不宜长期保存的物品，应当依照国家有关规定处理。

对作为证据使用的实物应当随案移送，对不宜移送的，应当将其清单、照片或者其他证明文件随案移送。

人民法院作出的判决，应当对查封、扣押、冻结的财物及其孳息作出处理。

人民法院作出的判决生效以后，有关机关应当根据判决对查封、扣押、冻结的财物及其孳息进行处理。对查封、扣押、冻结的赃款赃物及其孳息，除依法返还被害人的以外，一律上缴国库。

司法工作人员贪污、挪用或者私自处理查封、扣押、冻结的财物及其孳息的，依法追究刑事责任；不构成犯罪的，给予处分。

第四章　死刑复核程序

第二百四十六条　死刑由最高人民法院核准。

第二百四十七条　中级人民法院判处死刑的第一审案件，被告人不上诉的，应当由高级人民法院复核后，报请最高人民法院核准。高级人民法院不同意判处死刑的，可以提审或者发回重新审判。

高级人民法院判处死刑的第一审案件被告人不上诉的，和判处死刑的第二审案件，都应当报请最高人民法院核准。

第二百四十八条　中级人民法院判处死刑缓期二年执行的案件，由高级人民法院核准。

第二百四十九条 最高人民法院复核死刑案件，高级人民法院复核死刑缓期执行的案件，应当由审判员三人组成合议庭进行。

第二百五十条 最高人民法院复核死刑案件，应当作出核准或者不核准死刑的裁定。对于不核准死刑的，最高人民法院可以发回重新审判或者予以改判。

第二百五十一条 最高人民法院复核死刑案件，应当讯问被告人，辩护律师提出要求的，应当听取辩护律师的意见。

在复核死刑案件过程中，最高人民检察院可以向最高人民法院提出意见。最高人民法院应当将死刑复核结果通报最高人民检察院。

第五章 审判监督程序

第二百五十二条 当事人及其法定代理人、近亲属，对已经发生法律效力的判决、裁定，可以向人民法院或者人民检察院提出申诉，但是不能停止判决、裁定的执行。

第二百五十三条 当事人及其法定代理人、近亲属的申诉符合下列情形之一的，人民法院应当重新审判：

（一）有新的证据证明原判决、裁定认定的事实确有错误，可能影响定罪量刑的；

（二）据以定罪量刑的证据不确实、不充分、依法应当予以排除，或者证明案件事实的主要证据之间存在矛盾的；

（三）原判决、裁定适用法律确有错误的；

（四）违反法律规定的诉讼程序，可能影响公正审判的；

（五）审判人员在审理该案件的时候，有贪污受贿，徇私舞弊，枉法裁判行为的。

第二百五十四条 各级人民法院院长对本院已经发生法律效力的判决和裁定，如果发现在认定事实上或者在适用法律上确有错误，必须提交审判委员会处理。

最高人民法院对各级人民法院已经发生法律效力的判决和裁定，上级人民法院对下级人民法院已经发生法律效力的判决和裁定，如果发现确有错误，有权提审或者指令下级人民法院再审。

最高人民检察院对各级人民法院已经发生法律效力的判决和裁定，上级人民检察院对下级人民法院已经发生法律效力的判决和裁定，如果发现确有错误，有权按照审判监督程序向同级人民法院提出抗诉。

人民检察院抗诉的案件，接受抗诉的人民法院应当组成合议庭重新审理，对于原判决事实不清楚或者证据不足的，可以指令下级人民法院再审。

第二百五十五条 上级人民法院指令下级人民法院再审的，应当指令原审人民法院以外的下级人民法院审理；由原审人民法院审理更为适宜的，也可以指令原审人民法院审理。

第二百五十六条 人民法院按照审判监督程序重新审判的案件，由原审人民法院审理的，应当另行组成合议庭进行。如果原来是第一审案件，应当依照第一审程序进行审判，所作的判决、裁定，可以上诉、抗诉；如果原来是第二审案件，或者是上级人民法院提审的案件，应当依照第二审程序进行审判，所作的判决、裁定，是终审的判决、裁定。

人民法院开庭审理的再审案件，同级人民检察院应当派员出席法庭。

第二百五十七条 人民法院决定再审的案件，需要对被告人采取强制措施的，由人民法院依法决定；人民检察院提出抗诉的再审案件，需要对被告人采取强制措施的，由人民检察院依法决定。

人民法院按照审判监督程序审判的案件，可以决定中止原判决、裁定的执行。

第二百五十八条 人民法院按照审判监督程序重新审判的案件，应当在作出提审、再审决定之日起三个月以内审结，需要延长期限的，不得超过六个月。

接受抗诉的人民法院按照审判监督程序审判抗诉的案件，审理期限适用前款规定；对需要指令下级人民法院再审的，应当自接受抗诉之日起一个月以内作出决定，下级人民法院审理案件的期限适用前款规定。

第四编 执 行

第二百五十九条 判决和裁定在发生法律效力后执行。

下列判决和裁定是发生法律效力的判决和裁定：

（一）已过法定期限没有上诉、抗诉的判决和裁定；

（二）终审的判决和裁定；

（三）最高人民法院核准的死刑的判决和高级人民法院核准的死刑缓期二年执行的判决。

第二百六十条 第一审人民法院判决被告人无罪、免除刑事处罚的，如果被告人在押，在宣判后应当立即释放。

第二百六十一条 最高人民法院判处和核准的死刑立即执行的判决，应当由最高人民法院院长签发执行死刑的命令。

被判处死刑缓期二年执行的罪犯，在死刑缓期执行期间，如果没有故意犯罪，死刑缓期执行期满，应当予以减刑的，由执行机关提出书面意见，报请高级人民法院裁定；如果故意犯罪，情节恶劣，查证属实，应当执行死刑的，由高级人民法院报请最高人民法院核准；对于故意犯罪未执行死刑的，死刑缓期执行的期间重新计算，并报最高人民法院备案。

第二百六十二条 下级人民法院接到最高人民法院执行死刑的命令后，应当在七日以内交付执行。但是发现有下列情形之一的，应当停止执行，并且立即报告最高人民法院，由最高人民法院作出裁定：

（一）在执行前发现判决可能有错误的；

（二）在执行前罪犯揭发重大犯罪事实或者有其他重大立功表现，可能需要改判的；

（三）罪犯正在怀孕。

前款第一项、第二项停止执行的原因消失后，必须报请最高人民法院院长再签发执行死刑的命令才能执行；由于前款第三项原因停止执行的，应当报请最高人民法院依法改判。

第二百六十三条 人民法院在交付执行死刑前，应当通知同级人民检察院派员临场监督。

死刑采用枪决或者注射等方法执行。

死刑可以在刑场或者指定的羁押场所内执行。

指挥执行的审判人员，对罪犯应当验明正身，讯问有无遗言、信札，然后交付执行人员执行死刑。在执行前，如果发现可能有错误，应当暂停执行，报请最高人民法院裁定。

执行死刑应当公布，不应示众。

执行死刑后，在场书记员应当写成笔录。交付执行的人民法院应当将执行死刑情况报告最高人民法院。

执行死刑后，交付执行的人民法院应当通知罪犯家属。

第二百六十四条 罪犯被交付执行刑罚的时候，应当由交付执行的人民法院在判决生效后十日以内将有关的法律文书送达公安机关、监狱或者其他执行机关。

对被判处死刑缓期二年执行、无期徒刑、有期徒刑的罪犯，由公安机关依法将该罪犯送交监狱执行刑罚。对被判处有期徒刑的罪犯，在被交付执行刑罚前，剩余刑期在三个月以下的，由看守所代为执行。对被判处拘役的罪犯，由公安机关执行。

对未成年犯应当在未成年犯管教所执行刑罚。

执行机关应当将罪犯及时收押，并且通知罪犯家属。

判处有期徒刑、拘役的罪犯，执行期满，应当由执行机关发给释放证明书。

第二百六十五条 对被判处有期徒刑或者拘役的罪犯，有下列情形之一的，可以暂予监外执行：

（一）有严重疾病需要保外就医的；

（二）怀孕或者正在哺乳自己婴儿的妇女；

（三）生活不能自理，适用暂予监外执行不致危害社会的。

对被判处无期徒刑的罪犯，有前款第二项规定情形的，可以暂予监外执行。

对适用保外就医可能有社会危险性的罪犯，或者自伤自残的罪犯，不得保外就医。

对罪犯确有严重疾病，必须保外就医的，由省级人民政府指定的医院诊断并开具证明文件。

在交付执行前，暂予监外执行由交付执行的人民法院决定；在交付执行后，暂予监外执行由监狱或者看守所提出书面意见，报省级以上监狱管理机关或者设区的市一级以上公安机关批准。

第二百六十六条 监狱、看守所提出暂予监外执行的书面意见的，应当将书面意见的副本抄送人民检察院。人民检察院可以向决定或者批准机关提出书面意见。

第二百六十七条 决定或者批准暂予监外执行的机关应当将暂予监外执行决定抄送人民检察院。人民检察院认为暂予监外执行不当的，应当自接到通知之日起一个月以内将书面意见送交决定或者批准暂予监外执行的机关，决定或者批准暂予监外执行的机关接到人民检察院的书面意见后，应当立即对该决定进行重新核查。

第二百六十八条 对暂予监外执行的罪犯，有下列情形之一的，应当及时收监：

（一）发现不符合暂予监外执行条件的；

（二）严重违反有关暂予监外执行监督管理规定的；

（三）暂予监外执行的情形消失后，罪犯刑期未满的。

对于人民法院决定暂予监外执行的罪犯应当予以收监的，由人民法院作出决定，将有关的法律文书送达公安机关、监狱或者其他执行机关。

不符合暂予监外执行条件的罪犯通过贿赂等非法手段被暂予监外执行的，在监外执行的期间不计入执行刑期。罪犯在暂予监外执行期间脱逃的，脱逃的期间不计入执行刑期。

罪犯在暂予监外执行期间死亡的，执行机关应当及时通知监狱或者看守所。

第二百六十九条 对被判处管制、宣告缓刑、假释或者暂予监外执行的罪犯，依法实行社区矫正，由社区矫正机构负责执行。

第二百七十条 对被判处剥夺政治权利的罪犯，由公安机关执行。执行期满，应当由执行机关书面通知本人及其所在单位、居住地基层组织。

第二百七十一条 被判处罚金的罪犯，期满不缴纳的，人民法院应当强制缴纳；如果由于遭遇不能抗拒的灾祸等原因缴纳确实有困难的，经人民法院裁定，可以延期缴纳、酌情减少或者免除。

第二百七十二条 没收财产的判决，无论附加适用或者独立适用，都由人民法院执行；在必要的时候，可以会同公安机关执行。

第二百七十三条 罪犯在服刑期间又犯罪的，或者发现了判决的时候所没有发现的罪行，由执行机关移送人民检察院处理。

被判处管制、拘役、有期徒刑或者无期徒刑的罪犯，在执行期间确有悔改或者立功表现，应当依法予以减刑、假释的时候，由执行机关提出建议书，报请人民法院审核裁定，并将建议书副本抄送人民检察院。人民检察院可以向人民法院提出书面意见。

第二百七十四条 人民检察院认为人民法院减刑、假释的裁定不当，应当在收到裁定书副本后二十日以内，向人民法院提出书面纠正意见。人民法院应当在收到纠正意见后一个月以内重新组成合议庭进行审理，作出最终裁定。

第二百七十五条 监狱和其他执行机关在刑罚执行中，如果认为判决有错误或者罪犯提出申诉，应当转请人民检察院或者原判人民法院处理。

第二百七十六条 人民检察院对执行机关执行刑罚的活动是否合法实行监督。如果发现有违法的情况，应当通知执行机关纠正。

第五编　特别程序

第一章　未成年人刑事案件诉讼程序

第二百七十七条 对犯罪的未成年人实行教育、感化、挽救的方针，坚持教育为主、惩罚为辅的原则。

人民法院、人民检察院和公安机关办理未成年人刑事案件，应当保障未成年人行使其诉讼权利，保障未成年人得到法律帮助，并由熟悉未成年人身心特点的审判人员、检察人员、侦查人员承办。

第二百七十八条 未成年犯罪嫌疑人、被告人没有委托辩护人的，人民法院、人民检察院、公安机关应当通知法律援助机构指派律师为其提供辩护。

第二百七十九条 公安机关、人民检察院、人民法院办理未成年人刑事案件，根据情况可以对未成年犯罪嫌疑人、被告人的成长经历、犯罪原因、监护教育等情况进行调查。

第二百八十条 对未成年犯罪嫌疑人、被告人应当严格限制适用逮捕措施。人民检察院审查批准逮捕和人民法院决定逮捕，应当讯问未成年犯罪嫌疑人、被告人，听取辩护律师的意见。

对被拘留、逮捕和执行刑罚的未成年人与成年人应当分别关押、分别管理、分别教育。

第二百八十一条 对于未成年人刑事案件，在讯问和审判的时候，应当通知未成年犯罪嫌疑人、被告人的法定代理人到场。无法通知、法定代理人不能到场或者法定代理人是共犯的，也可以通知未成年犯罪嫌疑人、被告人的其他成年亲属，所在学校、单位、居住地基层组织或者未成年人保护组织的代表到场，并将有关情况记录在案。到场的法定代理人可以代为行使未成年犯罪嫌疑人、被告人的诉讼权利。

到场的法定代理人或者其他人员认为办案人员在讯问、审判中侵犯未成年人合法权益的，可以提出意见。讯问笔录、法庭笔录应当交给到场的法定代理人或者其他人员阅读或者向他宣读。

讯问女性未成年犯罪嫌疑人，应当有女工作人员在场。

审判未成年人刑事案件，未成年被告人最后陈述后，其法定代理人可以进行补充陈述。

询问未成年被害人、证人，适用第一款、第二款、第三款的规定。

第二百八十二条 对于未成年人涉嫌刑法分则第四章、第五章、第六章规定的犯罪，可能判处一年有期徒刑以下刑罚，符合起诉条件，但有悔罪表现的，人民检察院可以作出附条件不起诉的决定。人民检察院在作出附条件不起诉的决定以前，应当听取公安机关、被害人的意见。

对附条件不起诉的决定，公安机关要求复议、提请复核或者被害人申诉的，适用本法第一百七十九条、第一百八十条的规定。

未成年犯罪嫌疑人及其法定代理人对人民检察院决定附条件不起诉有异议的，人民检察院应当作出起诉的决定。

第二百八十三条 在附条件不起诉的考验期内，由人民检察院对被附条件不起诉的未成年犯罪嫌疑人进行监督考察。未成年犯罪嫌疑人的监护人，应当对未成年犯罪嫌疑人加强管教，配合人民检察院做好监督考察工作。

附条件不起诉的考验期为六个月以上一年以下，从人民检察院作出附条件不起诉的决定之日起计算。

被附条件不起诉的未成年犯罪嫌疑人，应当遵守下列规定：

（一）遵守法律法规，服从监督；

（二）按照考察机关的规定报告自己的活动情况；

（三）离开所居住的市、县或者迁居，应当报经考察机关批准；

（四）按照考察机关的要求接受矫治和教育。

第二百八十四条 被附条件不起诉的未成年犯罪嫌疑人，在考验期内有下列情形之一的，人民检察院应当撤销附条件不起诉的决定，提起公诉：

（一）实施新的犯罪或者发现决定附条件不起诉以前还有其他犯罪需要追诉的；

（二）违反治安管理规定或者考察机关有关附条件不起诉的监督管理规定，情节严重的。

被附条件不起诉的未成年犯罪嫌疑人，在考验期内没有上述情形，考验期满的，人民检察院应当作出不起诉的决定。

第二百八十五条 审判的时候被告人不满十八周岁的案件，不公开审理。但是，经未成年被告人及其法定代理人同意，未成年被告人所在学校和未成年人保护组织可以派代表到场。

第二百八十六条 犯罪的时候不满十八周岁，被判处五年有期徒刑以下刑罚的，应当对相关犯罪记录予以封存。

犯罪记录被封存的，不得向任何单位和个人提供，但司法机关为办案需要或者有关单位根据国家规定进行查询的除外。依法进行查询的单位，应当对被封存的犯罪记录的情况予以保密。

第二百八十七条 办理未成年人刑事案件，除本章已有规定的以外，按照本法的其他规定进行。

第二章　当事人和解的公诉案件诉讼程序

第二百八十八条 下列公诉案件，犯罪嫌疑人、被告人真诚悔罪，通过向被害人赔偿损失、赔礼道歉等方式获得被害人谅解，被害人自愿和解的，双方当事人可以和解：

（一）因民间纠纷引起，涉嫌刑法分则第四章、第五章规定的犯罪案件，可能判处三年有期徒刑以下刑罚的；

（二）除渎职犯罪以外的可能判处七年有期徒刑以下刑罚的过失犯罪案件。

犯罪嫌疑人、被告人在五年以内曾经故意犯罪的，不适用本章规定的程序。

第二百八十九条　双方当事人和解的，公安机关、人民检察院、人民法院应当听取当事人和其他有关人员的意见，对和解的自愿性、合法性进行审查，并主持制作和解协议书。

第二百九十条　对于达成和解协议的案件，公安机关可以向人民检察院提出从宽处理的建议。人民检察院可以向人民法院提出从宽处罚的建议；对于犯罪情节轻微，不需要判处刑罚的，可以作出不起诉的决定。人民法院可以依法对被告人从宽处罚。

第三章　缺席审判程序

第二百九十一条　对于贪污贿赂犯罪案件，以及需要及时进行审判，经最高人民检察院核准的严重危害国家安全犯罪、恐怖活动犯罪案件，犯罪嫌疑人、被告人在境外，监察机关、公安机关移送起诉，人民检察院认为犯罪事实已经查清，证据确实、充分，依法应当追究刑事责任的，可以向人民法院提起公诉。人民法院进行审查后，对于起诉书中有明确的指控犯罪事实，符合缺席审判程序适用条件的，应当决定开庭审判。

前款案件，由犯罪地、被告人离境前居住地或者最高人民法院指定的中级人民法院组成合议庭进行审理。

第二百九十二条　人民法院应当通过有关国际条约规定的或者外交途径提出的司法协助方式，或者被告人所在地法律允许的其他方式，将传票和人民检察院的起诉书副本送达被告人。传票和起诉书副本送达后，被告人未按要求到案的，人民法院应当开庭审理，依法作出判决，并对违法所得及其他涉案财产作出处理。

第二百九十三条　人民法院缺席审判案件，被告人有权委托辩护人，被告人的近亲属可以代为委托辩护人。被告人及其近亲属没有委托辩护人的，人民法院应当通知法律援助机构指派律师为其提供辩护。

第二百九十四条　人民法院应当将判决书送达被告人及其近亲属、辩护人。被告人或者其近亲属不服判决的，有权向上一级人民法院上诉。辩护人经被告人或者其近亲属同意，可以提出上诉。

人民检察院认为人民法院的判决确有错误的，应当向上一级人民法院提出抗诉。

第二百九十五条 在审理过程中，被告人自动投案或者被抓获的，人民法院应当重新审理。

罪犯在判决、裁定发生法律效力后到案的，人民法院应当将罪犯交付执行刑罚。交付执行刑罚前，人民法院应当告知罪犯有权对判决、裁定提出异议。罪犯对判决、裁定提出异议的，人民法院应当重新审理。

依照生效判决、裁定对罪犯的财产进行的处理确有错误的，应当予以返还、赔偿。

第二百九十六条 因被告人患有严重疾病无法出庭，中止审理超过六个月，被告人仍无法出庭，被告人及其法定代理人、近亲属申请或者同意恢复审理的，人民法院可以在被告人不出庭的情况下缺席审理，依法作出判决。

第二百九十七条 被告人死亡的，人民法院应当裁定终止审理，但有证据证明被告人无罪，人民法院经缺席审理确认无罪的，应当依法作出判决。

人民法院按照审判监督程序重新审判的案件，被告人死亡的，人民法院可以缺席审理，依法作出判决。

第四章　犯罪嫌疑人、被告人逃匿、死亡案件违法所得的没收程序

第二百九十八条 对于贪污贿赂犯罪、恐怖活动犯罪等重大犯罪案件，犯罪嫌疑人、被告人逃匿，在通缉一年后不能到案，或者犯罪嫌疑人、被告人死亡，依照刑法规定应当追缴其违法所得及其他涉案财产的，人民检察院可以向人民法院提出没收违法所得的申请。

公安机关认为有前款规定情形的，应当写出没收违法所得意见书，移送人民检察院。

没收违法所得的申请应当提供与犯罪事实、违法所得相关的证据材料，并列明财产的种类、数量、所在地及查封、扣押、冻结的情况。

人民法院在必要的时候，可以查封、扣押、冻结申请没收的财产。

第二百九十九条 没收违法所得的申请，由犯罪地或者犯罪嫌疑人、被告人居住地的中级人民法院组成合议庭进行审理。

人民法院受理没收违法所得的申请后，应当发出公告。公告期间为六个月。犯罪嫌疑人、被告人的近亲属和其他利害关系人有权申请参加诉讼，也可以委托诉讼代理人参加诉讼。

人民法院在公告期满后对没收违法所得的申请进行审理。利害关系人参加诉讼的，人民法院应当开庭审理。

第三百条　人民法院经审理，对经查证属于违法所得及其他涉案财产，除依法返还被害人的以外，应当裁定予以没收；对不属于应当追缴的财产的，应当裁定驳回申请，解除查封、扣押、冻结措施。

对于人民法院依照前款规定作出的裁定，犯罪嫌疑人、被告人的近亲属和其他利害关系人或者人民检察院可以提出上诉、抗诉。

第三百零一条　在审理过程中，在逃的犯罪嫌疑人、被告人自动投案或者被抓获的，人民法院应当终止审理。

没收犯罪嫌疑人、被告人财产确有错误的，应当予以返还、赔偿。

第五章　依法不负刑事责任的精神病人的强制医疗程序

第三百零二条　实施暴力行为，危害公共安全或者严重危害公民人身安全，经法定程序鉴定依法不负刑事责任的精神病人，有继续危害社会可能的，可以予以强制医疗。

第三百零三条　根据本章规定对精神病人强制医疗的，由人民法院决定。

公安机关发现精神病人符合强制医疗条件的，应当写出强制医疗意见书，移送人民检察院。对于公安机关移送的或者在审查起诉过程中发现的精神病人符合强制医疗条件的，人民检察院应当向人民法院提出强制医疗的申请。人民法院在审理案件过程中发现被告人符合强制医疗条件的，可以作出强制医疗的决定。

对实施暴力行为的精神病人，在人民法院决定强制医疗前，公安机关可以采取临时的保护性约束措施。

第三百零四条　人民法院受理强制医疗的申请后，应当组成合议庭进行审理。

人民法院审理强制医疗案件，应当通知被申请人或者被告人的法定代理人到场。被申请人或者被告人没有委托诉讼代理人的，人民法院应当通知法律援助机构指派律师为其提供法律帮助。

第三百零五条　人民法院经审理，对于被申请人或者被告人符合强制医疗条件的，应当在一个月以内作出强制医疗的决定。

被决定强制医疗的人、被害人及其法定代理人、近亲属对强制医疗决定不服的，可以向上一级人民法院申请复议。

第三百零六条　强制医疗机构应当定期对被强制医疗的人进行诊断评估。

对于已不具有人身危险性，不需要继续强制医疗的，应当及时提出解除意见，报决定强制医疗的人民法院批准。

被强制医疗的人及其近亲属有权申请解除强制医疗。

第三百零七条 人民检察院对强制医疗的决定和执行实行监督。

附 则

第三百零八条 军队保卫部门对军队内部发生的刑事案件行使侦查权。

中国海警局履行海上维权执法职责，对海上发生的刑事案件行使侦查权。

对罪犯在监狱内犯罪的案件由监狱进行侦查。

军队保卫部门、中国海警局、监狱办理刑事案件，适用本法的有关规定。

最高人民法院
关于适用《中华人民共和国刑事诉讼法》的解释*

（2020 年 12 月 7 日最高人民法院审判委员会第 1820 次会议通过，自 2021 年 3 月 1 日起施行）

目　录

第一章　管　辖
第二章　回　避
第三章　辩护与代理
第四章　证　据
　第一节　一般规定
　第二节　物证、书证的审查与认定
　第三节　证人证言、被害人陈述的审查与认定
　第四节　被告人供述和辩解的审查与认定
　第五节　鉴定意见的审查与认定
　第六节　勘验、检查、辨认、侦查实验等笔录的审查与认定
　第七节　视听资料、电子数据的审查与认定
　第八节　技术调查、侦查证据的审查与认定
　第九节　非法证据排除
　第十节　证据的综合审查与运用
第五章　强制措施
第六章　附带民事诉讼
第七章　期间、送达、审理期限

---

* 法释〔2021〕1 号，2021 年 1 月 26 日公布。——编者注

第八章　审判组织
第九章　公诉案件第一审普通程序
　第一节　审查受理与庭前准备
　第二节　庭前会议与庭审衔接
　第三节　宣布开庭与法庭调查
　第四节　法庭辩论与最后陈述
　第五节　评议案件与宣告判决
　第六节　法庭纪律与其他规定
第十章　自诉案件第一审程序
第十一章　单位犯罪案件的审理
第十二章　认罪认罚案件的审理
第十三章　简易程序
第十四章　速裁程序
第十五章　第二审程序
第十六章　在法定刑以下判处刑罚和特殊假释的核准
第十七章　死刑复核程序
第十八章　涉案财物处理
第十九章　审判监督程序
第二十章　涉外刑事案件的审理和刑事司法协助
　第一节　涉外刑事案件的审理
　第二节　刑事司法协助
第二十一章　执行程序
　第一节　死刑的执行
　第二节　死刑缓期执行、无期徒刑、有期徒刑、拘役的交付执行
　第三节　管制、缓刑、剥夺政治权利的交付执行
　第四节　刑事裁判涉财产部分和附带民事裁判的执行
　第五节　减刑、假释案件的审理
　第六节　缓刑、假释的撤销
第二十二章　未成年人刑事案件诉讼程序
　第一节　一般规定
　第二节　开庭准备
　第三节　审　判
　第四节　执　行
第二十三章　当事人和解的公诉案件诉讼程序

第二十四章　缺席审判程序
第二十五章　犯罪嫌疑人、被告人逃匿、死亡案件违法所得的没收程序
第二十六章　依法不负刑事责任的精神病人的强制医疗程序
第二十七章　附　则

2018 年 10 月 26 日，第十三届全国人民代表大会常务委员会第六次会议通过了《关于修改〈中华人民共和国刑事诉讼法〉的决定》。为正确理解和适用修改后的刑事诉讼法，结合人民法院审判工作实际，制定本解释。

第一章　管　辖

第一条　人民法院直接受理的自诉案件包括：

（一）告诉才处理的案件：

1. 侮辱、诽谤案（刑法第二百四十六条规定的，但严重危害社会秩序和国家利益的除外）；

2. 暴力干涉婚姻自由案（刑法第二百五十七条第一款规定的）；

3. 虐待案（刑法第二百六十条第一款规定的，但被害人没有能力告诉或者因受到强制、威吓无法告诉的除外）；

4. 侵占案（刑法第二百七十条规定的）。

（二）人民检察院没有提起公诉，被害人有证据证明的轻微刑事案件：

1. 故意伤害案（刑法第二百三十四条第一款规定的）；

2. 非法侵入住宅案（刑法第二百四十五条规定的）；

3. 侵犯通信自由案（刑法第二百五十二条规定的）；

4. 重婚案（刑法第二百五十八条规定的）；

5. 遗弃案（刑法第二百六十一条规定的）；

6. 生产、销售伪劣商品案（刑法分则第三章第一节规定的，但严重危害社会秩序和国家利益的除外）；

7. 侵犯知识产权案（刑法分则第三章第七节规定的，但严重危害社会秩序和国家利益的除外）；

8. 刑法分则第四章、第五章规定的，可能判处三年有期徒刑以下刑罚的案件。

本项规定的案件，被害人直接向人民法院起诉的，人民法院应当依法受理。对其中证据不足，可以由公安机关受理的，或者认为对被告人可能判处三年有期徒刑以上刑罚的，应当告知被害人向公安机关报案，或者移送公安机关

立案侦查。

（三）被害人有证据证明对被告人侵犯自己人身、财产权利的行为应当依法追究刑事责任，且有证据证明曾经提出控告，而公安机关或者人民检察院不予追究被告人刑事责任的案件。

第二条 犯罪地包括犯罪行为地和犯罪结果地。

针对或者主要利用计算机网络实施的犯罪，犯罪地包括用于实施犯罪行为的网络服务使用的服务器所在地，网络服务提供者所在地，被侵害的信息网络系统及其管理者所在地，犯罪过程中被告人、被害人使用的信息网络系统所在地，以及被害人被侵害时所在地和被害人财产遭受损失地等。

第三条 被告人的户籍地为其居住地。经常居住地与户籍地不一致的，经常居住地为其居住地。经常居住地为被告人被追诉前已连续居住一年以上的地方，但住院就医的除外。

被告单位登记的住所地为其居住地。主要营业地或者主要办事机构所在地与登记的住所地不一致的，主要营业地或者主要办事机构所在地为其居住地。

第四条 在中华人民共和国内水、领海发生的刑事案件，由犯罪地或者被告人登陆地的人民法院管辖。由被告人居住地的人民法院审判更为适宜的，可以由被告人居住地的人民法院管辖。

第五条 在列车上的犯罪，被告人在列车运行途中被抓获的，由前方停靠站所在地负责审判铁路运输刑事案件的人民法院管辖。必要时，也可以由始发站或者终点站所在地负责审判铁路运输刑事案件的人民法院管辖。

被告人不是在列车运行途中被抓获的，由负责该列车乘务的铁路公安机关对应的审判铁路运输刑事案件的人民法院管辖；被告人在列车运行途经车站被抓获的，也可以由该车站所在地负责审判铁路运输刑事案件的人民法院管辖。

第六条 在国际列车上的犯罪，根据我国与相关国家签订的协定确定管辖；没有协定的，由该列车始发或者前方停靠的中国车站所在地负责审判铁路运输刑事案件的人民法院管辖。

第七条 在中华人民共和国领域外的中国船舶内的犯罪，由该船舶最初停泊的中国口岸所在地或者被告人登陆地、入境地的人民法院管辖。

第八条 在中华人民共和国领域外的中国航空器内的犯罪，由该航空器在中国最初降落地的人民法院管辖。

第九条 中国公民在中国驻外使领馆内的犯罪，由其主管单位所在地或者原户籍地的人民法院管辖。

第十条 中国公民在中华人民共和国领域外的犯罪，由其登陆地、入境地、离境前居住地或者现居住地的人民法院管辖；被害人是中国公民的，也可以由被害人离境前居住地或者现居住地的人民法院管辖。

第十一条　外国人在中华人民共和国领域外对中华人民共和国国家或者公民犯罪，根据《中华人民共和国刑法》应当受处罚的，由该外国人登陆地、入境地或者入境后居住地的人民法院管辖，也可以由被害人离境前居住地或者现居住地的人民法院管辖。

第十二条　对中华人民共和国缔结或者参加的国际条约所规定的罪行，中华人民共和国在所承担条约义务的范围内行使刑事管辖权的，由被告人被抓获地、登陆地或者入境地的人民法院管辖。

第十三条　正在服刑的罪犯在判决宣告前还有其他罪没有判决的，由原审地人民法院管辖；由罪犯服刑地或者犯罪地的人民法院审判更为适宜的，可以由罪犯服刑地或者犯罪地的人民法院管辖。

罪犯在服刑期间又犯罪的，由服刑地的人民法院管辖。

罪犯在脱逃期间又犯罪的，由服刑地的人民法院管辖。但是，在犯罪地抓获罪犯并发现其在脱逃期间犯罪的，由犯罪地的人民法院管辖。

第十四条　人民检察院认为可能判处无期徒刑、死刑，向中级人民法院提起公诉的案件，中级人民法院受理后，认为不需要判处无期徒刑、死刑的，应当依法审判，不再交基层人民法院审判。

第十五条　一人犯数罪、共同犯罪或者其他需要并案审理的案件，其中一人或者一罪属于上级人民法院管辖的，全案由上级人民法院管辖。

第十六条　上级人民法院决定审判下级人民法院管辖的第一审刑事案件的，应当向下级人民法院下达改变管辖决定书，并书面通知同级人民检察院。

第十七条　基层人民法院对可能判处无期徒刑、死刑的第一审刑事案件，应当移送中级人民法院审判。

基层人民法院对下列第一审刑事案件，可以请求移送中级人民法院审判：

（一）重大、复杂案件；

（二）新类型的疑难案件；

（三）在法律适用上具有普遍指导意义的案件。

需要将案件移送中级人民法院审判的，应当在报请院长决定后，至迟于案件审理期限届满十五日以前书面请求移送。中级人民法院应当在接到申请后十日以内作出决定。不同意移送的，应当下达不同意移送决定书，由请求移送的人民法院依法审判；同意移送的，应当下达同意移送决定书，并书面通知同级人民检察院。

第十八条　有管辖权的人民法院因案件涉及本院院长需要回避或者其他原因，不宜行使管辖权的，可以请求移送上一级人民法院管辖。上一级人民法院可以管辖，也可以指定与提出请求的人民法院同级的其他人民法院管辖。

第十九条 两个以上同级人民法院都有管辖权的案件，由最初受理的人民法院审判。必要时，可以移送主要犯罪地的人民法院审判。

管辖权发生争议的，应当在审理期限内协商解决；协商不成的，由争议的人民法院分别层报共同的上级人民法院指定管辖。

第二十条 管辖不明的案件，上级人民法院可以指定下级人民法院审判。

有关案件，由犯罪地、被告人居住地以外的人民法院审判更为适宜的，上级人民法院可以指定下级人民法院管辖。

第二十一条 上级人民法院指定管辖，应当将指定管辖决定书送达被指定管辖的人民法院和其他有关的人民法院。

第二十二条 原受理案件的人民法院在收到上级人民法院改变管辖决定书、同意移送决定书或者指定其他人民法院管辖的决定书后，对公诉案件，应当书面通知同级人民检察院，并将案卷材料退回，同时书面通知当事人；对自诉案件，应当将案卷材料移送被指定管辖的人民法院，并书面通知当事人。

第二十三条 第二审人民法院发回重新审判的案件，人民检察院撤回起诉后，又向原第一审人民法院的下级人民法院重新提起公诉的，下级人民法院应当将有关情况层报原第二审人民法院。原第二审人民法院根据具体情况，可以决定将案件移送原第一审人民法院或者其他人民法院审判。

第二十四条 人民法院发现被告人还有其他犯罪被起诉的，可以并案审理；涉及同种犯罪的，一般应当并案审理。

人民法院发现被告人还有其他犯罪被审查起诉、立案侦查、立案调查的，可以参照前款规定协商人民检察院、公安机关、监察机关并案处理，但可能造成审判过分迟延的除外。

根据前两款规定并案处理的案件，由最初受理地的人民法院审判。必要时，可以由主要犯罪地的人民法院审判。

第二十五条 第二审人民法院在审理过程中，发现被告人还有其他犯罪没有判决的，参照前条规定处理。第二审人民法院决定并案审理的，应当发回第一审人民法院，由第一审人民法院作出处理。

第二十六条 军队和地方互涉刑事案件，按照有关规定确定管辖。

第二章 回 避

第二十七条 审判人员具有下列情形之一的，应当自行回避，当事人及其法定代理人有权申请其回避：

（一）是本案的当事人或者是当事人的近亲属的；

（二）本人或者其近亲属与本案有利害关系的；

（三）担任过本案的证人、鉴定人、辩护人、诉讼代理人、翻译人员的；

（四）与本案的辩护人、诉讼代理人有近亲属关系的；

（五）与本案当事人有其他利害关系，可能影响公正审判的。

第二十八条　审判人员具有下列情形之一的，当事人及其法定代理人有权申请其回避：

（一）违反规定会见本案当事人、辩护人、诉讼代理人的；

（二）为本案当事人推荐、介绍辩护人、诉讼代理人，或者为律师、其他人员介绍办理本案的；

（三）索取、接受本案当事人及其委托的人的财物或者其他利益的；

（四）接受本案当事人及其委托的人的宴请，或者参加由其支付费用的活动的；

（五）向本案当事人及其委托的人借用款物的；

（六）有其他不正当行为，可能影响公正审判的。

第二十九条　参与过本案调查、侦查、审查起诉工作的监察、侦查、检察人员，调至人民法院工作的，不得担任本案的审判人员。

在一个审判程序中参与过本案审判工作的合议庭组成人员或者独任审判员，不得再参与本案其他程序的审判。但是，发回重新审判的案件，在第一审人民法院作出裁判后又进入第二审程序、在法定刑以下判处刑罚的复核程序或者死刑复核程序的，原第二审程序、在法定刑以下判处刑罚的复核程序或者死刑复核程序中的合议庭组成人员不受本款规定的限制。

第三十条　依照法律和有关规定应当实行任职回避的，不得担任案件的审判人员。

第三十一条　人民法院应当依法告知当事人及其法定代理人有权申请回避，并告知其合议庭组成人员、独任审判员、法官助理、书记员等人员的名单。

第三十二条　审判人员自行申请回避，或者当事人及其法定代理人申请审判人员回避的，可以口头或者书面提出，并说明理由，由院长决定。

院长自行申请回避，或者当事人及其法定代理人申请院长回避的，由审判委员会讨论决定。审判委员会讨论时，由副院长主持，院长不得参加。

第三十三条　当事人及其法定代理人依照刑事诉讼法第三十条和本解释第二十八条的规定申请回避的，应当提供证明材料。

第三十四条　应当回避的审判人员没有自行回避，当事人及其法定代理人也没有申请其回避的，院长或者审判委员会应当决定其回避。

第三十五条 对当事人及其法定代理人提出的回避申请，人民法院可以口头或者书面作出决定，并将决定告知申请人。

当事人及其法定代理人申请回避被驳回的，可以在接到决定时申请复议一次。不属于刑事诉讼法第二十九条、第三十条规定情形的回避申请，由法庭当庭驳回，并不得申请复议。

第三十六条 当事人及其法定代理人申请出庭的检察人员回避的，人民法院应当区分情况作出处理：

（一）属于刑事诉讼法第二十九条、第三十条规定情形的回避申请，应当决定休庭，并通知人民检察院尽快作出决定；

（二）不属于刑事诉讼法第二十九条、第三十条规定情形的回避申请，应当当庭驳回，并不得申请复议。

第三十七条 本章所称的审判人员，包括人民法院院长、副院长、审判委员会委员、庭长、副庭长、审判员和人民陪审员。

第三十八条 法官助理、书记员、翻译人员和鉴定人适用审判人员回避的有关规定，其回避问题由院长决定。

第三十九条 辩护人、诉讼代理人可以依照本章的有关规定要求回避、申请复议。

第三章 辩护与代理

第四十条 人民法院审判案件，应当充分保障被告人依法享有的辩护权利。

被告人除自己行使辩护权以外，还可以委托辩护人辩护。下列人员不得担任辩护人：

（一）正在被执行刑罚或者处于缓刑、假释考验期间的人；

（二）依法被剥夺、限制人身自由的人；

（三）被开除公职或者被吊销律师、公证员执业证书的人；

（四）人民法院、人民检察院、监察机关、公安机关、国家安全机关、监狱的现职人员；

（五）人民陪审员；

（六）与本案审理结果有利害关系的人；

（七）外国人或者无国籍人；

（八）无行为能力或者限制行为能力的人。

前款第三项至第七项规定的人员，如果是被告人的监护人、近亲属，由被告人委托担任辩护人的，可以准许。

第四十一条　审判人员和人民法院其他工作人员从人民法院离任后二年内，不得以律师身份担任辩护人。

审判人员和人民法院其他工作人员从人民法院离任后，不得担任原任职法院所审理案件的辩护人，但系被告人的监护人、近亲属的除外。

审判人员和人民法院其他工作人员的配偶、子女或者父母不得担任其任职法院所审理案件的辩护人，但系被告人的监护人、近亲属的除外。

第四十二条　对接受委托担任辩护人的，人民法院应当核实其身份证明和授权委托书。

第四十三条　一名被告人可以委托一至二人作为辩护人。

一名辩护人不得为两名以上的同案被告人，或者未同案处理但犯罪事实存在关联的被告人辩护。

第四十四条　被告人没有委托辩护人的，人民法院自受理案件之日起三日以内，应当告知其有权委托辩护人；被告人因经济困难或者其他原因没有委托辩护人的，应当告知其可以申请法律援助；被告人属于应当提供法律援助情形的，应当告知其将依法通知法律援助机构指派律师为其提供辩护。

被告人没有委托辩护人，法律援助机构也没有指派律师为其提供辩护的，人民法院应当告知被告人有权约见值班律师，并为被告人约见值班律师提供便利。

告知可以采取口头或者书面方式。

第四十五条　审判期间，在押的被告人要求委托辩护人的，人民法院应当在三日以内向其监护人、近亲属或者其指定的人员转达要求。被告人应当提供有关人员的联系方式。有关人员无法通知的，应当告知被告人。

第四十六条　人民法院收到在押被告人提出的法律援助或者法律帮助申请，应当依照有关规定及时转交法律援助机构或者通知值班律师。

第四十七条　对下列没有委托辩护人的被告人，人民法院应当通知法律援助机构指派律师为其提供辩护：

（一）盲、聋、哑人；

（二）尚未完全丧失辨认或者控制自己行为能力的精神病人；

（三）可能被判处无期徒刑、死刑的人。

高级人民法院复核死刑案件，被告人没有委托辩护人的，应当通知法律援助机构指派律师为其提供辩护。

死刑缓期执行期间故意犯罪的案件，适用前两款规定。

第四十八条 具有下列情形之一，被告人没有委托辩护人的，人民法院可以通知法律援助机构指派律师为其提供辩护：

（一）共同犯罪案件中，其他被告人已经委托辩护人的；

（二）案件有重大社会影响的；

（三）人民检察院抗诉的；

（四）被告人的行为可能不构成犯罪的；

（五）有必要指派律师提供辩护的其他情形。

第四十九条 人民法院通知法律援助机构指派律师提供辩护的，应当将法律援助通知书、起诉书副本或者判决书送达法律援助机构；决定开庭审理的，除适用简易程序或者速裁程序审理的以外，应当在开庭十五日以前将上述材料送达法律援助机构。

法律援助通知书应当写明案由、被告人姓名、提供法律援助的理由、审判人员的姓名和联系方式；已确定开庭审理的，应当写明开庭的时间、地点。

第五十条 被告人拒绝法律援助机构指派的律师为其辩护，坚持自己行使辩护权的，人民法院应当准许。

属于应当提供法律援助的情形，被告人拒绝指派的律师为其辩护的，人民法院应当查明原因。理由正当的，应当准许，但被告人应当在五日以内另行委托辩护人；被告人未另行委托辩护人的，人民法院应当在三日以内通知法律援助机构另行指派律师为其提供辩护。

第五十一条 对法律援助机构指派律师为被告人提供辩护，被告人的监护人、近亲属又代为委托辩护人的，应当听取被告人的意见，由其确定辩护人人选。

第五十二条 审判期间，辩护人接受被告人委托的，应当在接受委托之日起三日以内，将委托手续提交人民法院。

接受法律援助机构指派为被告人提供辩护的，适用前款规定。

第五十三条 辩护律师可以查阅、摘抄、复制案卷材料。其他辩护人经人民法院许可，也可以查阅、摘抄、复制案卷材料。合议庭、审判委员会的讨论记录以及其他依法不公开的材料不得查阅、摘抄、复制。

辩护人查阅、摘抄、复制案卷材料的，人民法院应当提供便利，并保证必要的时间。

值班律师查阅案卷材料的，适用前两款规定。

复制案卷材料可以采用复印、拍照、扫描、电子数据拷贝等方式。

第五十四条 对作为证据材料向人民法院移送的讯问录音录像，辩护律师申请查阅的，人民法院应当准许。

第五十五条　查阅、摘抄、复制案卷材料，涉及国家秘密、商业秘密、个人隐私的，应当保密；对不公开审理案件的信息、材料，或者在办案过程中获悉的案件重要信息、证据材料，不得违反规定泄露、披露，不得用于办案以外的用途。人民法院可以要求相关人员出具承诺书。

违反前款规定的，人民法院可以通报司法行政机关或者有关部门，建议给予相应处罚；构成犯罪的，依法追究刑事责任。

第五十六条　辩护律师可以同在押的或者被监视居住的被告人会见和通信。其他辩护人经人民法院许可，也可以同在押的或者被监视居住的被告人会见和通信。

第五十七条　辩护人认为在调查、侦查、审查起诉期间监察机关、公安机关、人民检察院收集的证明被告人无罪或者罪轻的证据材料未随案移送，申请人民法院调取的，应当以书面形式提出，并提供相关线索或者材料。人民法院接受申请后，应当向人民检察院调取。人民检察院移送相关证据材料后，人民法院应当及时通知辩护人。

第五十八条　辩护律师申请向被害人及其近亲属、被害人提供的证人收集与本案有关的材料，人民法院认为确有必要的，应当签发准许调查书。

第五十九条　辩护律师向证人或者有关单位、个人收集、调取与本案有关的证据材料，因证人或者有关单位、个人不同意，申请人民法院收集、调取，或者申请通知证人出庭作证，人民法院认为确有必要的，应当同意。

第六十条　辩护律师直接申请人民法院向证人或者有关单位、个人收集、调取证据材料，人民法院认为确有必要，且不宜或者不能由辩护律师收集、调取的，应当同意。

人民法院向有关单位收集、调取的书面证据材料，必须由提供人签名，并加盖单位印章；向个人收集、调取的书面证据材料，必须由提供人签名。

人民法院对有关单位、个人提供的证据材料，应当出具收据，写明证据材料的名称、收到的时间、件数、页数以及是否为原件等，由书记员、法官助理或者审判人员签名。

收集、调取证据材料后，应当及时通知辩护律师查阅、摘抄、复制，并告知人民检察院。

第六十一条　本解释第五十八条至第六十条规定的申请，应当以书面形式提出，并说明理由，写明需要收集、调取证据材料的内容或者需要调查问题的提纲。

对辩护律师的申请，人民法院应当在五日以内作出是否准许、同意的决定，并通知申请人；决定不准许、不同意的，应当说明理由。

第六十二条 人民法院自受理自诉案件之日起三日以内，应当告知自诉人及其法定代理人、附带民事诉讼当事人及其法定代理人，有权委托诉讼代理人，并告知其如果经济困难，可以申请法律援助。

第六十三条 当事人委托诉讼代理人的，参照适用刑事诉讼法第三十三条和本解释的有关规定。

第六十四条 诉讼代理人有权根据事实和法律，维护被害人、自诉人或者附带民事诉讼当事人的诉讼权利和其他合法权益。

第六十五条 律师担任诉讼代理人的，可以查阅、摘抄、复制案卷材料。其他诉讼代理人经人民法院许可，也可以查阅、摘抄、复制案卷材料。

律师担任诉讼代理人，需要收集、调取与本案有关的证据材料的，参照适用本解释第五十九条至第六十一条的规定。

第六十六条 诉讼代理人接受当事人委托或者法律援助机构指派后，应当在三日以内将委托手续或者法律援助手续提交人民法院。

第六十七条 辩护律师向人民法院告知其委托人或者其他人准备实施、正在实施危害国家安全、公共安全以及严重危害他人人身安全犯罪的，人民法院应当记录在案，立即转告主管机关依法处理，并为反映有关情况的辩护律师保密。

第六十八条 律师担任辩护人、诉讼代理人，经人民法院准许，可以带一名助理参加庭审。律师助理参加庭审的，可以从事辅助工作，但不得发表辩护、代理意见。

第四章　证　据

第一节　一般规定

第六十九条 认定案件事实，必须以证据为根据。

第七十条 审判人员应当依照法定程序收集、审查、核实、认定证据。

第七十一条 证据未经当庭出示、辨认、质证等法庭调查程序查证属实，不得作为定案的根据。

第七十二条 应当运用证据证明的案件事实包括：

（一）被告人、被害人的身份；

（二）被指控的犯罪是否存在；

（三）被指控的犯罪是否为被告人所实施；

（四）被告人有无刑事责任能力，有无罪过，实施犯罪的动机、目的；

（五）实施犯罪的时间、地点、手段、后果以及案件起因等；

（六）是否系共同犯罪或者犯罪事实存在关联，以及被告人在犯罪中的地位、作用；

（七）被告人有无从重、从轻、减轻、免除处罚情节；

（八）有关涉案财物处理的事实；

（九）有关附带民事诉讼的事实；

（十）有关管辖、回避、延期审理等的程序事实；

（十一）与定罪量刑有关的其他事实。

认定被告人有罪和对被告人从重处罚，适用证据确实、充分的证明标准。

第七十三条　对提起公诉的案件，人民法院应当审查证明被告人有罪、无罪、罪重、罪轻的证据材料是否全部随案移送；未随案移送的，应当通知人民检察院在指定时间内移送。人民检察院未移送的，人民法院应当根据在案证据对案件事实作出认定。

第七十四条　依法应当对讯问过程录音录像的案件，相关录音录像未随案移送的，必要时，人民法院可以通知人民检察院在指定时间内移送。人民检察院未移送，导致不能排除属于刑事诉讼法第五十六条规定的以非法方法收集证据情形的，对有关证据应当依法排除；导致有关证据的真实性无法确认的，不得作为定案的根据。

第七十五条　行政机关在行政执法和查办案件过程中收集的物证、书证、视听资料、电子数据等证据材料，经法庭查证属实，且收集程序符合有关法律、行政法规规定的，可以作为定案的根据。

根据法律、行政法规规定行使国家行政管理职权的组织，在行政执法和查办案件过程中收集的证据材料，视为行政机关收集的证据材料。

第七十六条　监察机关依法收集的证据材料，在刑事诉讼中可以作为证据使用。

对前款规定证据的审查判断，适用刑事审判关于证据的要求和标准。

第七十七条　对来自境外的证据材料，人民检察院应当随案移送有关材料来源、提供人、提取人、提取时间等情况的说明。经人民法院审查，相关证据材料能够证明案件事实且符合刑事诉讼法规定的，可以作为证据使用，但提供人或者我国与有关国家签订的双边条约对材料的使用范围有明确限制的除外；材料来源不明或者真实性无法确认的，不得作为定案的根据。

当事人及其辩护人、诉讼代理人提供来自境外的证据材料的，该证据材料应当经所在国公证机关证明，所在国中央外交主管机关或者其授权机关认证，并经中华人民共和国驻该国使领馆认证，或者履行中华人民共和国与该所在国订立的有关条约中规定的证明手续，但我国与该国之间有互免认证协定的除外。

第七十八条 控辩双方提供的证据材料涉及外国语言、文字的，应当附中文译本。

第七十九条 人民法院依照刑事诉讼法第一百九十六条的规定调查核实证据，必要时，可以通知检察人员、辩护人、自诉人及其法定代理人到场。上述人员未到场的，应当记录在案。

人民法院调查核实证据时，发现对定罪量刑有重大影响的新的证据材料的，应当告知检察人员、辩护人、自诉人及其法定代理人。必要时，也可以直接提取，并及时通知检察人员、辩护人、自诉人及其法定代理人查阅、摘抄、复制。

第八十条 下列人员不得担任见证人：

（一）生理上、精神上有缺陷或者年幼，不具有相应辨别能力或者不能正确表达的人；

（二）与案件有利害关系，可能影响案件公正处理的人；

（三）行使勘验、检查、搜查、扣押、组织辨认等监察调查、刑事诉讼职权的监察、公安、司法机关的工作人员或者其聘用的人员。

对见证人是否属于前款规定的人员，人民法院可以通过相关笔录载明的见证人的姓名、身份证件种类及号码、联系方式以及常住人口信息登记表等材料进行审查。

由于客观原因无法由符合条件的人员担任见证人的，应当在笔录材料中注明情况，并对相关活动进行全程录音录像。

第八十一条 公开审理案件时，公诉人、诉讼参与人提出涉及国家秘密、商业秘密或者个人隐私的证据的，法庭应当制止；确与本案有关的，可以根据具体情况，决定将案件转为不公开审理，或者对相关证据的法庭调查不公开进行。

第二节 物证、书证的审查与认定

第八十二条 对物证、书证应当着重审查以下内容：

（一）物证、书证是否为原物、原件，是否经过辨认、鉴定；物证的照片、录像、复制品或者书证的副本、复制件是否与原物、原件相符，是否由二人以上制作，有无制作人关于制作过程以及原物、原件存放于何处的文字说明和签名；

（二）物证、书证的收集程序、方式是否符合法律、有关规定；经勘验、检查、搜查提取、扣押的物证、书证，是否附有相关笔录、清单，笔录、清单是否经调查人员或者侦查人员、物品持有人、见证人签名，没有签名的，是否注明原因；物品的名称、特征、数量、质量等是否注明清楚；

（三）物证、书证在收集、保管、鉴定过程中是否受损或者改变；

（四）物证、书证与案件事实有无关联；对现场遗留与犯罪有关的具备鉴定条件的血迹、体液、毛发、指纹等生物样本、痕迹、物品，是否已作DNA鉴定、指纹鉴定等，并与被告人或者被害人的相应生物特征、物品等比对；

（五）与案件事实有关联的物证、书证是否全面收集。

第八十三条 据以定案的物证应当是原物。原物不便搬运、不易保存、依法应当返还或者依法应当由有关部门保管、处理的，可以拍摄、制作足以反映原物外形和特征的照片、录像、复制品。必要时，审判人员可以前往保管场所查看原物。

物证的照片、录像、复制品，不能反映原物的外形和特征的，不得作为定案的根据。

物证的照片、录像、复制品，经与原物核对无误、经鉴定或者以其他方式确认真实的，可以作为定案的根据。

第八十四条 据以定案的书证应当是原件。取得原件确有困难的，可以使用副本、复制件。

对书证的更改或者更改迹象不能作出合理解释，或者书证的副本、复制件不能反映原件及其内容的，不得作为定案的根据。

书证的副本、复制件，经与原件核对无误、经鉴定或者以其他方式确认真实的，可以作为定案的根据。

第八十五条 对与案件事实可能有关联的血迹、体液、毛发、人体组织、指纹、足迹、字迹等生物样本、痕迹和物品，应当提取而没有提取，应当鉴定而没有鉴定，应当移送鉴定意见而没有移送，导致案件事实存疑的，人民法院应当通知人民检察院依法补充收集、调取、移送证据。

第八十六条 在勘验、检查、搜查过程中提取、扣押的物证、书证，未附笔录或者清单，不能证明物证、书证来源的，不得作为定案的根据。

物证、书证的收集程序、方式有下列瑕疵，经补正或者作出合理解释的，可以采用：

（一）勘验、检查、搜查、提取笔录或者扣押清单上没有调查人员或者侦查人员、物品持有人、见证人签名，或者对物品的名称、特征、数量、质量等注明不详的；

（二）物证的照片、录像、复制品，书证的副本、复制件未注明与原件核对无异，无复制时间，或者无被收集、调取人签名的；

（三）物证的照片、录像、复制品，书证的副本、复制件没有制作人关于制作过程和原物、原件存放地点的说明，或者说明中无签名的；

（四）有其他瑕疵的。

物证、书证的来源、收集程序有疑问，不能作出合理解释的，不得作为定案的根据。

第三节　证人证言、被害人陈述的审查与认定

第八十七条　对证人证言应当着重审查以下内容：

（一）证言的内容是否为证人直接感知；

（二）证人作证时的年龄，认知、记忆和表达能力，生理和精神状态是否影响作证；

（三）证人与案件当事人、案件处理结果有无利害关系；

（四）询问证人是否个别进行；

（五）询问笔录的制作、修改是否符合法律、有关规定，是否注明询问的起止时间和地点，首次询问时是否告知证人有关权利义务和法律责任，证人对询问笔录是否核对确认；

（六）询问未成年证人时，是否通知其法定代理人或者刑事诉讼法第二百八十一条第一款规定的合适成年人到场，有关人员是否到场；

（七）有无以暴力、威胁等非法方法收集证人证言的情形；

（八）证言之间以及与其他证据之间能否相互印证，有无矛盾；存在矛盾的，能否得到合理解释。

第八十八条　处于明显醉酒、中毒或者麻醉等状态，不能正常感知或者正确表达的证人所提供的证言，不得作为证据使用。

证人的猜测性、评论性、推断性的证言，不得作为证据使用，但根据一般生活经验判断符合事实的除外。

第八十九条　证人证言具有下列情形之一的，不得作为定案的根据：

（一）询问证人没有个别进行的；

（二）书面证言没有经证人核对确认的；

（三）询问聋、哑人，应当提供通晓聋、哑手势的人员而未提供的；

（四）询问不通晓当地通用语言、文字的证人，应当提供翻译人员而未提供的。

第九十条　证人证言的收集程序、方式有下列瑕疵，经补正或者作出合理解释的，可以采用；不能补正或者作出合理解释的，不得作为定案的根据：

（一）询问笔录没有填写询问人、记录人、法定代理人姓名以及询问的起

止时间、地点的；

（二）询问地点不符合规定的；

（三）询问笔录没有记录告知证人有关权利义务和法律责任的；

（四）询问笔录反映出在同一时段，同一询问人员询问不同证人的；

（五）询问未成年人，其法定代理人或者合适成年人不在场的。

第九十一条　证人当庭作出的证言，经控辩双方质证、法庭查证属实的，应当作为定案的根据。

证人当庭作出的证言与其庭前证言矛盾，证人能够作出合理解释，并有其他证据印证的，应当采信其庭审证言；不能作出合理解释，而其庭前证言有其他证据印证的，可以采信其庭前证言。

经人民法院通知，证人没有正当理由拒绝出庭或者出庭后拒绝作证，法庭对其证言的真实性无法确认的，该证人证言不得作为定案的根据。

第九十二条　对被害人陈述的审查与认定，参照适用本节的有关规定。

第四节　被告人供述和辩解的审查与认定

第九十三条　对被告人供述和辩解应当着重审查以下内容：

（一）讯问的时间、地点，讯问人的身份、人数以及讯问方式等是否符合法律、有关规定；

（二）讯问笔录的制作、修改是否符合法律、有关规定，是否注明讯问的具体起止时间和地点，首次讯问时是否告知被告人有关权利和法律规定，被告人是否核对确认；

（三）讯问未成年被告人时，是否通知其法定代理人或者合适成年人到场，有关人员是否到场；

（四）讯问女性未成年被告人时，是否有女性工作人员在场；

（五）有无以刑讯逼供等非法方法收集被告人供述的情形；

（六）被告人的供述是否前后一致，有无反复以及出现反复的原因；

（七）被告人的供述和辩解是否全部随案移送；

（八）被告人的辩解内容是否符合案情和常理，有无矛盾；

（九）被告人的供述和辩解与同案被告人的供述和辩解以及其他证据能否相互印证，有无矛盾；存在矛盾的，能否得到合理解释。

必要时，可以结合现场执法音视频记录、讯问录音录像、被告人进出看守所的健康检查记录、笔录等，对被告人的供述和辩解进行审查。

第九十四条　被告人供述具有下列情形之一的，不得作为定案的根据：

（一）讯问笔录没有经被告人核对确认的；

（二）讯问聋、哑人，应当提供通晓聋、哑手势的人员而未提供的；

（三）讯问不通晓当地通用语言、文字的被告人，应当提供翻译人员而未提供的；

（四）讯问未成年人，其法定代理人或者合适成年人不在场的。

第九十五条 讯问笔录有下列瑕疵，经补正或者作出合理解释的，可以采用；不能补正或者作出合理解释的，不得作为定案的根据：

（一）讯问笔录填写的讯问时间、讯问地点、讯问人、记录人、法定代理人等有误或者存在矛盾的；

（二）讯问人没有签名的；

（三）首次讯问笔录没有记录告知被讯问人有关权利和法律规定的。

第九十六条 审查被告人供述和辩解，应当结合控辩双方提供的所有证据以及被告人的全部供述和辩解进行。

被告人庭审中翻供，但不能合理说明翻供原因或者其辩解与全案证据矛盾，而其庭前供述与其他证据相互印证的，可以采信其庭前供述。

被告人庭前供述和辩解存在反复，但庭审中供认，且与其他证据相互印证的，可以采信其庭审供述；被告人庭前供述和辩解存在反复，庭审中不供认，且无其他证据与庭前供述印证的，不得采信其庭前供述。

第五节 鉴定意见的审查与认定

第九十七条 对鉴定意见应当着重审查以下内容：

（一）鉴定机构和鉴定人是否具有法定资质；

（二）鉴定人是否存在应当回避的情形；

（三）检材的来源、取得、保管、送检是否符合法律、有关规定，与相关提取笔录、扣押清单等记载的内容是否相符，检材是否可靠；

（四）鉴定意见的形式要件是否完备，是否注明提起鉴定的事由、鉴定委托人、鉴定机构、鉴定要求、鉴定过程、鉴定方法、鉴定日期等相关内容，是否由鉴定机构盖章并由鉴定人签名；

（五）鉴定程序是否符合法律、有关规定；

（六）鉴定的过程和方法是否符合相关专业的规范要求；

（七）鉴定意见是否明确；

（八）鉴定意见与案件事实有无关联；

（九）鉴定意见与勘验、检查笔录及相关照片等其他证据是否矛盾；存在矛盾的，能否得到合理解释；

（十）鉴定意见是否依法及时告知相关人员，当事人对鉴定意见有无异议。

第九十八条　鉴定意见具有下列情形之一的，不得作为定案的根据：

（一）鉴定机构不具备法定资质，或者鉴定事项超出该鉴定机构业务范围、技术条件的；

（二）鉴定人不具备法定资质，不具有相关专业技术或者职称，或者违反回避规定的；

（三）送检材料、样本来源不明，或者因污染不具备鉴定条件的；

（四）鉴定对象与送检材料、样本不一致的；

（五）鉴定程序违反规定的；

（六）鉴定过程和方法不符合相关专业的规范要求的；

（七）鉴定文书缺少签名、盖章的；

（八）鉴定意见与案件事实没有关联的；

（九）违反有关规定的其他情形。

第九十九条　经人民法院通知，鉴定人拒不出庭作证的，鉴定意见不得作为定案的根据。

鉴定人由于不能抗拒的原因或者有其他正当理由无法出庭的，人民法院可以根据情况决定延期审理或者重新鉴定。

鉴定人无正当理由拒不出庭作证的，人民法院应当通报司法行政机关或者有关部门。

第一百条　因无鉴定机构，或者根据法律、司法解释的规定，指派、聘请有专门知识的人就案件的专门性问题出具的报告，可以作为证据使用。

对前款规定的报告的审查与认定，参照适用本节的有关规定。

经人民法院通知，出具报告的人拒不出庭作证的，有关报告不得作为定案的根据。

第一百零一条　有关部门对事故进行调查形成的报告，在刑事诉讼中可以作为证据使用；报告中涉及专门性问题的意见，经法庭查证属实，且调查程序符合法律、有关规定的，可以作为定案的根据。

第六节　勘验、检查、辨认、侦查实验等笔录的审查与认定

第一百零二条　对勘验、检查笔录应当着重审查以下内容：

（一）勘验、检查是否依法进行，笔录制作是否符合法律、有关规定，勘验、检查人员和见证人是否签名或者盖章；

（二）勘验、检查笔录是否记录了提起勘验、检查的事由，勘验、检查的时间、地点，在场人员、现场方位、周围环境等，现场的物品、人身、尸体等

的位置、特征等情况，以及勘验、检查的过程；文字记录与实物或者绘图、照片、录像是否相符；现场、物品、痕迹等是否伪造、有无破坏；人身特征、伤害情况、生理状态有无伪装或者变化等；

（三）补充进行勘验、检查的，是否说明了再次勘验、检查的原由，前后勘验、检查的情况是否矛盾。

第一百零三条 勘验、检查笔录存在明显不符合法律、有关规定的情形，不能作出合理解释的，不得作为定案的根据。

第一百零四条 对辨认笔录应当着重审查辨认的过程、方法，以及辨认笔录的制作是否符合有关规定。

第一百零五条 辨认笔录具有下列情形之一的，不得作为定案的根据：

（一）辨认不是在调查人员、侦查人员主持下进行的；

（二）辨认前使辨认人见到辨认对象的；

（三）辨认活动没有个别进行的；

（四）辨认对象没有混杂在具有类似特征的其他对象中，或者供辨认的对象数量不符合规定的；

（五）辨认中给辨认人明显暗示或者明显有指认嫌疑的；

（六）违反有关规定，不能确定辨认笔录真实性的其他情形。

第一百零六条 对侦查实验笔录应当着重审查实验的过程、方法，以及笔录的制作是否符合有关规定。

第一百零七条 侦查实验的条件与事件发生时的条件有明显差异，或者存在影响实验结论科学性的其他情形的，侦查实验笔录不得作为定案的根据。

第七节　视听资料、电子数据的审查与认定

第一百零八条 对视听资料应当着重审查以下内容：

（一）是否附有提取过程的说明，来源是否合法；

（二）是否为原件，有无复制及复制份数；是复制件的，是否附有无法调取原件的原因、复制件制作过程和原件存放地点的说明，制作人、原视听资料持有人是否签名；

（三）制作过程中是否存在威胁、引诱当事人等违反法律、有关规定的情形；

（四）是否写明制作人、持有人的身份，制作的时间、地点、条件和方法；

（五）内容和制作过程是否真实，有无剪辑、增加、删改等情形；

（六）内容与案件事实有无关联。

对视听资料有疑问的，应当进行鉴定。

第一百零九条　视听资料具有下列情形之一的，不得作为定案的根据：

（一）系篡改、伪造或者无法确定真伪的；

（二）制作、取得的时间、地点、方式等有疑问，不能作出合理解释的。

第一百一十条　对电子数据是否真实，应当着重审查以下内容：

（一）是否移送原始存储介质；在原始存储介质无法封存、不便移动时，有无说明原因，并注明收集、提取过程及原始存储介质的存放地点或者电子数据的来源等情况；

（二）是否具有数字签名、数字证书等特殊标识；

（三）收集、提取的过程是否可以重现；

（四）如有增加、删除、修改等情形的，是否附有说明；

（五）完整性是否可以保证。

第一百一十一条　对电子数据是否完整，应当根据保护电子数据完整性的相应方法进行审查、验证：

（一）审查原始存储介质的扣押、封存状态；

（二）审查电子数据的收集、提取过程，查看录像；

（三）比对电子数据完整性校验值；

（四）与备份的电子数据进行比较；

（五）审查冻结后的访问操作日志；

（六）其他方法。

第一百一十二条　对收集、提取电子数据是否合法，应当着重审查以下内容：

（一）收集、提取电子数据是否由二名以上调查人员、侦查人员进行，取证方法是否符合相关技术标准；

（二）收集、提取电子数据，是否附有笔录、清单，并经调查人员、侦查人员、电子数据持有人、提供人、见证人签名或者盖章；没有签名或者盖章的，是否注明原因；对电子数据的类别、文件格式等是否注明清楚；

（三）是否依照有关规定由符合条件的人员担任见证人，是否对相关活动进行录像；

（四）采用技术调查、侦查措施收集、提取电子数据的，是否依法经过严格的批准手续；

（五）进行电子数据检查的，检查程序是否符合有关规定。

第一百一十三条　电子数据的收集、提取程序有下列瑕疵，经补正或者作出合理解释的，可以采用；不能补正或者作出合理解释的，不得作为定案的根据：

（一）未以封存状态移送的；

（二）笔录或者清单上没有调查人员或者侦查人员、电子数据持有人、提供人、见证人签名或者盖章的；

（三）对电子数据的名称、类别、格式等注明不清的；

（四）有其他瑕疵的。

第一百一十四条 电子数据具有下列情形之一的，不得作为定案的根据：

（一）系篡改、伪造或者无法确定真伪的；

（二）有增加、删除、修改等情形，影响电子数据真实性的；

（三）其他无法保证电子数据真实性的情形。

第一百一十五条 对视听资料、电子数据，还应当审查是否移送文字抄清材料以及对绰号、暗语、俗语、方言等不易理解内容的说明。未移送的，必要时，可以要求人民检察院移送。

第八节 技术调查、侦查证据的审查与认定

第一百一十六条 依法采取技术调查、侦查措施收集的材料在刑事诉讼中可以作为证据使用。

采取技术调查、侦查措施收集的材料，作为证据使用的，应当随案移送。

第一百一十七条 使用采取技术调查、侦查措施收集的证据材料可能危及有关人员的人身安全，或者可能产生其他严重后果的，可以采取下列保护措施：

（一）使用化名等代替调查、侦查人员及有关人员的个人信息；

（二）不具体写明技术调查、侦查措施使用的技术设备和技术方法；

（三）其他必要的保护措施。

第一百一十八条 移送技术调查、侦查证据材料的，应当附采取技术调查、侦查措施的法律文书、技术调查、侦查证据材料清单和有关说明材料。

移送采用技术调查、侦查措施收集的视听资料、电子数据的，应当制作新的存储介质，并附制作说明，写明原始证据材料、原始存储介质的存放地点等信息，由制作人签名，并加盖单位印章。

第一百一十九条 对采取技术调查、侦查措施收集的证据材料，除根据相关证据材料所属的证据种类，依照本章第二节至第七节的相应规定进行审查外，还应当着重审查以下内容：

（一）技术调查、侦查措施所针对的案件是否符合法律规定；

（二）技术调查措施是否经过严格的批准手续，按照规定交有关机关执

行；技术侦查措施是否在刑事立案后，经过严格的批准手续；

（三）采取技术调查、侦查措施的种类、适用对象和期限是否按照批准决定载明的内容执行；

（四）采取技术调查、侦查措施收集的证据材料与其他证据是否矛盾；存在矛盾的，能否得到合理解释。

第一百二十条　采取技术调查、侦查措施收集的证据材料，应当经过当庭出示、辨认、质证等法庭调查程序查证。

当庭调查技术调查、侦查证据材料可能危及有关人员的人身安全，或者可能产生其他严重后果的，法庭应当采取不暴露有关人员身份和技术调查、侦查措施使用的技术设备、技术方法等保护措施。必要时，审判人员可以在庭外对证据进行核实。

第一百二十一条　采用技术调查、侦查证据作为定案根据的，人民法院在裁判文书中可以表述相关证据的名称、证据种类和证明对象，但不得表述有关人员身份和技术调查、侦查措施使用的技术设备、技术方法等。

第一百二十二条　人民法院认为应当移送的技术调查、侦查证据材料未随案移送的，应当通知人民检察院在指定时间内移送。人民检察院未移送的，人民法院应当根据在案证据对案件事实作出认定。

第九节　非法证据排除

第一百二十三条　采用下列非法方法收集的被告人供述，应当予以排除：

（一）采用殴打、违法使用戒具等暴力方法或者变相肉刑的恶劣手段，使被告人遭受难以忍受的痛苦而违背意愿作出的供述；

（二）采用以暴力或者严重损害本人及其近亲属合法权益等相威胁的方法，使被告人遭受难以忍受的痛苦而违背意愿作出的供述；

（三）采用非法拘禁等非法限制人身自由的方法收集的被告人供述。

第一百二十四条　采用刑讯逼供方法使被告人作出供述，之后被告人受该刑讯逼供行为影响而作出的与该供述相同的重复性供述，应当一并排除，但下列情形除外：

（一）调查、侦查期间，监察机关、侦查机关根据控告、举报或者自己发现等，确认或者不能排除以非法方法收集证据而更换调查、侦查人员，其他调查、侦查人员再次讯问时告知有关权利和认罪的法律后果，被告人自愿供述的；

（二）审查逮捕、审查起诉和审判期间，检察人员、审判人员讯问时告知诉讼权利和认罪的法律后果，被告人自愿供述的。

第一百二十五条 采用暴力、威胁以及非法限制人身自由等非法方法收集的证人证言、被害人陈述，应当予以排除。

第一百二十六条 收集物证、书证不符合法定程序，可能严重影响司法公正的，应当予以补正或者作出合理解释；不能补正或者作出合理解释的，对该证据应当予以排除。

认定“可能严重影响司法公正”，应当综合考虑收集证据违反法定程序以及所造成后果的严重程度等情况。

第一百二十七条 当事人及其辩护人、诉讼代理人申请人民法院排除以非法方法收集的证据的，应当提供涉嫌非法取证的人员、时间、地点、方式、内容等相关线索或者材料。

第一百二十八条 人民法院向被告人及其辩护人送达起诉书副本时，应当告知其申请排除非法证据的，应当在开庭审理前提出，但庭审期间才发现相关线索或者材料的除外。

第一百二十九条 开庭审理前，当事人及其辩护人、诉讼代理人申请人民法院排除非法证据的，人民法院应当在开庭前及时将申请书或者申请笔录及相关线索、材料的复制件送交人民检察院。

第一百三十条 开庭审理前，人民法院可以召开庭前会议，就非法证据排除等问题了解情况，听取意见。

在庭前会议中，人民检察院可以通过出示有关证据材料等方式，对证据收集的合法性加以说明。必要时，可以通知调查人员、侦查人员或者其他人员参加庭前会议，说明情况。

第一百三十一条 在庭前会议中，人民检察院可以撤回有关证据。撤回的证据，没有新的理由，不得在庭审中出示。

当事人及其辩护人、诉讼代理人可以撤回排除非法证据的申请。撤回申请后，没有新的线索或者材料，不得再次对有关证据提出排除申请。

第一百三十二条 当事人及其辩护人、诉讼代理人在开庭审理前未申请排除非法证据，在庭审过程中提出申请的，应当说明理由。人民法院经审查，对证据收集的合法性有疑问的，应当进行调查；没有疑问的，驳回申请。

驳回排除非法证据的申请后，当事人及其辩护人、诉讼代理人没有新的线索或者材料，以相同理由再次提出申请的，人民法院不再审查。

第一百三十三条 控辩双方在庭前会议中对证据收集是否合法未达成一致意见，人民法院对证据收集的合法性有疑问的，应当在庭审中进行调查；对证据收集的合法性没有疑问，且无新的线索或者材料表明可能存在非法取证的，可以决定不再进行调查并说明理由。

第一百三十四条　庭审期间，法庭决定对证据收集的合法性进行调查的，应当先行当庭调查。但为防止庭审过分迟延，也可以在法庭调查结束前调查。

第一百三十五条　法庭决定对证据收集的合法性进行调查的，由公诉人通过宣读调查、侦查讯问笔录、出示提讯登记、体检记录、对讯问合法性的核查材料等证据材料，有针对性地播放讯问录音录像，提请法庭通知有关调查人员、侦查人员或者其他人员出庭说明情况等方式，证明证据收集的合法性。

讯问录音录像涉及国家秘密、商业秘密、个人隐私或者其他不宜公开内容的，法庭可以决定对讯问录音录像不公开播放、质证。

公诉人提交的取证过程合法的说明材料，应当经有关调查人员、侦查人员签名，并加盖单位印章。未经签名或者盖章的，不得作为证据使用。上述说明材料不能单独作为证明取证过程合法的根据。

第一百三十六条　控辩双方申请法庭通知调查人员、侦查人员或者其他人员出庭说明情况，法庭认为有必要的，应当通知有关人员出庭。

根据案件情况，法庭可以依职权通知调查人员、侦查人员或者其他人员出庭说明情况。

调查人员、侦查人员或者其他人员出庭的，应当向法庭说明证据收集过程，并就相关情况接受控辩双方和法庭的询问。

第一百三十七条　法庭对证据收集的合法性进行调查后，确认或者不能排除存在刑事诉讼法第五十六条规定的以非法方法收集证据情形的，对有关证据应当排除。

第一百三十八条　具有下列情形之一的，第二审人民法院应当对证据收集的合法性进行审查，并根据刑事诉讼法和本解释的有关规定作出处理：

（一）第一审人民法院对当事人及其辩护人、诉讼代理人排除非法证据的申请没有审查，且以该证据作为定案根据的；

（二）人民检察院或者被告人、自诉人及其法定代理人不服第一审人民法院作出的有关证据收集合法性的调查结论，提出抗诉、上诉的；

（三）当事人及其辩护人、诉讼代理人在第一审结束后才发现相关线索或者材料，申请人民法院排除非法证据的。

第十节　证据的综合审查与运用

第一百三十九条　对证据的真实性，应当综合全案证据进行审查。

对证据的证明力，应当根据具体情况，从证据与案件事实的关联程度、证据之间的联系等方面进行审查判断。

第一百四十条　没有直接证据，但间接证据同时符合下列条件的，可以认定被告人有罪：

（一）证据已经查证属实；

（二）证据之间相互印证，不存在无法排除的矛盾和无法解释的疑问；

（三）全案证据形成完整的证据链；

（四）根据证据认定案件事实足以排除合理怀疑，结论具有唯一性；

（五）运用证据进行的推理符合逻辑和经验。

第一百四十一条 根据被告人的供述、指认提取到了隐蔽性很强的物证、书证，且被告人的供述与其他证明犯罪事实发生的证据相互印证，并排除串供、逼供、诱供等可能性的，可以认定被告人有罪。

第一百四十二条 对监察机关、侦查机关出具的被告人到案经过、抓获经过等材料，应当审查是否有出具该说明材料的办案人员、办案机关的签名、盖章。

对到案经过、抓获经过或者确定被告人有重大嫌疑的根据有疑问的，应当通知人民检察院补充说明。

第一百四十三条 下列证据应当慎重使用，有其他证据印证的，可以采信：

（一）生理上、精神上有缺陷，对案件事实的认知和表达存在一定困难，但尚未丧失正确认知、表达能力的被害人、证人和被告人所作的陈述、证言和供述；

（二）与被告人有亲属关系或者其他密切关系的证人所作的有利于被告人的证言，或者与被告人有利害冲突的证人所作的不利于被告人的证言。

第一百四十四条 证明被告人自首、坦白、立功的证据材料，没有加盖接受被告人投案、坦白、检举揭发等的单位的印章，或者接受人员没有签名的，不得作为定案的根据。

对被告人及其辩护人提出有自首、坦白、立功的事实和理由，有关机关未予认定，或者有关机关提出被告人有自首、坦白、立功表现，但证据材料不全的，人民法院应当要求有关机关提供证明材料，或者要求有关人员作证，并结合其他证据作出认定。

第一百四十五条 证明被告人具有累犯、毒品再犯情节等的证据材料，应当包括前罪的裁判文书、释放证明等材料；材料不全的，应当通知人民检察院提供。

第一百四十六条 审查被告人实施被指控的犯罪时或者审判时是否达到相应法定责任年龄，应当根据户籍证明、出生证明文件、学籍卡、人口普查登记、无利害关系人的证言等证据综合判断。

证明被告人已满十二周岁、十四周岁、十六周岁、十八周岁或者不满七十五周岁的证据不足的，应当作出有利于被告人的认定。

第五章　强制措施

第一百四十七条　人民法院根据案件情况，可以决定对被告人拘传、取保候审、监视居住或者逮捕。

对被告人采取、撤销或者变更强制措施的，由院长决定；决定继续取保候审、监视居住的，可以由合议庭或者独任审判员决定。

第一百四十八条　对经依法传唤拒不到庭的被告人，或者根据案件情况有必要拘传的被告人，可以拘传。

拘传被告人，应当由院长签发拘传票，由司法警察执行，执行人员不得少于二人。

拘传被告人，应当出示拘传票。对抗拒拘传的被告人，可以使用戒具。

第一百四十九条　拘传被告人，持续的时间不得超过十二小时；案情特别重大、复杂，需要采取逮捕措施的，持续的时间不得超过二十四小时。不得以连续拘传的形式变相拘禁被告人。应当保证被拘传人的饮食和必要的休息时间。

第一百五十条　被告人具有刑事诉讼法第六十七条第一款规定情形之一的，人民法院可以决定取保候审。

对被告人决定取保候审的，应当责令其提出保证人或者交纳保证金，不得同时使用保证人保证与保证金保证。

第一百五十一条　对下列被告人决定取保候审的，可以责令其提出一至二名保证人：

（一）无力交纳保证金的；

（二）未成年或者已满七十五周岁的；

（三）不宜收取保证金的其他被告人。

第一百五十二条　人民法院应当审查保证人是否符合法定条件。符合条件的，应当告知其必须履行的保证义务，以及不履行义务的法律后果，并由其出具保证书。

第一百五十三条　对决定取保候审的被告人使用保证金保证的，应当依照刑事诉讼法第七十二条第一款的规定确定保证金的具体数额，并责令被告人或者为其提供保证金的单位、个人将保证金一次性存入公安机关指定银行的专门账户。

第一百五十四条 人民法院向被告人宣布取保候审决定后，应当将取保候审决定书等相关材料送交当地公安机关。

对被告人使用保证金保证的，应当在核实保证金已经存入公安机关指定银行的专门账户后，将银行出具的收款凭证一并送交公安机关。

第一百五十五条 被告人被取保候审期间，保证人不愿继续履行保证义务或者丧失履行保证义务能力的，人民法院应当在收到保证人的申请或者公安机关的书面通知后三日以内，责令被告人重新提出保证人或者交纳保证金，或者变更强制措施，并通知公安机关。

第一百五十六条 人民法院发现保证人未履行保证义务的，应当书面通知公安机关依法处理。

第一百五十七条 根据案件事实和法律规定，认为已经构成犯罪的被告人在取保候审期间逃匿的，如果系保证人协助被告人逃匿，或者保证人明知被告人藏匿地点但拒绝向司法机关提供，对保证人应当依法追究责任。

第一百五十八条 人民法院发现使用保证金保证的被取保候审人违反刑事诉讼法第七十一条第一款、第二款规定的，应当书面通知公安机关依法处理。

人民法院收到公安机关已经没收保证金的书面通知或者变更强制措施的建议后，应当区别情形，在五日以内责令被告人具结悔过，重新交纳保证金或者提出保证人，或者变更强制措施，并通知公安机关。

人民法院决定对被依法没收保证金的被告人继续取保候审的，取保候审的期限连续计算。

第一百五十九条 对被取保候审的被告人的判决、裁定生效后，如果保证金属于其个人财产，且需要用以退赔被害人、履行附带民事赔偿义务或者执行财产刑的，人民法院可以书面通知公安机关移交全部保证金，由人民法院作出处理，剩余部分退还被告人。

第一百六十条 对具有刑事诉讼法第七十四条第一款、第二款规定情形的被告人，人民法院可以决定监视居住。

人民法院决定对被告人监视居住的，应当核实其住处；没有固定住处的，应当为其指定居所。

第一百六十一条 人民法院向被告人宣布监视居住决定后，应当将监视居住决定书等相关材料送交被告人住处或者指定居所所在地的公安机关执行。

对被告人指定居所监视居住后，人民法院应当在二十四小时以内，将监视居住的原因和处所通知其家属；确实无法通知的，应当记录在案。

第一百六十二条 人民检察院、公安机关已经对犯罪嫌疑人取保候审、监视居住，案件起诉至人民法院后，需要继续取保候审、监视居住或者变更强制措施的，人民法院应当在七日以内作出决定，并通知人民检察院、公安机关。

决定继续取保候审、监视居住的，应当重新办理手续，期限重新计算；继续使用保证金保证的，不再收取保证金。

第一百六十三条　对具有刑事诉讼法第八十一条第一款、第三款规定情形的被告人，人民法院应当决定逮捕。

第一百六十四条　被取保候审的被告人具有下列情形之一的，人民法院应当决定逮捕：

（一）故意实施新的犯罪的；

（二）企图自杀或者逃跑的；

（三）毁灭、伪造证据，干扰证人作证或者串供的；

（四）打击报复、恐吓滋扰被害人、证人、鉴定人、举报人、控告人等的；

（五）经传唤，无正当理由不到案，影响审判活动正常进行的；

（六）擅自改变联系方式或者居住地，导致无法传唤，影响审判活动正常进行的；

（七）未经批准，擅自离开所居住的市、县，影响审判活动正常进行，或者两次未经批准，擅自离开所居住的市、县的；

（八）违反规定进入特定场所、与特定人员会见或者通信、从事特定活动，影响审判活动正常进行，或者两次违反有关规定的；

（九）依法应当决定逮捕的其他情形。

第一百六十五条　被监视居住的被告人具有下列情形之一的，人民法院应当决定逮捕：

（一）具有前条第一项至第五项规定情形之一的；

（二）未经批准，擅自离开执行监视居住的处所，影响审判活动正常进行，或者两次未经批准，擅自离开执行监视居住的处所的；

（三）未经批准，擅自会见他人或者通信，影响审判活动正常进行，或者两次未经批准，擅自会见他人或者通信的；

（四）对因患有严重疾病、生活不能自理，或者因怀孕、正在哺乳自己婴儿而未予逮捕的被告人，疾病痊愈或者哺乳期已满的；

（五）依法应当决定逮捕的其他情形。

第一百六十六条　对可能判处徒刑以下刑罚的被告人，违反取保候审、监视居住规定，严重影响诉讼活动正常进行的，可以决定逮捕。

第一百六十七条　人民法院作出逮捕决定后，应当将逮捕决定书等相关材料送交公安机关执行，并将逮捕决定书抄送人民检察院。逮捕被告人后，人民法院应当将逮捕的原因和羁押的处所，在二十四小时以内通知其家属；确实无法通知的，应当记录在案。

第一百六十八条 人民法院对决定逮捕的被告人，应当在逮捕后二十四小时以内讯问。发现不应当逮捕的，应当立即释放。必要时，可以依法变更强制措施。

第一百六十九条 被逮捕的被告人具有下列情形之一的，人民法院可以变更强制措施：

（一）患有严重疾病、生活不能自理的；

（二）怀孕或者正在哺乳自己婴儿的；

（三）系生活不能自理的人的唯一扶养人。

第一百七十条 被逮捕的被告人具有下列情形之一的，人民法院应当立即释放；必要时，可以依法变更强制措施：

（一）第一审人民法院判决被告人无罪、不负刑事责任或者免予刑事处罚的；

（二）第一审人民法院判处管制、宣告缓刑、单独适用附加刑，判决尚未发生法律效力的；

（三）被告人被羁押的时间已到第一审人民法院对其判处的刑期期限的；

（四）案件不能在法律规定的期限内审结的。

第一百七十一条 人民法院决定释放被告人的，应当立即将释放通知书送交公安机关执行。

第一百七十二条 被采取强制措施的被告人，被判处管制、缓刑的，在社区矫正开始后，强制措施自动解除；被单处附加刑的，在判决、裁定发生法律效力后，强制措施自动解除；被判处监禁刑的，在刑罚开始执行后，强制措施自动解除。

第一百七十三条 对人民法院决定逮捕的被告人，人民检察院建议释放或者变更强制措施的，人民法院应当在收到建议后十日以内将处理情况通知人民检察院。

第一百七十四条 被告人及其法定代理人、近亲属或者辩护人申请变更、解除强制措施的，应当说明理由。人民法院收到申请后，应当在三日以内作出决定。同意变更、解除强制措施的，应当依照本解释规定处理；不同意的，应当告知申请人，并说明理由。

第六章 附带民事诉讼

第一百七十五条 被害人因人身权利受到犯罪侵犯或者财物被犯罪分子毁

坏而遭受物质损失的，有权在刑事诉讼过程中提起附带民事诉讼；被害人死亡或者丧失行为能力的，其法定代理人、近亲属有权提起附带民事诉讼。

因受到犯罪侵犯，提起附带民事诉讼或者单独提起民事诉讼要求赔偿精神损失的，人民法院一般不予受理。

第一百七十六条　被告人非法占有、处置被害人财产的，应当依法予以追缴或者责令退赔。被害人提起附带民事诉讼的，人民法院不予受理。追缴、退赔的情况，可以作为量刑情节考虑。

第一百七十七条　国家机关工作人员在行使职权时，侵犯他人人身、财产权利构成犯罪，被害人或者其法定代理人、近亲属提起附带民事诉讼的，人民法院不予受理，但应当告知其可以依法申请国家赔偿。

第一百七十八条　人民法院受理刑事案件后，对符合刑事诉讼法第一百零一条和本解释第一百七十五条第一款规定的，可以告知被害人或者其法定代理人、近亲属有权提起附带民事诉讼。

有权提起附带民事诉讼的人放弃诉讼权利的，应当准许，并记录在案。

第一百七十九条　国家财产、集体财产遭受损失，受损失的单位未提起附带民事诉讼，人民检察院在提起公诉时提起附带民事诉讼的，人民法院应当受理。

人民检察院提起附带民事诉讼的，应当列为附带民事诉讼原告人。

被告人非法占有、处置国家财产、集体财产的，依照本解释第一百七十六条的规定处理。

第一百八十条　附带民事诉讼中依法负有赔偿责任的人包括：

（一）刑事被告人以及未被追究刑事责任的其他共同侵害人；

（二）刑事被告人的监护人；

（三）死刑罪犯的遗产继承人；

（四）共同犯罪案件中，案件审结前死亡的被告人的遗产继承人；

（五）对被害人的物质损失依法应当承担赔偿责任的其他单位和个人。

附带民事诉讼被告人的亲友自愿代为赔偿的，可以准许。

第一百八十一条　被害人或者其法定代理人、近亲属仅对部分共同侵害人提起附带民事诉讼的，人民法院应当告知其可以对其他共同侵害人，包括没有被追究刑事责任的共同侵害人，一并提起附带民事诉讼，但共同犯罪案件中同案犯在逃的除外。

被害人或者其法定代理人、近亲属放弃对其他共同侵害人的诉讼权利的，人民法院应当告知其相应法律后果，并在裁判文书中说明其放弃诉讼请求的情况。

第一百八十二条 附带民事诉讼的起诉条件是：

（一）起诉人符合法定条件；

（二）有明确的被告人；

（三）有请求赔偿的具体要求和事实、理由；

（四）属于人民法院受理附带民事诉讼的范围。

第一百八十三条 共同犯罪案件，同案犯在逃的，不应列为附带民事诉讼被告人。逃跑的同案犯到案后，被害人或者其法定代理人、近亲属可以对其提起附带民事诉讼，但已经从其他共同犯罪人处获得足额赔偿的除外。

第一百八十四条 附带民事诉讼应当在刑事案件立案后及时提起。

提起附带民事诉讼应当提交附带民事起诉状。

第一百八十五条 侦查、审查起诉期间，有权提起附带民事诉讼的人提出赔偿要求，经公安机关、人民检察院调解，当事人双方已经达成协议并全部履行，被害人或者其法定代理人、近亲属又提起附带民事诉讼的，人民法院不予受理，但有证据证明调解违反自愿、合法原则的除外。

第一百八十六条 被害人或者其法定代理人、近亲属提起附带民事诉讼的，人民法院应当在七日以内决定是否受理。符合刑事诉讼法第一百零一条以及本解释有关规定的，应当受理；不符合的，裁定不予受理。

第一百八十七条 人民法院受理附带民事诉讼后，应当在五日以内将附带民事起诉状副本送达附带民事诉讼被告人及其法定代理人，或者将口头起诉的内容及时通知附带民事诉讼被告人及其法定代理人，并制作笔录。

人民法院送达附带民事起诉状副本时，应当根据刑事案件的审理期限，确定被告人及其法定代理人的答辩准备时间。

第一百八十八条 附带民事诉讼当事人对自己提出的主张，有责任提供证据。

第一百八十九条 人民法院对可能因被告人的行为或者其他原因，使附带民事判决难以执行的案件，根据附带民事诉讼原告人的申请，可以裁定采取保全措施，查封、扣押或者冻结被告人的财产；附带民事诉讼原告人未提出申请的，必要时，人民法院也可以采取保全措施。

有权提起附带民事诉讼的人因情况紧急，不立即申请保全将会使其合法权益受到难以弥补的损害的，可以在提起附带民事诉讼前，向被保全财产所在地、被申请人居住地或者对案件有管辖权的人民法院申请采取保全措施。申请人在人民法院受理刑事案件后十五日以内未提起附带民事诉讼的，人民法院应当解除保全措施。

人民法院采取保全措施，适用民事诉讼法第一百条至第一百零五条的有关规定，但民事诉讼法第一百零一条第三款的规定除外。

第一百九十条　人民法院审理附带民事诉讼案件，可以根据自愿、合法的原则进行调解。经调解达成协议的，应当制作调解书。调解书经双方当事人签收后即具有法律效力。

调解达成协议并即时履行完毕的，可以不制作调解书，但应当制作笔录，经双方当事人、审判人员、书记员签名后即发生法律效力。

第一百九十一条　调解未达成协议或者调解书签收前当事人反悔的，附带民事诉讼应当同刑事诉讼一并判决。

第一百九十二条　对附带民事诉讼作出判决，应当根据犯罪行为造成的物质损失，结合案件具体情况，确定被告人应当赔偿的数额。

犯罪行为造成被害人人身损害的，应当赔偿医疗费、护理费、交通费等为治疗和康复支付的合理费用，以及因误工减少的收入。造成被害人残疾的，还应当赔偿残疾生活辅助器具费等费用；造成被害人死亡的，还应当赔偿丧葬费等费用。

驾驶机动车致人伤亡或者造成公私财产重大损失，构成犯罪的，依照《中华人民共和国道路交通安全法》第七十六条的规定确定赔偿责任。

附带民事诉讼当事人就民事赔偿问题达成调解、和解协议的，赔偿范围、数额不受第二款、第三款规定的限制。

第一百九十三条　人民检察院提起附带民事诉讼的，人民法院经审理，认为附带民事诉讼被告人依法应当承担赔偿责任的，应当判令附带民事诉讼被告人直接向遭受损失的单位作出赔偿；遭受损失的单位已经终止，有权利义务继受人的，应当判令其向继受人作出赔偿；没有权利义务继受人的，应当判令其向人民检察院交付赔偿款，由人民检察院上缴国库。

第一百九十四条　审理刑事附带民事诉讼案件，人民法院应当结合被告人赔偿被害人物质损失的情况认定其悔罪表现，并在量刑时予以考虑。

第一百九十五条　附带民事诉讼原告人经传唤，无正当理由拒不到庭，或者未经法庭许可中途退庭的，应当按撤诉处理。

刑事被告人以外的附带民事诉讼被告人经传唤，无正当理由拒不到庭，或者未经法庭许可中途退庭的，附带民事部分可以缺席判决。

刑事被告人以外的附带民事诉讼被告人下落不明，或者用公告送达以外的其他方式无法送达，可能导致刑事案件审判过分迟延的，可以不将其列为附带民事诉讼被告人，告知附带民事诉讼原告人另行提起民事诉讼。

第一百九十六条　附带民事诉讼应当同刑事案件一并审判，只有为了防止刑事案件审判的过分迟延，才可以在刑事案件审判后，由同一审判组织继续审理附带民事诉讼；同一审判组织的成员确实不能继续参与审判的，可以更换。

第一百九十七条 人民法院认定公诉案件被告人的行为不构成犯罪，对已经提起的附带民事诉讼，经调解不能达成协议的，可以一并作出刑事附带民事判决，也可以告知附带民事原告人另行提起民事诉讼。

人民法院准许人民检察院撤回起诉的公诉案件，对已经提起的附带民事诉讼，可以进行调解；不宜调解或者经调解不能达成协议的，应当裁定驳回起诉，并告知附带民事诉讼原告人可以另行提起民事诉讼。

第一百九十八条 第一审期间未提起附带民事诉讼，在第二审期间提起的，第二审人民法院可以依法进行调解；调解不成的，告知当事人可以在刑事判决、裁定生效后另行提起民事诉讼。

第一百九十九条 人民法院审理附带民事诉讼案件，不收取诉讼费。

第二百条 被害人或者其法定代理人、近亲属在刑事诉讼过程中未提起附带民事诉讼，另行提起民事诉讼的，人民法院可以进行调解，或者根据本解释第一百九十二条第二款、第三款的规定作出判决。

第二百零一条 人民法院审理附带民事诉讼案件，除刑法、刑事诉讼法以及刑事司法解释已有规定的以外，适用民事法律的有关规定。

第七章　期间、送达、审理期限

第二百零二条 以月计算的期间，自本月某日至下月同日为一个月；期限起算日为本月最后一日的，至下月最后一日为一个月；下月同日不存在的，自本月某日至下月最后一日为一个月；半个月一律按十五日计算。

以年计算的刑期，自本年本月某日至次年同月同日的前一日为一年；次年同月同日不存在的，自本年本月某日至次年同月最后一日的前一日为一年。以月计算的刑期，自本月某日至下月同日的前一日为一个月；刑期起算日为本月最后一日的，至下月最后一日的前一日为一个月；下月同日不存在的，自本月某日至下月最后一日的前一日为一个月；半个月一律按十五日计算。

第二百零三条 当事人由于不能抗拒的原因或者有其他正当理由而耽误期限，依法申请继续进行应当在期满前完成的诉讼活动的，人民法院查证属实后，应当裁定准许。

第二百零四条 送达诉讼文书，应当由收件人签收。收件人不在的，可以由其成年家属或者所在单位负责收件的人员代收。收件人或者代收人在送达回证上签收的日期为送达日期。

收件人或者代收人拒绝签收的，送达人可以邀请见证人到场，说明情况，在送达回证上注明拒收的事由和日期，由送达人、见证人签名或者盖章，将诉讼文书留在收件人、代收人的住处或者单位；也可以把诉讼文书留在受送达人的住处，并采用拍照、录像等方式记录送达过程，即视为送达。

第二百零五条　直接送达诉讼文书有困难的，可以委托收件人所在地的人民法院代为送达或者邮寄送达。

第二百零六条　委托送达的，应当将委托函、委托送达的诉讼文书及送达回证寄送受托法院。受托法院收到后，应当登记，在十日以内送达收件人，并将送达回证寄送委托法院；无法送达的，应当告知委托法院，并将诉讼文书及送达回证退回。

第二百零七条　邮寄送达的，应当将诉讼文书、送达回证邮寄给收件人。签收日期为送达日期。

第二百零八条　诉讼文书的收件人是军人的，可以通过其所在部队团级以上单位的政治部门转交。

收件人正在服刑的，可以通过执行机关转交。

收件人正在接受专门矫治教育等的，可以通过相关机构转交。

由有关部门、单位代为转交诉讼文书的，应当请有关部门、单位收到后立即交收件人签收，并将送达回证及时寄送人民法院。

第二百零九条　指定管辖案件的审理期限，自被指定管辖的人民法院收到指定管辖决定书和案卷、证据材料之日起计算。

第二百一十条　对可能判处死刑的案件或者附带民事诉讼的案件，以及有刑事诉讼法第一百五十八条规定情形之一的案件，上一级人民法院可以批准延长审理期限一次，期限为三个月。因特殊情况还需要延长的，应当报请最高人民法院批准。

申请批准延长审理期限的，应当在期限届满十五日以前层报。有权决定的人民法院不同意的，应当在审理期限届满五日以前作出决定。

因特殊情况报请最高人民法院批准延长审理期限，最高人民法院经审查，予以批准的，可以延长审理期限一至三个月。期限届满案件仍然不能审结的，可以再次提出申请。

第二百一十一条　审判期间，对被告人作精神病鉴定的时间不计入审理期限。

第八章　审判组织

第二百一十二条　合议庭由审判员担任审判长。院长或者庭长参加审理案件时，由其本人担任审判长。

审判员依法独任审判时，行使与审判长相同的职权。

第二百一十三条 基层人民法院、中级人民法院、高级人民法院审判下列第一审刑事案件，由审判员和人民陪审员组成合议庭进行：

（一）涉及群体利益、公共利益的；

（二）人民群众广泛关注或者其他社会影响较大的；

（三）案情复杂或者有其他情形，需要由人民陪审员参加审判的。

基层人民法院、中级人民法院、高级人民法院审判下列第一审刑事案件，由审判员和人民陪审员组成七人合议庭进行：

（一）可能判处十年以上有期徒刑、无期徒刑、死刑，且社会影响重大的；

（二）涉及征地拆迁、生态环境保护、食品药品安全，且社会影响重大的；

（三）其他社会影响重大的。

第二百一十四条 开庭审理和评议案件，应当由同一合议庭进行。合议庭成员在评议案件时，应当独立发表意见并说明理由。意见分歧的，应当按多数意见作出决定，但少数意见应当记入笔录。评议笔录由合议庭的组成人员在审阅确认无误后签名。评议情况应当保密。

第二百一十五条 人民陪审员参加三人合议庭审判案件，应当对事实认定、法律适用独立发表意见，行使表决权。

人民陪审员参加七人合议庭审判案件，应当对事实认定独立发表意见，并与审判员共同表决；对法律适用可以发表意见，但不参加表决。

第二百一十六条 合议庭审理、评议后，应当及时作出判决、裁定。

对下列案件，合议庭应当提请院长决定提交审判委员会讨论决定：

（一）高级人民法院、中级人民法院拟判处死刑立即执行的案件，以及中级人民法院拟判处死刑缓期执行的案件；

（二）本院已经发生法律效力的判决、裁定确有错误需要再审的案件；

（三）人民检察院依照审判监督程序提出抗诉的案件。

对合议庭成员意见有重大分歧的案件、新类型案件、社会影响重大的案件以及其他疑难、复杂、重大的案件，合议庭认为难以作出决定的，可以提请院长决定提交审判委员会讨论决定。

人民陪审员可以要求合议庭将案件提请院长决定是否提交审判委员会讨论决定。

对提请院长决定提交审判委员会讨论决定的案件，院长认为不必要的，可以建议合议庭复议一次。

独任审判的案件，审判员认为有必要的，也可以提请院长决定提交审判委员会讨论决定。

第二百一十七条　审判委员会的决定，合议庭、独任审判员应当执行；有不同意见的，可以建议院长提交审判委员会复议。

第九章　公诉案件第一审普通程序

第一节　审查受理与庭前准备

第二百一十八条　对提起公诉的案件，人民法院应当在收到起诉书（一式八份，每增加一名被告人，增加起诉书五份）和案卷、证据后，审查以下内容：

（一）是否属于本院管辖；

（二）起诉书是否写明被告人的身份，是否受过或者正在接受刑事处罚、行政处罚、处分，被采取留置措施的情况，被采取强制措施的时间、种类、羁押地点，犯罪的时间、地点、手段、后果以及其他可能影响定罪量刑的情节；有多起犯罪事实的，是否在起诉书中将事实分别列明；

（三）是否移送证明指控犯罪事实及影响量刑的证据材料，包括采取技术调查、侦查措施的法律文书和所收集的证据材料；

（四）是否查封、扣押、冻结被告人的违法所得或者其他涉案财物，查封、扣押、冻结是否逾期；是否随案移送涉案财物、附涉案财物清单；是否列明涉案财物权属情况；是否就涉案财物处理提供相关证据材料；

（五）是否列明被害人的姓名、住址、联系方式；是否附有证人、鉴定人名单；是否申请法庭通知证人、鉴定人、有专门知识的人出庭，并列明有关人员的姓名、性别、年龄、职业、住址、联系方式；是否附有需要保护的证人、鉴定人、被害人名单；

（六）当事人已委托辩护人、诉讼代理人或者已接受法律援助的，是否列明辩护人、诉讼代理人的姓名、住址、联系方式；

（七）是否提起附带民事诉讼；提起附带民事诉讼的，是否列明附带民事诉讼当事人的姓名、住址、联系方式等，是否附有相关证据材料；

（八）监察调查、侦查、审查起诉程序的各种法律手续和诉讼文书是否齐全；

（九）被告人认罪认罚的，是否提出量刑建议、移送认罪认罚具结书等材料；

（十）有无刑事诉讼法第十六条第二项至第六项规定的不追究刑事责任的情形。

第二百一十九条 人民法院对提起公诉的案件审查后，应当按照下列情形分别处理：

（一）不属于本院管辖的，应当退回人民检察院；

（二）属于刑事诉讼法第十六条第二项至第六项规定情形的，应当退回人民检察院；属于告诉才处理的案件，应当同时告知被害人有权提起自诉；

（三）被告人不在案的，应当退回人民检察院；但是，对人民检察院按照缺席审判程序提起公诉的，应当依照本解释第二十四章的规定作出处理；

（四）不符合前条第二项至第九项规定之一，需要补充材料的，应当通知人民检察院在三日以内补送；

（五）依照刑事诉讼法第二百条第三项规定宣告被告人无罪后，人民检察院根据新的事实、证据重新起诉的，应当依法受理；

（六）依照本解释第二百九十六条规定裁定准许撤诉的案件，没有新的影响定罪量刑的事实、证据，重新起诉的，应当退回人民检察院；

（七）被告人真实身份不明，但符合刑事诉讼法第一百六十条第二款规定的，应当依法受理。

对公诉案件是否受理，应当在七日以内审查完毕。

第二百二十条 对一案起诉的共同犯罪或者关联犯罪案件，被告人人数众多、案情复杂，人民法院经审查认为，分案审理更有利于保障庭审质量和效率的，可以分案审理。分案审理不得影响当事人质证权等诉讼权利的行使。

对分案起诉的共同犯罪或者关联犯罪案件，人民法院经审查认为，合并审理更有利于查明案件事实、保障诉讼权利、准确定罪量刑的，可以并案审理。

第二百二十一条 开庭审理前，人民法院应当进行下列工作：

（一）确定审判长及合议庭组成人员；

（二）开庭十日以前将起诉书副本送达被告人、辩护人；

（三）通知当事人、法定代理人、辩护人、诉讼代理人在开庭五日以前提供证人、鉴定人名单，以及拟当庭出示的证据；申请证人、鉴定人、有专门知识的人出庭的，应当列明有关人员的姓名、性别、年龄、职业、住址、联系方式；

（四）开庭三日以前将开庭的时间、地点通知人民检察院；

（五）开庭三日以前将传唤当事人的传票和通知辩护人、诉讼代理人、法定代理人、证人、鉴定人等出庭的通知书送达；通知有关人员出庭，也可以采取电话、短信、传真、电子邮件、即时通讯等能够确认对方收悉的方式；对被害人人数众多的涉众型犯罪案件，可以通过互联网公布相关文书，通知有关人员出庭；

（六）公开审理的案件，在开庭三日以前公布案由、被告人姓名、开庭时间和地点。

上述工作情况应当记录在案。

第二百二十二条　审判案件应当公开进行。

案件涉及国家秘密或者个人隐私的，不公开审理；涉及商业秘密，当事人提出申请的，法庭可以决定不公开审理。

不公开审理的案件，任何人不得旁听，但具有刑事诉讼法第二百八十五条规定情形的除外。

第二百二十三条　精神病人、醉酒的人、未经人民法院批准的未成年人以及其他不宜旁听的人不得旁听案件审理。

第二百二十四条　被害人人数众多，且案件不属于附带民事诉讼范围的，被害人可以推选若干代表人参加庭审。

第二百二十五条　被害人、诉讼代理人经传唤或者通知未到庭，不影响开庭审理的，人民法院可以开庭审理。

辩护人经通知未到庭，被告人同意的，人民法院可以开庭审理，但被告人属于应当提供法律援助情形的除外。

第二节　庭前会议与庭审衔接

第二百二十六条　案件具有下列情形之一的，人民法院可以决定召开庭前会议：

（一）证据材料较多、案情重大复杂的；

（二）控辩双方对事实、证据存在较大争议的；

（三）社会影响重大的；

（四）需要召开庭前会议的其他情形。

第二百二十七条　控辩双方可以申请人民法院召开庭前会议，提出申请应当说明理由。人民法院经审查认为有必要的，应当召开庭前会议；决定不召开的，应当告知申请人。

第二百二十八条　庭前会议可以就下列事项向控辩双方了解情况，听取意见：

（一）是否对案件管辖有异议；

（二）是否申请有关人员回避；

（三）是否申请不公开审理；

（四）是否申请排除非法证据；

（五）是否提供新的证据材料；

（六）是否申请重新鉴定或者勘验；

（七）是否申请收集、调取证明被告人无罪或者罪轻的证据材料；

（八）是否申请证人、鉴定人、有专门知识的人、调查人员、侦查人员或者其他人员出庭，是否对出庭人员名单有异议；

（九）是否对涉案财物的权属情况和人民检察院的处理建议有异议；

（十）与审判相关的其他问题。

庭前会议中，人民法院可以开展附带民事调解。

对第一款规定中可能导致庭审中断的程序性事项，人民法院可以在庭前会议后依法作出处理，并在庭审中说明处理决定和理由。控辩双方没有新的理由，在庭审中再次提出有关申请或者异议的，法庭可以在说明庭前会议情况和处理决定理由后，依法予以驳回。

庭前会议情况应当制作笔录，由参会人员核对后签名。

第二百二十九条 庭前会议中，审判人员可以询问控辩双方对证据材料有无异议，对有异议的证据，应当在庭审时重点调查；无异议的，庭审时举证、质证可以简化。

第二百三十条 庭前会议由审判长主持，合议庭其他审判员也可以主持庭前会议。

召开庭前会议应当通知公诉人、辩护人到场。

庭前会议准备就非法证据排除了解情况、听取意见，或者准备询问控辩双方对证据材料的意见的，应当通知被告人到场。有多名被告人的案件，可以根据情况确定参加庭前会议的被告人。

第二百三十一条 庭前会议一般不公开进行。

根据案件情况，庭前会议可以采用视频等方式进行。

第二百三十二条 人民法院在庭前会议中听取控辩双方对案件事实、证据材料的意见后，对明显事实不清、证据不足的案件，可以建议人民检察院补充材料或者撤回起诉。建议撤回起诉的案件，人民检察院不同意的，开庭审理后，没有新的事实和理由，一般不准许撤回起诉。

第二百三十三条 对召开庭前会议的案件，可以在开庭时告知庭前会议情况。对庭前会议中达成一致意见的事项，法庭在向控辩双方核实后，可以当庭予以确认；未达成一致意见的事项，法庭可以归纳控辩双方争议焦点，听取控辩双方意见，依法作出处理。

控辩双方在庭前会议中就有关事项达成一致意见，在庭审中反悔的，除有正当理由外，法庭一般不再进行处理。

第三节　宣布开庭与法庭调查

第二百三十四条　开庭审理前，书记员应当依次进行下列工作：

（一）受审判长委托，查明公诉人、当事人、辩护人、诉讼代理人、证人及其他诉讼参与人是否到庭；

（二）核实旁听人员中是否有证人、鉴定人、有专门知识的人；

（三）请公诉人、辩护人、诉讼代理人及其他诉讼参与人入庭；

（四）宣读法庭规则；

（五）请审判长、审判员、人民陪审员入庭；

（六）审判人员就座后，向审判长报告开庭前的准备工作已经就绪。

第二百三十五条　审判长宣布开庭，传被告人到庭后，应当查明被告人的下列情况：

（一）姓名、出生日期、民族、出生地、文化程度、职业、住址，或者被告单位的名称、住所地、法定代表人、实际控制人以及诉讼代表人的姓名、职务；

（二）是否受过刑事处罚、行政处罚、处分及其种类、时间；

（三）是否被采取留置措施及留置的时间，是否被采取强制措施及强制措施的种类、时间；

（四）收到起诉书副本的日期；有附带民事诉讼的，附带民事诉讼被告人收到附带民事起诉状的日期。

被告人较多的，可以在开庭前查明上述情况，但开庭时审判长应当作出说明。

第二百三十六条　审判长宣布案件的来源、起诉的案由、附带民事诉讼当事人的姓名及是否公开审理；不公开审理的，应当宣布理由。

第二百三十七条　审判长宣布合议庭组成人员、法官助理、书记员、公诉人的名单，以及辩护人、诉讼代理人、鉴定人、翻译人员等诉讼参与人的名单。

第二百三十八条　审判长应当告知当事人及其法定代理人、辩护人、诉讼代理人在法庭审理过程中依法享有下列诉讼权利：

（一）可以申请合议庭组成人员、法官助理、书记员、公诉人、鉴定人和翻译人员回避；

（二）可以提出证据，申请通知新的证人到庭、调取新的证据，申请重新鉴定或者勘验；

（三）被告人可以自行辩护；

（四）被告人可以在法庭辩论终结后作最后陈述。

第二百三十九条 审判长应当询问当事人及其法定代理人、辩护人、诉讼代理人是否申请回避、申请何人回避和申请回避的理由。

当事人及其法定代理人、辩护人、诉讼代理人申请回避的，依照刑事诉讼法及本解释的有关规定处理。

同意或者驳回回避申请的决定及复议决定，由审判长宣布，并说明理由。必要时，也可以由院长到庭宣布。

第二百四十条 审判长宣布法庭调查开始后，应当先由公诉人宣读起诉书；公诉人宣读起诉书后，审判长应当询问被告人对起诉书指控的犯罪事实和罪名有无异议。

有附带民事诉讼的，公诉人宣读起诉书后，由附带民事诉讼原告人或者其法定代理人、诉讼代理人宣读附带民事起诉状。

第二百四十一条 在审判长主持下，被告人、被害人可以就起诉书指控的犯罪事实分别陈述。

第二百四十二条 在审判长主持下，公诉人可以就起诉书指控的犯罪事实讯问被告人。

经审判长准许，被害人及其法定代理人、诉讼代理人可以就公诉人讯问的犯罪事实补充发问；附带民事诉讼原告人及其法定代理人、诉讼代理人可以就附带民事部分的事实向被告人发问；被告人的法定代理人、辩护人，附带民事诉讼被告人及其法定代理人、诉讼代理人可以在控诉方、附带民事诉讼原告方就某一问题讯问、发问完毕后向被告人发问。

根据案件情况，就证据问题对被告人的讯问、发问可以在举证、质证环节进行。

第二百四十三条 讯问同案审理的被告人，应当分别进行。

第二百四十四条 经审判长准许，控辩双方可以向被害人、附带民事诉讼原告人发问。

第二百四十五条 必要时，审判人员可以讯问被告人，也可以向被害人、附带民事诉讼当事人发问。

第二百四十六条 公诉人可以提请法庭通知证人、鉴定人、有专门知识的人、调查人员、侦查人员或者其他人员出庭，或者出示证据。被害人及其法定代理人、诉讼代理人，附带民事诉讼原告人及其诉讼代理人也可以提出申请。

在控诉方举证后，被告人及其法定代理人、辩护人可以提请法庭通知证人、鉴定人、有专门知识的人、调查人员、侦查人员或者其他人员出庭，或者出示证据。

第二百四十七条　控辩双方申请证人出庭作证，出示证据，应当说明证据的名称、来源和拟证明的事实。法庭认为有必要的，应当准许；对方提出异议，认为有关证据与案件无关或者明显重复、不必要，法庭经审查异议成立的，可以不予准许。

第二百四十八条　已经移送人民法院的案卷和证据材料，控辩双方需要出示的，可以向法庭提出申请，法庭可以准许。案卷和证据材料应当在质证后当庭归还。

需要播放录音录像或者需要将证据材料交由法庭、公诉人或者诉讼参与人查看的，法庭可以指令值庭法警或者相关人员予以协助。

第二百四十九条　公诉人、当事人或者辩护人、诉讼代理人对证人证言有异议，且该证人证言对定罪量刑有重大影响，或者对鉴定意见有异议，人民法院认为证人、鉴定人有必要出庭作证的，应当通知证人、鉴定人出庭。

控辩双方对侦破经过、证据来源、证据真实性或者合法性等有异议，申请调查人员、侦查人员或者有关人员出庭，人民法院认为有必要的，应当通知调查人员、侦查人员或者有关人员出庭。

第二百五十条　公诉人、当事人及其辩护人、诉讼代理人申请法庭通知有专门知识的人出庭，就鉴定意见提出意见的，应当说明理由。法庭认为有必要的，应当通知有专门知识的人出庭。

申请有专门知识的人出庭，不得超过二人。有多种类鉴定意见的，可以相应增加人数。

第二百五十一条　为查明案件事实、调查核实证据，人民法院可以依职权通知证人、鉴定人、有专门知识的人、调查人员、侦查人员或者其他人员出庭。

第二百五十二条　人民法院通知有关人员出庭的，可以要求控辩双方予以协助。

第二百五十三条　证人具有下列情形之一，无法出庭作证的，人民法院可以准许其不出庭：

（一）庭审期间身患严重疾病或者行动极为不便的；

（二）居所远离开庭地点且交通极为不便的；

（三）身处国外短期无法回国的；

（四）有其他客观原因，确实无法出庭的。

具有前款规定情形的，可以通过视频等方式作证。

第二百五十四条　证人出庭作证所支出的交通、住宿、就餐等费用，人民法院应当给予补助。

第二百五十五条 强制证人出庭的，应当由院长签发强制证人出庭令，由法警执行。必要时，可以商请公安机关协助。

第二百五十六条 证人、鉴定人、被害人因出庭作证，本人或者其近亲属的人身安全面临危险的，人民法院应当采取不公开其真实姓名、住址和工作单位等个人信息，或者不暴露其外貌、真实声音等保护措施。辩护律师经法庭许可，查阅对证人、鉴定人、被害人使用化名情况的，应当签署保密承诺书。

审判期间，证人、鉴定人、被害人提出保护请求的，人民法院应当立即审查；认为确有保护必要的，应当及时决定采取相应保护措施。必要时，可以商请公安机关协助。

第二百五十七条 决定对出庭作证的证人、鉴定人、被害人采取不公开个人信息的保护措施的，审判人员应当在开庭前核实其身份，对证人、鉴定人如实作证的保证书不得公开，在判决书、裁定书等法律文书中可以使用化名等代替其个人信息。

第二百五十八条 证人出庭的，法庭应当核实其身份、与当事人以及本案的关系，并告知其有关权利义务和法律责任。证人应当保证向法庭如实提供证言，并在保证书上签名。

第二百五十九条 证人出庭后，一般先向法庭陈述证言；其后，经审判长许可，由申请通知证人出庭的一方发问，发问完毕后，对方也可以发问。

法庭依职权通知证人出庭的，发问顺序由审判长根据案件情况确定。

第二百六十条 鉴定人、有专门知识的人、调查人员、侦查人员或者其他人员出庭的，参照适用前两条规定。

第二百六十一条 向证人发问应当遵循以下规则：

（一）发问的内容应当与本案事实有关；

（二）不得以诱导方式发问；

（三）不得威胁证人；

（四）不得损害证人的人格尊严。

对被告人、被害人、附带民事诉讼当事人、鉴定人、有专门知识的人、调查人员、侦查人员或者其他人员的讯问、发问，适用前款规定。

第二百六十二条 控辩双方的讯问、发问方式不当或者内容与本案无关的，对方可以提出异议，申请审判长制止，审判长应当判明情况予以支持或者驳回；对方未提出异议的，审判长也可以根据情况予以制止。

第二百六十三条 审判人员认为必要时，可以询问证人、鉴定人、有专门知识的人、调查人员、侦查人员或者其他人员。

第二百六十四条　向证人、调查人员、侦查人员发问应当分别进行。

第二百六十五条　证人、鉴定人、有专门知识的人、调查人员、侦查人员或者其他人员不得旁听对本案的审理。有关人员作证或者发表意见后，审判长应当告知其退庭。

第二百六十六条　审理涉及未成年人的刑事案件，询问未成年被害人、证人，通知未成年被害人、证人出庭作证，适用本解释第二十二章的有关规定。

第二百六十七条　举证方当庭出示证据后，由对方发表质证意见。

第二百六十八条　对可能影响定罪量刑的关键证据和控辩双方存在争议的证据，一般应当单独举证、质证，充分听取质证意见。

对控辩双方无异议的非关键证据，举证方可以仅就证据的名称及拟证明的事实作出说明。

召开庭前会议的案件，举证、质证可以按照庭前会议确定的方式进行。

根据案件和庭审情况，法庭可以对控辩双方的举证、质证方式进行必要的指引。

第二百六十九条　审理过程中，法庭认为有必要的，可以传唤同案被告人、分案审理的共同犯罪或者关联犯罪案件的被告人等到庭对质。

第二百七十条　当庭出示的证据，尚未移送人民法院的，应当在质证后当庭移交。

第二百七十一条　法庭对证据有疑问的，可以告知公诉人、当事人及其法定代理人、辩护人、诉讼代理人补充证据或者作出说明；必要时，可以宣布休庭，对证据进行调查核实。

对公诉人、当事人及其法定代理人、辩护人、诉讼代理人补充的和审判人员庭外调查核实取得的证据，应当经过当庭质证才能作为定案的根据。但是，对不影响定罪量刑的非关键证据、有利于被告人的量刑证据以及认定被告人有犯罪前科的裁判文书等证据，经庭外征求意见，控辩双方没有异议的除外。

有关情况，应当记录在案。

第二百七十二条　公诉人申请出示开庭前未移送或者提交人民法院的证据，辩护方提出异议的，审判长应当要求公诉人说明理由；理由成立并确有出示必要的，应当准许。

辩护方提出需要对新的证据作辩护准备的，法庭可以宣布休庭，并确定准备辩护的时间。

辩护方申请出示开庭前未提交的证据，参照适用前两款规定。

第二百七十三条　法庭审理过程中，控辩双方申请通知新的证人到庭，调取新的证据，申请重新鉴定或者勘验的，应当提供证人的基本信息、证据的存放地点，说明拟证明的事项，申请重新鉴定或者勘验的理由。法庭认为有必要的，应当同意，并宣布休庭；根据案件情况，可以决定延期审理。

人民法院决定重新鉴定的，应当及时委托鉴定，并将鉴定意见告知人民检察院、当事人及其辩护人、诉讼代理人。

第二百七十四条 审判期间，公诉人发现案件需要补充侦查，建议延期审理的，合议庭可以同意，但建议延期审理不得超过两次。

人民检察院将补充收集的证据移送人民法院的，人民法院应当通知辩护人、诉讼代理人查阅、摘抄、复制。

补充侦查期限届满后，人民检察院未将补充的证据材料移送人民法院的，人民法院可以根据在案证据作出判决、裁定。

第二百七十五条 人民法院向人民检察院调取需要调查核实的证据材料，或者根据被告人、辩护人的申请，向人民检察院调取在调查、侦查、审查起诉期间收集的有关被告人无罪或者罪轻的证据材料，应当通知人民检察院在收到调取证据材料决定书后三日以内移交。

第二百七十六条 法庭审理过程中，对与量刑有关的事实、证据，应当进行调查。

人民法院除应当审查被告人是否具有法定量刑情节外，还应当根据案件情况审查以下影响量刑的情节：

（一）案件起因；

（二）被害人有无过错及过错程度，是否对矛盾激化负有责任及责任大小；

（三）被告人的近亲属是否协助抓获被告人；

（四）被告人平时表现，有无悔罪态度；

（五）退赃、退赔及赔偿情况；

（六）被告人是否取得被害人或者其近亲属谅解；

（七）影响量刑的其他情节。

第二百七十七条 审判期间，合议庭发现被告人可能有自首、坦白、立功等法定量刑情节，而人民检察院移送的案卷中没有相关证据材料的，应当通知人民检察院在指定时间内移送。

审判期间，被告人提出新的立功线索的，人民法院可以建议人民检察院补充侦查。

第二百七十八条 对被告人认罪的案件，在确认被告人了解起诉书指控的犯罪事实和罪名，自愿认罪且知悉认罪的法律后果后，法庭调查可以主要围绕量刑和其他有争议的问题进行。

对被告人不认罪或者辩护人作无罪辩护的案件，法庭调查应当在查明定罪事实的基础上，查明有关量刑事实。

第二百七十九条　法庭审理过程中，应当对查封、扣押、冻结财物及其孳息的权属、来源等情况，是否属于违法所得或者依法应当追缴的其他涉案财物进行调查，由公诉人说明情况、出示证据、提出处理建议，并听取被告人、辩护人等诉讼参与人的意见。

案外人对查封、扣押、冻结的财物及其孳息提出权属异议的，人民法院应当听取案外人的意见；必要时，可以通知案外人出庭。

经审查，不能确认查封、扣押、冻结的财物及其孳息属于违法所得或者依法应当追缴的其他涉案财物的，不得没收。

第四节　法庭辩论与最后陈述

第二百八十条　合议庭认为案件事实已经调查清楚的，应当由审判长宣布法庭调查结束，开始就定罪、量刑、涉案财物处理的事实、证据、适用法律等问题进行法庭辩论。

第二百八十一条　法庭辩论应当在审判长的主持下，按照下列顺序进行：

（一）公诉人发言；

（二）被害人及其诉讼代理人发言；

（三）被告人自行辩护；

（四）辩护人辩护；

（五）控辩双方进行辩论。

第二百八十二条　人民检察院可以提出量刑建议并说明理由；建议判处管制、宣告缓刑的，一般应当附有调查评估报告，或者附有委托调查函。

当事人及其辩护人、诉讼代理人可以对量刑提出意见并说明理由。

第二百八十三条　对被告人认罪的案件，法庭辩论时，应当指引控辩双方主要围绕量刑和其他有争议的问题进行。

对被告人不认罪或者辩护人作无罪辩护的案件，法庭辩论时，可以指引控辩双方先辩论定罪问题，后辩论量刑和其他问题。

第二百八十四条　附带民事部分的辩论应当在刑事部分的辩论结束后进行，先由附带民事诉讼原告人及其诉讼代理人发言，后由附带民事诉讼被告人及其诉讼代理人答辩。

第二百八十五条　法庭辩论过程中，审判长应当充分听取控辩双方的意见，对控辩双方与案件无关、重复或者指责对方的发言应当提醒、制止。

第二百八十六条　法庭辩论过程中，合议庭发现与定罪、量刑有关的新的事实，有必要调查的，审判长可以宣布恢复法庭调查，在对新的事实调查后，继续法庭辩论。

第二百八十七条 审判长宣布法庭辩论终结后，合议庭应当保证被告人充分行使最后陈述的权利。

被告人在最后陈述中多次重复自己的意见的，法庭可以制止；陈述内容蔑视法庭、公诉人，损害他人及社会公共利益，或者与本案无关的，应当制止。

在公开审理的案件中，被告人最后陈述的内容涉及国家秘密、个人隐私或者商业秘密的，应当制止。

第二百八十八条 被告人在最后陈述中提出新的事实、证据，合议庭认为可能影响正确裁判的，应当恢复法庭调查；被告人提出新的辩解理由，合议庭认为可能影响正确裁判的，应当恢复法庭辩论。

第二百八十九条 公诉人当庭发表与起诉书不同的意见，属于变更、追加、补充或者撤回起诉的，人民法院应当要求人民检察院在指定时间内以书面方式提出；必要时，可以宣布休庭。人民检察院在指定时间内未提出的，人民法院应当根据法庭审理情况，就起诉书指控的犯罪事实依法作出判决、裁定。

人民检察院变更、追加、补充起诉的，人民法院应当给予被告人及其辩护人必要的准备时间。

第二百九十条 辩护人应当及时将书面辩护意见提交人民法院。

第五节　评议案件与宣告判决

第二百九十一条 被告人最后陈述后，审判长应当宣布休庭，由合议庭进行评议。

第二百九十二条 开庭审理的全部活动，应当由书记员制作笔录；笔录经审判长审阅后，分别由审判长和书记员签名。

第二百九十三条 法庭笔录应当在庭审后交由当事人、法定代理人、辩护人、诉讼代理人阅读或者向其宣读。

法庭笔录中的出庭证人、鉴定人、有专门知识的人、调查人员、侦查人员或者其他人员的证言、意见部分，应当在庭审后分别交由有关人员阅读或者向其宣读。

前两款所列人员认为记录有遗漏或者差错的，可以请求补充或者改正；确认无误后，应当签名；拒绝签名的，应当记录在案；要求改变庭审中陈述的，不予准许。

第二百九十四条 合议庭评议案件，应当根据已经查明的事实、证据和有关法律规定，在充分考虑控辩双方意见的基础上，确定被告人是否有罪、构成何罪，有无从重、从轻、减轻或者免除处罚情节，应否处以刑罚、判处何种刑罚，附带民事诉讼如何解决，查封、扣押、冻结的财物及其孳息如何处理等，并依法作出判决、裁定。

第二百九十五条 对第一审公诉案件，人民法院审理后，应当按照下列情形分别作出判决、裁定：

（一）起诉指控的事实清楚，证据确实、充分，依据法律认定指控被告人的罪名成立的，应当作出有罪判决；

（二）起诉指控的事实清楚，证据确实、充分，但指控的罪名不当的，应当依据法律和审理认定的事实作出有罪判决；

（三）案件事实清楚，证据确实、充分，依据法律认定被告人无罪的，应当判决宣告被告人无罪；

（四）证据不足，不能认定被告人有罪的，应当以证据不足、指控的犯罪不能成立，判决宣告被告人无罪；

（五）案件部分事实清楚，证据确实、充分的，应当作出有罪或者无罪的判决；对事实不清、证据不足部分，不予认定；

（六）被告人因未达到刑事责任年龄，不予刑事处罚的，应当判决宣告被告人不负刑事责任；

（七）被告人是精神病人，在不能辨认或者不能控制自己行为时造成危害结果，不予刑事处罚的，应当判决宣告被告人不负刑事责任；被告人符合强制医疗条件的，应当依照本解释第二十六章的规定进行审理并作出判决；

（八）犯罪已过追诉时效期限且不是必须追诉，或者经特赦令免除刑罚的，应当裁定终止审理；

（九）属于告诉才处理的案件，应当裁定终止审理，并告知被害人有权提起自诉；

（十）被告人死亡的，应当裁定终止审理；但有证据证明被告人无罪，经缺席审理确认无罪的，应当判决宣告被告人无罪。

对涉案财物，人民法院应当根据审理查明的情况，依照本解释第十八章的规定作出处理。

具有第一款第二项规定情形的，人民法院应当在判决前听取控辩双方的意见，保障被告人、辩护人充分行使辩护权。必要时，可以再次开庭，组织控辩双方围绕被告人的行为构成何罪及如何量刑进行辩论。

第二百九十六条 在开庭后、宣告判决前，人民检察院要求撤回起诉的，人民法院应当审查撤回起诉的理由，作出是否准许的裁定。

第二百九十七条 审判期间，人民法院发现新的事实，可能影响定罪量刑的，或者需要补查补证的，应当通知人民检察院，由其决定是否补充、变更、追加起诉或者补充侦查。

人民检察院不同意或者在指定时间内未回复书面意见的，人民法院应当就起诉指控的事实，依照本解释第二百九十五条的规定作出判决、裁定。

第二百九十八条 对依照本解释第二百一十九条第一款第五项规定受理的案件，人民法院应当在判决中写明被告人曾被人民检察院提起公诉，因证据不足，指控的犯罪不能成立，被人民法院依法判决宣告无罪的情况；前案依照刑事诉讼法第二百条第三项规定作出的判决不予撤销。

第二百九十九条 合议庭成员、法官助理、书记员应当在评议笔录上签名，在判决书、裁定书等法律文书上署名。

第三百条 裁判文书应当写明裁判依据，阐释裁判理由，反映控辩双方的意见并说明采纳或者不予采纳的理由。

适用普通程序审理的被告人认罪的案件，裁判文书可以适当简化。

第三百零一条 庭审结束后、评议前，部分合议庭成员不能继续履行审判职责的，人民法院应当依法更换合议庭组成人员，重新开庭审理。

评议后、宣判前，部分合议庭成员因调动、退休等正常原因不能参加宣判，在不改变原评议结论的情况下，可以由审判本案的其他审判员宣判，裁判文书上仍署审判本案的合议庭成员的姓名。

第三百零二条 当庭宣告判决的，应当在五日以内送达判决书。定期宣告判决的，应当在宣判前，先期公告宣判的时间和地点，传唤当事人并通知公诉人、法定代理人、辩护人和诉讼代理人；判决宣告后，应当立即送达判决书。

第三百零三条 判决书应当送达人民检察院、当事人、法定代理人、辩护人、诉讼代理人，并可以送达被告人的近亲属。被害人死亡，其近亲属申请领取判决书的，人民法院应当及时提供。

判决生效后，还应当送达被告人的所在单位或者户籍地的公安派出所，或者被告单位的注册登记机关。被告人系外国人，且在境内有居住地的，应当送达居住地的公安派出所。

第三百零四条 宣告判决，一律公开进行。宣告判决结果时，法庭内全体人员应当起立。

公诉人、辩护人、诉讼代理人、被害人、自诉人或者附带民事诉讼原告人未到庭的，不影响宣判的进行。

第六节　法庭纪律与其他规定

第三百零五条 在押被告人出庭受审时，不着监管机构的识别服。

庭审期间不得对被告人使用戒具，但法庭认为其人身危险性大，可能危害法庭安全的除外。

第三百零六条　庭审期间，全体人员应当服从法庭指挥，遵守法庭纪律，尊重司法礼仪，不得实施下列行为：

（一）鼓掌、喧哗、随意走动；

（二）吸烟、进食；

（三）拨打、接听电话，或者使用即时通讯工具；

（四）对庭审活动进行录音、录像、拍照或者使用即时通讯工具等传播庭审活动；

（五）其他危害法庭安全或者扰乱法庭秩序的行为。

旁听人员不得进入审判活动区，不得随意站立、走动，不得发言和提问。

记者经许可实施第一款第四项规定的行为，应当在指定的时间及区域进行，不得干扰庭审活动。

第三百零七条　有关人员危害法庭安全或者扰乱法庭秩序的，审判长应当按照下列情形分别处理：

（一）情节较轻的，应当警告制止；根据具体情况，也可以进行训诫；

（二）训诫无效的，责令退出法庭；拒不退出的，指令法警强行带出法庭；

（三）情节严重的，报经院长批准后，可以对行为人处一千元以下的罚款或者十五日以下的拘留。

未经许可对庭审活动进行录音、录像、拍照或者使用即时通讯工具等传播庭审活动的，可以暂扣相关设备及存储介质，删除相关内容。

有关人员对罚款、拘留的决定不服的，可以直接向上一级人民法院申请复议，也可以通过决定罚款、拘留的人民法院向上一级人民法院申请复议。通过决定罚款、拘留的人民法院申请复议的，该人民法院应当自收到复议申请之日起三日以内，将复议申请、罚款或者拘留决定书和有关事实、证据材料一并报上一级人民法院复议。复议期间，不停止决定的执行。

第三百零八条　担任辩护人、诉讼代理人的律师严重扰乱法庭秩序，被强行带出法庭或者被处以罚款、拘留的，人民法院应当通报司法行政机关，并可以建议依法给予相应处罚。

第三百零九条　实施下列行为之一，危害法庭安全或者扰乱法庭秩序，构成犯罪的，依法追究刑事责任：

（一）非法携带枪支、弹药、管制刀具或者爆炸性、易燃性、毒害性、放射性以及传染病病原体等危险物质进入法庭；

（二）哄闹、冲击法庭；

（三）侮辱、诽谤、威胁、殴打司法工作人员或者诉讼参与人；

（四）毁坏法庭设施，抢夺、损毁诉讼文书、证据；

（五）其他危害法庭安全或者扰乱法庭秩序的行为。

第三百一十条 辩护人严重扰乱法庭秩序，被责令退出法庭、强行带出法庭或者被处以罚款、拘留，被告人自行辩护的，庭审继续进行；被告人要求另行委托辩护人，或者被告人属于应当提供法律援助情形的，应当宣布休庭。

辩护人、诉讼代理人被责令退出法庭、强行带出法庭或者被处以罚款后，具结保证书，保证服从法庭指挥、不再扰乱法庭秩序的，经法庭许可，可以继续担任辩护人、诉讼代理人。

辩护人、诉讼代理人具有下列情形之一的，不得继续担任同一案件的辩护人、诉讼代理人：

（一）擅自退庭的；

（二）无正当理由不出庭或者不按时出庭，严重影响审判顺利进行的；

（三）被拘留或者具结保证书后再次被责令退出法庭、强行带出法庭的。

第三百一十一条 被告人在一个审判程序中更换辩护人一般不得超过两次。

被告人当庭拒绝辩护人辩护，要求另行委托辩护人或者指派律师的，合议庭应当准许。被告人拒绝辩护人辩护后，没有辩护人的，应当宣布休庭；仍有辩护人的，庭审可以继续进行。

有多名被告人的案件，部分被告人拒绝辩护人辩护后，没有辩护人的，根据案件情况，可以对该部分被告人另案处理，对其他被告人的庭审继续进行。

重新开庭后，被告人再次当庭拒绝辩护人辩护的，可以准许，但被告人不得再次另行委托辩护人或者要求另行指派律师，由其自行辩护。

被告人属于应当提供法律援助的情形，重新开庭后再次当庭拒绝辩护人辩护的，不予准许。

第三百一十二条 法庭审理过程中，辩护人拒绝为被告人辩护，有正当理由的，应当准许；是否继续庭审，参照适用前条规定。

第三百一十三条 依照前两条规定另行委托辩护人或者通知法律援助机构指派律师的，自案件宣布休庭之日起至第十五日止，由辩护人准备辩护，但被告人及其辩护人自愿缩短时间的除外。

庭审结束后、判决宣告前另行委托辩护人的，可以不重新开庭；辩护人提交书面辩护意见的，应当接受。

第三百一十四条 有多名被告人的案件，部分被告人具有刑事诉讼法第二百零六条第一款规定情形的，人民法院可以对全案中止审理；根据案件情况，也可以对该部分被告人中止审理，对其他被告人继续审理。

对中止审理的部分被告人，可以根据案件情况另案处理。

第三百一十五条 人民检察院认为人民法院审理案件违反法定程序，在庭审后提出书面纠正意见，人民法院认为正确的，应当采纳。

第十章 自诉案件第一审程序

第三百一十六条 人民法院受理自诉案件必须符合下列条件：

（一）符合刑事诉讼法第二百一十条、本解释第一条的规定；

（二）属于本院管辖；

（三）被害人告诉；

（四）有明确的被告人、具体的诉讼请求和证明被告人犯罪事实的证据。

第三百一十七条 本解释第一条规定的案件，如果被害人死亡、丧失行为能力或者因受强制、威吓等无法告诉，或者是限制行为能力人以及因年老、患病、盲、聋、哑等不能亲自告诉，其法定代理人、近亲属告诉或者代为告诉的，人民法院应当依法受理。

被害人的法定代理人、近亲属告诉或者代为告诉的，应当提供与被害人关系的证明和被害人不能亲自告诉的原因的证明。

第三百一十八条 提起自诉应当提交刑事自诉状；同时提起附带民事诉讼的，应当提交刑事附带民事自诉状。

第三百一十九条 自诉状一般应当包括以下内容：

（一）自诉人（代为告诉人）、被告人的姓名、性别、年龄、民族、出生地、文化程度、职业、工作单位、住址、联系方式；

（二）被告人实施犯罪的时间、地点、手段、情节和危害后果等；

（三）具体的诉讼请求；

（四）致送的人民法院和具状时间；

（五）证据的名称、来源等；

（六）证人的姓名、住址、联系方式等。

对两名以上被告人提出告诉的，应当按照被告人的人数提供自诉状副本。

第三百二十条 对自诉案件，人民法院应当在十五日以内审查完毕。经审查，符合受理条件的，应当决定立案，并书面通知自诉人或者代为告诉人。

具有下列情形之一的，应当说服自诉人撤回起诉；自诉人不撤回起诉的，裁定不予受理：

（一）不属于本解释第一条规定的案件的；

（二）缺乏罪证的；

（三）犯罪已过追诉时效期限的；

（四）被告人死亡的；

（五）被告人下落不明的；

（六）除因证据不足而撤诉的以外，自诉人撤诉后，就同一事实又告诉的；

（七）经人民法院调解结案后，自诉人反悔，就同一事实再行告诉的；

（八）属于本解释第一条第二项规定的案件，公安机关正在立案侦查或者人民检察院正在审查起诉的；

（九）不服人民检察院对未成年犯罪嫌疑人作出的附条件不起诉决定或者附条件不起诉考验期满后作出的不起诉决定，向人民法院起诉的。

第三百二十一条 对已经立案，经审查缺乏罪证的自诉案件，自诉人提不出补充证据的，人民法院应当说服其撤回起诉或者裁定驳回起诉；自诉人撤回起诉或者被驳回起诉后，又提出了新的足以证明被告人有罪的证据，再次提起自诉的，人民法院应当受理。

第三百二十二条 自诉人对不予受理或者驳回起诉的裁定不服的，可以提起上诉。

第二审人民法院查明第一审人民法院作出的不予受理裁定有错误的，应当在撤销原裁定的同时，指令第一审人民法院立案受理；查明第一审人民法院驳回起诉裁定有错误的，应当在撤销原裁定的同时，指令第一审人民法院进行审理。

第三百二十三条 自诉人明知有其他共同侵害人，但只对部分侵害人提起自诉的，人民法院应当受理，并告知其放弃告诉的法律后果；自诉人放弃告诉，判决宣告后又对其他共同侵害人就同一事实提起自诉的，人民法院不予受理。

共同被害人中只有部分人告诉的，人民法院应当通知其他被害人参加诉讼，并告知其不参加诉讼的法律后果。被通知人接到通知后表示不参加诉讼或者不出庭的，视为放弃告诉。第一审宣判后，被通知人就同一事实又提起自诉的，人民法院不予受理。但是，当事人另行提起民事诉讼的，不受本解释限制。

第三百二十四条 被告人实施两个以上犯罪行为，分别属于公诉案件和自诉案件，人民法院可以一并审理。对自诉部分的审理，适用本章的规定。

第三百二十五条 自诉案件当事人因客观原因不能取得的证据，申请人民法院调取的，应当说明理由，并提供相关线索或者材料。人民法院认为有必要的，应当及时调取。

对通过信息网络实施的侮辱、诽谤行为，被害人向人民法院告诉，但提供证据确有困难的，人民法院可以要求公安机关提供协助。

第三百二十六条　对犯罪事实清楚，有足够证据的自诉案件，应当开庭审理。

第三百二十七条　自诉案件符合简易程序适用条件的，可以适用简易程序审理。

不适用简易程序审理的自诉案件，参照适用公诉案件第一审普通程序的有关规定。

第三百二十八条　人民法院审理自诉案件，可以在查明事实、分清是非的基础上，根据自愿、合法的原则进行调解。调解达成协议的，应当制作刑事调解书，由审判人员、法官助理、书记员署名，并加盖人民法院印章。调解书经双方当事人签收后，即具有法律效力。调解没有达成协议，或者调解书签收前当事人反悔的，应当及时作出判决。

刑事诉讼法第二百一十条第三项规定的案件不适用调解。

第三百二十九条　判决宣告前，自诉案件的当事人可以自行和解，自诉人可以撤回自诉。

人民法院经审查，认为和解、撤回自诉确属自愿的，应当裁定准许；认为系被强迫、威吓等，并非自愿的，不予准许。

第三百三十条　裁定准许撤诉的自诉案件，被告人被采取强制措施的，人民法院应当立即解除。

第三百三十一条　自诉人经两次传唤，无正当理由拒不到庭，或者未经法庭准许中途退庭的，人民法院应当裁定按撤诉处理。

部分自诉人撤诉或者被裁定按撤诉处理的，不影响案件的继续审理。

第三百三十二条　被告人在自诉案件审判期间下落不明的，人民法院可以裁定中止审理；符合条件的，可以对被告人依法决定逮捕。

第三百三十三条　对自诉案件，应当参照刑事诉讼法第二百条和本解释第二百九十五条的有关规定作出判决。对依法宣告无罪的案件，有附带民事诉讼的，其附带民事部分可以依法进行调解或者一并作出判决，也可以告知附带民事诉讼原告人另行提起民事诉讼。

第三百三十四条　告诉才处理和被害人有证据证明的轻微刑事案件的被告人或者其法定代理人在诉讼过程中，可以对自诉人提起反诉。反诉必须符合下列条件：

（一）反诉的对象必须是本案自诉人；

（二）反诉的内容必须是与本案有关的行为；

（三）反诉的案件必须符合本解释第一条第一项、第二项的规定。

反诉案件适用自诉案件的规定，应当与自诉案件一并审理。自诉人撤诉的，不影响反诉案件的继续审理。

第十一章　单位犯罪案件的审理

第三百三十五条　人民法院受理单位犯罪案件，除依照本解释第二百一十八条的有关规定进行审查外，还应当审查起诉书是否列明被告单位的名称、住所地、联系方式，法定代表人、实际控制人、主要负责人以及代表被告单位出庭的诉讼代表人的姓名、职务、联系方式。需要人民检察院补充材料的，应当通知人民检察院在三日以内补送。

第三百三十六条　被告单位的诉讼代表人，应当是法定代表人、实际控制人或者主要负责人；法定代表人、实际控制人或者主要负责人被指控为单位犯罪直接责任人员或者因客观原因无法出庭的，应当由被告单位委托其他负责人或者职工作为诉讼代表人。但是，有关人员被指控为单位犯罪直接责任人员或者知道案件情况、负有作证义务的除外。

依据前款规定难以确定诉讼代表人的，可以由被告单位委托律师等单位以外的人员作为诉讼代表人。

诉讼代表人不得同时担任被告单位或者被指控为单位犯罪直接责任人员的有关人员的辩护人。

第三百三十七条　开庭审理单位犯罪案件，应当通知被告单位的诉讼代表人出庭；诉讼代表人不符合前条规定的，应当要求人民检察院另行确定。

被告单位的诉讼代表人不出庭的，应当按照下列情形分别处理：

（一）诉讼代表人系被告单位的法定代表人、实际控制人或者主要负责人，无正当理由拒不出庭的，可以拘传其到庭；因客观原因无法出庭，或者下落不明的，应当要求人民检察院另行确定诉讼代表人；

（二）诉讼代表人系其他人员的，应当要求人民检察院另行确定诉讼代表人。

第三百三十八条　被告单位的诉讼代表人享有刑事诉讼法规定的有关被告人的诉讼权利。开庭时，诉讼代表人席位置于审判台前左侧，与辩护人席并列。

第三百三十九条　被告单位委托辩护人的，参照适用本解释的有关规定。

第三百四十条 对应当认定为单位犯罪的案件，人民检察院只作为自然人犯罪起诉的，人民法院应当建议人民检察院对犯罪单位追加起诉。人民检察院仍以自然人犯罪起诉的，人民法院应当依法审理，按照单位犯罪直接负责的主管人员或者其他直接责任人员追究刑事责任，并援引刑法分则关于追究单位犯罪中直接负责的主管人员和其他直接责任人员刑事责任的条款。

第三百四十一条 被告单位的违法所得及其他涉案财物，尚未被依法追缴或者查封、扣押、冻结的，人民法院应当决定追缴或者查封、扣押、冻结。

第三百四十二条 为保证判决的执行，人民法院可以先行查封、扣押、冻结被告单位的财产，或者由被告单位提出担保。

第三百四十三条 采取查封、扣押、冻结等措施，应当严格依照法定程序进行，最大限度降低对被告单位正常生产经营活动的影响。

第三百四十四条 审判期间，被告单位被吊销营业执照、宣告破产但尚未完成清算、注销登记的，应当继续审理；被告单位被撤销、注销的，对单位犯罪直接负责的主管人员和其他直接责任人员应当继续审理。

第三百四十五条 审判期间，被告单位合并、分立的，应当将原单位列为被告单位，并注明合并、分立情况。对被告单位所判处的罚金以其在新单位的财产及收益为限。

第三百四十六条 审理单位犯罪案件，本章没有规定的，参照适用本解释的有关规定。

第十二章 认罪认罚案件的审理

第三百四十七条 刑事诉讼法第十五条规定的“认罪”，是指犯罪嫌疑人、被告人自愿如实供述自己的罪行，对指控的犯罪事实没有异议。

刑事诉讼法第十五条规定的“认罚”，是指犯罪嫌疑人、被告人真诚悔罪，愿意接受处罚。

被告人认罪认罚的，可以依照刑事诉讼法第十五条的规定，在程序上从简、实体上从宽处理。

第三百四十八条 对认罪认罚案件，应当根据案件情况，依法适用速裁程序、简易程序或者普通程序审理。

第三百四十九条 对人民检察院提起公诉的认罪认罚案件，人民法院应当重点审查以下内容：

（一）人民检察院讯问犯罪嫌疑人时，是否告知其诉讼权利和认罪认罚的法律规定；

（二）是否随案移送听取犯罪嫌疑人、辩护人或者值班律师、被害人及其诉讼代理人意见的笔录；

（三）被告人与被害人达成调解、和解协议或者取得被害人谅解的，是否随案移送调解、和解协议、被害人谅解书等相关材料；

（四）需要签署认罪认罚具结书的，是否随案移送具结书。

未随案移送前款规定的材料的，应当要求人民检察院补充。

第三百五十条 人民法院应当将被告人认罪认罚作为其是否具有社会危险性的重要考虑因素。被告人罪行较轻，采用非羁押性强制措施足以防止发生社会危险性的，应当依法适用非羁押性强制措施。

第三百五十一条 对认罪认罚案件，法庭审理时应当告知被告人享有的诉讼权利和认罪认罚的法律规定，审查认罪认罚的自愿性和认罪认罚具结书内容的真实性、合法性。

第三百五十二条 对认罪认罚案件，人民检察院起诉指控的事实清楚，但指控的罪名与审理认定的罪名不一致的，人民法院应当听取人民检察院、被告人及其辩护人对审理认定罪名的意见，依法作出判决。

第三百五十三条 对认罪认罚案件，人民法院经审理认为量刑建议明显不当，或者被告人、辩护人对量刑建议提出异议的，人民检察院可以调整量刑建议。人民检察院不调整或者调整后仍然明显不当的，人民法院应当依法作出判决。

适用速裁程序审理认罪认罚案件，需要调整量刑建议的，应当在庭前或者当庭作出调整；调整量刑建议后，仍然符合速裁程序适用条件的，继续适用速裁程序审理。

第三百五十四条 对量刑建议是否明显不当，应当根据审理认定的犯罪事实、认罪认罚的具体情况，结合相关犯罪的法定刑、类似案件的刑罚适用等作出审查判断。

第三百五十五条 对认罪认罚案件，人民法院一般应当对被告人从轻处罚；符合非监禁刑适用条件的，应当适用非监禁刑；具有法定减轻处罚情节的，可以减轻处罚。

对认罪认罚案件，应当根据被告人认罪认罚的阶段早晚以及认罪认罚的主动性、稳定性、彻底性等，在从宽幅度上体现差异。

共同犯罪案件，部分被告人认罪认罚的，可以依法对该部分被告人从宽处罚，但应当注意全案的量刑平衡。

第三百五十六条 被告人在人民检察院提起公诉前未认罪认罚，在审判阶段认罪认罚的，人民法院可以不再通知人民检察院提出或者调整量刑建议。

对前款规定的案件，人民法院应当就定罪量刑听取控辩双方意见，根据刑事诉讼法第十五条和本解释第三百五十五条的规定作出判决。

第三百五十七条　对被告人在第一审程序中未认罪认罚，在第二审程序中认罪认罚的案件，应当根据其认罪认罚的具体情况决定是否从宽，并依法作出裁判。确定从宽幅度时应当与第一审程序认罪认罚有所区别。

第三百五十八条　案件审理过程中，被告人不再认罪认罚的，人民法院应当根据审理查明的事实，依法作出裁判。需要转换程序的，依照本解释的相关规定处理。

第十三章　简易程序

第三百五十九条　基层人民法院受理公诉案件后，经审查认为案件事实清楚、证据充分的，在将起诉书副本送达被告人时，应当询问被告人对指控的犯罪事实的意见，告知其适用简易程序的法律规定。被告人对指控的犯罪事实没有异议并同意适用简易程序的，可以决定适用简易程序，并在开庭前通知人民检察院和辩护人。

对人民检察院建议或者被告人及其辩护人申请适用简易程序审理的案件，依照前款规定处理；不符合简易程序适用条件的，应当通知人民检察院或者被告人及其辩护人。

第三百六十条　具有下列情形之一的，不适用简易程序：

（一）被告人是盲、聋、哑人的；

（二）被告人是尚未完全丧失辨认或者控制自己行为能力的精神病人的；

（三）案件有重大社会影响的；

（四）共同犯罪案件中部分被告人不认罪或者对适用简易程序有异议的；

（五）辩护人作无罪辩护的；

（六）被告人认罪但经审查认为可能不构成犯罪的；

（七）不宜适用简易程序审理的其他情形。

第三百六十一条　适用简易程序审理的案件，符合刑事诉讼法第三十五条第一款规定的，人民法院应当告知被告人及其近亲属可以申请法律援助。

第三百六十二条　适用简易程序审理案件，人民法院应当在开庭前将开庭的时间、地点通知人民检察院、自诉人、被告人、辩护人，也可以通知其他诉讼参与人。

通知可以采用简便方式，但应当记录在案。

第三百六十三条　适用简易程序审理案件，被告人有辩护人的，应当通知其出庭。

第三百六十四条 适用简易程序审理案件，审判长或者独任审判员应当当庭询问被告人对指控的犯罪事实的意见，告知被告人适用简易程序审理的法律规定，确认被告人是否同意适用简易程序。

第三百六十五条 适用简易程序审理案件，可以对庭审作如下简化：

（一）公诉人可以摘要宣读起诉书；

（二）公诉人、辩护人、审判人员对被告人的讯问、发问可以简化或者省略；

（三）对控辩双方无异议的证据，可以仅就证据的名称及所证明的事项作出说明；对控辩双方有异议或者法庭认为有必要调查核实的证据，应当出示，并进行质证；

（四）控辩双方对与定罪量刑有关的事实、证据没有异议的，法庭审理可以直接围绕罪名确定和量刑问题进行。

适用简易程序审理案件，判决宣告前应当听取被告人的最后陈述。

第三百六十六条 适用简易程序独任审判过程中，发现对被告人可能判处的有期徒刑超过三年的，应当转由合议庭审理。

第三百六十七条 适用简易程序审理案件，裁判文书可以简化。

适用简易程序审理案件，一般应当当庭宣判。

第三百六十八条 适用简易程序审理案件，在法庭审理过程中，具有下列情形之一的，应当转为普通程序审理：

（一）被告人的行为可能不构成犯罪的；

（二）被告人可能不负刑事责任的；

（三）被告人当庭对起诉指控的犯罪事实予以否认的；

（四）案件事实不清、证据不足的；

（五）不应当或者不宜适用简易程序的其他情形。

决定转为普通程序审理的案件，审理期限应当从作出决定之日起计算。

第十四章　速裁程序

第三百六十九条 对人民检察院在提起公诉时建议适用速裁程序的案件，基层人民法院经审查认为案件事实清楚，证据确实、充分，可能判处三年有期徒刑以下刑罚的，在将起诉书副本送达被告人时，应当告知被告人适用速裁程序的法律规定，询问其是否同意适用速裁程序。被告人同意适用速裁程序的，可以决定适用速裁程序，并在开庭前通知人民检察院和辩护人。

对人民检察院未建议适用速裁程序的案件，人民法院经审查认为符合速裁程序适用条件的，可以决定适用速裁程序，并在开庭前通知人民检察院和辩护人。

被告人及其辩护人可以向人民法院提出适用速裁程序的申请。

第三百七十条 具有下列情形之一的，不适用速裁程序：

（一）被告人是盲、聋、哑人的；

（二）被告人是尚未完全丧失辨认或者控制自己行为能力的精神病人的；

（三）被告人是未成年人的；

（四）案件有重大社会影响的；

（五）共同犯罪案件中部分被告人对指控的犯罪事实、罪名、量刑建议或者适用速裁程序有异议的；

（六）被告人与被害人或者其法定代理人没有就附带民事诉讼赔偿等事项达成调解、和解协议的；

（七）辩护人作无罪辩护的；

（八）其他不宜适用速裁程序的情形。

第三百七十一条 适用速裁程序审理案件，人民法院应当在开庭前将开庭的时间、地点通知人民检察院、被告人、辩护人，也可以通知其他诉讼参与人。

通知可以采用简便方式，但应当记录在案。

第三百七十二条 适用速裁程序审理案件，可以集中开庭，逐案审理。公诉人简要宣读起诉书后，审判人员应当当庭询问被告人对指控事实、证据、量刑建议以及适用速裁程序的意见，核实具结书签署的自愿性、真实性、合法性，并核实附带民事诉讼赔偿等情况。

第三百七十三条 适用速裁程序审理案件，一般不进行法庭调查、法庭辩论，但在判决宣告前应当听取辩护人的意见和被告人的最后陈述。

第三百七十四条 适用速裁程序审理案件，裁判文书可以简化。

适用速裁程序审理案件，应当当庭宣判。

第三百七十五条 适用速裁程序审理案件，在法庭审理过程中，具有下列情形之一的，应当转为普通程序或者简易程序审理：

（一）被告人的行为可能不构成犯罪或者不应当追究刑事责任的；

（二）被告人违背意愿认罪认罚的；

（三）被告人否认指控的犯罪事实的；

（四）案件疑难、复杂或者对适用法律有重大争议的；

（五）其他不宜适用速裁程序的情形。

第三百七十六条 决定转为普通程序或者简易程序审理的案件，审理期限应当从作出决定之日起计算。

第三百七十七条 适用速裁程序审理的案件，第二审人民法院依照刑事诉讼法第二百三十六条第一款第三项的规定发回原审人民法院重新审判的，原审人民法院应当适用第一审普通程序重新审判。

第十五章 第二审程序

第三百七十八条 地方各级人民法院在宣告第一审判决、裁定时，应当告知被告人、自诉人及其法定代理人不服判决和准许撤回起诉、终止审理等裁定的，有权在法定期限内以书面或者口头形式，通过本院或者直接向上一级人民法院提出上诉；被告人的辩护人、近亲属经被告人同意，也可以提出上诉；附带民事诉讼当事人及其法定代理人，可以对判决、裁定中的附带民事部分提出上诉。

被告人、自诉人、附带民事诉讼当事人及其法定代理人是否提出上诉，以其在上诉期满前最后一次的意思表示为准。

第三百七十九条 人民法院受理的上诉案件，一般应当有上诉状正本及副本。

上诉状内容一般包括：第一审判决书、裁定书的文号和上诉人收到的时间，第一审人民法院的名称，上诉的请求和理由，提出上诉的时间。被告人的辩护人、近亲属经被告人同意提出上诉的，还应当写明其与被告人的关系，并应当以被告人作为上诉人。

第三百八十条 上诉、抗诉必须在法定期限内提出。不服判决的上诉、抗诉的期限为十日；不服裁定的上诉、抗诉的期限为五日。上诉、抗诉的期限，从接到判决书、裁定书的第二日起计算。

对附带民事判决、裁定的上诉、抗诉期限，应当按照刑事部分的上诉、抗诉期限确定。附带民事部分另行审判的，上诉期限也应当按照刑事诉讼法规定的期限确定。

第三百八十一条 上诉人通过第一审人民法院提出上诉的，第一审人民法院应当审查。上诉符合法律规定的，应当在上诉期满后三日以内将上诉状连同案卷、证据移送上一级人民法院，并将上诉状副本送交同级人民检察院和对方当事人。

第三百八十二条 上诉人直接向第二审人民法院提出上诉的，第二审人民法院应当在收到上诉状后三日以内将上诉状交第一审人民法院。第一审人民法院应当审查上诉是否符合法律规定。符合法律规定的，应当在接到上诉状后三日以内将上诉状连同案卷、证据移送上一级人民法院，并将上诉状副本送交同级人民检察院和对方当事人。

第三百八十三条 上诉人在上诉期限内要求撤回上诉的，人民法院应当准许。

上诉人在上诉期满后要求撤回上诉的，第二审人民法院经审查，认为原判认定事实和适用法律正确，量刑适当的，应当裁定准许；认为原判确有错误的，应当不予准许，继续按照上诉案件审理。

被判处死刑立即执行的被告人提出上诉，在第二审开庭后宣告裁判前申请撤回上诉的，应当不予准许，继续按照上诉案件审理。

第三百八十四条 地方各级人民检察院对同级人民法院第一审判决、裁定的抗诉，应当通过第一审人民法院提交抗诉书。第一审人民法院应当在抗诉期满后三日以内将抗诉书连同案卷、证据移送上一级人民法院，并将抗诉书副本送交当事人。

第三百八十五条 人民检察院在抗诉期限内要求撤回抗诉的，人民法院应当准许。

人民检察院在抗诉期满后要求撤回抗诉的，第二审人民法院可以裁定准许，但是认为原判存在将无罪判为有罪、轻罪重判等情形的，应当不予准许，继续审理。

上级人民检察院认为下级人民检察院抗诉不当，向第二审人民法院要求撤回抗诉的，适用前两款规定。

第三百八十六条 在上诉、抗诉期满前撤回上诉、抗诉的，第一审判决、裁定在上诉、抗诉期满之日起生效。在上诉、抗诉期满后要求撤回上诉、抗诉，第二审人民法院裁定准许的，第一审判决、裁定应当自第二审裁定书送达上诉人或者抗诉机关之日起生效。

第三百八十七条 第二审人民法院对第一审人民法院移送的上诉、抗诉案卷、证据，应当审查是否包括下列内容：

（一）移送上诉、抗诉案件函；

（二）上诉状或者抗诉书；

（三）第一审判决书、裁定书八份（每增加一名被告人增加一份）及其电子文本；

（四）全部案卷、证据，包括案件审理报告和其他应当移送的材料。

前款所列材料齐全的，第二审人民法院应当收案；材料不全的，应当通知第一审人民法院及时补送。

第三百八十八条 第二审人民法院审理上诉、抗诉案件，应当就第一审判决、裁定认定的事实和适用法律进行全面审查，不受上诉、抗诉范围的限制。

第三百八十九条 共同犯罪案件，只有部分被告人提出上诉，或者自诉人只对部分被告人的判决提出上诉，或者人民检察院只对部分被告人的判决提出抗诉的，第二审人民法院应当对全案进行审查，一并处理。

第三百九十条 共同犯罪案件，上诉的被告人死亡，其他被告人未上诉的，第二审人民法院应当对死亡的被告人终止审理；但有证据证明被告人无罪，经缺席审理确认无罪的，应当判决宣告被告人无罪。

具有前款规定的情形，第二审人民法院仍应对全案进行审查，对其他同案被告人作出判决、裁定。

第三百九十一条 对上诉、抗诉案件，应当着重审查下列内容：

（一）第一审判决认定的事实是否清楚，证据是否确实、充分；

（二）第一审判决适用法律是否正确，量刑是否适当；

（三）在调查、侦查、审查起诉、第一审程序中，有无违反法定程序的情形；

（四）上诉、抗诉是否提出新的事实、证据；

（五）被告人的供述和辩解情况；

（六）辩护人的辩护意见及采纳情况；

（七）附带民事部分的判决、裁定是否合法、适当；

（八）对涉案财物的处理是否正确；

（九）第一审人民法院合议庭、审判委员会讨论的意见。

第三百九十二条 第二审期间，被告人除自行辩护外，还可以继续委托第一审辩护人或者另行委托辩护人辩护。

共同犯罪案件，只有部分被告人提出上诉，或者自诉人只对部分被告人的判决提出上诉，或者人民检察院只对部分被告人的判决提出抗诉的，其他同案被告人也可以委托辩护人辩护。

第三百九十三条 下列案件，根据刑事诉讼法第二百三十四条的规定，应当开庭审理：

（一）被告人、自诉人及其法定代理人对第一审认定的事实、证据提出异议，可能影响定罪量刑的上诉案件；

（二）被告人被判处死刑的上诉案件；

（三）人民检察院抗诉的案件；

（四）应当开庭审理的其他案件。

被判处死刑的被告人没有上诉，同案的其他被告人上诉的案件，第二审人民法院应当开庭审理。

第三百九十四条 对上诉、抗诉案件，第二审人民法院经审查，认为原判事实不清、证据不足，或者具有刑事诉讼法第二百三十八条规定的违反法定诉讼程序情形，需要发回重新审判的，可以不开庭审理。

第三百九十五条 第二审期间，人民检察院或者被告人及其辩护人提交新证据的，人民法院应当及时通知对方查阅、摘抄或者复制。

第三百九十六条 开庭审理第二审公诉案件，应当在决定开庭审理后及时通知人民检察院查阅案卷。自通知后的第二日起，人民检察院查阅案卷的时间不计入审理期限。

第三百九十七条 开庭审理上诉、抗诉的公诉案件，应当通知同级人民检察院派员出庭。

抗诉案件，人民检察院接到开庭通知后不派员出庭，且未说明原因的，人民法院可以裁定按人民检察院撤回抗诉处理。

第三百九十八条 开庭审理上诉、抗诉案件，除参照适用第一审程序的有关规定外，应当按照下列规定进行：

（一）法庭调查阶段，审判人员宣读第一审判决书、裁定书后，上诉案件由上诉人或者辩护人先宣读上诉状或者陈述上诉理由，抗诉案件由检察员先宣读抗诉书；既有上诉又有抗诉的案件，先由检察员宣读抗诉书，再由上诉人或者辩护人宣读上诉状或者陈述上诉理由；

（二）法庭辩论阶段，上诉案件，先由上诉人、辩护人发言，后由检察员、诉讼代理人发言；抗诉案件，先由检察员、诉讼代理人发言，后由被告人、辩护人发言；既有上诉又有抗诉的案件，先由检察员、诉讼代理人发言，后由上诉人、辩护人发言。

第三百九十九条 开庭审理上诉、抗诉案件，可以重点围绕对第一审判决、裁定有争议的问题或者有疑问的部分进行。根据案件情况，可以按照下列方式审理：

（一）宣读第一审判决书，可以只宣读案由、主要事实、证据名称和判决主文等；

（二）法庭调查应当重点围绕对第一审判决提出异议的事实、证据以及新的证据等进行；对没有异议的事实、证据和情节，可以直接确认；

（三）对同案审理案件中未上诉的被告人，未被申请出庭或者人民法院认为没有必要到庭的，可以不再传唤到庭；

（四）被告人犯有数罪的案件，对其中事实清楚且无异议的犯罪，可以不在庭审时审理。

同案审理的案件，未提出上诉、人民检察院也未对其判决提出抗诉的被告人要求出庭的，应当准许。出庭的被告人可以参加法庭调查和辩论。

第四百条 第二审案件依法不开庭审理的，应当讯问被告人，听取其他当事人、辩护人、诉讼代理人的意见。合议庭全体成员应当阅卷，必要时应当提交书面阅卷意见。

第四百零一条 审理被告人或者其法定代理人、辩护人、近亲属提出上诉的案件，不得对被告人的刑罚作出实质不利的改判，并应当执行下列规定：

（一）同案审理的案件，只有部分被告人上诉的，既不得加重上诉人的刑罚，也不得加重其他同案被告人的刑罚；

（二）原判认定的罪名不当的，可以改变罪名，但不得加重刑罚或者对刑罚执行产生不利影响；

（三）原判认定的罪数不当的，可以改变罪数，并调整刑罚，但不得加重决定执行的刑罚或者对刑罚执行产生不利影响；

（四）原判对被告人宣告缓刑的，不得撤销缓刑或者延长缓刑考验期；

（五）原判没有宣告职业禁止、禁止令的，不得增加宣告；原判宣告职业禁止、禁止令的，不得增加内容、延长期限；

（六）原判对被告人判处死刑缓期执行没有限制减刑、决定终身监禁的，不得限制减刑、决定终身监禁；

（七）原判判处的刑罚不当、应当适用附加刑而没有适用的，不得直接加重刑罚、适用附加刑。原判判处的刑罚畸轻，必须依法改判的，应当在第二审判决、裁定生效后，依照审判监督程序重新审判。

人民检察院抗诉或者自诉人上诉的案件，不受前款规定的限制。

第四百零二条 人民检察院只对部分被告人的判决提出抗诉，或者自诉人只对部分被告人的判决提出上诉的，第二审人民法院不得对其他同案被告人加重刑罚。

第四百零三条 被告人或者其法定代理人、辩护人、近亲属提出上诉，人民检察院未提出抗诉的案件，第二审人民法院发回重新审判后，除有新的犯罪事实且人民检察院补充起诉的以外，原审人民法院不得加重被告人的刑罚。

对前款规定的案件，原审人民法院对上诉发回重新审判的案件依法作出判决后，人民检察院抗诉的，第二审人民法院不得改判为重于原审人民法院第一次判处的刑罚。

第四百零四条 第二审人民法院认为第一审判决事实不清、证据不足的，可以在查清事实后改判，也可以裁定撤销原判，发回原审人民法院重新审判。

有多名被告人的案件，部分被告人的犯罪事实不清、证据不足或者有新的犯罪事实需要追诉，且有关犯罪与其他同案被告人没有关联的，第二审人民法院根据案件情况，可以对该部分被告人分案处理，将该部分被告人发回原审人民法院重新审判。原审人民法院重新作出判决后，被告人上诉或者人民检察院抗诉，其他被告人的案件尚未作出第二审判决、裁定的，第二审人民法院可以并案审理。

第四百零五条　原判事实不清、证据不足，第二审人民法院发回重新审判的案件，原审人民法院重新作出判决后，被告人上诉或者人民检察院抗诉的，第二审人民法院应当依法作出判决、裁定，不得再发回重新审判。

第四百零六条　第二审人民法院发现原审人民法院在重新审判过程中，有刑事诉讼法第二百三十八条规定的情形之一，或者违反第二百三十九条规定的，应当裁定撤销原判，发回重新审判。

第四百零七条　第二审人民法院审理对刑事部分提出上诉、抗诉，附带民事部分已经发生法律效力的案件，发现第一审判决、裁定中的附带民事部分确有错误的，应当依照审判监督程序对附带民事部分予以纠正。

第四百零八条　刑事附带民事诉讼案件，只有附带民事诉讼当事人及其法定代理人上诉的，第一审刑事部分的判决在上诉期满后即发生法律效力。

应当送监执行的第一审刑事被告人是第二审附带民事诉讼被告人的，在第二审附带民事诉讼案件审结前，可以暂缓送监执行。

第四百零九条　第二审人民法院审理对附带民事部分提出上诉，刑事部分已经发生法律效力的案件，应当对全案进行审查，并按照下列情形分别处理：

（一）第一审判决的刑事部分并无不当的，只需就附带民事部分作出处理；

（二）第一审判决的刑事部分确有错误的，依照审判监督程序对刑事部分进行再审，并将附带民事部分与刑事部分一并审理。

第四百一十条　第二审期间，第一审附带民事诉讼原告人增加独立的诉讼请求或者第一审附带民事诉讼被告人提出反诉的，第二审人民法院可以根据自愿、合法的原则进行调解；调解不成的，告知当事人另行起诉。

第四百一十一条　对第二审自诉案件，必要时可以调解，当事人也可以自行和解。调解结案的，应当制作调解书，第一审判决、裁定视为自动撤销。当事人自行和解的，依照本解释第三百二十九条的规定处理；裁定准许撤回自诉的，应当撤销第一审判决、裁定。

第四百一十二条　第二审期间，自诉案件的当事人提出反诉的，应当告知其另行起诉。

第四百一十三条　第二审人民法院可以委托第一审人民法院代为宣判，并向当事人送达第二审判决书、裁定书。第一审人民法院应当在代为宣判后五日以内将宣判笔录送交第二审人民法院，并在送达完毕后及时将送达回证送交第二审人民法院。

委托宣判的，第二审人民法院应当直接向同级人民检察院送达第二审判决书、裁定书。

第二审判决、裁定是终审的判决、裁定的，自宣告之日起发生法律效力。

第十六章　在法定刑以下判处刑罚和特殊假释的核准

第四百一十四条　报请最高人民法院核准在法定刑以下判处刑罚的案件，应当按照下列情形分别处理：

（一）被告人未上诉、人民检察院未抗诉的，在上诉、抗诉期满后三日以内报请上一级人民法院复核。上级人民法院同意原判的，应当书面层报最高人民法院核准；不同意的，应当裁定发回重新审判，或者按照第二审程序提审；

（二）被告人上诉或者人民检察院抗诉的，上一级人民法院维持原判，或者改判后仍在法定刑以下判处刑罚的，应当依照前项规定层报最高人民法院核准。

第四百一十五条　对符合刑法第六十三条第二款规定的案件，第一审人民法院未在法定刑以下判处刑罚的，第二审人民法院可以在法定刑以下判处刑罚，并层报最高人民法院核准。

第四百一十六条　报请最高人民法院核准在法定刑以下判处刑罚的案件，应当报送判决书、报请核准的报告各五份，以及全部案卷、证据。

第四百一十七条　对在法定刑以下判处刑罚的案件，最高人民法院予以核准的，应当作出核准裁定书；不予核准的，应当作出不核准裁定书，并撤销原判决、裁定，发回原审人民法院重新审判或者指定其他下级人民法院重新审判。

第四百一十八条　依照本解释第四百一十四条、第四百一十七条规定发回第二审人民法院重新审判的案件，第二审人民法院可以直接改判；必须通过开庭查清事实、核实证据或者纠正原审程序违法的，应当开庭审理。

第四百一十九条　最高人民法院和上级人民法院复核在法定刑以下判处刑罚案件的审理期限，参照适用刑事诉讼法第二百四十三条的规定。

第四百二十条　报请最高人民法院核准因罪犯具有特殊情况，不受执行刑期限制的假释案件，应当按照下列情形分别处理：

（一）中级人民法院依法作出假释裁定后，应当报请高级人民法院复核。

高级人民法院同意的，应当书面报请最高人民法院核准；不同意的，应当裁定撤销中级人民法院的假释裁定；

（二）高级人民法院依法作出假释裁定的，应当报请最高人民法院核准。

第四百二十一条　报请最高人民法院核准因罪犯具有特殊情况，不受执行刑期限制的假释案件，应当报送报请核准的报告、罪犯具有特殊情况的报告、假释裁定书各五份，以及全部案卷。

第四百二十二条　对因罪犯具有特殊情况，不受执行刑期限制的假释案件，最高人民法院予以核准的，应当作出核准裁定书；不予核准的，应当作出不核准裁定书，并撤销原裁定。

第十七章　死刑复核程序

第四百二十三条　报请最高人民法院核准死刑的案件，应当按照下列情形分别处理：

（一）中级人民法院判处死刑的第一审案件，被告人未上诉、人民检察院未抗诉的，在上诉、抗诉期满后十日以内报请高级人民法院复核。高级人民法院同意判处死刑的，应当在作出裁定后十日以内报请最高人民法院核准；认为原判认定的某一具体事实或者引用的法律条款等存在瑕疵，但判处被告人死刑并无不当的，可以在纠正后作出核准的判决、裁定；不同意判处死刑的，应当依照第二审程序提审或者发回重新审判；

（二）中级人民法院判处死刑的第一审案件，被告人上诉或者人民检察院抗诉，高级人民法院裁定维持的，应当在作出裁定后十日以内报请最高人民法院核准；

（三）高级人民法院判处死刑的第一审案件，被告人未上诉、人民检察院未抗诉的，应当在上诉、抗诉期满后十日以内报请最高人民法院核准。

高级人民法院复核死刑案件，应当讯问被告人。

第四百二十四条　中级人民法院判处死刑缓期执行的第一审案件，被告人未上诉、人民检察院未抗诉的，应当报请高级人民法院核准。

高级人民法院复核死刑缓期执行案件，应当讯问被告人。

第四百二十五条　报请复核的死刑、死刑缓期执行案件，应当一案一报。报送的材料包括报请复核的报告，第一、二审裁判文书，案件综合报告各五份以及全部案卷、证据。案件综合报告，第一、二审裁判文书和审理报告应当附送电子文本。

同案审理的案件应当报送全案案卷、证据。

曾经发回重新审判的案件，原第一、二审案卷应当一并报送。

第四百二十六条 报请复核死刑、死刑缓期执行的报告，应当写明案由、简要案情、审理过程和判决结果。

案件综合报告应当包括以下内容：

（一）被告人、被害人的基本情况。被告人有前科或者曾受过行政处罚、处分的，应当写明；

（二）案件的由来和审理经过。案件曾经发回重新审判的，应当写明发回重新审判的原因、时间、案号等；

（三）案件侦破情况。通过技术调查、侦查措施抓获被告人、侦破案件，以及与自首、立功认定有关的情况，应当写明；

（四）第一审审理情况。包括控辩双方意见，第一审认定的犯罪事实，合议庭和审判委员会意见；

（五）第二审审理或者高级人民法院复核情况。包括上诉理由、人民检察院的意见，第二审审理或者高级人民法院复核认定的事实，证据采信情况及理由，控辩双方意见及采纳情况；

（六）需要说明的问题。包括共同犯罪案件中另案处理的同案犯的处理情况，案件有无重大社会影响，以及当事人的反应等情况；

（七）处理意见。写明合议庭和审判委员会的意见。

第四百二十七条 复核死刑、死刑缓期执行案件，应当全面审查以下内容：

（一）被告人的年龄，被告人有无刑事责任能力、是否系怀孕的妇女；

（二）原判认定的事实是否清楚，证据是否确实、充分；

（三）犯罪情节、后果及危害程度；

（四）原判适用法律是否正确，是否必须判处死刑，是否必须立即执行；

（五）有无法定、酌定从重、从轻或者减轻处罚情节；

（六）诉讼程序是否合法；

（七）应当审查的其他情况。

复核死刑、死刑缓期执行案件，应当重视审查被告人及其辩护人的辩解、辩护意见。

第四百二十八条 高级人民法院复核死刑缓期执行案件，应当按照下列情形分别处理：

（一）原判认定事实和适用法律正确、量刑适当、诉讼程序合法的，应当裁定核准；

（二）原判认定的某一具体事实或者引用的法律条款等存在瑕疵，但判处被告人死刑缓期执行并无不当的，可以在纠正后作出核准的判决、裁定；

（三）原判认定事实正确，但适用法律有错误，或者量刑过重的，应当改判；

（四）原判事实不清、证据不足的，可以裁定不予核准，并撤销原判，发回重新审判，或者依法改判；

（五）复核期间出现新的影响定罪量刑的事实、证据的，可以裁定不予核准，并撤销原判，发回重新审判，或者依照本解释第二百七十一条的规定审理后依法改判；

（六）原审违反法定诉讼程序，可能影响公正审判的，应当裁定不予核准，并撤销原判，发回重新审判。

复核死刑缓期执行案件，不得加重被告人的刑罚。

第四百二十九条　最高人民法院复核死刑案件，应当按照下列情形分别处理：

（一）原判认定事实和适用法律正确、量刑适当、诉讼程序合法的，应当裁定核准；

（二）原判认定的某一具体事实或者引用的法律条款等存在瑕疵，但判处被告人死刑并无不当的，可以在纠正后作出核准的判决、裁定；

（三）原判事实不清、证据不足的，应当裁定不予核准，并撤销原判，发回重新审判；

（四）复核期间出现新的影响定罪量刑的事实、证据的，应当裁定不予核准，并撤销原判，发回重新审判；

（五）原判认定事实正确、证据充分，但依法不应当判处死刑的，应当裁定不予核准，并撤销原判，发回重新审判；根据案件情况，必要时，也可以依法改判；

（六）原审违反法定诉讼程序，可能影响公正审判的，应当裁定不予核准，并撤销原判，发回重新审判。

第四百三十条　最高人民法院裁定不予核准死刑的，根据案件情况，可以发回第二审人民法院或者第一审人民法院重新审判。

对最高人民法院发回第二审人民法院重新审判的案件，第二审人民法院一般不得发回第一审人民法院重新审判。

第一审人民法院重新审判的，应当开庭审理。第二审人民法院重新审判的，可以直接改判；必须通过开庭查清事实、核实证据或者纠正原审程序违法的，应当开庭审理。

第四百三十一条　高级人民法院依照复核程序审理后报请最高人民法院核

准死刑，最高人民法院裁定不予核准，发回高级人民法院重新审判的，高级人民法院可以依照第二审程序提审或者发回重新审判。

第四百三十二条 最高人民法院裁定不予核准死刑，发回重新审判的案件，原审人民法院应当另行组成合议庭审理，但本解释第四百二十九条第四项、第五项规定的案件除外。

第四百三十三条 依照本解释第四百三十条、第四百三十一条发回重新审判的案件，第一审人民法院判处死刑、死刑缓期执行的，上一级人民法院依照第二审程序或者复核程序审理后，应当依法作出判决或者裁定，不得再发回重新审判。但是，第一审人民法院有刑事诉讼法第二百三十八条规定的情形或者违反刑事诉讼法第二百三十九条规定的除外。

第四百三十四条 死刑复核期间，辩护律师要求当面反映意见的，最高人民法院有关合议庭应当在办公场所听取其意见，并制作笔录；辩护律师提出书面意见的，应当附卷。

第四百三十五条 死刑复核期间，最高人民检察院提出意见的，最高人民法院应当审查，并将采纳情况及理由反馈最高人民检察院。

第四百三十六条 最高人民法院应当根据有关规定向最高人民检察院通报死刑案件复核结果。

第十八章 涉案财物处理

第四百三十七条 人民法院对查封、扣押、冻结的涉案财物及其孳息，应当妥善保管，并制作清单，附卷备查；对人民检察院随案移送的实物，应当根据清单核查后妥善保管。任何单位和个人不得挪用或者自行处理。

查封不动产、车辆、船舶、航空器等财物，应当扣押其权利证书，经拍照或者录像后原地封存，或者交持有人、被告人的近亲属保管，登记并写明财物的名称、型号、权属、地址等详细信息，并通知有关财物的登记、管理部门办理查封登记手续。

扣押物品，应当登记并写明物品名称、型号、规格、数量、重量、质量、成色、纯度、颜色、新旧程度、缺损特征和来源等。扣押货币、有价证券，应当登记并写明货币、有价证券的名称、数额、面额等，货币应当存入银行专门账户，并登记银行存款凭证的名称、内容。扣押文物、金银、珠宝、名贵字画等贵重物品以及违禁品，应当拍照，需要鉴定的，应当及时鉴定。对扣押的物品应当根据有关规定及时估价。

冻结存款、汇款、债券、股票、基金份额等财产，应当登记并写明编号、种类、面值、张数、金额等。

第四百三十八条 对被害人的合法财产，权属明确的，应当依法及时返还，但须经拍照、鉴定、估价，并在案卷中注明返还的理由，将原物照片、清单和被害人的领取手续附卷备查；权属不明的，应当在人民法院判决、裁定生效后，按比例返还被害人，但已获退赔的部分应予扣除。

第四百三十九条 审判期间，对不宜长期保存、易贬值或者市场价格波动大的财产，或者有效期即将届满的票据等，经权利人申请或者同意，并经院长批准，可以依法先行处置，所得款项由人民法院保管。

涉案财物先行处置应当依法、公开、公平。

第四百四十条 对作为证据使用的实物，应当随案移送。第一审判决、裁定宣告后，被告人上诉或者人民检察院抗诉的，第一审人民法院应当将上述证据移送第二审人民法院。

第四百四十一条 对实物未随案移送的，应当根据情况，分别审查以下内容：

（一）大宗的、不便搬运的物品，是否随案移送查封、扣押清单，并附原物照片和封存手续，注明存放地点等；

（二）易腐烂、霉变和不易保管的物品，查封、扣押机关变卖处理后，是否随案移送原物照片、清单、变价处理的凭证（复印件）等；

（三）枪支弹药、剧毒物品、易燃易爆物品以及其他违禁品、危险物品，查封、扣押机关根据有关规定处理后，是否随案移送原物照片和清单等。

上述未随案移送的实物，应当依法鉴定、估价的，还应当审查是否附有鉴定、估价意见。

对查封、扣押的货币、有价证券等，未移送实物的，应当审查是否附有原物照片、清单或者其他证明文件。

第四百四十二条 法庭审理过程中，应当依照本解释第二百七十九条的规定，依法对查封、扣押、冻结的财物及其孳息进行审查。

第四百四十三条 被告人将依法应当追缴的涉案财物用于投资或者置业的，对因此形成的财产及其收益，应当追缴。

被告人将依法应当追缴的涉案财物与其他合法财产共同用于投资或者置业的，对因此形成的财产中与涉案财物对应的份额及其收益，应当追缴。

第四百四十四条 对查封、扣押、冻结的财物及其孳息，应当在判决书中写明名称、金额、数量、存放地点及其处理方式等。涉案财物较多，不宜在判决主文中详细列明的，可以附清单。

判决追缴违法所得或者责令退赔的，应当写明追缴、退赔的金额或者财物的名称、数量等情况；已经发还的，应当在判决书中写明。

第四百四十五条 查封、扣押、冻结的财物及其孳息，经审查，确属违法所得或者依法应当追缴的其他涉案财物的，应当判决返还被害人，或者没收上缴国库，但法律另有规定的除外。

对判决时尚未追缴到案或者尚未足额退赔的违法所得，应当判决继续追缴或者责令退赔。

判决返还被害人的涉案财物，应当通知被害人认领；无人认领的，应当公告通知；公告满一年无人认领的，应当上缴国库；上缴国库后有人认领，经查证属实的，应当申请退库予以返还；原物已经拍卖、变卖的，应当返还价款。

对侵犯国有财产的案件，被害单位已经终止且没有权利义务继受人，或者损失已经被核销的，查封、扣押、冻结的财物及其孳息应当上缴国库。

第四百四十六条 第二审期间，发现第一审判决未对随案移送的涉案财物及其孳息作出处理的，可以裁定撤销原判，发回原审人民法院重新审判，由原审人民法院依法对涉案财物及其孳息一并作出处理。

判决生效后，发现原判未对随案移送的涉案财物及其孳息作出处理的，由原审人民法院依法对涉案财物及其孳息另行作出处理。

第四百四十七条 随案移送的或者人民法院查封、扣押的财物及其孳息，由第一审人民法院在判决生效后负责处理。

实物未随案移送、由扣押机关保管的，人民法院应当在判决生效后十日以内，将判决书、裁定书送达扣押机关，并告知其在一个月以内将执行回单送回，确因客观原因无法按时完成的，应当说明原因。

第四百四十八条 对冻结的存款、汇款、债券、股票、基金份额等财产判决没收的，第一审人民法院应当在判决生效后，将判决书、裁定书送达相关金融机构和财政部门，通知相关金融机构依法上缴国库并在接到执行通知书后十五日以内，将上缴国库的凭证、执行回单送回。

第四百四十九条 查封、扣押、冻结的财物与本案无关但已列入清单的，应当由查封、扣押、冻结机关依法处理。

查封、扣押、冻结的财物属于被告人合法所有的，应当在赔偿被害人损失、执行财产刑后及时返还被告人。

第四百五十条 查封、扣押、冻结财物及其处理，本解释没有规定的，参照适用其他司法解释的有关规定。

第十九章 审判监督程序

第四百五十一条 当事人及其法定代理人、近亲属对已经发生法律效力的判决、裁定提出申诉的，人民法院应当审查处理。

案外人认为已经发生法律效力的判决、裁定侵害其合法权益，提出申诉的，人民法院应当审查处理。

申诉可以委托律师代为进行。

第四百五十二条　向人民法院申诉，应当提交以下材料：

（一）申诉状。应当写明当事人的基本情况、联系方式以及申诉的事实与理由；

（二）原一、二审判决书、裁定书等法律文书。经过人民法院复查或者再审的，应当附有驳回申诉通知书、再审决定书、再审判决书、裁定书；

（三）其他相关材料。以有新的证据证明原判决、裁定认定的事实确有错误为由申诉的，应当同时附有相关证据材料；申请人民法院调查取证的，应当附有相关线索或者材料。

申诉符合前款规定的，人民法院应当出具收到申诉材料的回执。申诉不符合前款规定的，人民法院应当告知申诉人补充材料；申诉人拒绝补充必要材料且无正当理由的，不予审查。

第四百五十三条　申诉由终审人民法院审查处理。但是，第二审人民法院裁定准许撤回上诉的案件，申诉人对第一审判决提出申诉的，可以由第一审人民法院审查处理。

上一级人民法院对未经终审人民法院审查处理的申诉，可以告知申诉人向终审人民法院提出申诉，或者直接交终审人民法院审查处理，并告知申诉人；案件疑难、复杂、重大的，也可以直接审查处理。

对未经终审人民法院及其上一级人民法院审查处理，直接向上级人民法院申诉的，上级人民法院应当告知申诉人向下级人民法院提出。

第四百五十四条　最高人民法院或者上级人民法院可以指定终审人民法院以外的人民法院对申诉进行审查。被指定的人民法院审查后，应当制作审查报告，提出处理意见，层报最高人民法院或者上级人民法院审查处理。

第四百五十五条　对死刑案件的申诉，可以由原核准的人民法院直接审查处理，也可以交由原审人民法院审查。原审人民法院应当制作审查报告，提出处理意见，层报原核准的人民法院审查处理。

第四百五十六条　对立案审查的申诉案件，人民法院可以听取当事人和原办案单位的意见，也可以对原判据以定罪量刑的证据和新的证据进行核实。必要时，可以进行听证。

第四百五十七条　对立案审查的申诉案件，应当在三个月以内作出决定，至迟不得超过六个月。因案件疑难、复杂、重大或者其他特殊原因需要延长审查期限的，参照本解释第二百一十条的规定处理。

经审查，具有下列情形之一的，应当根据刑事诉讼法第二百五十三条的规定，决定重新审判：

（一）有新的证据证明原判决、裁定认定的事实确有错误，可能影响定罪量刑的；

（二）据以定罪量刑的证据不确实、不充分、依法应当排除的；

（三）证明案件事实的主要证据之间存在矛盾的；

（四）主要事实依据被依法变更或者撤销的；

（五）认定罪名错误的；

（六）量刑明显不当的；

（七）对违法所得或者其他涉案财物的处理确有明显错误的；

（八）违反法律关于溯及力规定的；

（九）违反法定诉讼程序，可能影响公正裁判的；

（十）审判人员在审理该案件时有贪污受贿、徇私舞弊、枉法裁判行为的。

申诉不具有上述情形的，应当说服申诉人撤回申诉；对仍然坚持申诉的，应当书面通知驳回。

第四百五十八条 具有下列情形之一，可能改变原判决、裁定据以定罪量刑的事实的证据，应当认定为刑事诉讼法第二百五十三条第一项规定的“新的证据”：

（一）原判决、裁定生效后新发现的证据；

（二）原判决、裁定生效前已经发现，但未予收集的证据；

（三）原判决、裁定生效前已经收集，但未经质证的证据；

（四）原判决、裁定所依据的鉴定意见，勘验、检查等笔录被改变或者否定的；

（五）原判决、裁定所依据的被告人供述、证人证言等证据发生变化，影响定罪量刑，且有合理理由的。

第四百五十九条 申诉人对驳回申诉不服的，可以向上一级人民法院申诉。上一级人民法院经审查认为申诉不符合刑事诉讼法第二百五十三条和本解释第四百五十七条第二款规定的，应当说服申诉人撤回申诉；对仍然坚持申诉的，应当驳回或者通知不予重新审判。

第四百六十条 各级人民法院院长发现本院已经发生法律效力的判决、裁定确有错误的，应当提交审判委员会讨论决定是否再审。

第四百六十一条 上级人民法院发现下级人民法院已经发生法律效力的判

决、裁定确有错误的，可以指令下级人民法院再审；原判决、裁定认定事实正确但适用法律错误，或者案件疑难、复杂、重大，或者有不宜由原审人民法院审理情形的，也可以提审。

上级人民法院指令下级人民法院再审的，一般应当指令原审人民法院以外的下级人民法院审理；由原审人民法院审理更有利于查明案件事实、纠正裁判错误的，可以指令原审人民法院审理。

第四百六十二条 对人民检察院依照审判监督程序提出抗诉的案件，人民法院应当在收到抗诉书后一个月以内立案。但是，有下列情形之一的，应当区别情况予以处理：

（一）不属于本院管辖的，应当将案件退回人民检察院；

（二）按照抗诉书提供的住址无法向被抗诉的原审被告人送达抗诉书的，应当通知人民检察院在三日以内重新提供原审被告人的住址；逾期未提供的，将案件退回人民检察院；

（三）以有新的证据为由提出抗诉，但未附相关证据材料或者有关证据不是指向原起诉事实的，应当通知人民检察院在三日以内补送相关材料；逾期未补送的，将案件退回人民检察院。

决定退回的抗诉案件，人民检察院经补充相关材料后再次抗诉，经审查符合受理条件的，人民法院应当受理。

第四百六十三条 对人民检察院依照审判监督程序提出抗诉的案件，接受抗诉的人民法院应当组成合议庭审理。对原判事实不清、证据不足，包括有新的证据证明原判可能有错误，需要指令下级人民法院再审的，应当在立案之日起一个月以内作出决定，并将指令再审决定书送达抗诉的人民检察院。

第四百六十四条 对决定依照审判监督程序重新审判的案件，人民法院应当制作再审决定书。再审期间不停止原判决、裁定的执行，但被告人可能经再审改判无罪，或者可能经再审减轻原判刑罚而致刑期届满的，可以决定中止原判决、裁定的执行，必要时，可以对被告人采取取保候审、监视居住措施。

第四百六十五条 依照审判监督程序重新审判的案件，人民法院应当重点针对申诉、抗诉和决定再审的理由进行审理。必要时，应当对原判决、裁定认定的事实、证据和适用法律进行全面审查。

第四百六十六条 原审人民法院审理依照审判监督程序重新审判的案件，应当另行组成合议庭。

原来是第一审案件，应当依照第一审程序进行审判，所作的判决、裁定可以上诉、抗诉；原来是第二审案件，或者是上级人民法院提审的案件，应当依照第二审程序进行审判，所作的判决、裁定是终审的判决、裁定。

符合刑事诉讼法第二百九十六条、第二百九十七条规定的，可以缺席审判。

第四百六十七条 对依照审判监督程序重新审判的案件，人民法院在依照第一审程序进行审判的过程中，发现原审被告人还有其他犯罪的，一般应当并案审理，但分案审理更为适宜的，可以分案审理。

第四百六十八条 开庭审理再审案件，再审决定书或者抗诉书只针对部分原审被告人，其他同案原审被告人不出庭不影响审理的，可以不出庭参加诉讼。

第四百六十九条 除人民检察院抗诉的以外，再审一般不得加重原审被告人的刑罚。再审决定书或者抗诉书只针对部分原审被告人的，不得加重其他同案原审被告人的刑罚。

第四百七十条 人民法院审理人民检察院抗诉的再审案件，人民检察院在开庭审理前撤回抗诉的，应当裁定准许；人民检察院接到出庭通知后不派员出庭，且未说明原因的，可以裁定按撤回抗诉处理，并通知诉讼参与人。

人民法院审理申诉人申诉的再审案件，申诉人在再审期间撤回申诉的，可以裁定准许；但认为原判确有错误的，应当不予准许，继续按照再审案件审理。申诉人经依法通知无正当理由拒不到庭，或者未经法庭许可中途退庭的，可以裁定按撤回申诉处理，但申诉人不是原审当事人的除外。

第四百七十一条 开庭审理的再审案件，系人民法院决定再审的，由合议庭组成人员宣读再审决定书；系人民检察院抗诉的，由检察员宣读抗诉书；系申诉人申诉的，由申诉人或者其辩护人、诉讼代理人陈述申诉理由。

第四百七十二条 再审案件经过重新审理后，应当按照下列情形分别处理：

（一）原判决、裁定认定事实和适用法律正确、量刑适当的，应当裁定驳回申诉或者抗诉，维持原判决、裁定；

（二）原判决、裁定定罪准确、量刑适当，但在认定事实、适用法律等方面有瑕疵的，应当裁定纠正并维持原判决、裁定；

（三）原判决、裁定认定事实没有错误，但适用法律错误或者量刑不当的，应当撤销原判决、裁定，依法改判；

（四）依照第二审程序审理的案件，原判决、裁定事实不清、证据不足的，可以在查清事实后改判，也可以裁定撤销原判，发回原审人民法院重新审判。

原判决、裁定事实不清或者证据不足，经审理事实已经查清的，应当根据查清的事实依法裁判；事实仍无法查清，证据不足，不能认定被告人有罪的，应当撤销原判决、裁定，判决宣告被告人无罪。

第四百七十三条　原判决、裁定认定被告人姓名等身份信息有误，但认定事实和适用法律正确、量刑适当的，作出生效判决、裁定的人民法院可以通过裁定对有关信息予以更正。

第四百七十四条　对再审改判宣告无罪并依法享有申请国家赔偿权利的当事人，人民法院宣判时，应当告知其在判决发生法律效力后可以依法申请国家赔偿。

第二十章　涉外刑事案件的审理和刑事司法协助

第一节　涉外刑事案件的审理

第四百七十五条　本解释所称的涉外刑事案件是指：

（一）在中华人民共和国领域内，外国人犯罪或者我国公民对外国、外国人犯罪的案件；

（二）符合刑法第七条、第十条规定情形的我国公民在中华人民共和国领域外犯罪的案件；

（三）符合刑法第八条、第十条规定情形的外国人犯罪的案件；

（四）符合刑法第九条规定情形的中华人民共和国在所承担国际条约义务范围内行使管辖权的案件。

第四百七十六条　第一审涉外刑事案件，除刑事诉讼法第二十一条至第二十三条规定的以外，由基层人民法院管辖。必要时，中级人民法院可以指定辖区内若干基层人民法院集中管辖第一审涉外刑事案件，也可以依照刑事诉讼法第二十四条的规定，审理基层人民法院管辖的第一审涉外刑事案件。

第四百七十七条　外国人的国籍，根据其入境时持用的有效证件确认；国籍不明的，根据公安机关或者有关国家驻华使领馆出具的证明确认。

国籍无法查明的，以无国籍人对待，适用本章有关规定，在裁判文书中写明“国籍不明”。

第四百七十八条　在刑事诉讼中，外国籍当事人享有我国法律规定的诉讼权利并承担相应义务。

第四百七十九条　涉外刑事案件审判期间，人民法院应当将下列事项及时通报同级人民政府外事主管部门，并依照有关规定通知有关国家驻华使领馆：

（一）人民法院决定对外国籍被告人采取强制措施的情况，包括外国籍当事人的姓名（包括译名）、性别、入境时间、护照或者证件号码、采取的强制措施及法律依据、羁押地点等；

（二）开庭的时间、地点、是否公开审理等事项；

（三）宣判的时间、地点。

涉外刑事案件宣判后，应当将处理结果及时通报同级人民政府外事主管部门。

对外国籍被告人执行死刑的，死刑裁决下达后执行前，应当通知其国籍国驻华使领馆。

外国籍被告人在案件审理中死亡的，应当及时通报同级人民政府外事主管部门，并通知有关国家驻华使领馆。

第四百八十条 需要向有关国家驻华使领馆通知有关事项的，应当层报高级人民法院，由高级人民法院按照下列规定通知：

（一）外国籍当事人国籍国与我国签订有双边领事条约的，根据条约规定办理；未与我国签订双边领事条约，但参加《维也纳领事关系公约》的，根据公约规定办理；未与我国签订领事条约，也未参加《维也纳领事关系公约》，但与我国有外交关系的，可以根据外事主管部门的意见，按照互惠原则，根据有关规定和国际惯例办理；

（二）在外国驻华领馆领区内发生的涉外刑事案件，通知有关外国驻该地区的领馆；在外国领馆领区外发生的涉外刑事案件，通知有关外国驻华使馆；与我国有外交关系，但未设使领馆的国家，可以通知其代管国家驻华使领馆；无代管国家、代管国家不明的，可以不通知；

（三）双边领事条约规定通知时限的，应当在规定的期限内通知；没有规定的，应当根据或者参照《维也纳领事关系公约》和国际惯例尽快通知，至迟不得超过七日；

（四）双边领事条约没有规定必须通知，外国籍当事人要求不通知其国籍国驻华使领馆的，可以不通知，但应当由其本人出具书面声明。

高级人民法院向外国驻华使领馆通知有关事项，必要时，可以请人民政府外事主管部门协助。

第四百八十一条 人民法院受理涉外刑事案件后，应当告知在押的外国籍被告人享有与其国籍国驻华使领馆联系，与其监护人、近亲属会见、通信，以及请求人民法院提供翻译的权利。

第四百八十二条 涉外刑事案件审判期间，外国籍被告人在押，其国籍国驻华使领馆官员要求探视的，可以向受理案件的人民法院所在地的高级人民法院提出。人民法院应当根据我国与被告人国籍国签订的双边领事条约规定的时限予以安排；没有条约规定的，应当尽快安排。必要时，可以请人民政府外事主管部门协助。

涉外刑事案件审判期间，外国籍被告人在押，其监护人、近亲属申请会见的，可以向受理案件的人民法院所在地的高级人民法院提出，并依照本解释第四百八十六条的规定提供与被告人关系的证明。人民法院经审查认为不妨碍案件审判的，可以批准。

被告人拒绝接受探视、会见的，应当由其本人出具书面声明。拒绝出具书面声明的，应当记录在案；必要时，应当录音录像。

探视、会见被告人应当遵守我国法律规定。

第四百八十三条　人民法院审理涉外刑事案件，应当公开进行，但依法不应公开审理的除外。

公开审理的涉外刑事案件，外国籍当事人国籍国驻华使领馆官员要求旁听的，可以向受理案件的人民法院所在地的高级人民法院提出申请，人民法院应当安排。

第四百八十四条　人民法院审判涉外刑事案件，使用中华人民共和国通用的语言、文字，应当为外国籍当事人提供翻译。翻译人员应当在翻译文件上签名。

人民法院的诉讼文书为中文本。外国籍当事人不通晓中文的，应当附有外文译本，译本不加盖人民法院印章，以中文本为准。

外国籍当事人通晓中国语言、文字，拒绝他人翻译，或者不需要诉讼文书外文译本的，应当由其本人出具书面声明。拒绝出具书面声明的，应当记录在案；必要时，应当录音录像。

第四百八十五条　外国籍被告人委托律师辩护，或者外国籍附带民事诉讼原告人、自诉人委托律师代理诉讼的，应当委托具有中华人民共和国律师资格并依法取得执业证书的律师。

外国籍被告人在押的，其监护人、近亲属或者其国籍国驻华使领馆可以代为委托辩护人。其监护人、近亲属代为委托的，应当提供与被告人关系的有效证明。

外国籍当事人委托其监护人、近亲属担任辩护人、诉讼代理人的，被委托人应当提供与当事人关系的有效证明。经审查，符合刑事诉讼法、有关司法解释规定的，人民法院应当准许。

外国籍被告人没有委托辩护人的，人民法院可以通知法律援助机构为其指派律师提供辩护。被告人拒绝辩护人辩护的，应当由其出具书面声明，或者将其口头声明记录在案；必要时，应当录音录像。被告人属于应当提供法律援助情形的，依照本解释第五十条规定处理。

第四百八十六条　外国籍当事人从中华人民共和国领域外寄交或者托交给

中国律师或者中国公民的委托书，以及外国籍当事人的监护人、近亲属提供的与当事人关系的证明，必须经所在国公证机关证明，所在国中央外交主管机关或者其授权机关认证，并经中华人民共和国驻该国使领馆认证，或者履行中华人民共和国与该所在国订立的有关条约中规定的证明手续，但我国与该国之间有互免认证协定的除外。

第四百八十七条 对涉外刑事案件的被告人，可以决定限制出境；对开庭审理案件时必须到庭的证人，可以要求暂缓出境。限制外国人出境的，应当通报同级人民政府外事主管部门和当事人国籍国驻华使领馆。

人民法院决定限制外国人和中国公民出境的，应当书面通知被限制出境的人在案件审理终结前不得离境，并可以采取扣留护照或者其他出入境证件的办法限制其出境；扣留证件的，应当履行必要手续，并发给本人扣留证件的证明。

需要对外国人和中国公民在口岸采取边控措施的，受理案件的人民法院应当按照规定制作边控对象通知书，并附有关法律文书，层报高级人民法院办理交控手续。紧急情况下，需要采取临时边控措施的，受理案件的人民法院可以先向有关口岸所在地出入境边防检查机关交控，但应当在七日以内按照规定层报高级人民法院办理手续。

第四百八十八条 涉外刑事案件，符合刑事诉讼法第二百零八条第一款、第二百四十三条规定的，经有关人民法院批准或者决定，可以延长审理期限。

第四百八十九条 涉外刑事案件宣判后，外国籍当事人国籍国驻华使领馆要求提供裁判文书的，可以向受理案件的人民法院所在地的高级人民法院提出，人民法院可以提供。

第四百九十条 涉外刑事案件审理过程中的其他事项，依照法律、司法解释和其他有关规定办理。

第二节 刑事司法协助

第四百九十一条 请求和提供司法协助，应当依照《中华人民共和国国际刑事司法协助法》、我国与有关国家、地区签订的刑事司法协助条约、移管被判刑人条约和有关法律规定进行。

对请求书的签署机关、请求书及所附材料的语言文字、有关办理期限和具体程序等事项，在不违反中华人民共和国法律的基本原则的情况下，可以按照刑事司法协助条约规定或者双方协商办理。

第四百九十二条 外国法院请求的事项有损中华人民共和国的主权、安全、社会公共利益以及违反中华人民共和国法律的基本原则的，人民法院不予协助；属于有关法律规定的可以拒绝提供刑事司法协助情形的，可以不予协助。

第四百九十三条　人民法院请求外国提供司法协助的，应当层报最高人民法院，经最高人民法院审核同意后交由有关对外联系机关及时向外国提出请求。

外国法院请求我国提供司法协助，有关对外联系机关认为属于人民法院职权范围的，经最高人民法院审核同意后转有关人民法院办理。

第四百九十四条　人民法院请求外国提供司法协助的请求书，应当依照刑事司法协助条约的规定提出；没有条约或者条约没有规定的，应当载明法律规定的相关信息并附相关材料。请求书及其所附材料应当以中文制作，并附有被请求国官方文字的译本。

外国请求我国法院提供司法协助的请求书，应当依照刑事司法协助条约的规定提出；没有条约或者条约没有规定的，应当载明我国法律规定的相关信息并附相关材料。请求书及所附材料应当附有中文译本。

第四百九十五条　人民法院向在中华人民共和国领域外居住的当事人送达刑事诉讼文书，可以采用下列方式：

（一）根据受送达人所在国与中华人民共和国缔结或者共同参加的国际条约规定的方式送达；

（二）通过外交途径送达；

（三）对中国籍当事人，所在国法律允许或者经所在国同意的，可以委托我国驻受送达人所在国的使领馆代为送达；

（四）当事人是自诉案件的自诉人或者附带民事诉讼原告人的，可以向有权代其接受送达的诉讼代理人送达；

（五）当事人是外国单位的，可以向其在中华人民共和国领域内设立的代表机构或者有权接受送达的分支机构、业务代办人送达；

（六）受送达人所在国法律允许的，可以邮寄送达；自邮寄之日起满三个月，送达回证未退回，但根据各种情况足以认定已经送达的，视为送达；

（七）受送达人所在国法律允许的，可以采用传真、电子邮件等能够确认受送达人收悉的方式送达。

第四百九十六条　人民法院通过外交途径向在中华人民共和国领域外居住的受送达人送达刑事诉讼文书的，所送达的文书应当经高级人民法院审查后报最高人民法院审核。最高人民法院认为可以发出的，由最高人民法院交外交部主管部门转递。

外国法院通过外交途径请求人民法院送达刑事诉讼文书的，由该国驻华使馆将法律文书交我国外交部主管部门转最高人民法院。最高人民法院审核后认为属于人民法院职权范围，且可以代为送达的，应当转有关人民法院办理。

第二十一章 执行程序

第一节 死刑的执行

第四百九十七条 被判处死刑缓期执行的罪犯，在死刑缓期执行期间犯罪的，应当由罪犯服刑地的中级人民法院依法审判，所作的判决可以上诉、抗诉。

认定故意犯罪，情节恶劣，应当执行死刑的，在判决、裁定发生法律效力后，应当层报最高人民法院核准执行死刑。

对故意犯罪未执行死刑的，不再报高级人民法院核准，死刑缓期执行的期间重新计算，并层报最高人民法院备案。备案不影响判决、裁定的生效和执行。

最高人民法院经备案审查，认为原判不予执行死刑错误，确需改判的，应当依照审判监督程序予以纠正。

第四百九十八条 死刑缓期执行的期间，从判决或者裁定核准死刑缓期执行的法律文书宣告或者送达之日起计算。

死刑缓期执行期满，依法应当减刑的，人民法院应当及时减刑。死刑缓期执行期满减为无期徒刑、有期徒刑的，刑期自死刑缓期执行期满之日起计算。

第四百九十九条 最高人民法院的执行死刑命令，由高级人民法院交付第一审人民法院执行。第一审人民法院接到执行死刑命令后，应当在七日以内执行。

在死刑缓期执行期间故意犯罪，最高人民法院核准执行死刑的，由罪犯服刑地的中级人民法院执行。

第五百条 下级人民法院在接到执行死刑命令后、执行前，发现有下列情形之一的，应当暂停执行，并立即将请求停止执行死刑的报告和相关材料层报最高人民法院：

（一）罪犯可能有其他犯罪的；

（二）共同犯罪的其他犯罪嫌疑人到案，可能影响罪犯量刑的；

（三）共同犯罪的其他罪犯被暂停或者停止执行死刑，可能影响罪犯量刑的；

（四）罪犯揭发重大犯罪事实或者有其他重大立功表现，可能需要改判的；

（五）罪犯怀孕的；

（六）判决、裁定可能有影响定罪量刑的其他错误的。

最高人民法院经审查，认为可能影响罪犯定罪量刑的，应当裁定停止执行死刑；认为不影响的，应当决定继续执行死刑。

第五百零一条　最高人民法院在执行死刑命令签发后、执行前，发现有前条第一款规定情形的，应当立即裁定停止执行死刑，并将有关材料移交下级人民法院。

第五百零二条　下级人民法院接到最高人民法院停止执行死刑的裁定后，应当会同有关部门调查核实停止执行死刑的事由，并及时将调查结果和意见层报最高人民法院审核。

第五百零三条　对下级人民法院报送的停止执行死刑的调查结果和意见，由最高人民法院原作出核准死刑判决、裁定的合议庭负责审查；必要时，另行组成合议庭进行审查。

第五百零四条　最高人民法院对停止执行死刑的案件，应当按照下列情形分别处理：

（一）确认罪犯怀孕的，应当改判；

（二）确认罪犯有其他犯罪，依法应当追诉的，应当裁定不予核准死刑，撤销原判，发回重新审判；

（三）确认原判决、裁定有错误或者罪犯有重大立功表现，需要改判的，应当裁定不予核准死刑，撤销原判，发回重新审判；

（四）确认原判决、裁定没有错误，罪犯没有重大立功表现，或者重大立功表现不影响原判决、裁定执行的，应当裁定继续执行死刑，并由院长重新签发执行死刑的命令。

第五百零五条　第一审人民法院在执行死刑前，应当告知罪犯有权会见其近亲属。罪犯申请会见并提供具体联系方式的，人民法院应当通知其近亲属。确实无法与罪犯近亲属取得联系，或者其近亲属拒绝会见的，应当告知罪犯。罪犯申请通过录音录像等方式留下遗言的，人民法院可以准许。

罪犯近亲属申请会见的，人民法院应当准许并及时安排，但罪犯拒绝会见的除外。罪犯拒绝会见的，应当记录在案并及时告知其近亲属；必要时，应当录音录像。

罪犯申请会见近亲属以外的亲友，经人民法院审查，确有正当理由的，在确保安全的情况下可以准许。

罪犯申请会见未成年子女的，应当经未成年子女的监护人同意；会见可能影响未成年人身心健康的，人民法院可以通过视频方式安排会见，会见时监护人应当在场。

会见一般在罪犯羁押场所进行。

会见情况应当记录在案，附卷存档。

第五百零六条 第一审人民法院在执行死刑三日以前，应当通知同级人民检察院派员临场监督。

第五百零七条 死刑采用枪决或者注射等方法执行。

采用注射方法执行死刑的，应当在指定的刑场或者羁押场所内执行。

采用枪决、注射以外的其他方法执行死刑的，应当事先层报最高人民法院批准。

第五百零八条 执行死刑前，指挥执行的审判人员应当对罪犯验明正身，讯问有无遗言、信札，并制作笔录，再交执行人员执行死刑。

执行死刑应当公布，禁止游街示众或者其他有辱罪犯人格的行为。

第五百零九条 执行死刑后，应当由法医验明罪犯确实死亡，在场书记员制作笔录。负责执行的人民法院应当在执行死刑后十五日以内将执行情况，包括罪犯被执行死刑前后的照片，上报最高人民法院。

第五百一十条 执行死刑后，负责执行的人民法院应当办理以下事项：

（一）对罪犯的遗书、遗言笔录，应当及时审查；涉及财产继承、债务清偿、家事嘱托等内容的，将遗书、遗言笔录交给家属，同时复制附卷备查；涉及案件线索等问题的，抄送有关机关；

（二）通知罪犯家属在限期内领取罪犯骨灰；没有火化条件或者因民族、宗教等原因不宜火化的，通知领取尸体；过期不领取的，由人民法院通知有关单位处理，并要求有关单位出具处理情况的说明；对罪犯骨灰或者尸体的处理情况，应当记录在案；

（三）对外国籍罪犯执行死刑后，通知外国驻华使领馆的程序和时限，根据有关规定办理。

第二节 死刑缓期执行、无期徒刑、有期徒刑、拘役的交付执行

第五百一十一条 被判处死刑缓期执行、无期徒刑、有期徒刑、拘役的罪犯，第一审人民法院应当在判决、裁定生效后十日以内，将判决书、裁定书、起诉书副本、自诉状复印件、执行通知书、结案登记表送达公安机关、监狱或者其他执行机关。

第五百一十二条 同案审理的案件中，部分被告人被判处死刑，对未被判处死刑的同案被告人需要羁押执行刑罚的，应当根据前条规定及时交付执行。但是，该同案被告人参与实施有关死刑之罪的，应当在复核讯问被判处死刑的

被告人后交付执行。

第五百一十三条　执行通知书回执经看守所盖章后，应当附卷备查。

第五百一十四条　罪犯在被交付执行前，因有严重疾病、怀孕或者正在哺乳自己婴儿的妇女、生活不能自理的原因，依法提出暂予监外执行的申请的，有关病情诊断、妊娠检查和生活不能自理的鉴别，由人民法院负责组织进行。

第五百一十五条　被判处无期徒刑、有期徒刑或者拘役的罪犯，符合刑事诉讼法第二百六十五条第一款、第二款的规定，人民法院决定暂予监外执行的，应当制作暂予监外执行决定书，写明罪犯基本情况、判决确定的罪名和刑罚、决定暂予监外执行的原因、依据等。

人民法院在作出暂予监外执行决定前，应当征求人民检察院的意见。

人民检察院认为人民法院的暂予监外执行决定不当，在法定期限内提出书面意见的，人民法院应当立即对该决定重新核查，并在一个月以内作出决定。

对暂予监外执行的罪犯，适用本解释第五百一十九条的有关规定，依法实行社区矫正。

人民法院决定暂予监外执行的，由看守所或者执行取保候审、监视居住的公安机关自收到决定之日起十日以内将罪犯移送社区矫正机构。

第五百一十六条　人民法院收到社区矫正机构的收监执行建议书后，经审查，确认暂予监外执行的罪犯具有下列情形之一的，应当作出收监执行的决定：

（一）不符合暂予监外执行条件的；

（二）未经批准离开所居住的市、县，经警告拒不改正，或者拒不报告行踪，脱离监管的；

（三）因违反监督管理规定受到治安管理处罚，仍不改正的；

（四）受到执行机关两次警告，仍不改正的；

（五）保外就医期间不按规定提交病情复查情况，经警告拒不改正的；

（六）暂予监外执行的情形消失后，刑期未满的；

（七）保证人丧失保证条件或者因不履行义务被取消保证人资格，不能在规定期限内提出新的保证人的；

（八）违反法律、行政法规和监督管理规定，情节严重的其他情形。

第五百一十七条　人民法院应当在收到社区矫正机构的收监执行建议书后三十日以内作出决定。收监执行决定书一经作出，立即生效。

人民法院应当将收监执行决定书送达社区矫正机构和公安机关，并抄送人民检察院，由公安机关将罪犯交付执行。

第五百一十八条　被收监执行的罪犯有不计入执行刑期情形的，人民法院应当在作出收监决定时，确定不计入执行刑期的具体时间。

第三节　管制、缓刑、剥夺政治权利的交付执行

第五百一十九条　对被判处管制、宣告缓刑的罪犯，人民法院应当依法确定社区矫正执行地。社区矫正执行地为罪犯的居住地；罪犯在多个地方居住的，可以确定其经常居住地为执行地；罪犯的居住地、经常居住地无法确定或者不适宜执行社区矫正的，应当根据有利于罪犯接受矫正、更好地融入社会的原则，确定执行地。

宣判时，应当告知罪犯自判决、裁定生效之日起十日以内到执行地社区矫正机构报到，以及不按期报到的后果。

人民法院应当自判决、裁定生效之日起五日以内通知执行地社区矫正机构，并在十日以内将判决书、裁定书、执行通知书等法律文书送达执行地社区矫正机构，同时抄送人民检察院和执行地公安机关。人民法院与社区矫正执行地不在同一地方的，由执行地社区矫正机构将法律文书转送所在地的人民检察院和公安机关。

第五百二十条　对单处剥夺政治权利的罪犯，人民法院应当在判决、裁定生效后十日以内，将判决书、裁定书、执行通知书等法律文书送达罪犯居住地的县级公安机关，并抄送罪犯居住地的县级人民检察院。

第四节　刑事裁判涉财产部分和附带民事裁判的执行

第五百二十一条　刑事裁判涉财产部分的执行，是指发生法律效力的刑事裁判中下列判项的执行：

（一）罚金、没收财产；

（二）追缴、责令退赔违法所得；

（三）处置随案移送的赃款赃物；

（四）没收随案移送的供犯罪所用本人财物；

（五）其他应当由人民法院执行的相关涉财产的判项。

第五百二十二条　刑事裁判涉财产部分和附带民事裁判应当由人民法院执行的，由第一审人民法院负责裁判执行的机构执行。

第五百二十三条　罚金在判决规定的期限内一次或者分期缴纳。期满无故不缴纳或者未足额缴纳的，人民法院应当强制缴纳。经强制缴纳仍不能全部缴纳的，在任何时候，包括主刑执行完毕后，发现被执行人有可供执行的财产的，应当追缴。

行政机关对被告人就同一事实已经处以罚款的，人民法院判处罚金时应当

折抵，扣除行政处罚已执行的部分。

第五百二十四条　因遭遇不能抗拒的灾祸等原因缴纳罚金确有困难，被执行人申请延期缴纳、酌情减少或者免除罚金的，应当提交相关证明材料。人民法院应当在收到申请后一个月以内作出裁定。符合法定条件的，应当准许；不符合条件的，驳回申请。

第五百二十五条　判处没收财产的，判决生效后，应当立即执行。

第五百二十六条　执行财产刑，应当参照被扶养人住所地政府公布的上年度当地居民最低生活费标准，保留被执行人及其所扶养人的生活必需费用。

第五百二十七条　被判处财产刑，同时又承担附带民事赔偿责任的被执行人，应当先履行民事赔偿责任。

第五百二十八条　执行刑事裁判涉财产部分、附带民事裁判过程中，当事人、利害关系人认为执行行为违反法律规定，或者案外人对被执行标的书面提出异议的，人民法院应当参照民事诉讼法的有关规定处理。

第五百二十九条　执行刑事裁判涉财产部分、附带民事裁判过程中，具有下列情形之一的，人民法院应当裁定终结执行：

（一）据以执行的判决、裁定被撤销的；

（二）被执行人死亡或者被执行死刑，且无财产可供执行的；

（三）被判处罚金的单位终止，且无财产可供执行的；

（四）依照刑法第五十三条规定免除罚金的；

（五）应当终结执行的其他情形。

裁定终结执行后，发现被执行人的财产有被隐匿、转移等情形的，应当追缴。

第五百三十条　被执行财产在外地的，第一审人民法院可以委托财产所在地的同级人民法院执行。

第五百三十一条　刑事裁判涉财产部分、附带民事裁判全部或者部分被撤销的，已经执行的财产应当全部或者部分返还被执行人；无法返还的，应当依法赔偿。

第五百三十二条　刑事裁判涉财产部分、附带民事裁判的执行，刑事诉讼法及有关刑事司法解释没有规定的，参照适用民事执行的有关规定。

第五节　减刑、假释案件的审理

第五百三十三条　被判处死刑缓期执行的罪犯，在死刑缓期执行期间，没有故意犯罪的，死刑缓期执行期满后，应当裁定减刑；死刑缓期执行期满后，尚未裁定减刑前又犯罪的，应当在依法减刑后，对其所犯新罪另行审判。

第五百三十四条 对减刑、假释案件，应当按照下列情形分别处理：

（一）对被判处死刑缓期执行的罪犯的减刑，由罪犯服刑地的高级人民法院在收到同级监狱管理机关审核同意的减刑建议书后一个月以内作出裁定；

（二）对被判处无期徒刑的罪犯的减刑、假释，由罪犯服刑地的高级人民法院在收到同级监狱管理机关审核同意的减刑、假释建议书后一个月以内作出裁定，案情复杂或者情况特殊的，可以延长一个月；

（三）对被判处有期徒刑和被减为有期徒刑的罪犯的减刑、假释，由罪犯服刑地的中级人民法院在收到执行机关提出的减刑、假释建议书后一个月以内作出裁定，案情复杂或者情况特殊的，可以延长一个月；

（四）对被判处管制、拘役的罪犯的减刑，由罪犯服刑地的中级人民法院在收到同级执行机关审核同意的减刑建议书后一个月以内作出裁定。

对社区矫正对象的减刑，由社区矫正执行地的中级以上人民法院在收到社区矫正机构减刑建议书后三十日以内作出裁定。

第五百三十五条 受理减刑、假释案件，应当审查执行机关移送的材料是否包括下列内容：

（一）减刑、假释建议书；

（二）原审法院的裁判文书、执行通知书、历次减刑裁定书的复制件；

（三）证明罪犯确有悔改、立功或者重大立功表现具体事实的书面材料；

（四）罪犯评审鉴定表、奖惩审批表等；

（五）罪犯假释后对所居住社区影响的调查评估报告；

（六）刑事裁判涉财产部分、附带民事裁判的执行、履行情况；

（七）根据案件情况需要移送的其他材料。

人民检察院对报请减刑、假释案件提出意见的，执行机关应当一并移送受理减刑、假释案件的人民法院。

经审查，材料不全的，应当通知提请减刑、假释的执行机关在三日以内补送；逾期未补送的，不予立案。

第五百三十六条 审理减刑、假释案件，对罪犯积极履行刑事裁判涉财产部分、附带民事裁判确定的义务的，可以认定有悔改表现，在减刑、假释时从宽掌握；对确有履行能力而不履行或者不全部履行的，在减刑、假释时从严掌握。

第五百三十七条 审理减刑、假释案件，应当在立案后五日以内对下列事项予以公示：

（一）罪犯的姓名、年龄等个人基本情况；

（二）原判认定的罪名和刑期；

（三）罪犯历次减刑情况；

（四）执行机关的减刑、假释建议和依据。

公示应当写明公示期限和提出意见的方式。

第五百三十八条　审理减刑、假释案件，应当组成合议庭，可以采用书面审理的方式，但下列案件应当开庭审理：

（一）因罪犯有重大立功表现提请减刑的；

（二）提请减刑的起始时间、间隔时间或者减刑幅度不符合一般规定的；

（三）被提请减刑、假释罪犯系职务犯罪罪犯，组织、领导、参加、包庇、纵容黑社会性质组织罪犯，破坏金融管理秩序罪犯或者金融诈骗罪犯的；

（四）社会影响重大或者社会关注度高的；

（五）公示期间收到不同意见的；

（六）人民检察院提出异议的；

（七）有必要开庭审理的其他案件。

第五百三十九条　人民法院作出减刑、假释裁定后，应当在七日以内送达提请减刑、假释的执行机关、同级人民检察院以及罪犯本人。人民检察院认为减刑、假释裁定不当，在法定期限内提出书面纠正意见的，人民法院应当在收到意见后另行组成合议庭审理，并在一个月以内作出裁定。

对假释的罪犯，适用本解释第五百一十九条的有关规定，依法实行社区矫正。

第五百四十条　减刑、假释裁定作出前，执行机关书面提请撤回减刑、假释建议的，人民法院可以决定是否准许。

第五百四十一条　人民法院发现本院已经生效的减刑、假释裁定确有错误的，应当另行组成合议庭审理；发现下级人民法院已经生效的减刑、假释裁定确有错误的，可以指令下级人民法院另行组成合议庭审理，也可以自行组成合议庭审理。

第六节　缓刑、假释的撤销

第五百四十二条　罪犯在缓刑、假释考验期限内犯新罪或者被发现在判决宣告前还有其他罪没有判决，应当撤销缓刑、假释的，由审判新罪的人民法院撤销原判决、裁定宣告的缓刑、假释，并书面通知原审人民法院和执行机关。

第五百四十三条　人民法院收到社区矫正机构的撤销缓刑建议书后，经审查，确认罪犯在缓刑考验期限内具有下列情形之一的，应当作出撤销缓刑的裁定：

（一）违反禁止令，情节严重的；

（二）无正当理由不按规定时间报到或者接受社区矫正期间脱离监管，超过一个月的；

（三）因违反监督管理规定受到治安管理处罚，仍不改正的；

（四）受到执行机关二次警告，仍不改正的；

（五）违反法律、行政法规和监督管理规定，情节严重的其他情形。

人民法院收到社区矫正机构的撤销假释建议书后，经审查，确认罪犯在假释考验期限内具有前款第二项、第四项规定情形之一，或者有其他违反监督管理规定的行为，尚未构成新的犯罪的，应当作出撤销假释的裁定。

第五百四十四条 被提请撤销缓刑、假释的罪犯可能逃跑或者可能发生社会危险，社区矫正机构在提出撤销缓刑、假释建议的同时，提请人民法院决定对其予以逮捕的，人民法院应当在四十八小时以内作出是否逮捕的决定。决定逮捕的，由公安机关执行。逮捕后的羁押期限不得超过三十日。

第五百四十五条 人民法院应当在收到社区矫正机构的撤销缓刑、假释建议书后三十日以内作出裁定。撤销缓刑、假释的裁定一经作出，立即生效。

人民法院应当将撤销缓刑、假释裁定书送达社区矫正机构和公安机关，并抄送人民检察院，由公安机关将罪犯送交执行。执行以前被逮捕的，羁押一日折抵刑期一日。

第二十二章　未成年人刑事案件诉讼程序

第一节　一般规定

第五百四十六条 人民法院审理未成年人刑事案件，应当贯彻教育、感化、挽救的方针，坚持教育为主、惩罚为辅的原则，加强对未成年人的特殊保护。

第五百四十七条 人民法院应当加强同政府有关部门、人民团体、社会组织等的配合，推动未成年人刑事案件人民陪审、情况调查、安置帮教等工作的开展，充分保障未成年人的合法权益，积极参与社会治安综合治理。

第五百四十八条 人民法院应当加强同政府有关部门、人民团体、社会组织等的配合，对遭受性侵害或者暴力伤害的未成年被害人及其家庭实施必要的心理干预、经济救助、法律援助、转学安置等保护措施。

第五百四十九条 人民法院应当确定专门机构或者指定专门人员，负责审理未成年人刑事案件。审理未成年人刑事案件的人员应当经过专门培训，熟悉未成年人身心特点、善于做未成年人思想教育工作。

参加审理未成年人刑事案件的人民陪审员，可以从熟悉未成年人身心特点、关心未成年人保护工作的人民陪审员名单中随机抽取确定。

第五百五十条 被告人实施被指控的犯罪时不满十八周岁、人民法院立案时不满二十周岁的案件，由未成年人案件审判组织审理。

下列案件可以由未成年人案件审判组织审理：

（一）人民法院立案时不满二十二周岁的在校学生犯罪案件；

（二）强奸、猥亵、虐待、遗弃未成年人等侵害未成年人人身权利的犯罪案件；

（三）由未成年人案件审判组织审理更为适宜的其他案件。

共同犯罪案件有未成年被告人的或者其他涉及未成年人的刑事案件，是否由未成年人案件审判组织审理，由院长根据实际情况决定。

第五百五十一条 对分案起诉至同一人民法院的未成年人与成年人共同犯罪案件，可以由同一个审判组织审理；不宜由同一个审判组织审理的，可以分别审理。

未成年人与成年人共同犯罪案件，由不同人民法院或者不同审判组织分别审理的，有关人民法院或者审判组织应当互相了解共同犯罪被告人的审判情况，注意全案的量刑平衡。

第五百五十二条 对未成年人刑事案件，必要时，上级人民法院可以根据刑事诉讼法第二十七条的规定，指定下级人民法院将案件移送其他人民法院审判。

第五百五十三条 对未成年被告人应当严格限制适用逮捕措施。

人民法院决定逮捕，应当讯问未成年被告人，听取辩护律师的意见。

对被逮捕且没有完成义务教育的未成年被告人，人民法院应当与教育行政部门互相配合，保证其接受义务教育。

第五百五十四条 人民法院对无固定住所、无法提供保证人的未成年被告人适用取保候审的，应当指定合适成年人作为保证人，必要时可以安排取保候审的被告人接受社会观护。

第五百五十五条 人民法院审理未成年人刑事案件，在讯问和开庭时，应当通知未成年被告人的法定代理人到场。法定代理人无法通知、不能到场或者是共犯的，也可以通知合适成年人到场，并将有关情况记录在案。

到场的法定代理人或者其他人员，除依法行使刑事诉讼法第二百八十一条第二款规定的权利外，经法庭同意，可以参与对未成年被告人的法庭教育等工作。

适用简易程序审理未成年人刑事案件，适用前两款规定。

第五百五十六条 询问未成年被害人、证人，适用前条规定。

审理未成年人遭受性侵害或者暴力伤害案件，在询问未成年被害人、证人时，应当采取同步录音录像等措施，尽量一次完成；未成年被害人、证人是女性的，应当由女性工作人员进行。

第五百五十七条 开庭审理时被告人不满十八周岁的案件，一律不公开审理。经未成年被告人及其法定代理人同意，未成年被告人所在学校和未成年人保护组织可以派代表到场。到场代表的人数和范围，由法庭决定。经法庭同意，到场代表可以参与对未成年被告人的法庭教育工作。

对依法公开审理，但可能需要封存犯罪记录的案件，不得组织人员旁听；有旁听人员的，应当告知其不得传播案件信息。

第五百五十八条 开庭审理涉及未成年人的刑事案件，未成年被害人、证人一般不出庭作证；必须出庭的，应当采取保护其隐私的技术手段和心理干预等保护措施。

第五百五十九条 审理涉及未成年人的刑事案件，不得向外界披露未成年人的姓名、住所、照片以及可能推断出未成年人身份的其他资料。

查阅、摘抄、复制的案卷材料，涉及未成年人的，不得公开和传播。

第五百六十条 人民法院发现有关单位未尽到未成年人教育、管理、救助、看护等保护职责的，应当向该单位提出司法建议。

第五百六十一条 人民法院应当结合实际，根据涉及未成年人刑事案件的特点，开展未成年人法治宣传教育工作。

第五百六十二条 审理未成年人刑事案件，本章没有规定的，适用本解释的有关规定。

第二节 开庭准备

第五百六十三条 人民法院向未成年被告人送达起诉书副本时，应当向其讲明被指控的罪行和有关法律规定，并告知其审判程序和诉讼权利、义务。

第五百六十四条 审判时不满十八周岁的未成年被告人没有委托辩护人的，人民法院应当通知法律援助机构指派熟悉未成年人身心特点的律师为其提供辩护。

第五百六十五条 未成年被害人及其法定代理人因经济困难或者其他原因没有委托诉讼代理人的，人民法院应当帮助其申请法律援助。

第五百六十六条 对未成年人刑事案件，人民法院决定适用简易程序审理的，应当征求未成年被告人及其法定代理人、辩护人的意见。上述人员提出异议的，不适用简易程序。

第五百六十七条 被告人实施被指控的犯罪时不满十八周岁，开庭时已满十八周岁、不满二十周岁的，人民法院开庭时，一般应当通知其近亲属到庭。经法庭同意，近亲属可以发表意见。近亲属无法通知、不能到场或者是共犯的，应当记录在案。

第五百六十八条　对人民检察院移送的关于未成年被告人性格特点、家庭情况、社会交往、成长经历、犯罪原因、犯罪前后的表现、监护教育等情况的调查报告，以及辩护人提交的反映未成年被告人上述情况的书面材料，法庭应当接受。

必要时，人民法院可以委托社区矫正机构、共青团、社会组织等对未成年被告人的上述情况进行调查，或者自行调查。

第五百六十九条　人民法院根据情况，可以对未成年被告人、被害人、证人进行心理疏导；根据实际需要并经未成年被告人及其法定代理人同意，可以对未成年被告人进行心理测评。

心理疏导、心理测评可以委托专门机构、专业人员进行。

心理测评报告可以作为办理案件和教育未成年人的参考。

第五百七十条　开庭前和休庭时，法庭根据情况，可以安排未成年被告人与其法定代理人或者合适成年人会见。

第三节　审　判

第五百七十一条　人民法院应当在辩护台靠近旁听区一侧为未成年被告人的法定代理人或者合适成年人设置席位。

审理可能判处五年有期徒刑以下刑罚或者过失犯罪的未成年人刑事案件，可以采取适合未成年人特点的方式设置法庭席位。

第五百七十二条　未成年被告人或者其法定代理人当庭拒绝辩护人辩护的，适用本解释第三百一十一条第二款、第三款的规定。

重新开庭后，未成年被告人或者其法定代理人再次当庭拒绝辩护人辩护的，不予准许。重新开庭时被告人已满十八周岁的，可以准许，但不得再另行委托辩护人或者要求另行指派律师，由其自行辩护。

第五百七十三条　法庭审理过程中，审判人员应当根据未成年被告人的智力发育程度和心理状态，使用适合未成年人的语言表达方式。

发现有对未成年被告人威胁、训斥、诱供或者讽刺等情形的，审判长应当制止。

第五百七十四条　控辩双方提出对未成年被告人判处管制、宣告缓刑等量刑建议的，应当向法庭提供有关未成年被告人能够获得监护、帮教以及对所居住社区无重大不良影响的书面材料。

第五百七十五条 对未成年被告人情况的调查报告，以及辩护人提交的有关未成年被告人情况的书面材料，法庭应当审查并听取控辩双方意见。上述报告和材料可以作为办理案件和教育未成年人的参考。

人民法院可以通知作出调查报告的人员出庭说明情况，接受控辩双方和法庭的询问。

第五百七十六条 法庭辩论结束后，法庭可以根据未成年人的生理、心理特点和案件情况，对未成年被告人进行法治教育；判决未成年被告人有罪的，宣判后，应当对未成年被告人进行法治教育。

对未成年被告人进行教育，其法定代理人以外的成年亲属或者教师、辅导员等参与有利于感化、挽救未成年人的，人民法院应当邀请其参加有关活动。

适用简易程序审理的案件，对未成年被告人进行法庭教育，适用前两款规定。

第五百七十七条 未成年被告人最后陈述后，法庭应当询问其法定代理人是否补充陈述。

第五百七十八条 对未成年人刑事案件，宣告判决应当公开进行。

对依法应当封存犯罪记录的案件，宣判时，不得组织人员旁听；有旁听人员的，应当告知其不得传播案件信息。

第五百七十九条 定期宣告判决的未成年人刑事案件，未成年被告人的法定代理人无法通知、不能到场或者是共犯的，法庭可以通知合适成年人到庭，并在宣判后向未成年被告人的成年亲属送达判决书。

第四节　执　行

第五百八十条 将未成年罪犯送监执行刑罚或者送交社区矫正时，人民法院应当将有关未成年罪犯的调查报告及其在案件审理中的表现材料，连同有关法律文书，一并送达执行机关。

第五百八十一条 犯罪时不满十八周岁，被判处五年有期徒刑以下刑罚以及免予刑事处罚的未成年人的犯罪记录，应当封存。

司法机关或者有关单位向人民法院申请查询封存的犯罪记录的，应当提供查询的理由和依据。对查询申请，人民法院应当及时作出是否同意的决定。

第五百八十二条 人民法院可以与未成年犯管教所等服刑场所建立联系，了解未成年罪犯的改造情况，协助做好帮教、改造工作，并可以对正在服刑的未成年罪犯进行回访考察。

第五百八十三条 人民法院认为必要时，可以督促被收监服刑的未成年罪犯的父母或者其他监护人及时探视。

第五百八十四条　对被判处管制、宣告缓刑、裁定假释、决定暂予监外执行的未成年罪犯，人民法院可以协助社区矫正机构制定帮教措施。

第五百八十五条　人民法院可以适时走访被判处管制、宣告缓刑、免予刑事处罚、裁定假释、决定暂予监外执行等的未成年罪犯及其家庭，了解未成年罪犯的管理和教育情况，引导未成年罪犯的家庭承担管教责任，为未成年罪犯改过自新创造良好环境。

第五百八十六条　被判处管制、宣告缓刑、免予刑事处罚、裁定假释、决定暂予监外执行等的未成年罪犯，具备就学、就业条件的，人民法院可以就其安置问题向有关部门提出建议，并附送必要的材料。

第二十三章　当事人和解的公诉案件诉讼程序

第五百八十七条　对符合刑事诉讼法第二百八十八条规定的公诉案件，事实清楚、证据充分的，人民法院应当告知当事人可以自行和解；当事人提出申请的，人民法院可以主持双方当事人协商以达成和解。

根据案件情况，人民法院可以邀请人民调解员、辩护人、诉讼代理人、当事人亲友等参与促成双方当事人和解。

第五百八十八条　符合刑事诉讼法第二百八十八条规定的公诉案件，被害人死亡的，其近亲属可以与被告人和解。近亲属有多人的，达成和解协议，应当经处于最先继承顺序的所有近亲属同意。

被害人系无行为能力或者限制行为能力人的，其法定代理人、近亲属可以代为和解。

第五百八十九条　被告人的近亲属经被告人同意，可以代为和解。

被告人系限制行为能力人的，其法定代理人可以代为和解。

被告人的法定代理人、近亲属依照前两款规定代为和解的，和解协议约定的赔礼道歉等事项，应当由被告人本人履行。

第五百九十条　对公安机关、人民检察院主持制作的和解协议书，当事人提出异议的，人民法院应当审查。经审查，和解自愿、合法的，予以确认，无需重新制作和解协议书；和解违反自愿、合法原则的，应当认定无效。和解协议被认定无效后，双方当事人重新达成和解的，人民法院应当主持制作新的和解协议书。

第五百九十一条　审判期间，双方当事人和解的，人民法院应当听取当事人及其法定代理人等有关人员的意见。双方当事人在庭外达成和解的，人民法院应当通知人民检察院，并听取其意见。经审查，和解自愿、合泆的，应当主持制作和解协议书。

第五百九十二条 和解协议书应当包括以下内容：

（一）被告人承认自己所犯罪行，对犯罪事实没有异议，并真诚悔罪；

（二）被告人通过向被害人赔礼道歉、赔偿损失等方式获得被害人谅解；涉及赔偿损失的，应当写明赔偿的数额、方式等；提起附带民事诉讼的，由附带民事诉讼原告人撤回起诉；

（三）被害人自愿和解，请求或者同意对被告人依法从宽处罚。

和解协议书应当由双方当事人和审判人员签名，但不加盖人民法院印章。

和解协议书一式三份，双方当事人各持一份，另一份交人民法院附卷备查。

对和解协议中的赔偿损失内容，双方当事人要求保密的，人民法院应当准许，并采取相应的保密措施。

第五百九十三条 和解协议约定的赔偿损失内容，被告人应当在协议签署后即时履行。

和解协议已经全部履行，当事人反悔的，人民法院不予支持，但有证据证明和解违反自愿、合法原则的除外。

第五百九十四条 双方当事人在侦查、审查起诉期间已经达成和解协议并全部履行，被害人或者其法定代理人、近亲属又提起附带民事诉讼的，人民法院不予受理，但有证据证明和解违反自愿、合法原则的除外。

第五百九十五条 被害人或者其法定代理人、近亲属提起附带民事诉讼后，双方愿意和解，但被告人不能即时履行全部赔偿义务的，人民法院应当制作附带民事调解书。

第五百九十六条 对达成和解协议的案件，人民法院应当对被告人从轻处罚；符合非监禁刑适用条件的，应当适用非监禁刑；判处法定最低刑仍然过重的，可以减轻处罚；综合全案认为犯罪情节轻微不需要判处刑罚的，可以免予刑事处罚。

共同犯罪案件，部分被告人与被害人达成和解协议的，可以依法对该部分被告人从宽处罚，但应当注意全案的量刑平衡。

第五百九十七条 达成和解协议的，裁判文书应当叙明，并援引刑事诉讼法的相关条文。

第二十四章　缺席审判程序

第五百九十八条 对人民检察院依照刑事诉讼法第二百九十一条第一款的

规定提起公诉的案件，人民法院应当重点审查以下内容：

（一）是否属于可以适用缺席审判程序的案件范围；

（二）是否属于本院管辖；

（三）是否写明被告人的基本情况，包括明确的境外居住地、联系方式等；

（四）是否写明被告人涉嫌有关犯罪的主要事实，并附证据材料；

（五）是否写明被告人有无近亲属以及近亲属的姓名、身份、住址、联系方式等情况；

（六）是否列明违法所得及其他涉案财产的种类、数量、价值、所在地等，并附证据材料；

（七）是否附有查封、扣押、冻结违法所得及其他涉案财产的清单和相关法律手续。

前款规定的材料需要翻译件的，人民法院应当要求人民检察院一并移送。

第五百九十九条　对人民检察院依照刑事诉讼法第二百九十一条第一款的规定提起公诉的案件，人民法院审查后，应当按照下列情形分别处理：

（一）符合缺席审判程序适用条件，属于本院管辖，且材料齐全的，应当受理；

（二）不属于可以适用缺席审判程序的案件范围、不属于本院管辖或者不符合缺席审判程序的其他适用条件的，应当退回人民检察院；

（三）材料不全的，应当通知人民检察院在三十日以内补送；三十日以内不能补送的，应当退回人民检察院。

第六百条　对人民检察院依照刑事诉讼法第二百九十一条第一款的规定提起公诉的案件，人民法院立案后，应当将传票和起诉书副本送达被告人，传票应当载明被告人到案期限以及不按要求到案的法律后果等事项；应当将起诉书副本送达被告人近亲属，告知其有权代为委托辩护人，并通知其敦促被告人归案。

第六百零一条　人民法院审理人民检察院依照刑事诉讼法第二百九十一条第一款的规定提起公诉的案件，被告人有权委托或者由近亲属代为委托一至二名辩护人。委托律师担任辩护人的，应当委托具有中华人民共和国律师资格并依法取得执业证书的律师；在境外委托的，应当依照本解释第四百八十六条的规定对授权委托进行公证、认证。

被告人及其近亲属没有委托辩护人的，人民法院应当通知法律援助机构指派律师为被告人提供辩护。

被告人及其近亲属拒绝法律援助机构指派的律师辩护的，依照本解释第五十条第二款的规定处理。

第六百零二条 人民法院审理人民检察院依照刑事诉讼法第二百九十一条第一款的规定提起公诉的案件，被告人的近亲属申请参加诉讼的，应当在收到起诉书副本后、第一审开庭前提出，并提供与被告人关系的证明材料。有多名近亲属的，应当推选一至二人参加诉讼。

对被告人的近亲属提出申请的，人民法院应当及时审查决定。

第六百零三条 人民法院审理人民检察院依照刑事诉讼法第二百九十一条第一款的规定提起公诉的案件，参照适用公诉案件第一审普通程序的有关规定。被告人的近亲属参加诉讼的，可以发表意见，出示证据，申请法庭通知证人、鉴定人等出庭，进行辩论。

第六百零四条 对人民检察院依照刑事诉讼法第二百九十一条第一款的规定提起公诉的案件，人民法院审理后应当参照本解释第二百九十五条的规定作出判决、裁定。

作出有罪判决的，应当达到证据确实、充分的证明标准。

经审理认定的罪名不属于刑事诉讼法第二百九十一条第一款规定的罪名的，应当终止审理。

适用缺席审判程序审理案件，可以对违法所得及其他涉案财产一并作出处理。

第六百零五条 因被告人患有严重疾病导致缺乏受审能力，无法出庭受审，中止审理超过六个月，被告人仍无法出庭，被告人及其法定代理人、近亲属申请或者同意恢复审理的，人民法院可以根据刑事诉讼法第二百九十六条的规定缺席审判。

符合前款规定的情形，被告人无法表达意愿的，其法定代理人、近亲属可以代为申请或者同意恢复审理。

第六百零六条 人民法院受理案件后被告人死亡的，应当裁定终止审理；但有证据证明被告人无罪，经缺席审理确认无罪的，应当判决宣告被告人无罪。

前款所称“有证据证明被告人无罪，经缺席审理确认无罪”，包括案件事实清楚，证据确实、充分，依据法律认定被告人无罪的情形，以及证据不足，不能认定被告人有罪的情形。

第六百零七条 人民法院按照审判监督程序重新审判的案件，被告人死亡的，可以缺席审理。有证据证明被告人无罪，经缺席审理确认被告人无罪的，应当判决宣告被告人无罪；虽然构成犯罪，但原判量刑畸重的，应当依法作出判决。

第六百零八条 人民法院缺席审理案件，本章没有规定的，参照适用本解释的有关规定。

第二十五章 犯罪嫌疑人、被告人逃匿、死亡案件违法所得的没收程序

第六百零九条 刑事诉讼法第二百九十八条规定的“贪污贿赂犯罪、恐怖活动犯罪等”犯罪案件，是指下列案件：

（一）贪污贿赂、失职渎职等职务犯罪案件；

（二）刑法分则第二章规定的相关恐怖活动犯罪案件，以及恐怖活动组织、恐怖活动人员实施的杀人、爆炸、绑架等犯罪案件；

（三）危害国家安全、走私、洗钱、金融诈骗、黑社会性质组织、毒品犯罪案件；

（四）电信诈骗、网络诈骗犯罪案件。

第六百一十条 在省、自治区、直辖市或者全国范围内具有较大影响的犯罪案件，或者犯罪嫌疑人、被告人逃匿境外的犯罪案件，应当认定为刑事诉讼法第二百九十八条第一款规定的“重大犯罪案件”。

第六百一十一条 犯罪嫌疑人、被告人死亡，依照刑法规定应当追缴其违法所得及其他涉案财产，人民检察院提出没收违法所得申请的，人民法院应当依法受理。

第六百一十二条 对人民检察院提出的没收违法所得申请，人民法院应当审查以下内容：

（一）是否属于可以适用违法所得没收程序的案件范围；

（二）是否属于本院管辖；

（三）是否写明犯罪嫌疑人、被告人基本情况，以及涉嫌有关犯罪的情况，并附证据材料；

（四）是否写明犯罪嫌疑人、被告人逃匿、被通缉、脱逃、下落不明、死亡等情况，并附证据材料；

（五）是否列明违法所得及其他涉案财产的种类、数量、价值、所在地等，并附证据材料；

（六）是否附有查封、扣押、冻结违法所得及其他涉案财产的清单和法律手续；

（七）是否写明犯罪嫌疑人、被告人有无利害关系人，利害关系人的姓名、身份、住址、联系方式及其要求等情况；

（八）是否写明申请没收的理由和法律依据；

（九）其他依法需要审查的内容和材料。

前款规定的材料需要翻译件的，人民法院应当要求人民检察院一并移送。

第六百一十三条 对没收违法所得的申请，人民法院应当在三十日以内审查完毕，并按照下列情形分别处理：

（一）属于没收违法所得申请受案范围和本院管辖，且材料齐全、有证据证明有犯罪事实的，应当受理；

（二）不属于没收违法所得申请受案范围或者本院管辖的，应当退回人民检察院；

（三）没收违法所得申请不符合“有证据证明有犯罪事实”标准要求的，应当通知人民检察院撤回申请；

（四）材料不全的，应当通知人民检察院在七日以内补送；七日以内不能补送的，应当退回人民检察院。

人民检察院尚未查封、扣押、冻结申请没收的财产或者查封、扣押、冻结期限即将届满，涉案财产有被隐匿、转移或者毁损、灭失危险的，人民法院可以查封、扣押、冻结申请没收的财产。

第六百一十四条 人民法院受理没收违法所得的申请后，应当在十五日以内发布公告。公告应当载明以下内容：

（一）案由、案件来源；

（二）犯罪嫌疑人、被告人的基本情况；

（三）犯罪嫌疑人、被告人涉嫌犯罪的事实；

（四）犯罪嫌疑人、被告人逃匿、被通缉、脱逃、下落不明、死亡等情况；

（五）申请没收的财产的种类、数量、价值、所在地等以及已查封、扣押、冻结财产的清单和法律手续；

（六）申请没收的财产属于违法所得及其他涉案财产的相关事实；

（七）申请没收的理由和法律依据；

（八）利害关系人申请参加诉讼的期限、方式以及未按照该期限、方式申请参加诉讼可能承担的不利法律后果；

（九）其他应当公告的情况。

公告期为六个月，公告期间不适用中止、中断、延长的规定。

第六百一十五条 公告应当在全国公开发行的报纸、信息网络媒体、最高人民法院的官方网站发布，并在人民法院公告栏发布。必要时，公告可以在犯罪地、犯罪嫌疑人、被告人居住地或者被申请没收财产所在地发布。最后发布的公告的日期为公告日期。发布公告的，应当采取拍照、录像等方式记录发布过程。

人民法院已经掌握境内利害关系人联系方式的，应当直接送达含有公告内容的通知；直接送达有困难的，可以委托代为送达、邮寄送达。经受送达人同意的，可以采用传真、电子邮件等能够确认其收悉的方式告知公告内容，并记录在案。

人民法院已经掌握境外犯罪嫌疑人、被告人、利害关系人联系方式，经受送达人同意的，可以采用传真、电子邮件等能够确认其收悉的方式告知公告内容，并记录在案；受送达人未表示同意，或者人民法院未掌握境外犯罪嫌疑人、被告人、利害关系人联系方式，其所在国、地区的主管机关明确提出应当向受送达人送达含有公告内容的通知的，人民法院可以决定是否送达。决定送达的，应当依照本解释第四百九十三条的规定请求所在国、地区提供司法协助。

第六百一十六条　刑事诉讼法第二百九十九条第二款、第三百条第二款规定的“其他利害关系人”，是指除犯罪嫌疑人、被告人的近亲属以外的，对申请没收的财产主张权利的自然人和单位。

第六百一十七条　犯罪嫌疑人、被告人的近亲属和其他利害关系人申请参加诉讼的，应当在公告期间内提出。犯罪嫌疑人、被告人的近亲属应当提供其与犯罪嫌疑人、被告人关系的证明材料，其他利害关系人应当提供证明其对违法所得及其他涉案财产主张权利的证据材料。

利害关系人可以委托诉讼代理人参加诉讼。委托律师担任诉讼代理人的，应当委托具有中华人民共和国律师资格并依法取得执业证书的律师；在境外委托的，应当依照本解释第四百八十六条的规定对授权委托进行公证、认证。

利害关系人在公告期满后申请参加诉讼，能够合理说明理由的，人民法院应当准许。

第六百一十八条　犯罪嫌疑人、被告人逃匿境外，委托诉讼代理人申请参加诉讼，且违法所得或者其他涉案财产所在国、地区主管机关明确提出意见予以支持的，人民法院可以准许。

人民法院准许参加诉讼的，犯罪嫌疑人、被告人的诉讼代理人依照本解释关于利害关系人的诉讼代理人的规定行使诉讼权利。

第六百一十九条　公告期满后，人民法院应当组成合议庭对申请没收违法所得的案件进行审理。

利害关系人申请参加或者委托诉讼代理人参加诉讼的，应当开庭审理。没有利害关系人申请参加诉讼的，或者利害关系人及其诉讼代理人无正当理由拒不到庭的，可以不开庭审理。

人民法院确定开庭日期后，应当将开庭的时间、地点通知人民检察院、利害关系人及其诉讼代理人、证人、鉴定人、翻译人员。通知书应当依照本解释第六百一十五条第二款、第三款规定的方式，至迟在开庭审理三日以前送达；受送达人在境外的，至迟在开庭审理三十日以前送达。

第六百二十条 开庭审理申请没收违法所得的案件，按照下列程序进行：

（一）审判长宣布法庭调查开始后，先由检察员宣读申请书，后由利害关系人、诉讼代理人发表意见；

（二）法庭应当依次就犯罪嫌疑人、被告人是否实施了贪污贿赂犯罪、恐怖活动犯罪等重大犯罪并已经通缉一年不能到案，或者是否已经死亡，以及申请没收的财产是否依法应当追缴进行调查；调查时，先由检察员出示证据，后由利害关系人、诉讼代理人出示证据，并进行质证；

（三）法庭辩论阶段，先由检察员发言，后由利害关系人、诉讼代理人发言，并进行辩论。

利害关系人接到通知后无正当理由拒不到庭，或者未经法庭许可中途退庭的，可以转为不开庭审理，但还有其他利害关系人参加诉讼的除外。

第六百二十一条 对申请没收违法所得的案件，人民法院审理后，应当按照下列情形分别处理：

（一）申请没收的财产属于违法所得及其他涉案财产的，除依法返还被害人的以外，应当裁定没收；

（二）不符合刑事诉讼法第二百九十八条第一款规定的条件的，应当裁定驳回申请，解除查封、扣押、冻结措施。

申请没收的财产具有高度可能属于违法所得及其他涉案财产的，应当认定为前款规定的“申请没收的财产属于违法所得及其他涉案财产”。巨额财产来源不明犯罪案件中，没有利害关系人对违法所得及其他涉案财产主张权利，或者利害关系人对违法所得及其他涉案财产虽然主张权利但提供的证据没有达到相应证明标准的，应当视为“申请没收的财产属于违法所得及其他涉案财产”。

第六百二十二条 对没收违法所得或者驳回申请的裁定，犯罪嫌疑人、被告人的近亲属和其他利害关系人或者人民检察院可以在五日以内提出上诉、抗诉。

第六百二十三条 对不服第一审没收违法所得或者驳回申请裁定的上诉、抗诉案件，第二审人民法院经审理，应当按照下列情形分别处理：

（一）第一审裁定认定事实清楚和适用法律正确的，应当驳回上诉或者抗诉，维持原裁定；

（二）第一审裁定认定事实清楚，但适用法律有错误的，应当改变原裁定；

（三）第一审裁定认定事实不清的，可以在查清事实后改变原裁定，也可以撤销原裁定，发回原审人民法院重新审判；

（四）第一审裁定违反法定诉讼程序，可能影响公正审判的，应当撤销原裁定，发回原审人民法院重新审判。

第一审人民法院对发回重新审判的案件作出裁定后，第二审人民法院对不服第一审人民法院裁定的上诉、抗诉，应当依法作出裁定，不得再发回原审人民法院重新审判；但是，第一审人民法院在重新审判过程中违反法定诉讼程序，可能影响公正审判的除外。

第六百二十四条　利害关系人非因故意或者重大过失在第一审期间未参加诉讼，在第二审期间申请参加诉讼的，人民法院应当准许，并撤销原裁定，发回原审人民法院重新审判。

第六百二十五条　在审理申请没收违法所得的案件过程中，在逃的犯罪嫌疑人、被告人到案的，人民法院应当裁定终止审理。人民检察院向原受理申请的人民法院提起公诉的，可以由同一审判组织审理。

第六百二十六条　在审理案件过程中，被告人脱逃或者死亡，符合刑事诉讼法第二百九十八条第一款规定的，人民检察院可以向人民法院提出没收违法所得的申请；符合刑事诉讼法第二百九十一条第一款规定的，人民检察院可以按照缺席审判程序向人民法院提起公诉。

人民检察院向原受理案件的人民法院提出没收违法所得申请的，可以由同一审判组织审理。

第六百二十七条　审理申请没收违法所得案件的期限，参照公诉案件第一审普通程序和第二审程序的审理期限执行。

公告期间和请求刑事司法协助的时间不计入审理期限。

第六百二十八条　没收违法所得裁定生效后，犯罪嫌疑人、被告人到案并对没收裁定提出异议，人民检察院向原作出裁定的人民法院提起公诉的，可以由同一审判组织审理。

人民法院经审理，应当按照下列情形分别处理：

（一）原裁定正确的，予以维持，不再对涉案财产作出判决；

（二）原裁定确有错误的，应当撤销原裁定，并在判决中对有关涉案财产一并作出处理。

人民法院生效的没收裁定确有错误的，除第一款规定的情形外，应当依照审判监督程序予以纠正。

第六百二十九条 人民法院审理申请没收违法所得的案件，本章没有规定的，参照适用本解释的有关规定。

第二十六章 依法不负刑事责任的精神病人的强制医疗程序

第六百三十条 实施暴力行为，危害公共安全或者严重危害公民人身安全，社会危害性已经达到犯罪程度，但经法定程序鉴定依法不负刑事责任的精神病人，有继续危害社会可能的，可以予以强制医疗。

第六百三十一条 人民检察院申请对依法不负刑事责任的精神病人强制医疗的案件，由被申请人实施暴力行为所在地的基层人民法院管辖；由被申请人居住地的人民法院审判更为适宜的，可以由被申请人居住地的基层人民法院管辖。

第六百三十二条 对人民检察院提出的强制医疗申请，人民法院应当审查以下内容：

（一）是否属于本院管辖；

（二）是否写明被申请人的身份，实施暴力行为的时间、地点、手段、所造成的损害等情况，并附证据材料；

（三）是否附有法医精神病鉴定意见和其他证明被申请人属于依法不负刑事责任的精神病人的证据材料；

（四）是否列明被申请人的法定代理人的姓名、住址、联系方式；

（五）需要审查的其他事项。

第六百三十三条 对人民检察院提出的强制医疗申请，人民法院应当在七日以内审查完毕，并按照下列情形分别处理：

（一）属于强制医疗程序受案范围和本院管辖，且材料齐全的，应当受理；

（二）不属于本院管辖的，应当退回人民检察院；

（三）材料不全的，应当通知人民检察院在三日以内补送；三日以内不能补送的，应当退回人民检察院。

第六百三十四条 审理强制医疗案件，应当通知被申请人或者被告人的法定代理人到场；被申请人或者被告人的法定代理人经通知未到场的，可以通知被申请人或者被告人的其他近亲属到场。

被申请人或者被告人没有委托诉讼代理人的，应当自受理强制医疗申请或者发现被告人符合强制医疗条件之日起三日以内，通知法律援助机构指派律师担任其诉讼代理人，为其提供法律帮助。

第六百三十五条　审理强制医疗案件，应当组成合议庭，开庭审理。但是，被申请人、被告人的法定代理人请求不开庭审理，并经人民法院审查同意的除外。

审理强制医疗案件，应当会见被申请人，听取被害人及其法定代理人的意见。

第六百三十六条　开庭审理申请强制医疗的案件，按照下列程序进行：

（一）审判长宣布法庭调查开始后，先由检察员宣读申请书，后由被申请人的法定代理人、诉讼代理人发表意见；

（二）法庭依次就被申请人是否实施了危害公共安全或者严重危害公民人身安全的暴力行为、是否属于依法不负刑事责任的精神病人、是否有继续危害社会的可能进行调查；调查时，先由检察员出示证据，后由被申请人的法定代理人、诉讼代理人出示证据，并进行质证；必要时，可以通知鉴定人出庭对鉴定意见作出说明；

（三）法庭辩论阶段，先由检察员发言，后由被申请人的法定代理人、诉讼代理人发言，并进行辩论。

被申请人要求出庭，人民法院经审查其身体和精神状态，认为可以出庭的，应当准许。出庭的被申请人，在法庭调查、辩论阶段，可以发表意见。

检察员宣读申请书后，被申请人的法定代理人、诉讼代理人无异议的，法庭调查可以简化。

第六百三十七条　对申请强制医疗的案件，人民法院审理后，应当按照下列情形分别处理：

（一）符合刑事诉讼法第三百零二条规定的强制医疗条件的，应当作出对被申请人强制医疗的决定；

（二）被申请人属于依法不负刑事责任的精神病人，但不符合强制医疗条件的，应当作出驳回强制医疗申请的决定；被申请人已经造成危害结果的，应当同时责令其家属或者监护人严加看管和医疗；

（三）被申请人具有完全或者部分刑事责任能力，依法应当追究刑事责任的，应当作出驳回强制医疗申请的决定，并退回人民检察院依法处理。

第六百三十八条　第一审人民法院在审理刑事案件过程中，发现被告人可能符合强制医疗条件的，应当依照法定程序对被告人进行法医精神病鉴定。经鉴定，被告人属于依法不负刑事责任的精神病人的，应当适用强制医疗程序，对案件进行审理。

开庭审理前款规定的案件，应当先由合议庭组成人员宣读对被告人的法医精神病鉴定意见，说明被告人可能符合强制医疗的条件，后依次由公诉人和被告人的法定代理人、诉讼代理人发表意见。经审判长许可，公诉人和被告人的法定代理人、诉讼代理人可以进行辩论。

第六百三十九条 对前条规定的案件，人民法院审理后，应当按照下列情形分别处理：

（一）被告人符合强制医疗条件的，应当判决宣告被告人不负刑事责任，同时作出对被告人强制医疗的决定；

（二）被告人属于依法不负刑事责任的精神病人，但不符合强制医疗条件的，应当判决宣告被告人无罪或者不负刑事责任；被告人已经造成危害结果的，应当同时责令其家属或者监护人严加看管和医疗；

（三）被告人具有完全或者部分刑事责任能力，依法应当追究刑事责任的，应当依照普通程序继续审理。

第六百四十条 第二审人民法院在审理刑事案件过程中，发现被告人可能符合强制医疗条件的，可以依照强制医疗程序对案件作出处理，也可以裁定发回原审人民法院重新审判。

第六百四十一条 人民法院决定强制医疗的，应当在作出决定后五日以内，向公安机关送达强制医疗决定书和强制医疗执行通知书，由公安机关将被决定强制医疗的人送交强制医疗。

第六百四十二条 被决定强制医疗的人、被害人及其法定代理人、近亲属对强制医疗决定不服的，可以自收到决定书第二日起五日以内向上一级人民法院申请复议。复议期间不停止执行强制医疗的决定。

第六百四十三条 对不服强制医疗决定的复议申请，上一级人民法院应当组成合议庭审理，并在一个月以内，按照下列情形分别作出复议决定：

（一）被决定强制医疗的人符合强制医疗条件的，应当驳回复议申请，维持原决定；

（二）被决定强制医疗的人不符合强制医疗条件的，应当撤销原决定；

（三）原审违反法定诉讼程序，可能影响公正审判的，应当撤销原决定，发回原审人民法院重新审判。

第六百四十四条 对本解释第六百三十九条第一项规定的判决、决定，人民检察院提出抗诉，同时被决定强制医疗的人、被害人及其法定代理人、近亲属申请复议的，上一级人民法院应当依照第二审程序一并处理。

第六百四十五条 被强制医疗的人及其近亲属申请解除强制医疗的，应当向决定强制医疗的人民法院提出。

被强制医疗的人及其近亲属提出的解除强制医疗申请被人民法院驳回，六个月后再次提出申请的，人民法院应当受理。

第六百四十六条　强制医疗机构提出解除强制医疗意见，或者被强制医疗的人及其近亲属申请解除强制医疗的，人民法院应当审查是否附有对被强制医疗的人的诊断评估报告。

强制医疗机构提出解除强制医疗意见，未附诊断评估报告的，人民法院应当要求其提供。

被强制医疗的人及其近亲属向人民法院申请解除强制医疗，强制医疗机构未提供诊断评估报告的，申请人可以申请人民法院调取。必要时，人民法院可以委托鉴定机构对被强制医疗的人进行鉴定。

第六百四十七条　强制医疗机构提出解除强制医疗意见，或者被强制医疗的人及其近亲属申请解除强制医疗的，人民法院应当组成合议庭进行审查，并在一个月以内，按照下列情形分别处理：

（一）被强制医疗的人已不具有人身危险性，不需要继续强制医疗的，应当作出解除强制医疗的决定，并可责令被强制医疗的人的家属严加看管和医疗；

（二）被强制医疗的人仍具有人身危险性，需要继续强制医疗的，应当作出继续强制医疗的决定。

对前款规定的案件，必要时，人民法院可以开庭审理，通知人民检察院派员出庭。

人民法院应当在作出决定后五日以内，将决定书送达强制医疗机构、申请解除强制医疗的人、被决定强制医疗的人和人民检察院。决定解除强制医疗的，应当通知强制医疗机构在收到决定书的当日解除强制医疗。

第六百四十八条　人民检察院认为强制医疗决定或者解除强制医疗决定不当，在收到决定书后二十日以内提出书面纠正意见的，人民法院应当另行组成合议庭审理，并在一个月以内作出决定。

第六百四十九条　审理强制医疗案件，本章没有规定的，参照适用本解释的有关规定。

第二十七章　附　则

第六百五十条　人民法院讯问被告人，宣告判决，审理减刑、假释案件等，可以根据情况采取视频方式。

第六百五十一条　向人民法院提出自诉、上诉、申诉、申请等的，应当以书面形式提出。书写有困难的，除另有规定的以外，可以口头提出，由人民法院工作人员制作笔录或者记录在案，并向口述人宣读或者交其阅读。

第六百五十二条 诉讼期间制作、形成的工作记录、告知笔录等材料，应当由制作人员和其他有关人员签名、盖章。宣告或者送达裁判文书、通知书等诉讼文书的，应当由接受宣告或者送达的人在诉讼文书、送达回证上签名、盖章。

诉讼参与人未签名、盖章的，应当捺指印；刑事被告人除签名、盖章外，还应当捺指印。

当事人拒绝签名、盖章、捺指印的，办案人员应当在诉讼文书或者笔录材料中注明情况，有见证人见证或者有录音录像证明的，不影响相关诉讼文书或者笔录材料的效力。

第六百五十三条 本解释的有关规定适用于军事法院等专门人民法院。

第六百五十四条 本解释有关公安机关的规定，依照刑事诉讼法的有关规定，适用于国家安全机关、军队保卫部门、中国海警局和监狱。

第六百五十五条 本解释自2021年3月1日起施行。最高人民法院2012年12月20日发布的《关于适用〈中华人民共和国刑事诉讼法〉的解释》（法释〔2012〕21号）同时废止。最高人民法院以前发布的司法解释和规范性文件，与本解释不一致的，以本解释为准。

最高人民检察院
人民检察院刑事诉讼规则*

（2019年12月2日最高人民检察院第十三届检察委员会第二十八次会议通过，自2019年12月30日起施行）

目　录

第一章　通　则
第二章　管　辖
第三章　回　避
第四章　辩护与代理
第五章　证　据
第六章　强制措施
　第一节　拘　传
　第二节　取保候审
　第三节　监视居住
　第四节　拘　留
　第五节　逮　捕
　第六节　监察机关移送案件的强制措施
　第七节　其他规定
第七章　案件受理
第八章　立　案
　第一节　立案审查
　第二节　立案决定
第九章　侦　查

* 高检发释字〔2019〕4号，2019年12月30日公布。——编者注

第一节　一般规定
第二节　讯问犯罪嫌疑人
第三节　询问证人、被害人
第四节　勘验、检查
第五节　搜　查
第六节　调取、查封、扣押、查询、冻结
第七节　鉴　定
第八节　辨　认
第九节　技术侦查措施
第十节　通　缉
第十一节　侦查终结
第十章　审查逮捕和审查起诉
第一节　一般规定
第二节　认罪认罚从宽案件办理
第三节　审查批准逮捕
第四节　审查决定逮捕
第五节　延长侦查羁押期限和重新计算侦查羁押期限
第六节　核准追诉
第七节　审查起诉
第八节　起　诉
第九节　不起诉
第十一章　出席法庭
第一节　出席第一审法庭
第二节　简易程序
第三节　速裁程序
第四节　出席第二审法庭
第五节　出席再审法庭
第十二章　特别程序
第一节　未成年人刑事案件诉讼程序
第二节　当事人和解的公诉案件诉讼程序
第三节　缺席审判程序
第四节　犯罪嫌疑人、被告人逃匿、死亡案件违法所得的没收程序
第五节　依法不负刑事责任的精神病人的强制医疗程序
第十三章　刑事诉讼法律监督

第一节　一般规定
第二节　刑事立案监督
第三节　侦查活动监督
第四节　审判活动监督
第五节　羁押必要性审查
第六节　刑事判决、裁定监督
第七节　死刑复核监督
第八节　羁押期限和办案期限监督
第十四章　刑罚执行和监管执法监督
第一节　一般规定
第二节　交付执行监督
第三节　减刑、假释、暂予监外执行监督
第四节　社区矫正监督
第五节　刑事裁判涉财产部分执行监督
第六节　死刑执行监督
第七节　强制医疗执行监督
第八节　监管执法监督
第九节　事故检察
第十五章　案件管理
第十六章　刑事司法协助
第十七章　附　则

第一章　通　则

第一条　为保证人民检察院在刑事诉讼中严格依照法定程序办案，正确履行职权，实现惩罚犯罪与保障人权的统一，根据《中华人民共和国刑事诉讼法》《中华人民共和国人民检察院组织法》和有关法律规定，结合人民检察院工作实际，制定本规则。

第二条　人民检察院在刑事诉讼中的任务，是立案侦查直接受理的案件、审查逮捕、审查起诉和提起公诉、对刑事诉讼实行法律监督，保证准确、及时查明犯罪事实，正确应用法律，惩罚犯罪分子，保障无罪的人不受刑事追究，保障刑事法律的统一正确实施，维护社会主义法制，尊重和保障人权，保护公民的人身权利、财产权利、民主权利和其他权利，保障社会主义建设事业的顺利进行。

第三条 人民检察院办理刑事案件，应当严格遵守《中华人民共和国刑事诉讼法》以及其他法律的有关规定，秉持客观公正的立场，尊重和保障人权，既要追诉犯罪，也要保障无罪的人不受刑事追究。

第四条 人民检察院办理刑事案件，由检察官、检察长、检察委员会在各自职权范围内对办案事项作出决定，并依照规定承担相应司法责任。

检察官在检察长领导下开展工作。重大办案事项，由检察长决定。检察长可以根据案件情况，提交检察委员会讨论决定。其他办案事项，检察长可以自行决定，也可以委托检察官决定。

本规则对应当由检察长或者检察委员会决定的重大办案事项有明确规定的，依照本规则的规定。本规则没有明确规定的，省级人民检察院可以制定有关规定，报最高人民检察院批准。

以人民检察院名义制发的法律文书，由检察长签发；属于检察官职权范围内决定事项的，检察长可以授权检察官签发。

重大、疑难、复杂或者有社会影响的案件，应当向检察长报告。

第五条 人民检察院办理刑事案件，根据案件情况，可以由一名检察官独任办理，也可以由两名以上检察官组成办案组办理。由检察官办案组办理的，检察长应当指定一名检察官担任主办检察官，组织、指挥办案组办理案件。

检察官办理案件，可以根据需要配备检察官助理、书记员、司法警察、检察技术人员等检察辅助人员。检察辅助人员依照法律规定承担相应的检察辅助事务。

第六条 人民检察院根据检察工作需要设置业务机构，在刑事诉讼中按照分工履行职责。

业务机构负责人对本部门的办案活动进行监督管理。需要报请检察长决定的事项和需要向检察长报告的案件，应当先由业务机构负责人审核。业务机构负责人可以主持召开检察官联席会议进行讨论，也可以直接报请检察长决定或者向检察长报告。

第七条 检察长不同意检察官处理意见的，可以要求检察官复核，也可以直接作出决定，或者提请检察委员会讨论决定。

检察官执行检察长决定时，认为决定错误的，应当书面提出意见。检察长不改变原决定的，检察官应当执行。

第八条 对同一刑事案件的审查逮捕、审查起诉、出庭支持公诉和立案监督、侦查监督、审判监督等工作，由同一检察官或者检察官办案组负责，但是审查逮捕、审查起诉由不同人民检察院管辖，或者依照法律、有关规定应当另行指派检察官或者检察官办案组办理的除外。

人民检察院履行审查逮捕和审查起诉职责的办案部门，本规则中统称为负责捕诉的部门。

第九条　最高人民检察院领导地方各级人民检察院和专门人民检察院的工作，上级人民检察院领导下级人民检察院的工作。检察长统一领导人民检察院的工作。

上级人民检察院可以依法统一调用辖区的检察人员办理案件，调用的决定应当以书面形式作出。被调用的检察官可以代表办理案件的人民检察院履行出庭支持公诉等各项检察职责。

第十条　上级人民检察院对下级人民检察院作出的决定，有权予以撤销或者变更；发现下级人民检察院办理的案件有错误的，有权指令下级人民检察院予以纠正。

下级人民检察院对上级人民检察院的决定应当执行。如果认为有错误的，应当在执行的同时向上级人民检察院报告。

第十一条　犯罪嫌疑人、被告人自愿如实供述自己的罪行，承认指控的犯罪事实，愿意接受处罚的，可以依法从宽处理。

认罪认罚从宽制度适用于所有刑事案件。人民检察院办理刑事案件的各个诉讼环节，都应当做好认罪认罚的相关工作。

第十二条　人民检察院办理刑事案件的活动依照规定接受人民监督员监督。

第二章　管　辖

第十三条　人民检察院在对诉讼活动实行法律监督中发现的司法工作人员利用职权实施的非法拘禁、刑讯逼供、非法搜查等侵犯公民权利、损害司法公正的犯罪，可以由人民检察院立案侦查。

对于公安机关管辖的国家机关工作人员利用职权实施的重大犯罪案件，需要由人民检察院直接受理的，经省级以上人民检察院决定，可以由人民检察院立案侦查。

第十四条　人民检察院办理直接受理侦查的案件，由设区的市级人民检察院立案侦查。基层人民检察院发现犯罪线索的，应当报设区的市级人民检察院决定立案侦查。

设区的市级人民检察院根据案件情况也可以将案件交由基层人民检察院立案侦查，或者要求基层人民检察院协助侦查。对于刑事执行派出检察院辖区内与刑事执行活动有关的犯罪线索，可以交由刑事执行派出检察院立案侦查。

最高人民检察院、省级人民检察院发现犯罪线索的，可以自行立案侦查，也可以将犯罪线索交由指定的省级人民检察院或者设区的市级人民检察院立案侦查。

第十五条 对本规则第十三条第二款规定的案件，人民检察院需要直接立案侦查的，应当层报省级人民检察院决定。

报请省级人民检察院决定立案侦查的案件，应当制作提请批准直接受理书，写明案件情况以及需要由人民检察院立案侦查的理由，并附有关材料。

省级人民检察院应当在收到提请批准直接受理书后十日以内作出是否立案侦查的决定。省级人民检察院可以决定由设区的市级人民检察院立案侦查，也可以自行立案侦查。

第十六条 上级人民检察院在必要的时候，可以直接立案侦查或者组织、指挥、参与侦查下级人民检察院管辖的案件。下级人民检察院认为案情重大、复杂，需要由上级人民检察院立案侦查的案件，可以请求移送上级人民检察院立案侦查。

第十七条 人民检察院办理直接受理侦查的案件，发现犯罪嫌疑人同时涉嫌监察机关管辖的职务犯罪线索的，应当及时与同级监察机关沟通。

经沟通，认为全案由监察机关管辖更为适宜的，人民检察院应当将案件和相应职务犯罪线索一并移送监察机关；认为由监察机关和人民检察院分别管辖更为适宜的，人民检察院应当将监察机关管辖的相应职务犯罪线索移送监察机关，对依法由人民检察院管辖的犯罪案件继续侦查。

人民检察院应当及时将沟通情况报告上一级人民检察院。沟通期间不得停止对案件的侦查。

第十八条 人民检察院办理直接受理侦查的案件涉及公安机关管辖的刑事案件，应当将属于公安机关管辖的刑事案件移送公安机关。如果涉嫌的主罪属于公安机关管辖，由公安机关为主侦查，人民检察院予以配合；如果涉嫌的主罪属于人民检察院管辖，由人民检察院为主侦查，公安机关予以配合。

对于一人犯数罪、共同犯罪、共同犯罪的犯罪嫌疑人还实施其他犯罪、多个犯罪嫌疑人实施的犯罪存在关联，并案处理有利于查明案件事实和诉讼进行的，人民检察院可以在职责范围内对相关犯罪案件并案处理。

第十九条 本规则第十三条规定的案件，由犯罪嫌疑人工作单位所在地的人民检察院管辖。如果由其他人民检察院管辖更为适宜的，可以由其他人民检察院管辖。

第二十条 对管辖不明确的案件，可以由有关人民检察院协商确定管辖。

第二十一条 几个人民检察院都有权管辖的案件，由最初受理的人民检察院管辖。必要时，可以由主要犯罪地的人民检察院管辖。

第二十二条　对于下列案件，上级人民检察院可以指定管辖：

（一）管辖有争议的案件；

（二）需要改变管辖的案件；

（三）需要集中管辖的特定类型的案件；

（四）其他需要指定管辖的案件。

对前款案件的审查起诉指定管辖的，人民检察院应当与相应的人民法院协商一致。对前款第三项案件的审查逮捕指定管辖的，人民检察院应当与相应的公安机关协商一致。

第二十三条　军事检察院等专门人民检察院的管辖以及军队与地方互涉刑事案件的管辖，按照有关规定执行。

第三章　回　避

第二十四条　检察人员在受理举报和办理案件过程中，发现有刑事诉讼法第二十九条或者第三十条规定的情形之一的，应当自行提出回避；没有自行提出回避的，人民检察院应当决定其回避，当事人及其法定代理人有权要求其回避。

第二十五条　检察人员自行回避的，应当书面或者口头提出，并说明理由。口头提出的，应当记录在案。

第二十六条　人民检察院应当告知当事人及其法定代理人有依法申请回避的权利，并告知办理相关案件的检察人员、书记员等人员的姓名、职务等有关情况。

第二十七条　当事人及其法定代理人要求检察人员回避的，应当书面或者口头向人民检察院提出，并说明理由。口头提出的，应当记录在案。根据刑事诉讼法第三十条的规定要求检察人员回避的，应当提供有关证明材料。

人民检察院经过审查或者调查，认为检察人员符合回避条件的，应当作出回避决定；不符合回避条件的，应当驳回申请。

第二十八条　在开庭审理过程中，当事人及其法定代理人向法庭申请出庭的检察人员回避的，在收到人民法院通知后，人民检察院应当作出回避或者驳回申请的决定。不属于刑事诉讼法第二十九条、第三十条规定情形的回避申请，出席法庭的检察人员应当建议法庭当庭驳回。

第二十九条　检察长的回避，由检察委员会讨论决定。检察委员会讨论检察长回避问题时，由副检察长主持，检察长不得参加。

其他检察人员的回避，由检察长决定。

第三十条 当事人及其法定代理人要求公安机关负责人回避，向同级人民检察院提出，或者向公安机关提出后，公安机关移送同级人民检察院的，由检察长提交检察委员会讨论决定。

第三十一条 检察长应当回避，本人没有自行回避，当事人及其法定代理人也没有申请其回避的，检察委员会应当决定其回避。

其他检察人员有前款规定情形的，检察长应当决定其回避。

第三十二条 人民检察院作出驳回申请回避的决定后，应当告知当事人及其法定代理人如不服本决定，有权在收到驳回申请回避的决定书后五日以内向原决定机关申请复议一次。

第三十三条 当事人及其法定代理人对驳回申请回避的决定不服申请复议的，决定机关应当在三日以内作出复议决定并书面通知申请人。

第三十四条 对人民检察院直接受理的案件进行侦查的人员或者进行补充侦查的人员在回避决定作出以前和复议期间，不得停止对案件的侦查。

第三十五条 参加过同一案件侦查的人员，不得承办该案的审查逮捕、审查起诉、出庭支持公诉和诉讼监督工作，但在审查起诉阶段参加自行补充侦查的人员除外。

第三十六条 被决定回避的检察长在回避决定作出以前所取得的证据和进行的诉讼行为是否有效，由检察委员会根据案件具体情况决定。

被决定回避的其他检察人员在回避决定作出以前所取得的证据和进行的诉讼行为是否有效，由检察长根据案件具体情况决定。

被决定回避的公安机关负责人在回避决定作出以前所进行的诉讼行为是否有效，由作出决定的人民检察院检察委员会根据案件具体情况决定。

第三十七条 本规则关于回避的规定，适用于书记员、司法警察和人民检察院聘请或者指派的翻译人员、鉴定人。

书记员、司法警察和人民检察院聘请或者指派的翻译人员、鉴定人的回避由检察长决定。

辩护人、诉讼代理人可以依照刑事诉讼法及本规则关于回避的规定要求回避、申请复议。

第四章 辩护与代理

第三十八条 人民检察院在办案过程中，应当依法保障犯罪嫌疑人行使辩护权利。

第三十九条 辩护人、诉讼代理人向人民检察院提出有关申请、要求或者提交有关书面材料的，负责案件管理的部门应当接收并及时移送办案部门或者与办案部门联系，具体业务由办案部门负责办理，本规则另有规定的除外。

第四十条 人民检察院负责侦查的部门在第一次讯问犯罪嫌疑人或者对其采取强制措施时，应当告知犯罪嫌疑人有权委托辩护人，并告知其如果因经济困难或者其他原因没有委托辩护人的，可以申请法律援助。属于刑事诉讼法第三十五条规定情形的，应当告知犯罪嫌疑人有权获得法律援助。

人民检察院自收到移送起诉案卷材料之日起三日以内，应当告知犯罪嫌疑人有权委托辩护人，并告知其如果因经济困难或者其他原因没有委托辩护人的，可以申请法律援助。属于刑事诉讼法第三十五条规定情形的，应当告知犯罪嫌疑人有权获得法律援助。

当面口头告知的，应当记入笔录，由被告知人签名；电话告知的，应当记录在案；书面告知的，应当将送达回执入卷。

第四十一条 在押或者被指定居所监视居住的犯罪嫌疑人向人民检察院提出委托辩护人要求的，人民检察院应当及时向其监护人、近亲属或者其指定的人员转达要求，并记录在案。

第四十二条 人民检察院办理直接受理侦查案件和审查起诉案件，发现犯罪嫌疑人是盲、聋、哑人或者是尚未完全丧失辨认或者控制自己行为能力的精神病人，或者可能被判处无期徒刑、死刑，没有委托辩护人的，应当自发现之日起三日以内书面通知法律援助机构指派律师为其提供辩护。

第四十三条 人民检察院收到在押或者被指定居所监视居住的犯罪嫌疑人提出的法律援助申请，应当在二十四小时以内将申请材料转交法律援助机构，并通知犯罪嫌疑人的监护人、近亲属或者其委托的其他人员协助提供有关证件、证明等材料。

第四十四条 属于应当提供法律援助的情形，犯罪嫌疑人拒绝法律援助机构指派的律师作为辩护人的，人民检察院应当查明拒绝的原因。有正当理由的，予以准许，但犯罪嫌疑人需另行委托辩护人；犯罪嫌疑人未另行委托辩护人的，应当书面通知法律援助机构另行指派律师为其提供辩护。

第四十五条 辩护人接受委托后告知人民检察院，或者法律援助机构指派律师后通知人民检察院的，人民检察院负责案件管理的部门应当及时登记辩护人的相关信息，并将有关情况和材料及时通知、移交办案部门。

负责案件管理的部门对办理业务的辩护律师，应当查验其律师执业证书、律师事务所证明和授权委托书或者法律援助公函。对其他辩护人、诉讼代理人，应当查验其身份证明和授权委托书。

第四十六条 人民检察院负责案件管理的部门应当依照法律规定对辩护人、诉讼代理人的资格进行审查，办案部门应当予以协助。

第四十七条 自人民检察院对案件审查起诉之日起，应当允许辩护律师查阅、摘抄、复制本案的案卷材料。案卷材料包括案件的诉讼文书和证据材料。

人民检察院直接受理侦查案件移送起诉，审查起诉案件退回补充侦查、改变管辖、提起公诉的，应当及时告知辩护律师。

第四十八条 自人民检察院对案件审查起诉之日起，律师以外的辩护人向人民检察院申请查阅、摘抄、复制本案的案卷材料或者申请同在押、被监视居住的犯罪嫌疑人会见和通信的，由人民检察院负责捕诉的部门进行审查并作出是否许可的决定，在三日以内书面通知申请人。

人民检察院许可律师以外的辩护人同在押或者被监视居住的犯罪嫌疑人通信的，可以要求看守所或者公安机关将书信送交人民检察院进行检查。

律师以外的辩护人申请查阅、摘抄、复制案卷材料或者申请同在押、被监视居住的犯罪嫌疑人会见和通信，具有下列情形之一的，人民检察院可以不予许可：

（一）同案犯罪嫌疑人在逃的；

（二）案件事实不清，证据不足，或者遗漏罪行、遗漏同案犯罪嫌疑人需要补充侦查的；

（三）涉及国家秘密或者商业秘密的；

（四）有事实表明存在串供、毁灭、伪造证据或者危害证人人身安全可能的。

第四十九条 辩护律师或者经过许可的其他辩护人到人民检察院查阅、摘抄、复制本案的案卷材料，由负责案件管理的部门及时安排，由办案部门提供案卷材料。因办案部门工作等原因无法及时安排的，应当向辩护人说明，并自即日起三个工作日以内安排辩护人阅卷，办案部门应当予以配合。

人民检察院应当为辩护人查阅、摘抄、复制案卷材料设置专门的场所或者电子卷宗阅卷终端设备。必要时，人民检察院可以派员在场协助。

辩护人复制案卷材料可以采取复印、拍照、扫描、刻录等方式，人民检察院不收取费用。

第五十条 案件提请批准逮捕或者移送起诉后，辩护人认为公安机关在侦查期间收集的证明犯罪嫌疑人无罪或者罪轻的证据材料未提交，申请人民检察院向公安机关调取的，人民检察院负责捕诉的部门应当及时审查。经审查，认为辩护人申请调取的证据已收集并且与案件事实有联系的，应当予以调取；认为辩护人申请调取的证据未收集或者与案件事实没有联系的，应当决定不予调取并向辩护人说明理由。公安机关移送相关证据材料的，人民检察院应当在三日以内告知辩护人。

人民检察院办理直接受理侦查的案件，适用前款规定。

第五十一条　在人民检察院侦查、审查逮捕、审查起诉过程中，辩护人收集的有关犯罪嫌疑人不在犯罪现场、未达到刑事责任年龄、属于依法不负刑事责任的精神病人的证据，告知人民检察院的，人民检察院应当及时审查。

第五十二条　案件移送起诉后，辩护律师依据刑事诉讼法第四十三条第一款的规定申请人民检察院收集、调取证据的，人民检察院负责捕诉的部门应当及时审查。经审查，认为需要收集、调取证据的，应当决定收集、调取并制作笔录附卷；决定不予收集、调取的，应当书面说明理由。

人民检察院根据辩护律师的申请收集、调取证据时，辩护律师可以在场。

第五十三条　辩护律师申请人民检察院许可其向被害人或者其近亲属、被害人提供的证人收集与本案有关材料的，人民检察院负责捕诉的部门应当及时进行审查。人民检察院应当在五日以内作出是否许可的决定，通知辩护律师；不予许可的，应当书面说明理由。

第五十四条　在人民检察院侦查、审查逮捕、审查起诉过程中，辩护人要求听取其意见的，办案部门应当及时安排。辩护人提出书面意见的，办案部门应当接收并登记。

听取辩护人意见应当制作笔录或者记录在案，辩护人提出的书面意见应当附卷。

辩护人提交案件相关材料的，办案部门应当将辩护人提交材料的目的、来源及内容等情况记录在案，一并附卷。

第五十五条　人民检察院自收到移送起诉案卷材料之日起三日以内，应当告知被害人及其法定代理人或者其近亲属、附带民事诉讼的当事人及其法定代理人有权委托诉讼代理人。被害人及其法定代理人、近亲属因经济困难没有委托诉讼代理人的，应当告知其可以申请法律援助。

当面口头告知的，应当记入笔录，由被告知人签名；电话告知的，应当记录在案；书面告知的，应当将送达回执入卷。被害人众多或者不确定，无法以上述方式逐一告知的，可以公告告知。无法告知的，应当记录在案。

被害人有法定代理人的，应当告知其法定代理人；没有法定代理人的，应当告知其近亲属。

法定代理人或者近亲属为二人以上的，可以告知其中一人。告知时应当按照刑事诉讼法第一百零八条第三项、第六项列举的顺序择先进行。

当事人及其法定代理人、近亲属委托诉讼代理人的，参照刑事诉讼法第三十三条等法律规定执行。

第五十六条 经人民检察院许可，诉讼代理人查阅、摘抄、复制本案案卷材料的，参照本规则第四十九条的规定办理。

律师担任诉讼代理人，需要申请人民检察院收集、调取证据的，参照本规则第五十二条的规定办理。

第五十七条 辩护人、诉讼代理人认为公安机关、人民检察院、人民法院及其工作人员具有下列阻碍其依法行使诉讼权利行为之一，向同级或者上一级人民检察院申诉或者控告的，人民检察院负责控告申诉检察的部门应当接受并依法办理，其他办案部门应当予以配合：

（一）违反规定，对辩护人、诉讼代理人提出的回避要求不予受理或者对不予回避决定不服的复议申请不予受理的；

（二）未依法告知犯罪嫌疑人、被告人有权委托辩护人的；

（三）未转达在押或者被监视居住的犯罪嫌疑人、被告人委托辩护人的要求或者未转交其申请法律援助材料的；

（四）应当通知而不通知法律援助机构为符合条件的犯罪嫌疑人、被告人或者被申请强制医疗的人指派律师提供辩护或者法律援助的；

（五）在规定时间内不受理、不答复辩护人提出的变更强制措施申请或者解除强制措施要求的；

（六）未依法告知辩护律师犯罪嫌疑人涉嫌的罪名和案件有关情况的；

（七）违法限制辩护律师同在押、被监视居住的犯罪嫌疑人、被告人会见和通信的；

（八）违法不允许辩护律师查阅、摘抄、复制本案的案卷材料的；

（九）违法限制辩护律师收集、核实有关证据材料的；

（十）没有正当理由不同意辩护律师收集、调取证据或者通知证人出庭作证的申请，或者不答复、不说明理由的；

（十一）未依法提交证明犯罪嫌疑人、被告人无罪或者罪轻的证据材料的；

（十二）未依法听取辩护人、诉讼代理人意见的；

（十三）未依法将开庭的时间、地点及时通知辩护人、诉讼代理人的；

（十四）未依法向辩护人、诉讼代理人及时送达本案的法律文书或者及时告知案件移送情况的；

（十五）阻碍辩护人、诉讼代理人在法庭审理过程中依法行使诉讼权利的；

（十六）其他阻碍辩护人、诉讼代理人依法行使诉讼权利的。

对于直接向上一级人民检察院申诉或者控告的，上一级人民检察院可以交下级人民检察院办理，也可以直接办理。

辩护人、诉讼代理人认为看守所及其工作人员有阻碍其依法行使诉讼权利的行为，向人民检察院申诉或者控告的，由负责刑事执行检察的部门接受并依法办理；其他办案部门收到申诉或者控告的，应当及时移送负责刑事执行检察的部门。

第五十八条　辩护人、诉讼代理人认为其依法行使诉讼权利受到阻碍向人民检察院申诉或者控告的，人民检察院应当及时受理并调查核实，在十日以内办结并书面答复。情况属实的，通知有关机关或者本院有关部门、下级人民检察院予以纠正。

第五十九条　辩护律师告知人民检察院其委托人或者其他人员准备实施、正在实施危害国家安全、危害公共安全以及严重危及他人人身安全犯罪的，人民检察院应当接受并立即移送有关机关依法处理。

人民检察院应当为反映情况的辩护律师保密。

第六十条　人民检察院发现辩护人有帮助犯罪嫌疑人、被告人隐匿、毁灭、伪造证据、串供，或者威胁、引诱证人作伪证以及其他干扰司法机关诉讼活动的行为，可能涉嫌犯罪的，应当将涉嫌犯罪的线索或者证据材料移送有管辖权的机关依法处理。

人民检察院发现辩护律师在刑事诉讼中违反法律、法规或者执业纪律的，应当及时向其所在的律师事务所、所属的律师协会以及司法行政机关通报。

第五章　证　据

第六十一条　人民检察院认定案件事实，应当以证据为根据。

公诉案件中被告人有罪的举证责任由人民检察院承担。人民检察院在提起公诉指控犯罪时，应当提出确实、充分的证据，并运用证据加以证明。

人民检察院提起公诉，应当秉持客观公正立场，对被告人有罪、罪重、罪轻的证据都应当向人民法院提出。

第六十二条　证据的审查认定，应当结合案件的具体情况，从证据与待证事实的关联程度、各证据之间的联系、是否依照法定程序收集等方面进行综合审查判断。

第六十三条　人民检察院侦查终结或者提起公诉的案件，证据应当确实、充分。证据确实、充分，应当符合以下条件：

（一）定罪量刑的事实都有证据证明；

（二）据以定案的证据均经法定程序查证属实；

（三）综合全案证据，对所认定事实已排除合理怀疑。

第六十四条 行政机关在行政执法和查办案件过程中收集的物证、书证、视听资料、电子数据等证据材料，经人民检察院审查符合法定要求的，可以作为证据使用。

行政机关在行政执法和查办案件过程中收集的鉴定意见、勘验、检查笔录，经人民检察院审查符合法定要求的，可以作为证据使用。

第六十五条 监察机关依照法律规定收集的物证、书证、证人证言、被调查人供述和辩解、视听资料、电子数据等证据材料，在刑事诉讼中可以作为证据使用。

第六十六条 对采用刑讯逼供等非法方法收集的犯罪嫌疑人供述和采用暴力、威胁等非法方法收集的证人证言、被害人陈述，应当依法排除，不得作为移送审查逮捕、批准或者决定逮捕、移送起诉以及提起公诉的依据。

第六十七条 对采用下列方法收集的犯罪嫌疑人供述，应当予以排除：

（一）采用殴打、违法使用戒具等暴力方法或者变相肉刑的恶劣手段，使犯罪嫌疑人遭受难以忍受的痛苦而违背意愿作出的供述；

（二）采用以暴力或者严重损害本人及其近亲属合法权益等进行威胁的方法，使犯罪嫌疑人遭受难以忍受的痛苦而违背意愿作出的供述；

（三）采用非法拘禁等非法限制人身自由的方法收集的供述。

第六十八条 对采用刑讯逼供方法使犯罪嫌疑人作出供述，之后犯罪嫌疑人受该刑讯逼供行为影响而作出的与该供述相同的重复性供述，应当一并排除，但下列情形除外：

（一）侦查期间，根据控告、举报或者自己发现等，公安机关确认或者不能排除以非法方法收集证据而更换侦查人员，其他侦查人员再次讯问时告知诉讼权利和认罪认罚的法律规定，犯罪嫌疑人自愿供述的；

（二）审查逮捕、审查起诉期间，检察人员讯问时告知诉讼权利和认罪认罚的法律规定，犯罪嫌疑人自愿供述的。

第六十九条 采用暴力、威胁以及非法限制人身自由等非法方法收集的证人证言、被害人陈述，应当予以排除。

第七十条 收集物证、书证不符合法定程序，可能严重影响司法公正的，人民检察院应当及时要求公安机关补正或者作出书面解释；不能补正或者无法作出合理解释的，对该证据应当予以排除。

对公安机关的补正或者解释，人民检察院应当予以审查。经补正或者作出合理解释的，可以作为批准或者决定逮捕、提起公诉的依据。

第七十一条　对重大案件，人民检察院驻看守所检察人员在侦查终结前应当对讯问合法性进行核查并全程同步录音、录像，核查情况应当及时通知本院负责捕诉的部门。

负责捕诉的部门认为确有刑讯逼供等非法取证情形的，应当要求公安机关依法排除非法证据，不得作为提请批准逮捕、移送起诉的依据。

第七十二条　人民检察院发现侦查人员以非法方法收集证据的，应当及时进行调查核实。

当事人及其辩护人或者值班律师、诉讼代理人报案、控告、举报侦查人员采用刑讯逼供等非法方法收集证据，并提供涉嫌非法取证的人员、时间、地点、方式和内容等材料或者线索的，人民检察院应当受理并进行审查。根据现有材料无法证明证据收集合法性的，应当及时进行调查核实。

上一级人民检察院接到对侦查人员采用刑讯逼供等非法方法收集证据的报案、控告、举报，可以直接进行调查核实，也可以交由下级人民检察院调查核实。交由下级人民检察院调查核实的，下级人民检察院应当及时将调查结果报告上一级人民检察院。

人民检察院决定调查核实的，应当及时通知公安机关。

第七十三条　人民检察院经审查认定存在非法取证行为的，对该证据应当予以排除，其他证据不能证明犯罪嫌疑人实施犯罪行为的，应当不批准或者决定逮捕。已经移送起诉的，可以依法将案件退回监察机关补充调查或者退回公安机关补充侦查，或者作出不起诉决定。被排除的非法证据应当随案移送，并写明为依法排除的非法证据。

对于侦查人员的非法取证行为，尚未构成犯罪的，应当依法向其所在机关提出纠正意见。对于需要补正或者作出合理解释的，应当提出明确要求。

对于非法取证行为涉嫌犯罪需要追究刑事责任的，应当依法立案侦查。

第七十四条　人民检察院认为可能存在以刑讯逼供等非法方法收集证据情形的，可以书面要求监察机关或者公安机关对证据收集的合法性作出说明。说明应当加盖单位公章，并由调查人员或者侦查人员签名。

第七十五条　对于公安机关立案侦查的案件，存在下列情形之一的，人民检察院在审查逮捕、审查起诉和审判阶段，可以调取公安机关讯问犯罪嫌疑人的录音、录像，对证据收集的合法性以及犯罪嫌疑人、被告人供述的真实性进行审查：

（一）认为讯问活动可能存在刑讯逼供等非法取证行为的；

（二）犯罪嫌疑人、被告人或者辩护人提出犯罪嫌疑人、被告人供述系非法取得，并提供相关线索或者材料的；

（三）犯罪嫌疑人、被告人提出讯问活动违反法定程序或者翻供，并提供相关线索或者材料的；

（四）犯罪嫌疑人、被告人或者辩护人提出讯问笔录内容不真实，并提供相关线索或者材料的；

（五）案情重大、疑难、复杂的。

人民检察院调取公安机关讯问犯罪嫌疑人的录音、录像，公安机关未提供，人民检察院经审查认为不能排除有刑讯逼供等非法取证行为的，相关供述不得作为批准逮捕、提起公诉的依据。

人民检察院直接受理侦查的案件，负责侦查的部门移送审查逮捕、移送起诉时，应当将讯问录音、录像连同案卷材料一并移送审查。

第七十六条　对于提起公诉的案件，被告人及其辩护人提出审前供述系非法取得，并提供相关线索或者材料的，人民检察院可以将讯问录音、录像连同案卷材料一并移送人民法院。

第七十七条　在法庭审理过程中，被告人或者辩护人对讯问活动合法性提出异议，公诉人可以要求被告人及其辩护人提供相关线索或者材料。必要时，公诉人可以提请法庭当庭播放相关时段的讯问录音、录像，对有关异议或者事实进行质证。

需要播放的讯问录音、录像中涉及国家秘密、商业秘密、个人隐私或者含有其他不宜公开内容的，公诉人应当建议在法庭组成人员、公诉人、侦查人员、被告人及其辩护人范围内播放。因涉及国家秘密、商业秘密、个人隐私或者其他犯罪线索等内容，人民检察院对讯问录音、录像的相关内容进行技术处理的，公诉人应当向法庭作出说明。

第七十八条　人民检察院认为第一审人民法院有关证据收集合法性的审查、调查结论导致第一审判决、裁定错误的，可以依照刑事诉讼法第二百二十八条的规定向人民法院提出抗诉。

第七十九条　人民检察院在办理危害国家安全犯罪、恐怖活动犯罪、黑社会性质的组织犯罪、毒品犯罪等案件过程中，证人、鉴定人、被害人因在诉讼中作证，本人或者其近亲属人身安全面临危险，向人民检察院请求保护的，人民检察院应当受理并及时进行审查。对于确实存在人身安全危险的，应当立即采取必要的保护措施。人民检察院发现存在上述情形的，应当主动采取保护措施。

人民检察院可以采取以下一项或者多项保护措施：

（一）不公开真实姓名、住址和工作单位等个人信息；

（二）建议法庭采取不暴露外貌、真实声音等出庭作证措施；

（三）禁止特定的人员接触证人、鉴定人、被害人及其近亲属；

（四）对人身和住宅采取专门性保护措施；

（五）其他必要的保护措施。

人民检察院依法决定不公开证人、鉴定人、被害人的真实姓名、住址和工作单位等个人信息的，可以在起诉书、询问笔录等法律文书、证据材料中使用化名。但是应当另行书面说明使用化名的情况并标明密级，单独成卷。

人民检察院依法采取保护措施，可以要求有关单位和个人予以配合。

对证人及其近亲属进行威胁、侮辱、殴打或者打击报复，构成犯罪或者应当给予治安管理处罚的，人民检察院应当移送公安机关处理；情节轻微的，予以批评教育、训诫。

第八十条　证人在人民检察院侦查、审查逮捕、审查起诉期间因履行作证义务而支出的交通、住宿、就餐等费用，人民检察院应当给予补助。

第六章　强制措施

第一节　拘　传

第八十一条　人民检察院根据案件情况，对犯罪嫌疑人可以拘传。

第八十二条　拘传时，应当向被拘传的犯罪嫌疑人出示拘传证。对抗拒拘传的，可以使用戒具，强制到案。

执行拘传的人员不得少于二人。

第八十三条　拘传的时间从犯罪嫌疑人到案时开始计算。犯罪嫌疑人到案后，应当责令其在拘传证上填写到案时间，签名或者盖章，并捺指印，然后立即讯问。拘传结束后，应当责令犯罪嫌疑人在拘传证上填写拘传结束时间。犯罪嫌疑人拒绝填写的，应当在拘传证上注明。

一次拘传持续的时间不得超过十二小时；案情特别重大、复杂，需要采取拘留、逮捕措施的，拘传持续的时间不得超过二十四小时。两次拘传间隔的时间一般不得少于十二小时，不得以连续拘传的方式变相拘禁犯罪嫌疑人。

拘传犯罪嫌疑人，应当保证犯罪嫌疑人的饮食和必要的休息时间。

第八十四条　人民检察院拘传犯罪嫌疑人，应当在犯罪嫌疑人所在市、县内的地点进行。

犯罪嫌疑人工作单位与居住地不在同一市、县的，拘传应当在犯罪嫌疑人工作单位所在的市、县内进行；特殊情况下，也可以在犯罪嫌疑人居住地所在的市、县内进行。

第八十五条　需要对被拘传的犯罪嫌疑人变更强制措施的，应当在拘传期限内办理变更手续。

在拘传期间决定不采取其他强制措施的，拘传期限届满，应当结束拘传。

第二节 取保候审

第八十六条 人民检察院对于具有下列情形之一的犯罪嫌疑人，可以取保候审：

（一）可能判处管制、拘役或者独立适用附加刑的；

（二）可能判处有期徒刑以上刑罚，采取取保候审不致发生社会危险性的；

（三）患有严重疾病、生活不能自理，怀孕或者正在哺乳自己婴儿的妇女，采取取保候审不致发生社会危险性的；

（四）羁押期限届满，案件尚未办结，需要采取取保候审的。

第八十七条 人民检察院对于严重危害社会治安的犯罪嫌疑人，以及其他犯罪性质恶劣、情节严重的犯罪嫌疑人不得取保候审。

第八十八条 被羁押或者监视居住的犯罪嫌疑人及其法定代理人、近亲属或者辩护人向人民检察院申请取保候审，人民检察院应当在三日以内作出是否同意的答复。经审查符合本规则第八十六条规定情形之一的，可以对被羁押或者监视居住的犯罪嫌疑人依法办理取保候审手续。经审查不符合取保候审条件的，应当告知申请人，并说明不同意取保候审的理由。

第八十九条 人民检察院决定对犯罪嫌疑人取保候审，应当责令犯罪嫌疑人提出保证人或者交纳保证金。

对同一犯罪嫌疑人决定取保候审，不得同时使用保证人保证和保证金保证方式。

对符合取保候审条件，具有下列情形之一的犯罪嫌疑人，人民检察院决定取保候审时，可以责令其提供一至二名保证人：

（一）无力交纳保证金的；

（二）系未成年人或者已满七十五周岁的人；

（三）其他不宜收取保证金的。

第九十条 采取保证人保证方式的，保证人应当符合刑事诉讼法第六十九条规定的条件，并经人民检察院审查同意。

第九十一条 人民检察院应当告知保证人履行以下义务：

（一）监督被保证人遵守刑事诉讼法第七十一条的规定；

（二）发现被保证人可能发生或者已经发生违反刑事诉讼法第七十一条规定的行为的，及时向执行机关报告。

保证人保证承担上述义务后，应当在取保候审保证书上签名或者盖章。

第九十二条 采取保证金保证方式的，人民检察院可以根据犯罪嫌疑人的社会危险性，案件的性质、情节，可能判处刑罚的轻重，犯罪嫌疑人的经济状况等，责令犯罪嫌疑人交纳一千元以上的保证金。对于未成年犯罪嫌疑人，可以责令交纳五百元以上的保证金。

第九十三条 人民检察院决定对犯罪嫌疑人取保候审的，应当制作取保候审决定书，载明取保候审开始的时间、保证方式、被取保候审人应当履行的义务和应当遵守的规定。

人民检察院作出取保候审决定时，可以根据犯罪嫌疑人涉嫌犯罪的性质、危害后果、社会影响，犯罪嫌疑人、被害人的具体情况等，有针对性地责令其遵守以下一项或者多项规定：

（一）不得进入特定的场所；

（二）不得与特定的人员会见或者通信；

（三）不得从事特定的活动；

（四）将护照等出入境证件、驾驶证件交执行机关保存。

第九十四条 人民检察院应当向取保候审的犯罪嫌疑人宣读取保候审决定书，由犯罪嫌疑人签名或者盖章，并捺指印，责令犯罪嫌疑人遵守刑事诉讼法第七十一条的规定，告知其违反规定应负的法律责任。以保证金方式保证的，应当同时告知犯罪嫌疑人一次性将保证金存入公安机关指定银行的专门账户。

第九十五条 向犯罪嫌疑人宣布取保候审决定后，人民检察院应当将执行取保候审通知书送达公安机关执行，并告知公安机关在执行期间拟批准犯罪嫌疑人离开所居住的市、县的，应当事先征得人民检察院同意。以保证人方式保证的，应当将取保候审保证书同时送交公安机关。

人民检察院核实保证金已经交纳到公安机关指定银行的凭证后，应当将银行出具的凭证及其他有关材料与执行取保候审通知书一并送交公安机关。

第九十六条 采取保证人保证方式的，如果保证人在取保候审期间不愿继续保证或者丧失保证条件的，人民检察院应当在收到保证人不愿继续保证的申请或者发现其丧失保证条件后三日以内，责令犯罪嫌疑人重新提出保证人或者交纳保证金，并将变更情况通知公安机关。

第九十七条 采取保证金保证方式的，被取保候审人拒绝交纳保证金或者交纳保证金不足决定数额时，人民检察院应当作出变更取保候审措施、变更保证方式或者变更保证金数额的决定，并将变更情况通知公安机关。

第九十八条 公安机关在执行取保候审期间向人民检察院征询是否同意批准犯罪嫌疑人离开所居住的市、县时，人民检察院应当根据案件的具体情况及时作出决定，并通知公安机关。

第九十九条 人民检察院发现保证人没有履行刑事诉讼法第七十条规定的义务，应当通知公安机关，要求公安机关对保证人作出罚款决定。构成犯罪的，依法追究保证人的刑事责任。

第一百条 人民检察院发现犯罪嫌疑人违反刑事诉讼法第七十一条的规定，已交纳保证金的，应当书面通知公安机关没收部分或者全部保证金，并且根据案件的具体情况，责令犯罪嫌疑人具结悔过，重新交纳保证金、提出保证人，或者决定对其监视居住、予以逮捕。

公安机关发现犯罪嫌疑人违反刑事诉讼法第七十一条的规定，提出没收保证金或者变更强制措施意见的，人民检察院应当在收到意见后五日以内作出决定，并通知公安机关。

重新交纳保证金的程序适用本规则第九十二条的规定；提出保证人的程序适用本规则第九十条、第九十一条的规定。对犯罪嫌疑人继续取保候审的，取保候审的时间应当累计计算。

对犯罪嫌疑人决定监视居住的，应当办理监视居住手续。监视居住的期限应当自执行监视居住决定之日起计算并告知犯罪嫌疑人。

第一百零一条 犯罪嫌疑人有下列违反取保候审规定的行为，人民检察院应当对犯罪嫌疑人予以逮捕：

（一）故意实施新的犯罪；

（二）企图自杀、逃跑；

（三）实施毁灭、伪造证据，串供或者干扰证人作证，足以影响侦查、审查起诉工作正常进行；

（四）对被害人、证人、鉴定人、举报人、控告人及其他人员实施打击报复。

犯罪嫌疑人有下列违反取保候审规定的行为，人民检察院可以对犯罪嫌疑人予以逮捕：

（一）未经批准，擅自离开所居住的市、县，造成严重后果，或者两次未经批准，擅自离开所居住的市、县；

（二）经传讯不到案，造成严重后果，或者经两次传讯不到案；

（三）住址、工作单位和联系方式发生变动，未在二十四小时以内向公安机关报告，造成严重后果；

（四）违反规定进入特定场所、与特定人员会见或者通信、从事特定活动，严重妨碍诉讼程序正常进行。

有前两款情形，需要对犯罪嫌疑人予以逮捕的，可以先行拘留；已交纳保证金的，同时书面通知公安机关没收保证金。

第一百零二条 人民检察院决定对犯罪嫌疑人取保候审，最长不得超过十二个月。

第一百零三条 公安机关决定对犯罪嫌疑人取保候审，案件移送人民检察院审查起诉后，对于需要继续取保候审的，人民检察院应当依法重新作出取保候审决定，并对犯罪嫌疑人办理取保候审手续。取保候审的期限应当重新计算并告知犯罪嫌疑人。对继续采取保证金方式取保候审的，被取保候审人没有违反刑事诉讼法第七十一条规定的，不变更保证金数额，不再重新收取保证金。

第一百零四条 在取保候审期间，不得中断对案件的侦查、审查起诉。

第一百零五条 取保候审期限届满或者发现不应当追究犯罪嫌疑人的刑事责任的，应当及时解除或者撤销取保候审。

解除或者撤销取保候审的决定，应当及时通知执行机关，并将解除或者撤销取保候审的决定书送达犯罪嫌疑人；有保证人的，应当通知保证人解除保证义务。

第一百零六条 犯罪嫌疑人在取保候审期间没有违反刑事诉讼法第七十一条的规定，或者发现不应当追究犯罪嫌疑人刑事责任的，变更、解除或者撤销取保候审时，应当告知犯罪嫌疑人可以凭变更、解除或者撤销取保候审的通知或者有关法律文书到银行领取退还的保证金。

第三节 监视居住

第一百零七条 人民检察院对于符合逮捕条件，具有下列情形之一的犯罪嫌疑人，可以监视居住：

（一）患有严重疾病、生活不能自理的；

（二）怀孕或者正在哺乳自己婴儿的妇女；

（三）系生活不能自理的人的唯一扶养人；

（四）因为案件的特殊情况或者办理案件的需要，采取监视居住措施更为适宜的；

（五）羁押期限届满，案件尚未办结，需要采取监视居住措施的。

前款第三项中的扶养包括父母、祖父母、外祖父母对子女、孙子女、外孙子女的抚养和子女、孙子女、外孙子女对父母、祖父母、外祖父母的赡养以及配偶、兄弟姐妹之间的相互扶养。

对符合取保候审条件，但犯罪嫌疑人不能提出保证人，也不交纳保证金的，可以监视居住。

第一百零八条 人民检察院应当向被监视居住的犯罪嫌疑人宣读监视居住

决定书，由犯罪嫌疑人签名或者盖章，并捺指印，责令犯罪嫌疑人遵守刑事诉讼法第七十七条的规定，告知其违反规定应负的法律责任。

指定居所监视居住的，不得要求被监视居住人支付费用。

第一百零九条 人民检察院核实犯罪嫌疑人住处或者为其指定居所后，应当制作监视居住执行通知书，将有关法律文书和案由、犯罪嫌疑人基本情况材料，送交监视居住地的公安机关执行，必要时人民检察院可以协助公安机关执行。

人民检察院应当告知公安机关在执行期间拟批准犯罪嫌疑人离开执行监视居住的处所、会见他人或者通信的，应当事先征得人民检察院同意。

第一百一十条 人民检察院可以根据案件的具体情况，商请公安机关对被监视居住的犯罪嫌疑人采取电子监控、不定期检查等监视方法，对其遵守监视居住规定的情况进行监督。

人民检察院办理直接受理侦查的案件对犯罪嫌疑人采取监视居住的，在侦查期间可以商请公安机关对其通信进行监控。

第一百一十一条 犯罪嫌疑人有下列违反监视居住规定的行为，人民检察院应当对犯罪嫌疑人予以逮捕：

（一）故意实施新的犯罪行为；

（二）企图自杀、逃跑；

（三）实施毁灭、伪造证据或者串供、干扰证人作证行为，足以影响侦查、审查起诉工作正常进行；

（四）对被害人、证人、鉴定人、举报人、控告人及其他人员实施打击报复。

犯罪嫌疑人有下列违反监视居住规定的行为，人民检察院可以对犯罪嫌疑人予以逮捕：

（一）未经批准，擅自离开执行监视居住的处所，造成严重后果，或者两次未经批准，擅自离开执行监视居住的处所；

（二）未经批准，擅自会见他人或者通信，造成严重后果，或者两次未经批准，擅自会见他人或者通信；

（三）经传讯不到案，造成严重后果，或者经两次传讯不到案。

有前两款情形，需要对犯罪嫌疑人予以逮捕的，可以先行拘留。

第一百一十二条 人民检察院决定对犯罪嫌疑人监视居住，最长不得超过六个月。

第一百一十三条 公安机关决定对犯罪嫌疑人监视居住，案件移送人民检察院审查起诉后，对于需要继续监视居住的，人民检察院应当依法重新作出监视居住决定，并对犯罪嫌疑人办理监视居住手续。监视居住的期限应当重新计算并告知犯罪嫌疑人。

第一百一十四条　在监视居住期间，不得中断对案件的侦查、审查起诉。

第一百一十五条　监视居住期限届满或者发现不应当追究犯罪嫌疑人刑事责任的，应当解除或者撤销监视居住。

解除或者撤销监视居住的决定应当通知执行机关，并将解除或者撤销监视居住的决定书送达犯罪嫌疑人。

第一百一十六条　监视居住应当在犯罪嫌疑人的住处执行。犯罪嫌疑人无固定住处的，可以在指定的居所执行。

固定住处是指犯罪嫌疑人在办案机关所在地的市、县内工作、生活的合法居所。

指定的居所应当符合下列条件：

（一）具备正常的生活、休息条件；

（二）便于监视、管理；

（三）能够保证安全。

采取指定居所监视居住，不得在看守所、拘留所、监狱等羁押、监管场所以及留置室、讯问室等专门的办案场所、办公区域执行。

第一百一十七条　在指定的居所执行监视居住，除无法通知的以外，人民检察院应当在执行监视居住后二十四小时以内，将指定居所监视居住的原因通知被监视居住人的家属。无法通知的，应当将原因写明附卷。无法通知的情形消除后，应当立即通知。

无法通知包括下列情形：

（一）被监视居住人无家属；

（二）与其家属无法取得联系；

（三）受自然灾害等不可抗力阻碍。

第一百一十八条　对于公安机关、人民法院决定指定居所监视居住的案件，由批准或者决定的公安机关、人民法院的同级人民检察院负责捕诉的部门对决定是否合法实行监督。

人民检察院决定指定居所监视居住的案件，由负责控告申诉检察的部门对决定是否合法实行监督。

第一百一十九条　被指定居所监视居住人及其法定代理人、近亲属或者辩护人认为指定居所监视居住决定存在违法情形，提出控告或者举报的，人民检察院应当受理。

人民检察院可以要求有关机关提供指定居所监视居住决定书和相关案卷材

料。经审查，发现存在下列违法情形之一的，应当及时通知其纠正：

（一）不符合指定居所监视居住的适用条件的；

（二）未按法定程序履行批准手续的；

（三）在决定过程中有其他违反刑事诉讼法规定的行为的。

第一百二十条 对于公安机关、人民法院决定指定居所监视居住的案件，由人民检察院负责刑事执行检察的部门对指定居所监视居住的执行活动是否合法实行监督。发现存在下列违法情形之一的，应当及时提出纠正意见：

（一）执行机关收到指定居所监视居住决定书、执行通知书等法律文书后不派员执行或者不及时派员执行的；

（二）在执行指定居所监视居住后二十四小时以内没有通知被监视居住人的家属的；

（三）在羁押场所、专门的办案场所执行监视居住的；

（四）为被监视居住人通风报信、私自传递信件、物品的；

（五）违反规定安排辩护人同被监视居住人会见、通信，或者违法限制被监视居住人与辩护人会见、通信的；

（六）对被监视居住人刑讯逼供、体罚、虐待或者变相体罚、虐待的；

（七）有其他侵犯被监视居住人合法权利行为或者其他违法行为的。

被监视居住人及其法定代理人、近亲属或者辩护人认为执行机关或者执行人员存在上述违法情形，提出控告或者举报的，人民检察院应当受理。

人民检察院决定指定居所监视居住的案件，由负责控告申诉检察的部门对指定居所监视居住的执行活动是否合法实行监督。

第四节 拘 留

第一百二十一条 人民检察院对于具有下列情形之一的犯罪嫌疑人，可以决定拘留：

（一）犯罪后企图自杀、逃跑或者在逃的；

（二）有毁灭、伪造证据或者串供可能的。

第一百二十二条 人民检察院作出拘留决定后，应当将有关法律文书和案由、犯罪嫌疑人基本情况的材料送交同级公安机关执行。必要时，人民检察院可以协助公安机关执行。

拘留后，应当立即将被拘留人送看守所羁押，至迟不得超过二十四小时。

第一百二十三条 对犯罪嫌疑人拘留后，除无法通知的以外，人民检察院应当在二十四小时以内，通知被拘留人的家属。

无法通知的，应当将原因写明附卷。无法通知的情形消除后，应当立即通知其家属。

第一百二十四条　对被拘留的犯罪嫌疑人，应当在拘留后二十四小时以内进行讯问。

第一百二十五条　对被拘留的犯罪嫌疑人，发现不应当拘留的，应当立即释放；依法可以取保候审或者监视居住的，按照本规则的有关规定办理取保候审或者监视居住手续。

对被拘留的犯罪嫌疑人，需要逮捕的，按照本规则的有关规定办理逮捕手续；决定不予逮捕的，应当及时变更强制措施。

第一百二十六条　人民检察院直接受理侦查的案件，拘留犯罪嫌疑人的羁押期限为十四日，特殊情况下可以延长一日至三日。

第一百二十七条　公民将正在实行犯罪或者在犯罪后即被发觉的、通缉在案的、越狱逃跑的、正在被追捕的犯罪嫌疑人或者犯罪人扭送到人民检察院的，人民检察院应当予以接受，并且根据具体情况决定是否采取相应的紧急措施。不属于自己管辖的，应当移送主管机关处理。

第五节　逮　捕

第一百二十八条　人民检察院对有证据证明有犯罪事实，可能判处徒刑以上刑罚的犯罪嫌疑人，采取取保候审尚不足以防止发生下列社会危险性的，应当批准或者决定逮捕：

（一）可能实施新的犯罪的；

（二）有危害国家安全、公共安全或者社会秩序的现实危险的；

（三）可能毁灭、伪造证据，干扰证人作证或者串供的；

（四）可能对被害人、举报人、控告人实施打击报复的；

（五）企图自杀或者逃跑的。

有证据证明有犯罪事实是指同时具备下列情形：

（一）有证据证明发生了犯罪事实；

（二）有证据证明该犯罪事实是犯罪嫌疑人实施的；

（三）证明犯罪嫌疑人实施犯罪行为的证据已经查证属实。

犯罪事实既可以是单一犯罪行为的事实，也可以是数个犯罪行为中任何一个犯罪行为的事实。

第一百二十九条　犯罪嫌疑人具有下列情形之一的，可以认定为“可能实施新的犯罪”：

（一）案发前或者案发后正在策划、组织或者预备实施新的犯罪的；

（二）扬言实施新的犯罪的；

（三）多次作案、连续作案、流窜作案的；

（四）一年内曾因故意实施同类违法行为受到行政处罚的；

（五）以犯罪所得为主要生活来源的；

（六）有吸毒、赌博等恶习的；

（七）其他可能实施新的犯罪的情形。

第一百三十条 犯罪嫌疑人具有下列情形之一的，可以认定为“有危害国家安全、公共安全或者社会秩序的现实危险”：

（一）案发前或者案发后正在积极策划、组织或者预备实施危害国家安全、公共安全或者社会秩序的重大违法犯罪行为的；

（二）曾因危害国家安全、公共安全或者社会秩序受到刑事处罚或者行政处罚的；

（三）在危害国家安全、黑恶势力、恐怖活动、毒品犯罪中起组织、策划、指挥作用或者积极参加的；

（四）其他有危害国家安全、公共安全或者社会秩序的现实危险的情形。

第一百三十一条 犯罪嫌疑人具有下列情形之一的，可以认定为“可能毁灭、伪造证据，干扰证人作证或者串供”：

（一）曾经或者企图毁灭、伪造、隐匿、转移证据的；

（二）曾经或者企图威逼、恐吓、利诱、收买证人，干扰证人作证的；

（三）有同案犯罪嫌疑人或者与其在事实上存在密切关联犯罪的犯罪嫌疑人在逃，重要证据尚未收集到位的；

（四）其他可能毁灭、伪造证据，干扰证人作证或者串供的情形。

第一百三十二条 犯罪嫌疑人具有下列情形之一的，可以认定为“可能对被害人、举报人、控告人实施打击报复”：

（一）扬言或者准备、策划对被害人、举报人、控告人实施打击报复的；

（二）曾经对被害人、举报人、控告人实施打击、要挟、迫害等行为的；

（三）采取其他方式滋扰被害人、举报人、控告人的正常生活、工作的；

（四）其他可能对被害人、举报人、控告人实施打击报复的情形。

第一百三十三条 犯罪嫌疑人具有下列情形之一的，可以认定为“企图自杀或者逃跑”：

（一）着手准备自杀、自残或者逃跑的；

（二）曾经自杀、自残或者逃跑的；

（三）有自杀、自残或者逃跑的意思表示的；

（四）曾经以暴力、威胁手段抗拒抓捕的；

（五）其他企图自杀或者逃跑的情形。

第一百三十四条　人民检察院办理审查逮捕案件，应当全面把握逮捕条件，对有证据证明有犯罪事实、可能判处徒刑以上刑罚的犯罪嫌疑人，除具有刑事诉讼法第八十一条第三款、第四款规定的情形外，应当严格审查是否具备社会危险性条件。

第一百三十五条　人民检察院审查认定犯罪嫌疑人是否具有社会危险性，应当以公安机关移送的社会危险性相关证据为依据，并结合案件具体情况综合认定。必要时，可以通过讯问犯罪嫌疑人、询问证人等诉讼参与人、听取辩护律师意见等方式，核实相关证据。

依据在案证据不能认定犯罪嫌疑人符合逮捕社会危险性条件的，人民检察院可以要求公安机关补充相关证据，公安机关没有补充移送的，应当作出不批准逮捕的决定。

第一百三十六条　对有证据证明有犯罪事实，可能判处十年有期徒刑以上刑罚的犯罪嫌疑人，应当批准或者决定逮捕。

对有证据证明有犯罪事实，可能判处徒刑以上刑罚，犯罪嫌疑人曾经故意犯罪或者不讲真实姓名、住址，身份不明的，应当批准或者决定逮捕。

第一百三十七条　人民检察院经审查认为被取保候审、监视居住的犯罪嫌疑人违反取保候审、监视居住规定，依照本规则第一百零一条、第一百一十一条的规定办理。

对于被取保候审、监视居住的可能判处徒刑以下刑罚的犯罪嫌疑人，违反取保候审、监视居住规定，严重影响诉讼活动正常进行的，可以予以逮捕。

第一百三十八条　对实施多个犯罪行为或者共同犯罪案件的犯罪嫌疑人，符合本规则第一百二十八条的规定，具有下列情形之一的，应当批准或者决定逮捕：

（一）有证据证明犯有数罪中的一罪的；

（二）有证据证明实施多次犯罪中的一次犯罪的；

（三）共同犯罪中，已有证据证明有犯罪事实的犯罪嫌疑人。

第一百三十九条　对具有下列情形之一的犯罪嫌疑人，人民检察院应当作出不批准逮捕或者不予逮捕的决定：

（一）不符合本规则规定的逮捕条件的；

（二）具有刑事诉讼法第十六条规定的情形之一的。

第一百四十条　犯罪嫌疑人涉嫌的罪行较轻，且没有其他重大犯罪嫌疑，具有下列情形之一的，可以作出不批准逮捕或者不予逮捕的决定：

（一）属于预备犯、中止犯，或者防卫过当、避险过当的；

（二）主观恶性较小的初犯，共同犯罪中的从犯、胁从犯，犯罪后自首、有立功表现或者积极退赃、赔偿损失、确有悔罪表现的；

（三）过失犯罪的犯罪嫌疑人，犯罪后有悔罪表现，有效控制损失或者积极赔偿损失的；

（四）犯罪嫌疑人与被害人双方根据刑事诉讼法的有关规定达成和解协议，经审查，认为和解系自愿、合法且已经履行或者提供担保的；

（五）犯罪嫌疑人认罪认罚的；

（六）犯罪嫌疑人系已满十四周岁未满十八周岁的未成年人或者在校学生，本人有悔罪表现，其家庭、学校或者所在社区、居民委员会、村民委员会具备监护、帮教条件的；

（七）犯罪嫌疑人系已满七十五周岁的人。

第一百四十一条 对符合刑事诉讼法第七十四条第一款规定的犯罪嫌疑人，人民检察院经审查认为不需要逮捕的，可以在作出不批准逮捕决定的同时，向公安机关提出采取监视居住措施的建议。

第六节 监察机关移送案件的强制措施

第一百四十二条 对于监察机关移送起诉的已采取留置措施的案件，人民检察院应当在受理案件后，及时对犯罪嫌疑人作出拘留决定，交公安机关执行。执行拘留后，留置措施自动解除。

第一百四十三条 人民检察院应当在执行拘留后十日以内，作出是否逮捕、取保候审或者监视居住的决定。特殊情况下，决定的时间可以延长一日至四日。

人民检察院决定采取强制措施的期间不计入审查起诉期限。

第一百四十四条 除无法通知的以外，人民检察院应当在公安机关执行拘留、逮捕后二十四小时以内，通知犯罪嫌疑人的家属。

第一百四十五条 人民检察院应当自收到移送起诉的案卷材料之日起三日以内告知犯罪嫌疑人有权委托辩护人。对已经采取留置措施的，应当在执行拘留时告知。

第一百四十六条 对于监察机关移送起诉的未采取留置措施的案件，人民检察院受理后，在审查起诉过程中根据案件情况，可以依照本规则相关规定决定是否采取逮捕、取保候审或者监视居住措施。

第一百四十七条 对于监察机关移送起诉案件的犯罪嫌疑人采取强制措施，本节未规定的，适用本规则相关规定。

第七节　其他规定

第一百四十八条　人民检察院对担任县级以上各级人民代表大会代表的犯罪嫌疑人决定采取拘传、取保候审、监视居住、拘留、逮捕强制措施的，应当报请该代表所属的人民代表大会主席团或者常务委员会许可。

人民检察院对担任本级人民代表大会代表的犯罪嫌疑人决定采取强制措施的，应当报请本级人民代表大会主席团或者常务委员会许可。

对担任上级人民代表大会代表的犯罪嫌疑人决定采取强制措施的，应当层报该代表所属的人民代表大会同级的人民检察院报请许可。

对担任下级人民代表大会代表的犯罪嫌疑人决定采取强制措施的，可以直接报请该代表所属的人民代表大会主席团或者常务委员会许可，也可以委托该代表所属的人民代表大会同级的人民检察院报请许可。

对担任两级以上的人民代表大会代表的犯罪嫌疑人决定采取强制措施的，分别依照本条第二、三、四款的规定报请许可。

对担任办案单位所在省、市、县（区）以外的其他地区人民代表大会代表的犯罪嫌疑人决定采取强制措施的，应当委托该代表所属的人民代表大会同级的人民检察院报请许可；担任两级以上人民代表大会代表的，应当分别委托该代表所属的人民代表大会同级的人民检察院报请许可。

对于公安机关提请人民检察院批准逮捕的案件，犯罪嫌疑人担任人民代表大会代表的，报请许可手续由公安机关负责办理。

担任县级以上人民代表大会代表的犯罪嫌疑人，经报请该代表所属人民代表大会主席团或者常务委员会许可后被刑事拘留的，适用逮捕措施时不需要再次报请许可。

第一百四十九条　担任县级以上人民代表大会代表的犯罪嫌疑人因现行犯被人民检察院拘留的，人民检察院应当立即向该代表所属的人民代表大会主席团或者常务委员会报告。报告的程序参照本规则第一百四十八条报请许可的程序规定。

对担任乡、民族乡、镇的人民代表大会代表的犯罪嫌疑人决定采取强制措施的，由县级人民检察院向乡、民族乡、镇的人民代表大会报告。

第一百五十条　犯罪嫌疑人及其法定代理人、近亲属或者辩护人认为人民检察院采取强制措施法定期限届满，要求解除、变更强制措施或者释放犯罪嫌疑人的，人民检察院应当在收到申请后三日以内作出决定。

经审查，认为法定期限届满的，应当决定解除、变更强制措施或者释放犯罪嫌疑人，并通知公安机关执行；认为法定期限未满的，书面答复申请人。

第一百五十一条 犯罪嫌疑人及其法定代理人、近亲属或者辩护人向人民检察院提出变更强制措施申请的，人民检察院应当在收到申请后三日以内作出决定。

经审查，同意变更强制措施的，应当在作出决定的同时通知公安机关执行；不同意变更强制措施的，应当书面告知申请人，并说明不同意的理由。

犯罪嫌疑人及其法定代理人、近亲属或者辩护人提出变更强制措施申请的，应当说明理由，有证据和其他材料的，应当附上相关材料。

第一百五十二条 人民检察院在侦查、审查起诉期间，对犯罪嫌疑人拘留、逮捕后发生依法延长侦查羁押期限、审查起诉期限，重新计算侦查羁押期限、审查起诉期限等期限改变的情形的，应当及时将变更后的期限书面通知看守所。

第一百五十三条 人民检察院决定对涉嫌犯罪的机关事业单位工作人员取保候审、监视居住、拘留、逮捕的，应当在采取或者解除强制措施后五日以内告知其所在单位；决定撤销案件或者不起诉的，应当在作出决定后十日以内告知其所在单位。

第一百五十四条 取保候审变更为监视居住，或者取保候审、监视居住变更为拘留、逮捕的，在变更的同时原强制措施自动解除，不再办理解除法律手续。

第一百五十五条 人民检察院已经对犯罪嫌疑人取保候审、监视居住，案件起诉至人民法院后，人民法院决定取保候审、监视居住或者变更强制措施的，原强制措施自动解除，不再办理解除法律手续。

第七章 案件受理

第一百五十六条 下列案件，由人民检察院负责案件管理的部门统一受理：

（一）公安机关提请批准逮捕、移送起诉、提请批准延长侦查羁押期限、要求复议、提请复核、申请复查、移送申请强制医疗、移送申请没收违法所得的案件；

（二）监察机关移送起诉、提请没收违法所得、对不起诉决定提请复议的案件；

（三）下级人民检察院提出或者提请抗诉、报请指定管辖、报请核准追诉、报请核准缺席审判或者提请死刑复核监督的案件；

（四）人民法院通知出席第二审法庭或者再审法庭的案件；

（五）其他依照规定由负责案件管理的部门受理的案件。

第一百五十七条　人民检察院负责案件管理的部门受理案件时，应当接收案卷材料，并立即审查下列内容：

（一）依据移送的法律文书载明的内容确定案件是否属于本院管辖；

（二）案卷材料是否齐备、规范，符合有关规定的要求；

（三）移送的款项或者物品与移送清单是否相符；

（四）犯罪嫌疑人是否在案以及采取强制措施的情况；

（五）是否在规定的期限内移送案件。

第一百五十八条　人民检察院负责案件管理的部门对接收的案卷材料审查后，认为具备受理条件的，应当及时进行登记，并立即将案卷材料和案件受理登记表移送办案部门办理。

经审查，认为案卷材料不齐备的，应当及时要求移送案件的单位补送相关材料。对于案卷装订不符合要求的，应当要求移送案件的单位重新装订后移送。

对于移送起诉的案件，犯罪嫌疑人在逃的，应当要求公安机关采取措施保证犯罪嫌疑人到案后再移送起诉。共同犯罪案件中部分犯罪嫌疑人在逃的，对在案犯罪嫌疑人的移送起诉应当受理。

第一百五十九条　对公安机关送达的执行情况回执和人民法院送达的判决书、裁定书等法律文书，人民检察院负责案件管理的部门应当接收，即时登记。

第一百六十条　人民检察院直接受理侦查的案件，移送审查逮捕、移送起诉的，按照本规则第一百五十六条至第一百五十八条的规定办理。

第一百六十一条　人民检察院负责控告申诉检察的部门统一接受报案、控告、举报、申诉和犯罪嫌疑人投案自首，并依法审查，在七日以内作出以下处理：

（一）属于本院管辖且符合受理条件的，应当予以受理；

（二）不属于本院管辖的报案、控告、举报、自首，应当移送主管机关处理。必须采取紧急措施的，应当先采取紧急措施，然后移送主管机关。不属于本院管辖的申诉，应当告知其向有管辖权的机关提出；

（三）案件情况不明的，应当进行必要的调查核实，查明情况后依法作出处理。

负责控告申诉检察的部门可以向下级人民检察院交办控告、申诉、举报案件，并依照有关规定进行督办。

第一百六十二条　控告、申诉符合下列条件的，人民检察院应当受理：

（一）属于人民检察院受理案件范围；

（二）本院具有管辖权；

（三）申诉人是原案的当事人或者其法定代理人、近亲属；

（四）控告、申诉材料符合受理要求。

控告人、申诉人委托律师代理控告、申诉，符合上述条件的，应当受理。

控告、申诉材料不齐备的，应当告知控告人、申诉人补齐。受理时间从控告人、申诉人补齐相关材料之日起计算。

第一百六十三条 对于收到的群众来信，负责控告申诉检察的部门应当在七日以内进行程序性答复，办案部门应当在三个月以内将办理进展或者办理结果答复来信人。

第一百六十四条 负责控告申诉检察的部门对受理的刑事申诉案件应当根据事实、法律进行审查，必要时可以进行调查核实。认为原案处理可能错误的，应当移送相关办案部门办理；认为原案处理没有错误的，应当书面答复申诉人。

第一百六十五条 办案部门应当在规定期限内办结控告、申诉案件，制作相关法律文书，送达报案人、控告人、申诉人、举报人、自首人，并做好释法说理工作。

第八章 立 案

第一节 立案审查

第一百六十六条 人民检察院直接受理侦查案件的线索，由负责侦查的部门统一受理、登记和管理。负责控告申诉检察的部门接受的控告、举报，或者本院其他办案部门发现的案件线索，属于人民检察院直接受理侦查案件线索的，应当在七日以内移送负责侦查的部门。

负责侦查的部门对案件线索进行审查后，认为属于本院管辖，需要进一步调查核实的，应当报检察长决定。

第一百六十七条 对于人民检察院直接受理侦查案件的线索，上级人民检察院在必要时，可以直接调查核实或者组织、指挥、参与下级人民检察院的调查核实，可以将下级人民检察院管辖的案件线索指定辖区内其他人民检察院调查核实，也可以将本院管辖的案件线索交由下级人民检察院调查核实；下级人民检察院认为案件线索重大、复杂，需要由上级人民检察院调查核实的，可以提请移送上级人民检察院调查核实。

第一百六十八条 调查核实一般不得接触被调查对象。必须接触被调查对象的，应当经检察长批准。

第一百六十九条　进行调查核实，可以采取询问、查询、勘验、检查、鉴定、调取证据材料等不限制被调查对象人身、财产权利的措施。不得对被调查对象采取强制措施，不得查封、扣押、冻结被调查对象的财产，不得采取技术侦查措施。

第一百七十条　负责侦查的部门调查核实后，应当制作审查报告。

调查核实终结后，相关材料应当立卷归档。立案进入侦查程序的，对于作为诉讼证据以外的其他材料应当归入侦查内卷。

第二节　立案决定

第一百七十一条　人民检察院对于直接受理的案件，经审查认为有犯罪事实需要追究刑事责任的，应当制作立案报告书，经检察长批准后予以立案。

符合立案条件，但犯罪嫌疑人尚未确定的，可以依据已查明的犯罪事实作出立案决定。

对具有下列情形之一的，报请检察长决定不予立案：

（一）具有刑事诉讼法第十六条规定情形之一的；

（二）认为没有犯罪事实的；

（三）事实或者证据尚不符合立案条件的。

第一百七十二条　对于其他机关或者本院其他办案部门移送的案件线索，决定不予立案的，负责侦查的部门应当制作不立案通知书，写明案由和案件来源、决定不立案的原因和法律依据，自作出不立案决定之日起十日以内送达移送案件线索的机关或者部门。

第一百七十三条　对于控告和实名举报，决定不予立案的，应当制作不立案通知书，写明案由和案件来源、决定不立案的原因和法律依据，由负责侦查的部门在十五日以内送达控告人、举报人，同时告知本院负责控告申诉检察的部门。

控告人如果不服，可以在收到不立案通知书后十日以内向上一级人民检察院申请复议。不立案的复议，由上一级人民检察院负责侦查的部门审查办理。

人民检察院认为被控告人、被举报人的行为未构成犯罪，决定不予立案，但需要追究其党纪、政纪、违法责任的，应当移送有管辖权的主管机关处理。

第一百七十四条　错告对被控告人、被举报人造成不良影响的，人民检察院应当自作出不立案决定之日起一个月以内向其所在单位或者有关部门通报调查核实的结论，澄清事实。

属于诬告陷害的，应当移送有关机关处理。

第一百七十五条 人民检察院决定对人民代表大会代表立案，应当按照本规则第一百四十八条、第一百四十九条规定的程序向该代表所属的人民代表大会主席团或者常务委员会进行通报。

第九章 侦 查

第一节 一般规定

第一百七十六条 人民检察院办理直接受理侦查的案件，应当全面、客观地收集、调取犯罪嫌疑人有罪或者无罪、罪轻或者罪重的证据材料，并依法进行审查、核实。办案过程中必须重证据，重调查研究，不轻信口供。严禁刑讯逼供和以威胁、引诱、欺骗以及其他非法方法收集证据，不得强迫任何人证实自己有罪。

第一百七十七条 人民检察院办理直接受理侦查的案件，应当保障犯罪嫌疑人和其他诉讼参与人依法享有的辩护权和其他各项诉讼权利。

第一百七十八条 人民检察院办理直接受理侦查的案件，应当严格依照刑事诉讼法规定的程序，严格遵守刑事案件办案期限的规定，依法提请批准逮捕、移送起诉、不起诉或者撤销案件。

对犯罪嫌疑人采取强制措施，应当经检察长批准。

第一百七十九条 人民检察院办理直接受理侦查的案件，应当对侦查过程中知悉的国家秘密、商业秘密及个人隐私予以保密。

第一百八十条 办理案件的人民检察院需要派员到本辖区以外进行搜查，调取物证、书证等证据材料，或者查封、扣押财物和文件的，应当持相关法律文书和证明文件等与当地人民检察院联系，当地人民检察院应当予以协助。

需要到本辖区以外调取证据材料的，必要时，可以向证据所在地的人民检察院发函调取证据。调取证据的函件应当注明具体的取证对象、地址和内容。证据所在地的人民检察院应当在收到函件后一个月以内将取证结果送达办理案件的人民检察院。

被请求协助的人民检察院有异议的，可以与办理案件的人民检察院进行协商。必要时，报请共同的上级人民检察院决定。

第一百八十一条 人民检察院对于直接受理案件的侦查，可以适用刑事诉讼法第二编第二章规定的各项侦查措施。

刑事诉讼法规定进行侦查活动需要制作笔录的，应当制作笔录。必要时，可以对相关活动进行录音、录像。

第二节　讯问犯罪嫌疑人

第一百八十二条　讯问犯罪嫌疑人，由检察人员负责进行。讯问时，检察人员或者检察人员和书记员不得少于二人。

讯问同案的犯罪嫌疑人，应当个别进行。

第一百八十三条　对于不需要逮捕、拘留的犯罪嫌疑人，可以传唤到犯罪嫌疑人所在市、县内的指定地点或者到他的住处进行讯问。

传唤犯罪嫌疑人，应当出示传唤证和工作证件，并责令犯罪嫌疑人在传唤证上签名或者盖章，并捺指印。

犯罪嫌疑人到案后，应当由其在传唤证上填写到案时间。传唤结束时，应当由其在传唤证上填写传唤结束时间。拒绝填写的，应当在传唤证上注明。

对在现场发现的犯罪嫌疑人，经出示工作证件，可以口头传唤，并将传唤的原因和依据告知被传唤人。在讯问笔录中应当注明犯罪嫌疑人到案时间、到案经过和传唤结束时间。

本规则第八十四条第二款的规定适用于传唤犯罪嫌疑人。

第一百八十四条　传唤犯罪嫌疑人时，其家属在场的，应当当场将传唤的原因和处所口头告知其家属，并在讯问笔录中注明。其家属不在场的，应当及时将传唤的原因和处所通知被传唤人家属。无法通知的，应当在讯问笔录中注明。

第一百八十五条　传唤持续的时间不得超过十二小时。案情特别重大、复杂，需要采取拘留、逮捕措施的，传唤持续的时间不得超过二十四小时。两次传唤间隔的时间一般不得少于十二小时，不得以连续传唤的方式变相拘禁犯罪嫌疑人。

传唤犯罪嫌疑人，应当保证犯罪嫌疑人的饮食和必要的休息时间。

第一百八十六条　犯罪嫌疑人被送交看守所羁押后，检察人员对其进行讯问，应当填写提讯、提解证，在看守所讯问室进行。

因辨认、鉴定、侦查实验或者追缴犯罪有关财物的需要，经检察长批准，可以提押犯罪嫌疑人出所，并应当由两名以上司法警察押解。不得以讯问为目的将犯罪嫌疑人提押出所进行讯问。

第一百八十七条　讯问犯罪嫌疑人一般按照下列顺序进行：

（一）核实犯罪嫌疑人的基本情况，包括姓名、出生年月日、户籍地、公民身份号码、民族、职业、文化程度、工作单位及职务、住所、家庭情况、社会经历、是否属于人大代表、政协委员等；

（二）告知犯罪嫌疑人在侦查阶段的诉讼权利，有权自行辩护或者委托律师辩护，告知其如实供述自己罪行可以依法从宽处理和认罪认罚的法律规定；

（三）讯问犯罪嫌疑人是否有犯罪行为，让他陈述有罪的事实或者无罪的辩解，应当允许其连贯陈述。

犯罪嫌疑人对检察人员的提问，应当如实回答。但是对与本案无关的问题，有拒绝回答的权利。

讯问犯罪嫌疑人时，应当告知犯罪嫌疑人将对讯问进行全程同步录音、录像。告知情况应当在录音、录像中予以反映，并记明笔录。

讯问时，对犯罪嫌疑人提出的辩解要认真查核。严禁刑讯逼供和以威胁、引诱、欺骗以及其他非法的方法获取供述。

第一百八十八条 讯问犯罪嫌疑人，应当制作讯问笔录。讯问笔录应当忠实于原话，字迹清楚，详细具体，并交犯罪嫌疑人核对。犯罪嫌疑人没有阅读能力的，应当向他宣读。如果记载有遗漏或者差错，应当补充或者改正。犯罪嫌疑人认为讯问笔录没有错误的，由其在笔录上逐页签名或者盖章，并捺指印，在末页写明“以上笔录我看过（向我宣读过），和我说的相符”，同时签名或者盖章，并捺指印，注明日期。如果犯罪嫌疑人拒绝签名、盖章、捺指印的，应当在笔录上注明。讯问的检察人员、书记员也应当在笔录上签名。

第一百八十九条 犯罪嫌疑人请求自行书写供述的，检察人员应当准许。必要时，检察人员也可以要求犯罪嫌疑人亲笔书写供述。犯罪嫌疑人应当在亲笔供述的末页签名或者盖章，并捺指印，注明书写日期。检察人员收到后，应当在首页右上方写明“于某年某月某日收到”，并签名。

第一百九十条 人民检察院办理直接受理侦查的案件，应当在每次讯问犯罪嫌疑人时，对讯问过程实行全程录音、录像，并在讯问笔录中注明。

第三节　询问证人、被害人

第一百九十一条 人民检察院在侦查过程中，应当及时询问证人，并且告知证人履行作证的权利和义务。

人民检察院应当保证一切与案件有关或者了解案情的公民有客观充分地提供证据的条件，并为他们保守秘密。除特殊情况外，人民检察院可以吸收他们协助调查。

第一百九十二条 询问证人，应当由检察人员负责进行。询问时，检察人员或者检察人员和书记员不得少于二人。

第一百九十三条 询问证人，可以在现场进行，也可以到证人所在单位、住处或者证人提出的地点进行。必要时，也可以通知证人到人民检察院提供证言。到证人提出的地点进行询问的，应当在笔录中记明。

询问证人应当个别进行。

在现场询问证人，应当出示工作证件。到证人所在单位、住处或者证人提出的地点询问证人，应当出示人民检察院的证明文件。

第一百九十四条 询问证人，应当问明证人的基本情况以及与当事人的关系，并且告知证人应当如实提供证据、证言和故意作伪证或者隐匿罪证应当承担的法律责任，但是不得向证人泄露案情，不得采用拘禁、暴力、威胁、引诱、欺骗以及其他非法方法获取证言。

询问重大或者有社会影响的案件的重要证人，应当对询问过程实行全程录音、录像，并在询问笔录中注明。

第一百九十五条 询问被害人，适用询问证人的规定。

第四节 勘验、检查

第一百九十六条 检察人员对于与犯罪有关的场所、物品、人身、尸体应当进行勘验或者检查。必要时，可以指派检察技术人员或者聘请其他具有专门知识的人，在检察人员的主持下进行勘验、检查。

第一百九十七条 勘验时，人民检察院应当邀请两名与案件无关的见证人在场。

勘查现场，应当拍摄现场照片。勘查的情况应当写明笔录并制作现场图，由参加勘查的人和见证人签名。勘查重大案件的现场，应当录像。

第一百九十八条 人民检察院解剖死因不明的尸体，应当通知死者家属到场，并让其在解剖通知书上签名或者盖章。

死者家属无正当理由拒不到场或者拒绝签名、盖章的，不影响解剖的进行，但是应当在解剖通知书上记明。对于身份不明的尸体，无法通知死者家属的，应当记明笔录。

第一百九十九条 为了确定被害人、犯罪嫌疑人的某些特征、伤害情况或者生理状态，人民检察院可以对其人身进行检查，可以提取指纹信息，采集血液、尿液等生物样本。

必要时，可以指派、聘请法医或者医师进行人身检查。采集血液等生物样本应当由医师进行。

犯罪嫌疑人如果拒绝检查，检察人员认为必要时可以强制检查。

检查妇女的身体，应当由女工作人员或者医师进行。

人身检查不得采用损害被检查人生命、健康或者贬低其名誉、人格的方法。在人身检查过程中知悉的被检查人的个人隐私，检察人员应当予以保密。

第二百条 为了查明案情，必要时经检察长批准，可以进行侦查实验。

侦查实验，禁止一切足以造成危险、侮辱人格或者有伤风化的行为。

第二百零一条 侦查实验，必要时可以聘请有关专业人员参加，也可以要求犯罪嫌疑人、被害人、证人参加。

第五节 搜 查

第二百零二条 人民检察院有权要求有关单位和个人，交出能够证明犯罪嫌疑人有罪或者无罪以及犯罪情节轻重的证据。

第二百零三条 为了收集犯罪证据，查获犯罪人，经检察长批准，检察人员可以对犯罪嫌疑人以及可能隐藏罪犯或者犯罪证据的人的身体、物品、住处、工作地点和其他有关的地方进行搜查。

第二百零四条 搜查应当在检察人员的主持下进行，可以有司法警察参加。必要时，可以指派检察技术人员参加或者邀请当地公安机关、有关单位协助进行。

执行搜查的人员不得少于二人。

第二百零五条 搜查时，应当向被搜查人或者他的家属出示搜查证。

在执行逮捕、拘留的时候，遇有下列紧急情况之一，不另用搜查证也可以进行搜查：

（一）可能随身携带凶器的；

（二）可能隐藏爆炸、剧毒等危险物品的；

（三）可能隐匿、毁弃、转移犯罪证据的；

（四）可能隐匿其他犯罪嫌疑人的；

（五）其他紧急情况。

搜查结束后，搜查人员应当在二十四小时以内补办有关手续。

第二百零六条 搜查时，应当有被搜查人或者其家属、邻居或者其他见证人在场，并且对被搜查人或者其家属说明阻碍搜查、妨碍公务应负的法律责任。

搜查妇女的身体，应当由女工作人员进行。

第二百零七条 搜查时，如果遇到阻碍，可以强制进行搜查。对以暴力、威胁方法阻碍搜查的，应当予以制止，或者由司法警察将其带离现场。阻碍搜查构成犯罪的，应当依法追究刑事责任。

第六节 调取、查封、扣押、查询、冻结

第二百零八条 检察人员可以凭人民检察院的证明文件，向有关单位和个人调取能够证明犯罪嫌疑人有罪或者无罪以及犯罪情节轻重的证据材料，并且

可以根据需要拍照、录像、复印和复制。

第二百零九条　调取物证应当调取原物。原物不便搬运、保存，或者依法应当返还被害人，或者因保密工作需要不能调取原物的，可以将原物封存，并拍照、录像。对原物拍照或者录像应当足以反映原物的外形、内容。

调取书证、视听资料应当调取原件。取得原件确有困难或者因保密需要不能调取原件的，可以调取副本或者复制件。

调取书证、视听资料的副本、复制件和物证的照片、录像的，应当书面记明不能调取原件、原物的原因，制作过程和原件、原物存放地点，并由制作人员和原书证、视听资料、物证持有人签名或者盖章。

第二百一十条　在侦查活动中发现的可以证明犯罪嫌疑人有罪、无罪或者犯罪情节轻重的各种财物和文件，应当查封或者扣押；与案件无关的，不得查封或者扣押。查封或者扣押应当经检察长批准。

不能立即查明是否与案件有关的可疑的财物和文件，也可以查封或者扣押，但应当及时审查。经查明确实与案件无关的，应当在三日以内解除查封或者予以退还。

持有人拒绝交出应当查封、扣押的财物和文件的，可以强制查封、扣押。

对于犯罪嫌疑人、被告人到案时随身携带的物品需要扣押的，可以依照前款规定办理。对于与案件无关的个人用品，应当逐件登记，并随案移交或者退还其家属。

第二百一十一条　对犯罪嫌疑人使用违法所得与合法收入共同购置的不可分割的财产，可以先行查封、扣押、冻结。对无法分割退还的财产，应当在结案后予以拍卖、变卖，对不属于违法所得的部分予以退还。

第二百一十二条　人民检察院根据侦查犯罪的需要，可以依照规定查询、冻结犯罪嫌疑人的存款、汇款、债券、股票、基金份额等财产，并可以要求有关单位和个人配合。

查询、冻结前款规定的财产，应当制作查询、冻结财产通知书，通知银行或者其他金融机构、邮政部门执行。冻结财产的，应当经检察长批准。

第二百一十三条　犯罪嫌疑人的存款、汇款、债券、股票、基金份额等财产已冻结的，人民检察院不得重复冻结，可以轮候冻结。人民检察院应当要求有关银行或者其他金融机构、邮政部门在解除冻结或者作出处理前通知人民检察院。

第二百一十四条　扣押、冻结债券、股票、基金份额等财产，应当书面告知当事人或者其法定代理人、委托代理人有权申请出售。

对于被扣押、冻结的债券、股票、基金份额等财产，在扣押、冻结期间权利人申请出售，经审查认为不损害国家利益、被害人利益，不影响诉讼正常进行的，以及扣押、冻结的汇票、本票、支票的有效期即将届满的，经检察长批准，可以在案件办结前依法出售或者变现，所得价款由人民检察院指定的银行账户保管，并及时告知当事人或者其近亲属。

第二百一十五条 对于冻结的存款、汇款、债券、股票、基金份额等财产，经查明确实与案件无关的，应当在三日以内解除冻结，并通知财产所有人。

第二百一十六条 查询、冻结与案件有关的单位的存款、汇款、债券、股票、基金份额等财产的办法适用本规则第二百一十二条至第二百一十五条的规定。

第二百一十七条 对于扣押的款项和物品，应当在三日以内将款项存入唯一合规账户，将物品送负责案件管理的部门保管。法律或者有关规定另有规定的除外。

对于查封、扣押在人民检察院的物品、文件、邮件、电报，人民检察院应当妥善保管。经查明确实与案件无关的，应当在三日以内作出解除或者退还决定，并通知有关单位、当事人办理相关手续。

第七节　鉴　定

第二百一十八条 人民检察院为了查明案情，解决案件中某些专门性的问题，可以进行鉴定。

鉴定由人民检察院有鉴定资格的人员进行。必要时，也可以聘请其他有鉴定资格的人员进行，但是应当征得鉴定人所在单位同意。

第二百一十九条 人民检察院应当为鉴定人提供必要条件，及时向鉴定人送交有关检材和对比样本等原始材料，介绍与鉴定有关的情况，并明确提出要求鉴定解决的问题，但是不得暗示或者强迫鉴定人作出某种鉴定意见。

第二百二十条 对于鉴定意见，检察人员应当进行审查，必要时可以进行补充鉴定或者重新鉴定。重新鉴定的，应当另行指派或者聘请鉴定人。

第二百二十一条 用作证据的鉴定意见，人民检察院办案部门应当告知犯罪嫌疑人、被害人；被害人死亡或者没有诉讼行为能力的，应当告知其法定代理人、近亲属或诉讼代理人。

犯罪嫌疑人、被害人或被害人的法定代理人、近亲属、诉讼代理人提出申请，可以补充鉴定或者重新鉴定，鉴定费用由请求方承担。但原鉴定违反法定程序的，由人民检察院承担。

犯罪嫌疑人的辩护人或者近亲属以犯罪嫌疑人有患精神病可能而申请对犯

罪嫌疑人进行鉴定的，鉴定费用由申请方承担。

第二百二十二条 对犯罪嫌疑人作精神病鉴定的期间不计入羁押期限和办案期限。

第八节 辨 认

第二百二十三条 为了查明案情，必要时，检察人员可以让被害人、证人和犯罪嫌疑人对与犯罪有关的物品、文件、尸体或场所进行辨认；也可以让被害人、证人对犯罪嫌疑人进行辨认，或者让犯罪嫌疑人对其他犯罪嫌疑人进行辨认。

第二百二十四条 辨认应当在检察人员的主持下进行，执行辨认的人员不得少于二人。在辨认前，应当向辨认人详细询问被辨认对象的具体特征，避免辨认人见到被辨认对象，并应当告知辨认人有意作虚假辨认应负的法律责任。

第二百二十五条 几名辨认人对同一被辨认对象进行辨认时，应当由每名辨认人单独进行。必要时，可以有见证人在场。

第二百二十六条 辨认时，应当将辨认对象混杂在其他对象中。不得在辨认前向辨认人展示辨认对象及其影像资料，不得给辨认人任何暗示。

辨认犯罪嫌疑人时，被辨认的人数不得少于七人，照片不得少于十张。

辨认物品时，同类物品不得少于五件，照片不得少于五张。

对犯罪嫌疑人的辨认，辨认人不愿公开进行时，可以在不暴露辨认人的情况下进行，并应当为其保守秘密。

第九节 技术侦查措施

第二百二十七条 人民检察院在立案后，对于利用职权实施的严重侵犯公民人身权利的重大犯罪案件，经过严格的批准手续，可以采取技术侦查措施，交有关机关执行。

第二百二十八条 人民检察院办理直接受理侦查的案件，需要追捕被通缉或者决定逮捕的在逃犯罪嫌疑人、被告人的，经过批准，可以采取追捕所必需的技术侦查措施，不受本规则第二百二十七条规定的案件范围的限制。

第二百二十九条 人民检察院采取技术侦查措施应当根据侦查犯罪的需要，确定采取技术侦查措施的种类和适用对象，按照有关规定报请批准。批准决定自签发之日起三个月以内有效。对于不需要继续采取技术侦查措施的，应当及时解除；对于复杂、疑难案件，期限届满仍有必要继续采取技术侦查措施的，应当在期限届满前十日以内制作呈请延长技术侦查措施期限报告书，写明延长的期限及理由，经过原批准机关批准，有效期可以延长，每次不得超过三个月。

采取技术侦查措施收集的材料作为证据使用的，批准采取技术侦查措施的法律文书应当附卷，辩护律师可以依法查阅、摘抄、复制。

第二百三十条 采取技术侦查措施收集的物证、书证及其他证据材料，检察人员应当制作相应的说明材料，写明获取证据的时间、地点、数量、特征以及采取技术侦查措施的批准机关、种类等，并签名和盖章。

对于使用技术侦查措施获取的证据材料，如果可能危及特定人员的人身安全、涉及国家秘密或者公开后可能暴露侦查秘密或者严重损害商业秘密、个人隐私的，应当采取不暴露有关人员身份、技术方法等保护措施。必要时，可以建议不在法庭上质证，由审判人员在庭外对证据进行核实。

第二百三十一条 检察人员对采取技术侦查措施过程中知悉的国家秘密、商业秘密和个人隐私，应当保密；对采取技术侦查措施获取的与案件无关的材料，应当及时销毁，并对销毁情况制作记录。

采取技术侦查措施获取的证据、线索及其他有关材料，只能用于对犯罪的侦查、起诉和审判，不得用于其他用途。

第十节 通 缉

第二百三十二条 人民检察院办理直接受理侦查的案件，应当逮捕的犯罪嫌疑人在逃，或者已被逮捕的犯罪嫌疑人脱逃的，经检察长批准，可以通缉。

第二百三十三条 各级人民检察院需要在本辖区内通缉犯罪嫌疑人的，可以直接决定通缉；需要在本辖区外通缉犯罪嫌疑人的，由有决定权的上级人民检察院决定。

第二百三十四条 人民检察院应当将通缉通知书和通缉对象的照片、身份、特征、案情简况送达公安机关，由公安机关发布通缉令，追捕归案。

第二百三十五条 为防止犯罪嫌疑人等涉案人员逃往境外，需要在边防口岸采取边控措施的，人民检察院应当按照有关规定制作边控对象通知书，商请公安机关办理边控手续。

第二百三十六条 应当逮捕的犯罪嫌疑人潜逃出境的，可以按照有关规定层报最高人民检察院商请国际刑警组织中国国家中心局，请求有关方面协助，或者通过其他法律规定的途径进行追捕。

第十一节 侦查终结

第二百三十七条 人民检察院经过侦查，认为犯罪事实清楚，证据确实、充分，依法应当追究刑事责任的，应当写出侦查终结报告，并且制作起诉意见书。

犯罪嫌疑人自愿认罪的，应当记录在案，随案移送，并在起诉意见书中写明有关情况。

对于犯罪情节轻微，依照刑法规定不需要判处刑罚或者免除刑罚的案件，应当写出侦查终结报告，并且制作不起诉意见书。

侦查终结报告和起诉意见书或者不起诉意见书应当报请检察长批准。

第二百三十八条　负责侦查的部门应当将起诉意见书或者不起诉意见书，查封、扣押、冻结的犯罪嫌疑人的财物及其孳息、文件清单以及对查封、扣押、冻结的涉案财物的处理意见和其他案卷材料，一并移送本院负责捕诉的部门审查。国家或者集体财产遭受损失的，在提出提起公诉意见的同时，可以提出提起附带民事诉讼的意见。

第二百三十九条　在案件侦查过程中，犯罪嫌疑人委托辩护律师的，检察人员可以听取辩护律师的意见。

辩护律师要求当面提出意见的，检察人员应当听取意见，并制作笔录附卷。辩护律师提出书面意见的，应当附卷。

侦查终结前，犯罪嫌疑人提出无罪或者罪轻的辩解，辩护律师提出犯罪嫌疑人无罪或者依法不应当追究刑事责任意见的，人民检察院应当依法予以核实。

案件侦查终结移送起诉时，人民检察院应当同时将案件移送情况告知犯罪嫌疑人及其辩护律师。

第二百四十条　人民检察院侦查终结的案件，需要在异地起诉、审判的，应当在移送起诉前与人民法院协商指定管辖的相关事宜。

第二百四十一条　上级人民检察院侦查终结的案件，依照刑事诉讼法的规定应当由下级人民检察院提起公诉或者不起诉的，应当将有关决定、侦查终结报告连同案卷材料交由下级人民检察院审查。

下级人民检察院认为上级人民检察院的决定有错误的，可以向上级人民检察院报告。上级人民检察院维持原决定的，下级人民检察院应当执行。

第二百四十二条　人民检察院在侦查过程中或者侦查终结后，发现具有下列情形之一的，负责侦查的部门应当制作拟撤销案件意见书，报请检察长决定：

（一）具有刑事诉讼法第十六条规定情形之一的；

（二）没有犯罪事实的，或者依照刑法规定不负刑事责任或者不是犯罪的；

（三）虽有犯罪事实，但不是犯罪嫌疑人所为的。

对于共同犯罪的案件，如有符合本条规定情形的犯罪嫌疑人，应当撤销对该犯罪嫌疑人的立案。

第二百四十三条 地方各级人民检察院决定撤销案件的，负责侦查的部门应当将撤销案件意见书连同本案全部案卷材料，在法定期限届满七日前报上一级人民检察院审查；重大、复杂案件在法定期限届满十日前报上一级人民检察院审查。

对于共同犯罪案件，应当将处理同案犯罪嫌疑人的有关法律文书以及案件事实、证据材料复印件等，一并报送上一级人民检察院。

上一级人民检察院负责侦查的部门应当对案件事实、证据和适用法律进行全面审查。必要时，可以讯问犯罪嫌疑人。

上一级人民检察院负责侦查的部门审查后，应当提出是否同意撤销案件的意见，报请检察长决定。

人民检察院决定撤销案件的，应当告知控告人、举报人，听取其意见并记明笔录。

第二百四十四条 上一级人民检察院审查下级人民检察院报送的拟撤销案件，应当在收到案件后七日以内批复；重大、复杂案件，应当在收到案件后十日以内批复。情况紧急或者因其他特殊原因不能按时送达的，可以先行通知下级人民检察院执行。

第二百四十五条 上一级人民检察院同意撤销案件的，下级人民检察院应当作出撤销案件决定，并制作撤销案件决定书。上一级人民检察院不同意撤销案件的，下级人民检察院应当执行上一级人民检察院的决定。

报请上一级人民检察院审查期间，犯罪嫌疑人羁押期限届满的，应当依法释放犯罪嫌疑人或者变更强制措施。

第二百四十六条 撤销案件的决定，应当分别送达犯罪嫌疑人所在单位和犯罪嫌疑人。犯罪嫌疑人死亡的，应当送达犯罪嫌疑人原所在单位。如果犯罪嫌疑人在押，应当制作决定释放通知书，通知公安机关依法释放。

第二百四十七条 人民检察院作出撤销案件决定的，应当在三十日以内报经检察长批准，对犯罪嫌疑人的违法所得作出处理。情况特殊的，可以延长三十日。

第二百四十八条 人民检察院撤销案件时，对犯罪嫌疑人的违法所得及其他涉案财产应当区分不同情形，作出相应处理：

（一）因犯罪嫌疑人死亡而撤销案件，依照刑法规定应当追缴其违法所得及其他涉案财产的，按照本规则第十二章第四节的规定办理。

（二）因其他原因撤销案件，对于查封、扣押、冻结的犯罪嫌疑人违法所得及其他涉案财产需要没收的，应当提出检察意见，移送有关主管机关处理。

（三）对于冻结的犯罪嫌疑人存款、汇款、债券、股票、基金份额等财产需要返还被害人的，可以通知金融机构、邮政部门返还被害人；对于查封、扣押的犯罪嫌疑人的违法所得及其他涉案财产需要返还被害人的，直接决定返还被害人。

人民检察院申请人民法院裁定处理犯罪嫌疑人涉案财产的，应当向人民法院移送有关案卷材料。

第二百四十九条　人民检察院撤销案件时，对查封、扣押、冻结的犯罪嫌疑人的涉案财物需要返还犯罪嫌疑人的，应当解除查封、扣押或者书面通知有关金融机构、邮政部门解除冻结，返还犯罪嫌疑人或者其合法继承人。

第二百五十条　查封、扣押、冻结的财物，除依法应当返还被害人或者经查明确实与案件无关的以外，不得在诉讼程序终结之前处理。法律或者有关规定另有规定的除外。

第二百五十一条　处理查封、扣押、冻结的涉案财物，应当由检察长决定。

第二百五十二条　人民检察院直接受理侦查的共同犯罪案件，如果同案犯罪嫌疑人在逃，但在案犯罪嫌疑人犯罪事实清楚，证据确实、充分的，对在案犯罪嫌疑人应当根据本规则第二百三十七条的规定分别移送起诉或者移送不起诉。

由于同案犯罪嫌疑人在逃，在案犯罪嫌疑人的犯罪事实无法查清的，对在案犯罪嫌疑人应当根据案件的不同情况分别报请延长侦查羁押期限、变更强制措施或者解除强制措施。

第二百五十三条　人民检察院直接受理侦查的案件，对犯罪嫌疑人没有采取取保候审、监视居住、拘留或者逮捕措施的，负责侦查的部门应当在立案后二年以内提出移送起诉、移送不起诉或者撤销案件的意见；对犯罪嫌疑人采取取保候审、监视居住、拘留或者逮捕措施的，负责侦查的部门应当在解除或者撤销强制措施后一年以内提出移送起诉、移送不起诉或者撤销案件的意见。

第二百五十四条　人民检察院直接受理侦查的案件，撤销案件以后，又发现新的事实或者证据，认为有犯罪事实需要追究刑事责任的，可以重新立案侦查。

第十章　审查逮捕和审查起诉

第一节　一般规定

第二百五十五条　人民检察院办理审查逮捕、审查起诉案件，应当全面审查证明犯罪嫌疑人有罪或者无罪、罪轻或者罪重的证据。

第二百五十六条 经公安机关商请或者人民检察院认为确有必要时，可以派员适时介入重大、疑难、复杂案件的侦查活动，参加公安机关对于重大案件的讨论，对案件性质、收集证据、适用法律等提出意见，监督侦查活动是否合法。

经监察机关商请，人民检察院可以派员介入监察机关办理的职务犯罪案件。

第二百五十七条 对于批准逮捕后要求公安机关继续侦查、不批准逮捕后要求公安机关补充侦查或者审查起诉阶段退回公安机关补充侦查的案件，人民检察院应当分别制作继续侦查提纲或者补充侦查提纲，写明需要继续侦查或者补充侦查的事项、理由、侦查方向、需补充收集的证据及其证明作用等，送交公安机关。

第二百五十八条 人民检察院讯问犯罪嫌疑人时，应当首先查明犯罪嫌疑人的基本情况，依法告知犯罪嫌疑人诉讼权利和义务，以及认罪认罚的法律规定，听取其供述和辩解。犯罪嫌疑人翻供的，应当讯问其原因。犯罪嫌疑人申请排除非法证据的，应当告知其提供相关线索或者材料。犯罪嫌疑人检举揭发他人犯罪的，应当予以记录，并依照有关规定移送有关机关、部门处理。

讯问犯罪嫌疑人应当制作讯问笔录，并交犯罪嫌疑人核对或者向其宣读。经核对无误后逐页签名或者盖章，并捺指印后附卷。犯罪嫌疑人请求自行书写供述的，应当准许，但不得以自行书写的供述代替讯问笔录。

犯罪嫌疑人被羁押的，讯问应当在看守所讯问室进行。

第二百五十九条 办理审查逮捕、审查起诉案件，可以询问证人、被害人、鉴定人等诉讼参与人，并制作笔录附卷。询问时，应当告知其诉讼权利和义务。

询问证人、被害人的地点按照刑事诉讼法第一百二十四条的规定执行。

第二百六十条 讯问犯罪嫌疑人，询问被害人、证人、鉴定人，听取辩护人、被害人及其诉讼代理人的意见，应当由检察人员负责进行。检察人员或者检察人员和书记员不得少于二人。

讯问犯罪嫌疑人，询问证人、鉴定人、被害人，应当个别进行。

第二百六十一条 办理审查逮捕案件，犯罪嫌疑人已经委托辩护律师的，可以听取辩护律师的意见。辩护律师提出要求的，应当听取辩护律师的意见。对辩护律师的意见应当制作笔录，辩护律师提出的书面意见应当附卷。

办理审查起诉案件，应当听取辩护人或者值班律师、被害人及其诉讼代理人的意见，并制作笔录。辩护人或者值班律师、被害人及其诉讼代理人提出书面意见的，应当附卷。

对于辩护律师在审查逮捕、审查起诉阶段多次提出意见的，均应如实记录。

辩护律师提出犯罪嫌疑人不构成犯罪、无社会危险性、不适宜羁押或者侦查活动有违法犯罪情形等书面意见的，检察人员应当审查，并在相关工作文书中说明是否采纳的情况和理由。

第二百六十二条　直接听取辩护人、被害人及其诉讼代理人的意见有困难的，可以通过电话、视频等方式听取意见并记录在案，或者通知辩护人、被害人及其诉讼代理人提出书面意见。无法通知或者在指定期限内未提出意见的，应当记录在案。

第二百六十三条　对于公安机关提请批准逮捕、移送起诉的案件，检察人员审查时发现存在本规则第七十五条第一款规定情形的，可以调取公安机关讯问犯罪嫌疑人的录音、录像并审查相关的录音、录像。对于重大、疑难、复杂的案件，必要时可以审查全部录音、录像。

对于监察机关移送起诉的案件，认为需要调取有关录音、录像的，可以商监察机关调取。

对于人民检察院直接受理侦查的案件，审查时发现负责侦查的部门未按照本规则第七十五条第三款的规定移送录音、录像或者移送不全的，应当要求其补充移送。对取证合法性或者讯问笔录真实性等产生疑问的，应当有针对性地审查相关的录音、录像。对于重大、疑难、复杂的案件，可以审查全部录音、录像。

第二百六十四条　经审查讯问犯罪嫌疑人录音、录像，发现公安机关、本院负责侦查的部门讯问不规范，讯问过程存在违法行为，录音、录像内容与讯问笔录不一致等情形的，应当逐一列明并向公安机关、本院负责侦查的部门书面提出，要求其予以纠正、补正或者书面作出合理解释。发现讯问笔录与讯问犯罪嫌疑人录音、录像内容有重大实质性差异的，或者公安机关、本院负责侦查的部门不能补正或者作出合理解释的，该讯问笔录不能作为批准或者决定逮捕、提起公诉的依据。

第二百六十五条　犯罪嫌疑人及其辩护人申请排除非法证据，并提供相关线索或者材料的，人民检察院应当调查核实。发现侦查人员以刑讯逼供等非法方法收集证据的，应当依法排除相关证据并提出纠正意见。

审查逮捕期限届满前，经审查无法确定存在非法取证的行为，但也不能排除非法取证可能的，该证据不作为批准逮捕的依据。检察官应当根据在案的其他证据认定案件事实和决定是否逮捕，并在作出批准或者不批准逮捕的决定后，继续对可能存在的非法取证行为进行调查核实。经调查核实确认存在以刑讯逼供等非法方法收集证据情形的，应当向公安机关提出纠正意见。以非法方法收集的证据，不得作为提起公诉的依据。

第二百六十六条 审查逮捕期间，犯罪嫌疑人申请排除非法证据，但未提交相关线索或者材料，人民检察院经全面审查案件事实、证据，未发现侦查人员存在以非法方法收集证据的情形，认为符合逮捕条件的，可以批准逮捕。

审查起诉期间，犯罪嫌疑人及其辩护人又提出新的线索或者证据，或者人民检察院发现新的证据，经调查核实认为侦查人员存在以刑讯逼供等非法方法收集证据情形的，应当依法排除非法证据，不得作为提起公诉的依据。

排除非法证据后，犯罪嫌疑人不再符合逮捕条件但案件需要继续审查起诉的，应当及时变更强制措施。案件不符合起诉条件的，应当作出不起诉决定。

第二节 认罪认罚从宽案件办理

第二百六十七条 人民检察院办理犯罪嫌疑人认罪认罚案件，应当保障犯罪嫌疑人获得有效法律帮助，确保其了解认罪认罚的性质和法律后果，自愿认罪认罚。

人民检察院受理案件后，应当向犯罪嫌疑人了解其委托辩护人的情况。犯罪嫌疑人自愿认罪认罚、没有辩护人的，在审查逮捕阶段，人民检察院应当要求公安机关通知值班律师为其提供法律帮助；在审查起诉阶段，人民检察院应当通知值班律师为其提供法律帮助。符合通知辩护条件的，应当依法通知法律援助机构指派律师为其提供辩护。

第二百六十八条 人民检察院应当商法律援助机构设立法律援助工作站派驻值班律师或者及时安排值班律师，为犯罪嫌疑人提供法律咨询、程序选择建议、申请变更强制措施、对案件处理提出意见等法律帮助。

人民检察院应当告知犯罪嫌疑人有权约见值班律师，并为其约见值班律师提供便利。

第二百六十九条 犯罪嫌疑人认罪认罚的，人民检察院应当告知其享有的诉讼权利和认罪认罚的法律规定，听取犯罪嫌疑人、辩护人或者值班律师、被害人及其诉讼代理人对下列事项的意见，并记录在案：

（一）涉嫌的犯罪事实、罪名及适用的法律规定；

（二）从轻、减轻或者免除处罚等从宽处罚的建议；

（三）认罪认罚后案件审理适用的程序；

（四）其他需要听取意见的事项。

依照前款规定听取值班律师意见的，应当提前为值班律师了解案件有关情况提供必要的便利。自人民检察院对案件审查起诉之日起，值班律师可以查阅案卷材料，了解案情。人民检察院应当为值班律师查阅案卷材料提供便利。

人民检察院不采纳辩护人或者值班律师所提意见的，应当向其说明理由。

第二百七十条 批准或者决定逮捕，应当将犯罪嫌疑人涉嫌犯罪的性质、情节，认罪认罚等情况，作为是否可能发生社会危险性的考虑因素。

已经逮捕的犯罪嫌疑人认罪认罚的，人民检察院应当及时对羁押必要性进行审查。经审查，认为没有继续羁押必要的，应当予以释放或者变更强制措施。

第二百七十一条 审查起诉阶段，对于在侦查阶段认罪认罚的案件，人民检察院应当重点审查以下内容：

（一）犯罪嫌疑人是否自愿认罪认罚，有无因受到暴力、威胁、引诱而违背意愿认罪认罚；

（二）犯罪嫌疑人认罪认罚时的认知能力和精神状态是否正常；

（三）犯罪嫌疑人是否理解认罪认罚的性质和可能导致的法律后果；

（四）公安机关是否告知犯罪嫌疑人享有的诉讼权利，如实供述自己罪行可以从宽处理和认罪认罚的法律规定，并听取意见；

（五）起诉意见书中是否写明犯罪嫌疑人认罪认罚情况；

（六）犯罪嫌疑人是否真诚悔罪，是否向被害人赔礼道歉。

经审查，犯罪嫌疑人违背意愿认罪认罚的，人民检察院可以重新开展认罪认罚工作。存在刑讯逼供等非法取证行为的，依照法律规定处理。

第二百七十二条 犯罪嫌疑人自愿认罪认罚，同意量刑建议和程序适用的，应当在辩护人或者值班律师在场的情况下签署认罪认罚具结书。具结书应当包括犯罪嫌疑人如实供述罪行、同意量刑建议和程序适用等内容，由犯罪嫌疑人及其辩护人、值班律师签名。

犯罪嫌疑人具有下列情形之一的，不需要签署认罪认罚具结书：

（一）犯罪嫌疑人是盲、聋、哑人，或者是尚未完全丧失辨认或者控制自己行为能力的精神病人的；

（二）未成年犯罪嫌疑人的法定代理人、辩护人对未成年人认罪认罚有异议的；

（三）其他不需要签署认罪认罚具结书的情形。

有前款情形，犯罪嫌疑人未签署认罪认罚具结书的，不影响认罪认罚从宽制度的适用。

第二百七十三条 犯罪嫌疑人认罪认罚，人民检察院经审查，认为符合速裁程序适用条件的，应当在十日以内作出是否提起公诉的决定，对可能判处的有期徒刑超过一年的，可以延长至十五日；认为不符合速裁程序适用条件的，应当在本规则第三百五十一条规定的期限以内作出是否提起公诉的决定。

对于公安机关建议适用速裁程序办理的案件，人民检察院负责案件管理的部门应当在受理案件的当日将案件移送负责捕诉的部门。

第二百七十四条 认罪认罚案件，人民检察院向人民法院提起公诉的，应当提出量刑建议，在起诉书中写明被告人认罪认罚情况，并移送认罪认罚具结书等材料。量刑建议可以另行制作文书，也可以在起诉书中写明。

第二百七十五条 犯罪嫌疑人认罪认罚的，人民检察院应当就主刑、附加刑、是否适用缓刑等提出量刑建议。量刑建议一般应当为确定刑。对新类型、不常见犯罪案件，量刑情节复杂的重罪案件等，也可以提出幅度刑量刑建议。

第二百七十六条 办理认罪认罚案件，人民检察院应当将犯罪嫌疑人是否与被害方达成和解或者调解协议，或者赔偿被害方损失，取得被害方谅解，或者自愿承担公益损害修复、赔偿责任，作为提出量刑建议的重要考虑因素。

犯罪嫌疑人自愿认罪并且愿意积极赔偿损失，但由于被害方赔偿请求明显不合理，未能达成和解或者调解协议的，一般不影响对犯罪嫌疑人从宽处理。

对于符合当事人和解程序适用条件的公诉案件，犯罪嫌疑人认罪认罚的，人民检察院应当积极促使当事人自愿达成和解。和解协议书和被害方出具的谅解意见应当随案移送。被害方符合司法救助条件的，人民检察院应当积极协调办理。

第二百七十七条 犯罪嫌疑人认罪认罚，人民检察院拟提出适用缓刑或者判处管制的量刑建议，可以委托犯罪嫌疑人居住地的社区矫正机构进行调查评估，也可以自行调查评估。

第二百七十八条 犯罪嫌疑人认罪认罚，人民检察院依照刑事诉讼法第一百七十七条第二款作出不起诉决定后，犯罪嫌疑人反悔的，人民检察院应当进行审查，并区分下列情形依法作出处理：

（一）发现犯罪嫌疑人没有犯罪事实，或者符合刑事诉讼法第十六条规定的情形之一的，应当撤销原不起诉决定，依照刑事诉讼法第一百七十七条第一款的规定重新作出不起诉决定；

（二）犯罪嫌疑人犯罪情节轻微，依照刑法不需要判处刑罚或者免除刑罚的，可以维持原不起诉决定；

（三）排除认罪认罚因素后，符合起诉条件的，应当根据案件具体情况撤销原不起诉决定，依法提起公诉。

第二百七十九条 犯罪嫌疑人自愿如实供述涉嫌犯罪的事实，有重大立功或者案件涉及国家重大利益的，经最高人民检察院核准，公安机关可以撤销案件，人民检察院可以作出不起诉决定，也可以对涉嫌数罪中的一项或者多项不起诉。

前款规定的不起诉，应当由检察长决定。决定不起诉的，人民检察院应当及时对查封、扣押、冻结的财物及其孳息作出处理。

第三节　审查批准逮捕

第二百八十条　人民检察院办理审查逮捕案件，可以讯问犯罪嫌疑人；具有下列情形之一的，应当讯问犯罪嫌疑人：

（一）对是否符合逮捕条件有疑问的；

（二）犯罪嫌疑人要求向检察人员当面陈述的；

（三）侦查活动可能有重大违法行为的；

（四）案情重大、疑难、复杂的；

（五）犯罪嫌疑人认罪认罚的；

（六）犯罪嫌疑人系未成年人的；

（七）犯罪嫌疑人是盲、聋、哑人或者是尚未完全丧失辨认或者控制自己行为能力的精神病人的。

讯问未被拘留的犯罪嫌疑人，讯问前应当听取公安机关的意见。

办理审查逮捕案件，对被拘留的犯罪嫌疑人不予讯问的，应当送达听取犯罪嫌疑人意见书，由犯罪嫌疑人填写后及时收回审查并附卷。经审查认为应当讯问犯罪嫌疑人的，应当及时讯问。

第二百八十一条　对有重大影响的案件，可以采取当面听取侦查人员、犯罪嫌疑人及其辩护人等意见的方式进行公开审查。

第二百八十二条　对公安机关提请批准逮捕的犯罪嫌疑人，已经被拘留的，人民检察院应当在收到提请批准逮捕书后七日以内作出是否批准逮捕的决定；未被拘留的，应当在收到提请批准逮捕书后十五日以内作出是否批准逮捕的决定，重大、复杂案件，不得超过二十日。

第二百八十三条　上级公安机关指定犯罪地或者犯罪嫌疑人居住地以外的下级公安机关立案侦查的案件，需要逮捕犯罪嫌疑人的，由侦查该案件的公安机关提请同级人民检察院审查批准逮捕。人民检察院应当依法作出批准或者不批准逮捕的决定。

第二百八十四条　对公安机关提请批准逮捕的犯罪嫌疑人，人民检察院经审查认为符合本规则第一百二十八条、第一百三十六条、第一百三十八条规定情形，应当作出批准逮捕的决定，连同案卷材料送达公安机关执行，并可以制作继续侦查提纲，送交公安机关。

第二百八十五条 对公安机关提请批准逮捕的犯罪嫌疑人，具有本规则第一百三十九条至第一百四十一条规定情形，人民检察院作出不批准逮捕决定的，应当说明理由，连同案卷材料送达公安机关执行。需要补充侦查的，应当制作补充侦查提纲，送交公安机关。

人民检察院办理审查逮捕案件，不另行侦查，不得直接提出采取取保候审措施的意见。

对于因犯罪嫌疑人没有犯罪事实、具有刑事诉讼法第十六条规定的情形之一或者证据不足，人民检察院拟作出不批准逮捕决定的，应当经检察长批准。

第二百八十六条 人民检察院应当将批准逮捕的决定交公安机关立即执行，并要求公安机关将执行回执及时送达作出批准决定的人民检察院。如果未能执行，也应当要求其将回执及时送达人民检察院，并写明未能执行的原因。对于人民检察院不批准逮捕的，应当要求公安机关在收到不批准逮捕决定书后，立即释放在押的犯罪嫌疑人或者变更强制措施，并将执行回执在收到不批准逮捕决定书后三日以内送达作出不批准逮捕决定的人民检察院。

公安机关在收到不批准逮捕决定书后对在押的犯罪嫌疑人不立即释放或者变更强制措施的，人民检察院应当提出纠正意见。

第二百八十七条 对于没有犯罪事实或者犯罪嫌疑人具有刑事诉讼法第十六条规定情形之一，人民检察院作出不批准逮捕决定的，应当同时告知公安机关撤销案件。

对于有犯罪事实需要追究刑事责任，但不是被立案侦查的犯罪嫌疑人实施，或者共同犯罪案件中部分犯罪嫌疑人不负刑事责任，人民检察院作出不批准逮捕决定的，应当同时告知公安机关对有关犯罪嫌疑人终止侦查。

公安机关在收到不批准逮捕决定书后超过十五日未要求复议、提请复核，也不撤销案件或者终止侦查的，人民检察院应当发出纠正违法通知书。公安机关仍不纠正的，报上一级人民检察院协商同级公安机关处理。

第二百八十八条 人民检察院办理公安机关提请批准逮捕的案件，发现遗漏应当逮捕的犯罪嫌疑人的，应当经检察长批准，要求公安机关提请批准逮捕。公安机关不提请批准逮捕或者说明的不提请批准逮捕的理由不成立的，人民检察院可以直接作出逮捕决定，送达公安机关执行。

第二百八十九条 对已经作出的批准逮捕决定发现确有错误的，人民检察院应当撤销原批准逮捕决定，送达公安机关执行。

对已经作出的不批准逮捕决定发现确有错误，需要批准逮捕的，人民检察院应当撤销原不批准逮捕决定，并重新作出批准逮捕决定，送达公安机关执行。

对因撤销原批准逮捕决定而被释放的犯罪嫌疑人或者逮捕后公安机关变更为取保候审、监视居住的犯罪嫌疑人，又发现需要逮捕的，人民检察院应当重新办理逮捕手续。

第二百九十条　对不批准逮捕的案件，公安机关要求复议的，人民检察院负责捕诉的部门应当另行指派检察官或者检察官办案组进行审查，并在收到要求复议意见书和案卷材料后七日以内，经检察长批准，作出是否变更的决定，通知公安机关。

第二百九十一条　对不批准逮捕的案件，公安机关提请上一级人民检察院复核的，上一级人民检察院应当在收到提请复核意见书和案卷材料后十五日以内，经检察长批准，作出是否变更的决定，通知下级人民检察院和公安机关执行。需要改变原决定的，应当通知作出不批准逮捕决定的人民检察院撤销原不批准逮捕决定，另行制作批准逮捕决定书。必要时，上级人民检察院也可以直接作出批准逮捕决定，通知下级人民检察院送达公安机关执行。

对于经复议复核维持原不批准逮捕决定的，人民检察院向公安机关送达复议复核决定时应当说明理由。

第二百九十二条　人民检察院作出不批准逮捕决定，并且通知公安机关补充侦查的案件，公安机关在补充侦查后又要求复议的，人民检察院应当告知公安机关重新提请批准逮捕。公安机关坚持要求复议的，人民检察院不予受理。

对于公安机关补充侦查后应当提请批准逮捕而不提请批准逮捕的，按照本规则第二百八十八条的规定办理。

第二百九十三条　对公安机关提请批准逮捕的案件，负责捕诉的部门应当将批准、变更、撤销逮捕措施的情况书面通知本院负责刑事执行检察的部门。

第二百九十四条　外国人、无国籍人涉嫌危害国家安全犯罪的案件或者涉及国与国之间政治、外交关系的案件以及在适用法律上确有疑难的案件，需要逮捕犯罪嫌疑人的，按照刑事诉讼法关于管辖的规定，分别由基层人民检察院或者设区的市级人民检察院审查并提出意见，层报最高人民检察院审查。最高人民检察院认为需要逮捕的，经征求外交部的意见后，作出批准逮捕的批复；认为不需要逮捕的，作出不批准逮捕的批复。基层人民检察院或者设区的市级人民检察院根据最高人民检察院的批复，依法作出批准或者不批准逮捕的决定。层报过程中，上级人民检察院认为不需要逮捕的，应当作出不批准逮捕的批复。报送的人民检察院根据批复依法作出不批准逮捕的决定。

基层人民检察院或者设区的市级人民检察院认为不需要逮捕的，可以直接依法作出不批准逮捕的决定。

外国人、无国籍人涉嫌本条第一款规定以外的其他犯罪案件，决定批准逮捕的人民检察院应当在作出批准逮捕决定后四十八小时以内报上一级人民检察院备案，同时向同级人民政府外事部门通报。上一级人民检察院经审查发现批准逮捕决定错误的，应当依法及时纠正。

第二百九十五条 人民检察院办理审查逮捕的危害国家安全犯罪案件，应当报上一级人民检察院备案。

上一级人民检察院经审查发现错误的，应当依法及时纠正。

第四节 审查决定逮捕

第二百九十六条 人民检察院办理直接受理侦查的案件，需要逮捕犯罪嫌疑人的，由负责侦查的部门制作逮捕犯罪嫌疑人意见书，连同案卷材料、讯问犯罪嫌疑人录音、录像一并移送本院负责捕诉的部门审查。犯罪嫌疑人已被拘留的，负责侦查的部门应当在拘留后七日以内将案件移送本院负责捕诉的部门审查。

第二百九十七条 对本院负责侦查的部门移送审查逮捕的案件，犯罪嫌疑人已被拘留的，负责捕诉的部门应当在收到逮捕犯罪嫌疑人意见书后七日以内，报请检察长决定是否逮捕，特殊情况下，决定逮捕的时间可以延长一日至三日；犯罪嫌疑人未被拘留的，负责捕诉的部门应当在收到逮捕犯罪嫌疑人意见书后十五日以内，报请检察长决定是否逮捕，重大、复杂案件，不得超过二十日。

第二百九十八条 对犯罪嫌疑人决定逮捕的，负责捕诉的部门应当将逮捕决定书连同案卷材料、讯问犯罪嫌疑人录音、录像移交负责侦查的部门，并可以对收集证据、适用法律提出意见。由负责侦查的部门通知公安机关执行，必要时可以协助执行。

第二百九十九条 对犯罪嫌疑人决定不予逮捕的，负责捕诉的部门应当将不予逮捕的决定连同案卷材料、讯问犯罪嫌疑人录音、录像移交负责侦查的部门，并说明理由。需要补充侦查的，应当制作补充侦查提纲。犯罪嫌疑人已被拘留的，负责侦查的部门应当通知公安机关立即释放。

第三百条 对应当逮捕而本院负责侦查的部门未移送审查逮捕的犯罪嫌疑人，负责捕诉的部门应当向负责侦查的部门提出移送审查逮捕犯罪嫌疑人的建议。建议不被采纳的，应当报请检察长决定。

第三百零一条 逮捕犯罪嫌疑人后，应当立即送看守所羁押。除无法通知的以外，负责侦查的部门应当把逮捕的原因和羁押的处所，在二十四小时以内通知其家属。对于无法通知的，在无法通知的情形消除后，应当立即通知其家属。

第三百零二条　对被逮捕的犯罪嫌疑人，应当在逮捕后二十四小时以内进行讯问。

发现不应当逮捕的，应当经检察长批准，撤销逮捕决定或者变更为其他强制措施，并通知公安机关执行，同时通知负责捕诉的部门。

对按照前款规定被释放或者变更强制措施的犯罪嫌疑人，又发现需要逮捕的，应当重新移送审查逮捕。

第三百零三条　已经作出不予逮捕的决定，又发现需要逮捕犯罪嫌疑人的，应当重新办理逮捕手续。

第三百零四条　犯罪嫌疑人在异地羁押的，负责侦查的部门应当将决定、变更、撤销逮捕措施的情况书面通知羁押地人民检察院负责刑事执行检察的部门。

第五节　延长侦查羁押期限和重新计算侦查羁押期限

第三百零五条　人民检察院办理直接受理侦查的案件，对犯罪嫌疑人逮捕后的侦查羁押期限不得超过二个月。案情复杂、期限届满不能终结的案件，可以经上一级人民检察院批准延长一个月。

第三百零六条　设区的市级人民检察院和基层人民检察院办理直接受理侦查的案件，符合刑事诉讼法第一百五十八条规定，在本规则第三百零五条规定的期限届满前不能侦查终结的，经省级人民检察院批准，可以延长二个月。

省级人民检察院直接受理侦查的案件，有前款情形的，可以直接决定延长二个月。

第三百零七条　设区的市级人民检察院和基层人民检察院办理直接受理侦查的案件，对犯罪嫌疑人可能判处十年有期徒刑以上刑罚，依照本规则第三百零六条的规定依法延长羁押期限届满，仍不能侦查终结的，经省级人民检察院批准，可以再延长二个月。

省级人民检察院办理直接受理侦查的案件，有前款情形的，可以直接决定再延长二个月。

第三百零八条　最高人民检察院办理直接受理侦查的案件，依照刑事诉讼法的规定需要延长侦查羁押期限的，直接决定延长侦查羁押期限。

第三百零九条　公安机关需要延长侦查羁押期限的，人民检察院应当要求其在侦查羁押期限届满七日前提请批准延长侦查羁押期限。

人民检察院办理直接受理侦查的案件，负责侦查的部门认为需要延长侦查羁押期限的，应当按照前款规定向本院负责捕诉的部门移送延长侦查羁押期限意见书及有关材料。

对于超过法定羁押期限提请延长侦查羁押期限的，不予受理。

第三百一十条 人民检察院审查批准或者决定延长侦查羁押期限，由负责捕诉的部门办理。

受理案件的人民检察院对延长侦查羁押期限的意见审查后，应当提出是否同意延长侦查羁押期限的意见，将公安机关延长侦查羁押期限的意见和本院的审查意见层报有决定权的人民检察院审查决定。

第三百一十一条 对于同时具备下列条件的案件，人民检察院应当作出批准延长侦查羁押期限一个月的决定：

（一）符合刑事诉讼法第一百五十六条的规定；

（二）符合逮捕条件；

（三）犯罪嫌疑人有继续羁押的必要。

第三百一十二条 犯罪嫌疑人虽然符合逮捕条件，但经审查，公安机关在对犯罪嫌疑人执行逮捕后二个月以内未有效开展侦查工作或者侦查取证工作没有实质进展的，人民检察院可以作出不批准延长侦查羁押期限的决定。

犯罪嫌疑人不符合逮捕条件，需要撤销下级人民检察院逮捕决定的，上级人民检察院在作出不批准延长侦查羁押期限决定的同时，应当作出撤销逮捕的决定，或者通知下级人民检察院撤销逮捕决定。

第三百一十三条 有决定权的人民检察院作出批准延长侦查羁押期限或者不批准延长侦查羁押期限的决定后，应当将决定书交由最初受理案件的人民检察院送达公安机关。

最初受理案件的人民检察院负责捕诉的部门收到批准延长侦查羁押期限决定书或者不批准延长侦查羁押期限决定书，应当书面告知本院负责刑事执行检察的部门。

第三百一十四条 因为特殊原因，在较长时间内不宜交付审判的特别重大复杂的案件，由最高人民检察院报请全国人民代表大会常务委员会批准延期审理。

第三百一十五条 人民检察院在侦查期间发现犯罪嫌疑人另有重要罪行的，自发现之日起依照本规则第三百零五条的规定重新计算侦查羁押期限。

另有重要罪行是指与逮捕时的罪行不同种的重大犯罪或者同种的影响罪名认定、量刑档次的重大犯罪。

第三百一十六条 人民检察院重新计算侦查羁押期限，应当由负责侦查的部门提出重新计算侦查羁押期限的意见，移送本院负责捕诉的部门审查。负责捕诉的部门审查后应当提出是否同意重新计算侦查羁押期限的意见，报检察长决定。

第三百一十七条　对公安机关重新计算侦查羁押期限的备案，由负责捕诉的部门审查。负责捕诉的部门认为公安机关重新计算侦查羁押期限不当的，应当提出纠正意见。

第三百一十八条　人民检察院直接受理侦查的案件，不能在法定侦查羁押期限内侦查终结的，应当依法释放犯罪嫌疑人或者变更强制措施。

第三百一十九条　负责捕诉的部门审查延长侦查羁押期限、审查重新计算侦查羁押期限，可以讯问犯罪嫌疑人，听取辩护律师和侦查人员的意见，调取案卷及相关材料等。

第六节　核准追诉

第三百二十条　法定最高刑为无期徒刑、死刑的犯罪，已过二十年追诉期限的，不再追诉。如果认为必须追诉的，须报请最高人民检察院核准。

第三百二十一条　须报请最高人民检察院核准追诉的案件，公安机关在核准之前可以依法对犯罪嫌疑人采取强制措施。

公安机关报请核准追诉并提请逮捕犯罪嫌疑人，人民检察院经审查认为必须追诉而且符合法定逮捕条件的，可以依法批准逮捕，同时要求公安机关在报请核准追诉期间不得停止对案件的侦查。

未经最高人民检察院核准，不得对案件提起公诉。

第三百二十二条　报请核准追诉的案件应当同时符合下列条件：

（一）有证据证明存在犯罪事实，且犯罪事实是犯罪嫌疑人实施的；

（二）涉嫌犯罪的行为应当适用的法定量刑幅度的最高刑为无期徒刑或者死刑；

（三）涉嫌犯罪的性质、情节和后果特别严重，虽然已过二十年追诉期限，但社会危害性和影响依然存在，不追诉会严重影响社会稳定或者产生其他严重后果，而必须追诉的；

（四）犯罪嫌疑人能够及时到案接受追诉。

第三百二十三条　公安机关报请核准追诉的案件，由同级人民检察院受理并层报最高人民检察院审查决定。

第三百二十四条　地方各级人民检察院对公安机关报请核准追诉的案件，应当及时进行审查并开展必要的调查。经检察委员会审议提出是否同意核准追诉的意见，制作报请核准追诉案件报告书，连同案卷材料一并层报最高人民检察院。

第三百二十五条　最高人民检察院收到省级人民检察院报送的报请核准追诉案件报告书及案卷材料后，应当及时审查，必要时指派检察人员到案发地了解案件有关情况。经检察长批准，作出是否核准追诉的决定，并制作核准追诉决定书或者不予核准追诉决定书，逐级下达至最初受理案件的人民检察院，由其送达报请核准追诉的公安机关。

第三百二十六条 对已经采取强制措施的案件，强制措施期限届满不能作出是否核准追诉决定的，应当对犯罪嫌疑人变更强制措施或者延长侦查羁押期限。

第三百二十七条 最高人民检察院决定核准追诉的案件，最初受理案件的人民检察院应当监督公安机关的侦查工作。

最高人民检察院决定不予核准追诉，公安机关未及时撤销案件的，同级人民检察院应当提出纠正意见。犯罪嫌疑人在押的，应当立即释放。

第七节 审查起诉

第三百二十八条 各级人民检察院提起公诉，应当与人民法院审判管辖相适应。负责捕诉的部门收到移送起诉的案件后，经审查认为不属于本院管辖的，应当在发现之日起五日以内经由负责案件管理的部门移送有管辖权的人民检察院。

属于上级人民法院管辖的第一审案件，应当报送上级人民检察院，同时通知移送起诉的公安机关；属于同级其他人民法院管辖的第一审案件，应当移送有管辖权的人民检察院或者报送共同的上级人民检察院指定管辖，同时通知移送起诉的公安机关。

上级人民检察院受理同级公安机关移送起诉的案件，认为属于下级人民法院管辖的，可以交下级人民检察院审查，由下级人民检察院向同级人民法院提起公诉，同时通知移送起诉的公安机关。

一人犯数罪、共同犯罪和其他需要并案审理的案件，只要其中一人或者一罪属于上级人民检察院管辖的，全案由上级人民检察院审查起诉。

公安机关移送起诉的案件，需要依照刑事诉讼法的规定指定审判管辖的，人民检察院应当在公安机关移送起诉前协商同级人民法院办理指定管辖有关事宜。

第三百二十九条 监察机关移送起诉的案件，需要依照刑事诉讼法的规定指定审判管辖的，人民检察院应当在监察机关移送起诉二十日前协商同级人民法院办理指定管辖有关事宜。

第三百三十条 人民检察院审查移送起诉的案件，应当查明：

（一）犯罪嫌疑人身份状况是否清楚，包括姓名、性别、国籍、出生年月日、职业和单位等；单位犯罪的，单位的相关情况是否清楚；

（二）犯罪事实、情节是否清楚；实施犯罪的时间、地点、手段、危害后果是否明确；

（三）认定犯罪性质和罪名的意见是否正确；有无法定的从重、从轻、减轻或者免除处罚情节及酌定从重、从轻情节；共同犯罪案件的犯罪嫌疑人在犯罪活动中的责任认定是否恰当；

（四）犯罪嫌疑人是否认罪认罚；

（五）证明犯罪事实的证据材料是否随案移送；证明相关财产系违法所得的证据材料是否随案移送；不宜移送的证据的清单、复制件、照片或者其他证明文件是否随案移送；

（六）证据是否确实、充分，是否依法收集，有无应当排除非法证据的情形；

（七）采取侦查措施包括技术侦查措施的法律手续和诉讼文书是否完备；

（八）有无遗漏罪行和其他应当追究刑事责任的人；

（九）是否属于不应当追究刑事责任的；

（十）有无附带民事诉讼；对于国家财产、集体财产遭受损失的，是否需要由人民检察院提起附带民事诉讼；对于破坏生态环境和资源保护，食品药品安全领域侵害众多消费者合法权益，侵害英雄烈士的姓名、肖像、名誉、荣誉等损害社会公共利益的行为，是否需要由人民检察院提起附带民事公益诉讼；

（十一）采取的强制措施是否适当，对于已经逮捕的犯罪嫌疑人，有无继续羁押的必要；

（十二）侦查活动是否合法；

（十三）涉案财物是否查封、扣押、冻结并妥善保管，清单是否齐备；对被害人合法财产的返还和对违禁品或者不宜长期保存的物品的处理是否妥当，移送的证明文件是否完备。

第三百三十一条　人民检察院办理审查起诉案件应当讯问犯罪嫌疑人。

第三百三十二条　人民检察院认为需要对案件中某些专门性问题进行鉴定而监察机关或者公安机关没有鉴定的，应当要求监察机关或者公安机关进行鉴定。必要时，也可以由人民检察院进行鉴定，或者由人民检察院聘请有鉴定资格的人进行鉴定。

人民检察院自行进行鉴定的，可以商请监察机关或者公安机关派员参加，必要时可以聘请有鉴定资格或者有专门知识的人参加。

第三百三十三条　在审查起诉中，发现犯罪嫌疑人可能患有精神病的，人民检察院应当依照本规则的有关规定对犯罪嫌疑人进行鉴定。

犯罪嫌疑人的辩护人或者近亲属以犯罪嫌疑人可能患有精神病而申请对犯

罪嫌疑人进行鉴定的，人民检察院也可以依照本规则的有关规定对犯罪嫌疑人进行鉴定。鉴定费用由申请方承担。

第三百三十四条 人民检察院对鉴定意见有疑问的，可以询问鉴定人或者有专门知识的人并制作笔录附卷，也可以指派有鉴定资格的检察技术人员或者聘请其他有鉴定资格的人进行补充鉴定或者重新鉴定。

人民检察院对鉴定意见等技术性证据材料需要进行专门审查的，按照有关规定交检察技术人员或者其他有专门知识的人进行审查并出具审查意见。

第三百三十五条 人民检察院审查案件时，对监察机关或者公安机关的勘验、检查，认为需要复验、复查的，应当要求其复验、复查，人民检察院可以派员参加；也可以自行复验、复查，商请监察机关或者公安机关派员参加，必要时也可以指派检察技术人员或者聘请其他有专门知识的人参加。

第三百三十六条 人民检察院对物证、书证、视听资料、电子数据及勘验、检查、辨认、侦查实验等笔录存在疑问的，可以要求调查人员或者侦查人员提供获取、制作的有关情况，必要时也可以询问提供相关证据材料的人员和见证人并制作笔录附卷，对物证、书证、视听资料、电子数据进行鉴定。

第三百三十七条 人民检察院在审查起诉阶段认为需要逮捕犯罪嫌疑人的，应当经检察长决定。

第三百三十八条 对于人民检察院正在审查起诉的案件，被逮捕的犯罪嫌疑人及其法定代理人、近亲属或者辩护人认为羁押期限届满，向人民检察院提出释放犯罪嫌疑人或者变更强制措施要求的，人民检察院应当在三日以内审查决定。经审查，认为法定期限届满的，应当决定释放或者依法变更强制措施，并通知公安机关执行；认为法定期限未满的，书面答复申请人。

第三百三十九条 人民检察院对案件进行审查后，应当依法作出起诉或者不起诉以及是否提起附带民事诉讼、附带民事公益诉讼的决定。

第三百四十条 人民检察院对监察机关或者公安机关移送的案件进行审查后，在人民法院作出生效判决之前，认为需要补充提供证据材料的，可以书面要求监察机关或者公安机关提供。

第三百四十一条 人民检察院在审查起诉中发现有应当排除的非法证据，应当依法排除，同时可以要求监察机关或者公安机关另行指派调查人员或者侦查人员重新取证。必要时，人民检察院也可以自行调查取证。

第三百四十二条 人民检察院认为犯罪事实不清、证据不足或者存在遗漏罪行、遗漏同案犯罪嫌疑人等情形需要补充侦查的，应当制作补充侦查提纲，连同案卷材料一并退回公安机关补充侦查。人民检察院也可以自行侦查，必要时可以要求公安机关提供协助。

第三百四十三条 人民检察院对于监察机关移送起诉的案件，认为需要补充调查的，应当退回监察机关补充调查。必要时，可以自行补充侦查。

需要退回补充调查的案件，人民检察院应当出具补充调查决定书、补充调查提纲，写明补充调查的事项、理由、调查方向、需补充收集的证据及其证明作用等，连同案卷材料一并送交监察机关。

人民检察院决定退回补充调查的案件，犯罪嫌疑人已被采取强制措施的，应当将退回补充调查情况书面通知强制措施执行机关。监察机关需要讯问的，人民检察院应当予以配合。

第三百四十四条 对于监察机关移送起诉的案件，具有下列情形之一的，人民检察院可以自行补充侦查：

（一）证人证言、犯罪嫌疑人供述和辩解、被害人陈述的内容主要情节一致，个别情节不一致的；

（二）物证、书证等证据材料需要补充鉴定的；

（三）其他由人民检察院查证更为便利、更有效率、更有利于查清案件事实的情形。

自行补充侦查完毕后，应当将相关证据材料入卷，同时抄送监察机关。人民检察院自行补充侦查的，可以商请监察机关提供协助。

第三百四十五条 人民检察院负责捕诉的部门对本院负责侦查的部门移送起诉的案件进行审查后，认为犯罪事实不清、证据不足或者存在遗漏罪行、遗漏同案犯罪嫌疑人等情形需要补充侦查的，应当制作补充侦查提纲，连同案卷材料一并退回负责侦查的部门补充侦查。必要时，也可以自行侦查，可以要求负责侦查的部门予以协助。

第三百四十六条 退回监察机关补充调查、退回公安机关补充侦查的案件，均应当在一个月以内补充调查、补充侦查完毕。

补充调查、补充侦查以二次为限。

补充调查、补充侦查完毕移送起诉后，人民检察院重新计算审查起诉期限。

人民检察院负责捕诉的部门退回本院负责侦查的部门补充侦查的期限、次数按照本条第一款至第三款的规定执行。

第三百四十七条 补充侦查期限届满，公安机关未将案件重新移送起诉的，人民检察院应当要求公安机关说明理由。

人民检察院发现公安机关违反法律规定撤销案件的，应当提出纠正意见。

第三百四十八条 人民检察院在审查起诉中决定自行侦查的，应当在审查起诉期限内侦查完毕。

第三百四十九条 人民检察院对已经退回监察机关二次补充调查或者退回公安机关二次补充侦查的案件，在审查起诉中又发现新的犯罪事实，应当将线索移送监察机关或者公安机关。对已经查清的犯罪事实，应当依法提起公诉。

第三百五十条 对于在审查起诉期间改变管辖的案件，改变后的人民检察院对于符合刑事诉讼法第一百七十五条第二款规定的案件，可以经原受理案件的人民检察院协助，直接退回原侦查案件的公安机关补充侦查，也可以自行侦查。改变管辖前后退回补充侦查的次数总共不得超过二次。

第三百五十一条 人民检察院对于移送起诉的案件，应当在一个月以内作出决定；重大、复杂的案件，一个月以内不能作出决定的，可以延长十五日。

人民检察院审查起诉的案件，改变管辖的，从改变后的人民检察院收到案件之日起计算审查起诉期限。

第三百五十二条 追缴的财物中，属于被害人的合法财产，不需要在法庭出示的，应当及时返还被害人，并由被害人在发还款物清单上签名或者盖章，注明返还的理由，并将清单、照片附卷。

第三百五十三条 追缴的财物中，属于违禁品或者不宜长期保存的物品，应当依照国家有关规定处理，并将清单、照片、处理结果附卷。

第三百五十四条 人民检察院在审查起诉阶段，可以适用本规则规定的侦查措施和程序。

第八节　起　诉

第三百五十五条 人民检察院认为犯罪嫌疑人的犯罪事实已经查清，证据确实、充分，依法应当追究刑事责任的，应当作出起诉决定。

具有下列情形之一的，可以认为犯罪事实已经查清：

（一）属于单一罪行的案件，查清的事实足以定罪量刑或者与定罪量刑有关的事实已经查清，不影响定罪量刑的事实无法查清的；

（二）属于数个罪行的案件，部分罪行已经查清并符合起诉条件，其他罪行无法查清的；

（三）无法查清作案工具、赃物去向，但有其他证据足以对被告人定罪量刑的；

（四）证人证言、犯罪嫌疑人供述和辩解、被害人陈述的内容主要情节一致，个别情节不一致，但不影响定罪的。

对于符合前款第二项情形的，应当以已经查清的罪行起诉。

第三百五十六条 人民检察院在办理公安机关移送起诉的案件中，发现遗漏罪行或者有依法应当移送起诉的同案犯罪嫌疑人未移送起诉的，应当要求公安机关补充侦查或者补充移送起诉。对于犯罪事实清楚，证据确实、充分的，也可以直接提起公诉。

第三百五十七条　人民检察院立案侦查时认为属于直接受理侦查的案件，在审查起诉阶段发现属于监察机关管辖的，应当及时商监察机关办理。属于公安机关管辖，案件事实清楚，证据确实、充分，符合起诉条件的，可以直接起诉；事实不清、证据不足的，应当及时移送有管辖权的机关办理。

在审查起诉阶段，发现公安机关移送起诉的案件属于监察机关管辖，或者监察机关移送起诉的案件属于公安机关管辖，但案件事实清楚，证据确实、充分，符合起诉条件的，经征求监察机关、公安机关意见后，没有不同意见的，可以直接起诉；提出不同意见，或者事实不清、证据不足的，应当将案件退回移送案件的机关并说明理由，建议其移送有管辖权的机关办理。

第三百五十八条　人民检察院决定起诉的，应当制作起诉书。

起诉书的主要内容包括：

（一）被告人的基本情况，包括姓名、性别、出生年月日、出生地和户籍地、公民身份号码、民族、文化程度、职业、工作单位及职务、住址，是否受过刑事处分及处分的种类和时间，采取强制措施的情况等；如果是单位犯罪，应当写明犯罪单位的名称和组织机构代码、所在地址、联系方式，法定代表人和诉讼代表人的姓名、职务、联系方式；如果还有应当负刑事责任的直接负责的主管人员或其他直接责任人员，应当按上述被告人基本情况的内容叙写；

（二）案由和案件来源；

（三）案件事实，包括犯罪的时间、地点、经过、手段、动机、目的、危害后果等与定罪量刑有关的事实要素。起诉书叙述的指控犯罪事实的必备要素应当明晰、准确。被告人被控有多项犯罪事实的，应当逐一列举，对于犯罪手段相同的同一犯罪可以概括叙写；

（四）起诉的根据和理由，包括被告人触犯的刑法条款、犯罪的性质及认定的罪名、处罚条款、法定从轻、减轻或者从重处罚的情节，共同犯罪各被告人应负的罪责等；

（五）被告人认罪认罚情况，包括认罪认罚的内容、具结书签署情况等。

被告人真实姓名、住址无法查清的，可以按其绰号或者自报的姓名、住址制作起诉书，并在起诉书中注明。被告人自报的姓名可能造成损害他人名誉、败坏道德风俗等不良影响的，可以对被告人编号并按编号制作起诉书，附具被告人的照片，记明足以确定被告人面貌、体格、指纹以及其他反映被告人特征的事项。

起诉书应当附有被告人现在处所，证人、鉴定人、需要出庭的有专门知识的人的名单，需要保护的被害人、证人、鉴定人的化名名单，查封、扣押、冻结的财物及孳息的清单，附带民事诉讼、附带民事公益诉讼情况以及其他需要附注的情况。

证人、鉴定人、有专门知识的人的名单应当列明姓名、性别、年龄、职业、住址、联系方式，并注明证人、鉴定人是否出庭。

第三百五十九条 人民检察院提起公诉的案件，应当向人民法院移送起诉书、案卷材料、证据和认罪认罚具结书等材料。

起诉书应当一式八份，每增加一名被告人增加起诉书五份。

关于被害人姓名、住址、联系方式、被告人被采取强制措施的种类、是否在案及羁押处所等问题，人民检察院应当在起诉书中列明，不再单独移送材料；对于涉及被害人隐私或者为保护证人、鉴定人、被害人人身安全，而不宜公开证人、鉴定人、被害人姓名、住址、工作单位和联系方式等个人信息的，可以在起诉书中使用化名。但是应当另行书面说明使用化名的情况并标明密级，单独成卷。

第三百六十条 人民检察院对于犯罪嫌疑人、被告人或者证人等翻供、翻证的材料以及对犯罪嫌疑人、被告人有利的其他证据材料，应当移送人民法院。

第三百六十一条 人民法院向人民检察院提出书面意见要求补充移送材料，人民检察院认为有必要移送的，应当自收到通知之日起三日以内补送。

第三百六十二条 对提起公诉后，在人民法院宣告判决前补充收集的证据材料，人民检察院应当及时移送人民法院。

第三百六十三条 在审查起诉期间，人民检察院可以根据辩护人的申请，向监察机关、公安机关调取在调查、侦查期间收集的证明犯罪嫌疑人、被告人无罪或者罪轻的证据材料。

第三百六十四条 人民检察院提起公诉的案件，可以向人民法院提出量刑建议。除有减轻处罚或者免除处罚情节外，量刑建议应当在法定量刑幅度内提出。建议判处有期徒刑、管制、拘役的，可以具有一定的幅度，也可以提出具体确定的建议。

提出量刑建议的，可以制作量刑建议书，与起诉书一并移送人民法院。量刑建议书的主要内容应当包括被告人所犯罪行的法定刑、量刑情节、建议人民法院对被告人判处刑罚的种类、刑罚幅度、可以适用的刑罚执行方式以及提出量刑建议的依据和理由等。

认罪认罚案件的量刑建议，按照本章第二节的规定办理。

第九节 不起诉

第三百六十五条 人民检察院对于监察机关或者公安机关移送起诉的案件，发现犯罪嫌疑人没有犯罪事实，或者符合刑事诉讼法第十六条规定的情形之一的，经检察长批准，应当作出不起诉决定。

对于犯罪事实并非犯罪嫌疑人所为，需要重新调查或者侦查的，应当在作出不起诉决定后书面说明理由，将案卷材料退回监察机关或者公安机关并建议重新调查或者侦查。

第三百六十六条 负责捕诉的部门对于本院负责侦查的部门移送起诉的案件，发现具有本规则第三百六十五条第一款规定情形的，应当退回本院负责侦查的部门，建议撤销案件。

第三百六十七条 人民检察院对于二次退回补充调查或者补充侦查的案件，仍然认为证据不足，不符合起诉条件的，经检察长批准，依法作出不起诉决定。

人民检察院对于经过一次退回补充调查或者补充侦查的案件，认为证据不足，不符合起诉条件，且没有再次退回补充调查或者补充侦查必要的，经检察长批准，可以作出不起诉决定。

第三百六十八条 具有下列情形之一，不能确定犯罪嫌疑人构成犯罪和需要追究刑事责任的，属于证据不足，不符合起诉条件：

（一）犯罪构成要件事实缺乏必要的证据予以证明的；

（二）据以定罪的证据存在疑问，无法查证属实的；

（三）据以定罪的证据之间、证据与案件事实之间的矛盾不能合理排除的；

（四）根据证据得出的结论具有其他可能性，不能排除合理怀疑的；

（五）根据证据认定案件事实不符合逻辑和经验法则，得出的结论明显不符合常理的。

第三百六十九条 人民检察院根据刑事诉讼法第一百七十五条第四款规定决定不起诉的，在发现新的证据，符合起诉条件时，可以提起公诉。

第三百七十条 人民检察院对于犯罪情节轻微，依照刑法规定不需要判处刑罚或者免除刑罚的，经检察长批准，可以作出不起诉决定。

第三百七十一条 人民检察院直接受理侦查的案件，以及监察机关移送起诉的案件，拟作不起诉决定的，应当报请上一级人民检察院批准。

第三百七十二条 人民检察院决定不起诉的，应当制作不起诉决定书。

不起诉决定书的主要内容包括：

（一）被不起诉人的基本情况，包括姓名、性别、出生年月日、出生地和户籍地、公民身份号码、民族、文化程度、职业、工作单位及职务、住址，是否受过刑事处分，采取强制措施的情况以及羁押处所等；如果是单位犯罪，应当写明犯罪单位的名称和组织机构代码、所在地址、联系方式，法定代表人和诉讼代表人的姓名、职务、联系方式；

（二）案由和案件来源；

（三）案件事实，包括否定或者指控被不起诉人构成犯罪的事实以及作为不起诉决定根据的事实；

（四）不起诉的法律根据和理由，写明作出不起诉决定适用的法律条款；

（五）查封、扣押、冻结的涉案财物的处理情况；

（六）有关告知事项。

第三百七十三条 人民检察院决定不起诉的案件，可以根据案件的不同情况，对被不起诉人予以训诫或者责令具结悔过、赔礼道歉、赔偿损失。

对被不起诉人需要给予行政处罚、政务处分或者其他处分的，经检察长批准，人民检察院应当提出检察意见，连同不起诉决定书一并移送有关主管机关处理，并要求有关主管机关及时通报处理情况。

第三百七十四条 人民检察院决定不起诉的案件，应当同时书面通知作出查封、扣押、冻结决定的机关或者执行查封、扣押、冻结决定的机关解除查封、扣押、冻结。

第三百七十五条 人民检察院决定不起诉的案件，需要没收违法所得的，经检察长批准，应当提出检察意见，移送有关主管机关处理，并要求有关主管机关及时通报处理情况。具体程序可以参照本规则第二百四十八条的规定办理。

第三百七十六条 不起诉的决定，由人民检察院公开宣布。公开宣布不起诉决定的活动应当记录在案。

不起诉决定书自公开宣布之日起生效。

被不起诉人在押的，应当立即释放；被采取其他强制措施的，应当通知执行机关解除。

第三百七十七条 不起诉决定书应当送达被害人或者其近亲属及其诉讼代理人、被不起诉人及其辩护人以及被不起诉人所在单位。送达时，应当告知被害人或者其近亲属及其诉讼代理人，如果对不起诉决定不服，可以自收到不起诉决定书后七日以内向上一级人民检察院申诉；也可以不经申诉，直接向人民法院起诉。依照刑事诉讼法第一百七十七条第二款作出不起诉决定的，应当告知被不起诉人，如果对不起诉决定不服，可以自收到不起诉决定书后七日以内向人民检察院申诉。

第三百七十八条　对于监察机关或者公安机关移送起诉的案件，人民检察院决定不起诉的，应当将不起诉决定书送达监察机关或者公安机关。

第三百七十九条　监察机关认为不起诉的决定有错误，向上一级人民检察院提请复议的，上一级人民检察院应当在收到提请复议意见书后三十日以内，经检察长批准，作出复议决定，通知监察机关。

公安机关认为不起诉决定有错误要求复议的，人民检察院负责捕诉的部门应当另行指派检察官或者检察官办案组进行审查，并在收到要求复议意见书后三十日以内，经检察长批准，作出复议决定，通知公安机关。

第三百八十条　公安机关对不起诉决定提请复核的，上一级人民检察院应当在收到提请复核意见书后三十日以内，经检察长批准，作出复核决定，通知提请复核的公安机关和下级人民检察院。经复核认为下级人民检察院不起诉决定错误的，应当指令下级人民检察院纠正，或者撤销、变更下级人民检察院作出的不起诉决定。

第三百八十一条　被害人不服不起诉决定，在收到不起诉决定书后七日以内提出申诉的，由作出不起诉决定的人民检察院的上一级人民检察院负责捕诉的部门进行复查。

被害人向作出不起诉决定的人民检察院提出申诉的，作出决定的人民检察院应当将申诉材料连同案卷一并报送上一级人民检察院。

第三百八十二条　被害人不服不起诉决定，在收到不起诉决定书七日以后提出申诉的，由作出不起诉决定的人民检察院负责控告申诉检察的部门进行审查。经审查，认为不起诉决定正确的，出具审查结论直接答复申诉人，并做好释法说理工作；认为不起诉决定可能存在错误的，移送负责捕诉的部门进行复查。

第三百八十三条　人民检察院应当将复查决定书送达被害人、被不起诉人和作出不起诉决定的人民检察院。

上级人民检察院经复查作出起诉决定的，应当撤销下级人民检察院的不起诉决定，交由下级人民检察院提起公诉，并将复查决定抄送移送起诉的监察机关或者公安机关。

第三百八十四条　人民检察院收到人民法院受理被害人对被不起诉人起诉的通知后，应当终止复查，将作出不起诉决定所依据的有关案卷材料移送人民法院。

第三百八十五条　对于人民检察院依照刑事诉讼法第一百七十七条第二款规定作出的不起诉决定，被不起诉人不服，在收到不起诉决定书后七日以内提出申诉的，应当由作出决定的人民检察院负责捕诉的部门进行复查；被不起诉人在收到不起诉决定书七日以后提出申诉的，由负责控告申诉检察的部门进行审查。经审查，认为不起诉决定正确的，出具审查结论直接答复申诉人，并做好释法说理工作；认为不起诉决定可能存在错误的，移送负责捕诉的部门复查。

人民检察院应当将复查决定书送达被不起诉人、被害人。复查后，撤销不起诉决定，变更不起诉的事实或者法律依据的，应当同时将复查决定书抄送移送起诉的监察机关或者公安机关。

第三百八十六条 人民检察院复查不服不起诉决定的申诉，应当在立案后三个月以内报经检察长批准作出复查决定。案情复杂的，不得超过六个月。

第三百八十七条 被害人、被不起诉人对不起诉决定不服提出申诉的，应当递交申诉书，写明申诉理由。没有书写能力的，也可以口头提出申诉。人民检察院应当根据其口头提出的申诉制作笔录。

第三百八十八条 人民检察院发现不起诉决定确有错误，符合起诉条件的，应当撤销不起诉决定，提起公诉。

第三百八十九条 最高人民检察院对地方各级人民检察院的起诉、不起诉决定，上级人民检察院对下级人民检察院的起诉、不起诉决定，发现确有错误的，应当予以撤销或者指令下级人民检察院纠正。

第十一章　出席法庭

第一节　出席第一审法庭

第三百九十条 提起公诉的案件，人民检察院应当派员以国家公诉人的身份出席第一审法庭，支持公诉。

公诉人应当由检察官担任。检察官助理可以协助检察官出庭。根据需要可以配备书记员担任记录。

第三百九十一条 对于提起公诉后人民法院改变管辖的案件，提起公诉的人民检察院参照本规则第三百二十八条的规定将案件移送与审判管辖相对应的人民检察院。

接受移送的人民检察院重新对案件进行审查的，根据刑事诉讼法第一百七十二条第二款的规定自收到案件之日起计算审查起诉期限。

第三百九十二条 人民法院决定开庭审判的，公诉人应当做好以下准备工作：

（一）进一步熟悉案情，掌握证据情况；

（二）深入研究与本案有关的法律政策问题；

（三）充实审判中可能涉及的专业知识；

（四）拟定讯问被告人、询问证人、鉴定人、有专门知识的人和宣读、出示、播放证据的计划并制定质证方案；

（五）对可能出现证据合法性争议的，拟定证明证据合法性的提纲并准备相关材料；

（六）拟定公诉意见，准备辩论提纲；

（七）需要对出庭证人等的保护向人民法院提出建议或者配合工作的，做好相关准备。

第三百九十三条 人民检察院在开庭审理前收到人民法院或者被告人及其辩护人、被害人、证人等送交的反映证据系非法取得的书面材料的，应当进行审查。对于审查逮捕、审查起诉期间已经提出并经查证不存在非法取证行为的，应当通知人民法院、有关当事人和辩护人，并按照查证的情况做好庭审准备。对于新的材料或者线索，可以要求监察机关、公安机关对证据收集的合法性进行说明或者提供相关证明材料。

第三百九十四条 人民法院通知人民检察院派员参加庭前会议的，由出席法庭的公诉人参加。检察官助理可以协助。根据需要可以配备书记员担任记录。

人民检察院认为有必要召开庭前会议的，可以建议人民法院召开庭前会议。

第三百九十五条 在庭前会议中，公诉人可以对案件管辖、回避、出庭证人、鉴定人、有专门知识的人的名单、辩护人提供的无罪证据、非法证据排除、不公开审理、延期审理、适用简易程序或者速裁程序、庭审方案等与审判相关的问题提出和交换意见，了解辩护人收集的证据等情况。

对辩护人收集的证据有异议的，应当提出，并简要说明理由。

公诉人通过参加庭前会议，了解案件事实、证据和法律适用的争议和不同意见，解决有关程序问题，为参加法庭审理做好准备。

第三百九十六条 当事人、辩护人、诉讼代理人在庭前会议中提出证据系非法取得，人民法院认为可能存在以非法方法收集证据情形的，人民检察院应当对证据收集的合法性进行说明。需要调查核实的，在开庭审理前进行。

第三百九十七条 人民检察院向人民法院移送全部案卷材料后，在法庭审理过程中，公诉人需要出示、宣读、播放有关证据的，可以申请法庭出示、宣读、播放。

人民检察院基于出庭准备和庭审举证工作的需要，可以取回有关案卷材料和证据。

取回案卷材料和证据后，辩护律师要求查阅案卷材料的，应当允许辩护律师在人民检察院查阅、摘抄、复制案卷材料。

第三百九十八条 公诉人在法庭上应当依法进行下列活动：

（一）宣读起诉书，代表国家指控犯罪，提请人民法院对被告人依法审判；

（二）讯问被告人；

（三）询问证人、被害人、鉴定人；

（四）申请法庭出示物证，宣读书证、未到庭证人的证言笔录、鉴定人的鉴定意见、勘验、检查、辨认、侦查实验等笔录和其他作为证据的文书，播放作为证据的视听资料、电子数据等；

（五）对证据采信、法律适用和案件情况发表意见，提出量刑建议及理由，针对被告人、辩护人的辩护意见进行答辩，全面阐述公诉意见；

（六）维护诉讼参与人的合法权利；

（七）对法庭审理案件有无违反法律规定诉讼程序的情况记明笔录；

（八）依法从事其他诉讼活动。

第三百九十九条 在法庭审理中，公诉人应当客观、全面、公正地向法庭出示与定罪、量刑有关的证明被告人有罪、罪重或者罪轻的证据。

按照审判长要求，或者经审判长同意，公诉人可以按照以下方式举证、质证：

（一）对于可能影响定罪量刑的关键证据和控辩双方存在争议的证据，一般应当单独举证、质证；

（二）对于不影响定罪量刑且控辩双方无异议的证据，可以仅就证据的名称及其证明的事项、内容作出说明；

（三）对于证明方向一致、证明内容相近或者证据种类相同，存在内在逻辑关系的证据，可以归纳、分组示证、质证。

公诉人出示证据时，可以借助多媒体设备等方式出示、播放或者演示证据内容。

定罪证据与量刑证据需要分开的，应当分别出示。

第四百条 公诉人讯问被告人，询问证人、被害人、鉴定人，出示物证，宣读书证、未出庭证人的证言笔录等应当围绕下列事实进行：

（一）被告人的身份；

（二）指控的犯罪事实是否存在，是否为被告人所实施；

（三）实施犯罪行为的时间、地点、方法、手段、结果，被告人犯罪后的表现等；

（四）犯罪集团或者其他共同犯罪案件中参与犯罪人员的各自地位和应负的责任；

（五）被告人有无刑事责任能力，有无故意或者过失，行为的动机、目的；

（六）有无依法不应当追究刑事责任的情况，有无法定的从重或者从轻、减轻以及免除处罚的情节；

（七）犯罪对象、作案工具的主要特征，与犯罪有关的财物的来源、数量以及去向；

（八）被告人全部或者部分否认起诉书指控的犯罪事实的，否认的根据和理由能否成立；

（九）与定罪、量刑有关的其他事实。

第四百零一条 在法庭审理中，下列事实不必提出证据进行证明：

（一）为一般人共同知晓的常识性事实；

（二）人民法院生效裁判所确认并且未依审判监督程序重新审理的事实；

（三）法律、法规的内容以及适用等属于审判人员履行职务所应当知晓的事实；

（四）在法庭审理中不存在异议的程序事实；

（五）法律规定的推定事实；

（六）自然规律或者定律。

第四百零二条 讯问被告人、询问证人不得采取可能影响陈述或者证言客观真实的诱导性发问以及其他不当发问方式。

辩护人向被告人或者证人进行诱导性发问以及其他不当发问可能影响陈述或者证言的客观真实的，公诉人可以要求审判长制止或者要求对该项陈述或者证言不予采纳。

讯问共同犯罪案件的被告人、询问证人应当个别进行。

被告人、证人、被害人对同一事实的陈述存在矛盾的，公诉人可以建议法庭传唤有关被告人、通知有关证人同时到庭对质，必要时可以建议法庭询问被害人。

第四百零三条 被告人在庭审中的陈述与在侦查、审查起诉中的供述一致或者不一致的内容不影响定罪量刑的，可以不宣读被告人供述笔录。

被告人在庭审中的陈述与在侦查、审查起诉中的供述不一致，足以影响定罪量刑的，可以宣读被告人供述笔录，并针对笔录中被告人的供述内容对被告人进行讯问，或者提出其他证据进行证明。

第四百零四条 公诉人对证人证言有异议，且该证人证言对案件定罪量刑有重大影响的，可以申请人民法院通知证人出庭作证。

人民警察就其执行职务时目击的犯罪情况作为证人出庭作证，适用前款规定。

公诉人对鉴定意见有异议的，可以申请人民法院通知鉴定人出庭作证。经人民法院通知，鉴定人拒不出庭作证的，公诉人可以建议法庭不予采纳该鉴定意见作为定案的根据，也可以申请法庭重新通知鉴定人出庭作证或者申请重新鉴定。

必要时，公诉人可以申请法庭通知有专门知识的人出庭，就鉴定人作出的鉴定意见提出意见。

当事人或者辩护人、诉讼代理人对证人证言、鉴定意见有异议的，公诉人认为必要时，可以申请人民法院通知证人、鉴定人出庭作证。

第四百零五条 证人应当由人民法院通知并负责安排出庭作证。

对于经人民法院通知而未到庭的证人或者出庭后拒绝作证的证人的证言笔录，公诉人应当当庭宣读。

对于经人民法院通知而未到庭的证人的证言笔录存在疑问，确实需要证人出庭作证，且可以强制其到庭的，公诉人应当建议人民法院强制证人到庭作证和接受质证。

第四百零六条 证人在法庭上提供证言，公诉人应当按照审判长确定的顺序向证人发问。可以要求证人就其所了解的与案件有关的事实进行陈述，也可以直接发问。

证人不能连贯陈述的，公诉人可以直接发问。

向证人发问，应当针对证言中有遗漏、矛盾、模糊不清和有争议的内容，并着重围绕与定罪量刑紧密相关的事实进行。

发问采取一问一答形式，提问应当简洁、清楚。

证人进行虚假陈述的，应当通过发问澄清事实，必要时可以宣读在侦查、审查起诉阶段制作的该证人的证言笔录或者出示、宣读其他证据。

当事人和辩护人、诉讼代理人向证人发问后，公诉人可以根据证人回答的情况，经审判长许可，再次向证人发问。

询问鉴定人、有专门知识的人参照上述规定进行。

第四百零七条 必要时，公诉人可以建议法庭采取不暴露证人、鉴定人、被害人外貌、真实声音等出庭作证保护措施，或者建议法庭根据刑事诉讼法第一百五十四条的规定在庭外对证据进行核实。

第四百零八条 对于鉴定意见、勘验、检查、辨认、侦查实验等笔录和其他作为证据的文书以及经人民法院通知而未到庭的被害人的陈述笔录，公诉人应当当庭宣读。

第四百零九条　公诉人向法庭出示物证，一般应当出示原物，原物不易搬运、不易保存或者已返还被害人的，可以出示反映原物外形和特征的照片、录像、复制品，并向法庭说明情况及与原物的同一性。

公诉人向法庭出示书证，一般应当出示原件。获取书证原件确有困难的，可以出示书证副本或者复制件，并向法庭说明情况及与原件的同一性。

公诉人向法庭出示物证、书证，应当对该物证、书证所要证明的内容、获取情况作出说明，并向当事人、证人等问明物证的主要特征，让其辨认。对该物证、书证进行鉴定的，应当宣读鉴定意见。

第四百一十条　在法庭审理过程中，被告人及其辩护人提出被告人庭前供述系非法取得，审判人员认为需要进行法庭调查的，公诉人可以通过出示讯问笔录、提讯登记、体检记录、采取强制措施或者侦查措施的法律文书、侦查终结前对讯问合法性进行核查的材料等证据材料，有针对性地播放讯问录音、录像，提请法庭通知调查人员、侦查人员或者其他人员出庭说明情况等方式，对证据收集的合法性加以证明。

审判人员认为可能存在刑事诉讼法第五十六条规定的以非法方法收集其他证据的情形，需要进行法庭调查的，公诉人可以参照前款规定对证据收集的合法性进行证明。

公诉人不能当庭证明证据收集的合法性，需要调查核实的，可以建议法庭休庭或者延期审理。

在法庭审理期间，人民检察院可以要求监察机关或者公安机关对证据收集的合法性进行说明或者提供相关证明材料。必要时，可以自行调查核实。

第四百一十一条　公诉人对证据收集的合法性进行证明后，法庭仍有疑问的，可以建议法庭休庭，由人民法院对相关证据进行调查核实。人民法院调查核实证据，通知人民检察院派员到场的，人民检察院可以派员到场。

第四百一十二条　在法庭审理过程中，对证据合法性以外的其他程序事实存在争议的，公诉人应当出示、宣读有关诉讼文书、侦查或者审查起诉活动笔录。

第四百一十三条　对于搜查、查封、扣押、冻结、勘验、检查、辨认、侦查实验等活动中形成的笔录存在争议，需要调查人员、侦查人员以及上述活动的见证人出庭陈述有关情况的，公诉人可以建议合议庭通知其出庭。

第四百一十四条　在法庭审理过程中，合议庭对证据有疑问或者人民法院根据辩护人、被告人的申请，向人民检察院调取在侦查、审查起诉中收集的有关被告人无罪或者罪轻的证据材料的，人民检察院应当自收到人民法院要求调取证据材料决定书后三日以内移交。没有上述材料的，应当向人民法院说明情况。

第四百一十五条 在法庭审理过程中，合议庭对证据有疑问并在休庭后进行勘验、检查、查封、扣押、鉴定和查询、冻结的，人民检察院应当依法进行监督，发现上述活动有违法情况的，应当提出纠正意见。

第四百一十六条 人民法院根据申请收集、调取的证据或者在合议庭休庭后自行调查取得的证据，应当经过庭审出示、质证才能决定是否作为判决的依据。未经庭审出示、质证直接采纳为判决依据的，人民检察院应当提出纠正意见。

第四百一十七条 在法庭审理过程中，经审判长许可，公诉人可以逐一对正在调查的证据和案件情况发表意见，并同被告人、辩护人进行辩论。证据调查结束时，公诉人应当发表总结性意见。

在法庭辩论中，公诉人与被害人、诉讼代理人意见不一致的，公诉人应当认真听取被害人、诉讼代理人的意见，阐明自己的意见和理由。

第四百一十八条 人民检察院向人民法院提出量刑建议的，公诉人应当在发表公诉意见时提出。

对认罪认罚案件，人民法院经审理认为人民检察院的量刑建议明显不当向人民检察院提出的，或者被告人、辩护人对量刑建议提出异议的，人民检察院可以调整量刑建议。

第四百一十九条 适用普通程序审理的认罪认罚案件，公诉人可以建议适当简化法庭调查、辩论程序。

第四百二十条 在法庭审判过程中，遇有下列情形之一的，公诉人可以建议法庭延期审理：

（一）发现事实不清、证据不足，或者遗漏罪行、遗漏同案犯罪嫌疑人，需要补充侦查或者补充提供证据的；

（二）被告人揭发他人犯罪行为或者提供重要线索，需要补充侦查进行查证的；

（三）发现遗漏罪行或者遗漏同案犯罪嫌疑人，虽不需要补充侦查和补充提供证据，但需要补充、追加起诉的；

（四）申请人民法院通知证人、鉴定人出庭作证或者有专门知识的人出庭提出意见的；

（五）需要调取新的证据，重新鉴定或者勘验的；

（六）公诉人出示、宣读开庭前移送人民法院的证据以外的证据，或者补充、追加、变更起诉，需要给予被告人、辩护人必要时间进行辩护准备的；

（七）被告人、辩护人向法庭出示公诉人不掌握的与定罪量刑有关的证据，需要调查核实的；

（八）公诉人对证据收集的合法性进行证明，需要调查核实的。

在人民法院开庭审理前发现具有前款情形之一的，人民检察院可以建议人民法院延期审理。

第四百二十一条 法庭宣布延期审理后，人民检察院应当在补充侦查期限内提请人民法院恢复法庭审理或者撤回起诉。

公诉人在法庭审理过程中建议延期审理的次数不得超过两次，每次不得超过一个月。

第四百二十二条 在审判过程中，对于需要补充提供法庭审判所必需的证据或者补充侦查的，人民检察院应当自行收集证据和进行侦查，必要时可以要求监察机关或者公安机关提供协助；也可以书面要求监察机关或者公安机关补充提供证据。

人民检察院补充侦查，适用本规则第六章、第九章、第十章的规定。

补充侦查不得超过一个月。

第四百二十三条 人民法院宣告判决前，人民检察院发现被告人的真实身份或者犯罪事实与起诉书中叙述的身份或者指控犯罪事实不符的，或者事实、证据没有变化，但罪名、适用法律与起诉书不一致的，可以变更起诉。发现遗漏同案犯罪嫌疑人或者罪行的，应当要求公安机关补充移送起诉或者补充侦查；对于犯罪事实清楚，证据确实、充分的，可以直接追加、补充起诉。

第四百二十四条 人民法院宣告判决前，人民检察院发现具有下列情形之一的，经检察长批准，可以撤回起诉：

（一）不存在犯罪事实的；

（二）犯罪事实并非被告人所为的；

（三）情节显著轻微、危害不大，不认为是犯罪的；

（四）证据不足或证据发生变化，不符合起诉条件的；

（五）被告人因未达到刑事责任年龄，不负刑事责任的；

（六）法律、司法解释发生变化导致不应当追究被告人刑事责任的；

（七）其他不应当追究被告人刑事责任的。

对于撤回起诉的案件，人民检察院应当在撤回起诉后三十日以内作出不起诉决定。需要重新调查或者侦查的，应当在作出不起诉决定后将案卷材料退回监察机关或者公安机关，建议监察机关或者公安机关重新调查或者侦查，并书面说明理由。

对于撤回起诉的案件，没有新的事实或者新的证据，人民检察院不得再行起诉。

新的事实是指原起诉书中未指控的犯罪事实。该犯罪事实触犯的罪名既可以是原指控罪名的同一罪名，也可以是其他罪名。

新的证据是指撤回起诉后收集、调取的足以证明原指控犯罪事实的证据。

第四百二十五条 在法庭审理过程中，人民法院建议人民检察院补充侦查、补充起诉、追加起诉或者变更起诉的，人民检察院应当审查有关理由，并作出是否补充侦查、补充起诉、追加起诉或者变更起诉的决定。人民检察院不同意的，可以要求人民法院就起诉指控的犯罪事实依法作出裁判。

第四百二十六条 变更、追加、补充或者撤回起诉应当以书面方式在判决宣告前向人民法院提出。

第四百二十七条 出庭的书记员应当制作出庭笔录，详细记载庭审的时间、地点、参加人员、公诉人出庭执行任务情况和法庭调查、法庭辩论的主要内容以及法庭判决结果，由公诉人和书记员签名。

第四百二十八条 人民检察院应当当庭向人民法院移交取回的案卷材料和证据。在审判长宣布休庭后，公诉人应当与审判人员办理交接手续。无法当庭移交的，应当在休庭后三日以内移交。

第四百二十九条 人民检察院对查封、扣押、冻结的被告人财物及其孳息，应当根据不同情况作以下处理：

（一）对作为证据使用的实物，应当依法随案移送；对不宜移送的，应当将其清单、照片或者其他证明文件随案移送。

（二）冻结在金融机构、邮政部门的违法所得及其他涉案财产，应当向人民法院随案移送该金融机构、邮政部门出具的证明文件。待人民法院作出生效判决、裁定后，由人民法院通知该金融机构上缴国库。

（三）查封、扣押的涉案财物，对依法不移送的，应当随案移送清单、照片或者其他证明文件。待人民法院作出生效判决、裁定后，由人民检察院根据人民法院的通知上缴国库，并向人民法院送交执行回单。

（四）对于被扣押、冻结的债券、股票、基金份额等财产，在扣押、冻结期间权利人申请出售的，参照本规则第二百一十四条的规定办理。

第二节 简易程序

第四百三十条 人民检察院对于基层人民法院管辖的案件，符合下列条件的，可以建议人民法院适用简易程序审理：

（一）案件事实清楚、证据充分的；

（二）被告人承认自己所犯罪行，对指控的犯罪事实没有异议的；

（三）被告人对适用简易程序没有异议的。

第四百三十一条　具有下列情形之一的，人民检察院不得建议人民法院适用简易程序：

（一）被告人是盲、聋、哑人，或者是尚未完全丧失辨认或者控制自己行为能力的精神病人的；

（二）有重大社会影响的；

（三）共同犯罪案件中部分被告人不认罪或者对适用简易程序有异议的；

（四）比较复杂的共同犯罪案件；

（五）辩护人作无罪辩护或者对主要犯罪事实有异议的；

（六）其他不宜适用简易程序的。

人民法院决定适用简易程序审理的案件，人民检察院认为具有刑事诉讼法第二百一十五条规定情形之一的，应当向人民法院提出纠正意见；具有其他不宜适用简易程序情形的，人民检察院可以建议人民法院不适用简易程序。

第四百三十二条　基层人民检察院审查案件，认为案件事实清楚、证据充分的，应当在讯问犯罪嫌疑人时，了解其是否承认自己所犯罪行，对指控的犯罪事实有无异议，告知其适用简易程序的法律规定，确认其是否同意适用简易程序。

第四百三十三条　适用简易程序审理的公诉案件，人民检察院应当派员出席法庭。

第四百三十四条　公诉人出席简易程序法庭时，应当主要围绕量刑以及其他有争议的问题进行法庭调查和法庭辩论。在确认被告人庭前收到起诉书并对起诉书指控的犯罪事实没有异议后，可以简化宣读起诉书，根据案件情况决定是否讯问被告人，询问证人、鉴定人和出示证据。

根据案件情况，公诉人可以建议法庭简化法庭调查和法庭辩论程序。

第四百三十五条　适用简易程序审理的公诉案件，公诉人发现不宜适用简易程序审理的，应当建议法庭按照第一审普通程序重新审理。

第四百三十六条　转为普通程序审理的案件，公诉人需要为出席法庭进行准备的，可以建议人民法院延期审理。

第三节　速裁程序

第四百三十七条　人民检察院对基层人民法院管辖的案件，符合下列条件的，在提起公诉时，可以建议人民法院适用速裁程序审理：

（一）可能判处三年有期徒刑以下刑罚；

（二）案件事实清楚，证据确实、充分；

（三）被告人认罪认罚、同意适用速裁程序。

第四百三十八条 具有下列情形之一的，人民检察院不得建议人民法院适用速裁程序：

（一）被告人是盲、聋、哑人，或者是尚未完全丧失辨认或者控制自己行为能力的精神病人的；

（二）被告人是未成年人的；

（三）案件有重大社会影响的；

（四）共同犯罪案件中部分被告人对指控的犯罪事实、罪名、量刑建议或者适用速裁程序有异议的；

（五）被告人与被害人或者其法定代理人没有就附带民事诉讼赔偿等事项达成调解或者和解协议的；

（六）其他不宜适用速裁程序审理的。

第四百三十九条 公安机关、犯罪嫌疑人及其辩护人建议适用速裁程序，人民检察院经审查认为符合条件的，可以建议人民法院适用速裁程序审理。

公安机关、辩护人未建议适用速裁程序，人民检察院经审查认为符合速裁程序适用条件，且犯罪嫌疑人同意适用的，可以建议人民法院适用速裁程序审理。

第四百四十条 人民检察院建议人民法院适用速裁程序的案件，起诉书内容可以适当简化，重点写明指控的事实和适用的法律。

第四百四十一条 人民法院适用速裁程序审理的案件，人民检察院应当派员出席法庭。

第四百四十二条 公诉人出席速裁程序法庭时，可以简要宣读起诉书指控的犯罪事实、证据、适用法律及量刑建议，一般不再讯问被告人。

第四百四十三条 适用速裁程序审理的案件，人民检察院发现有不宜适用速裁程序审理情形的，应当建议人民法院转为普通程序或者简易程序重新审理。

第四百四十四条 转为普通程序审理的案件，公诉人需要为出席法庭进行准备的，可以建议人民法院延期审理。

第四节 出席第二审法庭

第四百四十五条 对提出抗诉的案件或者公诉案件中人民法院决定开庭审理的上诉案件，同级人民检察院应当指派检察官出席第二审法庭。检察官助理可以协助检察官出庭。根据需要可以配备书记员担任记录。

第四百四十六条 检察官出席第二审法庭的任务是：

（一）支持抗诉或者听取上诉意见，对原审人民法院作出的错误判决或者裁定提出纠正意见；

（二）维护原审人民法院正确的判决或者裁定，建议法庭维持原判；

（三）维护诉讼参与人的合法权利；

（四）对法庭审理案件有无违反法律规定诉讼程序的情况记明笔录；

（五）依法从事其他诉讼活动。

第四百四十七条 对抗诉和上诉案件，第二审人民法院的同级人民检察院可以调取下级人民检察院与案件有关的材料。

人民检察院在接到第二审人民法院决定开庭、查阅案卷通知后，可以查阅或者调阅案卷材料。查阅或者调阅案卷材料应当在接到人民法院的通知之日起一个月以内完成。在一个月以内无法完成的，可以商请人民法院延期审理。

第四百四十八条 检察人员应当客观全面地审查原审案卷材料，不受上诉或者抗诉范围的限制。应当审查原审判决认定案件事实、适用法律是否正确，证据是否确实、充分，量刑是否适当，审判活动是否合法，并应当审查下级人民检察院的抗诉书或者上诉人的上诉状，了解抗诉或者上诉的理由是否正确、充分，重点审查有争议的案件事实、证据和法律适用问题，有针对性地做好庭审准备工作。

第四百四十九条 检察人员在审查第一审案卷材料时，应当复核主要证据，可以讯问原审被告人。必要时，可以补充收集证据、重新鉴定或者补充鉴定。需要原侦查案件的公安机关补充收集证据的，可以要求其补充收集。

被告人、辩护人提出被告人自首、立功等可能影响定罪量刑的材料和线索的，可以移交公安机关调查核实，也可以自行调查核实。发现遗漏罪行或者同案犯罪嫌疑人的，应当建议公安机关侦查。

对于下列原审被告人，应当进行讯问：

（一）提出上诉的；

（二）人民检察院提出抗诉的；

（三）被判处无期徒刑以上刑罚的。

第四百五十条 人民检察院办理死刑上诉、抗诉案件，应当进行下列工作：

（一）讯问原审被告人，听取原审被告人的上诉理由或者辩解；

（二）听取辩护人的意见；

（三）复核主要证据，必要时询问证人；

（四）必要时补充收集证据；

（五）对鉴定意见有疑问的，可以重新鉴定或者补充鉴定；

（六）根据案件情况，可以听取被害人的意见。

第四百五十一条 出席第二审法庭前，检察人员应当制作讯问原审被告人、询问被害人、证人、鉴定人和出示、宣读、播放证据计划，拟写答辩提纲，并制作出庭意见。

第四百五十二条 在法庭审理中，检察官应当针对原审判决或者裁定认定事实或适用法律、量刑等方面的问题，围绕抗诉或者上诉理由以及辩护人的辩护意见，讯问原审被告人，询问被害人、证人、鉴定人，出示和宣读证据，并提出意见和进行辩论。

第四百五十三条 需要出示、宣读、播放第一审期间已移交人民法院的证据的，出庭的检察官可以申请法庭出示、宣读、播放。

在第二审法庭宣布休庭后需要移交证据材料的，参照本规则第四百二十八条的规定办理。

第五节 出席再审法庭

第四百五十四条 人民法院开庭审理再审案件，同级人民检察院应当派员出席法庭。

第四百五十五条 人民检察院对于人民法院按照审判监督程序重新审判的案件，应当对原判决、裁定认定的事实、证据、适用法律进行全面审查，重点审查有争议的案件事实、证据和法律适用问题。

第四百五十六条 人民检察院派员出席再审法庭，如果再审案件按照第一审程序审理，参照本章第一节有关规定执行；如果再审案件按照第二审程序审理，参照本章第四节有关规定执行。

第十二章 特别程序

第一节 未成年人刑事案件诉讼程序

第四百五十七条 人民检察院办理未成年人刑事案件，应当贯彻“教育、感化、挽救”方针和“教育为主、惩罚为辅”的原则，坚持优先保护、特殊保护、双向保护，以帮助教育和预防重新犯罪为目的。

人民检察院可以借助社会力量开展帮助教育未成年人的工作。

第四百五十八条 人民检察院应当指定熟悉未成年人身心特点的检察人员办理未成年人刑事案件。

第四百五十九条 人民检察院办理未成年人与成年人共同犯罪案件，一般应当对未成年人与成年人分案办理、分别起诉。不宜分案处理的，应当对未成年人采取隐私保护、快速办理等特殊保护措施。

第四百六十条 人民检察院受理案件后，应当向未成年犯罪嫌疑人及其法定代理人了解其委托辩护人的情况，并告知其有权委托辩护人。

未成年犯罪嫌疑人没有委托辩护人的，人民检察院应当书面通知法律援助机构指派律师为其提供辩护。

对于公安机关未通知法律援助机构指派律师为未成年犯罪嫌疑人提供辩护的，人民检察院应当提出纠正意见。

第四百六十一条 人民检察院根据情况可以对未成年犯罪嫌疑人的成长经历、犯罪原因、监护教育等情况进行调查，并制作社会调查报告，作为办案和教育的参考。

人民检察院开展社会调查，可以委托有关组织和机构进行。开展社会调查应当尊重和保护未成年人隐私，不得向不知情人员泄露未成年犯罪嫌疑人的涉案信息。

人民检察院应当对公安机关移送的社会调查报告进行审查。必要时，可以进行补充调查。

人民检察院制作的社会调查报告应当随案移送人民法院。

第四百六十二条 人民检察院对未成年犯罪嫌疑人审查逮捕，应当根据未成年犯罪嫌疑人涉嫌犯罪的性质、情节、主观恶性、有无监护与社会帮教条件、认罪认罚等情况，综合衡量其社会危险性，严格限制适用逮捕措施。

第四百六十三条 对于罪行较轻，具备有效监护条件或者社会帮教措施，没有社会危险性或者社会危险性较小的未成年犯罪嫌疑人，应当不批准逮捕。

对于罪行比较严重，但主观恶性不大，有悔罪表现，具备有效监护条件或者社会帮教措施，具有下列情形之一，不逮捕不致发生社会危险性的未成年犯罪嫌疑人，可以不批准逮捕：

（一）初次犯罪、过失犯罪的；

（二）犯罪预备、中止、未遂的；

（三）防卫过当、避险过当的；

（四）有自首或者立功表现的；

（五）犯罪后认罪认罚，或者积极退赃，尽力减少和赔偿损失，被害人谅解的；

（六）不属于共同犯罪的主犯或者集团犯罪中的首要分子的；

（七）属于已满十四周岁不满十六周岁的未成年人或者系在校学生的；

（八）其他可以不批准逮捕的情形。

对于没有固定住所、无法提供保证人的未成年犯罪嫌疑人适用取保候审的，可以指定合适的成年人作为保证人。

第四百六十四条 审查逮捕未成年犯罪嫌疑人，应当重点查清其是否已满十四、十六、十八周岁。

对犯罪嫌疑人实际年龄难以判断，影响对该犯罪嫌疑人是否应当负刑事责任认定的，应当不批准逮捕。需要补充侦查的，同时通知公安机关。

第四百六十五条 在审查逮捕、审查起诉中，人民检察院应当讯问未成年犯罪嫌疑人，听取辩护人的意见，并制作笔录附卷。辩护人提出书面意见的，应当附卷。对于辩护人提出犯罪嫌疑人无罪、罪轻或者减轻、免除刑事责任、不适宜羁押或者侦查活动有违法情形等意见的，检察人员应当进行审查，并在相关工作文书中叙明辩护人提出的意见，说明是否采纳的情况和理由。

讯问未成年犯罪嫌疑人，应当通知其法定代理人到场，告知法定代理人依法享有的诉讼权利和应当履行的义务。到场的法定代理人可以代为行使未成年犯罪嫌疑人的诉讼权利，代为行使权利时不得损害未成年犯罪嫌疑人的合法权益。

无法通知、法定代理人不能到场或者法定代理人是共犯的，也可以通知未成年犯罪嫌疑人的其他成年亲属，所在学校、单位或者居住地的村民委员会、居民委员会、未成年人保护组织的代表到场，并将有关情况记录在案。未成年犯罪嫌疑人明确拒绝法定代理人以外的合适成年人到场，且有正当理由的，人民检察院可以准许，但应当在征求其意见后通知其他合适成年人到场。

到场的法定代理人或者其他人员认为检察人员在讯问中侵犯未成年犯罪嫌疑人合法权益提出意见的，人民检察院应当记录在案。对合理意见，应当接受并纠正。讯问笔录应当交由到场的法定代理人或者其他人员阅读或者向其宣读，并由其在笔录上签名或者盖章，并捺指印。

讯问女性未成年犯罪嫌疑人，应当有女性检察人员参加。

询问未成年被害人、证人，适用本条第二款至第五款的规定。询问应当以一次为原则，避免反复询问。

第四百六十六条 讯问未成年犯罪嫌疑人应当保护其人格尊严。

讯问未成年犯罪嫌疑人一般不得使用戒具。对于确有人身危险性必须使用戒具的，在现实危险消除后应当立即停止使用。

第四百六十七条 未成年犯罪嫌疑人认罪认罚的，人民检察院应当告知本人及其法定代理人享有的诉讼权利和认罪认罚的法律规定，并依照刑事诉讼法第一百七十三条的规定，听取、记录未成年犯罪嫌疑人及其法定代理人、辩护人、被害人及其诉讼代理人的意见。

第四百六十八条　未成年犯罪嫌疑人认罪认罚的，应当在法定代理人、辩护人在场的情况下签署认罪认罚具结书。法定代理人、辩护人对认罪认罚有异议的，不需要签署具结书。

因未成年犯罪嫌疑人的法定代理人、辩护人对其认罪认罚有异议而不签署具结书的，人民检察院应当对未成年人认罪认罚情况，法定代理人、辩护人的异议情况如实记录。提起公诉的，应当将该材料与其他案卷材料一并移送人民法院。

未成年犯罪嫌疑人的法定代理人、辩护人对认罪认罚有异议而不签署具结书的，不影响从宽处理。

法定代理人无法到场的，合适成年人可以代为行使到场权、知情权、异议权等。法定代理人未到场的原因以及听取合适成年人意见等情况应当记录在案。

第四百六十九条　对于符合刑事诉讼法第二百八十二条第一款规定条件的未成年人刑事案件，人民检察院可以作出附条件不起诉的决定。

人民检察院在作出附条件不起诉的决定以前，应当听取公安机关、被害人、未成年犯罪嫌疑人及其法定代理人、辩护人的意见，并制作笔录附卷。

第四百七十条　未成年犯罪嫌疑人及其法定代理人对拟作出附条件不起诉决定提出异议的，人民检察院应当提起公诉。但是，未成年犯罪嫌疑人及其法定代理人提出无罪辩解，人民检察院经审查认为无罪辩解理由成立的，应当按照本规则第三百六十五条的规定作出不起诉决定。

未成年犯罪嫌疑人及其法定代理人对案件作附条件不起诉处理没有异议，仅对所附条件及考验期有异议的，人民检察院可以依法采纳其合理的意见，对考察的内容、方式、时间等进行调整；其意见不利于对未成年犯罪嫌疑人帮教，人民检察院不采纳的，应当进行释法说理。

人民检察院作出起诉决定前，未成年犯罪嫌疑人及其法定代理人撤回异议的，人民检察院可以依法作出附条件不起诉决定。

第四百七十一条　人民检察院作出附条件不起诉的决定后，应当制作附条件不起诉决定书，并在三日以内送达公安机关、被害人或者其近亲属及其诉讼代理人、未成年犯罪嫌疑人及其法定代理人、辩护人。

人民检察院应当当面向未成年犯罪嫌疑人及其法定代理人宣布附条件不起诉决定，告知考验期限、在考验期内应当遵守的规定以及违反规定应负的法律责任，并制作笔录附卷。

第四百七十二条　对附条件不起诉的决定，公安机关要求复议、提请复核或者被害人提出申诉的，具体程序参照本规则第三百七十九条至第三百八十三条的规定。被害人不服附条件不起诉决定的，应当告知其不适用刑事诉讼法第一百八十条关于被害人可以向人民法院起诉的规定，并做好释法说理工作。

前款规定的复议、复核、申诉由相应人民检察院负责未成年人检察的部门进行审查。

第四百七十三条 人民检察院作出附条件不起诉决定的，应当确定考验期。考验期为六个月以上一年以下，从人民检察院作出附条件不起诉的决定之日起计算。

第四百七十四条 在附条件不起诉的考验期内，由人民检察院对被附条件不起诉的未成年犯罪嫌疑人进行监督考察。人民检察院应当要求未成年犯罪嫌疑人的监护人对未成年犯罪嫌疑人加强管教，配合人民检察院做好监督考察工作。

人民检察院可以会同未成年犯罪嫌疑人的监护人、所在学校、单位、居住地的村民委员会、居民委员会、未成年人保护组织等的有关人员，定期对未成年犯罪嫌疑人进行考察、教育，实施跟踪帮教。

第四百七十五条 人民检察院对于被附条件不起诉的未成年犯罪嫌疑人，应当监督考察其是否遵守下列规定：

（一）遵守法律法规，服从监督；

（二）按照规定报告自己的活动情况；

（三）离开所居住的市、县或者迁居，应当报经批准；

（四）按照要求接受矫治和教育。

第四百七十六条 人民检察院可以要求被附条件不起诉的未成年犯罪嫌疑人接受下列矫治和教育：

（一）完成戒瘾治疗、心理辅导或者其他适当的处遇措施；

（二）向社区或者公益团体提供公益劳动；

（三）不得进入特定场所，与特定的人员会见或者通信，从事特定的活动；

（四）向被害人赔偿损失、赔礼道歉等；

（五）接受相关教育；

（六）遵守其他保护被害人安全以及预防再犯的禁止性规定。

第四百七十七条 考验期届满，检察人员应当制作附条件不起诉考察意见书，提出起诉或者不起诉的意见，报请检察长决定。

考验期满作出不起诉的决定以前，应当听取被害人意见。

第四百七十八条 考验期满作出不起诉决定，被害人提出申诉的，依照本规则第四百七十二条规定办理。

第四百七十九条　被附条件不起诉的未成年犯罪嫌疑人，在考验期内具有下列情形之一的，人民检察院应当撤销附条件不起诉的决定，提起公诉：

（一）实施新的犯罪的；

（二）发现决定附条件不起诉以前还有其他犯罪需要追诉的；

（三）违反治安管理规定，造成严重后果，或者多次违反治安管理规定的；

（四）违反有关附条件不起诉的监督管理规定，造成严重后果，或者多次违反有关附条件不起诉的监督管理规定的。

第四百八十条　被附条件不起诉的未成年犯罪嫌疑人，在考验期内没有本规则第四百七十九条规定的情形，考验期满的，人民检察院应当作出不起诉的决定。

第四百八十一条　人民检察院办理未成年人刑事案件过程中，应当对涉案未成年人的资料予以保密，不得公开或者传播涉案未成年人的姓名、住所、照片、图像及可能推断出该未成年人的其他资料。

第四百八十二条　犯罪的时候不满十八周岁，被判处五年有期徒刑以下刑罚的，人民检察院应当在收到人民法院生效判决、裁定后，对犯罪记录予以封存。

生效判决、裁定由第二审人民法院作出的，同级人民检察院依照前款规定封存犯罪记录时，应当通知下级人民检察院对相关犯罪记录予以封存。

第四百八十三条　人民检察院应当将拟封存的未成年人犯罪记录、案卷等相关材料装订成册，加密保存，不予公开，并建立专门的未成年人犯罪档案库，执行严格的保管制度。

第四百八十四条　除司法机关为办案需要或者有关单位根据国家规定进行查询的以外，人民检察院不得向任何单位和个人提供封存的犯罪记录，并不得提供未成年人有犯罪记录的证明。

司法机关或者有关单位需要查询犯罪记录的，应当向封存犯罪记录的人民检察院提出书面申请。人民检察院应当在七日以内作出是否许可的决定。

第四百八十五条　未成年人犯罪记录封存后，没有法定事由、未经法定程序不得解封。

对被封存犯罪记录的未成年人，符合下列条件之一的，应当对其犯罪记录解除封存：

（一）实施新的犯罪，且新罪与封存记录之罪数罪并罚后被决定执行五年有期徒刑以上刑罚的；

（二）发现漏罪，且漏罪与封存记录之罪数罪并罚后被决定执行五年有期徒刑以上刑罚的。

第四百八十六条 人民检察院对未成年犯罪嫌疑人作出不起诉决定后，应当对相关记录予以封存。除司法机关为办案需要进行查询外，不得向任何单位和个人提供。封存的具体程序参照本规则第四百八十三条至第四百八十五条的规定。

第四百八十七条 被封存犯罪记录的未成年人或者其法定代理人申请出具无犯罪记录证明的，人民检察院应当出具。需要协调公安机关、人民法院为其出具无犯罪记录证明的，人民检察院应当予以协助。

第四百八十八条 负责未成年人检察的部门应当依法对看守所、未成年犯管教所监管未成年人的活动实行监督，配合做好对未成年人的教育。发现没有对未成年犯罪嫌疑人、被告人与成年犯罪嫌疑人、被告人分别关押、管理或者违反规定对未成年犯留所执行刑罚的，应当依法提出纠正意见。

负责未成年人检察的部门发现社区矫正机构违反未成年人社区矫正相关规定的，应当依法提出纠正意见。

第四百八十九条 本节所称未成年人刑事案件，是指犯罪嫌疑人实施涉嫌犯罪行为时已满十四周岁、未满十八周岁的刑事案件。

本节第四百六十条、第四百六十五条、第四百六十六条、第四百六十七条、第四百六十八条 所称的未成年犯罪嫌疑人，是指在诉讼过程中未满十八周岁的人。犯罪嫌疑人实施涉嫌犯罪行为时未满十八周岁，在诉讼过程中已满十八周岁的，人民检察院可以根据案件的具体情况适用上述规定。

第四百九十条 人民检察院办理侵害未成年人犯罪案件，应当采取适合未成年被害人身心特点的方法，充分保护未成年被害人的合法权益。

第四百九十一条 办理未成年人刑事案件，除本节已有规定的以外，按照刑事诉讼法和其他有关规定进行。

第二节 当事人和解的公诉案件诉讼程序

第四百九十二条 下列公诉案件，双方当事人可以和解：

（一）因民间纠纷引起，涉嫌刑法分则第四章、第五章规定的犯罪案件，可能判处三年有期徒刑以下刑罚的；

（二）除渎职犯罪以外的可能判处七年有期徒刑以下刑罚的过失犯罪案件。

当事人和解的公诉案件应当同时符合下列条件：

（一）犯罪嫌疑人真诚悔罪，向被害人赔偿损失、赔礼道歉等；

（二）被害人明确表示对犯罪嫌疑人予以谅解；

（三）双方当事人自愿和解，符合有关法律规定；

（四）属于侵害特定被害人的故意犯罪或者有直接被害人的过失犯罪；

（五）案件事实清楚，证据确实、充分。

犯罪嫌疑人在五年以内曾经故意犯罪的，不适用本节规定的程序。

犯罪嫌疑人在犯刑事诉讼法第二百八十八条第一款规定的犯罪前五年内曾经故意犯罪，无论该故意犯罪是否已经追究，均应当认定为前款规定的五年以内曾经故意犯罪。

第四百九十三条 被害人死亡的，其法定代理人、近亲属可以与犯罪嫌疑人和解。

被害人系无行为能力或者限制行为能力人的，其法定代理人可以代为和解。

第四百九十四条 犯罪嫌疑人系限制行为能力人的，其法定代理人可以代为和解。

犯罪嫌疑人在押的，经犯罪嫌疑人同意，其法定代理人、近亲属可以代为和解。

第四百九十五条 双方当事人可以就赔偿损失、赔礼道歉等民事责任事项进行和解，并且可以就被害人及其法定代理人或者近亲属是否要求或者同意公安机关、人民检察院、人民法院对犯罪嫌疑人依法从宽处理进行协商，但不得对案件的事实认定、证据采信、法律适用和定罪量刑等依法属于公安机关、人民检察院、人民法院职权范围的事宜进行协商。

第四百九十六条 双方当事人可以自行达成和解，也可以经人民调解委员会、村民委员会、居民委员会、当事人所在单位或者同事、亲友等组织或者个人调解后达成和解。

人民检察院对于本规则第四百九十二条规定的公诉案件，可以建议当事人进行和解，并告知相应的权利义务，必要时可以提供法律咨询。

第四百九十七条 人民检察院应当对和解的自愿性、合法性进行审查，重点审查以下内容：

（一）双方当事人是否自愿和解；

（二）犯罪嫌疑人是否真诚悔罪，是否向被害人赔礼道歉，赔偿数额与其所造成的损害和赔偿能力是否相适应；

（三）被害人及其法定代理人或者近亲属是否明确表示对犯罪嫌疑人予以谅解；

（四）是否符合法律规定；

（五）是否损害国家、集体和社会公共利益或者他人的合法权益；

（六）是否符合社会公德。

审查时，应当听取双方当事人和其他有关人员对和解的意见，告知刑事案件可能从宽处理的法律后果和双方的权利义务，并制作笔录附卷。

第四百九十八条 经审查认为双方自愿和解，内容合法，且符合本规则第四百九十二条规定的范围和条件的，人民检察院应当主持制作和解协议书。

和解协议书的主要内容包括：

（一）双方当事人的基本情况；

（二）案件的主要事实；

（三）犯罪嫌疑人真诚悔罪，承认自己所犯罪行，对指控的犯罪没有异议，向被害人赔偿损失、赔礼道歉等。赔偿损失的，应当写明赔偿的数额、履行的方式、期限等；

（四）被害人及其法定代理人或者近亲属对犯罪嫌疑人予以谅解，并要求或者同意公安机关、人民检察院、人民法院对犯罪嫌疑人依法从宽处理。

和解协议书应当由双方当事人签字，可以写明和解协议书系在人民检察院主持下制作。检察人员不在当事人和解协议书上签字，也不加盖人民检察院印章。

和解协议书一式三份，双方当事人各持一份，另一份交人民检察院附卷备查。

第四百九十九条 和解协议书约定的赔偿损失内容，应当在双方签署协议后立即履行，至迟在人民检察院作出从宽处理决定前履行。确实难以一次性履行的，在提供有效担保并且被害人同意的情况下，也可以分期履行。

第五百条 双方当事人在侦查阶段达成和解协议，公安机关向人民检察院提出从宽处理建议的，人民检察院在审查逮捕和审查起诉时应当充分考虑公安机关的建议。

第五百零一条 人民检察院对于公安机关提请批准逮捕的案件，双方当事人达成和解协议的，可以作为有无社会危险性或者社会危险性大小的因素予以考虑。经审查认为不需要逮捕的，可以作出不批准逮捕的决定；在审查起诉阶段可以依法变更强制措施。

第五百零二条 人民检察院对于公安机关移送起诉的案件，双方当事人达成和解协议的，可以作为是否需要判处刑罚或者免除刑罚的因素予以考虑。符合法律规定的不起诉条件的，可以决定不起诉。

对于依法应当提起公诉的，人民检察院可以向人民法院提出从宽处罚的量刑建议。

第五百零三条 人民检察院拟对当事人达成和解的公诉案件作出不起诉决

定的，应当听取双方当事人对和解的意见，并且查明犯罪嫌疑人是否已经切实履行和解协议、不能即时履行的是否已经提供有效担保，将其作为是否决定不起诉的因素予以考虑。

当事人在不起诉决定作出之前反悔的，可以另行达成和解。不能另行达成和解的，人民检察院应当依法作出起诉或者不起诉决定。

当事人在不起诉决定作出之后反悔的，人民检察院不撤销原决定，但有证据证明和解违反自愿、合法原则的除外。

第五百零四条 犯罪嫌疑人或者其亲友等以暴力、威胁、欺骗或者其他非法方法强迫、引诱被害人和解，或者在协议履行完毕之后威胁、报复被害人的，应当认定和解协议无效。已经作出不批准逮捕或者不起诉决定的，人民检察院根据案件情况可以撤销原决定，对犯罪嫌疑人批准逮捕或者提起公诉。

第三节 缺席审判程序

第五百零五条 对于监察机关移送起诉的贪污贿赂犯罪案件，犯罪嫌疑人、被告人在境外，人民检察院认为犯罪事实已经查清，证据确实、充分，依法应当追究刑事责任的，可以向人民法院提起公诉。

对于公安机关移送起诉的需要及时进行审判的严重危害国家安全犯罪、恐怖活动犯罪案件，犯罪嫌疑人、被告人在境外，人民检察院认为犯罪事实已经查清，证据确实、充分，依法应当追究刑事责任的，经最高人民检察院核准，可以向人民法院提起公诉。

前两款规定的案件，由有管辖权的中级人民法院的同级人民检察院提起公诉。

人民检察院提起公诉的，应当向人民法院提交被告人已出境的证据。

第五百零六条 人民检察院对公安机关移送起诉的需要报请最高人民检察院核准的案件，经检察委员会讨论提出提起公诉意见的，应当层报最高人民检察院核准。报送材料包括起诉意见书、案件审查报告、报请核准的报告及案件证据材料。

第五百零七条 最高人民检察院收到下级人民检察院报请核准提起公诉的案卷材料后，应当及时指派检察官对案卷材料进行审查，提出核准或者不予核准的意见，报检察长决定。

第五百零八条 报请核准的人民检察院收到最高人民检察院核准决定书后，应当提起公诉，起诉书中应当载明经最高人民检察院核准的内容。

第五百零九条 审查起诉期间，犯罪嫌疑人自动投案或者被抓获的，人民检察院应当重新审查。

对严重危害国家安全犯罪、恐怖活动犯罪案件报请核准期间，犯罪嫌疑人自动投案或者被抓获的，报请核准的人民检察院应当及时撤回报请，重新审查案件。

第五百一十条 提起公诉后被告人到案，人民法院拟重新审理的，人民检察院应当商人民法院将案件撤回并重新审查。

第五百一十一条 因被告人患有严重疾病无法出庭，中止审理超过六个月，被告人仍无法出庭，被告人及其法定代理人、近亲属申请或者同意恢复审理的，人民检察院可以建议人民法院适用缺席审判程序审理。

第四节 犯罪嫌疑人、被告人逃匿、死亡案件违法所得的没收程序

第五百一十二条 对于贪污贿赂犯罪、恐怖活动犯罪等重大犯罪案件，犯罪嫌疑人、被告人逃匿，在通缉一年后不能到案，依照刑法规定应当追缴其违法所得及其他涉案财产的，人民检察院可以向人民法院提出没收违法所得的申请。

对于犯罪嫌疑人、被告人死亡，依照刑法规定应当追缴其违法所得及其他涉案财产的，人民检察院也可以向人民法院提出没收违法所得的申请。

第五百一十三条 犯罪嫌疑人、被告人为逃避侦查和刑事追究潜逃、隐匿，或者在刑事诉讼过程中脱逃的，应当认定为“逃匿”。

犯罪嫌疑人、被告人因意外事故下落不明满二年，或者因意外事故下落不明，经有关机关证明其不可能生存的，按照前款规定处理。

第五百一十四条 公安机关发布通缉令或者公安部通过国际刑警组织发布红色国际通报，应当认定为“通缉”。

第五百一十五条 犯罪嫌疑人、被告人通过实施犯罪直接或者间接产生、获得的任何财产，应当认定为“违法所得”。

违法所得已经部分或者全部转变、转化为其他财产的，转变、转化后的财产应当视为前款规定的“违法所得”。

来自违法所得转变、转化后的财产收益，或者来自已经与违法所得相混合财产中违法所得相应部分的收益，也应当视为第一款规定的违法所得。

第五百一十六条 犯罪嫌疑人、被告人非法持有的违禁品、供犯罪所用的本人财物，应当认定为“其他涉案财产”。

第五百一十七条 刑事诉讼法第二百九十九条第三款规定的“利害关系人”包括犯罪嫌疑人、被告人的近亲属和其他对申请没收的财产主张权利的自然人和单位。

刑事诉讼法第二百九十九条第二款、第三百条第二款规定的“其他利害

关系人”是指前款规定的“其他对申请没收的财产主张权利的自然人和单位”。

第五百一十八条 人民检察院审查监察机关或者公安机关移送的没收违法所得意见书，向人民法院提出没收违法所得的申请以及对违法所得没收程序中调查活动、审判活动的监督，由负责捕诉的部门办理。

第五百一十九条 没收违法所得的申请，应当由有管辖权的中级人民法院的同级人民检察院提出。

第五百二十条 人民检察院向人民法院提出没收违法所得的申请，应当制作没收违法所得申请书。没收违法所得申请书应当载明以下内容：

（一）犯罪嫌疑人、被告人的基本情况，包括姓名、性别、出生年月日、出生地、户籍地、公民身份号码、民族、文化程度、职业、工作单位及职务、住址等；

（二）案由及案件来源；

（三）犯罪嫌疑人、被告人的犯罪事实及相关证据材料；

（四）犯罪嫌疑人、被告人逃匿、被通缉或者死亡的情况；

（五）申请没收的财产种类、数量、价值、所在地以及查封、扣押、冻结财产清单和相关法律手续；

（六）申请没收的财产属于违法所得及其他涉案财产的相关事实及证据材料；

（七）提出没收违法所得申请的理由和法律依据；

（八）有无近亲属和其他利害关系人以及利害关系人的姓名、身份、住址、联系方式；

（九）其他应当写明的内容。

上述材料需要翻译件的，人民检察院应当随没收违法所得申请书一并移送人民法院。

第五百二十一条 监察机关或者公安机关向人民检察院移送没收违法所得意见书，应当由有管辖权的人民检察院的同级监察机关或者公安机关移送。

第五百二十二条 人民检察院审查监察机关或者公安机关移送的没收违法所得意见书，应当审查下列内容：

（一）是否属于本院管辖；

（二）是否符合刑事诉讼法第二百九十八条第一款规定的条件；

（三）犯罪嫌疑人基本情况，包括姓名、性别、国籍、出生年月日、职业和单位等；

（四）犯罪嫌疑人涉嫌犯罪的事实和相关证据材料；

（五）犯罪嫌疑人逃匿、下落不明、被通缉或者死亡的情况，通缉令或者死亡证明是否随案移送；

（六）违法所得及其他涉案财产的种类、数量、所在地以及查封、扣押、冻结的情况，查封、扣押、冻结的财产清单和相关法律手续是否随案移送；

（七）违法所得及其他涉案财产的相关事实和证据材料；

（八）有无近亲属和其他利害关系人以及利害关系人的姓名、身份、住址、联系方式。

对于与犯罪事实、违法所得及其他涉案财产相关的证据材料，不宜移送的，应当审查证据的清单、复制件、照片或者其他证明文件是否随案移送。

第五百二十三条 人民检察院应当在接到监察机关或者公安机关移送的没收违法所得意见书后三十日以内作出是否提出没收违法所得申请的决定。三十日以内不能作出决定的，可以延长十五日。

对于监察机关或者公安机关移送的没收违法所得案件，经审查认为不符合刑事诉讼法第二百九十八条第一款规定条件的，应当作出不提出没收违法所得申请的决定，并向监察机关或者公安机关书面说明理由；认为需要补充证据的，应当书面要求监察机关或者公安机关补充证据，必要时也可以自行调查。

监察机关或者公安机关补充证据的时间不计入人民检察院办案期限。

第五百二十四条 人民检察院发现公安机关应当启动违法所得没收程序而不启动的，可以要求公安机关在七日以内书面说明不启动的理由。

经审查，认为公安机关不启动理由不能成立的，应当通知公安机关启动程序。

第五百二十五条 人民检察院发现公安机关在违法所得没收程序的调查活动中有违法情形的，应当向公安机关提出纠正意见。

第五百二十六条 在审查监察机关或者公安机关移送的没收违法所得意见书的过程中，在逃的犯罪嫌疑人、被告人自动投案或者被抓获的，人民检察院应当终止审查，并将案卷退回监察机关或者公安机关处理。

第五百二十七条 人民检察院直接受理侦查的案件，犯罪嫌疑人死亡而撤销案件，符合刑事诉讼法第二百九十八条第一款规定条件的，负责侦查的部门应当启动违法所得没收程序进行调查。

负责侦查的部门进行调查应当查明犯罪嫌疑人涉嫌的犯罪事实，犯罪嫌疑人死亡的情况，以及犯罪嫌疑人的违法所得及其他涉案财产的情况，并可以对违法所得及其他涉案财产依法进行查封、扣押、查询、冻结。

负责侦查的部门认为符合刑事诉讼法第二百九十八条第一款规定条件的，应当写出没收违法所得意见书，连同案卷材料一并移送有管辖权的人民检察院负责侦查的部门，并由有管辖权的人民检察院负责侦查的部门移送本院负责捕诉的部门。

负责捕诉的部门对没收违法所得意见书进行审查，作出是否提出没收违法所得申请的决定，具体程序按照本规则第五百二十二条、第五百二十三条的规定办理。

第五百二十八条　在人民检察院审查起诉过程中，犯罪嫌疑人死亡，或者贪污贿赂犯罪、恐怖活动犯罪等重大犯罪案件的犯罪嫌疑人逃匿，在通缉一年后不能到案，依照刑法规定应当追缴其违法所得及其他涉案财产的，人民检察院可以直接提出没收违法所得的申请。

在人民法院审理案件过程中，被告人死亡而裁定终止审理，或者被告人脱逃而裁定中止审理，人民检察院可以依法另行向人民法院提出没收违法所得的申请。

第五百二十九条　人民法院对没收违法所得的申请进行审理，人民检察院应当承担举证责任。

人民法院对没收违法所得的申请开庭审理的，人民检察院应当派员出席法庭。

第五百三十条　出席法庭的检察官应当宣读没收违法所得申请书，并在法庭调查阶段就申请没收的财产属于违法所得及其他涉案财产等相关事实出示、宣读证据。

第五百三十一条　人民检察院发现人民法院或者审判人员审理没收违法所得案件违反法律规定的诉讼程序，应当向人民法院提出纠正意见。

人民检察院认为同级人民法院按照违法所得没收程序所作的第一审裁定确有错误的，应当在五日以内向上一级人民法院提出抗诉。

最高人民检察院、省级人民检察院认为下级人民法院按照违法所得没收程序所作的已经发生法律效力的裁定确有错误的，应当按照审判监督程序向同级人民法院提出抗诉。

第五百三十二条　在审理案件过程中，在逃的犯罪嫌疑人、被告人自动投案或者被抓获，人民法院按照刑事诉讼法第三百零一条第一款的规定终止审理的，人民检察院应当将案卷退回监察机关或者公安机关处理。

第五百三十三条　对于刑事诉讼法第二百九十八条第一款规定以外需要没收违法所得的，按照有关规定执行。

第五节　依法不负刑事责任的精神病人的强制医疗程序

第五百三十四条　对于实施暴力行为，危害公共安全或者严重危害公民人身安全，已经达到犯罪程度，经法定程序鉴定依法不负刑事责任的精神病人，有继续危害社会可能的，人民检察院应当向人民法院提出强制医疗的申请。

提出强制医疗的申请以及对强制医疗决定的监督，由负责捕诉的部门办理。

第五百三十五条 强制医疗的申请由被申请人实施暴力行为所在地的基层人民检察院提出；由被申请人居住地的人民检察院提出更为适宜的，可以由被申请人居住地的基层人民检察院提出。

第五百三十六条 人民检察院向人民法院提出强制医疗的申请，应当制作强制医疗申请书。强制医疗申请书的主要内容包括：

（一）涉案精神病人的基本情况，包括姓名、性别、出生年月日、出生地、户籍地、公民身份号码、民族、文化程度、职业、工作单位及职务、住址，采取临时保护性约束措施的情况及处所等；

（二）涉案精神病人的法定代理人的基本情况，包括姓名、住址、联系方式等；

（三）案由及案件来源；

（四）涉案精神病人实施危害公共安全或者严重危害公民人身安全的暴力行为的事实，包括实施暴力行为的时间、地点、手段、后果等及相关证据情况；

（五）涉案精神病人不负刑事责任的依据，包括有关鉴定意见和其他证据材料；

（六）涉案精神病人继续危害社会的可能；

（七）提出强制医疗申请的理由和法律依据。

第五百三十七条 人民检察院审查公安机关移送的强制医疗意见书，应当查明：

（一）是否属于本院管辖；

（二）涉案精神病人身份状况是否清楚，包括姓名、性别、国籍、出生年月日、职业和单位等；

（三）涉案精神病人实施危害公共安全或者严重危害公民人身安全的暴力行为的事实；

（四）公安机关对涉案精神病人进行鉴定的程序是否合法，涉案精神病人是否依法不负刑事责任；

（五）涉案精神病人是否有继续危害社会的可能；

（六）证据材料是否随案移送，不宜移送的证据的清单、复制件、照片或者其他证明文件是否随案移送；

（七）证据是否确实、充分；

（八）采取的临时保护性约束措施是否适当。

第五百三十八条 人民检察院办理公安机关移送的强制医疗案件，可以采取以下方式开展调查，调查情况应当记录并附卷：

（一）会见涉案精神病人，听取涉案精神病人的法定代理人、诉讼代理人意见；

（二）询问办案人员、鉴定人；

（三）向被害人及其法定代理人、近亲属了解情况；

（四）向涉案精神病人的主治医生、近亲属、邻居、其他知情人员或者基层组织等了解情况；

（五）就有关专门性技术问题委托具有法定资质的鉴定机构、鉴定人进行鉴定。

第五百三十九条 人民检察院应当在接到公安机关移送的强制医疗意见书后三十日以内作出是否提出强制医疗申请的决定。

对于公安机关移送的强制医疗案件，经审查认为不符合刑事诉讼法第三百零二条规定条件的，应当作出不提出强制医疗申请的决定，并向公安机关书面说明理由。认为需要补充证据的，应当书面要求公安机关补充证据，必要时也可以自行调查。

公安机关补充证据的时间不计入人民检察院办案期限。

第五百四十条 人民检察院发现公安机关应当启动强制医疗程序而不启动的，可以要求公安机关在七日以内书面说明不启动的理由。

经审查，认为公安机关不启动理由不能成立的，应当通知公安机关启动强制医疗程序。

公安机关收到启动强制医疗程序通知书后，未按要求启动强制医疗程序的，人民检察院应当提出纠正意见。

第五百四十一条 人民检察院对公安机关移送的强制医疗案件，发现公安机关对涉案精神病人进行鉴定违反法律规定，具有下列情形之一的，应当依法提出纠正意见：

（一）鉴定机构不具备法定资质的；

（二）鉴定人不具备法定资质或者违反回避规定的；

（三）鉴定程序违反法律或者有关规定，鉴定的过程和方法违反相关专业规范要求的；

（四）鉴定文书不符合法定形式要件的；

（五）鉴定意见没有依法及时告知相关人员的；

（六）鉴定人故意作虚假鉴定的；

（七）其他违反法律规定的情形。

人民检察院对精神病鉴定程序进行监督，可以要求公安机关补充鉴定或者重新鉴定。必要时，可以询问鉴定人并制作笔录，或者委托具有法定资质的鉴定机构进行补充鉴定或者重新鉴定。

第五百四十二条 人民检察院发现公安机关对涉案精神病人不应当采取临时保护性约束措施而采取的，应当提出纠正意见。

认为公安机关应当采取临时保护性约束措施而未采取的，应当建议公安机关采取临时保护性约束措施。

第五百四十三条 在审查起诉中，犯罪嫌疑人经鉴定系依法不负刑事责任的精神病人的，人民检察院应当作出不起诉决定。认为符合刑事诉讼法第三百零二条规定条件的，应当向人民法院提出强制医疗的申请。

第五百四十四条 人民法院对强制医疗案件开庭审理的，人民检察院应当派员出席法庭。

第五百四十五条 人民检察院发现人民法院强制医疗案件审理活动具有下列情形之一的，应当提出纠正意见：

（一）未通知被申请人或者被告人的法定代理人到场的；

（二）被申请人或者被告人没有委托诉讼代理人，未通知法律援助机构指派律师为其提供法律帮助的；

（三）未组成合议庭或者合议庭组成人员不合法的；

（四）未经被申请人、被告人的法定代理人请求直接作出不开庭审理决定的；

（五）未会见被申请人的；

（六）被申请人、被告人要求出庭且具备出庭条件，未准许其出庭的；

（七）违反法定审理期限的；

（八）收到人民检察院对强制医疗决定不当的书面纠正意见后，未另行组成合议庭审理或者未在一个月以内作出复议决定的；

（九）人民法院作出的强制医疗决定或者驳回强制医疗申请决定不当的；

（十）其他违反法律规定的情形。

第五百四十六条 出席法庭的检察官发现人民法院或者审判人员审理强制医疗案件违反法律规定的诉讼程序，应当记录在案，并在休庭后及时向检察长报告，由人民检察院在庭审后向人民法院提出纠正意见。

第五百四十七条 人民检察院认为人民法院作出的强制医疗决定或者驳回强制医疗申请的决定，具有下列情形之一的，应当在收到决定书副本后二十日以内向人民法院提出纠正意见：

（一）据以作出决定的事实不清或者确有错误的；

（二）据以作出决定的证据不确实、不充分的；

（三）据以作出决定的证据依法应当予以排除的；

（四）据以作出决定的主要证据之间存在矛盾的；

（五）有确实、充分的证据证明应当决定强制医疗而予以驳回的，或者不应当决定强制医疗而决定强制医疗的；

（六）审理过程中严重违反法定诉讼程序，可能影响公正审理和决定的。

第五百四十八条　人民法院在审理案件过程中发现被告人符合强制医疗条件，适用强制医疗程序对案件进行审理的，人民检察院应当在庭审中发表意见。

人民法院作出宣告被告人无罪或者不负刑事责任的判决和强制医疗决定的，人民检察院应当进行审查。对判决确有错误的，应当依法提出抗诉；对强制医疗决定不当或者未作出强制医疗的决定不当的，应当提出纠正意见。

第五百四十九条　人民法院收到被决定强制医疗的人、被害人及其法定代理人、近亲属复议申请后，未组成合议庭审理，或者未在一个月以内作出复议决定，或者有其他违法行为的，人民检察院应当提出纠正意见。

第五百五十条　人民检察院对于人民法院批准解除强制医疗的决定实行监督，发现人民法院解除强制医疗的决定不当的，应当提出纠正意见。

第十三章　刑事诉讼法律监督

第一节　一般规定

第五百五十一条　人民检察院对刑事诉讼活动实行法律监督，发现违法情形的，依法提出抗诉、纠正意见或者检察建议。

人民检察院对于涉嫌违法的事实，可以采取以下方式进行调查核实：

（一）讯问、询问犯罪嫌疑人；

（二）询问证人、被害人或者其他诉讼参与人；

（三）询问办案人员；

（四）询问在场人员或者其他可能知情的人员；

（五）听取申诉人或者控告人的意见；

（六）听取辩护人、值班律师意见；

（七）调取、查询、复制相关登记表册、法律文书、体检记录及案卷材料等；

（八）调取讯问笔录、询问笔录及相关录音、录像或其他视听资料；

（九）进行伤情、病情检查或者鉴定；

（十）其他调查核实方式。

人民检察院在调查核实过程中不得限制被调查对象的人身、财产权利。

第五百五十二条 人民检察院发现刑事诉讼活动中的违法行为，对于情节较轻的，由检察人员以口头方式提出纠正意见；对于情节较重的，经检察长决定，发出纠正违法通知书。对于带有普遍性的违法情形，经检察长决定，向相关机关提出检察建议。构成犯罪的，移送有关机关、部门依法追究刑事责任。

有申诉人、控告人的，调查核实和纠正违法情况应予告知。

第五百五十三条 人民检察院发出纠正违法通知书的，应当监督落实。被监督单位在纠正违法通知书规定的期限内没有回复纠正情况的，人民检察院应当督促回复。经督促被监督单位仍不回复或者没有正当理由不纠正的，人民检察院应当向上一级人民检察院报告。

第五百五十四条 被监督单位对纠正意见申请复查的，人民检察院应当在收到被监督单位的书面意见后七日以内进行复查，并将复查结果及时通知申请复查的单位。经过复查，认为纠正意见正确的，应当及时向上一级人民检察院报告；认为纠正意见错误的，应当及时予以撤销。

上一级人民检察院经审查，认为下级人民检察院纠正意见正确的，应当及时通报被监督单位的上级机关或者主管机关，并建议其督促被监督单位予以纠正；认为下级人民检察院纠正意见错误的，应当书面通知下级人民检察院予以撤销，下级人民检察院应当执行，并及时向被监督单位说明情况。

第五百五十五条 当事人和辩护人、诉讼代理人、利害关系人对于办案机关及其工作人员有刑事诉讼法第一百一十七条规定的行为，向该机关申诉或者控告，对该机关作出的处理不服或者该机关未在规定时间内作出答复，而向人民检察院申诉的，办案机关的同级人民检察院应当受理。

人民检察院直接受理侦查的案件，当事人和辩护人、诉讼代理人、利害关系人对办理案件的人民检察院的处理不服的，可以向上一级人民检察院申诉，上一级人民检察院应当受理。

未向办案机关申诉或者控告，或者办案机关在规定时间内尚未作出处理决定，直接向人民检察院申诉的，人民检察院应当告知其向办案机关申诉或者控告。人民检察院在审查逮捕、审查起诉中发现有刑事诉讼法第一百一十七条规定的违法情形的，可以直接监督纠正。

当事人和辩护人、诉讼代理人、利害关系人对刑事诉讼法第一百一十七条规定情形之外的违法行为提出申诉或者控告的，人民检察院应当受理，并及时审查，依法处理。

第五百五十六条　对人民检察院及其工作人员办理案件中违法行为的申诉、控告，由负责控告申诉检察的部门受理和审查办理。对其他司法机关处理决定不服向人民检察院提出的申诉，由负责控告申诉检察的部门受理后，移送相关办案部门审查办理。

审查办理的部门应当在受理之日起十五日以内提出审查意见。人民检察院对刑事诉讼法第一百一十七条的申诉，经审查认为需要其他司法机关说明理由的，应当要求有关机关说明理由，并在收到理由说明后十五日以内提出审查意见。

人民检察院及其工作人员办理案件中存在的违法情形属实的，应当予以纠正；不存在违法行为的，书面答复申诉人、控告人。

其他司法机关对申诉、控告的处理不正确的，人民检察院应当通知有关机关予以纠正；处理正确的，书面答复申诉人、控告人。

第二节　刑事立案监督

第五百五十七条　被害人及其法定代理人、近亲属或者行政执法机关，认为公安机关对其控告或者移送的案件应当立案侦查而不立案侦查，或者当事人认为公安机关不应当立案而立案，向人民检察院提出的，人民检察院应当受理并进行审查。

人民检察院发现公安机关可能存在应当立案侦查而不立案侦查情形的，应当依法进行审查。

人民检察院接到控告、举报或者发现行政执法机关不移送涉嫌犯罪案件的，经检察长批准，应当向行政执法机关提出检察意见，要求其按照管辖规定向公安机关移送涉嫌犯罪案件。

第五百五十八条　人民检察院负责控告申诉检察的部门受理对公安机关应当立案而不立案或者不应当立案而立案的控告、申诉，应当根据事实、法律进行审查。认为需要公安机关说明不立案或者立案理由的，应当及时将案件移送负责捕诉的部门办理；认为公安机关立案或者不立案决定正确的，应当制作相关法律文书，答复控告人、申诉人。

第五百五十九条　人民检察院经审查，认为需要公安机关说明不立案理由的，应当要求公安机关书面说明不立案的理由。

对于有证据证明公安机关可能存在违法动用刑事手段插手民事、经济纠纷，或者利用立案实施报复陷害、敲诈勒索以及谋取其他非法利益等违法立案情形，尚未提请批准逮捕或者移送起诉的，人民检察院应当要求公安机关书面说明立案理由。

第五百六十条 人民检察院要求公安机关说明不立案或者立案理由，应当书面通知公安机关，并且告知公安机关在收到通知后七日以内，书面说明不立案或者立案的情况、依据和理由，连同有关证据材料回复人民检察院。

第五百六十一条 公安机关说明不立案或者立案的理由后，人民检察院应当进行审查。认为公安机关不立案或者立案理由不能成立的，经检察长决定，应当通知公安机关立案或者撤销案件。

人民检察院认为公安机关不立案或者立案理由成立的，应当在十日以内将不立案或者立案的依据和理由告知被害人及其法定代理人、近亲属或者行政执法机关。

第五百六十二条 公安机关对当事人的报案、控告、举报或者行政执法机关移送的涉嫌犯罪案件受理后未在规定期限内作出是否立案决定，当事人或者行政执法机关向人民检察院提出的，人民检察院应当受理并进行审查。经审查，认为尚未超过规定期限的，应当移送公安机关处理，并答复报案人、控告人、举报人或者行政执法机关；认为超过规定期限的，应当要求公安机关在七日以内书面说明逾期不作出是否立案决定的理由，连同有关证据材料回复人民检察院。公安机关在七日以内不说明理由也不作出立案或者不立案决定的，人民检察院应当提出纠正意见。人民检察院经审查有关证据材料认为符合立案条件的，应当通知公安机关立案。

第五百六十三条 人民检察院通知公安机关立案或者撤销案件，应当制作通知立案书或者通知撤销案件书，说明依据和理由，连同证据材料送达公安机关，并且告知公安机关应当在收到通知立案书后十五日以内立案，对通知撤销案件书没有异议的应当立即撤销案件，并将立案决定书或者撤销案件决定书及时送达人民检察院。

第五百六十四条 人民检察院通知公安机关立案或者撤销案件的，应当依法对执行情况进行监督。

公安机关在收到通知立案书或者通知撤销案件书后超过十五日不予立案或者未要求复议、提请复核也不撤销案件的，人民检察院应当发出纠正违法通知书。公安机关仍不纠正的，报上一级人民检察院协商同级公安机关处理。

公安机关立案后三个月以内未侦查终结的，人民检察院可以向公安机关发出立案监督案件催办函，要求公安机关及时向人民检察院反馈侦查工作进展情况。

第五百六十五条 公安机关认为人民检察院撤销案件通知有错误，要求同级人民检察院复议的，人民检察院应当重新审查。在收到要求复议意见书和案卷材料后七日以内作出是否变更的决定，并通知公安机关。

公安机关不接受人民检察院复议决定，提请上一级人民检察院复核的，上级人民检察院应当在收到提请复核意见书和案卷材料后十五日以内作出是否变更的决定，通知下级人民检察院和公安机关执行。

上级人民检察院复核认为撤销案件通知有错误的，下级人民检察院应当立即纠正；上级人民检察院复核认为撤销案件通知正确的，应当作出复核决定并送达下级公安机关。

第五百六十六条　人民检察院负责捕诉的部门发现本院负责侦查的部门对应当立案侦查的案件不立案侦查或者对不应当立案侦查的案件立案侦查的，应当建议负责侦查的部门立案侦查或者撤销案件。建议不被采纳的，应当报请检察长决定。

第三节　侦查活动监督

第五百六十七条　人民检察院应当对侦查活动中是否存在以下违法行为进行监督：

（一）采用刑讯逼供以及其他非法方法收集犯罪嫌疑人供述的；

（二）讯问犯罪嫌疑人依法应当录音或者录像而没有录音或者录像，或者未在法定羁押场所讯问犯罪嫌疑人的；

（三）采用暴力、威胁以及非法限制人身自由等非法方法收集证人证言、被害人陈述，或者以暴力、威胁等方法阻止证人作证或者指使他人作伪证的；

（四）伪造、隐匿、销毁、调换、私自涂改证据，或者帮助当事人毁灭、伪造证据的；

（五）违反刑事诉讼法关于决定、执行、变更、撤销强制措施的规定，或者强制措施法定期限届满，不予释放、解除或者变更的；

（六）应当退还取保候审保证金不退还的；

（七）违反刑事诉讼法关于讯问、询问、勘验、检查、搜查、鉴定、采取技术侦查措施等规定的；

（八）对与案件无关的财物采取查封、扣押、冻结措施，或者应当解除查封、扣押、冻结而不解除的；

（九）贪污、挪用、私分、调换、违反规定使用查封、扣押、冻结的财物及其孳息的；

（十）不应当撤案而撤案的；

（十一）侦查人员应当回避而不回避的；

（十二）依法应当告知犯罪嫌疑人诉讼权利而不告知，影响犯罪嫌疑人行使诉讼权利的；

（十三）对犯罪嫌疑人拘留、逮捕、指定居所监视居住后依法应当通知家属而未通知的；

（十四）阻碍当事人、辩护人、诉讼代理人、值班律师依法行使诉讼权利的；

（十五）应当对证据收集的合法性出具说明或者提供证明材料而不出具、不提供的；

（十六）侦查活动中的其他违反法律规定的行为。

第五百六十八条 人民检察院发现侦查活动中的违法情形已涉嫌犯罪，属于人民检察院管辖的，依法立案侦查；不属于人民检察院管辖的，依照有关规定移送有管辖权的机关。

第五百六十九条 人民检察院负责捕诉的部门发现本院负责侦查的部门在侦查活动中有违法情形，应当提出纠正意见。需要追究相关人员违法违纪责任的，应当报告检察长。

上级人民检察院发现下级人民检察院在侦查活动中有违法情形，应当通知其纠正。下级人民检察院应当及时纠正，并将纠正情况报告上级人民检察院。

第四节 审判活动监督

第五百七十条 人民检察院应当对审判活动中是否存在以下违法行为进行监督：

（一）人民法院对刑事案件的受理违反管辖规定的；

（二）人民法院审理案件违反法定审理和送达期限的；

（三）法庭组成人员不符合法律规定，或者依照规定应当回避而不回避的；

（四）法庭审理案件违反法定程序的；

（五）侵犯当事人、其他诉讼参与人的诉讼权利和其他合法权利的；

（六）法庭审理时对有关程序问题所作的决定违反法律规定的；

（七）违反法律规定裁定发回重审的；

（八）故意毁弃、篡改、隐匿、伪造、偷换证据或者其他诉讼材料，或者依据未经法定程序调查、质证的证据定案的；

（九）依法应当调查收集相关证据而不收集的；

（十）徇私枉法，故意违背事实和法律作枉法裁判的；

（十一）收受、索取当事人及其近亲属或者其委托的律师等人财物或者其他利益的；

（十二）违反法律规定采取强制措施或者采取强制措施法定期限届满，不予释放、解除或者变更的；

（十三）应当退还取保候审保证金不退还的；

（十四）对与案件无关的财物采取查封、扣押、冻结措施，或者应当解除查封、扣押、冻结而不解除的；

（十五）贪污、挪用、私分、调换、违反规定使用查封、扣押、冻结的财物及其孳息的；

（十六）其他违反法律规定的行为。

第五百七十一条　人民检察院检察长或者检察长委托的副检察长，可以列席同级人民法院审判委员会会议，依法履行法律监督职责。

第五百七十二条　人民检察院在审判活动监督中，发现人民法院或者审判人员审理案件违反法律规定的诉讼程序，应当向人民法院提出纠正意见。

人民检察院对违反程序的庭审活动提出纠正意见，应当由人民检察院在庭审后提出。出席法庭的检察人员发现法庭审判违反法律规定的诉讼程序，应当在休庭后及时向检察长报告。

第五节　羁押必要性审查

第五百七十三条　犯罪嫌疑人、被告人被逮捕后，人民检察院仍应当对羁押的必要性进行审查。

第五百七十四条　人民检察院在办案过程中可以依职权主动进行羁押必要性审查。

犯罪嫌疑人、被告人及其法定代理人、近亲属或者辩护人可以申请人民检察院进行羁押必要性审查。申请时应当说明不需要继续羁押的理由，有相关证据或者其他材料的应当提供。

看守所根据在押人员身体状况，可以建议人民检察院进行羁押必要性审查。

第五百七十五条　负责捕诉的部门依法对侦查和审判阶段的羁押必要性进行审查。经审查认为不需要继续羁押的，应当建议公安机关或者人民法院释放犯罪嫌疑人、被告人或者变更强制措施。

审查起诉阶段，负责捕诉的部门经审查认为不需要继续羁押的，应当直接释放犯罪嫌疑人或者变更强制措施。

负责刑事执行检察的部门收到有关材料或者发现不需要继续羁押的，应当及时将有关材料和意见移送负责捕诉的部门。

第五百七十六条　办案机关对应的同级人民检察院负责控告申诉检察的部

门或者负责案件管理的部门收到羁押必要性审查申请后，应当在当日移送本院负责捕诉的部门。

其他人民检察院收到羁押必要性审查申请的，应当告知申请人向办案机关对应的同级人民检察院提出申请，或者在二日以内将申请材料移送办案机关对应的同级人民检察院，并告知申请人。

第五百七十七条 人民检察院可以采取以下方式进行羁押必要性审查：

（一）审查犯罪嫌疑人、被告人不需要继续羁押的理由和证明材料；

（二）听取犯罪嫌疑人、被告人及其法定代理人、辩护人的意见；

（三）听取被害人及其法定代理人、诉讼代理人的意见，了解是否达成和解协议；

（四）听取办案机关的意见；

（五）调查核实犯罪嫌疑人、被告人的身体健康状况；

（六）需要采取的其他方式。

必要时，可以依照有关规定进行公开审查。

第五百七十八条 人民检察院应当根据犯罪嫌疑人、被告人涉嫌的犯罪事实、主观恶性、悔罪表现、身体状况、案件进展情况、可能判处的刑罚和有无再危害社会的危险等因素，综合评估有无必要继续羁押犯罪嫌疑人、被告人。

第五百七十九条 人民检察院发现犯罪嫌疑人、被告人具有下列情形之一的，应当向办案机关提出释放或者变更强制措施的建议：

（一）案件证据发生重大变化，没有证据证明有犯罪事实或者犯罪行为系犯罪嫌疑人、被告人所为的；

（二）案件事实或者情节发生变化，犯罪嫌疑人、被告人可能被判处拘役、管制、独立适用附加刑、免予刑事处罚或者判决无罪的；

（三）继续羁押犯罪嫌疑人、被告人，羁押期限将超过依法可能判处的刑期的；

（四）案件事实基本查清，证据已经收集固定，符合取保候审或者监视居住条件的。

第五百八十条 人民检察院发现犯罪嫌疑人、被告人具有下列情形之一，且具有悔罪表现，不予羁押不致发生社会危险性的，可以向办案机关提出释放或者变更强制措施的建议：

（一）预备犯或者中止犯；

（二）共同犯罪中的从犯或者胁从犯；

（三）过失犯罪的；

（四）防卫过当或者避险过当的；

（五）主观恶性较小的初犯；

（六）系未成年人或者已满七十五周岁的人；

（七）与被害方依法自愿达成和解协议，且已经履行或者提供担保的；

（八）认罪认罚的；

（九）患有严重疾病、生活不能自理的；

（十）怀孕或者正在哺乳自己婴儿的妇女；

（十一）系生活不能自理的人的唯一扶养人；

（十二）可能被判处一年以下有期徒刑或者宣告缓刑的；

（十三）其他不需要继续羁押的情形。

第五百八十一条　人民检察院向办案机关发出释放或者变更强制措施建议书的，应当说明不需要继续羁押犯罪嫌疑人、被告人的理由和法律依据，并要求办案机关在十日以内回复处理情况。

人民检察院应当跟踪办案机关对释放或者变更强制措施建议的处理情况。办案机关未在十日以内回复处理情况的，应当提出纠正意见。

第五百八十二条　对于依申请审查的案件，人民检察院办结后，应当将提出建议的情况和公安机关、人民法院的处理情况，或者有继续羁押必要的审查意见和理由及时书面告知申请人。

第六节　刑事判决、裁定监督

第五百八十三条　人民检察院依法对人民法院的判决、裁定是否正确实行法律监督，对人民法院确有错误的判决、裁定，应当依法提出抗诉。

第五百八十四条　人民检察院认为同级人民法院第一审判决、裁定具有下列情形之一的，应当提出抗诉：

（一）认定的事实确有错误或者据以定罪量刑的证据不确实、不充分的；

（二）有确实、充分证据证明有罪判无罪，或者无罪判有罪的；

（三）重罪轻判，轻罪重判，适用刑罚明显不当的；

（四）认定罪名不正确，一罪判数罪、数罪判一罪，影响量刑或者造成严重社会影响的；

（五）免除刑事处罚或者适用缓刑、禁止令、限制减刑等错误的；

（六）人民法院在审理过程中严重违反法律规定的诉讼程序的。

第五百八十五条　人民检察院在收到人民法院第一审判决书或者裁定书后，应当及时审查。对于需要提出抗诉的案件，应当报请检察长决定。

第五百八十六条　人民检察院对同级人民法院第一审判决的抗诉，应当在接到判决书后第二日起十日以内提出；对第一审裁定的抗诉，应当在接到裁定书后第二日起五日以内提出。

第五百八十七条 人民检察院对同级人民法院第一审判决、裁定的抗诉，应当制作抗诉书，通过原审人民法院向上一级人民法院提出，并将抗诉书副本连同案卷材料报送上一级人民检察院。

第五百八十八条 被害人及其法定代理人不服地方各级人民法院第一审的判决，在收到判决书后五日以内请求人民检察院提出抗诉的，人民检察院应当立即进行审查，在收到被害人及其法定代理人的请求后五日以内作出是否抗诉的决定，并且答复请求人。经审查认为应当抗诉的，适用本规则第五百八十四条至第五百八十七条的规定办理。

被害人及其法定代理人在收到判决书五日以后请求人民检察院提出抗诉的，由人民检察院决定是否受理。

第五百八十九条 上一级人民检察院对下级人民检察院按照第二审程序提出抗诉的案件，认为抗诉正确的，应当支持抗诉。

上一级人民检察院认为抗诉不当的，应当听取下级人民检察院的意见。听取意见后，仍然认为抗诉不当的，应当向同级人民法院撤回抗诉，并且通知下级人民检察院。

上一级人民检察院在上诉、抗诉期限内，发现下级人民检察院应当提出抗诉而没有提出抗诉的案件，可以指令下级人民检察院依法提出抗诉。

上一级人民检察院支持或者部分支持抗诉意见的，可以变更、补充抗诉理由，及时制作支持抗诉意见书，并通知提出抗诉的人民检察院。

第五百九十条 第二审人民法院发回原审人民法院按照第一审程序重新审判的案件，如果人民检察院认为重新审判的判决、裁定确有错误的，可以按照第二审程序提出抗诉。

第五百九十一条 人民检察院认为人民法院已经发生法律效力的判决、裁定确有错误，具有下列情形之一的，应当按照审判监督程序向人民法院提出抗诉：

（一）有新的证据证明原判决、裁定认定的事实确有错误，可能影响定罪量刑的；

（二）据以定罪量刑的证据不确实、不充分的；

（三）据以定罪量刑的证据依法应当予以排除的；

（四）据以定罪量刑的主要证据之间存在矛盾的；

（五）原判决、裁定的主要事实依据被依法变更或者撤销的；

（六）认定罪名错误且明显影响量刑的；

（七）违反法律关于追诉时效期限的规定的；

（八）量刑明显不当的；

（九）违反法律规定的诉讼程序，可能影响公正审判的；

（十）审判人员在审理案件的时候有贪污受贿，徇私舞弊，枉法裁判行为的。

对于同级人民法院已经发生法律效力的判决、裁定，人民检察院认为可能有错误的，应当另行指派检察官或者检察官办案组进行审查。经审查，认为有前款规定情形之一的，应当提请上一级人民检察院提出抗诉。

对已经发生法律效力的判决、裁定的审查，参照本规则第五百八十五条的规定办理。

第五百九十二条　对于高级人民法院判处死刑缓期二年执行的案件，省级人民检察院认为确有错误提请抗诉的，一般应当在收到生效判决、裁定后三个月以内提出，至迟不得超过六个月。

第五百九十三条　当事人及其法定代理人、近亲属认为人民法院已经发生法律效力的判决、裁定确有错误，向人民检察院申诉的，由作出生效判决、裁定的人民法院的同级人民检察院依法办理。

当事人及其法定代理人、近亲属直接向上级人民检察院申诉的，上级人民检察院可以交由作出生效判决、裁定的人民法院的同级人民检察院受理；案情重大、疑难、复杂的，上级人民检察院可以直接受理。

当事人及其法定代理人、近亲属对人民法院已经发生法律效力的判决、裁定提出申诉，经人民检察院复查决定不予抗诉后继续提出申诉的，上一级人民检察院应当受理。

第五百九十四条　对不服人民法院已经发生法律效力的判决、裁定的申诉，经两级人民检察院办理且省级人民检察院已经复查的，如果没有新的证据，人民检察院不再复查，但原审被告人可能被宣告无罪或者判决、裁定有其他重大错误可能的除外。

第五百九十五条　人民检察院对已经发生法律效力的判决、裁定的申诉复查后，认为需要提请或者提出抗诉的，报请检察长决定。

地方各级人民检察院对不服同级人民法院已经发生法律效力的判决、裁定的申诉复查后，认为需要提出抗诉的，应当提请上一级人民检察院抗诉。

上级人民检察院对下一级人民检察院提请抗诉的申诉案件进行审查后，认为需要提出抗诉的，应当向同级人民法院提出抗诉。

人民法院开庭审理时，同级人民检察院应当派员出席法庭。

第五百九十六条　人民检察院对不服人民法院已经发生法律效力的判决、裁定的申诉案件复查终结后，应当制作刑事申诉复查通知书，在十日以内通知申诉人。

经复查向上一级人民检察院提请抗诉的，应当在上一级人民检察院作出是否抗诉的决定后制作刑事申诉复查通知书。

第五百九十七条 最高人民检察院发现各级人民法院已经发生法律效力的判决或者裁定，上级人民检察院发现下级人民法院已经发生法律效力的判决或者裁定确有错误时，可以直接向同级人民法院提出抗诉，或者指令作出生效判决、裁定人民法院的上一级人民检察院向同级人民法院提出抗诉。

第五百九十八条 人民检察院按照审判监督程序向人民法院提出抗诉的，应当将抗诉书副本报送上一级人民检察院。

第五百九十九条 对按照审判监督程序提出抗诉的案件，人民检察院认为人民法院再审作出的判决、裁定仍然确有错误的，如果案件是依照第一审程序审判的，同级人民检察院应当按照第二审程序向上一级人民法院提出抗诉；如果案件是依照第二审程序审判的，上一级人民检察院应当按照审判监督程序向同级人民法院提出抗诉。

第六百条 人民检察院办理按照第二审程序、审判监督程序抗诉的案件，认为需要对被告人采取强制措施的，参照本规则相关规定。决定采取强制措施应当经检察长批准。

第六百零一条 人民检察院对自诉案件的判决、裁定的监督，适用本节的规定。

第七节 死刑复核监督

第六百零二条 最高人民检察院依法对最高人民法院的死刑复核活动实行法律监督。

省级人民检察院依法对高级人民法院复核未上诉且未抗诉死刑立即执行案件和死刑缓期二年执行案件的活动实行法律监督。

第六百零三条 最高人民检察院、省级人民检察院通过办理下列案件对死刑复核活动实行法律监督：

（一）人民法院向人民检察院通报的死刑复核案件；

（二）下级人民检察院提请监督或者报告重大情况的死刑复核案件；

（三）当事人及其近亲属或者受委托的律师向人民检察院申请监督的死刑复核案件；

（四）认为应当监督的其他死刑复核案件。

第六百零四条 省级人民检察院对于进入最高人民法院死刑复核程序的案件，发现具有下列情形之一的，应当及时向最高人民检察院提请监督：

（一）案件事实不清、证据不足，依法应当发回重新审判或者改判的；

（二）被告人具有从宽处罚情节，依法不应当判处死刑的；

（三）适用法律错误的；

（四）违反法律规定的诉讼程序，可能影响公正审判的；

（五）其他应当提请监督的情形。

第六百零五条　省级人民检察院发现死刑复核案件被告人有自首、立功、怀孕或者被告人家属与被害人家属达成赔偿谅解协议等新的重大情况，影响死刑适用的，应当及时向最高人民检察院报告。

第六百零六条　当事人及其近亲属或者受委托的律师向最高人民检察院提出不服死刑裁判的申诉，由负责死刑复核监督的部门审查。

第六百零七条　对于适用死刑存在较大分歧或者在全国有重大影响的死刑第二审案件，省级人民检察院应当及时报最高人民检察院备案。

第六百零八条　高级人民法院死刑复核期间，设区的市级人民检察院向省级人民检察院报告重大情况、备案等程序，参照本规则第六百零五条、第六百零七条规定办理。

第六百零九条　对死刑复核监督案件的审查可以采取下列方式：

（一）审查人民法院移送的材料、下级人民检察院报送的相关案卷材料、当事人及其近亲属或者受委托的律师提交的材料；

（二）向下级人民检察院调取案件审查报告、公诉意见书、出庭意见书等，了解案件相关情况；

（三）向人民法院调阅或者查阅案卷材料；

（四）核实或者委托核实主要证据；

（五）讯问被告人、听取受委托的律师的意见；

（六）就有关技术性问题向专门机构或者有专门知识的人咨询，或者委托进行证据审查；

（七）需要采取的其他方式。

第六百一十条　审查死刑复核监督案件，具有下列情形之一的，应当听取下级人民检察院的意见：

（一）对案件主要事实、证据有疑问的；

（二）对适用死刑存在较大争议的；

（三）可能引起司法办案重大风险的；

（四）其他应当听取意见的情形。

第六百一十一条　最高人民检察院经审查发现死刑复核案件具有下列情形之一的，应当经检察长决定，依法向最高人民法院提出检察意见：

（一）认为适用死刑不当，或者案件事实不清、证据不足，依法不应当核准死刑的；

（二）认为不予核准死刑的理由不成立，依法应当核准死刑的；

（三）发现新的事实和证据，可能影响被告人定罪量刑的；

（四）严重违反法律规定的诉讼程序，可能影响公正审判的；

（五）司法工作人员在办理案件时，有贪污受贿，徇私舞弊，枉法裁判等行为的；

（六）其他需要提出检察意见的情形。

同意最高人民法院核准或者不核准意见的，应当经检察长批准，书面回复最高人民法院。

对于省级人民检察院提请监督、报告重大情况的案件，最高人民检察院认为具有影响死刑适用情形的，应当及时将有关材料转送最高人民法院。

第八节　羁押期限和办案期限监督

第六百一十二条　人民检察院依法对羁押期限和办案期限是否合法实行法律监督。

第六百一十三条　对公安机关、人民法院办理案件相关期限的监督，犯罪嫌疑人、被告人被羁押的，由人民检察院负责刑事执行检察的部门承担；犯罪嫌疑人、被告人未被羁押的，由人民检察院负责捕诉的部门承担。对人民检察院办理案件相关期限的监督，由负责案件管理的部门承担。

第六百一十四条　人民检察院在办理案件过程中，犯罪嫌疑人、被告人被羁押，具有下列情形之一的，办案部门应当在作出决定或者收到决定书、裁定书后十日以内通知本院负有监督职责的部门：

（一）批准或者决定延长侦查羁押期限的；

（二）对于人民检察院直接受理侦查的案件，决定重新计算侦查羁押期限、变更或者解除强制措施的；

（三）对犯罪嫌疑人、被告人进行精神病鉴定的；

（四）审查起诉期间改变管辖、延长审查起诉期限的；

（五）案件退回补充侦查，或者补充侦查完毕移送起诉后重新计算审查起诉期限的；

（六）人民法院决定适用简易程序、速裁程序审理第一审案件，或者将案件由简易程序转为普通程序，由速裁程序转为简易程序、普通程序重新审理的；

（七）人民法院改变管辖，决定延期审理、中止审理，或者同意人民检察院撤回起诉的。

第六百一十五条 人民检察院发现看守所的羁押期限管理活动具有下列情形之一的，应当依法提出纠正意见：

（一）未及时督促办案机关办理换押手续的；

（二）未在犯罪嫌疑人、被告人羁押期限届满前七日以内向办案机关发出羁押期限即将届满通知书的；

（三）犯罪嫌疑人、被告人被超期羁押后，没有立即书面报告人民检察院并通知办案机关的；

（四）收到犯罪嫌疑人、被告人及其法定代理人、近亲属或者辩护人提出的变更强制措施、羁押必要性审查、羁押期限届满要求释放或者变更强制措施的申请、申诉、控告后，没有及时转送有关办案机关或者人民检察院的；

（五）其他违法情形。

第六百一十六条 人民检察院发现公安机关的侦查羁押期限执行情况具有下列情形之一的，应当依法提出纠正意见：

（一）未按规定办理换押手续的；

（二）决定重新计算侦查羁押期限、经批准延长侦查羁押期限，未书面通知人民检察院和看守所的；

（三）对犯罪嫌疑人进行精神病鉴定，没有书面通知人民检察院和看守所的；

（四）其他违法情形。

第六百一十七条 人民检察院发现人民法院的审理期限执行情况具有下列情形之一的，应当依法提出纠正意见：

（一）在一审、二审和死刑复核阶段未按规定办理换押手续的；

（二）违反刑事诉讼法的规定重新计算审理期限、批准延长审理期限、改变管辖、延期审理、中止审理或者发回重审的；

（三）决定重新计算审理期限、批准延长审理期限、改变管辖、延期审理、中止审理、对被告人进行精神病鉴定，没有书面通知人民检察院和看守所的；

（四）其他违法情形。

第六百一十八条 人民检察院发现同级或者下级公安机关、人民法院超期羁押的，应当向该办案机关发出纠正违法通知书。

发现上级公安机关、人民法院超期羁押的，应当及时层报该办案机关的同级人民检察院，由同级人民检察院向该办案机关发出纠正违法通知书。

对异地羁押的案件，发现办案机关超期羁押的，应当通报该办案机关的同级人民检察院，由其依法向办案机关发出纠正违法通知书。

第六百一十九条 人民检察院发出纠正违法通知书后，有关办案机关未回复意见或者继续超期羁押的，应当及时报告上一级人民检察院。

对于造成超期羁押的直接责任人员，可以书面建议其所在单位或者有关主管机关依照法律或者有关规定予以处分；对于造成超期羁押情节严重，涉嫌犯罪的，应当依法追究其刑事责任。

第六百二十条 人民检察院办理直接受理侦查的案件或者审查逮捕、审查起诉案件，在犯罪嫌疑人侦查羁押期限、办案期限即将届满前，负责案件管理的部门应当依照有关规定向本院办案部门进行期限届满提示。发现办案部门办理案件超过规定期限的，应当依照有关规定提出纠正意见。

第十四章 刑罚执行和监管执法监督

第一节 一般规定

第六百二十一条 人民检察院依法对刑事判决、裁定和决定的执行工作以及监狱、看守所等的监管执法活动实行法律监督。

第六百二十二条 人民检察院根据工作需要，可以对监狱、看守所等场所采取巡回检察、派驻检察等方式进行监督。

第六百二十三条 人民检察院对监狱、看守所等场所进行监督，除可以采取本规则第五百五十一条规定的调查核实措施外，还可以采取实地查看禁闭室、会见室、监区、监舍等有关场所，列席监狱、看守所有关会议，与有关监管民警进行谈话，召开座谈会，开展问卷调查等方式。

第六百二十四条 人民检察院对刑罚执行和监管执法活动实行监督，可以根据下列情形分别处理：

（一）发现执法瑕疵、安全隐患，或者违法情节轻微的，口头提出纠正意见，并记录在案；

（二）发现严重违法，发生重大事故，或者口头提出纠正意见后七日以内未予纠正的，书面提出纠正意见；

（三）发现存在可能导致执法不公问题，或者存在重大监管漏洞、重大安全隐患、重大事故风险等问题的，提出检察建议。

对于在巡回检察中发现的前款规定的问题、线索的整改落实情况，通过巡回检察进行督导。

第二节　交付执行监督

第六百二十五条　人民检察院发现人民法院、公安机关、看守所等机关的交付执行活动具有下列情形之一的，应当依法提出纠正意见：

（一）交付执行的第一审人民法院没有在法定期间内将判决书、裁定书、人民检察院的起诉书副本、自诉状复印件、执行通知书、结案登记表等法律文书送达公安机关、监狱、社区矫正机构等执行机关的；

（二）对被判处死刑缓期二年执行、无期徒刑或者有期徒刑余刑在三个月以上的罪犯，公安机关、看守所自接到人民法院执行通知书等法律文书后三十日以内，没有将成年罪犯送交监狱执行刑罚，或者没有将未成年罪犯送交未成年犯管教所执行刑罚的；

（三）对需要收监执行刑罚而判决、裁定生效前未被羁押的罪犯，第一审人民法院没有及时将罪犯收监送交公安机关，并将判决书、裁定书、执行通知书等法律文书送达公安机关的；

（四）公安机关对需要收监执行刑罚但下落不明的罪犯，在收到人民法院的判决书、裁定书、执行通知书等法律文书后，没有及时抓捕、通缉的；

（五）对被判处管制、宣告缓刑或者人民法院决定暂予监外执行的罪犯，在判决、裁定生效后或者收到人民法院暂予监外执行决定后，未依法交付罪犯居住地社区矫正机构执行，或者对被单处剥夺政治权利的罪犯，在判决、裁定生效后，未依法交付罪犯居住地公安机关执行的，或者人民法院依法交付执行，社区矫正机构或者公安机关应当接收而拒绝接收的；

（六）其他违法情形。

第六百二十六条　人民法院判决被告人无罪、免予刑事处罚、判处管制、宣告缓刑、单处罚金或者剥夺政治权利，被告人被羁押的，人民检察院应当监督被告人是否被立即释放。发现被告人没有被立即释放的，应当立即向人民法院或者看守所提出纠正意见。

第六百二十七条　人民检察院发现公安机关未依法执行拘役、剥夺政治权利，拘役执行期满未依法发给释放证明，或者剥夺政治权利执行期满未书面通知本人及其所在单位、居住地基层组织等违法情形的，应当依法提出纠正意见。

第六百二十八条　人民检察院发现监狱、看守所对服刑期满或者依法应当予以释放的人员没有按期释放，对被裁定假释的罪犯依法应当交付罪犯居住地社区矫正机构实行社区矫正而不交付，对主刑执行完毕仍然需要执行附加剥夺政治权利的罪犯依法应当交付罪犯居住地公安机关执行而不交付，或者对服刑期未满又无合法释放根据的罪犯予以释放等违法行为的，应当依法提出纠正意见。

第三节 减刑、假释、暂予监外执行监督

第六百二十九条 人民检察院发现人民法院、监狱、看守所、公安机关暂予监外执行的活动具有下列情形之一的，应当依法提出纠正意见：

（一）将不符合法定条件的罪犯提请、决定暂予监外执行的；

（二）提请、决定暂予监外执行的程序违反法律规定或者没有完备的合法手续，或者对于需要保外就医的罪犯没有省级人民政府指定医院的诊断证明和开具的证明文件的；

（三）监狱、看守所提出暂予监外执行书面意见，没有同时将书面意见副本抄送人民检察院的；

（四）罪犯被决定或者批准暂予监外执行后，未依法交付罪犯居住地社区矫正机构实行社区矫正的；

（五）对符合暂予监外执行条件的罪犯没有依法提请暂予监外执行的；

（六）人民法院在作出暂予监外执行决定前，没有依法征求人民检察院意见的；

（七）发现罪犯不符合暂予监外执行条件，在暂予监外执行期间严重违反暂予监外执行监督管理规定，或者暂予监外执行的条件消失且刑期未满，应当收监执行而未及时收监执行的；

（八）人民法院决定将暂予监外执行的罪犯收监执行，并将有关法律文书送达公安机关、监狱、看守所后，监狱、看守所未及时收监执行的；

（九）对不符合暂予监外执行条件的罪犯通过贿赂、欺骗等非法手段被暂予监外执行以及在暂予监外执行期间脱逃的罪犯，监狱、看守所未建议人民法院将其监外执行期间、脱逃期间不计入执行刑期或者对罪犯执行刑期计算的建议违法、不当的；

（十）暂予监外执行的罪犯刑期届满，未及时办理释放手续的；

（十一）其他违法情形。

第六百三十条 人民检察院收到监狱、看守所抄送的暂予监外执行书面意见副本后，应当逐案进行审查，发现罪犯不符合暂予监外执行法定条件或者提请暂予监外执行违反法定程序的，应当在十日以内报经检察长批准，向决定或者批准机关提出书面检察意见，同时抄送执行机关。

第六百三十一条 人民检察院接到决定或者批准机关抄送的暂予监外执行决定书后，应当及时审查下列内容：

（一）是否属于被判处有期徒刑或者拘役的罪犯；

（二）是否属于有严重疾病需要保外就医的罪犯；

（三）是否属于怀孕或者正在哺乳自己婴儿的妇女；

（四）是否属于生活不能自理，适用暂予监外执行不致危害社会的罪犯；

（五）是否属于适用保外就医可能有社会危险性的罪犯，或者自伤自残的罪犯；

（六）决定或者批准机关是否符合刑事诉讼法第二百六十五条第五款的规定；

（七）办理暂予监外执行是否符合法定程序。

第六百三十二条　人民检察院经审查认为暂予监外执行不当的，应当自接到通知之日起一个月以内，向决定或者批准暂予监外执行的机关提出纠正意见。下级人民检察院认为暂予监外执行不当的，应当立即层报决定或者批准暂予监外执行的机关的同级人民检察院，由其决定是否向决定或者批准暂予监外执行的机关提出纠正意见。

第六百三十三条　人民检察院向决定或者批准暂予监外执行的机关提出不同意暂予监外执行的书面意见后，应当监督其对决定或者批准暂予监外执行的结果进行重新核查，并监督重新核查的结果是否符合法律规定。对核查不符合法律规定的，应当依法提出纠正意见，并向上一级人民检察院报告。

第六百三十四条　对于暂予监外执行的罪犯，人民检察院发现罪犯不符合暂予监外执行条件、严重违反有关暂予监外执行的监督管理规定或者暂予监外执行的情形消失而罪犯刑期未满的，应当通知执行机关收监执行，或者建议决定或者批准暂予监外执行的机关作出收监执行决定。

第六百三十五条　人民检察院收到执行机关抄送的减刑、假释建议书副本后，应当逐案进行审查。发现减刑、假释建议不当或者提请减刑、假释违反法定程序的，应当在十日以内报经检察长批准，向审理减刑、假释案件的人民法院提出书面检察意见，同时也可以向执行机关提出书面纠正意见。案情复杂或者情况特殊的，可以延长十日。

第六百三十六条　人民检察院发现监狱等执行机关提请人民法院裁定减刑、假释的活动具有下列情形之一的，应当依法提出纠正意见：

（一）将不符合减刑、假释法定条件的罪犯，提请人民法院裁定减刑、假释的；

（二）对依法应当减刑、假释的罪犯，不提请人民法院裁定减刑、假释的；

（三）提请对罪犯减刑、假释违反法定程序，或者没有完备的合法手续的；

（四）提请对罪犯减刑的减刑幅度、起始时间、间隔时间或者减刑后又假释的间隔时间不符合有关规定的；

（五）被提请减刑、假释的罪犯被减刑后实际执行的刑期或者假释考验期不符合有关法律规定的；

（六）其他违法情形。

第六百三十七条 人民法院开庭审理减刑、假释案件，人民检察院应当指派检察人员出席法庭，发表意见。

第六百三十八条 人民检察院收到人民法院减刑、假释的裁定书副本后，应当及时审查下列内容：

（一）被减刑、假释的罪犯是否符合法定条件，对罪犯减刑的减刑幅度、起始时间、间隔时间或者减刑后又假释的间隔时间、罪犯被减刑后实际执行的刑期或者假释考验期是否符合有关规定；

（二）执行机关提请减刑、假释的程序是否合法；

（三）人民法院审理、裁定减刑、假释的程序是否合法；

（四）人民法院对罪犯裁定不予减刑、假释是否符合有关规定；

（五）人民法院减刑、假释裁定书是否依法送达执行并向社会公布。

第六百三十九条 人民检察院经审查认为人民法院减刑、假释的裁定不当，应当在收到裁定书副本后二十日以内，向作出减刑、假释裁定的人民法院提出纠正意见。

第六百四十条 对人民法院减刑、假释裁定的纠正意见，由作出减刑、假释裁定的人民法院的同级人民检察院书面提出。

下级人民检察院发现人民法院减刑、假释裁定不当的，应当向作出减刑、假释裁定的人民法院的同级人民检察院报告。

第六百四十一条 人民检察院对人民法院减刑、假释的裁定提出纠正意见后，应当监督人民法院是否在收到纠正意见后一个月以内重新组成合议庭进行审理，并监督重新作出的裁定是否符合法律规定。对最终裁定不符合法律规定的，应当向同级人民法院提出纠正意见。

第四节　社区矫正监督

第六百四十二条 人民检察院发现社区矫正决定机关、看守所、监狱、社区矫正机构在交付、接收社区矫正对象活动中违反有关规定的，应当依法提出纠正意见。

第六百四十三条 人民检察院发现社区矫正执法活动具有下列情形之一

的，应当依法提出纠正意见：

（一）社区矫正对象报到后，社区矫正机构未履行法定告知义务，致使其未按照有关规定接受监督管理的；

（二）违反法律规定批准社区矫正对象离开所居住的市、县，或者违反人民法院禁止令的内容批准社区矫正对象进入特定区域或者场所的；

（三）没有依法监督管理而导致社区矫正对象脱管的；

（四）社区矫正对象违反监督管理规定或者人民法院的禁止令，未依法予以警告、未提请公安机关给予治安管理处罚的；

（五）对社区矫正对象有殴打、体罚、虐待、侮辱人格、强迫其参加超时间或者超体力社区服务等侵犯其合法权利行为的；

（六）未依法办理解除、终止社区矫正的；

（七）其他违法情形。

第六百四十四条 人民检察院发现对社区矫正对象的刑罚变更执行活动具有下列情形之一的，应当依法提出纠正意见：

（一）社区矫正机构未依法向人民法院、公安机关、监狱管理机关提出撤销缓刑、撤销假释建议或者对暂予监外执行的收监执行建议，或者未依法向人民法院提出减刑建议的；

（二）人民法院、公安机关、监狱管理机关未依法作出裁定、决定，或者未依法送达的；

（三）公安机关未依法将罪犯送交看守所、监狱，或者看守所、监狱未依法收监执行的；

（四）公安机关未依法对在逃的罪犯实施追捕的；

（五）其他违法情形。

第五节 刑事裁判涉财产部分执行监督

第六百四十五条 人民检察院发现人民法院执行刑事裁判涉财产部分具有下列情形之一的，应当依法提出纠正意见：

（一）执行立案活动违法的；

（二）延期缴纳、酌情减少或者免除罚金违法的；

（三）中止执行或者终结执行违法的；

（四）被执行人有履行能力，应当执行而不执行的；

（五）损害被执行人、被害人、利害关系人或者案外人合法权益的；

（六）刑事裁判全部或者部分被撤销后未依法返还或者赔偿的；

（七）执行的财产未依法上缴国库的；

（八）其他违法情形。

人民检察院对人民法院执行刑事裁判涉财产部分进行监督，可以对公安机关查封、扣押、冻结涉案财物的情况，人民法院审判部门、立案部门、执行部门移送、立案、执行情况，被执行人的履行能力等情况向有关单位和个人进行调查核实。

第六百四十六条 人民检察院发现被执行人或者其他人员有隐匿、转移、变卖财产等妨碍执行情形的，可以建议人民法院及时查封、扣押、冻结。

公安机关不依法向人民法院移送涉案财物、相关清单、照片和其他证明文件，或者对涉案财物的查封、扣押、冻结、返还、处置等活动存在违法情形的，人民检察院应当依法提出纠正意见。

第六节 死刑执行监督

第六百四十七条 被判处死刑立即执行的罪犯在被执行死刑时，人民检察院应当指派检察官临场监督。

死刑执行临场监督由人民检察院负责刑事执行检察的部门承担。人民检察院派驻看守所、监狱的检察人员应当予以协助，负责捕诉的部门应当提供有关情况。

执行死刑过程中，人民检察院临场监督人员根据需要可以进行拍照、录像。执行死刑后，人民检察院临场监督人员应当检查罪犯是否确已死亡，并填写死刑执行临场监督笔录，签名后入卷归档。

第六百四十八条 省级人民检察院负责案件管理的部门收到高级人民法院报请最高人民法院复核的死刑判决书、裁定书副本后，应当在三日以内将判决书、裁定书副本移送本院负责刑事执行检察的部门。

判处死刑的案件一审是由中级人民法院审理的，省级人民检察院应当及时将死刑判决书、裁定书副本移送中级人民法院的同级人民检察院负责刑事执行检察的部门。

人民检察院收到同级人民法院执行死刑临场监督通知后，应当查明同级人民法院是否收到最高人民法院核准死刑的裁定或者作出的死刑判决、裁定和执行死刑的命令。

第六百四十九条 执行死刑前，人民检察院发现具有下列情形之一的，应当建议人民法院立即停止执行，并层报最高人民检察院负责死刑复核监督的部门：

（一）被执行人并非应当执行死刑的罪犯的；

（二）罪犯犯罪时不满十八周岁，或者审判的时候已满七十五周岁，依法不应当适用死刑的；

（三）罪犯正在怀孕的；

（四）共同犯罪的其他犯罪嫌疑人到案，共同犯罪的其他罪犯被暂停或者停止执行死刑，可能影响罪犯量刑的；

（五）罪犯可能有其他犯罪的；

（六）罪犯揭发他人重大犯罪事实或者有其他重大立功表现，可能需要改判的；

（七）判决、裁定可能有影响定罪量刑的其他错误的。

在执行死刑活动中，发现人民法院有侵犯被执行死刑罪犯的人身权、财产权或者其近亲属、继承人合法权利等违法情形的，人民检察院应当依法提出纠正意见。

第六百五十条　判处被告人死刑缓期二年执行的判决、裁定在执行过程中，人民检察院监督的内容主要包括：

（一）死刑缓期执行期满，符合法律规定应当减为无期徒刑、有期徒刑条件的，监狱是否及时提出减刑建议提请人民法院裁定，人民法院是否依法裁定；

（二）罪犯在缓期执行期间故意犯罪，监狱是否依法侦查和移送起诉；罪犯确系故意犯罪，情节恶劣，查证属实，应当执行死刑的，人民法院是否依法核准或者裁定执行死刑。

被判处死刑缓期二年执行的罪犯在死刑缓期执行期间故意犯罪，执行机关向人民检察院移送起诉的，由罪犯服刑所在地设区的市级人民检察院审查决定是否提起公诉。

人民检察院发现人民法院对被判处死刑缓期二年执行的罪犯减刑不当的，应当依照本规则第六百三十九条、第六百四十条的规定，向人民法院提出纠正意见。罪犯在死刑缓期执行期间又故意犯罪，经人民检察院起诉后，人民法院仍然予以减刑的，人民检察院应当依照本规则相关规定，向人民法院提出抗诉。

第七节　强制医疗执行监督

第六百五十一条　人民检察院发现人民法院、公安机关、强制医疗机构在对依法不负刑事责任的精神病人的强制医疗的交付执行、医疗、解除等活动中违反有关规定的，应当依法提出纠正意见。

第六百五十二条　人民检察院在强制医疗执行监督中发现被强制医疗的人不符合强制医疗条件或者需要依法追究刑事责任，人民法院作出的强制医疗决定可能错误的，应当在五日以内将有关材料转交作出强制医疗决定的人民法院的同级人民检察院。收到材料的人民检察院负责捕诉的部门应当在二十日以内进行审查，并将审查情况和处理意见反馈负责强制医疗执行监督的人民检察院。

第六百五十三条 人民检察院发现公安机关在对涉案精神病人采取临时保护性约束措施时有违法情形的，应当依法提出纠正意见。

第八节 监管执法监督

第六百五十四条 人民检察院发现看守所收押活动和监狱收监活动中具有下列情形之一的，应当依法提出纠正意见：

（一）没有收押、收监文书、凭证，文书、凭证不齐全，或者被收押、收监人员与文书、凭证不符的；

（二）依法应当收押、收监而不收押、收监，或者对依法不应当关押的人员收押、收监的；

（三）未告知被收押、收监人员权利、义务的；

（四）其他违法情形。

第六百五十五条 人民检察院发现监狱、看守所等执行机关在管理、教育改造罪犯等活动中有违法行为的，应当依法提出纠正意见。

第六百五十六条 看守所对收押的犯罪嫌疑人进行身体检查时，人民检察院驻看守所检察人员可以在场。发现收押的犯罪嫌疑人有伤或者身体异常的，应当要求看守所进行拍照或者录像，由送押人员、犯罪嫌疑人说明原因，在体检记录中写明，并由送押人员、收押人员和犯罪嫌疑人签字确认。必要时，驻看守所检察人员可以自行拍照或者录像，并将相关情况记录在案。

第六百五十七条 人民检察院发现看守所、监狱等监管场所有殴打、体罚、虐待、违法使用戒具、违法适用禁闭等侵害在押人员人身权利情形的，应当依法提出纠正意见。

第六百五十八条 人民检察院发现看守所违反有关规定，有下列情形之一的，应当依法提出纠正意见：

（一）为在押人员通风报信，私自传递信件、物品，帮助伪造、毁灭、隐匿证据或者干扰证人作证、串供的；

（二）违反规定同意侦查人员将犯罪嫌疑人提出看守所讯问的；

（三）收到在押犯罪嫌疑人、被告人及其法定代理人、近亲属或者辩护人的变更强制措施申请或者其他申请、申诉、控告、举报，不及时转交、转告人民检察院或者有关办案机关的；

（四）应当安排辩护律师依法会见在押的犯罪嫌疑人、被告人而没有安排的；

（五）违法安排辩护律师或者其他人员会见在押的犯罪嫌疑人、被告人的；

（六）辩护律师会见犯罪嫌疑人、被告人时予以监听的；

（七）其他违法情形。

第六百五十九条 人民检察院发现看守所代为执行刑罚的活动具有下列情形之一的，应当依法提出纠正意见：

（一）将被判处有期徒刑剩余刑期在三个月以上的罪犯留所服刑的；

（二）将留所服刑罪犯与犯罪嫌疑人、被告人混押、混管、混教的；

（三）其他违法情形。

第六百六十条 人民检察院发现监狱没有按照规定对罪犯进行分押分管、监狱人民警察没有对罪犯实行直接管理等违反监管规定情形的，应当依法提出纠正意见。

人民检察院发现监狱具有未按照规定安排罪犯与亲属或者监护人会见、对伤病罪犯未及时治疗以及未执行国家规定的罪犯生活标准等侵犯罪犯合法权益情形的，应当依法提出纠正意见。

第六百六十一条 人民检察院发现看守所出所活动和监狱出监活动具有下列情形之一的，应当依法提出纠正意见：

（一）没有出所、出监文书、凭证，文书、凭证不齐全，或者出所、出监人员与文书、凭证不符的；

（二）应当释放而没有释放，不应当释放而释放，或者未依照规定送达释放通知书的；

（三）对提押、押解、转押出所的在押人员，特许离监、临时离监、调监或者暂予监外执行的罪犯，未依照规定派员押送并办理交接手续的；

（四）其他违法情形。

第九节 事故检察

第六百六十二条 人民检察院发现看守所、监狱、强制医疗机构等场所具有下列情形之一的，应当开展事故检察：

（一）被监管人、被强制医疗人非正常死亡、伤残、脱逃的；

（二）被监管人破坏监管秩序，情节严重的；

（三）突发公共卫生事件的；

（四）其他重大事故。

发生被监管人、被强制医疗人非正常死亡的，应当组织巡回检察。

第六百六十三条 人民检察院应当对看守所、监狱、强制医疗机构等场所或者主管机关的事故调查结论进行审查。具有下列情形之一的，人民检察院应当调查核实：

（一）被监管人、被强制医疗人及其法定代理人、近亲属对调查结论有异议的，人民检察院认为有必要调查的；

（二）人民检察院对调查结论有异议的；

（三）其他需要调查的。

人民检察院应当将调查核实的结论书面通知监管场所或者主管机关和被监管人、被强制医疗人的近亲属。认为监管场所或者主管机关处理意见不当，或者监管执法存在问题的，应当提出纠正意见或者检察建议；认为可能存在违法犯罪情形的，应当移送有关部门处理。

第十五章　案件管理

第六百六十四条 人民检察院负责案件管理的部门对检察机关办理案件的受理、期限、程序、质量等进行管理、监督、预警。

第六百六十五条 人民检察院负责案件管理的部门发现本院办案活动具有下列情形之一的，应当及时提出纠正意见：

（一）查封、扣押、冻结、保管、处理涉案财物不符合有关法律和规定的；

（二）法律文书制作、使用不符合法律和有关规定的；

（三）违反羁押期限、办案期限规定的；

（四）侵害当事人、辩护人、诉讼代理人的诉讼权利的；

（五）未依法对立案、侦查、审查逮捕、公诉、审判等诉讼活动以及执行活动中的违法行为履行法律监督职责的；

（六）其他应当提出纠正意见的情形。

情节轻微的，可以口头提示；情节较重的，应当发送案件流程监控通知书，提示办案部门及时查明情况并予以纠正；情节严重的，应当同时向检察长报告。

办案部门收到案件流程监控通知书后，应当在十日以内将核查情况书面回复负责案件管理的部门。

第六百六十六条 人民检察院负责案件管理的部门对以本院名义制发法律文书实施监督管理。

第六百六十七条　人民检察院办理的案件，办结后需要向其他单位移送案卷材料的，统一由负责案件管理的部门审核移送材料是否规范、齐备。负责案件管理的部门认为材料规范、齐备，符合移送条件的，应当立即由办案部门按照规定移送；认为材料不符合要求的，应当及时通知办案部门补送、更正。

第六百六十八条　监察机关或者公安机关随案移送涉案财物及其孳息的，人民检察院负责案件管理的部门应当在受理案件时进行审查，并及时办理入库保管手续。

第六百六十九条　人民检察院负责案件管理的部门对扣押的涉案物品进行保管，并对查封、扣押、冻结、处理涉案财物工作进行监督管理。对违反规定的行为提出纠正意见；涉嫌违法违纪的，报告检察长。

第六百七十条　人民检察院办案部门需要调用、移送、处理查封、扣押、冻结的涉案财物的，应当按照规定办理审批手续。审批手续齐全的，负责案件管理的部门应当办理出库手续。

第十六章　刑事司法协助

第六百七十一条　人民检察院依据国际刑事司法协助法等有关法律和有关刑事司法协助条约进行刑事司法协助。

第六百七十二条　人民检察院刑事司法协助的范围包括刑事诉讼文书送达，调查取证，安排证人作证或者协助调查，查封、扣押、冻结涉案财物，返还违法所得及其他涉案财物，移管被判刑人以及其他协助。

第六百七十三条　最高人民检察院是检察机关开展国际刑事司法协助的主管机关，负责审核地方各级人民检察院向外国提出的刑事司法协助请求，审查处理对外联系机关转递的外国提出的刑事司法协助请求，审查决定是否批准执行外国的刑事司法协助请求，承担其他与国际刑事司法协助相关的工作。

办理刑事司法协助相关案件的地方各级人民检察院应当向最高人民检察院层报需要向外国提出的刑事司法协助请求，执行最高人民检察院交办的外国提出的刑事司法协助请求。

第六百七十四条　地方各级人民检察院需要向外国请求刑事司法协助的，应当制作刑事司法协助请求书并附相关材料。经省级人民检察院审核同意后，报送最高人民检察院。

刑事司法协助请求书应当依照相关刑事司法协助条约的规定制作；没有条约或者条约没有规定的，可以参照国际刑事司法协助法第十三条的规定制作。被请求方有特殊要求的，在不违反我国法律的基本原则的情况下，可以按照被请求方的特殊要求制作。

第六百七十五条 最高人民检察院收到地方各级人民检察院刑事司法协助请求书及所附相关材料后，应当依照国际刑事司法协助法和有关条约进行审查。对符合规定、所附材料齐全的，最高人民检察院是对外联系机关的，应当及时向外国提出请求；不是对外联系机关的，应当通过对外联系机关向外国提出请求。对不符合规定或者材料不齐全的，应当退回提出请求的人民检察院或者要求其补充、修正。

第六百七十六条 最高人民检察院收到外国提出的刑事司法协助请求后，应当对请求书及所附材料进行审查。对于请求书形式和内容符合要求的，应当按照职责分工，将请求书及所附材料转交有关主管机关或者省级人民检察院处理；对于请求书形式和内容不符合要求的，可以要求请求方补充材料或者重新提出请求。

外国提出的刑事司法协助请求明显损害我国主权、安全和社会公共利益的，可以直接拒绝提供协助。

第六百七十七条 最高人民检察院在收到对外联系机关转交的刑事司法协助请求书及所附材料后，经审查，分别作出以下处理：

（一）根据国际刑事司法协助法和刑事司法协助条约的规定，认为可以协助执行的，作出决定并安排有关省级人民检察院执行；

（二）根据国际刑事司法协助法或者刑事司法协助条约的规定，认为应当全部或者部分拒绝协助的，将请求书及所附材料退回对外联系机关并说明理由；

（三）对执行请求有保密要求或者有其他附加条件的，通过对外联系机关向外国提出，在外国接受条件并且作出书面保证后，决定附条件执行；

（四）需要补充材料的，书面通过对外联系机关要求请求方在合理期限内提供。

第六百七十八条 有关省级人民检察院收到最高人民检察院交办的外国刑事司法协助请求后，应当依法执行，或者交由下级人民检察院执行。

负责执行的人民检察院收到刑事司法协助请求书和所附材料后，应当立即安排执行，并将执行结果及有关材料报经省级人民检察院审查后，报送最高人民检察院。

对于不能执行的，应当将刑事司法协助请求书和所附材料，连同不能执行的理由，通过省级人民检察院报送最高人民检察院。

因请求书提供的地址不详或者材料不齐全，人民检察院难以执行该项请求的，应当立即通过最高人民检察院书面通知对外联系机关，要求请求方补充提供材料。

第六百七十九条　最高人民检察院应当对执行结果进行审查。对于符合请求要求和有关规定的，通过对外联系机关转交或者转告请求方。

第十七章　附　则

第六百八十条　人民检察院办理国家安全机关、海警机关、监狱移送的刑事案件以及对国家安全机关、海警机关、监狱立案、侦查活动的监督，适用本规则关于公安机关的规定。

第六百八十一条　军事检察院等专门人民检察院办理刑事案件，适用本规则和其他有关规定。

第六百八十二条　本规则所称检察官，包括检察长、副检察长、检察委员会委员、检察员。

本规则所称检察人员，包括检察官和检察官助理。

第六百八十三条　本规则由最高人民检察院负责解释。

第六百八十四条　本规则自2019年12月30日起施行。本规则施行后，《人民检察院刑事诉讼规则（试行）》（高检发释字〔2012〕2号）同时废止；最高人民检察院以前发布的司法解释和规范性文件与本规则不一致的，以本规则为准。

最高人民法院
关于人民法院对原审被告人宣告无罪后人民检察院抗诉的案件由谁决定对原审被告人采取强制措施并通知其出庭等问题的复函

（2001 年 1 月 2 日公布并施行 〔2001〕刑监他字第 1 号）

西藏自治区高级人民法院：

你院请示收悉，经研究，答复如下：

一、如果人民检察院提供的原审被告人住址准确，应当参照《刑事诉讼法》第一百五十一条的规定，由人民法院按照人民检察院提供的地址，向原审被告人送达抗诉书并通知其出庭；如果人民检察院提供的原审被告人住址不明确，应当参照《最高人民法院关于执行〈中华人民共和国刑事诉讼法〉若干问题的解释》第一百一十七条第（一）、（二）项的规定，由人民法院通知人民检察院在 3 日内补充提供；如果确实无法提供或者按照人民检察院提供的原审被告人住址确实无法找到原审被告人的，应当认定原审被告人不在案，由人民法院作出不予受理的决定，将该案退回人民检察院。

二、由于人民法院已依法对原审被告人宣告无罪并予释放，因此不宜由人民法院采取强制措施；人民检察院认为其有罪并提出抗诉的，应当由提出抗诉的检察机关决定是否采取强制措施。

最高人民法院
关于刑事再审案件开庭审理程序的具体规定

（2001 年 10 月 18 日最高人民法院审判委员会 1196 次会议通过
2001 年 12 月 26 日公布　2002 年 1 月 1 日施行　法释〔2001〕31 号）

为了深化刑事庭审方式的改革，进一步提高审理刑事再审案件的效率，确保审判质量，规范案件开庭审理的程序，根据《中华人民共和国刑事诉讼法》、最高人民法院《关于执行〈中华人民共和国刑事诉讼法〉若干问题的解释》的规定，制定本规定。

第一条　本规定适用依照第一审程序或第二审程序开庭审理的刑事再审案件。

第二条　人民法院在收到人民检察院按照审判监督程序提出抗诉的刑事抗诉书后，应当根据不同情况，分别处理：

（一）不属于本院管辖的，决定退回人民检察院；

（二）按照抗诉书提供的原审被告人（原审上诉人）住址无法找到原审被告人（原审上诉人）的，人民法院应当要求提出抗诉的人民检察院协助查找；经协助查找仍无法找到的，决定退回人民检察院；

（三）抗诉书没有写明原审被告人（原审上诉人）准确住址的，应当要求人民检察院在七日内补充，经补充后仍不明确或逾期不补的，裁定维持原判；

（四）以有新的证据证明原判决、裁定认定的事实确有错误为由提出抗诉，但抗诉书未附有新的证据目录、证人名单和主要证据复印件或者照片的，人民检察院应当在七日内补充；经补充后仍不完备或逾期不补的，裁定维持原判。

第三条　以有新的证据证明原判决、裁定认定的事实确有错误为由提出申诉的，应当同时附有新的证据目录、证人名单和主要证据复印件或者照片。需要申请人民法院调取证据的，应当附有证据线索。未附有的，应当在七日内补充；经补充后仍不完备或逾期不补的，应当决定不予受理。

第四条 参与过本案第一审、第二审、复核程序审判的合议庭组成人员，不得参与本案的再审程序的审判。

第五条 人民法院审理下列再审案件，应当依法开庭审理：

（一）依照第一审程序审理的；

（二）依照第二审程序需要对事实或者证据进行审理的；

（三）人民检察院按照审判监督程序提出抗诉的；

（四）可能对原审被告人（原审上诉人）加重刑罚的；

（五）有其他应当开庭审理情形的。

第六条 下列再审案件可以不开庭审理：

（一）原判决、裁定认定事实清楚，证据确实、充分，但适用法律错误，量刑畸重的；

（二）1979年《中华人民共和国刑事诉讼法》施行以前裁判的；

（三）原审被告人（原审上诉人）、原审自诉人已经死亡、或者丧失刑事责任能力的；

（四）原审被告人（原审上诉人）在交通十分不便的边远地区监狱服刑，提押到庭确有困难的。但人民检察院提出抗诉的，人民法院应征得人民检察院的同意；

（五）人民法院按照审判监督程序决定再审，按本规定第九条第（五）项规定，经两次通知，人民检察院不派员出庭的。

第七条 人民法院审理共同犯罪再审案件，如果人民法院再审决定书或者人民检察院抗诉书只对部分同案原审被告人（同案原审上诉人）提起再审，其他未涉及的同案原审被告人（同案原审上诉人）不出庭不影响案件审理的，可以不出庭参与诉讼；

部分同案原审被告人（同案原审上诉人）具有本规定第六条第（三）、（四）项规定情形不能出庭的，不影响案件的开庭审理。

第八条 除人民检察院抗诉的以外，再审一般不得加重原审被告人（原审上诉人）的刑罚。

根据本规定第六条第（二）、（三）、（四）、（五）项、第七条的规定，不具备开庭条件可以不开庭审理的，或者可以不出庭参加诉讼的，不得加重未出庭原审被告人（原审上诉人）、同案原审被告人（同案原审上诉人）的刑罚。

第九条 人民法院在开庭审理前，应当进行下列工作：

（一）确定合议庭的组成人员；

（二）将再审决定书、申诉书副本至迟在开庭三十日前，重大、疑难案件至迟在开庭六十日前送达同级人民检察院，并通知其查阅案卷和准备出庭；

（三）将再审决定书或抗诉书副本至迟在开庭三十日以前送达原审被告人（原审上诉人），告知其可以委托辩护人，或者依法为其指定承担法律援助义务的律师担任辩护人；

（四）至迟在开庭十五日前，重大、疑难案件至迟在开庭六十日前，通知辩护人查阅案卷和准备出庭；

（五）将开庭的时间、地点在开庭七日以前通知人民检察院；

（六）传唤当事人，通知辩护人、诉讼代理人、证人、鉴定人和翻译人员，传票和通知书至迟在开庭七日以前送达；

（七）公开审判的案件，在开庭七日以前先期公布案由、原审被告人（原审上诉人）姓名、开庭时间和地点。

第十条 人民法院审理人民检察院提出抗诉的再审案件，对人民检察院接到出庭通知后未出庭的，应当裁定按人民检察院撤回抗诉处理，并通知诉讼参与人。

第十一条 人民法院决定再审或者受理抗诉书后，原审被告人（原审上诉人）正在服刑的，人民法院依据再审决定书或者抗诉书及提押票等文书办理提押；

原审被告人（原审上诉人）在押，再审可能改判宣告无罪的，人民法院裁定中止执行原裁决后，可以取保候审；

原审被告人（原审上诉人）不在押，确有必要采取强制措施并符合法律规定采取强制措施条件的，人民法院裁定中止执行原裁决后，依法采取强制措施。

第十二条 原审被告人（原审上诉人）收到再审决定书或者抗诉书后下落不明或者收到抗诉书后未到庭的，人民法院应当中止审理；原审被告人（原审上诉人）到案后，恢复审理；如果超过二年仍查无下落的，应当裁定终止审理。

第十三条 人民法院应当在开庭三十日前通知人民检察院、当事人或者辩护人查阅、复制双方提交的新证据目录及新证据复印件、照片。

人民法院应当在开庭十五日前通知控辩双方查阅、复制人民法院调取的新证据目录及新证据复印件、照片等证据。

第十四条 控辩双方收到再审决定书或抗诉书后，人民法院通知开庭之日前，可以提交新的证据。开庭后，除对原审被告人（原审上诉人）有利的外，人民法院不再接纳新证据。

第十五条 开庭审理前，合议庭应当核实原审被告人（原审上诉人）何时因何案被人民法院依法裁判，在服刑中有无重新犯罪，有无减刑、假释，何时刑满释放等情形。

第十六条 开庭审理前，原审被告人（原审上诉人）到达开庭地点后，合议庭应当查明原审被告人（原审上诉人）基本情况，告知原审被告人（原审上诉人）享有辩护权和最后陈述权，制作笔录后，分别由该合议庭成员和书记员签名。

第十七条 开庭审理时，审判长宣布合议庭组成人员及书记员，公诉人、辩护人、鉴定人和翻译人员的名单，并告知当事人、法定代理人享有申请回避的权利。

第十八条 人民法院决定再审的，由合议庭组成人员宣读再审决定书。

根据人民检察院提出抗诉进行再审的，由公诉人宣读抗诉书。

当事人及其法定代理人、近亲属提出申诉的、由原审被告人（原审上诉人）及其辩护人陈述申诉理由。

第十九条 在审判长主持下，控辩双方应就案件的事实、证据和适用法律等问题分别进行陈述。合议庭对控辩双方无争议和有争议的事实、证据及适用法律问题进行归纳，予以确认。

第二十条 在审判长主持下，就控辩双方有争议的问题，进行法庭调查和辩论。

第二十一条 在审判长主持下，控辩双方对提出的新证据或者有异议的原审据以定罪量刑的证据进行质证。

第二十二条 进入辩论阶段，原审被告人（原审上诉人）及其法定代理人、近亲属提出申诉的，先由原审被告人（原审上诉人）及其辩护人发表辩护意见，然后由公诉人发言，被害人及其代理人发言。

被害人及其法定代理人、近亲属提出申诉的，先由被害人及其代理人发言，公诉人发言，然后由原审被告人（原审上诉人）及其辩护人发表辩护意见。

人民检察院提出抗诉的，先由公诉人发言，被害人及其代理人发言，然后由原审被告人（原审上诉人）及其辩护人发表辩护意见。

既有申诉又有抗诉的，先由公诉人发言，后由申诉方当事人及其代理人或者辩护人发言或者发表辩护意见，然后由对方当事人及其代理人或辩护人发言或者发表辩护意见。

公诉人、当事人和辩护人、诉讼代理人经审判长许可，可以互相辩论。

第二十三条 合议庭根据控辩双方举证、质证和辩论情况，可以当庭宣布认证结果。

第二十四条 再审改判宣告无罪并依法享有申请国家赔偿权利的当事人，

宣判时合议庭应当告知其该判决发生法律效力后即有申请国家赔偿的权利。

第二十五条　人民法院审理再审案件，应当在作出再审决定之日起三个月内审结。需要延长期限的，经本院院长批准，可以延长三个月。

自接到阅卷通知后的第二日起，人民检察院查阅案卷超过七日后的期限，不计入再审审理期限。

第二十六条　依照第一、二审程序审理的刑事自诉再审案件开庭审理程序，参照本规定执行。

第二十七条　本规定发布前最高人民法院有关再审案件开庭审理程序的规定，与本规定相抵触的，以本规定为准。

第二十八条　本规定自 2002 年 1 月 1 日起执行。

最高人民法院研究室
关于上级人民检察院向同级人民法院撤回抗诉后又决定支持抗诉的效力问题的答复

（2009年12月23日公布并施行　法研〔2009〕226号）

湖北省高级人民法院：

你院鄂高法〔2009〕282号《关于上级人民检察院向同级人民法院撤回抗诉后又决定支持抗诉的效力问题的请示》收悉。经研究，答复如下：

抗诉期满后第二审人民法院宣告裁判前，上级人民检察院认为下级人民检察院的抗诉不当，向同级人民法院撤回抗诉，而后又重新支持抗诉的，应区分不同情况处理：如果人民法院未裁定准许人民检察院撤回抗诉的，原抗诉仍然有效；如果人民法院已裁定准许撤回抗诉的，对同级人民检察院重新支持抗诉不予准许。

此复。

最高人民法院、最高人民检察院、公安部、国家安全部、司法部关于办理刑事案件排除非法证据若干问题的规定

（法发〔2010〕20 号　2010 年 6 月 13 日公布　2010 年 7 月 1 日施行）

为规范司法行为，促进司法公正，根据刑事诉讼法和相关司法解释，结合人民法院、人民检察院、公安机关、国家安全机关和司法行政机关办理刑事案件工作实际，制定本规定。

第一条　采用刑讯逼供等非法手段取得的犯罪嫌疑人、被告人供述和采用暴力、威胁等非法手段取得的证人证言、被害人陈述，属于非法言词证据。

第二条　经依法确认的非法言词证据，应当予以排除，不能作为定案的根据。

第三条　人民检察院在审查批准逮捕、审查起诉中，对于非法言词证据应当依法予以排除，不能作为批准逮捕、提起公诉的根据。

第四条　起诉书副本送达后开庭审判前，被告人提出其审判前供述是非法取得的，应当向人民法院提交书面意见。被告人书写确有困难的，可以口头告诉，由人民法院工作人员或者其辩护人作出笔录，并由被告人签名或者捺指印。

人民法院应当将被告人的书面意见或者告诉笔录复印件在开庭前交人民检察院。

第五条　被告人及其辩护人在开庭审理前或者庭审中，提出被告人审判前供述是非法取得的，法庭在公诉人宣读起诉书之后，应当先行当庭调查。

法庭辩论结束前，被告人及其辩护人提出被告人审判前供述是非法取得的，法庭也应当进行调查。

第六条 被告人及其辩护人提出被告人审判前供述是非法取得的，法庭应当要求其提供涉嫌非法取证的人员、时间、地点、方式、内容等相关线索或者证据。

第七条 经审查，法庭对被告人审判前供述取得的合法性有疑问的，公诉人应当向法庭提供讯问笔录、原始的讯问过程录音录像或者其他证据，提请法庭通知讯问时其他在场人员或者其他证人出庭作证，仍不能排除刑讯逼供嫌疑的，提请法庭通知讯问人员出庭作证，对该供述取得的合法性予以证明。公诉人当庭不能举证的，可以根据刑事诉讼法第一百六十五条的规定，建议法庭延期审理。

经依法通知，讯问人员或者其他人员应当出庭作证。

公诉人提交加盖公章的说明材料，未经有关讯问人员签名或者盖章的，不能作为证明取证合法性的证据。

控辩双方可以就被告人审判前供述取得的合法性问题进行质证、辩论。

第八条 法庭对于控辩双方提供的证据有疑问的，可以宣布休庭，对证据进行调查核实。必要时，可以通知检察人员、辩护人到场。

第九条 庭审中，公诉人为提供新的证据需要补充侦查，建议延期审理的，法庭应当同意。

被告人及其辩护人申请通知讯问人员、讯问时其他在场人员或者其他证人到庭，法庭认为有必要的，可以宣布延期审理。

第十条 经法庭审查，具有下列情形之一的，被告人审判前供述可以当庭宣读、质证：

（一）被告人及其辩护人未提供非法取证的相关线索或者证据的；

（二）被告人及其辩护人已提供非法取证的相关线索或者证据，法庭对被告人审判前供述取得的合法性没有疑问的；

（三）公诉人提供的证据确实、充分，能够排除被告人审判前供述属非法取得的。

对于当庭宣读的被告人审判前供述，应当结合被告人当庭供述以及其他证据确定能否作为定案的根据。

第十一条 对被告人审判前供述的合法性，公诉人不提供证据加以证明，或者已提供的证据不够确实、充分的，该供述不能作为定案的根据。

第十二条 对于被告人及其辩护人提出的被告人审判前供述是非法取得的意见，第一审人民法院没有审查，并以被告人审判前供述作为定案根据的，第二审人民法院应当对被告人审判前供述取得的合法性进行审查。检察人员不提供证据加以证明，或者已提供的证据不够确实、充分的，被告人该供述不能作为定案的根据。

第十三条　庭审中，检察人员、被告人及其辩护人提出未到庭证人的书面证言、未到庭被害人的书面陈述是非法取得的，举证方应当对其取证的合法性予以证明。

对前款所述证据，法庭应当参照本规定有关规定进行调查。

第十四条　物证、书证的取得明显违反法律规定，可能影响公正审判的，应当予以补正或者作出合理解释，否则，该物证、书证不能作为定案的根据。

第十五条　本规定自二〇一〇年七月一日起施行。

最高人民检察院
关于适用《关于办理死刑案件审查判断证据若干问题的规定》和《关于办理刑事案件排除非法证据若干问题的规定》的指导意见

（2010年11月24日最高人民检察院第十一届检察委员会第四十九次会议通过 2010年12月30日公布并施行 高检发研字〔2010〕13号）

为了正确适用最高人民法院、最高人民检察院、公安部、国家安全部、司法部《关于办理死刑案件审查判断证据若干问题的规定》、《关于办理刑事案件排除非法证据若干问题的规定》（以下简称两个《规定》），结合检察机关办案实际，提出如下指导意见。

一、认真贯彻执行两个《规定》，提高执法办案水平

1. 两个《规定》对于进一步完善我国刑事诉讼制度，规范执法办案行为，提高执法办案水平，依法保障人权，推进社会主义法治建设，具有十分重要的意义。各级检察机关要深入学习、准确理解和把握两个《规定》，统一思想，提高认识，坚持讲事实、讲证据、讲法律、讲责任，牢固树立打击犯罪与保障人权并重、实体公正与程序公正并重的观念，以贯彻两个《规定》为契机，全面提高执法办案水平。

2. 着力强化证据意识，严格依照两个《规定》收集、固定、审查、判断和运用证据。注重证据的综合审查和运用，既要认真审查证据的客观性、关联性，也要认真审查证据的合法性。要严把事实关、证据关、程序关和法律关，确保证据与证据之间、证据与案件事实之间不存在矛盾或者矛盾得以合理排

除，做到事实不清的不定案，证据不足的不起诉，切实防止冤错案件。

3. 两个《规定》对办理死刑案件提出了更高的标准和更严格的要求，各级检察机关要全面加强死刑案件的办理和监督工作，认真履行法律赋予的职责，对证据进行更加严格的审查，坚持更加严格的证明标准，确保死刑案件的办案质量。

4. 各级检察机关应当认真履行监督职能，加强对证据收集与固定的监督，加强对证据采信与排除的监督。要坚持把监督纠正个案与纠正普遍性问题、经常性监督与专项监督、强化监督与协调配合有机结合起来，加强法律监督与加强自我监督并重，做到敢于监督、善于监督、依法监督、规范监督，保障刑事诉讼活动严格依法进行。

二、进一步规范职务犯罪案件办案程序，依法客观收集证据

5. 人民检察院办理职务犯罪案件，应当严格依法收集和固定证据，既要收集证明案件事实的各种证据，又要及时固定证明取证行为合法性的证据，确保案件事实清楚，证据确实、充分，取证程序合法。

6. 人民检察院办理职务犯罪案件，应当全面、客观地收集和固定证据。既要收集证明犯罪嫌疑人有罪、罪重的各种证据，又要收集证明犯罪嫌疑人无罪、罪轻的各种证据。

7. 严格执行讯问职务犯罪嫌疑人全程同步录音录像制度。因未严格执行相关规定，或者在执行中弄虚作假造成不良后果的，依照有关规定追究主要责任人员的责任。

8. 侦查监督、公诉、控告申诉等部门应当依照两个《规定》的要求，加强对检察机关侦查部门收集、固定证据活动的审查与监督，发现违反有关规定的，及时提出纠正意见。

三、严格审查、判断证据，确保办案质量

9. 严格遵守两个《规定》确立的规则，认真审查、鉴别、分析证据，正确认定案件事实。既要审查证据的内容是否真实客观、形式是否合法完备，也要审查证据收集过程是否合法；既要依法排除非法证据，也要做好瑕疵证据的审查补正和完善工作。

10. 对犯罪嫌疑人供述和证人证言、被害人陈述，要结合全案的其他证据，综合审查其内容的客观真实性，同时审查侦查机关（部门）是否将每一

次讯问、询问笔录全部移送。对以刑讯逼供等非法手段取得的犯罪嫌疑人供述和采用暴力、威胁等非法手段取得的证人证言、被害人陈述，应当依法排除；对于使用其他非法手段获取的犯罪嫌疑人供述、证人证言、被害人陈述，根据其违法危害程度与刑讯逼供和暴力、威胁手段是否相当，决定是否依法排除。

11. 审查逮捕、审查起诉过程中第一次讯问犯罪嫌疑人，应当讯问其供述是否真实，并记入笔录。对被羁押的犯罪嫌疑人要结合提讯凭证的记载，核查提讯时间、讯问人与讯问笔录的对应关系：对提押至看守所以外的场所讯问的，应当要求侦查机关（部门）提供必要性的说明，审查其理由是否成立。要审查犯罪嫌疑人是否通晓当地通用语言。

12. 对犯罪嫌疑人的供述和辩解，应当结合其全部供述和辩解及其他证据进行审查；犯罪嫌疑人的有罪供述，无其他证据相互印证，不能作为批准或者决定逮捕、提起公诉的根据；有其他证据相互印证，无罪辩解理由不能成立的，该供述可以作为批准或者决定逮捕、提起公诉的根据。

13. 犯罪嫌疑人或者其聘请的律师提出受到刑讯逼供的，应当告知其如实提供相关的证据或者线索，并认真予以核查。认为有刑讯逼供嫌疑的，应当要求侦查机关（部门）提供全部讯问笔录、原始的讯问过程录音录像、出入看守所的健康检查情况、看守管教人员的谈话记录以及讯问过程合法性的说明；必要时，可以询问讯问人员、其他在场人员、看守管教人员或者证人，调取驻所检察室的相关材料。发现犯罪嫌疑人有伤情的，应当及时对伤势的成因和程度进行必要的调查和鉴定。对同步录音录像有疑问的，可以要求侦查机关（部门）对不连贯部分的原因予以说明，必要时可以协同检察技术部门进行审查。

14. 加强对侦查活动中讯问犯罪嫌疑人的监督。犯罪嫌疑人没有在决定羁押的当日被送入看守所的，应当查明所外看押地点及提讯情况；要监督看守所如实、详细、准确地填写犯罪嫌疑人入所体检记录，必要时建议采用录像或者拍照的方式记录犯罪嫌疑人身体状况；发现侦查机关（部门）所外提讯的，应当及时了解所外提讯的时间、地点、理由、审批手续和犯罪嫌疑人所外接受讯问的情况，做好提押、还押时的体检情况记录的检察监督。发现违反有关监管规定的，及时依照有关法律、规定提出纠正意见或者检察建议，并记录在案。

15. 审查证人证言、被害人陈述，应当注意对询问程序、方式、内容以及询问笔录形式的审查，发现不符合规定的，应当要求侦查机关（部门）补正或者说明。注意审查证人、被害人能否辨别是非、正确表达，必要时进行询问、了解，同时审查证人、被害人作证是否个别进行；对证人、被害人在法律规定以外的地点接受询问的，应当审查其原因，必要时对该证言或者陈述进行复核。对证人证言、被害人陈述的内容是否真实，应当结合其他证据综合判断。对于犯罪嫌疑人及其辩护人或者证人、被害人提出侦查机关（部门）采用暴力、威胁等非法手段取证的，应当告知其要如实提供相关证据或者线索，并认真核查。

16. 对物证、书证以及勘验、检查笔录、搜查笔录、视听资料、电子证据等，既要审查其是否客观、真实反映案件事实，也要加强对证据的收集、制作程序和证据形式的审查。发现物证、书证和视听资料、电子证据等来源及收集、制作过程不明，或者勘验、检查笔录、搜查笔录的形式不符合规定或者记载内容有矛盾的，应当要求侦查机关（部门）补正，无法补正的应当作出说明或者合理解释，无法作出合理说明或者解释的，不能作为证据使用；发现侦查机关（部门）在勘验、检查、搜查过程中对与案件事实可能有关联的相关痕迹、物品应当提取而没有提取，应当要求侦查机关（部门）补充收集、调取；对物证的照片、录像或者复制品不能反映原物的外形和特征，或者书证的副本、复制件不能反映原件特征及其内容的，应当要求侦查机关（部门）重新制作；发现在案的物证、书证以及视听资料、电子证据等应当鉴定而没有鉴定的，应当要求侦查机关（部门）鉴定，必要时自行委托鉴定。

17. 对侦查机关（部门）的补正、说明，以及重新收集、制作的情况，应当认真审查，必要时可以进行复核。对于经侦查机关（部门）依法重新收集、及时补正或者能够作出合理解释，不影响物证、书证真实性的，可以作为批准或者决定逮捕、提起公诉的根据。侦查机关（部门）没有依法重新收集、补正，或者无法补正、重新制作且没有作出合理的解释或者说明，无法认定证据真实性的，该证据不能作为批准或者决定逮捕、提起公诉的根据。

18. 对于根据犯罪嫌疑人的供述、指认，提取到隐蔽性很强的物证、书证的，既要审查与其他证明犯罪事实发生的证据是否相互印证，也要审查侦查机关（部门）在犯罪嫌疑人供述、指认之前是否掌握该证据的情况，综合全案证据，判断是否作为批准或者决定逮捕、提起公诉的根据。

19. 审查鉴定意见，要着重审查检材的来源、提取、保管、送检是否符合法律及有关规定，鉴定机构或者鉴定人员是否具备法定资格和鉴定条件，鉴定意见的形式要件是否完备，鉴定程序是否合法，鉴定结论是否科学合理。检材来源不明或者可能被污染导致鉴定意见存疑的，应当要求侦查机关（部门）进行重新鉴定或者补充鉴定，必要时检察机关可以另行委托进行重新鉴定或者补充鉴定；鉴定机构或者鉴定人员不具备法定资格和鉴定条件，或者鉴定事项超出其鉴定范围以及违反回避规定的，应当要求侦查机关（部门）另行委托重新鉴定，必要时检察机关可以另行委托进行重新鉴定；鉴定意见形式要件不完备的，应当通过侦查机关（部门）要求鉴定机构补正；对鉴定程序、方法、结论等涉及专门技术问题的，必要时听取检察技术部门或者其他具有专门知识的人员的意见。

20. 发现侦查人员以刑讯逼供或者暴力、威胁等非法手段收集犯罪嫌疑人供述、被害人陈述、证人证言的，应当提出纠正意见，同时应当要求侦查机关（部门）另行指派侦查人员重新调查取证，必要时也可以自行调查取证。侦查机关（部门）未另行指派侦查人员重新调查取证的，可以依法退回补充侦查。经审查发现存在刑讯逼供、暴力取证等非法取证行为，该非法言词证据被排除后，其他证据不能证明犯罪嫌疑人实施犯罪行为的，应当不批准或者决定逮捕，已经移送审查起诉的，可以将案件退回侦查机关（部门）或者不起诉。办案人员排除非法证据的，应当在审查报告中说明。

四、做好证据合法性证明工作，提高依法指控犯罪的能力

21. 对证据的合法性进行证明，是检察机关依法指控犯罪、强化诉讼监督、保证办案质量的一项重要工作。要坚持对证据的合法性进行严格审查，依法排除非法证据，进一步提高出庭公诉水平，做好证据合法性证明工作。

22. 收到人民法院送交的反映被告人庭前供述是非法取得的书面意见或者告诉笔录复印件等有关材料后，应当及时根据提供的相关证据或者线索进行审查。审查逮捕、审查起诉期间已经提出并经查证不存在非法取证行为的，按照查证的情况做好庭审应对准备。提起公诉后提出新的证据或者线索的，应当要求侦查机关（部门）提供相关证明，必要时可以自行调查核实。

23. 庭审中，被告人及其辩护人提出被告人庭前供述是非法取得，没有提供相关证据或者线索的，公诉人应当根据全案证据情况综合说明该证据的合法性。被告人及其辩护人提供了相关证据或者线索，法庭经审查对被告人审判前供述取得的合法性有疑问的，公诉人应当向法庭提供讯问笔录、出入看守所的健康检查记录、看守管教人员的谈话记录以及侦查机关（部门）对讯问过程合法性的说明，讯问过程有录音录像的，应当提供。必要时提请法庭通知讯问时其他在场人员或者其他证人出庭作证，仍不能证明的，提请法庭通知讯问人员出庭作证。对被告人及其辩护人庭审中提出的新证据或者线索，当庭不能举证证明的，应当依法建议法庭延期审理，要求侦查机关（部门）提供相关证明，必要时可以自行调查核实。

24. 对于庭审中经综合举证、质证后认为被告人庭前供述取得的合法性已

经能够证实，但法庭仍有疑问的，可以建议法庭休庭对相关证据进行：调查核实。法庭进行庭外调查通知检察人员到场的，必要时检察人员应当到场。对法庭调查核实后的证据持有异议的，应当建议法庭重新开庭进行调查。

25. 对于庭审中被告人及其辩护人提出未到庭证人的书面证言、未到庭被害人的书面陈述是非法取得的，可以从证人或者被害人的作证资格、询问人员、询问程序和方式以及询问笔录的法定形式等方面对合法性作出说明；有原始询问过程录音录像或者其他证据能证明合法性的，可以在法庭上宣读或者出示。被告人及其辩护人提出明确的新证据或者线索，需要进一步调查核实的，应当依法建议法庭延期审理，要求侦查机关（部门）提供相关证明，必要时可以自行调查核实、对被告人及其辩护人所提供的证人证言、被害人陈述等证据取得的合法性有疑问的，应当建议法庭要求其提供证明。

26. 被告人及其辩护人在提起公诉后提出证据不合法的新证据或者线索，侦查机关（部门）对证据的合法性不能提供证据予以证明，或者提供的证据不够确实、充分，且其他证据不能充分证明被告人有罪的，可以撤回起诉，将案件退回侦查机关（部门）或者不起诉。

五、进一步健全工作机制，形成监督合力

27. 加大对刑讯逼供、暴力取证等违法犯罪行为的查办力度。侦查监督、公诉、渎职侵权检察、监所检察等各职能部门应当通力合作，完善情况通报、案件线索发现、证据移送、案件查办等各环节相互协调的工作机制。进一步提高对刑讯逼供、暴力取证等违法犯罪的发现能力和查办水平，通过对违法犯罪的及时有效追究，切实遏制非法取证等违法行为。

28. 完善审查逮捕、审查起诉对侦查活动监督的衔接机制和信息资源共享机制。对于批准或者决定逮捕但需要继续收集、补充、完善、固定证据的案件，以及不批准逮捕需要补充侦查的案件，侦查监督部门应当提出补充证据材料的意见，在送交侦查机关（部门）的同时，将副本送交公诉部门。侦查监督和公诉部门应当密切配合，跟踪监督，督促侦查机关（部门）补充完善证据。受理审查起诉的案件，应当审查侦查机关（部门）是否按照补充侦查意见补充相关证据材料。

29. 进一步健全和完善介入侦查。引导取证工作机制。侦查监督、公诉部门要加强与侦查机关（部门）的配合与制约。对于需要介入侦查以及侦查机关（部门）要求介入侦查的案件，应当及时介入，参与勘验、检查、复验、复查，参与对重大案件的讨论，对证据的收集、固定和补充、完善提出建议。

发现侦查活动有违法情形的，应当及时依法提出纠正意见。

30. 充分发挥刑事科学技术在办案中的重要作用。职务犯罪侦查、侦查监督、公诉、监所检察、检察技术部门要密切合作，运用技术手段提高发现、收集、固定证据的能力，提高涉及专门技术问题证据材料的审查、判断、运用的能力和水平。

31. 加强与侦查机关、审判机关的沟通与协调。通过联席会议、案件质量评析通报等形式，研究分析证据的收集、审查、判断、运用中发现的问题，与侦查机关、审判机关共同研究解决办法，并且结合当地实际健全完善贯彻落实两个《规定》的相关机制和措施。

32. 上级人民检察院应当不断总结实践中的经验和问题，强化管理、检查和监督，加强对下级人民检察院的业务指导。对于重大犯罪案件、在全国或者当地有重大影响的案件、上级人民检察院督办的案件以及经有关部门协调、协调意见与检察机关不一致的案件，下级人民检察院应当及时向上级人民检察院报告。

最高人民法院
关于审理人民检察院按照审判监督程序提出的刑事抗诉案件若干问题的规定

（2011年4月18日由最高人民法院审判委员会第1518次会议通过　2011年10月14日公布　2012年1月1日施行　法释〔2011〕23号）

为规范人民法院审理人民检察院按照审判监督程序提出的刑事抗诉案件，根据《中华人民共和国刑事诉讼法》及有关规定，结合审判工作实际，制定本规定。

第一条　人民法院收到人民检察院的抗诉书后，应在一个月内立案。经审查，具有下列情形之一的，应当决定退回人民检察院：

（一）不属于本院管辖的；

（二）按照抗诉书提供的住址无法向被提出抗诉的原审被告人送达抗诉书的；

（三）以有新证据为由提出抗诉，抗诉书未附有新的证据目录、证人名单和主要证据复印件或者照片的；

（四）以有新证据为由提出抗诉，但该证据并不是指向原起诉事实的。

人民法院决定退回的刑事抗诉案件，人民检察院经补充相关材料后再次提出抗诉，经审查符合受理条件的，人民法院应当予以受理。

第二条　人民检察院按照审判监督程序提出的刑事抗诉案件，接受抗诉的人民法院应当组成合议庭进行审理。涉及新证据需要指令下级人民法院再审的，接受抗诉的人民法院应当在接受抗诉之日起一个月以内作出决定，并将指令再审决定书送达提出抗诉的人民检察院。

第三条　本规定所指的新证据，是指具有下列情形之一，指向原起诉事实并可能改变原判决、裁定据以定罪量刑的事实的证据：

（一）原判决、裁定生效后新发现的证据；

（二）原判决、裁定生效前已经发现，但由于客观原因未予收集的证据；

（三）原判决、裁定生效前已经收集，但庭审中未予质证、认证的证据；

（四）原生效判决、裁定所依据的鉴定结论，勘验、检查笔录或其他证据被改变或者否定的。

第四条 对于原判决、裁定事实不清或者证据不足的案件，接受抗诉的人民法院进行重新审理后，应当按照下列情形分别处理：

（一）经审理能够查清事实的，应当在查清事实后依法裁判；

（二）经审理仍无法查清事实，证据不足，不能认定原审被告人有罪的，应当判决宣告原审被告人无罪；

（三）经审理发现有新证据且超过刑事诉讼法规定的指令再审期限的，可以裁定撤销原判，发回原审人民法院重新审判。

第五条 对于指令再审的案件，如果原来是第一审案件，接受抗诉的人民法院应当指令第一审人民法院依照第一审程序进行审判，所作的判决、裁定，可以上诉、抗诉；如果原来是第二审案件，接受抗诉的人民法院应当指令第二审人民法院依照第二审程序进行审判，所作的判决、裁定，是终审的判决、裁定。

第六条 在开庭审理前，人民检察院撤回抗诉的，人民法院应当裁定准许。

第七条 在送达抗诉书后被提出抗诉的原审被告人未到案的，人民法院应当裁定中止审理；原审被告人到案后，恢复审理。

第八条 被提出抗诉的原审被告人已经死亡或者在审理过程中死亡的，人民法院应当裁定终止审理，但对能够查清事实，确认原审被告人无罪的案件，应当予以改判。

第九条 人民法院作出裁判后，当庭宣告判决的，应当在五日内将裁判文书送达当事人、法定代理人、诉讼代理人、提出抗诉的人民检察院、辩护人和原审被告人的近亲属；定期宣告判决的，应当在判决宣告后立即将裁判文书送达当事人、法定代理人、诉讼代理人、提出抗诉的人民检察院、辩护人和原审被告人的近亲属。

第十条 以前发布的有关规定与本规定不一致的，以本规定为准。

最高人民法院、最高人民检察院、公安部、国家安全部、司法部、全国人大常委会法制工作委员会关于实施刑事诉讼法若干问题的规定

（2012 年 12 月 26 日公布　2013 年 1 月 1 日施行）

一、管辖

1. 公安机关侦查刑事案件涉及人民检察院管辖的贪污贿赂案件时，应当将贪污贿赂案件移送人民检察院；人民检察院侦查贪污贿赂案件涉及公安机关管辖的刑事案件，应当将属于公安机关管辖的刑事案件移送公安机关。在上述情况中，如果涉嫌主罪属于公安机关管辖，由公安机关为主侦查，人民检察院予以配合；如果涉嫌主罪属于人民检察院管辖，由人民检察院为主侦查，公安机关予以配合。

2. 刑事诉讼法第二十四条中规定："刑事案件由犯罪地的人民法院管辖。"刑事诉讼法规定的"犯罪地"，包括犯罪的行为发生地和结果发生地。

3. 具有下列情形之一的，人民法院、人民检察院、公安机关可以在其职责范围内并案处理：

（一）一人犯数罪的；

（二）共同犯罪的；

（三）共同犯罪的犯罪嫌疑人、被告人还实施其他犯罪的；

（四）多个犯罪嫌疑人、被告人实施的犯罪存在关联，并案处理有利于查明案件事实的。

二、辩护与代理

4. 人民法院、人民检察院、公安机关、国家安全机关、监狱的现职人员，人民陪审员，外国人或者无国籍人，以及与本案有利害关系的人，不得担任辩

护人。但是，上述人员系犯罪嫌疑人、被告人的监护人或者近亲属，犯罪嫌疑人、被告人委托其担任辩护人的，可以准许。无行为能力或者限制行为能力的人，不得担任辩护人。

一名辩护人不得为两名以上的同案犯罪嫌疑人、被告人辩护，不得为两名以上的未同案处理但实施的犯罪存在关联的犯罪嫌疑人、被告人辩护。

5. 刑事诉讼法第三十四条、第二百六十七条、第二百八十六条对法律援助作了规定。对于人民法院、人民检察院、公安机关根据上述规定，通知法律援助机构指派律师提供辩护或者法律帮助的，法律援助机构应当在接到通知后三日以内指派律师，并将律师的姓名、单位、联系方式书面通知人民法院、人民检察院、公安机关。

6. 刑事诉讼法第三十六条规定："辩护律师在侦查期间可以为犯罪嫌疑人提供法律帮助；代理申诉、控告；申请变更强制措施；向侦查机关了解犯罪嫌疑人涉嫌的罪名和案件有关情况，提出意见。"根据上述规定，辩护律师在侦查期间可以向侦查机关了解犯罪嫌疑人涉嫌的罪名及当时已查明的该罪的主要事实，犯罪嫌疑人被采取、变更、解除强制措施的情况，侦查机关延长侦查羁押期限等情况。

7. 刑事诉讼法第三十七条第二款规定："辩护律师持律师执业证书、律师事务所证明和委托书或者法律援助公函要求会见在押的犯罪嫌疑人、被告人的，看守所应当及时安排会见，至迟不得超过四十八小时。"根据上述规定，辩护律师要求会见在押的犯罪嫌疑人、被告人的，看守所应当及时安排会见，保证辩护律师在四十八小时以内见到在押的犯罪嫌疑人、被告人。

8. 刑事诉讼法第四十一条第一款规定："辩护律师经证人或者其他有关单位和个人同意，可以向他们收集与本案有关的材料，也可以申请人民检察院、人民法院收集、调取证据，或者申请人民法院通知证人出庭作证。"对于辩护律师申请人民检察院、人民法院收集、调取证据，人民检察院、人民法院认为需要调查取证的，应当由人民检察院、人民法院收集、调取证据，不得向律师签发准许调查决定书，让律师收集、调取证据。

9. 刑事诉讼法第四十二条第二款中规定："违反前款规定的，应当依法追究法律责任，辩护人涉嫌犯罪的，应当由办理辩护人所承办案件的侦查机关以外的侦查机关办理。"根据上述规定，公安机关、人民检察院发现辩护人涉嫌犯罪，或者接受报案、控告、举报、有关机关的移送，依照侦查管辖分工进行审查后认为符合立案条件的，应当按照规定报请办理辩护人所承办案件的侦查机关的上一级侦查机关指定其他侦查机关立案侦查，或者由上一级侦查机关立案侦查。不得指定办理辩护人所承办案件的侦查机关的下级侦查机关立案侦查。

10. 刑事诉讼法第四十七条规定："辩护人、诉讼代理人认为公安机关、人民检察院、人民法院及其工作人员阻碍其依法行使诉讼权利的，有权向同级或者上一级人民检察院申诉或者控告。人民检察院对申诉或者控告应当及时进行审查，情况属实的，通知有关机关予以纠正。"人民检察院受理辩护人、诉讼代理人的申诉或者控告后，应当在十日以内将处理情况书面答复提出申诉或者控告的辩护人、诉讼代理人。

三、证据

11. 刑事诉讼法第五十六条第一款规定："法庭审理过程中，审判人员认为可能存在本法第五十四条规定的以非法方法收集证据情形的，应当对证据收集的合法性进行法庭调查。"法庭经对当事人及其辩护人、诉讼代理人提供的相关线索或者材料进行审查后，认为可能存在刑事诉讼法第五十四条规定的以非法方法收集证据情形的，应当对证据收集的合法性进行法庭调查。法庭调查的顺序由法庭根据案件审理情况确定。

12. 刑事诉讼法第六十二条规定，对证人、鉴定人、被害人可以采取"不公开真实姓名、住址和工作单位等个人信息"的保护措施。人民法院、人民检察院和公安机关依法决定不公开证人、鉴定人、被害人的真实姓名、住址和工作单位等个人信息的，可以在判决书、裁定书、起诉书、询问笔录等法律文书、证据材料中使用化名等代替证人、鉴定人、被害人的个人信息。但是，应当书面说明使用化名的情况并标明密级，单独成卷。辩护律师经法庭许可，查阅对证人、鉴定人、被害人使用化名情况的，应当签署保密承诺书。

四、强制措施

13. 被取保候审、监视居住的犯罪嫌疑人、被告人无正当理由不得离开所居住的市、县或者执行监视居住的处所，有正当理由需要离开所居住的市、县或者执行监视居住的处所，应当经执行机关批准。如果取保候审、监视居住是由人民检察院、人民法院决定的，执行机关在批准犯罪嫌疑人、被告人离开所居住的市、县或者执行监视居住的处所前，应当征得决定机关同意。

14. 对取保候审保证人是否履行了保证义务，由公安机关认定，对保证人的罚款决定，也由公安机关作出。

15. 指定居所监视居住的，不得要求被监视居住人支付费用。

16. 刑事诉讼法规定，拘留由公安机关执行。对于人民检察院直接受理的案件，人民检察院作出的拘留决定，应当送达公安机关执行，公安机关应当立即执行，人民检察院可以协助公安机关执行。

17. 对于人民检察院批准逮捕的决定，公安机关应当立即执行，并将执行回执及时送达批准逮捕的人民检察院。如果未能执行，也应当将回执送达人民检察院，并写明未能执行的原因。对于人民检察院决定不批准逮捕的，公安机关在收到不批准逮捕决定书后，应当立即释放在押的犯罪嫌疑人或者变更强制措施，并将执行回执在收到不批准逮捕决定书后的三日内送达作出不批准逮捕决定的人民检察院。

五、立案

18. 刑事诉讼法第一百一十一条规定："人民检察院认为公安机关对应当立案侦查的案件而不立案侦查的，或者被害人认为公安机关对应当立案侦查的案件而不立案侦查，向人民检察院提出的，人民检察院应当要求公安机关说明不立案的理由。人民检察院认为公安机关不立案理由不能成立的，应当通知公安机关立案，公安机关接到通知后应当立案。"根据上述规定，公安机关收到人民检察院要求说明不立案理由通知书后，应当在七日内将说明情况书面答复人民检察院。人民检察院认为公安机关不立案理由不能成立，发出通知立案书时，应当将有关证明应当立案的材料同时移送公安机关。公安机关收到通知立案书后，应当在十五日内决定立案，并将立案决定书送达人民检察院。

六、侦查

19. 刑事诉讼法第一百二十一条第一款规定："侦查人员在讯问犯罪嫌疑人的时候，可以对讯问过程进行录音或者录像；对于可能判处无期徒刑、死刑的案件或者其他重大犯罪案件，应当对讯问过程进行录音或者录像。"侦查人员对讯问过程进行录音或者录像的，应当在讯问笔录中注明。人民检察院、人民法院可以根据需要调取讯问犯罪嫌疑人的录音或者录像，有关机关应当及时提供。

20. 刑事诉讼法第一百四十九条中规定："批准决定应当根据侦查犯罪的需要，确定采取技术侦查措施的种类和适用对象。"采取技术侦查措施收集的材料作为证据使用的，批准采取技术侦查措施的法律文书应当附卷，辩护律师可以依法查阅、摘抄、复制，在审判过程中可以向法庭出示。

21. 公安机关对案件提请延长羁押期限的，应当在羁押期限届满七日前提出，并书面呈报延长羁押期限案件的主要案情和延长羁押期限的具体理由，人民检察院应当在羁押期限届满前作出决定。

22. 刑事诉讼法第一百五十八条第一款规定："在侦查期间，发现犯罪嫌疑人另有重要罪行的，自发现之日起依照本法第一百五十四条的规定重新计算侦查羁押期限。"公安机关依照上述规定重新计算侦查羁押期限的，不需要经人民检察院批准，但应当报人民检察院备案，人民检察院可以进行监督。

七、提起公诉

23. 上级公安机关指定下级公安机关立案侦查的案件，需要逮捕犯罪嫌疑人的，由侦查该案件的公安机关提请同级人民检察院审查批准；需要提起公诉的，由侦查该案件的公安机关移送同级人民检察院审查起诉。

人民检察院对于审查起诉的案件，按照刑事诉讼法的管辖规定，认为应当由上级人民检察院或者同级其他人民检察院起诉的，应当将案件移送有管辖权的人民检察院。人民检察院认为需要依照刑事诉讼法的规定指定审判管辖的，应当协商同级人民法院办理指定管辖有关事宜。

24. 人民检察院向人民法院提起公诉时，应当将案卷材料和全部证据移送人民法院，包括犯罪嫌疑人、被告人翻供的材料，证人改变证言的材料，以及对犯罪嫌疑人、被告人有利的其他证据材料。

八、审判

25. 刑事诉讼法第一百八十一条规定："人民法院对提起公诉的案件进行审查后，对于起诉书中有明确的指控犯罪事实的，应当决定开庭审判。"对于人民检察院提起公诉的案件，人民法院都应当受理。人民法院对提起公诉的案件进行审查后，对于起诉书中有明确的指控犯罪事实并且附有案卷材料、证据的，应当决定开庭审判，不得以上述材料不充足为由而不开庭审判。如果人民检察院移送的材料中缺少上述材料的，人民法院可以通知人民检察院补充材料，人民检察院应当自收到通知之日起三日内补送。

人民法院对提起公诉的案件进行审查的期限计入人民法院的审理期限。

26. 人民法院开庭审理公诉案件时，出庭的检察人员和辩护人需要出示、宣读、播放已移交人民法院的证据的，可以申请法庭出示、宣读、播放。

27. 刑事诉讼法第三十九条规定："辩护人认为在侦查、审查起诉期间公安机关、人民检察院收集的证明犯罪嫌疑人、被告人无罪或者罪轻的证据材料未提交的，有权申请人民检察院、人民法院调取。"第一百九十一条第一款规定："法庭审理过程中，合议庭对证据有疑问的，可以宣布休庭，对证据进行调查核实。”第一百九十二条第一款规定：“法庭审理过程中，当事人和辩护人、诉讼代理人有权申请通知新的证人到庭，调取新的物证，申请重新鉴定或者勘验。”根据上述规定，自案件移送审查起诉之日起，人民检察院可以根据辩护人的申请，向公安机关调取未提交的证明犯罪嫌疑人、被告人无罪或者罪轻的证据材料。在法庭审理过程中，人民法院可以根据辩护人的申请，向人民检察院调取未提交的证明被告人无罪或者罪轻的证据材料，也可以向人民检察院调取需要调查核实的证据材料。公安机关、人民检察院应当自收到要求调取证据材料决定书后三日内移交。

28. 人民法院依法通知证人、鉴定人出庭作证的，应当同时将证人、鉴定人出庭通知书送交控辩双方，控辩双方应当予以配合。

29. 刑事诉讼法第一百八十七条第三款规定：“公诉人、当事人或者辩护人、诉讼代理人对鉴定意见有异议，人民法院认为鉴定人有必要出庭的，鉴定人应当出庭作证。经人民法院通知，鉴定人拒不出庭作证的，鉴定意见不得作为定案的根据。”根据上述规定，依法应当出庭的鉴定人经人民法院通知未出庭作证的，鉴定意见不得作为定案的根据。鉴定人由于不能抗拒的原因或者有其他正当理由无法出庭的，人民法院可以根据案件审理情况决定延期审理。

30. 人民法院审理公诉案件，发现有新的事实，可能影响定罪的，人民检察院可以要求补充起诉或者变更起诉，人民法院可以建议人民检察院补充起诉或者变更起诉。人民法院建议人民检察院补充起诉或者变更起诉的，人民检察院应当在七日以内回复意见。

31. 法庭审理过程中，被告人揭发他人犯罪行为或者提供重要线索，人民检察院认为需要进行查证的，可以建议补充侦查。

32. 刑事诉讼法第二百零三条规定：“人民检察院发现人民法院审理案件违反法律规定的诉讼程序，有权向人民法院提出纠正意见。”人民检察院对违反法定程序的庭审活动提出纠正意见，应当由人民检察院在庭审后提出。

九、执行

33. 刑事诉讼法第二百五十四条第五款中规定：“在交付执行前，暂予监外执行由交付执行的人民法院决定。”对于被告人可能被判处拘役、有期徒刑、无期徒刑，符合暂予监外执行条件的，被告人及其辩护人有权向人民法院提出暂予监外执行的申请，看守所可以将有关情况通报人民法院。人民法院应当进行审查，并在交付执行前作出是否暂予监外执行的决定。

34. 刑事诉讼法第二百五十七条第三款规定：“不符合暂予监外执行条件

的罪犯通过贿赂等非法手段被暂予监外执行的，在监外执行的期间不计入执行刑期。罪犯在暂予监外执行期间脱逃的，脱逃的期间不计入执行刑期。”对于人民法院决定暂予监外执行的罪犯具有上述情形的，人民法院在决定予以收监的同时，应当确定不计入刑期的期间。对于监狱管理机关或者公安机关决定暂予监外执行的罪犯具有上述情形的，罪犯被收监后，所在监狱或者看守所应当及时向所在地的中级人民法院提出不计入执行刑期的建议书，由人民法院审核裁定。

35. 被决定收监执行的社区矫正人员在逃的，社区矫正机构应当立即通知公安机关，由公安机关负责追捕。

十、涉案财产的处理

36. 对于依照刑法规定应当追缴的违法所得及其他涉案财产，除依法返还被害人的财物以及依法销毁的违禁品外，必须一律上缴国库。查封、扣押的涉案财产，依法不移送的，待人民法院作出生效判决、裁定后，由人民法院通知查封、扣押机关上缴国库，查封、扣押机关应当向人民法院送交执行回单；冻结在金融机构的违法所得及其他涉案财产，待人民法院作出生效判决、裁定后，由人民法院通知有关金融机构上缴国库，有关金融机构应当向人民法院送交执行回单。

对于被扣押、冻结的债券、股票、基金份额等财产，在扣押、冻结期间权利人申请出售，经扣押、冻结机关审查，不损害国家利益、被害人利益，不影响诉讼正常进行的，以及扣押、冻结的汇票、本票、支票的有效期即将届满的，可以在判决生效前依法出售或者变现，所得价款由扣押、冻结机关保管，并及时告知当事人或者其近亲属。

37. 刑事诉讼法第一百四十二条第一款中规定：“人民检察院、公安机关根据侦查犯罪的需要，可以依照规定查询、冻结犯罪嫌疑人的存款、汇款、债券、股票、基金份额等财产。”根据上述规定，人民检察院、公安机关不能扣划存款、汇款、债券、股票、基金份额等财产。对于犯罪嫌疑人、被告人死亡，依照刑法规定应当追缴其违法所得及其他涉案财产的，适用刑事诉讼法第五编第三章规定的程序，由人民检察院向人民法院提出没收违法所得的申请。

38. 犯罪嫌疑人、被告人死亡，现有证据证明存在违法所得及其他涉案财产应当予以没收的，公安机关、人民检察院可以进行调查。公安机关、人民检察院进行调查，可以依法进行查封、扣押、查询、冻结。

人民法院在审理案件过程中，被告人死亡的，应当裁定终止审理；被告人脱逃的，应当裁定中止审理。人民检察院可以依法另行向人民法院提出没收违法所得的申请。

39. 对于人民法院依法作出的没收违法所得的裁定，犯罪嫌疑人、被告人的近亲属和其他利害关系人或者人民检察院可以在五日内提出上诉、抗诉。

十一、其他

40. 刑事诉讼法第一百四十七条规定："对犯罪嫌疑人作精神病鉴定的期间不计入办案期限。"根据上述规定，犯罪嫌疑人、被告人在押的案件，除对犯罪嫌疑人、被告人的精神病鉴定期间不计入办案期限外，其他鉴定期间都应当计入办案期限。对于因鉴定时间较长，办案期限届满仍不能终结的案件，自期限届满之日起，应当对被羁押的犯罪嫌疑人、被告人变更强制措施，改为取保候审或者监视居住。

国家安全机关依照法律规定，办理危害国家安全的刑事案件，适用本规定中有关公安机关的规定。

本规定自2013年1月1日起施行。1998年1月19日发布的《最高人民法院、最高人民检察院、公安部、国家安全部、司法部、全国人大常委会法制工作委员会关于刑事诉讼法实施中若干问题的规定》同时废止。

最高人民法院
最高人民检察院
公安部
国家安全部
司法部
全国人大常委会法制工作委员会
2012年12月26日

最高人民检察院
关于加强和改进刑事抗诉工作的意见

（2014 年 11 月 26 日公布并施行　高检发诉字〔2014〕29 号）

为促进司法公正，保证法律统一正确实施，强化检察机关法律监督，提升刑事抗诉工作水平，根据法律规定，结合检察工作实际，现就加强和改进人民检察院刑事抗诉工作提出以下意见。

一、刑事抗诉工作的基本要求

1. 刑事抗诉是法律赋予检察机关的重要职权。通过刑事抗诉纠正确有错误的裁判，切实维护司法公正，是人民检察院履行法律监督职能的重要体现。全面加强和改进刑事抗诉工作，对于维护司法公正，保护诉讼当事人合法权益，实现社会公平正义，促进社会和谐稳定，树立和维护法治权威具有重要意义。

2. 对刑事抗诉工作的基本要求是：

——依法。严格依照法律规定独立公正开展刑事抗诉工作，不受任何干预，防止滥用抗诉权或者怠于行使抗诉权。

——准确。案件质量是刑事抗诉工作的生命线。要精细化审查案件事实、证据和法律适用，全面理解、准确把握刑事抗诉的条件和标准，确保刑事抗诉案件质量。

——及时。增强时限意识，严格遵守办理刑事抗诉案件期限的规定，对符合抗诉条件和标准的案件，及时提出抗诉，提高工作效率。

——有效。围绕经济社会发展大局，关注社会热点，回应公众关切，突出监督重点，加强矛盾化解，注重刑事政策在抗诉工作中的具体运用，实现抗诉工作法律效果和社会效果的统一。

二、刑事抗诉的情形

3. 人民法院刑事判决、裁定在认定事实方面确有下列错误，导致定罪或者量刑明显不当的，人民检察院应当提出抗诉和支持抗诉：

（1）刑事判决、裁定认定的事实与证据证明的事实不一致的；

（2）认定的事实与裁判结论有矛盾的；

（3）有新的证据证明原判决、裁定认定的事实确有错误的。

4. 人民法院刑事判决、裁定在采信证据方面确有下列错误，导致定罪或者量刑明显不当的，人民检察院应当提出抗诉和支持抗诉：

（1）刑事判决、裁定据以认定案件事实的证据不确实的；

（2）据以定案的证据不足以认定案件事实，或者所证明的案件事实与裁判结论之间缺乏必然联系的；

（3）据以定案的证据依法应当予以排除而未被排除的；

（4）不应当排除的证据作为非法证据被排除或者不予采信的；

（5）据以定案的主要证据之间存在矛盾，无法排除合理怀疑的；

（6）因被告人翻供、证人改变证言而不采纳依法收集并经庭审质证为合法、有效的其他证据，判决无罪或者改变事实认定的；

（7）经审查犯罪事实清楚，证据确实、充分，人民法院以证据不足为由判决无罪或者改变事实认定的。

5. 人民法院刑事判决、裁定在适用法律方面确有下列错误的，人民检察院应当提出抗诉和支持抗诉：

（1）定罪错误，即对案件事实进行评判时发生错误。主要包括：有罪判无罪，无罪判有罪；混淆此罪与彼罪、一罪与数罪的界限，造成罪刑不相适应，或者在司法实践中产生重大不良影响的；

（2）量刑错误，即适用刑罚与犯罪的事实、性质、情节和社会危害程度不相适应，重罪轻判或者轻罪重判，导致量刑明显不当。主要包括：不具有法定量刑情节而超出法定刑幅度量刑；认定或者适用法定量刑情节错误，导致未在法定刑幅度内量刑或者量刑明显不当；共同犯罪案件中各被告人量刑与其在共同犯罪中的地位、作用明显不相适应或者不均衡；适用主刑刑种错误；适用附加刑错误；适用免予刑事处罚、缓刑错误；适用刑事禁止令、限制减刑错误的。

6. 人民法院在审判过程中有下列严重违反法定诉讼程序情形之一，可能影响公正裁判的，人民检察院应当提出抗诉和支持抗诉：

（1）违反有关公开审判规定的；

（2）违反有关回避规定的；

（3）剥夺或者限制当事人法定诉讼权利的；

（4）审判组织的组成不合法的；

（5）除另有规定的以外，证据材料未经庭审质证直接采纳作为定案根据，或者人民法院依申请收集、调取的证据材料和合议庭休庭后自行调查取得的证据材料没有经过庭审质证而直接采纳作为定案根据的；

（6）由合议庭进行审判的案件未经过合议庭评议直接宣判的；

（7）其他严重违反法定诉讼程序情形的。

7. 对人民检察院提出的刑事附带民事诉讼部分所作判决、裁定明显不当的，或者当事人提出申诉的已生效刑事附带民事诉讼部分判决、裁定明显不当的，人民检察院应当提出抗诉和支持抗诉。

8. 人民法院适用犯罪嫌疑人、被告人逃匿、死亡案件违法所得的没收程序所作的裁定确有错误的，人民检察院应当提出抗诉和支持抗诉。

9. 审判人员在审理案件的时候，有贪污受贿、徇私舞弊或者枉法裁判行为，影响公正审判的，人民检察院应当提出抗诉和支持抗诉。

10. 人民法院刑事判决、裁定认定事实、采信证据有下列情形之一的，一般不应当提出抗诉：

（1）被告人提出罪轻、无罪辩解或者翻供后，认定犯罪性质、情节或者有罪的证据之间的矛盾无法排除，导致判决书未认定起诉指控罪名或者相关犯罪事实的；

（2）刑事判决改变起诉指控罪名，导致量刑差异较大，但没有足够证据或者法律依据证明人民法院改变罪名错误的；

（3）案件定罪事实清楚，因有关量刑情节难以查清，人民法院在法定刑幅度内从轻处罚的；

（4）依法排除非法证据后，证明部分或者全部案件事实的证据达不到确实、充分的标准，人民法院不予认定该部分案件事实或者判决无罪的。

11. 人民法院刑事判决、裁定在适用法律方面有下列情形之一的，一般不应当提出抗诉：

（1）法律规定不明确、存有争议，抗诉的法律依据不充分的；

（2）具有法定从轻或者减轻处罚情节，量刑偏轻的；

（3）被告人系患有严重疾病、生活不能自理的人，怀孕或者正在哺乳自己婴儿的妇女，生活不能自理的人的唯一扶养人，量刑偏轻的；

（4）被告人认罪并积极赔偿损失，取得被害方谅解，量刑偏轻的。

12. 人民法院审判活动违反法定诉讼程序，其严重程度不足以影响公正裁判，或者判决书、裁定书存在技术性差错，不影响案件实质性结论的，一般不应当提出抗诉。必要时以纠正审理违法意见书监督人民法院纠正审判活动中的违法情形或者以检察建议书等形式要求人民法院更正法律文书中的差错。

13. 人民法院判处被告人死刑缓期二年执行的案件，具有下列情形之一，除原判决认定事实、适用法律有严重错误或者社会反响强烈的以外，一般不应当提出判处死刑立即执行的抗诉：

（1）被告人有自首、立功等法定从轻、减轻处罚情节的；

（2）定罪的证据确实、充分，但影响量刑的主要证据存有疑问的；

（3）因婚姻家庭、邻里纠纷等民间矛盾激化引发的案件，因被害方的过错行为引起的案件，案发后被告人真诚悔罪、积极赔偿被害方经济损失并取得被害方谅解的；

（4）罪犯被送交监狱执行刑罚后，认罪服法，狱中表现较好，且死缓考验期限将满的。

三、刑事抗诉案件的审查

14. 办理刑事抗诉案件，应当严格按照刑法、刑事诉讼法、相关司法解释和规范性文件的要求，全面、细致地审查案件事实、证据、法律适用以及程序执行，综合考虑犯罪性质、情节和社会危害程度等因素，准确分析认定原审裁判是否确有错误，根据错误的性质和程度，决定是否提出（请）抗诉。

15. 对刑事抗诉案件的事实，应当重点从以下几个方面进行审查：犯罪动机、目的是否明确；犯罪手段是否清楚；与定罪量刑有关的事实、情节是否查明；犯罪的危害后果是否查明；行为和结果之间是否存在刑法上的因果关系。

16. 对刑事抗诉案件的证据，应当重点从以下几个方面进行审查：认定犯罪主体的证据是否确实、充分；认定犯罪事实的证据是否确实、充分；涉及犯罪性质、决定罪名的证据是否确实、充分；涉及量刑情节的证据是否确实、充分；提出抗诉的刑事案件，支持抗诉意见的证据是否具备合法性、客观性和关联性；抗诉证据之间、抗诉意见与抗诉证据之间是否存在矛盾；支持抗诉意见的证据是否确实、充分。

17. 办理刑事抗诉案件，应当讯问原审被告人，并可根据案情需要复核或者补充相关证据。

18. 对刑事抗诉案件的法律适用，应当重点从以下几个方面进行审查：适用的法律和法律条文是否正确；罪与非罪、此罪与彼罪、一罪与数罪的认定是否正确；具有法定从重、从轻、减轻或者免除处罚情节的，适用法律是否正确；适用刑种和量刑幅度是否正确；刑事附带民事诉讼，以及犯罪嫌疑人、被告人逃匿、死亡案件违法所得的没收程序的判决、裁定是否符合法律规定。

19. 人民检察院依照刑事审判监督程序提出抗诉的案件，需要对原审被告人采取强制措施的，由人民检察院依法决定。

20. 按照第二审程序提出抗诉的人民检察院，应当及时将刑事抗诉书和检察卷报送上一级人民检察院。提请上一级人民检察院按照审判监督程序抗诉的人民检察院，应当及时将提请抗诉报告书（一式十份）和侦查卷、检察卷、人民法院审判卷报送上一级人民检察院。经本院检察委员会讨论决定的，应当一并报送本院检察委员会会议纪要。刑事抗诉书和提请抗诉报告书应当充分阐述抗诉理由。

21. 上一级人民检察院对下级人民检察院按照第二审程序提出抗诉的案件，支持或者部分支持抗诉意见的，可以变更、补充抗诉理由，及时制作支持刑事抗诉意见书，阐明支持或者部分支持抗诉的意见和理由，送达同级人民法院，同时通知提出抗诉的人民检察院；不支持抗诉的，应当制作撤回抗诉决定书，送达同级人民法院，同时通知提出抗诉的人民检察院，并向提出抗诉的人民检察院书面说明撤回抗诉理由。

上一级人民检察院在抗诉期限内，发现下级人民检察院应当提出抗诉而没有提出抗诉的，可以指令下级人民检察院依法提出抗诉。

22. 承办刑事抗诉案件的检察人员，应当认真履行出席二审或者再审法庭的职责。

出席刑事抗诉案件法庭，承办案件的检察人员应当制作出庭预案，做好庭审前各项准备。庭审中举证、质证、辩论，应当围绕抗诉重点进行，针对原审法院判决、裁定中的错误进行重点阐述和论证。

23. 强化办案时限意识，及时办理刑事抗诉案件。对一审或者生效裁判的抗诉，刑事诉讼法、《人民检察院刑事诉讼规则（试行）》和最高人民检察院相关规范性文件规定了明确的期限，经审查认为法院裁判确有错误的，应当在规定期限内提出（请）抗诉，及时启动二审或者再审程序。

四、健全和落实刑事抗诉工作机制

24. 严格落实对法院裁判逐案审查机制。人民检察院公诉部门对提起公诉的案件，在收到法院裁判后要指定专人在规定期限内认真审查。

25. 落实刑事抗诉案件审核机制。对于需要提出抗诉的案件，承办人员应当及时提出意见，报部门负责人或者检察官办案组织负责人审核，由检察长决定；案情重大、疑难、复杂的案件，由检察委员会决定。

26. 健全上级检察院对刑事抗诉工作的业务指导机制。上级检察院要加强刑事抗诉个案和类案专项指导，主动帮助下级检察院解决办案中遇到的问题，排除阻力和干扰。要结合本地区实际，组织开展工作情况通报、工作经验推广、案件剖析评查、优秀案件评选、典型案例评析、业务研讨培训、庭审观摩交流等活动，推动刑事抗诉工作发展。

27. 落实检察长列席人民法院审判委员会工作机制。按照最高人民法院、最高人民检察院《关于人民检察院检察长列席人民法院审判委员会会议的实施意见》的相关规定，人民法院审判委员会讨论人民检察院提出的刑事抗诉案件，同级人民检察院检察长或者受检察长委托的副检察长应当依法列席。列席人员应当在会前熟悉案情、准备意见和预案，在会上充分阐述人民检察院的抗诉意见和理由。

28. 健全同级人民检察院与人民法院之间的沟通联系工作机制。地方各级人民检察院要与同级人民法院进行经常性的工作联系，就个案或者类案的认识分歧以及法律政策适用等问题充分交换意见。

29. 建立健全新形势下刑事抗诉案件舆情应对工作机制。对于引起媒体关注的热点敏感刑事抗诉案件，要建立快速反应工作机制，及时采取措施，依法公开相关信息，树立人民检察院维护司法公正的形象。

30. 当事人及其法定代理人、近亲属认为人民法院已经发生法律效力的刑事判决、裁定确有错误，向人民检察院申诉的，适用《最高人民检察院关于办理不服人民法院生效刑事裁判申诉案件若干问题的规定》和《人民检察院复查刑事申诉案件的规定》的规定。

对人民法院作出的职务犯罪案件第一审判决，由上下两级人民检察院同步审查，审查办理案件适用《最高人民检察院关于加强对职务犯罪案件第一审判决法律监督的若干规定（试行）》的规定。

31. 本意见由最高人民检察院负责解释。自发布之日起施行。本意见发布前最高人民检察院有关刑事抗诉的规定，与本意见相抵触的，以本意见为准。

最高人民法院
中华人民共和国人民法院法庭规则

（1993年11月26日最高人民法院审判委员会第617次会议通过　根据2015年12月21日最高人民法院审判委员会第1673次会议通过的《最高人民法院关于修改〈中华人民共和国人民法院法庭规则〉的决定》修正　2016年4月13日公布　2016年5月1日施行　法释〔2016〕7号）

第一条　为了维护法庭安全和秩序，保障庭审活动正常进行，保障诉讼参与人依法行使诉讼权利，方便公众旁听，促进司法公正，彰显司法权威，根据《中华人民共和国人民法院组织法》《中华人民共和国刑事诉讼法》《中华人民共和国民事诉讼法》《中华人民共和国行政诉讼法》等有关法律规定，制定本规则。

第二条　法庭是人民法院代表国家依法审判各类案件的专门场所。

法庭正面上方应当悬挂国徽。

第三条　法庭分设审判活动区和旁听区，两区以栏杆等进行隔离。

审理未成年人案件的法庭应当根据未成年人身心发展特点设置区域和席位。

有新闻媒体旁听或报道庭审活动时，旁听区可以设置专门的媒体记者席。

第四条　刑事法庭可以配置同步视频作证室，供依法应当保护或其他确有保护必要的证人、鉴定人、被害人在庭审作证时使用。

第五条　法庭应当设置残疾人无障碍设施；根据需要配备合议庭合议室，检察人员、律师及其他诉讼参与人休息室，被告人羁押室等附属场所。

第六条　进入法庭的人员应当出示有效身份证件，并接受人身及携带物品的安全检查。

持有效工作证件和出庭通知履行职务的检察人员、律师可以通过专门通道进入法庭。需要安全检查的，人民法院对检察人员和律师平等对待。

第七条 除经人民法院许可，需要在法庭上出示的证据外，下列物品不得携带进入法庭：

（一）枪支、弹药、管制刀具以及其他具有杀伤力的器具；

（二）易燃易爆物、疑似爆炸物；

（三）放射性、毒害性、腐蚀性、强气味性物质以及传染病病原体；

（四）液体及胶状、粉末状物品；

（五）标语、条幅、传单；

（六）其他可能危害法庭安全或妨害法庭秩序的物品。

第八条 人民法院应当通过官方网站、电子显示屏、公告栏等向公众公开各法庭的编号、具体位置以及旁听席位数量等信息。

第九条 公开的庭审活动，公民可以旁听。

旁听席位不能满足需要时，人民法院可以根据申请的先后顺序或者通过抽签、摇号等方式发放旁听证，但应当优先安排当事人的近亲属或其他与案件有利害关系的人旁听。

下列人员不得旁听：

（一）证人、鉴定人以及准备出庭提出意见的有专门知识的人；

（二）未获得人民法院批准的未成年人；

（三）拒绝接受安全检查的人；

（四）醉酒的人、精神病人或其他精神状态异常的人；

（五）其他有可能危害法庭安全或妨害法庭秩序的人。

依法有可能封存犯罪记录的公开庭审活动，任何单位或个人不得组织人员旁听。

依法不公开的庭审活动，除法律另有规定外，任何人不得旁听。

第十条 人民法院应当对庭审活动进行全程录像或录音。

第十一条 依法公开进行的庭审活动，具有下列情形之一的，人民法院可以通过电视、互联网或其他公共媒体进行图文、音频、视频直播或录播：

（一）公众关注度较高；

（二）社会影响较大；

（三）法治宣传教育意义较强。

第十二条 出庭履行职务的人员，按照职业着装规定着装。但是，具有下列情形之一的，着正装：

（一）没有职业着装规定；

（二）侦查人员出庭作证；

（三）所在单位系案件当事人。

非履行职务的出庭人员及旁听人员，应当文明着装。

第十三条　刑事在押被告人或上诉人出庭受审时，着正装或便装，不着监管机构的识别服。

人民法院在庭审活动中不得对被告人或上诉人使用戒具，但认为其人身危险性大，可能危害法庭安全的除外。

第十四条　庭审活动开始前，书记员应当宣布本规则第十七条规定的法庭纪律。

第十五条　审判人员进入法庭以及审判长或独任审判员宣告判决、裁定、决定时，全体人员应当起立。

第十六条　人民法院开庭审判案件应当严格按照法律规定的诉讼程序进行。

审判人员在庭审活动中应当平等对待诉讼各方。

第十七条　全体人员在庭审活动中应当服从审判长或独任审判员的指挥，尊重司法礼仪，遵守法庭纪律，不得实施下列行为：

（一）鼓掌、喧哗；

（二）吸烟、进食；

（三）拨打或接听电话；

（四）对庭审活动进行录音、录像、拍照或使用移动通信工具等传播庭审活动；

（五）其他危害法庭安全或妨害法庭秩序的行为。

检察人员、诉讼参与人发言或提问，应当经审判长或独任审判员许可。

旁听人员不得进入审判活动区，不得随意站立、走动，不得发言和提问。

媒体记者经许可实施第一款第四项规定的行为，应当在指定的时间及区域进行，不得影响或干扰庭审活动。

第十八条　审判长或独任审判员主持庭审活动时，依照规定使用法槌。

第十九条　审判长或独任审判员对违反法庭纪律的人员应当予以警告；对不听警告的，予以训诫；对训诫无效的，责令其退出法庭；对拒不退出法庭的，指令司法警察将其强行带出法庭。

行为人违反本规则第十七条第一款第四项规定的，人民法院可以暂扣其使用的设备及存储介质，删除相关内容。

第二十条　行为人实施下列行为之一，危及法庭安全或扰乱法庭秩序的，根据相关法律规定，予以罚款、拘留；构成犯罪的，依法追究其刑事责任：

（一）非法携带枪支、弹药、管制刀具或者爆炸性、易燃性、放射性、毒害性、腐蚀性物品以及传染病病原体进入法庭；

（二）哄闹、冲击法庭；

（三）侮辱、诽谤、威胁、殴打司法工作人员或诉讼参与人；

（四）毁坏法庭设施，抢夺、损毁诉讼文书、证据；

（五）其他危害法庭安全或扰乱法庭秩序的行为。

第二十一条 司法警察依照审判长或独任审判员的指令维持法庭秩序。

出现危及法庭内人员人身安全或者严重扰乱法庭秩序等紧急情况时，司法警察可以直接采取必要的处置措施。

人民法院依法对违反法庭纪律的人采取的扣押物品、强行带出法庭以及罚款、拘留等强制措施，由司法警察执行。

第二十二条 人民检察院认为审判人员违反本规则的，可以在庭审活动结束后向人民法院提出处理建议。

诉讼参与人、旁听人员认为审判人员、书记员、司法警察违反本规则的，可以在庭审活动结束后向人民法院反映。

第二十三条 检察人员违反本规则的，人民法院可以向人民检察院通报情况并提出处理建议。

第二十四条 律师违反本规则的，人民法院可以向司法行政机关及律师协会通报情况并提出处理建议。

第二十五条 人民法院进行案件听证、国家赔偿案件质证、网络视频远程审理以及在法院以外的场所巡回审判等，参照适用本规则。

第二十六条 外国人、无国籍人旁听庭审活动，外国媒体记者报道庭审活动，应当遵守本规则。

第二十七条 本规则自 2016 年 5 月 1 日起施行；最高人民法院此前发布的司法解释及规范性文件与本规则不一致的，以本规则为准。

最高人民法院、最高人民检察院、公安部、国家安全部、司法部关于办理刑事案件严格排除非法证据若干问题的规定

（2017年6月20日公布　2017年6月27日施行　法发〔2017〕15号）

为准确惩罚犯罪，切实保障人权，规范司法行为，促进司法公正，根据《中华人民共和国刑事诉讼法》及有关司法解释等规定，结合司法实际，制定如下规定。

一、一般规定

第一条　严禁刑讯逼供和以威胁、引诱、欺骗以及其他非法方法收集证据，不得强迫任何人证实自己有罪。对一切案件的判处都要重证据，重调查研究，不轻信口供。

第二条　采取殴打、违法使用戒具等暴力方法或者变相肉刑的恶劣手段，使犯罪嫌疑人、被告人遭受难以忍受的痛苦而违背意愿作出的供述，应当予以排除。

第三条　采用以暴力或者严重损害本人及其近亲属合法权益等进行威胁的方法，使犯罪嫌疑人、被告人遭受难以忍受的痛苦而违背意愿作出的供述，应当予以排除。

第四条　采用非法拘禁等非法限制人身自由的方法收集的犯罪嫌疑人、被告人供述，应当予以排除。

第五条　采用刑讯逼供方法使犯罪嫌疑人、被告人作出供述，之后犯罪嫌疑人、被告人受该刑讯逼供行为影响而作出的与该供述相同的重复性供述，应当一并排除，但下列情形除外：

（一）侦查期间，根据控告、举报或者自己发现等，侦查机关确认或者不

能排除以非法方法收集证据而更换侦查人员，其他侦查人员再次讯问时告知诉讼权利和认罪的法律后果，犯罪嫌疑人自愿供述的；

（二）审查逮捕、审查起诉和审判期间，检察人员、审判人员讯问时告知诉讼权利和认罪的法律后果，犯罪嫌疑人、被告人自愿供述的。

第六条 采用暴力、威胁以及非法限制人身自由等非法方法收集的证人证言、被害人陈述，应当予以排除。

第七条 收集物证、书证不符合法定程序，可能严重影响司法公正的，应当予以补正或者作出合理解释；不能补正或者作出合理解释的，对有关证据应当予以排除。

二、侦查

第八条 侦查机关应当依照法定程序开展侦查，收集、调取能够证实犯罪嫌疑人有罪或者无罪、罪轻或者罪重的证据材料。

第九条 拘留、逮捕犯罪嫌疑人后，应当按照法律规定送看守所羁押。犯罪嫌疑人被送交看守所羁押后，讯问应当在看守所讯问室进行。因客观原因侦查机关在看守所讯问室以外的场所进行讯问的，应当作出合理解释。

第十条 侦查人员在讯问犯罪嫌疑人的时候，可以对讯问过程进行录音录像；对于可能判处无期徒刑、死刑的案件或者其他重大犯罪案件，应当对讯问过程进行录音录像。

侦查人员应当告知犯罪嫌疑人对讯问过程录音录像，并在讯问笔录中写明。

第十一条 对讯问过程录音录像，应当不间断进行，保持完整性，不得选择性地录制，不得剪接、删改。

第十二条 侦查人员讯问犯罪嫌疑人，应当依法制作讯问笔录。讯问笔录应当交犯罪嫌疑人核对，对于没有阅读能力的，应当向他宣读。对讯问笔录中有遗漏或者差错等情形，犯罪嫌疑人可以提出补充或者改正。

第十三条 看守所应当对提讯进行登记，写明提讯单位、人员、事由、起止时间以及犯罪嫌疑人姓名等情况。

看守所收押犯罪嫌疑人，应当进行身体检查。检查时，人民检察院驻看守所检察人员可以在场。检查发现犯罪嫌疑人有伤或者身体异常的，看守所应当拍照或者录像，分别由送押人员、犯罪嫌疑人说明原因，并在体检记录中写明，由送押人员、收押人员和犯罪嫌疑人签字确认。

第十四条 犯罪嫌疑人及其辩护人在侦查期间可以向人民检察院申请排除

非法证据。对犯罪嫌疑人及其辩护人提供相关线索或者材料的，人民检察院应当调查核实。调查结论应当书面告知犯罪嫌疑人及其辩护人。对确有以非法方法收集证据情形的，人民检察院应当向侦查机关提出纠正意见。

侦查机关对审查认定的非法证据，应当予以排除，不得作为提请批准逮捕、移送审查起诉的根据。

对重大案件，人民检察院驻看守所检察人员应当在侦查终结前询问犯罪嫌疑人，核查是否存在刑讯逼供、非法取证情形，并同步录音录像。经核查，确有刑讯逼供、非法取证情形的，侦查机关应当及时排除非法证据，不得作为提请批准逮捕、移送审查起诉的根据。

第十五条　对侦查终结的案件，侦查机关应当全面审查证明证据收集合法性的证据材料，依法排除非法证据。排除非法证据后，证据不足的，不得移送审查起诉。

侦查机关发现办案人员非法取证的，应当依法作出处理，并可另行指派侦查人员重新调查取证。

三、审查逮捕、审查起诉

第十六条　审查逮捕、审查起诉期间讯问犯罪嫌疑人，应当告知其有权申请排除非法证据，并告知诉讼权利和认罪的法律后果。

第十七条　审查逮捕、审查起诉期间，犯罪嫌疑人及其辩护人申请排除非法证据，并提供相关线索或者材料的，人民检察院应当调查核实。调查结论应当书面告知犯罪嫌疑人及其辩护人。

人民检察院在审查起诉期间发现侦查人员以刑讯逼供等非法方法收集证据的，应当依法排除相关证据并提出纠正意见，必要时人民检察院可以自行调查取证。

人民检察院对审查认定的非法证据，应当予以排除，不得作为批准或者决定逮捕、提起公诉的根据。被排除的非法证据应当随案移送，并写明为依法排除的非法证据。

第十八条　人民检察院依法排除非法证据后，证据不足，不符合逮捕、起诉条件的，不得批准或者决定逮捕、提起公诉。

对于人民检察院排除有关证据导致对涉嫌的重要犯罪事实未予认定，从而作出不批准逮捕、不起诉决定，或者对涉嫌的部分重要犯罪事实决定不起诉的，公安机关、国家安全机关可要求复议、提请复核。

四、辩护

第十九条 犯罪嫌疑人、被告人申请提供法律援助的，应当按照有关规定指派法律援助律师。

法律援助值班律师可以为犯罪嫌疑人、被告人提供法律帮助，对刑讯逼供、非法取证情形代理申诉、控告。

第二十条 犯罪嫌疑人、被告人及其辩护人申请排除非法证据，应当提供涉嫌非法取证的人员、时间、地点、方式、内容等相关线索或者材料。

第二十一条 辩护律师自人民检察院对案件审查起诉之日起，可以查阅、摘抄、复制讯问笔录、提讯登记、采取强制措施或者侦查措施的法律文书等证据材料。其他辩护人经人民法院、人民检察院许可，也可以查阅、摘抄、复制上述证据材料。

第二十二条 犯罪嫌疑人、被告人及其辩护人向人民法院、人民检察院申请调取公安机关、国家安全机关、人民检察院收集但未提交的讯问录音录像、体检记录等证据材料，人民法院、人民检察院经审查认为犯罪嫌疑人、被告人及其辩护人申请调取的证据材料与证明证据收集的合法性有联系的，应当予以调取；认为与证明证据收集的合法性没有联系的，应当决定不予调取并向犯罪嫌疑人、被告人及其辩护人说明理由。

五、审判

第二十三条 人民法院向被告人及其辩护人送达起诉书副本时，应当告知其有权申请排除非法证据。

被告人及其辩护人申请排除非法证据，应当在开庭审理前提出，但在庭审期间发现相关线索或者材料等情形除外。人民法院应当在开庭审理前将申请书和相关线索或者材料的复制件送交人民检察院。

第二十四条 被告人及其辩护人在开庭审理前申请排除非法证据，未提供相关线索或者材料，不符合法律规定的申请条件的，人民法院对申请不予受理。

第二十五条 被告人及其辩护人在开庭审理前申请排除非法证据，按照法律规定提供相关线索或者材料的，人民法院应当召开庭前会议。人民检察院应当通过出示有关证据材料等方式，有针对性地对证据收集的合法性作出说明。人民法院可以核实情况，听取意见。

人民检察院可以决定撤回有关证据，撤回的证据，没有新的理由，不得在庭审中出示。

被告人及其辩护人可以撤回排除非法证据的申请。撤回申请后，没有新的线索或者材料，不得再次对有关证据提出排除申请。

第二十六条　公诉人、被告人及其辩护人在庭前会议中对证据收集是否合法未达成一致意见，人民法院对证据收集的合法性有疑问的，应当在庭审中进行调查；人民法院对证据收集的合法性没有疑问，且没有新的线索或者材料表明可能存在非法取证的，可以决定不再进行调查。

第二十七条　被告人及其辩护人申请人民法院通知侦查人员或者其他人员出庭，人民法院认为现有证据材料不能证明证据收集的合法性，确有必要通知上述人员出庭作证或者说明情况的，可以通知上述人员出庭。

第二十八条　公诉人宣读起诉书后，法庭应当宣布开庭审理前对证据收集合法性的审查及处理情况。

第二十九条　被告人及其辩护人在开庭审理前未申请排除非法证据，在法庭审理过程中提出申请的，应当说明理由。

对前述情形，法庭经审查，对证据收集的合法性有疑问的，应当进行调查；没有疑问的，应当驳回申请。

法庭驳回排除非法证据申请后，被告人及其辩护人没有新的线索或者材料，以相同理由再次提出申请的，法庭不再审查。

第三十条　庭审期间，法庭决定对证据收集的合法性进行调查的，应当先行当庭调查。但为防止庭审过分迟延，也可以在法庭调查结束前进行调查。

第三十一条　公诉人对证据收集的合法性加以证明，可以出示讯问笔录、提讯登记、体检记录、采取强制措施或者侦查措施的法律文书、侦查终结前对讯问合法性的核查材料等证据材料，有针对性地播放讯问录音录像，提请法庭通知侦查人员或者其他人员出庭说明情况。

被告人及其辩护人可以出示相关线索或者材料，并申请法庭播放特定时段的讯问录音录像。

侦查人员或者其他人员出庭，应当向法庭说明证据收集过程，并就相关情况接受发问。对发问方式不当或者内容与证据收集的合法性无关的，法庭应当制止。

公诉人、被告人及其辩护人可以对证据收集的合法性进行质证、辩论。

第三十二条　法庭对控辩双方提供的证据有疑问的，可以宣布休庭，对证据进行调查核实。必要时，可以通知公诉人、辩护人到场。

第三十三条　法庭对证据收集的合法性进行调查后，应当当庭作出是否排除有关证据的决定。必要时，可以宣布休庭，由合议庭评议或者提交审判委员会讨论，再次开庭时宣布决定。

在法庭作出是否排除有关证据的决定前，不得对有关证据宣读、质证。

第三十四条 经法庭审理，确认存在本规定所规定的以非法方法收集证据情形的，对有关证据应当予以排除。法庭根据相关线索或者材料对证据收集的合法性有疑问，而人民检察院未提供证据或者提供的证据不能证明证据收集的合法性，不能排除存在本规定所规定的以非法方法收集证据情形的，对有关证据应当予以排除。

对依法予以排除的证据，不得宣读、质证，不得作为判决的根据。

第三十五条 人民法院排除非法证据后，案件事实清楚，证据确实、充分，依据法律认定被告人有罪的，应当作出有罪判决；证据不足，不能认定被告人有罪的，应当作出证据不足、指控的犯罪不能成立的无罪判决；案件部分事实清楚，证据确实、充分的，依法认定该部分事实。

第三十六条 人民法院对证据收集合法性的审查、调查结论，应当在裁判文书中写明，并说明理由。

第三十七条 人民法院对证人证言、被害人陈述等证据收集合法性的审查、调查，参照上述规定。

第三十八条 人民检察院、被告人及其法定代理人提出抗诉、上诉，对第一审人民法院有关证据收集合法性的审查、调查结论提出异议的，第二审人民法院应当审查。

被告人及其辩护人在第一审程序中未申请排除非法证据，在第二审程序中提出申请的，应当说明理由。第二审人民法院应当审查。

人民检察院在第一审程序中未出示证据证明证据收集的合法性，第一审人民法院依法排除有关证据的，人民检察院在第二审程序中不得出示之前未出示的证据，但在第一审程序后发现的除外。

第三十九条 第二审人民法院对证据收集合法性的调查，参照上述第一审程序的规定。

第四十条 第一审人民法院对被告人及其辩护人排除非法证据的申请未予审查，并以有关证据作为定案根据，可能影响公正审判的，第二审人民法院可以裁定撤销原判，发回原审人民法院重新审判。

第一审人民法院对依法应当排除的非法证据未予排除的，第二审人民法院可以依法排除非法证据。排除非法证据后，原判决认定事实和适用法律正确、量刑适当的，应当裁定驳回上诉或者抗诉，维持原判；原判决认定事实没有错误，但适用法律有错误，或者量刑不当的，应当改判；原判决事实不清楚或者证据不足的，可以裁定撤销原判，发回原审人民法院重新审判。

第四十一条　审判监督程序、死刑复核程序中对证据收集合法性的审查、调查，参照上述规定。

第四十二条　本规定自2017年6月27日起施行。

最高人民法院
人民法院办理刑事案件庭前会议规程(试行)

(2017 年 11 月 27 日公布　2018 年 1 月 1 日施行　法发〔2017〕31 号)

为贯彻落实最高人民法院、最高人民检察院、公安部、国家安全部、司法部《关于推进以审判为中心的刑事诉讼制度改革的意见》，完善庭前会议程序，确保法庭集中持续审理，提高庭审质量和效率，根据法律规定，结合司法实际，制定本规程。

第一条　人民法院适用普通程序审理刑事案件，对于证据材料较多、案情疑难复杂、社会影响重大或者控辩双方对事实证据存在较大争议等情形的，可以决定在开庭审理前召开庭前会议。

控辩双方可以申请人民法院召开庭前会议。申请召开庭前会议的，应当说明需要处理的事项。人民法院经审查认为有必要的，应当决定召开庭前会议；决定不召开庭前会议的，应当告知申请人。

被告人及其辩护人在开庭审理前申请排除非法证据，并依照法律规定提供相关线索或者材料的，人民法院应当召开庭前会议。

第二条　庭前会议中，人民法院可以就与审判相关的问题了解情况，听取意见，依法处理回避、出庭证人名单、非法证据排除等可能导致庭审中断的事项，组织控辩双方展示证据，归纳争议焦点，开展附带民事调解。

第三条　庭前会议由承办法官主持，其他合议庭成员也可以主持或者参加庭前会议。根据案件情况，承办法官可以指导法官助理主持庭前会议。

公诉人、辩护人应当参加庭前会议。根据案件情况，被告人可以参加庭前会议；被告人申请参加庭前会议或者申请排除非法证据等情形的，人民法院应当通知被告人到场；有多名被告人的案件，主持人可以根据案件情况确定参加庭前会议的被告人。

被告人申请排除非法证据，但没有辩护人的，人民法院应当通知法律援助机构指派律师为被告人提供帮助。

庭前会议中进行附带民事调解的，人民法院应当通知附带民事诉讼当事人到场。

第四条　被告人不参加庭前会议的，辩护人应当在召开庭前会议前就庭前会议处理事项听取被告人意见。

第五条　庭前会议一般不公开进行。

根据案件情况，庭前会议可以采用视频会议等方式进行。

第六条　根据案件情况，庭前会议可以在开庭审理前多次召开；休庭后，可以在再次开庭前召开庭前会议。

第七条　庭前会议应当在法庭或者其他办案场所召开。被羁押的被告人参加的，可以在看守所办案场所召开。

被告人参加庭前会议，应当有法警在场。

第八条　人民法院应当根据案件情况，综合控辩双方意见，确定庭前会议需要处理的事项，并在召开庭前会议三日前，将会议的时间、地点、人员和事项等通知参会人员。通知情况应当记录在案。

被告人及其辩护人在开庭审理前申请排除非法证据的，人民法院应当在召开庭前会议三日前，将申请书及相关线索或者材料的复制件送交人民检察院。

第九条　庭前会议开始后，主持人应当核实参会人员情况，宣布庭前会议需要处理的事项。

有多名被告人参加庭前会议，涉及事实证据问题的，应当组织各被告人分别参加，防止串供。

第十条　庭前会议中，主持人可以就下列事项向控辩双方了解情况，听取意见：

（一）是否对案件管辖有异议；

（二）是否申请有关人员回避；

（三）是否申请不公开审理；

（四）是否申请排除非法证据；

（五）是否申请提供新的证据材料；

（六）是否申请重新鉴定或者勘验；

（七）是否申请调取在侦查、审查起诉期间公安机关、人民检察院收集但未随案移送的证明被告人无罪或者罪轻的证据材料；

（八）是否申请向证人或有关单位、个人收集、调取证据材料；

（九）是否申请证人、鉴定人、侦查人员、有专门知识的人出庭，是否对出庭人员名单有异议；

（十）与审判相关的其他问题。

对于前款规定中可能导致庭审中断的事项，人民法院应当依法作出处理，在开庭审理前告知处理决定，并说明理由。控辩双方没有新的理由，在庭审中再次提出有关申请或者异议的，法庭应当依法予以驳回。

第十一条 被告人及其辩护人对案件管辖提出异议，应当说明理由。人民法院经审查认为异议成立的，应当依法将案件退回人民检察院或者移送有管辖权的人民法院；认为本院不宜行使管辖权的，可以请求上一级人民法院处理。人民法院经审查认为异议不成立的，应当依法驳回异议。

第十二条 被告人及其辩护人申请审判人员、书记员、翻译人员、鉴定人回避，应当说明理由。人民法院经审查认为申请成立的，应当依法决定有关人员回避；认为申请不成立的，应当依法驳回申请。

被告人及其辩护人申请回避被驳回的，可以在接到决定时申请复议一次。对于不属于刑事诉讼法第二十八条、第二十九条规定情形的，回避申请被驳回后，不得申请复议。

被告人及其辩护人申请检察人员回避的，人民法院应当通知人民检察院。

第十三条 被告人及其辩护人申请不公开审理，人民法院经审查认为案件涉及国家秘密或者个人隐私的，应当准许；认为案件涉及商业秘密的，可以准许。

第十四条 被告人及其辩护人在开庭审理前申请排除非法证据，并依照法律规定提供相关线索或者材料的，人民检察院应当在庭前会议中通过出示有关证据材料等方式，有针对性地对证据收集的合法性作出说明。人民法院可以对有关证据材料进行核实；经控辩双方申请，可以有针对性地播放讯问录音录像。

人民检察院可以撤回有关证据，撤回的证据，没有新的理由，不得在庭审中出示。被告人及其辩护人可以撤回排除非法证据的申请，撤回申请后，没有新的线索或者材料，不得再次对有关证据提出排除申请。

控辩双方在庭前会议中对证据收集的合法性未达成一致意见，人民法院应当开展庭审调查，但公诉人提供的相关证据材料确实、充分，能够排除非法取证情形，且没有新的线索或者材料表明可能存在非法取证的，庭审调查举证、质证可以简化。

第十五条 控辩双方申请重新鉴定或者勘验，应当说明理由。人民法院经审查认为理由成立，有关证据材料可能影响定罪量刑且不能补正的，应当准许。

第十六条 被告人及其辩护人书面申请调取公安机关、人民检察院在侦查、审查起诉期间收集但未随案移送的证明被告人无罪或者罪轻的证据材料，并提供相关线索或者材料的，人民法院应当调取，并通知人民检察院在收到调取决定书后三日内移交。

被告人及其辩护人申请向证人或有关单位、个人收集、调取证据材料，应当说明理由。人民法院经审查认为有关证据材料可能影响定罪量刑的，应当准许；认为有关证据材料与案件无关或者明显重复、没有必要的，可以不予准许。

第十七条　控辩双方申请证人、鉴定人、侦查人员、有专门知识的人出庭，应当说明理由。人民法院经审查认为理由成立的，应当通知有关人员出庭。

控辩双方对出庭证人、鉴定人、侦查人员、有专门知识的人的名单有异议，人民法院经审查认为异议成立的，应当依法作出处理；认为异议不成立的，应当依法驳回。

人民法院通知证人、鉴定人、侦查人员、有专门知识的人等出庭后，应当告知控辩双方协助有关人员到庭。

第十八条　召开庭前会议前，人民检察院应当将全部证据材料移送人民法院。被告人及其辩护人应当将收集的有关被告人不在犯罪现场、未达到刑事责任年龄、属于依法不负刑事责任的精神病人等证明被告人无罪或者依法不负刑事责任的全部证据材料提交人民法院。

人民法院收到控辩双方移送或者提交的证据材料后，应当通知对方查阅、摘抄、复制。

第十九条　庭前会议中，对于控辩双方决定在庭审中出示的证据，人民法院可以组织展示有关证据，听取控辩双方对在案证据的意见，梳理存在争议的证据。

对于控辩双方在庭前会议中没有争议的证据材料，庭审时举证、质证可以简化。

人民法院组织展示证据的，一般应当通知被告人到场，听取被告人意见；被告人不到场的，辩护人应当在召开庭前会议前听取被告人意见。

第二十条　人民法院可以在庭前会议中归纳控辩双方的争议焦点。对控辩双方没有争议或者达成一致意见的事项，可以在庭审中简化审理。

人民法院可以组织控辩双方协商确定庭审的举证顺序、方式等事项，明确法庭调查的方式和重点。协商不成的事项，由人民法院确定。

第二十一条　对于被告人在庭前会议前不认罪，在庭前会议中又认罪的案件，人民法院核实被告人认罪的自愿性和真实性后，可以依法适用速裁程序或者简易程序审理。

第二十二条 人民法院在庭前会议中听取控辩双方对案件事实证据的意见后，对于明显事实不清、证据不足的案件，可以建议人民检察院补充材料或者撤回起诉。建议撤回起诉的案件，人民检察院不同意的，人民法院开庭审理后，没有新的事实和理由，一般不准许撤回起诉。

第二十三条 庭前会议情况应当制作笔录，由参会人员核对后签名。

庭前会议结束后应当制作庭前会议报告，说明庭前会议的基本情况、与审判相关的问题的处理结果、控辩双方的争议焦点以及就相关事项达成的一致意见等。

第二十四条 对于召开庭前会议的案件，在宣读起诉书后，法庭应当宣布庭前会议报告的主要内容；有多起犯罪事实的案件，可以在有关犯罪事实的法庭调查开始前，分别宣布庭前会议报告的相关内容；对庭前会议处理管辖异议、申请回避、申请不公开审理等事项的，法庭可以在告知当事人诉讼权利后宣布庭前会议报告的相关内容。

第二十五条 宣布庭前会议报告后，对于庭前会议中达成一致意见的事项，法庭向控辩双方核实后当庭予以确认；对于未达成一致意见的事项，法庭可以归纳控辩双方争议焦点，听取控辩双方意见，依法作出处理。

控辩双方在庭前会议中就有关事项达成一致意见，在庭审中反悔的，除有正当理由外，法庭一般不再进行处理。

第二十六条 第二审人民法院召开庭前会议的，参照上述规定。

第二十七条 本规程自 2018 年 1 月 1 日起试行。

最高人民法院
人民法院办理刑事案件第一审普通程序法庭调查规程（试行）

（2017 年 11 月 27 日公布 2018 年 1 月 1 日施行 法发〔2017〕31 号）

为贯彻落实最高人民法院、最高人民检察院、公安部、国家安全部、司法部《关于推进以审判为中心的刑事诉讼制度改革的意见》，规范法庭调查程序，提高庭审质量和效率，确保诉讼证据出示在法庭、案件事实查明在法庭、诉辩意见发表在法庭、裁判结果形成在法庭，根据法律规定，结合司法实际，制定本规程。

一、一般规定

第一条 法庭应当坚持证据裁判原则。认定案件事实，必须以证据为根据。法庭调查应当以证据调查为中心，法庭认定并依法排除的非法证据，不得宣读、质证。证据未经当庭出示、宣读、辨认、质证等法庭调查程序查证属实，不得作为定案的根据。

第二条 法庭应当坚持程序公正原则。人民检察院依法承担被告人有罪的举证责任，被告人不承担证明自己无罪的责任。法庭应当居中裁判，严格执行法定的审判程序，确保控辩双方在法庭调查环节平等对抗，通过法庭审判的程序公正实现案件裁判的实体公正。

第三条 法庭应当坚持集中审理原则。规范庭前准备程序，避免庭审出现不必要的迟延和中断。承办法官应当在开庭前阅卷，确定法庭审理方案，并向合议庭通报开庭准备情况。召开庭前会议的案件，法庭可以依法处理可能导致庭审中断的事项，组织控辩双方展示证据，归纳控辩双方争议焦点。

第四条 法庭应当坚持诉权保障原则。依法保障当事人和其他诉讼参与人的知情权、陈述权、辩护辩论权、申请权、申诉权，依法保障辩护人发问、质证、辩论辩护等权利，完善便利辩护人参与诉讼的工作机制。

二、宣布开庭和讯问、发问程序

第五条 法庭宣布开庭后，应当告知当事人在法庭审理过程中依法享有的诉讼权利。

对于召开庭前会议的案件，在庭前会议中处理诉讼权利事项的，可以在开庭后告知诉讼权利的环节，一并宣布庭前会议对有关事项的处理结果。

第六条 公诉人宣读起诉书后，对于召开庭前会议的案件，法庭应当宣布庭前会议报告的主要内容。有多起犯罪事实的案件，法庭可以在有关犯罪事实的法庭调查开始前，分别宣布庭前会议报告的相关内容。

对于庭前会议中达成一致意见的事项，法庭可以向控辩双方核实后当庭予以确认；对于未达成一致意见的事项，法庭可以在庭审涉及该事项的环节归纳争议焦点，听取控辩双方意见，依法作出处理。

第七条 公诉人宣读起诉书后，审判长应当询问被告人对起诉书指控的犯罪事实是否有异议，听取被告人的供述和辩解。对于被告人当庭认罪的案件，应当核实被告人认罪的自愿性和真实性，听取其供述和辩解。

在审判长主持下，公诉人可以就起诉书指控的犯罪事实讯问被告人，为防止庭审过分迟延，就证据问题向被告人的讯问可在举证、质证环节进行。经审判长准许，被害人及其法定代理人、诉讼代理人可以就公诉人讯问的犯罪事实补充发问；附带民事诉讼原告人及其法定代理人、诉讼代理人可以就附带民事部分的事实向被告人发问；被告人的法定代理人、辩护人，附带民事诉讼被告人及其法定代理人、诉讼代理人可以在控诉一方就某一问题讯问完毕后向被告人发问。有多名被告人的案件，辩护人对被告人的发问，应当在审判长主持下，先由被告人本人的辩护人进行，再由其他被告人的辩护人进行。

第八条 有多名被告人的案件，对被告人的讯问应当分别进行。

被告人供述之间存在实质性差异的，法庭可以传唤有关被告人到庭对质。审判长可以分别讯问被告人，就供述的实质性差异进行调查核实。经审判长准许，控辩双方可以向被告人讯问、发问。审判长认为有必要的，可以准许被告人之间相互发问。

根据案件审理需要，审判长可以安排被告人与证人、被害人依照前款规定的方式进行对质。

第九条 申请参加庭审的被害人众多，且案件不属于附带民事诉讼范围的，被害人可以推选若干代表人参加或者旁听庭审，人民法院也可以指定若干代表人。

对被告人讯问、发问完毕后，其他证据出示前，在审判长主持下，参加庭审的被害人可以就起诉书指控的犯罪事实作出陈述。经审判长准许，控辩双方可以在被害人陈述后向被害人发问。

第十条　为解决被告人供述和辩解中的疑问，审判人员可以讯问被告人，也可以向被害人、附带民事诉讼当事人发问。

第十一条　有多起犯罪事实的案件，对被告人不认罪的事实，法庭调查一般应当分别进行。

被告人不认罪或者认罪后又反悔的案件，法庭应当对与定罪和量刑有关的事实、证据进行全面调查。

被告人当庭认罪的案件，法庭核实被告人认罪的自愿性和真实性，确认被告人知悉认罪的法律后果后，可以重点围绕量刑事实和其他有争议的问题进行调查。

三、出庭作证程序

第十二条　控辩双方可以申请法庭通知证人、鉴定人、侦查人员和有专门知识的人等出庭。

被害人及其法定代理人、诉讼代理人，附带民事诉讼原告人及其诉讼代理人也可以提出上述申请。

第十三条　控辩双方对证人证言、被害人陈述有异议，申请证人、被害人出庭，人民法院经审查认为证人证言、被害人陈述对案件定罪量刑有重大影响的，应当通知证人、被害人出庭。

控辩双方对鉴定意见有异议，申请鉴定人或者有专门知识的人出庭，人民法院经审查认为有必要的，应当通知鉴定人或者有专门知识的人出庭。

控辩双方对侦破经过、证据来源、证据真实性或者证据收集合法性等有异议，申请侦查人员或者有关人员出庭，人民法院经审查认为有必要的，应当通知侦查人员或者有关人员出庭。

为查明案件事实、调查核实证据，人民法院可以依职权通知上述人员到庭。

人民法院通知证人、被害人、鉴定人、侦查人员、有专门知识的人等出庭的，控辩双方协助有关人员到庭。

第十四条　应当出庭作证的证人，在庭审期间因身患严重疾病等客观原因确实无法出庭的，可以通过视频等方式作证。

证人视频作证的，发问、质证参照证人出庭作证的程序进行。

前款规定适用于被害人、鉴定人、侦查人员。

第十五条 人民法院通知出庭的证人，无正当理由拒不出庭的，可以强制其出庭，但是被告人的配偶、父母、子女除外。

强制证人出庭的，应当由院长签发强制证人出庭令，并由法警执行。必要时，可以商请公安机关协助执行。

第十六条 证人、鉴定人、被害人因出庭作证，本人或者其近亲属的人身安全面临危险的，人民法院应当采取不公开其真实姓名、住址和工作单位等个人信息，或者不暴露其外貌、真实声音等保护措施。

决定对出庭作证的证人、鉴定人、被害人采取不公开个人信息的保护措施的，审判人员应当在开庭前核实其身份，对证人、鉴定人如实作证的保证书不得公开，在判决书、裁定书等法律文书中可以使用化名等代替其个人信息。

审判期间，证人、鉴定人、被害人提出保护请求的，人民法院应当立即审查，确有必要的，应当及时决定采取相应的保护措施。必要时，可以商请公安机关采取专门性保护措施。

第十七条 证人、鉴定人和有专门知识的人出庭作证所支出的交通、住宿、就餐等合理费用，除由控辩双方支付的以外，列入出庭作证补助专项经费，在出庭作证后由人民法院依照规定程序发放。

第十八条 证人、鉴定人出庭，法庭应当当庭核实其身份、与当事人以及本案的关系，审查证人、鉴定人的作证能力、专业资质，并告知其有关作证的权利义务和法律责任。

证人、鉴定人作证前，应当保证向法庭如实提供证言、说明鉴定意见，并在保证书上签名。

第十九条 证人出庭后，先向法庭陈述证言，然后先由举证方发问；发问完毕后，对方也可以发问。根据案件审理需要，也可以先由申请方发问。

控辩双方向证人发问完毕后，可以发表本方对证人证言的质证意见。控辩双方如有新的问题，经审判长准许，可以再行向证人发问。

审判人员认为必要时，可以询问证人。法庭依职权通知证人出庭的情形，审判人员应当主导对证人的询问。经审判长准许，被告人可以向证人发问。

第二十条 向证人发问应当遵循以下规则：

（一）发问内容应当与案件事实有关；

（二）不得采用诱导方式发问；

（三）不得威胁或者误导证人；

（四）不得损害证人人格尊严；

（五）不得泄露证人个人隐私。

第二十一条 控辩一方发问方式不当或者内容与案件事实无关，违反有关发问规则的，对方可以提出异议。对方当庭提出异议的，发问方应当说明发问理由，审判长判明情况予以支持或者驳回；对方未当庭提出异议的，审判长也可以根据情况予以制止。

第二十二条 审判长认为证人当庭陈述的内容与案件事实无关或者明显重复的，可以进行必要的提示。

第二十三条 有多名证人出庭作证的案件，向证人发问应当分别进行。

多名证人出庭作证的，应当在法庭指定的地点等候，不得谈论案情，必要时可以采取隔离等候措施。证人出庭作证后，审判长应当通知法警引导其退庭。证人不得旁听对案件的审理。

被害人没有列为当事人参加法庭审理，仅出庭陈述案件事实的，参照适用前款规定。

第二十四条 证人证言之间存在实质性差异的，法庭可以传唤有关证人到庭对质。

审判长可以分别询问证人，就证言的实质性差异进行调查核实。经审判长准许，控辩双方可以向证人发问。审判长认为有必要的，可以准许证人之间相互发问。

第二十五条 证人出庭作证的，其庭前证言一般不再出示、宣读，但下列情形除外：

（一）证人出庭作证时遗忘或者遗漏庭前证言的关键内容，需要向证人作出必要提示的；

（二）证人的当庭证言与庭前证言存在矛盾，需要证人作出合理解释的。

为核实证据来源、证据真实性等问题，或者帮助证人回忆，经审判长准许，控辩双方可以在询问证人时向其出示物证、书证等证据。

第二十六条 控辩双方可以申请法庭通知有专门知识的人出庭，协助本方就鉴定意见进行质证。有专门知识的人可以与鉴定人同时出庭，在鉴定人作证后向鉴定人发问，并对案件中的专门性问题提出意见。

申请有专门知识的人出庭，应当提供人员名单，并不得超过二人。有多种类鉴定意见的，可以相应增加人数。

第二十七条 对被害人、鉴定人、侦查人员、有专门知识的人的发问，参照适用证人的有关规定。

同一鉴定意见由多名鉴定人作出，有关鉴定人以及对该鉴定意见进行质证的有专门知识的人，可以同时出庭，不受分别发问规则的限制。

四、举证、质证程序

第二十八条 开庭讯问、发问结束后，公诉人先行举证。公诉人举证完毕后，被告人及其辩护人举证。

公诉人出示证据后，经审判长准许，被告人及其辩护人可以有针对性地出示证据予以反驳。

控辩一方举证后，对方可以发表质证意见。必要时，控辩双方可以对争议证据进行多轮质证。

被告人及其辩护人认为公诉人出示的有关证据对本方诉讼主张有利的，可以在发表质证意见时予以认可，或者在发表辩护意见时直接援引有关证据。

第二十九条 控辩双方随案移送或者庭前提交，但没有当庭出示的证据，审判长可以进行必要的提示；对于其中可能影响定罪量刑的关键证据，审判长应当提示控辩双方出示。

对于案件中可能影响定罪量刑的事实、证据存在疑问，控辩双方没有提及的，审判长应当引导控辩双方发表质证意见，并依法调查核实。

第三十条 法庭应当重视对证据收集合法性的审查，对证据收集的合法性有疑问的，应当调查核实证明取证合法性的证据材料。

对于被告人及其辩护人申请排除非法证据，依法提供相关线索或者材料，法庭对证据收集的合法性有疑问，决定进行调查的，一般应当先行当庭调查。

第三十一条 对于可能影响定罪量刑的关键证据和控辩双方存在争议的证据，一般应当单独举证、质证，充分听取质证意见。

对于控辩双方无异议的非关键性证据，举证方可以仅就证据的名称及其证明的事项作出说明，对方可以发表质证意见。

召开庭前会议的案件，举证、质证可以按照庭前会议确定的方式进行。根据案件审理需要，法庭可以对控辩双方的举证、质证方式进行必要的提示。

第三十二条 物证、书证、视听资料、电子数据等证据，应当出示原物、原件。取得原物、原件确有困难的，可以出示照片、录像、副本、复制件等足以反映原物、原件外形和特征以及真实内容的材料，并说明理由。

对于鉴定意见和勘验、检查、辨认、侦查实验等笔录，应当出示原件。

第三十三条 控辩双方出示证据，应当重点围绕与案件事实相关的内容或者控辩双方存在争议的内容进行。

出示证据时，可以借助多媒体设备等方式出示、播放或者演示证据内容。

第三十四条 控辩双方对证人证言、被害人陈述、鉴定意见无异议，有关人员不需要出庭的，或者有关人员因客观原因无法出庭且无法通过视频等方式作证的，可以出示、宣读庭前收集的书面证据材料或者作证过程录音录像。

被告人当庭供述与庭前供述的实质性内容一致的，可以不再出示庭前供述；当庭供述与庭前供述存在实质性差异的，可以出示、宣读庭前供述中存在实质性差异的内容。

第三十五条 采用技术侦查措施收集的证据，应当当庭出示。当庭出示、辨认、质证可能危及有关人员的人身安全，或者可能产生其他严重后果的，应当采取不暴露有关人员身份、不公开技术侦查措施和方法等保护措施。

法庭决定在庭外对技术侦查证据进行核实的，可以召集公诉人和辩护律师到场。在场人员应当履行保密义务。

第三十六条 法庭对证据有疑问的，可以告知控辩双方补充证据或者作出说明；必要时，可以在其他证据调查完毕后宣布休庭，对证据进行调查核实。法庭调查核实证据，可以通知控辩双方到场，并将核实过程记录在案。

对于控辩双方补充的和法庭庭外调查核实取得的证据，应当经过庭审质证才能作为定案的根据。但是，对于不影响定罪量刑的非关键性证据和有利于被告人的量刑证据，经庭外征求意见，控辩双方没有异议的除外。

第三十七条 控辩双方申请出示庭前未移送或提交人民法院的证据，对方提出异议的，申请方应当说明理由，法庭经审查认为理由成立并确有出示必要的，应当准许。

对方提出需要对新的证据作辩护准备的，法庭可以宣布休庭，并确定准备的时间。

第三十八条 法庭审理过程中，控辩双方申请通知新的证人到庭，调取新的证据，申请重新鉴定或者勘验的，应当提供证人的基本信息、证据的存放地点，说明拟证明的案件事实、要求重新鉴定或者勘验的理由。法庭认为有必要的，应当同意，并宣布延期审理；不同意的，应当说明理由并继续审理。

第三十九条 公开审理案件时，控辩双方提出涉及国家秘密、商业秘密或者个人隐私的证据的，法庭应当制止。有关证据确与本案有关的，可以根据具体情况，决定将案件转为不公开审理，或者对相关证据的法庭调查不公开进行。

第四十条 审判期间，公诉人发现案件需要补充侦查，建议延期审理的，法庭可以同意，但建议延期审理不得超过两次。

人民检察院将补充收集的证据移送人民法院的，人民法院应当通知辩护人、诉讼代理人查阅、摘抄、复制。辩护方提出需要对补充收集的证据作辩护准备的，法庭可以宣布休庭，并确定准备的时间。

补充侦查期限届满后，经人民法院通知，人民检察院未建议案件恢复审理，且未说明原因的，人民法院可以决定按人民检察院撤诉处理。

第四十一条 人民法院向人民检察院调取需要调查核实的证据材料，或者根据被告人及其辩护人的申请，向人民检察院调取在侦查、审查起诉期间收集的有关被告人无罪或者罪轻的证据材料，应当通知人民检察院在收到调取证据材料决定书后三日内移交。

第四十二条 法庭除应当审查被告人是否具有法定量刑情节外，还应当根据案件情况审查以下影响量刑的情节：

（一）案件起因；

（二）被害人有无过错及过错程度，是否对矛盾激化负有责任及责任大小；

（三）被告人的近亲属是否协助抓获被告人；

（四）被告人平时表现，有无悔罪态度；

（五）退赃、退赔及赔偿情况；

（六）被告人是否取得被害人或者其近亲属谅解；

（七）影响量刑的其他情节。

第四十三条 审判期间，被告人及其辩护人提出有自首、坦白、立功等法定量刑情节，或者人民法院发现被告人可能有上述法定量刑情节，而人民检察院移送的案卷中没有相关证据材料的，应当通知人民检察院移送。

审判期间，被告人及其辩护人提出新的立功情节，并提供相关线索或者材料的，人民法院可以建议人民检察院补充侦查。

第四十四条 被告人当庭不认罪或者辩护人作无罪辩护的，法庭对定罪事实进行调查后，可以对与量刑有关的事实、证据进行调查。被告人及其辩护人可以当庭发表质证意见，出示证明被告人罪轻或者无罪的证据。被告人及其辩护人参加量刑事实、证据的调查，不影响无罪辩解或者辩护。

五、认证规则

第四十五条 经过控辩双方质证的证据，法庭应当结合控辩双方质证意见，从证据与待证事实的关联程度、证据之间的印证联系、证据自身的真实性程度等方面，综合判断证据能否作为定案的根据。

证据与待证事实没有关联，或者证据自身存在无法解释的疑问，或者证据与待证事实以及其他证据存在无法排除的矛盾的，不得作为定案的根据。

第四十六条　通过勘验、检查、搜查等方式收集的物证、书证等证据，未通过辨认、鉴定等方式确定其与案件事实的关联的，不得作为定案的根据。

法庭对鉴定意见有疑问的，可以重新鉴定。

第四十七条　收集证据的程序、方式不符合法律规定，严重影响证据真实性的，人民法院应当建议人民检察院予以补正或者作出合理解释；不能补正或者作出合理解释的，有关证据不得作为定案的根据。

第四十八条　证人没有出庭作证，其庭前证言真实性无法确认的，不得作为定案的根据。

证人当庭作出的证言与其庭前证言矛盾，证人能够作出合理解释，并与相关证据印证的，应当采信其庭审证言；不能作出合理解释，而其庭前证言与相关证据印证的，可以采信其庭前证言。

第四十九条　经人民法院通知，鉴定人拒不出庭作证的，鉴定意见不得作为定案的根据。

有专门知识的人当庭对鉴定意见提出质疑，鉴定人能够作出合理解释，并与相关证据印证的，应当采信鉴定意见；不能作出合理解释，无法确认鉴定意见可靠性的，有关鉴定意见不能作为定案的根据。

第五十条　被告人的当庭供述与庭前供述、自书材料存在矛盾，被告人能够作出合理解释，并与相关证据印证的，应当采信其当庭供述；不能作出合理解释，而其庭前供述、自书材料与相关证据印证的，可以采信其庭前供述、自书材料。

法庭应当结合讯问录音录像对讯问笔录进行全面审查。讯问笔录记载的内容与讯问录音录像存在实质性差异的，以讯问录音录像为准。

第五十一条　对于控辩双方提出的事实证据争议，法庭应当当庭进行审查，经审查后作出处理的，应当当庭说明理由，并在裁判文书中写明；需要庭后评议作出处理的，应当在裁判文书中说明理由。

第五十二条　法庭认定被告人有罪，必须达到犯罪事实清楚，证据确实、充分，对于定罪事实应当综合全案证据排除合理怀疑。定罪证据不足的案件，不能认定被告人有罪，应当作出证据不足、指控的犯罪不能成立的无罪判决。定罪证据确实、充分，量刑证据存疑的，应当作出有利于被告人的认定。

第五十三条　本规程自 2018 年 1 月 1 日起试行。

最高人民法院
人民法院办理刑事案件排除非法证据规程(试行)

（2017 年 11 月 27 日公布　2018 年 1 月 1 日施行　法发〔2017〕31 号）

为贯彻落实最高人民法院、最高人民检察院、公安部、国家安全部、司法部《关于推进以审判为中心的刑事诉讼制度改革的意见》和《关于办理刑事案件严格排除非法证据若干问题的规定》，规范非法证据排除程序，准确惩罚犯罪，切实保障人权，有效防范冤假错案，根据法律规定，结合司法实际，制定本规程。

第一条　采用下列非法方法收集的被告人供述，应当予以排除：

（一）采用殴打、违法使用戒具等暴力方法或者变相肉刑的恶劣手段，使被告人遭受难以忍受的痛苦而违背意愿作出的供述；

（二）采用以暴力或者严重损害本人及其近亲属合法权益等进行威胁的方法，使被告人遭受难以忍受的痛苦而违背意愿作出的供述；

（三）采用非法拘禁等非法限制人身自由的方法收集的被告人供述。

采用刑讯逼供方法使被告人作出供述，之后被告人受该刑讯逼供行为影响而作出的与该供述相同的重复性供述，应当一并排除，但下列情形除外：

（一）侦查期间，根据控告、举报或者自己发现等，侦查机关确认或者不能排除以非法方法收集证据而更换侦查人员，其他侦查人员再次讯问时告知诉讼权利和认罪的法律后果，被告人自愿供述的；

（二）审查逮捕、审查起诉和审判期间，检察人员、审判人员讯问时告知诉讼权利和认罪的法律后果，被告人自愿供述的。

第二条　采用暴力、威胁以及非法限制人身自由等非法方法收集的证人证言、被害人陈述，应当予以排除。

第三条 采用非法搜查、扣押等违反法定程序的方法收集物证、书证，可能严重影响司法公正的，应当予以补正或者作出合理解释；不能补正或者作出合理解释的，对有关证据应当予以排除。

第四条 依法予以排除的非法证据，不得宣读、质证，不得作为定案的根据。

第五条 被告人及其辩护人申请排除非法证据，应当提供相关线索或者材料。"线索"是指内容具体、指向明确的涉嫌非法取证的人员、时间、地点、方式等；"材料"是指能够反映非法取证的伤情照片、体检记录、医院病历、讯问笔录、讯问录音录像或者同监室人员的证言等。

被告人及其辩护人申请排除非法证据，应当向人民法院提交书面申请。被告人书写确有困难的，可以口头提出申请，但应当记录在案，并由被告人签名或者捺印。

第六条 证据收集合法性的举证责任由人民检察院承担。

人民检察院未提供证据，或者提供的证据不能证明证据收集的合法性，经过法庭审理，确认或者不能排除以非法方法收集证据情形的，对有关证据应当予以排除。

第七条 开庭审理前，承办法官应当阅卷，并对证据收集的合法性进行审查：

（一）被告人在侦查、审查起诉阶段是否提出排除非法证据申请；提出申请的，是否提供相关线索或者材料；

（二）侦查机关、人民检察院是否对证据收集的合法性进行调查核实；调查核实的，是否作出调查结论；

（三）对于重大案件，人民检察院驻看守所检察人员在侦查终结前是否核查讯问的合法性，是否对核查过程同步录音录像；进行核查的，是否作出核查结论；

（四）对于人民检察院在审查逮捕、审查起诉阶段排除的非法证据，是否随案移送并写明为依法排除的非法证据。

人民法院对证据收集的合法性进行审查后，认为需要补充证据材料的，应当通知人民检察院在三日内补送。

第八条 人民法院向被告人及其辩护人送达起诉书副本时，应当告知其有权在开庭审理前申请排除非法证据并同时提供相关线索或者材料。上述情况应当记录在案。

被告人申请排除非法证据，但没有辩护人的，人民法院应当通知法律援助机构指派律师为其提供辩护。

第九条 被告人及其辩护人申请排除非法证据，应当在开庭审理前提出，但在庭审期间发现相关线索或者材料等情形除外。

第十条 被告人及其辩护人申请排除非法证据，并提供相关线索或者材料的，人民法院应当召开庭前会议，并在召开庭前会议三日前将申请书和相关线索或者材料的复制件送交人民检察院。

被告人及其辩护人申请排除非法证据，未提供相关线索或者材料的，人民法院应当告知其补充提交。被告人及其辩护人未能补充的，人民法院对申请不予受理，并在开庭审理前告知被告人及其辩护人。上述情况应当记录在案。

第十一条 对于可能判处无期徒刑、死刑或者黑社会性质组织犯罪、严重毒品犯罪等重大案件，被告人在驻看守所检察人员对讯问的合法性进行核查询问时，明确表示侦查阶段没有刑讯逼供等非法取证情形，在审判阶段又提出排除非法证据申请的，应当说明理由。人民法院经审查对证据收集的合法性没有疑问的，可以驳回申请。

驻看守所检察人员在重大案件侦查终结前未对讯问的合法性进行核查询问，或者未对核查询问过程全程同步录音录像，被告人及其辩护人在审判阶段提出排除非法证据申请，提供相关线索或者材料，人民法院对证据收集的合法性有疑问的，应当依法进行调查。

第十二条 在庭前会议中，人民法院对证据收集的合法性进行审查的，一般按照以下步骤进行：

（一）被告人及其辩护人说明排除非法证据的申请及相关线索或者材料；

（二）公诉人提供证明证据收集合法性的证据材料；

（三）控辩双方对证据收集的合法性发表意见；

（四）控辩双方对证据收集的合法性未达成一致意见的，审判人员归纳争议焦点。

第十三条 在庭前会议中，人民检察院应当通过出示有关证据材料等方式，有针对性地对证据收集的合法性作出说明。人民法院可以对有关材料进行核实，经控辩双方申请，可以有针对性地播放讯问录音录像。

第十四条 在庭前会议中，人民检察院可以撤回有关证据。撤回的证据，没有新的理由，不得在庭审中出示。

被告人及其辩护人可以撤回排除非法证据的申请。撤回申请后，没有新的线索或者材料，不得再次对有关证据提出排除申请。

第十五条 控辩双方在庭前会议中对证据收集的合法性达成一致意见的，法庭应当在庭审中向控辩双方核实并当庭予以确认。对于一方在庭审中反悔的，除有正当理由外，法庭一般不再进行审查。

控辩双方在庭前会议中对证据收集的合法性未达成一致意见，人民法院应当在庭审中进行调查，但公诉人提供的相关证据材料确实、充分，能够排除非法取证情形，且没有新的线索或者材料表明可能存在非法取证的，庭审调查举证、质证可以简化。

第十六条　审判人员应当在庭前会议报告中说明证据收集合法性的审查情况，主要包括控辩双方的争议焦点以及就相关事项达成的一致意见等内容。

第十七条　被告人及其辩护人在开庭审理前未申请排除非法证据，在庭审过程中提出申请的，应当说明理由。人民法院经审查，对证据收集的合法性有疑问的，应当进行调查；没有疑问的，应当驳回申请。

人民法院驳回排除非法证据的申请后，被告人及其辩护人没有新的线索或者材料，以相同理由再次提出申请的，人民法院不再审查。

第十八条　人民法院决定对证据收集的合法性进行法庭调查的，应当先行当庭调查。对于被申请排除的证据和其他犯罪事实没有关联等情形，为防止庭审过分迟延，可以先调查其他犯罪事实，再对证据收集的合法性进行调查。

在对证据收集合法性的法庭调查程序结束前，不得对有关证据宣读、质证。

第十九条　法庭决定对证据收集的合法性进行调查的，一般按照以下步骤进行：

（一）召开庭前会议的案件，法庭应当在宣读起诉书后，宣布庭前会议中对证据收集合法性的审查情况，以及控辩双方的争议焦点；

（二）被告人及其辩护人说明排除非法证据的申请及相关线索或者材料；

（三）公诉人出示证明证据收集合法性的证据材料，被告人及其辩护人可以对相关证据进行质证，经审判长准许，公诉人、辩护人可以向出庭的侦查人员或者其他人员发问；

（四）控辩双方对证据收集的合法性进行辩论。

第二十条　公诉人对证据收集的合法性加以证明，可以出示讯问笔录、提讯登记、体检记录、采取强制措施或者侦查措施的法律文书、侦查终结前对讯问合法性的核查材料等证据材料，也可以针对被告人及其辩护人提出异议的讯问时段播放讯问录音录像，提请法庭通知侦查人员或者其他人员出庭说明情况。不得以侦查人员签名并加盖公章的说明材料替代侦查人员出庭。

庭审中，公诉人当庭不能举证或者为提供新的证据需要补充侦查，建议延期审理的，法庭可以同意。

第二十一条　被告人及其辩护人可以出示相关线索或者材料，并申请法庭播放特定讯问时段的讯问录音录像。

被告人及其辩护人向人民法院申请调取侦查机关、人民检察院收集但未提交的讯问录音录像、体检记录等证据材料，人民法院经审查认为该证据材料与证据收集的合法性有关的，应当予以调取；认为与证据收集的合法性无关的，应当决定不予调取，并向被告人及其辩护人说明理由。

被告人及其辩护人申请人民法院通知侦查人员或者其他人员出庭说明情况，人民法院认为确有必要的，可以通知上述人员出庭。

第二十二条 法庭对证据收集的合法性进行调查的，应当重视对讯问录音录像的审查，重点审查以下内容：

（一）讯问录音录像是否依法制作。对于可能判处无期徒刑、死刑的案件或者其他重大犯罪案件，是否对讯问过程进行录音录像；

（二）讯问录音录像是否完整。是否对每一次讯问过程录音录像，录音录像是否全程不间断进行，是否有选择性录制、剪接、删改等情形；

（三）讯问录音录像是否同步制作。录音录像是否自讯问开始时制作，至犯罪嫌疑人核对讯问笔录、签字确认后结束；讯问笔录记载的起止时间是否与讯问录音录像反映的起止时间一致；

（四）讯问录音录像与讯问笔录的内容是否存在差异。对与定罪量刑有关的内容，讯问笔录记载的内容与讯问录音录像是否存在实质性差异，存在实质性差异的，以讯问录音录像为准。

第二十三条 侦查人员或者其他人员出庭的，应当向法庭说明证据收集过程，并就相关情况接受发问。对发问方式不当或者内容与证据收集的合法性无关的，法庭应当制止。

经人民法院通知，侦查人员不出庭说明情况，不能排除以非法方法收集证据情形的，对有关证据应当予以排除。

第二十四条 人民法院对控辩双方提供的证据来源、内容等有疑问的，可以告知控辩双方补充证据或者作出说明；必要时，可以宣布休庭，对证据进行调查核实。法庭调查核实证据，可以通知控辩双方到场，并将核实过程记录在案。

对于控辩双方补充的和法庭庭外调查核实取得的证据，未经当庭出示、质证等法庭调查程序查证属实，不得作为证明证据收集合法性的根据。

第二十五条 人民法院对证据收集的合法性进行调查后，应当当庭作出是否排除有关证据的决定。必要时，可以宣布休庭，由合议庭评议或者提交审判委员会讨论，再次开庭时宣布决定。

第二十六条 经法庭审理，具有下列情形之一的，对有关证据应当予以排除：

（一）确认以非法方法收集证据的；

（二）应当对讯问过程录音录像的案件没有提供讯问录音录像，或者讯问录音录像存在选择性录制、剪接、删改等情形，现有证据不能排除以非法方法收集证据的；

（三）侦查机关除紧急情况外没有在规定的办案场所讯问，现有证据不能排除以非法方法收集证据的；

（四）驻看守所检察人员在重大案件侦查终结前未对讯问合法性进行核查，或者未对核查过程同步录音录像，或者录音录像存在选择性录制、剪接、删改等情形，现有证据不能排除以非法方法收集证据的；

（五）其他不能排除存在以非法方法收集证据的。

第二十七条 人民法院对证人证言、被害人陈述、物证、书证等证据收集合法性的审查、调查程序，参照上述规定。

第二十八条 人民法院对证据收集合法性的审查、调查结论，应当在裁判文书中写明，并说明理由。

第二十九条 人民检察院、被告人及其法定代理人提出抗诉、上诉，对第一审人民法院有关证据收集合法性的审查、调查结论提出异议的，第二审人民法院应当审查。

第三十条 被告人及其辩护人在第一审程序中未提出排除非法证据的申请，在第二审程序中提出申请，有下列情形之一的，第二审人民法院应当审查：

（一）第一审人民法院没有依法告知被告人申请排除非法证据的权利的；

（二）被告人及其辩护人在第一审庭审后发现涉嫌非法取证的相关线索或者材料的。

第三十一条 人民检察院应当在第一审程序中全面出示证明证据收集合法性的证据材料。

人民检察院在第一审程序中未出示证明证据收集合法性的证据，第一审人民法院依法排除有关证据的，人民检察院在第二审程序中不得出示之前未出示的证据，但在第一审程序后发现的除外。

第三十二条 第二审人民法院对证据收集合法性的调查，参照上述第一审程序的规定。

第三十三条 第一审人民法院对被告人及其辩护人排除非法证据的申请未予审查，并以有关证据作为定案的根据，可能影响公正审判的，第二审人民法院应当裁定撤销原判，发回原审人民法院重新审判。

第三十四条 第一审人民法院对依法应当排除的非法证据未予排除的，第二审人民法院可以依法排除相关证据。排除非法证据后，应当按照下列情形分别作出处理：

（一）原判决认定事实和适用法律正确、量刑适当的，应当裁定驳回上诉或者抗诉，维持原判；

（二）原判决认定事实没有错误，但适用法律有错误，或者量刑不当的，应当改判；

（三）原判决事实不清或者证据不足的，可以在查清事实后改判；也可以裁定撤销原判，发回原审人民法院重新审判。

第三十五条 审判监督程序、死刑复核程序中对证据收集合法性的审查、调查，参照上述规定。

第三十六条 本规程自 2018 年 1 月 1 日起试行。

最高人民检察院
人民检察院刑事抗诉工作指引

（2017年7月4日最高人民检察院第十二届检察委员会第六十六次会议通过 2018年2月14日公布并施行 高检发诉字〔2018〕2号）

第一章 总 则

第一条 刑事抗诉是法律赋予检察机关的重要职权。通过刑事抗诉纠正确有错误的裁判，是人民检察院履行法律监督职能的重要体现。加强刑事抗诉工作，对于维护司法公正，保护诉讼当事人合法权益，实现社会公平正义，促进社会和谐稳定，树立和维护法治权威具有重要意义。为规范刑事抗诉工作，强化法律监督，根据法律规定，结合检察工作实际，制定本指引。

第二条 人民检察院办理刑事抗诉案件适用本指引。

第三条 办理刑事抗诉案件，应当坚持依法、准确、及时、有效的基本要求。提出或者支持抗诉的案件，应当充分考虑抗诉的必要性。

涉及未成年人的，应当将成年人侵害未成年人人身权利的案件作为抗诉重点。

第四条 办理刑事抗诉案件，按照司法责任制改革确定的办案、审批机制运行。

第二章 刑事抗诉案件的启动

第五条 人民检察院通过审查人民法院的判决或裁定、受理申诉等活动，监督人民法院的判决、裁定是否正确。地方各级人民检察院认为本级人民法院第一审的判决、裁定确有错误的时候，应当向上一级人民法院提出抗诉。最高人民检察院对各级人民法院已经发生法律效力的判决和裁定，上级人民检察院对下级人民法院已经发生法律效力的判决和裁定，如果发现确有错误，有权按照审判监督程序向同级人民法院提出抗诉。

当事人及其法定代理人、近亲属认为人民法院已经发生法律效力的判决、裁定确有错误，向人民检察院申诉的，适用《最高人民检察院关于办理不服人民法院生效刑事裁判申诉案件若干问题的规定》和《人民检察院复查刑事申诉案件的规定》等规定。

第六条 人民检察院可以通过以下途径发现尚未生效判决、裁定的错误：

（一）收到人民法院第一审判决书、裁定书后，人民检察院通过指定专人审查发现错误；

（二）被害人及其法定代理人不服人民法院第一审判决，在收到判决书后五日以内请求人民检察院提出抗诉的，人民检察院应当立即进行审查，在法定抗诉期限内提出是否抗诉的意见；

（三）职务犯罪案件第一审判决，由上下两级人民检察院同步审查。作出一审判决人民法院的同级人民检察院是同步审查的主要责任主体，上一级人民检察院负督促和制约的责任；

（四）其他途径。

第七条 上一级人民检察院在抗诉期限内，发现下级人民检察院应当提出抗诉而没有提出抗诉的案件，可以指令下级人民检察院依法提出抗诉。下级人民检察院在抗诉期限内未能及时提出抗诉的，应当在判决、裁定生效后提请上一级人民检察院按照审判监督程序提出抗诉。

第八条 人民检察院可以通过以下途径发现生效判决、裁定的错误：

（一）收到人民法院生效判决书、裁定书后，人民检察院通过指定专人审查发现错误；

（二）当事人及其法定代理人、近亲属不服人民法院生效刑事判决、裁定提出申诉，刑事申诉检察部门经复查发现错误；

（三）根据社会各界和有关部门转送的材料和反映的意见，对人民法院已生效判决、裁定审查后发现错误；

（四）在办案质量检查和案件复查等工作中，发现人民法院已生效判决、裁定确有错误；

（五）出现新的证据，发现人民法院已生效判决、裁定错误；

（六）办理案件过程中发现其他案件已生效判决、裁定确有错误；

（七）其他途径。

人民检察院对同级人民法院已经发生法律效力的刑事判决、裁定，发现确有错误的，应当提请上一级人民检察院抗诉。上级人民检察院发现下级人民法院已经发生法律效力的判决或裁定确有错误的，可以直接向同级人民法院提出抗诉，或者指令作出生效判决、裁定人民法院的上一级人民检察院向同级人民法院提出抗诉。

第三章 抗诉情形与不抗诉情形

第九条 人民法院的判决、裁定有下列情形之一的，应当提出抗诉：

（一）原审判决或裁定认定事实确有错误，导致定罪或者量刑明显不当的：

1. 刑事判决、裁定认定的事实与证据证明的事实不一致的；

2. 认定的事实与裁判结论有矛盾的；

3. 有新的证据证明原判决、裁定认定的事实确有错误的。

（二）原审判决或裁定采信证据确有错误，导致定罪或者量刑明显不当的：

1. 刑事判决、裁定据以认定案件事实的证据不确实的；

2. 据以定案的证据不足以认定案件事实，或者所证明的案件事实与裁判结论之间缺乏必然联系的；

3. 据以定案的证据依法应当作为非法证据予以排除而未被排除的；

4. 不应当排除的证据作为非法证据被排除或者不予采信的；

5. 据以定案的主要证据之间存在矛盾，无法排除合理怀疑的；

6. 因被告人翻供、证人改变证言而不采纳依法收集并经庭审质证为合法、有效的其他证据，判决无罪或者改变事实认定的；

7. 犯罪事实清楚，证据确实、充分，但人民法院以证据不足为由判决无罪或者改变事实认定的。

（三）原审判决或裁定适用法律确有错误的：

1. 定罪错误，即对案件事实进行评判时发生错误：

（1）有罪判无罪，无罪判有罪的；

（2）混淆此罪与彼罪、一罪与数罪的界限，造成罪刑不相适应，或者在司法实践中产生重大不良影响的。

2. 量刑错误，即适用刑罚与犯罪的事实、性质、情节和社会危害程度不相适应，重罪轻判或者轻罪重判，导致量刑明显不当：

（1）不具有法定量刑情节而超出法定刑幅度量刑的；

（2）认定或者适用法定量刑情节错误，导致未在法定刑幅度内量刑或者量刑明显不当的；

（3）共同犯罪案件中各被告人量刑与其在共同犯罪中的地位、作用明显不相适应或者不均衡的；

（4）适用主刑刑种错误的；

（5）适用附加刑错误的；

（6）适用免予刑事处罚、缓刑错误的；

（7）适用刑事禁止令、限制减刑错误的。

（四）人民法院在审判过程中有下列严重违反法定诉讼程序情形之一，可能影响公正裁判的：

1. 违反有关公开审判规定的；

2. 违反有关回避规定的；

3. 剥夺或者限制当事人法定诉讼权利的；

4. 审判组织的组成不合法的；

5. 除另有规定的以外，证据材料未经庭审质证直接采纳作为定案根据，或者人民法院依申请收集、调取的证据材料和合议庭休庭后自行调查取得的证据材料没有经过庭审质证而直接采纳作为定案根据的；

6. 由合议庭进行审判的案件未经过合议庭评议直接宣判的；

7. 违反审判管辖规定的；

8. 其他严重违反法定诉讼程序情形的。

（五）刑事附带民事诉讼部分所作判决、裁定明显不当的。

（六）人民法院适用犯罪嫌疑人、被告人逃匿、死亡案件违法所得的没收程序所作的裁定确有错误的。

（七）审判人员在审理案件的时候，有贪污受贿、徇私舞弊或者枉法裁判行为，影响公正审判的。

第十条 下列案件一般不提出抗诉：

（一）原审判决或裁定认定事实、采信证据有下列情形之一的：

1. 被告人提出罪轻、无罪辩解或者翻供后，认定犯罪性质、情节或者有罪的证据之间的矛盾无法排除，导致人民法院未认定起诉指控罪名或者相关犯罪事实的；

2. 刑事判决改变起诉指控罪名，导致量刑差异较大，但没有足够证据或者法律依据证明人民法院改变罪名错误的；

3. 案件定罪事实清楚，因有关量刑情节难以查清，人民法院在法定刑幅度内从轻处罚的；

4. 依法排除非法证据后，证明部分或者全部案件事实的证据达不到确实、充分的标准，人民法院不予认定该部分案件事实或者判决无罪的。

（二）原审判决或裁定适用法律有下列情形之一的：

1. 法律规定不明确、存有争议，抗诉的法律依据不充分的；

2. 具有法定从轻或者减轻处罚情节，量刑偏轻的；

3. 被告人系患有严重疾病、生活不能自理的人，怀孕或者正在哺乳自己婴儿的妇女，生活不能自理的人的唯一扶养人，量刑偏轻的；

4. 被告人认罪并积极赔偿损失，取得被害方谅解，量刑偏轻的。

（三）人民法院审判活动违反法定诉讼程序，其严重程度不足以影响公正裁判，或者判决书、裁定书存在技术性差错，不影响案件实质性结论的，一般不提出抗诉。必要时以纠正审理违法意见书形式监督人民法院纠正审判活动中的违法情形，或者以检察建议书等形式要求人民法院更正法律文书中的差错。

（四）人民法院判处被告人死刑缓期二年执行的案件，具有下列情形之一，除原判决认定事实、适用法律有严重错误或者社会反响强烈的以外，一般不提出判处死刑立即执行的抗诉：

1. 被告人有自首、立功等法定从轻、减轻处罚情节的；

2. 定罪的证据确实、充分，但影响量刑的主要证据存有疑问的；

3. 因婚姻家庭、邻里纠纷等民间矛盾激化引发的案件，因被害方的过错行为引起的案件，案发后被告人真诚悔罪、积极赔偿被害方经济损失并取得被害方谅解的；

4. 罪犯被送交监狱执行刑罚后，认罪服法，狱中表现较好，且死缓考验期限将满的。

（五）原审判决或裁定适用的刑罚虽与法律规定有偏差，但符合罪刑相适应原则和社会认同的。

（六）未成年人轻微刑事犯罪案件量刑偏轻的。

第四章　刑事抗诉案件的审查

第十一条　审查刑事抗诉案件，应当坚持全案审查和重点审查相结合原则，并充分听取辩护人的意见。重点审查抗诉主张在事实、法律上的依据以及支持抗诉主张的证据是否具有合法性、客观性和关联性。

第十二条　办理刑事抗诉案件，应当严格按照刑法、刑事诉讼法、相关司法解释和规范性文件的要求，全面、细致地审查案件事实、证据、法律适用以及诉讼程序，综合考虑犯罪性质、情节和社会危害程度等因素，准确分析认定人民法院原审裁判是否确有错误，根据错误的性质和程度，决定是否提出（请）抗诉。

（一）对刑事抗诉案件的事实，应当重点审查以下内容：

1. 犯罪动机、目的是否明确；

2. 犯罪手段是否清楚；

3. 与定罪量刑有关的事实、情节是否查明；

4. 犯罪的危害后果是否查明；

5. 行为和结果之间是否存在刑法上的因果关系。

（二）对刑事抗诉案件的证据，应当重点审查以下内容：

1. 认定犯罪主体的证据是否确实、充分；

2. 认定犯罪事实的证据是否确实、充分；

3. 涉及犯罪性质、认定罪名的证据是否确实、充分；

4. 涉及量刑情节的证据是否确实、充分；

5. 提出抗诉的刑事案件，支持抗诉意见的证据是否具备合法性、客观性和关联性；

6. 抗诉证据之间、抗诉意见与抗诉证据之间是否存在矛盾；

7. 抗诉证据是否确实、充分。

（三）对刑事抗诉案件的法律适用，应当重点审查以下内容：

1. 适用法律和引用法律条文是否正确；

2. 罪与非罪、此罪与彼罪、一罪与数罪的认定是否正确；

3. 具有法定从重、从轻、减轻或者免除处罚情节的，适用法律是否正确；

4. 适用刑种和量刑幅度是否正确；

5. 刑事附带民事诉讼判决、裁定，犯罪嫌疑人、被告人逃匿、死亡案件违法所得没收程序的裁定是否符合法律规定。

第十三条 审查抗诉案件一般按照下列步骤进行：

（一）认真研究抗诉书或提请抗诉报告书，熟悉案件的基本情况、重点了解不同诉讼阶段认定案件事实的差异，公诉意见、历次判决或裁定结论有何差异，将判决或裁定理由与抗诉理由或提请抗诉的理由进行对比，初步分析案件分歧的焦点所在；

（二）审阅起诉书、判决书或裁定书，核对抗诉书或提请抗诉报告书所列举的公诉意见、判决或裁定结论、判决或裁定理由等内容是否存在错误；

（三）审阅卷中证据材料。在全面审阅的基础上，重点审查判决、裁定认定案件事实所采信的证据，下一级人民检察院提出抗诉或提请抗诉所认定的证据，特别是对认定事实有分歧的，应当仔细审查各分歧意见所认定、采信的证据；

（四）根据卷中证据情况，提出对案件事实的初步认定意见，注意与判决、裁定的认定意见有无不同；

（五）初步列出案件分歧的焦点问题，包括事实认定、证据采信以及法律适用方面的分歧意见等；

（六）分析判决、裁定是否存在错误，提出抗诉或提请抗诉的理由是否成立以及是否存在疏漏，研判是否支持抗诉或决定抗诉；

（七）根据案件具体情况，必要时可以到案发地复核主要证据，对尚不清楚的事实和情节提取新的证据；

（八）根据复核证据的情况，进一步提出认定事实、采信证据和适用法律的意见，分析判决、裁定是否确有错误，抗诉理由是否充分，最后提出是否支持抗诉或者决定抗诉的审查意见。

第十四条 办理刑事抗诉案件，应当讯问原审被告人，并根据案件需要复核或者补充相关证据。

需要原侦查机关补充收集证据的，可以要求原侦查机关补充收集。被告人、辩护人提出自首、立功等可能影响定罪量刑的材料和线索的，人民检察院可以依照管辖规定交侦查机关调查核实，也可以自行调查核实。发现遗漏罪行或者同案犯罪嫌疑人的，应当建议侦查机关侦查。

根据案件具体情况，可以向侦查人员调查了解原案的发破案、侦查取证活动等情况。

在对涉及专门技术问题的证据材料进行审查时，可以委托检察技术人员或者其他具有专门知识的人员进行文证审查，或者请其提供咨询意见。检察技术人员、具有专门知识的人员出具的审查意见或者咨询意见应当附卷，并在案件审查报告中说明。

第十五条 人民检察院办理死刑抗诉案件，除依照本指引第十三条、第十四条规定审查外，还应当重点开展下列工作：

（一）讯问原审被告人，听取原审被告人的辩解；

（二）必要时听取辩护人的意见；

（三）复核主要证据，必要时询问证人；

（四）必要时补充收集证据；

（五）对鉴定意见有疑问的，可以重新鉴定或者补充鉴定；

（六）根据案件情况，可以听取被害人的意见。

第十六条 人民检察院在办理刑事抗诉案件过程中发现职务犯罪线索的，应当对案件线索逐件登记、审查，经检察长批准，及时移送有管辖权的单位办理。

第十七条 承办人审查后，应当制作刑事抗诉案件审查报告，阐明是否提出抗诉或者是否支持抗诉的意见。

刑事抗诉案件审查报告应当符合最高人民检察院规定的格式，并重点把握以下要求：

（一）充分认识审查报告制作质量直接影响对案件的审核和检察长或者检察委员会作出处理决定；

（二）承办人制作审查报告，可以根据案件汇报的需要及案件本身的特点作适当的调整；

（三）事实叙写应当清晰、完整、客观，不遗漏关键的事实、情节；

（四）证据摘录一般按照先客观性证据后主观性证据的顺序进行列举，以客观性证据为基础构建证据体系，对客观性证据优先审查、充分挖掘、科学解释、全面验证；同时，要防止唯客观性证据论的倾向，防止忽视口供，对口供在做到依法审查、客观验证基础上充分合理使用；

（五）引用判决或裁定的理由和结论应当全面客观，分析判决或裁定是否错误应当有理有据；

（六）审查意见应当注重层次性、针对性、逻辑性和说理性；

（七）对存在舆情等风险的案件，应当提出风险评估和预案处置意见。

第五章　按照第二审程序抗诉

第十八条　人民检察院应当严格落实对人民法院判决、裁定逐案审查工作机制。对提起公诉的案件，在收到人民法院第一审判决书或者裁定书后，应当及时审查，承办检察官应当填写刑事判决、裁定审查表，提出处理意见。

对于下级人民检察院在办理抗诉案件中遇到干扰的，上级人民检察院应当根据实际情况开展协调和排除干扰工作，以保证抗诉工作顺利开展。

第十九条　人民检察院对同级人民法院第一审判决的抗诉，应当在接到判决书的第二日起十日以内提出；对裁定的抗诉，应当在接到裁定书后的第二日起五日以内提出。提出抗诉应当以抗诉书送达同级人民法院为准，不得采取口头通知抗诉的方式。

第二十条　被害人及其法定代理人不服人民法院第一审判决，在收到判决书后五日以内请求人民检察院提出抗诉的，人民检察院应当立即进行审查，作出是否抗诉的决定，并制作抗诉请求答复书，在收到请求后五日以内答复请求人。

被害人及其法定代理人在收到人民法院判决书五日以后请求人民检察院提出抗诉的，由人民检察院决定是否受理。

第二十一条　办理职务犯罪抗诉案件，应当认真落实最高人民检察院公诉厅《关于加强对职务犯罪案件第一审判决法律监督的若干规定（试行）》和

《关于对职务犯罪案件第一审判决进一步加强同步审查监督工作的通知》等要求，重点解决职务犯罪案件重罪轻判问题。

下级人民检察院审查职务犯罪案件第一审判决，认为应当抗诉的，应当在法定时限内依法提出抗诉，并且报告上一级人民检察院。

下级人民检察院收到人民法院第一审判决书后，应当在二日以内报送上一级人民检察院。上一级人民检察院认为应当抗诉的，应当及时通知下级人民检察院。下级人民检察院审查后认为不应当抗诉的，应当将不抗诉的意见报上一级人民检察院公诉部门。上一级人民检察院公诉部门不同意下级人民检察院不抗诉意见的，应当根据案件情况决定是否调卷审查。上一级人民检察院公诉部门经调卷审查认为确有抗诉必要的，应当报检察长决定或者检察委员会讨论决定。上一级人民检察院作出的抗诉决定，下级人民检察院应当执行。

上下两级人民检察院对人民法院作出的职务犯罪案件第一审判决已经同步审查的，上一级人民法院针对同一案件作出的第二审裁判，收到第二审裁判书的同级人民检察院依法按照审判监督程序及时审查，一般不再报其上一级人民检察院同步审查。

第二十二条 决定抗诉的案件应当制作刑事抗诉书。刑事抗诉书应当包括下列内容：

（一）原判决、裁定情况；

（二）审查意见；

（三）抗诉理由。

刑事抗诉书应当充分阐述抗诉理由。

第二十三条 按照第二审程序提出抗诉的人民检察院，应当及时将刑事抗诉书和检察卷报送上一级人民检察院。经本院检察委员会讨论决定的，应当一并报送本院检察委员会会议纪要。

第二十四条 上一级人民检察院支持或者部分支持抗诉意见的，可以变更、补充抗诉理由，及时制作支持刑事抗诉意见书，阐明支持或者部分支持抗诉的意见和理由，在同级人民法院开庭之前送达人民法院，同时通知提出抗诉的人民检察院。

第二十五条 上一级人民检察院不支持抗诉的，承办部门应当制作撤回抗诉决定书，在同级人民法院开庭之前送达人民法院，同时通知提出抗诉的人民检察院，并向提出抗诉的人民检察院书面说明撤回抗诉理由。

第二十六条 下级人民检察院如果认为上一级人民检察院撤回抗诉不当的，可以提请复议。上一级人民检察院应当复议，并另行指派专人进行审查，提出意见报告检察长或者检察委员会同意后，将复议结果书面通知下级人民检察院。

第二十七条 第二审人民法院发回原审人民法院重新按照第一审程序审判的案件，如果人民检察院认为重新审判的判决、裁定确有错误的，可以按照第二审程序提出抗诉。

第六章 按照审判监督程序抗诉

第二十八条 按照审判监督程序重新审判的案件，适用行为时的法律。

第二十九条 人民法院已经发生法律效力的刑事判决和裁定包括：

（一）已过法定期限没有上诉、抗诉的判决和裁定；

（二）终审的判决和裁定；

（三）最高人民法院核准的死刑的判决和高级人民法院核准的死刑缓期二年执行的判决。

第三十条 提请上级人民检察院按照审判监督程序抗诉的案件，原则上应当自人民法院作出裁判之日起二个月以内作出决定；需要复核主要证据的，可以延长一个月。属于冤错可能等事实证据有重大变化的案件，可以不受上述期限限制。

对于高级人民法院判处死刑缓期二年执行的案件，省级人民检察院认为确有错误提请抗诉的，一般应当在收到生效判决、裁定后三个月以内提出，至迟不得超过六个月。

对于人民法院第一审宣判后人民检察院在法定期限内未提出抗诉，或者判决、裁定发生法律效力后六个月内未提出抗诉的案件，没有发现新的事实或者证据的，一般不得为加重被告人刑罚而依照审判监督程序提出抗诉，但被害人提出申诉或上级人民检察院指令抗诉的除外。

第三十一条 提请上一级人民检察院按照审判监督程序抗诉的案件，应当制作提请抗诉报告书。提请抗诉报告书应当依次写明原审被告人基本情况，诉讼经过，审查认定后的犯罪事实，一审人民法院、二审人民法院的审判情况，判决、裁定错误之处，提请抗诉的理由和法律依据，本院检察委员会讨论情况等。

第三十二条 提请抗诉的人民检察院应当及时将提请抗诉报告书一式十份和侦查卷、检察卷、人民法院审判卷报送上一级人民检察院。经本院检察委员会讨论决定的，应当一并报送本院检察委员会会议纪要。

调阅人民法院的案卷，依据《最高人民法院办公厅、最高人民检察院办公厅关于调阅诉讼卷宗有关问题的通知》有关规定执行。

第三十三条　上级人民检察院审查审判监督程序抗诉案件，原则上应当自收案之日起一个半月以内作出决定；需要复核主要证据或者侦查卷宗在十五册以上的，可以延长一个月；需要征求其他单位意见或者召开专家论证会的，可以再延长半个月。

上级人民检察院审查下一级人民检察院提请抗诉的刑事申诉案件，应当自收案之日起三个月以内作出决定。

属于冤错可能等事实证据有重大变化的案件，可以不受上述期限限制。

有条件的地方，应当再自行缩短办案期限；对原判死缓而抗诉要求改判死刑立即执行的案件，原则上不得延长期限。

第三十四条　上一级人民检察院决定抗诉后，应当制作刑事抗诉书，向同级人民法院提出抗诉。以有新的证据证明原判决、裁定认定事实确有错误为由提出的抗诉，提出抗诉时应向人民法院移送新证据。

人民检察院按照审判监督程序向人民法院提出抗诉的，应当将抗诉书副本报送上一级人民检察院。

第三十五条　人民检察院依照刑事审判监督程序提出抗诉的案件，需要对原审被告人采取强制措施的，由人民检察院依法决定。

第三十六条　上级人民检察院决定不抗诉的，应当向提请抗诉的人民检察院做好不抗诉理由的解释说明工作，一般采用书面方式。

上级人民检察院对下一级人民检察院提请抗诉的刑事申诉案件作出决定后，应当制作审查提请抗诉通知书，通知提请抗诉的人民检察院。

第七章　出席刑事抗诉案件法庭

第三十七条　对提出抗诉的案件，同级人民检察院应当派员出席法庭。人民法院决定召开庭前会议的，同级人民检察院应当派员参加，依法履行职责。

第三十八条　检察员出席刑事抗诉法庭的任务是：

（一）支持抗诉，对原审人民法院作出的错误判决或者裁定提出纠正意见；

（二）维护诉讼参与人的合法权利；

（三）对法庭审理案件有无违反法律规定的诉讼程序的情况进行监督；

（四）依法从事其他诉讼活动。

第三十九条　收到刑事抗诉案件开庭通知书后，出席法庭的检察员应当做好以下准备工作：

（一）熟悉案情和证据情况，了解证人证言、被告人供述等证据材料是否发生变化；

（二）深入研究与本案有关的法律、政策问题，掌握相关的专业知识；

（三）制作出庭预案；

（四）上级人民检察院对下级人民检察院按照第二审程序提出抗诉的案件决定支持抗诉的，应当制作支持抗诉意见书，并在开庭前送达同级人民法院。

第四十条 出庭预案一般应当包括：

（一）讯问原审被告人提纲；

（二）询问证人、被害人、鉴定人、有专门知识的人、侦查人员提纲；

（三）出示物证，宣读书证、证人证言、被害人陈述、被告人供述、勘验检查笔录、辨认笔录、侦查实验笔录，播放视听资料、电子数据的举证和质证方案；

（四）支持抗诉的事实、证据和法律意见；

（五）对原审被告人、辩护人辩护内容的预测和答辩要点；

（六）对庭审中可能出现的其他情况的预测和相应的对策。

第四十一条 庭审开始前，出席法庭的检察员应当做好以下预备工作：

（一）了解被告人及其辩护人，附带民事诉讼的原告人及其诉讼代理人，以及其他应当到庭的诉讼参与人是否已经到庭；

（二）审查合议庭的组成是否合法；刑事抗诉书副本等诉讼文书的送达期限是否符合法律规定；被告人是盲、聋、哑、未成年人或者可能被判处死刑而没有委托辩护人的，人民法院是否指定律师为其提供辩护；

（三）审查到庭被告人的身份材料与刑事抗诉书中原审被告人的情况是否相符；审判长告知诉讼参与人的诉讼权利是否清楚、完整；审判长对回避申请的处理是否正确、合法。法庭准备工作结束，审判长征求检察员对法庭准备工作有无意见时，出庭的检察员应当就存在的问题提出意见，请审判长予以纠正，或者表明没有意见。

第四十二条 审判长或者审判员宣读原审判决书或者裁定书后，由检察员宣读刑事抗诉书。宣读刑事抗诉书时应当起立，文号及正文括号内的内容不宣读，结尾读至“此致某某人民法院”止。

按照第二审程序提出抗诉的案件，出庭检察员应当在宣读刑事抗诉书后宣读支持抗诉意见书，引导法庭调查围绕抗诉重点进行。

第四十三条 检察员在审判长的主持下讯问被告人。讯问应当围绕抗诉理由以及对原审判决、裁定认定事实有争议的部分进行，对没有异议的事实不再全面讯问。

讯问时应当先就原审被告人过去所作的供述和辩解是否属实进行讯问。如果被告人回答不属实，应当讯问哪些不属实。针对翻供，可以讯问翻供理由，利用被告人供述的前后矛盾进行讯问，或者适时举出相关证据予以反驳。

讯问时应当注意方式、方法，讲究技巧和策略。对被告人供述和辩解不清、不全、前后矛盾，或者供述和辩解明显不合情理，或者供述和辩解与已查证属实的证据相矛盾的问题，应当讯问。与案件无关、被告人已经供述清楚或者无争议的问题，不再讯问。

讯问被告人应当有针对性，语言准确、简练、严密。

对辩护人已经发问而被告人作出客观回答的问题，一般不进行重复讯问。辩护人发问后，被告人翻供或者回答含糊不清的，如果涉及案件事实、性质的认定或者影响量刑的，检察员必须有针对性再讯问。辩护人发问的内容与案件无关，或者采取不适当的发问语言和态度的，检察员应当及时请求合议庭予以制止。

在法庭调查结束前，检察员可以根据辩护人、诉讼代理人、审判长（审判员）发问的情况，进行补充讯问。

第四十四条　证人、鉴定人、有专门知识的人需要出庭的，人民检察院应当申请人民法院通知并安排出庭作证。

对于经人民法院通知而未到庭的证人或者出庭后拒绝作证的证人的证言笔录，检察员应当当庭宣读。对于经人民法院通知而未到庭的证人的证言笔录存在疑问、确实需要证人出庭作证，且可以强制其到庭的，检察员应当建议人民法院强制证人到庭作证和接受质证。

向证人发问，应当先由提请通知的一方进行；发问时可以要求证人就其所了解的与案件有关的事实进行陈述，也可以直接发问。发问完毕后，经审判长准许，对方也可以发问。

检察员对证人发问，应当针对证言中有遗漏、矛盾、模糊不清和有争议的内容，并着重围绕与定罪量刑紧密相关的事实进行。发问应当采取一问一答的形式，做到简洁清楚。

证人进行虚假陈述的，应当通过发问澄清事实，必要时还应当出示、宣读证据配合发问。

询问鉴定人、有专门知识的人参照询问证人的规定进行。

第四十五条　需要出示、宣读、播放原审期间已移交人民法院的证据的，出庭的检察员可以申请法庭出示、宣读、播放。

需要移送证据材料的，在审判长宣布休庭后，检察员应当与审判人员办理交接手续。无法当庭移交的，应当在休庭后三日以内移交。

第四十六条　审判人员通过调查核实取得并当庭出示的新证据，检察员应当进行质证。

第四十七条 检察员对辩护人在法庭上出示的证据材料，应当积极参与质证。质证时既要对辩护人所出示证据材料的真实性发表意见，也要注意辩护人的举证意图。如果辩护人运用该证据材料所说明的观点不能成立，应当及时予以反驳。对辩护人、当事人、原审被告人出示的新的证据材料，检察员认为必要时，可以进行讯问、质证，并就该证据材料的合法性、证明力提出意见。

第四十八条 审判长宣布法庭调查结束，开始进行法庭辩论时，检察员应当发表抗诉案件出庭检察员意见书，主要包括以下内容：

（一）论证本案犯罪事实清楚，证据确实充分，或者原审人民法院认定事实、证据错误之处；

（二）指明被告人犯罪行为性质、严重程度，评析抗诉理由；

（三）论证原审判决书适用法律、定罪量刑是否正确，有误的，应提出改判的建议。

第四十九条 检察员对原审被告人、辩护人提出的观点，认为需要答辩的，应当在法庭上进行答辩。答辩应当抓住重点，主次分明。与案件无关或者已经辩论过的观点和内容，不再答辩。

第五十条 对按照审判监督程序提出抗诉的案件，人民检察院认为人民法院作出的判决、裁定仍然确有错误的，如果案件是依照第一审程序审判的，同级人民检察院应当向上一级人民法院提出抗诉，如果案件是依照第二审程序审判的，上一级人民检察院应当按照审判监督程序向同级人民法院提出抗诉。

对按照审判监督程序提出抗诉的申诉案件，人民检察院认为人民法院作出的判决、裁定仍然确有错误的，由派员出席法庭的人民检察院刑事申诉检察部门适用本条第一款的规定办理。

第八章　刑事抗诉工作机制

第五十一条 下级人民检察院对于拟抗诉的重大案件，应当在决定抗诉前向上级人民检察院汇报。上级人民检察院要结合本地区工作实际，组织开展工作情况通报、工作经验推广、案件剖析评查、优秀案件评选、典型案例评析、业务研讨培训、庭审观摩交流等活动，推动刑事抗诉工作发展。

第五十二条 上级人民检察院要加强刑事抗诉个案和类案专项指导，主动帮助下级人民检察院解决办案中遇到的问题，排除阻力和干扰。对于重大普通刑事案件、重大职务犯罪案件、疑难复杂案件、人民群众对司法不公反映强烈的案件以及其他有重大影响的重要抗诉案件，上级人民检察院要加强抗诉前工作指导，必要时可以同步审查，确保抗诉质量。

第五十三条　认真执行最高人民法院、最高人民检察院《关于人民检察院检察长列席人民法院审判委员会会议的实施意见》的相关规定，人民法院审判委员会讨论人民检察院提出的刑事抗诉案件时，同级人民检察院检察长或者受检察长委托的副检察长应当依法列席。列席人员应当在会前熟悉案情、准备意见和预案，在会上充分阐述人民检察院的抗诉意见和理由。承办检察官应当按照列席要求，为检察长或者受委托的副检察长做好准备工作。

第五十四条　各级人民检察院要与同级人民法院有关审判庭加强经常性的工作联系，就办理抗诉案件中认识分歧、法律政策适用等问题充分沟通交流。

第五十五条　各级人民检察院对于引起媒体关注的敏感刑事抗诉案件，应当建立快速反应工作机制，依法查明事实真相，适时公开相关信息，及时回应社会关切，主动接受舆论监督，树立人民检察院维护司法公正的良好形象。

第九章　附　则

第五十六条　本指引由最高人民检察院负责解释，自下发之日起执行。

最高人民检察院
人民检察院公诉人出庭举证质证工作指引

（2018 年 5 月 2 日最高人民检察院第十三届检察委员会第一次会议通过　2018 年 7 月 3 日公布并施行）

第一章　总　则

第一条　为适应以审判为中心的刑事诉讼制度改革新要求，全面贯彻证据裁判规则，进一步加强和改进公诉人出庭举证质证工作，构建认罪和不认罪案件相区别的出庭公诉模式，增强指控犯罪效果，根据《中华人民共和国刑事诉讼法》和相关规定，结合检察工作实际，制定本工作指引。

第二条　举证是指在出庭支持公诉过程中，公诉人向法庭出示、宣读、播放有关证据材料并予以说明，对出庭作证人员进行询问，以证明公诉主张成立的诉讼活动。

质证是指在审判人员的主持下，由控辩双方对所出示证据材料及出庭作证人员的言词证据的证据能力和证明力相互进行质疑和辩驳，以确认是否作为定案依据的诉讼活动。

第三条　公诉人出庭举证质证，应当以辩证唯物主义认识论为指导，以事实为根据，以法律为准绳，注意运用逻辑法则和经验法则，有力揭示和有效证实犯罪，提高举证质证的质量、效率和效果，尊重和保障犯罪嫌疑人、被告人和其他诉讼参与人诉讼权利，努力让人民群众在每一个司法案件中感受到公平正义。

第四条　公诉人举证质证，应当遵循下列原则：

（一）实事求是，客观公正；

（二）突出重点，有的放矢；

（三）尊重辩方，理性文明；

（四）遵循法定程序，服从法庭指挥。

第五条　公诉人可以根据被告人是否认罪，采取不同的举证质证模式。

被告人认罪的案件，经控辩双方协商一致并经法庭同意，举证质证可以简化。

被告人不认罪或者辩护人作无罪辩护的案件，一般应当全面详细举证质证。但对辩护方无异议的证据，经控辩双方协商一致并经法庭同意，举证质证也可以简化。

第六条　公诉人举证质证，应当注重与现代科技手段相融合，积极运用多媒体示证、电子卷宗、出庭一体化平台等，增强庭审指控犯罪效果。

第二章　举证质证的准备

第七条　公诉人审查案件时，应当充分考虑出庭准备和庭审举证质证工作的需要，有针对性地制作审查报告。

第八条　公诉人基于出庭准备和庭审举证质证工作的需要，可以在开庭前从人民法院取回有关案卷材料和证据，或者查阅电子卷宗。

第九条　公诉案件开庭前，公诉人应当进一步熟悉案情，掌握证据情况，深入研究与本案有关的法律政策问题，熟悉审判可能涉及的专业知识，围绕起诉书指控的犯罪事实和情节，制作举证质证提纲，做好举证质证准备。

制作举证质证提纲应当注意以下方面：

（一）证据的取得是否符合法律规定；

（二）证据是否符合法定形式；

（三）证据是否为原件、原物，照片、录像、复制件、副本等与原件、原物是否相符；

（四）发现证据时的客观环境；

（五）证据形成的原因；

（六）证人或者提供证据的人与本案有无利害关系；

（七）证据与待证事实之间的关联关系；

（八）证据之间的相互关系；

（九）证据是否共同指向同一待证事实，有无无法排除的矛盾和无法解释的疑问，全案证据是否形成完整的证明体系，根据全案证据认定的事实是否足以排除合理怀疑，结论是否具有唯一性；

（十）证据是否具有证据能力及其证明力的其他问题。

第十条　公诉人应当通过参加庭前会议，及时掌握辩护方提供的证据，全面了解被告人及其辩护人对证据的主要异议，并在审判人员主持下，就案件的争议焦点、证据的出示方式等进行沟通，确定举证顺序、方式。根据举证需要，公诉人可以申请证人、鉴定人、侦查人员、有专门知识的人出庭，对辩护方出庭人员名单提出异议。

审判人员在庭前会议中组织展示证据的，公诉人应当出示拟在庭审中出示的证据，梳理存在争议的证据，听取被告人及其辩护人的意见。

被告人及其辩护人在开庭审理前申请排除非法证据，并依照法律规定提供相关线索或者材料的，公诉人经查证认为不存在非法取证行为的，应当在庭前会议中通过出示有关证据材料等方式，有针对性地对证据收集的合法性作出说明。

公诉人可以在庭前会议中撤回有关证据。撤回的证据，没有新的理由，不得在庭审中出示。

公诉人应当根据庭前会议上就举证方式达成的一致意见，修改完善举证提纲。

第十一条　公诉人在开庭前收到人民法院转交或者被告人及其辩护人、被害人、证人等递交的反映证据系非法取得的书面材料的，应当进行审查。对于审查逮捕、审查起诉期间已经提出并经查证不存在非法取证行为的，应当通知人民法院，或者告知有关当事人和辩护人，并按照查证的情况做好庭审准备。对于新的材料或者线索，可以要求侦查机关对证据收集的合法性进行说明或者提供相关证明材料，必要时可以自行调查核实。

第十二条　公诉人在庭前会议后依法收集的证据，在开庭前应当及时移送人民法院，并了解被告人或者其辩护人是否提交新的证据。如果有新的证据，公诉人应当对该证据进行审查。

第十三条　公诉人在开庭前，应当通过讯问被告人、听取辩护人意见、参加庭前会议、与法庭沟通等方式，了解掌握辩护方所收集的证明被告人无罪、罪轻或者反映存在非法取证行为的相关材料情况，进一步熟悉拟在庭审中出示的相关证据，围绕证据的真实性、关联性、合法性，全面预测被告人、辩护人可能提出的质证观点，有针对性地制作和完善质证提纲。

第三章　举　证

第一节　举证的基本要求

第十四条　公诉人举证，一般应当遵循下列要求：

（一）公诉人举证，一般应当全面出示证据；出示、宣读、播放每一份（组）证据时，一般应当出示证据的全部内容。根据普通程序、简易程序以及庭前会议确定的举证方式和案件的具体情况，也可以简化出示，但不得随意删减、断章取义。没有召开庭前会议的，公诉人可以当庭与辩护方协商，并经法庭许可确定举证方式。

（二）公诉人举证前，应当先就举证方式作出说明；庭前会议对简化出示证据达成一致意见的，一并作出说明。

（三）出示、宣读、播放每一份（组）证据前，公诉人一般应当先就证据证明方向，证据的种类、名称、收集主体和时间以及所要证明的内容向法庭作概括说明。

（四）对于控辩双方无异议的非关键性证据，举证时可以仅就证据的名称及所证明的事项作出说明；对于可能影响定罪量刑的关键证据和控辩双方存在争议的证据，以及法庭认为有必要调查核实的证据，应当详细出示。

（五）举证完毕后，应当对出示的证据进行归纳总结，明确证明目的。

（六）使用多媒体示证的，应当与公诉人举证同步进行。

第十五条 公诉人举证，应当主要围绕下列事实，重点围绕控辩双方争议的内容进行：

（一）被告人的身份；

（二）指控的犯罪事实是否存在，是否为被告人所实施；

（三）实施犯罪行为的时间、地点、方法、手段、结果，被告人犯罪后的表现等；

（四）犯罪集团或者其他共同犯罪案件中参与犯罪人员的各自地位和应负的责任；

（五）被告人有无刑事责任能力，有无故意或者过失，行为的动机、目的；

（六）有无依法不应当追究刑事责任的情形，有无法定从重或者从轻、减轻以及免除处罚的情节；

（七）犯罪对象、作案工具的主要特征，与犯罪有关的财物的来源、数量以及去向；

（八）被告人全部或者部分否认起诉书指控的犯罪事实的，否认的根据和理由能否成立；

（九）与定罪、量刑有关的其他事实。

第十六条 对于公诉人简化出示的证据，辩护人要求公诉人详细出示的，可以区分不同情况作出处理。具有下列情形之一的，公诉人应当详细出示：

（一）审判人员要求详细出示的；

（二）辩护方要求详细出示并经法庭同意的；

（三）简化出示证据可能影响举证效果的。

具有下列情形之一的，公诉人可以向法庭说明理由，经法庭同意后，可以不再详细出示：

（一）公诉人已经详细出示过相关证据，辩护方重复要求的；

（二）公诉人简化出示的证据能够证明案件事实并反驳辩护方异议的；

（三）辩护方所要求详细出示的内容与起诉书认定事实无关的；

（四）被告人承认指控的犯罪事实和情节的。

第十七条 辩护方当庭申请公诉人宣读出示案卷中对被告人有利但未被公诉人采信的证据的，可以建议法庭决定由辩护方宣读出示，并说明不采信的理由。法庭采纳辩护方申请要求公诉人宣读出示的，公诉人应当出示。

第十八条 公诉人、被告人及其辩护人对收集被告人供述是否合法未达成一致意见，人民法院在庭审中对证据合法性进行调查的，公诉人可以根据讯问笔录、羁押记录、提讯登记、出入看守所的健康检查记录、医院病历、看守管教人员的谈话记录、采取强制措施或者侦查措施的法律文书、侦查机关对讯问过程合法性的证明材料、侦查机关或者检察机关对证据收集合法性调查核实的结论、驻看守所检察人员在侦查终结前对讯问合法性的核查结论等，对庭前讯问被告人的合法性进行证明，可以要求法庭播放讯问同步录音、录像，必要时可以申请法庭通知侦查人员或者其他人员出庭说明情况。

控辩双方对收集证人证言、被害人陈述、收集物证、书证等的合法性以及其他程序事实发生争议的，公诉人可以参照前款规定出示、宣读有关法律文书、侦查或者审查起诉活动笔录等予以证明。必要时，可以建议法庭通知负责侦查的人员以及搜查、查封、扣押、冻结、勘验、检查、辨认、侦查实验等活动的见证人出庭陈述有关情况。

第二节 举证的一般方法

第十九条 举证一般应当一罪名一举证、一事实一举证，做到条理清楚、层次分明。

第二十条 举证顺序应当以有利于证明公诉主张为目的，公诉人可以根据案件的不同种类、特点和庭审实际情况，合理安排和调整举证顺序。一般先出示定罪证据，后出示量刑证据；先出示主要证据，后出示次要证据。

公诉人可以按照与辩护方协商并经法庭许可确定的举证顺序进行举证。

第二十一条 根据案件的具体情况和证据状况，结合被告人的认罪态度，举证可以采用分组举证或者逐一举证的方式。

案情复杂、同案被告人多、证据数量较多的案件，一般采用分组举证为主、逐一举证为辅的方式。

对证据进行分组时，应当遵循证据之间的内在逻辑关系，可以将证明方向一致或者证明内容相近的证据归为一组；也可以按照证据种类进行分组，并注意各组证据在证明内容上的层次和递进关系。

第二十二条　对于可能影响定罪量刑的关键证据和控辩双方存在争议的证据，应当单独举证。

被告人认罪的案件，对控辩双方无异议的定罪证据，可以简化出示，主要围绕量刑和其他有争议的问题出示证据。

第二十三条　对于被告人不认罪案件，应当立足于证明公诉主张，通过合理举证构建证据体系，反驳被告人的辩解，从正反两个方面予以证明。重点一般放在能够有力证明指控犯罪事实系被告人所为的证据和能够证明被告人无罪辩解不成立的证据上，可以将指控证据和反驳证据同时出示。

对于被告人翻供的，应当综合运用证据，阐明被告人翻供的时机、原因、规律，指出翻供的不合理、不客观、有矛盾之处。

第二十四条　“零口供”案件的举证，可以采用关键证据优先法。公诉人根据案件证据情况，优先出示定案的关键证据，重点出示物证、书证、现场勘查笔录等客观性证据，直接将被告人与案件建立客观联系，在此基础上构建全案证据体系。

辩点较多案件的举证，可以采用先易后难法。公诉人根据案件证据情况和庭前会议了解的被告人及辩护人的质证观点，先出示被告人及辩护人没有异议的证据或者分歧较小的证据，后出示控辩双方分歧较大的证据，使举证顺利推进，为集中精力对分歧证据进行质证作准备。

依靠间接证据定案的不认罪案件的举证，可以采用层层递进法。公诉人应当充分运用逻辑推理，合理安排举证顺序，出示的后一份（组）证据与前一份（组）证据要紧密关联，环环相扣，层层递进，通过逻辑分析揭示各个证据之间的内在联系，综合证明案件已经排除合理怀疑。

第二十五条　对于一名被告人有一起犯罪事实或者案情比较简单的案件，可以根据案件证据情况按照法律规定的证据种类举证。

第二十六条　对于一名被告人有数起犯罪事实的案件，可以以每一起犯罪事实为单元，将证明犯罪事实成立的证据分组举证或者逐一举证。其中，涉及每起犯罪事实中量刑情节的证据，应当在对该起犯罪事实举证中出示；涉及全案综合量刑情节的证据，应当在全案的最后出示。

第二十七条　对于数名被告人有一起犯罪事实的案件，根据各被告人在共同犯罪中的地位、作用及情节，一般先出示证明主犯犯罪事实的证据，再出示证明从犯犯罪事实的证据。

第二十八条 对于数名被告人有数起犯罪事实的案件，可以采用不同的分组方法和举证顺序，或者按照作案时间的先后顺序，或者以主犯参与的犯罪事实为主线，或者以参与人数的多少为标准，并注意区分犯罪集团的犯罪行为、一般共同犯罪行为和个别成员的犯罪行为，分别进行举证。

第二十九条 对于单位犯罪案件，应当先出示证明单位构成犯罪的证据，再出示对其负责的单位主管人员或者其他直接责任人员构成犯罪的证据。对于指控被告单位犯罪与指控单位主管人员或者其他直接责任人员犯罪的同一份证据可以重复出示，但重复出示时仅予以说明即可。

第三节　各类证据的举证要求

第三十条 出示的物证一般应当是原物。原物不易搬运、不易保存或者已返还被害人的，可以出示反映原物外形和特征的照片、录像、复制品，并向法庭说明情况及与原物的同一性。

出示的书证一般应当是原件，获取书证原件确有困难的，可以出示书证副本或者复制件，并向法庭说明情况及与原件的同一性。

出示物证、书证时，应当对物证、书证所要证明的内容、收集情况作概括说明，可以提请法庭让当事人、证人等诉讼参与人辨认。物证、书证经过技术鉴定的，可以宣读鉴定意见。

第三十一条 询问出庭作证的证人，应当遵循以下规则：

（一）发问应当单独进行；

（二）发问应当简洁、清楚；

（三）发问应当采取一问一答形式，不宜同时发问多个内容不同的问题；

（四）发问的内容应当着重围绕与定罪、量刑紧密相关的事实进行；

（五）不得以诱导方式发问；

（六）不得威胁或者误导证人；

（七）不得损害证人的人格尊严；

（八）不得泄露证人个人隐私；

（九）询问未成年人，应当结合未成年人的身心特点进行。

第三十二条 证人出庭的，公诉人可以要求证人就其了解的与案件有关的事实进行陈述，也可以直接发问。对于证人采取猜测性、评论性、推断性语言作证的，公诉人应当提醒其客观表述所知悉的案件事实。

公诉人认为证人作出的回答对案件事实和情节的认定有决定性或者重大影响，可以提请法庭注意。

证人出庭作证的证言与庭前提供的证言相互矛盾的，公诉人应当问明理由，并对该证人进行询问，澄清事实。认为理由不成立的，可以宣读证人在改变证言前的笔录内容，并结合相关证据予以反驳。

对未到庭证人的证言笔录，应当当庭宣读。宣读前，应当说明证人和本案的关系。对证人证言笔录存在疑问、确实需要证人出庭陈述或者有新的证人的，公诉人可以要求延期审理，由人民法院通知证人到庭提供证言和接受质证。

根据案件情况，公诉人可以申请实行证人远程视频作证。

控辩双方对证人证言无异议，证人不需要出庭的，或者证人因客观原因无法出庭且无法通过视频等方式作证的，公诉人可以出示、宣读庭前收集的书面证据材料或者作证过程录音、录像。

第三十三条 公诉人申请出庭的证人当庭改变证言、被害人改变其庭前的陈述，公诉人可以询问其言词发生变化的理由，认为理由不成立的，可以择机有针对性地宣读其在侦查、审查起诉阶段的证言、陈述，或者出示、宣读其他证据，对证人、被害人进行询问，予以反驳。

第三十四条 对被害人、鉴定人、侦查人员、有专门知识的人的询问，参照适用询问证人的规定。

第三十五条 宣读被告人供述，应当根据庭审中被告人供述的情况进行。被告人有多份供述且内容基本一致的，一般选择证明力最充分的一份或者几份出示。被告人当庭供述与庭前供述的实质性内容一致的，可以不再宣读庭前供述，但应当向法庭说明；被告人当庭供述与庭前供述存在实质性差异的，公诉人应当问明理由，认为理由不成立的，应当就存在实质性差异的内容宣读庭前供述，并结合相关证据予以反驳。

第三十六条 被告人作无罪辩解或者当庭供述与庭前供述内容不一致，足以影响定罪量刑的，公诉人可以有针对性地宣读被告人庭前供述笔录，并针对笔录中被告人的供述内容对被告人进行讯问，或者出示其他证据进行证明，予以反驳，并提请法庭对其当庭供述不予采信。对翻供内容需要调查核实的，可以建议法庭休庭或者延期审理。

第三十七条 鉴定意见以及勘验、检查、辨认和侦查实验等笔录应当当庭宣读，并对鉴定人、勘验人、检查人、辨认人、侦查实验人员的身份、资质、与当事人及本案的关系作出说明，必要时提供证据予以证明。鉴定人、有专门知识的人出庭，公诉人可以根据需要对其发问。发问时适用对证人询问的相关要求。

第三十八条 播放视听资料，应当首先对视听资料的来源、制作过程、制作环境、制作人员以及所要证明的内容进行概括说明。播放一般应当连续进行，也可以根据案情分段进行，但应当保持资料原貌，不得对视听资料进行剪辑。

播放视听资料，应当向法庭提供视听资料的原始载体。提供原始载体确有困难的，可以提供复制件，但应当向法庭说明原因。

出示音频资料，也可以宣读庭前制作的附有声音资料语言内容的文字记录。

第三十九条 出示以数字化形式存储、处理、传输的电子数据证据，应当对该证据的原始存储介质、收集提取过程等予以简要说明，围绕电子数据的真实性、完整性、合法性，以及被告人的网络身份与现实身份的同一性出示证据。

第四章 质 证

第一节 质证的基本要求

第四十条 公诉人质证应当根据辩护方所出示证据的内容以及对公诉方证据提出的质疑，围绕案件事实、证据和适用法律进行。

质证应当一证一质一辩。质证阶段的辩论，一般应当围绕证据本身的真实性、关联性、合法性，针对证据能力有无以及证明力大小进行。对于证据与证据之间的关联性、证据的综合证明作用问题，一般在法庭辩论阶段予以答辩。

第四十一条 对影响定罪量刑的关键证据和控辩双方存在争议的证据，一般应当单独质证。

对控辩双方没有争议的证据，可以在庭审中简化质证。

对于被告人认罪案件，主要围绕量刑和其他有争议的问题质证，对控辩双方无异议的定罪证据，可以不再质证。

第四十二条 公诉人可以根据需要将举证质证、讯问询问结合起来，在质证阶段对辩护方观点予以适当辩驳，但应当区分质证与辩论之间的界限，重点针对证据本身的真实性、关联性、合法性进行辩驳。

第四十三条 在每一份（组）证据或者全部证据质证完毕后，公诉人可以根据具体案件情况，提请法庭对证据进行确认。

第二节 对辩护方质证的答辩

第四十四条 辩护方对公诉方当庭出示、宣读、播放的证据的真实性、关联性、合法性提出的质证意见，公诉人应当进行全面、及时和有针对性地答辩。

辩护方提出的与证据的证据能力或者证明力无关、与公诉主张无关的质证意见，公诉人可以说明理由不予答辩，并提请法庭不予采纳。

公诉人答辩一般应当在辩护方提出质证意见后立即进行。在不影响庭审效果的情况下，也可以根据需要在法庭辩论阶段结合其他证据综合发表意见，但应当向法庭说明。

第四十五条 对辩护方符合事实和法律的质证，公诉人应当实事求是、客观公正地发表意见。

辩护方因对证据内容理解有误而质证的，公诉人可以对证据情况进行简要说明。

第四十六条 公诉人对辩护方质证的答辩，应当重点针对可能动摇或者削弱证据能力、证明力的质证观点进行答辩，对于不影响证据能力、证明力的质证观点可以不予答辩或者简要答辩。

第四十七条 辩护方质疑言词证据之间存在矛盾的，公诉人可以综合全案证据，立足证据证明体系，从认知能力、与当事人的关系、客观环境等角度，进行重点答辩，合理解释证据之间的矛盾。

第四十八条 辩护人询问证人或者被害人有下列情形之一的，公诉人应当及时提请审判长制止，必要时应当提请法庭对该项陈述或者证言不予采信：

（一）以诱导方式发问的；

（二）威胁或者误导证人的；

（三）使被害人、证人以推测性、评论性、推断性意见作为陈述或者证言的；

（四）发问内容与本案事实无关的；

（五）对被害人、证人带有侮辱性发问的；

（六）其他违反法律规定的情形。

对辩护人询问侦查人员、鉴定人和有专门知识的人的质证，参照前款规定。

第四十九条 辩护方质疑证人当庭证言与庭前证言存在矛盾的，公诉人可以有针对性地对证人进行发问，也可以提请法庭决定就有异议的内容由被告人与证人进行对质诘问，在发问或对质诘问过程中，对前后矛盾或者疏漏之处作出合理解释。

第五十条 辩护方质疑被告人庭前供述系非法取得的，公诉人可以综合采取以下方式证明取证的合法性：

（一）宣读被告人在审查（决定）逮捕、审查起诉阶段的讯问笔录，证实其未曾供述过在侦查阶段受到刑讯逼供，或者证实其在侦查机关更换侦查人员且再次讯问时告知诉讼权利和认罪的法律后果后仍自愿供述，或者证实其在检察人员讯问并告知诉讼权利和认罪的法律后果后仍自愿供述；

（二）出示被告人的羁押记录，证实其接受讯问的时间、地点、次数等符合法律规定；

（三）出示被告人出入看守所的健康检查记录、医院病历，证实其体表和健康情况；

（四）出示看守管教人员的谈话记录；

（五）出示与被告人同监舍人员的证言材料；

（六）当庭播放或者庭外核实讯问被告人的录音、录像；

（七）宣读重大案件侦查终结前讯问合法性核查笔录，当庭播放或者庭外核实对讯问合法性进行核查时的录音、录像；

（八）申请侦查人员出庭说明办案情况。

公诉人当庭不能证明证据收集的合法性，需要调查核实的，可以建议法庭休庭或者延期审理。

第五十一条 辩护人质疑收集被告人供述存在程序瑕疵申请排除证据的，公诉人可以宣读侦查机关的补正说明。没有补正说明的，也可以从讯问的时间地点符合法律规定，已进行权利告知，不存在威胁、引诱、欺骗等情形，被告人多份供述内容一致，全案证据能够互相印证，被告人供述自愿性未受影响，程序瑕疵没有严重影响司法公正等方面作出合理解释。必要时，可以提请法庭播放同步录音录像，从被告人供述时情绪正常、表达流畅、能够趋利避害等方面证明庭前供述自愿性，对瑕疵证据作出合理解释。

第五十二条 辩护方质疑物证、书证的，公诉人可以宣读侦查机关收集物证、书证的补正说明，从此类证据客观、稳定、不易失真以及取证主体、程序、手段合法等方面有针对性地予以答辩。

第五十三条 辩护方质疑鉴定意见的，公诉人可以从鉴定机构和鉴定人的法定资质、检材来源、鉴定程序、鉴定意见形式要件符合法律规定等方面，有针对性地予以答辩。

第五十四条 辩护方质疑不同鉴定意见存在矛盾的，公诉人可以阐释不同鉴定意见对同一问题得出不同结论的原因，阐明检察机关综合全案情况，结合案件其他证据，采信其中一份鉴定意见的理由。必要时，可以申请鉴定人、有专门知识的人出庭。控辩双方仍存在重大分歧，且辩护方质疑有合理依据，对案件有实质性影响的，可以建议法庭休庭或者延期审理。

第五十五条 辩护方质疑勘验、检查、搜查笔录的，公诉人可以从勘验、检查、搜查系依法进行，笔录的制作符合法律规定，勘验、检查、搜查人员和见证人有签名或者盖章等方面，有针对性地予以答辩。

第五十六条　辩护方质疑辨认笔录的，公诉人可以从辨认的过程、方法，以及辨认笔录的制作符合有关规定等方面，有针对性地予以答辩。

第五十七条　辩护方质疑侦查实验笔录的，公诉人可以从侦查实验的审批、过程、方法、法律依据、技术规范或者标准、侦查实验的环境条件与原案接近程度、结论的科学性等方面，有针对性地予以答辩。

第五十八条　辩护方质疑视听资料的，公诉人可以从此类证据具有不可增添性、真实性强，内容连续完整，所反映的行为人的言语动作连贯自然，提取、复制、制作过程合法，内容与案件事实关联程度等方面，有针对性地予以答辩。

第五十九条　辩护方质疑电子数据的，公诉人可以从此类证据提取、复制、制作过程、内容与案件事实关联程度等方面，有针对性地予以答辩。

第六十条　辩护方质疑采取技术侦查措施获取的证据材料合法性的，公诉人可以通过说明采取技术侦查措施的法律规定、出示批准采取技术侦查措施的法律文书等方式，有针对性地予以答辩。

第六十一条　辩护方在庭前提出排除非法证据申请，经审查被驳回后，在庭审中再次提出排除申请的，或者辩护方撤回申请后再次对有关证据提出排除申请的，公诉人应当审查辩护方是否提出新的线索或者材料。没有新的线索或者材料表明可能存在非法取证的，公诉人可以建议法庭予以驳回。

第六十二条　辩护人仅采用部分证据或者证据的部分内容，对证据证明的事项发表不同意见的，公诉人可以立足证据认定的全面性、同一性原则，综合全案证据予以答辩。必要时，可以扼要概述已经法庭质证过的其他证据，用以反驳辩护方的质疑。

第六十三条　对单个证据质证的同时，公诉人可以简单点明该证据与其他证据的印证情况，以及在整个证据链条中的作用，通过边质证边论证的方式，使案件事实逐渐清晰，减轻辩论环节综合分析论证的任务。

第三节　对辩护方证据的质证

第六十四条　公诉人应当认真审查辩护方向法庭提交的证据。对于开庭五日前未提交给法庭的，可以当庭指出，并根据情况，决定是否要求查阅该证据或者建议休庭；属于下列情况的，可以提请法庭不予采信：

（一）不符合证据的真实性、关联性、合法性要求的证据；

（二）辩护人提供的证据明显有悖常理的；

（三）其他需要提请法庭不予采信的情况。

对辩护方提出的无罪证据，公诉人应当本着实事求是、客观公正的原则进行质证。对于与案件事实不符的证据，公诉人应当针对辩护方证据的真实性、关联性、合法性提出质疑，否定证据的证明力。

对被告人的定罪、量刑有重大影响的证据，当庭难以判断的，公诉人可以建议法庭休庭或者延期审理。

第六十五条 对辩护方提请出庭的证人，公诉人可以从以下方面进行质证：

（一）证人与案件当事人、案件处理结果有无利害关系；

（二）证人的年龄、认知、记忆和表达能力、生理和精神状态是否影响作证；

（三）证言的内容及其来源；

（四）证言的内容是否为证人直接感知，证人感知案件事实时的环境、条件和精神状态；

（五）证人作证是否受到外界的干扰或者影响；

（六）证人与案件事实的关系；

（七）证言前后是否矛盾；

（八）证言之间以及与其他证据之间能否相互印证，有无矛盾。

第六十六条 辩护方证人未出庭的，公诉人认为其证言对案件的定罪量刑有重大影响的，可以提请法庭通知其出庭。

对辩护方证人不出庭的，公诉人可以从取证主体合法性、取证是否征得证人同意、是否告知证人权利义务、询问未成年人时其法定代理人或者有关人员是否到场、是否单独询问证人等方面质证。质证中可以将证言与已经出示的证据材料进行对比分析，发现并反驳前后矛盾且不能作出合理解释的证人证言。证人证言前后矛盾或者与案件事实无关的，应当提请法庭注意。

第六十七条 对辩护方出示的鉴定意见和提请出庭的鉴定人，公诉人可以从以下方面进行质证：

（一）鉴定机构和鉴定人是否具有法定资质；

（二）鉴定人是否存在应当回避的情形；

（三）检材的来源、取得、保管、送检是否符合法律和有关规定，与相关提取笔录、扣押物品清单等记载的内容是否相符，检材是否充足、可靠；

（四）鉴定意见的形式要件是否完备，是否注明提起鉴定的事由、鉴定委托人、鉴定机构、鉴定要求、鉴定过程、鉴定方法、鉴定日期等相关内容，是否由鉴定机构加盖司法鉴定专用章并由鉴定人签名、盖章；

（五）鉴定程序是否符合法律和有关规定；

（六）鉴定的过程和方法是否符合相关专业的规范要求；

（七）鉴定意见是否明确；

（八）鉴定意见与案件待证事实有无关联；

（九）鉴定意见与勘验、检查笔录及相关照片等其他证据是否矛盾；

（十）鉴定意见是否依法及时告知相关人员，当事人对鉴定意见有无异议。

必要时，公诉人可以申请法庭通知有专门知识的人出庭，对辩护方出示的鉴定意见进行必要的解释说明。

第六十八条 对辩护方出示的物证、书证，公诉人可以从以下方面进行质证：

（一）物证、书证是否为原物、原件；

（二）物证的照片、录像、复制品，是否与原物核对无误；

（三）书证的副本、复制件，是否与原件核对无误；

（四）物证、书证的收集程序、方式是否符合法律和有关规定；

（五）物证、书证在收集、保管、鉴定过程中是否受损或者改变；

（六）物证、书证与案件事实有无关联。

第六十九条 对辩护方出示的视听资料，公诉人可以从以下方面进行质证：

（一）收集过程是否合法，来源及制作目的是否清楚；

（二）是否为原件，是复制件的，是否有复制说明；

（三）制作过程中是否存在威胁、引诱当事人等违反法律、相关规定的情形；

（四）内容和制作过程是否真实，有无剪辑、增加、删改等情形；

（五）内容与案件事实有无关联。

第七十条 对辩护方出示的电子数据，公诉人可以从以下方面进行质证：

（一）是否随原始存储介质移送，在原始存储介质无法封存、不便移动等情形时，是否有提取、复制过程的说明；

（二）收集程序、方式是否符合法律及有关技术规范；

（三）电子数据内容是否真实，有无删除、修改、增加等情形；

（四）电子数据制作过程中是否受到暴力胁迫或者引诱因素的影响；

（五）电子数据与案件事实有无关联。

第七十一条 对于因专门性问题不能对有关证据发表质证意见的，可以建议休庭，向有专门知识的人咨询意见。必要时，可以建议延期审理，进行鉴定或者重新鉴定。

第四节　法庭对质

第七十二条　控辩双方针对同一事实出示的证据出现矛盾的，公诉人可以提请法庭通知相关人员到庭对质。

第七十三条　被告人、证人对同一事实的陈述存在矛盾需要对质的，公诉人可以建议法庭传唤有关被告人、证人同时到庭对质。

各被告人之间对同一事实的供述存在矛盾需要对质的，公诉人可以在被告人全部陈述完毕后，建议法庭当庭进行对质。

第七十四条　辩护方质疑物证、书证、鉴定意见、勘验、检查、搜查、辨认、侦查实验等笔录、视听资料、电子数据的，必要时，公诉人可以提请法庭通知鉴定人、有专门知识的人、侦查人员、见证人等出庭。

辩护方质疑采取技术侦查措施获取的证据材料合法性的，必要时，公诉人可以建议法庭采取不暴露有关人员身份、不公开技术侦查措施和方法等保护措施，在庭外对证据进行核实，并要求在场人员履行保密义务。

对辩护方出示的鉴定意见等技术性证据和提请出庭的鉴定人，必要时，公诉人可以提请法庭通知有专门知识的人出庭，与辩护方提请出庭的鉴定人对质。

第七十五条　在对质过程中，公诉人应当重点就证据之间的矛盾点进行发问，并适时运用其他证据指出不真实、不客观、有矛盾的证据材料。

第五章　附　则

第七十六条　本指引主要适用于人民检察院派员出庭支持公诉的第一审非速裁程序案件。对于派员出席第二审、再审案件法庭的举证、质证工作，可以参考本指引。

第七十七条　本指引自印发之日起施行。

最高人民法院、最高人民检察院、公安部、国家安全部、司法部关于适用认罪认罚从宽制度的指导意见

（2019年10月11日公布并施行 高检发〔2019〕13号）

适用认罪认罚从宽制度，对准确及时惩罚犯罪、强化人权司法保障、推动刑事案件繁简分流、节约司法资源、化解社会矛盾、推动国家治理体系和治理能力现代化，具有重要意义。为贯彻落实修改后刑事诉讼法，确保认罪认罚从宽制度正确有效实施，根据法律和有关规定，结合司法工作实际，制定本意见。

一、基本原则

1. 贯彻宽严相济刑事政策。落实认罪认罚从宽制度，应当根据犯罪的具体情况，区分案件性质、情节和对社会的危害程度，实行区别对待，做到该宽则宽，当严则严，宽严相济，罚当其罪。对可能判处三年有期徒刑以下刑罚的认罪认罚案件，要尽量依法从简从快从宽办理，探索相适应的处理原则和办案方式；对因民间矛盾引发的犯罪，犯罪嫌疑人、被告人自愿认罪、真诚悔罪并取得谅解、达成和解、尚未严重影响人民群众安全感的，要积极适用认罪认罚从宽制度，特别是对其中社会危害不大的初犯、偶犯、过失犯、未成年犯，一般应当体现从宽；对严重危害国家安全、公共安全犯罪，严重暴力犯罪，以及社会普遍关注的重大敏感案件，应当慎重把握从宽，避免案件处理明显违背人民群众的公平正义观念。

2. 坚持罪责刑相适应原则。办理认罪认罚案件，既要考虑体现认罪认罚从宽，又要考虑其所犯罪行的轻重、应负刑事责任和人身危险性的大小，依照法律规定提出量刑建议，准确裁量刑罚，确保罚当其罪，避免罪刑失衡。特别是对于共同犯罪案件，主犯认罪认罚，从犯不认罪认罚的，人民法院、人民检

察院应当注意两者之间的量刑平衡，防止因量刑失当严重偏离一般的司法认知。

3. 坚持证据裁判原则。办理认罪认罚案件，应当以事实为根据，以法律为准绳，严格按照证据裁判要求，全面收集、固定、审查和认定证据。坚持法定证明标准，侦查终结、提起公诉、作出有罪裁判应当做到犯罪事实清楚，证据确实、充分，防止因犯罪嫌疑人、被告人认罪而降低证据要求和证明标准。对犯罪嫌疑人、被告人认罪认罚，但证据不足，不能认定其有罪的，依法作出撤销案件、不起诉决定或者宣告无罪。

4. 坚持公检法三机关配合制约原则。办理认罪认罚案件，公、检、法三机关应当分工负责、互相配合、互相制约，保证犯罪嫌疑人、被告人自愿认罪认罚，依法推进从宽落实。要严格执法、公正司法，强化对自身执法司法办案活动的监督，防止产生“权权交易”、“权钱交易”等司法腐败问题。

二、适用范围和适用条件

5. 适用阶段和适用案件范围。认罪认罚从宽制度贯穿刑事诉讼全过程，适用于侦查、起诉、审判各个阶段。

认罪认罚从宽制度没有适用罪名和可能判处刑罚的限定，所有刑事案件都可以适用，不能因罪轻、罪重或者罪名特殊等原因而剥夺犯罪嫌疑人、被告人自愿认罪认罚获得从宽处理的机会。但“可以”适用不是一律适用，犯罪嫌疑人、被告人认罪认罚后是否从宽，由司法机关根据案件具体情况决定。

6. “认罪”的把握。认罪认罚从宽制度中的“认罪”，是指犯罪嫌疑人、被告人自愿如实供述自己的罪行，对指控的犯罪事实没有异议。承认指控的主要犯罪事实，仅对个别事实情节提出异议，或者虽然对行为性质提出辩解但表示接受司法机关认定意见的，不影响“认罪”的认定。犯罪嫌疑人、被告人犯数罪，仅如实供述其中一罪或部分罪名事实的，全案不作“认罪”的认定，不适用认罪认罚从宽制度，但对如实供述的部分，人民检察院可以提出从宽处罚的建议，人民法院可以从宽处罚。

7. “认罚”的把握。认罪认罚从宽制度中的“认罚”，是指犯罪嫌疑人、被告人真诚悔罪，愿意接受处罚。“认罚”，在侦查阶段表现为表示愿意接受处罚；在审查起诉阶段表现为接受人民检察院拟作出的起诉或不起诉决定，认可人民检察院的量刑建议，签署认罪认罚具结书；在审判阶段表现为当庭确认自愿签署具结书，愿意接受刑罚处罚。

“认罚”考察的重点是犯罪嫌疑人、被告人的悔罪态度和悔罪表现，应当结合退赃退赔、赔偿损失、赔礼道歉等因素来考量。犯罪嫌疑人、被告人虽然表示“认罚”，却暗中串供、干扰证人作证、毁灭、伪造证据或者隐匿、转移财产，有赔偿能力而不赔偿损失，则不能适用认罪认罚从宽制度。犯罪嫌疑人、被告人享有程序选择权，不同意适用速裁程序、简易程序的，不影响“认罚”的认定。

三、认罪认罚后“从宽”的把握

8. “从宽”的理解。从宽处理既包括实体上从宽处罚，也包括程序上从简处理。“可以从宽”，是指一般应当体现法律规定和政策精神，予以从宽处理。但可以从宽不是一律从宽，对犯罪性质和危害后果特别严重、犯罪手段特别残忍、社会影响特别恶劣的犯罪嫌疑人、被告人，认罪认罚不足以从轻处罚的，依法不予从宽处罚。

办理认罪认罚案件，应当依照刑法、刑事诉讼法的基本原则，根据犯罪的事实、性质、情节和对社会的危害程度，结合法定、酌定的量刑情节，综合考虑认罪认罚的具体情况，依法决定是否从宽、如何从宽。对于减轻、免除处罚，应当于法有据；不具备减轻处罚情节的，应当在法定幅度以内提出从轻处罚的量刑建议和量刑；对其中犯罪情节轻微不需要判处刑罚的，可以依法作出不起诉决定或者判决免予刑事处罚。

9. 从宽幅度的把握。办理认罪认罚案件，应当区别认罪认罚的不同诉讼阶段、对查明案件事实的价值和意义、是否确有悔罪表现，以及罪行严重程度等，综合考量确定从宽的限度和幅度。在刑罚评价上，主动认罪优于被动认罪，早认罪优于晚认罪，彻底认罪优于不彻底认罪，稳定认罪优于不稳定认罪。

认罪认罚的从宽幅度一般应当大于仅有坦白，或者虽认罪但不认罚的从宽幅度。对犯罪嫌疑人、被告人具有自首、坦白情节，同时认罪认罚的，应当在法定刑幅度内给予相对更大的从宽幅度。认罪认罚与自首、坦白不作重复评价。

对罪行较轻、人身危险性较小的，特别是初犯、偶犯，从宽幅度可以大一些；罪行较重、人身危险性较大的，以及累犯、再犯，从宽幅度应当从严把握。

四、犯罪嫌疑人、被告人辩护权保障

10. 获得法律帮助权。人民法院、人民检察院、公安机关办理认罪认罚案件，应当保障犯罪嫌疑人、被告人获得有效法律帮助，确保其了解认罪认罚的性质和法律后果，自愿认罪认罚。

犯罪嫌疑人、被告人自愿认罪认罚，没有辩护人的，人民法院、人民检察院、公安机关（看守所）应当通知值班律师为其提供法律咨询、程序选择建议、申请变更强制措施等法律帮助。符合通知辩护条件的，应当依法通知法律援助机构指派律师为其提供辩护。

人民法院、人民检察院、公安机关（看守所）应当告知犯罪嫌疑人、被告人有权约见值班律师，获得法律帮助，并为其约见值班律师提供便利。犯罪嫌疑人、被告人及其近亲属提出法律帮助请求的，人民法院、人民检察院、公安机关（看守所）应当通知值班律师为其提供法律帮助。

11. 派驻值班律师。法律援助机构可以在人民法院、人民检察院、看守所派驻值班律师。人民法院、人民检察院、看守所应当为派驻值班律师提供必要办公场所和设施。

法律援助机构应当根据人民法院、人民检察院、看守所的法律帮助需求和当地法律服务资源，合理安排值班律师。值班律师可以定期值班或轮流值班，律师资源短缺的地区可以通过探索现场值班和电话、网络值班相结合，在人民法院、人民检察院毗邻设置联合工作站，省内和市内统筹调配律师资源，以及建立政府购买值班律师服务机制等方式，保障法律援助值班律师工作有序开展。

12. 值班律师的职责。值班律师应当维护犯罪嫌疑人、被告人的合法权益，确保犯罪嫌疑人、被告人在充分了解认罪认罚性质和法律后果的情况下，自愿认罪认罚。值班律师应当为认罪认罚的犯罪嫌疑人、被告人提供下列法律帮助：

（一）提供法律咨询，包括告知涉嫌或指控的罪名、相关法律规定，认罪认罚的性质和法律后果等；

（二）提出程序适用的建议；

（三）帮助申请变更强制措施；

（四）对人民检察院认定罪名、量刑建议提出意见；

（五）就案件处理，向人民法院、人民检察院、公安机关提出意见；

（六）引导、帮助犯罪嫌疑人、被告人及其近亲属申请法律援助；

（七）法律法规规定的其他事项。

值班律师可以会见犯罪嫌疑人、被告人，看守所应当为值班律师会见提供便利。危害国家安全犯罪、恐怖活动犯罪案件，侦查期间值班律师会见在押犯罪嫌疑人的，应当经侦查机关许可。自人民检察院对案件审查起诉之日起，值班律师可以查阅案卷材料、了解案情。人民法院、人民检察院应当为值班律师查阅案卷材料提供便利。

值班律师提供法律咨询、查阅案卷材料、会见犯罪嫌疑人或者被告人、提出书面意见等法律帮助活动的相关情况应当记录在案，并随案移送。

13. 法律帮助的衔接。对于被羁押的犯罪嫌疑人、被告人，在不同诉讼阶段，可以由派驻看守所的同一值班律师提供法律帮助。对于未被羁押的犯罪嫌疑人、被告人，前一诉讼阶段的值班律师可以在后续诉讼阶段继续为犯罪嫌疑人、被告人提供法律帮助。

14. 拒绝法律帮助的处理。犯罪嫌疑人、被告人自愿认罪认罚，没有委托辩护人，拒绝值班律师帮助的，人民法院、人民检察院、公安机关应当允许，记录在案并随案移送。但是审查起诉阶段签署认罪认罚具结书时，人民检察院应当通知值班律师到场。

15. 辩护人职责。认罪认罚案件犯罪嫌疑人、被告人委托辩护人或者法律援助机构指派律师为其辩护的，辩护律师在侦查、审查起诉和审判阶段，应当与犯罪嫌疑人、被告人就是否认罪认罚进行沟通，提供法律咨询和帮助，并就定罪量刑、诉讼程序适用等向办案机关提出意见。

五、被害方权益保障

16. 听取意见。办理认罪认罚案件，应当听取被害人及其诉讼代理人的意见，并将犯罪嫌疑人、被告人是否与被害方达成和解协议、调解协议或者赔偿被害方损失，取得被害方谅解，作为从宽处罚的重要考虑因素。人民检察院、公安机关听取意见情况应当记录在案并随案移送。

17. 促进和解谅解。对符合当事人和解程序适用条件的公诉案件，犯罪嫌疑人、被告人认罪认罚的，人民法院、人民检察院、公安机关应当积极促进当事人自愿达成和解。对其他认罪认罚案件，人民法院、人民检察院、公安机关可以促进犯罪嫌疑人、被告人通过向被害方赔偿损失、赔礼道歉等方式获得谅解，被害方出具的谅解意见应当随案移送。

人民法院、人民检察院、公安机关在促进当事人和解谅解过程中，应当向被害方释明认罪认罚从宽、公诉案件当事人和解适用程序等具体法律规定，充分听取被害方意见，符合司法救助条件的，应当积极协调办理。

18. 被害方异议的处理。被害人及其诉讼代理人不同意对认罪认罚的犯罪嫌疑人、被告人从宽处理的，不影响认罪认罚从宽制度的适用。犯罪嫌疑人、被告人认罪认罚，但没有退赃退赔、赔偿损失，未能与被害方达成调解或者和解协议的，从宽时应当予以酌减。犯罪嫌疑人、被告人自愿认罪并且愿意积极赔偿损失，但由于被害方赔偿请求明显不合理，未能达成调解或者和解协议的，一般不影响对犯罪嫌疑人、被告人从宽处理。

六、强制措施的适用

19. 社会危险性评估。人民法院、人民检察院、公安机关应当将犯罪嫌疑人、被告人认罪认罚作为其是否具有社会危险性的重要考虑因素。对于罪行较轻、采用非羁押性强制措施足以防止发生刑事诉讼法第八十一条第一款规定的社会危险性的犯罪嫌疑人、被告人，根据犯罪性质及可能判处的刑罚，依法可不适用羁押性强制措施。

20. 逮捕的适用。犯罪嫌疑人认罪认罚，公安机关认为罪行较轻、没有社会危险性的，应当不再提请人民检察院审查逮捕。对提请逮捕的，人民检察院认为没有社会危险性不需要逮捕的，应当作出不批准逮捕的决定。

21. 逮捕的变更。已经逮捕的犯罪嫌疑人、被告人认罪认罚的，人民法院、人民检察院应当及时审查羁押的必要性，经审查认为没有继续羁押必要的，应当变更为取保候审或者监视居住。

七、侦查机关的职责

22. 权利告知和听取意见。公安机关在侦查过程中，应当告知犯罪嫌疑人享有的诉讼权利、如实供述罪行可以从宽处理和认罪认罚的法律规定，听取犯罪嫌疑人及其辩护人或者值班律师的意见，记录在案并随案移送。

对在非讯问时间、办案人员不在场情况下，犯罪嫌疑人向看守所工作人员或者辩护人、值班律师表示愿意认罪认罚的，有关人员应当及时告知办案单位。

23. 认罪教育。公安机关在侦查阶段应当同步开展认罪教育工作，但不得强迫犯罪嫌疑人认罪，不得作出具体的从宽承诺。犯罪嫌疑人自愿认罪，愿意接受司法机关处罚的，应当记录在案并附卷。

24. 起诉意见。对移送审查起诉的案件，公安机关应当在起诉意见书中写明犯罪嫌疑人自愿认罪认罚情况。认为案件符合速裁程序适用条件的，可以在起诉意见书中建议人民检察院适用速裁程序办理，并简要说明理由。

对可能适用速裁程序的案件，公安机关应当快速办理，对犯罪嫌疑人未被羁押的，可以集中移送审查起诉，但不得为集中移送拖延案件办理。

对人民检察院在审查逮捕期间或者重大案件听取意见中提出的开展认罪认

罚工作的意见或建议，公安机关应当认真听取，积极开展相关工作。

25. 执法办案管理中心建设。加快推进公安机关执法办案管理中心建设，探索在执法办案管理中心设置速裁法庭，对适用速裁程序的案件进行快速办理。

八、审查起诉阶段人民检察院的职责

26. 权利告知。案件移送审查起诉后，人民检察院应当告知犯罪嫌疑人享有的诉讼权利和认罪认罚的法律规定，保障犯罪嫌疑人的程序选择权。告知应当采取书面形式，必要时应当充分释明。

27. 听取意见。犯罪嫌疑人认罪认罚的，人民检察院应当就下列事项听取犯罪嫌疑人、辩护人或者值班律师的意见，记录在案并附卷：

（一）涉嫌的犯罪事实、罪名及适用的法律规定；

（二）从轻、减轻或者免除处罚等从宽处罚的建议；

（三）认罪认罚后案件审理适用的程序；

（四）其他需要听取意见的情形。

人民检察院未采纳辩护人、值班律师意见的，应当说明理由。

28. 自愿性、合法性审查。对侦查阶段认罪认罚的案件，人民检察院应当重点审查以下内容：

（一）犯罪嫌疑人是否自愿认罪认罚，有无因受到暴力、威胁、引诱而违背意愿认罪认罚；

（二）犯罪嫌疑人认罪认罚时的认知能力和精神状态是否正常；

（三）犯罪嫌疑人是否理解认罪认罚的性质和可能导致的法律后果；

（四）侦查机关是否告知犯罪嫌疑人享有的诉讼权利，如实供述自己罪行可以从宽处理和认罪认罚的法律规定，并听取意见；

（五）起诉意见书中是否写明犯罪嫌疑人认罪认罚情况；

（六）犯罪嫌疑人是否真诚悔罪，是否向被害人赔礼道歉。

经审查，犯罪嫌疑人违背意愿认罪认罚的，人民检察院可以重新开展认罪认罚工作。存在刑讯逼供等非法取证行为的，依照法律规定处理。

29. 证据开示。人民检察院可以针对案件具体情况，探索证据开示制度，保障犯罪嫌疑人的知情权和认罪认罚的真实性及自愿性。

30. 不起诉的适用。完善起诉裁量权，充分发挥不起诉的审前分流和过滤作用，逐步扩大相对不起诉在认罪认罚案件中的适用。对认罪认罚后没有争议，不需要判处刑罚的轻微刑事案件，人民检察院可以依法作出不起诉决定。

人民检察院应当加强对案件量刑的预判，对其中可能判处免刑的轻微刑事案件，可以依法作出不起诉决定。

对认罪认罚后案件事实不清、证据不足的案件，应当依法作出不起诉决定。

31. 签署具结书。犯罪嫌疑人自愿认罪，同意量刑建议和程序适用的，应当在辩护人或者值班律师在场的情况下签署认罪认罚具结书。犯罪嫌疑人被羁押的，看守所应当为签署具结书提供场所。具结书应当包括犯罪嫌疑人如实供述罪行、同意量刑建议、程序适用等内容，由犯罪嫌疑人、辩护人或者值班律师签名。

犯罪嫌疑人认罪认罚，有下列情形之一的，不需要签署认罪认罚具结书：

（一）犯罪嫌疑人是盲、聋、哑人，或者是尚未完全丧失辨认或者控制自己行为能力的精神病人的；

（二）未成年犯罪嫌疑人的法定代理人、辩护人对未成年人认罪认罚有异议的；

（三）其他不需要签署认罪认罚具结书的情形。

上述情形犯罪嫌疑人未签署认罪认罚具结书的，不影响认罪认罚从宽制度的适用。

32. 提起公诉。人民检察院向人民法院提起公诉的，应当在起诉书中写明被告人认罪认罚情况，提出量刑建议，并移送认罪认罚具结书等材料。量刑建议书可以另行制作，也可以在起诉书中写明。

33. 量刑建议的提出。犯罪嫌疑人认罪认罚的，人民检察院应当就主刑、附加刑、是否适用缓刑等提出量刑建议。人民检察院提出量刑建议前，应当充分听取犯罪嫌疑人、辩护人或者值班律师的意见，尽量协商一致。

办理认罪认罚案件，人民检察院一般应当提出确定刑量刑建议。对新类型、不常见犯罪案件，量刑情节复杂的重罪案件等，也可以提出幅度刑量刑建议。提出量刑建议，应当说明理由和依据。

犯罪嫌疑人认罪认罚没有其他法定量刑情节的，人民检察院可以根据犯罪的事实、性质等，在基准刑基础上适当减让提出确定刑量刑建议。有其他法定量刑情节的，人民检察院应当综合认罪认罚和其他法定量刑情节，参照相关量刑规范提出确定刑量刑建议。

犯罪嫌疑人在侦查阶段认罪认罚的，主刑从宽的幅度可以在前款基础上适当放宽；被告人在审判阶段认罪认罚的，在前款基础上可以适当缩减。建议判处罚金刑的，参照主刑的从宽幅度提出确定的数额。

34. 速裁程序的办案期限。犯罪嫌疑人认罪认罚，人民检察院经审查，认为符合速裁程序适用条件的，应当在十日以内作出是否提起公诉的决定；对可能判处的有期徒刑超过一年的，可以在十五日以内作出是否提起公诉的决定。

九、社会调查评估

35. 侦查阶段的社会调查。犯罪嫌疑人认罪认罚，可能判处管制、宣告缓刑的，公安机关可以委托犯罪嫌疑人居住地的社区矫正机构进行调查评估。

公安机关在侦查阶段委托社区矫正机构进行调查评估，社区矫正机构在公安机关移送审查起诉后完成调查评估的，应当及时将评估意见提交受理案件的人民检察院或者人民法院，并抄送公安机关。

36. 审查起诉阶段的社会调查。犯罪嫌疑人认罪认罚，人民检察院拟提出缓刑或者管制量刑建议的，可以及时委托犯罪嫌疑人居住地的社区矫正机构进行调查评估，也可以自行调查评估。人民检察院提起公诉时，已收到调查材料的，应当将材料一并移送，未收到调查材料的，应当将委托文书随案移送；在提起公诉后收到调查材料的，应当及时移送人民法院。

37. 审判阶段的社会调查。被告人认罪认罚，人民法院拟判处管制或者宣告缓刑的，可以及时委托被告人居住地的社区矫正机构进行调查评估，也可以自行调查评估。

社区矫正机构出具的调查评估意见，是人民法院判处管制、宣告缓刑的重要参考。对没有委托社区矫正机构进行调查评估或者判决前未收到社区矫正机构调查评估报告的认罪认罚案件，人民法院经审理认为被告人符合管制、缓刑适用条件的，可以判处管制、宣告缓刑。

38. 司法行政机关的职责。受委托的社区矫正机构应当根据委托机关的要求，对犯罪嫌疑人、被告人的居所情况、家庭和社会关系、一贯表现、犯罪行为的后果和影响、居住地村（居）民委员会和被害人意见、拟禁止的事项等进行调查了解，形成评估意见，及时提交委托机关。

十、审判程序和人民法院的职责

39. 审判阶段认罪认罚自愿性、合法性审查。办理认罪认罚案件，人民法院应当告知被告人享有的诉讼权利和认罪认罚的法律规定，听取被告人及其辩护人或者值班律师的意见。庭审中应当对认罪认罚的自愿性、具结书内容的真实性和合法性进行审查核实，重点核实以下内容：

（一）被告人是否自愿认罪认罚，有无因受到暴力、威胁、引诱而违背意愿认罪认罚；

（二）被告人认罪认罚时的认知能力和精神状态是否正常；

（三）被告人是否理解认罪认罚的性质和可能导致的法律后果；

（四）人民检察院、公安机关是否履行告知义务并听取意见；

（五）值班律师或者辩护人是否与人民检察院进行沟通，提供了有效法律帮助或者辩护，并在场见证认罪认罚具结书的签署。

庭审中审判人员可以根据具体案情，围绕定罪量刑的关键事实，对被告人认罪认罚的自愿性、真实性等进行发问，确认被告人是否实施犯罪，是否真诚悔罪。

被告人违背意愿认罪认罚，或者认罪认罚后又反悔，依法需要转换程序的，应当按照普通程序对案件重新审理。发现存在刑讯逼供等非法取证行为的，依照法律规定处理。

40. 量刑建议的采纳。对于人民检察院提出的量刑建议，人民法院应当依法进行审查。对于事实清楚，证据确实、充分，指控的罪名准确，量刑建议适当的，人民法院应当采纳。具有下列情形之一的，不予采纳：

（一）被告人的行为不构成犯罪或者不应当追究刑事责任的；

（二）被告人违背意愿认罪认罚的；

（三）被告人否认指控的犯罪事实的；

（四）起诉指控的罪名与审理认定的罪名不一致的；

（五）其他可能影响公正审判的情形。

对于人民检察院起诉指控的事实清楚，量刑建议适当，但指控的罪名与审理认定的罪名不一致的，人民法院可以听取人民检察院、被告人及其辩护人对审理认定罪名的意见，依法作出裁判。

人民法院不采纳人民检察院量刑建议的，应当说明理由和依据。

41. 量刑建议的调整。人民法院经审理，认为量刑建议明显不当，或者被告人、辩护人对量刑建议有异议且有理有据的，人民法院应当告知人民检察院，人民检察院可以调整量刑建议。人民法院认为调整后的量刑建议适当的，应当予以采纳；人民检察院不调整量刑建议或者调整后仍然明显不当的，人民法院应当依法作出判决。

适用速裁程序审理的，人民检察院调整量刑建议应当在庭前或者当庭提出。调整量刑建议后，被告人同意继续适用速裁程序的，不需要转换程序处理。

42. 速裁程序的适用条件。基层人民法院管辖的可能判处三年有期徒刑以下刑罚的案件，案件事实清楚，证据确实、充分，被告人认罪认罚并同意适用速裁程序的，可以适用速裁程序，由审判员一人独任审判。人民检察院提起公诉时，可以建议人民法院适用速裁程序。

有下列情形之一的，不适用速裁程序办理：

（一）被告人是盲、聋、哑人，或者是尚未完全丧失辨认或者控制自己行为能力的精神病人的；

（二）被告人是未成年人的；

（三）案件有重大社会影响的；

（四）共同犯罪案件中部分被告人对指控的犯罪事实、罪名、量刑建议或者适用速裁程序有异议的；

（五）被告人与被害人或者其法定代理人没有就附带民事诉讼赔偿等事项达成调解或者和解协议的；

（六）其他不宜适用速裁程序办理的案件。

43. 速裁程序的审理期限。适用速裁程序审理案件，人民法院应当在受理后十日以内审结；对可能判处的有期徒刑超过一年的，应当在十五日以内审结。

44. 速裁案件的审理程序。适用速裁程序审理案件，不受刑事诉讼法规定的送达期限的限制，一般不进行法庭调查、法庭辩论，但在判决宣告前应当听取辩护人的意见和被告人的最后陈述意见。

人民法院适用速裁程序审理案件，可以在向被告人送达起诉书时一并送达权利义务告知书、开庭传票，并核实被告人自然信息等情况。根据需要，可以集中送达。

人民法院适用速裁程序审理案件，可以集中开庭，逐案审理。人民检察院可以指派公诉人集中出庭支持公诉。公诉人简要宣读起诉书后，审判人员应当当庭询问被告人对指控事实、证据、量刑建议以及适用速裁程序的意见，核实具结书签署的自愿性、真实性、合法性，并核实附带民事诉讼赔偿等情况。

适用速裁程序审理案件，应当当庭宣判。集中审理的，可以集中当庭宣判。宣判时，根据案件需要，可以由审判员进行法庭教育。裁判文书可以简化。

45. 速裁案件的二审程序。被告人不服适用速裁程序作出的第一审判决提出上诉的案件，可以不开庭审理。第二审人民法院审查后，按照下列情形分别处理：

（一）发现被告人以事实不清、证据不足为由提出上诉的，应当裁定撤销原判，发回原审人民法院适用普通程序重新审理，不再按认罪认罚案件从宽处罚；

（二）发现被告人以量刑不当为由提出上诉的，原判量刑适当的，应当裁定驳回上诉，维持原判；原判量刑不当的，经审理后依法改判。

46. 简易程序的适用。基层人民法院管辖的被告人认罪认罚案件，事实清楚、证据充分，被告人对适用简易程序没有异议的，可以适用简易程序审判。

适用简易程序审理认罪认罚案件，公诉人可以简要宣读起诉书，审判人员当庭询问被告人对指控的犯罪事实、证据、量刑建议及适用简易程序的意见，核实具结书签署的自愿性、真实性、合法性。法庭调查可以简化，但对有争议的事实和证据应当进行调查、质证，法庭辩论可以仅围绕有争议的问题进行。裁判文书可以简化。

47. 普通程序的适用。适用普通程序办理认罪认罚案件，可以适当简化法庭调查、辩论程序。公诉人宣读起诉书后，合议庭当庭询问被告人对指控的犯罪事实、证据及量刑建议的意见，核实具结书签署的自愿性、真实性、合法性。公诉人、辩护人、审判人员对被告人的讯问、发问可以简化。对控辩双方无异议的证据，可以仅就证据名称及证明内容进行说明；对控辩双方有异议，或者法庭认为有必要调查核实的证据，应当出示并进行质证。法庭辩论主要围绕有争议的问题进行，裁判文书可以适当简化。

48. 程序转换。人民法院在适用速裁程序审理过程中，发现有被告人的行为不构成犯罪或者不应当追究刑事责任、被告人违背意愿认罪认罚、被告人否认指控的犯罪事实情形的，应当转为普通程序审理。发现其他不宜适用速裁程序但符合简易程序适用条件的，应当转为简易程序重新审理。

发现有不宜适用简易程序审理情形的，应当转为普通程序审理。

人民检察院在人民法院适用速裁程序审理案件过程中，发现有不宜适用速裁程序审理情形的，应当建议人民法院转为普通程序或者简易程序重新审理；发现有不宜适用简易程序审理情形的，应当建议人民法院转为普通程序重新审理。

49. 被告人当庭认罪认罚案件的处理。被告人在侦查、审查起诉阶段没有认罪认罚，但当庭认罪，愿意接受处罚的，人民法院应当根据审理查明的事实，就定罪和量刑听取控辩双方意见，依法作出裁判。

50. 第二审程序中被告人认罪认罚案件的处理。被告人在第一审程序中未认罪认罚，在第二审程序中认罪认罚的，审理程序依照刑事诉讼法规定的第二审程序进行。第二审人民法院应当根据其认罪认罚的价值、作用决定是否从宽，并依法作出裁判。确定从宽幅度时应当与第一审程序认罪认罚有所区别。

十一、认罪认罚的反悔和撤回

51. 不起诉后反悔的处理。因犯罪嫌疑人认罪认罚，人民检察院依照刑事诉讼法第一百七十七条第二款作出不起诉决定后，犯罪嫌疑人否认指控的犯罪事实或者不积极履行赔礼道歉、退赃退赔、赔偿损失等义务的，人民检察院应当进行审查，区分下列情形依法作出处理：

（一）发现犯罪嫌疑人没有犯罪事实，或者符合刑事诉讼法第十六条规定的情形之一的，应当撤销原不起诉决定，依法重新作出不起诉决定；

（二）认为犯罪嫌疑人仍属于犯罪情节轻微，依照刑法规定不需要判处刑罚或者免除刑罚的，可以维持原不起诉决定；

（三）排除认罪认罚因素后，符合起诉条件的，应当根据案件具体情况撤销原不起诉决定，依法提起公诉。

52. 起诉前反悔的处理。犯罪嫌疑人认罪认罚，签署认罪认罚具结书，在人民检察院提起公诉前反悔的，具结书失效，人民检察院应当在全面审查事实证据的基础上，依法提起公诉。

53. 审判阶段反悔的处理。案件审理过程中，被告人反悔不再认罪认罚的，人民法院应当根据审理查明的事实，依法作出裁判。需要转换程序的，依照本意见的相关规定处理。

54. 人民检察院的法律监督。完善人民检察院对侦查活动和刑事审判活动的监督机制，加强对认罪认罚案件办理全过程的监督，规范认罪认罚案件的抗诉工作，确保无罪的人不受刑事追究、有罪的人受到公正处罚。

十二、未成年人认罪认罚案件的办理

55. 听取意见。人民法院、人民检察院办理未成年人认罪认罚案件，应当听取未成年犯罪嫌疑人、被告人的法定代理人的意见，法定代理人无法到场的，应当听取合适成年人的意见，但受案时犯罪嫌疑人已经成年的除外。

56. 具结书签署。未成年犯罪嫌疑人签署认罪认罚具结书时，其法定代理人应当到场并签字确认。法定代理人无法到场的，合适成年人应当到场签字确认。法定代理人、辩护人对未成年人认罪认罚有异议的，不需要签署认罪认罚具结书。

57. 程序适用。未成年人认罪认罚案件，不适用速裁程序，但应当贯彻教育、感化、挽救的方针，坚持从快从宽原则，确保案件及时办理，最大限度保护未成年人合法权益。

58. 法治教育。办理未成年人认罪认罚案件，应当做好未成年犯罪嫌疑人、被告人的认罪服法、悔过教育工作，实现惩教结合目的。

十三、附则

59. 国家安全机关、军队保卫部门、中国海警局、监狱办理刑事案件，适用本意见的有关规定。

60. 本指导意见由会签单位协商解释，自发布之日起施行。

最高人民检察院、公安部
关于加强和规范补充侦查工作的指导意见

（2020 年 3 月 27 日公布并施行 高检发〔2020〕6 号）

第一条 为进一步完善以证据为核心的刑事指控体系，加强和规范补充侦查工作，提高办案质效，根据《中华人民共和国刑事诉讼法》《人民检察院刑事诉讼规则》《公安机关办理刑事案件程序规定》等有关规定，结合办案实践，制定本指导意见。

第二条 补充侦查是依照法定程序，在原有侦查工作的基础上，进一步查清事实，补充完善证据的诉讼活动。

人民检察院审查逮捕提出补充侦查意见，审查起诉退回补充侦查、自行补充侦查，要求公安机关提供证据材料，要求公安机关对证据的合法性作出说明等情形，适用本指导意见的相关规定。

第三条 开展补充侦查工作应当遵循以下原则：

1. 必要性原则。补充侦查工作应当具备必要性，不得因与案件事实、证据无关的原因退回补充侦查。

2. 可行性原则。要求补充侦查的证据材料应当具备收集固定的可行性，补充侦查工作应当具备可操作性，对于无法通过补充侦查收集证据材料的情形，不能适用补充侦查。

3. 说理性原则。补充侦查提纲应当写明补充侦查的理由、案件定性的考虑、补充侦查的方向、每一项补证的目的和意义，对复杂问题、争议问题作适当阐明，具备条件的，可以写明补充侦查的渠道、线索和方法。

4. 配合性原则。人民检察院、公安机关在补充侦查之前和补充侦查过程中，应当就案件事实、证据、定性等方面存在的问题和补充侦查的相关情况，加强当面沟通、协作配合，共同确保案件质量。

5. 有效性原则。人民检察院、公安机关应当以增强补充侦查效果为目标，把提高证据质量、解决证据问题贯穿于侦查、审查逮捕、审查起诉全过程。

第四条 人民检察院开展补充侦查工作，应当书面列出补充侦查提纲。补充侦查提纲应当分别归入检察内卷、侦查内卷。

第五条 公安机关提请人民检察院审查批准逮捕的，人民检察院应当接收。经审查，不符合批捕条件的，应当依法作出不批准逮捕决定。人民检察院对于因证据不足作出不批准逮捕决定，需要补充侦查的，应当制作补充侦查提纲，列明证据体系存在的问题、补充侦查方向、取证要求等事项并说明理由。公安机关应当按照人民检察院的要求开展补充侦查。补充侦查完毕，认为符合逮捕条件的，应当重新提请批准逮捕。对于人民检察院不批准逮捕而未说明理由的，公安机关可以要求人民检察院说明理由。对人民检察院不批准逮捕的决定认为有错误的，公安机关可以依法要求复议、提请复核。

对于作出批准逮捕决定的案件，确有必要的，人民检察院可以根据案件证据情况，就完善证据体系、补正证据合法性、全面查清案件事实等事项，向公安机关提出捕后侦查意见。逮捕之后，公安机关应当及时开展侦查工作。

第六条 人民检察院在审查起诉期间发现案件存在事实不清、证据不足或者存在遗漏罪行、遗漏同案犯罪嫌疑人等情形需要补充侦查的，应当制作补充侦查提纲，连同案卷材料一并退回公安机关并引导公安机关进一步查明案件事实、补充收集证据。

人民检察院第一次退回补充侦查时，应当向公安机关列明全部补充侦查事项。在案件事实或证据发生变化、公安机关未补充侦查到位、或者重新报送的材料中发现矛盾和问题的，可以第二次退回补充侦查。

第七条 退回补充侦查提纲一般包括以下内容：

（一）阐明补充侦查的理由，包括案件事实不清、证据不足的具体表现和问题；

（二）阐明补充侦查的方向和取证目的；

（三）明确需要补充侦查的具体事项和需要补充收集的证据目录；

（四）根据起诉和审判的证据标准，明确补充、完善证据需要达到的标准和必备要素；

（五）有遗漏罪行的，应当指出在起诉意见书中没有认定的犯罪嫌疑人的罪行；

（六）有遗漏同案犯罪嫌疑人需要追究刑事责任的，应当建议补充移送；

（七）其他需要列明的事项。

补充侦查提纲、捕后侦查意见可参照本条执行。

第八条 案件退回补充侦查后，人民检察院和公安机关的办案人员应当加强沟通，及时就取证方向、落实补证要求等达成一致意见。公安机关办案人员对于补充侦查提纲有异议的，双方及时沟通。

对于事实证据发生重大变化的案件，可能改变定性的案件，证据标准难以把握的重大、复杂、疑难、新型案件，以及公安机关提出请求的案件，人民检察院在退回补充侦查期间，可以了解补充侦查开展情况，查阅证据材料，对补充侦查方向、重点、取证方式等提出建议，必要时可列席公安机关的案件讨论并发表意见。

第九条　具有下列情形之一的，一般不退回补充侦查：

（一）查清的事实足以定罪量刑或者与定罪量刑有关的事实已经查清，不影响定罪量刑的事实无法查清的；

（二）作案工具、赃物去向等部分事实无法查清，但有其他证据足以认定，不影响定罪量刑的；

（三）犯罪嫌疑人供述和辩解、证人证言、被害人陈述的主要情节能够相互印证，只有个别情节不一致但不影响定罪量刑的；

（四）遗漏同案犯罪嫌疑人或者同案犯罪嫌疑人在逃，在案犯罪嫌疑人定罪量刑的事实已经查清且符合起诉条件，公安机关不能及时补充移送同案犯罪嫌疑人的；

（五）补充侦查事项客观上已经没有查证可能性的；

（六）其他没有必要退回补充侦查的。

第十条　对于具有以下情形可以及时调取的有关证据材料，人民检察院可以发出《调取证据材料通知书》，通知公安机关直接补充相关证据并移送，以提高办案效率：

（一）案件基本事实清楚，虽欠缺某些证据，但收集、补充证据难度不大且在审查起诉期间内能够完成的；

（二）证据存在书写不规范、漏填、错填等瑕疵，公安机关可以在审查起诉期间补正、说明的；

（三）证据材料制作违反程序规定但程度较轻微，通过补正可以弥补的；

（四）案卷诉讼文书存在瑕疵，需进行必要的修改或补充的；

（五）缺少前科材料、释放证明、抓获经过等材料，侦查人员能够及时提供的；

（六）其他可以通知公安机关直接补充相关证据的。

第十一条　人民检察院在审查起诉过程中，具有下列情形之一，自行补充侦查更为适宜的，可以依法自行开展侦查工作：

（一）影响定罪量刑的关键证据存在灭失风险，需要及时收集和固定证据，人民检察院有条件自行侦查的；

（二）经退回补充侦查未达到要求，自行侦查具有可行性的；

（三）有证据证明或者有迹象表明侦查人员可能存在利用侦查活动插手民事、经济纠纷、实施报复陷害等违法行为和刑讯逼供、非法取证等违法行为，不宜退回补充侦查的；

（四）其他需要自行侦查的。

人民检察院开展自行侦查工作应依法规范开展。

第十二条 自行侦查由检察官组织实施，必要时可以调配办案人员。开展自行侦查的检察人员不得少于二人。自行侦查过程中，需要技术支持和安全保障的，由检察机关的技术部门和警务部门派员协助。

人民检察院通过自行侦查方式补强证据的，公安机关应当依法予以配合。

人民检察院自行侦查，适用《中华人民共和国刑事诉讼法》规定的讯问、询问、勘验、检查、查封、扣押、鉴定等侦查措施，应当遵循法定程序，在法定期限内侦查完毕。

第十三条 人民检察院对公安机关移送的案件进行审查后，在法院作出生效判决前，认为需要补充审判所必需的证据材料的，可以发出《调取证据材料通知书》，要求公安机关提供。人民检察院办理刑事审判监督案件，可以向公安机关发出《调取证据材料通知书》。

第十四条 人民检察院在办理刑事案件过程中，发现可能存在《中华人民共和国刑事诉讼法》第五十六条规定的以非法方法收集证据情形的，可以要求公安机关对证据收集的合法性作出书面说明或者提供相关证明材料，必要时，可以自行调查核实。

第十五条 公安机关经补充侦查重新移送后，人民检察院应当接收，及时审查公安机关制作的书面补充侦查报告和移送的补充证据，根据补充侦查提纲的内容核对公安机关应补充侦查事项是否补查到位，补充侦查活动是否合法，补充侦查后全案证据是否已确实、充分。经审查，公安机关未能按要求开展补充侦查工作，无法达到批捕标准的，应当依法作出不批捕决定；经二次补充侦查仍然证据不足，不符合起诉条件的，人民检察院应当依法作出不起诉决定。对人民检察院不起诉决定认为错误的，公安机关可以依法复议、复核。

对公安机关要求复议的不批准逮捕案件、不起诉案件，人民检察院应当另行指派检察官办理。人民检察院办理公安机关对不批准逮捕决定和不起诉决定要求复议、提请复核的案件，应当充分听取公安机关的意见，相关意见应当附卷备查。

第十六条 公安机关开展补充侦查工作，应当按照人民检察院补充侦查提纲的要求，及时、认真补充完善相关证据材料；对于补充侦查提纲不明确或者有异议的，应当及时与人民检察院沟通；对于无法通过补充侦查取得证据的，应当书面说明原因、补充侦查过程中所做的工作以及采取的补救措施。公安机关补充侦查后，应当单独立卷移送人民检察院，人民检察院应当依法接收案卷。

第十七条 对公安机关未及时有效开展补充侦查工作的，人民检察院应当进行口头督促，对公安机关不及时补充侦查导致证据无法收集影响案件处理的，必要时可以发出检察建议；公安机关存在非法取证等情形的，应当依法启动调查核实程序，根据情节，依法向公安机关发出纠正违法通知书，涉嫌犯罪的，依法进行侦查。

公安机关以非法方法收集的犯罪嫌疑人供述、被害人陈述、证人证言等证据材料，人民检察院应当依法排除并提出纠正意见，同时可以建议公安机关另行指派侦查人员重新调查取证，必要时人民检察院也可以自行调查取证。公安机关发现办案人员非法取证的，应当依法作出处理，并可另行指派侦查人员重新调查取证。

第十八条 案件补充侦查期限届满，公安机关认为原认定的犯罪事实有重大变化，不应当追究刑事责任而未将案件重新移送审查起诉的，应当以书面形式告知人民检察院，并说明理由。公安机关应当将案件重新移送审查起诉而未重新移送审查起诉的，人民检察院应当要求公安机关说明理由。人民检察院认为公安机关理由不成立的，应当要求公安机关重新移送审查起诉。人民检察院发现公安机关不应当撤案而撤案的，应当进行立案监督。公安机关未重新移送审查起诉，且未及时以书面形式告知并说明理由的，人民检察院应当提出纠正意见。

第十九条 人民检察院、公安机关在自行侦查、补充侦查工作中，根据工作需要，可以提出协作要求或者意见、建议，加强沟通协调。

第二十条 人民检察院、公安机关应当建立联席会议、情况通报会等工作机制，定期通报补充侦查工作总体情况，评析证据收集和固定上存在的问题及争议。针对补充侦查工作中发现的突出问题，适时组织联合调研检查，共同下发问题通报并督促整改，加强沟通，统一认识，共同提升补充侦查工作质量。

推行办案人员旁听法庭审理机制，了解指控犯罪、定罪量刑的证据要求和审判标准。

第二十一条 人民检察院各部门之间应当加强沟通，形成合力，提升补充侦查工作质效。人民检察院需要对技术性证据和专门性证据补充侦查的，可以先由人民检察院技术部门或有专门知识的人进行审查，根据审查意见，开展补充侦查工作。

第二十二条 本指导意见自下发之日起实施。

最高人民法院、最高人民检察院、公安部
关于依法适用正当防卫制度的指导意见

（2020年8月28日公布并施行　法发〔2020〕31号）

为依法准确适用正当防卫制度，维护公民的正当防卫权利，鼓励见义勇为，弘扬社会正气，把社会主义核心价值观融入刑事司法工作，根据《中华人民共和国刑法》和《中华人民共和国刑事诉讼法》的有关规定，结合工作实际，制定本意见。

一、总体要求

1. 把握立法精神，严格公正办案。正当防卫是法律赋予公民的权利。要准确理解和把握正当防卫的法律规定和立法精神，对于符合正当防卫成立条件的，坚决依法认定。要切实防止“谁能闹谁有理”“谁死伤谁有理”的错误做法，坚决捍卫“法不能向不法让步”的法治精神。

2. 立足具体案情，依法准确认定。要立足防卫人防卫时的具体情境，综合考虑案件发生的整体经过，结合一般人在类似情境下的可能反应，依法准确把握防卫的时间、限度等条件。要充分考虑防卫人面临不法侵害时的紧迫状态和紧张心理，防止在事后以正常情况下冷静理性、客观精确的标准去评判防卫人。

3. 坚持法理情统一，维护公平正义。认定是否构成正当防卫、是否防卫过当以及对防卫过当裁量刑罚时，要注重查明前因后果，分清是非曲直，确保案件处理于法有据、于理应当、于情相容，符合人民群众的公平正义观念，实现法律效果与社会效果的有机统一。

4. 准确把握界限，防止不当认定。对于以防卫为名行不法侵害之实的违法犯罪行为，要坚决避免认定为正当防卫或者防卫过当。对于虽具有防卫性质，但防卫行为明显超过必要限度造成重大损害的，应当依法认定为防卫过当。

二、正当防卫的具体适用

5. 准确把握正当防卫的起因条件。正当防卫的前提是存在不法侵害。不法侵害既包括侵犯生命、健康权利的行为，也包括侵犯人身自由、公私财产等权利的行为；既包括犯罪行为，也包括违法行为。不应将不法侵害不当限缩为暴力侵害或者犯罪行为。对于非法限制他人人身自由、非法侵入他人住宅等不法侵害，可以实行防卫。不法侵害既包括针对本人的不法侵害，也包括危害国家、公共利益或者针对他人的不法侵害。对于正在进行的拉拽方向盘、殴打司机等妨害安全驾驶、危害公共安全的违法犯罪行为，可以实行防卫。成年人对于未成年人正在实施的针对其他未成年人的不法侵害，应当劝阻、制止；劝阻、制止无效的，可以实行防卫。

6. 准确把握正当防卫的时间条件。正当防卫必须是针对正在进行的不法侵害。对于不法侵害已经形成现实、紧迫危险的，应当认定为不法侵害已经开始；对于不法侵害虽然暂时中断或者被暂时制止，但不法侵害人仍有继续实施侵害的现实可能性的，应当认定为不法侵害仍在进行；在财产犯罪中，不法侵害人虽已取得财物，但通过追赶、阻击等措施能够追回财物的，可以视为不法侵害仍在进行；对于不法侵害人确已失去侵害能力或者确已放弃侵害的，应当认定为不法侵害已经结束。对于不法侵害是否已经开始或者结束，应当立足防卫人在防卫时所处情境，按照社会公众的一般认知，依法作出合乎情理的判断，不能苛求防卫人。对于防卫人因为恐慌、紧张等心理，对不法侵害是否已经开始或者结束产生错误认识的，应当根据主客观相统一原则，依法作出妥当处理。

7. 准确把握正当防卫的对象条件。正当防卫必须针对不法侵害人进行。对于多人共同实施不法侵害的，既可以针对直接实施不法侵害的人进行防卫，也可以针对在现场共同实施不法侵害的人进行防卫。明知侵害人是无刑事责任能力人或者限制刑事责任能力人的，应当尽量使用其他方式避免或者制止侵害；没有其他方式可以避免、制止不法侵害，或者不法侵害严重危及人身安全的，可以进行反击。

8. 准确把握正当防卫的意图条件。正当防卫必须是为了使国家、公共利益、本人或者他人的人身、财产和其他权利免受不法侵害。对于故意以语言、行为等挑动对方侵害自己再予以反击的防卫挑拨，不应认定为防卫行为。

9. 准确界分防卫行为与相互斗殴。防卫行为与相互斗殴具有外观上的相似性，准确区分两者要坚持主客观相统一原则，通过综合考量案发起因、对冲突升级是否有过错、是否使用或者准备使用凶器、是否采用明显不相当的暴力、是否纠集他人参与打斗等客观情节，准确判断行为人的主观意图和行为性质。

因琐事发生争执，双方均不能保持克制而引发打斗，对于有过错的一方先动手且手段明显过激，或者一方先动手，在对方努力避免冲突的情况下仍继续侵害的，还击一方的行为一般应当认定为防卫行为。

双方因琐事发生冲突，冲突结束后，一方又实施不法侵害，对方还击，包括使用工具还击的，一般应当认定为防卫行为。不能仅因行为人事先进行防卫准备，就影响对其防卫意图的认定。

10. 防止将滥用防卫权的行为认定为防卫行为。对于显著轻微的不法侵害，行为人在可以辨识的情况下，直接使用足以致人重伤或者死亡的方式进行制止的，不应认定为防卫行为。不法侵害系因行为人的重大过错引发，行为人在可以使用其他手段避免侵害的情况下，仍故意使用足以致人重伤或者死亡的方式还击的，不应认定为防卫行为。

三、防卫过当的具体适用

11. 准确把握防卫过当的认定条件。根据刑法第二十条第二款的规定，认定防卫过当应当同时具备“明显超过必要限度”和“造成重大损害”两个条件，缺一不可。

12. 准确认定“明显超过必要限度”。防卫是否“明显超过必要限度”，应当综合不法侵害的性质、手段、强度、危害程度和防卫的时机、手段、强度、损害后果等情节，考虑双方力量对比，立足防卫人防卫时所处情境，结合社会公众的一般认知作出判断。在判断不法侵害的危害程度时，不仅要考虑已经造成的损害，还要考虑造成进一步损害的紧迫危险性和现实可能性。不应当苛求防卫人必须采取与不法侵害基本相当的反击方式和强度。通过综合考量，对于防卫行为与不法侵害相差悬殊、明显过激的，应当认定防卫明显超过必要限度。

13. 准确认定“造成重大损害”。“造成重大损害”是指造成不法侵害人重伤、死亡。造成轻伤及以下损害的，不属于重大损害。防卫行为虽然明显超过必要限度但没有造成重大损害的，不应认定为防卫过当。

14. 准确把握防卫过当的刑罚裁量。防卫过当应当负刑事责任，但是应当减轻或者免除处罚。要综合考虑案件情况，特别是不法侵害人的过错程度、不法侵害的严重程度以及防卫人面对不法侵害的恐慌、紧张等心理，确保刑罚裁量适当、公正。对于因侵害人实施严重贬损他人人格尊严、严重违反伦理道德的不法侵害，或者多次、长期实施不法侵害所引发的防卫过当行为，在量刑时应当充分考虑，以确保案件处理既经得起法律检验，又符合社会公平正义观念。

四、特殊防卫的具体适用

15. 准确理解和把握“行凶”。根据刑法第二十条第三款的规定，下列行为应当认定为“行凶”：（1）使用致命性凶器，严重危及他人人身安全的；（2）未使用凶器或者未使用致命性凶器，但是根据不法侵害的人数、打击部位和力度等情况，确已严重危及他人人身安全的。虽然尚未造成实际损害，但已对人身安全造成严重、紧迫危险的，可以认定为“行凶”。

16. 准确理解和把握“杀人、抢劫、强奸、绑架”。刑法第二十条第三款规定的“杀人、抢劫、强奸、绑架”，是指具体犯罪行为而不是具体罪名。在实施不法侵害过程中存在杀人、抢劫、强奸、绑架等严重危及人身安全的暴力犯罪行为的，如以暴力手段抢劫枪支、弹药、爆炸物或者以绑架手段拐卖妇女、儿童的，可以实行特殊防卫。有关行为没有严重危及人身安全的，应当适用一般防卫的法律规定。

17. 准确理解和把握“其他严重危及人身安全的暴力犯罪”。刑法第二十条第三款规定的“其他严重危及人身安全的暴力犯罪”，应当是与杀人、抢劫、强奸、绑架行为相当，并具有致人重伤或者死亡的紧迫危险和现实可能的暴力犯罪。

18. 准确把握一般防卫与特殊防卫的关系。对于不符合特殊防卫起因条件的防卫行为，致不法侵害人伤亡的，如果没有明显超过必要限度，也应当认定为正当防卫，不负刑事责任。

五、工作要求

19. 做好侦查取证工作。公安机关在办理涉正当防卫案件时，要依法及时、全面收集与案件相关的各类证据，为案件的依法公正处理奠定事实根基。取证工作要及时，对冲突现场有视听资料、电子数据等证据材料的，应当第一时间调取；对冲突过程的目击证人，要第一时间询问。取证工作要全面，对证明案件事实有价值的各类证据都应当依法及时收集，特别是涉及判断是否属于防卫行为、是正当防卫还是防卫过当以及有关案件前因后果等的证据。

20. 依法公正处理案件。要全面审查事实证据，认真听取各方意见，高度重视犯罪嫌疑人、被告人及其辩护人提出的正当防卫或者防卫过当的辩解、辩护意见，并及时核查，以准确认定事实、正确适用法律。要及时披露办案进展等工作信息，回应社会关切。对于依法认定为正当防卫的案件，根据刑事诉讼法的规定，及时作出不予立案、撤销案件、不批准逮捕、不起诉的决定或者被告人无罪的判决。对于防卫过当案件，应当依法适用认罪认罚从宽制度；对于犯罪情节轻微，依法不需要判处刑罚或者免除刑罚的，人民检察院可以作出不起诉决定。对于不法侵害人涉嫌犯罪的，应当依法及时追诉。人民法院审理第一审的涉正当防卫案件，社会影响较大或者案情复杂的，由人民陪审员和法官组成合议庭进行审理；社会影响重大的，由人民陪审员和法官组成七人合议庭进行审理。

21. 强化释法析理工作。要围绕案件争议焦点和社会关切，以事实为根据、以法律为准绳，准确、细致地阐明案件处理的依据和理由，强化法律文书的释法析理，有效回应当事人和社会关切，使办案成为全民普法的法治公开课，达到办理一案、教育一片的效果。要尽最大可能做好矛盾化解工作，促进社会和谐稳定。

22. 做好法治宣传工作。要认真贯彻“谁执法、谁普法”的普法责任制，做好以案说法工作，使正当防卫案件的处理成为全民普法和宣扬社会主义核心价值观的过程。要加大涉正当防卫指导性案例、典型案例的发布力度，旗帜鲜明保护正当防卫者和见义勇为人的合法权益，弘扬社会正气，同时引导社会公众依法、理性、和平解决琐事纠纷，消除社会戾气，增进社会和谐。

最高人民检察院
人民检察院办理刑事申诉案件规定

（2020 年 5 月 19 日最高人民检察院第十三届检察委员会第三十八次会议通过　2020 年 9 月 22 日公布并施行）

第一章　总　则

第一条　为依法履行法律监督职能，完善内部制约机制，规范刑事申诉案件办理程序，根据《中华人民共和国刑事诉讼法》《中华人民共和国人民检察院组织法》和有关法律规定，结合人民检察院办理刑事申诉案件工作实际，制定本规定。

第二条　本规定所称刑事申诉，是指对人民检察院诉讼终结的刑事处理决定或者人民法院已经发生法律效力的刑事判决、裁定不服，向人民检察院提出的申诉。

第三条　人民检察院通过办理刑事申诉案件，纠正错误的决定、判决和裁定，维护正确的决定、判决和裁定，保护当事人的合法权益，促进司法公正，维护社会和谐稳定，保障国家法律的统一正确实施。

第四条　人民检察院办理刑事申诉案件，应当遵循下列原则：

（一）原案办理与申诉办理相分离；

（二）全案复查，公开公正；

（三）实事求是，依法纠错；

（四）释法说理，化解矛盾。

第五条　人民检察院办理刑事申诉案件，应当根据案件具体情况进行审查和复查，繁简分流，规范有序，切实提高案件办理质效。

第六条　人民检察院办理刑事申诉案件，根据办案工作需要，可以采取公开听证、公开答复等方式，公开、公正处理案件。

第七条　人民检察院办理刑事申诉案件，应当依法保障律师执业权利。

第二章　管　辖

第八条　人民检察院管辖的下列刑事申诉，按照本规定办理：

（一）不服人民检察院因犯罪嫌疑人没有犯罪事实，或者符合《中华人民共和国刑事诉讼法》第十六条规定情形而作出的不批准逮捕决定的申诉；

（二）不服人民检察院不起诉决定的申诉；

（三）不服人民检察院撤销案件决定的申诉；

（四）不服人民检察院其他诉讼终结的刑事处理决定的申诉；

（五）不服人民法院已经发生法律效力的刑事判决、裁定的申诉。

上述情形之外的其他与人民检察院办理案件有关的申诉，不适用本规定，按照《人民检察院刑事诉讼规则》等规定办理。

第九条　不服人民检察院诉讼终结的刑事处理决定的申诉，由作出决定的人民检察院管辖，本规定另有规定的除外。

不服人民法院已经发生法律效力的刑事判决、裁定的申诉，由作出生效判决、裁定的人民法院的同级人民检察院管辖。

不服人民检察院刑事申诉案件审查或者复查结论的申诉，由上一级人民检察院管辖。

第十条　被害人及其法定代理人、近亲属不服人民检察院不起诉决定，在收到不起诉决定书后七日以内提出申诉的，由作出不起诉决定的人民检察院的上一级人民检察院管辖。

第十一条　上级人民检察院在必要时，可以将本院管辖的刑事申诉案件交下级人民检察院办理，也可以直接办理由下级人民检察院管辖的刑事申诉案件。

第三章　受　理

第十二条　人民检察院对符合下列条件的申诉，应当受理，本规定另有规定的除外：

（一）属于本规定第二条规定的刑事申诉；

（二）符合本规定第二章管辖规定；

（三）申诉人是原案的当事人及其法定代理人、近亲属；

（四）申诉材料符合受理要求。

申诉人委托律师代理申诉，且符合上述条件的，应当受理。

第十三条　申诉人向人民检察院提出申诉时，应当递交申诉书、身份证明、相关法律文书及证据材料或者证据线索。

身份证明是指自然人的居民身份证、军官证、士兵证、护照等能够证明本人身份的有效证件；法人或者其他组织的营业执照副本和法定代表人或者主要负责人的身份证明等有效证件。申诉人系正在服刑的罪犯，有效证件由刑罚执行机关保存的，可以提供能够证明本人身份的有效证件的复印件。对身份证明，人民检察院经核对无误留存复印件。

相关法律文书是指人民检察院作出的决定书、刑事申诉审查、复查结论文书，或者人民法院作出的刑事判决书、裁定书等法律文书。

第十四条　申诉人递交的申诉书应当写明下列事项：

（一）申诉人的姓名、性别、出生日期、工作单位、住址、有效联系方式，法人或者其他组织的名称、所在地址和法定代表人或者主要负责人的姓名、职务、有效联系方式；

（二）申诉请求和所依据的事实与理由；

（三）申诉人签名、盖章或者捺指印及申诉时间。

申诉人不具备书写能力口头提出申诉的，应当制作笔录，并由申诉人签名或者捺指印。

第十五条　自诉案件当事人及其法定代理人、近亲属对人民法院已经发生法律效力的刑事判决、裁定不服提出的申诉，刑事附带民事诉讼当事人及其法定代理人、近亲属对人民法院已经发生法律效力的刑事附带民事判决、裁定不服提出的申诉，人民检察院应当受理，但是申诉人对人民法院因原案当事人及其法定代理人自愿放弃诉讼权利或者没有履行相应诉讼义务而作出的判决、裁定不服的申诉除外。

第十六条　刑事申诉由控告申诉检察部门统一接收。控告申诉检察部门对接收的刑事申诉应当在七个工作日以内分别情况予以处理并告知申诉人：

（一）属于本院管辖并符合受理条件的，予以受理；

（二）属于本院管辖的不服生效刑事判决、裁定的申诉，申诉人已向人民法院提出申诉，人民法院已经受理且正在办理程序中的，告知待人民法院处理完毕后如不服再提出申诉；

（三）属于人民检察院管辖但是不属于本院管辖的，移送有管辖权的人民检察院处理；

（四）不属于人民检察院管辖的，移送其他机关处理。

第四章　审　查

第十七条　对受理的刑事申诉案件，控告申诉检察部门应当进行审查。

审查刑事申诉案件，应当审查申诉材料、原案法律文书，可以调取相关人民检察院审查报告、案件讨论记录等材料，可以听取申诉人、原案承办人员意见。

对于首次向人民检察院提出的刑事申诉案件，应当调阅原案卷宗进行审查，并听取申诉人或者其委托代理律师意见。必要时可以采用公开听证方式进行审查。

第十八条 经审查，具有下列情形之一的，应当审查结案：

（一）原判决、裁定或者处理决定认定事实清楚，证据确实充分，处理适当的；

（二）原案虽有瑕疵，但不足以影响原判决、裁定或者处理决定结论的；

（三）其他经审查认为原判决、裁定或者处理决定正确的。

对已经两级人民检察院审查或者复查，作出的结论正确，且已对申诉人提出的申诉理由作出合法合理答复，申诉人未提出新的理由的刑事申诉案件，可以审查结案。

第十九条 控告申诉检察部门经审查，具有下列情形之一的，应当移送刑事检察部门办理：

（一）原判决、裁定或者处理决定存在错误可能的；

（二）不服人民检察院诉讼终结的刑事处理决定首次提出申诉的；

（三）被害人及其法定代理人、近亲属、被不起诉人及其法定代理人、近亲属不服不起诉决定，在收到不起诉决定书后七日以内提出申诉的。

第二十条 原判决、裁定或者处理决定是否存在错误可能，应当从以下方面进行审查：

（一）原判决、裁定或者处理决定认定事实是否清楚、适用法律是否正确；

（二）据以定案的证据是否确实、充分，是否存在矛盾或者可能是非法证据；

（三）处理结论是否适当；

（四）是否存在严重违反诉讼程序的情形；

（五）申诉人是否提出了可能改变原处理结论的新的证据；

（六）办案人员在办理该案件过程中是否存在贪污受贿、徇私舞弊、枉法裁判行为。

第二十一条 对决定移送的刑事申诉案件，应当制作刑事申诉案件移送函，连同申诉书，原判决、裁定、处理决定，人民检察院审查、复查文书等申诉材料移送刑事检察部门。

刑事申诉案件移送函应当载明案件来源、受理时间、申诉理由、审查情况、移送理由等内容。

对决定移送的刑事申诉案件，控告申诉检察部门应当调取原案卷宗，一并移送刑事检察部门。

第二十二条　对移送的刑事申诉案件，刑事检察部门应当对原案卷宗进行审查。经审查，认为原判决、裁定或者处理决定正确的，经检察官联席会议讨论后决定审查结案；认为原判决、裁定或者处理决定存在错误可能的，决定进行复查。

对不服人民检察院诉讼终结的刑事处理决定首次提出申诉的，或者被害人及其法定代理人、近亲属、被不起诉人及其法定代理人、近亲属不服不起诉决定，在收到不起诉决定书后七日以内提出申诉的，应当决定进行复查。

第二十三条　控告申诉检察部门审查刑事申诉案件，应当自受理之日起三个月以内作出审查结案或者移送刑事检察部门办理的决定，并告知申诉人。

刑事检察部门对移送的刑事申诉案件，应当自收到案件之日起三个月以内作出审查结案或者进行复查的决定，并告知申诉人。

重大、疑难、复杂案件，报检察长决定，可以适当延长办理期限。

调取卷宗期间不计入办案期限。

第二十四条　经审查，具有下列情形之一的，上级人民检察院可以交由下级人民检察院重新办理：

（一）首次办理刑事申诉的人民检察院应当调卷审查而未调卷的，或者应当进行复查而未复查的；

（二）对申诉人提出的申诉理由未进行审查，或者未作出合法合理答复的；

（三）其他办案质量不高，认为应当重新办理的。

接受交办的人民检察院应当将重新办理结果向交办的上级人民检察院报告。

第二十五条　审查刑事申诉案件应当制作刑事申诉审查报告。听取意见、释法说理、公开听证等活动应当制作笔录。

第五章　复　查

第一节　一般规定

第二十六条　复查刑事申诉案件应当由检察官或者检察官办案组办理，原案承办人员和原申诉案件承办人员不应参与办理。

第二十七条　复查刑事申诉案件应当全面审查申诉材料和全部案卷。

第二十八条　经审查，具有下列情形之一，认为需要调查核实的，应当拟定调查提纲进行调查：

（一）原案事实不清、证据不足的；

（二）申诉人提供了新的事实、证据或者证据线索的；

（三）有其他问题需要调查核实的。

第二十九条 对与案件有关的勘验、检查、辨认、侦查实验等笔录和鉴定意见，认为需要复核的，可以进行复核，也可以对专门问题进行鉴定或者补充鉴定。

第三十条 复查刑事申诉案件可以询问原案当事人、证人和其他有关人员。

对原判决、裁定确有错误，认为需要提请抗诉、提出抗诉或者提出再审检察建议的，应当询问或者讯问原审被告人。

第三十一条 复查刑事申诉案件应当听取申诉人及其委托代理律师意见，核实相关问题。

第三十二条 复查刑事申诉案件可以听取原申诉案件办理部门或者原案承办人员、原案承办部门意见，全面了解案件办理情况。

第三十三条 复查刑事申诉案件过程中进行的询问、讯问等调查活动，应当制作调查笔录。调查笔录应当经被调查人确认无误后签名或者捺指印。

第三十四条 刑事申诉案件经复查，案件事实、证据、适用法律和诉讼程序以及其他可能影响案件公正处理的情形已经审查清楚，能够得出明确复查结论的，应当复查终结。

第三十五条 复查终结刑事申诉案件，承办检察官应当制作刑事申诉复查终结报告，在规定的职权范围作出决定；重大、疑难、复杂案件，报检察长或者检察委员会决定。

经检察委员会决定的案件，应当将检察委员会决定事项通知书及讨论记录附卷。

第三十六条 复查刑事申诉案件，应当自决定复查之日起三个月以内办结。三个月以内不能办结的，报检察长决定，可以延长三个月，并告知申诉人。

重大、疑难、复杂案件，在前款规定期限内仍不能办结，确需延长办理期限的，报检察长决定延长办理期限。

第三十七条 接受交办的人民检察院对上级人民检察院交办的刑事申诉案件应当依法办理并报告结果。对属于本院管辖的刑事申诉案件应当进行复查。

对交办的刑事申诉案件，应当自收到交办文书之日起三个月以内办结。确需延长办理期限的，应当报检察长决定，延长期限不得超过三个月。延期办理的，应当向交办的上级人民检察院书面说明情况。

第二节　不服人民检察院诉讼终结的刑事处理决定申诉案件的复查

第三十八条　被害人及其法定代理人、近亲属不服不起诉决定，在收到不起诉决定书后七日以内提出申诉的，由作出不起诉决定的人民检察院的上一级人民检察院进行复查。

第三十九条　被不起诉人及其法定代理人、近亲属不服不起诉决定，在收到不起诉决定书后七日以内提出申诉的，由作出不起诉决定的人民检察院进行复查。

第四十条　被害人及其法定代理人、近亲属、被不起诉人及其法定代理人、近亲属不服不起诉决定，在收到不起诉决定书后七日以内均提出申诉的，由作出不起诉决定的人民检察院的上一级人民检察院进行复查。

第四十一条　被害人及其法定代理人、近亲属、被不起诉人及其法定代理人、近亲属不服不起诉决定，在收到不起诉决定书后七日以内提出申诉的，控告申诉检察部门应当制作刑事申诉案件移送函，连同申诉材料移送刑事检察部门进行复查。

被害人及其法定代理人、近亲属向作出不起诉决定的人民检察院提出申诉的，作出决定的人民检察院刑事检察部门应当将申诉材料连同案卷一并报送上一级人民检察院刑事检察部门进行复查。

第四十二条　被害人及其法定代理人、近亲属、被不起诉人及其法定代理人、近亲属不服不起诉决定，在收到不起诉决定书七日以后提出申诉的，由作出不起诉决定的人民检察院控告申诉检察部门进行审查。经审查，认为不起诉决定正确的，应当审查结案；认为不起诉决定存在错误可能的，制作刑事申诉案件移送函，连同申诉材料移送刑事检察部门进行复查。

不服人民检察院其他诉讼终结的刑事处理决定的申诉案件，依照前款规定办理。

第四十三条　对不服人民检察院诉讼终结的刑事处理决定的申诉案件进行复查后，应当分别作出如下处理：

（一）原处理决定正确的，予以维持；

（二）原处理决定正确，但所认定的部分事实或者适用法律错误的，应当纠正错误的部分，维持原处理决定；

（三）原处理决定错误的，予以撤销；需要重新进入诉讼程序的，将案件移送有管辖权的人民检察院或者本院有关部门依法办理。

第三节　不服人民法院已经发生法律效力的刑事判决、裁定申诉案件的复查

第四十四条　最高人民检察院对不服各级人民法院已经发生法律效力的刑事判决、裁定的申诉，上级人民检察院对不服下级人民法院已经发生法律效力的刑事判决、裁定的申诉，经复查决定提出抗诉的，应当按照审判监督程序向同级人民法院提出抗诉，或者指令作出生效判决、裁定的人民法院的上一级人民检察院向同级人民法院提出抗诉。

第四十五条　经复查认为人民法院已经发生法律效力的刑事判决、裁定确有错误，具有下列情形之一的，应当按照审判监督程序向人民法院提出抗诉：

（一）原判决、裁定认定事实、适用法律确有错误致裁判不公或者原判决、裁定的主要事实依据被依法变更或者撤销的；

（二）认定罪名错误且明显影响量刑的；

（三）量刑明显不当的；

（四）据以定罪量刑的证据不确实、不充分，或者主要证据之间存在矛盾，或者依法应当予以排除的；

（五）有新的证据证明原判决、裁定认定的事实确有错误，可能影响定罪量刑的；

（六）违反法律关于追诉时效期限的规定的；

（七）违反法律规定的诉讼程序，可能影响公正审判的；

（八）审判人员在审理案件的时候有贪污受贿、徇私舞弊、枉法裁判行为的。

经复查认为人民法院已经发生法律效力的刑事判决、裁定，符合前款规定情形之一，经检察长决定，可以向人民法院提出再审检察建议。再审检察建议未被人民法院采纳的，可以提请上一级人民检察院抗诉。

第四十六条　经复查认为需要向同级人民法院提出抗诉或者提出再审检察建议的，承办检察官应当提出意见，报检察长决定。

第四十七条　地方各级人民检察院对不服同级人民法院已经发生法律效力的刑事判决、裁定的申诉案件复查后，认为需要提出抗诉的，承办检察官应当提出意见，报检察长决定后，提请上一级人民检察院抗诉。提请抗诉的案件，应当制作提请抗诉报告书，连同案卷报送上一级人民检察院。

上一级人民检察院对提请抗诉的案件审查后，承办检察官应当制作审查提请抗诉案件报告，提出处理意见，报检察长决定。对提请抗诉的案件作出决定后，承办检察官应当制作审查提请抗诉通知书，将审查结果通知提请抗诉的人民检察院。

第四十八条　人民检察院决定抗诉后，承办检察官应当制作刑事抗诉书，向同级人民法院提出抗诉。

以有新的证据证明原判决、裁定认定事实确有错误提出抗诉的，提出抗诉时应当随附相关证据材料。

第四十九条　上级人民检察院审查提请抗诉的案件，应当自收案之日起三个月以内作出决定。

对事实、证据有重大变化或者特别复杂的刑事申诉案件，可以不受前款规定期限限制。

对不服人民法院已经发生法律效力的死刑缓期二年执行判决、裁定的申诉案件，需要加重原审被告人刑罚的，一般应当在死刑缓期执行期限届满前作出决定。

第五十条　地方各级人民检察院经复查提请抗诉的案件，上级人民检察院审查提请抗诉案件的期限不计入提请抗诉的人民检察院的复查期限。

第五十一条　人民检察院办理按照审判监督程序抗诉的案件，认为需要对原审被告人采取强制措施的，按照《人民检察院刑事诉讼规则》相关规定办理。

第五十二条　对按照审判监督程序提出抗诉的刑事申诉案件，或者人民法院依据人民检察院再审检察建议决定再审的刑事申诉案件，人民法院开庭审理时，由同级人民检察院刑事检察部门派员出席法庭，并对人民法院再审活动实行法律监督。

第五十三条　对按照审判监督程序提出抗诉的刑事申诉案件，或者人民法院依据人民检察院再审检察建议决定再审的刑事申诉案件，人民法院经重新审理作出的判决、裁定，由派员出席法庭的人民检察院刑事检察部门审查并提出意见。

经审查认为人民法院作出的判决、裁定仍然确有错误，需要提出抗诉的，报检察长决定。如果案件是依照第一审程序审判的，同级人民检察院应当按照第二审程序向上一级人民法院提出抗诉；如果案件是依照第二审程序审判的，应当提请上一级人民检察院按照审判监督程序提出抗诉。

第六章　其他规定

第五十四条　人民检察院审查结案和复查终结的刑事申诉案件，应当制作刑事申诉结果通知书，于十日以内送达申诉人，并做好释法说理工作。

下级人民检察院应当协助上级人民检察院做好释法说理、息诉息访工作。

对移送的刑事申诉案件，刑事检察部门应当将刑事申诉结果通知书抄送控告申诉检察部门。

第五十五条 对提请抗诉的案件，提请抗诉的人民检察院应当在上一级人民检察院作出是否抗诉的决定后制作刑事申诉结果通知书。

第五十六条 对不服人民检察院诉讼终结的刑事处理决定的申诉案件进行复查后，依照本规定第四十三条第二项、第三项规定变更原处理决定认定事实、适用法律或者撤销原处理决定的，应当将刑事申诉结果通知书抄送相关人民检察院。

第五十七条 对重大、疑难、复杂的刑事申诉案件，人民检察院可以进行公开听证，对涉案事实、证据、法律适用等有争议问题进行公开陈述、示证、论证和辩论，充分听取各方意见，依法公正处理案件。

第五十八条 申诉人对处理结论有异议的刑事申诉案件，人民检察院可以进行公开答复，做好解释、说明和教育工作，预防和化解社会矛盾。

第五十九条 人民检察院对具有下列情形之一的刑事申诉案件，可以中止办理：

（一）人民法院对原判决、裁定正在审查的；

（二）无法与申诉人及其代理人取得联系的；

（三）申诉的自然人死亡，需要等待其他申诉权利人表明是否继续申诉的；

（四）申诉的法人或者其他组织终止，尚未确定权利义务承继人的；

（五）由于其他原因，致使案件在较长时间内无法继续办理的。

决定中止办理的案件，应当制作刑事申诉中止办理通知书，通知申诉人；确实无法通知的，应当记录在案。

中止办理的事由消除后，应当立即恢复办理。中止办理的期间不计入办案期限。

第六十条 人民检察院对具有下列情形之一的刑事申诉案件，经检察长决定，应当终止办理：

（一）人民检察院因同一案件事实对撤销案件的犯罪嫌疑人重新立案侦查的，对不批准逮捕的犯罪嫌疑人重新作出批准逮捕决定的，或者对不起诉案件的被不起诉人重新起诉的；

（二）人民检察院收到人民法院受理被害人对被不起诉人起诉的通知的；

（三）人民法院决定再审的；

（四）申诉人自愿撤回申诉，且不损害国家利益、社会公共利益或者他人合法权益的；

（五）申诉的自然人死亡，没有其他申诉权利人或者申诉权利人明确表示放弃申诉的，但是有证据证明原案被告人是无罪的除外；

（六）申诉的法人或者其他组织终止，没有权利义务承继人或者权利义务承继人明确表示放弃申诉的，但是有证据证明原案被告人是无罪的除外；

（七）其他应当终止办理的情形。

决定终止办理的案件，应当制作刑事申诉终止办理通知书，通知申诉人；确实无法通知的，应当记录在案。

终止办理的事由消除后，申诉人再次提出申诉，符合刑事申诉受理条件的，应当予以受理。

第六十一条　办理刑事申诉案件中发现原案存在执法司法瑕疵等问题的，可以依照相关规定向原办案单位提出检察建议或者纠正意见。

第六十二条　办理刑事申诉案件中发现原案办理过程中有贪污贿赂、渎职等违法违纪行为的，应当移送有关机关处理。

第六十三条　办理刑事申诉案件中发现原案遗漏罪行或者同案犯罪嫌疑人的，应当移送有关机关处理。

第六十四条　刑事申诉案件相关法律文书应当在统一业务应用系统内制作。

第七章　附　则

第六十五条　本规定由最高人民检察院负责解释。

第六十六条　本规定自发布之日起施行。2014 年 10 月 27 日发布的《人民检察院复查刑事申诉案件规定》（高检发〔2014〕18 号）同时废止；本院此前发布的有关办理刑事申诉案件的其他规定与本规定不一致的，以本规定为准。

最高人民法院、最高人民检察院、公安部、国家安全部、司法部关于规范量刑程序若干问题的意见

（2020 年 11 月 5 日公布　2020 年 11 月 6 日施行　法发〔2020〕38 号）

为深入推进以审判为中心的刑事诉讼制度改革，落实认罪认罚从宽制度，进一步规范量刑程序，确保量刑公开公正，根据刑事诉讼法和有关司法解释等规定，结合工作实际，制定本意见。

第一条　人民法院审理刑事案件，在法庭审理中应当保障量刑程序的相对独立性。

人民检察院在审查起诉中应当规范量刑建议。

第二条　侦查机关、人民检察院应当依照法定程序，全面收集、审查、移送证明犯罪嫌疑人、被告人犯罪事实、量刑情节的证据。

对于法律规定并处或者单处财产刑的案件，侦查机关应当根据案件情况对被告人的财产状况进行调查，并向人民检察院移送相关证据材料。人民检察院应当审查并向人民法院移送相关证据材料。

人民检察院在审查起诉时发现侦查机关应当收集而未收集量刑证据的，可以退回侦查机关补充侦查，也可以自行侦查。人民检察院退回补充侦查的，侦查机关应当按照人民检察院退回补充侦查提纲的要求及时收集相关证据。

第三条　对于可能判处管制、缓刑的案件，侦查机关、人民检察院、人民法院可以委托社区矫正机构或者有关社会组织进行调查评估，提出意见，供判处管制、缓刑时参考。

社区矫正机构或者有关社会组织收到侦查机关、人民检察院或者人民法院调查评估的委托后，应当根据委托机关的要求依法进行调查，形成评估意见，并及时提交委托机关。

对于没有委托进行调查评估或者判决前没有收到调查评估报告的，人民法

院经审理认为被告人符合管制、缓刑适用条件的，可以依法判处管制、宣告缓刑。

第四条 侦查机关在移送审查起诉时，可以根据犯罪嫌疑人涉嫌犯罪的情况，就宣告禁止令和从业禁止向人民检察院提出意见。

人民检察院在提起公诉时，可以提出宣告禁止令和从业禁止的建议。被告人及其辩护人、被害人及其诉讼代理人可以就是否对被告人宣告禁止令和从业禁止提出意见，并说明理由。

人民法院宣告禁止令和从业禁止，应当根据被告人的犯罪原因、犯罪性质、犯罪手段、悔罪表现、个人一贯表现等，充分考虑与被告人所犯罪行的关联程度，有针对性地决定禁止从事特定的职业、活动，进入特定区域、场所，接触特定的人等。

第五条 符合下列条件的案件，人民检察院提起公诉时可以提出量刑建议；被告人认罪认罚的，人民检察院应当提出量刑建议：

（一）犯罪事实清楚，证据确实、充分；

（二）提出量刑建议所依据的法定从重、从轻、减轻或者免除处罚等量刑情节已查清；

（三）提出量刑建议所依据的酌定从重、从轻处罚等量刑情节已查清。

第六条 量刑建议包括主刑、附加刑、是否适用缓刑等。主刑可以具有一定的幅度，也可以根据案件具体情况，提出确定刑期的量刑建议。建议判处财产刑的，可以提出确定的数额。

第七条 对常见犯罪案件，人民检察院应当按照量刑指导意见提出量刑建议。对新类型、不常见犯罪案件，可以参照相关量刑规范提出量刑建议。提出量刑建议，应当说明理由和依据。

第八条 人民检察院指控被告人犯有数罪的，应当对指控的个罪分别提出量刑建议，并依法提出数罪并罚后决定执行的刑罚的量刑建议。

对于共同犯罪案件，人民检察院应当根据各被告人在共同犯罪中的地位、作用以及应当承担的刑事责任分别提出量刑建议。

第九条 人民检察院提出量刑建议，可以制作量刑建议书，与起诉书一并移送人民法院；对于案情简单、量刑情节简单的适用速裁程序的案件，也可以在起诉书中写明量刑建议。

量刑建议书中应当写明人民检察院建议对被告人处以的主刑、附加刑、是否适用缓刑等及其理由和依据。

人民检察院以量刑建议书方式提出量刑建议的，人民法院在送达起诉书副本时，应当将量刑建议书一并送达被告人。

第十条 在刑事诉讼中，自诉人、被告人及其辩护人、被害人及其诉讼代理人可以提出量刑意见，并说明理由，人民检察院、人民法院应当记录在案并附卷。

第十一条 人民法院、人民检察院、侦查机关应当告知犯罪嫌疑人、被告人申请法律援助的权利，对符合法律援助条件的，依法通知法律援助机构指派律师为其提供辩护或者法律帮助。

第十二条 适用速裁程序审理的案件，在确认被告人认罪认罚的自愿性和认罪认罚具结书内容的真实性、合法性后，一般不再进行法庭调查、法庭辩论，但在判决宣告前应当听取辩护人的意见和被告人的最后陈述意见。

适用速裁程序审理的案件，应当当庭宣判。

第十三条 适用简易程序审理的案件，在确认被告人对起诉书指控的犯罪事实和罪名没有异议，自愿认罪且知悉认罪的法律后果后，法庭审理可以直接围绕量刑进行，不再区分法庭调查、法庭辩论，但在判决宣告前应当听取被告人的最后陈述意见。

适用简易程序审理的案件，一般应当当庭宣判。

第十四条 适用普通程序审理的被告人认罪案件，在确认被告人了解起诉书指控的犯罪事实和罪名，自愿认罪且知悉认罪的法律后果后，法庭审理主要围绕量刑和其他有争议的问题进行，可以适当简化法庭调查、法庭辩论程序。

第十五条 对于被告人不认罪或者辩护人做无罪辩护的案件，法庭调查和法庭辩论分别进行。

在法庭调查阶段，应当在查明定罪事实的基础上，查明有关量刑事实，被告人及其辩护人可以出示证明被告人无罪或者罪轻的证据，当庭发表质证意见。

在法庭辩论阶段，审判人员引导控辩双方先辩论定罪问题。在定罪辩论结束后，审判人员告知控辩双方可以围绕量刑问题进行辩论，发表量刑建议或者意见，并说明依据和理由。被告人及其辩护人参加量刑问题的调查的，不影响作无罪辩解或者辩护。

第十六条 在法庭调查中，公诉人可以根据案件的不同种类、特点和庭审的实际情况，合理安排和调整举证顺序。定罪证据和量刑证据分开出示的，应当先出示定罪证据，后出示量刑证据。

对于有数起犯罪事实的案件的量刑证据，可以在对每起犯罪事实举证时分别出示，也可以对同类犯罪事实一并出示；涉及全案综合量刑情节的证据，一般应当在举证阶段最后出示。

第十七条 在法庭调查中，人民法院应当查明对被告人适用具体法定刑幅度的犯罪事实以及法定或者酌定量刑情节。

第十八条　人民法院、人民检察院、侦查机关或者辩护人委托有关方面制作涉及未成年人的社会调查报告的，调查报告应当在法庭上宣读，并进行质证。

第十九条　在法庭审理中，审判人员对量刑证据有疑问的，可以宣布休庭，对证据进行调查核实，必要时也可以要求人民检察院补充调查核实。人民检察院补充调查核实有关证据，必要时可以要求侦查机关提供协助。

对于控辩双方补充的证据，应当经过庭审质证才能作为定案的根据。但是，对于有利于被告人的量刑证据，经庭外征求意见，控辩双方没有异议的除外。

第二十条　被告人及其辩护人、被害人及其诉讼代理人申请人民法院调取在侦查、审查起诉阶段收集的量刑证据材料，人民法院认为确有必要的，应当依法调取；人民法院认为不需要调取的，应当说明理由。

第二十一条　在法庭辩论中，量刑辩论按照以下顺序进行：

（一）公诉人发表量刑建议，或者自诉人及其诉讼代理人发表量刑意见；

（二）被害人及其诉讼代理人发表量刑意见；

（三）被告人及其辩护人发表量刑意见。

第二十二条　在法庭辩论中，出现新的量刑事实，需要进一步调查的，应当恢复法庭调查，待事实查清后继续法庭辩论。

第二十三条　对于人民检察院提出的量刑建议，人民法院应当依法审查。对于事实清楚，证据确实、充分，指控的罪名准确，量刑建议适当的，人民法院应当采纳。

人民法院经审理认为，人民检察院的量刑建议不当的，可以告知人民检察院。人民检察院调整量刑建议的，应当在法庭审理结束前提出。人民法院认为人民检察院调整后的量刑建议适当的，应当予以采纳；人民检察院不调整量刑建议或者调整量刑建议后仍不当的，人民法院应当依法作出判决。

第二十四条　有下列情形之一，被告人当庭认罪，愿意接受处罚的，人民法院应当根据审理查明的事实，就定罪和量刑听取控辩双方意见，依法作出裁判：

（一）被告人在侦查、审查起诉阶段认罪认罚，但人民检察院没有提出量刑建议的；

（二）被告人在侦查、审查起诉阶段没有认罪认罚的；

（三）被告人在第一审程序中没有认罪认罚，在第二审程序中认罪认罚的；

（四）被告人在庭审过程中不同意量刑建议的。

第二十五条 人民法院应当在刑事裁判文书中说明量刑理由。量刑说理主要包括：

（一）已经查明的量刑事实及其对量刑的影响；

（二）是否采纳公诉人、自诉人、被告人及其辩护人、被害人及其诉讼代理人发表的量刑建议、意见及理由；

（三）人民法院判处刑罚的理由和法律依据。

对于适用速裁程序审理的案件，可以简化量刑说理。

第二十六条 开庭审理的二审、再审案件的量刑程序，依照有关法律规定进行。法律没有规定的，参照本意见进行。

对于不开庭审理的二审、再审案件，审判人员在阅卷、讯问被告人、听取自诉人、辩护人、被害人及其诉讼代理人的意见时，应当注意审查量刑事实和证据。

第二十七条 对于认罪认罚案件量刑建议的提出、采纳与调整等，适用最高人民法院、最高人民检察院、公安部、国家安全部、司法部《关于适用认罪认罚从宽制度的指导意见》的有关规定。

第二十八条 本意见自2020年11月6日起施行。2010年9月13日最高人民法院、最高人民检察院、公安部、国家安全部、司法部《印发〈关于规范量刑程序若干问题的意见（试行）〉的通知》（法发〔2010〕35号）同时废止。

最高人民法院、最高人民检察院
关于常见犯罪的量刑指导意见（试行）

（2021 年 6 月 16 日公布　2021 年 7 月 1 日生效　法发〔2021〕21 号）

为进一步规范量刑活动，落实宽严相济刑事政策和认罪认罚从宽制度，增强量刑公开性，实现量刑公正，根据刑法、刑事诉讼法和有关司法解释等规定，结合司法实践，制定本指导意见。

一、量刑的指导原则

（一）量刑应当以事实为根据，以法律为准绳，根据犯罪的事实、性质、情节和对于社会的危害程度，决定判处的刑罚。

（二）量刑既要考虑被告人所犯罪行的轻重，又要考虑被告人应负刑事责任的大小，做到罪责刑相适应，实现惩罚和预防犯罪的目的。

（三）量刑应当贯彻宽严相济的刑事政策，做到该宽则宽，当严则严，宽严相济，罚当其罪，确保裁判政治效果、法律效果和社会效果的统一。

（四）量刑要客观、全面把握不同时期不同地区的经济社会发展和治安形势的变化，确保刑法任务的实现；对于同一地区同一时期案情相似的案件，所判处的刑罚应当基本均衡。

二、量刑的基本方法

量刑时，应当以定性分析为主，定量分析为辅，依次确定量刑起点、基准刑和宣告刑。

（一）量刑步骤

1. 根据基本犯罪构成事实在相应的法定刑幅度内确定量刑起点。

2. 根据其他影响犯罪构成的犯罪数额、犯罪次数、犯罪后果等犯罪事实，在量刑起点的基础上增加刑罚量确定基准刑。

3. 根据量刑情节调节基准刑，并综合考虑全案情况，依法确定宣告刑。

（二）调节基准刑的方法

1. 具有单个量刑情节的，根据量刑情节的调节比例直接调节基准刑。

2. 具有多个量刑情节的，一般根据各个量刑情节的调节比例，采用同向相加、逆向相减的方法调节基准刑；具有未成年人犯罪、老年人犯罪、限制行为能力的精神病人犯罪、又聋又哑的人或者盲人犯罪，防卫过当、避险过当、犯罪预备、犯罪未遂、犯罪中止，从犯、胁从犯和教唆犯等量刑情节的，先适用该量刑情节对基准刑进行调节，在此基础上，再适用其他量刑情节进行调节。

3. 被告人犯数罪，同时具有适用于个罪的立功、累犯等量刑情节的，先适用该量刑情节调节个罪的基准刑，确定个罪所应判处的刑罚，再依法实行数罪并罚，决定执行的刑罚。

（三）确定宣告刑的方法

1. 量刑情节对基准刑的调节结果在法定刑幅度内，且罪责刑相适应的，可以直接确定为宣告刑；具有应当减轻处罚情节的，应当依法在法定最低刑以下确定宣告刑。

2. 量刑情节对基准刑的调节结果在法定最低刑以下，具有法定减轻处罚情节，且罪责刑相适应的，可以直接确定为宣告刑；只有从轻处罚情节的，可以依法确定法定最低刑为宣告刑；但是根据案件的特殊情况，经最高人民法院核准，也可以在法定刑以下判处刑罚。

3. 量刑情节对基准刑的调节结果在法定最高刑以上的，可以依法确定法定最高刑为宣告刑。

4. 综合考虑全案情况，独任审判员或合议庭可以在20%的幅度内对调节结果进行调整，确定宣告刑。当调节后的结果仍不符合罪责刑相适应原则的，应当提交审判委员会讨论，依法确定宣告刑。

5. 综合全案犯罪事实和量刑情节，依法应当判处无期徒刑以上刑罚、拘役、管制或者单处附加刑、缓刑、免予刑事处罚的，应当依法适用。

（四）判处罚金刑，应当以犯罪情节为根据，并综合考虑被告人缴纳罚金的能力，依法决定罚金数额。

（五）适用缓刑，应当综合考虑被告人的犯罪情节、悔罪表现、再犯罪的危险以及宣告缓刑对所居住社区的影响，依法作出决定。

三、常见量刑情节的适用

量刑时应当充分考虑各种法定和酌定量刑情节，根据案件的全部犯罪事实以及量刑情节的不同情形，依法确定量刑情节的适用及其调节比例。对黑恶势力犯罪、严重暴力犯罪、毒品犯罪、性侵未成年人犯罪等危害严重的犯罪，在确定从宽的幅度时，应当从严掌握；对犯罪情节较轻的犯罪，应当充分体现从宽。具体确定各个量刑情节的调节比例时，应当综合平衡调节幅度与实际增减刑罚量的关系，确保罪责刑相适应。

（一）对于未成年人犯罪，综合考虑未成年人对犯罪的认知能力、实施犯罪行为的动机和目的、犯罪时的年龄、是否初犯、偶犯、悔罪表现、个人成长经历和一贯表现等情况，应当予以从宽处罚。

1. 已满十二周岁不满十六周岁的未成年人犯罪，减少基准刑的30%—60%；

2. 已满十六周岁不满十八周岁的未成年人犯罪，减少基准刑的10%—50%。

（二）对于已满七十五周岁的老年人故意犯罪，综合考虑犯罪的性质、情节、后果等情况，可以减少基准刑的40%以下；过失犯罪的，减少基准刑的20%—50%。

（三）对于又聋又哑的人或者盲人犯罪，综合考虑犯罪性质、情节、后果以及聋哑人或者盲人犯罪时的控制能力等情况，可以减少基准刑的50%以下；犯罪较轻的，可以减少基准刑的50%以上或者依法免除处罚。

（四）对于未遂犯，综合考虑犯罪行为的实行程度、造成损害的大小、犯罪未得逞的原因等情况，可以比照既遂犯减少基准刑的50%以下。

（五）对于从犯，综合考虑其在共同犯罪中的地位、作用等情况，应当予以从宽处罚，减少基准刑的20%—50%；犯罪较轻的，减少基准刑的50%以上或者依法免除处罚。

（六）对于自首情节，综合考虑自首的动机、时间、方式、罪行轻重、如实供述罪行的程度以及悔罪表现等情况，可以减少基准刑的40%以下；犯罪较轻的，可以减少基准刑的40%以上或者依法免除处罚。恶意利用自首规避法律制裁等不足以从宽处罚的除外。

（七）对于坦白情节，综合考虑如实供述罪行的阶段、程度、罪行轻重以及悔罪表现等情况，确定从宽的幅度。

1. 如实供述自己罪行的，可以减少基准刑的20%以下；

2. 如实供述司法机关尚未掌握的同种较重罪行的，可以减少基准刑的10%—30%；

3. 因如实供述自己罪行，避免特别严重后果发生的，可以减少基准刑的30%—50%。

（八）对于当庭自愿认罪的，根据犯罪的性质、罪行的轻重、认罪程度以及悔罪表现等情况，可以减少基准刑的10%以下。依法认定自首、坦白的除外。

（九）对于立功情节，综合考虑立功的大小、次数、内容、来源、效果以及罪行轻重等情况，确定从宽的幅度。

1. 一般立功的，可以减少基准刑的20%以下；

2. 重大立功的，可以减少基准刑的20%—50%；犯罪较轻的，减少基准刑的50%以上或者依法免除处罚。

（十）对于退赃、退赔的，综合考虑犯罪性质，退赃、退赔行为对损害结果所能弥补的程度，退赃、退赔的数额及主动程度等情况，可以减少基准刑的30%以下；对抢劫等严重危害社会治安犯罪的，应当从严掌握。

（十一）对于积极赔偿被害人经济损失并取得谅解的，综合考虑犯罪性质、赔偿数额、赔偿能力以及认罪悔罪表现等情况，可以减少基准刑的40%以下；积极赔偿但没有取得谅解的，可以减少基准刑的30%以下；尽管没有赔偿，但取得谅解的，可以减少基准刑的20%以下。对抢劫、强奸等严重危害社会治安犯罪的，应当从严掌握。

（十二）对于当事人根据刑事诉讼法第二百八十八条达成刑事和解协议的，综合考虑犯罪性质、赔偿数额、赔礼道歉以及真诚悔罪等情况，可以减少基准刑的50%以下；犯罪较轻的，可以减少基准刑的50%以上或者依法免除处罚。

（十三）对于被告人在羁押期间表现好的，可以减少基准刑的10%以下。

（十四）对于被告人认罪认罚的，综合考虑犯罪的性质、罪行的轻重、认罪认罚的阶段、程度、价值、悔罪表现等情况，可以减少基准刑的30%以下；具有自首、重大坦白、退赃退赔、赔偿谅解、刑事和解等情节的，可以减少基准刑的60%以下，犯罪较轻的，可以减少基准刑的60%以上或者依法免除处罚。认罪认罚与自首、坦白、当庭自愿认罪、退赃退赔、赔偿谅解、刑事和解、羁押期间表现好等量刑情节不作重复评价。

（十五）对于累犯，综合考虑前后罪的性质、刑罚执行完毕或赦免以后至再犯罪时间的长短以及前后罪罪行轻重等情况，应当增加基准刑的10%—40%，一般不少于3个月。

（十六）对于有前科的，综合考虑前科的性质、时间间隔长短、次数、处罚轻重等情况，可以增加基准刑的10%以下。前科犯罪为过失犯罪和未成年人犯罪的除外。

（十七）对于犯罪对象为未成年人、老年人、残疾人、孕妇等弱势人员的，综合考虑犯罪的性质、犯罪的严重程度等情况，可以增加基准刑的20%以下。

（十八）对于在重大自然灾害、预防、控制突发传染病疫情等灾害期间故意犯罪的，根据案件的具体情况，可以增加基准刑的20%以下。

四、常见犯罪的量刑

（一）交通肇事罪

1. 构成交通肇事罪的，根据下列情形在相应的幅度内确定量刑起点：

（1）致人重伤、死亡或者使公私财产遭受重大损失的，在二年以下有期徒刑、拘役幅度内确定量刑起点。

（2）交通运输肇事后逃逸或者有其他特别恶劣情节的，在三年至五年有期徒刑幅度内确定量刑起点。

（3）因逃逸致一人死亡的，在七年至十年有期徒刑幅度内确定量刑起点。

2. 在量刑起点的基础上，根据事故责任、致人重伤、死亡的人数或者财产损失的数额以及逃逸等其他影响犯罪构成的犯罪事实增加刑罚量，确定基准刑。

3. 构成交通肇事罪的，综合考虑事故责任、危害后果、赔偿谅解等犯罪事实、量刑情节，以及被告人的主观恶性、人身危险性、认罪悔罪表现等因素，决定缓刑的适用。

（二）危险驾驶罪

1. 构成危险驾驶罪的，依法在一个月至六个月拘役幅度内确定宣告刑。

2. 构成危险驾驶罪的，根据危险驾驶行为、实际损害后果等犯罪情节，综合考虑被告人缴纳罚金的能力，决定罚金数额。

3. 构成危险驾驶罪的，综合考虑危险驾驶行为、危害后果等犯罪事实、量刑情节，以及被告人主观恶性、人身危险性、认罪悔罪表现等因素，决定缓刑的适用。

（三）非法吸收公众存款罪

1. 构成非法吸收公众存款罪的，根据下列情形在相应的幅度内确定量刑起点：

（1）犯罪情节一般的，在一年以下有期徒刑、拘役幅度内确定量刑起点。

（2）达到数额巨大起点或者有其他严重情节的，在三年至四年有期徒刑幅度内确定量刑起点。

（3）达到数额特别巨大起点或者有其他特别严重情节的，在十年至十二年有期徒刑幅度内确定量刑起点。

2. 在量刑起点的基础上，根据非法吸收存款数额等其他影响犯罪构成的犯罪事实增加刑罚量，确定基准刑。

3. 对于在提起公诉前积极退赃退赔，减少损害结果发生的，可以减少基准刑的40%以下；犯罪较轻的，可以减少基准刑的40%以上或者依法免除处罚。

4. 构成非法吸收公众存款罪的，根据非法吸收公众存款数额、存款人人数、给存款人造成的直接经济损失数额等犯罪情节，综合考虑被告人缴纳罚金的能力，决定罚金数额。

5. 构成非法吸收公众存款罪的，综合考虑非法吸收存款数额、存款人人数、给存款人造成的直接经济损失数额、清退资金数额等犯罪事实、量刑情节，以及被告人主观恶性、人身危险性、认罪悔罪表现等因素，决定缓刑的适用。

（四）集资诈骗罪

1. 构成集资诈骗罪的，根据下列情形在相应的幅度内确定量刑起点：

（1）达到数额较大起点的，在三年至四年有期徒刑幅度内确定量刑起点。

（2）达到数额巨大起点或者有其他严重情节的，在七年至九年有期徒刑幅度内确定量刑起点。依法应当判处无期徒刑的除外。

2. 在量刑起点的基础上，根据集资诈骗数额等其他影响犯罪构成的犯罪事实增加刑罚量，确定基准刑。

3. 构成集资诈骗罪的，根据犯罪数额、危害后果等犯罪情节，综合考虑被告人缴纳罚金的能力，决定罚金数额。

4. 构成集资诈骗罪的，综合考虑犯罪数额、诈骗对象、危害后果、退赃退赔等犯罪事实、量刑情节，以及被告人主观恶性、人身危险性、认罪悔罪表现等因素，决定缓刑的适用。

（五）信用卡诈骗罪

1. 构成信用卡诈骗罪的，根据下列情形在相应的幅度内确定量刑起点：

（1）达到数额较大起点的，在二年以下有期徒刑、拘役幅度内确定量刑起点。

（2）达到数额巨大起点或者有其他严重情节的，在五年至六年有期徒刑幅度内确定量刑起点。

（3）达到数额特别巨大起点或者有其他特别严重情节的，在十年至十二年有期徒刑幅度内确定量刑起点。依法应当判处无期徒刑的除外。

2. 在量刑起点的基础上，根据信用卡诈骗数额等其他影响犯罪构成的犯罪事实增加刑罚量，确定基准刑。

3. 构成信用卡诈骗罪的，根据诈骗手段、犯罪数额、危害后果等犯罪情节，综合考虑被告人缴纳罚金的能力，决定罚金数额。

4. 构成信用卡诈骗罪的，综合考虑诈骗手段、犯罪数额、危害后果、退赃退赔等犯罪事实、量刑情节，以及被告人主观恶性、人身危险性、认罪悔罪表现等因素，决定缓刑的适用。

（六）合同诈骗罪

1. 构成合同诈骗罪的，根据下列情形在相应的幅度内确定量刑起点：

（1）达到数额较大起点的，在一年以下有期徒刑、拘役幅度内确定量刑起点。

（2）达到数额巨大起点或者有其他严重情节的，在三年至四年有期徒刑幅度内确定量刑起点。

（3）达到数额特别巨大起点或者有其他特别严重情节的，在十年至十二年有期徒刑幅度内确定量刑起点。依法应当判处无期徒刑的除外。

2. 在量刑起点的基础上，根据合同诈骗数额等其他影响犯罪构成的犯罪事实增加刑罚量，确定基准刑。

3. 构成合同诈骗罪的，根据诈骗手段、犯罪数额、损失数额、危害后果等犯罪情节，综合考虑被告人缴纳罚金的能力，决定罚金数额。

4. 构成合同诈骗罪的，综合考虑诈骗手段、犯罪数额、危害后果、退赃退赔等犯罪事实、量刑情节，以及被告人主观恶性、人身危险性、认罪悔罪表现等因素，决定缓刑的适用。

（七）故意伤害罪

1. 构成故意伤害罪的，根据下列情形在相应的幅度内确定量刑起点：

（1）故意伤害致一人轻伤的，在二年以下有期徒刑、拘役幅度内确定量刑起点。

（2）故意伤害致一人重伤的，在三年至五年有期徒刑幅度内确定量刑起点。

（3）以特别残忍手段故意伤害致一人重伤，造成六级严重残疾的，在十年至十三年有期徒刑幅度内确定量刑起点。依法应当判处无期徒刑以上刑罚的除外。

2. 在量刑起点的基础上，根据伤害后果、伤残等级、手段残忍程度等其他影响犯罪构成的犯罪事实增加刑罚量，确定基准刑。

故意伤害致人轻伤的，伤残程度可以在确定量刑起点时考虑，或者作为调节基准刑的量刑情节。

3. 构成故意伤害罪的，综合考虑故意伤害的起因、手段、危害后果、赔偿谅解等犯罪事实、量刑情节，以及被告人的主观恶性、人身危险性、认罪悔罪表现等因素，决定缓刑的适用。

（八）强奸罪

1. 构成强奸罪的，根据下列情形在相应的幅度内确定量刑起点：

（1）强奸妇女一人的，在三年至六年有期徒刑幅度内确定量刑起点。

奸淫幼女一人的，在四年至七年有期徒刑幅度内确定量刑起点。

（2）有下列情形之一的，在十年至十三年有期徒刑幅度内确定量刑起点：强奸妇女、奸淫幼女情节恶劣的；强奸妇女、奸淫幼女三人的；在公共场所当众强奸妇女、奸淫幼女的；二人以上轮奸妇女的；奸淫不满十周岁的幼女或者造成幼女伤害的；强奸致被害人重伤或者造成其他严重后果的。依法应当判处无期徒刑以上刑罚的除外。

2. 在量刑起点的基础上，根据强奸妇女、奸淫幼女情节恶劣程度、强奸人数、致人伤害后果等其他影响犯罪构成的犯罪事实增加刑罚量，确定基准刑。

强奸多人多次的，以强奸人数作为增加刑罚量的事实，强奸次数作为调节基准刑的量刑情节。

3. 构成强奸罪的，综合考虑强奸的手段、危害后果等犯罪事实、量刑情节，以及被告人的主观恶性、人身危险性、认罪悔罪表现等因素，从严把握缓刑的适用。

（九）非法拘禁罪

1. 构成非法拘禁罪的，根据下列情形在相应的幅度内确定量刑起点：

（1）犯罪情节一般的，在一年以下有期徒刑、拘役幅度内确定量刑起点。

（2）致一人重伤的，在三年至五年有期徒刑幅度内确定量刑起点。

（3）致一人死亡的，在十年至十三年有期徒刑幅度内确定量刑起点。

2. 在量刑起点的基础上，根据非法拘禁人数、拘禁时间、致人伤亡后果等其他影响犯罪构成的犯罪事实增加刑罚量，确定基准刑。

非法拘禁多人多次的，以非法拘禁人数作为增加刑罚量的事实，非法拘禁次数作为调节基准刑的量刑情节。

3. 有下列情节之一的，增加基准刑的10%—20%：

（1）具有殴打、侮辱情节的；

（2）国家机关工作人员利用职权非法扣押、拘禁他人的。

4. 构成非法拘禁罪的，综合考虑非法拘禁的起因、时间、危害后果等犯罪事实、量刑情节，以及被告人的主观恶性、人身危险性、认罪悔罪表现等因素，决定缓刑的适用。

（十）抢劫罪

1. 构成抢劫罪的，根据下列情形在相应的幅度内确定量刑起点：

（1）抢劫一次的，在三年至六年有期徒刑幅度内确定量刑起点。

（2）有下列情形之一的，在十年至十三年有期徒刑幅度内确定量刑起点：入户抢劫的；在公共交通工具上抢劫的；抢劫银行或者其他金融机构的；抢劫三次或者抢劫数额达到数额巨大起点的；抢劫致一人重伤的；冒充军警人员抢劫的；持枪抢劫的；抢劫军用物资或者抢险、救灾、救济物资的。依法应当判处无期徒刑以上刑罚的除外。

2. 在量刑起点的基础上，根据抢劫情节严重程度、抢劫数额、次数、致人伤害后果等其他影响犯罪构成的犯罪事实增加刑罚量，确定基准刑。

3. 构成抢劫罪的，根据抢劫的数额、次数、手段、危害后果等犯罪情节，综合考虑被告人缴纳罚金的能力，决定罚金数额。

4. 构成抢劫罪的，综合考虑抢劫的起因、手段、危害后果等犯罪事实、量刑情节，以及被告人的主观恶性、人身危险性、认罪悔罪表现等因素，从严把握缓刑的适用。

（十一）盗窃罪

1. 构成盗窃罪的，根据下列情形在相应的幅度内确定量刑起点：

（1）达到数额较大起点的，二年内三次盗窃的，入户盗窃的，携带凶器盗窃的，或者扒窃的，在一年以下有期徒刑、拘役幅度内确定量刑起点。

（2）达到数额巨大起点或者有其他严重情节的，在三年至四年有期徒刑幅度内确定量刑起点。

（3）达到数额特别巨大起点或者有其他特别严重情节的，在十年至十二年有期徒刑幅度内确定量刑起点。依法应当判处无期徒刑的除外。

2. 在量刑起点的基础上，根据盗窃数额、次数、手段等其他影响犯罪构成的犯罪事实增加刑罚量，确定基准刑。

多次盗窃，数额达到较大以上的，以盗窃数额确定量刑起点，盗窃次数可以作为调节基准刑的量刑情节；数额未达到较大的，以盗窃次数确定量刑起点，超过三次的次数作为增加刑罚量的事实。

3. 构成盗窃罪的，根据盗窃的数额、次数、手段、危害后果等犯罪情节，综合考虑被告人缴纳罚金的能力，在一千元以上盗窃数额二倍以下决定罚金数额；没有盗窃数额或者盗窃数额无法计算的，在一千元以上十万元以下判处罚金。

4. 构成盗窃罪的，综合考虑盗窃的起因、数额、次数、手段、退赃退赔等犯罪事实、量刑情节，以及被告人的主观恶性、人身危险性、认罪悔罪表现等因素，决定缓刑的适用。

（十二）诈骗罪

1. 构成诈骗罪的，根据下列情形在相应的幅度内确定量刑起点：

（1）达到数额较大起点的，在一年以下有期徒刑、拘役幅度内确定量刑起点。

（2）达到数额巨大起点或者有其他严重情节的，在三年至四年有期徒刑幅度内确定量刑起点。

（3）达到数额特别巨大起点或者有其他特别严重情节的，在十年至十二年有期徒刑幅度内确定量刑起点。依法应当判处无期徒刑的除外。

2. 在量刑起点的基础上，根据诈骗数额等其他影响犯罪构成的犯罪事实增加刑罚量，确定基准刑。

3. 构成诈骗罪的，根据诈骗的数额、手段、危害后果等犯罪情节，综合考虑被告人缴纳罚金的能力，决定罚金数额。

4. 构成诈骗罪的，综合考虑诈骗的起因、手段、数额、危害后果、退赃退赔等犯罪事实、量刑情节，以及被告人的主观恶性、人身危险性、认罪悔罪表现等因素，决定缓刑的适用。对实施电信网络诈骗的，从严把握缓刑的适用。

（十三）抢夺罪

1. 构成抢夺罪的，根据下列情形在相应的幅度内确定量刑起点：

（1）达到数额较大起点或者二年内三次抢夺的，在一年以下有期徒刑、拘役幅度内确定量刑起点。

（2）达到数额巨大起点或者有其他严重情节的，在三年至五年有期徒刑幅度内确定量刑起点。

（3）达到数额特别巨大起点或者有其他特别严重情节的，在十年至十二年有期徒刑幅度内确定量刑起点。依法应当判处无期徒刑的除外。

2. 在量刑起点的基础上，根据抢夺数额、次数等其他影响犯罪构成的犯罪事实增加刑罚量，确定基准刑。

多次抢夺，数额达到较大以上的，以抢夺数额确定量刑起点，抢夺次数可以作为调节基准刑的量刑情节；数额未达到较大的，以抢夺次数确定量刑起点，超过三次的次数作为增加刑罚量的事实。

3. 构成抢夺罪的，根据抢夺的数额、次数、手段、危害后果等犯罪情节，综合考虑被告人缴纳罚金的能力，决定罚金数额。

4. 构成抢夺罪的，综合考虑抢夺的起因、数额、手段、次数、危害后果、退赃退赔等犯罪事实、量刑情节，以及被告人的主观恶性、人身危险性、认罪悔罪表现等因素，决定缓刑的适用。

（十四）职务侵占罪

1. 构成职务侵占罪的，根据下列情形在相应的幅度内确定量刑起点：

（1）达到数额较大起点的，在一年以下有期徒刑、拘役幅度内确定量刑起点。

（2）达到数额巨大起点的，在三年至四年有期徒刑幅度内确定量刑起点。

（3）达到数额特别巨大起点的，在十年至十一年有期徒刑幅度内确定量刑起点。依法应当判处无期徒刑的除外。

2. 在量刑起点的基础上，根据职务侵占数额等其他影响犯罪构成的犯罪事实增加刑罚量，确定基准刑。

3. 构成职务侵占罪的，根据职务侵占的数额、危害后果等犯罪情节，综合考虑被告人缴纳罚金的能力，决定罚金数额。

4. 构成职务侵占罪的，综合考虑职务侵占的数额、手段、危害后果、退赃退赔等犯罪事实、量刑情节，以及被告人的主观恶性、人身危险性、认罪悔罪表现等因素，决定缓刑的适用。

（十五）敲诈勒索罪

1. 构成敲诈勒索罪的，根据下列情形在相应的幅度内确定量刑起点：

（1）达到数额较大起点的，或者二年内三次敲诈勒索的，在一年以下有期徒刑、拘役幅度内确定量刑起点。

（2）达到数额巨大起点或者有其他严重情节的，在三年至五年有期徒刑幅度内确定量刑起点。

（3）达到数额特别巨大起点或者有其他特别严重情节的，在十年至十二年有期徒刑幅度内确定量刑起点。

2. 在量刑起点的基础上，根据敲诈勒索数额、次数、犯罪情节严重程度等其他影响犯罪构成的犯罪事实增加刑罚量，确定基准刑。

多次敲诈勒索，数额达到较大以上的，以敲诈勒索数额确定量刑起点，敲诈勒索次数可以作为调节基准刑的量刑情节；数额未达到较大的，以敲诈勒索次数确定量刑起点，超过三次的次数作为增加刑罚量的事实。

3. 构成敲诈勒索罪的，根据敲诈勒索的数额、手段、次数、危害后果等犯罪情节，综合考虑被告人缴纳罚金的能力，在二千元以上敲诈勒索数额的二倍以下决定罚金数额；被告人没有获得财物的，在二千元以上十万元以下判处罚金。

4. 构成敲诈勒索罪的，综合考虑敲诈勒索的手段、数额、次数、危害后果、退赃退赔等犯罪事实、量刑情节，以及被告人的主观恶性、人身危险性、认罪悔罪表现等因素，决定缓刑的适用。

（十六）妨害公务罪

1. 构成妨害公务罪的，在二年以下有期徒刑、拘役幅度内确定量刑起点。

2. 在量刑起点的基础上，根据妨害公务造成的后果、犯罪情节严重程度等其他影响犯罪构成的犯罪事实增加刑罚量，确定基准刑。

3. 构成妨害公务罪，依法单处罚金的，根据妨害公务的手段、危害后果、造成的人身伤害以及财物毁损情况等犯罪情节，综合考虑被告人缴纳罚金的能力，决定罚金数额。

4. 构成妨害公务罪的，综合考虑妨害公务的手段、造成的人身伤害、财物的毁损及社会影响等犯罪事实、量刑情节，以及被告人的主观恶性、人身危险性、认罪悔罪表现等因素，决定缓刑的适用。

（十七）聚众斗殴罪

1. 构成聚众斗殴罪的，根据下列情形在相应的幅度内确定量刑起点：

（1）犯罪情节一般的，在二年以下有期徒刑、拘役幅度内确定量刑起点。

（2）有下列情形之一的，在三年至五年有期徒刑幅度内确定量刑起点：聚众斗殴三次的；聚众斗殴人数多，规模大，社会影响恶劣的；在公共场所或者交通要道聚众斗殴，造成社会秩序严重混乱的；持械聚众斗殴的。

2. 在量刑起点的基础上，根据聚众斗殴人数、次数、手段严重程度等其他影响犯罪构成的犯罪事实增加刑罚量，确定基准刑。

3. 构成聚众斗殴罪的，综合考虑聚众斗殴的手段、危害后果等犯罪事实、量刑情节，以及被告人的主观恶性、人身危险性、认罪悔罪表现等因素，决定缓刑的适用。

（十八）寻衅滋事罪

1. 构成寻衅滋事罪的，根据下列情形在相应的幅度内确定量刑起点：

（1）寻衅滋事一次的，在三年以下有期徒刑、拘役幅度内确定量刑起点。

（2）纠集他人三次寻衅滋事（每次都构成犯罪），严重破坏社会秩序的，在五年至七年有期徒刑幅度内确定量刑起点。

2. 在量刑起点的基础上，根据寻衅滋事次数、伤害后果、强拿硬要他人财物或任意损毁、占用公私财物数额等其他影响犯罪构成的犯罪事实增加刑罚量，确定基准刑。

3. 构成寻衅滋事罪，判处五年以上十年以下有期徒刑，并处罚金的，根据寻衅滋事的次数、危害后果、对社会秩序的破坏程度等犯罪情节，综合考虑被告人缴纳罚金的能力，决定罚金数额。

4. 构成寻衅滋事罪的，综合考虑寻衅滋事的具体行为、危害后果、对社会秩序的破坏程度等犯罪事实、量刑情节，以及被告人的主观恶性、人身危险性、认罪悔罪表现等因素，决定缓刑的适用。

（十九）掩饰、隐瞒犯罪所得、犯罪所得收益罪

1. 构成掩饰、隐瞒犯罪所得、犯罪所得收益罪的，根据下列情形在相应的幅度内确定量刑起点：

（1）犯罪情节一般的，在一年以下有期徒刑、拘役幅度内确定量刑起点。

（2）情节严重的，在三年至四年有期徒刑幅度内确定量刑起点。

2. 在量刑起点的基础上，根据犯罪数额等其他影响犯罪构成的犯罪事实增加刑罚量，确定基准刑。

3. 构成掩饰、隐瞒犯罪所得、犯罪所得收益罪的，根据掩饰、隐瞒犯罪所得及其收益的数额、犯罪对象、危害后果等犯罪情节，综合考虑被告人缴纳罚金的能力，决定罚金数额。

4. 构成掩饰、隐瞒犯罪所得、犯罪所得收益罪的，综合考虑掩饰、隐瞒犯罪所得及其收益的数额、危害后果、上游犯罪的危害程度等犯罪事实、量刑情节，以及被告人的主观恶性、人身危险性、认罪悔罪表现等因素，决定缓刑的适用。

（二十）走私、贩卖、运输、制造毒品罪

1. 构成走私、贩卖、运输、制造毒品罪的，根据下列情形在相应的幅度内确定量刑起点：

（1）走私、贩卖、运输、制造鸦片一千克，海洛因、甲基苯丙胺五十克或者其他毒品数量达到数量大起点的，量刑起点为十五年有期徒刑。依法应当判处无期徒刑以上刑罚的除外。

（2）走私、贩卖、运输、制造鸦片二百克，海洛因、甲基苯丙胺十克或者其他毒品数量达到数量较大起点的，在七年至八年有期徒刑幅度内确定量刑起点。

（3）走私、贩卖、运输、制造鸦片不满二百克，海洛因、甲基苯丙胺不满十克或者其他少量毒品的，可以在三年以下有期徒刑、拘役幅度内确定量刑起点；情节严重的，在三年至四年有期徒刑幅度内确定量刑起点。

2. 在量刑起点的基础上，根据毒品犯罪次数、人次、毒品数量等其他影响犯罪构成的犯罪事实增加刑罚量，确定基准刑。

3. 有下列情节之一的，增加基准刑的10%—30%：

（1）利用、教唆未成年人走私、贩卖、运输、制造毒品的；

（2）向未成年人出售毒品的；

（3）毒品再犯。

4. 有下列情节之一的，可以减少基准刑的30%以下：

（1）受雇运输毒品的；

（2）毒品含量明显偏低的；

（3）存在数量引诱情形的。

5. 构成走私、贩卖、运输、制造毒品罪的，根据走私、贩卖、运输、制造毒品的种类、数量、危害后果等犯罪情节，综合考虑被告人缴纳罚金的能力，决定罚金数额。

6. 构成走私、贩卖、运输、制造毒品罪的，综合考虑走私、贩卖、运输、制造毒品的种类、数量、危害后果等犯罪事实、量刑情节，以及被告人的主观恶性、人身危险性、认罪悔罪表现等因素，从严把握缓刑的适用。

（二十一）非法持有毒品罪

1. 构成非法持有毒品罪的，根据下列情形在相应的幅度内确定量刑起点：

（1）非法持有鸦片一千克以上、海洛因或者甲基苯丙胺五十克以上或者其他毒品数量大的，在七年至九年有期徒刑幅度内确定量刑起点。依法应当判处无期徒刑的除外。

（2）非法持有毒品情节严重的，在三年至四年有期徒刑幅度内确定量刑起点。

（3）非法持有鸦片二百克、海洛因或者甲基苯丙胺十克或者其他毒品数量较大的，在一年以下有期徒刑、拘役幅度内确定量刑起点。

2. 在量刑起点的基础上，根据毒品数量等其他影响犯罪构成的犯罪事实增加刑罚量，确定基准刑。

3. 构成非法持有毒品罪的，根据非法持有毒品的种类、数量等犯罪情节，综合考虑被告人缴纳罚金的能力，决定罚金数额。

4. 构成非法持有毒品罪的，综合考虑非法持有毒品的种类、数量等犯罪事实、量刑情节，以及被告人主观恶性、人身危险性、认罪悔罪表现等因素，从严把握缓刑的适用。

（二十二）容留他人吸毒罪

1. 构成容留他人吸毒罪的，在一年以下有期徒刑、拘役幅度内确定量刑起点。

2. 在量刑起点的基础上，根据容留他人吸毒的人数、次数等其他影响犯罪构成的犯罪事实增加刑罚量，确定基准刑。

3. 构成容留他人吸毒罪的，根据容留他人吸毒的人数、次数、违法所得数额、危害后果等犯罪情节，综合考虑被告人缴纳罚金的能力，决定罚金数额。

4. 构成容留他人吸毒罪的，综合考虑容留他人吸毒的人数、次数、危害后果等犯罪事实、量刑情节，以及被告人主观恶性、人身危险性、认罪悔罪表现等因素，决定缓刑的适用。

（二十三）引诱、容留、介绍卖淫罪

1. 构成引诱、容留、介绍卖淫罪的，根据下列情形在相应的幅度内确定量刑起点：

（1）情节一般的，在二年以下有期徒刑、拘役幅度内确定量刑起点。

（2）情节严重的，在五年至七年有期徒刑幅度内确定量刑起点。

2. 在量刑起点的基础上，根据引诱、容留、介绍卖淫的人数等其他影响犯罪构成的犯罪事实增加刑罚量，确定基准刑。

3. 旅馆业、饮食服务业、文化娱乐业、出租汽车业等单位的主要负责人，利用本单位的条件，引诱、容留、介绍他人卖淫的，增加基准刑的10%—20%。

4. 构成引诱、容留、介绍卖淫罪的，根据引诱、容留、介绍卖淫的人数、次数、违法所得数额、危害后果等犯罪情节，综合考虑被告人缴纳罚金的能力，决定罚金数额。

5. 构成引诱、容留、介绍卖淫罪的，综合考虑引诱、容留、介绍卖淫的人数、次数、危害后果等犯罪事实、量刑情节，以及被告人主观恶性、人身危险性、认罪悔罪表现等因素，决定缓刑的适用。

五、附则

（一）本指导意见规范上列二十三种犯罪判处有期徒刑的案件。其他判处有期徒刑的案件，可以参照量刑的指导原则、基本方法和常见量刑情节的适用规范量刑。

（二）各省、自治区、直辖市高级人民法院、人民检察院应当结合当地实际，共同制定实施细则。

（三）本指导意见自2021年7月1日起实施。最高人民法院2017年3月9日《关于实施修订后的〈关于常见犯罪的量刑指导意见〉的通知》（法发〔2017〕7号）同时废止。